2010

河北金融年鉴

Almanac of Hebei's Finance and Banking

(总第二十卷)

河北人民出版社

图书在版编目(CIP)数据

河北金融年鉴.2010/《河北金融年鉴》编委会编
石家庄:河北人民出版社,2010.11
ISBN 978-7-202-05681-3

Ⅰ.①河… Ⅱ.①河… Ⅲ.①金融事业-河北省-2010-年鉴 Ⅳ.①F832.722-54

中国版本图书馆CIP数据核字(2010)第212447号

书　　名　河北金融年鉴(2010)
编　　者　河北金融年鉴编辑部

责任编辑　陈小彦
美术编辑　李　欣
责任校对　付敬华

出版发行　河北人民出版社(石家庄市友谊北大街330号)
印　　刷　河北方华印刷有限公司
开　　本　889×1194毫米　1/16
印　　张　42
字　　数　1139000
版　　次　2010年11月第1版　　2010年11月第1次印刷
印　　数　1-5000
书　　号　ISBN 978-7-202-05681-3/F·595
定　　价　180.00元

编辑说明

一、《河北金融年鉴》以年度为期限，每年出版一卷，2010卷为第二十卷。本卷内容涵盖银行业、证券业、保险业及其他非银行金融机构，主要反映2009年度河北省金融与经济运行的基本情况；力求资料的全面性、真实性、连续性和准确性。

二、本卷文稿由河北省各金融机构提供，经过本刊编辑部的编辑、审定。

三、本卷采用条目式编排，共设“综述·各地经济金融”、“业务综述”、“学术调研”、“金融规章选编”、“大事记”、“经济金融统计资料”、“金融机构名录”七个部分。对“学术调研”、“金融规章选编”、“大事记”依据其体例和篇幅，有选择地予以收录。

四、本卷“经济金融统计资料”的内容，由人民银行、河北省统计局和各金融机构提供，统一为河北省的统计口径。部分统计资料由于四舍五入，总计数与分项相加数略有误差。统计资料在使用时，请注意统计口径的差别。

五、本卷在编辑过程中得到了各有关单位的大力支持，我们深表谢意。

六、对于本卷年鉴中的不妥和疏漏之处，欢迎广大读者提出宝贵意见。

河北金融年鉴编辑部

2010年11月

《河北金融年鉴》编委会

▲　2009 年 1 月 17 日，河北省人民银行系统 2009 年工作会议在廊坊召开。中心支行党委书记、行长、国家外汇管理局河北省分局局长王景武代表中心支行党委作工作报告。

▲　2009 年 3 月 3 日，河北省政府在人民银行石家庄中心支行召开河北省金融机构信贷工作座谈会，孙瑞彬副省长主持会议并作重要讲话。

▲ 人民银行石家庄中心支行行长王景武在张家口市中心支行、宣化支行进行调研。

▲ 2009年11月26日，人民银行石家庄中心支行会同河北省环境保护厅、河北银监局、河北证监局、河北保监局和河北省环保联合会，成功举办了“河北省第三届环保与金融论坛”。省政府孙瑞彬副省长、江波省长助理和中心支行王景武行长出席会议并作重要讲话。

▲ 2009 年 2 月 20 日，人民银行石家庄中心支行召开深入学习实践科学发展观活动总结大会。

▲ 2009 年 8 月 4 日，“2009 环渤海金融合作论坛”在河北省承德市举行。中国人民银行党委委员、行长助理郭庆平、全国社保基金理事会理事长戴相龙应邀出席论坛并讲话。河北省、承德市政府有关领导、中国金融学会及环渤海 9 省区市金融学会会长就当前金融危机形势下环渤海金融合作发展问题分别进行演讲。

▲河北银监局党委书记、局长郭锦洲

◀ 2009年1月16日，河北银监局召开2009年工作会议，党委书记、局长郭锦洲在大会上作工作报告。

◀ 2009 年 9 月 23 日，河北银监局党委中心组集中学习十七届四中全会公报。

◀ 郭锦洲局长（中）到邢台市清河县安隆红太羊绒制品有限公司调研。

▶ 在河北银监局新春联欢会上，局领导合唱《检查归来》。

▲ 2009年4月，河北保监局召开新闻媒体座谈会。

▲ 2009年9月，河北保监局召开维护稳定暨信访工作会议。

▲ 2009 年 1 月 20 日，国家开发银行股份有限公司与河北省政府召开第六次联席会议。蔡华相副行长与付志方常务副省长代表双方出席并签署开发性金融合作协议。

▲ 国家开发银行河北省分行注重抓好处级以上领导干部的廉政教育和学习，以提高领导干部的廉政意识和遵守各项廉政规定的自觉性。图为 2009 年 9 月，省开发银行组织开展的处级领导干部集体廉政谈话会。

国家开发银行股份有限公司河北省分行

GUOJIAKAIFAYINHANGGUFENYOUXIANGONGSIHEBEISHENGFENHANG

▲ 国家开发银行河北省分行注重抓好员工的廉洁自律教育。图为 2009 年 3 月，省开发银行组织全行员工在石家庄北郊监狱召开的预防职务犯罪警示教育现场会。

▲ 国家开发银行河北省分行重视开展企业文件建设。图为 2009 年 1 月，省开发银行举行的新春联欢会。

中国农业发展银行河北省分行

ZHONGGUONONGYEFAZHANYINHANGHEBEISHENGFENHANG

▲ 中国农业发展银行河北省分行党委成员：李玉（左三）、王玉武（左四）、王金浩（左二）、阎德武（左五）、李阁宗（左一）。

◀ 中国农业发展银行河北省分行分支行行长会议。

▶ 行长李玉慰问年终决算一线职工。

中国工商银行股份有限公司河北省分行

ZHONGGUOGONGSHANGYINHANGGUFENYOUXIANGONGSIHEBEISHENGFENHANG

▶ 2009 年 4 月 21 日，中国工商银行张福荣副行长到河北金融培训学校进行工作调研，工行河北省分行领导黄纪宪、张彦欣、赵增学陪同。

◀ 2009 年 4 月 28 日，工行河北省分行举行小企业金融业务部及省行营业部、各二级分行小企业金融业务中心揭牌仪式。黄纪宪副行长致辞，刘建民副行长主持。

▶ 2009 年 11 月 3 日，工行河北省分行与中国华融资产管理公司石家庄办事处签署全面合作框架协议。

◀ 2009 年 12 月 31 日，工行河北省分行领导看望慰问总行信用卡电话服务中心员工。

中国工商银行股份有限公司河北省分行

ZHONGGUOGONGSHANGYINHANGGUFENYOUXIANGONGSIHEBEISHENGFENHANG

◀ 2009 年 1 月 13 日，工行河北省分行举办“唱响工行”迎新春文艺晚会。省行领导接见演职人员。

▶ 2009 年 5 月 20 日，工行河北省分行召开加强干部队伍作风建设暨廉政警示教育会议。黄纪宪副行长出席并讲话。

◀ 2009 年 11 月 26 日下午，工行河北省分行举办金色之秋财富杯乒乓球联谊赛。

▶ 2009 年 12 月 28 日，中国工商银行后台中心奠基暨信用卡电话服务中心开业仪式在石家庄举行。

中国农业银行股份有限公司河北省分行

ZHONGGUONONGYEYINHANGGUFENYOUXINAGONGSIHEBEISHENGFENHANG

▶ 河北省委书记、省人大常委会主任张云川，省委副书记、省长胡春华会见中国农业银行党委书记、行长项俊波一行。

◀ 河北省人民政府与中国农业银行在石家庄签署《助推三农发展　促进富民强省战略合作备忘录》。

▶ 2009年1月6日，中国农业银行惠农信用卡在河北首发上市，中国农业银行行长张云、河北省副省长孙瑞彬为客户授卡。

◀ 2009年11月19日，中国农业银行河北省分行举办贯彻落实十七届四中全会精神学习班。

中国农业银行股份有限公司河北省分行

ZHONGGUONONGYEYINHANGGUFENYOUXINAGONGSIHEBEISHENGFENHANG

◀ 2009 年 3 月 10 日，农行河北省分行党委书记、行长刘星一行深入张家口张北县现场对惠农卡贷款审批。

▶ 2009 年 12 月 26 日，中国农业银行河北省分行隆重举行小企业金融服务中心揭牌仪式。

◀ 2009 年 9 月 16 日，中国农业银行河北省分行举行庆祝新中国成立 60 周年歌咏大会。

▶ 2009 年 10 月 12 日，中国农业银行河北省分行举办全省客户经理“三农”业务知识竞赛。

中国银行股份有限公司河北省分行

ZHONGGUOYINHANGGUFENYOUXINAGONGSIHEBEISHENGFENHANG

▶ 中国银行河北省分行党委书记、行长张志勇。

◀ 中国银行董事长肖钢指导河北省分行 IT 蓝图工作。

▶ 河北省政府与中国银行签署合作协议。

◀ 中国银行河北省分行与石家庄市政府签署合作协议。

中国银行股份有限公司河北省分行

ZHONGGUOYINHANGGUFENYOUXINAGONGSIHEBEISHENGFENHANG

◀ 中国银行行长李礼辉到河北省分行指导 IT 蓝图工作。

▶ 中国银行沧州分行进行业务宣传。

◀ 中国银行承德分行进行礼仪培训。

▶ 中国银行张家口分行扶贫捐赠。

华夏银行股份有限公司石家庄分行

HUAXIAYINHANGGUFENYOUXIANGONGSISHIJIAZHUANGFENHANG

◀ 华夏银行石家庄分行办公大楼。

▶ 华夏银行石家庄分行亮丽、雅致的营业大厅。

◀ 华夏银行石家庄分行简洁、明快的LOGO标识。

中国民生银行股份有限公司石家庄分行

ZHONGGUOMINSHENGYINHANGGUFENYOUXIANGONGSISHIJIAZHUANGFENHANG

◀ 民生银行石家庄分行成立 11 周年行庆晚会。

▶ 民生银行沧州分行开业典礼。

◀ 民生银行石家庄分行与邯郸市人民政府战略合作签约仪式。

河北

▶
风

目　录

第一部分　综述·各地经济金融

第二部分　业务综述

第三部分　学术调研

第四部分 金融规章选编

第五部分 大事记

第六部分 经济金融统计资料

国民经济统计

金融业务综合统计

第七部分　金融机构名录

Contents

PARTⅠ SURVEY · ECONOMY AND FINANCE OF EVERY REGION

PART Ⅱ BUSINESS SURVEY

PART Ⅲ ACADEMIC RESEARCH

PART Ⅳ SELECTIONS OF FINANCIAL LAW AND REGULATIONS

PART V RECORDS OF GREAT EVENTS

PART VI STATISTICAL DATA OF ECONOMY AND FINANCE

National economy statistics

Comprehensive statistics of financial business

PART Ⅶ NAME LIST OF FINANCIAL INSTITUTIONS

第一部分

综述·各地经济金融

▶ 第一部分　综述·各地经济金融

第二部分　业务综述

第三部分　学术调研

第四部分　金融规章选编

第五部分　大事记

第六部分　经济金融统计资料

第七部分　金融机构名录

河北省经济金融

综 述

【经济运行】 2009年,河北省深入贯彻落实科学发展观,紧紧围绕“保增长、调结构、促改革、惠民生”的工作主线,认真贯彻落实中央扩大内需的一系列政策措施,解放思想,强化调控,坚定信心,共克时艰,沉着应对国际金融危机的冲击,较快扭转了经济增速明显下滑的局面,国民经济总体回升向好,各项社会事业全面进步,为实施“十二五”规划奠定了坚实的基础。

国民经济总体回升向好。全省生产总值实现17026.6亿元,同比增长10.0%,增速比一季度、上半年分别加快1.5和1.3个百分点。其中,第一产业增加值2218.9亿元,增长3.3%;第二产业增加值8874.9亿元,增长10.5%;第三产业增加值5932.8亿元,增长11.4%。三次产业结构由上年的12.7:54.3:33.0调整为13.0:52.1:34.9。人均生产总值24283元,增长9.3%。

价格涨幅逐步回升。居民消费价格除1月份同比上涨外,2—6月份同比下降且降幅逐月扩大,7月份以后降幅呈现逐月收窄态势,11月份由负转正,12月份上涨2.4%。全年居民消费价格同比下降0.7%,其中城市下降1.2%,农村上涨0.3%。工业品出厂价格和原材料、燃料、动力购进价格分别下降10.9%和6.5%。农产品生产价格下降0.3%。农业生产资料价格上涨0.6%。

民营经济企稳回升。民营经济实现增加值9041.1亿元,同比增长10.9%;占全省生产总值的比重达53.1%,同比提高0.2个百分点。实缴税金1011.5亿元,增长1.4%,占全部财政收入的比重为50.1%;完成出口103.9亿美元,占全省出口总值的66.2%,提高5.5个百分点;就业人员1411.2万人,增长4.0%。

农业生产相对稳定。粮食生产再获丰收,全年粮食播种面积621.7万公顷,同比增长1.0%;总产量2910.2万吨,增长0.2%,连续6年获得丰收。棉花播种面积62.0万公顷,减少10.1%;总产量60.5万吨,减少18.0%。油料播种面积49.7万公顷,减少3.9%;总产量143.3万吨,减少6.1%。蔬菜播种面积110.1万公顷,与上年持平;总产量6742.1万吨,增长0.9%。畜牧业、渔业保持平稳发展。肉类总产量426.6万吨,增长1.3%;生猪出栏3332.9万头,增长3.2%;水产品产量100.4万吨,增长3.9%。农业结构调整优化。畜牧、蔬菜、果品三大优势产业带动作用明显,实现产值占农林牧渔业总产值的比重达69.6%,比上年提高1.1个百分点。农业产业化经营水平继续提高,产业化经营率达到56.8%,提高1.5个百分点。

工业和建筑业。工业生产回升势头增强。全部工业增加值完成7902.1亿元,同比增长9.6%,增速比上半年加快2.6个百分点。规模以上工业增加值6310.2亿元,同比增长13.4%,比上半年加快5.6个百分点。分经济类型看,国有及国有控股企业增长11.0%,集体企业增长15.2%,股份制企业增长13.9%,外商及港澳台投资企业增长5.6%。分轻重工业看,轻工业增长9.5%,重工业增长14.4%。分行业看,在统计的38个行业大类中,有28个行业增速比上半年加快,其中交通运输设备制造、黑色金属矿采选、电气机械及器材制造、皮革毛皮羽毛(绒)及其制品、黑色金属冶炼及压延加工、石油加工炼焦及核燃料加工、金属制品、化学纤维制造、通用设备制造等行业增速在14.0%—30.1%之间。工业产品产销率为97.2%,同比提高0.2个百分点。工业结构调整步伐加快,钢铁行业优化整合力度加大。河北钢铁集团上市公司整合及钢铁主业整体上市取得明显进展。产品结构调整优化,钢材板带比为55.8%,同比提高0.3个百分点;高附加值的镀层板(带)和涂层板(带)分别增长33.5%和1.4倍。装备制造业发展迅速,完成增加值1033.5亿元,增长17.2%,增速快于全省规模以上工业3.8个百分点;占规模以上工业的16.4%,同比提高2.7个百分点。规模以上高新技术产业完成增加值631.4亿元,增长19.5%,增速快于全省规模以上工业6.1个百分点。建筑业生产稳步增长。全社会建筑业完成增加值972.8亿元,比上年增长20.5%。资质等级以上建筑业企业房屋施工面积17908.5万平方米,增长12.6%;房屋竣工面积6966.4万平方米,下降0.6%。

固定资产投资快速增长。全社会固定资产投

资完成12310.5亿元,比上年增长38.4%,其中城镇固定资产投资10515.8亿元,增长40.3%,全社会固定资产投资与城镇固定资产投资增速同比分别加快9.6和9.1个百分点;农村投资1794.7亿元,增长27.9%。

投资结构调整改善。三次产业投资加快调整,其中第一二产业投资比重下降,第三产业投资比重明显上升。三年大变样推动城市基础设施和房地产投资快速增长,城市基础设施完成投资2515.7亿元,同比增长56.9%,拉动城镇投资增长12.2个百分点;房地产开发投资1517.2亿元,增长39.9%。国家重点支持行业投资快速增长。其中农业、交通运输仓储和邮政业、教育、卫生社会保障和社会福利业等投资分别增长30.1%、84.8%、50.5%和88.0%;装备制造业和高新技术产业投资快速增长,分别增长41.3%和51.0%,增速分别高于城镇投资1.0和10.7个百分点。内涵扩大再生产比重提高。改建和技术改造投资增长59.3%,占城镇投资的10.2%,同比提高1.2个百分点。

重大项目带动作用强劲。总投资亿元以上项目2507个,同比增加1065个;完成投资4678.9亿元,增长47.7%,拉动城镇投资增长20.3个百分点。其中曹妃甸工业区和沧州渤海新区分别完成投资650.6亿元和192.9亿元,分别增长98.8%和68.8%。首钢京唐公司钢铁厂项目、邯钢集团结构优化升级项目、张石高速公路、冀东石油油气勘探开发工程等一批重大项目进展顺利。

消费品市场稳步回升。社会消费品零售总额实现5764.9亿元,同比增长18.1%,增速比上半年提高0.3个百分点。城市零售额2751.0亿元,增长17.8%;农村零售额3013.9亿元,增长18.4%,农村零售额增速快于城市0.6个百分点。分行业看,住宿和餐饮业保持较快增长,实现零售额767.4亿元,增长22.2%;批发和零售业平稳增长,实现零售额4914.4亿元,增长17.7%。分类别看,限额以上批发零售企业中,粮油、食品类增长14.9%,烟酒类增长19.0%,服装类增长17.2%,日用品类增长15.8%,家用电器和音像器材类增长10.8%,中西药品类增长22.9%,文化办公用品类增长10.3%,石油及制品类增长11.4%,汽车类增长27.5%。

出口降幅收窄。进出口总值完成296.1亿美元,同比下降22.9%,其中出口总值156.9亿美元,下降34.6%,进出口总值与出口总值降幅分别比上半年收窄0.6和1.4个百分点。加工贸易不断向好,完成出口28.5亿美元,下降15.4%,降幅比上半年收窄6.3个百分点。出口商品结构逐步调整。机电产品和高技术产品分别出口57.9亿美元和20.4亿美元,同比分别下降24.4%和3.2%,降幅分别比上半年收窄7.1和19.7个百分点;占全省出口总值的36.9%和13.0%,比上半年提高1.5和2.5个百分点。纺织纱线、织物及制品出口9.1亿美元,同比下降10.4%,比上半年收窄10.7个百分点;汽车出口2.9亿美元,同比下降46.4%,比上半年收窄9.9个百分点;服装及衣着附件出口20.2亿美元,增长18.8%;农产品出口10.2亿美元,增长1.7%。

利用外资形势向好。实际利用外资36.9亿美元,同比增长1.6%,扭转了下降局面。其中外商直接投资36.0亿美元,增长5.3%。外资向大项目集中,合同外资1000万美元以上大项目到位外资30.5亿美元,增长19.5%,占全部外商直接投资的84.8%,同比提高10.1个百分点。装备制造、医药、食品、建材等工业主要行业到位外资14.8亿美元,占全部外商直接投资的41.0%。

【金融运行】 2009年,河北省金融系统沉着应对国际金融危机,认真贯彻落实保增长、扩内需、调结构、惠民生各项政策措施,有效实施了适度宽松的货币政策,促进经济实现平稳较快增长,金融体系实现平稳运行。

面对复杂的经济环境,金融业以支持新农村建设、中小企业发展、节能减排、"城镇面貌三年大变样"等为重点,加大投放保增长,优化结构控风险,加强管理维稳定,既全力支持了全省经济发展,也有效提升了自身经营实力。截至年末,银行业金融机构本外币资产总额合计26080.51亿元,较年初增加5351.98亿元,增长20.52%,其中各项贷款余额13284.11亿元;本外币负债总额25506.08亿元,较年初增加5215.66亿元,增长25.7%,其中各项存款余额22502.40亿元。同时,按照效益原则和扁平化管理要求,银行业分支机构经营模式和资源配置更趋合理;东亚银行石家庄分行开业,填补了河北省没有外资银行机构的历史空白;股份制商业银行机构布局得到改善,兴业银行石家庄分行、民生银行邯郸支行及沧州分行相继开业；城市商业银行新设立县域机构20家，总数达到30家，县域机构覆盖率达到22.1%。

金融运行呈现以下特点：

(一)存款保持稳步增长，但活期化趋势明显。本外币各项存款余额较年初增加4658.73亿元，增长26.11%，增速比上年提高2.82个百分点。其中：人民币存款余额增加4653.52亿元，同比多增1300.10亿元。但全年存款增速逐季放缓，四个季度环比增速分别为14.26%、7.95%、1.37%、0.85%。1. 居民储蓄存款增速放缓，企事业单位存款拉动存款大幅增长。居民储蓄存款余额为13604.61亿元，比年初增加2119.50亿元，同比少增393.69亿元；比年初增长18.45%，增速较上年下降9.56个百分点。企业事业单位存款增速快，存款余额6083.85亿元，比年初增加1950.63亿元，增加额较上年多增1394.75亿元，是上年增加额的2.51倍；比年初增长47.19%，增速较上年加快31.64个百分点。2. 存款稳定性松动，活期化趋势明显。截至2009年末，全省银行业机构活期存款余额9188.49亿元，比年初增加2542.21亿元，增长38.25%，同比多增1484.23亿元，同比加快19.35个百分点。定期存款余额10499.97亿元，比年初增加1527.93亿元，增长17.03%，同比少增483.16亿元，同比下降11.92个百分点。3. 国有商业银行主导存款市场。国有商业银行各项存款余额13532.45亿元，占全部存款的61%。4. 存款市场区域差异较大。石家庄、唐山、保定三市居全省存款市场前三位，共计1182.72亿元，占全省存款的50.41%。

(二)贷款量激增，且期限长期化，信贷风险不容忽视。本外币贷款余额较年初增加3776.07亿元，同比多增2381.04亿元；增速为39.71%，同比提高23.27个百分点。年度贷款增量为有史以来最高，超过前三年贷款增量的总和，主要是由于中央四万亿投资等"保增长"措施及全省"三年大变样、推进城镇化"措施带动所致。1. 国有控股商业银行占信贷市场绝对份额。工商银行、农业银行、中国银行、建设银行、交通银行等5家国有控股商业银行各项贷款余额和新增贷款分别占比53.77%和57.60%。2. 贷款期限长期化。中长期贷款余额7160.79亿元，占全部贷款的53.90%，比年初上升5.61个百分点；新增中长期贷款2569.02亿元，占全部新增贷款的68.03%，比上年上升3.13个百分点，增幅为55.95%，同比加快33.63个百分点，高于全部贷款平均增速16.24个百分点。3. 贷款主要支持政府重点投资领域、大型企业和基础设施建设。大型企业贷款余额为3692.82亿元，比年初增加924.16亿元，占贷款增量的24.47%；基本建设贷款余额3266.87亿元，比年初增加1143.45亿元，占全部新增贷款的30.28%。4. 信贷资源继续向重点区域倾斜。石家庄、唐山、邯郸三市贷款占据全省贷款的一半，有十个地市贷款增速超过30%，有五个地市贷款增速超过40%。

在信贷高速增长的同时，潜在风险不容忽视。部分行业信贷风险有所显现。一是房地产行业潜在风险。房地产贷款余额1849.64亿元，占全部贷款的13.92%，比上年上升1.25个百分点；比年初增加644.88亿元，增长51.54%，高于贷款平均增速11.83个百分点。河北省房地产市场总体回暖，但变化不定，一旦出现大幅调整，有可能波及全省银行业形成系统性风险。二是钢铁企业潜在风险。钢铁行业是河北省支柱产业，产量连续8年居全国第一位，实现增加值占比超过三分之一。调查显示，全省钢材库存处于较平稳状态，钢铁企业除二季度存货比一季度增长27%外，其余期间库存量波动不大。但从全国看，国内钢材库存量持续加大，2009年末钢材总库存约高出上年末2000—3000万吨，一旦市场真实需求不足或市场信心受挫，有可能引发钢价暴跌，最终形成巨大的金融风险。地方政府融资平台贷款风险不断累积。全省地方政府融资平台共187家，年末贷款余额2141亿元；当年新增贷款1487.8亿元，占当年全部新增贷款的39.4%。各家银行对政府融资平台不能提供担保、质押的信贷项目，大多发放的是信用贷款。地方融资平台多由地方政府直接或间接出资设立，法人代表和主要业务人员由政府相关部门人员担任或兼职，偿债能力与政府还款意愿、财政状况息息相关，风险较大。地方法人金融机构存在一定风险隐患。一是信贷管理粗放。突出表现在：信贷投放偏快，贷款集中度偏高，且政府背景项目占比过大。二是流动性风险显现。总体流动性指标虽符合监管要求，但在存款分流及宏观调控政策双重影响下，流动性管理能力还不适应，资产负债结构和期限配置还不科学，中长期贷款占比偏高。三是市场战略趋同。主要表现为:业务品种限于存贷业务等初级产品,定价能力较弱;热衷于和国有商业银行"拼机构、拼网点、拼规模",忽视风险管控;发展思路相互效仿,客户争夺同质化加剧,精细化的金融服务不足。四是深层次问题依然存在。公司治理和内控机制有效性不足;整体风险管控体系不完善;从业人员整体素质不能适应发展需要,高层次管理人才匮乏。

(三)金融市场分析。1. 银行间市场。与全国相比,河北省银行间同业拆借市场不够活跃,全年只发生2笔拆借交易,累计成交9.50亿元,同比增加8.74亿元。受适度宽松货币政策影响,各金融机构加大了债券市场投资力度,2009年河北省银行间债券市场交易量大幅增长,较2008年增长241.2%。2. 票据市场。累计签发商业汇票3020.95亿元,比上年增加1084.91亿元,增长56.04%。银行业金融机构累计办理票据贴现业务4879.16亿元,比上年增加1744.52亿元,增长55.65%。受公开市场操作回笼流动性、大量签发票据集中到期、金融机构加大信贷结构调整等因素影响,全省票据融资量增速逐季降低,一、二、三、四季度票据贴现业务量同比增幅分别为99.4%、60.4%、37.7%、33.6%。3. 外汇市场。河北省涉外经济和外汇收支变动趋势与全国相似,表现为触底反弹的"V"型特征,但也有一些地区特点。一是出口大幅下降,进口降幅较小。钢铁、机电等主要出口产品下降34.6%,高于全国平均降幅18.6个百分点。由于对铁矿石、大豆等产品的刚性需求,进口小幅下降3.4%,低于全国平均降幅7.8个百分点。二是收支顺差创近年最低。因出口、外商直接投资等主要收入项目大幅减少,进口等主要流出项目降幅较小,全年外汇净流入大幅减少,银行结售汇顺差仅37.2亿美元,同比减少69.3%,创近4年最低。三是"资产本币化,负债外币化"倾向明显。人民币升值预期依然强烈,结汇率略有上升、售汇率略有下降,国内外汇贷款大幅增长,4年来首次出现跨境资金净流入小于银行净结汇的现象。四是外汇净流入回升势头迅猛。4季度全省银行结售汇顺差达18.1亿美元,占全省全年结售汇顺差的49%,是一季度的6.2倍。4. 证券市场。投资者在证券经营机构开户达337万户,证券经营机构托管客户资产1339亿元,实现代理证券交易额15903亿元,同比分别增长13%、121%和71%。期货投资者19517户,期末保证金余额5.3亿元,分别较上年增长93.4%和211.8%。全省35家上市公司总股本和总市值分别为218.77亿元和3121.42亿元,总市值全年上涨124.78%,比全国上市公司总市值涨幅高23.43个百分点;上市公司融资62.9亿元,其中再融资57.9亿元,首发融资5亿元,全国排名第16位,比上年上升2位。河北钢铁集团、冀中能源集团和威远生化等集团公司完成并购重组。5. 保险市场。保险业资产实力不断壮大,达到995.07亿元,比年初增加199.21亿元。累计实现原保险保费收入601.09亿元,同比增长25.07%,超过全国平均增幅11.24个百分点。全国平均保险深度为3.32%,保险密度为832.04元,河北省保险深度为3.53%,比上年增加0.56个百分点,保险密度为857.30元,比上年增加167.39元,保险深度和密度首超全国平均水平。累计承担风险总额6.32万亿元,累计赔付支出142.98亿元,同比下降3.19%,赔款给付略有减少。

(四)对不良资产的处置。截至2009年末,全省银行业机构不良贷款余额821.91亿元,比年初减少156.24亿元;不良贷款率6.19%,比年初下降4.1个百分点。从五级分类结构看,次级类、可疑类、损失类贷款余额和占比均比年初下降,余额分别比年初减少67.07亿元、85.48亿元和3.70亿元,占比分别比年初下降1.61、2.06、0.43个百分点。

【金融创新】 (一)金融产品与服务创新。一是金融衍生品、企业融资产品日益丰富。短期融资券、中期票据等非金融企业债务融资工具逐步被市场认可,全省短期融资券、中期票据融资额突破180亿元,其中:河北钢铁集团首发50亿元中期票据,填补了河北省中期票据发行的空白,并首次开展债券远期业务。二是"三农"金融产品日益丰富。农业银行推出惠农卡、惠农信用卡、农户小额贷款、农户生产经营贷款等农户个人类产品,小企业简式快速贷款、县域小企业自助可循环贷款等小企业信贷产品,充分满足了各类"三农"客户的差异化金融需求。三是城市商业银行改革创新效果显著。沧州、承德、石家庄3家行先后正式更名。石家庄市商业银行更名为河北银行后,先后在唐山、天津、邯郸设立分行,成为河北省城市商业银行第一家跨区域、跨省经营的分支机构,为河北省城市商业银行实施"走出去"发展战略起到了示范效应。当年,河北银行小企业金融服务中心正式成立,成为河北省城市商业银行首家、全国首批成立的小企业金融服务专营机构,其它城市商业银行也全部内设了小企业金融部或中小企业贷款中心,较好地满足了小企业客户融资“短、小、急”的要求。四是出台《河北省农村小额人身保险试点工作实施方案》,全面启动农村小额人身保险试点工作,仅中国人寿河北分公司自2009年7月开办试点工作以来,就为26万多人次提供了27.55亿元的风险保障。五是有效推进金融支持城镇面貌“三年大变样”。组织制定《金融支持农村新民居建设工作的指导意见》,印发《河北省廉租住房保障办法》,鼓励金融机构加大对新民居、保障廉租房、经济适用房的信贷支持力度,引导房地产业健康有序发展。六是支持中小企业发展工作。加强货币信贷政策“窗口指导”,引导河北省各金融机构加大对中小企业的贷款投放,优化信贷结构,改善和提高金融服务等项措施,出台了《中国人民银行石家庄中心支行关于加大信贷投入支持全省经济平稳较快增长的指导意见》、《中国人民银行石家庄中心支行关于加强对个体私营等非公有制经济金融服务的指导意见》等一系列制度意见。截至2009年末,全省中小企业贷款余额4147亿元,比年初增加了1186亿元,中小企业贷款余额占全部贷款余额的比重为31.6%,新增额占比达到32.3%。

(二)经营理念和工作方式创新。首创绿色信贷效果评估,围绕“绿色·金融·现代产业体系”的主题,举办了河北省第三届“环保与金融论坛”,河北省金融机构共同签署了《绿色金融宣言》。同时,注重发挥绿色金融杠杆作用,积极推进环保金融服务,支持建立现代产业体系;出台了《河北省绿色信贷政策效果评价办法》,建立绿色信贷效果评估体系,对金融机构重点项目贷款执行绿色信贷政策效果进行评价,评定优秀等级,实行奖惩制度,对高耗能、高污染行业信贷风险进行提示,将企业环境违法信息纳入征信系统,促进产业政策和信贷政策有机结合;当年评估金融机构90家,评出优秀单位六家,并公开进行通报表彰。

(张双英)

河北省主要经济金融统计

（2005—2009 年）

单位:亿元

项　　目	2005	2006	2007	2008	2009
国内生产总值	10116.60	11613.70	13863.50	16188.60	17026.60
第一产业(增加值)	1453.90	1605.40	1971.20	2034.60	2218.90
第二产业(增加值)	5324.20	6071.30	7252.50	8777.40	8874.90
第三产业(增加值)	3338.50	3937.00	4639.80	5376.60	5932.80
全社会固定资产投资	4193.50	5499.40	6876.90	8870.80	12310.50
地方财政收入	515.70	620.20	788.90	944.60	1066.20
地方财政支出	962.20	1171.40	1478.50	1851.70	2311.80
社会商品零售总额	2952.90	3397.40	3986.20	4880.40	5764.90
居民消费价格指数(以上年为100)	101.80	101.70	104.70	106.20	102.40
进出口总额(亿美元)	160.71	185.26	255.39	384.19	307.10
进口(亿美元)	51.44	56.91	85.22	143.89	141.13
出口(亿美元)	109.26	128.35	170.17	240.30	165.97
全部金融机构各项存款(余额)	10888.30	12675.86	14474.28	17844.70	22502.40
企事业单位存款	2399.43	2870.42	3592.45	4129.67	6083.85
财政存款	154.94	240.18	314.17	288.07	417.71
城乡储蓄存款	7152.90	8079.89	8972.61	11485.52	13604.61
全部金融机构各项贷款(余额)	6480.77	7480.19	8486.48	9506.74	13284.11
短期贷款	3395.53	3752.77	4114.18	4135.97	5210.24
中长期贷款	2498.55	3053.47	3904.06	4702.56	7160.79
现金投放(+)回笼(-)	+456.14	+456.15	+487.75	+423.83	+362.20
全部保险机构保险费收入	217.30	253.37	332.25	480.59	601.09
全部保险机构保险赔款支出(含满期给付)	40.40	52.31	102.40	147.68	142.98
全部保险机构保险密度(元/人)	317.60	367.32	480.00	689.91	857.30
全部保险机构保险深度(%)	2.20	2.20	2.40	3.00	3.50
保险机构总数(家)	2091.00	2971.00	3444.00	3371.00	3625.00
保险机构从业人员总数(人)	130000	130000	200000	200000	200000

注:2005—2009 年各项存贷款为本外币并表数。

石家庄市经济金融

综　述

【经济运行】　2009年,面对国际经济危机和严重的自然灾害,石家庄市人民在市委、市政府的正确领导下,坚持以科学发展观为指导,以深入学习实践科学发展观和开展“干部作风建设年”活动为动力,认真贯彻落实国家和省的一系列重大决策部署,全力“保增长、保变样、保民生、保稳定”,全市呈现出了经济回升向好,“三年大变样”快速推进,城乡居民收入不断提高,各项社会事业全面发展的良好局面。

经济总体回升向好。2009年地区生产总值跃上3000亿元台阶,达到3114.9亿元,同比增长11.1%。第一产业实现增加值305.3亿元,增长0.2%;第二产业实现增加值1558.5亿元,增长11.6%;第三产业实现增加值1251.1亿元,增长13.0%。

农业、农村经济保持了稳步增长。全市农林牧渔业总产值547.8亿元,同比增长0.7%,其中农业产值284.5亿元,下降2.4%,畜牧业产值228.4亿元,增长3.6%,农林牧渔服务业产值22.3亿元,增长8.1%。受秋粮减产影响,全年粮食总产量为497.9万吨,减产1.7%,粮食亩产439千克,减产8千克。

规模以上工业企业生产和效益继续保持增长。规模以上工业企业实现增加值1203.2亿元,同比增长13.0%。工业产销衔接较好,经济效益继续提高,亏损企业亏损额下降。全市规模以上工业产销率达98.1%;实现主营业务收入4333.2亿元,比上年同期增长9.7%;实现利税485.5亿元,增长26.0%;实现利润299.0亿元,增长26.1%。亏损企业亏损额30.6亿元,同比减亏42.2%。

实现了固定资产投资的高速增长。2009年,全市紧紧抓住国家扩大内需、保增长的重大机遇,大力推进“三年大变样”工作,以项目建设为抓手,全社会固定资产投资达到2436.4亿元,其中城镇固定资产投资2228.7亿元,二者均比上年同期增长41.3%。城镇固定资产投资中,第一产业投资50.9亿元,同比增长16.7%,第二产业投资908.8亿元,增长27.9%,第三产业投资1269.0亿元,增长54.1%。建设项目投资完成1858.0亿元,增长43.2%;全市新开工项目6785个,增长37.2%;施工项目7563个,增长33.0%,当年新开工亿元以上项目242个,同比增加177个。房地产开发完成投资370.7亿元,增长32.2%,施工面积和竣工面积分别达到2282万平方米和268万平方米,同比分别增长45.2%和22.3%。

消费品市场呈现繁荣稳定较快发展的态势。全年实现社会消费品零售总额1190.6亿元,同比增长18.4%。消费品市场近年一直保持较快增长。在消费市场中,汽车销售实现了快速增长。2009年汽车类商品销售实现零售额56.3亿元,同比增长32.8%。销售额增长较快的还有:中西药品类零售额25.6亿元,增长33.4%;住宿餐饮业零售额122.8亿元,增长23.9%。物价先降后升,全年表现为低位态势。全年市区居民消费价格同比上涨0.3%。全市工业品出厂价格指数同比下降5.45%,原材料、燃料动力购进价格涨幅同比下降6.77%。

外贸进出口受国际金融危机影响,出现较大下降。全年外贸进口12.0亿美元,同比下降13.9%;出口43.08亿美元,下降23.0%;外贸进出口总值55.08亿美元,下降21.2%。在出口中,外商投资企业出口额13.35亿美元,下降25.3%;国有企业出口5.67亿美元,下降34.4%;集体企业出口1.3亿美元,下降71.0%;私营企业出口22.63亿美元,下降9.1%。

实际利用外资保持了增长态势。年内新批准设立外商投资企业27个,新增合同总金额6.4亿美元,合同外资额2.8亿美元。年末实有三资企业481家。全市实际利用外资5.6亿美元,其中直接利用外资5.4亿美元。

财政收入完成310.25亿元,同比增长14.18%,其中一般预算收入完成125.96亿元,增长14.47%。在全部税收中,增值税完成96.37亿元,下降3.9%;营业税完成51.76亿元,增长25.4%;企业所得税完成53.0亿元,增长9.8%。全市一般预算支出236.37亿元,增长22.0%,其中环境保护支出7.7亿元,同比增长9.2%;医疗卫生支出20.2亿元,增长36.9%;教育支出61.0

亿元,增长24.1%;农林水事务支出21.4亿元,增长30.8%;社会保障和就业支出20.4亿元,增长12.5%。财政支出保证和促进了社会和谐、稳定发展。

【金融运行】 2009年,石家庄市金融系统按照中央、省、市经济工作会议精神,加强金融改革创新,坚决贯彻执行适度宽松的货币政策,千方百计增加信贷投入,调整优化信贷结构,提升金融服务质量,有力地推动了全市经济企稳回升和较快发展。

截至年末,全市金融机构人民币各项存款余额5163.06亿元,比年初增加1053.04亿元,增长25.61%,同多增272.80亿元。存款的主要特点:一是2009年各项存款快速增长。上半年人民币各项存款增量、增幅均屡创近年来新高;下半年存款走势开始回稳,增量、增速逐渐回落。二是储蓄存款活期化特征明显。截至年末,石家庄金融机构人民币储蓄存款余额2567.46亿元,比年初增加387.82亿元,同比少增97.63亿元,当年新增活期储蓄占全部新增储蓄存款的比重为40.09%。三是企业存款高速增长,企业流动性资金进一步宽裕。截至年末,石家庄金融机构人民币企业存款余额1584.05亿元,新增469.49亿元,同比多增290.41亿元,增长42.01%。当年新增企业存款占各项存款增量的比重为44.58%。

截至年末,石家庄金融机构人民币各项贷款余额2886.57亿元,比年初增加806.82亿元,增长38.79%。同比多增501.82亿元。主要特点:一是贷款投放呈现"高速高位"增长。2009年在适度宽松的货币政策作用下,金融机构信贷投放力度明显加大,贷款增速居高不下,贷款增势异常迅猛。二是货币政策工具带动作用增强,全年新增再贴现26.5亿元,为近些年最高,力度最大,有效引导了金融机构信贷投放和投向。三是贷款长期化趋势明显。从贷款期限结构的变化情况看,上半年票据融资增势迅猛,下半年增势收缩,票据融资逐渐被短期和中长期贷款替代。四是中长期贷款高位高速增长。截至年末,石家庄金融机构人民币中长期贷款余额1507.04亿元,新增中长期贷款528.48亿元,同比多增452.48亿元。五是短期贷款稳定增加。人民币短期贷款余额为1176.84亿元,新增短期贷款287.88亿元,同比多增163.26亿元。六是信贷投放以中长期贷款形式投向"铁公基"领域。主要投向以政府类投资为主导的交通运输、仓储和邮政业,制造业,水利、环境和公共设施管理业,电力、燃气及水的生产和供应业,房地产业。七是从机构看,中信银行、交通银行、兴业银行、光大银行、浦东发展银行贷款投放多。

货币政策。深入贯彻执行适度宽松的货币政策和党中央、国务院以及总行出台的一系列政策措施,坚定信心,扎实工作,全力以赴促增长。制定支持地方经济发展和加强重点产业建设的指导意见,建立贷款投放旬报、投放效果监测等制度,组织召开信贷工作座谈会、银企洽谈会、项目对接会,强化存款准备金管理和支农再贷款管理,制定和落实再贴现业务操作办法,引导和推动金融机构加大信贷投放力度,调整优化信贷结构。加大金融对环保、"三农"等薄弱环节的支持力度,组织全市金融机构签署《绿色金融宣言》,承诺实行环保"一票否决制";总结推广金融支农典型经验,并与财政局探索涉农贷款奖励办法。完善沟通协调机制,增强货币、财政、产业、环保政策的协调性;推进金融市场发展,实现企业外部融资渠道的多样性。

金融风险防范。积极抓好金融发展环境建设,确保了全市金融秩序安全稳定。建立金融系统稳定联席会议制度,创建了"三位一体"风险评估体系和"1+4"金融稳定报告体系,增强了风险监测评估的时效性和权威性。积极做好促进金融业科学发展运行机制建设,构建起了金融支持经济发展政策平台和防范化解金融风险应急平台。

【金融服务】 金融信息服务工作不断加强。建立金融统计信息快报制度,创办河北金融信息权威发布平台,继续做好"一行三局"信息共享工作,以更快更规范的的形式向社会披露金融统计信息。围绕经济金融运行中的热点难点问题,开展课题研究和特色研究,取得了多项调研成果。成功举办了2009年环渤海经济金融论坛,完成重点调研课题40多项,上报各类调研信息1000多篇,为上级行和地方政府决策提供了重要参考。支付清算体系进一步完善。加强账户信息核实、联网核查管理,积极配合法院做好账户查询工作,依法惩处多起签发空头支票行为。积极开展农村支付环境改善试点建设,推广电子商业汇票系统,建设运行河北省集中代收付系统。联合公安部门开展整治银行卡违法犯罪工作,举办"放心用卡安全支付"宣传活动。撤销县域同城票据交换,开展会计核算管理大检查,有效防范各类支付清算风险。加强人民币发行基金调拨安全管理,合理调剂券别结构,满足了经济发展的现金需求。加强残损人民币销毁、回笼款项和清分复点质量管理。推进反假货币网络建设,举办大型反假货币宣传活动,配合公安部门开展"09行动",严厉打击了各类假币犯罪行为。完善推广反洗钱监管系统,组织实施反洗钱风险分类监管,创建金融机构反洗钱风险评估指标体系和风险预警提示制度,形成了齐抓共管的良好工作格局。财税库银横向联网系统全面上线运行,顺利实现银行卡刷卡缴税。加强国库资金收支核算管理,稳步推进国库直接支付工作。研发国库资金风险分析系统,加强对代理国库业务的监督检查,确保了国库资金的安全。科技保障能力稳步提升。研发建设金融信息交换平台,实现了金融机构之间的信息资源共享。组织做好网上银行业务监督,加强重要业务系统、网络运行环境的技术保障和运行维护,保障了各业务系统的安全稳定运行。金融生态环境明显改善,提高了地方经济发展的资金吸引力。经过积极沟通协调和组织推动,市政府明确人民银行在全省社会信用体系建设中的牵头地位,确定依托人民银行征信系统建设社会信用体系的模式;先后与劳动保障、环保、质监、税务等部门达成了信用信息共享协议。"征信+信贷"中小企业信用体系建设模式取得初步效果,金融生态环境的不断改善,促使外埠资金流入明显加快。

(张双英)

石家庄市主要经济金融统计

(2005—2009年)

单位:亿元

项　目	2005	2006	2007	2008	2009
国内生产总值	1852.43	2063.80	2393.35	2838.37	3114.90
第一产业(增加值)	247.50	254.80	326.79	309.69	305.30
第二产业(增加值)	927.24	1025.30	1146.06	1424.56	1558.50
第三产业(增加值)	677.69	783.70	920.50	1104.13	1251.10
全社会固定资产投资	928.65	1096.15	1389.76	1727.00	2436.40
地方财政收入	165.64	190.06	230.35	271.72	310.25
地方财政支出	106.85	127.15	159.51	195.17	236.37
社会商品零售总额	606.20	698.80	821.00	1005.20	1190.60
居民消费价格指数(以上年为100)	101.90	101.80	104.60	106.70	100.30
进出口总额(亿美元)	44.25	41.83	51.30	69.90	55.08
进口(亿美元)	7.04	7.82	9.80	13.94	12.00
出口(亿美元)	37.21	34.01	41.49	55.96	43.08
全部金融机构各项存款(余额)	2394.77	2968.42	3331.32	4273.00	5163.06
企业存款	748.29	817.98	970.62	1115.98	1584.05
财政存款	26.68	38.57	46.54	49.12	73.32
城乡储蓄存款	1376.72	1553.24	1710.33	2299.21	2567.46
全部金融机构各项贷款(余额)	1578.85	1731.52	1853.43	2236.75	2886.57
短期贷款	714.61	752.09	815.91	924.06	1176.84
中长期贷款	665.85	771.88	924.23	1006.59	1507.04
现金投放(+)回笼(-)	-138.63	-137.21	-140.02	-129.62	
全部保险机构保险费收入					
全部保险机构保险赔款支出(含满期给付)					

注:全部金融机构各项存、贷款余额的七项数据(不含财政存款)自2005年起为本外币统计数。

承德市经济金融

综　述

【经济运行】 2009年，承德市贯彻落实中央的各项决策部署，积极应对国际金融危机，着力保增长、调结构、强基础、惠民生，有效遏制了经济下滑，实现了经济形势的企稳回升向好。

经济总量保持较快增长，财政收入实现百亿元，带动城乡居民收入保持平稳增长。全市地区生产总值完成763.7亿元，比上年增长11%，其中第一产业实现增加值111.1亿元，增长5%；第二产业实现增加值402.9亿元，增长12.7%；第三产业实现增加值249.7亿元，增长11.2%。实现全部财政收入100.1亿元，比上年下降3.4%，其中地方一般预算收入45.2亿元，增长19.6%。全年城镇居民人均可支配收入达11951.1元，比上年增长10%，农民人均纯收入3926元，比上年增长7.4%。

农业生产呈现“一减两增”，工业经济呈回升势头。受旱灾影响，全市全年粮食产量86.98万吨，比上年减产43.66万吨。蔬菜和畜牧业生产呈现可喜变化，拉动了农业生产的增长。2009年全市蔬菜播种面积93.7万亩，比上年增长4.2%；蔬菜产量280.7万吨，增长8.5%；食用菌产量21.3万吨，增长31.7%。畜牧业生产保持较快增长。全年肉类总产量达34.8万吨，比上年增长25.6%；禽蛋产量10.3万吨，增长8.9%；牛奶产量13.1万吨，增长8.8%；全市大牲畜存栏84.7万头，增长9.5%。

工业经济呈“V”型走势，全年累计完成工业增加值305.8亿元，增长13.4%；实现利润33.4亿元，下降66.3%。

固定资产投资增长加快，成为经济实现“V”型反转的主要拉动力。2009年，全市固定资产投资施工项目2216个，比上年增长18.1%。当年新开工项目1875个，增长22%。亿元以上项目121个，比上年增加62个，其累计完成投资占全社会固定资产投资的44.2%。全年全市全社会固定资产投资完成567.2亿元，增长45.3%，较上年加快16.1个百分点。

消费品市场稳步增长，出口下滑明显。全市深入实施万村千乡、家电下乡等重点工程，大力拓展农村消费市场，共销售家电下乡产品5万余台，销售额1亿元。全年社会消费品零售总额实现218.2亿元，增长18%。

进出口总值实现2.3亿美元，下降46.2%，其中出口总值完成1亿美元，下降71.1%。

【金融运行】 2009年，在面临国际金融危机影响加深的新形势下，全市金融机构坚决落实适度宽松的货币政策和出台的一系列措施，攻艰克难，加大信贷投放力度，主动调整信贷结构，有力地支持了承德市经济的企稳回升。

各项存款平稳较快增长，资金支持当地经济发展的能力进一步增强。截至年末，全市金融机构人民币各项存款余额为897亿元，比年初增加210.4亿元，同比增长30.6%，高于河北省水平4.3个百分点，增速在河北省位次由第4位提升到第2位；人民币各项存款占河北省比重达4%，比上年末提高0.1个百分点。人民币各项贷款余额为598.6亿元，同比增长39%，增速在河北省各市位居第6位；比年初增加167.9亿元，增量是去年同期的1.9倍。全市银行业存量存贷比为66.7%，比上年提高4个百分点，较河北省平均水平高8个百分点。

中长期贷款增势迅猛，重点项目建设取得突破性进展。年末全市金融机构人民币中长期贷款余额达308.3亿元，比年初增加122.5亿元，同比增长66.2%，增量是同期的2.5倍，占全部新增贷款的73%。项目贷款主要投向以下三个领域：

（一）政府投融资平台贷款增长迅猛，重点支持城乡基础设施和环境改善。年末政府投融资平台贷款（剔除高速公路贷款）余额71.3亿元，比年初增加50.8亿元，增长247.8%。重点投放到水利环境公共设施管理业，全年全市水利环境公共设施管理业贷款增加34.4亿元，占全部新增贷款的20.8%。

（二）信贷支持交通基础设施建设的力度加大。全年京承、承秦、承唐、承朝四条高速公路新增贷款65.6亿元，占全部新增贷款的39.1%。在信贷资金的支持下，京承高速全线贯通，承秦高速开工建设，承唐、承朝高速分别完成工程进度的77%和66%。

（三）信贷资源支持了清洁能源和低碳经济发展。全市银行业机构对红松风电、龙源建投、大唐发电等风电领域企业投放贷款9.6亿元，占全部新增贷款5.7%。全市风电全年新增装机49.2万千瓦，累计装机达70.7万千瓦。

"三农"、中小企业贷款平稳较快增长，信贷支持弱势群体力度进一步加大。截至年末，全市金融机构农业贷款余额128.9亿元，同比增长31.4%，高于去年同期5.8个百分点；比年初增加30.8亿元，占全部新增贷款的18.3%。农业贷款大量投入有力地支持了农业生产、农村抗旱救灾、农业产业化项目、农村扶贫和新民居建设。全市金融机构中小企业贷款年末余额达到222.4亿元，同比增长40.8%，高于各项贷款增速1.8个百分点；比年初增加64.4亿元，占全部新增贷款的38.4%。下岗失业人员小额信用贷款余额6459万元，较年初增加5741万元，支持下岗失业人员实现再就业1.3万人。

【宏观调控】 加强窗口指导，积极支持地方经济发展。先后制定《关于金融促进经济发展的具体措施》和《建立承德市贯彻落实货币政策协调机制实施方案》，由承德市政府印发施行。利用"政府信息公开平台"，组织银行业金融机构宣传信贷政策、投放重点和金融产品等。建立了由政府主导、人民银行牵头、政府相关部门及金融机构参加的政、银、企协调联席会议制度，定期通报全市经济金融运行情况，组织开展银、企网上对接和面对面的洽谈对接活动，全年通过网络向金融机构推介项目177个，金融机构发放贷款33.5亿元，60家企业参加了银企洽谈对接活动，协议贷款额9.73亿元。认真贯彻落实《承德市金融机构支持社会主义新农村建设实施方案》，全年累放支农贷款129.7亿元。组织对市级银行业金融机构开展绿色信贷效果评估工作。

加强全市金融运行情况的调研分析，发挥货币政策效应反馈职能。按季组织金融机构召开经济金融形势分析会议，积极做好重大宏观调控政策和货币政策变化情况的调查研究，先后两次组成由主要领导带队的调研组，就货币政策落实情况深入金融机构开展调研，分别向市委、市政府提交了《关于金融机构落实货币政策情况的分析报告》和《金融支持"三农"发展的调查报告》，引起承德市委、市政府领导的高度重视，主要领导对报告做出了重要批示。

【金融服务】 调查统计和征信管理工作有新提高。进一步完善"金融统计监测管理信息系统"功能，建立金融统计信息快报制度，为各级领导、有关部门提供更加方便快捷的金融信息服务。运用金融学会平台积极开展调查研究，推动金融系统调研能力的提升。协助河北省金融学会圆满完成"2009年环渤海金融论坛"承办任务，成功举办了"积极应对国际金融危机，促进承德市经济金融平稳较快发展论坛"。"个人公积金缴存信息预处理程序"成功上线。积极推进农村信用体系建设，目前已建立农户信用档案98983户，完成了进度目标。

人民币管理工作不断深入，反假货币网络进一步完善。全年执行调运任务24次，调拨发行基金165.4亿元，投放回笼发行基金146.6亿元，确保了人民币供应。继续推进农村和城市社区反假货币网络建设，有215家反假工作站挂牌工作；加大打击假币案件和假币收缴力度，配合公安机关破获平泉县一起贩假大案，全年累计处理假币纠纷事件20多起，提供鉴定服务30余次，收缴假币2.6万张、76.6万元。

加强现代支付体系建设，确保各项资金安全。完成了承德市银行卡联网通用检测和承德银行热河信用卡发卡审核工作。开展了银行卡无障碍刷卡优秀示范街区建设，全市新增发卡8万张，新增特约商户354个，日均增加银行卡消费交易1495笔。全年会计核算、各项资金汇划准确、高效、安全。

积极做好国库经理工作。全面完成"财税库银税收电子缴库横向联网系统"推广工作，并结合承德特点，采取"1+2"方式，实现了国库业务的全程网络化处理，加快了国库资金运行效率。

金融科技对业务的支持效果显著。全面完成了金融城市网络提速升级改造、视频会议系统建设、涉密网络改造、机房视频监控系统建设工程，以及中央银行会计集中核算等重要应用系统升级换版工作，进一步推动了中心支行的信息化进程。

【金融创新】 2009年，各金融机构通过创新组织形式、信贷品种、服务方式等措施，积极支持中小企业和"三农"发展。工行于5月份成立了小企业金融服务中心，到年末实现投放小企业贷款36户、1.5亿元，小企业贷款投放速度和增长率居全省首位。农行制定了《服务“三农”工作方案》,开办了“三农”课堂,搭建起一个银政、银企、银农有效对接平台,创出了一条服务“三农”工作的新路子。中行制定了“中小企业客户授信规划”,推出了信用证、融易达、融信达等供应链融资产品。建行按照“信贷工厂”流程,进一步完善了中小企业经营中心,向客户推出了信托理财、国内保理、保兑仓、国内信用证开证及议付等“融智增值”型金融产品,满足中小企业的融资需求。承德银行开办了针对小企业的联保贷款、最高额抵押贷款、担保公司担保贷款及保函、保兑仓等授信业务,年末中小企业贷款占其全部贷款的72%。农村信用社在创新小额信贷服务方式,铺设农民借贷“绿色通道”的基础上,开办了财政扶贫贴息贷款、返乡农民工贷款、“家电下乡”贷款、新民居建设贷款等,收到良好效果。

【外汇管理】 监管与服务并重,提高外汇管理与服务水平。制定了《承德市改进外汇管理支持地方涉外经济发展的实施意见》,改进企业出口联网核查和贸易信贷登记管理,促进贸易投资便利化。加大核查力度,国际收支统计申报数据质量显著提高。加强跨境资金流动统计与监测,严防异常资金流动风险。创新对金融机构监管方式,加强对外汇市场主体监管。积极开展外汇业务合规性专项检查,加大对违规问题查处力度,促进了地方涉外经济平稳较快发展。

【保险市场】 截至年末,承德市拥有市级保险公司17家,其中财险公司10家、寿险公司7家。全年完成保费收入24.11亿元,同比下降2.6%,其中:财产险保费收入5.79亿元,增长14.6%,寿险保费收入18.32亿元,下降7.0%。全部保险赔款支出(含满期给付)6.83亿元,与上年基本持平,其中:财产险赔款支出3.95亿元,赔付率为68.3%,较上年下降0.78个百分点;寿险赔款支出(含满期给付)2.87亿元,较上年下降15.6%。

【证券市场】 截至年末,全市拥有两家证券营业部,股票资金账户发展到61179户,较上年增加8315户,增长15.7%;客户保证金达5.97亿元,增长1.06倍;证券成交额达476.27亿元,比上年增长92.3%;实现利润1亿元,增长72%。

(侯宝玖)

承德市主要经济金融统计

(2005—2009 年) 单位:亿元

项　　目	2005	2006	2007	2008	2009
国内生产总值	360.29	425.90	551.60	714.94	763.70
第一产业(增加值)	65.74	75.10	97.99	107.24	111.10
第二产业(增加值)	183.54	223.40	303.99	430.20	402.90
第三产业(增加值)	111.01	127.40	149.62	177.50	249.70
全社会固定资产投资	189.38	230.50	300.28	387.95	567.20
地方财政收入	18.08	25.56	38.14	59.50	62.17
地方财政支出	51.04	65.05	82.33	126.94	132.94
社会商品零售总额	117.90	132.90	152.79	184.97	218.20
居民消费价格指数(以上年为100)	101.80	101.40	107.00	107.30	98.30
进出口总额(亿美元)	2.28	1.69	2.50	4.31	2.31
进口(亿美元)	1.22	0.23	0.43	0.79	1.30
出口(亿美元)	1.06	1.46	2.07	3.52	1.01
全部金融机构各项存款(余额)	378.55	454.38	561.03	688.09	898.71
企业存款	73.70	91.85	125.50	133.28	221.53
财政存款	11.54	13.95	14.85	14.04	18.45
城乡储蓄存款	256.62	300.45	358.98	464.29	548.27
全部金融机构各项贷款(余额)	231.71	284.76	356.35	431.07	598.76
短期贷款	130.76	159.42	187.26	218.74	261.11
中长期贷款	81.31	101.53	142.19	185.51	308.31
现金投放(+)回笼(-)	25.54	23.76	27.36	43.20	48.37
全部保险机构保险费收入	9.35	11.18	15.76	24.76	24.11
全部保险机构保险赔款支出(含满期给付)	1.91	2.45	3.61	6.89	6.83

注:全部金融机构各项存、贷款余额的七项数据(不含财政存款)自2005年起为本外币统计数。

张家口市经济金融

综 述

【经济运行】 2009年面对国际金融危机等不利因素的影响,张家口市经济保持平稳较快发展,圆满完成了年初各项目标任务。全年国内生产总值完成800.49亿元,同比增长10%。其中第一产业实现增加值122.43亿元,同比增长2.2%;第二产业增加值334.39亿元,同比增长12.6%;第三产业增加值343.67亿元,同比增长10.1%。

从具体行业看,依靠蔬菜和畜牧业的强力支撑,农业生产在大旱之年继续保持稳定增长。全年全市农林牧渔业总产值实现216.51亿元,同比增长2.3%;其中:农业产值89.19亿元,同比下降11.2%;林业产值7.82亿元,同比增长4.9%;牧业产值111.73亿元,同比增长13.8%;渔业产值1.07亿元,同比增长14.0%;服务业产值6.70亿元,同比增长15.0%。畜牧业产值占农林牧渔业总产值比重达51.6%,比上年提高3.2个百分点。

工业生产逐月转好,经济效益稳步提高。全年规模以上工业企业增加值235.43亿元,同比增长10.1%。其中能源、食品加工、装备制造、冶金矿山产业,全年分别完成增加值71.15亿元、51.11亿元、24.85亿元、73.03亿元,分别增长7.3%、8.9%、15.5%、14.0%。从经济效益看,全年规模以上工业企业累计实现利润总额22.99亿元,同比增长26.5%。

固定资产投资继续快速增长,全年完成657.47亿元,同比增长59.4%,增速较上年提高17.9个百分点。其中,城镇固定资产投资完成580.90亿元,同比增长59.7%。在城镇固定资产投资中,建设项目完成484.63亿元,同比增长66.5%;房地产投资完成96.26亿元,同比增长55.7%。

消费市场繁荣,消费需求呈现稳步增长。全年实现社会消费品零售总额274.40亿元,同比增长18.0%。按销售单位所在地划分,全市城市零售额实现145.9亿元,同比增长18.6%,占全市消费品零售总额的53.2%;全市县及县以下农村市场零售额实现128.5亿元,同比增长17.1%。

全市利用外资共实现8288万美元,同比增长30.1%,涨幅与去年相比提高了6.7个百分点。

全市财政收入实现增长,支出保障水平进一步提升。全年全部财政收入完成122.01亿元,同比增长6.4%,财政支出154.58亿元,同比增长39.2%。

人民生活水平继续提高,2009年城市居民人均可支配收入13246元,同比增长9.9%,农民人均纯收入3559元,同比增长8.3%,全市在岗职工年平均工资26678元,同比增长13%。

【金融运行】 2009年末,张家口市金融机构本外币各项存款余额1135.64亿元,比年初增加267.85亿元,增长30.9%,同比多增116.32亿元;本外币各项贷款余额783.82亿元,比年初增加236.72亿元,增长43.3%,同比多增137.25亿元。金融运行主要特点:

(一)存款增势迅猛,企业存款增量创历史新高。2009年,全市金融机构企业存款余额304.61亿元,比年初增加131亿元,同比增长76%,是上年同期的7倍。新增企业存款主要构成因素:一是派生存款增加较多。全年由于贷款投放产生的派生企业存款近27亿元;二是财政性存款占比较高。上级划拨的防风治沙专项资金,各类基金、经费等共计26亿元;三是交通公路建设部门存款较多,共计17亿元。另外,今年该市工程建设项目较多,也是企业存款激增因素之一。2009年,该市人民币存款存量与当年增量在河北均排名第9位,同比增速排名第1位,高出河北省5.01个百分点。

(二)贷款超量投放,增幅高于全省平均水平。2009年,全市银行业金融机构人民币贷款余额782.67亿元,比年初增加236.28亿元,增长43.3%,同比多增137.13亿元。我市人民币贷款存量和增量在河北均排名第6位,同比增速排名第1位,高出全省平均水平4.5个百分点。从贷款的投向结构看,主要分布在以下几个行业:投向路政建设项目88亿元,占比37%;投向风电、热电等电力能源行业46亿元,占比19%;投向制造业39亿元,占比17%;投向城市拆迁改造等城建项目约17亿元,占比7%;投向矿山开采行业等6亿元,占比3%;投向房地产行业6亿元,占比3%;投向“三农”生产28.5亿元,占比12%,贷款向市政建设、能源电力等行业集中的趋势明显。

【金融调控】 2009年,中国人民银行张家口市中心支行按照人总行货币政策意图,贯彻执行适度宽松的货币政策,保证了辖区经济平稳较快发展。一是加强对货币信贷政策执行情况的监测并及时反馈监测效果。做好绿色信贷政策效果监测评价工作,加强对货币信贷政策执行情况及经济金融运行情况的监测和反馈,做好利率监测和农村信用社改革后续监测工作;二是以"窗口指导"为平台,引导金融机构加大信贷投入。制定了《关于加大信贷投入支持全市经济平稳较快发展的指导意见》。引导金融机构加大对重点项目、弱势领域、中小企业、"三农"经济等的信贷投入;三是搭平台、促对接。充分利用征信等专业职能,在政、银、企之间搭建交流平台,推动合作发展,采取"信用发现"、"信用对接"、"信用组合"等措施,推荐100户信用优良企业,使全市一批信用中小企业得到了急需的贷款;协助市政府举办了"2009·张家口金融经济发展高层交流合作恳谈会"及"2009·张家口市中小企业融资对接会",并协调市中小企业局成立了"张家口市金融专家服务中心"。

【金融服务】 一是实行对外服务集中办公。中国人民银行张家口市中心支行建立了对外服务营业大厅,对人民币结算账户核准、征信管理与服务、货币咨询与鉴定等业务实行集中办公,为客户提供了便捷的"一站式"服务平台,与此同时成立了张家口市货币咨询鉴定中心,向社会提供专业化货币咨询鉴定服务,开展人民币知识普及与宣传;二是强化征信服务工作。全年为企业提供信用报告查询72次,提供个人信用报告查询服务733人次,上报异议处理事项3件,全辖办理贷款卡发放行政许可886张,办理贷款卡行政许可延续1927张;三是加强现金管理和人民币反假工作。截至12月末,全辖现金支出2878.60亿元,现金收入2835.29亿元,净投放43.31亿元,共复点残损人民币48450捆,发现长短款4134笔,金额7851.5元。办理货币咨询鉴定业务17笔,收缴假币153.8万元,组织开展了6次规模较大的集中反假宣传活动,设立宣传点120余个,散发宣传资料4万多份,接受群众咨询10余万人次;四是强化国库核算工作。截至12月末,全辖完成预算收入122.8亿元,办理预算支出288.6亿元,办理预算收入退库9.3亿元,办理预算收入更正9.0亿元。完成财税库银横向联网系统上线工作,全辖分别办理国税、地税部门横联业务103457笔和128097笔,分别占全部税收业务的78.3%和58.8%;五是强化支付结算和财务管理工作。电子对账系统成功上线运行,并按时取消辖区同城票据交换业务。做好人民币银行结算账户管理工作,全年核准市区各类账户2019户,办理销户692户,变更账户587户。制定了《中心支行经费核算操作规范》,开发运行《集中采购信息管理系统》,在全省进行了推广,并向中国人民银行总行推荐拟在全国推广。

【金融创新】 2009年,中国人民银行张家口市中心支行制定完善了《创新工作管理办法》,在全行组织开展"荐一篇、学一招、谋一项、创一点"活动,在其网站开辟《创新动态》、《经验借鉴》、《成果选编》等栏目,全行共确定创新工作项目52项,其中中支机关30项、县支行22项。工作中注重创新成果的总结推介,目前已经有15项得到了上级行不同形式的认可,其中,被人总行及总行司局认可3项,被人行天津分行认可2项,被人行石家庄中支认可10项。创新农村金融产品拓展信用延伸服务、开发国库资金风险分析系统、人民银行干部职工有关行为排查被人总行相关司局认可;开发运行金融统计检查管理信息系统、残币复点管理信息系统、反洗钱现场监管应用系统、集中采购信息管理系统四项工作,其上级行在张家口市召开现场会进行了推广;"协会+联保基金+银行"信贷管理模式、反洗钱现场监管应用系统等创新工作项目被人行石家庄中心支行列入全省重点创新工作项目;建立信用联合体、推行"信通卡"小额贷款工作,都已收到明显效果;建立健全特色农业贷款风险补偿制度和中小企业贷款风险补偿机制,引起张家口市委、市政府的高度重视,侯亮常务副市长两次带领有关部门专门到张北、康保召开现场会,在全市组织推广。

【外汇管理】 2009年,中国人民银行张家口市中心支行继续加强外汇管理工作。一是为更好的支持地方经济发展,做好相关部门间的协调联动,建立了涉外管理部门联系机制和重点企业联系机制;二是为进一步提高工作效率,开发了银行执行外汇管理规定情况考核系统及银行外汇从业人员考试考核系统;三是加大国际收支非现场和现场核查力度,建立了国际收支申报季度通报制度,国际收支差错率由3.1%下降到1.9%;四是积极开展外商投资企业以及境外投资企业年检工作,加强外商投资企业的审批和登记管理，不断提高利用外资质量。全年新设外资企业11户，新增外资注册资本16147万美元，实际到位8688万美元，超额完成河北省政府下达的任务；五是积极履行外汇监管职能，对辖内5家外商投资企业及3家外汇指定银行进行了专项检查。截至12月末，全市完成国际收支总额59526万美元，结汇收入26095万美元，售汇支出35028万美元。

【保险市场】 截至2009年末，张家口市共有19家保险机构，其中财险公司11家，寿险公司8家，较2008年新增寿险公司1家。全市保险业保费年累计收入达到26亿元，比上年同期增长35.1%，支付赔款和给付5.03亿元，赔付率为19.4%。

【证券市场】 2009年，随着总体经济的逐步回暖，全市证券市场业务有所回升，营业部股民开户数达到67071户，实现股票成交量436亿元，成交量较2008年度增加203亿元。

（赵　翀）

张家口市主要经济金融统计

（2005—2009年）　　单位：亿元

项　目	2005	2006	2007	2008	2009
国内生产总值	412.87	475.53	564.47	720.37	800.49
第一产业（增加值）	65.60	78.61	85.25	118.89	122.43
第二产业（增加值）	184.16	207.47	254.28	316.73	334.39
第三产业（增加值）	163.11	189.45	224.93	284.75	343.67
全社会固定资产投资	167.70	223.85	298.46	410.31	657.47
地方财政收入	21.11	24.30	34.47	41.61	47.00
地方财政支出	58.69	68.61	92.62	111.09	154.58
社会商品零售总额	146.14	165.21	190.22	232.62	274.40
居民消费价格指数（以上年为100）	102.00	101.70	105.40	106.90	100.60
进出口总额（亿美元）	2.95	4.12	6.85	8.18	4.95
进口（亿美元）	1.24	1.21	2.20	4.44	3.41
出口（亿美元）	1.71	2.91	4.65	3.74	1.54
全部金融机构各项存款（余额）	531.59	614.65	715.86	867.40	1135.64
企业存款	92.08	110.83	154.61	174.76	304.61
财政存款	15.67	18.86	15.74	13.67	22.96
城乡储蓄存款	378.66	434.11	491.96	610.79	725.75
全部金融机构各项贷款（余额）	324.99	399.97	474.45	546.94	783.82
短期贷款	156.15	184.48	215.18	220.77	300.12
中长期贷款	142.84	188.58	232.20	293.40	435.67
现金投放（+）回笼（-）	70.90	57.32	57.43	54.87	43.31
全部保险机构保险费收入	9.60	10.63	14.72	19.25	26.00
全部保险机构保险赔款支出（含满期给付）	2.51	2.17	4.28	7.38	5.03

注：全部金融机构各项存贷款余额的七项数据（不含财政存款）自2005年起为本外币统计数。

秦皇岛市经济金融

综 述

【经济运行】 2009年,秦皇岛市坚持以科学发展观统揽全局,积极贯彻落实中央应对危机的一揽子计划,加大力度保增长,保民生、保稳定,全市经济呈现企稳回升的运行态势。实现生产总值877.01亿元,同比增长10.0%。其中第一产业增加值100.16亿元,增长5.8%,第二产业增加值323.00亿元,增长10.3%,第三产业增加值453.85亿元,增长10.6%。

(一)农业生产较为平稳。全市实现农业增加值100.16亿元,同比增长5.8%。受今年7月以来的严重干旱影响,粮食略有减产,全年粮食总播种面积140990公顷;粮食单产5800千克/公顷,下降4.5%;粮食总产82.08万吨,同比减少4.2%。主要农畜产品产量平稳增长。全年蔬菜产量253.44万吨,同比增长10.6%。肉类总产量达到28.41万吨,同比增长11.2%。生猪出栏增长9.1%,存栏增长2.3%。

(二)工业生产较快回升,效益逐步好转。全年实现规模以上工业增加值234.94亿元,同比增长10.5%。其中重工业完成增加值187.10亿元,增长12.3%;轻工业完成增加值47.84亿元,增长3.8%。股份制企业成为拉动工业增长的主要力量,增加值增长17.8%,对规模以上增长的贡献率达70.2%。装备制造业受益于国家宏观政策而保持了较快增长,增加值增长了11.6%,贡献率达35.1%;黑色金属冶炼及压延业实现恢复性增长,增加值增长20.9%,贡献率为45.1%。全年实现利润总额3.35亿元,同比下降91.5%,实现税金总额25.28亿元,下降13.4%,降幅分别比前三季缩小11.2个百分点和2.6个百分点。

(三)固定资产投资实现较快增长。全年完成全社会固定资产投资420.73亿元,同比增长38.6%,增幅比上年加快18.3个百分点。其中:城镇固定资产投资完成327.23亿元,增长38.4%。房地产投资在连续9个月下滑之后,实现恢复性增长,全年累计完成投资94.14亿元,增长14.1%。商品房销售由去年的下降转为猛增,全年共销售商品房200.40万平方米,实现销售额86.58亿元,分别增长55.3%和68.2%。项目建设成为投资增长的主要支撑。全市项目建设(不含房地产)投资完成316.81亿元,比上年增长48.3%,占全社会投资的比重达75.3%。全市在建项目1721个,比上年增长530.9%,其中年内新开工项目1148个,增长32.0%,亿元以上项目54个,增长116.0%。

(四)服务业实现平稳较快增长。全市第三产业实现增加值453.85亿元,占GDP的比重达到51.7%,同比提高3.5个百分点。交通运输业不断好转,全年港口吞吐量接近上年水平,达到2.46亿吨;道路运输喜忧参半,货运量同比增长7.9%,但客运量下降10.7%;邮政电信业平稳增长,业务收入增长4.6%。旅游业成为今年的一大亮点,全年接待国内外游客1660.85万人,同比增长33.4%;旅游总收入96.06亿元,增长32.0%,旅游人数和收入均达到历史最好水平。

(五)消费需求增长稳中趋快。全年实现社会消费品零售额283.25亿元,同比增长18.0%。其中秦皇岛市级市场实现社会消费品零售额187.04亿元,同比增长12.6%;县及县以下市场实现零售额96.21亿元,增长30.0%,增幅高于全市平均增幅12.0个百分点。汽车类商品零售额增长14.0%,家电类商品增长33.6%,是拉动社会消费品增长的主要动力。

(六)利用外资平稳增长,外贸形势依然严峻。全年引进外商直接投资4.57亿美元,同比增长13.9%,超额完成了省市目标。引进市外资金79.30亿元,增长20.3%。实现进出口总额33.16亿美元,比上年下降33.7%。其中出口16.18亿美元,下降48.3%,仅完成全年计划的49.0%;进口16.89亿美元,下降9.3%。

(七)财政收入先扬后抑,支出向重点领域倾斜。全市全部财政收入完成114.66亿元,同比增长6.4%,其中一般预算收入56.33亿元,增长15.7%。从税种看,消费税、营业税和契税增幅分别为152.3%、20.3%和74.9%,是拉动收入增长的主力。全市一般预算支出103.9亿元,同比增长12.4%。其中教育、社会保障和就业、医疗卫生、城乡社区事务、农林水事务等重点领域和薄弱环节得到重点保障,实现了较快增长,增幅分别为8.5%、11.4%、37.1%、24.5%和33.6%。

（八）CPI、PPI 仍呈下降趋势，降幅收窄，房屋销售价格继续上涨。全年居民消费价格总水平累计比上年下降 1.2%。其中食品价格上涨 1.8%，拉动价格总水平上涨 0.6 个百分点。全市工业品出厂价格走势前 6 个月降幅持续扩大，7 月份以后则逐月缩小，工业品出厂价格同比下降 10.5%。购房需求的集中释放带动了房地产价格上涨，房价同比上涨 1.3%。

（九）城乡居民收入平稳增长。全市城镇居民人均收入 15458 元，比上年增长 10.7%。工资性收入占主导地位，增长 10.8%，拉动可支配收入增长 7.7%。农民人均纯收入达到 5516 元，增长 8.8%。

【金融运行】 银行业金融机构本外币存款余额 1303.95 亿元，比年初增加 267.35 亿元，增长 26%，增速在河北省排第 6 位。本外币贷款余额 797.23 亿元，比年初增加 235.23 亿元，增长 42%，增速在河北省排第 4 位。全年信贷增量达到上年同期的 6 倍，超额完成年初制定的全年新增 160 亿元的信贷增长目标。加上 15 亿元外域贷款和 30 亿元农村信用社资本金贷款，2009 年全市实际信贷投入总量达到 280 亿元。全市本外币存贷比达 60.5%，比年初提升了 6.2 个百分点，成为全省存贷比超 60% 的 6 个城市之一，其中：增量存贷比达 88%。信贷增速、增量和余额存贷比、增量存贷比均创历史最高纪录。

（一）中长期贷款增势迅猛，成为信贷投放的主渠道。2009 年，全市银行业金融机构信贷期限结构持续向中长期化发展。截至 12 月末，本外币短期贷款余额 249.51 亿元，比年初增加 30.99 亿元，增长 14.2%，同比多增 57.55 亿元；中长期贷款余额 478.57 亿元，比年初增加 169.3 亿元，增长 54.7%，同比多增 142.9 亿元。中长期贷款年度增量已达到短期贷款的 5.46 倍，占全部贷款增量的 71.9%。中长期贷款余额已是短期贷款的 1.92 倍，比去年同期提高 0.5 倍，贷款中长期化的趋势日益明显。

（二）信贷增速和结构实现历史性突破，重点领域投入明显增多。2009 年全市金融机构在信贷投放增速上和结构上都实现了历史性突破，重点领域信贷投入明显增多。1. 重点加大对三年大变样工程和省市重点项目信贷支持力度。到 12 月末，全市基本建设项目人民币贷款余额为 204.6 亿元，比年初新增 72.3 亿元，增长 54.6%，约占全部人民币贷款新增额的 40%，比同期多增 58.7 亿元。信贷资金重点投向了秦皇岛港东站码头改造、煤码头五期建设等一大批三年大变样工程以及省市点建设项目。2. 继续扩大房地产开发及消费贷款的支持力度。年内房地产贷款余额已达到 234 亿元，比年初增加 66 亿元，房地产贷款增量占全部贷款的 28%。其中：房地产开发贷款余额 65 亿元，比年初增加 8 亿元；个人中长期消费贷款余额 137.9 亿元，比年初增加 44.6 亿元，同比多增 38 亿元。房地产贷款及相关个人中长期消费贷款均呈稳步上升的态势。3. 积极支持全市“三个基地、一个中心建设”等支柱产业发展。各银行业金融机构不断加大对装备制造业、高新技术产业、港口物流业以及休闲旅游产业的信贷支持力度，年内对哈电集团（秦皇岛）重装装备有限公司等重要工业企业项目以及昌黎葡萄酒文化体验休闲区、山海关古城保护开发等旅游立市项目以及首钢国际物流区等港口物流企业都普遍增加了授信额度，并积极为其提供贷款、贴现、进口贸易融资等金融支持，服务手段也日趋优化。2009 年，秦皇岛市银行业金融机构对设备制造、交通运输、高新技术等行业的贷款余额已达到 300 多亿元，比上年同期增加约 70 亿元。

【金融调控】 （一）加强窗口指导和信贷政策传导，全力支持地方经济发展。中国人民银行秦皇岛市中心支行从该市经济发展全局出发，起草了《关于加大信贷投放支持我市经济平稳较快增长的指导意见》，会同秦皇岛市银监局、保险业协会联合制定了《金融支持社会主义新农村建设的指导意见》，二者都被秦皇岛市政府批转；协同该市劳动和社会保障局、财政局等相关部门联合制定印发了《关于促进小额担保贷款业务提速提质有关问题的通知》；会同该市银监局和环保局组织开展了绿色信贷政策执行情况评价，使该市各金融机构更加重视提高对产业结构升级项目、重大科技产业项目、环保项目和自主创新项目的信贷支持力度；通过召开季度金融运行形势分析会议、财税金融联席会议、建立《金融运行情况专报》制度等多种形式，及时向该市市委、市人大、市政府、市政协领导和相关部门通报全市金融运行状况、金融与经济发展中存在的问题与建议，为推进全市经济平稳较快增长的献计献策，全年共上报《金融运行情况专报》19期，多次被该市市委、市政府主要领导批示肯定；与该市各媒体进行沟通，在《秦皇岛日报》头版、《秦皇岛晚报》经济版按月发布该市金融月度运行情况，客观反映金融促进地方经济所作的努力和成效；加快银企对接速度，加强对银企对接签约项目的后续跟踪监测，协助政府部门召开了银企见面会、洽谈会、签约会，让金融机构了解和掌握企业项目基本情况、资金缺口情况，组织编写了《秦皇岛市银行业金融服务产品(推介)指导手册》一书并免费赠送给企业，向企业宣传金融政策和金融产品，努力营造银企合作的良好局面。

(二)加强对银行业金融机构的信贷指引，引导其加大信贷投入，优化信贷结构。督导金融机构按照“区别对待、有保有压”的原则，在风险可控前提下，对基本面较好、信用记录较好、有竞争力、有市场但暂时出现经营或财务困难的企业给予必要的信贷支持；引导金融机构认真落实扩大内需各项措施，有针对性地巩固和培育消费信贷增长点；鼓励金融机构开拓信贷新增长点，建立更加符合企业生产经营特点的贷款审批机制、风险定价机制和激励约束机制；引导督促金融机构突出“六个支持”，即支持“三农”、中小企业、科技创新、节能环保、民生工程和外向型经济，促进经济结构的调整和经济增长方式的转变；引导金融机构加大对经济重点领域的信贷支持力度，努力实现信贷政策与产业政策、财政政策和环保政策的协调配合，推动区域经济结构持续优化升级；落实“十一五”期间民族贸易和民族特需商品生产贷款优惠利率政策，对符合贴息政策的民族用品定点生产企业开展贴息工作，支持企业发展。积极为推进我市小额贷款公司试点工作建言献策，年内配合政府部门，组建了3家小额贷款公司，为我市金融机构组织体系的健康发展奠定了基础。

【金融服务】 一是加强对农村信用社改革票据兑付的后续监测，建立并完善农村信用社经营财务状况数据库。加强中央银行票据兑付后农村信用社现场检查和非现场监测，完善统一了全市农村信用社改革试点资金支持工作效果评估实施办法；建立了2002年至2008年农村经济金融基本情况、农村合作金融机构人民币信贷收支、资产负债、财务损益及所有者权益、涉农贷款分类等情况的数据库，为深化农村金融改革和改善农村金融服务提供决策依据。二是组织开展了秦皇岛市第四届“金融诚实守信企业”评选活动，并通过秦皇岛电视台“星光乐园”栏目举行了隆重的金融诚守信企业发布会，面向全市直播，引起了良好的社会反响；自2002年以来，在秦皇岛市政府和全市银行业金融机构的支持配合下，全面推进“金融诚实守信企业”品牌建设，取得了较好成效，在中国社会科学院组织的全国地区性金融生态环境建设评比中，秦皇岛市金融生态环境建设位列全国百强，取得了全国排名62名、河北省内排名第三名的好成绩，有力地促进了“诚信秦皇岛”的建设。三是组织开展了“诚信兴商宣传月”、“信用记录关爱日”、“支付系统宣传月”以及全国统一的“征信及相关金融知识宣传周”活动，为推进全市金融生态环境建设发挥了积极作用。

【金融创新】 一是积极优化金融生态环境和推进社会信用体系建设。组织起草了《秦皇岛市优化金融生态环境指导意见》和《秦皇岛市信用体系建设实施意见》，分别被秦皇岛市委、市政府以秦发〔2009〕21号文件和秦政〔2009〕238号文件印发实施。二是积极推动农村信用体系建设，农村金融信用环境进一步改善。中国人民银行秦皇岛市中心支行作为发起单位，联合银监局、农村信用社及政府相关部门组建了农村信用体系建设领导小组，并构建起乡镇政府、村委会、农村金融机构、农户“四位一体”的农村信用服务体系。全市评定信用乡镇2个，信用村331个，信用农户497315户。为及时监测、全面掌握全市金融风险情况和金融稳定状况，建立了《金融风险监测评估工作制度》，使金融风险监测评估工作制度化、规范化、长期化；积极开展交叉性金融业务的风险监测和评估，组织开展了全市典当行和中小企业信用担保机构的专项调查；进一步加强金融市场业务监管，根据全市各金融机构的债券交易情况，票据市场、黄金市场、记账式国债、同业拆借运行及市场变化情况，形成较全面的金融市场运行情况报告。

【外汇管理】 按照“保增长、防风险、促平衡”的要求，贯彻落实各项外汇改革政策，提高外汇管理与服务水平，全力支持外向型经济发展。一是积极推进贸易外汇管理。组织推动进出口核销制度改革及贸易收付汇核查系统试点工作，推广使用了“贸易进口异地付汇核销数据交换系统”，改进企业进口异地付汇管理方式；简化出口收结汇联网核查业务办理程序,完善企业"网上交单"功能,允许企业在特定情况下先结汇后核查;制定印发秦皇岛市中心支局远期收汇备案工作指引,简化进口货到付款项下付汇手续。二是推进资本项目外汇管理改革。与工商、商务部门加强沟通协作,及时通报已注销企业名单;组织进行年检专门培训,深入出口加工区等企业比较集中的区域现场办公;支持涉外企业贸易融资,适当提高企业出口货款预收汇比例和企业进口货款延期付汇比例,对于有真实贸易背景而无结付汇额度的企业,积极帮助其向上级局争取政策支持。三是缩短外汇业务审批审核时限,促进企业外汇资金进出速度加快。推动落实企业凭纸制报关单办理贸易收结汇的便利措施,安排实行各外汇指定银行简化货到汇款项下的付汇手续,受到银行和企业的欢迎。四是加强国际收支统计监测,提高分析预警能力。建立了国际收支统计申报、进口付汇业务系统的备份机,每月进行恢复检测,同时深入各试点银行申报网点加强检查指导,确保数据安全。五是加大外汇检查工作力度,对外汇指定银行和涉汇企业经营外汇业务和执行外汇政策情况分别开展了个人结售汇、资本金结汇、外债结售汇、贸易信贷登记业务及利润汇出与资本变动情况专项检查,针对检查中发现的违规问题,对其依法进行了处罚或限期整改,进一步规范了银行及企业的外汇经营行为。

(刘吉和)

秦皇岛市主要经济金融统计

(2005—2009 年)

单位:亿元

项目	2005	2006	2007	2008	2009
国内生产总值	501.43	571.56	665.08	808.95	877.01
第一产业(增加值)	51.00	71.92	77.80	91.12	100.16
第二产业(增加值)	200.71	218.59	256.94	327.96	323.00
第三产业(增加值)	249.72	281.05	330.30	389.87	453.85
全社会固定资产投资	164.93	211.85	252.39	303.57	420.73
地方财政收入	25.71	32.33	85.28	106.99	114.67
地方财政支出	44.18	55.62	106.76	137.69	131.49
社会商品零售总额	147.04	167.81	198.14	240.14	283.25
居民消费价格指数(以上年为100)	101.10	101.80	106.50	106.70	102.50
进出口总额(亿美元)	26.68	28.92	35.39	50.02	33.16
进口(亿美元)	8.28	9.32	13.94	31.30	16.18
出口(亿美元)	18.40	19.60	21.45	18.22	16.98
全部金融机构各项存款(余款)	635.00	725.36	851.32	1013.83	1303.95
企业存款	163.67	198.34	275.81	293.30	430.99
财政存款	4.60	6.35	12.28	9.95	24.91
城乡储蓄存款	407.67	440.44	485.88	615.54	746.56
全部金融机构各项贷款(余额)	385.76	453.78	537.74	546.78	797.23
短期贷款	188.19	205.80	220.97	214.73	249.51
中长期贷款	183.24	228.53	292.17	301.20	478.57
现金投放(+)加笼(-)	-2.41	-7.42	-11.61	-6.65	-17.60
全部保险机构保险费收入	13.78	15.08	18.15	29.81	37.16
全部保险机构保险赔款支出(含满期给付)	2.89	2.26	2.52	6.05	9.56

注:全部金融机构各项存、贷款余额的七项数据(不含财政存款)自2005年起为本外币统计数。

唐山市经济金融

综　述

【经济运行】（一）全力应对国际金融危机挑战，扩内需、保增长、调结构取得新突破。截至2009年底，唐山市完成地区生产总值3781.44亿元，同比增长11.3%以上；全部财政收入413.3亿元，剔除增值税转型政策影响，按上年可比口径增长14.1%，其中一般预算收入169.7亿元，同比增长15.8%。坚持把保增长与调结构、促转型紧密结合起来，实施千个项目保增长调结构攻坚行动，取得明显成效。全社会固定资产投资完成2180.9亿元，增长60.1%；城镇新开工项目达到2240个、增长1.4倍，完工项目1397个。信贷规模大幅增长。全市金融机构各类存款余额3677亿元、贷款余额2211亿元，新增贷款653.8亿元，比上年增长1.1倍，增量存贷比达到86.3%，同比提高37.7个百分点。在宏观经济环境比较困难的情况下，规模以上工业增加值增长13.6%。

（二）强力推进唐山湾"四点一带"开发建设，沿海经济隆起带支撑带动作用日益凸显。"四点一带"地区完成生产总值1162亿元，全社会固定资产投资1387亿元，分别占全市的31%和64%。其中曹妃甸新区完成投资1023亿元。产业聚集步伐加快，首钢京唐钢铁厂一期投产，华润曹妃甸电厂2×30万千瓦机组并网发电，华电临港重型装备制造、冀东哈电风力发电装备制造、中恒科技太阳能电池、中兵光电产业基地、中视中科激光显示基地、第四方物流南堡现代物流园等46个项目开工建设，曹妃甸纯电动汽车、中石化千万吨级炼油等一批重大产业项目前期工作取得积极进展。曹妃甸港区煤炭码头一期、通用码头一期和二期工程投入运营，京唐港区3000万吨专业煤炭泊位竣工。唐山港货物吞吐量达到1.76亿吨、增长61.8%，在全国港口排名由2008年的第15位提升到第12位。

（三）坚持统筹城乡发展，新农村建设迈出新步伐。认真落实国家各项强农惠农政策，发放粮食直补、大型农机具购置以及家电、汽车、摩托车下乡等补贴资金7亿多元，相当于全市每个农户受益700元。粮食生产再获丰收，总产达304万吨，增长5.6%，连续6年实现增产。农业结构调整扎实推进，现代农业发展步伐加快。实施农业产业化带动项目120个，农业产业化经营率达到63%，同比提高2个百分点，畜牧水产业产值占农业总产值比重达到44.3%。农村基础设施建设进一步加强，新建改造农村道路1249公里、2000个村实现硬化道路户户通，在271个村实施农村饮水安全完善改造工程、惠及21万人。

【金融运行】（一）各项贷款投放力度大、节奏快、投向集中。信贷投放总量呈"爆发式"增长。2009年末，全市金融机构本外币各项贷款余额2211亿元，比年初增长42%，比上年同期提高16.3个百分点，高于全省平均增速2.3个百分点，在全省排名第二；全年增量653.8亿元，同比多增335.2亿元，是上年同期的2.05倍。贷款存量、增量均为全省第二，在全省占比分别为16.7%和17.3%。2009年我市金融机构为促进经济的回升投入了大量信贷，为扩内需、保增长发挥了重要的支撑作用。

（二）各项存款增速回落，储蓄存款增幅减缓，企业存款大幅扬升。截至2009年年末，唐山市金融机构本外币各项存款余额3676.8亿元，比年初增加757.5亿元，同比多增102.5亿元，增速26.3%，同比下降2.6个百分点。各项存款存量、增量居全省第二，在河北省占比分别为16.3%和16.2%，增速高于全省平均速度0.2个百分点。年末全市金融机构企事业单位存款和其他存款余额1525.5亿元，比年初增长40.5%，增速比上年同期提高26.7个百分点；全年新增企事业单位存款和其他存款440亿元，同比多增233.5亿元。企业经营持续好转，实现销售收入后资金回收，以及贷款快速增长产生的大量派生存款和各类投融资公司转入的项目工程款项增加推动了企业存款的快速回升。年末，全市储蓄存款余额2146.4亿元，同比增长17.5%，增速比上年同期下降14.5个百分点；全年新增储蓄存款319.7亿元，同比少增123亿元。

（三）存贷比持续上升。2009年末本外币存量存贷比为60.1%，比上年同期提高6.7个百分点；增量存贷比86.3%，比上年同期提高37.7个百分点；存量存贷比高出全省1.1个百分点，增量存贷比高出全省5.3个百分点。全年贷款增速比存款增速高15.7个百分点。

(四)地方金融机构支付状况良好。目前,各金融企业存款备付水平比较合理。2009年末,金融机构备付金率总水平5.27%,比年初略有下降,其中农村信用社备付金率为23.8%,城市商业银行备付金率为10.3%,均处于较高水平,且保持相对稳定,地方法人金融机构流动性比较充足。

(五)金融企业经营效益稳定。2009年金融企业经营效益继续改善,经营实力进一步增强,全年实现利润61亿元,同比多增13亿元,银行类金融机构贷款质量总体较好。

(六)企业直接融资步伐加快。今年以来,人民银行通过宣传推介和银企对接活动、组织推荐筛选发债优质企业等措施,进一步加大了企业直接融资力度。全年辖区冀东水泥、开滦集团2家企业累计发行短期融资券15亿元,河北钢铁集团发行中期票据50亿元,实现了唐山市乃至河北省中期票据零的突破。

【金融调控】 一是积极宣传适度宽松的货币政策。分层次组织学习上级行工作会议精神,让干部职工学习、了解和掌握实施适度宽松货币政策的精神实质及基层行履职任务,及时组织召开了"2009年工作暨双先表彰大会"、金融系统行长(主任)联席会议、年中工作会议等综合会议和专业会议,积极贯彻落实上级行会议重点工作部署;及时将上级行工作会议精神整理成书面材料向唐山市市委、市政府领导及金融办进行汇报沟通,取得地方支持。二是积极引导金融机构贯彻落实国家适度宽松的货币政策。制定了《鼓励金融机构扩大信贷投入改善金融服务支持全市经济发展的实施意见》、《唐山市金融支持服务业发展的若干措施》、《唐山市金融支持农村新民居建设的指导意见》、《唐山市金融支持全民创业指导意见》、《唐山市人民银行县(市)支行信贷政策导向效果评估办法(试行)》,引导全市各金融机构制定具体政策措施,切实履行金融责任,加大对地方经济发展的信贷支持力度。三是加强金融运行情况监测分析,积极向地方政府献言献策,强化产业政策与货币政策的配合。建立和实行金融运行旬报告制度,加强金融形势监测分析与预测工作,按旬、按月形成监测分析向政府反馈;建立了《金融机构信贷投放旬报制度》,要求各金融机构按旬报送贷款投放进度,按月报送贷款投向结构和贷款投放计划报表,监测分析政策执行效果并向政府反馈;主动帮助地方政府寻找和培育新的经济增长点,加强信贷风险防范。

【金融创新】 按照"重创新、增亮点"的工作思路,制定了《2009年创新工作实施意见》,研究确定创新项目工作计划,加强协调、指导和督促,推动市县两级紧密结合履职要求,探索和改进提升工作效能的方法和途径,使创新性工作取得了一系列实实在在的成果,增添了整体工作的亮点。全年共开展创新项目63项,其中,列入河北省人民银行系统创新计划项目完成7项。在已完成并推广应用的创新项目中有39项得到省级以上及市政府的认可。国库会计核算业务操作手册、人民银行县(市)支行信贷政策导向效果评估办法、金融风险监测评估制度3项成果,被中国人民银行石家庄中心支行以行发文转发;唐山市金融支持农村新民居建设工作指导意见,被中国人民银行石家庄中心支行以处发文转发,在全省执行;制定服务于中小进出口企业实施贸易便利化的具体措施,得到唐山市政府副市长于山批示肯定;《唐山中支文明单位创建工作检查验收指引》被收入《中国人民银行天津分行文明单位创建工作指导手册》;探索"制度+责任+培训+考核"新的管理模式,提升县级支行信息安全能力、实施财政补贴资金国库直拨工作,分别得到中国人民银行总行科技司、国库局的肯定推介。

【外汇管理】 一是积极推进资本项目外汇管理改革,促涉外投资便利化。积极推进外汇金宏系统上线工作,借助网上申报,提高了国际收支申报工作质量;组织和实施FDI系统境外投资模块上线,顺利完成系列数据的补录和档案移交工作,完成外汇年检企业325家,参检率和通过率均达到100%;推广直接投资系统会计师事务所客户端办理验资询证业务,提高了唐山市直接投资外汇管理网络化、信息化水平。二是积极推动经常项目外汇管理改革,促对外贸易便利化。探索实施取消贸易进口异地付汇备案管理,推进省内进口异地付汇核销管理制度改革的新举措,进一步简化了贸易进口付汇手续,节省了企业付汇业务的时间,降低了企业的经营成本,深受地方政府部门、银行和涉外企业的普遍欢迎。三是加强外汇监管,努力促进国际收支平衡。加强对唐山市外汇指定银行执行外汇管理规定情况的考核和资本流出入和结汇的管理,注重对外债登记和结汇核准管理环节的控制,提高外债资金借用币别的匹配性,严格控制外债资金的结汇频率。积极促进贸易信贷登记管理,实现了企业贸易信贷资金顺畅流动。加强预收货款、预付货款以及延期付款审查确认,降低了辖内进出口企业贸易融资风险;加大非现场核查力度,开展服务贸易以及收益和经常转移项下等专项核查,申报数据质量在国家外汇管理局河北省分局季度考核中名列前茅;在全省率先建立银行外汇业务核查监管实名通报制度,规范了外汇指定银行业务操作行为。制定实施了《经常项目外汇业务事后监管分析工作规则(试行)》,在全省率先设立了经常项目外汇业务事后监管岗位,并在全省外汇管理系统予以推广。制定了《外汇检查内控风险防范评估管理工作指引》,并在全省外汇检查系统推广实施。

【保险市场】 截至 2009 年 12 月底,唐山市保险业实现保费收入 88.80 亿元,同比增加 12.51 亿元,增长 16.00%。全年保险业务赔偿支出 26.80 亿元,同比增加 0.23 亿元,增长 0.86%。

(王志山 张亚东)

唐山市主要经济金融统计

(2005—2009 年)

单位:亿元

项 目	2005	2006	2007	2008	2009
国内生产总值	2027.63	2361.68	2779.14	3561.19	3781.44
第一产业(增加值)	236.13	255.22	286.08	340.01	360.18
第二产业(增加值)	1161.37	1367.41	1595.55	2113.29	2111.97
第三产业(增加值)	629.62	739.05	897.51	1107.89	1309.29
全社会固定资产投资	635.23	765.35	1036.59	1361.32	2180.86
地方财政收入	226.87	264.29	330.81	146.66	169.72
地方财政支出	123.28	151.54	229.77	252.60	283.36
社会商品零售总额	468.59	544.28	648.83	809.76	958.56
居民消费价格指数(以上年为100)	102.20	101.30	104.30	106.10	99.90
进出口总额(亿美元)	26.00	34.64	51.94	91.99	60.96
进口(亿美元)	14.50	14.92	23.69	45.56	41.77
出口(亿美元)	11.50	197.72	28.25	49.43	19.19
全部金融机构各项存款(余额)	1597.78	1904.62	2264.20	2919.36	3676.85
企业存款	402.18	493.07	623.75	798.91	1115.99
财政存款	12.35	19.11	28.93	26.91	54.00
城乡储蓄存款	1027.33	1186.88	1383.98	1826.67	2146.42
全部金融机构各项贷款(余额)	840.53	1049.41	1266.60	1557.29	2211.07
短期贷款	434.13	544.27	655.87	654.07	745.12
中长期贷款	339.66	408.94	553.07	820.17	1332.84
现金投放(+)回笼(-)	116.62	133.92	176.97	157.77	121.82
全部保险机构保费收入	35.78	40.15	52.68	76.29	88.80
全部保险机构保险赔款支出(含满期给付)	9.01	10.84	19.72	26.57	26.80

注:全部金融机构各项存款、贷款余额的七项数据(不含财政存款)自 2005 年起为本外币统计数。

廊坊市经济金融

综　述

【经济运行】 2009年廊坊经济持续健康发展，并逐步摆脱了经济危机的负面影响，金融稳健运行，全市完成地区生产总值1160.4亿元，比上年增长10.8%；全部财政收入143.4亿元，比上年增长17.4%，其中地方一般预算收入69.3亿元，比上年增长19.5%；规模以上工业增加值392.4亿元，比上年增长14.7%；全社会固定资产投资1172.5亿元，比上年增长39.0%；城镇居民人均可支配收入18333元，农民人均纯收入6834元，分别比上年增长12.5%和11%。

【金融运行】 各金融机构在人民银行适度宽松的货币政策指引下，围绕"保增长、扩内需、调结构"的目标，认真贯彻落实国务院出台的关于金融支持经济发展九条意见和三十条措施，加大金融支持力度，有力地促进了辖区经济平稳较快发展，成为良廊坊市经济触底反弹的原动力。全市经济金融运行继续维持稳定增长局面。银行业金融机构资产规模进一步扩大，存贷款高速增长，信贷资产质量进一步好转，盈利能力有所提高。截至2009年12月末，全市金融机构本外币各项存款余额1624亿元，比年初增加342亿元，同比多增97亿元，增幅为27%。其中，企业存款增加180亿元，同比多增63亿元。储蓄存款增加179亿元。金融机构本外币各项贷款余额1066亿元，比年初增加330亿元，增速达44.9%，同比多增197.2亿元。新增存贷比为96.5%，高于全省15个百分点。现金净投放108亿元。

（一）认真贯彻落实适度宽松货币政策，促进辖区经济平稳较快发展。一是大力推动信贷产品创新。针对不同行业、企业和地域信贷需求特点，金融机构加大信贷产品创新力度，推出了适合不同市场主体的新产品，如建行推出了"速贷通"、"成长之路"；农行推出了"农户小额贷款"、"小企业简式快速贷款"、"惠农信用卡"；中行推出了"一路通"、"融信达"、"融易达"、"福费廷"；邮储银行开办了小企业贷款业务等等，通过信贷产品创新，有效带动了信贷投放，满足多元化的融资需要；二是编制了《廊坊市融资服务指南》。融资服务指南通俗易懂，为企业了解信贷融资产品、贷款办理流程提供了参考。三是促进政银企对接合作。协助地方政府举办了"中小企业银企对接恳谈会"，廊坊市200多家中小企业、京津冀18家银行参加了对接洽谈会。各县金融机构也根据辖区经济发展程度、行业企业特点，开展了银企洽谈会、信贷需求招标会、园区经济对接会等多种形式的政银企对接交流活动，银企达成贷款意向77.2亿元。四是开展绿色信贷政策执行效果评估。与廊坊市环保局、银监分局联合制定了《绿色信贷政策执行效果评估工作方案》，采取自我评价、核查评价、社会评价方式对金融机构执行绿色信贷政策的效果进行了评估，对存在问题的个别金融机构进行了质询谈话，推动各项节能环保政策措施有效落实；五是加大金融支持新农村建设力度。在政府主导、人行推动、各部门协调联动下，积极为金融支农工作优化环境、搭平台、建机制，金融支持"三农"成效显著。截至12月末，全辖新增农业贷款47亿元，同比多增27亿元，县域贷款存量占比达67%，超过河北省平均水平32个百分点。金融支农工作经验做法得到河北省政府的充分肯定，人民银行廊坊市中心支行在河北省金融支持新农村建设工作经验交流会上做了重点发言；六是加强信贷风险提示。针对某金融机构银行承兑汇票占比过大的问题，及时发出信贷提示，要求其扩大存款规模，优化存款结构，实现资金来源和运用的基本平衡，保持充足的流动性，切实防范经营风险；七是探索建立了中小企业贷款风险补偿机制。针对中小企业贷款风险大、成本高、效益低而影响金融机构放贷积极性的问题，制定了《廊坊市小企业贷款风险补偿管理办法》，推动设立风险补偿基金，中小企业贷款有风险时该基金为补偿性质，未发生风险时该基金用于奖励发放中小企业贷款的金融机构。

（二）大力推广多种有偿担保组织形式。一是人民银行三河市支行制定了《有偿担保市场管理办法》，通过搭建5个担保平台，为中小企业提供担保贷款达20亿元。二是人民银行文安县支行在新镇钢材交易市场探索推出了"信用社＋商会＋企业"式的"行业商会担保"新模式，贷款额度一般控制在商会交纳保证金的5倍之内，贷款会员向商会支付有偿担保费用。信用社已向行业商会69户会员授信,授信金额1390万元,商会为186户会员提供贷款担保,其中55户会员在农村信用社获得贷款885万元。三是人民银行霸州市支行积极促进商业银行与担保公司合作,推动建行霸州支行、建行胜芳分理处与廊坊明达担保公司、霸州市中小企业担保服务中心签署了合作协议。四是人民银行固安县支行制定了《有偿担保市场管理办法》。通过明确担保机构市场准入、担保条件、业务收费、风险防范和政策支持等,引导社会资金有序参与担保市场,进一步完善了担保市场体系。上述担保组织有效降低了金融机构的贷款风险,从实质上解决了县域中小企业贷款难、担保难问题,也降低了企业的融资成本。

(三)加强经济金融运行监测分析。一是进一步完善了金融调研分析工作机制。选配金融调研分析骨干,成立专门的金融调研分析机构,制定了一套完整的研究分析工作制度。二是建立健全了经济金融数据库。围绕经济金融分析需要制定了经济金融数据采集方案,进一步完善与地方经济综合部门信息共享机制,增强经济金融采集的科学性、真实性和时效性。三是整合了经济金融运行分析报告。在经济金融分析中增加了信贷运行、外汇收支、国库经收、支付清算、现金管理等情况,进一步增强了经济金融分析报告的完整性。四是进一步完善了部门间信息共享机制。与廊坊市保险协会、上市办、中小企业信用担保中心和财达证券、广发证券、第一创业证券、银河证券建立了业务数据与业务情况报送制度;建立环保信贷信息沟通制度。为促进产业政策和信贷政策的有机结合,推动各项节能环保政策措施的有效落实,人民银行廊坊市中心支行与廊坊银监局、环保局建立了环保及信贷信息沟通制度,从组织领导、沟通形式、信息收集反馈和使用等几个方面进行了明确。五是提高政务信息效能。通过抓选题、抓沟通、抓协调、抓质量,进一步提高了政务信息工作水平。

(四)积极推进金融服务体系现代化建设。一是召开了全市银行业金融机构支付结算联席会议。通报了2009年支付结算工作安排,发布了《廊坊市银联卡业务指导意见》,各金融机构就加快银行卡业务发展、推广应用银行本票及支付密码器提出了一些建设性意见。二是开展了农村支付结算调研。按照《关于做好农村支付服务环境调研工作的通知》要求,深入辖内各金融机构、农村企事业单位和广大农户,发放调查问卷380份,围绕人民币银行结算账户、支付工具使用、支付系统运行进行了实地调研,查找分析了农村支付服务环境建设中存在的问题,针对ATM机具布设较少、电话POS使用不到位、移动POS难以满足需求等问题制定了解决方案。三是非现金支付结算工具得到有效推广。通过加强宣传、改善用卡环境、查处违规行为,非现金支付结算工具业务量快速增长。到12月末,全市发行银行卡528.7万张,比年初增长22%,发展特约商户2431户,比年初增长31.9%,安设ATM机534台,比年初增长12.9%,布放POS机具3729个,比年初增长37%,刷卡交易6044万笔、结算金额5291亿元,其中,刷卡消费395万笔、消费金额172亿元,分别占刷卡交易总笔数、结算总金额的6.5%和3.3%;非现金支付6321万笔,结算金额12605亿元。

(五)不断提高金融服务水平,加强人民币整洁度管理。一是加强分析预测。二是突出小额票币投放重点。三是加大小额残损人民币的回笼力度。四是开展了"残币兑换月"活动。五是加强辖区小面额货币调剂。形成了由人民银行牵头、用零大户参与的小面额货币调剂工作机制,进一步畅通了小面额货币供给调剂渠道,降低了小额票币调取成本,初步形成了共同参与、相互调剂的良性循环格局。

(六)反假网络建设进一步深化。一是城乡反假网络建设更加完善。目前,农村反假网络已覆盖全辖所有乡镇、40多个集贸市场;廊坊市区建立社区反假服务点13个;对服务点已经发生变化、不符合标准的点予以撤换,严格按照服务标准组织设点,确保反假货币服务点真正起到作用。二是组织开展多种形式的反假宣传活动。重点在农村集贸市场、城市及城市社区设立反假宣传点,通过真假实物对比的方式,向群众讲解真假人民币鉴别常识,进一步提高了人民群众的假币鉴别能力。三是组织开展金融机构临柜人员上岗资格考试,提高临柜人员堵截假币的能力,有效净化人民币流通市场,维护人民币信誉。全年共组织反假资格考试2次,参考人员达171人。四是积极配合公安机关开展人民币反假"09行动",全年累计收缴各类假币24758张,金额189.3万元。

（七）履行经理国库职责。全年共办理各级预算收入348.8亿元，地方预算支出277亿元，组织商业银行国债承销机构发行凭证式国债五期，金额3.23亿元，储蓄国债（电子式）八期，金额0.6亿元，未发生任何差错。

（八）坚持外汇管理与服务并重，大力促进贸易投资便利化。按照"保增长、防风险、促平衡"的要求，认真贯彻落实各项外汇改革政策，大力促进贸易投资便利化，为支持外向型经济发展服务。开发了五项重要系统和支持地方涉外经济发展十项措施。

（九）进一步提升金融监督管理水平。一是加大《金融管理与服务手册》推广应用力度。3月6日，组织召开了有各金融机构参加的人民银行金融管理与服务座谈会，制定了《金融管理与服务手册推广应用方案》，就推广应用工作提出具体要求；举办了两期以账户、人民币管理法律法规为主要内容的金融机构业务培训班。二是积极探索金融执法检查新模式。全年共组织开展金融执法检查6次，涉及68家金融机构，发出整改通知书14份，有效规范了金融机构的业务开展，促进了金融机构依法合规经营。三是加强对金融机构反洗钱工作风险提示。研究制定了《金融机构反洗钱工作风险预警提示制度》，利用各种反洗钱信息资源，对金融机构的反洗钱工作进行评估分析，找出其风险隐患，有针对性地进行风险预警提示、督促整改，有效防范了洗钱活动的发生。四是建立健全了多层次金融风险监测体系。在对上一年度金融稳定状况进行客观评估的同时，采取定量分析与定性分析相结合的方法，加强对未来本辖区金融稳定状况的预测。五是加强财政存款缴存管理。研究制定了《银行业金融机构财政存款缴存管理暂行办法》，从缴存机构、管理原则及缴存范围等几个方面进一步规范了财政存款缴存管理。

（邵思云）

廊坊市主要经济金融统计

(2005—2009 年)　　单位:亿元

项　目	2005	2006	2007	2008	2009
国内生产总值	633.00	722.00	883.40	1051.50	1160.40
第一产业(增加值)	102.00	106.80	124.60	129.40	138.10
第二产业(增加值)	347.00	400.70	491.60	595.60	626.00
第三产业(增加值)	184.00	214.50	267.20	326.60	396.30
全社会固定资产投资	341.00	420.00	607.30	926.30	1279.69
地方财政收入	58.00	74.40	95.60	122.12	143.40
地方财政支出	54.00	66.30	84.00	111.11	123.15
社会商品零售总额	178.00	206.00	244.00	300.20	354.50
居民消费价格指数(以上年为100)	101.00	100.40	105.20	106.50	97.80
进出口总额(亿美元)	11.10	16.30	27.80	38.20	37.10
进口(亿美元)	5.30	7.70	11.90	17.90	18.55
出口(亿美元)	5.80	8.60	15.90	20.30	18.55
全部金融机构各项存款(余额)	689.00	873.10	1037.12	1281.80	1624.21
企业存款	163.00	214.66	310.19	319.80	490.65
财政存款	9.00	8.97	11.07	11.01	27.95
城乡储蓄存款	471.00	543.25	618.21	807.10	986.97
全部金融机构各项贷款(余额)	390.00	479.95	619.27	735.60	1066.02
短期贷款	225.00	268.99	319.35	337.60	420.56
中长期贷款	155.00	195.40	286.04	373.70	620.00
现金投放(+)回笼(-)	113.00	135.93	171.60	125.65	108.31
全部保险机构保险费收入					
全部保险机构保险赔款支出(含满期给付)					

注:全部金融机构各项存、贷款余额的七项数据(不含财政存款)自2005年起为本外币统计数。

保定市经济金融

综　述

【经济运行】 2009年,保定市国民经济回升、向好。全年完成国内生产总值1737.64亿元,比上年增长11%,高于全年目标1个百分点,高于全省平均水平1个百分点。其中:第一产业增加值259.36亿元,增长4.7%;第二产业增加值854.53亿元,比上年增长13.4%;第三产业增加值623.74亿元,比上年增长10.3%。

农业生产稳步增长。全年农林牧渔业、服务业总产值完成450.99亿元,同比增长4.9%。其中:农业产值完成279.97亿元,增长4.9%;林业产值完成6.87亿元,增长13.4%;牧业产值完成145.21亿元,增长6.4%;渔业产值完成5.98亿元,增长4.7%。

工业经济持续增长,经济实力进一步增强。依靠国家宏观经济政策的拉动,大力实施省市各项保增长举措,全市工业经济运行状况企稳向好,产业结构升级优化,工业运行质量提高。规模以上工业企业完成增加值477.01亿元,总量居全省第5位,增速居全省第2位。重工业对全市工业经济增长的贡献度最大,全年完成增加值300.98亿元,同比增长16.3%,占全市规模以上工业企业增加值的63.1%。轻工业完成增加值176.12亿元,同比增长11.9%。大中型工业企业拉动经济作用明显,全年完成增加值275.5亿元,同比增长15.5%,高于全市平均增速0.9个百分点,占全市规模以上工业企业增加值的57.7%。政府重点培育的支柱产业贡献突出,汽车、新能源、纺织、食品和建材五大支柱产业累计完成增加值260.5亿元,对我市工业的贡献度达54.6%。

固定资产投资强劲增长。全社会固定资产投资完成1130.43亿元,同比增长41.3%,增速增加17.6个百分点。城镇固定资产投资完成1000.88亿元,同比增长41.3%,增速增加6.4个百分点。其中:第一产业完成投资39.67亿元,比上年增长54.3%;第二产业完成投资465.99亿元,比上年增长29.7%;第三产业完成投资495.22亿元,比上年增长53.2%。重大建设项目取得长足进展。全年施工规模上亿元的项目343项,比去年增加165个。在建亿元以上项目完成投资497.98亿元,同比增长59.4%。

城乡市场繁荣活跃。消费品市场稳中趋旺,全年社会消费品零售总额730.29亿元,同比增长17.9%。市区消费品零售额330.04亿元,同比增长16.1%;县(市)城区消费品零售额168.02亿元,同比增长19.9%;县以下区域消费品零售额232.23亿元,同比增长18.9%。

利用外资和出口创汇数额比上年均有所下降。据有关部门统计,全市当年累计实现出口创汇32.82亿美元,同比下降7.44亿美元,近些年首次出现负增长。全年实际利用外资4.39亿美元、同比下降9.7亿美元、下降20.5%。全年新批利用外资合同18项,合同总金额3.05亿美元,合同利用外资1.10亿美元。全年新注册三资企业14户,注册资本1.05亿美元,其中外方资本0.90亿美元。

财政收入稳步增长。全市当年完成财政收入166.63亿元,同比增长11.5%。其中:地方一般预算收入73.26亿元,同比增长10.0%;中央"四税"收入78.94亿元,同比增长14.0%;省级税收收入14.44亿元,同比增长5.9%。。

城乡居民收入稳步增长,市场物价基本稳定。全市城镇单位从业人员当年总薪酬160.69亿元,同比增长12.6%。城镇居民人均可支配收入为13554.91元,同比增长10.1%。农民人均纯收入4681.86元,同比增长8.1%。全市居民消费价格总指数为100.2%,比上年下降4.9个百分点,其中:服务项目价格指数为101.5%,消费品价格指数为99.9%,工业产品价格指数为95.82%。

【金融运行】 2009年,保定市金融机构认真贯彻执行适度宽松的货币政策,锐意改革、积极进取、精诚服务,为地方经济的发展做出了突出贡献。截至年末,保定全辖各项存款余额达2456.58亿元,比年初增加478.76亿元,同比多增125.73亿元;年增长24.2%,同比多增2.5个百分点。全辖各项贷款余额为976.04亿元,比年初增加264.52亿元,同比多增188.12亿元;贷款年增长37.2%,同比多增25.3个百分点。

【金融调控】 (一)积极落实适度宽松的货币政策,促进地方经济平稳较快发展。一是按照上级行工作部署,以及保定市委、市政府"保增长、保民生、保安全、保变样"的基本要求,定期组织辖区金融机构召开经济金融形势座谈会,引导金融机构积极落实适度宽松的货币政策,扩大信贷投放,优化信贷结构,提高服务水平,着力加大对城市改造、"三农"、中小企业、民营企业、县域经济的信贷支持力度。保定市人民银行与中小企业局、银监分局联合出台了《关于进一步加强银保合作的指导意见》,组织金融机构和中小企业信用担保机构举办银企对接洽谈会,搭建中小企业融资担保平台,拓宽中小企业的融资渠道。二是制定了《中国人民银行保定市中心支行关于金融支持节能减排工作的意见》,在全市范围内开展绿色信贷政策效果评价,引导金融机构扩大信贷规模、调整信贷结构,对不符合国家产业政策的项目严禁信贷投放,杜绝低水平重复建设。该《意见》被中国人民银行石家庄中心支行以正式文件转发推广。三是关注民生,金融机构加大对弱势群体的支持力度。注重政策宣传与落实相结合,人民银行积极与相关部门协调,鼓励金融机构对列入规划的保障性安居工程、农村基础设施、医疗卫生、节能减排、生态环境建设等项目,优先给予信贷支持;引导金融机构开展下岗失业人员小额贷款、国家助学贷款等政策性信贷业务,促进国家各项调控政策的贯彻落实。截至年末,金融机构向下岗失业人员累计发放小额担保贷款11596万元,共2333笔,贷款余额11667万元,此项工作在河北省综合排名第二。

(二)全力维护地方金融稳定,推动辖区金融改革顺利进行。

1. 加强对经济金融运行情况的监测、分析。密切关注经济金融运行情况及发展态势,对金融机构实行金融风险监测月报制度,特别对新增贷款的行业、期限、区域分布进行重点监测分析。同时,高度关注政府投资项目的资本金落实情况,通过了解地方政府投融资平台融资情况,分析其相关信贷风险。根据《中国人民银行办公厅关于继续做好人民银行融资中心及自办经济实体清理收尾工作的通知》要求,对辖内融资中心和自办经济实体进行了全面清理,对存在的问题及时向上级行请示,寻求解决对策。对1993年以前未退市金融机构再贷款和退出市场金融机构再贷款管理情况进行了风险排查。

2. 继续深化农村信用社资金试点改革和风险监测工作。严格按照上级行的文件精神和操作要求,认真履行好专项票据兑付后监测工作的相关职责。制定了《农村信用社票据兑付后改革效果评估办法》,通过效果评估操作平台,进一步巩固农村信用社改革试点资金支持政策所取得的成果,促使农村信用社真正成为资本充足、财务状况良好、具有较强竞争力的现代金融企业。该《办法》被石家庄中支以正式文件转发推广。此外,按照金融风险监测报告制度和《金融风险重大事项报告制度》加强对高风险信用社的监测工作,对辖内蠡县、安国进行重点关注,及时上报相关情况。制定了《保定中支风险监测重点联系制度》,加强对辖区高风险金融机构的适时监测、评估和预警,及时防范和化解金融风险,确保辖区金融稳定。

3. 多措并举深入开展反洗钱工作。一是加强反洗钱宣传工作。采取悬挂条幅、张贴宣传画、发放宣传单等多种形式,加大《中华人民共和国反洗钱法》的宣传力度,提高了公众的反洗钱意识。二是推进证券、保险业反洗钱工作的全面开展。加强与相关职能部门的协调合作,加大检查力度,督促辖区证券、保险业机构建立反洗钱工作相关制度,促进了非银行业金融机构反洗钱工作深入开展。加强和改进基层证券、保险业反洗钱工作的经验做法被天津分行简报加编者按转发推广。三是开展了"护航2009"反恐融资专项行动。制订了辖区专项行动方案,针对建国60周年大庆期间可能发生的恐怖融资事件,建立了应急处置快速反应机制,有效防范了辖区恐怖融资行为的发生。四是加大现场检查工作力度。先后成立了63个现场检查组,出动617人次,对辖区农行、建行、中行、商业银行、平安财产保险公司、平安人寿保险公司、人保财险公司等7家金融机构、63个分支机构、110个营业网点进行了反洗钱现场检查。对检查中发现的问题进行了通报批评并限期整改。

【金融监管】 抓不良贷款"双降"。针对不同金融机构的特点,采取建立台账、定期召开情况分析通报会、约见高管人员进行监管谈话、督促内审部门加大检查力度等措施,努力实现不良贷款"双降"。截至年底,全辖银行业金融机构不良贷款比年初减少17.87亿元;占比下降8.24个百分点。

狠抓案件防控,全年无案件发生。与各被监管机构签订了2009年案件防控工作目标责任书,把案件防控的责任主体落到实处;对2008年案件清查工作中发现的问题，经过梳理后形成《监管意见书》、《整改意见书》印发到被监管机构，并及时跟踪金融机构整改情况；开展了对辖内银行业案件风险排查工作的自查和抽查工作，对发现的承兑汇票贴现业务中存在增值税发票虚假情况，与有关金融机构负责人进行了监管谈话；与银行业金融机构召开监管座谈会，督促其切实履行案件防控第一责任人的职责，落实案件防控的各项措施，强化操作风险监管。全年辖内银行业没有发生案件。

非现场监管能力得到增强。通过非现场监管报表分析，结合宏观经济环境以及风险变化情况，加强对各类风险的预测、预警和预判，精确揭示不良贷款、票据融资等关键风险点及其变化情况，为监管决策、现场检查和调查研究等工作提供了有力支持。对发现的部分机构流动性问题、农村信用社贷款大幅增加问题进行分析，并进一步深入调查，及时采取监管措施。

现场检查作用进一步发挥。先后开展了对银行业金融机构案件风险排查、国有商业银行新发放贷款、保定城商行落实“区别对待、有保有压”国家宏观政策及贷款“三查”情况、农村信用社信用风险等多项现场检查。全年共派出283个检查组，累计工作量4057人天，检查各类机构949家，发现各类违规问题187项，下达现场检查意见书29份，涉及金额438.6亿元，其中风险金额27.23亿元。采取强化查前培训、规范检查程序、提高检查效率、盯住问题整改等措施，充分发挥现场检查的作用。

【金融服务】 完善制度，做好辖内支付清算工作。制定了新的《县域同城资金清算业务操作流程》，于3月31日在全辖正式取消了县域手工同城票据清算业务。完成了存量单位银行结算账户法人公民身份信息核实工作；完成了中央银行会计核算系统升级换版工作。组织召开了保定市银行卡产业发展联席会议，与河北银联、各发卡银行共同创建了保定市银行卡刷卡无障碍优秀示范街区，有效推动了非现金支付工具的发展。组织市区各银行业金融机构和人民银行各县(市)支行业务骨干，进行了中央银行会计核算电子对帐系统培训，确保了该系统准时、正常上线运行，实现了人民银行与金融机构内外账逐日核对。

创造性做好国库各项工作，支持“一主三次”城市发展。按照保定市城市发展布局和规划，提供有针对性的金融服务。2009年1月份，启动了白沟·白洋淀温泉城开发区预算收入入库系统，顺利完成了资金划转入库，解决了因资金划转渠道和财政体制变化带来的入库问题，实现了开发区各级预算收入分级缴纳国库，确保了“一主三次”城市规划改革顺利进行。加强财政、税务、银行部门沟通交流，制定横向联网工作实施方案，对全辖横向联网参数进行维护和测试，确保了“财税库行”横向联网的成功上线运行。做好财务管理综合系统上线前的集中建账、业务培训等各项准备工作，确保了新系统成功上线运行。认真做好国债管理工作，全年共兑付实物券2.32万元，收款单0.34万元；全年共发行凭证式国债5期，共计4.98亿元；发行电子式国债8期，共计1.5亿元。确保全辖国债发行、兑付工作的顺利进行。准确及时地完成了凭证式国债发行的组织、宣传、统计、上报工作。

加强征信宣传，推进辖区信用体系建设。一是开展了以“珍爱信用记录、提高信用意识”、“参与征信建设、共铸和谐社会”、“信用创造财富、守信成就事业”为主题的征信知识宣传活动，通过在金融机构营业网点悬挂宣传横幅、张贴宣传海报、摆放宣传手册、电子屏幕滚动播放宣传片等多种方式进行征信知识宣传，提高了公众的诚实守信意识。二是利用贷款卡年审工作做好企业和个人信用信息基础数据库的宣传、录入工作。三是开展征信管理系统大检查，分两次对市区金融机构和全辖农村信用联社的贷款卡管理进行了现场检查，进一步掌握了贷款卡和征信管理系统的使用情况。

【外汇管理】 国家外汇管理局保定分局改进外汇管理与服务水平，做好进出口核销、外债管理、外汇统计等各项工作，为涉外企业创造和谐的金融环境。一是急企业之所急，切实为企业解决实际问题。受全球金融危机影响，国外厂商延期付款增多，影响到涉外企业出口退税的及时办理，给企业造成巨额损失风险。对此，人民银行保定中心支行积极和上级行沟通协调，创造性出台了《远期收汇备案工作指引》，为全市涉外企业避免类似损失近10亿元，受到国家外汇管理局河北省分局的充分肯定和保定市政府的通报表扬。二是加强政策宣传培训，为涉外企业应对危机出谋划策。组织辖区涉外企业外汇政策培训班7期,培训800多人次,使企业及时掌握国家有关外汇管理政策,精通业务操作,及时享受国家出台的各项出口优惠政策。三是加强金融、税务、商务、海关等部门的沟通和合作,建立了定期联席会议制度,实现了信息、数据共享,大大方便了涉外企业的退税工作,受到企业好评。四是做好进、出口核销管理。截至2009年12月,保定辖区共办理贸易项下进口付汇3797笔,金额为84096万美元;出口到货核销5042笔,核销额126075万美元。五是制定出台了《企业国际收支网上申报操作指引》,帮助新开办外汇业务的企业开通网上申报,提高了企业相关业务办理速度,该工作经验被国家外汇管理局河北省简报刊发。

(薛冀峰)

保定市主要经济金融统计

(2005—2009年)

单位:亿元

项　目	2005	2006	2007	2008	2009
国内生产总值	1089.10	1185.40	1373.40	1580.90	1737.64
第一产业(增加值)	194.10	205.16	237.00	247.00	259.36
第二产业(增加值)	536.40	585.24	663.20	763.60	854.53
第三产业(增加值)	358.60	395.00	473.30	570.30	623.74
全社会固定资产投资	560.00	578.60	650.40	804.70	1130.43
地方财政收入	101.40	118.80	121.90	149.50	166.63
地方财政支出	101.90	119.10	130.90	164.30	196.39
社会商品零售总额	385.10	441.10	509.30	619.70	730.29
居民消费价格指数(以上年为100)	101.20	101.90	106.00	105.10	100.20
进出口总额(亿美元)	13.21	20.08	30.73	49.38	41.23
进口(亿美元)	2.21	3.70	5.73	9.12	8.41
出口(亿美元)	11.00	16.38	25.00	40.26	32.82
全部金融机构各项存款(余额)	1228.23	1449.72	1624.76	1977.80	2456.58
企业存款	187.64	243.82	302.03	310.39	509.25
财政存款	10.70	26.11	25.58	35.24	37.51
城乡储蓄存款	937.75	1070.72	1195.50	1507.27	1756.06
全部金融机构各项贷款(余额)	531.48	616.62	693.37	711.52	976.04
短期贷款	373.04	393.72	370.31	326.14	428.94
中长期贷款	140.86	189.77	299.60	365.84	500.55
现金投放(+)回笼(-)	87.21	100.76	93.85	72.22	68.29
全部保险机构保险费收入	26.07	32.00	40.27	50.70	83.18
全部保险机构保险赔款支出(含满期给付)	4.43				

注:全部金融机构各项存、贷款余额的七项数据(不含财政存款)自2005年起为本外币统计数。

沧州市经济金融

综　述

【经济运行】 2009年,沧州市积极实施沿海经济社会发展强市战略,努力应对国际金融危机的不利影响,紧紧围绕“扩内需、保增长、惠民生”这个主题,强力推进渤海新区、中心城市和县域经济“三大经济版块”建设,取得良好效果,经济社会实现了平稳较快发展。

整体经济和谐快速发展。全年全市生产总值完成1900亿元,同比增长11.3%。其中:第一产业增加值完成215.3亿元,增长4.0%;第二产业增加值完成868.7亿元,增长10.2%;第三产业增加值完成816.0亿元,增长14.5%。

工业经济发展提速。全市规模以上工业企业完成增加值587.35亿元,同比增长10.7%。其中:轻工业完成增加值89.99亿元,增长11.8%;重工业完成增加值497.36亿元,增长10.4%。全市规模以上工业企业实现利税283.07亿元,同比增长28.18%;实现利润152.6亿元,同比增长6.5%。

固定资产投资快速增长。全社会固定资产投资完成1102.81亿元,同比增长39.17%。其中:城镇投资完成774.16亿元,增长38.87%;农村投资完成328.65亿元,增长39.87%。

消费品市场繁荣。全市社会消费品零售总额完成490.7亿元,同比增长18%。其中:批发业完成69.06亿元,增长11.8%;零售业完成354.67亿元,增长19.7%;住宿和餐饮业完成63.71亿元,增长18.3%。

财政、金融稳定。全市全部财政收入完成210.3亿元,同比增长33.7%。地方一般预算收入完成64.7亿元,增长14.1%。一般预算支出157.5亿元,增长26%。全市国税收入完成147.37亿元,同比增长16.18%;地税收入完成52.33亿元,增长21.74%。

市场物价平稳。12月份,全市居民消费价格指数同比上升2.7%。其中,城市上升1.6%,农村上涨4.2%。全年全市居民消费价格水平累计下降0.1%。

城乡居民收入持续增长。城市居民人均可支配收入完成14518.5元,同比增长10.2%。农民人均纯收入完成5000元,同比增长10%。

外经外贸。全市直接利用外资16484万美元,同比增长2.6%。进出口总值135355万美元,同比下降29%。其中:出口完成112419万美元,下降28.8%;进口完成22936万美元,下降29.9%。

【金融运行】 (一)各项存款持续增长,企业存款快速回升,储蓄存款增速放缓。截至2009年末,沧州市金融机构本外币合并各项存款余额为1773.28亿元,比年初增加374.88亿元,增长26.8%,同比多增83.01亿元。人民币企业存款余额为387.80亿元,比年初增加137.70亿元,增长55.1%,同比多增94.22亿元,新增存款占比同比提高22.11个百分点。人民币储蓄存款余额1197.72亿元,比年初增加183.74亿元,增长18.1%,同比下降41.15亿元,新增存款占比同比下降27.70个百分点。

(二)各项贷款增势迅猛,贷款结构进一步优化。截至2009年末,沧州市金融机构本外币合并各项贷款余额712.35亿元,比年初增加205.84亿元,增长40.6%,同比多增135亿元。从期限结构看,新增中长期贷款占比超过一半,中长期贷款持续、高位增长。2009年短期贷款、中长期贷款、票据融资分别增加73.04亿元、108.35亿元、24.76亿元,新增贷款占比分别为35.6%、52.7%、12.1%。信贷结构进一步优化,有力促进了地方经济发展。一是全市主导产业贷款增速较快。2009年末,制造业贷款余额112.51亿元,比年初增加47.72亿元,增长73.7%;建筑业贷款余额14.68亿元,比年初增加6.03亿元,增长69.7%;交通运输、仓储和邮政业贷款余额118.22亿元,比年初增加45.82亿元,增长63.3%;房地产业贷款余额28.46亿元,比年初增加13.58亿元,增长91.3%;水利、环境和公共设施管理业贷款余额35.35亿元,比年初增加23.15亿元,增长189.8%;农林牧渔业贷款余额86.82亿元,比年初增加12.18亿元,增长16.3%。二是中小企业贷款大幅增加。2009年末,全市中小企业贷款余额249.51亿元,比年初增加53.33亿元,增长27.2%,占全部新增贷款的26.0%。三是农业贷款大幅增长。2009年末全市农业贷款余额152.10

亿元,比年初增加34.84亿元,增长29.7%,占全部新增贷款的17.0%,新增贷款占比比上年同期提高10.38个百分点,同比多增30.18亿元,金融机构支持新农村建设取得较为明显的效果。四是个人消费贷款高速增长,刺激了消费市场的发展。2009年末全市个人消费贷款余额61.19亿元,比年初增加25.59亿元,增长71.9%。

(三)现金收支规模扩大,现金回笼有所减少。沧州市2009年现金收入3267.06亿元,较上年同期增加159.79亿元,增长5.0%。现金支出3258.80亿元,较上年同期增加175.72亿元,增长6.0%。收支相抵,2009年净回笼现金8.26亿元。

(四)银行业金融机构资产质量不断提高。截至2009年末,沧州市全部银行业金融机构不良贷款余额71.33亿元,比年初减少7.87亿元;不良贷款率10.0%,比年初下降5.62个百分点。

【金融调控】 (一)立足地方实际,积极贯彻落实适度宽松的货币政策。根据地方实情,制定了《关于贯彻落实适度宽松的货币政策 促进全市经济平稳较快发展的实施意见》,为引导金融机构支持地方经济增长发挥了积极作用。

(二)建立健全"四项机制",加大金融对地方经济发展的支持力度。一是与沧州市金融办、发改委、工促局、统计局等政府职能部门加强联系沟通,建立了工作协调机制。二是对金融机构、重点调查企业建立了调研监测机制。做好货币监测、工业景气调查、批发物价调查、银行家问卷调查等各项监测工作,对经济金融运行形势进行深入分析。三是建立了金融创新机制。通过多种途径和形式加快金融创新。四是建立了经验推广机制,沧州市金融支农工作在"河北省金融支持新农村建设经验交流与推进工作电视电话会议"上受到通报表扬,多项经验做法在会上做了典型发言,促进了金融支持新农村建设的深入开展。

(三)以金融支持就业为切入点,促进社会和谐稳定。联合劳动、财政部门制定了《沧州市劳动密集型小企业吸纳下岗失业人员贴息贷款实施办法》,积极鼓励劳动密集型小企业增加就业岗位。

(四)积极推进农村信用社改革,维护辖区金融秩序稳定。一是全市15家联社央行票据兑付工作全部完成,共获得中国人民银行支持资金97021万元。二是建立了农村合作机构经营财务状况数据库,补充录入辖区15个县(市、区)2002~2008年经济、金融数据,加强涉农经济金融情况的动态监测。三是建立了冀鲁毗邻中支金融稳定协调机制,签署了《冀鲁两省毗邻中支金融稳定协调机制协议》。

(五)加强监管,严格执行利率政策,实现金融市场的规范运行。一是对辖区债券市场、同业拆借市场、外汇市场等加强调查和分析,保证了辖区金融市场的健康发展。成功承办河北省中短期债券发行银企对接会暨银行间市场参与者经验交流会,并组织参会银行和企业就融资融券合作进行洽谈对接。二是加强利率监管,定期监测商业银行利率执行情况。制定了《沧州市民间借贷利率监测实施方案》,加强对民间借贷利率的监管。

【金融服务】 (一)支付结算环境进一步改善。对支票影像交换系统进行现场检查,圆满完成了存量单位银行结算账户相关个人公民身份信息真实性核实工作,共核实存量单位账户44094户,核实率100%。青县曹寺乡蔬菜批发市场作为沧州市改善农村支付环境的试点,至12月底成功布放了POS机,累计划卡结算16笔,金额49.6万元。

(二)国库服务与管理水平进一步提高。一是国库资金划转效率提高。采取了国库票据集中传递、按行别轧差清算的新模式,减少了中间环节和资金在途时间。二是创新服务手段,实现涉农补贴资金直拨到户。2009年所辖支库全部开办了直接支付业务,累计办理国库直接支付业务58次,向24031户城乡个人直接支付各类财政性资金1239.72万元,国库直接支付项目也从"家电下乡"、"汽车下乡"、"退耕还林"等涉农补贴,扩展到"城乡低保"、大学生村官、计生专干、公务人员工资等10多种财政支付项目。三是财税库银成功实现横向联网,加快了国库工作电子化进程,提高了国库工作效率。四是对7个代理支库和13个县(市)支库进行实地检查,会同财政局、各代理银行,对20个县区级单一账户改革工作进行检查指导。五是做好国债发行与兑付。共发行国债11期,其中:凭证式国债5期,金额42927.76万元;发行储蓄国债(电子式)6期,金额16519.26万元。

(三)货币发行管理得到加强。一是合理调拨资金满足市场需求,共调拨发行基金27次,金额75亿元,现金投放129亿元,货币回笼135亿元,出入库总量611亿元。二是提高流通中人民币整洁度。全年10次销毁残币金额86850万元、94470

捆。三是建立跨区域反假货币协作机制。与廊坊、保定两地毗邻六县市建立区域反假协作联动机制。全年共收缴假币3102张,金额201993元。

(四)信用体系建设稳步推进。一是提高征信数据质量。先后开展多项数据核对工作,制定地方性金融机构数据质量考核办法,实行量化考核。二是扩大非银行信息采集范围。与沧州市劳动和社会保障局、住房公积金管理中心签订信息共享协议。三是信用评级工作初步展开,全年共完成评级企业117户。四是农村信用体系建设扎实推进。利用农村信用社《信贷管理系统》,逐步录入农户档案资料,实现了农户档案信息的电子化。五是通过多种形式积极开展征信宣传。

【金融创新】 一是金融机构创新金融产品。积极开展小额助残贴息贷款、苦咸水蘑菇种植补贴贷款、林权抵押贷款;大力推广棉单、应收账款、滩涂经营权、土地承包经营权、专利权质押等贷款新品种,培育新的贷款增长点。二是创新贷款营销方式。举办了沧州市银企对接会,有275家企业与金融机构签订贷款协议书,协议金额达到87.37亿元,有14家企业与金融机构现场签约。三是创新金融组织体系。民生银行沧州分行正式成立,交通银行沧州支行获银监部门批准;7家小额贷款公司获得审批,全市小额贷款公司达到8家;成立了天津股权交易所沧州代表处,沧州会友线缆股份有限公司成为全省首家在天津股权交易所挂牌企业,共发行1000万股,融资2000万元。

【外汇管理】 一是直接投资外汇管理信息系统顺利推广,贸易进口异地付汇核销数据交互系统成功上线运行,建立了货物贸易外汇收支快速反馈机制。二是认真清理进出口收、付汇逾期未核销业务。辖区企业出口收汇逾期未核销余额下降45%,进口付汇逾期未核销余额下降35%。三是集中力量搞好外商投资企业外汇年检。辖区341家外商投资企业中有322家企业通过外汇年检,3家企业注销,16家企业建立了拟注销资料档案。四是加大国际收支核查力度。全年核查涉外收入32468笔,金额11亿美元,发现问题1623笔,金额6600万美元;核查付汇4317笔,金额22943万美元,发现问题130笔,金额168万美元。国际收支收付汇申报率达到100%。五是完善服务贸易非现场监管系统管理,组织对2009年1－9月服务贸易系统与国际收支整合数据库数据进行了核对。

【保险市场】 2009年,沧州市各保险公司以服务沧州经济社会发展为要务,不断加大业务拓展力度。2009年全市实现保费收入60.82亿元,同比增长34.3%。其中财产险保费收入13.28亿元,同比增长30.9%。人身险业务保费收入47.54亿元,同比增长为35.3%;产寿险赔给付累计14.25亿元,同比增长20.6%。全年上交税金10889万元,全市保险机构达到34家,保险从业人员16800多人。

【证券市场】 2009年河北省财达证券公司沧州广场街营业部和南北大街营业部全年证券成交额为808.6亿元,沧州市证券市场交易量有所回升。

(张美娟)

沧州市主要经济金融统计

(2005—2009 年)　　单位:亿元

项　目	2005	2006	2007	2008	2009
国内生产总值	1130.80	1281.67	1485.69	1716.16	1900.00
第一产业(增加值)	133.11	142.02	181.06	201.41	215.30
第二产业(增加值)	687.18	699.50	765.15	866.94	868.70
第三产业(增加值)	310.51	440.16	539.48	647.81	816.00
全社会固定资产投资	354.52	458.20	618.69	792.40	1102.81
地方财政收入	31.06	37.27	47.20	56.75	64.73
地方财政支出	62.10	78.91	97.95	121.86	157.54
社会商品零售总额	250.10	288.36	338.99	415.94	490.70
居民消费价格指数(以上年为100)	100.50	102.20	104.80	106.70	102.70
进出口总额(亿美元)	8.16	10.63	13.77	19.07	13.53
进口(亿美元)	1.87	1.76	2.62	3.27	2.29
出口(亿美元)	6.29	8.87	11.15	15.80	11.24
全部金融机构各项存款(余额)	895.00	1015.00	1102.00	1393.00	1773.28
企业存款	151.00	165.00	252.00	250.00	392.00
财政存款	14.00	15.00	27.00	28.00	36.00
城乡储蓄存款	373.00	744.00	789.00	1014.00	1201.00
全部金融机构各项贷款(余额)	449.00	451.00	471.00	506.00	712.35
短期贷款	264.00	239.00	246.00	219.00	295.00
中长期贷款	143.00	172.00	195.00	240.00	346.00
现金投放(+)回笼(-)	32.00	14.00	-5.00	-23.00	-8.00
全部保险机构保险费收入					
全部保险机构保险费支出(含满期给付)					

注:全部金融机构各项存、贷款余额的七项数据(不含财政存款)自2005年起为本外币统计数字。

衡水市经济金融

综　述

【经济运行】 2009年,衡水市在危机中抢抓机遇,在挑战中克难奋进,经济社会呈现超常发展的新格局,较好的完成了年初制定的各项工作任务。全市全年完成生产总值652.1亿元,比上年增长9.6%。

工、农业保持稳定发展。2009年,规模以上工业企业累计完成增加值170.8亿元,同比增长12.2%,实现销售产值674.6亿元,比上年增长9.1%,实现产销率97.95%,高于上年1.3个百分点。在年初遭受严重干旱的情况下,全市粮食总产量达34.3亿千克,连续6年保持增长。蔬菜新增10.2万亩,增长17%。

全市全社会固定资产投资完成362亿元,增长50.7%,其中城镇固定资产投资完成232亿元,增长59.5%,增幅列河北省第三位。消费品市场较快发展。受扩大内需政策、物价持续走低和假日消费等因素影响,消费品市场保持较快发展。2009年,全市累计实现社会消费品零售总额268.7亿元,同比增长18%。全年完成外贸进口1.1亿美元,同比下降23%,外贸出口12.8亿美元,同比下降6%。实际利用外资1.2亿美元,同比增长21.2%。

全市全部财政收入完成50.1亿元,增幅列河北省第二位;其中地方一般预算收入完成21.7亿元,增长40.4%,增幅居河北省第一位;全市11个县市区财政收入全部超亿元。全部财政收入占生产总值的比重达到7.7%。

“水市湖城”发展战略稳步推进。编制完成了“水市湖城”空间发展战略规划,完成拆迁337万平方米,两年累计完成508万平方米,新建改建道路11条、桥梁20座,“一湖两城”路网框架初步搭建。成功举办衡水湖保护与发展北京高峰论坛,温家宝、贾庆林、李克强等国家领导同志先后做出重要批示。

【金融运行】 衡水市各金融机构积极贯彻适度宽松政策,抵御国际金融危机的负面影响,加大贷款投放力度,各项存贷款大幅增长,为地方经济发展注入了强劲动力,实现了金融稳定、健康运行。

全市金融机构人民币存款年末余额为983.97亿元,较年初增加199.55亿元,增长25.44%,同比多增58.20亿元。增幅为近9年之最。外币存款余额4265万美元,较年初增加604万美元,增长16.50%。人民币存款中企业存款余额为166.24亿元,较年初增加44.84亿元,增长36.94%,同比多增53.97亿元;财政存款余额为26.89亿元,较年初增加10.64亿元,增长65.43%,同比多增7.44亿元。储蓄存款余额为720.90亿元,较年初增加129.48亿元,增长21.89%,同比少增1.42亿元。

全市金融机构年末人民币各项贷款余额369.62亿元,较年初增加59.99亿元、同比多增55.16亿元,增幅19.37%,较上年提高17.91个百分点。外币贷款余额3059万美元,较年初增加77万美元,增长2.58%。从历史情况来看,2009年衡水市贷款增长额创历史最高记录,2009年一年的贷款相当于过去3年的贷款量;贷款增幅为近十年来最高,提高了10个百分点以上。其中,人民币短期贷款余额为265.34亿元,较年初增加37.90亿元,增幅为16.66 %;人民币中长期贷款余额83.69为亿元,较年初增加16.66亿元,增幅为24.86%。人民币票据融资余额为19.75亿元,较年初增加4.91亿元,增长33.09%。

【金融调控】 2009年,中国人民银行衡水市中心支行认真贯彻落实国家各项宏观货币政策,以“促增长、调结构、促民生”为中心指导辖区金融工作。第一,认真贯彻落实上级行工作会议精神,把“促增长”作为首要工作任务,积极引导金融机构把握好信贷投放的力度、进度和节奏,促进地方经济发展。制定印发了《关于金融促进经济发展的实施意见》,由衡水市政府以正式文件形式下发。认真做好短期融资融券的前期准备工作,完成了5户企业债务融资推介工作,参加了河北省企业债务融资推介银企对接洽谈会。第二,用足、用活货币政策工具,支持金融机构调整信贷结构。加强与衡水市钢铁、轻工、纺织等重点产业调整振兴规划的衔接,督促、引导金融机构加大对项目建设、中小企业和“三农”的支持力度。年末全市金融机构农业贷款余额达120.78亿元,比年初增长21.2%,高于全市金融机构贷款平均增长水平2个百分点。

以《河北省绿色信贷评价指标体系》为标准，限制金融机构向“两高一资”、产能过剩和劣质企业发放贷款，促进经济结构的优化调整和发展方式的根本转变。第三，加强对金融机构指导，组织推动全市下岗失业人员小额贷款和生源地助学贷款工作。年末全市下岗失业人员小额贷款余额620万元，比年初增加241.5万元，生源地助学贷款余额320万元，比年初增加170万元，有力地支持了社会弱势群体发展。第四，对河北衡水远大集团有限公司、河北宁强光源有限公司、阜城县华兴服装有限公司3家企业民族贸易和民族用品生产贷款贴息情况进行了审查，共办理贷款贴息506万元，较好地支持了企业发展。

【金融服务】 支付结算服务手段更加先进。稳步推进支付清算体系建设，完成会计集中核算系统5.1版升级及服务器更新切换工作，系统功能得到进一步增强和完善。组织辖内银行机构按时完成个人公民身份信息核查，做好各类核准类银行结算账户的审批管理工作。全年共办理会计核算业务18459笔，601亿元；通过支付系统办理商业银行资金调拨业务5493笔，金额475亿元；办理同城票据交换清算业务65439笔，金额209亿元，实现了会计核算和资金清算安全无事故，有力地支持了地方经济金融发展。

国库服务民生力度更大。6月22日财税库银横向联网系统顺利上线，截至11月末，全市共完成各类收入51.36亿元，办理财政拨款77.76亿元，全部无差错，初步实现预算收入滚动、序时报解、无积压。积极做好金融统计及征信工作。加强对金融统计数据的分析与利用，从5月份开始，编发《衡水市金融统计信息快报》，为地方政府提供参考服务。公开贷款卡发放、年审流程，全辖共新发放贷款卡603个，年审1788个。

货币发行服务水平再上新台阶。根据衡水经济发展和市场资金需求情况，结合库存发行基金和地区阶段性现金需求，认真做好发行基金调拨，合理调配券别结构，确保库存发行基金不积压、不脱供，保障了社会用现需求。推广了人民银行景县支行《人民币管理工作达标升级考核管理办法》，全面提高了辖区人民币管理工作水平。开展反假货币鉴定师、鉴别师、识别师队伍建设，在全市共建立了118个反假宣传工作站，初步构建了农村反假货币网络，提高了反假效能。

大力推动实施阳光行政。认真做好政务公开，在机关服务大厅设置展牌，公布流程图和服务承诺。在对外服务部门推行首问负责制、一次性告知制、限时办结制、责任追究制等制度，简化了审批环节，优化了审批程序，提高了服务水平。

【金融创新】 人民银行衡水市中心支行研究修订《中心支行创新工作管理办法》，组织编印了2006—2008年度创新工作汇编，为辖区创新工作开展提供指导和参考。对辖区2009年度创新项目进行督促、汇总，及时反馈辖区创新工作进展情况。组织科室之间、科室与县支行之间开展优势互补，对意义重大、涉及面广、技术难度较大的创新项目，选配得力人员，进行联合攻关，创新取得了明显效果。

人民银行衡水市中心支行全年完成创新项目34个，各县支行完成创新项目41个，共有21项被上级行认可。其中《中央银行会计集中核算操作日志审计分析系统》被人民银行总行内审司在全国推广；“整合监管资源创新监督检查机制”的创新项目，得到人民银行总行条法司的认可；外汇管理科“外汇管理政策法规实施效果反馈工作机制”得到石家庄中支李小秋副行长肯定，并做了批示；货币信贷管理科、事后监督中心的3个创新项目被石家庄中心支行以正式文件形式认可；有17个创新项目上级行以简报、信息形式认可。

【外汇管理】 为进出口企业提供优质外汇服务。主动做好政策宣传和舆论引导工作，先后组织对4家外汇指定银行和200余家涉外企业进行了业务培训，在全省率先完成外资企业年检工作，企业参检率达到100%。加大国际收支核查力度，全面推广外汇金宏工程。加大了国际收支核查力度，按照总、分局工作思路和工作重点，结合辖区实际，对外商投资企业资金流动、银行个人结售汇情况、服务贸易及保险业结售汇情况、新增市场主体结售汇情况和国际收支申报分别进行了现场检查和核查，截至10月末，共立案9起，分别依据《外商投资企业外汇登记管理暂行办法》、《国际收支统计申报实施细则》等法规进行了处罚，结案率达到100%。

【保险市场】 截至2009年末，全市有各级别保险公司27家，保险公司经营网点240个，从业人员8617人。全市2009年实现保费收入24.1亿元，较上年增长12.6%，其中寿险收入19.5亿元，增长12.1%,财产险收入4.6亿元,增长15%。全年办理各类理赔支出1.9亿元,其中寿险赔付1805万元,财产险赔付17326万元。保险业全年上缴利税4561万元。年末全市保险深度3.65%,较上年提高0.28个百分点,保险密度561元,较去年增加64元。加大对农业生产的保障服务力度,全年办理农业险保费收入达3045万元,

【证券市场】 全年完成股票、基金交易328.36亿元,较上年同期增长19%,实现业务收入8150万元,净利润6180万元。全市证券业累计开户47034户,较上年同期新增了8731户。

衡水市主要经济金融统计

(2005—2009年) 单位:亿元

项目	2005	2006	2007	2008	2009
国内生产总值	518.10	548.80	564.50	633.80	652.10
第一产业(增加值)	89.90	98.50	106.10	110.40	123.00
第二产业(增加值)	277.00	285.60	274.20	310.00	331.20
第三产业(增加值)	151.10	164.70	184.20	213.40	197.90
全社会固定资产投资	318.50	278.00	197.30	241.10	362.00
地方财政收入	31.20	12.10	35.34	40.40	50.10
地方财政支出	44.00	44.10	54.27	66.80	90.40
社会商品零售总额	141.50	162.80	188.00	227.70	268.70
居民消费价格指数(以上年为100)	138.80	101.40	104.90	106.00	99.90
进出口总额(亿美元)	8.04	7.30	9.83	12.30	13.90
进口(亿美元)	1.16	0.92	1.30	1.50	1.10
出口(亿美元)	6.88	6.38	8.52	10.80	12.80
全部金融机构各项存款(余额)	519.55	577.85	645.38	786.92	986.90
企业存款	100.20	124.29	129.10	120.55	167.70
财政存款	7.87	10.39	12.65	16.26	26.90
城乡储蓄存款	377.20	419.44	461.63	592.48	722.10
全部金融机构各项贷款(余额)	282.77	308.54	332.71	311.67	371.70
短期贷款	218.70	234.75	257.53	227.81	265.70
中长期贷款	48.65	58.05	62.20	67.26	84.10
现金投放(+)回笼(-)	8.87	17.35	2.15	15.63	34.00
全部保险机构保险费收入	9.60	11.49	13.53	21.40	24.10
全部保险机构保险赔款支出(含满期给付)	1.12	1.96	2.31	6.30	1.90

注:全部金融机构各项存、贷款余额的七项数据(不含财政存款)自2005年起为本外币统计数。

邢台市经济金融

综述

【经济运行】 2009年,在国际金融危机等多种不利因素影响下,邢台市经济仍保持了两位数增长。全年全市国内生产总值完成1056亿元,按可比价格计算,比上年增长10%。其中,第一产业增加值158.1亿元,增长3.4%;第二产业增加值599.5亿元,增长14.4%;第三产业增加值298.5亿元,增长10.1%。

工业生产持续走高,效益降幅继续收窄。工业增加值完成558.6亿元,比上年增长10.7%。其中规模以上工业企业完成增加值382.5亿元,增长13.1%。在规模以上工业中,重工业增加值增长13.6%,比轻工业高2.2个百分点。规模以上工业实现利润总额87.2亿元,同比下降14.5%。

投资、消费需求较快增长。全年全社会固定资产投资完成840.5亿元,比上年增长39.3%。其中城镇固定资产投资完成601.8亿元,增长39.3%;农村投资完成238.7亿元,增长39.2%。全年全市社会消费品零售总额实现389.6亿元,比上年增长17.9%。

财政收入继续回升。全年实现全部财政收入110亿元,比上年增长7.6%,增速比前11个月加快4.6个百分点。分级次看,地方一般预算收入43.0亿元,增长16.6%;省级收入11.1亿元,增长0.9%;中央级收入55.9亿元,增长2.8%。

居民收入不断增加。全市城市居民人均可支配收入达13355元,比上年增长10.1%;农民人均纯收入达4467元,比上年增长7.0%。

价格指数稳步运行。2009年,全市居民消费价格指数(CPI)累计同比下降0.1%,全市工业品出厂价格指数(PPI)累计同比下降10.2%。

【金融运行】 2009年,邢台市辖区银行业金融机构认真贯彻执行"适度宽松"的货币政策,信贷投放快速增长,经营效益稳步提高,金融运行稳定,有力促进了地方经济企稳回升。

年末,全市金融机构本外币各项存款余额1387.4亿元,同比增长24.6%,增幅较上年同期提高1.3个百分点,比年初增加274亿元,同比多增63.5亿元。本外币各项贷款余额669.7亿元,同比增长41%,增幅较上年同期提高29.9个百分点;比年初增加194.8亿元,同比多增143.8亿元。其中:人民币各项存款余额1384.2亿元,同比增长24.6%,增幅较上年同期提高1.3个百分点;较年初增加272.8亿元,同比多增62.2亿元。人民币各项贷款余额663.3亿元,同比增长40.4%,增幅较上年同期提高28.7个百分点;较年初增加190.8亿元,同比多增137.4亿元。全年各机构实现人民币账面利润14.4亿元,同比增盈2.3亿元。

【金融调控】 面对国际金融危机的严峻挑战,认真贯彻执行适度宽松的货币政策,指导督促金融机构加大信贷投入,实现了地方经济企稳回升的良好局面。

(一)加强窗口指导,促进货币信贷政策的有效落实。一是通过召开经济金融形势分析会、行长联席会、信贷座谈会等形式,及时传达贯彻适度宽松的货币政策和各项宏观调控措施,引导金融机构不断调整和优化信贷结构,进一步加大对民生工程、重大工程建设、节能减排、科技创新、技术改造、区域协调发展的信贷投入,增强对中小企业、房地产、助学、就业等领域的信贷支持。二是以《邢台市信贷投放分析快报》形式,定期向市委、市政府汇报分析当前经济金融形势、邢台市经济金融运行情况、信贷投放情况,传达国家货币政策走向、信贷产业政策,增强地方政府对政策的理解和认同。三是结合辖区实际,制定出台了《关于进一步强化指导手段 促进"保增长、扩内需、调结构、防风险"贯彻落实的意见》,加强对金融机构信贷投向、信贷结构、县域和涉农贷款等的监测分析和管理,引导金融机构贯彻落实各项信贷政策,防范和规避信贷风险。

(二)加强监测分析,增强分析的及时性、完整性和实用性。一是建立地方性法人金融机构信贷投放旬报制度、金融机构信贷投向备案制度、金融机构前十户贷款备案制度、信贷结构监测通报制度、信贷规划定期预报制度。二是紧密结合实际,加强邢台市经济金融运行形势分析,重点就中小企业融资、政府融资平台建设、民间借贷、企业出口、房地产等领域开展调查研究。

(三)突出政策实施重点,积极推进金融支农工作。一是以《金融支持社会主义新农村建设监测评价报告》为龙头，定期向市委、市政府和各金融机构上级行通报评价考核结果，引起了各金融机构的高度重视。二是继续深入推进农村信用社改革工作，制定了《农村信用社改革试点资金支持工作效果评估实施方案》，加强对已兑付农村信用社的后续监测。三是积极探索信贷支农新途径，组织开展农村土地经营抵押贷款、订单质押贷款等创新性信贷业务产品探讨和调研，指导推行"公司＋合作社＋农户"＋"征信＋信贷＋保险"的3＋3支农信贷新模式，探索通过建立"扶贫信贷担保志愿者组织"、"贫困村诚信自律者联谊会"等形式拓宽农村融资渠道。

【金融服务】 （一）统计研究和征信管理工作不断加强。一是顺利完成《企业商品交易价格指数调查新系统》和《企业景气调查新系统》测试和数据核对工作，保证了经济调查数据真实可靠。二是加强对统计数据资源的开发利用，为各级领导服务。制定了《邢台市贷款投向统计表》,《金融统计信息快报制度》,《河北省各地市本外币存、贷款排位统计表》、《邢台市各金融机构存贷款排位统计表》和《邢台市各县（市）人民币存贷款情况一览表》，报送邢台市金融办、发改委、统计局、银监局、各市级银行业金融机构，并派专人报送邢台市委、市政府、市人大、市政协四大班子主要领导。研究制定了《邢台市金融统计操作规程》，建立了金融统计信息快报和信贷投向统计制度，拓宽金融信息发布渠道，提升了社会影响力。三是加强征信管理，人民银行邢台市中心支行组织开展多种形式的征信知识宣传，积极推进信用评级工作，与邢台市住房公积金管理中心签署合作协议，非银行信用信息采集工作稳步推进。全辖共受理审结1842户借款人贷款卡，年审率提高20%；为1026户借款人办理贷款卡发放核准行政许可，为183个自然人办理贷款卡编码；采集中小企业信用信息1467户，有98户中小企业得到了金融部门的信贷支持。

（二）支付结算工作稳步推进。一是组织完成了中央银行电子对账系统推广应用、ABS服务器设备更新等工作，现代化支付体系日臻完善。二是在河北省率先完成银行账户信息真实性核实工作。三是顺利完成同城票据交换业务取消工作，并制定了《中国人民银行邢台市中心支行票据传递工作突发事件应急处置办法》，有效防范了业务操作风险。四是建立"邢台市支付结算收费公约"，规范了支付结算秩序。五是大力推进银行卡产业发展，指导辖区商业银行成功发行"金牛卡"。

（三）国库管理和服务水平得到提升。一是继续做好国库业务日常核算工作，全年共办理税款入库370626笔，金额1478770万元，预算支出27319笔，金额200133万元，办理退库业务1731笔，金额5359万元，预算收入更正2558笔，金额12487万元，各项业务无一差错。二是精心准备，加强协调，推动财税库银横向联网成功上线运行。

（四）货币金银工作取得新进展。一是全年办理出入发行库业务21996笔，金额608亿元；投放131.6亿元，回笼71.9亿元，净投放59.7亿元；调拨发行基金55次，金额180.3亿元，保证了辖区合理的现金供应。二是积极发挥反假货币工作联席会议的机制作用，并利用"行风热线"等新闻媒体，积极开展反假宣传，组织邢台市区各家金融机构开展了声势浩大的反假人民币巡游宣传活动。

（五）反洗钱工作扎实开展。一是制定2009年反洗钱宣传工作方案，举办了反洗钱业务培训和资格考试，提高从业人员的业务技能。二是制定了《金融机构反洗钱工作风险预警提示制度》，有效提升了反洗钱工作水平。

【金融创新】 "建立和推广人民币管理服务中心创新项目"得到人民银行石家庄中心支行的肯定并转发全省参考借鉴；自主研发的办公软件自动恢复系统，已在全省推广使用；制定的《金融研究重点联系县支行工作指导意见》、《邢台市金融统计管理操作规程》、《事后监督中心岗位监督办法》分别被人民银行石家庄中心支行金融研究处、调查统计处、事后监督中心肯定并转发全省；制定的《国家外汇管理局邢台市中心支局外汇非现场考核工作制度》得到国家外汇管理局河北省分局的肯定；制定出台的《关于进一步强化指导手段 促进"保增长、扩内需、调结构、防风险"政策贯彻落实的意见》、《邢台市银行业金融机构支付结算工作支持社会主义新农村建设考核办法》、《中国人民银行邢台市中心支行票据传递工作突发事件应急处置办法》等创新项目，也都得到中民人民银行石家庄中心支行相关处室的肯定。

【外汇管理】 （一）认真落实有关"保增长"的外汇管理政策，促进企业贸易便利化。一是进一步改进出口收结汇联网核查管理，允许有特殊情况的企业先行收结汇或划转后再补办联网核查手续。二是通过简化企业审核,缩短审批时间,放宽真实贸易出口的可收汇额度核注时限,简化出口收结汇联网核查和贸易信贷登记审核手续。三是取消企业贸易进口异地付汇备案业务,便利企业进口异地付汇。

(二)完善资本项目管理手段,加大境外投资支持力度,畅通外资引进渠道。一是对重点企业、重点项目的招商引资工作,做到主动参与、提前介入,为企业招商引资提供外汇政策咨询与服务,缩短审批时间,加快审批速度。二是放宽企业前期相关费用汇出限制,取消企业境外投资用汇额度限制,减少外汇审批环节;放宽境内企业境外放款限制,扩大境外放款资金来源渠道,缓解境外投资企业融资难和流动性资金不足的问题。三是加强与政府相关部门、外汇指定银行和涉外企业的沟通联系,协调解决企业对外贸易和投资合作中的实际问题。

【保险市场】 邢台市保险行业2009年按照中国保监会《关于加强保险业社团组织建设的指导意见》,狠抓行业自律,规范市场秩序,促进了邢台保险业持续快速发展。

全年产、寿险保费收入381314.85万元,同比增长44.18%。各种赔款给付102485.32万元。其中财产险保费收入78327.66万元,同比增长27.88%;赔款支出40655.50万元,赔付率51.90%;寿险保费收入302987.19万元,同比增长49.06%,赔款及给付61829.77万元,其中赔款支出3041.80万元,死伤医疗给付2909.91万元,年金给付3937.17万元、满期给付28168.88万元,退保金23372.01万元。

【证券市场】 河北财达证券邢台营业部针对国际及国内经济复苏预期的不断增强,证券市场逐渐转暖他们抓住这一有利时机,通过扎实有效的工作,全面周到的服务,加大创新力度,稳键进取的经营,取得了较好的经营业绩。截至2009年末,使客户总数达到73482户,新增客户12226户,托管市值23.54亿元,完成交易量387.69亿元,实现利润9737.33万元,较去年的5414.49万元大幅增长。

(陈月彬　刘振强)

邢台市主要经济金融统计

（2005—2009年）

单位：亿元

项 目	2005	2006	2007	2008	2009
国内生产总值	682.70	790.00	890.40	989.00	1056.00
第一产业（增加值）	121.20	130.90	154.40	150.80	158.10
第二产业（增加值）	398.10	454.10	496.10	654.40	599.50
第三产业（增加值）	163.50	205.10	240.00	273.90	298.50
全社会固定资产投资	348.80	407.80	520.40	603.50	840.50
地方财政收入	21.90	70.20	85.20	102.30	110.00
地方财政支出	51.90	66.40	81.80	108.10	130.00
社会商品零售总额	201.40	231.70	272.90	330.40	389.60
居民消费价格指数（以上年为100）	101.80	101.90	105.20	106.20	99.90
进出口总额（亿美元）	7.30	8.60	10.90	17.13	13.64
进口（亿美元）	1.90	0.10	3.00	6.89	7.53
出口（亿美元）	5.40	6.50	7.90	10.24	6.11
全部金融机构各项存款（余额）	698.30	800.70	900.70	1113.46	1387.42
企业存款	106.40	136.00	179.70	206.46	288.16
财政存款	14.10	16.50	16.40	19.85	32.91
城乡储蓄存款	525.10	588.80	642.90	808.57	959.02
全部金融机构各项贷款（余额）	373.10	424.60	457.00	474.92	669.71
短期贷款	261.70	275.20	273.10	264.38	333.41
中长期贷款	75.30	95.50	133.90	146.77	241.42
现金投放（+）回笼（-）	86.10	76.50	+70.80	76.64	57.12
全部保险机构保险费收入	11.30	14.40	17.80	26.45	38.13
全部保险机构保险赔款支出（含满期给付）	1.10	2.90	6.30	8.78	10.25

注：全部金融机构各项存、贷款余额的七项数据（不含财政存款）自2005年起为本外币统计数。

邯郸市经济金融

综　述

【经济运行】　农村经济继续保持了平稳增长态势。2009年，邯郸市继续深入贯彻落实中央、省、市各项支农惠民政策，不断促进农业发展，完成农林牧渔业总产值432.3亿元，同比增长2.1%，实现增加值243.6亿元，增长3.5%，占全市生产总值的比重达到12.1%。

工业生产呈平稳上升势头。2009年，全市规模以上工业增加值完成808.2亿元，同比增长14.6%，增速超年初计划1.6个百分点。支撑工业上升的因素：一是钢铁行业增长较快。完成增加值428.7亿元，占全市比重53.0%，同比增长20.7%，增速比全市平均水平快6.1个百分点，拉动规模以上工业企业增长6个百分点；二是新增入统企业的带动。2009年，全市新增入统企业61家，拉动全市工业增长4.8个百分点；三是上年基数较低。

投资规模继续扩大。在“三年大变样”带动下，固定资产投资继续保持快速发展态势。2009年，全市全社会固定资产投资完成1466.9亿元，比上年增长39.2%，增速比上年提高9.0个百分点，创十五年以来新高。其中：城镇投资完成1276.5亿元，增长39.3%；房地产开发投资完成113.4亿元，增长47.4%。

消费品市场持续活跃。家电下乡、汽车下乡、提高城镇低收入群体补贴、推进农村养老保险和医疗体制改革等促进消费政策，使得消费品市场持续活跃。2009年，全市社会消费品零售总额606亿元，比上年增长17.9%，高于年初计划0.9个百分点，实际增速高于2008年3个百分点。

利用外资平稳增长。2009年，全市实际利用外资3.3亿美元，比上年增长21.4%，完成年度计划的110.9%。全市批准合同41个，比上年增加8个，增长24.2%；批准合同总投资额8亿美元，增长119.0%；批准合同外资额5.3亿美元，增长101.2%。注册三资企业38个，同比增加7个，增长22.6%；注册外方资本4.8亿美元，增长135.6%。

财政平稳增长。2009年，全市全部财政收入201.3亿元，比上年增长10.2%，增速提高6.6个百分点，超年初目标0.2个百分点。其中：中央级收入95亿元，增长9.4%；省级收入19.2亿元，增长3.7%；一般预算收入87.2亿元，增长12.5%。从21个县(市、区)看，有20个县(市、区)超亿元，有17个县(市、区)增速超过全市平均水平。财政重点支出稳定提高。2009年，全市地方一般预算支出完成192.2亿元，比上年增加37.2亿元，增长24.0%，增速比2008年提高5个百分点。

城乡居民收入水平提高。2009年，城镇居民人均可支配收入和农民人均纯收入分别为15961元和5323元，分别比2008年提高1504元和388元，分别增长10.4%和9.8%。城镇单位在岗职工平均工资为27616元，提高3957元，增长16.7%。2009年，全市城镇新增就业人员8.4万人，下岗失业人员实现再就业3.8万人，分别完成年初目标的147.8%和128.6%。城镇登记失业人数4.7万人，比上年底增加0.4万人，城镇登记失业率4.2%。以农村为主的劳务输出总规模达到140万人以上，农村富余劳动力向非农产业转移超过12万人。社会保障进一步完善，全市企业参加基本养老保险人数79.9万人，比2008年增加6.7万人。

【金融运行】　2009年，实施适度宽松的货币政策，为有效扭转邯郸市经济增速下滑趋势提供了强有力的货币信贷支持。截至12月末，全市金融机构各项存款余额1848.7亿元，比年初增加373.9亿元，增长25.4%，比2008年加快7个百分点。其中：企业存款384.3亿元，增长40%；农业存款14.7亿元，增长28.6%，增速比城乡储蓄存款分别快21.3和9.9个百分点。人民币各项存款余额1803.5亿元，比年初增加328.8亿元，同比多增122.2亿元。存款余额和增量在全省的位次分别是第4位和第5位。各项贷款呈现快速增长态势，信贷投放的针对性和灵活性明显增强。截至12月末，全市金融机构各项贷款余额1133.6亿元，同比增加281.5亿元，新增贷款是2008年的2.7倍，增长33.0%。其中：短期贷款余额603.4亿元，增长17.1%；中长期贷款余额409.9亿元，增长57.2%。全市人民币各项贷款余额1121.2亿元，比年初增加269.1亿元，增量是上年同期的2.9

倍。贷款余额和增量在全省的位次分别是第3位和第4位。在短期贷款中个人短期消费贷款大幅提高,比年初增长300%,增速较上年加快338.9个百分点。存贷比由2008年的57.8%提高到61.3%,贷款投放规模适度增加,有利于优化全市经济,巩固和增强经济回升向好势头。

民生银行、河北银行落户邯郸,浦发、中信、光大、华夏等一批金融机构正在积极洽谈,邯郸市被评为第三批中国金融生态城市。

【金融调控】 加强窗口指导,认真贯彻执行适度宽松的货币政策。建立货币信贷政策业务联系制度,成立邯郸市金融机构货币信贷政策工作协调小组。人民银行邯郸中心支行制发《关于建立重点联系企业金融工作支持制度的通知》,筛选104家企业作为重点联系企业,全面及时了解国家经济金融政策对各金融机构和企业的影响,以及各金融机构和企业对央行的相关要求与建议。制发了《2009年金融促进邯郸市经济平稳较快发展十二条措施》,有效引导金融机构贯彻党中央、国务院关于扩大内需、促进经济平稳较快增长的决策部署和邯郸市2009年经济工作会议精神,得到人民银行石家庄中心支行肯定。牵头联合邯郸市科技局、邯郸市知识产权局制发《邯郸市专利权质押贷款管理办法》,召开邯郸市专利权质押贷款银企对接洽谈会,推动科技型企业发展,促进专利权向生产力的转化,这在河北省尚属首家,人民银行石家庄中心支行以正式文件印发全省。牵头联合邯郸市金融办、中小企业局、工商联和农业产业化办公室等部门,创建河北省首家中小企业投融资网络服务平台系统,建立银企对接长效机制,该系统已于12月8日正式开通,有效缓解辖区中小企业融资难问题。利用分析例会等多种方式,组织各金融机构认真贯彻执行和领会适度宽松的货币政策,引导金融机构加大信贷投放力度,把握信贷投放节奏,不断优化信贷结构。加大对外宣传的力度,及时引导社会公众预期,形成良好的舆论环境。为解决离退休人员养老金领取难问题,经过多次协调,企业离退休人员养老金发放由邮政储银行一家扩大到由工行、建行、农行、中行和邮政储蓄五家银行共同发放,并推行养老金银联卡。

灵活运用再贴现工具,开展商业承兑汇票业务试点。成立推进邯郸市商业汇票业务工作领导小组,选择邯郸武安市作为推广商业承兑汇票业务试点地区,鼓励试点企业积极推广使用商业承兑汇票与对持有试点企业签发的商业承兑汇票,优先给予贴现和再贴现资金支持。

【金融服务】 积极推进支付体系现代化建设,反洗钱工作向纵深发展。2009年4月1日至6月30日,人民银行邯郸市中心支行在邯郸辖区会计营业部门开展了为期三个月的“夯基础、抓管理、促规范、保安全”活动。开展会计核算业务互查,规范了核算操作与凭证使用。实行重要岗位异地轮换,加强会计核算业务的全面监督,提升全辖会计风险防范和内控管理水平。实现中央银行会计核算电子对账系统的推广运行,圆满完成会计集中核算系统应急演练任务。开拓创新,研发完成新版“会计登记薄信息系统”,于7月份在全辖会计营业部门试运行。顺利完成取消县域手工同城票据交换工作。加强银行结算账户管理,完成存量单位银行结算账户相关个人身份信息真实性核实工作,共核实存量单位账户10158户,核实率100%。更换新型ABS系统服务器,邯郸市商业银行武安市支行和馆陶县13家农村信用社加入支付系统,确保支付清算系统的平稳运行。

全面推进非现金支付工具的应用。与邯郸市财政局协商制定《邯郸市本级预算单位公务卡管理暂行办法》,积极推动公务卡在邯郸市的广泛应用。制定《邯郸市银行卡刷卡无障碍“一街一城”试点工作实施方案》,隆重举行“银行卡刷卡无障碍优秀示范街区”揭牌仪式。广泛开展银行卡受理市场建设工作,推动辖区银行卡产业的健康发展。农村支付服务环境改善示范县建设取得显著成效。

强化反洗钱基础工作,健全、完善工作机制,落实岗位职责。圆满完成了对河北省农村信用联社邯郸办事处所辖各县联社及其分支机构的27个网点以及华安财产保险公司邯郸中心支公司、安邦财务保险公司邯郸营销部、嘉禾人寿保险公司邯郸中心支公司反洗钱工作开展情况的现场检查工作。做好可疑交易线索的分析和上报工作,积极开展邯郸市金融机构反洗钱工作分级评估工作。研发运用的“反洗钱现场检查操作系统”被中国人民银行石家庄中心支行向全省推介。

强化人民币管理,提高货币发行服务能力。以“保安全、保供应、保稳定”为中心,完成发行基金调拨,现金投放、回笼任务,保证全辖现金供应。

完成发行库区改扩建工作，为达标升级总行一级库奠定了坚实基础。制定并实施《邯郸市金融机构营业机构人民币收付业务服务承诺制实施办法》，强化人民币收付业务监管，维护人民币流通秩序。反假货币网络建设进一步完善，利用现代媒体方便快捷的特点，积极探索建立反假知识宣传长效机制。与公安部门联合推动邯郸市“09 行动”的深入开展，确保专项打击活动成效。

【金融创新】 创新社会信用体系建设模式，征信管理工作取得新突破。加强与地方政府沟通协调，积极争取邯郸市政府对征信工作的支持。强化与相关部门的沟通与协调，加快非银行信息采集工作，重点采集法院、养老金、住房公积金信息，取得了突破性进展。推动开展信用评级，加强征信市场管理，依靠商业银行信贷管理部门组织开展信用评级工作，目前已完成100户企业的信用评级。继续加强征信系统数据质量管理，规范贷款卡行政许可管理工作，制定《贷款卡业务操作规程》和《贷款卡业务管理现场检查办法》，全力做好贷款卡年审工作。

创新支农信贷模式，扎实推进金融支持新农村建设。以支持龙头企业为重点，落实支农信贷政策。协助邯郸市人民政府组织召开“邯郸市农业产业化重点龙头企业与金融部门银企对接座谈会”；人民银行邯郸市中心支行与邯郸市金融办、农业产业化办公室联合下发《关于印发邯郸市农业产业化重点龙头企业名单的通知》，要求加强银、政、农企对接交流；与农业产业化办公室组织金融机构深入成安、魏县、广平、邯郸县等县农业产业化龙头企业进行现场银企对接活动，达成贷款意向5亿多元。积极运用支农再贷款资金，对农村信用社发放支农再贷款8000万元，重点支持了11家农业企业。

创新工作方法，提升国库服务质量和管理水平。人民银行邯郸市中心支行“五措并举”防范资金风险和做好应急演练工作经验做法分别得到其总行和总行国库局肯定。实行辖内国库会计异地轮岗制度，有效地解决了国库工作人员长期在岗，强制休假、离岗审计监督机制落实难等问题，该做法得到人民银行天津分行主要领导的关注和充分肯定。取消“同城票据清算”，依托大额支付系统处理县域国库资金清算业务，制定实施了《邯郸市中支同城国库资金清算依托支付系统处理管理办法》和《邯郸市中支同城国库资金清算依托支付系统处理操作规程》，在河北省国库资金划转新流程现场观摩会上作经验介绍。

【外汇管理】 提高外汇管理水平，支持地方涉外经济发展。关注国际收支异常变化，加强核查力度，切实提高国际收支统计申报数据的时效和质量。严格执行国际收支数据考核制度，从申报数据的及时性、准确性、全面性三个方面定期对外汇指定银行进行考核，并加大非现场和现场核查频率，督促银行和申报主体及时按要求办理国际收支申报。打击外汇违法行为，维护外汇管理的严肃性。处罚出口收汇逾期未核销处罚了13家、违规企业6家，外商投资企业未按时年检2家，逾期办理外汇登记4家，逾期办理出口远期收汇备案1家。与当地公安部门共同查处邯郸第一件“环亚汇市”网络炒汇案，涉及群众37人，涉案金额22万美元。

搞好外汇服务，提升外汇管理形象。制定《邯郸外汇局支持地方经济发展十项措施》，有效遏制金融危机影响下邯郸辖区的外贸出口下滑趋势。为指定企业解决各类大小困难近20多项，出台具体帮扶措施10项。与邯郸市政府相关部门两次召开农业产业化出口企业加快发展座谈会，并出台五项措施力促农业产业化出口企业加快发展。联合聊城、长治、安阳等中支制定实施外汇管理协调机制，共同促进地方涉外经济发展。

（房　卫）

邯郸市主要经济金融统计

(2005—2009 年)

单位:亿元

项　　目	2005	2006	2007	2008	2009
国内生产总值	1166.50	1359.50	1609.50	1990.40	2015.30
第一产业(增加值)	160.00	172.70	219.10	230.30	243.60
第二产业(增加值)	588.90	708.30	839.00	1096.90	1110.40
第三产业(增加值)	417.60	478.40	551.40	663.20	661.20
全社会固定资产投资	491.00	599.50	805.90	1049.00	1466.90
地方财政收入	43.20	52.80	69.50	182.70	201.30
地方财政支出	83.80	109.60	129.10	172.20	192.20
社会商品零售总额	310.90	358.50	421.90	513.90	606.00
居民消费价格指数(以上年为100)	101.90	103.10	104.80	106.50	100.60
进出口总额(亿美元)	9.50	10.40	18.40	29.90	26.80
进口(亿美元)	6.30	6.40	10.00	19.50	21.20
出口(亿美元)	3.20	4.00	8.40	10.30	5.60
全部金融机构各项存款(余额)	1024.40	1169.40	1245.30	1482.90	1848.70
企业存款	179.80	215.50	248.60	279.80	377.50
财政存款	14.60	15.40	20.30	27.10	40.00
城乡储蓄存款	695.30	758.80	817.60	1025.20	1213.40
全部金融机构各项贷款(余额)	656.00	753.90	800.20	862.40	1133.60
短期贷款	412.60	466.00	506.30	511.20	600.20
中长期贷款	159.90	208.60	248.40	265.70	413.10
现金投放(+)回笼(-)	42.90	40.30	32.50	13.40	13.30
全部保险机构保险费收入					
全部保险机构保险赔款支出(含满期给付)					

注:全部金融机构各项存贷款余额为七项数据(不含财政存款),自2005年起为本外币统计数。

第二部分

业 务 综 述

中国人民银行石家庄中心支行

综述

【概况】 2009年,河北省人民银行系统面对国际经济金融危机,深入学习实践科学发展观,坚持"从严管理、突出创新、和谐高效、科学发展"的总体思路,以"促增长、保安全、抓创新"为工作着力点,积极贯彻落实适度宽松的货币政策,着力推进维护稳定、外汇管理、金融服务等各方面工作,较好地履行了中央银行分支机构职责,支持了全省经济保持平稳较快发展的良好势头。年末,全省金融机构本外币各项存款余额22502.40亿元,比年初增加4658.73亿元,增长26.11%;各项贷款余额13284.11亿元,比年初增加3776.07亿元,同比多增2381.04亿元,增长39.71%。

【落实适度宽松货币政策,支持地方经济发展】 一是强化调度和监测,提高金融支持全省经济发展的有效性。制定支持地方经济发展和加强重点产业建设指导意见,建立贷款投放旬报、投放效果监测等制度,组织召开信贷工作座谈会、银企洽谈会、项目对接会,强化存款准备金管理和支农再贷款管理,制定和落实再贴现业务操作办法,引导和推动金融机构加大信贷投放力度,调整优化信贷结构。加大金融对环保、"三农"等薄弱环节的支持力度,组织全省金融机构签署《绿色金融宣言》,承诺实行环保"一票否决制";总结推广金融支农典型经验,并与省财政厅探索涉农贷款奖励办法。二是完善沟通协调机制,增强货币、财政、产业、环保政策的协调性。建立和完善货币信贷政策、商业汇票、房地产金融、环保金融等协调机制,强化经济金融信息的沟通和交流;出台《河北省商业汇票业务公约》,规范商业汇票业务;印发《河北省廉租住房保障办法》,鼓励金融支持新民居、廉租房、经济适用房建设;制定《河北省绿色信贷政策效果评价办法》,对高耗能、高污染行业信贷风险进行政策和风险提示,将企业环境违法信息纳入征信系统,提高了货币信贷政策传导效果。三是推进金融市场发展,实现企业外部融资渠道的多样性。加强与银行间市场交易商协会的沟通和联系,建立优秀企业储备库,宣传推介短期融资券、中期票据、中小企业集合债券等新型融资工具。全年推动企业通过短期融资券、中期票据融资189亿元,其中河北钢铁集团发行中期票据50亿元,实现河北省中期票据零的突破;拟订《关于促进商业承兑汇票业务发展的指导意见》,组织31家企业对接使用商业承兑汇票。四是加强政策宣传和调查研究,扩大人民银行的影响力。编印《宏观经济金融动态》、《金融统计信息快报》,及时向地方党委、政府报告货币信贷政策变动和经济金融运行等情况,积极争取地方党政的理解和支持;通过创建金融信息权威发布平台,召开新闻通气会、编发新闻通稿、安排媒体采访等形式,积极对外宣传货币信贷政策,发布金融运行动态,通报金融工作成果。组织做好各项制度性调查,并围绕经济发展特殊时期的热点、焦点问题,围绕环渤海区域经济金融协调发展,深入开展理论研究和调研分析工作,成功举办"2009年环渤海经济金融论坛",组织编纂《河北省志·金融志》,完成重点调研课题40多项,上报各类调研信息1000多篇,为上级行和地方政府决策提供了重要参考。

【金融发展环境建设】 一是金融稳定协调机制逐步完善,维护了全省金融业安全稳定。建立金融系统稳定联席会议制度,定期通报全省金融稳定形势,研究风险防范和化解措施。创建"三位一体"的风险评估体系和"1+4"金融稳定报告体系,增强了风险监测评估的时效性和权威性。积极做好促进金融业科学发展运行机制建设,构建起了金融支持经济发展政策平台和防范化解金融风险应急平台。二是反洗钱工作有序推进,齐抓共管成效明显。完善推广反洗钱监管系统,组织实施反洗钱风险分类监管,创建金融机构反洗钱风险评估指标体系和风险预警提示制度,且与海关部门联合建立了案件协查机制。对247家金融机构进行现场检查,对50多起可疑交易线索进行调查,涉案金额260多亿元,协助司法部门侦查案件12起。三是金融生态环境明显改善,提高了全省经济发展吸引力。依托人民银行征信系统建设社会信用体系,人民银行石家庄中心支行与省劳动保障、环保、质监、税务等部门达成信用信息共享协议;"征信+信贷"中小企业信用体系建设取得初步成果,累计征集入库中小企业44408户,3799户获得银行授信意向,2101户累计贷款337.1亿元;

与省法院建立金融司法环境建设联席会议制度，协助有关部门制定促进金融发展、改善金融生态的政策，落实金融机构风险补偿和表彰奖励政策。金融生态环境不断改善，外埠资金流入明显加快，全年外埠金融机构贷款870亿元左右，同比增加170亿元。

【管理与服务创新】 一是支付清算体系进一步完善。加强账户信息核实、联网核查管理，配合法院做好账户查询工作，依法惩处多起签发空头支票行为。开展农村支付环境改善试点建设，推广电子商业汇票系统，建设运行河北省集中代收付系统。联合公安部门开展整治银行卡违法犯罪工作，举办“放心用卡安全支付”宣传活动。撤销县域同城票据交换，开展会计核算管理大检查，有效防范各类支付清算风险。二是货币发行管理明显加强。加强发行基金调拨安全管理，合理调剂券别结构，满足了经济发展的现金需求。印发《残损人民币销毁管理实施细则》、《金融机构缴存款项质量考核管理办法》和《清分复点差错管理实施细则》，加强了残损人民币销毁、回笼款项和清分复点质量管理。推进反假货币网络建设，举办大型反假货币宣传活动，配合公安部门开展“09行动”，严厉打击了各类假币犯罪行为。三是国库管理工作平稳推进。与有关部门加强沟通，财税库银横向联网系统全面上线运行，实现银行卡刷卡缴税，工会经费收缴纳入横向联网范围。加强国库资金收支核算管理，稳步推进国库直接支付工作。研发国库资金风险分析系统，完善国库管理规章制度，加强对代理国库业务的监督检查，开展支行国库会计异地轮岗交流，确保了国库资金安全。四是科技保障能力稳步提升。研发建设河北省金融信息交换平台，实现了金融机构之间信息资源共享。做好网上银行业务监督，加强人民银行系统网络安全检查，全力推进网络和信息安全保障工作。加强重要业务系统、网络运行环境的技术保障和运行维护，保障了各业务系统的安全稳定运行。

【内控安全管理】 一是内部监控体系得到完善。组织开展内控安全管理大检查，认真排查和整改各类风险隐患。从完善制度机制、加强监督检查、弘扬内控文化等方面，有效推进内部监控体系建设。强化岗位人员政审管理，落实风险防范责任和措施，并研发银行账务核对系统、信息安全检查及风险评估系统，有效防范了各类案件发生。强化对会计、国库、发行等业务核算的事后监督，及时消除了业务操作风险。二是安全管理能力继续提升。积极开展“遵纪守法、爱岗敬业、履职尽责”主题教育活动，有针对性地开展价值观教育和警示教育，提高了干部职工的安全意识、责任意识和履职意识。完善安全管理组织体系、制度体系和监督体系，探索开展“大安全”检查考核体系、组织管理体系建设，优化“大安全”长效运行机制。加强综合治理、信访保密等工作，确保了敏感时期的稳定与安全。加强应急预案和演练规划管理，完善应急指挥体系，提高了应急反应和处置能力。三是财务管理水平显著提高。推广财务综合管理系统，开展会计内控评价工作，加强会计内控风险管理。健全落实财务管理规章制度，严格按要求控制购车、会议、接待等费用支出。组织做好“小金库”专项治理工作。完善节能减排管理制度，编写《节能减排工作指南》，有效推进节约型央行机关建设。积极推行绿色采购、阳光采购，全年完成集中采购金额3469万元，节约资金约352万元。完成“小灰楼”修复和布展，建立了中国人民银行成立旧址纪念馆暨河北钱币博物馆。

【队伍建设和廉政建设】 一是基层党建工作水平不断提高。规范和完善中心组学习制度，抓好党的基础理论学习教育，提高领导干部的科学决策能力。结合学习实践科学发展观“回头看”活动，深入学习贯彻党的十七届三中、四中全会精神和中纪委十七届四次全会精神。开展中国特色社会主义理论体系宣传普及活动，加强社会主义核心价值体系教育和职业道德教育，激励干部职工珍惜央行工作、增强敬业意识。深入推进央行文化建设，组织开展“文明单位”、“青年文明号”、“职工之家”、“学习型组织”等创建活动。牵头组建金融系统青年联合会，拓宽了金融系统青年间的沟通交流渠道。离退休干部管理和服务工作进一步加强。二是干部队伍建设稳步加强。认真贯彻落实《党政领导干部选拔任用条例》，坚持党管干部与群众公认相结合，严格选拔标准，严格组织程序，先后提任8名处级干部、40名科级干部。开展干部选拔任用情况群众满意度测评，满意和基本满意率达到98%。适应人民银行改革发展的实际需要，完善推广职工技能在线竞赛系统，组织开展各类教育培训活动。进一步完善业绩考核管理，有效发挥业绩考核的激励作用。创新工勤人员招聘和管理机制，顺利完成机关行政秘书的招聘工作。三是深入开展“干部作风建设年”活动，促进了干部队伍的党性观念不断增强、工作作风明显转变。完善“四位一体”检查监督机制，部署开展了案件专项治理活动。组织签署党风廉政建设责任书，并定期检查督导责任制落实情况，确保党风廉政建设各项要求落到实处。加强政务公开和执法监察等工作，不断提高依法行政能力。总结推广廉政文化建设试点经验，有针对性地开展各类廉政教育活动。

国家外汇管理局河北省分局

综　述

2009年是进入新世纪以来我国经济发展最困难的一年，经济形势异常复杂，金融领域潜在风险增加，国际收支具有较大不确定性。面对严峻形势，全省外汇管理部门在总局和石家庄中心支行党委的正确领导下，坚持以科学发展观统领工作全局，紧紧围绕“保增长、防风险、促平衡”的工作思路，认真贯彻落实各项改革举措，积极支持地方经济发展，严密防范经济金融风险，努力提高监管和服务水平，取得了明显成效。

【积极促进贸易投资便利化，有效支持了地方经济发展】 过去的一年，河北省外汇管理部门深刻领会、认真贯彻落实总局“保增长”工作要求，坚持把支持地方经济发展放在外汇管理工作的突出位置，结合省委省政府“干部作风建设年”活动，切实转变工作作风，进一步增强服务意识，积极拓宽工作思路，大力推进改革创新。省分局多次召开专题会议，分析涉外经济形势，研究促进便利化的政策措施，制定实施了《国家外汇管理局河北省分局支持地方经济发展实施意见》和《关于做好支持河北省外经贸发展工作的通知》，结合河北省实际，出台了取消异地付汇备案，放宽远期收汇备案条件，简化进口付汇手续，提高退税数据传输频率等9项措施。通过综合运用一系列措施手段，为涉外经济主体解决实际困难，降低了办事成本，提高了资金使用效率，缓解了融资难题，切实便利了贸易投资活动，取得了良好效果，得到省委省政府的充分肯定。

【切实加强跨境资金流动监管，防范风险的能力进一步提高】 2009年，河北省外汇管理部门紧跟国内外经济形势变化，进一步增强风险防范意识，按照均衡管理理念，积极完善多层次的跨境资金风险监测预警和防范处置体系，防范和化解风险的能力进一步提高。

一是狠抓统计数据质量，为跨境资金分析监测提供了坚实基础。加强统计制度建设，制定了对外汇指定银行和中心支局的月度考核等多项制度；创新非现场核查方法，运用数据分析软件查找问题数据，定期对大额交易和直接投资项下数据进行重点核查，不定期开展有针对性的专项核查；加大现场核查工作力度，对中国银行河北省分行等4家银行的相关业务进行了现场核查。

二是强化跨境资金监测预警，提高风险防范的预见性和前瞻性。认真做好月度外汇收支形势分析、贸易信贷调查、出口换汇成本调查和进出口企业问卷调查，对河北省跨境资金流动风险进行全面评估；进一步完善《经常项目跨境外汇资金联动监测制度》，建立货物贸易外汇收支变化快速反馈机制、个人结售汇业务非现场监管工作制度，加强服务贸易非现场核查；加大对资本项下外汇收支分析监测工作力度，对大额结汇资金的流向进行跟踪调查。

三是完善跨境资金流动监管，严防异常资金流动风险。进一步加强银行结售汇管理，完善出口收结汇联网核查和贸易信贷登记管理，严格资本项下外汇资金结汇管理，对重点关注行业、企业外债、资本金结汇实行报备制，对企业贸易项下债权债务实行登记管理，认真做好外汇年检工作。

四是加大外汇监督检查工作力度，构建和谐外汇生态环境。抓住跨境资金流动的风险点和监管薄弱环节，开展了对全省166家外商投资企业专项检查和对辖内7家银行分支机构专项检查，组织了对华夏银行石家庄分行的现场检查和对保险公司等新增市场主体外汇业务合规性检查，开展了打击外汇黑市和网络炒汇专项行动，对逾期未核销案件等外汇违法行为开展了立案调查。大力推进外汇生态环境建设，积极开展“诚信兴商宣传月”活动。外汇生态环境建设工作得到总局肯定。

【加大创新工作力度，外汇管理和服务水平进一步

提升】 2009年,全省外汇管理部门认真落实石家庄中心支行党委"突出创新"的工作要求,紧紧围绕深化外汇管理改革、服务经济发展这一中心任务,进一步加大创新工作力度,开发并推广了"异地付汇核销数据交互系统",简化了企业办理业务环节;开发了"资本项目流动和汇兑统计分析系统",提高了资本项下外汇统计分析效率;开发了"机房自动报警系统",提高了技术保障和应急处理能力;制定了《外汇检查内控风险测评系统》,防范了执法风险;完善推广了"国际收支申报助手软件",提高了国际收支申报工作效率。这些创新工作对提高全省外汇管理工作质量和水平发挥了很大作用。

【扎实推进各项基础性工作,外汇管理和服务基础进一步夯实】 2009年,河北省外汇管理系统扎实推进各项基础工作,促进了各项重点工作的顺利开展。

一是加大调查研究和信息宣传工作力度,为上级部门和地方政府科学决策提供了参考。紧跟形势变化,结合地方实际,加大对主要收支项目、热点问题、微观主体运行情况、政策实施效果等情况的分析调研和信息反馈工作力度,多篇调研报告得到省政府领导批示。全年编发《河北外汇信息与调研》170期、《河北省分局上报信息》121期,其中总局采用59篇,在全国列第5位。内网总局门户网河北省分局网页的32篇信息被总局网站采用,较2008年增加9篇。

二是加强业务系统运行维护管理,提高技术支持能力。认真做好外汇业务管理系统及网络的运行和维护工作,推进外汇金宏系统试点运行和推广工作,完成国际收支统计监测系统和进口付汇核销系统软件移植到PC机的安装测试工作,制定了信息系统代码标准化管理制度、直接投资系统与贸易信贷数据下载管理制度,编写了《快速技术支持手册》。

三是严格内部管理,促进依法行政。制定实施了《银行结售汇业务市场准入和退出及外币代兑机构管理制度》等多项内控制度,积极配合总行对河北省分局履职情况专项审计工作,开展案件专项治理活动,开展重要岗位和风险点排查,对发现的问题认真分析原因,采取针对性措施,认真整改。

四是加强队伍建设,提高履职能力。严格落实党风廉政建设责任制,认真落实领导干部廉洁自律各项规定,开展干部职工思想状况摸底和个人经济行为调查,有针对性地开展思想政治工作,不断增强廉政意识、责任意识和风险防范意识。适应新形势下履行外汇管理职责的需要,开展职业道德教育,进一步转变工作作风、增强服务意识,提高了工作质量和效率。

各市中心支局认真贯彻总局、分局工作部署,不断加大创新工作力度,扎实推进重点工作,取得了很大成绩。廊坊市、唐山市中心支局配合分局开发了多个业务系统,提高了全省外汇监管和服务水平;秦皇岛市、衡水市中心支局进一步完善外汇管理政策传导机制,促进了政策措施的有效落实;保定市、邢台市、承德市中心支局创新服务方式,促进了贸易投资便利化;沧州市中心支局以信息调研推进工作开展,整体工作水平明显提高;张家口市中心支局狠抓内部管理,完善内部监督制约机制,推进了依法行政;邯郸市中心支局严厉打击网络炒汇,维护了外汇市场秩序。

河北银监局

综　述

【概况】 2009年,河北银监局全面贯彻落实科学发展观,以"保增长、防风险、促稳定"为主线,认真落实国家宏观调控政策,依法履行监管职责,开拓创新,扎实工作,维护了河北省银行业稳定高效运行,有力地支持了河北省经济健康持续发展。2009年末,河北省内银行业金融机构总数9842个,从业人员147919人;全省银行业本外币资产总额26080.51亿元,比年初增加5351.98亿元,增长25.82%;全省银行业本外币负债总额25506.08亿元,比年初增加5215.66亿元,增长25.71%。全省银行业资产质量进一步提高,不良贷款余额比例继续保持了"双降",全省银行业不良贷款余额821.91亿元,比年初减少156.25亿元,不良贷款率6.19%,比年初下降4.1个百分点。银行业利润水平大幅增加,全省银行业累计实现净利润241.82亿元,比上年增加69.06亿元,增长了39.97%。

【引导银行业机构加大信贷投放】 面对金融危机下特殊的经济金融形势和国家宏观经济政策背景，河北银监局积极引导银行业机构认真执行适度宽松的货币政策，科学把握信贷投放节奏，进一步加大对经济的信贷支持力度。一是准确把握信贷监管政策调整要求，促进银行业加大信贷投放力度。强化落实银监会政策措施，并及时召开调整信贷监管政策分析会，督促各银行业金融机构抓住机遇，加大信贷投放力度，全力支持经济回升。二是加大对工业企业的支持力度，把保工业增长和调整产业结构作为保增长的重点。2009年，全省银行业新增工业贷款1021.26亿元，同比多增407.7亿元。三是积极推进小企业金融服务"六项机制"建设。以推进小企业金融服务"六项机制"建设为抓手，推动商业银行建立小企业服务专营机构；举办小企业金融服务工作促进会，推进小企业贷款工作考核评比机制建设，小企业金融服务不断改善。全年新增小企业贷款515.96亿元，增长了34.72%，同比增幅上升23.42个百分点。四是引导银行业机构加大对涉农信贷的支持力度。加强与地方政府涉农管理部门的联系沟通，及时了解相关信息，指导银行业机构合理有效配置涉农信贷资金，进一步放宽担保条件，简化涉农贷款程序，有效解决涉农贷款难问题。2009年，全省银行业机构涉农贷款余额为3980.62亿元，比年初增加819.89亿元，增长25.94%。五是支持银行信贷向绿色环保产业倾斜。参与了"环保与金融论坛"第三届年会和绿色信贷政策效果评价办法的制定，建立"两高一剩"行业贷款监测台账，通过淘汰落后产能，促进信贷结构的优化升级。

【监管针对性和风险预警能力明显增强】 2009年河北银监局明确了监管指标的"七个严禁"的监管底线和切实做到"四个必须到位"的监管要求，在银监会将不良贷款监管目标确定为"双控"的情况下，结合河北省实际，始终坚持不良贷款总体"双降"目标，同时对不同的银行业机构采取差别化监管政策，增强监管政策的针对性。通过以上措施，既调动了银行业机构信贷投放的积极性，又促其提高了风险管控水平，全年不良贷款在复杂多变的经济金融环境下，仍实现了大幅"双降"。进一步提高风险预警能力，2009年河北银监局突出开展了银行业主要风险点的分析研判，为各级领导决策提供了有力参考依据，参谋作用和预见性进一步增强。全年共计对267个客户采取了保全措施，风险金额126.47亿元。

【现场检查、非现场监管效能进一步增强】 一是高度关注信贷快速增长背后的潜在风险，切实加大现场检查力度。全年开展了新增贷款质量等126项现场检查，共派出检查组865个，检查各类机构2974家，查处各类违规行为2047项，涉案风险资金1352亿元，下达现场检查意见书386份，并督促及时整改，促进了银行业机构依法合规经营，维护了河北省银行业健康发展。二是加强预警监测分析，充分发挥非现场监管作用。充分发挥客户风险监测预警系统作用，建立信息共享机制，2009年银行业机构通过该系统规避风险业务5309笔，涉及风险金额20.47亿元。三是做好日常监管服务，营造良好环境。全年审核许可事项3382项，换发金融许可证2676张。制定实施了《河北省银行业机构主要高级管理人员年度履职监管评价办法》，完成了对1619名高管人员的年度履职监管考核。四是强化创新监管协作和金融债权管理，加大打击非法集资工作力度。2009年完成改制企业金融债权确认33起，涉及金额59.1亿元，切实保护了银行业的合法权益。配合省公安厅等部门，对河北省涉嫌非法集资案件进行调查和处置，营造了良好的信用环境。

【银行业组织体系更加完善】 2009年，东亚银行(中国)石家庄分行批准开业，成为第一家落户河北的外资银行，填补了河北省没有外资银行机构的历史空白；随着兴业银行石家庄分行、民生银行邯郸支行及沧州分行相继开业，华夏银行保定分行、浦发银行邯郸分行、光大银行唐山分行、交通银行沧州分行获准筹建，招商银行石家庄分行筹建初审通过，股份制银行在河北省的布局大为改善。随着河北省最后一家城市信用社改制为城市商业银行，河北省城市商业银行进入了一个新的历史发展阶段，沧州市、承德市商业银行完成更名；廊坊银行石家庄分行批准筹建；石家庄市商业银行顺利更名为河北银行，河北银行唐山分行、邯郸分行的开业，首开河北省城市商业银行省内跨区域发展先河；河北银行天津分行的开业为实现河北省银行业发展从"引进来"到"走出去"的战略转移迈出了历史性的一步。2009年，河北省城市商业银行共新设县域支行20家，总数达到了30家，县域机构覆盖达到22.06%。农村法人银行机构发展顺利推进,2009年完成了5家农村商业银行筹建初审工作,2家村镇银行获筹建。河北省银行业体系进一步健全优化。

【农村合作金融机构经营管理水平进一步提升】 2009年,河北银监局会同河北省农村信用社联合社制定了2009年度主要监管指标达标升级实施方案,定期监督检查和评价,及时进行监管谈话和监管提示,督促做好达标升级工作,全省155家机构中152家有进步度,38家超额完成2009年规划指标,一些机构实现了历史性突破。积极协调各方关系,下力气解决历史遗留问题,沧州肃宁统一法人社筹建已取得实质性进展,银监会已同意尚村信用社的破产退市方案。省政府向国务院上报了尚村信用社实施破产的请示,尚村信用社即将正式进入破产司法程序。

【案件专项治理工作成效明显】 2009年,河北银监局专门成立了案件督导办公室,与银行业机构层层签订案件防控目标责任书,把案件防控纳入银行业机构和监管部门的日常工作之中,在全辖开展创建"无案件机构、无案件辖区"活动。2009年全省银行业机构发案5起,同比减少37起,发案率下降88.10%,有效遏制了案件高发态势。

【加强内部建设,各项工作迈上新台阶】 2009年,河北银监局党委充分利用学习实践科学发展观活动的丰硕成果,遵照"依法、科学、廉洁、高效"的原则,树立以人为本的理念,以班子、队伍和制度建设"三个目标"为依托,真抓实干,营造出团结和谐、奋发向上的工作氛围。认真开展"学习提高年"活动,并与党的建设、工会工作、团委工作结合起来,与文明单位创建、青年文明号创建、新中国成立60周年庆祝活动,以及省委、省政府开展的"作风建设年"活动结合起来,持续推动全系统的监管文化建设。在"作风建设年"活动中,提倡弘扬求真务实作风,要求各级领导干部发挥表率作用,河北银监局党委提出的"一级做给一级看、一级带着一级干,领导带职工、机关带系统"的号召,收到良好效果,进一步增强了领导班子的凝聚力和战斗力,广大干部职工爱岗敬业、甘于奉献、奋发向上的精神风貌进一步展现,求真务实、真抓实干、廉洁高效的工作作风进一步增强。河北银监局被河北省委省政府授予"2009年度突出金融贡献奖"并予以表彰。

(刘艳芝)

河北证监局

综　述

【概述】 2009年,河北资本市场保持了平稳健康发展的态势,上市公司经营状况明显好转,基本走出金融危机阴影;证券期货市场交易活跃,成交量和成交额保持较快速度增长,经营网点不断增加,规范发展水平再上新台阶。

截至2009年末,河北省共有35家上市公司,总股本和总市值分别为218.77亿元和3121.42亿元。辖区上市公司业绩出现V形反转,2009年1—9月,辖区上市公司实现主营业务收入1381.28亿元,净利润34.17亿元。全年共融资62.9亿元,其中再融资57.9亿元,首发融资5亿元。

截至2009年底,辖区有1家法人证券公司,2家河北分公司,114家证券营业部。投资者开户达337万户,托管客户资产1339亿元,实现代理证券交易额15903亿元,同比分别增加(长)13%、121%和71%。证券经营机构效益稳步增长,实现业务总收入36.78亿元,利润总额23.89亿元,上缴税金1.07亿元,同比分别增长54%、64%和62%。

截至2009年底,辖区有1家法人期货公司,21家期货营业部。期货投资者19517户,期末保证金余额5.3亿元,分别较上年增长了93.4%和211.8%。

【大力推动上市公司并购重组和融资工作】 2009年,河北发生了多起上市公司并购重组,并购重组成为辖区公司提升竞争力的重要手段。同时,积极推进融资再融资工作,全年实现融资62.90亿元,在全国排名第16位,比2008年上升2位。

大力推动上市公司并购重组。一是积极推动河北钢铁集团和冀中能源集团重组。督促重组各方认真执行既定的重组方案,严格按照有关法律法规进行重组,加快重组进程,及时进行披露信息;积极协调有关各方,为公司重组提供帮助,推动公司成功实现重组。二是推动ST宝硕等三家公司履行破产重整程序,主动走访公司和当地政府,要求公司按时披露信息,使公司摆脱生产经营困境,消除暂停上市、终止上市或退市风险。三是推动威远生化等公司通过资产认购、引进外资、股份换购等方式实施重组,提升公司资产质量和竞争力。四是支持ST唐陶等公司借资产重组摆脱危机、走出困境。五是实时关注新的并购重组类型,积累监管经验,服务公司并购重组。

紧紧抓好融资工作。2009年,辖区上市公司实现融资62.90亿元,累计直接融资达到486.83亿元。拟上市公司工作取得较大进展,庞大汽贸、龙星化工材料在审,天业通联、唐山港、先河科技和河北恒信正式上报首发申报材料,其中先河科技和河北恒信等2家公司准备在创业板上市。福尔生物、晨光色素、建新化工和华斯农业等公司也都进入规范辅导阶段。

【进一步强化上市公司日常监管】 全年以维护上市公司稳定发展为重点,以信息披露监管为主线,加大对执业机构的审计监管,不断促进上市公司规范运作。

深入推进上市公司治理专项活动。证监会将2009年定为"上市公司治理整改年",河北证监局针对部分尚未完成整改或新发现治理问题的公司,逐家分析问题根源及原因,有针对性地制订推进整改的措施和计划。在完成对8家公司年报现场检查的基础上,对乐凯胶片等6家公司进行公司治理专项检查。通过现场检查,以检查促整改,辖区上市公司治理水平有了明显改善和提高。

全面做好信息披露监管工作。强化年报编报全程监管,变以事后审核为主为事前提示、事中督导和事后审核并举。年报披露后,及时进行审核和汇总分析,对资产减值、应收账款坏账计提等八大风险进行重点专项检查,完成对金牛能源、荣盛发展等13家公司的检查,对公司存在的公司治理、独立性、信息披露以及财务等方面的问题提出整改要求。在定期报告审核的基础上,结合日常监管情况,对公司进行风险分类。由于思想重视,措施到位,辖区上市公司信息披露质量明显提高。

强化对会计师事务所的审计责任监管。先后对东方热电、常山纺织等9家公司年报审计工作实施现场监管,督促审计机构把握审计风险,严格审计程序。在对13家公司专项检查的基础上,开展对年审会计师事务所执业质量的延伸检查。对检查中部分审计机构存在的问题,及时要求审计机构进行了整改。

【推动证券经营机构规范发展】 不断加强证券经营机构基础性制度建设和内部管理,健全内控机制,提高风险控制水平,夯实规范运作基础,提升合规经营水平。

全面规范证券经纪业务活动。一是督导证券经营机构规范营销行为,进一步解决客户服务和客户管理环节存在的突出问题。二是实施佣金报备制度。要求各机构向河北证监局报备佣金费率且不得随意变更,需变更时必须重新履行备案程序后方可执行。三是进一步优化经营网点布局。做好服务部规范工作。四是责令航空证券完成对历史遗留非法网点的清理整改。此外,查实了省外部分证券经营机构违规在河北辖区开展营销业务情况,通报相关证监局或证券公司总部,要求立即停止违规行为,采取措施消除影响,维护了辖区市场秩序。

推动财达证券公司规范发展。一是推动公司完善内部控制,加强信息系统建设。督导公司建立压力测试工作机制,不断完善压力测试工作方案,提高风险管理水平。二是在完善法人治理、内控机制下,积极支持公司发展创新业务。支持公司完成对天津科信期货经纪有限公司的收购,为公司取得IB资格奠定了基础。三是配合省国资委参与财达证券公司三年规划的论证,督导公司完善法人治理结构,选举产生新一届的董事会、监事会以及经营班子。

继续做好河北证券风险处置收尾工作。会同行政整顿组对河北证券最后一批存疑账户进行核查并完成账户论证;召集破产管理人、受让公司等召开协调会,实施解决收尾工作。积极协助地方法院、政府部门到深圳、新疆、甘肃等地就河北证券破产有关股票资产处置、职工债权等问题进行专题调研。配合有关方面做好原河北证券职工稳控工作,特别是配合人行原秦皇岛河北大街证券营业部的维稳工作。

认真开展2009年度商业银行基金销售检查。对辖区10家银行的基金销售业务进行现场检查。检查由全面铺开阶段转入重点检查。

【积极推动河北期货市场稳步发展】 坚持以市场发展为主线,以规范发展为重点,推动河北期货市场发展。

不断做大河北期货市场规模。一是积极引进省外期货公司来河北设立分支机构,目前辖区共有21家期货营业部。二是推动辖区证券经营机构IB化,实现证券与期货客户资源共享。三是支持河北恒银期货公司继续增资扩股,鼓励该公司开拓省外市场,到省外增设分支机构。四是开展多种形式的期货推介与宣传活动,引导国有企业及期货相关产业实体参与期货市场,进一步培育期货机构投资者。五是协调交易所,争取在辖区逐步设立玉米、钢材等品种的期货交割仓库。

推动期货经营机构规范发展。强化现场检查,督促期货经营机构加强制度建设和内部管理,提高风险防控能力和规范运作水平。全年共对期货经营机构净资本指标、保证金预警、开户实名制等9个方面开展了36次现场检查。

推进期货行业建设,提升期货监管水平。一是组织召开四次河北省期货业联席会。二是开展形式多样的调研、学习考察活动,由局领导带队先后赴上海期货交易所、大连商品交易所和重庆市、浙江省进行学习考察。推动河北钢铁集团生产的"唐钢"牌、"邯钢"牌等四种品牌线材成为上海期货交易所的注册品牌。

【切实加强投资者教育工作】 一是督促各机构制定了投资者教育工作方案,特别是加强开户、交易环节的宣传教育。二是加大投资者教育工作的现场检查力度,从检查情况看,各机构比较重视投资者教育和风险提示工作,形成长效机制建设的基础。三是组织开展系列宣传活动。开展"防范非法证券活动风险投资者教育宣传月"活动,通过报刊、网络、发放宣传册及短信提示等方式,有效提高投资者对各类非法证券投资活动的识别、抵制和自我保护能力。四是大力推动创业板投资者适当性管理工作。8月和9月两次组织会议,对创业板投资者适当性管理工作进行具体部署。

【严厉打击证券期货市场违法违规行为】 按照"及时发现、及时制止、及时查处"的原则和"科学分工、密切协同、三位一体、快速反应"的要求,全力开展案件调查和稽查打非工作。

加大稽查力度,严厉查处证券违法违规案件。积极探索"关口前移,提前介入"的预防性稽查模式,全年共完成调查任务8件。

积极做好打非工作。一是进一步强化打非工作联系机制。协调省金融办提请省政府增加省通信管理局、省广电局,邀请省委宣传部为省打非协调小组成员。二是与有关部门配合共同打击非法证券活动。以整治利用网络等媒体开展非法证券活动为重点,积极联合公安、工商等部门打击非法证券活动,成功侦破石家庄中鼎科技信息有限公司非法证券咨询案,与省金融办、河北银监局联合对石家庄汇融农村合作银行擅自公开发行股票问题进行调查,与石家庄市工商局联合就石家庄联赢投资公司涉嫌非法经营证券业务进行调查。协调河北省通信管理局对河北金融网、中国金融界网、股城网网站上的非法广告链接进行删除。

河北保监局

综 述

【概况】 2009年是河北省保险业面对考验和经受锻炼的一年。在省委、省政府和中国保监会的正确领导下,河北保监局积极应对金融危机挑战,创造性地开展工作,着力规范市场秩序,着力防范市场风险,着力提高发展质量,着力维护保险消费者利益,着力加强自身建设,促进河北省保险业健康快速发展,在国际金融危机背景下取得了令人振奋的成绩。2009年,全省保费收入首次突破600亿元,达到601.09亿元,同比增长25.07%,全国排名由上年的第8位上升至第6位。截至2009年底,全省保险业总资产达到995.07亿元,比年初增加199.21亿元。2009年主要工作:

【加强监管出重拳,维护良好市场秩序】 2009年,以解决保险市场突出问题为着力点,不断完善监管思路和监管方式,全年共组织检查组141个,派出检查人员364人次,现场检查保险机构149家次。对公司监管谈话47人次,下发监管函48件。依法对22家保险机构和18名个人做出行政处罚,其中警告30家(人)次,罚款88.5万元,责令撤换2人,吊销许可证2家。一年来,全省保险市场秩序明显好转,应收保费大幅下降,信访投诉显著降低。2009年应收保费余额1.46亿元,同比下降44.37%;平均应收保费率为0.54%,同比下降1.65个百分点。全年有效信访投诉199件次,同比下降16.7%。

加大现场检查力度。开展数据真实性、银行保险业务、短期意外伤害保险、中介业务等专项检查。以落实"见费出单"和"见税出单"制度为手段，规范车险市场秩序。开展信访举报检查，全年共对140项信访举报涉及的保险公司、中介机构开展信访检查。

积极推进分类监管。对依法合规经营，整体经营状况较好的公司实施日常监管，对主要经营指标出现异动、内控执行存在疏漏的公司进行适度监管，对违规问题较多、内控和政策执行力不强的公司，实施严格监管。推进保险专业中介机构分类监管，明确60项具体考核指标，按照必查、随机抽查、关注性非现场检查三个类别进行监管。对举报多、违规多、受处罚多的"三多"问题公司，由主管局领导亲自与省公司班子成员监管谈话。

加强市场准入监管。本着"成熟一家、开设一家、成功一家"的原则，统筹机构发展批设工作。严把高管人员准入关，坚持高管任职意见征询、任前考试和谈话制度，完善高管人员不良记录档案库以及行业人员"黑名单"制度。保险机构和高管人员管理信息系统上线并顺利运行。加强备案产品审核，防范新产品风险。全年共受理各类行政许可文件609件。强化保险中介机构市场退出，全年共注销各类保险中介机构168家。

发挥整合监管资源的效力。制定监管组工作暂行办法，增设邯郸、邢台监管组，对市场反应强烈、违规问题集中的地区开展巡回检查，对违法违规机构和人员起到震慑作用。建立保险公司中介业务协调联动、同查同处机制。建立监管档案制度，对各保险公司设立单独的监管档案，保存具有长期参考价值的监管材料，确保监管连续性。

【健全风险防范机制，切实维护行业安全稳定】 进一步健全风险监控、预警体系。一是完善市场监控体系。进一步健全市场监控网络，完善信息搜集渠道，提升信息报送质量，加强风险预警分析，有效发挥预警防范保险市场风险的作用。二是全面推行风险提示制度。对通过动态监测、退保数据、信访举报、专项检查等反映的预兆性、倾向性经营风险问题，及时下发风险提示函或进行风险提示谈话，提出监管建议和意见。三是加强偿付能力不足风险监管。制定《保险公司偿付能力恶化应急预案》，为有效预防、及时应对保险公司突发的偿付能力危机提供制度保障。密切关注河北省总公司偿付能力不足分公司经营管理情况。四是制定《非正常集中退保应急预案》，实行退保情况周报、月报制度，根据退保情况确定重点关注公司和地区。人身险公司全年退保金呈现逐步下降趋势，同比下降14.70%，全省退保率为3.17%，低于全国平均水平。

高度重视行业安全稳定工作。把维护行业安全稳定作为重要政治责任。一是定期开展行业矛盾纠纷排查，把安全隐患化解在苗头和萌芽状态。二是建立健全行业突发事件应急机制，坚持重大事项报告制度，高度重视节假日值班工作，提高处理突发事件能力。三是建立健全监管机关、行业协会、保险机构、司法机关以及新闻媒体多方参与、协调配合的保险信访工作大格局。四是实行重大节日和敏感时段安全稳定巡查督导制度。新中国成立60周年大庆前夕，专门召开保险业信访暨维护稳定工作会议，在全行业开展拉网式矛盾纠纷排查化解，组织督导组到北京周边地市进行现场调研督导，确保了特殊时期行业安全稳定。

【突出保护保险消费者利益，重视提升行业服务水平和社会信誉】 扎实开展保险业打击"三假"工作。制定保险业打击"三假"工作方案，整合全行业力量，加强与公安部门、工商等部门协调配合，形成打击"三假"强大攻势。各保险机构共查处骗赔案件954起，涉案金额2926.94万元，公安机关立案侦查27件；查处假保单案件9件，发现假保单114份，公安机关立案侦查2件。《中国保险报》、《河北日报》等媒体对河北保监局打击"三假"工作多次进行报道。

集中整治理赔难、理赔质量不高问题。从完善制度机制入手治理理赔难，先后实行了理赔程序公开制度、承保理赔信息客户自主查询制度、机动车辆保险理赔服务指标评价制度、机动车交强险"互碰自赔"制度。督导公司对积压半年以上的赔案进行全面清查。依法严厉打击假赔、拖赔、惜赔、无理拒赔等违法违规行为。

启动全面提升保险服务质量工程。一是深入调研，摸清底数。连续3次召开保险公司负责人座谈会，梳理行业服务存在问题成因。与省纠风办、省监察厅和省行业协会组成联合调研组，对行风评议活动落后的重点地市、重点公司和基层保险机构进行调研，全面掌握保险业行风建设情况。二是加强沟通，争取支持。及时向省政府上报关于保险业行风建设情况的调研报告。与省纠风办、省监察厅建立工作联系机制，并通过省纠风办与各地市行风评议组织部门建立工作联系。适时召开新闻媒体通报会,通报近年来保险业发展情况和市场监管措施,争取社会舆论支持。三是召开全行业全面提升服务质量大会。表彰获省政府服务质量奖的23家保险机构和4名个人,通报近年来行风建设情况,对下一步提升服务质量工作进行全面安排部署。

健全保护保险消费者利益的机制。一是推进建立保险消费者教育长效机制。坚持风险提示与知识普及并重、消费者教育与加强监管相结合的原则,建立起监管部门、行业社团组织、保险机构协调配合机制,全方位、多层次地开展保险消费者教育工作。二是深入推进投保提示制度,全面落实保监会《关于推进投保提示工作的通知》,制定新的人身保险投保提示、机动车保险投保提示和家庭财产保险投保提示,让消费者明明白白买保险。三是建立保险公司服务质量评价制度。出台《河北省保险公司服务质量评价指标体系及评分办法(试行)》,对公司服务情况进行全面系统测评,并在行业内进行排队通报。

【积极拓宽业务领域,服务大局能力进一步增强】

服务保增长大局。配合省"三年大变样"战略实施和重大项目建设,大力发展工程保险。全年工程保险保费收入1.28亿元,同比增长60.44%。大力发展出口信用保险,实现保险金额23.4亿美元,同比增长129.41%,帮助企业获得贸易融资20多亿元人民币,对于扩大出口拉动外需发挥了重要作用。积极发展住房、汽车等各类消费信贷保证保险。

服务新农村建设。截至2009年11月农业保险实现保费收入5.54亿元,参保农户632余万户(次),保险金额119亿元,赔款支出3.46亿元,受益农户超过41万户次。涉农业务已经覆盖车险、企财险、家财险等多个领域。在全省11个地市开办农村小额人身保险试点工作,其中国寿自2009年7月开办试点工作以来,小额保险累计保费收入541.19万元,为22.25万人次提供了25.32亿元的风险保障。

服务构筑社会保障"安全网"。全年累计提存寿险责任准备金933.25亿元,提存长期健康险责任准备金33.62亿元,人身保障度达到42296.20元。推动计划生育保险试点工作,全省计划生育保险累计保费收入1005.10万元,参保人数40.3万人。积极参与医药卫生体制改革,积极探索选择商业保险机构参与经办各类医疗保障管理服务试点工作。密切关注国寿省分公司"三鹿"婴幼儿奶粉赔偿基金管理运行情况。

发挥社会管理功能。加强与安全生产、消防、教育、环保等主管部门的沟通联系,推动火灾公众责任险、校园方责任险、环境污染责任险、医疗责任险、旅游保险等业务发展。2009年,全省责任保险实现保费收入2.41亿元,同比增长11.64%。推进交强险信息平台建设,加强交通事故快速理赔处理中心建设,促进了道路交通管理。在河北省部分地区遭遇暴雪灾害后,全行业迅速启动应急预案,参与抢险救灾,及时做好查勘理赔工作。据不完全统计,全省共接到雪灾保险报案2.2万件,已付赔款6700余万元,对恢复群众生产生活发挥了积极作用。

【加强行业管理,夯实行业发展基础】 扎实开展保险法制宣传教育。对全行业学习贯彻新《保险法》进行周密部署,向全行业下发学习贯彻新《保险法》工作方案,明确目标要求。全省保险业开展了一系列丰富多彩的新《保险法》学习、培训和宣传活动。举办新《保险法》学习辅导讲座,开展新保险法知识竞赛,深入到保险公司进行宣讲,启动新《保险法》宣传周活动,在省主要媒体开办"保险专栏",营造依法监管、依法经营浓厚氛围,掀起全行业学习贯彻新《保险法》热潮。按照新《保险法》精神,对2001年以来有关行政许可、市场监管等规范性文件进行全面清理,共清理290件,其中继续有效的168件,修改53件,废止69件。

加强保险行业社团组织建设。指导河北保险学会完成筹建工作,为加强保险理论研究奠定坚实组织基础。积极推进保险行业协会体制改革,采取先试点、后推广,逐步推进的工作思路,实施面向社会公开招聘协会秘书长等三项改革措施,推动保险行业协会建设走向制度化、专业化、职业化。积极推进筹建成立保险中介协会有关工作。

加强保险从业人员教育培训。加强高管人员法律法规知识培训,提高高管人员依法合规经营意识和管理能力。加强保险中介从业人员电子化资格考试管理和继续教育培训,制定《河北省保险营销员诚信记录管理实施细则》,推进营销员诚信记录管理工作。做好中介监管信息系统试点上线工作,建立保险从业人员数据库。

国家开发银行股份有限公司河北省分行

综　述

【概况】 2009年,国家开发银行河北省分行认真贯彻国家宏观调控政策,紧紧围绕河北省两环开放带动战略,以"保增长、扩内需、调结构、惠民生"为主线,以"发展年、创新年、规划年"为中心,发挥中长期信贷优势,进一步加大对河北省经济社会建设的贷款支持力度。重大项目开发成效明显,贷款发放再创新高,不良贷款率继续保持低位运行,经营收益再上新台阶,创造了分行快速、健康、科学发展的新纪录。大力推进信用建设,注重风险防范,改善金融环境,在创造优良经营业绩的同时,积极履行社会责任,实现了国家、社会、企业、银行多赢的良好局面。

截至2009年底,各项贷款余额1384亿元,同比增加298亿元,增长27.4%,其中,表内人民币贷款余额939亿元,同比新增41%,居开发银行全系统第4位。贷款发放创历史新高,累计实现贷款发放515亿元,同比增加232亿元,增长116%,居开发银行全系统第6位。连续18个季度保持当期、累计本息回收率双100%,不良贷款余额4.05亿元,不良贷款率仅为0.43%,连续5年控制在低位水平。实现利润18.7亿元,同比增长59%。

2009年,被开发银行总行评为优秀分行,这是连续4年、8次在开发银行全系统综合考核中保持在优秀分行行列。研发、创新的承德滦平县"龙头企业+承贷平台+信用协会+农户标准化饲养基地"贷款模式被开发银行总行评为2009年度中小企业贷款创新模式;在河北省第三届环保与金融论坛上受到省政府通报表扬,被评为河北省绿色信贷优秀单位;在河北省金融支持新农村建设工作会议上受到省政府通报表扬;被河北省政府办公厅评为信息工作先进单位,自2006年起已连续4年获此荣誉;被人行石家庄中心支行评为2009年度河北省支付清算系统运行先进单位;被河北省公安厅评为2009年度全省金融系统安全保卫工作先进集体,保卫处陈英明同志被评为先进个人;获得河北银监局2009年度无案件机构通报表彰;被石家庄市统计局评为国民经济核算统计工作先进集体,经营管理处张华同志被评为先进个人。

【发挥中长期信贷优势,服务河北经济又好又快发展】 根据河北省政府与总行在2009年初第6次联席会上签订的开发性金融合作协议,准确把握贷款投向,加大对国家及省重点项目的支持力度,促进河北经济又好又快发展。2009年9月,河北省常务副省长付志方在《河北省分行关于1000亿元开发性金融合作协议执行情况的报告》上批示:开发银行河北分行认真履行合作协议,积极参与支持河北的重大项目建设,成绩是显著的。

支持"两基一支"重点项目建设,确保满足资金需求。按照全省金融工作座谈会要求,从2009年年初就把加大贷款发放力度,满足河北省项目建设资金需求作为重要工作。除积极帮助项目落实贷款条件,统筹安排,加快贷款发放进度外,还通过各种方式,积极向总行争取额外的新增贷款规模,努力为河北省项目建设争取更多的资金支持,新增贷款规模由155亿元增加到271亿元,增长74%,贷款规模增长居开发银行全系统第2位,年度余额增长计划创分行历史新高。累计向重点建设项目发放贷款458亿元,占全年贷款发放总额的90%,主要投向高速公路、铁路、电力等领域,重点支持了曹妃甸基础设施、沧州渤海新区、京石客运专线等7条高速铁路、公路及大唐国际丰润热电、华润热电等和各地市一批重点项目建设。

支持河北省城镇"三年大变样"工程项目建设,缩小地区间发展差距。重视与各级政府密切的合作关系,对区域建设提供贷款支持,缩小地区间的发展差距。对各地市政府进行走访,在确保继续对石家庄、唐山等城市给予贷款支持的同时,加大了对保定、沧州、张家口和承德等市的支持力度,发挥开发性金融对区域协调发展的资金引领作用,以"三年大变样"工程为依托,积极支持全省城镇面貌改变。向省"三年大变样"工程发放贷款169亿元,向城市基础设施项目发放贷款184亿元。

支持中低收入家庭住房建设,促进百姓安居乐业。为响应省委、省政府开展保障性住房工作,积极与各地市政府联系,深入了解廉租房、经济适用房建设以及棚户区改造、采煤沉陷区民房搬迁维修项目建设的资金需求,提高贷款审批效率,加快贷款发放进度。重点支持了石家庄市安苑小区二期项目建设、唐山市南湖采煤塌陷区棚户区搬迁改造、张家口大境门棚户区改造、廊坊永清农民安置房等项目,共发放贷款20亿元,帮助1.57万户中低收入家庭实现了住有所居的梦想。

加大对特色产业支持力度,积极开拓国际合作项目。按照省委、省政府提出的加快结构调整,促进产业升级改造,加快经济增长方式转变的要求,积极支持钢铁、清洁能源、装备制造业、电子信息等产业以及新奥集团、巨力索具、海伟电子膜、英利太阳能等特色产业企业的健康发展,帮助加快产业结构的调整和发展方式的转变。截至2009年底,这些领域的贷款余额达90亿元。国际合作项目开发出现了新的局面,除秘鲁信贷银行等三家银行的授信工作外,还探讨了英利南非太阳能电厂、冀东水泥南非投资等与中非基金的合作项目及新奥投资美国新能源的项目。

【积极承担社会责任,支持民生领域建设】 以金融普惠为目标,通过机制建设和融资支持相结合,完善中小企业"四台一会"的运作模式,整合各方信用资源,与河北省中小企业担保中心积极探索中小企业再担保体系建设,用批发贷款方式支持中小企业发展,缓解中小企业融资难等问题。向中小企业发放贷款23.3亿元,累计发放53.2亿元,直接和间接支持中小企业、农户户数超过1700户。此外,还积极与科技部、劳动和社会保障部、国家扶贫办、民委、全国供销总社等11个国家部委项目开展合作,支持河北省相关项目建设。2009年初,河北省遭遇严重旱情,按照"预案先行、应急启动"的工作机制,向承德、张家口、保定、廊坊等地快速发放抗旱保苗应急贷款共计1.1亿元,用实际行动支持抗灾救灾工作。11月,再次发放国家助学贷款1623万元,资助省属高校3445名贫困学生。至此,已累计发放国家助学贷款4801万元,覆盖河北省省属全部29个高校,惠及贫困学生共计10656人。教育部袁贵仁部长称赞开行银行对教育事业有情,对家庭经济困难学生有恩。

【发挥规划对全局工作的引领作用,为科学发展积蓄能量】 结合国家投资4万亿扩大内需、国家十大产业调整和振兴规划的发布实施等一系列"保增长、扩内需、调结构"的政策实施,结合省委、省政府提出的建设沿海经济强省和两环带动发展战略的要求,编制完成3—5年的中期发展战略规划。结合省政府领导最为关注的棚户区改造、中小学校舍抗震改造等多项问题,完成了5项专题调研报告。按照省发改委课题招标要求,主动承担了省级"十二五"规划前期课题《河北省县域经济发展研究》的研究,省发改委已将省开发银行作为唯一的金融机构列为省级"十二五"发展规划编制专家咨询委员会成员,充分体现了政府有关部门对省开发银行规划工作的高度肯定。

【大力开展银团贷款,引导外部资金助力河北发展】 继续通过债权转让、组织直接银团贷款等方式,引导省内外金融机构对河北省重大基础设施项目投放信贷资金629亿元,有力支持了地方重点、重大项目建设,同时分散贷款风险,提高了银行业的整体收益。3月,遵照孙瑞彬副省长提出的组织300亿元银团贷款的指示,被河北省银行业协会推举为银团贷款与交易委员会首任主任行,起草并讨论通过了《2009年河北省银行业协会银团贷款与交易专业委员会工作计划》,草拟了《河北省银团贷款操作办法(试行)》,先后两次组织驻石主要银行讨论申报拟组银团项目,银团贷款筹组工作逐步展开,为引导银团贷款市场有序、良性、健康地发展创造了良好条件。还积极推动保险代理业务、债券营销、票据、外汇交易等中间业务,为收益多元化作了有益尝试。

【加强产品创新,不断完善中长期投融资功能】 根据国务院对开发银行商业化改革的要求,通过产品的有机衔接和组合体现开行中长期投融资业务的优势和作用。编制新业务品种介绍手册,积极向重点客户推介开行的中间业务,做好企业债、短期融资券、中期票据客户的开发和培育。经过与河北钢铁集团进行多次协商、座谈和材料准备,作为主承销商为河北钢铁集团成功发行50亿元中期票据,作为河北省发行的第一支中期票据,为河北省企业发行中期票据积累了宝贵经验。

【加强管理,合规经营,防范风险】 对省、市、县级各级融资平台及贷款客户进行调研,对贷款项目进行分析、测算,制定风险管理预案,提出具体管理目标,落实项目第一还款来源并制定风险化解预案,有效防范信贷风险。行领导带头对回收难点项目分析研究,重点项目亲自带队到现场协调、催收还款。10月,派出一线客户经理和业务骨干参加由省金融办牵头,人行、银监局、财政厅等人员组成的7个调查组,对全省融资平台建设和运营情况开展摸底调查,为省政府决策提供依据。10

月，河北省副省长孙瑞彬在省分行报送的《关于河北省各级政府融资主体合作情况的报告》上批示：请金融办认真研究。开行提出的建议对下一步我们提出“政府融资平台的管理办法”很有意义。积极实施新巴塞尔协议，逐步形成了覆盖信用风险和操作风险的全面风险管理体系，风险管理制度逐步健全。按季召开风险管理委员会，对季度风险分析报告进行审议，准确把握整体风险状况，风险管理能力和风险管理水平不断提高。

【加强党建和队伍建设】 学习实践科学发展观活动进入整改落实阶段。省分行党委发动全行员工以高度的政治责任感制定整改落实方案。结合科学发展观活动要求及河北省实际，在开展党委中心组学习和各党支部学习，深刻领会中央以及省委、省政府领导的重要讲话精神的基础上，组织开展了“要不要发展、如何发展”的大讨论活动，全行在加快科学发展、提升经营业绩方面进一步统一思想，提高了认识。针对商业化改革及“走出去”业务发展需要，先后组织票据融资业务、信贷基础管理及西班牙语等11项培训。纪检部门组织员工到监狱参观、参加银行业反腐倡廉警示教育展览等系列活动，使员工深受教育，党风廉政建设得到较好的落实。积极筹集资金30万元援建张家口蔚县宋家庄镇大探口村饮水工程，并组织员工捐款近2万元，蔚县县委、县政府特向省开发银行赠送“情系老区不忘本雪中送炭暖民心”的锦旗。还积极参加“慈善燕赵万人复明”活动，筹措资金6.9万元帮助张家口沽源县69名贫困白内障盲人实施手术，重现光明。

河北省副省长孙瑞彬对省分行2009年的工作做出重要批示：开发银行在去年认真贯彻国家调控政策，新增贷款投放达271亿元，发挥了突出作用，为全省经济社会发展做出了贡献。今年的任务仍然很重，开行在总行的支持下，紧紧围绕省委、省政府指定的发展目标，发挥自身优势，引领各商业银行在规避风险的前提下加大投放力度。

中国农业发展银行河北省分行

综　述

【概况】 2009年，在总行党委和省委省政府的正确领导下，农业发展银行河北省分行全面贯彻落实科学发展观，紧紧围绕全省新农村建设，加大支农力度，加快有效发展，防控经营风险，强化精细管理，狠抓队伍建设，各项工作取得明显成效。省委省政府给予充分肯定，授予“金融支持新农村建设先进单位”称号。

业务实现较快发展。全年累放各项贷款308.86亿元，同比多放58.44亿元。年末，贷款余额达到567.38亿元，比年初增加112.35亿元，贷款余额和增加额均创历史新高。在业务较快发展的同时，贷款和客户结构也得到进一步优化。各项存款日均余额达263.7亿元，比年初增加75.98亿元，增幅41%。

资产质量持续改善。不良贷款余额较年初下降6.9亿元，降至历史最低点；不良贷款占比2.2%，较年初下降2.06个百分点，首次降至3%以内。

经营绩效稳步提升。在存贷利差大幅度收窄的情况下，全年实现利润8.93亿元。

队伍建设成效明显。党的建设、领导班子和员工队伍建设、党风廉政建设和企业文化建设得到加强，干部队伍的凝聚力、战斗力进一步增强。

【业务发展】 全行上下紧紧围绕全省新农村建设，积极履行职责，增加信贷投入，加大支农力度，信贷业务平稳较快增长，有力促进了全省农业农村经济的发展。

支持粮棉收购，巩固发展主体业务。一是积极支持中央和地方储备粮增储轮换。累计发放储备轮换贷款17.09亿元，支持企业增储轮换粮油32亿斤，增强国家对粮食市场的宏观调控能力，维护了粮食安全。二是积极支持小麦最低收购价收购。及早下发通知，提前安排部署；及时召开工作会议并下发收购资金供应管理实施意见，按照预案启动和不启动两种情况制定两套工作方案；分别向省长、主管副省长等专题汇报，促请省政府召开全省夏收工作电视电话会议,争取了政府的支持;加强工作指导,及时解决收购过程中遇到的实际问题。全行共发放调控贷款56.76亿元,同比多放26.65亿元,支持企业收购最低收购价小麦60.72亿斤,同比增加24.59亿斤,促进了国家支农惠农政策的落实。加强与中储粮北京分公司和有关直属库沟通联系,各级行协调联动,顺利完成了2009年第一批国家临储大豆移库贷款划转接收工作,共发放大豆调控贷款21.5亿元,接收移库大豆55万吨。三是积极支持准政策性粮棉收购。坚持支持收购与防控风险并重,及时下发夏粮、秋粮、棉花收购贷款发放与管理工作意见,指导分支行审时度势支持夏粮和秋季粮棉收购。积极推广收购非现金结算,改进了金融服务。适时召开支持媒体记者见面会,营造了良好的舆论氛围。全年累放粮油准政策性贷款66.77亿元,支持收购调销粮油85亿斤;累放棉花准政策性贷款15.83亿元,支持收购调销皮棉271万担,确保支持收购没有出现问题。

重点支持农业开发和农村基础设施建设,新商业性信贷业务取得较快发展。一是突出支持重点。将省市政府关注、财政还本付息、社会影响较大的农村基础设施建设和农业综合开发中长期项目作为营销重点,特别是优先支持还款资金来源于市级以上财政补贴的非经营性贷款项目,适度支持特别优质的县级项目。全年共支持非经营性中长期贷款项目57个。年末,列入市级以上财政预算的项目贷款余额81.9亿元,占全部非经营性中长期贷款余额的56%。二是加快工作节奏。2009年伊始,及早动手,对上年四季度提前储备的项目按轻重缓急,组织调查、评估、审查、审议,对落实批复条件的,加快贷款投放。3月末,就将全年中长期贷款计划基本用完。全年累放中长期贷款91.08亿元,同比多放35.94亿元,是去年的1.6倍。此外,从四季度开始,着手营销储备2010年的贷款项目。年底前已储备比较成熟的中长期贷款项目45个,贷款需求81.75亿元,为新一年的业务发展奠定了良好基础。三是严把项目准入关。将地方财政实力是否达到规定标准、项目行政立项审批手续是否合规合法,资本金比例是否符合要求等作为贷款准入的先决条件,从严把关,不降低标准,确保贷款质量。年末,中长期贷款余额达到157.45亿元,比年初增加79.16亿元,增幅101%,到期贷款本息收回率达100%。同时,择优支持农业产业化龙头、加工企业和农业小企业,累放商业性短期贷款34.88亿元,促进了全省农业产业化水平的提高和农业小企业的发展。

【风险防控】 切实增强风险意识,积极防控、遏制新增不良贷款,大力盘活清收处置存量不良贷款,不断提高信贷资产质量。一是加强贷后管理。针对去年业务发展较快的情况,从二季度开始将经营管理重心转移到贷后管理上。从全行抽调150名业务骨干,由省分行部分处长带队,对有准政策性和商业性贷款余额的328家经营性贷款客户、61.6亿元贷款全部进行风险排查,及时发现并排除风险隐患。针对容易发生问题的关键环节和风险点,制定《贷款主要风险点排查处置操作指引》、《信贷风险监测处置管理暂行办法》,明确10个环节80个风险点,建立了省市县三级行信贷风险监测处置联动机制。集中开展非经营性中长期贷款贷后"亮账"检查,共检查项目70个、贷款金额136亿元;组织农业小企业贷款风险排查,共排查客户92个、贷款金额3.16亿元,及时堵塞了管理漏洞。研究开发并运用"CM2006返传数据处理程序",提高信贷监测分析质量,加强风险预警。二是强化责任追究。制定并实施《贷款逾期处罚办法》和《不良贷款问责暂行办法》,增强了分支行的风险防控意识。及时对新发生逾期贷款的市县分支行下发了处罚通知书,督促清收逾期贷款6795万元。三是狠抓促销收贷。在去年粮棉市场价格波动较大、购销形势异常严峻的情况下,从年初开始就加大促销收贷力度,明确工作目标,加强调度指导,定期监测通报。由于部署早、动手快,购销企业2008年度小麦、棉花收购贷款实现了本息"双结零",玉米收贷比达到99.83%,基本上实现了良性循环、封闭管理。四是大力清收处置不良贷款。开展不良贷款清收竞赛活动,加强重点督导,召开调度会议,实施约谈制度,促进清收工作的开展。全年累计现金清收不良贷款7520万元。

【业务经营】 切实增强经营核算意识,加强业务经营指导,努力提升经营绩效。一是加强资金计划管理。及时向总行申请追加商业性中长期贷款计划20亿元,政策性及准政策性贷款计划23亿元,超年度计划8亿元,基本满足了业务发展需要。加强与财政厅协调,促其将2009年全年及今年一季度粮食风险基金共9.04亿元提前拨补到位,保证了政策性财务挂账贷款收息的资金来源。加强资金调度,努力减少低息无息资金占用。资金占置费同比减少424万元,减少额居全国农发行系统首位。二是狠抓存款组织。年末,各项存款日均余额263.7亿元,位居全国农发行系统第二,其中非贷款客户县域公众存款余额26.28亿元,比年初增加20.04亿元,年末余额和比年初增加额均居全国农发行系统首位。组织存款降低资金成本1.72亿元。在防范风险的前提下,指导各行积极办理同业存出业务,实现盈利968万元。三是大力营销中间业务,实现中间业务收入1272万元,其中代理保险手续费收入897万元,国际结算和外汇汇差收入126万元,完成总行下达该行国际业务结算量的1.6倍。四是完善经营绩效考核激励机制。进一步修订完善《经营指标专项量化考核办法》以及《经营绩效责任书》、《党风廉政建设及安全保卫目标管理责任书》,促进了全行经营管理活动的开展。进一步完善《财务资源分配办法》,优化财务资源配置,调动了分支行提升经营绩效的积极性。

【基础管理】 全行上下不断强化精细管理,狠抓固本强基,有力促进了经营管理水平的提升。一是狠抓基本制度落实。认真落实总行流动资金续贷管理意见,进一步完善龙头加工企业收购贷款管理办法,全面推行客户经理贷款管理尽职记录、信贷业务责任管理办法和员工违规积分管理,开展部分分支行行长任期经济责任审计、序时审计等,狠抓发现问题的整改工作,加大处罚力度,切实增强了员工的事业心和责任感。二是开展信贷制度"集中学习月"活动。印发学习通知,召开全省农发行系统视频动员会,组织全辖集中学习总行新整合后的信贷制度和操作流程,为今年业务又好又快发展创造了条件。三是加强基层行建设。选择3个有代表性、不同类型的二级分行,按照3种不同模式进行试点,积极打造二级分行经营管理基础平台,进一步优化资源配置,缩短经营管理半径,促进了市县行一体化经营。全面推行县级支行员工双向选择、竞争上岗和副行长兼任部门主管,调动了基层员工的积极性。全面推行综合柜员制,提高了柜面工作效率。四是加强合规经营。坚持"六个结合",将"遵章守纪、合规经营"专题教育活动与强化贷后管理、规范流程、防控清收不良贷款、加强会计结算、健全内部管理机制、学习实践活动整改落实"回头看"等工作结合起来,有效促进了合规经营。五是加强信息化建设,为全行各项业务顺利开展提供了技术支持。六是加强服务保障。加强文秘综合、文件收发、档案、保密等工作,办文办会办事效率和质量进一步提高,较好地服务和保障了全行工作的开展。加大宣传信息工作力度,营造了良好的舆论环境。在中央七大媒体和《粮油市场报》农发行专版刊稿量均居全国第二。信息工作被省委办公厅和省政府办公厅同时评为"优胜单位"。

【队伍建设】 适时调整部分市县行领导班子,组织全行中层干部竞聘上岗,增强了队伍活力。组织二级分行行长和省分行处长赴浦东干部管理学院学习,拓宽了视野和思路。建立对市级分行巡视的机制,进一步完善了监督体系。开展信贷专业技术比赛,促进了业务技能的提高。招聘110名全日制大学本科以上学历的市场化用工,为队伍长远发展奠定了基础。着力打造学习型、创新型、服务型、高效型、廉洁型"五型"机关,促进了工作效能的提升。制定贯彻落实惩防体系建设五年规划实施方案具体措施,编制"廉洁办贷十不准"动漫剧本,加强警示教育,开展"四无"创建活动,有效防控了各类案件和事故的发生。狠抓示范行经验的总结推广,切实推进企业文化建设。加强团组织建设,省分行团委被团中央授予全国"五四红旗团委"称号。加强机关党建工作,围绕庆祝建国60周年,举办机关"国庆演唱会"等丰富多彩的文体活动,进一步增强了员工队伍的向心力。

(郭 宁)

中国农业发展银行河北省分行营业部

综 述

2009年,农发行河北省分行营业部(以下简称营业部)紧紧围绕发展这个第一要义,进一步解放思想,转变作风,突出重点,科学发展,夯实基础,创新机制,加强内控,构建和谐,各项工作均取得一定成效。截至2009年末,各项贷款余额68.73亿元,较年初增加15.59亿元,同比增加15.63亿元;各项存款余额29.5亿元,较年初下降4.82亿元,同比减少13.96亿元;累放贷款33.84亿元;各项收入4.12亿元,支出2.79亿元,账面盈利1.33亿元,完成省分行下达利润计划的136%;人均日均存款1079.37万元,同比增加194.44万元;人均中间业务收入5123元,同比增加566元;不良贷款余额1.03亿元,剔除待清收粮油准政策贷款因素后,较年初下降783万元,不良贷款占比1.31%,较年初下降0.53个百分点;资产利润率2.26%,同比下降1.56个百分点;收入成本率18.37%,同比上升3.07个百分点。

【突出重点,加大信贷支农力度】 一是巩固发展主体业务。大力支持粮油储备体系建设,累计发放粮油储备和轮换贷款4.89亿元,增储粮油1.42亿千克;认真做好小麦最低收购价收购贷款发放与管理工作的同时,重点支持藁城二库等3家企业进行优质麦收购;重点支持中储粮直属企业和优质企业开展秋季粮棉收购,玉米收购中,重点支持省粮食局直属库等3家企业开展套期保值业务。累计发放粮食收购贷款13.64亿元,收购粮食7.36亿千克;发放棉花调销贷款4350万元,调入皮棉3.16万担。二是积极拓展支农领域。积极对滹沱河二期、桥东污水处理及市区7县市污水处理等非经营性中长期贷款项目进行营销,但因石家庄市本级负债率已超过150%,最终未能对其进行信贷支持。在此情况下,及时调整工作思路,将营销重点转到县域城镇建设贷款项目上,成立重点项目调查组,构建市县两级行上下联动的营销机制,积极对平山县城建设投资有限公司冶河县城段综合治理工程等县域项目进行营销,已立项和审批的项目9个,5.4亿元。2009年累计发放农村基础设施建设等中长期贷款3.52亿元。年末,商业性贷款余额达到15.62亿元,比年初增加4.49亿元,有力促进了农业农村生产生活条件和生态环境的改善。三是狠抓存款组织和中间业务工作。制定《营销财政支农资金存款考核办法》、《非贷款客户县域公众存款考核办法》,调动了各行营销存款的积极性。针对县级支行营销同业存款渠道窄、难度大、成本高,而信用联社和其他行同业存款集中由市以上机构办理的情况,实行由营业部机关统一营销的模式。到年底,营业部日均存款余额44.68亿元,总量居全省第一,人均日均存款余额1066.5万元,居全省第三。进一步扩大保险代理业务,搞好"双单作业",做到应保尽保。在做好本行开户企业国际业务的同时,多渠道营销未在农发行开户、符合农发行业务范围的优质企业,到年底,共办理国际结算业务1083笔,金额1.27亿美元,其中全辖办理292笔,金额3630万美元,完成省分行下达任务的259.29%。此外,积极开办银行承兑汇票、非现金结算等中间业务。到年底,实现中间业务收入215.68万元,完成省分行下达任务的158.59%。

【强力清收,不良贷款实现"双降"】 一是大力清收盘活不良贷款。制定清收处置预案,逐个企业确定清收处置计划。继续实行营业部领导包县,带工作组对不良贷款额度大、清收任务重、清收难度大的栾城、元氏和平山等3个重点行进行重点清收。针对元氏县支行不良贷款情况,营业部多次与政府、粮食局、企业沟通协商,提出由石家庄蟠龙面业有限公司重组兼并方案及减免表外欠息措施,报经总、分行同意后发放重组贷款盘活不良贷款577万元。开展不良贷款清收"突击季"活动,对完成任务的行和包县部室,按比例进行同奖同惩。同时,通过清贷挂钩、协调政府等多种方式,清收新乐、深泽、无极三个支行2007年度准政策性玉米收购贷款398万元,有效遏制了新增不良贷款增加的趋势,实现了不良贷款持续"双降"。二是积极防控新增不良贷款风险。对准政策性和商业性企业逐企业制定了风险防控预案。充分利用CM2006系统、企业征信系统的数据和信息进行非现场监测,继续实行贷款风险提示制度,加强风险预警工作。加强对重点客户、重点行业和重点区域的动态监测。认真落实省分行《贷款主要风险点排查处置操作指引》,针对贷款客户风险排查发现的问题和隐患,逐行下发整改通知单,限期整改。认真做好全国粮食清仓查库迎查工作,确保了库贷挂钩。针对营业部2007年度商品玉米库存较大,准政策性贷款风险加大的情况,制定促销收贷方案,对重点行派驻工作组现场督导,加强与当地政府、有关部门及粮食企业沟通协调,督促企业采取工贸对接、产销挂钩的形式销售,及时收回贷款。到年底,收回2007年度准政策性玉米收购贷款1.5亿元、购销企业2008年度小麦、玉米、棉花收购贷款全部实现本息"双结零"。

【精细管理,提高经营管理水平】 一是狠抓制度落实。制定和完善了十余项制度办法,逐步形成了统一有效、适应营业部业务发展要求的基本制度体系。推行客户经理贷款管理尽职记录、信贷业务责任管理办法和员工违规积分管理,增强了员工的事业心和责任感。开展信贷制度"集中学习月"活动,为信贷业务的正常开展打下坚实基础。二是加强机制建设。完善对县级支行的经营绩效考核机制和专项量化考核办法,发挥考核体系的激励作用;制定各专业条线考核办法,增强各专业条线的执行力和调控力度;制定《营业部财务资源分配与费用挂钩管理办法》,优化财务资源配置。三是创新管理手段。开展会计出纳岗位轮换、综合柜员制全面推广和网银试点工作,营业部会计出纳岗位轮换和综合柜员制试点工作经验被省分行以工作简报形式予以转发。四是强化管理。加强会计核算、内部审计工作及信息化建设,加强安全保卫和安全生产及文秘、宣传、机要、后勤工作,有力保障了各项工作的顺利开展。

【以人为本,构建和谐银行】 一是加强思想教育。开展"转变作风、科学发展、打造精品"主题思想教育活动,凝聚发展合力。开展"遵章守纪、合规经营"专题教育活动,促进合规经营。制订《建立员工思想疏导管理机制实施细则(试行)》,加强思想疏导,理顺了员工情绪。二是加强班子建设。开展"四好"领导班子创建活动并进行量化考核,组织县级支行领导干部年度民主测评,促进了各行领导班子建设。调整9个县(市)支行的领导班子,县级支行领导班子年龄结构、专业结构、气质结构更加合理。组织全辖中层干部竞聘上岗,增强队伍活力。组织后备干部考察推荐工作,完善后备干部库。三是加强党的系统建设。抓好学习实践活动整改落实"回头看";制定2009年党员发展规划,发展预备党员10名。四是加强员工队伍建设。制定《建设学习型银行实施细则》,推进学习型银行建设工作。组织实施好培训计划,多层次开展培训活动。采取县级支行信贷主管行长项目调查实地培训、信贷人员项目调查实地培训、办公室文秘人员轮训以及县级支行业务人员"一帮一"帮扶活动等培训方式,收到良好效果。对通过银行业从业资格证书考试的员工进行奖励,调动员工学习的积极性。参加全省信贷业务技术比赛和员工礼仪知识竞赛,分获团体比赛总分第二名和第一名。开展员工"双向选择、竞争上岗"工作,有效配置县级支行人力资源。开展业务岗位竞聘,增强干部队伍的活力。深化薪酬制度改革,有效发挥了薪酬的激励导向作用。五是以信贷防案纠风为突破口,加强党风廉政建设。开展"四无"创建活动,切实防范各类违法违纪案件发生。六是加强精神文明建设和企业文化建设。营业部营业室荣获全国"工人先锋号"和省政府颁发的"河北省先进集体"荣誉称号。1个单位被省分行评为"女职工文明示范岗",2个单位荣获省分行级以上"青年文明号"称号,另有10余人(次)荣获总、分行各种荣誉称号。

中国农业发展银行承德分行

综　述

2009年,承德分行在省分行党委和承德市委、市政府的正确领导下,全面贯彻落实上级行的各项工作部署,按照年初确定的"以客户为中心,以人本管理为核心,强化经营,加强管理,努力实现科学发展"的总体工作思路,夯实基础管理,营造和谐稳定环境,加快业务有效发展,各项工作取得了显著成效。截至12月末,各项贷款余额574567万元,比年初增加133943万元;累计发放各类贷款285381万元,同比增加56161万元;各项存款余额208380万元,比年初增加136905万元,人均日均存款929万元;实现账面利润13393万元,人均利润67.13万元;资产利润率为2.32%;收入成本率为9.89%;人均中间业务收入4587元;全辖继续保持无不良贷款;在省分行经营绩效综合考评中获得第一名。

【确立经营理念,增加经营效益,提高了有效发展的质量】 一是狠抓信贷主体业务,积极支持粮食储备和购销业务的有效发展。按照国家有关政策规定,按计划、适时开展储备粮增储和轮换业务,确保了中储粮增储和轮换计划的顺利实施。截至12月末,累计发放中央储备粮轮换贷款和地方储备粮贷款26481万元,购进粮食18181万千克。支持粮食购销企业开展跨年度收购。全年累计向40家企业发放粮食收购贷款80180万元,支持企业收购粮食59781万千克。二是切实加强项目营销工作,促进商业性贷款有效发展。大力支持农业综合开发和农村基础设施建设,全年营销非经营性贷款项目9个,贷款金额14.3亿元,其中承德滨河产业聚集区基础工程项目从立项到贷款发放只用了29天,得到承德市委市政府充分肯定,被赞誉为"农发行速度"。支持农业产业化龙头企业做大做强。全年累计向21家产业化龙头企业发放贷款59640万元,涉及"肉、蛋、奶、果、菌、粮"等10多个产业,促进了地方特色经济发展。积极支持农业小企业发展,全年累计新增客户6家,新增贷款2200万元,续贷客户18家,贷款4500万元。三是积极做好存款组织工作,扩大低成本资金来源。截至12月末,各项存款日均余额183882万元,比年初增加35208万元,完成省分行下达任务的159.38%。实现负债增效4026万元,全辖县级行全部成为财政性支农资金拨付主办行。四是大力发展保险代理业务,努力增加中间业务收入。截至12月末,该行实现中间业务收入90.8万元,其中:代理保险业务手续费收入37.4万元,人均1873元。

【完善管理措施,有效防范风险,确保各项业务稳健发展】 一是加强信贷基础管理,夯实信贷业务发展根基。加强制度建设,规范流程管理,2009年市分行及所辖9个县级行全部被总行评为"粮油信贷管理先进行";实行客户分类管理,认真做好客户信用评级授信工作。对全辖157个贷款及担保客户的信用等级状况进行了评定;对127个贷款客户核定了最高综合授信额度640458万元;做好信贷审查审议工作,全年共组织召开贷审会21次,对粮食购销企业、农业产业化龙头企业和农业小企业的106次贷款申请进行审议,审批贷款金额111450万元。二是完善措施,建立健全风险防控体系。专门成立风险监测中心,县支行明确一名副行长担任信贷风险经理,实现市县分支行"一体化"风险监测和防控,全面提升风险防控能力。三是进一步做好贷款质量监测分析工作。充分发挥CM2006系统二期项目的风险识别、风险计量、风险控制、风险处置、风险监测、风险预警及领导决策支持等功能,开展实时监测,做到在线监督日常化。四是加强法律事务管理,确保实现依法合规经营。做好合同文本管理工作,确保依法合规使用合同文本。探索和研究法律审查的范围、流程及审查人员职责,不断提高服务质量和水平。

【实施精确管理,规范工作流程,确保各项业务的稳健发展】 一是加强资金计划管理,提高资金营运水平。加大资金管理力度,提高资金使用效益,全辖信贷资金运用率达到121.22%。二是加强财务会计管理,优化财务资源配置。做好财会检查辅导工作,严格执行基本制度,认真做好会计管理与核算工作,2009年度会计决算工作在省分行汇审中无差错,被评为"优胜单位"。三是加强信息技术管理,为业务发展提供技术支撑。加强基础设施建设与运行维护管理工作,强化信息安全管理。确保设备运转正常,服务器、客户端防病毒系统运行正常,杜绝安全隐患。四是加强内部审计管理,提高内审工作水平。认真开展专项内部审计,配合省分行序时审计组,对宽城、平泉、兴隆、承德县支行进行了序时审计。五是加强安全保卫管理,打造安全稳定的经营环境。继续坚持"一把手"为安全保卫工作第一责任人,对安全保卫工作负总责;层层签订安全保卫责任书,将责任分解到部门、明确到岗、细化到人,形成层级管理、全员参与、风险共担的局面。六是加强综合管理,提高服务保障水平。规范公文管理,加强机要档案管理,完成了2008年度各类文件的整理归档工作,在省分行组织的档案考评中,市分行机关和滦平县支行被认定为中国农业发展银行档案管理一级单位。

【坚持人本管理,打造和谐环境,为业务发展提供有力保障】 一是加强基层党建和班子建设,发挥党组织的战斗堡垒作用增强凝聚力。加强理论学习,切实加强党组织建设,进一步加强领导班子和干部队伍建设,对获得"四好"领导班子的县支行进行表彰,组织市县两级行中层干部民主测评、分行机关"四好"部室、优秀经理和优秀职工的评选及全辖干部职工年度述职和年度考核工作。二是加强纪检监察工作,依靠良好的党风行风增强凝聚力。逐级强化责任,落实各项制度措施,大力加强行风建设,营造和谐稳定环境,实现了"四无"目标。三是做好人力资源和工会工作,营造和谐发展环境增强凝聚力。加强教育培训,认真做好劳资保险和绩效考核,组织完成县级行员工双向选择、竞争上岗改革的试点工作,积极开展工会工作,组织召开承德分行二届三次职工代表大会,使广大干部职工有效行使了民主权利。四是深入开展企业文化建设和文明创建活动,以先进的文化力增强凝聚力。深入开展文明创建活动,全辖7个县级行和市分行机关继续保持市级文明单位称号,其中承德县支行被评为总行级文明单位,分行营业部和平泉县支行被评为省分行级文明单位。进一步加强企业文化建设,组织员工认真学习《员工行为规范》、《企业文化手册》及各专业、各岗位工作制度规定,全行干部职工基本做到了既熟知内容又领会内涵,并以此规范职业行为,塑造和维护了良好社会形象,推动了各项工作开展。五是加强信息宣传工作,树立良好社会形象增强凝聚力。抓好新闻宣传工作,取得了较好成效,截至12月末,全辖在市级以上刊物上发表稿件67篇,其中,国家级8篇,省级24篇。抓好信息报送工作,编发《承德农发行》12期;编发《承德简报》13期,被总行采用5篇,被省分行采用9篇;编发《工作动态》235期。

【创新经营,强化管理,做好打造二级分行经营管理基础平台试点工作】 根据省分行《打造二级分行经营管理基础平台试点方案》要求,突出抓了四个业务中心的运行与管理,初步实现了二级分行由管理型向经营管理型的转变和市县分支行"一体化"经营管理新格局。一是在经营管理方式上,实现人员由分散管理向集中管理转变。二是在经营管理机制上,实现由县级行一级经营向市县分支行"一体化"经营转变。三是在经营管理手段上,实现了由层级管理为主向流程管理、环节控制和岗位约束相结合的转变。四是在经营管理考核上,实现了由经营绩效考评为主向以利润为核心专项考评的转变。

中国农业发展银行张家口分行

综　述

2009年,在省分行党委的正确领导下,全行认真贯彻省分行年初、年中分支行行长会议精神,面对复杂的经营形势,以科学发展观统领工作全局,抓住业务发展的关键点,缜密防范经营风险,着力夯实经营基础,不断优化信贷结构,狠抓党风廉政和队伍建设,经营指标继续向好,综合经营管理水平明显提高,有力支持了全市新农村建设。截至12月底,全年各项业务经营指标完成情况良好,同比呈现"四个增加一个提高和一个减少"的特点:(一)贷款余额增加。全行贷款余额38.39亿元,较年初增加6.74亿元,增长21.33%。(二)人均存款增加。各项存款余额23.38亿元,同比增加8.41亿元;日均存款余额24.13亿元,人均日均存款770.9万元,完成任务的383.25%。(三)利润总额增加。全年实现账面利润10099万元,同比增加772万元,增长8.24%。收入成本率下降。(四)中间业务收入增加。全行实现中间业务收入95.17万元,人均中间业务收入3040元。(五)资产利润率提高。资产利润率2.65%,同比提高了0.66个百分点。(六)收入成本率降低。收入成本率21.95%,同比下降1.1个百分点。党的建设和领导班子、员工队伍建设、思想政治和企业文化建设进一步加强,干部队伍的凝聚力、战斗力明显增强;员工的责任心进一步加强,行风行貌有了明显改观,争先创优的工作局面已经形成。全行形成了风正气顺心齐、团结一致干工作、一心一意谋发展的良好氛围。

【围绕新农村建设,信贷支农成效显著】

(一)夯实主体业务,做好粮食收购工作。一是支持中央储备粮轮换工作,完善储备粮轮换运行机制,发放储备贷款7889万元,支持企业增储、轮换粮油6037万千克,保质保量完成了三级储备任务。二是围绕坝下玉米主产区和坝上杂粮生产基地积极开展多渠道收购。全年累计发放收购贷款1.64亿元,支持企业收购粮油8715万千克。

(二)稳健拓展商业性业务,鼎力支持全市新农村建设。一是重点支持符合国家政策意图的农业基础设施建设项目,积极营销支农作用明显、政府关注的重点项目,有选择地支持偿债能力强、信用环境好的扩权县非经营项目。全年共营销政府关注的非经营性项目7个,获批项目5个,发放贷款11.74亿元,非经营性项目贷款余额达到16.73亿元,占总贷款的43.57%,全行非经营性贷款规模快速增长。二是推行客户优选战略,慎审支持优质中小企业。积极支持对当地经济带动作用强、发展成长潜力大、信用信誉度高、产业区位优势突出的产业化龙头企业,包括塞北蒙牛现代牧场及有发展前景的油脂、杂粮、皮毛、杏仁、肉制品等农产品加工企业9家,发放贷款2390万元,实现销售收入13204万元、利润1118万元,取得了良好的经济和社会效益。

(三)优化负债结构,努力提高经营绩效。一是加大同业存款营销力度。制定《存款及保险任务考核办法》,市分行成立“同业存款营销小组”,由行长亲自挂帅,动员干部职工利用各自的社会资源,到12月末,全行日均存款余额24.13亿元,同比增加7.32亿元,完成任务的383.25%,人均日均存款达到770万元。中间业务完成95.17万元,完成全年任务的123.59%,超省分行下达任务的23.59%。同时积极营销国际业务,全行共办理结汇业务3笔,金额60.9万美元,取得国际结算和外汇汇差收入7466元,实现了国际结算业务“零”的突破。通过大力组织低成本存款,全年增收2820万元。二是结合本行实际制定《张家口分行2009年财务资源分配办法》,按照费用开支明细,运用合理的测算方法,逐支行逐项目核定每月费用,按月分配费用指标。严格控制公务用车、会议费、业务招待费的支出。实现拨备前利润10099万元,完成全年计划5298万元的190%。

(四)强化风险防控,确保信贷资产质量。一是严格评级授信工作,做到风险防范关口前移。二是认真做好CM2006系统升级和日常管理维护工作。三是及时处理预警信息,消除风险隐患。要求县行对出现的预警信息认真调查、客观分析、及时处置,真正做到风险关口前移。四是加强企业道德风险的防范和控制,落实对企业生产经营活动全过程监控。定期组织全行信贷人员对粮食企业的粮食库存进行全面检查,确保我行信贷资产的安全。

(五)加强风险监测力度,提高风险预警处置能力。一是抽调专门人员,筹建了“贷款监测管理中心”,对贷款客户相关情况进行动态跟踪,督导县支行采取防范措施,控制和化解信贷风险。二是完善制度,加强考评。全过程控制和化解信贷风险,有效地防控了信贷风险。三是坚持客户业务经营分析例会制度,及时解决存在的问题。四是认真落实客户经理工作制度和客户贷后评价制度,纳入员工业绩考评体系。五是严格实行外部评估机构准入机制,确保抵押资产评估准确性。七是进一步加强不良贷款问责制度。

【强化部门条线管理,营造争先创优工作氛围】

(一)强化经营管理机制建设。今年以来,张家口分行把建立规范有序经营管理机制作为一项打基础、谋长远的重要工作来抓,通过业务经营分析例会、行务会、行长办公会和业务经营调度会等制度,以及行长包片、部室包县制度,认真落实部室管人、管事、管思想“三管责任制”。制定了条线工作考核办法,对每个大客户制定了金融服务方案,提高了服务水平。市分行机关还完善了重点工作督办制度,每个部(室)季初将本季的重点工作上报市分行党委办,经行长办公会研究后,由办公室签发“重点工作督办单”,按月汇总上报工作进度,任务完成情况与月、季绩效工资挂钩考核。今年以来共下发“重点工作督办单”36份,重点督办工作196项,其中:办结事项193项,办结率为96.4%。通过实行内部管理工作的动态量化考评,确保了全行经营管理工作的有序健康开展。

(二)完善经营业绩考核体系。市分行制定了《经营业绩与绩效工资挂钩管理办法》和《业务经营指标专项考核办法》,按月向各县支行下达专项量化考核任务,形成专项量化指标考核与季绩效工资挂钩,工作质量考核与月绩效工资挂钩,业务发展与费用挂钩为主要内容的经营考核体系。与此同时,按照省分行行长会议要求,修订了经营绩效、党风廉政建设和安全保卫责任书。在有效的考核激励机制下,全行初步形成“以发展论业绩、定成败,以实力定位次,以业绩定奖惩,以效益定收入”的差别化管理格局。

(三)加强基础管理工作。一是全面推行各专业条线管理。以条线管理作为夯实经营管理的抓手,从整章建制、规范操作、严明奖罚入手,实行工作流程化管理,在七个专业全部推行了精细化管理。二是加强财会基础工作。进一步落实会计规范化管理的各项制度,完善会计辅导制度,推行县级支行坐班主任轮换制度,为顺利实行柜员制改革打下基础。年末,按照省分行要求,全行14个基层行安装远程监控系统,经过调试验收全部实现正常运转。三是积极开办网银业务。大力推行收购资金非现金结算和网银业务,坝上沽源县支行全年办理网银业务1198笔,金额达1.86亿元。在粮食收购资金支付较多的宣化区支行,大力推广转账POS结算方式。四是全年对14个县支行会计精细化管理工作进行验收,验收合格率占验收行的98%。建立完善固定资产台账,定期对固定资产进行清查、盘点,严格按照会计制度,计提折旧,对盘盈或盘亏的及时入账处理,对总行批复的报废车辆按照程序进行处置。五是认真做好CM2006二期系统推广应用工作。较好地发挥了系统分析、监测、预警的管理平台作用。六是加强内控监督。把事后审计变为事前监督，监察和内部审计部门主动介入贷前调查、贷时审查、贷后检查评价，以及重大事项酝酿决策过程，狠抓内外部审计发现问题的整改工作。七是加强安全生产，确保全年安全经营无事故。签订保密承诺书，完善保密工作制度，确保全辖无失泄密事件的发生。同时，以“四无”创建活动为载体，狠抓了安全防范教育和安全检查；大力加强了物防、技防建设，加强了处置突发事件预案演练；加强信息安全管理，确保了各大系统正常运行，有效地预防了各类事故的发生。八是抓好宣传信息和档案综合管理工作。制定了宣传和调研工作要点，共在省级以上报刊发表稿件34篇，信息调研8篇，扩大了农发行的社会影响力。加强了档案培训工作，提高了档案管理人员的业务素质，共组织档案检查2次，共有6个行达到省一级管理行标准。

【加强党建工作和班子建设，努力构建和谐农发行】

（一）加强政治思想建设，抓好党建工作。一是深入开展思想政治工作。按照省分行统一部署，按阶段、分步骤在全员中开展了“干部作风建设年”、“制度落实年”和“遵章守纪、合法经营”三项活动。组织员工认真学习、正确理解我行出台的深化内部改革、加快有效发展有关政策规定，充分认识绩效考核、劳动用工和薪酬制度改革等改革措施的必要性，澄清模糊认识，增强做好工作的自觉性和紧迫感。制定下发了《关于建立员工疏导机制的实施意见》，加强员工思想政治工作，理顺员工情绪，解除员工的后顾之忧，进一步增强了队伍的凝聚力和战斗力。二是为加强党员的教育和学习，市分行制定了《党员经常性学习教育实施方案》，各行党支部在深入开展学习实践科学发展观活动的基础上，坚持和完善党委（支部）理论中心组学习、领导干部自学等学习制度，各行支部和市分行科级以上干部认真学习市分行党委推荐的《领导管理实务全书》，并制定具体学习计划，并与绩效工资挂钩。领导干部自身的模范表率作用，进一步激发全行员工读书学习的积极性和主动性，在全行形成崇尚知识、热爱读书的良好氛围，推动了“学习型银行”、“学习型员工”创建活动的深入开展。三是通过党建规范化管理工作检查，对全行党建工作进行验收评价，及时发现总结党建工作中的成功经验，验收结果与四好班子创建结合起来，对党建工作中涌现出来的先进支部和党员进行表彰，促进了我行党建工作提高到一个新的层次。对所辖14个支行创建“四好班子”活动和42个支部成员党风廉政情况进行了量化考核。

（二）狠抓党的基层建设，夯实管理基础。一是为进一步加大对党员干部的考核力度，深入开展“讲党性、重品行、做表率”和“更新观念，自觉学习，履行职责，做好工作”学习教育活动，努力做到把业务工作与党建工作有机的结合起来，切实做到“两不误、两促进”。二是加强对支行党支部成员的管理和监督。制定了《县级支行党支部成员责任量化考核办法》，对支部成员政治思想、工作业绩2个方面13项履职内容进行量化百分制考核，实行了亮红、黄牌惩罚制度，为每一个支部成员建百分制考核管理台账，实时跟踪、监督管理。三是大胆实施人才兴行战略，下大力气狠抓党支部建设，调整优化县支行支部成员结构。市分行机关4名同志被充实到条件艰苦的支行工作。14个县支行党支部中有13个党支部进行了调整，增强了支部战斗力和凝聚力。四是稳妥实施竞争上岗工作。在市、县两级行有序地开展了中层干部竞聘工作，经过严格的组织程序，使一批中青年干部走上了领导岗位，优化了班子结构，增强了发展实力。在14个县支行进行了“双向选择、竞聘上岗”工作，周密部署，稳步推进，从岗位设置，系数设置，职责设置，到员工岗位竞聘，全部采取公开透明的办法，激发了全员干事创业的激情，凝聚了发展的有效合力。

中国农业发展银行
秦皇岛分行

综　述

2009年，在上级行党委的正确领导下，秦皇岛分行坚持以科学发展观统领全局，全面强化风险防控，全面强化经营管理，全面加强党的建设、队伍建设和企业文化建设，突出特点抓亮点，不断提高发展能力、控制能力和盈利能力，各项工作取得明显成效，较好地发挥了在全市农村金融中的骨干和支柱作用。

【支持新农村建设取得明显成效】 面对国际金融危机带来的严峻经济金融形势,秦皇岛分行正确把握"保增长、促发展"的难得发展机遇,立足秦皇岛市新农村建设实际,不断增加信贷有效投入,进一步加大了支农力度,有力地支持了当地经济发展。全年累放各类贷款202891万元,比上年多投放102736万元;各项贷款余额达299419万元,比上年增加122687万元,增幅达69.4%,创历史最好水平。一是积极支持粮油储备体系建设,确保国家宏观调控政策落实。发放中央储备粮贷款7899万元,支持企业完成了2000万千克粮食转储任务;发放1557万元省级储备贷款,增加省级储备636万千克。二是大力支持农业开发和农村基础设施建设。实现了农业综合开发贷款项目零的突破,获总行审批贷款13.4亿元支持六河水系综合治理项目,已发放首批贷款7亿元;发放4.95亿元贷款支持抚宁水网、青龙和昌黎县路网等农村基础设施项目,推动当地新农村建设步伐,提高了农发行的社会形象和自身经营效益。三是支持市场主体多渠道收购。采取产销对接、工贸对接等方式,支持粮食购销企业、粮食加工企业和其他粮食企业开展粮食购销业务。全年共发放粮食收购贷款43575万元,支持企业购进商品粮45449万千克,销售商品粮44952万千克,并于当年8月份实现了贷款本息"双结零"。四是择优支持农业产业化经营。全年共发放产业化龙头企业贷款34690万元,帮助企业克服金融危机带来的不利因素,渡过产销下降、效益下滑的难关。支持新农村建设工作受到了当地政府的肯定,曾两次在市委市政府召开的会议上介绍经验,被秦皇岛市政府《专报信息》第34期和《政府工作简报》第4期刊发,市长朱浩文和主管市长李秦生都做了重要批示。

【经营绩效进一步提升】 一是完善经营激励机制。制定经营绩效、财务分配、客户营销等激励机制,充分发挥绩效考评的引导、激励作用,促进了业务经营工作有效开展。二是存款组织工作取得明显成效。各项存款(含同业)余额达17477万元,比上年增加58353万元,增幅达77.2%,创历史新高。此外,办理同业存出业务7笔、45亿元,增加利润192万元。三是中间业务取得新突破。提前5个月完成省分行下达的全年中间业务收入考核任务,完成省分行下达专项量化考核任务的152.4%。四是信贷资产质量得到全面优化。清收全部存量不良贷款721万元,完成省分行下达考核任务的144.2%。五是经营效益良好。实现账面盈利5686.7万元,完成省分行下达考核任务的406.5%。

【管理机制不断创新】 一是创新防控机制,确保稳健发展。创新对账方法,实现账务核对工作前后台分离,有效防控了案件的发生;创新防控内容,组织编写《风险防控(纲要)手册》,并制定风险防控措施、操作要求和防控预案,实现了风险防控内容的全覆盖;创新管理制度,制定贷后管理实施细则及验收考核机制,进一步强化信贷精细化管理,提高了贷后管理工作水平。二是创新服务手段,提升服务水平。制定《金融服务方案》,实行分层级管理和个性化服务,提高了办贷效率;积极推广网银业务,为开户企业提供现代化结算和资金管理服务;积极探索多渠道、多形式的银企合作模式,与全部贷款客户签订《银企合作协议》,强化了风险防控工作。三是创新管理模式。针对以前风险监测覆盖面小、监测职责不够明确、缺少县级支行实施监测环节等情况,积极尝试风险现场监测与非现场监测相结合、市县两级行一体化监测的运行模式。

【基础管理工作进一步加强】 一是加强财会管理。制定《会计远程系统管理暂行办法》,对监控重点内容、日常管理及维护等予以规范;设置系统监督岗,加强对临柜操作风险的管理;开展坐班主任跨行交流和驻行检查,强化会计监督。二是加强资金计划管理。强化信贷计划的分类指导和调控作用,增强了对信贷业务发展的调控能力,及时满足了业务发展的需要。加大与财政部门的协调力度,促使各种补贴及时拨补到位。按季核定各行部的资金头寸限额,提高资金利用率。三是强化科技支撑。认真做好远程监控系统的试点和推广应用,完成了会计远程监控系统建设;认真做好各项应用系统的运行维护工作,确保新系统顺利上线运行;完成总行新配路由器、服务器的安装调试工作。四是完善监督制约机制。制定《违反业务管理制度经济处罚实施细则》,将贷款调查、风险管理、财务会计、资金计划等专业99种违规行为纳入处罚范围,切实发挥监督制约作用,提高经营管理水平。五是强化服务保障。加强文秘、宣传、机要、后勤等工作,保障全行各项工作的顺利开展;开展"四无"创建活动,有效防控各类案件和事故的发生。

【队伍建设水平进一步提高】 一是扎实做好学习实践科学发展观活动整改落实阶段工作。按照整改方案，将整改任务分解落实到单位、部门和人员；积极稳妥地推进制度建设，进一步完善了体制机制。二是全面推行县级支行员工双向选择、竞争上岗和副行长兼任部门主管，进一步深化县级支行内部改革。三是推进企业文化和精神文明建设。制定《秦皇岛分行员工宣誓制度》，推进了企业文化建设向深层次、全方位发展；举办庆祝建国60周年和建行15周年歌咏暨演讲比赛。四是积极探索市县两级行一体化惩防体系建设新模式，形成纵向到底，横向到边的惩防网络体系，极大地增强了市县两级行反腐倡廉建设的整体合力。

中国农业发展银行唐山分行

综 述

2009年，面对严峻复杂的宏观经济形势，唐山分行在省分行党委的正确领导下，深入贯彻落实国家宏观调控和支农政策，按照“科学发展年”的要求，从零做起，负重奋进，广开思路，锐意进取，各方面工作均取得一定成效。

【立足基本职能，收购资金供应管理平稳有序】 全年累计投放1.8亿元，顺利完成中央、省级储备粮油、储备肉的增储和轮换计划。及时汇报夏、秋粮收购政策和情况，征得政府支持和认可，适时召开工作会议，制定下发支持收购工作预案和意见，认定收购贷款资格企业42户，投放准政策性贷款3.35亿元，收购粮食3.1亿千克，粮棉收购未出现任何问题。有效落实利费补贴及价差损失弥补来源，营销市县级粮油储备贷款0.7亿元。

【立足项目质量，非经营性贷款业务保持良好增势】 针对银行业信贷投放力度加大，竞争压力加剧的新形势，立足政策性职能，严把中长期贷款准入关，及时掌握测算各级财政上年度收支状况，对符合指标要求的县域实施重点营销和关注。先后三次部署项目资源摸底调查，及时补充完善项目库建设。对示范作用强、政府高度关注、拉动作用明显的非经营性项目进行有效支持，支农效果得到扩大。全年累计投放非经营性贷款5.5亿元，支持路网、水网项目3个。年末获批项目4个，贷款批复额度7.93亿元。

【立足结构调整，经营性贷款业务实现良性运行】 以贷款资格认定为载体，落实最高贷款额度和授信额度双限控制要求，促使信贷资源向产业化龙头企业、加工企业和优质国有粮食购销骨干企业倾斜，逐步淘汰了12家经营状况和发展前景较差的粮食购销企业。根据客户产品竞争力、经营管理能力以及在市场冲击下呈现出的优劣程度，采取有保有压、有进有退的策略，主动对9家商业性客户实施信贷退出；对市场前景广阔、管理能力较强的4家客户，通过申报流动资金贷款给予积极支持。年末，各项贷款余额48.8亿元，其中：政策性贷款占比48%，非经营性贷款占比44%，短期商业性贷款占比5%，准政策性贷款占比3%，结构趋于合理。全年累计发放贷款13.98亿元，累计收回贷款10.3亿元，实现利息收入2.61亿元，账面盈利1.12亿元，完成省达利润计划的142%，实现了信贷资源向低风险、高质量的转移。

【立足风险管控，不良贷款防控、清收取得阶段性成果】 组织对所有商业性和准政策性贷款客户进行风险排查；开展重要债权凭证合规性审查，查找堵塞漏洞；继续对商业性贷款余额2000万元以上企业实施驻厂管理制度；积极推行风险保证金、资产抵押和个人无限责任担保，收购资金贷款抵押率超过90%。针对进入逾期的潜在风险贷款，采取“一企一策”方针，及时收回6个企业有问题贷款2680万元，保证了年内无新增不良贷款。为确保非经营性贷款不出现问题，着眼防控，细处入手，实现了贷后管理措施、领导排查督导、政府还款预算资金三到位，全年累计收回非经营性到期贷款本息4.38亿元，未出现逾期和欠息现象。为加大存量不良贷款清收力度，采取市、县两级行联合清收模式，多次召开调度会，掌握实情，捕捉契机，现金清收不良贷款224万元，年末不良贷款占比1.45%，低于全省平均水平0.75个百分点。

【立足本地实际，负债结构回调向好】 针对年初存款大幅下降趋势，5月份在全市开展“存款集中推进月”活动，先后吸收各类存款5.08亿元。抓住存款业务范围扩大时机，及时制定《关于做好县域公众存款组织工作的实施意见》，全年实现公众存款日均余额1.67亿元，完成省达任务的110%。

为掀起营销同业存款高潮,9月份开展同业存款竞赛活动,吸收同业存款5.8亿元。年末各项存款余额11.6亿元,日均17.1亿元,人均日均634.5万元。以合规经营为前提,积极营销中间业务,实现保险代理手续费收入68.77万元。加大推进国际结算业务力度,目前已有8家客户在省分行营业部开立账户,实现国际结算手续费收入1.82万元。

【立足夯实基础,队伍素质普遍提高】 以"落实制度为根,精细管理为先",开展"制度落实年"活动,有效推进了各专业条线工作。重新修订财会工作管理办法,积极推行岗位轮换,全面实施坐班主任交流,完成综合柜员制转换和远程监控系统上线运行,财会基础进一步夯实。在省分行会计工作质量考核和综合业务系统运行情况考核中位列第一,并获得年终决算优胜单位。开展"牡丹金山卡及网银业务集中推进月"活动,全年开立企业网银账户18户,收付金额3.2亿元。完成闲置资产处置拍卖,实现增值408万元。率先将销售货款归行率引入量化指标考核,把控第一还款来源,货款归行率达到110%,同比提高30个百分点。通过集中会审形式,先后开展各条线"亮账"查比活动,达到互相学习、完善提高的目的。组织开展各类培训班,提高员工队伍的业务素质。不断强化信息基础建设,提供强有力的技术支撑。建立案件防控长效机制,加大对易发环节、重点部位的检查力度,连续13年保持"四无"创建成果。

【立足班子作风,领导管理水平明显加强】 采取针对性措施,把统一领导班子思想、打造过硬工作作风、提升在岗履职能力作为解决问题的突破口。严格按照议事规则、办事程序办事,认真整改科学发展观"回头看"活动中发现的不符合、不适应问题,市分行党委自身建设得以加强,为县级行班子建设做出了表率。实行党委工作部门重点工作督导检查制度,查看党支部会议、行务会议记录,强化提高县级行领导班子民主作风、组织建设和执行力。采取走下去、请上来的方式,市分行党委分别与各县级行"一把手"谈话,提出存在的不足和改进意见,加大对县级行"一把手"直接管理力度。对4个县级行领导班子和全市11名副科级以上干部进行调整,强化了领导班子队伍建设。

(曹明辉 马春雷)

中国农业发展银行廊坊分行

综 述

2009年,在省分行党委的正确领导下,全行认真贯彻落实全省年初和年中行长会议精神,紧紧围绕市分行党委提出的"以人为本,科学发展,防控风险,稳中求强"的工作思路,加快业务有效发展,加大风险防控力度,强化内部基础管理,着力提升经营绩效,各项工作取得了新进展。

【狠抓业务经营不放松,以扎实有效的工作措施促进经营成果稳步提升】 2009年,全行主要业务经营指标均实现新的突破。年末各项贷款余额37.04亿元,较年初增加7.73亿元,增幅26.37%。各项存款日均余额25.65亿元,较上年增加15.11亿元,完成省分行核定增加额任务的8倍。中间业务收入达到119.83万元,完成省分行核定任务的131.69%,人均中间业务收入5846元,位居全省系统第一位。不良贷款余额继续保持为零,信贷资产稳健运行。全年实现账面利润9006万元,较去年增加1463万元,增幅19.4%,完成省分行下达利润计划的162.77%,人均利润达到43.93万元。在全省经营绩效综合考评中荣获一等奖。

【切实加大信贷支农力度,夯实科学发展根基】 一是积极巩固和发展主体业务。认真落实国家粮食宏观调控政策,及时足额发放各级储备贷款4876万元。全年累计发放准政策性粮食购销贷款和粮食流转贷款29720万元,累计发放2009年度棉花收购贷款1200万元,确保了收购不出问题。提前两个半月实现2008年度新棉收购贷款本息"双结零",有效防范和化解了信贷风险。二是大力发展非经营性中长期信贷业务。通过定期走访市县两级政府分管领导和相关部门,充分利用政府主导的银企对接会、金融工作座谈会等信息交流平台,广泛摸底调查,积极沟通协调,及时掌握了一批优质项目资源。针对不同层次的客户,大力实施以县支行为主、市分行为辅,高端客户市县两级行合力攻关的多层次营销战略,促进了非经营性中长期信贷业务的平稳较快发展。全年累放农村基础设施和农业综合开发等中长期贷款

10.48亿元，中长期贷款余额达到14.05亿元，较年初增加9.46亿元，增幅206%。先后支持9个县(市、区)的10个建设项目，有力支持了全市新农村建设。三是择优支持农业产业化龙头企业做大做强。支持一批发展前景好、经营效益明显、抗风险能力强的优质龙头企业。全年累计发放产业化龙头及加工企业短期贷款3.43亿元，累放仓储设施中长期贷款3亿元，保障企业的合理资金需求，促进农业产业结构调整和升级。及时对三河汇福粮油集团的贷款结构和授信额度进行调整，满足企业的不同资金需求，弱化信贷风险。四是积极稳妥地支持农业小企业发展壮大。全年累计发放农业小企业贷款1800万元，在一定程度上缓解了农业小企业融资难的问题。

【大力组织存款和中间业务，着力提升全行经营绩效】 一是狠抓存款组织工作。以发放和营销非经营性中长期贷款为依托，大力营销企业存款和财政支农资金存款。到年末全辖共有7个支行被当地政府确定为代理财政资金拨付主办行，累计吸收财政支农资金存款5.66亿元，年末余额达到2.11亿元。县域公众存款业务开办后，及时调整工作思路，创新激励机制，累计吸收存款13.67亿元。积极开办同业存款和通知存款业务，累计吸收同业存款33.85亿元，通知存款10.87亿元。二是大力发展中间业务。全年实现中间业务收入119.83万元，其中实现国际结算手续费及汇兑收入24.8万元，占全部中间业务收入的20.7%。

【着力防范和化解信贷风险，确保科学稳健发展】

以打造二级分行经营管理基础平台试点为契机，充实和完善风险监测部门的职能，通过充分发挥CM2006系统平台监测预警作用，按旬监测，提高了在线监测频率，加大现场监测检查力度，较好地实现了非现场监测和现场监测相结合的全方位、一体化、动态风险监测。制定《CM2006信贷风险预警信息处置管理暂行办法》和《贷款风险早期预警及处置暂行办法》，严把风险防控的各个关口；落实不良贷款问责制和《逾期贷款管理办法》，通过全行干部员工的不懈努力，不良贷款继续保持零余额，实现信贷规模、质量、效益的和谐统一。

【狠抓基础管理，促进经营管理水平进一步提升】

一是加强合规经营。集中开展“遵章守纪、合规经营”专题教育活动，加强会计核算工作，建立健全内部管理机制，提高了全员依法合规经营意识。认真开展序时审计，有针对性地开展重点审计，狠抓发现问题的整改，及时堵塞经营管理漏洞。二是加强信息化建设。积极做好各种新系统的推广上线，加强已上线系统的管理，为各项工作开展提供了强有力的技术支撑。三是加强服务保障。加强文秘、宣传、机要、后勤等工作，有力保障了各项工作的顺利开展。

【加强党的建设和员工队伍建设，进一步提高队伍的凝聚力和战斗力】 一是加强领导班子建设。坚持党委(支部)理论中心组学习制度、“四好”班子创建制度、领导干部民主测评制度，提升领导班子的治行理政能力。结合实际修订《关于加强市分行领导班子自身建设的意见》等制度办法，进一步规范和明确办事程序。认真执行民主集中制的议事原则，构建领导班子团结一心、相互信任、共谋发展的和谐氛围。顺利完成市县两级行中层干部竞聘上岗、县级支行“双向选择、竞争上岗”和县支行副行长兼任部门主管工作，优化了干部队伍。二是加强党的建设。坚持党建工作分析例会制度，增强党建工作的针对性和有效性。举办入党积极分子短期培训班，全年发展新党员6名，提高了入党积极分子的综合素质和新党员发展质量。开展“先进基层党组织”、“优秀共产党员”和“优秀党务工作者”评选活动，激发了广大党员奋发向上、积极进取的精神。三是深入开展打造二级分行经营管理基础平台试点工作。按照试点方案要求，对各部室职能、人员职责、岗位设置进行重新整合和优化，制定完善了25项内部改革配套管理办法，为试点工作积累了宝贵经验。四是加强思想政治工作。针对打造二级分行经营管理基础平台试点、市县两级行中层干部竞聘上岗和县级支行“双向选择、竞争上岗”等涉及人员、岗位、利益调整的问题，有针对性地做好员工思想政治工作，确保了员工队伍稳定。注重解决工作中的重点难点问题，理顺了职工情绪。落实行长接待日制度、行务公开制度和员工思想疏导管理“六项机制”，进一步融洽了干群关系。五是加大员工教育培训力度。针对部分县支行人员年龄老化，主动工作和学习进取意识不强的问题，在全辖推行以计算机操作和信贷、财会、办公室专业知识为主的培训活动，有效激发和调动了广大干部职工的工作积极性和主动性。六是加强企业文化建设。规范全行员工的着装，对市分行和部分县支行办公楼进行简单维修和粉刷,优化办公环境。安排各县支行"一把手"到企业文化建设示范行学习,提升了全辖企业文化建设水平。开展机关职工运动会、企业文化知识竞赛、演讲比赛、员工礼仪形象培训等多项活动,促进企业文化建设水平的进一步提高。在省分行组织的员工礼仪形象比赛和信贷业务技术比赛中均取得第二名和第三名的好成绩。

【加强反腐倡廉建设和安全保卫工作,构建风清气正、稳定和谐的工作局面】 一是按照上级行的安排部署,着力构建反腐倡廉的长效机制。签订《党风廉政建设和案件事故防范责任书》,通过多种形式开展廉政教育,增强干部员工的廉洁自律意识。二是加强作风建设。开展"干部作风建设年"活动,在全市系统开展为期3个月的加强机关作风建设活动,促进工作作风的进一步转变。三是落实安全保卫工作责任制,实施安全隐患定期排查制度,加强"三防"建设,培树安全保卫规范化管理工作"示范行",开展防抢劫预案和消防预案演练,全辖继续保持了"四无"。

(曹亚斌)

中国农业发展银行保定分行

综　述

【概况】 2009年,农发行保定分行紧紧围绕支持新农村建设,突出业务发展,创新治行理念、创新发展思路、创新管理举措,实现了管理水平全面提高、业务发展全面进步。

执行政策,信贷支农作用充分发挥。全年共发放贷款259000万元,其中政策性贷款52000万元,准政策性贷款113000万元,商业性贷款94000万元。支持各类企业63家,分别收购小麦、玉米和棉花85000万斤、74000万斤和33万担,分别占全市商品量的42.5%、20%和37.5%。特别是发放中长期贷款51900万元,有力地支持了保定市东三环路网、定州市唐河综合治理和王快与西大洋两库连通3个全市重点项目的顺利实施。

逆势而上,经营绩效超出预期。在经济金融危机的大背景下,针对贷款利率收窄的不利局面,加大贷款投放和存款组织力度,贷款、存款首次突破500000万元大关,分别达到505000万元和540000万元,同比分别增加75000万元和332000万元,增幅分别达17.4%和163%;日均存款余额、中间业务收入分别达到379000万元和166.4万元,分别完成全年任务的623.5%和172.4%;清收不良贷款171万元;实现账面利润7025万元,完成全年任务的271%。

精细管理,风险防控取得新成效。坚持制度立行,制定实施了一系列经营管理制度办法;坚持以人为本,建立了更趋专业的信贷队伍;组织开展了滚动式风险排查、贷款法律合规性检查、重点企业专项核查、案件排查、专项审计检查。定任务、定责任、定时限、定进度,全力清收,有效化解了9个小企业2693万元贷款风险。

强化保证,队伍建设取得新进展。加大县支行领导班子调整力度,支行班子年龄结构、知识结构得到很大改善,战斗力和凝聚力显著增强。坚持不懈地开展思想作风纪律整顿,在重点工作突破和疑难问题解决当中考验和锻炼干部,果断查处违规违纪问题,队伍作风实现根本好转。坚持不懈抓培训,累计举办各类培训班12期,培训500多人次,员工队伍素质、技能进一步提高。

【创新管理举措】 创新发展理念。针对所辖机构、人员多的实际,创新旨在充分调动和发挥全辖积极性、能动性的"积柴法"发展理念;立足科学发展、有效控制,创新"三控、五无、四实现"管控目标;围绕提升执行力,创新"四个到位"的执行文化理念和谋事成事的"四个一种"精神,有效激励了全辖"行行都是经营支柱,人人都是发展主体"的责任意识。

创新工作举措。积极应对夏粮收购的复杂形势,做强做大主体业务,主动协调,搭建京津保粮食企业、农发行合作平台。有效预防乱花钱和违规开支问题,加强县支行签单管理。积极寻求在重点指标上取得突破,提升绩效,制定落实季度专项指标量化考核办法和存款、清收不良贷款小指标考核办法,加大费用与存款和清收不良贷款的挂钩力度;实施跨县域存款引存竞争,开展存款突击月、营销存款百日会战和不良贷款清收攻坚月活动。按照鼓励发展的原则,实行除基本开门费用之外全部与业务发展挂钩的费用分配管理办法,在全辖形成"向发展要效益、向效益要费用"的共识,极大地促进了业务发展。

创新防控手段。建立贷款调查、审查中心,由市分行统一调度使用,定期考核,动态管理,有效提高了办贷效率和办贷质量。组织开展滚动式风险排查、贷款法律合规性检查、重点企业专项核查和案件排查;将风险防控作为检验又好又快发展的重要标准,上下联动,全力清收,有效化解9个企业2693万元贷款风险,同时顺利完成CM2006升级改造并有效运用到实际工作中,对防控风险发挥了预警作用。

创新管理模式。坚持干部随时调整,支行副行长、正副业务经理(专员)月度工作报告和公示制度。制定实施14项制度办法,内容涵盖业务经营和内部管理各个方面。以执行制度、狠抓落实为主基调,成立存款组织及粮食风险基金协调、夏粮收购资金供应与管理工作和贷后管理与风险防控3个领导小组,由市分行党委成员担任组长,具体督导、参与重点工作。推动了经营管理工作的有效开展。

【加大支农力度】 加大信贷支农力度,全力支持新农村建设。年末,全行累计发放各类贷款259000万元,同比多发放57000万元。

做强做大粮棉收购业务。为确保收购不出问题,通过搭建京津保粮食产销对接和农发行合作监管平台,进一步通畅全市粮食产销渠道,遏制了主体业务逐年下滑的不利态势;本着保托市、促发展的原则,及时与中储粮直属库协调沟通,启动并全力支持托市收购;按照保收购、控风险的要求,积极支持有合同、有盈利空间的企业自主收购。全年共投放夏粮收购贷款49000万元,同比增加12000万元,支持企业收购小麦25400万千克。发放储备贷款4000万元,支持储备、轮换粮食2000万千克;发放秋季粮棉收购(调销)贷款45500万元,支持收购粮食74000万千克、棉花56.3万担,确保了粮棉收购顺利进行。

壮大非经营性中长期贷款业务。党委成员重点营销,职能部门到位协调,承办行积极努力,营销发放农村基础设施建设项目贷款3笔,金额51900万元,占全年贷款投放总量的20%。累计发放贷款20000万元,择优支持一批抗风险能力强、辐射带动作用明显的龙头、加工企业和农业小企业,提升了农业产业化经营水平。

【全面协调发展】 突出重点,打造亮点,全面推进各项业务协调发展。

力促贷款总量增加,努力实现信贷结构不断优化。1—12月贷款平均余额468000万元,比上年增加35000万元;12月末各项贷款余额504000万元,其中,政策性贷款余额346000万元,比年初增加39000万元,商业性中长期贷款72000万元,比年初增加42000万元,准政策性和其他商业性贷款86000万元,比年初减少7000万元。

大力开展存款营销,努力实现存款大幅增长。年末,各项存款余额540000万元,比年初增加332000万元;日均存款余额达到379000万元,比上年增加218000万元,完成省分行下达日均存款任务的623.5%。同业存款余额437000万元,占到全省的35.2%;同时积极创造条件办理资金存出业务250000万元。

积极开展中间业务,努力实现快速发展。全年实现中间业务收入160.3万元,完成省分行下达全年任务的172.4%。

全力提效增效,努力增强创收能力。在贷款利差收入同比下降9800多万元的情况下,仍实现利润7025万元,完成省分行下达任务的2.71倍。

【强化组织保障】 抓班子,带队伍,努力打造干事、成事的战斗集体。

坚持从严抓班子。定期对支行班子进行背靠背测评和问卷调查;坚持用构和谐、促发展的成效检验干部、评价干部,大胆启用年轻干部,给想干事、能成事的干部以机会,对不思进取的干部、软弱涣散的班子及时进行调整。为解决支行领导干部特别是新提拔干部"能干、会干"的问题,举办为期3天的县支行副职培训班,有效提升了县支行领导班子领导艺术和管理水平。

坚持从严带队伍。实行支行业务副经理以上干部按月报告工作和工作情况公示制度;顺利完成了县支行执行经理(专员)一、二级竞聘工作;在全辖稳步推进县支行"双向选择,竞争上岗"工作;组织了市分行中层干部竞聘。全辖综合改革稳步推进,进一步激发了各职级人员的工作积极性。

从严抓培训。制定实施《县级支行员工培训考试管理暂行办法》,对县支行员工按月考试,考试成绩与员工月度绩效挂钩。举办信贷、会计业务知识竞赛,参加全省信贷业务技术比赛,一举夺冠;组队参加全省礼仪比赛,获二等奖,两名选手入选省行代表队参加总行比赛,获得三等奖。同时,坚持逢会必考、逢训必考,促使干部职工加强了学习，员工素质普遍提高。

全力构和谐。开展了“庆七一、迎国庆”系列活动，进行“七一”评先表彰和首届“专业岗位标兵”评选，举办先进事迹报告会，组织登山、参观学习和征文、摄影、书法、绘画以及文体比赛，举行“庆国庆60周年”纪念图符摄影活动，丰富了职工文化生活，激发了全行上下爱国、爱行的热情。

（王大力　姜志军）

中国农业发展银行沧州分行

综　　述

2009年，沧州分行全辖干部职工全面落实科学发展观，紧紧围绕“科学发展”这个中心，努力适应新形势，准确把握新政策，积极调整优化贷款结构，防范化解风险，较好地完成了省分行交办的各项工作任务。到年底，各项贷款余额38.99亿元，较年初增加6.42亿元。各项存款余额为11.48亿元，较年初增加3.26亿元。不良贷款余额8419万元，较年初下降4918万元；占比2.15%，较年初下降1.95个百分点。资产利润率1.38%，同比下降0.82个百分点。收入成本率25.68%，同比增加2.65个百分点。实现账面利润4527万元，完成省分行核定任务的202.91%。存款日均余额165543万元，同比增加29543万元；实现中间业务收入77.26万元。回顾一年来的工作，沧州分行贷款结构和客户构成明显优化，资产质量和盈利能力明显提高，管理水平和队伍素质明显增强，全行上下形成了“团结、进取、创优”的良好局面。

【认真执行国家政策，全力支持新农村建设】2009年以来，该行严格按照国家宏观调控及农业产业政策，充分发掘利用当地资源优势，积极拓展信贷业务。一是从讲政治、讲大局的高度，充分认识大力支持粮棉油收购工作的重要性，增强做好夏、秋季收购资金供应与管理工作的主动性和积极性。实行“一把手”负责制，充分利用农业发展与金融、河北经济日报、沧州日报、沧州电台等新闻媒体，大力宣传农发行支农政策，取得地方党政领导、广大农民和客户的理解和支持。全年累计向三个直属库发放粮食贷款36993万元，支持企业收购玉米4547万千克，划转大豆7480万千克；发放小麦最低收购价贷款9161万元，收购最低收购价小麦4489万千克，收购值8331万元；发放商业性粮棉贷款63071万元，支持企业收购小麦13003万千克，玉米13358万千克，皮棉53万担。二是在稳定和创新传统业务发展的同时，加强对新业务的重点营销。积极响应国务院“一扩三保”精神及市委、市政府关于建设经济强市的总体部署，确立县域支持重点和优势行业、产业支持重点，重点营销一批有财政补贴来源的非经营性中长期贷款项目，适时发放农村基础设施贷款4.5亿元，全年累计发放新业务贷款54180万元。三是转变服务观念，提高服务意识。通过召开银企座谈会、定期联谊会等形式，主动帮助企业分析市场行情，搜集行业信息，在银企间搭建了一个加深沟通和联系的平台；对重点贷款项目制定专门的金融服务实施方案，努力为客户提供多品种、多层次、全方位的组合式服务；同时，各营业机构继续开展微笑服务和限时服务，加强技术练兵，提高工作质量与效率，密切银企关系，培养和提升客户的诚信度。

【加大信贷风险防范力度，实现不良贷款“双降”】全行上下进一步增强风险意识，防范信贷风险的力度不断加大。一是充分发挥贷审委职能作用。严格规范各环节操作程序，并根据工作需要，聘请专业法律人员参加贷审会，保证贷审委工作的高效、有序运转。在贷款调查、审查、审批时，把贷款企业全面落实自有资金和风险保证金制度作为贷款的先决条件，增强了企业抵御风险的能力；认真落实担保措施，推行企业法人代表或主要股东个人有效资产抵押等有效规避风险的措施，实行皮棉库存第三方监管和商品棉仓单质押贷款方式，合理确定监管第三方，开展棉花仓单质押贷款业务，增强了企业抵御风险的能力。市分行先后共组织召开贷审委会议14次，审议贷款项目70个，涉及贷款金额97100万元。二是加强粮棉库存监管和促销还贷。坚持定期查库和出库报告制度，真实、及时、准确地反映库存贷款物资的运动变化，确保粮棉库存账账、账实完全一致。同时，密切关注粮棉市场价格波动，积极引导、督促企业开展促销还贷工作。开展“粮棉促销还贷突击月”活动，建立重点企业联系制度，并将促销收贷进度快的支行好的经验做法及时在全辖推广，做到相互借鉴。到7月底2008年度棉花收购贷款全部收回,提前两个月完成2008年度棉花收购贷款本息"双结零"任务。到10月底收回2008年度购销企业玉米贷款6500万元,实现2008年度玉米贷款本息双结零。三是进一步加大不良贷款清收力度。市分行领导多次深入重点支行调研督导,及时专题下发明传电报加强对清收不良贷款等专项工作的指导,对于清收任务重,收回有难度的支行进行专题调度、重点督导。同时,明确专人完善呆账认定手续,做好呆账贷款申报认定核销工作。全年累计以现金形式清收8个企业不良贷款1620万元;有21个企业呆账贷款4613万元认定核销。

【强化内部管理,合规经营水平明显提高】 细化经营指标专项量化考核办法,签订党风廉政建设、安全保卫目标管理责任书,明确经营管理责任,激发了员工干劲。进一步改进增收节支收益渠道,狠抓存款和中间业务组织等专项工作,积极开办县域公众、财政支农资金和同业存款业务,开展存款和中间业务营销百日攻坚战活动,到2009年底,县域公众存款余额达到20978万元;财政支农资金存款余额达到24563万元;企事业单位存款余额达到69270万元。加大贷款利息清收力度,对各项贷款利息做到能收则收,应收尽收,全年应收贷款利息18731万元,实收贷款利息18002万元,贷款利息收回率为96.11%。圆满完成综合业务系统二期上线工作,对部分支行坐班主任进行短期异地交流,严格实行经费开支报账制度,各项费用开支合规合法,确保了全年财务目标的实现。对全辖2008年度会计年终决算报表、资产质量及贷款风险指标、业务经营指标完成情况及有关支行行长任期经济责任进行内部审计,参与总行、省分行组织的异地审计,积极配合市银监部门对该行的稽核检查,并狠抓审计发现问题的整改,为保障全行业务健康发展起到积极的作用。完成计算机系统网络升级改造工程,提升了科技支撑能力。加强安全保卫和安全生产工作,加大信息反馈和对外政策宣传力度,在省级以上报刊杂志发表宣传稿件50余篇,营造了良好的发展环境和舆论环境。

【坚持以人为本,干部队伍建设取得新进展】 全行上下,认真学习贯彻党的十七大、十七届四中全会精神,深入开展"四好"领导班子创建活动;顺利完成市、县两级行业务岗位竞聘和市分行中层干部竞聘工作,完成县支行副行长兼任部门主管及县级支行"双向竞聘、双向选择"工作,推荐考察县级支行领导班子后备干部,建立后备干部人才库,配齐7个缺编的县级支行领导班子,开展对支行班子的年度综合考评,确保了全辖整体工作健康稳定运行;开展"四无"创建活动,继续保持全辖无案件和重大责任事故的良好势头;狠抓党风廉政建设和反腐败工作,进一步增强了干部职工遵纪守法意识和拒腐防变能力;积极推进企业文化建设,开展青年文明号和青年岗位能手创建活动,认真坚持党委中心组理论学习制度和党建分析例会制度,切实加强和改进思想政治工作,凝聚了改革发展的合力。

（于永成）

中国农业发展银行衡水分行

综　述

【概况】 2009年,在省分行和市委、市政府的领导和支持下,积极履行职能,加大支农力度,强化风险防控,着力夯实基础,狠抓队伍建设,扎实构建和谐,各方面工作取得显著成效,较好地发挥了在衡水市农村金融中的骨干和支柱作用。全年累放贷款168950万元,累收贷款126946万元,年末各项贷款余额397583万元,比年初增加18282万元。账面盈利1571万元。

【认真履行职能,大力支持粮棉油收购】 一是支持储备体系建设。累放各类储备贷款31845万元,支持轮换中储粮小麦11486万斤,增加县级储备小麦3862万斤,增加临时储备大豆11938万斤,确保国家储备政策落实,增强了政府对粮食市场的调控能力。二是支持托市收购。加强组织领导,积极做好收购资金供应与管理工作,确保了支持收购没有出现问题。累计发放最低收购价收购贷款37098万元,支持企业收购小麦30678万斤。在支持夏粮收购中,推广非现金结算业务的做法被中央《新闻联播》、《河北新闻联播》刊播。三是支持跨年度和当年粮棉油收购。累计发放准政策性粮油收购贷款29170万元,支持企业收购小麦11014万斤、玉米19496万斤,发放棉花收购贷款10327万元,支持企业收购皮棉18.6万担。在去年粮棉市场价格波动较大、形势十分复杂的情况下,较好地支持了粮棉收购,没有出现问题。

【积极拓展业务,重点支持农业综合开发和农村基础设施建设】 大力支持农业综合开发和农村基础设施建设。围绕支持地方经济发展战略,营销支持滏阳河综合整治和冀州热网改造两项目,分别发放农业综合开发贷款48000万元、农村基础设施建设贷款8000万元,实现中长期贷款项目"零"的突破,强化农业基础,改善农村民生,促进了衡水"水市湖城建设"和"三年大变样",成为2009年我行信贷支农的突出亮点,赢得地方党政和社会各界的高度评价。

【强化风险防控,提高资产质量】 制定实施《逾期贷款管理处罚试行办法》,强化责任追究及处罚,增强各级风险防控意识。加强信贷基础管理,完善风险防控机制,制定信贷检查实施细则,定期组织各级信贷检查,切实加大各类检查问题整改力度,超前防控各类风险。狠抓粮棉促销收贷,2007年度购销企业玉米和2008年度皮棉实现"双结零"。实施"有保有压,有进有退"战略,对4家企业压缩贷款规模,对8家企业重置抵押,对12家企业适时退出,通过大量扎实工作,优化贷款结构,排除发展隐患,有力夯实了管理和发展基础。强力清收盘活处置不良贷款,制定清收预案,落实各级责任,一企一策,一笔一策,多措并举,聚力攻坚,累计现金清收不良贷款715万元,减轻了全行经营包袱。截至年底,全行不良贷款余额38321万元,比年初下降21912万元,不良贷款占比9.64%,比年初下降6.24个百分点,实现"双降"目标,优化了资产结构。

【强化精细管理,夯实发展基础】 强化存款增效意识,加大存款组织力度,扩大低成本资金来源,改善资产负债结构,全年日均存款增加额为132532万元。做好粮食风险基金监督拨付工作,全年监督拨付各项财政补贴资金81530万元,督促财政部门及时拨付衡水分行粮食风险基金挂账利息补贴2311万元。努力扩大代理保险业务,对贷款形成的资产应保尽保,全年实现中间业务收入65.16万元,完成省行下达任务的103.43%。大力增收节支,加大对财务指标的控管,严格固定资产和低值易耗品的采购、使用和管理,加强闲置资产处置,提高资产处置收益。坚持勤俭办行,严格费用开支,保证了各项财务开支的合法合规、真实规范。完成会计远程监控系统建设,全面实施综合柜员制。全面推行员工违规积分管理,切实增强了员工的事业心和责任感。狠抓基础管理和基本制度落实,坚持业务经营分析会、工作例会等多项工作制度,制定完善资金调度及汇划支付管理办法、财审委议事规则等多项办法规则并狠抓落实,促进各级职责的细化、规范和全行经营管理水平的提升。扎实开展"遵章守纪、合规经营"专题教育活动,促进了全员合规意识的增强。坚持各类序时、专项和重点审计,狠抓发现问题的整改,及时堵塞了经营管理漏洞。加强安全保卫工作和信息安全管理,确保了全行全年安全运营无事故。

【坚持以人为本,加强班子队伍建设】 扎实开展学习实践科学发展观整改落实"回头看"工作,认真学习贯彻党的十七届四中全会精神,坚持党委理论中心组学习和党建工作分析例会制度,切实加强党的建设。深入开展"四好"领导班子创建活动,适时组织量化考核,促进各行领导班子建设。组织机关中层干部竞聘上岗,增强队伍活力。加强基层行建设,深化县支行内部改革,全面推行基层行员工双向选择、竞争上岗和副行长兼任部门主管。坚持会计专业技术练兵和考核,开展信贷专业技术比赛,促进队伍素质的不断提高。大力加强作风建设,着力打造"五型"机关,提高工作效能。适应新形势要求,坚持多种形式开展思想政治工作,组织主题演讲比赛,凝聚改革发展合力,大张旗鼓地表彰先进,营造干事创业的和谐氛围。落实"一岗双责",坚持廉政谈话、干部述廉,加强警示教育和惩防体系建设,开展"四无"创建活动,有效防控各类案件的发生。积极开展丰富多彩的文体活动,深入推进企业文化建设,全行员工队伍的凝聚力和向心力进一步增强。

(赵　辉)

中国农业发展银行邢台分行

综　述

【概况】 全年累放贷款382416万元,较上年增加139443万元,年末各项贷款余额624677万元,较上年增加149849万元,增幅31.56%。各项存款余额208808万元,较上年增加52539万元。全年实现利润7660万元,完成省分行下达利润指标304.9%。资产利润率1.2%,同比下降0.29个百分点;收入成本率20.2%,同比上升2.29个百分点;人均利润20.51万元,同比上升1.87万元;人均中间业务3192元,同比上升294元;人均日均存款543万元,同比提高328万元;不良贷款下降额4626万元;不良贷款占比为5.9%,较年初下降了2.85个百分点。专项量化考核情况:不良贷款清收额1668万元,完成省分行任务47.7%;日均存款增长额125068万元,完成省分行下达任务的622%;实现中间业务收入123万元,完成省分行下达任务的126.4%。

【政策性业务】 积极支持国家储备体系建设和粮油宏观调控政策的落实。全年共发放各级储备粮贷款和轮换贷款20460万元,支持轮换中央储备小麦7106万千克,轮换地方储备小麦4570万千克,增加省级储备粮3417万千克。做好国家临时储存玉米、大豆跨省移库贷款划转工作。发放临时储备贷款11722万元,划转大豆3万吨,办理玉米移库8万吨。及时足额发放托市收购小麦贷款,保证国家支农惠农政策的落实。及早完成收购贷款资格认定,加强与中储粮邢台直属库的沟通与协调,确定72个收购库点,累计向中央储备粮邢台直属库发放最低收购价贷款11.52亿元,支持收购2009年度小麦12.04亿斤。配合中储粮总公司做好2008年托市小麦的拍卖工作,2008年托市小麦贷款5.4亿元全部收回,并足额收息。

【准政策性贷款业务】 认真做好贷款需求预测和贷款额度核定,认定夏粮收购贷款资格企业31户,核定最高贷款额度9.3亿元、认定秋粮收购资格企业35户,核定最高贷款额度15.62亿元。积极支持符合贷款条件的各类粮食企业入市收购,加大粮食购销企业与产业化龙头及加工企业联系力度,积极支持企业开展工贸对接等多方位合作。全年购销企业同龙头加工企业共签订19.25万吨的购销合同,邢台分行累计向其发放贷款19200万元。既降低了贷款风险,又解决了农民卖粮难和购销企业粮食销路问题,也支持了龙头加工企业发展。全市累计发放粮食收购调销贷款93767万元,支持各类企业收购粮食15.22亿斤。对原有开户的粮食购销企业,择优支持做大做强。发放粮食收购贷款49245万元,支持购销企业收购粮食47476万千克。做好棉花收购贷款资金供应与管理。支持企业做好跨年度棉花收购工作。累计向3个县的4个企业发放棉花收购贷款4428万元,收购皮棉87143担,贷款均价及收购均价均在“双线”控制以内。做好新年度棉花种植及收购资金需求调查预测,确定2009棉花年度收购贷款资格12家,核定贷款限额15550万元,发放棉花收购贷款1534万元,支持企业收购皮棉27843担。另外,发放调销贷款5100万元,调销皮棉76544担。抓好2008年度棉花促销和贷款收回工作。7月末按时完成省行促销收贷计划,贷款“双结零”较上年提前一个月。

【商业性贷款业务】 一是细分信贷市场,建立项目库。年末项目库储备项目96个,涉及金额26.4亿元。二是实施信贷倾斜政策。将全市划分为宁晋玉米淀粉深加工,沙河的饲料加工,隆尧的小麦加工三个重点区域,实施信贷倾斜。三是执行贷款立项制度,把好客户准入关。四是制定客户个性化服务管理方案,对贷款余额超过1000万元或存在问题的企业每月进行例会分析,有效规避贷款风险。五是加强非经营性贷款项目营销工作。支持项目4个,发放贷款105360万元;储存非经营性中长期贷款项目43个,涉及贷款26.16亿元。经省分行立项的贷款项目7个,贷款金额10.7亿元。年底省分行审议通过的项目3个,贷款5亿元。

【不良贷款下降】 建立奖惩激励机制,将不良贷款清收与业务管理费和员工月绩效工资挂钩,设立10万元不良贷款清收奖励基金。采取压任务、严考核、勤督导、多协调、重点突破等方法,清收不良贷款1668万元。加大呆账申报工作力度。全年上报省分行呆账核销项目15543万元,经总行批准核销4750万元。注重从源头和关键环节防控信贷风险。一是推行担保贷款的低风险化,将机器设备抵押贷款逐步转化为房地产抵押担保,及实力强大的第三方保证担保。二是制定《非政策性贷款客户分析例会制度》,实行驻行律师“坐班”,扩大法律事务审查范围和内容。要求每笔贷款手续都要由律师和风险管理人员共同把关,对风险隐患大的企业实施稳妥退出。全年稳妥退出风险隐患较大企业6家,收回其全部贷款5070万元,同时减少了对11家企业贷款7250万元。三是解决了影响全行大局的某支行为平乡纺织出具承诺书等4个历史遗留问题,使2个企业3628万元贷款免予成为不良贷款。全年除省分行批准的贷款形态调整外,未发生一笔新增不良贷款。

【经营管理】 市、县两级行签订经营绩效目标责任书、党风廉政建设和安全保卫目标管理责任书,强化基层行管理责任。创新管理机制。将县级支行按发展基础、营销资源、财政实力等因素分成三个组进行考核,制定《经营绩效考评办法》等6个考核办法,把财务资源向业务大行和对全辖经营业绩贡献大的行倾斜,对全行做出特殊贡献的单位和个人给予重奖;促请市政府下发《关于利用农业政策性金融机构贷款管理暂行办法》,为全市营销非经营性贷款项目提供政策支持。大力营销存款和中间业务。指导沙河市支行在全省率先成为代理财政支农资金拨付主办行,之后任县等6个县支行相继成为当地代理财政支农资金拨付主办行,累计吸收财政支农资金存款7.9亿元,直接创效750万元。财政支农资金存款占全行中长期贷款余额的40%;加大企业回笼货款归行管理,企业存款余额较年初增长7.5亿元,创效2650万元。大力拓展中间业务。中间业务收入同比增加29万元,提前4个多月完成省分行下达的全年任务指标。

【党建和队伍建设】 坚持落实党建工作分析例会制度,组织开展党员领导干部专题民主生活会和党员生活会,做好评选表彰工作。加强思想作风建设。在全辖集中开展解放思想大讨论活动,集中进行作风、纪律整顿,全行上下精神面貌焕然一新,工作作风明显转变。加强班子和队伍建设。抓好县级支行领导干部配备。先后对12个县支行班子进行调整,有14名同志被选拔到县级支行领导岗位。认真做好业务岗位聘任、市分行中层干部竞聘上岗工作,使有专业才能的38名优秀专业人才在业务岗位上得到提拔使用。实施人才兴行战略。建立良好的人才推举机制,52名同志入选人才库。加强企业文化建设。市分行营业部等9个行部通过省分行企业文化建设验收。市、县两级行按照规范程序召开职工大会,积极开展文明创建、争先创优等活动。谱写《邢台农发行之歌》,全员的凝聚力和向心力大为增强。加强党风廉政建设。对新提拔的县支行领导干部和调整干部进行了任前廉政考试并下发了廉政提示函,认真执行廉洁自律有关规定,树立了"为民、务实、清廉"良好形象。

【基础工作】 抓培训,提高干部职工素质,先后举办11期集中业务培训班,培训员工500多人次。组织县级支行主管行长和各专业人员近400人参加应知应会知识考试。做好业务岗位管理和绩效考核工作。抓基础管理。制定并落实精细化管理考评体系,对全辖进行精细化管理大检查并按好、中、差划分等次,筛选样板行召开现场会,引导各行加强基础管理。市分行分部室制定条线考评办法,强化对条线工作的监督、指导和推动。制定《违规行为组织处理暂行办法》和《内部审计回访督察制度》,严格问责,切实解决有章不循、有禁不止的问题。制定的《财务报账基本操作流程》被省分行以正式文件在全省推广。完善计算机信息安全应急预案,提高抗灾容灾能力。在全行实行不定期、不定时、不通知检查,并将检查结果通报全辖,营造出全行全时空下的安全环境。强化市分行经营职能。建立市分行客户营销服务中心,对各行营销的贷款项目进行指导。积极发挥贷款调查、审查和监测三个分中心的作用,合理调配辖内业务骨干,直接组织项目营销、评估、风险防控、不良贷款化解和处置工作。强化市分行管理职能。推出《业务管理费分配办法》,坚持业务优先、效益优先的原则,由传统按基数分配转变为有重点地向业务好、效益好的基层行倾斜。

(王世忠)

中国农业发展银行邯郸分行

综 述

2009年以来,在省分行党委的正确领导下,邯郸分行按照省分行科学发展年的有关要求,以"保增长、调结构、防风险、促发展"为全年工作主线,切实增强责任意识、创新意识和发展意识,认真履行职能,加大支农力度,强化风险防控,夯实发展基础,狠抓队伍建设,扎实构建和谐,各方面工作均取得显著成效,在全省经营绩效分组考核中,连续第二年获得南部考核组第一名和全省经营绩效考核一等奖,较好地发挥了在全市农村金融中的骨干和支柱作用。

一、抢抓机遇,加快发展,信贷支农卓有成效

全行紧紧围绕新农村建设，切实加大信贷投入，不断优化贷款结构和客户结构，有力促进了全市农业农村经济的发展。全年累放各类贷款677660万元，同比多投放261789万元，投放量增长了63%，年末贷款余额达953088万元，较年初增加222576万元，增幅达到了30.47%，信贷投放量、贷款余额和增加额均创历史新高，位居全省第一，支农作用进一步增强。

（一）强主体，粮棉油收购主体业务实现快速发展。全年累放各级粮食储备贷款23715万元，增强了国家和地方对粮食市场的宏观调控能力。累放小麦最低收购价贷款352062万元，较去年增长了87%，支持指定企业收购小麦37.4亿斤，贷款投放量和收购数量均占全省的62%，确保国家支农惠农政策的有效落实，呈现政府满意、企业满意、农民满意的良好局面，受到市政府的通报表彰。累计投放粮油收购及流转贷款154996万元，支持各类企业自主收购粮油87831万千克；投放棉花收购及调销贷款71393万元，支持企业收购（调入）棉花129万担，较好地满足了农民卖粮卖棉需求，为服务“三农”，支持粮棉产业健康发展做出积极贡献。

（二）调结构，大力支持农业综合开发和农村基础设施建设。切实加强同地方有关部门的沟通联系，对优质农业基础设施建设项目提前介入，主动营销，上下联动，合力攻关，全年累放非经营性中长期贷款77480万元，年末中长期贷款余额13.3亿元，首次超过准政策性贷款余额。贷款结构和客户结构的优化为进一步提高经营绩效、实现可持续发展创造了条件。

（三）促发展，择优支持农业产业化经营。累放农业产业化龙头企业及加工企业、农业小企业贷款1.6亿元，择优支持一批抗风险能力强、辐射和带动作用明显的农业产业化龙头企业及加工企业，促进农业产业结构升级，带动农民增收。

二、赶时间、抢进度，大力开展不良贷款清收处置工作，资产质量明显提高

面对不良贷款余额大、占比高，严重制约经营绩效大幅度提升的实际情况，全行上下统一思想，积极行动，采取有效措施，大力开展不良贷款清收处置工作。全年累计现金清收不良贷款701万元，累计上报呆账核销申报项目23个，金额44310万元，全部经总行审核批准予以核销。截至2009年底，全行不良贷款余额9496万元，较年初下降45537万元；不良贷款占比0.99%，较年初下降6.53个百分点，顺利实现不良贷款双降的目标，并且不良贷款在历史上首次下降到1%以内，为今后的发展奠定了坚实的基础。

三、精细管理，严格考核，经营绩效稳步提升

进一步完善经营绩效考评和专项量化考核机制，层层签订经营绩效、党风廉政建设和安全保卫目标管理责任书，加大经营绩效与收入分配挂钩力度，加大费用与业务发展的挂钩力度，加强不良贷款清收处置与存款组织等重点工作的考核奖惩力度，充分调动各行经营管理的积极性，激发了经营活力。

（一）效益优先，狠抓存款及中间业务工作。牢固树立存款增效意识，切实加大存款及中间业务专项任务的考核挂钩力度。截至2009年底，全行各项存款余额212262万元，较年初增加18701万元，日均存款余额达到223742万元，同比增加82016万元，通过存款带来的盈利达到1212.5万元。财政性存款、县域公众存款等低成本存款实现快速增长，全行的存款结构得到进一步优化。全年实现中间业务收入170.3万元，完成省行下达任务的110.5%，人均中间业务收入位居全省先列。

（二）管理提速，严格信贷监管。制定《贷款限时办结制度》，明确贷款调查、审查、审批、发放等各环节的操作时限，使办贷效率得到了有效提高。修订完善《贷款调查管理规范》、《贷后检查实施意见》、《优质客户发展战略实施意见》等制度办法，进一步夯实了信贷管理的基础。推行行长包户制度，对重点、难点企业进一步明确监管职责，增强对企业的监控能力，有效降低信贷风险。狠抓粮棉促销，有效防控信贷风险的发生。全年累计收回各类贷款43.06亿元，在信贷业务快速有效发展的情况下，顺利实现2008粮棉年度贷款本息“双结零”，确保业务发展速度、规模、质量、效益的有机统一。

（三）保障有力，实现安全稳健运营。优化信贷计划和资金配置，在满足业务发展需要的同时，有效减少无息资金占用。进一步加强财会基础工作，加大会计辅导检查力度，提高会计核算质量，财务会计工作综合考评获得了全省第三名。加强对综合业务系统的管理，实现系统的安全平稳运行,并在全省综合业务系统运行管理考核中名列第二。加强网络、机房等信息基础设施建设,认真开展了机房巡查工作,确保网络畅通,为各项工作顺利开展提供有力的技术支撑。进一步加强内部审计工作,促进稳健经营。加强安全保卫工作,实现全辖安全无事故。加大信息宣传工作力度,营造良好的发展环境和舆论氛围。在存贷款利差大幅收窄的情况下,经过全行上下的共同努力,全年实现利润9988万元,经营绩效得到稳步提升。

四、以人为本,凝心聚力,党风廉政建设和员工队伍建设不断加强

以开展"四好班子"创建活动为载体,着力增强支行领导班子的向心力、凝聚力、创造力和战斗力。制定《关于进一步加强县级支行领导班子建设的意见》,从党性修养、工作作风、工作纪律、行为规范等方面加强对支行领导班子的管理,使支行党支部的战斗堡垒作用得到充分发挥。进一步深化县级支行内部改革,全面推行县级支行员工双向选择、竞争上岗和副行长兼任部门主管工作,有效提高基层行的工作效率和经营活力。开展县级支行副行长竞争上岗试点工作,进一步拓宽选人用人渠道。按照聘期管理,顺利完成市县两级行中层干部竞聘上岗工作。加强员工的教育培训,组织支行正副行长业务知识考试和新的信贷制度考试,使全员学习的主动性和自觉性得到很大提高。扎实开展"遵章守纪、合规经营"专题教育活动,使全员遵章守纪、合规经营意识得到进一步加强,有效规范经营管理行为、提高经营管理水平。对全辖各行班子成员进行警示谈话,并逐人向市分行递交了廉洁从业承诺书;组织开户企业签订协助农发行抓好廉政建设承诺书;召开由全市重点企业负责人和财务主管参加的大型银企联席会,在企业主动配合意识得到明显增强的同时,扩大对该行工作人员的监督范围,有效避免了以权谋私、以贷谋私行为的发生。深入开展"四无"创建活动,加大案件和信访举报查办力度,进一步增强了干部职工的廉洁自律意识和拒腐防变能力。深入开展了企业文化建设,以行为文化和制度文化建设为重点,通过组织开展丰富多彩的文体活动,使全行的凝聚力和向心力进一步增强,推进企业文化建设向纵深开展,营造了一心一意谋发展的良好氛围。

(王子东)

中国工商银行股份有限公司河北省分行

综　述

【概况】 中国工商银行股份有限公司河北省分行把应对国际金融危机、保持经济平稳较快发展作为首要任务,充分发挥工商银行支持经济发展"领头羊"和"主力军"作用,全力支持地方经济发展。年末,本外币各项贷款余额突破2000亿元,较年初增加542.93亿元,增长36.79%,是上年增量的2.4倍。全年本外币各项贷款增量与信托+理财业务两项合计672.33亿元,是前2年贷款增量总和的1.8倍。其中,项目贷款新增336.63亿元,四大行第一;个人贷款余额突破500亿元,住房贷款累放量、增量连续六年保持四大行第一;累计办理票据贴现627亿元,四大行第一。人民币各项存款余额3761.86亿元,较年初增加683.51亿元,四大行第一。实现经营利润61.19亿元,同比增加12.34亿元,创历史最好水平。

【全力助推河北沿海经济强省建设】 突出重点,鼎力加大立省强省项目建设投入。全年累计发放项目贷款508.59亿元,同比多增239.19亿元,取得历史性突破。以"三年大变样"为核心,倾力支持城建项目。共投放城建项目18个,贷款264.25亿元,稳居同业首位。以基础设施为重点,不断加大公路、铁路项目贷款投放。向公路、铁路行业贷款投放145.21亿元,为历年之最,积极实施创新突破,向张家口丹拉高速公路发放固定资产支持融资45亿元,这是工总行批复地市级交通部门的第一笔固定资产支持融资业务。以扩大内需为切入,进一步加大住房、购车等消费信贷投放。全年消费贷款累放500亿元,新增270.8亿元,增速达276.3%,是前三年增量的总和。以个人住房按揭贷款为核心,进一步加大按揭与二手房市场支持力度,开发贷款同业占比达56.5%,个人住房贷款增量占比达45.5%,均居四大行第一位。年内消费贷款和个人贷款余额分别在省内同业率先突破700亿、500亿大关。把握关键点,全力支持河北经济产业升级。以贸易融资系列产品为突破性业务工具,延伸服务企业上下游交易链,全年国内贸易融资额108.98亿元，国际贸易融资累放量达9.6亿美元。仅向曹妃甸港区投放贷款达85.76亿元之多。突出绿色环保，积极支持生态文明建设，实施绿色信贷工程。严控“两高一剩”行业贷款，坚持环保一票否决制，大力支持新能源、节能减排、技术改造升级项目的信贷需求，全年累计投放绿色贷款1030亿元，支持了多个重点技改和环保项目，为河北省实现节能减排目标做出积极贡献，荣获河北省“绿色信贷优秀单位”殊荣。找准契合点，创新完善信贷产品和服务，满足企业多样性融资需求。成功运作工行首单私募股权主理银行项目。协助基金公司募集资金1.612亿元，投资河北省优质房地产客户股权，为客户解决了项目投资和资本金问题。被总行列为2009年重点股权类品牌项目。累计办理项目搭桥贷款18.61亿元、项目前期贷款52.58亿元、项目营运期贷款3.25亿元。大力发展中短期融资券、银行承兑汇票、信用证以及票据、企业债券等产品。累计办理“信托+理财”业务129.4亿元，成功营销全省首单中期票据20亿元。成立小企业金融业务专营机构，所辖11个二级分行均成立小企业金融业务中心，以55个特色产业集群和大企业、大项目上下游供应链为抓手，强化省行、市行、支行三级联动，全年小企业客户新增投放12.59亿元。

【全面增强服务社会的能力】 改善服务手段、强化市场营销，大力集聚社会闲散资金，为信贷投放储备充足的资金基础和发展资源。抓住“双节”期间储源丰沛的有利时机，组织各行全力开展旺季营销竞赛工作。集中开展“理财之春”和“金色之秋”大个金主题营销活动，在网点及主要媒体进行大规模宣传，举办“金色之秋·柏坡交响”音乐会、财富杯高尔夫球赛、高校金融大讲堂等系列营销联谊活动，促进储蓄存款的快速增长，全年新增储蓄存款292.23亿元。充分利用工行河北分行多种金融产品和现金管理服务等手段，加强对优质系统大户、集团大户的综合服务，促进对公存款稳定增长。将“扩户增容”作为贯穿全年工作的重点工程，对公结算账户新开5.68万户，公司有贷户增加203户。强化银证、银保合作，加大军队客户服务力度，先后开展“银证联手股海畅游”第三方存管业务和“为机构客户添彩为军队客户增辉”等主题活动。年末，工行河北分行人民币对公存款新增433亿元，同比多增181亿元。

【全力压降不良贷款，加快推进银企共赢发展】 加大不良资产清转处置力度，充分利用呆账核销政策处置国有企业历史债务，积极争取总行呆账核销资源，优先核销国有企业不良贷款，全年，累计核销528个项目、金额19.84亿元。充分运用以物抵债政策，解决国有企业债务问题，通过以物抵债方式处置企业不良贷款1.77亿元。全年共清转处置不良贷款46.7亿元，不良率降至2.59%，下降2.4个百分点，资产质量实现根本性好转，企业得以轻装上阵，持续发展能力得到增强。加大风险控制，千方百计为企业化解资产劣变风险。前移风险关口，强化贷款动态监测，提高现有贷款管理水平，帮助企业降低贷款劣变风险。5月，考虑到经济周期对河北省钢铁、纺织、房地产等相关行业的影响情况，选择30家客户，召开2009年重点贷款大户分析会，帮助企业对生产、销售、产能等多方面进行风险分析，逐户建立预案，有效防范风险。创新工作思路，解决高校存量债务。针对燕山大学、河北大学近两年到期贷款集中，还贷压力、风险隐患较大的实际情况，组织人员认真分析燕大、河大未来现金流结余，合理测算还款能力及偿债能力，设计债务重组方案，以工行河北分行作为牵头行，成功为燕山大学8.47亿元存量债务和河北大学6.45亿元存量债务进行重组。

【创新服务方式，全力提高社会满意度】 从企业需求出发，主动为企业量身订制一揽子金融服务方案，积极为企业提供账户托管、年金等全方位服务，不断延伸业务领域，全年新增115家企业年金业务，年金账户管理达12万人。密切银政合作，发挥顾问服务功能，对秦皇岛市以政府财力支持区域经济发展提供金融理财顾问服务，与秦皇岛市政府对接项目26个，总投资224亿元。面向批发交易市场以及各类企事业单位推出银行通系统，加快企业的资金周转速度，提高资金使用效率。积极为河北烟草、华北电网、新奥集团等客户提供优质、便捷的支付结算和现金管理服务。提升网点服务水平。紧随城市发展变化，抓好网点“硬件”建设，全年共改造6家财富中心和64家贵宾理财中心，在全行780多个网点投产多媒体信息发布系统，将新产品、新业务等信息及时发布给客户。在个人客户密集，服务需求度高的商场、高校等区域，新增自助存取款机409台。深入开展“服务品质提升年”活动，以“改善服务评价，提升社会形象”为目标，内外结合、上下联动，分别以“改进、体验、满意”为主题分步开展主题月活动，有效提升了工行河北省分行的社会形象。以社会普遍关心的服务排长队问题为抓手，不断规范服务制度，优化劳务组合，加强员工培训，实现183家网点排队时间控制在15分钟以内。深化组织体制改革。在城区网点推行扁平化改革，全行有421个网点实现直管，网点的动力与活力得到激发。根据客户和市场需求，积极推进信贷集中改革，本着“拉直、缩短”的原则，对各类信贷业务流程进行优化，提高审批效率。成立总行级客户服务中心。在省、市政府的支持和帮助下，通过工行河北省分行的全力争取，总行（石家庄）后台中心正式成立。该项目是河北省第一家全国性的大型金融后台服务中心，石家庄后台中心的建成将会大大提高业务处理效率和客户服务能力，同时也将有利于石家庄城市建设、扩大就业和提高城市知名度。

【在和谐发展中体现工行责任】 针对建国60周年等特殊时期，把维护安全稳定放到重要位置，确保和谐稳定大局。建立行长下访接待制度和离退休人员情况通报制度，对员工反映突出的问题，坚持预警在先、防范在前。集中开展信访问题大排查、大化解活动，把矛盾纠纷化解在基层，消除在萌芽状态。同时，大力开展爱国主义教育，深入基层解困帮扶和慰问，组织喜闻乐见的文体活动，着力营造团结奋进、积极向上爱国爱行的良好氛围。持续推进同心工程建设，为基层网点配发微波炉、冰箱等，组织全行员工体检，建立保障员工最低收入工作机制，把关心员工的工作落到实处，努力构建和谐的企业文化。主动做好甲流HINI防控工作，积极应对风雪灾害天气，确保员工、客户的身体健康和营业网点的安全运营。组织开展纪念“建党八十八周年”座谈会，对60名优秀共产党员、30名优秀党务工作者和30个先进基层党组织进行隆重表彰。认真开展“学规定促发展、管理提升竞争力”等主题教育活动，严格执行员工违规积分管理制度，从源头上防范各类风险和案件隐患，连续四年实现平安无案件。完善安全防护设施，在全行营业网点和自助银行配备保安人员，有效增强营业场所的安全防护能力。在全辖范围内组织开展“统一时间、统一内容、统一形式”的应急演练活动，提高全员应急处置能力。加强对自助银行、自助机具等重点部位的安全管理，及时发现和遏制针对工行河北省分行自助银行设备的外部欺诈事件32起，保护国家和群众的财产和人身安全。

【打造风清气正的良好氛围】 把解放思想作为推动各项工作的突破口，积极开展领导干部调研活动。紧紧围绕“深入实际，破解难题，优化发展环境，推动科学发展，促进社会和谐”主题，开展“党委班子及各部室一把手到基层调研”活动，深入基层，广泛接触群众，了解真实情况，发现实际困难，解决实际问题，在推动经济增长的过程中思想作风更加贴近实际，处理问题更加实事求是。强化效率意识和执行力建设，重点完善首问负责制、限时办结制和追究问责制三项机制。明确职责范围，限时办理、及时反馈，强化问责。把“快”作为竞争法宝，把效率当做竞争力，以“白加黑、五加二”的精神状态，争时间，抢速度，千方百计把各项工作往前赶，特别在贷款审批中，快字当头，简化环节，优化流程，适时启动“调评合一、评审合一”等绿色通道，使贷款投放速度更加符合河北经济发展的要求，为抢抓机遇、实现经济快速发展创造了条件。切实履行公开承诺。就有关柜面服务、贷款审批特别是小企业贷款审批、个人贷款审批等业务向社会做出公开承诺，明确服务质量和服务时限，接受社会监督。

中国工商银行股份有限公司
河北省分行营业部

综　述

【概况】 2009年，中国工商银行河北省分行营业部坚定不移贯彻落实省行“同业最强，系统十强”指导思想，以提升市场竞争力为抓手，加快转型发展步伐，坚持以人为本，认真实践，稳步推进区域扁平化改革，强化使命，突出贡献，切实加强风险控制体系建设，市场竞争力进一步提升，突出细化管理，创效增收，以坚定的信念，向实现强行目标迈进。截至年末共实现拨备前利润13.51亿元，实现拨备后利润10.17亿元，同比增加4.42亿元。实现经济增加值4.24亿元，同比增加2.33亿元，增长122%。各项存款快速增长，实现同业首位目标。人民币各项余额达785.9亿元，比年初增加129亿元，各项存款存量和增量占比同业首位，增量居系统内首位。突出抓好重点建设项目，各项贷款剔除票据融资因素增加86亿元，同业首位。其中公司贷款累放145.7亿元，同比多放84.7亿元，完成省行下达任务的208%，以绝对优势保持同业首位。住房开发贷款累放27.4亿元，较同比多放18.23亿元，较年初增加19.5亿元，存量和增量居同业首位，占全省住房开发贷款增量的24%；办理票据贴现52亿元，同业首位。实现中间业务收入3.46亿元，同业占比32.28%，继续保持同业和系统内首位。信用卡发卡量突破60万张，新发卡9.61万张，发卡量稳居四行占比首位。累计实现消费额39.42亿元，同比多增13.7亿元，增幅达到53.03%，同业占比首位。个人理财类产品销售总额281亿元，同比多增71亿元。灵通卡新增发卡51.8万张。品牌金销售111.15千克。个人账户黄金累计销售5099千克。

【明确发展思路】 统一思想，深入推进，重点抓好大个金和大信贷两大中心工作。确立争占首位目标，抢抓市场机遇，积极探索转型发展之路。认真研究确定"以人为本，认真实践；强化使命，突出贡献；细化管理，创效增收；坚定信念，实现强行"的指导思想，加快转型调整，稳步推进扁平化改革，以创新为驱动，进一步提高市场竞争力。以高度的责任感、使命感，扎实推进扁平化改革的深入开展，加快扁平化改革进程，加强业务流程梳理、部门职能整合工作，重新梳理和定位各部门职责。确立桥西、长安、和平、中华、建华、光明6个支行为城区管点行，继续承担对城区网点的管理职能，按区域实行网点集中管理，其余14个支行为单点行。成立运行风险监控中心，监督体制改革圆满完成。

【抢抓大信贷发展】 抓住机遇，抢占先机，以大项目营销为突破口，强力推进大信贷业务跨越式发展。积极响应石家庄市政府提出的"保增长、调结构、抓项目、强园区"的口号，按照"三年大变样"总体要求，早谋划，早启动，以城建、交通、电力为营销重点，制定周密的信贷营销策略和贷款方案，迅速安排部署，重点抓好市政府投资办130亿元项目贷款营销工作，结合扩户增容工作，开展项目对接，确定重点跟进项目，做到项目安排到位，工作落实到位，营销措施到位。不断调整经营思路，拓宽营销视野，全力推进扩户增容工作。消费信贷业务实现跨越发展，开展"双向搜盘"等活动，抓好土地储备贷款营销工作，房地产贷款如期实现"规模再造"。全年实现消费贷款累放64.1亿元，同比多放41.26亿元。以小企业洽谈会为契机，推动银企共赢。在"金色之秋"活动中，与石家庄市工商局企业注册分局举办小企业对接会，直接与小企业进行交流、沟通，推介和展示工行的小企业融资产品和服务。年金和投行业务快速、健康发展。通过国资委、社保局、保险多渠道搜集信息，拟定详细的服务方案，赢得了竞争的先机。

【做强大个金业务】 以"理财之春"、"金色之秋"主题营销活动为契机，全面提升个人金融业务市场竞争力。组织全员积极开展营销宣传活动，扎实做好金融产品捆绑营销工作。做好储蓄存款、代理保险和基金、人民币理财产品销售、新增代发工资户、牡丹灵通卡发卡等营销工作。充分挖掘网点、人员、市场等资源优势，以机制调动全员积极性。抓好代理保险、基金等重点理财产品营销。深入研究个人保险市场，了解客户保险需求，不断拓展代理保险、基金等理财产品销售渠道。借助工行品牌、产品、系统、管理、服务、渠道等方面的整体优势，深入大中专院校开展集中营销，扩大校园发卡规模。加强与证券公司合作，积极开办三方托管业务，提高灵通卡在股民和学生中的渗透率。抓好网点建设和管理。加快私人银行、贵宾理财中心、标准化理财网点和自助银行建设，装修改造网点48个，进一步提升网点形象和功能。将"内外兼修量质并举"作为信用卡业务发展的主体思路，全面推动刷卡促销活动，积极抢占收单市场，提升交易额。掀起电子银行产品营销高潮。组织开展"工行金融@家，引领快乐e生活"、"用网银、送U盾"等各项营销活动。

【加快中间业务发展】 进一步加强中间业务的组织和管理。统筹组织中间业务的纵向横向营销工作，积极开拓新业务，挖掘新的收入增长点。完善金融产品营销计价考核办法，针对系统内、同业发展的弱势项目，积极寻找带动实现中间业务进一步增长的项目，通过改进激励措施，以切实调动营销、办理中间业务的积极性，有效提高中间业务收入。结合新标准，深入挖掘基础性收费业务收入潜力，继续提高对公理财业务和个人客户理财业务贡献度。规范化收入，实现中间业务在依法、合规的基础上健康发展。

【细化完善管理机制】 大力清收处置不良贷款，完善不良贷款清转处置管理机制，突出重点，强力攻坚，进一步改善资产质量。进一步优化信贷结构，切实提高信贷管理水平和信贷资产质量。持续抓好风险防范、案件防范、依法合规工作。进一步加强风险控制和案件防范，不断提高经营管理水平，促进各项业务持续快速健康发展。

【加强企业文化建设】 深入开展干部作风建设活动。以工作效率和执行力为重点，进一步推动市场竞争能力和可持续发展能力的提升。关心关爱员工，构建和谐银行。重视解决好员工切身利益的问题，围绕“同心工程”的开展，为员工办实事，办好事，凝聚全行力量，加快推进强行建设步伐。积极组织开展岗位业务技术练兵活动，提高员工队伍整体素质。全力做好信访稳定工作。本着“注重沟通、耐心解释、严格政策、依法办事”的原则，认真倾听，耐心细致地做好政策宣传和解释。

中国工商银行股份有限公司承德分行

综 述

【概况】 2009 年，实现拨备前利润 3.14 亿元，完成年任务计划 102.04%，增幅 42.59%；各项存款余额 152 亿元，新增 39.8 亿元，增幅 86.17%，同业占比第一。其中，储蓄存款新增 13.9 亿元，完成年任务计划 112.82%，全省年增占比第一；对公存款(含同业)新增 25.89 亿元，存量和增量均创历史新高，同业增量占比第一；各项贷款余额 97 亿元，新增 39.6 亿元，其中，新放城建贷款 16.84 亿元，同业占比第一；小企业贷款 1.55 亿元，同业占比第一；房地产贷款新增 8.89 亿元，同业占比第一；个人贷款新增 10.67 亿元，高于前三年增量的总和，增量占比和余额占比双双超过 50%，同业首位优势得到进一步巩固和扩大；累计办理票据贴现 54.87 亿元，完成计划 103.54%，同比增加 12.21 亿元，增幅 28.63%，同业占比第一；实现中间业务收入 1.13 亿元，同比增加 0.4 亿元，增幅 56.50%，同业占比第一。在全国 283 个二级分行经营绩效和业务发展考评排名中，进入“二级分行经营绩效考评 50 强”行列，较 2008 年前进 153 个位次，在河北省十个二级分行中名列第三。绩效等级由上年的“D++”跃升到“B+”，上升 7 个级次。

【明确方向提高综合竞争力】 明确提出全年工作指导思想，“以科学发展观为统领，以企业文化建设为引擎，以打造工作亮点为抓手，以有效防控风险为保障，推动改革创新，创树良好形象，突出市场占比，实施大信贷、大个金、大存款三大战略，努力开辟业务新战场，全面提升核心竞争力，坚定不移地朝着区域强行目标大步迈进”。确定全年工作重点和竞争策略，即“优化资源配置，强化营销力量，扩大城区阵地，开辟农村市场，增强二级支行和重点县支行的经营活力与竞争能力”。在全行形成聚精会神抓经营、齐心协力谋发展的强大合力。

【各项存款再刷新纪录】 把个人金融业务同信贷、消费信贷、电子银行、结算与现金管理等业务统一安排、协同营销，充分利用法人客户资源，主动向目标客户营销个人金融业务。加强部门和支行、支行与支行间的联合营销力度；出台各项产品奖励标准，按照“谁营销，谁受益”的原则，按时兑现各种奖励，调动员工的工作积极性；推进全行市场营销和信息管理平台建设，在全行实施“扩户招标揭牌工程”，明确重点项目的争揽责任人和争揽进度；提高优质客户关系维护水平，实施名单制管理。按照财政、电力、石油、钢铁等十五大系统核心客户群，组建全行 1000 万元以上重点客户营销团队，营销团队由各支行行长、主管行长和专职客户经理组成，分别负责客户的日常关系维护和高层关系维护，存款 5000 万元以上客户配备专职客户经理。将全行对公客户按行业性质划分为公司无贷客户、公司有贷客户、房地产客户和机构、同业客户，实行结算与现金管理部牵头负责，信贷、消费信贷多部门配合营销。

【信贷投放开创新纪元】 本着早谋划、早动手、早见效的指导思想，以城建、交通等基础设施领域为主要攻克目标，实施“大手笔、大投入”，在一季度一个多月的时间里，通过实施立体式的协调联动组合营销战略，项目贷款累计投放 24.78 亿元，完成率 310%，实现承德分行项目贷款投放历史性突破；增强创新意识，积极创新信贷融资产品，根据市场和客户的融资需要，设计量身定制融资方案，提供符合企业特色的融资产品与金融服务。通过固定资产支持融资、金融租赁等方式，为某公司办理固定资产支持融资 7000 万元，成为承德金融同业率先办理此种贷款业务的银行，实现公司信贷业务产品拓展的新突破；小企业贷款从无到有，异军突起，累放小企业贷款1.6亿元，开拓小企业贸易融资业务28户、1.17亿元，是全省唯一一个完成贷款户数和纯增额的二级分行；召开大型房地产企业高峰论坛，加强与客户联谊，积极争揽市场份额，促进了消费信贷业务的稳健发展。

【不良贷款清转工作卓有成效】 重点抓好帝贤公司不良贷款清收工作，经过近四年时间艰苦卓绝的努力，完成对该企业不良贷款的清转核销工作。全行不良贷款占比仅为0.89%，较年初下降7.88个百分点，资产质量达创建行以来最好水平。

【中间业务再创新业绩】 深入开展"用网银、送U盾"、"工行金融@家，引领快乐e生活"等专项营销活动，企业网上银行、个人网上银行、个人电话银行新增、WAP手机银行新增、网上银行交易笔数等各项指标均居同业首位；继续推广财税库银横向联网项目；与电力部门合作，成功开发电力系统自助终端购电系统项目；参与开发"承德广通数字电视银行项目"；"网上银行打印税款电子付款凭证系统"和"承德电力IC卡企业预售电系统"上报省行立项。"承德广通数字电视银行项目"和"承德电力IC卡企业预售电系统"获省行科技创新奖。积极开展"跨越五千万，喜迎二十年"发卡营销竞赛活动，完成省行年度发卡任务。全年累计发放信用卡4万张，增幅30%，完成年度任务的101%，同业占比第一。组织举办国际业务高端客户圣诞音乐酒会等大型产品推介活动，全力推进国际业务综合营销进程。全年累计办理国际结算量1亿美元，同业占比第一。理财产品、基金销售、保险销售实现同业第一，营销20万元以上保险大单就达450笔，金额近亿元。

【扁平化改革取得新成果】 在年初实行对市内7个网点的直通式管理后，又全部升级为二级支行，彻底实现城区网点的全面扁平，城区支行市场竞争力得到极大增强；集中组建法人客户贷款中心和个人贷款中心，成立小企业金融业务中心和国际业务中心，完成押运社会化改革、远程异地守库等重点工作，进一步实现人力资源的集约化管理与使用，完成向市场营销主体的职能转换。合理调整网点布局，实施强县强行战略，宽城支行在7月份恢复重建，开业后的半年时间内，增加各项存款2亿多元。

【服务管理形象建设卓有成效】 对内，积极推进"同心工程"，创造性地开展关心员工工作和生活的"五个一"活动，努力营造良好和谐的发展环境。对外，用服务树口碑，视信誉为生命，打造最受尊敬的银行。围绕"解决营业网点客户排长队难题和推行规范化服务"两大主线，采取完善服务规范，严格服务标准，规范员工言行，优化劳务组合，增设弹性窗口，增添自助设备，全面推行限时服务制、行长网点坐班制、服务监督检查制、服务责任连带制、服务技能练兵制等一系列办法，特别是制定出台《领导干部执行力积分管理办法》，对在服务管理中不负责任、玩忽职守的领导干部严格"问责"，甚至黄牌警告，有效提升窗口服务水平，全部营业网点实现客户等候时间不超过15分钟的目标，并在营业网点向客户公示这一标准，成为当地各家金融机构中唯一作出这一承诺的银行。其做法被承德市委和当地银监局以专题《简报》形式分别在全市各单位及银行系统范围内刊发；《承德日报》、《承德晚报》等当地主流媒体10余次在头版头条的位置对工行承德分行出色的工作进行报道。在行风评比活动中，承德分行在金融系统的排名跃升到系统第二位，社会形象明显提升。

中国工商银行股份有限公司
张家口分行

综　述

【概况】 实现拨备前利润3.96亿元，同比增加1.59亿元；增幅66.97%，高于全省平均水平41.7个百分点。实现账面利润3.38亿元，同比增加1.47亿元；增幅76.57%。各项贷款新增56.54亿元，同比多增42.26亿元；增幅69.22%，高于全省系统水平34.61个百分点，位居第一；同业占比34.4%，居第二位。各项存款新增32.13亿元，同比多增11.24亿元，增幅21.18%；同业占比25.07%，居第二位。清转处置不良贷款1.17亿元，不良贷款余额较年初下降3870万元，不良贷款率下降2.02个百分点。实现中间业务收入1.45亿元，同比增加0.36亿元，增幅33.72%；同业占比35.11%，居首位。在全国283家二级分行中，经营绩效考评综合排名第80位，进入全国二级分行经营绩效考评前100名,同比前进80个位次;绩效等级由上年的"C-"跃升到"B-",上升5个级次。在全国283个二级分行的综合排名中,排名第92位,进入前100名,较上年前进66个位次。

【明确转型发展思路】 实际工作中,围绕"同业最强、系统晋位"目标,以提升市场竞争力为核心,打好"三大战役"(市场竞争力攻坚战、结构调整大会战、不良资产大户歼灭战),强化"五个保障"(服务、机制、管理、安防、文化),全面提升核心竞争力,加快精品强行建设进程。坚持"一个目标,三个底线",(以同业最强为目标,以不低于全省工行系统平均增幅为底线,以不低于同业平均增幅为底线,以不低于金融系统平均增幅为底线)全面提速,重点突破,推进各项业务加快发展。

【做大信贷业务规模】 牢牢把握全市固定资产投资增速加快和城镇面貌三年大变样带来的重大机遇,努力寻求信贷政策与金融需求的契合点,成功向高等级公路管理中心投放45亿元固定资产支持融资贷款,开创全国地市级城市固定资产支持融资贷款的先河,填补全省固定资产支持融资贷款业务的空白,创造省行建行以来获批的单笔项目贷款最大金额的记录,为后续业务资源争揽奠定坚实基础。加大电力、交通、城建等项目营销力度,全年项目贷款累放67.7亿元,新增43.85亿元,增幅93.13%,高于系统水平39.13个百分点。抓住小企业信贷复牌升类的有利条件,积极对产业集群、区域特色产业基地开展调研分析,紧盯宣化、怀来等重点产业集群中的行业龙头,围绕核心企业上下游产业链拓展优质客户,制定综合服务方案,推动业务快速发展,全年投放小企业贷款9940万元,增加小企业客户25户。大力发展贸易融资业务,全年国内贸易融资流量达到3.11亿元。在加快市场拓展的同时,强化信贷管理,加大对不良贷款清转工作力度,3户不良贷款企业实现清户,不良贷款继续实现双降。

【提升存款业务市场竞争力】 将扩大客户群、提高优质客户占比作为提升市场竞争力的突破口,借助媒体宣传攻势,加快推进存款业务发展。对公存款以系统客户为抓手,强化市行直销功能,以"五个一"为抓手,实现较大突破,对公存款新增19.07亿元,同比多增16.44亿元。储蓄存款以代发工资户为突破,开展联合营销竞赛活动,全年新增代发工资户147户;及时跟进省行营销策略调整,引导县支行准确进行功能定位,大力发展零售银行业务,积极开辟农村金融市场。全面开展理财之春和金色之秋竞赛活动,制定专项办法,加大考核力度,强化督导调度。同时,强化节日走访慰问,有效维护优质客户,促进储蓄存款有效增加,全年储蓄存款新增13.06亿元。

【中间业务实现跨越发展】 进一步夯实传统优势业务基础,突出抓好对公结算、对公理财、个人理财、借记卡等重点业务,扩大优势,增收创收。加大代理保险、基金及理财产品营销力度,制定营销奖励政策,按月兑现个人;与保险、基金公司开展联合营销竞赛,强化员工培训,促进业务快速发展,基金和理财产品同业占比均居首位。深入挖掘对公客户潜在资源,对公理财业务超常规、跨越式发展,系统与同业排名均居首位。大力发展电子银行、信用卡、国际业务三项重点业务。电子银行业务实施"以重点项目开拓市场"营销策略,积极开展各类主题促销活动,有效扩大规模优势。信用卡业务注重营销高端客户,以信用卡发卡全市首家突破10万张为契机,召开客户答谢会,增进银企感情。国际业务以扩户增容、做大规模为重点,强化对大千万美元客户高层营销,积极开拓市场。

【推进机制改革促进经营转型】 有序推进运营管理、扁平化及信贷集中管理三项改革,初步建立起更富效率的经营管理模式。分6批在全部网点投产远程授权系统,其中在桥东、桥西、红旗楼等9个大型网点投产网点内远程授权,准确把握人员结构调整和风险控制两项重点,推进监督中心向运行风险监控中心转变,配套出台运行督导员岗位职责规范,确保改革顺利推进。启动城区支行扁平化改革,制定完善改革方案和部门实施细则,出台各项配套流程,圆满完成信贷集中管理改革。将市内5个支行公司信贷业务集中市行管理,为信贷部门充实人员,对公司一部、二部及小企业金融业务中心实行新机制、新考核,强化市行直营功能。

【提升服务品质改善对外形象】 深入推进服务大提升活动,调整服务工作领导小组,明确归口部门,修订《服务工作考核办法》,完善客户投诉、视频监控等管理办法,编印《营业网点服务管理手册》,积极参加省行"每月一星"服务明星评选活动,各网点严格实行晨会制度,网点服务面貌有效改观。制定网点改造三年规划,网点建设注重分区服务,强化客户甄别,全年装修改造网点17个,同步完成44家网点的标识改造工作,网点功能有效提升。加强自助设备管理,以减少客户排队等候时间为重点,对网点进行全面达标验收,全行服务效率得到提升。

中国工商银行股份有限公司秦皇岛分行

综　述

【概况】 2009年末,本外币全部存款余额269.3亿元,较年初增加25.7亿元,增幅10.6%。其中,储蓄存款、公司存款分别增加16.45亿元和18.89亿元;机构存款、同业存放较年初下降3.3亿元和6.32亿元。本外币各项贷款余额224.4亿元,较年初增加68亿元,增幅43.5%,余额、增量分别升至全省第四和第二位。其中,流动资金贷款、项目贷款较年初增加17亿元和23亿元;住房开发贷款、个人贷款较年初增加12.7亿元和18亿元。不良贷款率降至0.71%。全年实现拨备前利润63268万元,同比增长7444万元,增幅13.3%,超省行计划684万元;实现拨备后利润54408万元,同比增长4612万元,增幅9.3%。实现中间业务收入17948万元,同比增加5860万元,增幅48.5%,完成省行计划的107.5%。资产、负债、中间业务、账面利润以及信用卡、电子银行、国际结算等主要指标继续保持同业首位。

【加快解放思想,率先改革创新】 立足秦皇岛分行已有优势和良好基础,以"强烈的发展意识、执着的竞争意识、精明的市场意识、卓异的创新意识、精明的管理意识"统一全行思想。制定以"跨越发展、重新崛起、重返30强、富民强行"为核心目标的《三年发展规划》。确立"以科学发展观为统领,把绩效强行建设作为根本任务,把提升市场竞争力作为核心目标,把创新求变作为内在动力,把以人为本作为持久源泉,把科学精细管理作为基础保障,切实打开解放思想总阀门,深入践行三明理念,进一步高扬加快发展主旋律,着力巩固和扩大全面领先优势,奋力赶超、完成跨越,努力争取三年翻一番奋斗目标的早日实现"总体指导思想。明确"夺取优质信贷市场最大份额、巩固第一零售银行优势地位、推进中间业务超常发展、做精做强营销服务渠道"为2009年主攻方向。精简管理层级,强化分行直营地位,完成城区支行机构扁平化改革,新增分行直管支行22个;实施法人客户信贷集中改革,设立国际业务中心,成立小企业金融业务中心;完成监察、保卫、内控管理、信息科技、后勤保障以及离退内退人员服务等集中管理。作为全省监督体系改革指定试点行,积极推进运营三项改革。加快财富中心等营销服务渠道建设,扩大外汇、对公业务经营支行占比。实行行领导"包行"、部室"蹲点"、网点"一班制",以及加快县支行发展、推进机构网点建设等一系列新举措。

【加快市场拓展,推进经营转型】 完善重点项目营销小组,加强多产品捆绑营销。依据秦皇岛经济特点和城市建设规划,河北省分行与秦皇岛市政府签订金融理财顾问协议,合作举办"秦皇岛市领导干部经济金融知识培训班",完成《关于秦皇岛市区域经济偿债能力预测及扩大融资能力建议的分析报告》,成为省内首家为地方政府提供财务顾问服务的金融机构。加快资产业务多元化发展。向秦港集团等重点企业累放项目贷款33.6亿元。全年票据贴现量49.5亿元、国内贸易融资11.6亿元、国际贸易融资3.77亿美元。房地产开发贷款、个人类贷款累放分别达到30.7亿元和27.5亿元,跻身全省三甲。成功争揽世界500强企业英国乐购公司在秦投资商业房地产项目以及大同铁路系统的住房公积金。深入开展"理财之春"、"金色之秋"系列营销活动,以"健康保健、体育健身、投资理财、休闲旅游"为主题,积极推进客户财富管理增值服务。新增"1+4"个人金融资产159亿元,基金、保险、人民币理财产品、国债销售均居同业首位。理财金账户渗透率达到43.5%;新增法人信贷客户40户、第三方存管户4453个,对公结算账户净增2051户。对公存款日均余额同比增加35.7亿元,对公理财销售201亿元,品牌金、账户金和实物金销售1972千克。成功推出秦皇岛市首张银商合作联名信用卡——牡丹渤海物流联名卡。新增特约商户1035家、"银行通"及POS机具1728台。信用卡发卡量、交易额分列全国第18和第28位。以"用网银送U盾"活动和"手机银行百日营销竞赛"为基础,加快推进"校园行"以及征税、缴费等项目营销,实现电子银行客户批量发展,保持同业领先,离柜业务率全省第一。率先开办全省首笔进口T/T融资、内外联动“付汇理财通”业务和第一个NRA账户,国际结算量超过20亿美元大关,保持同业首位。

【坚持从严治行,推进和谐发展】 稳健经营、精细管理,加快推进文明创建和队伍建设。人民、河东、海港、开发区支行通过省行“服务达标网点”验收。全面风险管理工作在全省考核名列首位。严格执行总行信贷政策,加强信贷质量过程控制,圆满完成潜在风险退出和不良贷款清转任务。推进信贷档案集中管理,被授予总行2009年度“档案工作一级单位”。认真落实党风廉政建设和案件防范责任制,分行班子成员、支行行长、部室经理、员工逐级逐层细化责任目标。加强干部队伍作风建设,开展领导干部联系基层等活动,建立并实施《工作日志》规范管理。推进业务流程梳理,加大重要风险点检查和执法监察。实行首问首办负责制、限时办结制、追究问责制。认真落实分行、支行两级案件分析会制度,制订2009—2011年内控体系建设规划,加强营业网点内控、服务管理,开展“网点无差错、无违规”主题活动,组织加强《营业网点内控管理若干规定》学习考试。大力弘扬奥运安保精神,召开“迎国庆保安全促服务”动员会和推进大会,签订安全承诺书,实行“安全日报”制度,开展安全培训和各类灾害风险应急演练,抓严抓早抓实,圆满完成“国庆60周年”安保任务。连续第11年实现全行安全无事故,被省行授予“十年无案件”荣誉称号,海港、文化、新华支行荣获省行“迎国庆保安全”先进单位。紧紧围绕“四好班子”创建和党员队伍建设,健全机制,凝心聚力,树立务实、廉洁、严谨、高效的党风、政风。深入推进企业文化建设,扎实开展“同心工程”,以文化促和谐。分行领导班子荣获总行级“四好班子”荣誉称号。海港支行被评为省行“文明建设”先进单位。

中国工商银行股份有限公司唐山分行

综　述

【概况】 经营效益显著提高。经济增加值达到7.38亿元,同比增加7.1亿元,居全省首位,占比31%,同比提高28个百分点;拨备前利润13.1亿元,同比增加4.56亿元,增长53.3%,高于全省增幅28个百分点,占全省比重21.4%,同比提高3.9个百分点,超额1800万完成省行预算计划;拨备后利润13.08亿元,同比增加9.36亿元,增长2.5倍。经营绩效明显改善,全省二级分行综合考评跃居第2,较上年前移8个位次。竞争力明显提升。全部存款、全部对公存款、中间业务收入、个人住房贷款、票据直贴等16项增量指标实现同业第一,较上年增加8项。全部存款增加136.56亿元,同比多增35亿元,同业占比30.14%。其中,全部对公存款84.48亿元,同比多增35亿元,同业占比38.76%。剔除贴现,各项贷款增加102亿元,全省首位,是上年的2倍。实现中间业务收入3.34亿元,增长65.84%,高于全省和同业平均水平30个百分点和39.2个百分点,连续两年增幅超过60%;占营业净收入比重18.5%,同比提高2.42个百分点。资产质量彻底好转。累计清转处置不良贷款5.1亿元,其中现金清收9343万元,转化6779万元,呆账核销2.82亿元。不良贷款占比2.25%,下降2.89个百分点。内控案防管理卓有成效。严格落实两个责任制,突出抓好思想教育、制度建设和监督检查,内控管理和案件防控水平迈上新台阶,全行实现“三无”安全年,内控评价升至一级,被省行评为2009年党风廉政建设和案件防范工作先进单位。

【明确转型发展思路】 实际工作中,紧紧抓住当前宏观经济政策调整和唐山经济快速发展带来的难得机遇,以提升市场竞争力为首要任务,以提高员工收入为核心目标,以最大限度调动员工积极性为支点,以充分整合运用经营要素和经营杠杆为手段,以管理精细化和人性化为保障,破釜沉舟、背水一战,做大做优资产,做好做精网点,开展质量攻坚,全面提高市场、系统和优质客户业务份额。

【科学管理和人性化管理相结合】 把设定目标、营造环境作为主要任务,坚持严格管理和人性化管理相结合,提升士气,凝心聚力,团结上进,营造人和。突出抓好管理层,以法纪和规章制度为准绳,坚持原则,严格管理,扬正祛邪,年初重奖业绩突出的网点和人员,问责执行力弱、业绩差的管理者,树立和深化收入靠贡献、进退靠业绩的导向。

建立、坚守和全面执行多劳多得、多得光荣的分配机制，突出支行绩效分配空间和余地，把向一线、向业绩倾斜落到实处，充分、广泛调动干部员工积极性。发展成果最大限度地惠及员工，员工人均绩效增长90%，实现二年人均绩效翻番的实质目标。坚持以改革增活力、促发展，早烧火、慢揭锅，按时、按质完成城区支行扁平化、信贷管理集中和监督体系改革。以科技手段提高劳动效率，研发客户二代身份证印存项目，有效降低柜员劳动强度。继续推进集约化管理，实现城区支行自动柜员机、网点机具的购置、维护以及网点保洁的集中管理，为基层减轻负担。

【做大做优资产业务】 在省行解放思想、提高效率的有利条件下，珍惜机遇，抢先抓早，集中力量多点营销，信贷业务创纪录增长。新增贷款投放185亿元，同比多增76亿元，其中一季度向6个县区投放城建贷款20亿元，实现中间业务收入3300万元；发挥团队营销优势，向曹妃甸34个项目发放贷款78亿元，贷款余额和增量均居同业首位。个人住房贷款业务快速发展，按揭贷款增加9.74亿元，同比多增5.79亿元，市场增量占比44.1%，比中行、建行之和还多3100万元，余额占比升至第一。发展国内贸易融资业务，办理贸易融资25户、15.82亿元，其中新增10户、4.6亿元，流动资金贷款替代率达到35.85%，同比提高28个百分点。发放小企业贷款7123万元，储备25户、5200万元，为今后大发展积累经验。信贷业务的带动性和综合回报明显提高，实现公司中间业务收入2.32亿元，同比增长90%。积极拓展票据业务渠道，在同业成功办理第一笔“票据协议付息贴现业务”，累计办理贴现143.7亿元，市场占比27%，连续四年保持同业和系统首位。

【提升存款市场竞争力】 牢固树立“存款立行”的经营理念，在对公业务上，“重点抓大、全面抓小”，对重点客户逐级建立关系维护责任制，逐户下达增存任务，逐月通报、按季考核，持续提高大客户的存款份额。持续推进结算户、代发工资户、个金大客户的“扩户增容”，分项列出扩户名单，纵向分解到支行，横向分解到部门，逐级逐户定责任人、定措施、定奖惩；在个人业务上，牢固树立“得个金者得天下”意识，坚持“行长抓、全行办”的大个金战略，组织开展“大个金主题营销竞赛”，集中开展“理财之春”和“金色之秋”主题营销活动，通过完善竞赛机制、举办“财富论坛”和“黄金沙龙”等层次高影响大的营销活动，进一步强化营销氛围，掀起市场拓展的热潮。

【强力推动中间业务发展】 创新考核机制。划分支行、部门、产品三个维度进行考核，实行产品计价工资与项目奖金相结合的绩效考核方式，扩大挂钩指标和挂钩产品的范围。将中间业务收入同业占比、城区支行总量比重纳入支行行长履职问责目标。建立分支行、分部门、分产品收入分析机制，强化分析、预测、监测三大手段。依托重点项目和优质客户资源，加强投资银行业务与传统批发业务的互动发展，做实常年财务顾问、投融资顾问等顾问类基础投行业务。实现公司类中间业务收入23176万元，占全行中间业务收入的69.33%。大力发展理财业务，将个金业务作为中间业务增收“主战场”，累计销售保险10.98亿元、基金56.7亿元，均居系统和同业首位，销售股票型基金7.9亿元，同比增加3.15亿。实现对公理财收入867万元，是上年的13倍。加快银行卡和电子银行业务发展，通过竞赛推动、项目带动，银行卡、电子银行业务发展步伐明显加快，下半年信用卡发卡7.8万张，个网和手机银行新增8.94万户、6.25万户和5.44万户，分别是上半年的1.67倍、3.58倍、3.59倍和10.6倍。

【提高风险防范水平】 以质量攻坚和强化管理为重点，全面打好不良贷款处置歼灭战，在明确目标责任、强化考核奖惩的基础上，分组包行，督导推动，重点抓大，全面清小，累计清户25户，处置不良贷款10.7亿元，其中7户B、C类小企业、1420万元不良贷款全部清零，成功实现小企业信贷复牌，资产质量实现根本好转。加强信贷业务高速增长下的风险防控，组织开展新发放贷款专项检查，对34户重点客户进行风险分析，提高信贷风险防范水平。建立案件履职登记制度，加大监督检查力度，促进两个责任制的落实。通过案防分析、审计检查、执法监察等多种形式，重点解决ATM、对账、日间库款、电子银行业务等方面的潜在风险。以做好国庆60周年安保工作为重点，成立全省首家保安大队，开展各类应急演练，安全保卫工作水平进一步提高。开展“学规定促发展管理提升竞争力”等活动，组织柜面操作风险教育培训，增强风险防范意识。

【深入推进“同心工程”】 坚持以人为本，持续推进同心工程，组织员工体检，统一制作工装，为网点配备微波炉、冰箱等生活用具，解决65个网点通风换气、辐射等涉及员工健康的核心问题，实实在在地为员工解难事、办实事。在员工福利待遇得到提高的同时，在依法合规的情况下，福利分配更趋制度化、透明化、人性化，并将进一步探索。在"同心工程"建设活动中，设立特困员工救助金，发放60万元，677人次特困员工得到救助，体现工商银行大家庭的温暖。组织多种形式的迎国庆、送温暖活动，为全行离退休、内退人员和困难员工发放慰问金。倡导"快乐工作、健康生活"的理念，举办一系列员工喜闻乐见的文体活动，着力塑造爱国爱行的良好氛围。加强员工培训，举办各类培训班68期、培训9861人次。

中国工商银行股份有限公司廊坊分行

综　述

【概况】 2009年，连续第二年蝉联"二级分行经营30强"，且比2008年前进了两个位次，在全国工行系统二级分行中列第19位。实现账面利润8.3亿元，比上年增加2.2亿元，居全省第3位；同业占比42.7%，比上年提高6.9个百分点，继续保持首位。实现经济增加值4.8亿元，比上年增加1.2亿元，居全省第3位。净利息差2.84%，高于全省平均水平0.83个百分点。本外币各项存款余额336.9亿元，比上年增加95.5亿元，同比多增45.4亿元，居全省第三、同业首位。其中，储蓄存款新增35亿元，同比多增3.9亿元，同业占比29.4%，超过农行跃居首位；对公存款新增60.5亿元，同比多增41.5亿元，市场占比39.2%，继续保持同业第一。本外币各项贷款余额295亿元，比上年增加105.6亿元，是去年增量的两倍多，继续保持全省首位、同业第一。其中，个人贷款新增77.1亿元，占全省的41%，占同业的49%，均列第一位。实现中间业务收入2.01亿元，同比增加4883万元，居同业首位。占营业净收入的比重18.6%，同比提高1.6个百分点。累计清转处置不良贷款5.3亿元，不良贷款率降至0.21%，比上年下降1.56个百分点，成为全省资产质量最好的二级分行。

【明确发展思路】 经营指导思想是："紧紧围绕实现'业务精品、绩效强行'发展愿景，以科学发展观为统揽，以提升市场竞争力和经营效益为核心，以精细化管理为手段，整合资源，创新机制，强化营销，全面扩大领先优势，巩固并提高在强行中的位次。"在发展大局上，坚持深化改革创新，强化市场竞争，增强四个意识："增强责任意识，增强紧迫意识，增强超前意识，增强争先意识。"实际工作中，进一步优化资源配置，重点强化营销力量，充实客户经理队伍；进一步总结经验，查找短板，巩固扩大领先优势；进一步加强经营分析，推行精细化管理，提高综合效益。

【扩大领先优势】 资产业务继续保持市场领先。一方面，原有优势得到巩固和扩大。住房贷款余额突破200亿元，达到225亿元，比上年增加91亿元，成为全国工行系统第一大行。新增项目贷款12.9亿元，继续保持市场领先地位。另一方面，新的市场优势正在形成。全年办理国内贸易融资17.9亿元，流动资金替代率57.6%，居全省首位；办理国际贸易融资1.3亿美元，同比增加0.3亿美元，居全省第4位；小企业贷款余额1.9亿元，占全省的17.5%，居第1位。同时，消费信贷业务也由单一住房向多品种推进，个人经营、个人住房抵押等业务快速发展，并形成新的优势。负债业务竞争力显著增强。储蓄存款增量自2月份开始始终保持同业首位，系统排名由上年的第7位上升到第4位。对公存款余额、增量继续保持同业占比第一，系统增量排名由上年的第5位上升到第3位。理财金账户新增1.3万户，目标客户渗透率55.9%，居全省首位。对公结算账户新增3693户，新增存款24亿元，均列同业第一。中间业务及新业务快速发展。中间业务收入及占比分别超过第2位的建行2927万元和4.8个百分点，稳居首位。信用卡新增9.5万张，消费额11.3亿元，灵通卡新增39.5万张，均列同业首位。个人网银、企业网银分别增加8万户和1581户，同业占比分别达到57%和79%。全年累计办理国际结算12亿美元，从8月份开始连续5个单月居同业第一。大力推广银行通产品，累计投放1712台，居全省第2位。在全国工行系统首次成功办理PE项目，并实现中间业务收入1300万元。

【增强竞争能力】 在改革发展上，积极推进城区扁平化改革和信贷业务集中，17个网点实现分行直管,内设机构由34个减少到18个,直接向一线分流人员27人,网点的动力与活力得到激发。通过信贷集中改革,全行共集中7个城区支行9.4亿元法人客户贷款,强化了二级分行的直接经营。运营体系改革全面推进,监督体制改革圆满完成,增强了风险识别和服务支持保障功能。在机制创新上,突出同业占比、重点业务和经营效率,研究制定涉及12大类46项指标的绩效工资分配办法、金融产品捆绑营销方案,并及时兑现;与支行行长签订主要目标责任状,强化管理者的责任;将网点纳入考核视野,加强监测与考核,并定期通报。在服务管理上,以解决客户排长队为抓手,推行行长坐堂制,设立"零投诉"奖励基金,开展"三优一满意"和营业网点达标等活动,首批城区10个网点实现了客户等候时间不超过20分钟,改善了社会形象。朝阳支行先后被总行评为"百佳服务机构",被中国银行业协会授予"全国百佳文明规范服务示范单位"称号。

【提升发展质量】 根据信贷规模快速扩张的实际,实施更加严格的信贷风险控制,严把信贷投放关,组织开展新增贷款专项检查,对17家重点贷款大户逐户进行风险分析,全年退出潜在风险贷款3.5亿元。加大不良贷款清转力度,累计现金清收不良贷款3亿元,年末不良贷款额降至6221万元,不良率降至0.21%。特别是经过努力,困扰廊坊分行多年的大学城不良贷款问题得到彻底解决,经验做法被总行、省行转发。开展"学规定从我做起、内控与我同行"、"学规定促发展、管理提升竞争力"等活动,认真落实党风廉政建设和案件防范两个责任制,严格执行员工行为评价和违规积分管理,从源头上防范各类风险和案件隐患,连续9年实现安全无案件,内控评价继续保持全国一级。

【建设和谐银行】 把维护稳定和业务发展放在同等重要位置,建立完善整体应急机制,积极主动化解矛盾纠纷,促进了和谐稳定。组织各种形式的送温暖活动,为全行离退休、内退人员和困难员工发放慰问金,表达组织的关怀。持续推进"同心工程"建设,从分行到支行广泛开展建家活动,通过改善职工食堂,向一线网点配发微波炉、电冰箱,建立阅览室和多媒体教室,举办"五一"春季长跑、"七一"主题党日和"快乐驿站"等喜闻乐见的文体活动,不断丰富员工业余文化生活,营造团结奋进、积极向上的良好氛围。2009年,被中国企业文化研究会授予"全国企业文化建设先进单位"称号。大力开展岗位练兵,在省行组织的牡丹卡知识竞赛中荣获第一名。全面推行首问负责制、限时办结制和责任追究制,促进干部作风转变和工作效率提升。强化教育培训,累计举办各类培训班41期,培训880人次。加强甲型H1N1流感防控,分级制定应急预案,突出对重点地区的防控,确保员工身体健康和各项业务的正常开展。

中国工商银行股份有限公司保定分行

综 述

【概况】 2009年,保定分行实现拨备前利润7.7亿元,同比增加2亿元,增幅35.09%;实现账面利润6.5亿元,同比增加3.6亿元,增幅124.14%;盈利能力居全省第3位,同业第1位。人民币各项贷款新增54亿元,同比多增34.4亿元,增幅175.51%,增量居全省第4位。其中,项目贷款新增26亿元,同比多增12.6亿元;个人贷款新增21.9亿元,同比多增15.3亿元,增量居全省第2位,同业第1位;房地产开发贷款新增8.7亿元,同比多增2.8亿元,增量居全省第4位,同业第1位;个人住房贷款新增16.2亿元,同比多增11.8亿元,增量居全省第3位,同业第1位。累计办理票据业务61.2亿元,是上年的3.4倍,办理额居全省第3位。人民币各项存款新增90.2亿元,同比多增26.6亿元,增幅41.82%,增量居全省第3位,同业第1位。其中,储蓄存款新增35.5亿元,增量居全省第3位;对公存款新增40.9亿,同比多增32.2亿元,增量居全省第4位,同业第1位;同业存款新增12.9亿元,同比多增7.3亿元,增量居全省第2位,同业第1位。实现中间业务收入20281万元,同比增加5067万元,增幅33.6%。在全省二级分行绩效考评中,居第六位。

【明确发展目标和思路】 围绕"同业最强,系统四强"的绩效强行奋斗目标,以防范风险为前提,以调整结构为主线,以提升市场竞争力为核心,坚持开拓信贷市场不动摇,抢抓存款不放松,实施大个金战略不停步,强化清转工作不松劲,加快中间业务发展不减速,实现新兴业务的全面突破,通过强化体制建设、机制建设、队伍建设和渠道建设，大力推进经营转型和区域强行进程，以系统内、同业间规模大、影响大和绩效强、竞争力强（“两大、两强”）彰显发展实力和竞争能力，打造经营结构合理，经营效益显著，外部形象良好，内部和谐稳定，充满生机和活力的新型商业银行。

【促进贷款超常规发展】 以市场为导向，研究市场，贴近市场，融入市场，在市场中挖掘资源，把握机遇，寻求突破。抓住国家扩内需、保增长政策机遇，把握政府加快道路、城市基础设施建设的有利契机，大力推进贷款业务发展，各项贷款余额和增量创历史之最。年末贷款余额达195.4亿元，是2005年末的2.5倍。其中：发放保阜高速公路项目25亿元、张石高速公路项目3.5亿元、张涿高速公路项目3亿元，发放保定分行第一笔商用房贷款7亿元，投放城建贷款8.7亿元。为了优化贷款结构，有意识地加大以个人信用为主体的贷款业务发展，压任务、抓客户、提速度。年末个贷余额突破50亿元，增量是年初计划的2.1倍，居系统内第二位，同业第一位，

【扩户增容提速存款发展】 坚持存款基础地位不动摇，以“扩户工程”为抓手，明确竞争目标，强化考核措施，兼顾对公和个人两个市场，锁定烟草、财政两大系统，强力争揽第三方存管业务，强化储蓄存款万元含量考核，发挥代理产品蓄水池作用。先后和保定市开发区、南市区、北市区、涿州市政府签订了全面合作协议，与市烟草公司、钞票纸厂、住房公积金管理中心等重点企业分别签订了全面金融服务协议。新开对公结算账户3454个，同比多开509个，净增2458户，同比多增453个。

【强化竞争创新能力】 中间业务收入在巩固和扩大结算收入的基础上，依托资产业务，提高议价能力和服务水平，大力拓展投行业务，实现收入3348万元，同比增加1661万元；把握资本市场发展动态，及时调整销售策略，加大代理保险、人民币理财产品、股票型基金等产品的销售力度，适应客户需求，扩大销售量，全年销售各类理财产品794亿元，同比增加373亿元；银行卡持续高增长态势，发卡量达34.2万张，消费额20.1亿元，分列全国二级分行10位和26位。电子银行交量额突破4500亿元，“跑马圈地”效果显著。积极抢占公积金客户庞大市场空间，与市公积金管理中心联合发行公积金联名卡，签约单位达28家，发卡7000余张。组建白沟市场营销团队，探索产业集群基地、重点专业市场营销新途径，发放个人经营贷款5410万元，占全行新增的84.37%，营销银行通1080台，占全行的67.5%，营销个人网上银行500个，个人电话银行350个，手机银行302个，成为工行保定分行市场开拓的新领域和效益新的增长点。

【加快机制改革增注生机和活力】 推进机构扁平化、信贷管理集中及运营体系改革，成立票据业务中心、小企业中心、国际业务中心，对11个城区网点实行分行直营管理。为了营造良好的发展环境，助推业务发展，实行区域内人员流动机制，鼓励人员从资源匮乏、业务发展潜力小，效益差的地区向资源丰富、业务发展速度快、人员需求量大的地区流动。适时恢复清苑机构建制，开业9个月增加存款超亿元。

【以人为本强管理树形象】 以凝聚队伍为核心，组织旨在培养员工团队精神的拓展培训；开展党员一日活动，赴天津参观航空母舰；举行“喜迎国庆、爱我工行”歌咏比赛，庆祝建国60周年。坚持以人为本，为员工实现个人价值搭建不同形式的平台，经过规范的组织程序，将11名同志提拔为支行主要负责人，将24名行长（经理）助理提拔为副行长（副经理），新提拔13名行长（经理）助理，启动非职务序列聘任工作，干部队伍得到充实，年龄和知识结构得到优化，拓宽了人才成长渠道。以强化制度执行力为抓手，建立“重点关注单位”制度、实施员工行为动态排查、开展实战应急演练活动、强化日常监督检查力度，全面提升了依法合规经营水平。强化服务组织领导，顺利完成服务管理部门转换；扎实推进网点形象建设，完成对全辖100个网点门楣标识的更新改造，按时保质完成99个网点154台多媒体发布系统的安装和运行工作，改善整体形象，提高了网点综合竞争力。

中国工商银行股份有限公司沧州分行

综　述

【概况】 截至2009年末，沧州分行各项存款余额299.7亿元，较年初增加55.1亿元。其中，对公存款增加32.9亿元，储蓄存款增加22.2亿元。各项

贷款余额118.5亿元,较年初增加39亿元。全行累计清转处置不良贷款5.32亿元,不良贷款较年初下降9.2亿元,不良率降至4.4%,下降13.9个百分点。实现中间业务收入1.89亿元,同比多增5035万元。办理国际结算3.82亿美元,同业占比23.8%,结售汇2.86亿美元。实收利息4.69亿元,实现账面利润3.37亿元,实现拨备前利润3.93亿元,同比多增1.04亿元。

【完善科学管理体系】 根据新的形势任务,结合沧州经济发展和实际,确定全行经营发展总的指导思想:紧紧抓住沧州打造"沿海经济"的战略机遇,认真贯彻落实总行、省行各项决策部署,以科学发展观为统领,以沧州经济发展为依托,以加快发展为第一要务,突出经营效益和同业占比指标,因行施策、分类指导,突出重点业务和重点领域,实施区域差异化发展;大力推进核心客户、核心产品的同步增长,调整优化经营结构;加大中间业务、国际业务、票据业务品牌推广力度,以重点业务突破推进整体提升;加强人力资源开发管理,完善用人机制和奖惩机制,激活经营细胞,努力把沧州分行建设成为名实相符的系统大行和区域强行。一方面,创新"三个层次、三项制度"。着眼于调动每个员工的积极性,启动行级领导包行、项目组营销以及员工争先创优"三个层面、三种制度"。筛选成立62个重点业务项目组,设立38个突破奖和19个评比奖,营造全行员工同舟共济、共促发展的创业氛围。另一方面,完善机制,建立适用的绩效考核体系。制定出台《支行业务市场定位指导意见》,对各支行实施分类指导和差别化发展策略,加快支行竞争力的整体提升。

【做大做强优质市场】 一是全面抢占项目贷款市场。实施资产业务拓展"1号"工程,充分利用项目组模式,明确具体任务、工作内容、时间进度等,针对项目规模效益设立启动资金,专项挂钩,及时拨付。二是巩固扩大住房贷款市场。积极营销住房开发按揭项目,抢抓按揭源头。对已建立按揭关系的开发商,积极上门服务,联合办公,稳固关系;对没有建立按揭关系,且有一定楼盘的开发商建立项目储备库,筛选优质楼盘建立关系。对大型楼盘采取高层营销、绿色通道、特事特办等一系列措施,提高营销效率。三是积极拓展票据业务市场。充分利用行内外信息资源,以现有客户为重点客户,以点带面,发展周边地区客户,形成放射性营销网络。四是全力提升中间业务水平。优先发展资产业务,以资产业务推动中间业务的快速发展。对全行各专业、各行中间业务收入预算序时完成进度、系统内占比变化和同业占比情况进行跟踪监控,督促引导全行做好各项中间业务发展和增收工作。

【推动存款稳步增长】 一是积极开展"理财之春"营销活动,组建营销团队,开展多层次、多部门联合营销。二是制定储蓄存款和代理保险专项营销奖励办法,拿出专门资金对营销人员给予专项奖励,及时兑现,激发一线员工的营销积极性。三是加强对各支行的督导。实施日监测、日通报、季考核的动态监控,每日将储蓄存款日报表下发到每个网点。按月对同业占比情况和市场营销情况进行分析,掌握同业存款变化特点,做到底数清楚、掌握主动,营造比、拼、赶、超的工作氛围。四是加强大客户的深度挖掘,增强银政业务、银军业务、银保业务、银证业务以及银期业务等业务合作范围和力度,增加大客户资金存放比例。五是全面实施"扩户增容"工程,在全辖开展有效对公客户拓展竞赛活动,分行、支行、网点三级联动营销,增强营销合力。

【狠抓不良贷款清转】 一是坚持分行、支行齐抓共管,上下联动的工作方式。采取调度和定期上报制度结合,按时掌握进度,及时解决疑难,积极开展"不良贷款清收百日攻坚活动",重点实施攻坚。二是强化激励机制。对重点不良贷款项目的清转任务责任到人、风险金实施按完成序时情况挂钩管理,根据项目完成的序时情况予以考核,按计划完成的返还风险金并予以奖励,未完成的予以相应扣罚。三是定期召集专题不良贷款清转会议,逐行逐户研究和落实清转方案,协调解决在清收过程中与政府、法院等方面的问题,为处置不良贷款打下坚实的基础。四是加快推进沧化问题解决进程,经与政府协商,确定由冀中能源以贴现代偿方式,一次性给付沧化两年应清偿债务,一举夺得不良贷款攻坚战的胜利。

【大力拓展个金市场】 一是积极开拓个人理财业务市场。多次组织员工到高端客户较为集中的高档商住区和流动人口密集的商业区进行营销宣传活动,建立重点客户档案,对优质客户进行重点营销。二是努力扩大银行卡业务市场规模。依托全行整体优势,开展联合营销,各支行行长、营销人员积极深入到重点单位、重点客户群进行攻关、营销,深入挖掘行内外优质客户资源。三是推动国际业务快速发展。加大国际业务考核激励力度,将国际业务纳入专项奖励及经营者风险金挂钩管理,适时引入项目组营销模式,多措并举抢抓重点区域、重点客户、重点项目,全力推进扩户增容工程,不断提升国际业务市场占比份额。四是抢占电子银行业务市场。着力抓好重点客户、重点产品、重点市场的营销推广,与网通公司开展联合营销活动。积极与中国电信、联通公司联合开展“用宽带,上工行网银”等一系列营销活动,推动电子银行业务的快速发展。

【全面加强内控建设】 一是认真落实重要业务检查工作,抽调业务骨干242人、组成30个检查小组,对对公存款、个人存款、电子银行、银行承兑汇票等业务进行检查。共检查79个机构、1.2万笔业务,及时对各类问题落实责任人和整改时限。二是做好城区机构扁平化改革后的内控评价工作,督促分行有关部门根据工作职责变化及时修订职责齐全、清晰、符合职责分离和内控要求的岗位责任制。三是对全辖19个支行、18个城区二级支行以及分行本部20个部室进行内控评价,覆盖面达100%。四是狠抓内控文化建设,组织开展“合规从我做起,内控与你同行”和“夯实机构零违章、零违规基础,开展创建无案件机构活动”等内控教育活动,形成良好的内控氛围。

【加强企业文化建设】 开展“同心工程”建设,开展“我和我的祖国”征文活动、“我为发展献一言”活动、“员工服务风采展示”活动,构建具有特色、符合时代要求、创新向上、健康和谐的企业文化,创建和谐快乐、健康向上的良好工作氛围。组织开展“争先创优”活动、“金融营销环城长跑”活动、“我爱我家书画摄影作品大赛”活动、“2009年度十佳服务网点、十佳客户经理、个人业务产品十大营销状元”评选活动等,激发员工奋发向上的工作热情,为全行业务发展打下了坚实的思想基础。

中国工商银行股份有限公司衡水分行

综述

【概况】 实现拨备前利润17751万元,同比增长1733万,完成省行考核利润计划的101.4%;拨备后利润10843万元,同比增加1485万元,完成省行考核利润计划的102.3%。人均利润18万元,创历史最好水平。人民币全部存款余额130.86亿元,较年初增加17.33亿元。其中,储蓄存款余额90亿元,较年初增长12亿元;对公存款余额40.41亿元,较年初增长5.86亿元。人民币各项贷款(含贴现)余额46.11亿元,较年初增加10.14亿元。实现中间业务收入7478万元,同比增长316万元,同业占比首位。连续10年实现无案件事故,确保全行安全运营。

【坚持高标定位的工作思路】 面对资源匮乏的经济环境,突出效率提升,积极解放思想,以各项业务指标都要快于全省平均增长速度且必保同业增量占比首位作为目标定位。专门成立市场竞争力分析与研究办公室,发挥同业情报搜集和分析职能作用,适时发布竞争力分析报告,做到知己知彼,快速反应。同时开展干部作风建设提升活动,推行首问负责制和限时办结制,实施行级干部对分管专业全部指标和分包支行全部工作负总责的双线督导机制,适时开展重点业务攻坚冲刺活动,有效提升全行的执行力,促进了各项业务的提速发展。在省行通报的38项业务指标中,有23项指标居同业前两位,且有23项指标同业位次高于建行。

【突破资产业务发展困局】 对内、外两个市场加大营销力度,外埠市场上,共投放银团贷款1.65亿元,成功实现银团突破。积极拓展周边票源,全年票据累贴32.17亿元,市场占比68.4%,同业首位。本地市场上,立足城市建设三年大变样商机,在同业率先投放城市基础设施项目贷款3亿元,向4个项目累放住房开发贷款1.4亿元,有力支持了当地城建改造工作。选调11人成立小企业金融业务中心,以安平丝网产业为突破口,对重点产业集群强化营销,全年共为39户小企业投放贷款14210万元,小企业户数和贷款余额分别居全省第一和第三,提升工行在当地政府的形象,打开了收益高、风险低的业务渠道。

【强力推进扩户增容】 借力“理财之春”、“金色之秋”主题营销活动,持续开展揽存增储劳动竞赛,推进存款稳步增长。对机构客户分为稳定、挖转、争揽和培育四类客户强化管理和营销,重点深挖五大优质存量客户的合作潜力。全年对公结算账户新增3531户,净增2493户,分别完成省行任务的126.11%和127.85%,位居全省第三名和第一名,并获总行对公结算账户专项营销竞赛活动优胜单位荣誉称号。对存量个人高端客户开展组合营销,理财金账户渗透率48.79%,全省第二。克服金融危机影响,以重点支行、重点客户为突破口,全面发起国际业务市场营销攻坚,国际结算量摆脱了连续4年位于同业末位的落后局面,跃升为第二位。

【扩大中间业务领先优势】 采取重点区域、重点客户、重点项目拉动战略,推进中间业务、新兴业务快速发展。一是中间业务收入连续10个月居同业首位。突出理财业务支撑,理财类产品销售创历史新高。销售代理基金12.14亿元,同业首位;代理保险1.05亿元,同业第二。二是大力推进"全行办卡"的同时,投产衡中"校园一卡通"、"牡丹老白干联名卡"、"牡丹冀州联名卡"等项目,新发牡丹信用卡35203张,新增客户17018户;安装电话POS 328台,完成省行任务的164%;信用卡消费交易额8.1亿元,实现信用卡中间业务收入373.78万元,同比增幅42.66%。强化"三卡两银"捆绑营销,电子银行业务加速扩张,实现个人网银新增38770户,企业网银新增1223户,网银交易金额1877亿元,任务完成率全省第一。

【深化改革提高经营发展活力】 7月份实现城区全部12个网点由分行直管;8月份完成城区法人信贷业务集中和会计事后监督体系改革。同时配合扁平化管理,实现全辖15个支行行政印章的集中管理,完成结算账户集中审批改革、序时推进了报表集中;9月份顺利完成企业网上银行注册影像传输系统全省试点工作;11月成功完成客户影像采集系统全省试点工作。在改革过程中,进一步优化人力资源配置。通过组织考察选聘20名网点负责人,调整9个支行班子,集中选拔32名支行客户经理到分行工作,转岗分流事后监督人员8人。完成全行841名非管理类员工岗位职务聘任工作,为员工职务晋升、成长成才搭建平台,疏通渠道。

【强化内部管理促进和谐发展】 深入开展"学规定促发展,管理提升竞争力"和"合规从我做起,内控与你同行"主题教育活动及"夯实机构零违章、零违规基础,创建无案件机构"活动,不断提高运行核算质量。全面启动"迎国庆、保安全"创建活动,切实做好特殊时期的安全保卫工作。扎实做好信访稳定工作。开展管理干部读书活动、团员青年读书活动,赴深圳组织两期干部领导力提升培训班,全年举办各类教育培训班70期,培训3640人次,有效推进了学习型组织建设。

【强化管理提升服务形象】 成立服务工作领导小组,明确归口管理部门,并制定下发《关于加强银行服务工作的意见》。深入全辖网点开展服务调研活动,认真查找制约柜面服务质量效率提升的主要因素,专门召开全行服务工作分析会,研究制定改进措施。大力推行支行行长坐班制,加强网点服务工作的现场管理。强化渠道建设,全年对11个营业网点进行装修改造,使网点功能不断完善。大力推广自助服务,全辖ATM机日均单台业务量达400多笔,高出省行要求33%。坚持开展"每月一星"评选活动,有5人获省行级"服务明星"、"青年岗位明星"称号,新华支行荣获总行"精神文明建设工作先进单位"、大庆支行行长葛永红荣获总行"百佳服务标兵"称号。年末,在全省开展的网点服务达标活动中,衡水分行上报的城区12家网点达标率达100%。

中国工商银行股份有限公司邢台分行

综　述

【概况】 实现拨备前利润4.72亿元,同比增加9708万元;实现账面利润3.81亿元,同比增加7375万元,市场占比居同业首位。各项贷款余额90.2亿元,比年初增加30亿元,同比多增15亿元。其中,流动资金贷款比年初增加6.8亿元,增量居系统首位;项目贷款比年初增加13.3亿元;住房开发贷款比年初增加6.1亿元,个人贷款比年初增加6亿元,市场占比均居同业首位。1—12月份累计办理票据贴现74.4亿元,同比增加20.3亿元,市场占比首位。各项存款新增37.3亿元。其中:储蓄存款比年初增加23.5亿元,对公存款(含同业)比年初增加13.9亿元。全年代理保险销售5亿元、代理基金销售24亿元,市场占比均居首位。法人理财产品销售额366.3亿元,日均余额20.6亿元,分别较去年同期增长328亿元、19亿元。全行实现中间业务收入2.08亿元,同比增长

51%，市场占比首位。在全省二级分行绩效考评中，居第五位。

【明确转型发展思路】 以“同业首位、系统前五”为总目标，继续弘扬工作靠机制、用人看业绩、收入靠贡献的主旋律，改革创新，精细管理，跨越发展，全面提升市场竞争力，向区域强行挺进。围绕这一指导思想，确定推动邢台分行跨越式发展的大思路、大目标、大举措，进一步强化发展意识、市场意识、执行意识和主动意识，通过加快优化人力资源配置，组建大项目营销团队和实施强县强行战略三个层面的工作推进，努力加快信贷业务发展，提升网均、人均创效能力，补齐短板，实现邢台分行整体业务跨越式发展。

【推进机制改革促经营转型】 完善工作机制，加大对同业占比及网均、人均等效率性指标的考核力度。将七项重点指标每个月的市场占比同支行经营者岗位工资挂钩考核，并实施黄牌警告处罚措施。优化薪酬分配机制，制定《绩效工资分配办法》、《特殊贡献奖励办法》和《支行经营者、本部中层管理者薪酬分配办法》，加大对重点业务的考核力度，对干部员工每季考核实行收入动态挂钩调整。进一步加大网点考核力度。拿出200万元专项绩效工资与网点考核结果挂钩，直接对网点进行奖励，充分调动网点员工创效热情。大力推进人力资源改革，在《经营管理者薪酬分配》办法中首次引入各支行人员占比指标的考核，推动人员从二线到一线、从后台到前台、从非营销类到营销类的流动，促进人员结构调整。顺利完成扁平化改革工作，分行增加直管网点37个，有71名二线员工转岗到一线柜员岗或营销岗，人力资源配置得到进一步优化。

【做大信贷业务规模】 紧紧抓住邢台市09年加大项目建设力度的有利时机，全力以赴做大做强优质信贷市场。专门成立行长任组长的项目营销团队，重点跟踪城建、电力、公路等双基项目，逐户、逐项目“落实人员、落实措施、落实目标、落实奖惩”。成功发放七里河综合治理一期、邢州路拓宽改造和沙河市温泉街、二环路改造等城市基础设施建设项目贷款13.4亿元。努力做好中小企业扩户工程，灵活应用流动资金新产品，以贸易融资业务为抓手，引导客户转变金融消费方式，继续保持邢台分行流动资金贷款的优势地位。以特色产业基地优势企业为重点，开展“走近市场、贴近客户”、“成功发展路、工行伴您行”等小企业信贷业务营销活动，对八个县域作为重点信贷扶持区域，开辟“绿色通道”，加快小企业信贷投放。累计向43户小企业发放本外币贷款1.5亿元。以住房信贷业务为核心，打造“第一按揭银行”。新增消费贷款12.2亿元，同比多增7.4亿元，同业占比首位。

【提升存款业务市场竞争力】 以“理财之春”、“金色之秋”个人金融业务主题营销活动为平台，以“南水北调”、“三年大变样”拆迁等项目营销和理财产品营销活动为切入点，深化联合营销、捆绑营销和交叉营销，努力扩大优质储蓄资金来源，提高中高端客户贡献度。创新营销机制，抢抓对公存款业务市场。确立“以重点项目为切入点，以产品服务为牵引”营销策略，积极加强与市发改委、国资委、项目办等政府职能部门的联系，全力开展源头营销、跟进营销、重点营销和捆绑营销，取得良好成效。成功争揽中铁十四局、南水北调、大广高速、邢台煤矿沉陷区综合治理等一批大客户，对公存款连续11个月保持同业增量占比首位。积极创新，4月中旬通过存款+理财的方式争揽城郊联社托管市城建投项目资金30亿元，并营销法人理财产品25亿元，成为全省最大一单法人理财产品营销业务。

【中间业务及新兴业务快速发展】 紧紧依托资产业务发展，全力打造投行业务产品线。抓产品创新。设立中间业务产品创新奖励，加大对公理财、企业年金等新业务奖惩考核力度，将每一笔业务收入和任务计划落实到部门、支行和营销人员。开展中间业务营销竞赛，加大督导力度，强化认识、措施、考核、效果四个到位，实现中间业务收入同业占比首位。开展“校园行”、百日营销竞赛、行内员工注册WAP手机银行有奖活动等，丰富营销内容。深入开展与农发行的合作，为其搭建网上信贷资金监管平台。瞄准重点客户、重点产品开展发卡工作，大力开展公务卡和联名卡营销活动，提前完成“发卡二十周年”和“金色之秋”的发卡目标，同业占比首位目标。理顺国际业务经营管理体制，成立国际业务中心，明确国际业务中心的营销、管理职能。加强业务创新，为晶龙实业集团办理进口TT融资业务，为博格凤凰织带有限公司办理外保内贷业务，填补了全省业务空白。

【以人为本提升品牌形象】 深入开展干部队伍作

风建设活动。重点抓机关,抓执行力,制定首问首办负责、限时办结和追究问责制“三项制度”,并实行“五项通报”,进一步改进机关工作作风,提高工作效率。深入开展“同心工程”建设活动。围绕关心员工生活、开展爱心救助、企业文化建设、鼓励员工成才四大项工作,开展十四项具体活动,员工爱岗奉献意识进一步增强。以“为工行添彩、为国庆献礼”服务大提升活动和“满意在工行”主题宣传活动为契机,健全服务工作管理组织,制定完善各项服务规范,在网点推行坐堂制、坐班制和晨会制,加大服务工作检查力度,不断提高服务效率。在省行开展的优质文明服务“每月一星”评选活动中,邢台分行有7名员工8次被评为省行级“每月一星”。加强职工之家建设,关心员工生活,积极履行社会责任,开展“慈善燕赵、万人复明”捐助活动,促进和谐银行建设。

中国工商银行股份有限公司邯郸分行

综　述

【概况】 中国工商银行股份有限公司邯郸分行是工总行旗下的一家二级分行,拥有网点机构总数99个。其中一级支行24个(主城区支行10个,其他县域支行14个),市行直管网点20个。在岗从业人员2300余人。2009年,全行上下紧紧围绕争先进位中心任务,全力推进规模、质量、效率和结构优化提高,各项业务实现了较快发展。全年实现拨备前利润6.38亿元,拨备后利润5.25亿元,同比增加0.91亿元和1.99亿元。全部存款较年初增加48.02亿元,增量居全省第七,比同期上升4个位次。其中储蓄存款较年初增加22.32亿元,同业存款增量10.17亿元,由同期末位跃居全省第三位。全年各项贷款较年初增加31.01亿元,余额达到148.02亿元。其中公司贷款较年初增加20.88亿元,剔除信托+理财和不良贷款清转因素,实际增加35.11万元,完成省行全年任务的271.23%;个人住房贷款余额16.73亿元,较年初增加4.7亿元,同业占比首位,进一步巩固了区域“第一按揭银行”的地位;个人消费贷款余额1.41亿元,较年初增加1.01亿元,同业占比第一。实现中间业务收入2.17亿元,同比增加8041万元,增幅58.8%,高于系统平均水平23个百分点,系统排名由第十位升至第三,同业第二。实现经济增加值3.42亿元,同比增加2.52亿元。

【明确转型发展思路】 2009年初,确定“一核,两保,四提高”总体工作思路,即:深入贯彻省行三年发展规划战略举措,以提升经营效益为核心,本着“加速发展,稳健经营”的原则统筹兼顾,确保进位领先和安全稳定,全力推进规模、质量、效率和结构四个方面的显著优化提高,在市场竞争中体现出应有的大行优势。下半年重点突出“接短板,扩规模;调结构,促效益;强管理,激活力”三项任务,全面推进各项业务更快发展。四季度开展行级领导包行调研督导工作,为推动业务发展打下良好基础。

【全力做好贷款投放工作】 抓住重点,全力做好大客户、大项目营销工作。紧跟市委市政府实施“三年大变样”的建设规划要求,大力投放城建贷款支持市政基础设施建设,累计投放项目贷款20.32亿元,包括邯武快速路项目、邯郸市浴新大街综合治理项目、中华大街综合治理项目、邯郸市出入市口综合治理项目、滏阳河和沁河综合治理项目。此外,还为武安市和涉县发放5.95亿元城市基础设施贷款。向邯郸市交通局等企业投放流动资金贷款20.27亿元。向市重点行业、重点企业产业结构优化升级项目累计投放项目12.75亿元。组建小企业金融业务中心,组织百余家企业召开金融洽谈会,办理小企业贷款27户,累计发放贷款9831万元。继续加大房地产开发贷款营销力度,成功发放明珠花园项目四期等开发贷款2.65亿元,营销锦江花园一期项目等1.68亿元。大力营销个贷新品种,余额、增量占比居同业第一位,进一步巩固区域“第一按揭银行”的地位。

【积极拓展存款业务市场】 突出重点,多方推动存款业务发展。采取上门营销和集中营销方式展开营销活动,确保存款稳步上升。组成存款工作领导小组,加强对机构、同业客户的服务和维护,对辖区重点客户,实行名单式管理,为客户提供针对性金融服务。借助全市三年大变样期间银行与政府客户合作、建军82周年以及邯郸分行大型营销活动的有利时机,采取上门营销和集中营销方式展开营销活动,密切军银关系、稳定军队存款,确保机构存款稳步上升。积极组织开展代收非税收入资金的金融服务。依托对公理财产品,稳定、开拓同业存款市场。积极响应省行"理财之春"和"金色之秋"个金主题营销活动,开展进校园、社区及企业营销活动达20余次,推出不同形式的营销举措,大力推广各类金融产品。以绩效工资改革为主线,加大业务营销和收入分配改革力度,提高个金员工营销积极性。持续开展PK竞赛活动,有力地促进了各支行和城区网点竞争力的提高。

【中间业务实现跨越发展】 从建立健全中间业务工作机制入手,及时将中间业务收入任务逐层分解到支行和每个产品部门,强化分析、监测和督导落实,及时协调解决出现的问题。各产品部门充分发挥职能作用,积极研究制定本专业中间业务发展的目标和措施,研究同业动态,对薄弱项目进行重点分析和专业指导,加大重点行督导力度。进一步加大挂钩力度,细化收入考核和费用分配办法,引入和强化市场竞争力考核,将经营费用和绩效奖励与支行及部门负责人、一般员工分别挂钩,有效激发中间业务增收创效积极性,确保全行中间业务收入计划的序时实现。积极办理符合信贷政策的国内贸易融资业务,全年累计办理国内保理业务21.31亿元,国内贸易融资余额在省行系统内排名第一。积极开拓围绕邯钢、天铁等核心企业的上下游物流企业客户贸易融资业务,专门开展国内贸易融资营销月活动,取得较好效果。对于国内信用证,信用证项下卖方融资等产品积极尝试,为普阳钢铁办理5000万元国内信用证,为彭南焦化办理信用证项下卖方融资4800万元,实现贸易融资品种的突破性进展。

【稳步推进经营体制改革】 顺利完成机构扁平化改革,实现"后勤服务集中"、"科技保障集中"、"监察保卫集中"和"权限卡管理集中",直管网点的管理工作顺利向市行转移;成立大客户公司业务部,将全辖亿元以上公司法人信贷业务,上收至二级分行,直接负责业务的发起和管理;扎实推进运营体系三项改革,实现业务监督模式由规范导向到风险导向的根本转变,构建更富效率的经营管理模式。

【切实提高全行资产质量】 继续实行不良贷款清转处置领导包大户制度,强化领导责任。各级挂帅行领导亲自主持研究制定清转预案和分阶段工作目标,组织落实工作方案。加大对清转处置工作的奖惩考核力度,落实考核与奖惩。大力发挥法律事务的积极作用,积极采取诉讼、仲裁等多种手段,全力做好清转不良贷款工作。累计清转处置不良贷款6.85亿元,其中法人客户5.19亿元、个人客户1.66亿元,完成省行全年清转任务的104.09%,不良贷款占比1.60%,信贷资产质量实现根本好转。

【积极加强内控外防工作】 加大安全保卫工作投入,有效提高技防、物防和人防能力。同时加强对监控录像、报警设备、消防器材、防跟踪门等安全设施设备的检查、维护、保养,通过应急演练,提高全体员工的风险意识和防范能力。加强印章管理,对城区及周边距离较近的16个支行的行政印章,统一上收市行办公室,对未上收的支行,严格规范用印审批系统管理,全行用印风险防范能力得到加强。切实加强"两个责任制"落实和案件防控的管理,有效防范风险隐患。严格按照总行要求,对开户环节、资金异常变动、网上银行等重点业务、重点环节进行深入检查。进一步加强反洗钱工作,提升反洗钱工作管理水平。

【文明服务工作取得良好成效】 将服务工作归口办公室管理,认真组织"满意在工行"等主题宣传活动,开展专题服务调研,制定营业网点三年发展规划,开展"服务明星"、"规范服务示范网点"等评选活动,引导员工树立"大服务"理念,19家网点成为全省首批服务候时达标营业网点。新国际支行员工焦红梅热心服务客户,细心识破骗局帮老年客户避免资金被骗,获得2009年邯郸市"十大热心肠人物"称号。积极开展新农村建设帮扶工作,对武安陶冶村进行专项扶贫和武安骈山村新农村建设对口帮扶,为政府解忧,帮群众脱困。服务工作的有效推进,进一步融洽邯郸工行与各级政府的关系,该行沈斌行长被补选为邯郸市第十三届人大代表后,又被补选为邯郸市第十三届人大常委会委员,在社会和群众中树立工行负责任的大行形象,工行社会知名度、美誉度大幅提升。

中国农业银行股份有限公司河北省分行

综　述

【概况】 2009年,农行河北省分行认真落实总行、分行"3510"发展规划,以科学发展观统揽全局,面对严峻复杂的内外部形势,变挑战为机遇,变压力为动力,大力拓展优质市场,积极做好服务"三农"工作,深入推进经营转型与内部改革,实施全面风险管理,切实加强队伍建设,全行各项工作呈现出良好的发展态势,可持续发展能力明显增强。全行资产总额达到3781.9亿元,比年初增加618.9亿元。各项存款余额3662.14亿元,比年初增加609.74亿元。各项贷款余额1330.23亿元,比年初增加340.42亿元。实现中间业务收入14.01亿元,同比多增1.09亿元。利润大幅提升,实现拨备前利润58.71亿元,同比增加8.67亿元;拨备后利润56.21亿元,同比增加24.93亿元;拨备覆盖率达到87.08%,较年初提高了5.94个百分点。

【业务发展】 2009年,农行河北省分行认真贯彻国家宏观调控政策,全面落实农总行与河北省人民政府以及石家庄、唐山市人民政府签订的合作备忘录,围绕省委省政府"扩内需、保增长"各项政策,突出对基础设施、钢铁、电力、石化、能源等重点行业和重点项目的信贷支持。结合全省"三年大变样"工程,加大石家庄市区"三年大变样"道路改建项目、唐山南湖生态城项目、土地储备项目等城市基础设施贷款支持力度。对重点项目、重点客户实行名单制管理,在年初制定《2009年重点法人目标客户营销目录》,涉及能源、交通、钢铁等多个优势行业,共计140家目标客户,纳入二级分行以上直接营销范围,明确营销目标和责任人。全年累计新投放法人客户贷款954.84亿元,同比多投放397.67亿元。全行新增实体贷款286.76亿元,占各项贷款增量的84%。

积极探索有效路径,加大对中小企业的支持力度。截至2009年末,农行河北省分行中小企业贷款余额为369.3亿元,较年初增加109.1亿元。一是建立小企业金融服务专营机制。在省分行成立小企业业务部,在各二级分行成立小企业金融服务中心,对小企业业务下沉经营层次,实行授权管理,按照专业化、集中化的思路,区别不同区域采取"一站式"和"中后台集中"两种模式,加大对小企业的金融支持力度。二是设计全新的金融产品。推出县域小企业自助可循环贷款、小企业简式快速贷款,引导客户通过电话银行、网上银行和现金管理平台等电子渠道办理业务,提高资金流转效率。到12月末,简式快速贷款余额2.9亿元,自助可循环贷款余额3000万元。三是提高决策效率。将审批权限下沉,省、市分行设立独立审批人,对风险可控的中小企业融资快速决策,不必再经有关会议审议等环节。四是创新担保方式。针对中小企业融资担保难的现状,在以企业自身财产设定抵质押担保的同时,引入自然人股东提供连带责任保证担保或以其个人资产提供抵质押担保的补充担保方式。五是建立银企联席会议制度,邀请行业专家开展专题讲座,提供咨询服务。

高度重视,负债业务大幅增长。加强客户管理,抢挖优质客户,提升市场份额,不断扩大、巩固客户和业务规模。一是加快储蓄业务发展。先后组织开展"金钥匙春天行动"、"激情仲夏"等一系列营销活动,调整储蓄产品计价,加强督导调度。到年末,储蓄存款2652.48亿元,比年初增加396.01亿元,存量、增量分别位居同业第1位和第2位。二是加大对公存款营销力度。加强对公账户管理,保持对公存款稳定性。充分利用现金管理平台等金融产品,加强对跨区域、跨行业经营的大型集团性、系统性客户的营销和维护,延伸客户服务链条,积极拓展企业上下游客户。到年末,对公存款928.38亿元,比年初增加181.09亿元,完成总行计划211.54%。三是积极做好同业存款组织工作。到年末,同业存款81.28亿元,比年初增加32.64亿元,完成总行计划130.6%。

以增收为目标,推进中间业务快速发展。一是继续加快传统业务发展。实现人民币结算业务收入5.20亿元,市场份额37.1%,居四大行首位。实现银行卡、商户收单业务收入9069.40万元,同比多增3461.07万元。累计代理新单保费53.5亿元,实现保险代理业务手续费收入2.06亿元,同比多增0.43亿元。二是突出抓好新兴业务发展。提升投行业务经营层次,规范投行业务操作规程,不断提高服务质量。实现投行业务收入1.92亿元,同比多增1.17亿元。实现电子银行业务收入2.08亿元,同比多增0.88亿元,市场份额49.23%,居四大行首位。积极拓展第三方存管业务,客户总数达到16万户,新增客户7.9万户。三是加快国际业务发展。加大对优质客户"抢、保、挖"的力度,积极营销龙头优质客户。国际业务结算量达到62.48亿美元,实现国际业务收入0.97亿元,市场份额较上年提升1.24个百分点。

【服务"三农"】 2009年,农行河北省分行全力做好服务“三农”工作，积极支持社会主义新农村建设。全行涉农贷款余额557.6亿元，比年初增加124亿元，同比多增121亿元。县域贷款全年累计投放达523亿元，同比多投放212亿元，贷款余额494.5亿元，比年初增加151亿元，县域贷款增速高于全行贷款增速9.7个百分点。一是积极支持农业产业化龙头企业，突出对龙头企业上下游客户的综合营销和对农业产业链的整体支持，农业产业化龙头企业贷款余额37.1亿元，比年初增加15.2亿元，增长69.4%；对国家级、省级龙头企业的服务覆盖率分别达到75%、46%。二是积极支持县域城镇化建设。利用农村城镇化贷款新产品探索有效支持新农村建设的路径，成功支持迁安市“新农村示范区建设项目”。通过与国富农业投资公司的合作，就批量发放农业基础设施建设贷款进行有益的探索和实践，采用银团贷款方式投放支农贷款3亿元，用于农村沼气、农村饮水工程、病险水库除险加固等农村基础设施项目建设。进一步优化县域房地产贷款准入政策，加大贷款支持力度。到年末，县域房地产贷款余额12.4亿元，比年初增长8.04亿元。三是积极做好农户金融服务工作。以惠农卡为载体，以农户小额贷款为驱动，不断探索创新业务模式，持续改善对农户的金融服务，满足农户生产、生活等基本金融需求。全行累计发放惠农卡101.67万张，对全省农户的覆盖率已达6.9%；向17.17万农户授信51.4亿元，其中已用信农户12.81万户，农户小额贷款余额38.51亿元；发放惠农信用卡5.52万张，授信5.64亿元。自开办惠农卡以来，农行在费用方面向农民让利累计高达2128万元。积极支持新民居建设试点村农户贷款需求，对纳入省政府2009年新民居建设试点的1000个村中的436个村8000多家农户授信2.6亿元，提供贷款1.9亿元，对推进新民居建设起到一定的助推作用。

【金融服务】　一是加快推进网点转型。作为农总行第一批网点转型试点行，科学制定全行网点建设三年规划，坚持高起点规划，高标准设计，高质量施工，全年改造或正在改造网点242个。文明服务导入、大堂经理配备、LOGO更换等工作有序推进，全行的网点转型工作全面启动。二是加快电子渠道建设。个人网银新注册客户40.8万户，企业网银新注册客户1.1万户，消息服务注册账户达114.3万户。全年新布放ATM机338台，占总量的20.5%；新布放转账电话81964台，占总量的72.6%；新布放POS机4201台，占总量的46.2%。电子渠道交易占比45.66%，较年初提高8.61个百分点。三是丰富金融产品组合。推广个人综合授信贷款业务，积极开展个人住房贷款“争创百佳”和“三十大市场”个人生产经营贷款专项营销活动，稳健开展汽车消费贷款业务。进一步优化个贷政策，加快个人资产业务发展，推进个贷集中经营中心试点。2009年，全行个人贷款余额达到208.6亿元，较年初增长62.25亿元。推进代理销售黄金和代理销售国债业务，具备业务经办资格的网点已达36个。积极满足社会对基金、保险代理、第三方存管等业务的需求。进一步完善增值服务体系，开展易登机、健康通道、免费法律咨询等增值服务。

【内控管理】　2009年，农行河北省分行全面深化风险管理和内控管理工作，实现不发生重大经济案件、重大刑事案件以及重大责任事故的“三无”目标。一是进一步健全全面风险管理体系，风险识别和风险计量能力有了较大提升。在健全组织架构的基础上，建立和完善风险报告、风险运行、风险控制等基本制度。正式启用DCF减值测试工具，全年信贷资产减值准备金额达到37.96亿元，较年初增加2.49亿元。二是运营体系建设取得阶段性成果。现金管理中心、滞后复核中心、会计监控中心、对账中心建设持续推进，金库集约化管理有了新的突破，完成4个二级分行中心金库建设，绝大多数二级分行实现滞后复核中心后台集中管理，在省、市、县三级行完成对账中心建设工作，实现全口径对账和岗位完全分离的工作要求。业务流程规范和优化工作有了新的进展，柜面业务流程全面实施，实行动态管理，同时启动非柜面业务流程的编制和推广。在全行推行指纹认证系统、集中验印系统，大大提高柜面操作的管控和制约能力。三是内控合规建设得到加强，内部控制及合规管理制度不断完善。整合全行检查监督资源，实行业务检查统一管理制度，规范检查活动。积极开展合规教育，全行干部员工合规理念普遍提升，组织全行性合规考试，开展万名员工参与的行为守则教育、“学制度、守规则、做标兵”临柜业务操作规程学习教育等一系列活动。四是扎实推进案件专项治理工作。层层签订责任书，对重点治理行实行包行、包点，全面治理。开展经营机构案件集中排查、整体移位检查和飞行查库，有效预防违规行为的发生。严格落实干部管理"四项制度"，强化对重要岗位人员的定期排查。建立和完善纪委书记巡视制度和例会制度，加强对基层行干部的监督管理工作。

【队伍建设】 积极推进组织架构改革和人力资源综合改革，进一步理顺和完善队伍建设体制和机制。加强领导班子建设，建立起二级分行领导班子分工明确、配置科学、运转有效的决策运行机制。县级支行领导班子基本配备到位，班子年龄和学历结构明显改善。开辟多条专业干部通道，公开选拔信贷业务独立审批人和专职审议人、县级支行风险经理、网点专职大堂经理等专业技术人才1200多人。加强员工培训，全年共举办培训班950期，培训员工59840人次。积极开展双先表彰，全年共表彰260个先进单位、673个先进个人，在全行形成崇尚先进、学习先进、争当先进的良好氛围。加强党建和作风建设，在全辖县支行以上领导班子和领导干部中集中开展作风建设教育活动，着力提高各级行党委"一岗双责"意识，全行领导干部作风明显转变。加强企业文化建设，坚持以人为本，改善员工工作条件，调整缩短营业时间，员工劳动强度得到缓解。提高员工收入水平，员工人均工资同比提高。采取切实措施，提高退休人员和内退员工待遇。积极开展文体活动，组织"庆祝新中国成立60周年歌咏大会"。认真开展"送温暖"活动，进一步增强员工的向心力和归属感。

（李振华　王冬生）

中国农业银行股份有限公司河北省分行营业部

综　述

【概况】 2009年，省分行营业部紧紧围绕年度工作中心，把支持地方经济、推进业务转型、做大做强城市业务、做深做广"三农"业务、做精做细风险防控等工作列入重要日程，不断完善激励机制，推动各项业务健康发展。截至2009年12月末，资产业务和对公存款增长实现历史性突破。一是存款增量份额居首位。各项存款余额620亿元，比年初增加100亿元，同比多增28亿元。其中储蓄存款余额442亿元，比年初增加70亿元；对公存款178亿元，比年初增加30亿元，同比多增57亿元。储蓄存款增量四大行占比居第1位。二是贷款业务快速发展。年末各项贷款余额232亿元，较年初增加58亿元。其中，法人实体贷款增加46亿元。不良贷款持续"双降"。清收不良贷款本息18226万元，其中本金清收17375万元，利息851万元。三是中间业务收入稳步增长。实现中间业务收入2.22亿元，同比增加3081万元。占比位列全省农行第2位。四是"三农"业务扎实推进。全年发放惠农卡75765张，完成年度计划的102%；惠农卡授信18421户，完成计划的102%。惠农信用卡发卡总量7128张，完成省分行下达任务。五是经营利润稳步增长。实现拨备前利润12.25亿元，同比增加4.9亿元；实现拨备后利润10.6亿元，同比增加3.3亿元。

【推动经营转型，加快业务发展】 一是树立科学发展观，认真谋划全年工作。新一届党委成立后，确立"以科学发展观统揽全局，抢抓机遇，推进转型，做大做强城市业务，做深做细三农业务，努力实现股改元年良好开局"的工作思路；提出城市行围绕优质客户和资产业务做文章、农村行以面向"三农"和县域业务为重点的工作主线，为全年工作的开展确立了方向。二是以资产业务为重点，大力发展对公业务。瞄准高价值客户，全方位开展优质客户业务营销，利用国家"保增长、扩内需"宏观政策机遇和总行与石家庄市政府签订战略合作协议优势，不断加大对重点工程和优势企业的营销力度，成功营销"和平路、槐安路、裕华路、体育大街"等四条主干道的扩建项目，投放政府基础设施贷款43亿元，以及一批房地产和工业企业项目，全年累放贷款147亿元，纯增58亿元，增量占比居四大行首位。在资产业务带动下，市、县两级行联动营销机关事业单位、集团性企业、证券、保险公司、医院、高等院校等公司机构类客户，对公存款增长30亿元，同比多增58亿元。三是推动网点转型，做大做强个人业务。抓好"春天行动"，开展储蓄营销擂台赛、贵宾客户专项服务、个贷专题营销等11项活动。推动网点转型，装修改造网点20个，增配自助设备61台，改造、新建自助银行10个。开展"文明标准服务导入活动"，增配大堂经理，实现"赢在大堂"。落实优质个人客户包户管理责任制,做好大客户的维护工作。到2009年12月末,储蓄增量市场份额由9月末的第3位上升到第1位。全行20万元以上客户35600户,较年初增加15664户,存款余额达到210亿元,较年初增加11.44亿元,占储蓄存款总量的47%。四是大力拓展中间业务。积极推介转账电话、网银、消息服务等产品,共布放转账电话1.1万台,绑定存款20亿元,实现交易1047万笔,交易量占全省33.8%;企业网银新增注册客户1952户、个人网银新增注册客户86752户,均居系统内首位。实现银行卡手续费收入7327万元,电子银行手续费收入4484万元,代理保险手续费收入3271万元,三项指标均居全省首位。实现投行业务收入2744万元,同比多增1672万元。代理基金销售17.17亿元,销量居全省第1位,实现业务收入739万元,系统内排名第2位。五是扎实推进"三农"业务。深入辖区逐县走访龙头企业和农户,进牛棚、到田边,详细研究"两卡一户"工作开展模式和营销措施,在全辖组织推广。增配ATM、转账电话等机具,方便农户用卡、开卡。围绕经济发展较快的重点县、市,积极拓展县域法人存贷款业务。全年县域存款增加38亿元,县域贷款增加16亿元,惠农卡发卡7.58万张,授信1.8万户,农户小额贷款4亿元,惠农信用卡发卡7128张,均超额完成省分行计划。六是加强委托资产处置工作。在自营不良贷款清收上,本着"盘活企业,实现双赢"原则,努力做好委托资产诉讼时效及债权维护,逐户制订清收处置方案,法人不良客户由年初31个下降到22个,本息收清9户,收回贷款本息13446万元。

【实施精细操作,完善风险管理】 不断加大内控管理,力推九项措施,实现安全经营无案件无事故。一是加强信用风险管理,从源头上把好准入关;开展信贷风险排查,定期分析全辖信用风险情况,提高信用风险掌控能力。二是加强"四个中心"建设,完善岗位制约体系。实行会计主管动态管理,定期考评;推行滞后复核集中作业,促进操作标准化;发挥处置中心在线监督作用,及时预警、化解操作风险。3月份在全省率先开展集中突击对账活动,银企对账收回率达100%,彻底解决账户管理的难题,被省分行称为"放心工程"。三是全面推广"指纹认证系统"。为全辖161个网点1514名柜员进行信息录入、指纹采集和系统切换工作。四是加强客户预留银行印鉴管理,在全辖推广电子验印,基本取消了纸质验印。五是加强印章管理,组织两次大规模印章清理,收缴废旧业务印章4065枚。六是持续推进"学、守、做"活动。所有柜员、会计主管、网点主任和主管行长每月参加网上考试,提高员工的业务素质和操作技能。七是开展案件防控警示教育活动。利用光盘和图片展览等形式进行培训,引导员工遵章守纪,自觉远离违规违纪行为。八是开展风险案件排查活动。抽调100人,利用一个半月时间进行集中排查,有效消除风险隐患。九是开展底稿整改月活动。组织全辖对三年来的底稿进行"回头看",确保整改月活动扎实有效。十是重视安全保卫工作,严防外部诈骗风险。完成全辖社会化押运推广工作,运行效果良好。

【加强干部管理,建设一流队伍】 一是确定"三二一"管理理念。即"坚定不移地抓好业务发展,坚定不移地抓紧风险防控,坚定不移地抓实作风建设;绝不容许作风疲沓,对工作无所谓、不在乎的人占据领导岗位,绝不容许采取任何弄虚作假手段完成任务,骗取荣誉和奖励;以业绩论英雄。"端正全行领导干部的经营思想,造就一支政治过硬、作风顽强、功底扎实、技术全面的干部员工队伍。二是开展"机关作风建设整顿月"活动。通过查摆问题、自我剖析和落实整改三个阶段,服务意识和办事效率有所提高,机关作风明显好转。三是加强领导班子建设。进行内部组织架构改革和人事调整,新提拔正科级干部16人,副科级干部27人,交流了一批支行正副行长和机关中层干部。四是加强干部管理,开展约谈巡视。与34个支行行长进行约见谈话,对21个支行进行巡视。向副科级以上干部寄发《廉政提示函》,把廉政制度落到实处。五是加强员工队伍建设。开展客户经理、三农业务、柜员的学习培训,举办各种培训班30余期,参训人员4000多人次。在全省农行法律、电子银行和三农业务知识三项竞赛活动中,全部获得团体第一名的优异成绩。

【企业文化建设】 开展形式多样的企业文化建设活动和文明单位创建工作。一是组织全员积极参与总行企业文化建设方案的学习培训,进一步凝聚全员价值观。二是发挥职工参政议政作用,召开全系统的职代会。对支行员工反映突出的午餐问题,下拨专款支持基层行对职工食堂进行改造并增添设备;出台《补充医疗保险管理办法》,提高全行员工福祉。三是组织全辖36个代表队举办“迎国庆60周年大型团体操比赛”、“庆祝建国六十周年征文”等文化体育活动,增强员工的归属感。四是积极参加省会文明委组织的每月1日乘车排队“文明劝导活动”、“文明志愿服务”等公益活动。五是走访老员工、老党员,慰问生活困难和患病员工,促进全行和谐稳定。

(薛建华)

中国农业银行股份有限公司承德分行

综述

【概况】 2009年,中国农业银行承德分行认真贯彻落实总行、分行各项工作部署,全行员工奋发进取,各项工作取得明显成效。一是全行各项存款达到147.92亿元,比年初增加21.88亿元,同比多增9.36亿元,完成年度计划71%。二是全行各项贷款达到81.42亿元,比年初增加7.26亿元,同比多增3.51亿元,完成年度计划42%。三是实现中间业务收入6136万元,同比多收973万元,完成年度计划83%。四是发放惠农卡95528张,完成任务的100%;发放惠农信用卡4032张,完成任务的106%。农户小额贷款授信14206户,完成任务的109%。发放农户小额贷款42860万元,完成任务的165%。五是清收自营不良贷款4081万元,完成年度计划的151%。六是实现拨备前利润2.44亿元,完成年度计划的94%。实现拨备后利润1.88亿元,完成年度计划的95%。

【业务经营实现新突破】 (一)抢抓机遇,强力营销,大力发展优质资产业务。全行继续坚持重点发展战略,全力营销重点行业、重点企业、重点客户,取得明显进展。一是明确市场定位,把信贷投放重点放在“钢、矿、路、电”四大行业。二是确定目标客户,紧紧抓住能源、资源、交通等领域发展机遇,确定公路、铁路、钢铁、电力、房地产、城市建设等公司类客户重点项目。同时抓住市区三年大变样的有利时机,把城市土地储备、城市基础设施建设、城市新区建设作为机构类客户重点项目。三是落实营销责任,实行项目到组,责任到人,重点项目营销实行挂图作业,经常调度,按月督导,上下联动,部门配合,人力、财力、物力向营销倾斜。四是建立激励机制,根据营销难度和综合收益,分别对营销重点项目的有关人员给予奖励。五是加大营销力度,按照“一手客户,一手产品”的方法,综合营销金融产品,实行台账式管理,定期督导调度。(二)全行动员,全员营销,大力发展负债业务。一是大力营销储蓄存款。全行围绕“强力推进网点转型,努力提高个人业务综合竞争力”的总体要求,将“保份额、促增长”作为储蓄存款工作的主要目标,精心部署“金钥匙春天行动”,制定《个人业务综合营销方案》,明确目标客户,全面开展综合营销活动。同时深入开展“经营转型从我做起从身边做起”活动,制定《机关员工综合营销考核办法》,确定10项金融产品营销考核目标,制作“员工营销明白卡”,从领导干部做起,从机关做起,全行动员,全员营销,全面营销,收到良好效果。积极开展“网点文明标准服务”导入工作,为网点配备大堂经理30人,完成3个支行的文明服务导入,提升服务水准,提高网点竞争力。二是大力营销公司类存款。提高完善《综合经营客户管理办法》,深度开发与承德分行有贷款关系的存量优质客户,与客户建立全面的合作关系,加强贷款客户资金管理,密切关注、及早介入新建企业、新上项目,努力争取开立资本金账户,积极推介现金管理平台业务,大力营销全额保证金承兑汇票、代客理财、网上银行交易产品,满足企业日益增长的金融需求,促进公司类存款快速增长。三是大力营销机构类存款,强化对垄断性、系统性大客户的营销,重点营销各类财政专户资金,大力拓展与住房公积金、国库集中支付、医保“三大中心”业务的合作领域,实现托管养老金业务“零”的突破。四是大力营销同业存款,实现同业存款大幅度增长。(三)拓宽渠道,全面营销,大力发展中间业务。一是大力营销银行卡业务。全行把扩大发卡量、增加银行卡手续费收入、防控银行卡业务风险作为重点,收到较好效果。二是大力营销电子银行业务。三是大力营销代理保险业务。对代理保险业务实行与经营行主管行长工作业绩和效益工资“双挂钩”的考核制度,抓住营销和管理两个环节,加大考核力度,按日调度,按旬点评,按月通报,落后的及时问责。四是大力营销国际业务。五是大力营销投行业务。把投行业务作为中间业务收入的重要增长点,为目标客户认真制定理财服务方案，签订理财服务协议，落实理财服务要求，全面做好存量公司类客户的综合创效工作。（四）精心组织，多措并举，进一步加强自营和委托不良资产清收管理工作。（五）高度重视，全力推进，服务"三农"取得新成效。把发放惠农卡、惠农信用卡、农户小额贷款作为"三农"工作重点，高度重视，精心安排，全力推动，有效加快了惠农卡和农户小额贷款发放进度。全行发放惠农卡95528张，完成任务的100%。发放惠农信用卡4032张，完成任务的106%，农户小额贷款授信14206户，完成任务的109%。发放农户小额贷款42860万元，完成任务的165%。

【内控管理水平有新提高】 认真坚持"从严治行"方针和"内控优先"原则，高度重视案件防范和风险控制工作，认真落实农行河北省分行强化内控管理的各项要求，全行上下管理意识、防范意识明显增强，管理水平、风险防控能力明显提高，未发生各类事故案件，实现全行安全运营。一是建立精细化管理体系，市、县分支行成立精细化管理领导组织，明确各部室、各部门、各单位精细化管理工作职责，形成一级抓一级，层层有人抓的精细化管理格局。二是突出内控管理重点。加强信贷精细化管理，全行到期贷款收回率列全省农行第1位。加强会计管理，从各行行长、主管行长、部门负责人到一般员工全部建立了横向到底、纵向到边的会计内控管理体系。落实会计监控中心预警报告和核销制度，增配会计主管，解决会计主管休假、休息期间授权不合规问题。全部上收农村行的集中滞后复核工作，对全辖营业机构的会计传票统一集中至市分行集中复核中心管理，提升后台集中管理层次和水平，提升会计风险控制能力。加强员工管理，落实排查制度，消除安全隐患。加强安全保卫管理，落实金库管理各项制度，实现安全无事故。加强网络安全管理，保障全行网络系统的正常运行。加强网点精细化管理，提高服务水平，提升网点形象。三是建立内控管理责任机制、内控管理沟通协调机制、内控管理例会、内部监督管理委员会、内控联席会、内控问题整改机制等各项制度，形成内控长效机制。四是加强内控自律监管。市、县分支行各业务部门按照各专业《自律监管实施细则》和《承德分行自律监管后续管理办法》的要求，认真、序时地开展自律监管工作，消除风险隐患。五是加大问题整改力度。对各类审计、整体移位、内部检查、自律监管发现的问题进行专门梳理，建立台账，落实整改责任人和时限要求，及时整改存在问题，对相关责任人进行处理和处罚。六是加强国庆期间安保和维稳工作，确保国庆期间安全和稳定，被市委、市政府评为国庆安保暨信访工作先进单位。

【干部队伍建设不断加强】 一是对副科级干部进行公开竞聘，为干部队伍注入新的活力。建立副科级以上干部《业绩档案》，监察部门定期对副科级以上干部发送"廉政提示函"。成立巡视工作领导小组，建立约谈及巡视制度，强化对县支行领导班子的监督管理。加强员工队伍建设，开展员工思想、政治、道德、法律、纪律"五项"教育活动，加强合规文化建设，增强员工向心力和凝聚力，促进业务发展。二是制定《承德分行领导班子及部门反腐倡廉工作职责》、《承德分行贯彻落实党风廉政建设和反腐败工作意见》。市、县分支行层层签订《党风廉政建设责任书》、《安全经营责任书》，落实党风廉政建设和案件防范责任制。认真落实领导干部廉洁自律各项规定，严格遵守中纪委"七不准"、农总行党委"四条高压线"、"廉洁自律六条规定"和省分行党委"八条规定"，做到"四个坚持"。突出反腐倡廉工作重点，认真坚持"三谈"、"两述"、"一报告"和领导干部廉洁自律报告制度，切实加强对领导干部的监督。强化程序制约，加强对领导干部决策过程的监督。落实巡视制度，对7个县支行进行了巡视检查。三是精神文明建设取得丰硕成果，全行被评为省级"优质服务单位"和"文明单位"，被市委、市政府评为优秀企业等荣誉称号。

（于绍礼）

中国农业银行股份有限公司张家口分行

综　述

【概况】 2009年，农行张家口分行积极落实总行、分行经营管理要求，认真贯彻年初既定的"抓住一个中心、树立两种意识、实施三个推进"的工作思路，积极发展资产、负债、中间业务和"三农"业务，努力防范化解经营风险，各项工作得到长足发展。

一是各项存款24.85亿元,创历史最好水平,完成省分行计划的99.4%,增幅高达92.3%。二是资产业务大幅度增长,各项贷款较年初增加11.72亿元,同比多增9.63亿元,增幅4.6倍。三是实现中间业务收入6063万元,同比增加768万元。四是"三农"业务指标全面完成。共发放惠农卡13.56万张,完成省分行计划113%,完成率全省排名第1位;授信14945户,农户小额贷款18906.70万元,完成省分行计划158%;发放惠农信用卡3669张,完成省分行计划101.7%。五是财务状况持续向好。实现拨备前利润17584万元,同比增加1758万元,完成省分行计划的160%;实现拨备后利润18639万元,同比增加6797万元,完成计划的207%。

【积极转型,增强负债业务竞争力】 一是"春天行动"成效显著。特别是在全省擂台赛中各项存款增加7.5亿元,两个支行营业室和5个网点在全省农行排名前列。二是强力举措,有效遏制存款阶段性大幅下滑。三是网点转型稳步推进。制定网点转型方案,完成4个储蓄所的撤销、2个分理处迁址、11个储蓄所升格工作,55个机构股份公司更名。文明服务标准导入初见成效。把网点主任从准会计主管的角色中解脱出来。高比例配置大堂经理。市区13个营业网点统一了卫生保洁工作。四是对公存款迅猛增长。一方面,进一步加大对财政系统的营销,获取更大的存款份额。另一方面,受贷款投放拉动,派生存款增加。

【乘势而为,做大做强对公贷款业务】 农行张家口分行全年投放公司类贷款26亿元。一是努力支持钢铁产业发展。全力支持企业上规模,增效益,2009年对宣钢集团累计投放贷款17亿元。二是积极支持"煤电路一体化"循环经济项目。支持蔚县"煤电路一体化"项目的核心工程蔚县坑口电厂项目开工建设,新增投放1.5亿元。三是积极支持煤炭行业重组整合。四是积极支持主城区"三年大变样"工程,累计投放贷款5.24亿元。五是积极落实省分行与市政府恳谈会签约内容,对签约重点项目投放11.8亿元。六是积极作好后续优质客户及项目的储备工作。

【全员营销,努力发展中间业务】 一是大力发展银行卡和电子银行业务。新增发放借记卡16.23万张,增量居全省农行第7位。发放贷记卡11687张,完成省分行计划的106.25%,居全省农行第5位。新增个人网银客户15922户,完成省分行下达任务的118%,居全省第7位;新增企业网银客户163户。加大自助机具布放力度,共布放转账电话5825部,完成省分行下达计划的78%。二是投行业务发展迅猛。全年实现投行业务收入972万元,完成省分行计划的195%,取得历史性突破。三是积极发展保险代理业务。召开保险代理业务推动会议,进行业务培训、集中宣传,逐支行、逐网点开展督导。开展"一人一车"活动,通过全员努力,营销车辆923辆,实现保费金额116万元,完成省分行任务的114.7%。四是大力发展国际业务。紧紧抓住宣钢、万全农药两大外汇业务重点企业,深化合作,结算量共计7312万美元。积极抓住新上项目开户,全市新注册进出口企业12家,其中8家在农行张家口分行开户。五是积极拓展新型业务产品。第三方存管开户数量2360户,完成省分行计划的118%。养老金托管业务实现零的突破,将2483万元社保基金签约保管,完成省分行计划的124%。

【统筹谋划,全面推进"三农"业务】 (一)"五个保障"确保业务顺利开展。一是人员保障。充实"三农"客户经理57人,总数达到124人,专职客户经理95人,占到全行人员的20%。二是技能保障。开展"三农"业务培训6次,确保客户经理掌握、吃透"三农"制度。三是作风保障。行长、主管行长带着规定入村进户,做到"三个亲自"。工作人员确保"三农"业务做到位。四是机制保障。在综合绩效考核中设定五项"三农"业务指标,严格落实"三包一挂"以及其他专项奖励政策。五是后勤保障,解决必备办公用品、车辆等。(二)规范操作,严防风险。及时下发《金穗惠农卡和农户小额贷款重点宣传知识问答》和《农户小额贷款操作要点提示》,统一宣传口径。在实际操作中,推行乡村区域准入七个侧重,十类区域谨慎整体推进,农户准入四优先,三十类农户不贷;贷款调查操作环节,做到"五看"熟悉农户,"六问"把握农户,"七亲自"确定农户,"八走访"确认农户,"四测算"摸准农户。多种措施有效防范风险。(三)加强与外部合作,确保试点推进。密切政府合作,在全市中小企业金融产品推介会上现场与5家中小企业签订授信协议2.8亿元。加强银企合作,与农村商贸主导企业——张家口新合作元丰商贸连锁有限公司签订合作协议并向公司授信1500万元。采取依托乡镇政府选择村,依托村两委筛选农户,农行自主调查发放贷款方式,稳步推进农户授信。(四)以"两卡一户"为载体,拓宽"三农"覆盖面。依托优势产业和龙头企业,通过项目绑定农户。选择种养大户作为惠农卡重点授信对象。非国定贫困县重点提高发卡量,提高激活率,坚持以卡定信。其他国定贫困县坚持项目绑定,以信定卡,重点提高授信率、用信率。(五)明确产业定位,积极支持中小企业发展。向中小企业投放贷款3.73亿元,资金到位率186.5%,超额完成签约投放计划。

【努力做好自营、委托资产清收处置】 一是认真做好自营业务清收。累计清收自营不良资产565.11万元,其中本金512.75万元、利息52.36万元。完成省分行核定清收计划的94%。自营类不良贷款余额6074万元,比年初下降358万元,占比1%,比年初下降0.34个百分点,实现"双降"目标。二是积极做好委托业务清收。货币清收委托资产本息3607万元,完成省分行核定清收计划的100%。

【强化管理,内控基础进一步夯实】 (一)抓落实,持续深入开展案件集中排查。开展案件风险隐患排查活动、案件集中排查活动,两次集中排查均未发现存在重大违规问题、案件隐患和案件线索,对存在的问题进行整改。(二)抓关键,突出信贷、会计、保卫三个重点。一是加强信贷管理。按季进行全面风险分析,定期下发贷款到期提示函,及时对逾期贷款提出管理和清收意见。积极推进审批体制改革,个贷审查审批全面推行网上作业,推行独立审批人和专家委员审批和审议制度,实施风险经理派驻制。农户小额贷款严格执行双人调查、交叉检查、实地抽查、电话核查,实行首查负责制和客户经理约束机制。在张北、康保、涿鹿开展政府出资成立担保基金试点工作。二是加强会计管理。深入开展"学制度、守规则、做标兵"、合规操作检查活动。对100名守规则标兵进行奖励,对58人次积分115分。加强"四个中心"监督管理。开展突击查库行动,加强预警信息核销,强化滞后复核工作,完成农村行滞后复核集中上收。加强对账工作,全年对账单收回率达到95%,居全省农行第2位。三是加强安全保卫管理。加大资金投入,全年投资290.20万元用于安防基础建设。此外,完善并组织开展各类预案演练。(三)抓预防,做好信访稳定工作。认真组织开展"行长大接访"活动,加强上下联动,积极应对信访难题,全年接访4次、200多人次。

【整章建制,加强党风廉政建设】 一是加强组织保障,确保工作有效开展。制定《党委领导班子成员及部门反腐倡廉工作职责》,成立领导小组,强化"两手抓,两手都要硬"和"一岗双责"意识,把党风廉政建设贯穿于全行业务经营各个领域和环节。二是加强教育,增强廉政勤政意识。三是落实责任,抓好反腐败抓源头工作。坚持"三纵三横"形式,层层签订安全合规经营责任书,全行共签订1761份安全合规经营责任书。加大信贷、财务、干部使用等方面的监督力度。

【凝聚士气,全面提升队伍战斗力】 一是强化各级队伍建设。配齐支行班子,增强县级支行班子力量,在全辖选拔科级干部5名,副科级干部12名,为所有县支行配齐了领导班子。选拔9名风险经理、4名会计主管40名大堂经理充实到基层一线,使全辖委派风险经理达到15人,会计主管达到95人。二是开展企业文化建设。倡导"健康生活、快乐工作、凝聚士气、和谐发展"的理念。在农行河北省分行举办的"喜迎新中国60华诞"歌咏比赛中,农行张家口分行合唱队夺得一等奖;在市金融系统"迎国庆篮球友谊赛"中,农行张家口分行篮球队夺得冠军。三是加强对外宣传工作,外树形象,内鼓士气。

(王之栋)

中国农业银行股份有限公司秦皇岛分行

综 述

【概述】 2009年,农行秦皇岛分行按照总行、分行工作部署,紧紧围绕业务发展、内控管理、队伍建设等中心任务,狠抓各项工作措施的落实,圆满完成各项工作任务。到年底,各项存款余额200.2亿元,比年初增加35.9亿元;各项贷款余额71.9亿元,比年初增加12亿元;实现中间业务收入7137万元,比上年增加576万元;实现利润3.27亿元,比上年增加1.8亿元。全年未发生经济、刑事案件和重大责任事故。

【业务发展】 在对公存款业务发展方面,继续实行对公存款逐月监测制度、排名通报制度和大额公司类存款变动报告制度。出台《对公存款营销考核办法》，调动各支行组织对公存款的积极性。到年末，对公存款比年初增加10.4亿元，完成省分行计划的208%。在对公贷款业务发展方面，加快有效贷款投放，制定法人客户贷款营销奖励办法，对重点项目、中小企业及贴现分别制定奖励标准。对一批重点客户、项目投放贷款16亿元。

在个人金融业务方面，一是狠抓储蓄存款，每季度确定一个主题，使全年储蓄存款工作有声有色，效果显著，提前完成省分行核定的全年计划。二是做好理财产品营销，在代销“本利丰”、代销黄金、代销基金等方面取得一定进展，其中销售开放式基金3.3亿元，实现中间业务收入381万元。三是稳步发展个人贷款业务，个贷集中经营中心正式运营，开展个贷专题营销活动，举办个贷业务推介会，开展个人购房贷款业务检查和培训。四是做好贵宾客户维护工作，落实个人优质客户“包户到人”责任制，努力实现从“做业务”到“做客户”的转变。

在中间业务发展方面，一是积极发展银行卡和电子银行业务，利用春天行动、中间业务推进季和“激情仲夏”、“燃情国庆”等活动契机，开展针对性营销活动。以市政府开展北戴河刷卡无障碍一条街活动为契机，加快ATM、POS、转账电话布放，全年新布放转账电话4086部、ATM 15台。同时积极开展网银、消息服务业务营销。二是稳步发展国际业务，对企业逐个进行分析，确定重点服务客户，利用总行推出的贸易融资专项借款政策，推出个性化服务方案，同时紧盯汇率变化，努力实现结售汇收益最大化。三是强力推进代理保险业务，制定激励政策，按月分配任务，按月考核，按月调度，代理寿险保费位居同业第一。

【“三农”工作】 一是加强考核和督导，确保“两卡一户”（惠农卡、惠农信用卡和农户小额贷款）工作均衡、稳步发展。制定考核办法，对四个县域支行实行百分制考核。同时，对“两卡一户”工作实行周调度制。组成专门督导组对各行进行不间断现场督导，并将任务分解到月、到周，县支行将任务分解落实到日，分解到每一个客户经理。二是加强业务培训和人财物保障，确保惠农卡和农户小额贷款工作顺利展开。3月份对四个县域支行主管行长、客户经理进行业务培训。每个支行明确5名以上客户经理、配备电脑4台，专职从事和用于惠农卡和农户小额贷款工作。三是规范操作，严防“二假八代”问题。在业务办理过程中，严格按照省分行农户小额贷款业务操作细则等文件要求，把好客户准入、调查、审查、发放和贷后管理五个关口，防范风险发生。

【内部管理】 在信用风险管理方面，一是做好客户综合评价工作。全年上报省分行审批信用等级客户32户，经省分行审批AAA级118户，AA+级13户，AA级3户，增量授信21户，授信总额48.4亿元。二是积极推进法人客户信贷审批网上作业，4月份全面实施法人客户信贷审批业务网上作业双轨运行。6月份开始实行单轨运行，工作效率明显提高。三是加强贷后管理。强化风险经理现场检查工作，发现问题及时提出整改意见，并督导逐一落实整改。四是推广操作风险报告系统，防范操作风险。五是加强风险监控，实施潜在风险客户退出机制。

在操作风险管理方面，一是抓好滞后复核集中管理和处置中心的工作质量考核和预警信息全面管理，上收四个县域支行滞后复核中心，加强对滞后复核员的积分考核管理。二是加强营业网点预警信息核销，集中开展专项治理活动，全年始终保持在全省先进行列，多次受到省分行通报表扬。三是加强会计主管管理，坚持例会制度，严格晨会检查制度，同时加强派驻网点会计主管的管理和考评。四是加强对账集中管理，对账单收回率达到99%。五是加强重要空白凭证库库房达标建设，市区全部抵质押品集中上收市分行。六是以“学制度、守规则、做标兵”活动为抓手，动员全行会计人员人人学规程，人人守规程，形成合规操作的良好氛围。七是深入开展“学制度、讲案例、促合规”自查自纠活动。通过自查自纠对市县行备用金账户支现、转账支票签发、发票审核进行规范，对财务系统存在的4大类56个问题逐一进行纠改。八是进一步加强备付金管理，市分行明确人员按周下发库存现金周报，有效控制库存现金超限额情况的发生，备付率考核连续7年居于全省农行系统前列。

在案件防控方面，一是狠抓案件专项治理活动。市分行行长与县支行行长、市分行部门经理签订《案件防控责任书》，开展对重点单位、重点业务的重点治理工作。开展案件专项治理“八查”活动，对重点行实行重点治理，开展营业机构案件排查，对发现的问题进行现场整改，并进行风险提示。二是落实积分管理，规范员工行为。及时收集、汇总、上报对违规人员的积分情况，增强员工合规意识。三是积极开展员工行为排查。对排查出的重点人员落实帮教措施。同时，严格落实重要岗位人员交流、强制休假和亲属回避制度。

（罗士德）

中国农业银行股份有限公司唐山分行

综 述

【概况】 农行唐山分行抢抓市场机遇，强化业务营销，完善体制机制，加快经营转型，狠抓内控建设和基础管理，各项工作取得良好进展。2009年末，全行各项贷款余额403.04亿元，较年初增加118.10亿元；各项存款余额724.02亿元，较年初增加95.71亿元；实现中间业务收入2.31亿元，新型业务产品收入比例大幅提高，收入结构进一步优化。服务"三农"试点工作扎实推进，全年累计发放惠农卡17.56万张，授信1.8万户、授信金额7.51亿元；发放惠农信用卡6593张、授信金额6897万元；发放农户小额贷款1.52万户、贷款金额6.13亿元，任务完成绝对额均列全省农行系统前列。全行盈利水平不断提升，实现拨备前利润16.91亿元、拨备后利润17.10亿元。

【业务经营】 农行唐山分行坚持由做业务向做客户转变，统筹各类金融产品，加快经营转型，实施综合营销，着力提高客户综合贡献度，促进各项业务的又好又快发展。一是全力推进城市业务转型。全面介入城市基础设施建设、国家、省市级重点项目和重点大客户。全年经总行、省分行审批三友碱业、冀东水泥、国丰钢铁、开滦集团、唐钢集团等公司类项目9个，授信总额99.60亿元，投放贷款46.25亿元；经总行、分行审批南湖生态城、大连万达广场等城市基础设施项目贷款5个、投放贷款49.50亿元。积极营销中小企业客户。全年介入中小企业49户、新增贷款12.15亿元。努力发展票据业务。票据余额较年初增长22.48亿元，同比多增13.91亿元。坚持资产业务拉动，加快对公中间业务发展。全年实现投行业务收入0.5亿元，翻倍完成省达计划，其中公司类中间业务收入0.67亿元，占全行中间业务收入总量的27.8%，成为全行中间业务收入重要来源。大力发展国际业务。积极营销恒运置业、天明、宏忠等一批新型客户。全年完成国际结算量11.59亿美元，居全省首位，结售汇7.55亿美元，减免保证金开证4.87亿美元，进口押汇1.34亿美元。努力营销对公存款。全面捕捉资金信息，强化份额意识，发挥产品优势，加大营销维护力度，积极营销财政、社保、医保、安监系统风险抵押金等机构类存款大客户。年末对公存款较年初增加17.14亿元。二是统筹产品和服务，全力推进零售业务发展。坚持"拓展高端、定位中端、分流低端"的市场定位，以提高个人中高端客户综合贡献度为目标，以对公、零售业务联动营销、各类产品捆绑交叉销售为重点，以开展各类综合营销活动为突破，以加快网点转型、强化考核督导为保障，扎实推进零售业务板块业务协调发展。组织开展"金钥匙春天行动"等四次大规模的个人业务综合营销竞赛活动，取得较好效果。积极应对储蓄存款市场的激烈竞争形势，通过加强对个人优质客户的维护管理、开展小指标竞赛、开展"高产精品网点"建设、强化产品组合营销、加强个人存款分析调度等措施，积极拓展个人中高端客户，确保储蓄存款增量同业首位。突出重点产品，积极发展个人资产业务。积极发展个人综合授信贷款、汽车消费贷款和个人住房贷款业务，努力抢占个贷业务市场。2009年末个人贷款（不含小额农户贷款）余额21.72亿元，比年初增加4.21亿元，同比多增7.42亿元。统筹各类产品，努力发展个人中间业务。扎实开展系列促销活动，加快银行卡、电子银行业务发展。全市银行卡发卡量达到193.22万张，同比多增16.53万张，电子银行交易额9350.41亿元，电子银行业务收入1125.12万元，同比多增546.93万元。强力推动代理保险业务发展。全年实现综合保费收入5.89亿元，其中财险保费收入0.54亿元，寿险保费收入5.35亿万元，实现保险代理手续费收入2681.32万元，列全省农行系统第二位。积极发展基金代销业务，全年销售开放式基金15.87亿元。加快网点经营转型，打造零售业务核心竞争力。加快推进网点转型，完成50个装修改造网点、10个离行式自助银行的考察工作，实施11个网点迁址或扩建和7个网点的招标工作。扎实开展“网点文明服务年”活动和文明标准服务导入工作,对72个网点进行文明服务导入。积极实施“赢在大堂”策略,通过公开竞聘选拔118名优秀人才充实大堂经理岗位,进一步提升网点综合服务能力。加强网点电子化建设。全年新上线运行ATM机149台,累计达到263台,消灭ATM机空白网点;布放转账电话12140台,新增特约商户675户、POS设备809台,并先后为迁安北购商厦等四家商户新上MIS收单系统,提高电子渠道覆盖率和服务水平。三是以“两卡一户”业务为抓手,全面做好服务“三农”工作。按照做“面”与做“量”同步推进原则,结合各县(市)区经济特点,推出乐亭县“惠农果蔬卡发卡模式”、迁安市“新民居发卡模式”、以及“公司+农户发卡模式”等一系列发展模式,有效扩大惠农卡的覆盖面。创新推出调查、审查、审批一线作业和集中审查、集中审批、集中录入等工作方式,提高工作效率,确保工作质量。同时,市、县两级行主动向地方党政汇报服务三农工作,努力争取地方党政重视和支持。市委八届五次全会将“支持农业银行推广金穗惠农卡”写入大会决定;市政府专门成立“唐山市农村经济发展金融支持暨推广金穗惠农卡工作领导小组”,市委、市政府出台《关于加强推进惠农卡和农户小额贷款工作的实施意见》,对辖属各县(市)区政府和政府相关部门支持农行推进惠农业务提出明确要求,并下达工作目标。各三农经办行加强与县、乡(镇)及有关部门的沟通协调,集中人力,驻村工作,优化流程,提高效率,加快发卡、授信、放贷进度,确保了“两卡一户”任务的圆满完成。在三农对公业务发展上,积极营销农业产业化企业,稳妥介入县域房地产信贷业务,有力支持全市城乡等值化发展。全年投放农业产业化贷款1.24亿元,银行承兑汇票3000万元,城镇化贷款1.81亿元,并成功营销唐山华盈公司等四个房地产项目,涉及授信金额2.92亿元。市委、市政府对农行唐山分行服务“三农”工作给予充分肯定。

【内控管理】 围绕全面风险管理和精细化管理要求,加强基础管理,积极探索风险防控长效机制,狠抓问题整改,保障全行安全稳健发展。一是组织各项专项治理活动。坚持机构、人员、业务全覆盖,先后组织开展三次案件风险排查活动,未发现案件和重大问题。组织全行开展以信贷、财务会计业务为主的业务经营管理自查自纠活动。在各单位自查的基础上,市分行抽调26名业务骨干,组成5个复查小组进行复查,共检查各类业务131470笔,发现问题115个,全面落实整改。加强重点行治理工作,将遵化、建南两个支行列为重点治理行,进行全方位治理,提高内控管理水平。二是坚持标本兼治,全面加强内控基础管理。认真落实全面风险管理要求,加强全面风险管理体系建设,狠抓重点部位、重点环节的风险防控工作,分专业制订精细化管理推进计划,逐业务落实规范管理的整体要求,进一步夯实管理基础。三是加强认真落实违规积分管理、巡视等各项制度。市分行成立巡视工作领导小组,制定实施方案和工作计划,细化巡视内容和巡视方法,积极开展巡视工作。巡视工作具体做法被省分行以简报形式推广。持续加强员工教育管理,进一步规范积分管理标准和操作方法,完善积分管理档案。2009年全行违规积分共591人、862分,进一步增强全行的合规操作意识和风险防范能力。

【队伍建设】 一是加强系统党建工作。深入组织开展“一个党员一面旗”等争先创优活动,发挥党组织的领导核心作用和党员的先锋模范作用。二是加强领导干部队伍建设。在各级领导干部中大力弘扬勤奋学习、求真务实、艰苦奋斗和团结协作四种作风,狠抓领导干部管理责任、职能部门管理职责、党风廉政建设责任制、授权及转授权制度、民主决策制度、行务公开制度的落实。通过规定程序,选拔16名同志充实到领导岗位上。三是加强员工队伍建设。组织县级行开展“三定两聘”,完成90名劳务派遣工的招聘工作。制定《关于规范机关员工仪容仪表及着装管理的通知》,规范员工日常行为管理。加强员工培训,全年组织各类培训126期,累计培训13341人次,促进员工综合素质的整体提升。

【企业文化】 在全行大力提倡“用心做好每件事,勤奋敬业每一天”工作精神,激发员工爱岗敬业、勇于奉献的工作热情和诚实守信、合规守法工作作风。围绕网点文明标准化服务导入工作,大力推行语言、仪表、行为、服务、环境五种基本服务规范,进一步端正全行员工的思想作风、经营作风和工作作风。在全行干部员工中深入组织开展“四个一工程”、“五个一活动”,深入开展“送温暖”和节日慰问活动,着力解决基层单位、一线员工以及离、退休和内退人员的实际困难，促进全行和谐发展。不断加强行风建设，向社会公开服务承诺和投诉电话，定期组织明查暗访，到唐山经济广播电台“行风热线”栏目参加节目直播，参加唐山市民主评议行风质询会，广泛接受社会监督，进一步夯实创建基础。2009年，广场、胜利路、西山道、高新技术开发区支行被唐山市文明委评为“文明单位”，广场、开平支行被省分行评为“文明单位”，曹妃甸、滦县、胜利路、滦南支行被省分行评为“精神文明建设工作先进单位”，农行品牌形象得到整体快速提升。

（胡日旺）

中国农业银行股份有限公司廊坊分行

综　述

【概况】 2009年，农行廊坊分行认真贯彻落实总行分行会议精神，坚持科学发展，面对严峻的经济形势和激烈的同业竞争，积极抢抓机遇，以加快有效发展为主题，努力抢占高效市场，全力推进经营战略转型，加快构建全面风险防范体系，促进各项业务平稳较快发展。截至2009年末，农行廊坊分行人民币各项存款余额305.38亿元，比年初增加67.76亿元，完成全年计划的165.3%，同比多增26.30亿元。其中，储蓄存款余额214.49亿元，比年初增加34.06亿元，完成全年计划的103.2%；企事业单位存款余额90.89亿元，比年初增加33.71亿元，完成全年计划的421.3%。各项贷款127.87亿元，比年初增加42.48亿元，完成全年计划的180.5%。实现中间业务收入14784万元，实现拨备前利润47247万元，同比增盈3536万元，完成计划的116.7%。

【全面提升服务水平】 农行廊坊分行以“大行德广伴您成长金钥匙春天行动”为载体，相继开展5次“访机关、进社区”的大规模社会宣传活动，以个人高端客户为重点，积极开展不同层次的高端客户联谊会和座谈会，千方百计融洽和巩固与高端客户的关系。全年新增星级客户4.81万户，总量达到12.62万户。加快ATM、POS、转账电话等自助设备投放，大力发展网银、电话银行、消息服务等电子银行业务，自助渠道柜面业务分流率达55.4%，同比提高11.61个百分点，有效解决客户排队问题。在全行范围内开展以“零投诉”为目标的优质文明服务竞赛活动，全年共受理客户咨询、投诉、建议、表扬等420件，在全省各地区客户服务受理数量中位居前三名。认真开展“网点文明服务年”活动。借助内训师培训班在廊坊举办的有利条件，从6月份开始，分批分次实施对城区网点人员的文明服务标准培训，并组织实施示范标杆网点的标准化导入工作，有效提升全辖文明标准服务水平。对企业客户以推行企业理财顾问、现金管理平台为手段，做好大客户的维护和拓展，加大政府类基金营销力度，推动全行各项存款快速增长。

【加快信贷结构调整】 坚持大中小客户并举，加大优质信贷客户投放力度。充分认识中央实施积极的货币政策和宽松的财政政策为金融业发展所带来的机遇和发展空间，制定出台《全市农行资产业务营销计划挂钩考核办法》，将资产业务营销作为各级班子的“第一能力、第一业绩”进行考核。及时搜集项目信息，下发重点营销客户名单，落实营销主体及责任人，使资产营销从自始至终保持一种强劲态势。全年累放法人客户贷款67.10亿元，新增流动资金贷款主要投向开发区、燕郊、胜芳、霸州等高效经济区域，全行AA+级以上优良贷款占比94.3%。同时紧盯地方政府增投入、上项目、千方百计保增长的工作举措，主动搭建银政融资平台，为廊坊市土地储备交易中心投放房地产开发贷款12亿元，用于重点项目工程土地储备。积极介入廊涿、京台、密涿高速路建设项目。大力发展个人住房贷款业务，以“春天行动”综合营销活动为契机，在开展好“个贷进社区”、“个贷进机关”活动的基础上，增加“房贷进楼盘”活动，使个人资产业务营销取得明显成效。2009年末，个人贷款62.54亿元，占全行贷款总额51.1%，其中个人住房贷款57.52亿元，比年初增加16.60亿元。

【推进收入结构调整】 继续将银行卡作为全行营销的重要载体，大力扩充银行卡规模，深入挖掘银行卡业务发展潜力，年末发卡总量128.62万张。大力发展代理保险业务，全行实现代理保险业务手续费收入2167万元，同比增加991万元，累计代理保险保费5.41亿元，同比增加1.66亿元。做大做强基金代销业务，全行基金销售额15.89亿元，其中代销股票和混合型基金5.82亿元、债券型基金4.42亿元、货币型基金5.64亿元,实现基金业务收入959万元。把投资银行和担保承诺业务收入作为全行中间业务实现突破的关键。以资产业务为带动,落实责任、规范操作,下大力气督促和引导全行全面开展。到12月末,新增财务顾问签约企业33户,实现投资银行业务收入1982万元,同比增长1877万元。同时充分发挥典型引路作用,制定《个人业务营销能手评选办法》,按月、按季评选在个人业务10个方面营销列全市农行前三位的先进个人、先进营业室、先进基层处所,设立龙虎榜进行公示,进行大张旗鼓的表彰和奖励,激发全员的营销热情。

【加快发展国际业务】 进一步完善《外汇业务考评办法》,专门制定《国际业务营销奖励办法》,重点加大对大额新客户的营销奖励力度。积极开展目标客户大走访活动。实行主管行长负责制,重点大户由支行行长直接走访、直接营销。截至2009年12月末,前十名大客户国际结算量共计8.30亿美元,占国际业务结算总量的75.1%,同比提升15个百分点。加强外汇业务网点建设。先后为4个支行申请增(新)办外汇业务资格,解决重点区域网点外汇业务功能不完善、部分支行不能办理国际贸易融资的问题。

【全面启动“三农”业务】 截至2009年12月末,农行廊坊分行累计发放惠农卡4万张,完成省分行核定计划的108.1%;完成授信农户1.05万户,完成省分行核定计划的116.7%;发放农户小额贷款3.29亿元,完成省分行核定计划的173.1%,主要指标计划完成率均列全省农行前茅。一是将“三农”业务作为全行的一把手工程,由一把手直接组织、直接推进、直接负责。二是健全机制,强力发动。先后制定出台多项激励机制,确保全行“三农”工作迅速启动。三是连续奋战,强力营销。全行克服“三农”业务启动晚、经验少、人手紧等不利因素,发扬连续奋战、敢打硬仗精神,放弃所有节假日休息时间,昼夜奋战,确保“两卡一户”工作顺利推进。四是创新模式,提高效率。在担保方式上,先后总结形成“大户牵头、三户联保”模式、“公司+农户”联保模式、“优选大户、集中担保”模式、“优选担保客户群”模式等8种方式。五是放宽视野,严防风险。引导各支行高度重视业务风险,针对各自情况,分别落实不同的防范举措。对四类村街不介入:有逃废债史的不进入、经济资源匮乏的不进入、村风民风不好的不进入、两委班子不稳定的不进入。对沉迷于赌博恶习,不孝敬老人、品行不端,有不良借贷记录,不务正业,有犯罪前科的五类农户坚决不予支持。

【突出抓好精细管理】 一是强化业务基础管理。以开展“学制度、守规则、做标兵”活动为载体,严格执行落实省分行制定的《临柜业务操作规程》,促进柜面业务操作规范化。二是强化全面风险管理。按照总行、分行要求,建立全面风险管理体系,形成各支行、各部门分工负责,前、中、后台整体联动的风险控制机制。三是强化内部控制管理。制定“党委中心组学习计划”和全员“培训计划”,采取集中学习、跟班培训、专题培训、“周六学校”等多种方式强化全员培训,以“岗位应知应会”、“员工守则”、“处罚规定”为重点,继续深化“学、背、考”活动,使内控文化植根于心、动之于行,形成恪守制度的良好操守。采取常规检查、突击检查、安全巡视等不同的监管方式加大监管检查力度,提高管理效率,全行员工合规操作意识、执行力度显著增强。四是扎实推进安全保卫工作。全力做好“四库”达标建设,积极开展消防隐患排查,全力推进押运市场化,保证运营安全。加强安保培训。先后举办监控报警系统管理、消防知识培训班,确保提高安保人员业务素质。

【加强员工队伍建设】 不断加强领导班子建设,进一步巩固和扩大学习实践科学发展观活动成果,切实加大各级班子的执政兴行能力、合规经营能力、廉洁从政能力,通过领导班子的传导、表率作用,使全行上下形成“爱行如家”的敬业和执行风气。继续大力实施人才强行战略。下决心抓好领导干部、后备干部、专业人才和岗位技术能手四支队伍建设。狠抓员工队伍素质提高,加大各专业员工培训力度。全年累计培训223期,培训3425人次,有效提高全员的“四基”水平。不断加强党风、行风及廉洁自律建设。严格执行上级行党委党风廉政建设和干部管理的若干规定,严格纪律约束,班子内部坚持发扬民主。扎实做好思想政治工作、精神文明建设、企业文化建设,努力实现经营与管理有机结合,不断提高干部员工的凝聚力,为全行可持续发展奠定基础。

(周　锐)

中国农业银行股份有限公司保定分行

综　　述

【概述】 2009年,农行保定分行以科学发展观为指引,认真落实上级行工作部署,加快业务经营转型,深入开展服务“三农”工作,不断推进精细化管理,各项业务实现突破性进展。一是盈利水平不断提升。实现拨备前利润5.69亿元,同比增盈1.01亿元。二是信贷业务高效增长,贷款余额较年初增加35.01亿元。三是负债业务创历史新高。人民币各项存款余额398.77亿元,较年初增加70.61亿元,其中储蓄存款余额318.68亿元,较年初增加48.47亿元,企业存款余额80.09亿元,较年初增加22.14亿元。四是中间业务较快发展。实现中间业务收入1.51亿元,同比增加0.17亿元。实现国际结算5.42亿美元。银行卡总量达207万张,较年初增加21万张。网银注册客户达10.48万户,较年初增加5.35万户,增幅达到104.3%。实现代理保险手续费收入2390万元。五是不良资产处置成效显著。清收自营不良贷款本息1.09亿元,清收委托不良资产本息1.31亿元。六是“三农”业务扎实推进。全年新增惠农卡9.61万张,新增农户小额贷款1.64万户、贷款余额4.76亿元,办理惠农信用卡7225张。

【业务经营质量稳步提高】 (一)客户结构进一步优化。一是努力提高法人优质客户占比。实行重点客户名单制管理,严格落实营销责任,与保定区域内的重点项目、大型企业建立牢固的合作关系,营销拓展天威英利新能源公司、国电联合动力、中石油东方物探公司、荣乌高速等20多家优质大型法人客户和重点建设项目。储备冀东水泥、保津高速铁路、张涿高速等一批优质大客户、大项目。优良客户贷款余额较年初增加16亿元,优良客户贷款占比较年初增加14个百分点。二是加大个人中、高端客户营销力度。以《个人优质客户登记台账》为抓手,以“春天行动”、“激情仲夏”、“中间业务推进季”和“爱在金秋”等个人业务综合营销活动为平台,严格落实营销维护责任,深挖客户资源,全面推进储蓄存款业务快速发展。全行个人优质客户达到6164户,较年初增加1270户,个人优质客户储蓄存款余额71.83亿元,较年初增加19.38亿元,占全行储蓄存款增量的40.2%。

(二)网点转型稳步推进。以网点形象及功能分区的规范化建设为切入点,加快网点建设步伐。省分行批复的12个2008年网点装修项目全部开工。利用业余时间进行培训、演练,圆满完成25个城区网点的文明标准服务导入,支行服务形象和水平明显改观。

(三)电子服务渠道逐步拓宽。营销增加440家特约商户、总量达到931户。对惠友万家福超市公司下设的41个卖场安装MIS系统,改造超市收银终端330套,实现所有收银台的银行卡刷卡结算。配合MIS系统上线,策划“刷卡有奖消费活动”,扩大商户收单市场份额。采取“装联通宽带,送个人网银”、“送金融进校园”等营销措施,提高产品渗透率、普及率,全行年底ATM达到183台、增加23台,POS达到1247台、增加477台,转账电话达到1.79万部、增加1.37万部,改善了用卡环境。全年新增消息服务客户17.54万户,在全省农行系统内排第1位。

(四)扎实推进“三农”工作,县域经营活力显著提升。一是积极支持农业产业化龙头企业。积极营销望都蒙牛项目、定州伊利项目、定兴喜之郎项目、高碑店养佳佳项目等,对河北宏润公司、现代农装科技公司、河北美威中药材公司等10家农业产业化龙头企业给予支持,投放贷款4.42亿元,办理票据贴现1800余万元,出具贷款承诺函1.35亿元。以小企业简式快速贷款等特色产品为载体,营销支持优质小企业客户24户,投放贷款2.50亿元,完成计划的631.3%。二是积极拓展县域房地产开发业务。优先发展普通商品住房开发贷款,适度发展土地开发贷款。为隆基泰和房地产公司发放贷款2.4亿元,完成雄县山水太阳城房地产项目的信用等级评定、易县华宇房地产项目、涿州金利房地产项目调查评估上报。三是“两卡一户”业务进展顺利。采取“公司+农户”的主导业务模式和整村推进的发展路径,逐县完善“三农”金融生态图谱、逐行制定整体推进实施方案。重点支持龙头企业订单农户、种养大户和专业大户。四是切实防范“三农”业务风险。对各支行首笔“两卡一户”业务,安排专人进行“全帮扶”。组建农户贷款辅助贷后中心,加强农户贷款贷后管理力度。严格执行“两个一律”、“九个严禁”规定，统一为各支行配备数码相机、建立客户影像资料档案，有效防范“两假八代”风险。

【内控管理迈上新台阶】 农行保定分行坚持“内控优先”的经营管理原则，强化内控和案防工作，全年未发生经济案件、刑事案件和责任事故。一是严防临柜业务风险。组织“飞行队”查库59次，下发“突击查库令”安排支行行长查库80次，保障金库安全。推进运营管理四大中心集中作业，加强网点预警信息处理。规范账户管理，完善更新账户资料1788户，对账率达到100%。完成7个支行金库撤并和全辖重要空白凭证库达标改造，上收城区单点行重要空白凭证库，降低经营风险。二是加强信用风险防控。实行支行差别化授权和客户差异化授信，加强信贷风险在线监测，制发风险预警类通知74份，退出潜在风险客户贷款3410万元。强化贷后管理，提高贷后管理例会质量，及时处置各类信用风险。三是强化安全保卫工作。制定强化安全保卫工作的七项措施，全部县域支行、城区管点行配备专职保卫干事，98个营业机构配备大堂保安。四是扎实开展案件防控工作。分专业、条线落实案件专项治理“八查”内容，对7个防范案件重点治理行，实行行领导蹲点包行，促进内控水平的提升。组织开展经营机构案件集中排查活动、“百日安全合规”竞赛活动，进一步消除案件隐患。加大问题整改力度，2009年以来各类检查发现问题整改到位，纪律处分和其他处理126人(次)，对194名违规人员积分530分。完善制度办法7个，补充完善档案32册。认真落实“四项制度”，安排科级干部交流33名、重要岗位轮岗14人。扎实开展员工行为排查，对11名行为异常员工进行约见谈话，防范人员风险。

【队伍建设不断加强】 一是强化队伍建设。公开选拔、聘任32名副科级干部、26名市分行驻县风险经理，增强干部队伍活力。组织完成126名大堂经理考试竞聘工作。强化干部员工教育。组织全行性培训38期、4000余人次，提升员工多方面的知识技能。积极组织举办各类业务知识竞赛，并在全省农行系统竞赛中多次获奖。支持和鼓励员工积极参加系统内外各种资格考核、培训，全行获得AFP、CFP资格的金融理财师达到13人。二是深入开展党风廉政建设。设置专职纪委书记，组织层层签订594份《安全经营责任书》。加强党风廉政建设学习教育，组织员工观看《廉政课堂》等反腐倡廉案件警示教育片、在押犯人现身说法文艺表演，对32名新提拔副科级干部进行集中廉政教育，增强干部员工反腐倡廉自觉性。组织完成20个支行的巡视工作，对全辖32名支行一把手和20个支行班子成员进行约见谈话，促进支行管理水平的提升。深入开展“创先争优”和创建“五好党支部”等活动，认真落实“两会一课”制度，开展“党员活动区”、“党员示范岗”等活动。三是积极开展企业文化建设。组织全辖开展企业文化核心理念学习讨论活动，大力推行办公VI系统，招标订做新行服，统一视觉形象。组织开展10项业务的“十大标兵”评选活动。实施送温暖工程，对93名特困职工和25名省级以上劳模等进行走访慰问，首次为全行员工支付补充医疗保险，促进和谐农行建设。

(王卫平)

中国农业银行股份有限公司沧州分行

综　述

【概况】 2009年，农行沧州分行在省分行的正确领导下，立足沧州实际，依靠全行员工，精心安排部署，狠抓工作落实，各项工作取得较好的业绩，主要业务指标圆满完成省分行核定计划，核心指标完成情况位居全省前列。各项存款352亿元，比年初增加56亿元，完成省分行计划的104%；其中对公存款比年初增长21.8亿元，全省排名第4位，是省分行下达计划的4.36倍，同比多增26.1亿元。各项贷款57亿元，全年累计投放56亿元，比年初增长14.3亿元，完成省分行计划的100%，同比多增48亿元，当年贷款增量为历年之最。实现中间业务收入12860万元，同比增加1236万元，完成省分行计划的86%，计划完成率全省排名靠前。全年发放惠农卡20.3万张，完成计划的101%，发卡量全省排名第一。发放惠农信用卡5700张，授信1亿元，完成计划的112%，全省排名第一。全年惠农卡授信2.2万户，授信金额7.3亿元，贷款余额5.6亿元，授信户数全省排名第一，授信金额和贷款余额全省排名第二。全年审批发放县域小企业贷款59户，贷款金额12905万元，贷款余额7277万元，完成省分行计划的243%。全年累计现金清收自营不良资产3496万元，完成省分行下达计划的11倍；清收委托处置资产4266万元，完成省分行计划的102%。实现拨备后利润31220万元，完成省分行计划的101%。班子队伍、企业文化和社会形象建设明显提升，未发生案件和责任性事件。

【负债业务】 农行沧州分行坚持"大存款"的理念，对公、储蓄、同业存款齐抓并进。坚持持续抓存款的原则，始终不放松存款工作。制定《"春天行动"综合营销活动方案》，组织开展个人优质客户联谊会、理财进社区、集中日宣传、储蓄存款擂台赛等活动，实现"开门红"，一季度新增储蓄存款30亿元，同比多增13.5亿元，储蓄存款余额和增量同业均排名第1位。组织"储蓄存款、基金、代理寿险业务综合营销"竞赛活动和"激情仲夏金彩生活"个人金融综合营销活动，保证了储蓄存款的持续快速增长。继续实施对公存款专项奖励办法，在稳固财政、医保、烟草等系统性大客户的同时，依托资产业务快速发展，促进全行对公存款的大幅增长。全年对公存款增长在全省农行系统内排名第4位，系统内贡献率12%，同比多增26亿元，创历史新高。全行存款结构进一步优化，年末活期存款占比58%，增量活期存款占比71%，分别比全省平均水平高出2个和9个百分点。

【资产业务】 一是公司法人资产业务超常发展。对重点项目和重点客户营销推行名单制管理和营销主责任人制度，将法人客户贷款投放纳入业绩考核，实现法人资产业务的早投放、快投放、多投放。全年累计投放法人贷款41.2亿元。其中投放沿海高速10亿元、廊沧高速5亿元、沧州大化集团4000万元，为任丘热力公司出具有条件贷款承诺函3.9亿元，大化集团TDI公司增授信2亿元及燕京啤酒有限公司流动资金贷款4000万元获得上级行批复。二是小企业贷款成效明显。建立全省农行第一家小企业金融服务中心，实行名单制管理，按照好中选优原则，在全市重点产业集群、各市、县纳税前10名企业和"重合同守信用"企业客户中，筛选确定72户目标客户。转变作风，慎喊实做，抽调业务骨干与支行客户经理混合编组，主动上门寻贷、问贷。努力创新贷款产品和担保方式，推出小企业简式快速贷款、自助可循环贷款等贷款品种，试行房地产抵押担保、中小企业多户联保、单一企业客户保证担保等担保方式。同时，优化贷款运作流程，提高审批效率，对县域中小企业贷款实行集中审议，保证3个工作日内审查完毕。全年累计审批发放小企业贷款67户、15.3亿元，贷款余额1.2亿元，比年初增加0.83亿元。农行沧州分行小企业业务被新华网、河北日报等媒体刊发，沧州市委书记郭华同志给予充分肯定并做出专门批示，要求全市各部门学习农行"慎喊实做"的工作作风。

【中间业务】 依托"中间业务推进季"活动，逐项定目标、找途径、谋措施，加大奖惩力度，深挖业务潜力，收到良好成效。持续推进银行卡和电子银行业务。依托柜台营销，配合短消息、电话银行、手机银行、网上银行营销，积极发展借记卡，保证发实卡、收实效。全年新增发卡6.47万张，新增个人网银客户5.37万户，新增企业网银客户1736户，新增消息服务客户13.5万户，实现银行卡和电子银行业务收入7539万元，同比增加862万元，市场份额达到61%，居同业第1位。发挥优势，持续推进代理保险业务。全年实现代理保险手续费收入2673万元，同比增长260万元，在全省农行系统内排名第4位，完成计划的108%，系统内贡献率11%。全年实现国际结算量4.9亿美元，同业市场份额30%，全省排名第一。实现投行业务和托管业务手续费收入901万元，养老金托管余额6.4亿元，系统内贡献率36%，在全省农行系统内排名第1位。

【"三农"工作】 在惠农卡发行上，通过各种载体宣传、批量发卡、成立56个流动服务小分队送卡上门、改善用卡环境等有效途径，扩大发卡范围和数量。全年为2839个自然村、20.3万户农民发放惠农卡，自然村覆盖率达到50%，农户覆盖率达到17%。在推进农户小额贷款业务上，主动上门送贷。全行选配专兼客户经理196人，通过入村串户形式搜集农户信息、筛选目标客户，主动上门"问贷"、上门"送贷"。同时，进一步提高审贷效率，在16个县域支行分别设立农户小额贷款专职审查人员，派驻14名"三农"业务风险经理，专门从事贷款审查放贷工作，对符合条件的农户小额贷款确保2个工作日内审批发放。在稳步推进惠农信用卡发卡上，简化操作流程，缩短审批链条。选派信用卡独立审批人到重点推进支行现场审查，组织支行集中到市分行现场录入修改业务资料，提高审查审批效率。积极试行多种发卡模式，在河间、任丘等支行试行“专业市场+商户”的营销模式，为市场内商户批量发卡；在泊头、东光、南皮、青县等支行试行“专业村+农户两卡联动”模式，实现“双卡”捆绑、一户两卡；在泊头支行试行“代收代付”业务模式，与乡镇供电所合作，由供电所人员协同入户调查、发卡。

【内控建设】 农行沧州分行在内控管理上确定“无论强调多高、要求多严也不为过”的指导思想，坚持严字当头，内控优先。坚持先规范后发展，所有业务的发展必须建立在风险可控的基础之上。坚持从细微处着手，扎实开展风险防控工作，全年实现安全运行，未发生案件和责任性事故。一是全力推进临柜业务操作规程学习，努力提升柜员队伍综合素质，在全省农行临柜业务知识竞赛和综合评比中均获二等奖。二是深入推进会计监控中心建设，在城区行网点和农村行营业部全部配备双会计主管，将全辖105个网点的会计凭证全部集中到市分行审核。认真开展对账工作，全行综合对账率达到99.94%。三是开展多形式、大力度的监管检查，全年共组织“飞行队”、跨县监管等检查12次，提前发现并纠改风险隐患。安全保卫工作，牢固树立安全保卫无小事理念，重点抓好安保教育和制度落实，不断强化全员风险防范意识、自我保护意识和制度观念意识。重点抓好安保设施维护，按时完成全行16座金库、89个营业网点、45台ATM电视监控等物技改造项目和19个重要空白凭证库的改造任务。撤并黄骅港口支行金库，实现全辖无网点金库的目标。强化自助机具的安全防范，为全部156台ATM逐台建立了自助机具档案，全行ATM全部实现委托巡查。采取“四项措施”，加强信用风险管理。即严把客户准入关，从源头上控制信贷风险，不符合国家产业政策、不符合上级行准入条件的坚决不支持。推行客户名单制管理，按照“支持、维持、压缩、退出”的经营原则，逐户制定管理方案。强化贷后管理，关注行业政策变化，及时预警化解风险。通过公开竞聘，选拔14名县级支行风险经理，派驻到各支行实施风险监管。认真落实各项监管检查制度。到年底法人优良客户贷款比年初提高27个百分点，信贷结构进一步优化。全部贷款到期现金收回率99.97%，列全省第二；法人贷款到期现金收回率始终保持100%，全省领先。

【队伍建设】 农行沧州分行始终坚持以人为本的指导思想，发展为了员工，发展依靠员工，努力培养昂扬向上、团结合作、奋发有为的员工队伍。一是积极弘扬和践行“沧州同业争第一，全省农行争上游，社会形象争一流”的“三争”精神。通过组织开展青年员工“三争”精神座谈会、“三争”精神有奖征文、“三争”精神演讲比赛等活动，使“三争”精神深入人心并转化为全行员工的工作目标和自觉行动。二是大力打造“书香农行”，多策并举弘扬学习之风。向全行发出“加强学习、提升素质、努力做一名合格的沧州农行员工”的号召。重新整修职工阅览室，新购补充图书库，开展“评选最受欢迎的图书”、“借阅书刊最多员工”等活动，同时在新版网站开辟“书香农行”、“员工天地”等板块。三是全力构建和谐农行。坚持按月组织开展市、县两级行“行长谈心日”活动，全年共谈心1700人次，为员工解决实际困难150余件，对全行227名困难员工进行对口帮扶。四是加强干部队伍管理。组织实施副科级干部竞聘，择优新聘副科级干部25名，上下平级交流15人，班子的战斗力进一步提升。对所有县域支行全部充实兼职纪委书记，城区支行全部配齐纪检委员。

（办公室）

中国农业银行股份有限公司衡水分行

综　述

【概况】 农行衡水分行管辖县级支行15个，其中农村支行10个，城市管点支行2个，单点支行3个，二级支行1个，营业所（分理处）45个，在册员工1202人。2009年，以解放思想为前提，以强化内控管理为基础，以提高系统内贡献率和同业市场份额为目标，突出加快发展，积极推进业务经营转型，扎实做好服务“三农”工作，全行经营管理取得显著成效。一是盈利能力显著增强，经营利润明显增加。全行实现拨备后利润16153万元，完成省分行下达全年计划的1009.6%，同比增盈15374万元，盈利水平进一步提高。二是各项存款稳步增长，增量创历史新高。各项存款165.23亿元，较年初增加22.58亿元，完成省分行计划的103.1%。其中，储蓄存款较年初增加19.98亿元，完成省分行计划的105.2%；对公存款较年初增加2.6亿元，完成省分行计划的108.3%；同业存款较年初增加8947万元，完成省分行计划的176.2%。各项存款四大行余额占比32%，居第1位。三是中间业务发展加速，业务收入稳定增长。全行实现中间业务收入6166万元，完成省分行计划的87.4%，计划完成率名列全省农行系统前列。四是大力拓展资产业务，积极扩大信贷投放。各项贷款达15.79亿元，较年初增加2.85亿元，增幅为22%，承兑汇票余额达到3.41亿元，较年初增加2.09亿元。五是"三农"业务扎实推进，取得实质性突破。农行衡水分行把服务"三农"工作作为一项政治任务来抓，协同奋进，艰苦努力，扎实推进惠农卡、惠农信用卡、农户小额贷款业务开展。累计发放惠农卡43729张，惠农信用卡4212张、授信11559户，分别完成全年计划的101.4%、102.7%和105.6%；新增农户小额贷款11073万元，完成全年计划的138.4%。

【开展重点业务推进活动，促进业务快速有效发展】 一是重点抓好存款工作。开展"大行德广伴您成长金钥匙春天行动"，组织开展个人业务现场集中宣传、储蓄存款营销擂台赛、个人高端客户新春送福、个人优质客户联谊会等形式多样的营销宣传活动。同时，加强储蓄存款监测，每天对全行营销情况进行统计排队，有效促进储蓄存款增长。一季度，全辖储蓄存款增长12.38亿元，计划完成率154.9%，在全省系统内排名第1位。6月份，针对二季度以来储蓄存款增势趋缓、四行排名下降的情况，进一步完善存款专项考核办法，加大奖惩力度，促进了存款的稳步增长。二是重点抓好中间业务工作。开展"二季度中间业务推进季"活动，把中间业务作为增强盈利能力的突破口，逐项目分析差距、查找潜力、匡算进度，对中间业务指标进行重新分解，制订《中间业务推进季活动实施方案》，细化指标、量化考核。为充分调动全员营销积极性，行领导亲自带头，深入营业单位督导各项中间业务拓展情况，按日通报各支行中间业务指标进度情况。各支行均建立员工营销台账，定期上墙公布，创造了良好的工作氛围。到6月末，实现中间业务收入3499万元。三是重点抓好资产营销工作。农行衡水分行加强与发改委等政府有关部门的联系，搜集项目信息，及时发布《衡水项目建设动态》，挖掘信贷需求信息。在全辖推行贷款营销按月通报制度，定期分析，查找不足，明确努力方向。制订出台《信贷资产业务奖惩办法》，明确各类资产业务的营销奖励标准，确定调查、审查、审批、经营各个环节的责任，实现责任与利益在最大程度上的统一，激发信贷人员营销的积极性和能动性。对全市大型优质客户，实行市分行领导、公司业务部门及支行共同公关营销，增强业务营销的成功率。班子成员先后成功营销阳煤集团深州化肥有限公司、深州鲁花浓香花生油有限公司、衡水泰华房地产开发有限公司等大型优质客户。重点抓好服务"三农"工作。组织各农村行在认真开展区域内农情调研、编制生态图谱的基础上，有针对性地选择开办路径、模式和目标客户，推进"三农"业务。为确保"三农"工作协调推进，实施四项重点保障措施。做好人员保障。各支行克服人员紧张的困难，合理统筹人员力量，市分行"三农"业务人员24小时配合工作开展；做好物力保障。由市分行统一安排，为各支行配备笔记本电脑、复印机，在交通费、通讯费等方面向"三农"业务倾斜，确保工作需要；合理选择推进模式，各支行重点以整村推进、多户联保方式开展工作；强化考核，重新调整奖励标准，加大考核力度。同时，市、县分支行行长分别签立责任状，强化责任意识，确保"两卡一户"推进目标的如期实现。

【强化基础管理，提高风险防范能力】 牢固树立安全也是效益的指导思想，从规范操作行为、提高内控水平、防范案件风险着手，采取行之有效的工作措施，有效防范各类风险，遏制各类案件的发生。一是强化信用风险管理。对重点区域、重点行业和重点客户分别制定有针对性的风险控制预案，严格按程序、按权限进行贷款风险分类认定，优先发展房地产抵押贷款，逐步压缩机器设备抵押，杜绝互保和循环保贷款，担保管理水平得到有效提高。二是加强会计基础管理。完成各级重要空白凭证库房的改造，按要求如期推广指纹认证系统，强化对复核中心、处置中心、现场监管和会计主管的管理和量化考核，充分发挥各层次的监督管理职能。全行柜面业务差错率控制在0.5‰以内，重点账户的对账单收回率达到100%。认真落实"飞行队"突击查库制度，全年突击查库46次，对发现的问题及时进行整改。三是加强安全保卫管理和计算机管理。保卫部门加强对金库安全、临柜安全、枪支弹药、守库押运等管理，严格执行省分行制发的24套防暴预案演练，强化监督检查。四是各项内控制度得到全面贯彻落实。全面完成操作风险报告系统的正式上线运行；按季召开风险管理例会，及时研究制定风险防范措施；深入开展案件集中排查活动，对发现问题进行限期整改；严格落实《员工违规积分管理办法》，对柜台业务、业务监督、员工管理等8个方面的违规行为给予积分，累计积分111人次；严格落实纪委书记巡视制度，全年共巡视9个支行。

【加强队伍建设，增强战斗力和凝聚力】 一是在干部队伍建设方面，组织完成科级干部公开竞聘活动，选拔任命18名科级干部，其中40岁以下的年轻干部13名，进一步优化领导干部的年龄结构和知识结构。二是在员工队伍建设方面，坚持以人为本，加强员工培训，开展技术比赛。组织"客户经理法律知识竞赛"、"三农业务知识比赛"和保卫人员技术比赛等活动。三是积极开展创建"青年文明号"和"青年岗位能手"活动。农行衡水分行辖属城中支行被总行命名为"青年文明号"三连冠单位，滏阳支行营业室等11个单位保持了省级青年文明号荣誉，有11个基层单位保持了市级青年文明号荣誉。四是加强党风廉政建设。认真贯彻落实总行《建立健全惩治和预防腐败体系2008—2012年工作规划的实施意见》，出台考核办法，对领导干部廉洁自律民主生活会、收入申报及重大事项报告及廉政提示函等进行具体明确。市分行行长与支行行长、市分行行长与市分行各部室经理、各支行行长与部门经理和网点负责人层层签订了《安全合规经营责任书》。

（亢卫红）

中国农业银行股份有限公司邢台分行

综　述

【概述】 2009年，农行邢台分行在省分行党委的正确领导下，全体干部员工齐心协力、团结奋斗，认真贯彻落实总行、省分行年初、年中工作会议精神及各项工作要求，克服种种不利因素，圆满完成各项工作任务，内控管理平安稳定，业务经营稳健有序，社会形象有效提高，全行凝聚力、战斗力明显增强。截至年末，各项存款增加39.5亿元，其中储蓄存款增加28.38亿元，完成全年计划的105.11%，同业排名第一；对公存款增加10.99亿元，完成全年计划183%。各项贷款增加15.59亿元，完成全年计划的173%，其中实体贷款增加12.02亿元，占比77%。新增小企业客户47户，贷款增加2.3亿元，其中实体贷款增加44户，贷款增加6400万。个人贷款业务稳步回升，住房贷款增加1.52亿元，完成全年计划的304.34%，非住房贷款1.31亿元，完成全年计划的438%。实现中间业务收入1.06万元，其中代理保险手续费收入1885万元，完成全年计划127%，同比多增549万元；投行业务收入1804万元，完成全年计划361%；国际业务收入950万元，完成全年计划的93.14%；电子银行收入1533万元，完成全年计划的103.6%。全年新增个人网银客户45739户，完成全年计划的183%；新增企业网银客户1431户，完成全年计划的179%；注册短消息服务15.24万户；基金销售7.3亿元。惠农卡发卡62144张，授信14903户，农户小额贷款余额25221万元，发放惠农信用卡5298张。县域贷款增加7.36亿元，完成全年计划的108%。委托资产清收4257万元，完成全年计划101%。全年到期贷款现金收回率99.99%，位居全省农行系统首位；贷款抵质押率达到56%，比上年提高了4.3个百分点。实现拨备前利润2.4亿元，拨备后利润2.2亿元，均超额完成全年计划。

【资产业务】 全年累计投放贷款75亿元，贷款余额比年初纯增15.99亿元，贷款累计投放量及增量均创历年新高。一是加大对重点企业和重点项目的支持力度。一年来，农行邢台分行把经济实力雄厚、对区域经济发展拉动力大的重点企业和重点项目作为重点，积极与企业沟通，并加强与上级行协调，加快运作效率，加大支持力度。二是加大对中小企业客户的支持力度。在全行股改任务繁重、内控管理压力巨大的情况下，把中小企业确定为经营战略的重点，专门召开会议，对支持中小企业进行安排部署。成立中小企业专营服务机构，单独对支行下达中小企业信贷投放计划，对中小企业贷款实行"绿色通道"，从调查、审查、审议、审批、发放等环节实行限时办结制度，卡死责任，提高效率。同时创新中小企业信贷业务品种，把小企业简式快速贷款作为支持中小企业的主打产品，积极宣传，重点推荐，得到中小企业的广泛认可。三是加大个人贷款投放。以个人住房贷款、汽车消费贷款、个人生产经营贷款作为加大个贷支持力度、满足个人信贷需求的重点，积极改进工作方式，提高办理效率。全年累计投放个人贷款10.5亿元，为满足人民群众信贷需求、改善人民群众生活质量做出了贡献。

【负债业务】 全年按照"保增量、调结构、上份额"总体要求，做好存款组织工作。一是坚持"存款立行"理念，把存款尤其是储蓄存款作为首要工作来抓。二是重点做好个人高价值客户的营销和维护，对个人高价值客户的信息进行搜集整理，明确营销维护责任制。三是加强储蓄存款计划执行率和时点数考核。同时继续把营销优质机构类账户和优质企业法人账户、提高货款归行率作为抓手，对公存款持续增长的基础得到夯实。

【中间业务】 深入研究市场、研究客户、研究同业，不断提高中间业务收入水平。一是积极稳妥发展中小企业业务，增加实体贷款投放，拉动投行业务收入增长。同时逐客户细化贷款定价方案，逐步提高贷款综合定价水平，在规范有序的前提下，充分挖掘潜力。二是整合产品和网点资源，增加代理保险手续费收入。在保持代理保险业务总体规模的基础上，代理品种由趸交向手续费较高的期交产品倾斜，重点合作公司由国寿公司向手续费较高的中小型保险公司倾斜，加大与太平洋、新华、泰康、太平、生命等保险公司的合作力度，代理网点逐步扩大到农村网点。三是大力发展银行卡、网上银行、短消息服务、第三方存管等业务，中间业务收入各品种之间基本实现均衡发展。四是增加各业务品种的计价工资，加强考核，上不封顶、下不保底。

【"三农"业务】 按照上级行的统一安排部署，选择9个县域支行作为服务"三农"的试点，积极开展调研，努力探索服务"三农"的新模式、新方法。在发展县域中小企业信贷业务的同时，面向农民朋友们切实推行"两卡一户"业务（即办理惠农卡、惠农信用卡，办理农户小额贷款）。截至年末，全行惠农卡发卡62144张，授信14903户，农户小额贷款余额25221万元，发放惠农信用卡5298张。

【网点转型】 加快网点转型，改善金融服务，认真抓好五方面工作：一是完成2009年拟装修13个营业网点的实地考察工作，做好网点装修改造工作。二是明确网点管理责任，把研究网点转型作为支行行长、主管行长到网点坐班的主要内容。三是加强大堂经理队伍建设。连续举办四期大堂经理任职资格培训班，通过省分行培训的64名大堂经理全部到岗，并提倡支行抽调个人客户经理在营业室现场办公，提高网点的服务能力。四是认真开展网点优质文明服务活动，5月份举办四期网点文明标准服务培训班。积极推进网点文明服务导入工作，同时对网点服务继续加大监督检查力度，市分行行长多次带队到市区网点开展检查观摩。五是完善大堂经理考核办法，制定网点考核办法，并要求支行必须把计价工资及时足额兑现到网点，充分调动网点人员的工作积极性，为优质金融服务提供基础保障。

【内控管理】 一是认真开展案件防控工作。按照省分行暂行办法要求，认真开展巡视工作。深入开展案件专项治理活动，开展业务经营管理自查自纠、案件风险排查、案件集中排查等活动，使员工的合规意识和合规操作能力明显增强。通过机构改革和干部调整，在各县支行配齐了纪委书记。二是加强信用风险控制。信贷业务审批实现网上运行，以贷款用途监管和抵质押物安全情况为重点，进一步加强贷后管理。继续加强贷款担保方式管理，强化贷款的安全底线。三是加强会计操作风险控制。全面推广使用"指纹认证系统"，进一步落实柜面业务操作规程，提高柜员合规操作水平。加强四大中心建设，加强对账工作和非现场监管，加强会计主管队伍建设，实施会计主管资格认定，实行会计主管月度例会制度。积极推广电子验印系统和支付密码器。四是加强安保工作。完成全辖20座重要空白凭证库改造，完成资产剥离档案库和权证库建设，做好电视监控安装运行及管理，对重点部位配齐消防器材。做好社会化守押工作，加强营业场所及自助机具安全管理。加强与地方维稳部门的沟通联系，切实做好维稳工作。

（李军祥）

中国农业银行股份有限公司邯郸分行

综 述

【概况】 农行邯郸分行辖属1个直属营业部、22个县级支行、4个市内二级支行、97个营业网点，共有干部员工1788人。一年来，农行邯郸分行牢固树立“一级法人”意识和大局观念，认真贯彻落实省分行年初、年中工作会议精神，以科学发展观为指导，以业务经营转型为目标，强化精细化管理，坚定信心，抢抓机遇，各项工作取得较好成效。

【业务经营】 （一）中间业务实现跨跃式发展。2009年，农行邯郸分行把发展中间业务作为经营转型的主要阵地。一是强化政策引导，靠激励约束机制促进中间业务加快发展。二是强化营销重点，实现全面发展。在重点抓好代理保险业务的同时，不放松国际结算、基金销售、网上银行、代理车险、信贷客户“双单”作业、现金管理业务、结算手续费等业务发展。三是强化措施推动。通过强化培训、强力推进、加强督导、强化柜面服务等措施，推动中间业务快速发展，全行实现中间业务收入14318万元，完成全年任务的102%，同比多增3504万元，增幅32.4%，任务完成率和增幅均居全省第一位。

（二）圆满完成“两卡一户”工作任务。农行邯郸分行把做好“两卡一户”作为一项政治任务来抓。一是组建队伍。在人员紧张的情况下，通过内部挖潜，为全辖配备一支87人的专职“三农”客户经理队伍，通过强化培训，提高队伍素质。二是加强帮扶。市分行相关职能部门协调联动，对先期开办业务的5家支行重点帮扶，使各项业务步入规范化管理轨道。三是加大奖惩。在上级行产品计价的基础上，每完成一户授信，市分行追加相应的奖励。在重奖激励的同时，强化行政手段，实现“两卡一户”工作常态化发展。全行惠农卡发卡6.45万张、小额农户贷款授信1.73万户、贷款余额3.44亿元，分别完成省分行计划的100%、100%和172%。

（三）贷款结构进一步优化。在资产业务上，始终坚持“投放、清收、储备”三管齐下，取得明显成效。一是贷款投放进度加快。各项贷款较年初增加23亿元，同比多增10.4亿元，其中新增实体贷款14.5亿元，主要投向邯钢集团、金牛天铁、邯矿集团、荣盛房地产等大型优质客户。累计办理贴现63亿元，同比多增33.8亿元。二是不良贷款清收力度加大。累计收回自营不良贷款2.8亿元，完成全年任务的156.77%，任务完成率位居全省农行系统第3位。三是努力做好项目储备工作。为保持全行可持续发展能力，班子成员带头参与项目储备工作，成功储备贷款项目18个，意向贷款额度54亿元。

（四）各项存款大幅增长。在组织存款上，以“春天行动”、激情仲夏等活动为契机，通过举办新年电影招待会、个人优质客户联谊会、集中宣传、理财师进社区等活动，开展全方位、多层次的营销宣传活动，提升农行社会知名度，推动了储蓄存款工作的开展。省分行一季度举办的储蓄存款擂台赛及储蓄存款专项竞赛活动中，在所设立的所有奖项中，农行邯郸分行全部榜上有名；城市行营业室储蓄存款增长前10名中占4席；在对市分行的奖励中，农行邯郸分行获得的奖金数量居全省第2位。通过采取抓存量客户货款回行、贴现资金滞留，抓存款大户等措施，巩固扩大对公存款总量。2009年，全行各项存款较年初增长55亿元，其中，储蓄存款增长30.8亿元，居同业第2位；对公存款增长12.9亿元，同比多增4.8亿元；同业存款增长11.5亿元，居同业首位。

【内部管理】 在加快业务发展的同时，农行邯郸分行始终把合规经营、加强案件防控贯穿经营管理的全过程，为规范、稳定、健康发展提供坚实保障。一是运营管理保持领先水平。2009年，农行邯郸分行以防范会计操作风险为中心，以继续强化“四大中心”建设为抓手，全面提升会计核算和内控管理水平，在全省运营管理综合考评中排名第一。二是切实加强信用风险防范。在票据业务上，下发《关于进一步加强票据贴现管理的紧急通知》，严格票据业务准入，对于新接客户首笔票据业务，无论金额大小一律报市分行审批。三是认真抓好安全保卫和IT领域的风险防范。在强化安全教育，加强安全检查的同时，投资600余万元，为基层网点更新监控设备、报警设备、消防设备、防抢劫催泪装置等，提升网点安全防控能力。四是持续开展有针对性的检查活动。一季度，在全辖开展业务经营管理自查自纠活动，自查覆盖面达到100%。6、7月份，根据总行统一部署，抽调近百名业务骨干，由市分行副行长带队，与省分行驻邯郸内控合规办一道，对全辖所有营业机构开展大规模的案件风险排查活动，摸清底数，及时提示和消除风险隐患。五是以积分为手段，增强员工的合规意识。一年来，农行邯郸分行重视员工积分管理系统的应用，确保该积分的员工全部进行积分。全年累计对685人(次)、积1601分。进一步增强广大员工对制度的敬畏感，提高执行制度的自觉性。六是启动纪委书记巡视和约见谈活制度，加强对基层行行长和网点负责人的监督和管理，全面开展包括领导干部在内的员工行为排查。有效提高支行领导班子的执行力、凝聚力和战斗力，收到较好效果，得到省分行的肯定。

【队伍建设】 一是加强党风廉政建设。制定下发《党委领导班子成员及各部门反腐倡廉工作职责》，完善实施《2009年党风廉政建设责任制和反腐败工作检查考评方案》，做到党风廉政建设与业务经营同部署、同落实、同检查、同考核、同奖惩。二是深入开展干部作风整顿活动。在全辖开展为期三个月的领导班子和领导干部作风建设教育活动，各级行领导班子成员能够主动学习，充分征求各方面的意见和建议，主动查找在思想、作风、行为等方面存在的差距，制定整改方案和措施，开展批评与自我批评。通过学习、检查、整改进一步提高领导班子自身建设，推动干部作风转变。三是深入开展企业文化建设。全行上下通过开展业务培训、劳动竞赛、文体活动、拓展训练、送温暖等活动，有力推动企业文化建设，增强队伍凝聚力。四是加强队伍建设。圆满完成大堂经理、风险经理的选拔任用工作，特别是在全行关注的科级干部公开竞聘工作中，整体工作组织严密、安排周到、程序规范，体现"公开、公平、公正"原则，提升了班子的凝聚力、向心力。

（宋洪波）

中国银行股份有限公司河北省分行

综 述

【概况】 2009年，中国银行河北省分行认真贯彻落实科学发展观，紧紧围绕总行"十八字"工作方针和省行年度工作安排，以省行3—5年奋斗目标为主线，主要业务提速发展，蓝图项目成功投产，各项工作扎实推进，成效显著。

【业务发展】 2009年，外部环境对金融业发展影响较大，全行业务发展面临较大挑战，上线试点工作刻不容缓。在此情况下，全行坚定地落实总行"18字"工作方针，认真领会总行工作意图，准确把握发展大市，研究制定具体工作措施，思想和行动始终与总行保持高度一致。在业务发展上，按照肖钢董事长来行调研时的指示精神，和净利润尽快超过50亿的工作要求，省分行党委提出，全行必须"解放思想、转变观念、抢抓机遇、提速发展"，把各项业务规模做大。调增主要业务指标，明确资产业务行业投向和负债业务"扩规模、提份额"的工作要求，梳理各条线中间业务的主打产品，对全年各项业务的提速发展，起到决定性作用。进入下半年，全行明确要做好两件事：一手抓蓝图试点，确保系统成功上线；一手抓经营管理，促进各项业务提速发展。全行上下按照总行统一部署，全力以赴、万众一心，使IT蓝图系统成功投产。新系统上线后，省分行及时调整工作思路，把工作重心转移到做好流程再造和全年工作收尾上来。临近年末，为贯彻好总行规模调控要求，做好业务的收口工作，从12月24日开始，省分行领导班子和有关部门负责人，每天定时召开协调会，确保各项业务发展符合总行要求。一年来，全行准确把握总行各阶段重点工作，正确理解和贯彻总行的工作意图，有效消除金融危机的负面影响，在圆满完成试点工作任务的同时，推动各项业务提速发展。2009年末，全行本外币资产余额2564亿元，负债余额2528亿元，分别比年初增长38.07%和38.86%。人民币各项贷款余额1631.59亿元，较年初新增695.84亿元，完成总行任务的367.2%，完成省行任务的115.38%，余额市场占比较年初上升4.78个百分点。其中，公司贷款新增452.44亿元，消费贷款新增117.9亿元，贸易融资新增80.53亿元，票据融资新增42.33亿元，银行卡透支新增2.64亿元。人民币各项存款余额2410.96亿元，较年初新增690.24亿元，完成总行任务的161.96%，完成省行第二目标的114.94%，余额市场占比较年初上升1.81个百分点。其中，人民币公司存款新增336.72亿元，人民币储蓄存款新增

208.98 亿元，人民币金融机构存款新增 144.53 亿元。实现中间业务收入 12.6 亿元，完成总行任务的 137.8%，增幅达到 23.6%。实现净收入 72.81 亿元，增长 22.6%，完成总行预算 117%。实现考核利润 30.23 亿元，完成总行预算的 138%。资产回报率为 1.3%，人均利润 27.69 万元，同比增加 3.61 万元。清收化解各类不良资产 14.39 亿元，完成总行任务的 134%。不良授信资产余额 17.86 亿元，不良资产比率 1.06%，实现"双降"。

【IT 蓝图】 经过全行员工的共同努力，在各项准备工作充分到位的情况下，10 月 4 日—7 日，全行对新旧系统进行切换，10 月 7 日上午 9 时，IT 蓝图项目成功投产，全部机构网点提前一天正式对外营业，实现"成功切换、正常营业、风险可控"的阶段性目标。加紧开展上线后续工作，流程再造工作稳步推进，综合柜员试点工作进展顺利，全行已有 107 家 A 类网点、43 家 B 类网点施行了综合柜员。各行在工作中，既有宏观和全局意识，又有具体、精细的工作措施。在指标制定和工作部署上，以促进全行整体发展为重，讲政治、顾大局，不犹豫观望、不左顾右盼，坚定地执行总行、省行的各项部署。各行根据当地市场情况和自身状况，细分任务指标，明确主攻方向，措施具体、得力。在蓝图上线工作上，更是强调精细化管理，任务分解具体到每日、每时，对任何一个细小的工作环节，都明确目标和措施，力求完美。正是由于全行扎实细致的工作，促使了整体工作的稳步推进。

【内控建设】 全行狠抓管理达标、"四定"和"我是一道关"等工作的开展，高度重视财务管理、人力资源管理、内控风险管理等管理工作，从基础工作抓起，完善规章制度，使各项工作得到规范，形成一整套统一、规范的工作标准，强调落实和执行。同时，坚持从严治行，年初，层层签订《责任书》，督促各级管理者认真履职履责。将各类违规、禁止类行为，设定"高压线"，坚决不能碰、不准碰，教育管理者和员工严格要求自己，在依法合规的前提下开展业务。全辖形成齐抓共管、防范风险的良好局面，有效杜绝了违规行为和案件发生。深入开展管理达标、网点标准化建设和"我是一道关"活动，不断加强三道防线建设和基层机构负责人管理。全员合规意识明显增强，违规行为明显减少，依法合规的经营理念深入人心。全行内控环境良好，内控基础进一步夯实，各项工作得到规范，有效遏制了重大违规现象的发生，全年没有发生经济案件。

【网点建设】 全年完成 125 个网点的标准化改造，累计完成 398 个网点的标准化建设，改造率达到 87%，完成年初既定目标。随着网点标准化建设和综合管理达标工作的深入推进，网点转型所带来的社会效益和经济效益逐步显现，网点综合效能得到有效提升。年末，全行网均余额达到 2.44 亿元，系统内排名由 2007 年末的第 15 位上升到第 9 位；网均新增额 4563 万元，高于系统内平均水平 683 万元，高于四大行平均水平 428 万元，在系统内排名第 5 位，在四大行排名第 2 位。

【队伍建设】 按照德才兼备的原则，做好各级领导班子的选配，抓好对各级管理者的日常培训，对基层机构负责人和高级经理以上人员进行轮训，管理队伍整体素质得到提高。在技术序列和操作序列采取多种措施，加强队伍练兵，不断提高员工服务水平和业务技能。加强后备人员队伍建设，建立高层正职后备、高层副职后备和年轻后备三个层次的后备人才库，为加强各级队伍建设提供保障。

【党建工作】 加强基层党建工作，开展"增强党员意识，发挥模范作用"主题教育活动，发挥党员在工作中的先锋模范作用，提高全体党员的思想理论和政治水平。加强各级领导班子建设，提高领导力和执行力。扎实推进党风廉政建设和反腐倡廉工作，强化对各级领导干部，特别是"一把手"的管理、教育和监督，督促各行在合规前提下开展工作，发展业务，有效防范各种违规、违纪现象的发生。2009 年业务发展指标重，蓝图上线责任重，各项工作任务重，全行员工承受了较大压力。省行和各二级机构党委心系员工，业务发展指标的制定以提高员工收入为基础，使员工得到实惠，增强了向心力和凝聚力。在干部使用、利益分配等工作上，严格按照程序办事，处事公开、公平、公正，得到员工认可。积极规划员工职业生涯，在技术序列和操作序列采取不同的培养和选拔措施，使每位员工都能找准目标、看到希望。保护员工的合法权益，劳务派遣用工和正式工在绩效工资上实行同工同酬。调整基层网点营业时间，充分考虑员工的实际需求，为员工实实在在着想，在全辖形成良好的工作氛围。全行队伍风气正，员工心情舒畅，面对业务发展和蓝图上线等挑战，全行一万多名员工没有畏惧、退缩,而是以高度的责任感和使命感,以更加认真负责地工作态度,团结拼搏,拧成一股绳,出色完成各项工作任务,为实现全行工作目标,做出巨大贡献。

中国银行股份有限公司裕东支行

综 述

【概况】 2009 年,裕东管辖行紧紧围绕省行工作安排,突出抓好业务发展、内控和管理达标、网点建设、IT 蓝图上线、流程再造等工作,推动了各项工作的开展。人民币各项存款余额 713847 万元,较年初新增 82122 万元;公司存款余额 254871 万元,较年初新增 49877 万元;储蓄存款余额 457489 万元,较年初增加 31048 万元;金融机构存款余额 599191 万元,较年初增加 464240 万元;票据融资完成 11972. 29 万元,完成全年任务的 90. 7%。人民币各项贷款余额为 278842 万元,较年初增加 22331 万元;票据融资余额 7385 万元,较年初增加 4653 万元;零售贷款余额 85080 万元,较年初增加 23839 万元。实现中间业务收入 1802 万元,其中:国际结算条线 583. 77 万元,国内支付产品线 168. 76 万元,个人金融条线 331. 93 万元,银行卡业务收入 246. 8 万元,金融机构 256. 39 万元,公司条线 118. 81 万元,基金及托管业务线 83. 09 万元,资金产品线 12. 22 万元。国际结算量 30765. 07 万美元,完成省行计划 45500 万美元的 68%。

【客户结构】 针对大户少、客户单一、客户资源基础薄弱的现状,裕东管辖行把壮大基础客户群、改善客户结构作为全年工作的重点之一,领导亲自抓,明确目标、加大督导、实施激励,取得明显成效,实现了客户群的根本改变。至 12 月 1 日,全年共新增 500 万元以上客户 22 个,其中亿元以上的最高达 6 个。

【金融机构】 金融机构业务是裕东管辖行特色和优势业务,加强与省联社、市联社的合作,通过艰苦攻关与跟进营销,使其 10 多亿元的资金落户裕东管辖行,大大提高了收益,并由此带动资金业务和网银业务的发展。裕东管辖行进一步加强与财达证券的合作,为其开通网银业务和美元、港币的B 股清算账户。2009 年裕东管辖行与日本东京三菱日联银行续做了 2 笔共计 6 亿存放同业业务,实现中间业务收入 222 万元,同时积极营销中国邮政储蓄银行有限责任公司 10 亿元的同业存放业务,并于 11 月初到位。

【项目营销】 2009 年,裕东管辖行通过积极营销,掌握中冶置业有限公司与市政府成立"石家庄中冶置业基础设施和石家庄中冶置业保障性住房"两个投资公司的信息,继而展开对中冶置业有限公司和中冶集团的高层营销,制定"中冶置业金融服务方案和授信方案",得到中冶方面的高度评价。经过全方位营销,其中最大的公司(石家庄中冶置业基础设施投资公司,注册资金 33 亿元)在裕东管辖行开立基本存款账户,首次成功吸存 3 亿元,为下一步合作和授信(申请 130 亿元)奠定了坚实的基础;此外,土地储备中心 30 亿贷款,也受到省行高度重视;以上大项目均属裕东管辖行重点项目,在全省也是超重量级客户,效果已逐步显现。

【产品竞赛】 裕东管辖行把产品竞赛工作当作推动业务发展、提高形象、振作士气的机遇,认真组织,周密部署。制订《裕东支行 2009 年中间业务夏季产品销售竞赛方案》,充分发挥员工营销热情,增加销售动力,进行政策宣讲、绩效激励和巡回督导。对私对公业务协调配合,在整体推动的同时,对公理财业务重点突破,奠定了竞赛获胜的基础。在竞赛活动中,裕东管辖行综合排名在全省第 5,在石家庄辖区四行一部排名第 1 位,提升了裕东管辖行的形象。

【发展规划】 紧紧围绕省行发展战略,结合裕东管辖行的现状,制定三年发展战略,提出主要业务两年翻番、一般业务 3—4 年翻番、其他工作都有一个明显变化的综合发展目标。实现三年发展战略的具体措施,一是整体推进重点突破战略,各机构、各条线、各产品整体推进,寻找各自的突破点,并提出全辖业务、产品的突破点。打造 1—2 家机构网点做为裕东的旗舰店,引领辖内网点的发展。二是因地制宜特色发展战略,各支行结合地域经济特色谋发展,适合什么做大什么。三是中高端客户战略。四是基础保障战略,从网点布局调整代收代付业务、三方存管业务等方面做好基础工作,保障长远可持续发展。五是从快从速战略,以时不我待、只争朝夕的劲头,从快从速拿下目标项目。制订五项保障措施，即以文化建设营造发展环境、以队伍建设推动发展、以机制建设促进发展、以内控建设保障发展、以服务建设带动发展等，并提出“尽职尽责、卓越执行、勇于承担、提速发展、和谐共赢、共同成长”的核心价值观。

【队伍素质】 一是抓好全行员工的培训，配合IT上线工作，对全行员工进行全面的业务培训。注重提升员工的个人价值，鼓励员工业余学习，2009年有6名员工通过AFP考试，1名员工通过会计师考试。二是重点抓中层干部队伍。包括人员配备，组织中层干部管理培训，进一步提高中层干部的管理素质。三是抓好客户经理和业务经理队伍建设。2009年裕东管辖行10名员工通过竞聘走上客户经理岗位，增强新的动力和活力。探索业务经理资格考试，并有序推进。四是抓好新入行员工的培训工作。在近三年新入行员工中开展“一二三四”竞赛，“强调一个关键”：树立讲求“责任”与“绩效”的文化；“练好两项技能”：点钞和结合本岗工作任选一项；“掌握三本书”：中国银行基础培训教材、管理达标手册（本实习岗位）、中国银行员工守则；“争当四个标兵”：优先上岗的标兵、文优服务的标兵、业绩突出合规操作的标兵、IT上线的标兵。开展这些竞赛，使新员工入行就有一个高的起点、高的标准，为未来发展奠定了牢固的基础。IT上线前，裕东管辖行在新入行员工中开展“谁英雄谁好汉，IT上线战场比比看”的竞赛活动，比谁的考试分最高、谁的技能最棒、谁第一个在新线上岗、谁连续盯岗最长。多种措施促使他们迅速成长，在员工中树正气，树核心价值观，扭转不良习惯。

【IT上线】 在省行的正确领导和指导下，裕东管辖行全体职工对IT上线统一思想，提高认识，充分发扬吃苦耐劳、无怨无悔的奉献精神。在没有经验可借鉴，甚至没有标准可参照的情况下，裕东管辖行出色地做好数据清理信息补录、核心柜员设置、核心银行全员培训、以及参加省行每轮的演练和上线前各项应急预案等工作，确保IT蓝图顺利上线。IT圆满的上线，锻炼了裕东管辖行队伍，提升了全行的凝聚力和战斗力，裕东管辖行对外社会影响进一步加强。

【流程再造】 一是提高重视，积极行动。接到省行流程再造工作通知后，积极行动，确定城区黄河大道支行、郊县深泽两家A类支行，休门街支行、中山东路支行、辛集商业城支行等三家B类支行为试点行。二是深入研究，加强学习。围绕省行下发的《中国银行股份有限公司河北省分行营业网点“综合柜员”试行方案》，对辖内各机构的业务、人员情况进行认真梳理，本着业务、人员配置合理的原则，在做到“职责分离、相互制约”的同时，力求达到人力资源的最优配置。三是有序组织，加强培训。采用集中培训与交叉轮岗相结合的方式，分三批对全辖机构进行培训，加强组织，签订责任状，明确责任人，确保一线柜员培训面达到100%。四是深入基层，现场指导。流程再造工作小组人员积极行动，深入基层，现场指导，对辖内机构认真研究分析，为第一批参与机构确定初步模式、柜员设置、印章规范、设备准备，指导基层机构在集中培训的基础上，交叉轮岗。

【内控管理】 一是加强反洗钱工作。对反洗钱岗位进行梳理，明确职责；开展客户风险分类工作；学习反洗钱和反恐怖融资客户机制调查及风险分类管理办法，督导各条线完成客户风险等级划分工作进度。二是深入开展管理达标工作。结合省行管理达标样板行评估工作，学习观摩乐亭支行管理达标的经验，以黄河大道支行为管理达标样板行推动全辖管理达标评估工作。制定管理达标实施方案，召开管理达标工作会议，对辖属4家A类支行管理达标完成情况进行现场评估，狠抓各项业务标准的落实和业务的规范操作，牢牢把控评估质量关，避免形式主义。同时，以管理达标为契机，各业务管理部门及时传导业务的最新要求，关注最新风险点，切实防范风险。三是开展案件风险隐患清查工作“回头看”活动，对部分单位柜员临时离柜情况进行录像回放查看，将查看情况进行通报，对员工日常业务行为起到震慑作用。四是及时召开内控会议，研究IT蓝图上线前后的业务操作变化，展开梳理操作流程工作。组织业务骨干、兼职教师梳理新系统业务操作流程，查找遗漏或重复风险点，解决发现的问题，完善新系统各项业务操作规程及新增风险的控制措施，同时对省行总结的68条风险敞口逐条分析，研究制定详细的预防方案，确保风险可控。

中国银行股份有限公司石家庄市机场路支行

综述

【概况】 2009年,中国银行股份有限公司石家庄市机场路支行坚持以科学发展观统领全局,把"突出发展负债业务,做大做强中间业务,有重点地拓展资产业务,确保三大业务倍增发展"作为首要任务,各项工作取得突出成效,绩效考核再次获得管辖行第一名。

【科学发展】 机场路支行早谋划、早行动,及早制定下发全年主要业务发展考核方案,开展"首季开门红"竞赛活动,为全年工作赢得主动。制定并印发《机场路支行2009年新增客户金融资产奖励方案》、《机场路支行2009年中间业务收入分配方案》、《机场路支行2009年银行卡考核方案》等考核办法,明确09年新增储蓄存款、零售贷款、银行卡、中间业务收入等奖励办法。在全行开展"抓住机遇抢市场,誓夺首季开门红"竞赛活动,在一季度加大奖励力度,刺激各单位加大营销,通过首季大发展赢得全年工作的主动。绩效考核方案的及早出台,使各支行、各部门发展业务有了方向,开展工作有了动力,从而避免产生看、等、靠的情况发生。

狠抓各项存款,壮大资金实力。对公存款,以支行与市政府投资办签署30亿元借款合同为切入点,全面加强与省、市政府职能部门的沟通力度,进一步拓展财政、社保基金、住房公积金和其他行政事业单位存款,加大无贷户营销力度,提高了存款的稳定性和市场份额。同时,对现有客户和目标客户认真进行梳理,及时调整重点客户名单,落实到人,做好现有客户的维护、挖潜以及新客户的营销工作。6月末对公存款提前完成全年任务,实现倍增式发展。储蓄存款,以中高端客户为抓手,拉动储蓄存款业务快速增长。一方面,充分发挥网点人员,特别是网点主任和大堂经理等营销人员作用,走出网点搞营销,不断提高中高端客户数量。另一方面,依托个金三级财务管理体系,采取灵活措施,加大营销力度,不断扩大现有中高端客户金融资产规模。4月25日,在衡水湖举办主题为"同成长·共分享"的中银理财联谊日活动;6月5日在石家庄植物园皇家网球俱乐部举办"激情共享、共进共赢"VIP客户尊享网球之旅活动。通过积极营销措施,发展了一批新客户,树立了"中银理财"品牌形象。同业存款,继续巩固、深化同业合作,积极挖掘中信、华夏、兴业、交通、工商银行等同业存款潜力,加强客户关系维护,不断扩大和拓展市场份额。同业存款最高时达到100亿元规模,成为对公存款业务一大新亮点。

强化零售贷款营销,彻底扭转负增长局面。面对按揭楼盘少、汽车贷款余额下滑、贷款品种较单一等严峻形势,全行上下统一思想,强化营销,实现历史性突破,彻底扭转零售贷款长期徘徊不前的被动局面。一手房贷款,开展春季沿街"扫楼"行动,盯住省行确定的87家优质开发商,将目标分解,落实到人,确保项目一个都不丢,加大"阿尔卡迪亚"、"北杜花园"、"丽日青城"等现有项目贷款投放力度,尽最大力量早投放、多投放。解放思想,加大具有良好发展潜力的沿街底商营销力度,发放多笔商铺贷款,成功营销正定小商品城商铺贷款项目。二手房贷款,在深化与"联合1+2"、"舒心家园"等房产中介合作基础上,又发展邻家房产和嘉泽房产等房产中介公司签定合作协议,把二手房贷款业务作为新的业务增长点。另外,积极发展抵(质)押贷款、个人经营性贷款等品种,进一步提升零售贷款市场份额。

抓公司贷款投放,充分发挥授信项目促进带动作用。2009年机场路支行加大授信投放力度,主要贷款投放为市政府投资办30亿元,河北师大1.41亿元,张承高速1亿元,大唐电力1亿元、曲寨集团新增1.86亿元等。同时注重做好派生存款、中间业务收费等工作,保证综合收益最大化。对已批待放、拟批待放及前期营销等三类项目列出清单,根据营销进展及市场变化适时调整,实行名单式管理,目标明确,责任到人,强化营销,充分发挥公司授信业务对负债、中间业务的促进带动作用。加快推进大唐电力、上安电厂、省医院、教育出版社等已批待放项目的提款。

狠抓重点产品,努力提高中间业务收入。公司金融条线。一是保持机场路支行传统优势业务国际结算业务市场份额不降低。同时,积极培育并努力做大国内信用证、国内保理等国内结算产品市场。积极拓展人民币结构性理财、短期融资券、中银理财等资金优势产品，争取更大市场份额。二是随着授信项目的逐步提款，做出贷款项下财务顾问费、敞口承诺费等中间业务收费，进一步提高收费空间。三是做好代理保险、代理财险业务的发展。认真分析和同业的差距，紧盯市场标杆，努力提升市场份额。理财中心和各网点积极开办代理保险业务，作为网点中间业务的主要支撑产品和收入切实抓好。个人金融条线。着重抓了"中银汇兑、汇划通、基金保险代销"等产品的营销工作。以中银汇兑业务为"龙头"，积极发展个人结售汇业务，加快各支行、网点"中银汇兑"中心、专区和专柜的建设，发挥支行网点优势，大力发展基础客户，同时优化流程，改进服务，努力提高国内对私结算业务量。通过每日通报的形式督促网点认真研究业务品种及特色，大力发展代理基金、保险业务提高中间业务收入水平。利用总行将2009年确定为对私国内结算业务发展年的契机，配合省行的营销活动，制订支行业务发展的具体方案和措施，将国内结算业务收益指标分解到辖内各网点、落实到人，以带动中间业务发展。

【管理达标】 紧紧围绕省行党委提出的"管理规范、内控严密"的工作目标，全面推进和深化管理达标，进一步提高全辖内控管理水平。科学认识内控与发展的关系，高度重视发展质量，坚持发展与内控并重，"两手抓、两手都要硬"，确保业务发展经得起时间的检验。

扎实推进管理达标评估工作。确定以点带面，扎实推进的管理达标评估方案。将辖内井陉支行定为样板行，召开管理达标评估工作现场观摩会，克服IT蓝图投产前夕人员紧、任务重以及业务提速发展等压力，从各条线先后抽调业务骨干16人组成评估工作组，历时20个工作日，加班16天次，完成对A类、B类、C类网点的现场评估工作，按时向省行上报评估报告。针对发现的问题，要求被评估单位深刻剖析每个问题产生的深层次原因，从业务流程、管理上查找问题发生的原因，研究解决办法，堵塞漏洞，从根源上杜绝违规现象的发生。对能立即整改的问题，责令立即进行整改；对历史遗留无法整改的问题，举一反三，加强管理，避免同质同类问题再次发生。

深入开展"我是一道关"活动。继续深入开展"我是一道关"活动，特别是IT上线后，面对全新的操作系统，就如何加强内控工作进行认真的探索。一是加强全员对核心银行系统操作规程的学习。做到弄明白，真理解，会操作，确保新系统顺利运营和各项业务正常开展。二是对上线后的敞口风险重点关注和掌控。将新系统上线形成的68个敞口风险，在分理处主任以上人员范围内进行提示，要求各业务经理、网点主任在日常业务管理中高度重视、重点关注。营业部发现汇总新线中47个问题和风险点及时上报省行。三是继续抓好"双十禁"等禁止类规定的落实。采取现场、非现场的方式加大对各单位的监督检查，确保将"禁止类"规定贯彻落实到位。四是加强业务派驻经理管理。加强对公、对私业务经理的履职考核，绩效考核与所在单位的业务差错率情况、内外审检查情况、对账质量情况等挂钩，充分发挥派驻业务经理在合规操作和风险防范方面的作用。五是推行对各网点实施调阅监控录像非现场检查。采取调阅录像检查方式，对连续多次通报的重点单位检查，对星期天、节假日重点日期，早晚上下班、交接班、中午等重点时段进行重点检查。六是做好员工警示教育工作。从教育入手，让员工认识违规犯错的成本，时刻保持警惕，增强爱岗敬业和遵章守纪的自觉性。通过一系列措施，努力实现"本岗无违规，违规不过岗"的目标。

组织全辖开展案件风险隐患清查"回头看"活动。解决清查工作中自查不深、不细、不全等问题，督促整改，进一步提高全辖防案工作水平。

强调问责处理和警示威慑，进一步规范基本操作。遏制案件发生、杜绝风险隐患的有效方法，就是要严格执行各项规章制度，按制度办理一切业务。针对有些单位"三基"工作薄弱的情况，做好新版"双十禁"等禁止类规定的培训，教育员工按规定操作，让做的事就做，不让做的事坚决不做。加大监督检查力度，重点关注风险比较突出的票据业务，如小商户贷款、抵(质)押品管理、保证金管理、大额存取款、假按揭、保函、信用证项下违约、四类案件、银行卡案件等。对检查发现的问题，对责任人严肃处理，以此增强员工风险意识、合规意识和责任意识，真正使员工人人做到"我是一道关"，确保不发生案件，并且将差错降到最低。

下大力气抓安全和稳定工作。根据省行要求，成立保卫部，各支行配齐专职保卫人员，加强保卫队伍建设。克服麻痹心理，抓好各项安全制度的落实，组织对全辖各支行、各网点安全联查活动,检查面达到100%,并狠抓问题的整改,进一步夯实安全保卫基础。加强交通安全,严禁酒后驾车。增强在新形势下做好稳定工作的自觉性,及时掌握倾向性、苗头性问题,依法处理和解决问题。

【网点规划】 通过网点标准化装修改造,机场路支行对外形象和服务环境得到彻底改观。网点综合竞争力的提高,布局优化和硬件改造是重点,全面标准化建设才是关键,必须提高网点综合竞争力,促进综合效益提高。

狠抓网点管理达标,提高网点综合竞争力。制定《营业网点标准化建设竞赛活动方案》,将泰华、井陉、谊北支行,中华分理处确定为首批标准化建设示范网点,"以点带面",加快网点转型步伐,促进全辖网点达到标准化建设要求。加大网点综合考核力度,根据网点类型,将负债业务、资产业务、中间业务、中高端客户发展等重点指标和产品分配到每个网点和员工,依据指标完成进度,确定员工绩效。认真推行对各网点实施调阅监控录像非现场检查。将网点建设与管理达标、内部控制、安全保卫、文优服务等工作结合起来,采取调阅录像检查方式,对连续多次被通报的重点单位,星期天、节假日重点日期,早晚上下班、交接班、中午等重点时段进行重点检查。通过检查,促使员工养成良好的职业习惯,为客户提供规范化服务,树立良好社会形象。

加快全辖中高端客户服务队伍的建设。健全激励机制,出台鼓励员工获取金融理财师资格政策,对取得AFP从业资格的员工报销学习费用,在理财经理聘任时优先录用。将辖内21个网点统一申请设置了银掌柜系统,以便于各网点及时跟踪掌握本单位中高端客户数量和资产变动情况,进一步提升营业网点的盈利能力和中高端客户贡献度。

【党建工作】 加强基层党建和领导班子建设,切实转变工作作风,提高各级执行力,发挥党支部战斗堡垒作用和党员先锋模范作用。围绕中心工作开展基层党的建设,使党建工作与业务工作相互促进,相互提高。在全辖开展"增强党员意识,发挥模范作用"主题教育活动。

抓学习教育,加强品德修养和党性修养。通过自学、集中学习、党课等形式,提高党员品德修养和党性修养,增强政治素质和纪律观念。管辖行层面,每月进行一次党总支中心组理论集中学习。"七一"前夕,组织一期党支部书记培训班,柴英豪行长讲《新形势下如何发挥共产党员先锋模范作用》的党课。各党支部通过召开党员大会、组织生活会等形式,加强对党员的教育培训。增强政治素质和纪律观念,在思想上和党中央保持高度一致,在行动上坚决贯彻执行省行党委的战略部署,面临的困难和挑战,解放思想,转变观念,增强信心,开拓进取,对各项工作开展起到积极的作用。

抓组织建设,为活动开展提供组织保证。每次干部交流和人员调整后,都及时调整各级党组织领导班子。做好党员发展工作,认真按照组织程序,选择德才兼备、业绩突出、群众基础好的员工作为培养发展对象,不断壮大党员队伍,为组织增添新鲜血液。人员调整和岗位交流时,保证每个网点至少有一名共产党员,使党组织影响力进一步得到加强。

抓作风建设,以作风促行风。制定印发《机场路支行落实"作风建设年"八项措施》,认真践行"迅速反应,马上行动"的工作作风,以机场路支行代表石家庄地区全体中行参加石市行风建设评比为契机,以贯彻落实《营业网点标准化建设手册》为平台,不断强化文明优质服务。管辖行领导班子率先垂范,日常工作原则上只留一人在行内值班,其他班子成员都要深入业务营销一线,做首席客户经理;深入基层网点了解情况,解决问题。加强各部门之间协调配合,突出服务职能,对待工作不推诿、不扯皮、不打折扣,在各自的岗位上用行动实践"上级为下级服务,二线为一线服务,一线为客户服务,全行为市场服务"的思想。通过党员队伍作风建设带动行风建设,保证各项工作目标的实现。

将党建工作同业务发展和IT上线结合起来,通过丰富多彩的活动,不断促进工作开展。各党支部结合自身特点开展多项活动,全体党员结合本单位、本岗位实际,在业务市场营销、员工绩效考核、网点标准化建设、管理达标评估等工作中发挥模范作用,全行涌现出一批在本职岗位做出突出成绩的积极分子、共产党员。特别是在IT上线中,党总支向全体共产党员发出《发挥先锋模范作用,确保IT成功上线——致全体共产党员和青年团员的倡议书》,广大党员和员工积极响应,干在前、学在前、奉献在前。投产上线期间，全体党员和员工以高度的责任感和使命感，发扬团队协作精神，顾全大局，夜以继日，奋力拼搏，克服困难，攻克难关，涌现出许多感人的先进事迹。广大党员做到了比群众先进，平时看得出来，关键时候站得出来，真正成为中行事业发展的先锋队。

中国银行股份有限公司承德分行

综 述

【概况】 2009年，是承德分行各项工作压力最大的一年，也是迎难而上、努力赶超同业和系统先进行，实现跨越式发展的一年。一年来，全行上下深入贯彻落实省分行决策部署，面对IT蓝图上线和高业务指标的双重压力，始终坚持“两个第一”要求不放松，紧紧围绕“提速发展，扩大规模，跑赢大市”这一主线强力推进。在全行广大员工的辛勤工作和不懈努力下，IT蓝图成功上线，在中国银行历史上具有里程碑意义。抓住机遇，扩大规模，同业中跑赢大市，系统内增效进位，实现承德分行在2009年机遇中的大步前进。经营效益持续攀升。全行本外币资产余额117亿元，负债余额114亿元，分别比年初增长44.3%和45.3%。实现净收入3.8亿元，同比增长42%，完成省行计划的117%。实现净利润1.8亿元，人均利润35.5万元，同比增加12.6万元。贷款规模迅速扩大。人民币各项贷款余额95亿元，余额市场占比27.4%，较年初上升5.2个百分点，列当地四行第1位。贷款新增42.6亿元，新增市场占比达38.6%，列四行第1位。其中：公司贷款余额80.7亿元，占比31.9%，余额较年初提高9.8个百分点，列四行第1位。本年贷款累计投放59.8亿元，增加43亿元，创建分行成立以来最快发展速度，完成省行目标的477%。消费贷款余额9亿元，新增3.4亿元，完成省行任务的143%。存款首破百亿大关。存款余额102.9亿元，新增32.8亿元，余额占比为20.3%，新增占比为26.6%。其中：储蓄存款余额51.5亿元，余额占比为17.5%，较年初提高0.95个百分点；新增10.95亿元，完成省行目标的104%，计划完成率在全省排第3位。新增市场占比22.3%；网均、人均新增均列四行第2位。公司存款余额51.4亿元，市场占比24.3%，较年初提高2.8个百分点，列四行第3位；新增21.8亿元，列全省第8位，完成省行目标的218%。新增占比29.5%，列四行第2位。金融机构存款余额9.1亿元，市场占比27.6%，列四行第2位。新增3.4亿元，列全省第6位。资产质量大幅提高。清收化解实现历史性突破，不良资产清收化解1.44亿元，余额2139万元，不良率0.23%，较年初下降2.41个百分点。中间业务快速增长。全行实现中间业务收入4488万元，完成省行任务的99%，同比增加1294万元，增幅达到41%。系统内实现增效进位。在全省绩效考核中，连续三个季度综合排名第一名。

【业务发展】 围绕扩大规模抓投放，带动主要业务跨越式增长。抓住授信龙头，成功营销高速公路、特色钢铁和清洁能源等一批优质大项目，对今后一段时期内效益的稳定增长形成强力支撑。充分发挥授信的拉动作用，带动负债和中间业务同步增长。加强派生存款管理，实现对公存款的快速增长。国际结算领域，紧盯授信和结算第一大户——承钢加入河钢集团后的变化，通过全方位、多层次营销，始终保持着结算的绝对优势。在抓好重点项目的同时，择优支持一批发展前景好的中小企业。零售贷款以“三个特色产品”为主打，优化了信贷结构。围绕跑赢大市抓新增，市场竞争力有效提升。把跑赢大市作为发展目标，引导全辖将任务导向转变为市场导向。公司业务实现了快于同业介入、快于同业审批、快于同业发放。新增占比超过50%，全面跑赢大市。个金条线积极推进中高端客户发展战略，组织开展针对两会代表及家属、个体工商户、出国留学人员的专项营销。大力发展优质代发工资业务，积极开展存款百日竞赛，促进储蓄存款的快速增长。举办“中国银行民营企业家联谊会”，对重点产品大力宣传。以夏季产品销售竞赛为契机，加快个金中间业务发展，取得全省综合排名第一的好成绩。积极推进“收银一体化”和“优惠商户”网络建设，营销了全市销售额最大的四家商户“收银一体化”项目。

【风险管理】 围绕重点大户抓双降，资产质量显著提高。对于承德分行最大一笔四海公司的不良资产，在河北省中行大力支持下，成功进行结构化交易。帝贤公司破产后，与市政府、法院等相关部门艰苦谈判，成功收回不良贷款1100万元，在各债权行中受偿金额、比例最高。对于承德一中不良贷款，坚持不懈地与市政府、财政局、教育局反复协商，最终促成了财政偿还贷款。不良余额和不良率实现“两降”，资产质量显著提高。

【蓝图上线】 为确保IT蓝图“成功切换，正常营业，风险可控”的前期目标，承德分行精心组织演练，认真开展培训，强化风险防控，严格数据清理，加强信科系统和基础保障，全力推进项目投产各项工作。特别是自5月以来，面对数倍于往常工作量的巨大压力，全行员工，尤其是IT蓝图指挥中心和广大一线员工，充分发扬“我为上线做贡献”的积极心态，放弃休假，放弃与家人团聚，舍小家为大家，发扬“五加二，白加黑”的连续作战精神，顺利完成四轮切换演练、三轮并行演练、一次投产预演和正式投产切换工作。“十一”期间，通过预先公告、增开窗口、延长营业时间、全员上岗、增派疏导人员、提前与媒体沟通、为客户免费发放报刊、饮料稳定客户情绪等保障措施，顺利迎来10月8日IT项目正式投产这一历史时刻。

【管理达标】 围绕管理达标抓规范，内控管理不断加强。通过巡回宣讲，使“内控也是生产力”的理念深入人心；严把达标验收关，全辖各机构管理达标全部通过验收。高标准完成管理达标验收评估工作，加强对重点部位、重点环节、重点人员的排查，组织对理财、大额资金、账户管理等业务的检查，纠正不规范操作行为。积极主动做好新线风险防控，开展“征集新线风险隐患问题和建议”活动，努力把新线敞口风险降到最低。充分发挥监控中心的作用，完善录像查看细则，及时通报问题，限时整改。高度重视安全稳定工作。认真落实省行、市委关于安全稳定工作精神，制定和完善各项应急预案，通过模拟演练提高实战能力，为维护安全稳定工作作出积极贡献。

【网点转型】 围绕网点转型抓深入，综合竞争力有效提升。从网点形象、现场管理等方面，推进网点全面达标，网点竞争力有效提升。全辖网均存款余额2.24亿元，高于全市平均水平432万元，网均新增4760万元，高于全省平均水平200万元，高于四行平均水平1090万元。先后完成隆化支行的扩建装修、行政新区支行迁址工作。

【队伍建设】 围绕以人为本抓队伍，全行员工活力增强。始终把增强全员活力放在首位。注重加强对各级管理者和员工的管理、培训和教育，组织中层管理者外出学习，加强员工服务技能练兵，聘请先进行传经送宝，对新入行32名大学生有针对性教育培训，进一步解放思想，提升全行员工综合素质。深化“二线为一线服务”理念，在保运转、抓内控、防案件等方面做了大量卓有成效的工作，确保了全行各项工作顺利开展。

中国银行股份有限公司张家口分行

综 述

【概况】 2009年，张家口分行坚持以科学发展观统领全局，在省中行的领导下，紧紧围绕发展战略规划目标，以“坚持科学发展观、提升市场竞争力”为主线，以“抢抓新机遇，迎接新挑战，实现新跨越”为主题，以“以人为本、跑赢大市、争先进位”为总要求，积极应对各种压力与挑战，解放思想、转变观念、抢抓机遇、提速发展，圆满完成预定的工作目标。截至年末，人民币各项存款余额1465160万元，较年初增加299343万元。其中：公司存款余额596802万元，较年初增加149183万元；储蓄存款余额715038万元，较年初增加105687万元；金融机构存款余额153320万元，较年初增加44473万元。人民币各项贷款余额1525554万元，比年初增加604676万元。其中：公司贷款余额1080072万元，比年初增加446067万元；票据融资余额210027万元，比年初增加67900万元；消费贷款余额235455万元，比年初增加90709万元。各项外汇存款余额3172万美元，较年初增加181万美元，其中：个人外汇存款余额2147万美元，较年初增加39万美元；单位外汇存款余额1025万美元，较年初增加142万美元。国际结算累计完成进出口结算25577万美元。中间业务收入8330万元，增长18.1%。经营效益稳步提升。实现税后净收入55369万元，增长6.2%。

【业务发展】 以科学发展观为指导，以业务又好又快发展为目标，加快发展速度，着力扩大规模，不断开拓创新，资产、负债和中间业务的市场竞争力进一步提升。把发展优质资产业务作为全行提速发展的核心之举，全面抓好公司贷款、零售贷款、票据贴现和贸易融资业务的发展,实现跨越式增长,贷款规模较年初增长65.8%,贷款余额突破150亿元。为保证资产业务的大发展,全行从拓展优质客户群入手,加快存款业务的发展,不断提高资金自给能力,全力提升存款业务市场份额。做好重点系统客户的维护挖潜工作,成功推出全省系统首笔集合年金。加大中高端客户和大额代发业务的营销力度,开展发放"中银理财身份体验卡"和贵宾卡活动。扩大与农村信用社及商行等金融机构的合作范围,在全省系统内率先推出信托理财产品。加大新产品的组合创新与推广力度,持续开展形式多样的重点业务和产品品牌宣传营销活动,使优势产品更加明显、潜力产品增速更快、重点产品更加突出,中间业务实现全面快速发展。成功办理全省系统内首笔国内融信达业务与融货达业务,新推出票据业务咨询费项目。

【IT蓝图】 全行上下把IT蓝图建设试点工作作为首要政治任务来抓,严格按照省行的安排和指令,扎实做好业务准备、技术准备、员工培训、投产准备、新旧系统切换、风险敞口防范等工作,实现"成功切换、正常营业、风险可控"的目标。上线过程中涌现出一批先进人物与事迹,凝结成"服从大局、不畏艰辛、勇于拼搏、忘我工作、无私奉献"的蓝图精神,丰富了企业文化内涵,成为推动各项事业持续健康发展的强大精神动力。

【防控建设】 加强管理达标的再学习再落实,将整体工作逐月逐项分解到各支行、各条线管理部门,明确督办责任人,确保各项达标工作落到实处。开展"我是一道关"活动。在全辖开展"找差距、排隐患、促发展"全员岗位排查活动,对照岗位标准、制度规定,人人过关,使"本岗无违规,违规不过岗"落到实处。按照"样板先行、以点带面、全面推进"的工作思路,组织管理达标评估工作。蔚县支行在省行管理达标现场评估中得分全省排名第一,全行所有营业机构开展管理达标评估工作,全部达到合格等级,不折不扣地落实管理达标标准。加大对重点部位、重点设施、重点环节、重点时段的监督检查力度,加强新线系统风险敞口环节的防控工作,加大一类网计算机病毒防范力度,组织开展员工八小时以外监督管理活动、案件和风险隐患排查活动以及各类安全排查工作,进一步提高物防技防能力,做好国庆六十周年安保工作,及时消除各种隐患,确保全年无事故无案件。

【网点建设】 加快网点硬件标准化建设步伐,完工网点11家。从网点形象、现场管理、文优服务、内控建设、安全防范、业务操作等6个维度入手,组织开展网点标准化建设竞赛活动,有力推动网点提升综合管理能力与市场竞争力。进一步加强制度建设、加大检查督导力度、组织业务技能训练、推行星级柜员奖励机制,切实将推广一套手势、统一一套用语、规范一个标准、坚持一个习惯、严格一套制度和推介一种产品落到实处,全行整体服务水平持续提升。

【队伍建设】 着力提升三支队伍素质。从加强领导班子建设、网点负责人管理、后备人才培养、现有管理人员培训和考核、党风廉政建设五个方面打造政治素质好、执行力强、能经营会管理的管理人员队伍。从建立专业技术资格准入管理机制、实施专业技术职位动态管理机制、加强各类专业技术人员培训三个方面塑造专业能力强、市场敏感度高、专才与通才相结合的专业技术人员队伍。从抓好星级柜员管理体系建设、员工培训工作、劳务派遣用工管理三个方面培育合规意识强、技能水平高、文明优质服务好的技能操作人员队伍。着力打造过硬的工作作风。结合"作风建设年"活动,在全行开展"增强党员意识,实现提速发展"主题教育活动,通过组织党员到爱国主义教育基地和先进行部学习参观、组织"七一"歌咏大会、民主评议党员和表彰先进党员及党员示范岗,进一步发挥党员在各项工作中的先锋模范作用。热心公益事业,履行企业社会责任。为帮助受灾群众抵御50年一遇的严重旱灾,组织全行员工捐款3.92万元,向受灾较严重县区给予专项援助资金12万元,派专人到扶贫点开展专项扶贫慰问活动,并捐款资助四中"宏志班"毕业生大学读书。

中国银行股份有限公司秦皇岛分行

综　述

【概况】 2009年,秦皇岛分行紧紧围绕省行党委中心工作,结合自身实际,不断"强化五种意识、实现六个提升",全行上下团结拼搏、辛勤工作,各项业务提速发展、多项指标创历史最高,经营理念进一步转变、IT蓝图成功上线、内控合规基础进一步夯实,全行可持续发展能力不断增强。截至12月底,本外币各项资产余额169.67亿元、较年初增加46.27亿元、增幅达37.5%,其中:人民币各项贷款余额101.38亿元,较年初增加42.29亿元,是去年的6.81倍,相当于过去近10年的新增额。人民币公司贷款余额52.31亿元,较年初增加12.34亿元,是去年的3.39倍,完成省行任务的61.7%;消费贷款余额37.75亿元,较年初新增21.51亿元,是去年的9.91倍,省内新增额排名第二,超额完成省行任务的346.94%;票据业务实现交易量3.45亿元,是去年的8.62倍。截至12月底,本外币各项负债余额167.67亿元,较年初新增47.91亿元,增幅达40.01%。其中:人民币各项存款余额152.98亿元,较年初增加46.88亿元,是去年的2.18倍,新增额省内排名第四。人民币公司存款余额64.22亿元,较年初增加26.96亿元,是去年的4.14倍,超额完成省行任务的134.8%;人民币金融机构存款余额4.12亿元,较年初增加2.4亿元,完成省行任务的71.43%,新增额是去年的1.53倍;人民币储蓄存款余额88.75亿元,较年初增加19.94亿元,完成省行任务的90.64%,新增额是去年的1.33倍,比增长最好的08年全年还多4.98亿元,创造了历史最高水平。实现中间业务收入7562万元,完成全年任务的77.04%,在全部净收入中的占比为17.71%。完成净收入4.27亿元,同比增加3429万元、增幅8.73%,完成省行核定指标的100.23%。实现净利润9700万元,完成省行核定指标的65.09%。

【IT蓝图】 按照总行、省行的统一部署,精心组织、全力以赴,经过全体员工的连续作战和艰苦努力,IT蓝图1.0项目于10月7日成功投产并对外营业,新线系统投产以来,运行稳定、员工操作日渐熟练。IT蓝图的成功投产,成为秦皇岛分行发展道路上一个里程碑。

【业务发展】 秦皇岛分行加大客户总量提升的考核奖励力度,下达行政事业单位客户分片包干目标,强力推进、全力营销,12月底新增对公客户总量346个、增幅9%,其中新增行政事业单位35户、存款2.56亿元,在秦港股份、山海关桥梁厂等重点大户授信业务取得重大突破的基础上,在关键重点项目拓展上又取得质的突破:专程赴天津与津秦铁路客运专线有限公司正式签署津秦客专项目的首批4亿元贷款合同。该项目是秦皇岛分行经过两年艰苦卓绝营销取得的喜人成果,对今后与其他铁路项目领域的合作具有重要意义。同时也是省中行系统与铁道部合作的首笔贷款项目。承秦高速项目已经进入合作协议签订阶段。香港嘉里集团贷款项目秦皇岛分行已被初选为合作伙伴,融资意向达40亿元。12月底新增金融资产在20万元以上的个人中高端客户9914个,增幅29%。全辖银行卡发卡14636张,同比增长91.62%,超额完成省行任务的17.1%,安装POS机340台,超额完成全年任务的70%,银行卡发卡规模快速扩大。实现第三方存管开户2277个,新增有效网银客户20831个,列全省第5位,有效扩大了优质基础客户群。

【品牌服务】 借力于网点标准化改造、对外形象快速提升、功能设施不断完善、服务品质快速提升的优势,继续弘扬奥运精神,建立奥运服务长效机制,面向中高端客户,全力打造"个金服务第一品牌"。12月末,网均存款新增4984万元,高出全省平均水平341万元,全省排名第四,当地四大行排名第二。2009年伊始,有效发挥全辖16个理财中心、33间理财工作室和73名注册金融理财师(56A、17C)的优势作用,11月底个人金融资产在20万元以上的中高端客户资产48.48亿元、增长13.86亿元、增幅达40.03%,发展VIP客户2700个、是年初余额的2.7倍,中高端客户对人民币储蓄存款的贡献度达到了47.96%。在全省个人金融条线秋季产品竞赛中,处于前列。

【经营理念】 在转变经营理念上做工作,不断强化员工的绩效意识、竞争意识、创新意识、在岗意识和达标意识。一是考核激励机制作用进一步显现。及时完善施行支行考核、各业务条线考核、重点产品奖励、突出贡献奖励、首季开门红竞赛、夏季攻坚竞赛、秋季产品竞赛等一系列考核激励方案,全辖推行网点主任竞聘上岗、员工双向选择,凭业绩增加收入、凭贡献赢得尊重的现代商业银行的经营理念在各项激励机制中得到充分体现,全员的竞争意识、绩效意识得到明显提升,在先进支行、先进网点、先进营销中心、先进创业标兵的带动下,全辖创业绩、争客户、抢市场的良好氛围初步形成。二是员工在岗意识明显增强。2009年对5名网点落聘人员上收到分行集中进行待岗培训,通过培训转变待岗人员的观念、增强待岗人员的专业技能，使5名待岗人员重新走向新的工作岗位。三是以季度经营形势分析会、月度条线工作会议和《秦皇岛中行人》为载体，树创业的典型、服务的标兵、敬业的模范，大力弘扬做出突出贡献员工的先进事迹，形成一种干事、敬业、开拓、向上的良好氛围。四是通过培训、参观学习等形式开展一系列企业文化建设活动。邀请省行专家开展银行卡、资金业务、理财业务系列培训，邀请北京君风仕业企业管理有限公司的培训师胡斌，对管理人员开展为期两天的《提升执行力的四把钥匙》培训，邀请北京中和智略国际管理咨询有限公司肖宁渊讲师开展《大堂经理现场管理与主动服务营销》培训，邀请秦皇岛财政局业务人员对全辖会计人员进行会计知识和依法合规再教育。分5批组织230余名管理人员和一线员工到青岛海尔集团进行参观学习，海尔公司先进的管理经验和企业文化，海尔人的创新精神和积极进取的工作作风，深深地感染了每一位同志。一年来，员工的思想观念发生明显转变，观念的转变带来行动上的创新，在重点大客户的营销上，正是因为观念的转变，带来策略上的改变和行动上的主动。经过千方百计营销和锲而不舍努力，对秦皇岛港务集团有限公司、中铁山桥、首钢集团驻企业等重点大户的授信业务取得重大突破，分别成功投放8亿元、7300万元和2.7亿元，秦港股份授信在秦皇岛分行从无到有达到三分天下有其一，超过了建行，而且已批授信额度比建行多1倍，富士康集团授信业务为秦皇岛分行独家包揽，金海粮油在放款2.5亿元的同时新增存款2亿多。

【内控合规】 持续抓落实，不断完善内控体系、深入开展管理达标、强化重点风险控制、严格实施检查问责，内控合规管理工作水平得到明显提升。在省行现场稽核中，14个稽核问题中，中风险问题2个、中偏低风险问题5个、低风险问题7个，没有高风险问题，业务违规的差错大幅减少，控管工作取得明显进步，省行给予较高的评价。在管理达标评估工作中，高度重视、定期例会、统筹安排、强力推进，在确保质量的前提下，于7月28日在全省率先完成对全部A、B类支行及分行营业部的管理达标评估工作，受到省行表扬。全辖对于管理达标的认识普遍提高，达标标准得到有效落实，员工的合规意识广泛增强，标准化、规范化操作的自觉性初步形成。同时，深入开展“我是一道关”和“双十禁”学习大讨论活动，认真组织业务检查和案件风险排查工作，全行内控基础进一步夯实、合规文化建设得到进一步加强。

中国银行股份有限公司唐山分行

综　述

【概况】 2009年，中国银行唐山分行坚持以科学发展观统领全局，在省中行的领导下，一手抓业务提速发展，一手抓蓝图投产上线，主要业务稳步增长，蓝图项目成功投产，管理达标扎实推进，干部作风持续改观，发展基础日渐牢固，主要业务快速发展。到年末，全行人民币各项存款余额达474亿元，占河北分行的20%；较年初增加34.7%，其中公司存款余额和新增额分别为262亿元和96亿元，余额和新增市场占比分别为28.2%和44.8%，成功跃居同业首位。人民币各项贷款余额（含转让资产）为406亿元，占河北分行的25%；较年初增长77%，其中公司贷款余额和新增额分别达到339亿元和157亿元，余额和新增市场占比分别为26.2%和38.3%，分别提高5.3和12.5个百分点，跃居同业首位。中间业务完成收入2.3亿元，其中叙作融易达23.5亿元，国内信用证开证业务12亿元，国内商贴1.9亿元，在全省率先开办订单融资业务。2009年5月，总行正式将唐山分行纳入全国40家重点城市分行序列（中银人〔2009〕230号），唐山分行营业部还成功入选“中国银行业百佳服务示范单位”，是全省系统内和唐山同业中唯一获此殊荣的营业机构。

【科学发展】 围绕省中行提出的“抢抓机遇、提速发展”的战略要求，全行上下坚持以科学发展观为统领，紧紧围绕分行党委确定的工作思路，切实转变观念，加快机制改革，强化绩效考核，力推管理达标，发展瓶颈有效突破，主要业务倍增发展，市场份额稳步提升。一是着力抓核心存款突破。在公司板块，按照总行提出的“八个依托”要求，于2009年9月份组织对公业务“扩户扩存”活动，全力拓展客户和存款。建立完善信息搜集、联动营销、考核奖惩等六项机制，细化各行部挖潜和拓展目标，以行政事业单位为重点，发动全员，全力争揽。在个金板块,依托网点推动、部门联动、全员发动,批量争揽个人中高端客户,推动了核心存款快速增长。二是着力抓重点授信项目投放,以曹妃甸为主战场,以能源化工、钢铁、装备制造、港口、物流等为重点,确定主要营销对象,抓好优质项目投放,全年累计向曹妃甸地区重点项目投放贷款103亿元,向钢铁、装备制造、基础设施建设等领域投放贷款超过百亿元。积极开展个人商业用房、个人投资经营和个人信用循环额度贷款等特色产品,全年实现零售贷款余额和新增额38.8亿元和12亿元,余额和新增市场占比跃居同业首位。三是着力抓中间业务增长。充分发挥贸易融资优势,围绕钢铁、港口、物流等重点行业,选择目标客户,根据资金流向和金融需求,逐个客户抓渗透,逐个链条抓突破,持续扩大供应链融资规模。

【蓝图上线】 自2006年6月河北省分行被确定为蓝图上线试点行,到2009年5月项目全面启动,再到10月7日在唐山分行成功投产,3年多的时间里,全行上下按照省行部署,完善指挥体系,明确责任分工,强化组织落实,扎实推进试点工作。在上线的最后攻坚阶段,广大干部员工主动放弃所有休假,团结拼搏、克难奋进,精心组织演练,认真开展培训,强化风险防控,严格数据清理,加强基础保障,完善应急预案,全力推进项目投产工作,最终于10月7日上午9时,提前一天正式对外营业,实现"成功切换、正常营业、风险可控"的阶段性目标。自11月初起,全行上下按照省行要求,以6家试点行为先导,以一线岗位交叉培训为前提,以综合柜员推广、中后台集中为关键,全力推进流程再造工作,整体进展顺利。目前已完成所有一级支行综合柜员推广工作和29家B类支行的综合柜员推广工作,完成13项中后台集中工作中的11.5项工作。

【风险管理】 在对国家宏观经济政策、产业政策、区域发展战略进行深入研究分析的基础上,紧紧抓住总行授信政策调整和省行"抢抓机遇、提速发展"的总体要求,认真梳理授信操作流程,明确各环节时限,着力提高报批时效。坚持以钢铁、水泥、电力和基础设施等行业的优质项目为重点,风险和公司部平行作业,强化内部衔接,规范报告格式,项目在途时间明显缩短。根据授信实际,积极与总行、省行沟通协调,合理运用项目直上、绿色通道和特定客户等政策,保证了重点项目的投放需要。完善风险预警及退出机制,加大对宏观调控行业、敏感行业、重点客户的贷后检查和跟踪,对存在问题,认真进行整改。加大不良清收力度,积极运用还本免息、依法诉讼、结构性交易等手段,上下联动,先后成功清收滦河实业1300万元、隆丰矿业600万元、友河实业444万元的不良贷款,完成结构化交易1.07亿元。

【管理达标】 按照省行和监管部门要求,于2009年初下发了管理达标评估、"屡查屡犯"专项治理、"内控也是生产力"大讨论、案件风险隐患清查活动方案,立足实际,扎实推进。着眼员工观念的转变,积极组织警示教育、主题讨论、双"十禁"学习等活动,使全员合规理念日渐强化。针对"屡查屡犯"这一顽疾,以管理达标评估为主线,坚持逐项业务、逐项操作、逐个环节、逐个柜员检查,于2009年末,完成辖内所有机构的现场评估工作。根据新线流程,及时组织各行部,查找潜在隐患,明确防范要领,发送全辖执行,保证前后衔接严密规范。深入开展案件风险隐患清查活动,组织各条线,全面排查高风险、异常交易、特殊交易和案件易发环节,确保交易、客户、用途和抵质押真实有效。突出两道防线建设,督促各级管理者,认真落实每季、每月、每周、每日必查内容,强化第一道防线的自我管理职能;结合上级行检查安排,责成内控等部门,制定详细的检查、评估、整改、培训计划,强化监督指导,突出第二道防线的监督检查职能。对内审外查中发现的问题,及时纳入问题整改库和责任库,明确整改要求,组织全员对照查摆,真正做到了举一反三。

【网点规划】 2009年,全行共完成机构迁址装修9家,原址装修2家,新增1家,累计完成12家网点的标准化建设,改造率达到92.31%,基本完成既定目标。在狠抓硬件建设的同时,认真组织网点标准化建设竞赛,指导、督促各网点对照《网点标准化手册》找差距,严格履行职责,规范业务操作,推进问题整改,提升服务水平。组织相关部门,从网点形象、组织架构、业务操作、服务规范、现场管理等5个维度,积极组织检查和辅导,加速网点标准化进程,网点综合效能稳步提升。

【队伍建设】 结合年休假制的落实,着力推进各级管理者、重要岗位人员的强制休假、轮岗交流和代职管理。建立分行和各行部周例会和定期学习制度,分行管理层坚持带头践行,坚持每周一上午召开工作例会,通报上周情况,部署本周工作。下半年,分不同层面,先后组织两次中心组扩大学习,集中学习上级行经营战略,着力转换各级观念,拓宽发展思路。以“摒弃陈旧思维,构建先进文化”为重点,通过座谈讨论、集中学习、规范管理、强化执行等措施,引导员工,着力摒弃“权力观念、惰性思维、扯皮行为、陋习文化、机关作风”,精神面貌发生一定变化。分行本部各部门,从严肃考勤纪律、规范日常行为、强化服务意识入手,抓观念教育,抓细节规范,抓制度执行,为一线服务、为发展服务、为客户服务的意识明显增强。注意加强基层党建工作,在全体党员中积极开展“增强党员意识、发挥模范作用”主题教育活动,党员先锋模范作用得到有效发挥。

中国银行股份有限公司廊坊分行

综　述

【概况】 2009年,中国银行廊坊分行坚持以科学发展观为指导,在省行党委的正确领导下,团结和带领全行员工积极落实分行制定的指导思想和经营战略,主要业务得到提速发展,IT蓝图项目成功投产,整体工作顺利推进。至2009年末,全行汇总人民币资产总额达到170.96亿元,较年初增长40.3亿元;负债总额169.66亿元,较年初增长41.56亿元。人民币各项贷款余额141.9亿元,较年初新增66.7亿元,完成省行计划(第一目标)的171.2%。人民币各项存款余额162亿元,较年初新增43亿元,完成省行计划的116%。完成中间业务净收入9205万元,完成省行计划的86%。全年实现汇总人民币净收入5.28亿元,完成省行计划的100%。实现汇总人民币净利润1.89亿元,完成省行计划的85%。全年未发生任何事故案件。

【提速发展】 认真贯彻省行“抓重点、争新增”的工作部署,深入实施“四重”战略,借势发展,突出重点地区、重点行的作用。鉴于重点行所在重点地区财政收入占全市的85%,以“重点地区”为中心,充分发掘区位优势、经济优势、资源优势,提高转化为发展优势的经营能力,效果明显。截至12月末,分行营业部、开发区支行等6个重点行对全行人民币各项贷款新增的贡献度达到了87%。根据经济形势变化和行业、企业经营特点,充分发挥综合服务功能,面向区域重点客户,推介重点产品,达到分行本部及每个支行、每个分理处都有自己的重点客户,有自己重点业务发展的优势,根据客户需求确定重点营销产品。公司条线。一是以省行《指引》为指导,重点支持华能国际、新能能源、光伏能源、新奥、廊沧高速等重点项目。二是分行部门和支行密切配合协调联动,深入企业,走访客户,推介产品,形成合力。三是积极研究市场和细分客户,使各行部锁定自己的目标客户,按照客户需求设计营销方案,增强营销的针对性。四是加强与各市县政府合作,搭建与企业联系沟通平台。分别与大厂、大城、香河、燕郊等地政府合作,成功召开银企对接会议,向政府有关部门及100余家产业支柱型企业介绍廊坊分行授信政策、金融产品和服务宗旨,增强客户认知度。个金条线。零售贷款方面,在积极营销、谨慎投放的基础上,保持较快的增长速度。针对金融危机和住房销售市场变化情况,围绕燕郊及市区两个消贷增长点,确定住达、华夏等十大开发商为营销重点,采取积极措施帮助支行改进流程、优化服务。5月初,出台《中国银行廊坊分行零售贷款单项业务绩效考核方案》,加大对零售贷款的考核力度,促进较快发展。全行零售贷款新增额占全省的27%。储蓄存款方面,针对基础代发客户群薄弱的问题,积极推动对重点优质系统性代发客户的营销工作。出台《中国银行廊坊分行网点及主管行长、主任条线绩效考核方案》,重点考核储蓄存款和中高端客户增长。同时,分行每日发布网点储蓄存款增长排名榜,引导网点主任关注网点单产,形成了竞争发展的良性格局。组织专门人员重点加强对富士康、管道局、新奥、招商局等单位的营销,均取得较好的效果。国际结算条线。一是围绕47家重点客户和23家目标客户,逐客户的确定责任人和营销目标,做到有的放矢的开展工作。二是召开国际结算重点客户座谈会,密切银行与企业之间的关系。三是抓重点产品,做强“达”系列、保理、保函等优势产品,巩固国际结算市场领先地位。中间业务方面。首先,进一步加大中间业务收入的考核力度,对支行综合绩效考核基本分占28分,较上年增加了4分。其次,细化考核,尽最大可能量化考核项目和指标,使考核更直接有效。第三,严格及时兑现奖励,发挥考核办法的激励作用。第四,各条线结合实际抓重点,拓宽收入渠道。将扩大客户群作为一项战略性基础措施来抓,将客户增加数量及质量列入支行绩效考核内容,扩大客户群。个金条线中高端客户数达到9489个,较年初新增1714个。公司条线有效客户达到4350个,较年初新增476个。

【蓝图投产】 把IT蓝图投产工作当成一件大事来抓。全行员工秉承"团结拼搏、克难奋进"的蓝图精神,发扬"狠下一条心,拧成一股绳,搏尽一份力,共圆一个梦"的工作作风,重点实施"三项管理",做到"三个结合",任劳任怨、兢兢业业地完成"成功切换、正常营业、风险可控"的工作任务。10月7日,正式对外营业成功。当日上午,总行李礼辉行长亲临市区网点及分行本部慰问视察,对IT蓝图投产工作非常满意,给予充分肯定。广阳道支行被评为出席省行的先进集体,8位员工被评为省行的先进个人,还有13个先进集体和130个先进个人受到分行的表彰,6位表现优异的入党积极分子发展为新党员。

【内控防险】 一是严格管理,防范资产风险。通过强化内控合规体系建设,提高整体防风险能力;认真分析2009年授信结构状况,加强风险评价、预警和防范;进行客户信用等级集中评定;开展押品管理业务专项检查。至12月末,各类不良资产余额为24357万元,低于省行预算指标,较年初减少1140万元;不良率为1.67%,较年初下降1.67个百分点。二是深入推进管理达标,做好内控工作。各条线严格按要求进行拆分、装订,达到人员、岗位、标准三方面匹配。认真组织实施试点行的评估工作。组织开展多项检查,加强内控整改问题库管理与使用,促进及时整改。三是继续开展"我是一道关"活动,增强员工"本岗无违规,违规不过岗"的合规理念。

【网点建设】 经过全行员工的共同努力,全辖已完成33家网点标准化改造,网点功能格局更加合理、网点形象焕然一新,各营业网点的服务水平与综合管理能力明显提升。

【安全服务】 落实监控中心每月保卫、文明优质服务录像检查通报制度,加强消防、社会化守押、保安等安全工作。以开展"营业网点标准化建设手册"竞赛活动为契机,在硬件基本达标的情况下,在网点形象、组织架构、业务操作、服务规范、现场管理等方面,强化标准化建设,提升品牌形象与综合竞争力。经过各级努力,未发生事故案件。

【队伍建设】 一是"作风建设年"活动扎实深入进行。分行各部门从自身做起,结合职能特点,纷纷开展"送金融知识、送学习方法、送营销技巧、送新政策、送产品"到基层、到客户活动。二是组织开展"增强党员意识,发挥模范作用"活动,调动党员的积极性;顺利完成管理层正副职的竞聘及岗位调整工作;在辖内女员工中开展"我为中行发展献计献策"活动。三是部署开展了纪念建党88周年活动。四是加强党风廉政建设工作。与各单位一把手签订《党风廉政建设责任书》,制定纪委委员责任制、学习制度,开展推进惩治和预防腐败体系建设检查工作。

中国银行股份有限公司保定分行

综　述

【概况】 2009年,中国银行保定分行在省中行的领导下,认真贯彻落实科学发展观,紧紧围绕"提速发展、和谐发展、大行崛起"战略,以"解放思想、转变观念,抢抓机遇,提速发展"为工作主基调,抓发展、保上线、建机制,促稳定,主要业务实现快速发展,网点形象发生重大改变,员工精神面貌有了新变化。到年末,人民币各项贷款余额为136.3亿元,比年初增加58.1亿元,余额和新增市场占比分别达26.3%和34.7%。人民币各项存款余额达到258.8亿元,较2008年末新增62.3亿元,增幅为38.9%,余额和新增全省占比分别达17.2%和24.1%。中间业务收入额达14964万元,较2008年增加4500万元,增长42.86%,占净收入的17.8%,实现净利润4.97亿元,较去年增长78.8%。

【业务发展】 公司贷款方面,一是将"两铁四路"(京石高铁、保津城铁,张石、保阜、张涿、荣乌高速)、装备制造业、新能源等重点项目列为发展重点;二是对重点项目审批,公司、风险部门"平行作业",建立条线联系卡制度。三是抓项目储备,公司储备项目21个。零售贷款方面,一是大力发展个人投资经营贷款业务,确定重点区域,成立支行贷款互助队,协助支行做好贷款审批和尽职调查。二是抓住保定市三年大变样机遇,把住房贷款业务列为零售贷款增长的支柱产品。三是积极恢复与重点经销商的合作。公司存款方面。一是开展“增千户、上十亿”活动。二是下大力抓部队和行政事业单位存款营销工作,实现历史性突破。三是采取营销、服务、争取优惠政策三结合的方式加大对农信社和城市商业银行的营销力度,增加金融机构存款。储蓄存款方面,一是发挥绩效考核导向作用,对存款业务给予资源上的倾斜。二是加快理财中心建设步伐,市区和县区的16个支行的理财室于11月15日前建成并投入运营。三是加强柜台营销体系建设,努力建设“精品网点”。国际结算业务突出市场份额和收入两个中心,围绕收入做产品,从国际、国内两个市场着手,大力发展供应链融资,业绩突出受到省行通报表彰,并形成经验材料在全行推广;公司条线中间业务将贷款项下的安排费、财务顾问费作为中间业务重点收费品种;个金条线开展夏季营销竞赛活动,把基金、保险、贵金属、三方存管、人民币理财作为夏季营销竞赛的重点产品,收效良好。

【风险管理】 风险管理部门从宏观政策、行业、区域、企业、授信品种等不同层面、不同角度进行风险分析,全面把握客户授信风险状况,与专业分析机构配合完成对输变电设备制造、光伏、风电和汽车等重点授信行业的专项调研。充分利用现有系统、各种信息渠道随时分析掌握行业、企业风险动态,监督客户经理贷后管理状况,及时提出风险预警,完成授后监督工作记录44份,发出风险触发提示10份,重大突发预警2份。重视内控风险防范。开展“案件风险隐患”清查“回头看”活动,进行异地管辖二级支行、长期不动户业务检查和重点环节、重点岗位录像检查等三项检查。采取以点带面方法,将清苑支行列为管理达标评估样板行,编写评估自查工作指引,拍摄达标纪录片,完成全辖管理达标评估工作,开展“管理达标上台阶”活动。分行一把手与各支行、部门签订安稳工作责任状,对新入行员工进行消防知识培训,组织一线员工进行防抢劫、防火及防尾随联动门逃生演练。重点抓了枪支弹药和押运环节管理及消防、技防达标工作,组织员工学习“信访条例”和“治安管理处罚法”,对重点关注人员,提前做好防控工作。新官理旧账,解决8个历史遗留问题。全行没有发生案件事故和群体性进京上访事件。积极推进社会化守押工作,与保定市科隆保安押运有限公司签订《守库押运合同书》,成为保定市第一家实现社会守押的金融机构。

【IT 蓝图】 全行上下严格执行总行和省行IT蓝图投产计划。上线前,在组织、培训、技术、数据、演练、流程等方面做了充分的准备工作。10月7日,全行顺利完成新系统上线投产首日的对外营业工作,全行51个网点、223名柜员办理各类业务12641笔,标志着上线工作取得圆满成功。上线后,各条线、各支行密切关注新系统运行过程中出现的问题,发现问题,及时解决,确保新系统的稳定运行,实现总行提出的“成功切换、正常营业、风险可控”的阶段性目标。上线过程中,全行员工以高度的责任感和使命感,发扬团队协作精神,顾全大局,夜以继日,奋力拼搏,克服困难,攻克难关,涌现出许多感人至深的先进事迹,展现出“团结拼搏、克难奋进”的蓝图精神。为表彰先进,分行评选出2个突出贡献先进单位,21个先进集体,4个优秀组织单位,122名突出贡献先进个人,并给予通报表彰。上线前后,总行李礼辉行长、王永利副行长及省行张志勇行长等多名领导,多次到高开区、定州、天鹅路支行等网点调研,对分行上线工作给予高度评价。

【流程再造】 成立组织,精选试点,制定方案,组织培训,逐行指导,总结完善。12月9日,全行19家A类、3家B类网点全部实施综合柜员,提前完成省行确定的试点工作任务。后台业务集中工作也走在全省前列,12项中后台业务集中已完成9项。分行流程再造工作得到省行认可,省行于11月26日在保定召开全省流程再造现场推广会,保定分行在会上做了典型发言,与会人员现场观摩高开区、西城和天鹅路支行的试点工作,给予高度评价。因试点工作成绩突出,省行安排保定分行将流程再造工作中的一些经验做法制作成电视专题片在全省宣传推广。

【网点建设】 列入省行网点标准化建设计划的网点18个(含财富中心),共完工12家,分行本部大楼装修工作是全年装修工作重点。分行成立装修工作领导小组,后勤保障中心、计财、信科、保卫等部门分工负责。分行办公大楼装修从4月份开始,到年底除营业部东厅还在施工外,其他项目已完工。

【机制建设】 出台五个机制建设方面的文件，包括：以产品定价为基础的绩效考核办法、基层机构负责人薪酬动态管理方案、突出贡献基层机构负责人奖励方案、重点支行资源配置支持保障方案、人员岗位设置方案等，办法制定后，人力资源部逐行进行宣讲，讲理念、讲方案、讲愿景，并针对变化的情况及时进行修改，为2010年业务发展奠定基础。

【党建工作】 按照省行关于在全辖党员中开展"增强党员意识，发挥模范作用"主题教育活动的要求，分行党委结合实际，在全辖党员中开展"抓发展、促投放、保上线"主题教育活动，组织党员集中上党课，民主评议党员，对优秀党员、优秀党务工作者和先进党支部进行表彰，组织本部全体党员分两批到阜平晋察冀边区革命纪念馆接受革命传统教育。

【文优服务】 在全行推广"三个三、一个零"服务模式，所有机构做到三个动作、三个语言、三个到位，保证服务零投诉。开展文明优质规范服务百日竞赛活动，利用业余时间组织培训，对各支行、各网点服务开展巡回检查，定期下发客户投诉情况通报，组织业务技术精英挑战赛，提高员工技能。全面实施大客户服务战略，把文优服务的重点瞄准高端客户，从硬件建设到优质服务，满足高端客户需求，提升有效大客户对中行的贡献度。

中国银行股份有限公司沧州分行

综 述

【概况】 2009年，沧州分行深入学习实践科学发展观，以总行"扩规模、调结构、做品牌、练内功、降成本、上水平"的18字方针为指引，坚持省行"抢抓机遇，提速发展"的工作思路，带领全行员工求真务实，扎实工作，为全力打造极具市场竞争力的商业银行迈出实质性的步伐，各项工作扎实推进，业务指标稳步提升。到年末，人民币各项贷款余额为51.3亿元，比年初增加13.5亿元，增幅26%。人民币存款余额119亿元，较2008年末新增33亿元，增幅为28%。中间业务方面，收入额达5794万元，较2008年增加458万元，增幅为8%。各项工作扎实推进，全行上下呈现出心齐气顺、风正劲足、内部和谐的好局面。

【蓝图上线】 2009年，全行上下团结一心、众志成城，以高度的责任感和使命感，圆满完成IT蓝图新系统的顺利投产。广大员工在IT蓝图上线期间表现出来的顾全大局、舍己为人的高尚情操，以及奋力拼搏、夜以继日的工作热情将在沧州分行的发展史上留下浓墨重彩的一笔。分行党委在确保IT蓝图成功上线的情况下，顶住工作压力，始终保持业务发展的紧迫感，多项指标创历史最好水平。

【科学发展】 在负债业务方面，严格按照省行"抓重点、争新增"的要求，扩大负债业务规模，提升市场份额。一是发挥对公存款的龙头带动作用。一方面进一步激活行内生产要素，强化重点地区、重点产品的市场拓展力度。分别在渤海新区、沧州市区、任丘市区等重点区域，成立以公司为主体的营销团队。另一方面加强客户基础建设，增强持续发展后劲。二是加大储蓄存款的发展力度。第一，开展"开门红"旬状元、月状元、季状元评选活动，在全辖掀起比、学、赶、超的热潮。第二，围绕目标任务不断改进和完善考核办法，重点对网点存款增长、个人贡献、服务质量等指标进行综合考核。第三，通过跟踪督导，紧催增长进度，实行每日一通报、每周一点评制度。第四，认真分析研究辖内储蓄存款市场特点，制订以中高端客户为重点，带动整体个人客户协同发展的策略，开展"中高端客户"竞赛活动，为发掘、培育和稳定优质客户奠定基础。

在资产业务方面，切实遵循"扩规模、调结构"的原则，抓住有利时机，加快审批效率，力争尽快投放。一是对市重点区域、重点行业、重大项目，加大授信支持和投放力度。二是丰富客户结构，加大对中小企业的支持力度，改变风险过于集中的状况。利用省行下放小额授信审批权限的难得机遇，大力推动中小企业贷款，发展供应链融资业务。较之大项目贷款，供应链融资、中小企业贷款带给沧州分行更加灵活的定价权，成为沧州分行中间业务发展新的增长点。三是强化网点人员的主动营销能力，树立"经营客户关系"的理念，走出去营销客户、拓展市场。四是通过公司部门、理财中心和营业网点，多渠道争揽公司客户和中高端个人客户，扩大合作范围，提升存款的贡献度。五是积极挖掘同业存款潜力，保持一定的营销频率，加强客户关系维护。

在中间业务方面，一是抓个金中间业务。明确高利润产品重点营销创收和客户需求导向的发展思路，“选择合适的时机，向合适的人销售合适的产品”；开展各种竞赛活动，积极推进保险业务市场开拓；增强全方位品牌营销意识，通过细分市场、紧抓源头、强化一站式服务等举措，完成中银汇兑市场开拓；精心改善用卡环境，推动银行卡业务的发展。二是抓公司中间业务。在业务开展过程中，一方面抢抓年初政策机遇，突击办理9.9亿元同业存放业务，为沧州分行带来近800余万元中间业务收入；另一方面，通过“一次性收取”“应收尽收”“最大限度的多收取”等方式对发放贷款收取贷款安排费2500余万元，实现对公中间业务的倍增式发展。三是抓供应链融资。坚持“围绕市场做份额、围绕收入做产品”的经营策略：第一是加大结算客户营销力度，夯实有效客户基础。积极响应省行开展的“增户扩容”竞赛活动，制定奖惩措施，推动有效客户的增长。第二是继续做好“四个细分”，积极储备项目资源。第三是狠抓两个市场不放松，做好国内、国际产品的协同发展。立足国际、国内两个市场，在全面做好汇款业务、信用证等传统国际业务，同时大力发展融易达、融信达、国内商贴、国内信用证、保函等国内结算产品，加大产品组合创新力度，培育产品需求，挖掘客户资源，提高综合收益贡献度。第四是以供应链融资为突破口，推动全产品线营销。强化各级支行行长、客户经理的业务培训力度，加大对支行、业务部门以及营销团队的考核，通过高层营销、部门联动、交叉营销等方式加大对核心客户及上下游客户的拓展，实现供应链融资规模上的突破。

【管理达标】 按照省行要求，狠抓内部管理，深入开展管理达标，不断完善内控体系建设，切实防范大案要案。一是认真开展“我是一道关”活动，落实“四个一”要求，多次对所辖网点进行现场检查，对相应员工进行理论测试，保证每位员工“本岗无违规，违规不过岗”。二是坚持不懈地开展对达标标准的培训考核。三是加大对管理达标落实情况的检查。四是加强内控评价体系建设。一方面按季开展对支行内控管理绩效考核，及时对经营机构的内控管理作出评价，考核结果与管理人员及员工绩效工资挂钩；另一方面组织开展以“创合规标杆、做达标模范”为主题的合规文化建设活动，积极进行“十大合规标杆”的评选。五是全面发动，认真组织对全辖A、B、C类网点的管理达标落实情况评估，以边评估、边整改的方式，全面检验和提高内控管理水平。

【队伍建设】 以提高领导力和执行力为目标，加强基层管理队伍建设。针对新形势新要求，指导基层管理人员进一步解放思想、转变观念，不断提高战略管理、风险控制、创新、营销和带队伍的能力，站在讲政治顾大局的高度，谋划全行工作，不断增强执行力，不折不扣地执行分行党委安排部署的各项任务。强化对中层管理人员的履职管理，对无作为、不做事、不能胜任管理工作的坚决予以退出，真正做到管理人员能上能下。制定业务发展计划，将员工切身利益与全行业务发展紧密结合，调动员工工作的主动性。在抓好日常业务培训的同时，创新培训方式，为高管和业务骨干开办培训班，邀请知名大学教授现场授课。积极为员工规划职业生涯，促进员工绩效进步。同时，不失时机地灌输危机意识、责任意识，强调只有不断发展、加快发展，才能摆脱窘境，才能克服未来被边缘化的危机。

【教育培训】 采取多种方法，提高员工的综合素质。一是加强思想政治教育，及时进行法律法规及职业道德规范的学习。开展深入学习实践科学发展观活动，广大员工特别是党员同志深受教育，思想觉悟不断提升，科学发展水平不断提高。二是加大培训力度。为切实增强员工的整体素质，制定《中国银行沧州分行2009年培训方案》和《中国银行沧州分行2009年培训计划》，分条线开展系统培训。三是积极开展文优服务活动，提高员工的服务意识和服务水平。采取公布行领导直拨电话、全辖推广“5S、6要素”现场管理等多种形式促进各网点提高服务水平。四是继续开展技能大练兵活动，提高全员工作技能。各个支行设置练功房，配全练功设备，保障练功基础。实行成绩与绩效直接挂钩，以测评带动练功，提高员工练兵积极性。

中国银行股份有限公司衡水分行

综述

【概况】 2009年，衡水分行严格按照省行“效益最优，服务最佳，形象最好，布局合理，管理规范，内控严密，建设极具市场竞争力商业银行”和“抢抓机遇、提速发展”的要求，紧紧围绕业务发展、核心上线、管理达标、内控合规、网点改造等工作重点，强营销、增份额，调结构、增收入，打基础、抓合规，创环境、保稳定，各项建设取得快速发展。截至年末，人民币各项贷款余额为31.16亿元，比年初增加7.48亿元。其中：公司贷款余额230673万元，比年初新增73224万元；票据融资余额13169万元，比年初减少29873万元；消费贷款余额46358万元，比年初新增11615万元。全辖各项授信余额折合人民币321628万元，较年初减少770万元，其中不良贷款余额9310万元，较年初减少86万元；不良率为2.89%，较年初减少0.02个百分点。清收不良贷款本息4227.65万元，其中：清收贷款本金3612.65万元，清收利息615万元，超额完成省行指令性计划。外汇存款余额2598万美元，较年初增长179万美元，其中：个人外汇存款余额1310万美元，较年初增加157万美元；单位外汇存款余额1288万美元，新增22万美元。国际结算累计完成进出口结算量52005万美元，完成省行任务的80.01%。中间业务收入4337.98万元（含省行分润），同比增加125.98万元，增长2.99%。经营效益大幅提升，实现净收入22581.68万元，同比增加2981.68万元，增长15.21%，完成省行预算的105.03%；拨备前营业利润11253万元，同比增加2007万元，增长21.71%；税后净利润10634万元，同比增加9453万元；资产利润率1.13%，同比增加0.95个百分点；人均税后利润17.81万元，同比减少15.75万元。

【科学发展】 从衡水当地实际出发，立足于提高市场竞争力的需要，从市场供给和生存、发展需要两个方面出发，提出2009年工作的指导思想，即：以科学发展观为指导，按照省行“效益最优，服务最佳，形象最好，布局合理，管理规范，内控严密，建设极具市场竞争力商业银行”的要求，增收入，挣费用，进位次，保质量，积极应对金融危机的挑战，在确保存量授信不出风险的前提下，努力发展优质资产业务；紧紧盯住市场份额，大力发展负债业务；坚持以客户为中心，以市场为导向，充分发挥重点产品和产品的组合优势，积极发展中间业务，努力做好“大广项目营销、网点优化升级和转型、绩效管理”三件大事，打基础，抓合规；强营销，增份额；调结构，增收入；建文化，带队伍；造环境，促和谐，努力实现“三年摘补脱贫奔小康”的奋斗目标。在这一思路的指导下，特别是根据省行“快速发展，两年翻番”的要求，衡水分行以科学发展观为指导，以业务又好又快发展为目标，明确职责，理顺关系，优化流程，应对考验，加快发展。继续坚持了授信项目碰头会制度，在简化流程、提高效率的同时，较好地解决了分行取消评审会后的授信准入把关管理问题；强化分行公司业务部、结算业务部和个人金融部的条线营销职能；面对全球金融危机的影响，客观分析危机带来的挑战和机遇，适时调整授信工作思路和工作方向，加强存量管理，按政府要求积极配合处置源祥羊绒不良授信。2009年衡水分行放款7.5亿元，投放力度在同业居首位。强化存款工作，充分利用首季“开门红”、各种营销活动，大抓存款，大上存款，两项存款新增29亿元，是建行以来增速最大的一年。

【IT蓝图】 高度重视，统一部署。上线期间，全行员工实行特殊时期特殊工作制，夜以继日，以高度的责任心和使命感，熟悉操作规程，认真录取各种数据，合理摆布时间和人员，把主要精力用在核心上线上，把最优秀的员工配备到核心上线上，保证了前期工作的扎实顺利进行；严格把关，做好数据维护及补录。以省行提出的“上线业务数据九个确保”为工作指导，各业务条线不断加大管理和督办力度，扎实做好上线数据准备工作；从切换演练、上线培训、技术保障、风险防控等方面安排周密，逐步推进，确保如期顺利上线。“求真务实、勇于承担，精益求精、互励共勉，顾全大局、团结协作，舍家忘我、甘于奉献”的上线精神，激励着全行员工，投身分行各项建设中。

【风险管理】 强化政策指引，把好授信准入关。加强对国家宏观经济政策、产业政策、区域发展战略的研究分析，增强宏观政策的敏感度，提高工作的前瞻性，指导全辖做好优质行业、客户的选择和准入工作。加强风险监控和预警,按照差别管理和动态管理原则,监控借款人的财务及非财务因素,及时掌握企业经营管理动态情况,排查各类风险隐患,确保存量授信资产安全。

【人力资源】 建立较为完整的绩效考核体系。根据总行和省行绩效考核指导思想,结合实际情况,从2008年11月份开始,通过组建专门项目组的办法,制定2009年的考核办法。新办法主要特点:一是为主要产品定价;二是创效提成;三是上不封顶,下不保底;四是重点对存款、中间业务和净收入等具有持续发展能力的指标进行考核。严格按照分行本部考核先行的原则和要求,每天以部门为单位将员工工作日志汇总存档;每天上、下午分别收集各部门员工考勤签到表,为部门考核提供依据。既强化了考核,又促进了作风的改观。完成缺编正职竞聘工作,建立正、副职后备人才库,顺利完成中层正职职位的聘任;制定2010年不同层次、不同系列的绩效考核办法。

【合规文化】 在全辖继续深入开展以"勤勉、勤奋、用心"为主要内容的"尽责"文化和以"管理达标"、"我是一道关"为主要内容的"合规"文化建设。在"尽责"主题教育活动中,党委成员带头宣讲,全行员工积极响应,收到很好的教育效果。为落实好"讲规则、按程序操作"的要求,在11月份进行的缺编副职职位竞聘中,坚持党委定规则、人力部和监察部共同操作,每道环节、每道程序公开透明,阳光操作,树立了党委的形象。在"我是一道关"活动中,继续巩固以往成果,在组织征文的基础上,挑选人员组成演讲团,由主管副行长带队,在全辖11个单位进行巡回演讲,关口意识进一步增强。同时,把员工合规操作情况纳入到对员工的绩效考核,由分行直接考核到员工,考核结果不但与员工个人收入挂钩,而且与支行的总体考核挂钩。另外,在管理达标工作中重点抓了管理者的履职建设,主管副行长带队,由内控部和监察部联合组成管理者履职评价小组,对所有支行行长、副行长的履职情况进行地毯式检查。

【网点建设】 根据省行"加快县支行本部及自有房产等原址装修项目的建设进度"的要求,从牢固树立城市银行理念,不断加大竞争力出发,严格按照省行网点标准化手册,统一形象、统一标准、统一用材,坚持支行本部装修改造与业务发展并重、网点装修改造与消防安全并重的原则,认真谋划,积极实施,打造精品工程,建精品网点。制定网点建设流程和指引,指导支行行长和现场管理人员实施管控。网点办人员坚持做到每天有半天的时间在装修现场,每周对网点建设进行不少于两次的巡查,保证网点建设的质量和形象。中行衡水分行的网点硬件建设,在当地同业堪称一流。

中国银行股份有限公司邢台分行

综 述

【概况】 2009年,面对复杂多变的经济形势和诸多不利因素,在省行党委的正确领导下,邢台分行认真学习贯彻科学发展观,积极落实总行肖钢董事长在河北调研时提出的"抢抓机遇、提速发展"的指示精神,紧紧围绕"建设极具市场竞争力的商业银行"总目标,全行抓发展、重点抢项目、关键防风险、中心上效益,坚定信心、克难攻坚,在IT蓝图上线工作十分繁重的情况下,坚持业务发展和蓝图建设"两不误、两促进",开创各项工作发展的新局面,综合实力显著增强。截至2009年末,本外币各项存款余额为165.81亿元,较年初新增46.39亿元。其中:人民币各项存款余额为164.26亿元,较年初新增46.09亿元,创历史新高;储蓄存款余额为93.51亿元,新增19.92亿元;企业存款余额为70.75亿元,新增26.17亿元,新增占比40.33%;同业存款余额为11.83亿元,新增6.08亿元。外币各项存款余额为0.23亿美元,较年初新增0.04亿美元。本外币各项贷款余额为119.01亿元,较年初增长54.53亿元,余额和新增均居四行之首。其中:公司贷款余额81.37亿元,较年初增长39.81亿元;贸易融资余额5.76亿元,较年初增长4.81亿元;票据融资余额16.04亿元,较年初增长6.16亿元;零售贷款余额17.08亿元,较年初增长6亿元。不良贷款余额为5691万元,不良率为0.48%。外币授信余额为0.66亿元,较年初增长0.37亿元。全年实现中间业务收入1.19亿元,实现国际业务结算量4.5亿美元,实现净收入5.09亿元,拨备前营业利润3.3亿元,税后利润1.95亿元。全行在综合实力、业务发展、蓝图上线、管理达标、队伍建设、党建、安保等方面,均实现长足发展,市场竞争力明显增强。内控工作被总行确定为五家内控标杆示范备选行之一。在邢台市民主评议行风活动中继续保持各金融机构之首。

【提速发展】 全辖完善机制建设,强化营销动力,成功实施开门红活动,进一步发挥市区业务发展委员会的督导作用,针对冀中能源、财政、交通、交警支队等规模大的系统和行业存款,成立由行领导任首席客户经理的营销团队,强化高层营销和联动营销,取得良好的营销效果。营销冀中能源提款21亿元;营销河北省高速公路管理局提款8亿元等。积极为邢汾高速筹建处、南水北调办公室寻找办公地点,为客户搞好服务,得到客户的肯定,密切银企关系,为今后的贷款投放奠定了基础。以住房贷款为中心,抢抓重点项目,着力营销,努力做大住房贷款业务。积极拓宽渠道,以对公中间业务为主实现中间业务的快速发展。

【蓝图上线】 全行认真贯彻上级行要求,蓝图办精心组织安排,各支行、各部门积极配合,紧紧围绕着"成功切换、正常营业、风险可控"三个目标,认真部署各项上线工作。兼职教师认真备课,在确保业务正常开展的前提下,对员工按条线、分批次进行培训。广大员工不间断上机练习,每天练习到晚上九点多,强化对核心银行系统的认识和熟悉程度。经过全体员工兢兢业业、加班加点的辛勤工作,克服各种困难,各项工作按照省行统一部署有条不紊地进行,圆满地完成各项工作任务。

【风险管控】 加大授信风险防范力度,健全风险预警机制,实施邢台分行2009年度授信客户增持减退计划,保证全年授信工作的有序开展。出台《邢台分行2009年内控评价方案》,细化量化对基层机构内控考核指标,加大对基层行内控工作的考核力度。以基层重要岗位人员日志为载体,加大对基层负责人的管理力度,从制度上、形式上督促各级负责人履职尽责,确保各项操作严密合规,内控基础扎扎实实。制定管理达标评估工作的总体推进思路,广泛动员,在全行上下营造管理达标的浓厚氛围。以点带面,推动全辖管理达标工作的深入开展。加强辅导,以薄弱环节为突破口,使全行整体工作管理达标。做足功课,扎实开展对辖内网点的评估工作。省行顺利完成对邢台分行试点行桥西支行的评估检查,总体评价良好。召开管理达标评估工作现场观摩会,现场对各单位管理达标存在的问题和疑惑进行解答,明确下一步的努力方向。

【队伍建设】 为进一步转变管理人员的思维方式,适应业务发展和工作的要求,聘请北京智鼎管理咨询公司对全辖55名中层管理人员进行培训。为规范职业形象和服务礼仪,以主动积极的心态服务客户,举办职业服务礼仪培训班,聘请北京专业培训师进行授课,对于员工职业规范服务及个人自身素质的提高起到积极的促进作用。为增加员工的感性认识,更加深入理解5S现场管理重要性和服务行为6要素动作规范,邀请其它二级分行的员工就规范化服务进行专题培训,取得良好效果。

【安全保卫】 全行加强安全管理,狠抓各项安保工作制度和工作措施的落实,加强网点安全设施建设和金库规范化管理,注重消防整改和用电安全管理,提高消防安全水平,进一步加强对社会化守押和保安人员的监管,充分发挥保卫条线录像查看的监督作用,实现全年"零案件、零事故"的工作目标。

【综合治理】 加强基层党建工作,在全体党员中开展"增强党员意识,发挥模范作用"主题教育活动,发挥党员在工作中的先锋模范作用,进一步提高全体党员的思想理论和政治水平。加强领导班子建设,提高领导力和执行力。扎实推进党风廉政建设和反腐倡廉工作,强化对各级领导干部,特别是"一把手"的管理、教育和监督,督促各行在合规前提下开展工作,发展业务,有效防范各种违规、违纪现象的发生。

中国银行股份有限公司 邯郸分行

综 述

【概况】 邯郸分行认真贯彻落实省行工作部署和要求,牢固树立科学发展观,按照"增客户、储项目、扩规模、调结构、严管理、促发展"的总体工作思路,凝心聚力谋发展,再接再厉求超越,推动各项业务快速发展,全面提升邯郸中行的综合实力。截至2009年末,全行本外币资产余额224.75亿元,较年初增长73.50%,跨入省内系统大行之列。

实现本外币净收入6.28亿元。人民币各项存款余额176.82亿元，较年初新增66.57亿元，增幅62.55%。人民币各项贷款余额166.06亿元，较年初新增87.85亿元，增幅112.31%。实现中间业务收入1.62亿元，增幅65.90%。不良资产实现"双降"。不良授信资产余额1.32亿元，全年清收不良资产1906万元，完成省行计划的190%，列全省第2位。不良资产率0.72%，实现了"双降"。

【业务发展】 为应对激烈的市场竞争，加快各项业务发展步伐，增强全行竞争实力，确保全行员工收入的稳步提高，根据省行总体发展目标要求，经过深入研究，邯郸分行把"扩规模"作为2009年业务发展的首要任务，重点在扩大余额规模和新增市场占比上狠下功夫。通过全行共同努力，基本实现"存款增大，贷款增多"的预期目标。（一）突出重点，大力营销，强化督导，各项存款实现快速增长。一是突出大客户、大项目的营销重点，细化营销措施，促进各项存款份额的快速增加。分行公司与风险部门组成项目专项营销小组，细化分解每个岗位、每个人员的职责、任务和目标，对营销发展目标逐行业、逐领域、逐单位地进行深入分析研究，尤其是将千万元以上客户确定为重点督导客户，对邯郸市前二十大客户制定一对一的具体营销措施，提高了营销的针对性。二是积极营销推广新业务、新产品，推动各项存款的快速增长。利用开办的承兑汇票、国内信用证和票据贴现等业务产品，积极吸收保证金存款和贴现资金，促进对公存款的快速增长。梳理服务和管理流程，大力拓展代发薪金、系统性收付款、代理业务等发展渠道，丰富服务内涵，增加兑换残币、零币、新币等服务，用亲情化服务吸引客户，有力促进储蓄存款的快速增长。（二）加大对重点大客户和优质大项目的营销力度，各项贷款份额实现稳步增长。一是紧盯"两大"目标，明确职责任务，打牢贷款快速投放的根基。二是积极营销争揽重点目标客户，促进贷款份额的快速增长。三是提前谋划，加强调度，零售贷款业务取得稳步进展。（三）抢抓时机，大力抓好以同业存放为重点的中间业务营销拓展工作，提高中间业务收入水平。一是成立同业存放专项营销小组，促进中间业务收入的快速提高。二是充分发挥国际结算在中间业务收入中的龙头作用，带动个人金融和国内支付结算业务发展。三是严格落实各项业务收费标准，做好与客户沟通、协商工作，确保"颗粒归仓"。2009年7月，分行新一届领导班子成立，在继续做好上述工作的基础上，重点做好三方面工作：一是深入调研，明确发展思路。确立"凝心聚力谋发展，再接再厉求超越"的奋斗目标，并针对邯郸分行实际，提出"大力开展'增客户、储项目、扩规模'活动是实现高点超越最根本手段"的工作指导意见，要求全行上下想尽一切办法，采取多种措施，全力以赴抓好"增储扩"活动，确保圆满完成全年各项业务经营目标，保证邯郸分行各项业务保持持续、快速发展的良好势头。二是细化措施，全力开展"增储扩"活动。坚持"以市场为导向，以客户为抓手"的原则，在全辖范围积极组织开展"增储扩"活动。加大对业务发展的督导力度，分公司、个金、国际结算和中间业务四个条线建立周进度、月通报、季总结制度，分条线对"增客户、储项目、扩规模"活动进行时时督导、点评，有效调动全行上下开展"增储扩"活动，大力抓好各项业务发展的积极性。三是提前谋划，研究制定邯郸分行三年发展战略。到2012年，邯郸分行的资产规模要由现在的200亿元达到500亿元，人民币各项存款总额由现在的170亿元达到450亿元，各项贷款总额由现在的140亿元达到350亿元，中间业务收入由现在的1.3亿元达到2.5亿元。到2012年，净收入要突破10亿元大关，人均净收入突破150万元，净利润达到5.5亿元。

【内控合规】 深入开展管理达标、网点标准化建设和"我是一道关"、"我为新线系统内控献计策"等活动；实施专项检查、综合检查等现场检查和调阅录像、后台报表监控等非现场检查手段相结合的监督检查机制；加强基层负责人管理，积极推行专职代职模式。全员合规意识明显增强，违规行为明显减少，依法经营理念深入人心，内控文化建设颇见成效，业务发展得到规范。违规行为、特别是"屡查屡犯"问题逐步减少，有效遏制重大违规现象的发生，全年实现"安全无事故"。

【网点建设】 全年完成5家网点原址标准化改造，迁址装修网点1家，建设财富中心和自助银行各1家，完成省行年度计划，扩大标准化建设成果，网点转型所带来的社会效益和经济效益逐步显现，网点核心竞争力明显提升。截至2009年末，网均存款余额2.30亿元，网均新增额5505万元，高于全省平均水平，列邯郸同业第1位、省内系统第

3位。

【文优服务】 开展每季度"技能比武"、实施客户经理系列培训，尤其是结合"IT蓝图项目上线"和"流程再造"两项工作重点开展集中培训，全行员工的业务素质得到进一步提升。通过积极推广"5S六要素"文优服务规范和"三个三"服务模式，进一步完善网点硬件设施，推进网点形象建设，全辖的综合服务水平得到明显提高。"举手招迎"这一标志性动作逐步嵌入到每名临柜人员的心智模式当中，品牌服务的口碑效应进一步提升，社会影响力进一步扩大。

【党建工作】 开展以"增强党员意识，发挥模范作用"为主题的党员教育活动，广大党员六个模范作用得到充分发挥；严格落实党委中心组学习和支部"三会一课"制度，加强领导干部党性修养，营造"想干事、能干事、干成事"的良好氛围；党风廉政建设进一步加强，各级领导干部勤政廉洁，处理问题公开、公正和公平，得到省行领导和同事们的肯定。在2009年度分行党委民主生活会上，省行领导给予邯郸分行"团结、向上、廉洁、务实"的评价。

中国建设银行股份有限公司河北省分行

综　述

【概况】 2009年，面对复杂多变的内外部经营形势，建设银行河北省分行坚持以科学发展观为指导，认真贯彻国家宏观调控政策，深入落实总行党委各项部署，抢抓机遇强化营销，调整结构积蓄后劲，防范风险加强管理，保持了安全稳定的运营局面，促进了各项业务健康较快发展。主营业务稳步发展。全口径存款余额3520.3亿元，比年初新增755.09亿元；各项贷款余额1691.45亿元，比年初新增382.94亿元；实现中间业务净收入20.99亿元。经营效益持续增长。全年实现账面利润47.63亿元，创历史最好水平。不良贷款额率双降。年末五级分类口径不良贷款余额比年初减少8.63亿元，不良贷款率比年初下降1.07个百分点。全年未发生重大案件和责任事故。

【各项业务增势良好】 2009年，建行河北省分行围绕提升市场竞争力和促进有效发展这一整体思路，结合不断发展变化的经营形势，超前谋划抢抓机遇，把握节奏稳中求进，较好处理了近期目标与长远战略的关系，促进各项业务实现均衡协调可持续发展。把握机遇抓营销，资产业务稳健发展。紧紧抓住省内大批建设项目启动和大型优质企业重组的契机，加大对铁路、钢铁、高速公路、电力等战略性客户的营销支持力度。同时，努力把握积极审慎的原则，坚持质量第一，严密防范信贷风险。截至年末，人民币对公非贴现贷款余额新增262.49亿元，有效储备固定资产贷款项目203个。抓住政策机遇，大力推进"民本通达"，教育、卫生、环保等民生领域贷款实现余额翻番，达116亿元。加大对小企业金融扶持力度，在提高定价能力的同时对客户进行深度挖掘，确保了小企业业务的高质量发展及品牌优势的初步确立。着力加快发展个贷业务，年末个人贷款余额达到299.4亿元，比年初新增93.6亿元，创下历史同期最高新增额和最高增速。突出重点抓基础，负债业务快速增长。通过清街扫巷、加强联动、提升服务等方式大力拓展个人高端客户，持续扩大客户群体、优化对公客户结构，以财政客户和八一工程为重点，进一步优化同业存款结构，加强市场信息收集、广辟外汇资金来源，负债业务实现快速增长。全年本外币个人存款新增399亿元；本外币企业存款比年初增长249亿元；年末外汇存款时点余额较年初增加4329万美元，实现新的跨越。超前谋划抓重点，中间业务再创新高。积极调整优化业务结构，着力拓展银行卡等重点产品，从战略高度抓好代理基金、代理保险、黄金业务，深化服务内涵，巩固了系统领先位次。积极发展国内保理等优势产品，重点在造价咨询、人民币结算等短板产品上下功夫，努力拓展短期融资券、财务顾问、理财产品等投行业务，全年实现投行业务收入56858万元。大力发展战略业务，在提高电子银行直接业务创收能力的同时，强化销售渠道作用，努力挖掘电子银行高附加值的潜在效益；坚持质量、效益和规模并重原则，持续加大信用卡高盈利重点产品的营销力度，全年新增客户17.3万户，账户活动率62.05%。抓好"进口信用证+海外代付+远期售汇"等产品组合，延伸国际业务产品服务链条，增强中间业务收入创造能力，全年实现外汇中间业务收入18385万元，同业排名第二。

【资产质量稳步提升】 面对不确定因素多、不可预见性大的宏观经济金融形势，建行河北省分行秉持科学发展理念，综合运用结构调整、强化管理等手段，依靠存量调强、增量调优，促进资产质量稳步提升，进一步深化由外延发展向内涵发展的转变。结构调整迈出新步伐。按照"不死退、不退死"的原则，严格执行风险限额管理的有关规定，通过拉网式甄别筛选，动态调整退出名单客户和压缩额度，对结构调整执行情况建立定期监测通报制度，对问题客户加大退出力度。进一步完善信贷退出激励约束机制。客户结构不断优化，资产质量持续提高。贷后管理再上新台阶。建立健全贷后管理体系，将贷后检查、风险分类、系统监控和贷后跟踪管理例会有机结合。充分利用相关监测预警系统，加强对重点行业、产品、客户的持续监测管理，提高发现问题的能力和贷后管理的水平。完善贷后管理实施方案，加大对信贷资产检查特别是新发放贷款的检查力度，进一步提高信贷资产的持续价值创造能力。不良处置取得新成效。与二级分行签订资产质量目标责任书，并与绩效挂钩，推动存量不良贷款收回和盘活工作的顺利开展。有针对性地组建任务团队，加大对已核销呆账的处置力度。不良贷款额率继续双降，极大地净化账面资产，促进资产质量的稳步提升。

【改革创新持续深化】 面对新形势、新任务带来的新矛盾和新问题，建行河北省分行坚持改革创新不动摇，通过改革理顺经营思路，焕发体制机制的活力；通过创新挖掘发展潜力，增强业务发展的动力。网点转型深入推进。继续抓好网点一代转型推广，加大对建设银行总行验收和检查发现问题的整改力度，固化一代转型成果。全面加快二代转型的推广，加大对高端客户的营销维护力度。截至12月末，完成676家网点的一代转型，实现对零售网点的全面覆盖；为200家理财中心配齐专职客户经理，高端客户服务流程得到较好的运用。对公转型持续深化。全面总结对公业务转型推进中出现的新情况、新问题，深入研究并予以完善。以推行公、私业务分离为突破口，理顺利益分配关系，大幅提升对公业务的服务能力和专业专注水平，促进对公业务增长方式和经营模式的集约化转变，新体制的优势逐渐显现。营运体制改革试点顺利进行。在完成第一批前后台分离项目的基础上，稳步推进深化前后台分离项目试点工作，为网点转型和业务发展提供有力支持。管理机制不断完善。完善县域支行标杆管理，探索研究对城区支行实行标杆管理。建立目标利率管理考核机制，密切关注利率政策变化，建立快速反应机制，积极引导全辖主动调整业务结构，有效提升产品定价能力及新发放贷款利率执行水平。产品创新收效显著。推进实施产品经理制，持续加大新产品研发和推广力度，重点产品拓展取得良好成效。并购贷款、融资租赁、新型财务顾问等均取得历史性突破；承销全省第一笔中期票据业务；"工程保"、"票据保理"等供应链融资产品以及"货易通"、"账易融"和"助保金"等新产品，有效满足了不同小企业客户的融资需求。

【风险防控水平持续提高】 不断完善内部控制机制，加大对关键风险点的监督检查和屡查屡犯问题的整治力度，有效防范各类操作风险和案件风险，维护安全稳定的运营局面，创造有效促进业务发展的良好环境。专项整治活动取得显著成效。认真贯彻落实建设银行总行"案件防控和整改方案"，组织开展全省建设银行"整治屡查屡犯，防范案件风险"专项活动，重点对有章不循、违章操作、屡查屡犯行为进行整治，从源头上消除内部案件风险隐患。操作风险防控水平进一步提高。充分发挥会计检查督导中心作用，完善优化问题库管理系统，开展会计操作风险控制评价，加大对会计主管的管理力度，切实提高会计部位风险防范能力。组织开展涉及柜面业务、会计基础等系列检查，进一步强化规章制度的落实，化解潜在风险。改变稽核作业模式，增加操作风险"机控"范围等措施，进一步完善操作风险控制体系。完善信息系统应急保障体系，有效提升IT规范化水平和风险防控能力。合规文化建设进一步加强。通过开展系列主题活动，进一步增强广大员工遵纪守法、照章办事意识。推动审计整改工作的流程化、常态化，审计问题整改率达94.3%，有效降低了风险隐患。安全保卫、维稳工作开展良好。深入推进"平安"创建活动。建立健全预防和处置群体性事件联系会议制度和不稳定因素排查化解工作机制，制定完善突发事件应急预案和应急机制，缜密安排日常特别是国庆期间安全保卫和维护稳定工作，确保了安全稳定的运营局面。

【班子队伍建设进一步加强】 着力加强班子队伍建设，构建和谐文化，为业务发展提供有力保障。

学习实践活动圆满完成。按照中央和建设银行总行党委统一部署和要求，认真组织开展深入学习实践科学发展观活动，圆满完成各阶段工作任务，在“以客户为中心”服务理念的强化，以人为本的管理理念的深化，各项体制机制的健全完善，工作执行力的进一步提升等方面取得显著成效。班子队伍建设持续加强。各级领导班子紧紧围绕“讲党性、重品行、作表率”活动和“深化拓展年”和“干部作风建设年”各项要求，加强理论学习，深入基层调研，不断强化思想建设、组织建设、作风建设，提高领导班子的战斗力。认真贯彻落实民主集中制，班子成员分工负责，抓好落实，提高领导班子的执行力。充分发挥好领导班子的战斗堡垒作用，增强领导班子的凝聚力。按照德才兼备的原则，加强对年轻干部的培养和选拔，各级领导班子结构明显优化。加强党风廉政建设，倡导廉洁文化，强化日常监督，各级领导干部遵纪守法和廉洁自律的自觉性不断提高。以人为本进一步落实。坚持尊重员工，爱护员工。进一步规范岗位职务管理，拓展员工晋升空间。完成主营业务岗位优秀劳务派遣制员工转制和原短期工纳入内部职工等体系工作，进一步增强这部分人员的归属感、认同感，极大调动员工积极性。加大员工教育培训力度，拓宽培训渠道，开阔员工的视野，提升员工的素质，提高员工的履岗适岗能力。和谐发展氛围日渐浓厚。大力推进民主管理、行务公开等工作，组织开展征集合理化建议活动，落实职工群众的知情权、参与权和监督权，保障广大职工民主权利得以充分行使。认真落实离退休人员的“两个待遇”，切实做到“政治上尊重、生活上关心、文体上活跃、情感上抚慰”。加大对经济困难员工的持续救助力度，累计慰问特困职工近700人次，发放慰问款物总额125万余元。

（李华威　史庆辉）

中国建设银行股份有限公司河北省分行营业部

综　述

【**概况**】　2009年，建设银行河北省分行营业部认真贯彻落实省分行党委工作要求，在严峻的经济金融环境和激烈的市场竞争形势下，沉着应对，超前谋划，积极推进改革，强化基础管理，全力拓展市场，取得令人满意的成绩，确保综合经营计划的圆满完成。截至2009年底，税前利润完成省分行计划的103%，比上年同期增幅12.43%，账面利润新增额居系统内首位。全口径存款新增181.51亿元，较三年前翻一番，连续三年系统内排名第一；各项贷款新增46.21亿元，余额及新增均创历史新高；实现中间业务收入在同业排名第一。不良贷款额比年初下降17833万元，不良贷款率比年初下降1.27个百分点。连续七年没有发生案件和重大责任事故，连续18年被河北省政府评为“省级文明单位”。

【**大力发展主营业务**】　2009年，各项工作安排早，落实快，各业务条线严密组织，协调联动，有效促进业务指标的快速提升。资产业务方面，组织开展“奋力攻坚争项目抢抓机遇谋发展”等大型营销活动，全年累计发放非贴现对公贷款109.5亿元，房开贷款较年初增加4.17亿元。以授信业务为突破口，搭桥贷款、国内信用证议付、保理、商业承兑汇票贴现、出口商业发票融资、出口信贷转贷款等新型授信品种不断涌现。积极配合省分行“千家中小企业融资扶持计划”，全年小企业贷款余额较年初新增4.51亿元，实现中间业务收入全省排名第二，信贷工厂经营模式得到美国银行小企业流程优化项目组的充分肯定。以个人住房贷款为龙头，拉动个人资产业务快速发展，全年个人住房贷款余额比年初新增16.74亿元，当年新增市场占比同业第一。负债业务方面，一方面密切跟踪财政存款资金回流和大项目资本金拨付，加大机构类客户的营销拓展力度，对公存款一度突破300亿元大关，同业市场占比在四大行中稳居第一位。另一方面，大力拓展优质代工业务，积极组织一系列环环相扣的存款专题营销活动，个人存款新增突破62亿元。中间业务方面，在利差空间不断收窄的形势下，从改善收入结构入手，加大考核激励力度和调度督促，对公条线新产品应用亮点纷呈，“龙信融资通115号”产品填补营业部空白，成功与石家庄钢铁集团公司签订“银关通”代理协议，成功办理首笔分离式保函，信托理财业务成绩斐然，2009年共办理10期（乾图理财8期、信托计划2期），业务办理笔数、经办量及收入均位列全省第一。个人条线中间业务收入居系统第一，同业第一，代理基金同业第一，代理保险系统同业第一，销售黄金同业第一。国际业务在不利形势下积极寻找商机，2009年首次实现国际结算量超农行，四行排名进至第二位。信用卡业务全年抓住龙卡汽车卡、奥运白金卡、财政公务卡、铁路龙卡几项产品，做好商户收单和网点预审批系统发卡两项业务，同时积极推进分期付款和特惠商户业务，信用卡中间业务收入完成计划进度的148%。电子银行业务通过持续开展一系列劳动竞赛和专项营销活动，实现电子银行业务收入完成计划的142.87%，有效缓解了柜面压力，降低了经营成本。县支行在当地同业市场份额和整体盈利能力得到进一步提升，2009年前三季度进入省分行系统"标杆支行"行列的共14行次，13个参加当地行风评议的区县支行（含开发区）中，有8个支行取得第一名。

【严格内控和案件防查】 在落实保增长扩内需的同时，不忘调结构防风险。进一步加强信贷基础管理，设置专门的信贷基础管理岗位，负责落实信贷日常检查、专项检查和现场检查工作。组织召开信贷跟踪管理例会和重点项目会诊会，强化重点行业和客户风险排查，确定客户管理方案并严格实施，信用风险和操作风险控制能力不断提高。采取多种措施加大不良贷款清收处置力度，不良贷款率持续双降。全面理顺个人业务、ATM和金库中心的管理，加强业务督导力量，调整充实金库中心管理人员，成立专门的ATM管理中心，对全辖自助设备逐一进行实地察看，调整布局结构，增加安全设施，提高了自助设备的安全系数和贡献度。根据不同时段会计工作重点和风险特点，采取多种检查形式，共组织各类检查34次，累计检查机构909个次，下发整改通知书223份，累计派罚积分362分，切实防范会计操作风险。把整治屡查屡犯作为贯穿全年的专项活动，在全辖集中清理风险点，梳理规章制度，清查风险隐患，对员工违规行为进行集中处理，在全辖形成防控案件的高压态势。对营业机构实行操作风险等级管理，按季召开风险分析例会，构筑较强的风险防范网络。

【稳步推进综合改革】 深入推进业务转型。进一步理顺经营中心与支行的关系，深入探索对公网点转型，加快对公业务区域的建设，整合对公客户经理和会计人员，分层维护客户，提升服务能力。个人业务转型在一代转型的基础上，有24个网点实现二代转型，网点的服务能力和销售能力得到明显提升。圆满完成员工"四定"工作。跨机构、部门交流员工252人，交流比例达8.8%，盘活了人力资源。完善绩效考核机制。实行买单与目标考核相结合，使绩效考核持续成为撬动整体业绩发展的杠杆之一。及时调整交流干部，平级交流23人，提职6人，转专业技术职务1人，专业技术职务转管理岗位2人，免职1人，组织对全辖中层管理人员分考核和考察两个板块进行年度综合考评，对业绩进展落后的单位进行黄牌警告和戒勉谈话，提振了队伍精神。

【全面加强基础管理】 扩大客户基础。对公条线深入开展"拉清单、抓高端"工作，对公结算户新增1282户，有非贴贷款余额的客户数达到196户。个人条线积极维护高端客户，AUM20万以上客户较年初新增1.3万人，系统排名第一。在目标管理中增加利润考核，研究制定各项费用管理细则，组织开展以"节约也是创造价值"为主题的"我为成本控制献计策"活动，对业务流程、办事程序进行认真梳理，仔细查找隐性浪费现象，收到各类节约建议205条，促进全面成本管理进一步加强。中后台部门对基层服务的深度广度进一步提高，在抗击特大暴雪灾害中，全行上下沉着应对，果断妥善处置，及时启动县支行备用金库，保证业务正常运转和员工、资金安全，体现出班子和员工队伍良好的应变、处置能力和执行能力。加大网点建设力度，投资1027万元，装修改造网点14个。在省行的支持下，购置营业部新办公楼并顺利乔迁启用，解决了分散办公带来的管理不便、效率不高的问题，提升了形象。

【营造和谐发展环境】 适当提高起保障作用的薪点工资占比，按照省分行要求，完成全区213名劳务派遣员工的转制推荐工作，设立职工互助基金，积极筹集帮扶资金，加大各种保险的投保力度，为职工解决实际困难，员工满意度进一步提升。加强员工培训，全年完成各类培训项目41期。积极开展关爱员工活动，利用节假日开展红歌大家唱、寻找最美声音、智力登山比赛、羽毛球比赛等丰富多彩的文化活动，提升文化品位，舒缓工作压力，队伍呈现出良好的精神面貌。

（吕彦华）

中国建设银行股份有限公司河北省分行直属支行

综　述

【概况】 2009年，建行河北省分行直属支行认真贯彻执行总分行的各项工作部署，在省分行党委正确领导下，积极践行“以客户为中心，以创新促发展”的经营理念，进一步转变员工观念，大力开拓市场，加大创新力度，提高服务水平，强化内部控制和监督管理，各项工作取得前所未有的好成绩，综合性竞争能力得到大幅提升，风险防范能力明显增强，全年保持无案件和重大责任事故发生。全年实现账面利润25461万元，同比增幅87%；实现拨备前利润24347万元，同比增幅95%；实现经济增加值16371万元，同比增幅124%；实现中间业务净收入3494万元，同比增幅93%。全口径存款时点余额141.87亿元，日均余额190.43亿元，比上年增幅分别为6%、34%。储蓄存款时点余额4.75亿元，增幅14.31%。各项贷款余额33.78亿元，当年新增2.03亿元，省行新增计划完成率18.13%。

【强化市场营销】 加强对重点客户和重点项目的营销力度，重点培养和营销了一批特色业务客户，形成以发展资产业务提高整体收入，发展创新产品提高中间业务收入为主攻方向的发展经验模式。准确判断政策变化，大力营销优质资源客户。首先挖掘存量重点客户潜力；其次积极开拓新市场，通过一年多的努力，项目储备取得实质进展，实现收入结构的合理调整和经营效益的可持续增长；第三积极收回到期贷款和信用卡催收工作。积极拓展筹资渠道，不断增强支行资金实力。高端客户规模稳步提升。AUM20万元以上高端客户突破1,000人，300万元以上客户突破20人。个人银行业务新增客户资产总量2.5亿元。加大新产品推广应用。为提高客户需求服务效率，加快新产品应用进度，成立财政大客户服务团队、产品创新应用团队、企业年金服务团队、河钢集团服务团队、理财产品服务团队、国际业务服务团队等多个营销服务团队，充分调动员工的积极性，发挥集体智慧的作用，为创新发展赢得一大步。对公业务开办多项新结算产品，实现结算收入稳步增长。开办国内信用证、电子回单柜、对公实时通业务，全省首家使用组合印鉴、机打签发银行承兑汇票，实现单位结算收入59.24万元，同比增加24.11%。在增加中间业务收入方面，一是在议价水平上，达成多家客户上调价格意向，为提高中间业务收入创造有利条件。二是加大营销力度，扩大市场份额提高收入。三是加强同业合作，与河北银行签署信用证保兑协议，进一步拓宽了收入渠道。

【创新工作机制】 一是员工的观念和理念进一步转变，劳动光荣，工作光荣，奉献光荣的氛围得到进一步发扬。员工的工作激情得以充分施展；二是进一步强化以人为本、科学管理的思想，充分调动广大员工的工作热情和团队精神；三是收入分配的观念发生新变化，进一步拉大前后台部门的收入差距，以对支行贡献度大小作为绩效分配多少的衡量尺度，营造科学发展的环境，加大财务资源向一线倾斜的力度，保证全行业务健康、稳健、可持续发展；四是员工拼抢市场、向市场要效益的观念增强了，针对支行存贷款业务客户集中度高，客户群体基础薄弱的问题，大力开展市场营销工作，效果显著。

【加强执行力】 一是进行规范化的管理，制定并出台中期和年度工作目标；印发激励有力，约束有效，操作性较强的绩效考核办法，适当拉开前、中台之间，部门经理和一般员工之间，员工与员工之间的绩效差距。二是制定包括请休假制度在内的一系列规章制度。三是大力提升制度与规章的执行力。为达到这一目的，每周一召开工作调度会，总结上周工作，明确本周工作任务，研究完成任务的措施。

【提高服务能力和服务质量】 作为省分行本部的直接对外窗口，直属支行在服务方面，一是要求所有员工牢记客户是生存发展的源泉。树立客户至上、注意细节的服务理念，提高服务技能，用心、用情、用智服务，竭诚为客户提供差别化服务和精细化服务。二是利用晨会的机会每天强调服务，鼓励员工把自己成功的服务方法和不足与同事共享，把提高服务质量当作员工的自觉行动。三是把员工服务的质量和效果进行细分量化，纳入考核指标体系，对服务不到位或受到客户投诉的严格按照规定积分并给予经济惩罚。

【加强基础管理】 在基础管理上,加强对信贷、财务、会计、安全保卫等基础管理工作的检查。支行把依法经营、合规经营作为对基层每一位员工的基本要求,特别强调“千成绩、万成绩,出了问题没成绩”警句忠告。一是针对支行实际实施了行之有效的风险经理平行作业方法。二是不断加强对账工作,从源头上起到防范案件的作用。三是提高落实规章制度的执行力,针对往年内外部检查、审计发现问题较多的业务,举一反三,及时进行整改,防止同质同类问题的发生。四是不断提高会计风险防范的机控、技控水平。利用会计稽核成果,加大整改力度,不断降低稽核差错率。五是加强安全保卫工作,积极贯彻落实省分行安全保卫工作要求,针对近年来不法分子将犯罪矛头对准资金密集的银行领域,7月15日进行了一场防抢劫预案演练和消防实战演练活动,提高了一线网点人员应对突发事件的业务技能,为确保支行安全,创建“平安”提供有力保障。六是加强警示教育,按照省分行会议精神,及时制定《直属支行“整治屡查屡犯,防范案件风险”专项活动实施方案》。对关键风险点进行再次梳理,形成风险点典型问题清单,进行集中整治。组织全行员工到石家庄北郊监狱进行警示教育活动,参观“银行业反腐倡廉警示教育巡展”。既消除风险隐患,又使员工能够在工作中时时自省、自律,牢牢坚守道德、纪律和法律的防线。

【加强领导班子建设】 深入贯彻学习实践科学发展观活动,提高班子队伍对科学发展观的认识,较好实现“两不误、两促进”。注重加强党风廉政建设,各级领导干部遵纪守法和廉洁自律的自觉性不断提高。

【加强思想政治工作,积极推进企业文化建设】 加强员工思想政治教育工作,围绕员工思想实际,业务发展实际,加强学习教育。组织党员干部加强学习落实科学发展观。开展违规违纪人员处理办法学习宣传活动;积极参加迎“七·一”赴革命圣地学习感受革命前辈先进事迹等活动。贯彻落实总分行党委以人为本的管理理念,增强员工的凝聚力和向心力,为创建既管理规范又和谐愉快的工作氛围,支行开展了丰富多彩的企业文化建设活动,通过活动大大增强员工爱岗、敬业、以行为家的和谐氛围。

【加强员工学习培训】 提高员工的知识层次,更新员工的知识结构,是支行工作的重要组成部分。为使学习和培训工作制度化、经常化,制定工作计划,采取集中学习、自学、请进来走出去等多种培训形式,组织员工利用班前、班后,每日晨会的时间,以岗位技能为重点,经验交流为根本,开展多层次的学习和培训。保证员工的知识结构能够满足业务发展的需要,大力提倡知识储备,为业务发展提供人才储备。同时,积极鼓励员工参加各类社会考试和学历教育,提高自身素质,支行通过金融理财师标准委员会认证的理财师达到11人,其中CFP(注册金融理财师)2人,EFP(金融管理师)1人,AFP(金融理财师)8人。前台业务部门和经营部门实行A、B角制度,岗位轮换制度,既有效防范风险,又促进了员工业务素质的提高。

(魏京波)

中国建设银行股份有限公司承德分行

综　述

【概况】 2009年,建设银行承德分行紧紧围绕打造区域内竞争力最强、内控最严密、服务最优、员工最具成长感的最佳银行这一战略愿景,按照年初确定的指导思想,准确把握经营方向和工作重点,扎实有效推进,较好地完成全年综合经营计划和KPI指标,提前实现三年发展规划和各项业务发展目标,市场竞争力和风险防控能力不断增强,系统内价值贡献度和集约经营度稳步提高,员工和客户满意度显著提升。全年累计信贷投放74.17亿元,年末贷款余额81.65亿元,较年初增加29.21亿元。全口径存款余额达114亿元,较年初增加31.65亿元。全年实现中间业务净收入9726万元。全年累计处置不良资产1301万元,年末账面不良贷款额374万元,不良率0.05%。全年实现拨备前考核利润2.69亿元,计划完成率125.2%,实现经济增加值1.25亿元。

【业务发展】 坚持稳健经营,抢抓发展机遇,可持续发展能力显著提升。坚持优中选优,促进优质资产业务稳健发展。针对高速公路等优质项目制定重点营销计划,全年向重点项目投放信贷资金36.8亿元,资产结构不断优化,可持续发展能力进一步增强。抢抓低成本贴现业务,通过配置专项财务资源、制定单独的考核办法和开展“奋战六十天累贴超六亿”专项营销活动,保持了同业市场占比的优势地位。巧抓低风险个贷业务,通过开展“增份额、缩差距、争先创佳绩”竞赛活动、举办“承德市首届建筑市场业务合作恳谈会”等形式扩大影响,抢抓客户源头,个贷业务获得较快发展。坚持存款立行,不断扩大低成本存款业务规模。对公条线把营销基本结算户作为工作重点,深入开展“黄金客户争夺战”活动,成功营销一大批优质基本结算账户,到年底,对公基本结算账户新增129户,对公存款余额49.8亿元,时点新增17.91亿元。个人条线通过开展“全行总动员、合力抓高端”和举办高端客户答谢酒会等营销活动,实现由抓存款向抓客户转变,以龙卡通为载体,狠抓资金流量大的教育、商贸、结算等市场,以联名卡为突破口,抢抓优质代发工资户,实现个人存款的快速增长。年末,个人存款余额61.68亿元,时点新增12.48亿元。坚持三个结合,稳步提升中间业务市场份额。与产品相结合,实行中间业务与优质项目贷款捆绑营销,全年实现财务顾问和审价咨询业务收入4249万元,占全行中间业务收入的43.14%;与创新相结合,积极培育保兑仓、国内保理、国内信用证等中间业务新品种,以产品创新带动中间业务增收;与营销活动相结合,开展“直面差距、对飙赶超”等竞赛活动,强化重点产品营销,加大中间业务发展推动力度。坚持质量效率并重,快速发展战略业务。采取“抓发卡、降不良、促活动、减积压”等措施,促进信用卡业务健康发展。不断加大电子银行业务拓展力度,全年实现业务收入196万元。锁定服装店、车行、建材城等交易频繁的商户积极发展电话支付,EPOS客户布放计划完成率居全省第一位。坚持八字方针,积极推进县域支行发展。积极推动县支行从利润中心向产品销售中心的转变,鼓励县支行结合自身经营环境,走特色经营之路,县支行市场占比和价值贡献度有了明显提升,五个县支行中有三个县支行进入省分行标杆行行列。

【改革创新】 坚持改革创新,打造竞争优势,发展源动力和核心竞争力持续增强。继续推进战略转型。在巩固零售网点一代转型成果的基础上,全面推进二代网点转型,形成以财富管理中心、理财中心、标准网点的三级客户服务体系。对公业务转型,按照“分层经营”和“专业专注”的目标,深入推进对公业务转型,逐步形成贷前与贷后业务相分离、相互制约、相互促进、协调发展的科学经营管理体系。稳步推进押运社会化改革。顺利完成中心金库和城区机构押运社会化改革。大力开展产品创新。组建创新团队,大力创新“融智增值”型金融产品,首次发售4.5亿元“乾元”信托理财产品,为核心企业上下游客户量身定做“国内保理”、“保兑仓”等新产品,国内信用证开证、议付等业务实现零的突破,创新推出“铁路龙卡”、“国际足球信用卡”、“个性龙卡”等新卡种,与市公积金中心签订《住房公积金龙卡联名卡合作协议》,全行创新氛围日益浓厚。着力加强服务创新,不断完善内部服务,强化“内部客户”意识,从中后台抓起,从二线岗位抓起,为“内部客户”提供实实在在的服务。持续优化客户服务,加强客户服务渠道建设,新购置四家新营业网点,完成三家网点的装修改造,客户服务环境进一步改善。探索开展服务明星评选和营业机构星级管理,切实提高网点的客户服务水平和效率,完善《行风建设百分量化考核办法》和《客户投诉反馈处理办法》,以行风建设促进客户服务,在2009年民主评议行风社会“满意度”综合测评中,承德分行始终位居公益经营系列21个参评单位榜首。

【风险防控】 坚持合规经营,严防案件风险,为安全稳定运营提供有力保障。加强风险教育,营造合规氛围。深入开展“防案件、强监督、保平安”警示教育活动和“整治屡查屡犯,防范案件风险”专项整治活动,实现“不出事、抓机遇、稳发展”的案件查防工作目标;通过扎实开展“抓服务、讲合规、促发展”主题系列活动,“远离风险、合规操作”万名员工签名仪式以及“合规在我心中”演讲比赛,不断加强合规文化建设,依法合规的经营理念不断深入人心。加强机制建设,完善风险控制体系。加大对支行领导班子的内控管理考核力度,完善《委派会计主管管理及考核办法》,制定《会计人员等级管理办法》,完善《会计操作风险控制评价管理细则》,会计部位风险防范体系逐步完善。修订《营运业务考核实施细则》,制发《扫描中心外包凭证传递业务检查管理办法》和《守押社会化业务操作流程》,构建安全高效的管理和服务保障体系,实现“营运安全、管理规范、处理高效、服务到位”的工作目标。制定出台《成本管理实施方案》,从制度上加强对费用支出、集中采购和资本性支出的管控，充分发挥资源配置对促进业务发展的导向作用。加强信贷管理，严防信用风险。严格落实总分行“进、保、控、压、退”的信贷政策，以“促增长、防风险、调结构、保质量”为风险管理核心，扎实推进信贷结构调整，实现新发放对公非贴现贷款零不良和对公不良贷款余额清零的目标，资产质量创历史最好水平。加强保障工作，夯实发展基础。加强安保工作，以“平安”创建活动为主线，以建国60周年安保工作为重点，不断加强安全监督检查力度，严格落实各种国家安全标准，保障全行安全稳定运营。承德分行荣获河北省金融系统安全保卫工作先进集体、承德市“平安企业”等荣誉称号。强化信息支持，加强“两会”及60年“国庆”重点时段信息系统维护，组织营业网络IP地址扩容和备份网路建设，开展网点安全加密传输项目和CCBS综合前段项目的应用推广工作，确保全行各种计算机应用系统的平稳运行。做好后勤保障，加强政务值班、公务车辆和办公楼安全管理，进一步优化突发事件的应急处理机制，全面做好后勤保障工作，确保行务高效有序运转，为业务发展营造良好环境。

【企业文化】 坚持以人为本，构建和谐文化，团队凝聚力和战斗力不断增强。班子队伍建设不断加强。优化管理人员队伍，认真开展中层管理人员聘期届满考核和新一轮聘任工作。对支行和部门班子实行目标完成度、内控严密度、客户满意度、团队认同度、任务执行度、工作创新度“六维”全方位考核，在考核的基础上稳步推进聘任工作。加强人才梯队建设，制定《青年人才选拔培养工作方案》，开展演讲比赛、小组调研、素质测评和座谈会等活动，加强青年人才培养，为长远发展储备人才资源。学习型团队打造卓有成效，深入开展“创建学习型团队，争做知识型员工”活动，引导员工树立终身学习的理念，把读书学习当成一种职业要求、一种生活态度和一种精神追求。和谐氛围日益浓厚，深入推进“收入有保障，意见有人听，人格受尊重，压力能缓解，上升有通道”的特色企业文化建设，全力打造和谐分行，“我靠生存，靠我发展”意识逐步深入人心。

（刘树兴）

中国建设银行股份有限公司张家口分行

综　述

【概况】 2009年，面对严峻的经济金融形势和激烈的市场竞争，张家口分行按照省分行的统一部署，紧密结合实际，科学谋划、坚定信心、开拓进取，加强基础管理，确保安全运营，抢抓发展机遇，积极扩大业务规模，多项业务指标创历史新高，内部管理工作进一步夯实，较好地完成了各项工作任务。经营效益再创新高。实现账面利润3.50亿元，同业排名第一，同比增长978万元。实现拨备前经济增加值2亿元，同比增长1536万元。中间业务净收入1.24亿元，同比增长1366万元；市场占比30%，同业第二。业务规模快速扩充。一般性存款余额172.5亿元，比年初新增44亿元，比上年多增16亿元，省分行目标计划完成率105%，余额同业占比系统内第三位，比全省平均占比高1.7个百分点。新增同业占比34.9%，同业、系统内均为第一。各项贷款余额为122.7亿元，较年初新增36亿元，同比多增26亿元，增速系统内排名第四，同比提高五位，投放和新增额均创历史最好水平。资产质量持续优化。账面不良贷款额2817万元，不良率0.23%，不良贷款额、不良贷款率分别比年初降低2660万元和0.4个百分点，超额完成省分行计划。全年实现安全运营。未发生案件和重大责任事故。

【经营实力明显提升】 引入等级行管理，对支行的综合贡献度和市场竞争力进行评价；加大对支行管理人员的考核激励力度，突出对市场份额的考核；以县域支行标杆管理为契机，鼓励县域支行实现超越进位。2009年，张家口分行一般性存款、对公存款和储蓄存款三项指标新增同业占比全部第一，是系统内唯一一家三项存款新增均同业占比排名第一的分行，三项存款余额占比均比2008年有所提高，且对公存款余额继续保持同业第一。积极开展增存增户活动，全年新开立对公账户1504户，其中基本户594户，对公存款新增市场占比达到35.9%，系统内第一。加强个人高端客户营销，个人高端客户较年初新增2584人，达8123

人,增幅46.6%,个人高端客户新增余额22亿元,达63.7亿元,增幅51.7%。个人存款余额和新增额均居系统第四位。从储备项目中优中选优,新发放公司类非贴现贷款39.5亿元,贴现10.4亿元,并为固定资产项目办理银行承兑汇票7.1亿元,投放项目数量和金额均创历史新高,公司类贷款新增额是2008年的3.8倍。发放1.52亿元中小企业贷款,提前半年完成省分行计划,计划完成率系统第二。个贷累计发放14.8亿元,本年新增10.7亿元,发放额、新增额均为系统第三。

【中间业务稳步增长】 实施巩固代理业务优势、大力拓展财务顾问业务、拓宽对私对公结算业务收入渠道、积极培育发展电子银行、国际业务、信用卡等新的业务增长点的经营策略,中间业务收入再创历史新高,在总收入中的占比达到21.8%,同比提高1.6个百分点,收入结构进一步改善。财务顾问和贷款承诺费收入4396万元,占全行中间业务总收入的35%,同业第一,是中间业务收入的重要来源。代理基金和保险分别实现收入1089万元和1468万元,继续保持同业第一。全行结算业务收入3181万元,增幅50%,同业占比提升10.5%,保持了旺盛的发展势头。其中个人电子银行业务收入增幅416%,系统第一,远高于系统平均增速。中小企业、信用卡业务、国际业务分别实现中间业务收入698万元、606万元和453万元,增幅分别为325%、79%和52%,成为中间业务增长的有力支撑。房改金融、造价咨询等传统优势业务继续领先同业。首次办理2笔保兑仓业务,丰富了张家口分行小企业供应链融资产品,成为全省第二个经办此项业务的分行。

【管理基础更加稳固】 进一步理顺公司类大中型项目平行作业流程,做好信贷资产风险监测和预警工作,做好信贷资产检查工作,切实提高信贷资产风险管理水平。以"防控操作风险,确保安全运营"为目标,建立员工大额资金往来报备制度,完善柜员尾箱平移和会计操作风险等级评定办法,实施会计基础工作内部降级管理;继续加大委派主管的考核力度,强化委派主管的执行力,提高会计风险防控能力。以案件防范教育为补充,大力推行"合规人人有责,合规创造价值"的理念,开展"强化执行力制度落实年"、"抓服务、讲合规、促发展"等系列活动,组织全行员工参观预防职务犯罪警示教育展览,提高全行员工合规操作意识。以创建"平安"为目标,认真落实安全保卫、营运、IT规章制度,提高规章制度和案件风险防控措施的执行力。以各种文体活动为载体,活跃员工文化生活,营造和谐氛围。积极做好困难职工帮扶工作,组织进行多种形式的走访慰问和"送温暖"活动,认真落实离退休人员的"两个待遇",和谐氛围更加浓厚。

【社会形象有效提升】 投入资金5681万元,购置和装修网点13个,新增、搬迁改造自助网点18个,网点硬件设施明显改善,网点布局进一步优化。以行风建设促品牌提升,广泛征求社会和行评员意见建议,积极落实整改,得到客户和行评员的广泛好评,群众满意度测评全市第一,民主评议行风工作全市第二。以广告和媒体宣传为手段,努力打造"蓝色银行"品牌,对外宣传工作获得全省系统优胜单位称号。通过金融知识展览、理财交流会、交流合作恳谈会、产品推介会、银企合作签约仪式、银企座谈会等活动,积极推介张家口分行产品和形象,使品牌深入人心。开展"青春热血涌动 爱心相连"为主题的大型无偿献血活动,活动得到当地多家媒体关注和报道,向全社会展现了员工关爱他人的精神风貌。确保国庆期间安全营运、优质服务和零上访,被市政府评为"国庆安保先进集体"。市政府授予张家口分行"信息工作先进单位"荣誉称号和"亮化工作三等奖",进一步提升了社会形象。

(郭建军)

中国建设银行股份有限公司秦皇岛分行

综 述

【概况】 2009年,建设银行秦皇岛分行坚持以科学发展观为指导,深入践行"以客户为中心"的经营理念,强化市场营销,推进业务转型,调整经营结构,细化内控管理,落实"三个服务",在严峻的经济金融环境和激烈的市场竞争形势下,实现各项业务的持续、稳定、健康发展。截至年末,一般性存款余额184亿元,比年初新增44亿元。其中对公存款余额82亿元,比年初新增19.1亿元。储蓄存款余额103亿元,比年初新增25.2亿元。各项贷款余额136.8亿元,比年初新增45.5亿元。实现账面利润4.1亿元,中间业务收入1.6亿元。各项业务平稳较快发展。

【加大信贷投放,为地方经济发展提供强有力资金支持】 做好重点项目资金落实工作。秦皇岛分行一直努力向上级行争取信贷资源,全面支持当地城市基础设施、港口、钢铁、设备制造等行业。2009年,累计发放贷款180亿元,为秦皇岛市的城市基本建设和企业发展提供强有力的信贷支持。在加大信贷投放力度的同时,信贷管理能力得到提升,贷款不良额和不良率出现双降的局面,为实现银行和地方经济健康发展,建设当地良好金融生态环境做出贡献。支持中小企业发展,积极解决当地中小企业融资难的问题。秦皇岛分行把支持中小企业作为业务发展的一个重点,有效保证中小企业的融资需求,全年累计向当地65个小企业发放贷款8.5亿元,小企业贷款余额达6.3亿元,较年初新增2.3亿元。从投向看,贷款投放涵盖制造业、食品加工业、商品批发零售业、金属压延等诸多行业,有力支持了地方经济发展。关注民生,积极推广"民本通达"品牌。2009年,以教育行业为突破口,大力推进"民本通达—教育慧民"工作,积极与当地教育主管部门、高等院校接触,了解其融资需求,先后向河北建材学院、河北科技师范学院、东北大学秦皇岛分校、燕山大学高校累计发放5.5亿元固定资产贷款。至年末,教育行业贷款余额达90100万元,全年新增63500万元,市场占比由2008年的26%增至2009年的74%,居同业第一。

【开展阳光服务,加强文明创建,履行社会责任】 提高服务水平,不断增强客户满意度。紧紧抓住"以客户为中心"这一关键点,把后台为前台、二线为一线、全行为客户服务的理念落实到经营的最前线。一是制定《营业网点环境规范》、《客户服务工作质量考核办法》、《柜面服务规范实施细则》等9项管理规定,提高柜员的服务质量和服务效率,真正体现便民利民的宗旨,客户满意度大幅提升;二是不断提高员工的文明服务水平,针对员工与客户接触的15个场景,制定规范统一的语言、动作、行为指南,使客户在不同的网点都得到一致的服务体验;三是积极参加市广播电台组织的《港城事大家议》阳光热线活动,分管行长带领业务骨干走进直播间,针对广大市民关注的个人住房贷款、理财产品投资、信用卡使用等热点难点问题进行耐心细致的解答,得到广大市民的赞许;四是邀请市政府相关部门的4名行风监督员对分行的4个城区和6个县区机构营业网点的环境卫生、员工仪容仪表、各岗位行为规范、服务质量和用卡环境等情况进行明察暗访,使营业网点的工作水平和服务质量的得到很大提高。创新服务方式,有效提高居民理财收入。一是为丰富市民的金融知识,凭借自身专业优势,依托宣传媒介,向市民普及金融知识,提高市民的金融文化水平和理财观念。二是从提高市民投资技巧等方面做了大量有针对性的工作:针对当前资本市场形势,3月4日,举办"真情回馈、金牛送礼"大型投资策略报告会,为到场的200多位客户提供有针对性的理财建议;为提高市民金融安全意识,防范金融诈骗,到滨海城、兴隆尚府等社区对市民进行反假币宣传和防范金融诈骗风险提示,指导市民安全用卡,从社会化的角度推进金融生态建设。5月23—24日,秦皇岛分行与市广电中心联合举办第七届秦皇岛汽车展示会,现场向广大市民宣传讲解金融产品,解答广大市民的理财咨询,收到良好的社会效果。三是依托营业网点二代转型,培育一批理财规划师,在各营业网点为广大居民理财投资提供专业性、差别化、操作性强的指导与服务,并在市内6家网点设立理财中心,由具有专业资质的理财师实行人性化、一对一服务,深受广大客户的欢迎。多年来,以各种形式开展扶贫工作,帮助定点扶贫单位进行"文明生态村"建设,定期向定点扶贫单位青龙县胡杖子乡三拨子村捐助款物。秦皇岛分行自2007年以来,参与建设银行总行的"建设未来——中国建设银行资助贫困高中生成长计划"项目,为秦皇岛一中45名品学兼优、家境贫困的高中生每人每学年发放助学款1500元,帮助品学兼优的贫困高中生顺利走入大学校门。2009年,受到资助的学生有9人参加高考,其中8名考取二本以上院校,其中1人考取西安交通大学名牌学府,这项活动将作为一项爱心之举长期坚持下去。按照建设银行总行部署开展资助"英模母亲"活动,每年为当地8位生活困难的军、烈属母亲提供2500至5000元的生活资助,为她们送去生活上的关怀。热心公益行动,使秦皇岛分行在市民心中树立起一个关注民生、勇挑社会责任的良好企业公民形象。

(何金钊)

中国建设银行股份有限公司唐山分行

综　述

【概况】 2009年，建设银行唐山分行在省分行党委的正确领导下，坚持以科学发展观为指导，以“保平安、争份额”为总体目标，强化市场营销，推进业务转型，调整经营结构，细化内控管理，构建和谐文化，平稳完成新老班子顺利交接，圆满完成全年工作任务，进一步提升了市场竞争力和经营管理水平。截至年末，全口径存款余额突破600亿元，达到601亿元，较年初增加99亿元。各项贷款新增72亿元，余额达377亿元。实现中间业务净收入3.3亿元，完成计划的102%，同比增幅达26%。不良贷款余额6584万元，较年初减少9421万元；不良贷款率为0.17%，较年初下降0.35个百分点。全年实现账面利润12.4亿元，同比增加0.7亿元；实现考核利润10.33亿元，经济增加值5.54亿元，均超额完成计划。全年没有发生案件和事故。

【狠抓营销抢占份额】 （一）对公业务条线，唐山分行紧紧把握唐山市大规模经济建设的良好机遇，坚持以优质大中型企业和重点项目为支撑，以中小企业业务为新增长点，以产品创新为动力，推动对公业务持续发展。一是以省分行和市政府签订“金融支持项目合作协议”、“振兴中小企业合作协议”和国家支持民生领域建设为契机，协调联动强化营销，全面发展公司、机构和小企业信贷业务。截至年末，全行大中型公司类贷款余额296.36亿元，新增35.16亿元，创历史新高。机构类贷款新发放20.4亿元。小企业贷款余额59798万元，累计投放60440万元，实现新增21756万元，增幅57.19%。二是通过采取落实责任制、稳定大客户、大力拓展基本结算户和财政专用结算户、基本养老保险基金户等措施，实现对公存款余额224.27亿元，较年初增加24.74亿元。三是对公中间业务在发挥传统业务和产品优势的基础上，大力开展产品创新，在全省系统率先办理服务保理、短期融资券承销等多项新业务，实现对公中间业务收入17923万元，占全行中间业务收入的53.25%。四是国际业务面对严峻的经济形势，积极开发新增目标客户和业务增长点，加大高收益产品的推广力度，全年实现国际结算业务20.79亿美元，当地市场占比达29.2%，同比提高2个百分点，居第二位；实现外汇中间业务收入4830万元，在全省系统和当地同业均居第一位，市场占比达30%。（二）个人业务条线，紧紧围绕市场和客户需求变化，强化产品营销，落实考核激励，抢抓高端客户，个人业务的价值创造力不断提升。一是个人存款业务快速增长，年末个人存款余额达365.89亿元，较年初增加65.99亿元，余额和新增均居同业第二位，市场占比分别达25.77%和28.37%。二是个人中间业务在巩固代销基金、借记卡等产品优势的基础上，以拓展代理保险、黄金业务、个人电子银行业务和做大做强理财产品为重点，取得良好的营销业绩。截至年末，实现个人中间收入1.19亿元，居全省系统第二位。三是个人资产业务按照“有保有压，稳中求进”的原则，坚持“一手房二手房齐抓”，重点发展住房贷款，有选择地发展消费贷款。截至年末，个人住房贷款余额26亿元，新增4亿元，在系统内实现跨越式发展；个人消费贷款全年发放1.18亿元，余额达2.07亿元，实际新增3860万元。四是信用卡业务明确重点客户、重点渠道和重点产品开展营销，不断优化用卡环境，全年新增信用卡客户2.66万户，客户存量达11万户，以23%的市场占比居同业第二位；实现消费交易额11亿元，同比增长132%。

【推动转型促进发展】 针对日益加剧的市场竞争和客户需求变化，唐山分行坚持以业务转型为动力，积极完善经营机制。在零售网点转型方面，以召开二代转型工作会、现场会和经验交流会等形式，提高全行二代转型重要性的认识；成立专家理财团队对转型工作进行指导，为二代转型工作提供有力支持和保障；及时出台管理办法，配齐专职客户经理，加强专业培训，按照建设银行总行的标准模板进行模拟演练。截至年末，全辖104个网点完成一代转型98个，完成二代转型35个。在经营中心建设方面，着重打造个贷中心、中小企业经营中心和财富管理中心，积极优化业务流程，提升专业化服务水平，中心的业务贡献度逐步提升。在县域支行发展方面，认真执行省分行的战略部署，通过加大对县域支行的财务资源和政策支持力度，探索适合县域支行的激励办法和考核模式，搭建信息交流平台，强化县域支行发展经验交流，落实“行领导包行，部门包行”制度等措施，不断提升县域支行的综合发展能力。

【严格管理优化质量】 唐山分行从防控风险出发，高度重视对贷款各环节的管理，创新管理手段，夯实资产质量。一是信贷审批环节坚持紧贴市场和客户，建立和完善审批的专业化组织结构和审批模式，重点推动“标准化、专业化、透明化、程序化”审批；扎实推进限时审批、“绿色通道”、前台营销与后台审批发现问题定期沟通等工作制度，努力提升信贷审批效率。二是积极推进风险管理垂直运作和平行作业，全面实施大中型公司类客户平行作业机制，风险管理逐步融入贷前、贷中、贷后各环节，促使风险管理功能向主动型、经营型和增值型转变；加强风险条线与前台经营条线沟通交流，促进统一价值观的形成和统一风险偏好的传导，实现业务发展与风险控制的有机结合和相互促进。三是强化贷后管理，牢固树立“贷后管理出效益”的理念，分析客户的风险点，研究防范风险的控制措施，提高贷后管理水平。四是持续调整信贷结构，在省分行信贷结构调整计划的基础上，制定符合自身实际的信贷结构调整方案，紧紧围绕不良资产处置“早、快、多”的总体要求，多措并举抓清收。全年全行完成信贷结构调整4.04亿元，收回不良贷款7663万元。

【细化管理防范风险】 一是扎实开展省分行“整治屡查屡犯、防范案件风险”专项活动和银监局案件风险排查工作，认真落实风险排查和自查，通过警示教育、案例教育和条规教育等措施，不断提高员工的案件防控意识和合规操作意识。二是加大会计检查力度，强化会计检查的针对性和覆盖面，坚持定期与不定期相结合、现场与非现场相结合、突击检查与巡查相结合、督导人员阶段性顶岗检查与机构骨干交叉相互检查相结合，对问题较为集中的环节进行重点监督检查，加大责任追究力度，建立问题整改的长效机制。三是加强财务成本管理，严格财经纪律，不断完善财务管理办法，科学合理安排费用支出，贯彻落实上级行节约成本开支的精神，大力压缩弹性费用支出，不断提高集约化水平，集中资源支持重点业务快速发展。四是坚持创建“平安”与创建“平安唐山”相结合，全面落实各项安全措施，确保全行工作安全运营。

【以人为本创建和谐】 一是不断加强班子队伍建设。重视发挥党建的政治保障和政治核心作用，紧紧围绕中心工作开展党建活动，广泛调动基层党组织和广大党员的工作积极性。按照以人为本的要求，关爱员工生活，改善员工工作环境，切实帮助员工解决困难，不断提升员工的归属感和满意度。强化员工的培训和选拔，提升员工综合素质的同时为员工的职业生涯搭建广阔的发展平台。二是认真落实“三个服务”，严格后台服务保障机制，为前台问题提供及时高效的后台服务，努力减轻前台压力，为全行业务的健康稳定发展提供保障。三是加强企业文化建设。充分发挥工会和党团组织的作用，认真开展思想政治工作，通过广泛开展“抓服务、讲合规、促发展”主题系列活动，大力提升员工的服务意识、合规意识和工作积极性，维护全行良好的社会形象。唐山分行被评为唐山市“文明迎论坛、环境大提升”百日推进行动贡献突出单位和唐山市2009年度“十大文明示范行业”。

（王海全）

中国建设银行股份有限公司廊坊分行

综　述

【概况】 2009年，建设银行廊坊分行以科学发展观为指导，贯彻上级指示精神，按照“争先创优年”工作要求，加强管理，合规经营，实现又好又快发展。全年实现净利润29834万元，完成全年计划的119%；实现经济增加值23090万元，完成全年计划的118%。十二级分类口径不良贷款余额10939万元，较去年下降1892万元，不良贷款率0.75%，下降0.45个百分点。全口径存款余额235亿元，当年新增68.2亿元，增长率40.85%。各项贷款余额146.5亿元，比年初新增39.5亿元。实现中间业务收入17512万元，占主营业务收入的23.4%。全年安全运营，无事故案件。

【业务健康发展】 2009年是省分行三年规划收官之年和“争先创优年”。面对金融危机的影响，廊坊分行把握发展机遇，以“保增长”和“三年大变样”为重点，以提高市场占比为目标，加大优质客户市场营销，实现各项业务健康发展。

资产业务。全行抓住政府主导重点项目，成立营销团队，实行营销责任人制度，全年累计办理重大项目贷款60亿元；中小企业贷款余额10.2亿元，比年初增加5亿元，不良贷款率为零；全年个人住房贷款累计发放39.4亿元，新增28亿元，房地产开发贷款余额达11.23亿元，比年初新增7600万元；公积金贷款余额达15亿元，比年初新增6.7亿元，新增市场占比93%。廊坊分行被建设银行建设银行总行评为全国房金业务"百佳机构"，荣获全省旺季营销"综合贡献奖"；燕郊开发区支行被评为全省房金十佳机构第一名。负债和机构业务。一方面加强存量客户的维护，提高对公客户和个人结算账户的"单产"；另一方面大力拓展增量客户，在经济形势下行的考验中筛选抗风险能力强的优质客户。个人存款。开展"清街扫巷"活动，拓展优质客户群体。全部网点完成一代转型，25个网点完成二代转型，4个网点通过建设银行总行验收，平均得分99.2分，全省排名第一。总资产20万元以上客户新增8714个；其中总资产300万元客户新增99个；高端客户资产达90.9亿元，比年初增长33.15亿元；新发借记卡20.9万张。

企业存款。加大对公基本结算户的营销力度，组织开展"抢抓优质客户"营销竞赛活动，全年新增结算户1001户，其中基本结算户387户。企业存款年末余额95.6亿元，新增36.9亿元。机构业务。拓展财政类客户，发展社保客户，在城镇居民医疗保险和失地农民养老保险的基础上，营销各县、市新型社保业务。霸州、三河、固安等城镇居民医疗保险、被征地农民养老保险已在分行开户，存款余额近9000万元。发展企业年金业务，签约"养颐乐泰"企业年金意向性客户87户，全省排名第一。中间业务。将抢抓中间业务收入作为发展重点，加大资源挂钩力度，在保持优势产品稳步增长的前提下积极寻找新增长点。中间业务收入在总收入中占比达23.4%。个金业务。加大发卡力度，提高借记卡和个人结算收入，建立代发工资"折换卡"机制，拓展联名借记卡业务，加大批量发卡力度；开展刷卡消费抽奖活动，提升龙卡市场影响力。全年实现龙卡收入1011万元。提高代理保险、基金贡献度，代销基金7.8亿元，实现收入693万元；代销保险3.02亿元，实现收入1170万元。全年实物金销售90千克，账户金865千克，实现收入120万元，列同业第一位。对公业务方面。发展财务顾问业务，全年共签订财务顾问协议157份，实现手续费收入6490万元；境内、外保函业务实现收入795万元。通过产品创新带动业务发展，为新奥集团发行2.5亿"利得盈"项目，填补了业务空白；为荣盛公司发行首笔股权投资类理财产品——"乾元一号"2.8亿元。帮助地方政府搭建融资平台，配合上级行为市政府提供一揽子金融服务。全年通过提供理财服务8.06亿元，为政府节约财务成本1900余万元。

房金业务方面。依托资产业务，大力发展财务顾问、审价咨询、工程建设监管、人民币结算账户管理等业务，全年实现中间业务收入2137万元，是2008年的1.85倍。国际业务方面。一是发挥国际结算、结售汇以及境外保函业务的支柱作用，保持国际业务收入的快速增长。全年完成国际结算业务11.8亿美元。二是加大产品创新与应用，掉期行汇融通、结构性海外代付业务，填补了业务空白；与境外分支机构联动，为荣盛公司办理4580万美元境外投资款购付汇业务。实现国际业务中间业务收入2139万元。信用卡业务方面。拓展商户收单业务和分期付款业务，提高信用卡业务盈利能力。信用卡累计消费交易额12.7亿，占市场份额的44%，列同业第一位；信用卡透支6000万元，占市场份额的44%，居第一位，实现中间业务收入396万元。电子银行业务方面。普及电子银行知识，提高市场认知度，开展个人电子银行"371"劳动竞赛活动。全年分行电子银行与柜面交易之比达到65%，居系统第二位；实现电子银行收入490万元，完成全年任务的126%。

【提升竞争力】 资产质量提高。围绕经营发展重点，执行上级行政策，统一风险偏好，使客户、区域、产品结构趋好。一是加强结构调整，执行限额管理，把握客户选择和信贷标准，加强对授信业务监测系统报警事项的核查处置；推进信贷结构调整进度，明确退出类客户名单，跟踪监测；二是扩大风险预警范围，对非正常类贷款户重点关注，预判资产质量趋势，防止资产质量或减值准备大幅波动，对存在风险客户列入重点观察名单，提出化解措施；三是加强政策传导，编印《对公授信业务手册》，对授信管理政策梳理，筛选制度要求和可操作的信息，分门别类归集整理。处置不良贷款。强化不良贷款考核，回收不良贷款，共处置不良资产3374万元。风险防范。加强员工行为排查，开展“整治屡查屡犯，防范案件风险”专项活动，推进创建平安，预防ATM犯罪，全行ATM均与110报警中心联网，投入300万元完善技防设施，预防犯罪。

【改革创新】 完善考评体系。本着“分类预算，分类考核”的原则，完善绩效考评体系，按照业务范围和经营职能不同，划分为不同机构类群；对不同类群机构员工制定考核和分配方法，新考评体系提高了薪酬管理水平。推进机构改革。9月份成立信用卡中心和电子银行渠道中心。对个贷中心进行改革，组建城建支行个人贷款分中心，将城建支行打造成以“房”字号客户为主的专业支行。实施强县支行战略。明确定位，推出“一行一策、突出重点”发展规划，突出强县支行创造力和贡献度。

【经营管理】 推进学习实践科学发展观活动。党员和员工积极参加、热情高涨，践行科学发展观的责任感和紧迫感增强。活动共征求意见和建议38条，经过梳理后进行整改。运营管理。一是降低无效资金占用，开展“夯实基础，建立机制，防范案件”主题活动，降低稽核差错率；二是以支持前台业务转型为重点，推进集中配送体系建设，金库实现面向全系统的现金、外币、实物黄金的配送作业体系；三是严格匡算头寸，灵活调度资金，全行日均资金备付率为0.69%，比去年降低0.81个百分点。合规管理。配合审计部门开展经营管理追踪、财务监测、审计咨询等7个审计项目，完成资料报送，审计整改6项，发送整改联系书40份，整改问题71个。修订反洗钱工作考核办法，按季召开反洗钱工作会议，发现和解决问题。后勤保障。在国庆和甲流疫情的防治工作中，分行党委站在讲政治的高度，顾全大局，认真研究，周密部署，确保全行安全运营。2009年，老干部党支部被建设银行总行评为先进党支部。工会工作。一是开展“降低成本、节约费用、提高效益”献计策合理化建议活动，全行共收到合理化建议200多条；二是开展各项文体活动，先后组织“三八”妇女节活动、机关员工迎“五一”乒乓球、羽毛球比赛以及“阳光五月”城区支行联谊等活动。2009年，在廊坊市银行业乒乓球比赛中，分获男女团体第一名。

（杨　鹏）

中国建设银行股份有限公司保定分行

综　述

【概况】 2009年，建行保定分行努力践行科学发展观，认真落实“提占比、降不良、调结构、保安全”的工作思路，全行经营发展迈上新台阶。一年来，各项业务取得全面发展，主要体现在：经营效益持续提升，实现账面利润3.99亿元，同比增长5118万元，增速为15%。负债业务快速增长，全口径存款余额337.75亿元，新增75.18亿元；一般性存款余额333.94亿元，新增74.68亿元，其中，个人存款新增50.29亿元，企业存款新增24.4亿元，创历史新高。资产业务发展提速，各项贷款余额达83.42亿元，新增20.97亿元，增速达到33.57%，为历年之最。其中公司类非贴现贷款新增10亿元，增速27.57%；个人贷款新增7.24亿元，增速55.95%；贴现新增3.72亿元，增速28.12%。中间业务收入持续攀升，实现中间业务净收入18129万元，同比增长3806万元，增幅26.57%。不良资产清收效果显著，全年累计实现不良资产处置25599万元，实现拨备回拨25879万元。截至年末不良贷款余额53151万元，比年初下降24452万元。不良贷款率5.99%，比年初下降5.25个百分点。新发放对公贷款不良率为零。战略性业务持续健康发展，全年实现安全运营，零事故、零案件。

【明确工作思路，准确把握发展方向和节奏】 一是科学谋划工作思路。通过认真总结分析全行在经营发展中存在的突出问题，准确把握内外部经营形势的发展变化，按照上级行提出的经营思想和工作部署，确定“提占比、降不良、调结构、保安全”的全年工作思路，紧扣省行工作会议精神，扭住业务发展的“牛鼻子”。二是准确把握发展节奏。年初把旺季营销活动作为全年工作的“重头戏”，做到认真谋划，提前预热，快速启动，较好地抢占了先机。二季度以来，以发展重点产品、推进优质资产业务和组织中间业务收入为核心，继续抢抓市场份额不放松，在业务发展上统筹安排，突出重点，适时对重点业务、产品给予政策倾斜。

【找准经营重点,推动全行业务稳步有效发展】 一是强化市场营销,实现负债业务全面发展。切实加大任务型团队综合营销力度,抓源头、抢项目,紧盯重点项目资金,做好现有存量客户维护工作,实现对公存款新增创历史新高。按照大抓低成本存款的指导思想,抢抓重点时段,强化推进督导,大力开展系列营销活动,保证了个人存款同业排名保持第一,占比份额稳步提升。二是抢抓市场机遇,促进资产业务快速增长。在加大重点项目、支柱行业信贷支持力度的同时,积极推动小企业信贷业务、房开贷款和个人贷款业务发展。全年各类贷款累计投放92.64亿元,(不含外币贷款累投2088万美元),新增20.97亿元,增速达到33.6%,创历史最好水平。三是坚持以中间业务为核心,全面推进战略性业务发展。充分发挥资产业务的支撑、带动作用,强化公私条线联动营销,扩大产品覆盖率,在进一步巩固传统产品优势的同时,努力挖掘新的中间业务增长点。

【深化战略转型,不断壮大巩固客户基础】 一是整合对公业务经营模式,提高经营管理水平。继续优化对公条线组织架构,理顺管理关系和工作流程,组建不同层次和类型的任务型团队,明晰城区支行和经营中心的职责定位,促进了工作积极性。二是积极推进二代转型,提升高端客户满意度。加大二代转型网点专职客户经理配备力度和人员培训力度。进一步规范高端客户服务流程,组建高标准的财富管理中心,提升全行高端客户的维护管理和专业支持水平。三是大力推进电子银行渠道建设,增强新兴渠道客户基础。以抓电子银行客户发展和提升电子银行收入为工作重点,建立"电子银行搭台、业务部门唱戏"的联动营销模式,提高对客户的综合营销和服务能力。

【狠抓不良资产清收,切实提高资产质量】 一是大力开展不良资产攻坚战活动。树立"向不良资产要效益"的意识,大打不良资产攻坚战。全行组建11个不良贷款清收处置团队,建立落实清收处置责任制;以大户催收为突破口,运用减息、诉讼执行等手段,成功实现天鹅集团19470万元本金、4000万元催收利息及相关费用的全部现金收回。多年遗留的47.6万元"假个贷"也全部收回。全行不良贷款户由年初的11户下降到6户。二是严格控制不良资产反弹。加强对项目申报的监督管理,坚持贷后管理跟踪例会和会诊制度,完善贷转存专用账户管理、信贷档案集中管理、存量贷款组合管理等制度;进一步强化风险分类管理,积极推进平行作业。截至年末,全行新发放贷款不良率为零。三是扎实推进信贷结构调整。严格执行上级行信贷政策与结构调整政策,根据行业和客户的实际情况,进行结构调整。

【深化改革创新,提升全行经营管理水平】 一是进一步完善绩效考核机制。按照激励有力,约束有效的原则,强化资源配置。拿出全年30%以上的激励费用倾斜到旺季营销活动中;针对重点产品分别制定专门的激励考核方案;充分考虑县支行实际情况,设置买单价格平衡系数,调动县支行积极性。二是因地制宜提升县行贡献度。组织召开现场调度会,采取一县一策的形式确定具体工作目标,积极探索县支行人力资源、财务资源配置新方式、新机制,加大业务支持和培训力度,实现县域机构发展的全面提速。三是大力推进公私联动营销机制。制定《产品联动营销实施方案》,在公私条线之间、前后台之间、上下级之间搭建联动营销平台,通过资产业务带动相关业务发展,提高市场响应速度和整体营销效率。

【加强风险内控,确保安全稳定运营】 一是强化内控机制建设。及时召开风控委会议,细化风险监测机制;狠抓关键风险环节,充分发挥委派主管和纪检监察特派员的作用,有效健全内部控制体系。二是夯实案件风险防控基础。深入开展"教育、整改落实年"及"整治屡查屡犯,防控案件风险"专项活动,下大力解决屡查屡犯问题,整改完成率达到100%。三是积极抓好安全稳定工作。深入推进"平安"创建活动,投入安防资金861.73万元,改进和完善各类安全防范设施。认真落实安全管理和案件防查责任制,完善各项应急预案,加强对金库、枪支弹药和保安人员的管理。

【坚持从严治行,强化班子队伍建设】 一是加强教育,注重引领。在员工队伍中大力开展"抓服务,讲合规、促发展"主题活动,加强合规文化教育,积极宣传正面典型,全行涌现出一批爱岗敬业的先进典型,其中鹿红梅同志荣获建设银行总行第三届"中国建设银行突出贡献奖"。二是严格管理,从严治行。开展领导人员廉洁从业和工作效能双测评工作,落实领导人员任前廉政谈话制度,完善深化考核评价机制,严格落实领导人员岗位交流、个人有关事项报告、任期经济责任审计、干部诫勉谈话等规章制度。三是优化结构,打造队伍。年内共交流调整副经理级以上人员45人次,提拔使用71人。组织专业技术岗位职务人员选聘工作,新聘任391人,专业技术岗位职务人员达到在岗员工总数23%。

【深化三个服务,营造和谐文化氛围】 一是持续落实“三个服务”机制。加强作风建设,大力开展“客户服务大讨论”活动,连续三年被保定市评为“便民利民杯”优胜单位和“规范化服务优胜单位”。继续完善基层机构对分行本部部门服务测评机制。分行本部部门进一步优化工作流程,提高对基层机构的业务支持力度和反应速度。二是积极为员工办实事、办好事。利用多种方式广泛征求员工意见。主动走访困难职工、老党员和离退休员工。三是积极营造团结向上的文化氛围。充分发挥党团工会等组织作用,积极推进学习型组织建设和“青年文明号”、“青年岗位能手”创建活动;大力开展丰富多彩的群众性文体活动,积极参与社会公益活动,在行内外营造和谐向上的氛围。

(高　虹)

中国建设银行股份有限公司沧州分行

综　述

【概况】 2009年,建设银行沧州分行以科学发展观为指导,全面把握宏观经济形势、区域市场环境和同业竞争形势,强化市场营销,深化业务转型,完善体制机制,狠抓风险控制,各项工作继续保持又好又快发展态势。价值创造力和市场竞争力持续提升。全年实现账面利润38101万元,再创历史新高;实现中间业务收入17838万元,增幅为37%,与主营业务收入占比为26.4%,位居系统第一;同业占比为31.5%,位居第二。主营业务持续迅猛发展。全口径存款余额达到282.22亿元,一般性存款余额达到281.59亿元,较年初新增61.50亿元,同业占比为29.72%,位居第一;各项贷款余额达到102.28亿元,新增23.69亿元,同业占比为26.02%,位居第二;投放对公非贴现类贷款36.93亿元,贴现贷款累放36.96亿元,个人贷款累放11.58亿元,均创历史最好水平。业务转型持续深化。深化网点转型,在做好一代转型固化工作的同时,积极推进以高端客户拓展维护为重点的二代转型;积极推进对公业务转型,在全辖推行公私分离,专业专注团队建设进一步深化。客户结构持续优化。全年新增对公基本结算户1121户;积极调整信贷客户结构,大、中型客户共同发展的结构初步形成;AUM值20万元以上客户新增7699户,总量达到2.35万户;全年新增电子银行客户30.1万户,总量达到88万户;新增贷记卡客户1.68万户,总量达到6万户。产品创新及推广能力持续提升。在工程资金监管、工程保、贸易融资、供应链产品等多项业务产品上取得新的突破,并得以推广和使用,得到客户认可,为业务实现可持续发展提供强大助推力。员工满意度和客户满意度进一步提升。以开展“干部作风建设年”活动为契机,持续推动作风转变,强化后台支撑保障,着力解决基层实际问题,员工满意度持续提升。高度重视行风评议工作,积极实施“服务窗口亮起来工程”,整体社会形象持续提升。

【强化业务拓展,增强市场竞争力】 拼抓优质客户,优化客户结构。以授信业务为抓手带动客户有效增长,延展上下游客户群,新增制造业AA级客户6个,制造业客户新增授信量9.75亿元,制造业客户信贷余额达到16亿元,占总量的18.92%。以转账电话、电子银行等重点产品,撬动目标市场及客户。全年签约转账电话客户2096户,交易金额达7.6亿元,实现中间业务收入9.6万元,位居系统第二;企业网银高级版客户新增760户,位居系统第一位;电子银行交易量占比为64.83%,位居系统第三。以网点二代转型为契机,强化个人高端客户拓展与维护。以完善和强化考核激励为手段,推动客户细分及维护拓展。强化责任目标考核,将客户拓展情况纳入机构班子成员及“一把手”的责任目标考核,对财政、社保类客户、优质系统行业客户及县域目标大中型客户(项目)配置专项营销拓展费用;完善利益共享机制,强化本外、上下和部门纵横联动,深挖客户潜力,国际业务客户全年有效客户新增20户,总量达86户,新增11户进出口量1000万美元以上客户。经过努力,沧州分行客户数量大幅增加,客户结构得到显著改善。拼抓优质资产业务,加快信贷投放。响应国家和地方“扩内需、保增长、促民生”政策号召,抢抓优质重点项目，全年面向国华沧东、沧廊高速、大化TDI、达力普等电力、交通、港口、化工等大中型客户投放非贴现类贷款25.25亿元；推出“百家中小企业融资扶持计划”，不断拓展小企业融资担保渠道，全年共发放小企业贷款7.54亿元，余额新增3.6亿元；重点推进个人住房贷款业务，全年发放个人住房贷款9.55亿元，新增6.74亿元。扶持区域内医疗卫生行业发展壮大，全年面向医疗行业新增授信额度1.58亿元，发放贷款3200万元，有力地支持市中心医院等当地几家知名医院的项目建设，并与之建立起良好的合作关系。拼抓负债业务，强化存款基础地位。拼抓房地产开发、交通能源等热点资金和财政、社保等机构客户存款，继续抓好以贷增存工作，全年对公存款余额达到88.63亿元，较年初时点新增24.66亿元，创历史最好水平；持续抓好股市回流资金和理财产品到期兑付资金体内循环，大力拓展优质代工业务，强化中高端客户拓展维护，提升县域机构存款份额，拉动个人存款稳步增长。全年个人存款余额达到192.96亿元，新增36.84亿元，同业占比为36.35%，位居第一。抓中间业务发展，提升中间业务收入占比。全年实现中间业务收入17838万元，与主营业务收入占比为26.4%，位居系统第一。重点抓好银行卡、代销基金、代理保险、个人实物黄金等业务，分别实现收入2359万元、1993.6万元、2501万元和205.4万元，基金、保险、实物金收入均位居同业第一位；积极拓宽中间业务收入来源渠道，强力推广建设资金监管业务，实现收入750万元，成为造价咨询业务新的增长点，成功办理全国系统首笔“工程保”业务，全年累计办理5笔金额4680万元，实现中间业务收入22万元，实现“百易安”收入1411万元，位居系统第二，外汇中间业务收入过于依赖结售汇收入的情况得到显著改善。

【全面落实保障措施，增强改革发展软实力】 继续深化业务转型，探索建立更加科学的经营模式。深化对公业务转型，坚定不移地按照专业专注的要求，积极在全行推进公私分离，突出抓好对公团队建设和成员职责定位，从考核评价机制上，强化支行的销售平台定位；深化网点转型，持续巩固网点转型一代成果，基本实现标准化服务，深入推进以高端客户拓展维护为核心的二代转型。加强全面成本管理，提高资源配置效率。加强全面成本控制管理，大力压缩会议、招待、宣传等高弹费用，严格预算管理，将费用成本控制效果与部门的年度考核挂钩，加大集中采购力度，最大限度地压缩费用支出，更好地支持业务发展。在费用总量可控的条件下，实行条线下产品买单，按季兑现，动态调整。强化资源配置和绩效考核的导向作用，重点强调市场占比，并关注系统内排名、增长速度和客户基础，同时引入产品套餐买单制，鼓励产品联动和客户资源的深度挖掘，加大对中间业务发展的倾斜力度。强化员工队伍建设，提升团队整体战斗力。着力提升员工队伍素质，认真落实学习制度，积极拓展员工职业生涯，积极做好派遣员工转制、经办岗位竞聘、短期员工套纳工资薪点体系等工作，强化培训工作，积极落实客户经理“启航行动”培训项目；着力加强作风建设，以河北省开展的“干部作风建设年”为契机，进一步转变工作作风，强化条线、部门、机构间的协调联动，提升整体营销效率和服务水平；着力构建和谐文化，全面贯彻落实以人为本理念，积极构建和谐劳动关系，严格落实带薪休假等制度。

【强化基础管理，夯实业务发展根基】 严防信贷风险。在加大信贷投放力度的同时严格按章操作，严防操作风险；严格把握国家环保、行业准入等政策，严防政策风险；加强市场走势研判，严防市场风险；落实贷后管理职责，严防管理风险。严防会计操作风险。加强会计基础管理，修订完善会计基础管理办法等相关办法，强化会计主管尽职考核，持续提高会计主管风险环节控制能力，认真做好结算账户管理，积极推广尾箱平移，深入推进治理屡查屡犯活动。严防案件风险。健全案件防控考核制度，将案件防控工作纳入常规管理，严肃查处违章违纪行为；对内外部检查、审计发现的违规问题，跟踪整改落实；认真做好员工行为排查和积分管理等工作；强化“三防一保”工作；建立分行本部部门与各行政监管部门对口联系制度。

（张艳梅）

中国建设银行股份有限公司衡水分行

综述

【概况】 2009年，建设银行衡水分行认真贯彻落实省分行党委战略部署和工作会议要求，坚持以科学发展观为指导，面对欠发达的区域经济环境，进一步加强班子和队伍建设，狠抓市场营销，强化安全运营，夯实基础管理，各项业务继续保持稳健发展。全行实现账面利润1.02亿元；一般性存款比年初新增35.69亿元，完成省行计划的270%，同业占比第一；各项贷款新增6491.59万元，其中：个人类贷款快速发展，比年初新增1.86亿元，完成省行计划的274%，小企业信贷业务高速增长较年初新增1.07亿元，完成年初省行下达全年计划的215%，当地新增市场份额达到70%以上；中间业务加速发展，实现毛收入5448万元。

【个人金融业务】 针对个金业务营销旺季，先后组织开展"金牛贺新岁，礼连连"、个人金融业务对抗赛以及"奋战六十天，个人存款增百亿"等系列活动，以"快人一步，高人一招，优人一筹"的办事效率和服务质量，抢占市场先机，实现个人存款业务首季开门红。根据个金业务发展形势，及时组织开展"喜迎双节，收获金秋"个人金融业务营销活动和"保份额，促增长"个人金融业务四季度营销活动，进一步巩固和扩大主要业务指标领先同业的优势地位，确保全年个人存款市场占比第一的位置。

【住房金融业务】 针对房金业务政策门槛高，在同业竞争中处于弱势的客观因素，早动手、早谋划，适时开展"惠民贺新春、安居创和谐"市场营销活动，以抢抓优质无贷楼盘为突破口，努力抢占个人住房按揭贷款市场，做大业务规模。一年来，在房开贷款投入逐步缩减，年底贷款余额甚至为零的情况下，仍然实现个人住房按揭贷款新增市场份额第二、公积金贷款新增市场份额继续保持第一的好成绩。

【公司业务】 全面加强项目储备管理工作，将符合信贷政策的优质项目全部纳入项目储备库，动态关注项目进展情况，及时调整营销策略，在对部分不符合信贷政策的行业和投资领域主动实施信贷退出的情况下，通过早介入、早评级、早授信，以高效率和快速度赢得市场。在电子银行业务的营销上，制定实施《企业电子银行业务攻坚战活动方案》，组织严密，措施得力，奖罚分明，激励有效，企业电子银行业务实现较快的发展。

【国际业务】 对辖区内外贸企业定期进行上门查访，了解企业资金运行特点和产品需求，建立起国际业务客户关系库。在同业竞争中，充分显示"谋划早、方案优、速度快"的优势，先于同业拿出适合企业发展需要的产品综合营销方案，目标客户的营销成功率有了较大提高。

【激励机制】 为充分发挥激励约束机制对全行经营管理的导向作用，在认真总结上年度激励约束机制运行经验与教训的基础上，结合2009年综合经营计划，制订《支行负责人工资分配与考核办法》、《分行本部经营部门绩效工资考核分配办法》、《分行本部一般员工绩效工资分配办法》等分类考核办法，具备了人群分类考核、产品定价买单、定价动态管理、团队二次分配等特点，激励约束机制得到进一步完善。为促进县域支行的发展，制定强县支行发展方案，财务资源配置进一步向基层一线倾斜，调动县域支行抢抓市场和争先进位的积极性，促进各项业务的健康发展。建立和完善绩效考核机制，各经营机构对凭数据排位子、凭经营成果要资源的争先意识得到增强，价值创造的积极性和主动性进一步提高。

【客户管理】 坚持"以客户为中心，以市场为导向"的经营理念，从基础做起，狠抓源头，通过做大做强客户群体，提升衡水分行产品的承载能力，不断扩大产品销售空间。在公司业务条线，深入开展大力营销企业基本结算账户活动，掀起"城区赶工行、县域追农行"的劳动竞赛。至12月末，全行对公基本结算账户数新增593户，是全年计划任务300户的1.97倍；在个人业务条线，积极开展以"一人一天一张卡"为主题的柜面人员龙卡营销劳动竞赛。通过与衡水老白干酒业有限公司、衡水有线电视台合作，成功发行老白干联名卡和有线电视数字龙卡。至12月末，全行共新增借记卡105865张，个人客户人群得到有效放大。在抓好特色客户群体方面，个金部组织开展"深挖广拓高端客户，力促高端客户业务再上新台阶"专项营销活动和"网银亲体验，e路欢乐进校园"产品营销活动，深挖高端客户群体，锁定青年学生这一未来客户人群，努力打造优质品牌形象，增强客户对价值的持续贡献能力。

【队伍建设】 一是按照"将合适的人放到合适的工作岗位"的选人用人原则，有计划地对分行本部及基层支行管理岗位人员进行轮换和交流，进一步激活工作潜能；二是在全行员工中间深入开展以整顿思想、整顿作风、整顿纪律、整顿服务、整顿秩序为主要内容的“五项整顿”教育活动,通过学习检查、对照整改和总结提高三个阶段,员工精神面貌、工作作风和服务效率有了很大的改观;三是以提高员工履岗能力为核心,充分利用行内、行外两种教育资源,积极组织员工参加各种业务知识学习和培训;四是积极开展“关爱员工,构建和谐”活动,通过建立员工解困机制,帮助困难员工积极战胜各种困难,重新树立生活信心。枣强支行员工李红敏住所因煤气爆炸,夫妇二人严重烧伤,住进北京301医院。衡水分行及时组织全体员工伸出援助之手,为其筹措医疗救助资金,并积极争取到建设银行总行和省分行的大力支持,送去专项慰问金。《建设银行报》对衡水分行全力抢救一名普通员工的爱心接力事迹给予重点关注和报道,在行内引起强烈反响,激发了全体员工爱行爱岗、思进向上,在各自工作岗位建功立业的工作热情。

【党建工作】 认真开展深入学习实践科学发展观活动,各级党员领导干部带头学习,深入基层调查研究,为基层员工解难题、送温暖,切实解决工作和发展中存在的问题,党的组织建设、作风建设和党员领导干部执政能力建设进一步加强。以建党88周年为契机,组织开展“颂歌献给伟大的党”诗歌朗诵会,组织党员代表赴狼牙山爱国主义教育基地开展“缅怀革命先烈、争创最佳业绩”主题实践活动,增强广大党员的责任感和使命感,工作热情更足更高,模范带头作用进一步显现。

【风险防范】 一是狠抓案件风险防范教育。上半年,由纪检监察部牵头组织全行各个业务条线,利用2个月的时间,在员工中间广泛开展以“合规经营、合规操作”为主题的大家谈活动。同时,分行将定期编发的《建华提示》警言警句纳入员工日常思想教育和党风廉政建设活动之中,做到警钟常敲、戒言常讲、问题常纠,收到良好效果;二是按照省分行统一部署,深入开展“整治屡查屡犯、防范案件风险”活动。各岗位人员认真查找工作流程各个环节存在的易发风险,结合近期审计、外部监管、内部检查发现的问题,深刻分析内在原因,举一反三,彻底整改;三是组织全行员工进行专项排查,排查面达到100%。通过思想行为专项排查,使各级管理人员更加深入掌握和了解员工的思想状态,做到超前教育、超前引导和超前控制,及时化解事故苗头,有力地推动全行案件风险防控和维护稳定工作;四是扎实做好各项业务检查和审计存在问题的整改。通过启动跟踪整改和事后复检、行政问责等工作程序,多途径、多层面、多手段抓好问题的整改落实,切实维护内外部审计和检查工作的严肃性,杜绝风险隐患;五是积极开展“平安”创建活动,在全行组织开展突发事件应急预案演练、安全防范教育、安全监督检查、安保设施管理维护等工作,确保全行安全运营无事故。

(刘庆雁)

中国建设银行股份有限公司邢台分行

综　述

【概况】 2009年,建行邢台分行按照上级行各项工作部署,深入学习实践科学发展观,强化联动营销,抢抓市场份额,加强基础管理,确保安全运营,出色地完成各项工作任务和工作目标,促进了各项业务健康快速发展。经营效益进一步提高。全年实现账面利润3.54亿元,创历史最好水平。主营业务快速增长。到年末,一般性存款余额达到204.78亿元,较年初新增42.85亿元,同比多增10.18亿元;各项贷款余额达到109.71亿元,较年初增加34.13亿元,同比多增22.45亿元;实现中间业务收入1.82亿元,比上年增长35%。资产质量持续提升。全年不良贷款较年初下降1476万元,不良贷款率比年初下降0.48个百分点,不良贷款额及不良贷款率持续“双降”。

【抢抓发展机遇,市场份额快速增长】 大力拓展优质客户市场。积极抢抓结算账户营销,促进企业存款新增16.38亿元,同比多增6.13亿元。以推进网点转型为抓手,明确营销目标,通过组织开展产品推介会、理财沙龙、主题营销活动,加大优质代发工资业务拓展力度等,大力抢抓个人客户资源,带动个人存款快速增长。个人存款较年初新增26.47亿元,同比多增4.05亿元。着力打造资产业务竞争优势。以与当地政府签订的200亿元合作协议为契机,专门成立领导小组,选调精兵强将负责大项目、大客户的营销攻关服务,积极开展“奋力攻坚争项目、抢抓机遇谋发展”活动。全年累计向重点企业投放贷款45亿元,一些省市重点项目取得新进展,业务合作逐步加深。充实中小企业经营中心队伍，理顺业务流程，加大与省市信用担保中心合作力度，在全省第一家与地方政府签订助保金合作协议，第一家与富登公司开展业务合作，推出信保保理等5种新产品，全年发放小企业贷款12.5亿元(非贴)，名列系统内第一。8月14日的《邢台日报》、《牛城晚报》专门介绍其经验做法，进一步扩大了品牌影响力。充分发挥票据代保管和上下联动优势，推出买方付息票据贴现新业务，大力营销重点企业的上下游客户，全年累贴67.45亿元，较年初新增6.99亿元，同业居第一位。锁定优质开发商，持续营销和储备优质楼盘，个人住房贷款较年初新增3.14亿元。努力提升中间业务贡献度。大力推广投资银行、财务顾问等业务，成功办理服务保理、企业年金、企业规范辅导等新业务，公司类中间收入同比增长73.82%。加大100万美元以上外汇客户集中营销力度，重点推介海外代付等贸易融资业务，全年完成国际结算量4.77亿美元，中间收入市场占比跃居同业第一。调整销售策略，狠抓代理基金、代理保险营销，实现代理基金收入1608.5万元，居同业第一位。进一步做大理财产品、电子银行、住房金融等业务规模，全面拓展手机短信、汽车卡、分期付款等新兴战略产品市场。中间业务收入占主营业务收入的比重较上年提高了5.56个百分点。

【加强内部管理，发展基础更加稳固】 持续改善资产质量。为应对金融危机带来的不利影响，邢台分行全面加强信贷基础管理，加强对企业的控制。坚持准入标准，严格执行风险经理、客户经理平行作业，严格落实授信条件，细化贷后管理关键风险点，推动贷后管理专业、专注。坚持每月“贷后跟踪管理例会制度”，对发出预警信号的客户逐户研究审议，及时解决。做好信贷结构调整工作，加大不良贷款清收和处置力度，不良贷款额、不良贷款率实现双降。狠抓案件防控工作。积极构建员工从业行为合规考核体系，为每位员工建立个人合规档案，用激励约束机制防止违规问题的发生。组织“按章操作、远离违规”警言警句征集、“远离风险、合规操作”全员巡回签名、“合规在我心中”演讲比赛等活动，进一步提高合规教育效果。开展“整治屡查屡犯，防范案件风险”专项活动，全员签订“合规操作承诺书”，组织专题大讨论和全员集中轮训，开展自查自纠和专项检查，加大员工行为突击排查力度等，全行员工按章操作意识明显增强，案防能力进一步提高。严控操作风险。全行开展会计基础管理标杆赛和“强化合规意识，提高稽核质量”百日竞赛等活动，对屡次出现差错的员工进行离岗培训，有效杜绝屡查屡犯问题的发生。发挥科技支撑作用，规范计算机使用和管理。积极推进“平安”创建活动，加强安全监督检查和安防设施建设，强化集中押运管理，认真做好维稳工作，确保安全运营。

【狠抓队伍建设，和谐氛围日渐浓厚】 深入开展党风廉政建设。严格遵守建设银行总行党委关于廉洁自律的各项规定，与市检察院携手成立邢台市系统预防职务犯罪指导委员会，在成立大会上由省市检察院同志对各级领导人员开展警示教育讲座，与各单位一把手签订党风廉政建设责任书等，大力加强党风廉政建设。认真开展“降成本、控费用”工作，全面加强费用支出管理，进一步规范财务基础管理，切实做到厉行节约、反对浪费。打造强有利力的班子队伍。明确基层行一把手对整体工作承担主要责任、副职对分管工作承担主要责任的规定，并对分管工作落后的两名副职提出黄牌警告，对4名副职进行诫勉谈话，进一步增强领导班子团结协作意识，调动了班子每名成员履职尽责的主动性。加大各级领导干部考核评价力度，突出对近两年工作业绩的量化考核，全面、客观、公正地反映各级领导班子和管理人员的履职情况，对14名中层干部进行调整交流，对32名敬业精神好、工作业绩突出的优秀年轻干部进行提拔使用，优化了班子结构。塑造具有竞争力的员工队伍。大力倡导终身学习的理念，制定员工学习奖励暂行办法，积极开展各种劳动竞赛活动，组织基础知识和业务技能等培训1.5万人次，提高了员工履岗能力和综合素质。将短期工纳入内部职等体系，择优对部分劳务派遣工转制为合同制员工。开展首届“十大杰出青年”评选和“巾帼建功标兵”评选活动，组织先进员工到基层巡回演讲，在全行营造了学先进、比先进、赶先进的浓厚氛围。着力构建内部和谐。组织“绩效考核办法和买单制”、“降低成本、节约费用、提高效益”献计献策等合理化建议征集活动，增强了员工参政议政的积极性。关心关爱员工和离退休老干部生活，先后慰问生活困难职工及协解人员59人次，发放慰问金17.2万元，组织员工健康体检，在盛夏时节开展为一线网点员工“送清凉”活动等，积极为职工办实事、做好事。成立职工登山、摄影、球类等协会,不间断组织骑游踏春、拓展训练、各项球类比赛等活动,有效缓解员工工作压力,激发工作热情。切实转变工作作风。以作风建设年为契机,在年初深入学习实践活动第三阶段,进一步向全行征求关于工作作风的意见和建议,并集中开展"转变工作作风,提高工作效能"的整治活动,对工作效能不高、影响工作开展的77个问题全部进行有效整改。研究出台《加强流程管理,提高工作效能,建立长效机制》的实施方案,分行各部门认真梳理各项工作流程,明确员工工作标准,加大绩效考核力度,促进作风建设工作规范化、制度化、常态化。

(刘志国)

中国建设银行股份有限公司邯郸分行

综　述

【概况】 2009年,邯郸分行坚持以科学发展观为指导,围绕三年规划发展目标和综合经营计划,持续强化市场营销,加快推进业务转型,积极推进结构调整,不断细化内控管理,较好地完成综合经营计划、KPI指标以及三年规划的收官目标,保持各项业务平稳较快发展的良好势头。截至年末,实现拨备前利润64371万元,全口径存款余额达到334.61亿元,较年初增长63.25亿元。各项贷款余额为186.42亿元,较年初新增32.58亿元,实现中间业务净收入26966万元。

【主营业务取得新发展】 把握国家实施"保增长、扩内需"政策和邯郸市"区域经济中心城市"战略的机遇,及时调整营销思路,强化对基础设施、基础产业和支柱产业的营销力度,相继营销邯钢并购邯宝、马头电厂、青兰高速等一批重点项目和客户,累计投放贷款120亿元,同时,储备优质项目36亿元,为未来资产结构进一步优化奠定基础。小企业业务实现高速优质发展。累计投放小企业贷款11.34亿元,新增中小基本户828户,小企业贷款在当地占据较大优势。房金业务稳中有进。全年个人住房贷款新增占比30.18%,居同业第二;个人公积金贷款新增4.6亿元,同业占比第一。投放房地产开发贷款9.2亿元,新增同业占比第一。加快发展低成本负债业务,抓住股市资金回流时机,抢抓储蓄存款,全年个人存款新增42.95亿元,新增额和余额同业占比分别为37.01%和30.84%,排名跃居同业第一。

【战略业务取得新突破】 国际业务突飞猛进,完成结算量11亿美元,实现外汇中间业务收入4319万元,市场占比突破33%,当地排名第一;信用卡消费交易额突破10亿元,实现中间收入943.45万元,同比增幅119%,排名全省第二,特别是汽车分期业务一枝独秀,其经验向全省进行推广;基金、利得盈产品销量位居全省第一,账户金销量全省第二。个人VIP客户新增8561户,个人网银活跃客户新增2.7万户;个人手机短信客户新增12.3万户,个人电子银行交易额158亿元,企业网银新增客户721户,均超额完成省行计划。

【改革创新焕发新活力】 持续巩固网点一代转型成果,全面加快二代转型的推广。全年共完成10个一代网点、16个二代网点的转型实施工作。截至12月底,实施一代转型的累计达到76个,占全部网点的96.2%,网点销售能力显著增强;继续深化对公条线和房金业务改革,组建6个经营中心,积极探索资源的整合,流程的优化,以及配套机制建设,促进对公业务增长方式和经营模式的集约化转变,新体制优势逐渐显现;继续推行和完善强县支行标杆管理,推动县支行向产品销售中心转变,促进县支行在目标市场形成较为显著的竞争优势。

【产品创新迈出新步伐】 各业务条线顺"市"而动,积极探索满足客户需求和扩大全行收益的最佳契合点,在业务创新方面实现多项突破。开办全省第一笔无追索保理及信保保理业务、国内信用证,建信信托贷款;企业年金业务实现零的突破,除与纵横钢铁签订单一年金计划外,还成功签订20户"养颐乐"集合年金计划,增强市场竞争力,促进中间业务收入快速增长。小企业方面,加大保兑仓、动产质押等新品种的推广力度。全年累计办理保兑仓9亿元,实现承诺费和财务顾问等中间业务收入1050万元。精心组织人民币结算业务,大力推广国内信用证、支付密码器和电子回单柜三项产品,实现收入1082万元,在全省竞赛活动三项指标考评中,取得两个第二、一个第三,夺得"突出贡献奖"和"发展优胜奖"两个奖项。

【结构调整取得新成效】 按照“进、保、控、压、退”原则，细分客户行业分布，研究制定各行业客户的调整方案，做到一户一策。对优质重点客户加大营销力度，对符合调控政策的产能过剩行业，不主动营销；对纳入省行信贷结构调整名单的不良客户通过提价、置换、清收进行处置。在不良贷款清收上分别成立对公、个人不良贷款清收处置团队，综合运用各种处置手段和措施，信贷结构调整取得阶段性成果。至年底，邯郸分行共退出计划名单13户，涉及贷款15033万元。其中处置各类不良资产3838万元，包括个人类不良贷款650万元、公司类不良贷款3188万元。

【风险防控水平得到新提升】 按照统一部署，认真组织开展“整治屡查屡犯，防范案件风险”专项活动，处理好“保平安”与“争份额”的关系，“两手抓，两手硬”，切实做到防范风险和业务发展两不误。采取多种措施加强操作风险防控，注重发挥会计检查督导中心和委派主管的作用，组织开展柜面业务操作及审计整改事项专项检查，提高防控水平。建立完善跟踪管理例会机制和风险监测机制，全面推行贷前、贷中、贷后全流程平行作业，信贷精细化管理水平不断提高，在全省2009年风险管理评价工作中，被评为第三名。积极做好反洗钱、关联交易管理、授信业务责任认定、审计、监管问题整改等各项合规工作，提高依法合规经营水平。积极开展创建“平安”活动，认真落实安全管理和案件防查责任制，加大日常检查和员工排查力度，全面部署和加强国庆60周年安全保卫和应急演练工作，妥善处理信访，确保安全运营。

【和谐文化呈现新面貌】 深入开展学习实践活动，较好地实现“两不误、两促进”。认真实施劳务用工择优转制工作，增强派遣制员工的归属感；将未纳入内部等级体系的劳动合同员工纳入内部等级体系，调动了员工的工作积极性；深入开展创建学习型组织活动，重点做好员工岗位资格、履岗能力培训，全年组织各种培训90期，培训人数9000人次。加大对离退休老干部、老党员、特困职工的救助力度，累计慰问119人次，发放慰问金345500元。积极开展各种形式的文体活动，丰富员工业余文化生活。举办“邯郸分行第2届羽毛球”比赛，举办2009年职工书画摄影比赛暨书画摄影展等，积极推荐优秀作品参加上级赛事，员工作品获得突出奖项。持续做好优质服务和民主评议工作，努力提升整体服务水平。行评工作在2009年取得全市系统第一名的优异成绩，提高了社会声誉。

（李宪民）

交通银行股份有限公司河北省分行

综　述

【概况】 2009年，是全行积极应对金融危机和经济下行考验的一年。在总行党委的正确领导下，全行始终按照“两化一行”的发展战略和“争先进位、跑赢大市”、确保“两个高于”的总体要求，抢抓国家宏观经济政策相对宽松带来的发展机遇，紧密结合地方发展实际，积极抢占市场，奋勇争先，分行各项业务在连续五年快速发展、业务高位运行的基础上，又实现新的突破，继续保持了快速、健康、协调发展，主体业务市场占比有了进一步提升。

截至2009年末，全行本外币资产总额达到578.8亿元，较年初增加134.2亿元，增长30.2%。各项人民币存款余额达到530.6亿元，较年初增加126.8亿元，增长31.4%。各项人民币贷款余额400.2亿元，较年初增加177.5亿元，增长75.8%。外币存款余额17312万美元，较年初增加997万美元；外币贷款余额16299万美元，较年初增加11441万美元。全年累计办理国际结算40亿美元，同比增长0.3%。

【抢抓机遇，加快发展，业务规模持续壮大】 2009年，全行持续加大业务营销力度，深挖业务潜力，改进营销方式，加强行际联动和业务联动，持续有力地开展业务督导，实现辖内各行的协调快速发展，全行存贷款增量、增幅均创出历史新高，人民币存款在全省市场占比提高0.07个百分点；各项贷款增量在系统内排名较年初上升13位，在全省市场占比提高0.75个百分点。

【推进转型，加快创新，可持续发展能力持续提升】

2009年，大力发展投行业务，依托蕴通财富、专户理财、定期发行对公理财产品三大平台，加大理财产品销售力度；发挥综合化经营优势，加强与交行子公司业务合作，先后与交银国信发起设立人民币对公理财产品12只,为客户筹集资金百亿元;积极寻求创新突破,其中唐港高速公路收费收益权信托计划、购买河北移动应收账款资金信托计划等业务均为系统内首创,创收能力不断提升。克服国际经济形势变化、当地进出口业务大幅下降带来的不利影响,加大国际业务营销力度。立足于整体协调发展,大力推进零售业务,储蓄存款、中高端客户增量、零售信贷等指标均实现系统内上升进位;大力拓展信用卡市场,在系统内率先完成整体任务指标,并获得总行太平洋信用卡业务任务完成率奖、公务卡发卡贡献奖两个奖项。

【优化结构,提升质效,实现又好又快发展】 大力调整资产结构,把好准入,调整存量,不仅确保增量贷款的高质量,而且全面完成了提升抵质押贷款占比和减退高风险贷款全年计划指标,在总行授信业务评价中,河北省分行信贷资产结构维度综合得分位列全行第1,信贷资产结构、授信业务质量、授信收益水平三维综合评价位列系统第2,处于A等水平。加快发展小企业贷款和中长期贷款,提高贷款收益;通过增加小企业贷款,有效缓解利差收窄带来的冲击。根据市场状况和政策变化,实施灵活定价策略,强化定价周期管理。大力营销低成本存款,对大额定期存款实行一事一议制度,有效控制定期存款增长。在加快网点装修改造的同时,进一步调整网点布局,年内在沧州、遵化等地增设网点,完善在全省的网络覆盖,对低产低效网点实施撤并,全行网均单产有了明显提升。

【强化管理,严格内控,抗风险能力持续提升】 高度重视制度建设,制定出台《交通银行河北省分行财务管理评级办法》、《交通银行河北省分行企业征信系统管理办法》等30多项制度办法,制度体系进一步健全完善。进一步加大审计、监察和条线检查力度,强化监督检查,堵塞管理漏洞。认真落实安全保卫责任制,不断加强技防设施建设和员工安全防范意识教育,加大安全检查力度,保障稳健运行。大力组织资产保全工作,多措并举扎实推进存量不良资产的清理清收,实现不良资产余额、占比双降。坚持从严治行、勤俭办行的方针,不断加强财务管理,规范费用审批程序,严格集中采购,合理安排财务开支,大力压缩招待费、差旅费等费用,有效减少不必要开支,实现较高的运营效率。

【重视党建,培育文化,团队凝聚力和战斗力持续提升】 扎实推进科学发展观活动后续整改落实工作,出台《关于加快小型支行业务发展的意见》等一批行之有效的办法措施,有力促进业务发展。以能力建设为核心,加强各级领导班子建设。坚持以人为本,进一步健全完善干部考核、选用机制;加强各级后备干部队伍建设和各类专业人才队伍建设,加大干部交流力度,强化素质和专业技能培训,队伍的整体素质有了明显提升。开展"加强党性修养、弘扬优良作风"为主题的作风建设活动,各级班子和党员领导干部的表率意识进一步增强。认真组织推进学习型组织建设活动,在全行形成浓厚的学习氛围。狠抓执行力建设,实现上下一致,政令畅通,全行保持良好的执行力和旺盛的战斗力。各行政管理部门、各级党团工青妇组织从提高员工向心力入手,上下沟通,积极协调,为业务发展发挥了有力的保障和促进作用。

交通银行股份有限公司唐山分行

综　述

【概述】 2009年唐山分行紧紧围绕总行提出的"跑赢大市、争先进位"的指导思想和省分行确立的"两高"发展目标,团结一致,扎实工作,推进各项业务协调健康发展,圆满完成各项工作任务,部分指标再创历史新高。全行主体业务发展指标同业市场占比继续提升,系统排序进位。

【围绕工作要求,推动业务快速发展】 公司业务充分挖掘现有客户和产品资源,加强业务、产品、机制创新,负债业务发展迅猛,存款增势强劲。全年存款工作保持高位运行,为业务发展提供稳定充足的资金来源。一是高度重视和抓好对公存款工作。二是突出营销重点,在明确市场定位、找准目标客户上狠下功夫。三是加强公司业务的流程化管理,落实客户分类管理机制,提高营销工作效率,增强整体营销合力。四是加强公司业务新产品推广,落实财富管理银行转型。

个金业务积极推进零售业务战略转型,发展能力不断增强。一是坚持早谋划、早动手,通过开展各项竞赛活动,对储蓄存款、代销基金、贷记卡等业务起到推动作用。二是打造一流的财富管理银行,组织财富管理平台上线工作,为大规模业务开展,打下坚实基础。三是抓好零售信贷工作,以“展业通”和消费信贷为抓手,小企业贷款发展迅猛。四是狠抓服务工作。

以渠道建设和产品创新为依托,中间业务继续保持健康快速的发展态势。一是以产品经理机制为支撑,巩固发挥国际条线“产品经理+客户经理”的营销模式,实施产品经理分片负责经营单位,构建产品经理全流程营销体系。二是以产品和服务创新为支撑,不断挖掘和满足客户需求,提升市场竞争力。坚持条线联动,通过交叉销售形成金融产品组合营销优势,实现各条线相互支撑、相互配合、相互补充的整合营销格局。

【深化改革,开拓创新,激发经营活力】 完善激励机制建设,调动各方积极性,按照管理会计评价系统要求,调整内部利润核算办法、费用考核办法、经营绩效考核办法及各条线单项奖励办法等内部激励制度,更为合理有效地配置各项资源。进一步完善密薪制考核系统,体现多劳多得。完善帮扶手段,推动小型支行业务发展。

【合规管理,稳健经营,提高风险管理能力】 严格把握业务准入标准,进一步夯实基础性管理,全行员工风险意识、责任意识和自律意识明显增强,风险管理能力及内控执行力得到加强。一是努力营建依法合规经营的良好文化。二是提高全行加强内控建设重要性和紧迫性的认识。三是切实防范信用风险。四是加大不良资产清收处置力度。五是内部控制继续加强。

【强化基础工作,推进和谐交行建设】 一是继续开展学习实践活动,按照整改方案,落实整改措施。强化分行理论中心组学习,推进“四好班子”创建活动的开展,持续营造合规经营、努力干事、舒心工作的和谐氛围。二是抓好网点建设,进一步优化网点布局,提升整体形象。通过网点改造和布局调整,网点品牌形象进一步提升,营销拓展触角进一步延伸,市场竞争力进一步增强。三是抓好和谐交行建设,关心员工工作生活,组织员工体检,组织优秀员工学习考察,装修改造员工活动中心。全行员工收入持续增加,干事创业氛围日益浓厚。

(王庆元)

交通银行股份有限公司秦皇岛分行

综　述

【概况】 2009年,面对金融危机、经济下行,尤其是秦皇岛在全省所有地市中经济发展步伐落后的严峻现实,在省分行党委的正确领导下,秦皇岛分行党委带领全行干部员工围绕总行“两化一行”的发展战略,按照“跑赢大市、争先进位”的工作要求,转变发展理念,完善体制机制,加强内部管理,强化队伍建设,克难奋进,锐意进取,业务规模不断扩大,业务结构进一步优化,各项工作取得新的进展。在全省系统内绩效考核中排名第一位,被秦皇岛市委、市政府评为2006—2007年度“文明单位标兵”。

【全力以赴,加快发展,市场地位稳中有升】 大力发展负债业务,推动规模壮大,提升综合实力。全行实行公私联动、本外币联动,全力以赴抓好存款,全力拓展资金来源。一是大力发展对公存款。二是积极拓展储蓄存款。三是高度重视外汇存款业务。四是努力吸收同业存款。五是进一步改善存款客户结构。

加快发展资产业务,择优投放,保持合理贷款增速。全行坚持择优投放,抢抓时间进度,持续调整信贷结构,提升贷款投放效率和效益。一是加大优质贷款投放力度,适度提高中长期贷款占比。二是全力推进零售信贷业务发展。三是坚持贷款定价与客户风险、综合贡献相匹配,积极做好贷款利率浮动比例管理。

【明确重点,统筹兼顾,发展中间业务】 不断巩固银行卡、国际业务等传统优势领域的市场地位,做强投行、代理保险、代客理财等新兴业务。一是大力拓展国内保理、承兑汇票敞口收费、财务顾问与咨询、保函等业务,继续做大收入规模,提高贡献度。二是巩固和提高卡业务、理财产品的市场份额,大力发展代理保险和代销基金业务。三是增强国际业务竞争力。四是大力发展电子银行业务。加大网上银行资金结算、理财产品销售、代理缴费等业务宣传力度。大力推广手机银行、企业网银代发工资和第三方存管业务,全力拓展网上支付业务，增加电子银行业务收入。

【深化改革，增强动力，建立健全业务调控管理机制】 按照省分行要求，不断完善营销体制和绩效考核机制，加强对小型支行的扶持、管理、考核，激发全行经营活力。一是建立完善“客户经理＋产品经理”的营销模式。二是调整主体考核和专项考核相结合的考核体系。制定出台2009年经营绩效考核办法、内部利润核算办法、经营单位营业费用管理办法和营业费用计划核定办法，出台19个专项奖励办法，充分发挥专项考核对重点业务发展的激励作用。三是继续实行支行负责人未达标黄红牌警示解职制度。对完成任务好的支行班子加大奖励力度，促使各营业网点争先进位。四是制定出台《关于对大中小型支行实施动态管理的指导意见（试行）》，从人、财、物、考核等方面加大扶持力度，激励小型支行尽快实现规模突破，尽早迈入大中型支行行列，对大中型支行实行优胜劣汰的动态考核管理，促进全行业务快速发展。

【细化措施，加强防控，提高风险管理和内部控制水平】 在金融危机严重，资产质量管理压力加大的严峻形势下，全行不断加强风险管理，着力加强信用风险、操作风险、道德风险的防控力度，加强清收处置，做好资产保全工作。一是完善风险管理体系，增强支行风险管理力量。二是加强信用风险防范。继续把信用风险作为风险管理的重中之重，严格贷前尽职调查和贷中贷后管理，确保信贷业务质量。坚持全面动态风险排查，加大重点风险领域的减退加固力度。三是加强操作风险管理。四是加快不良资产清收处置。

【强化管理，降本增效，全力提高经营效率】 切实落实省分行降本增效的各项要求，切实加强精细化管理，千方百计提高经营效益。一是加强预算管理。抓好费用资源配置，提高费用使用效率。二是加强资产负债管理。重点发展收益较高、风险可控的资产业务，加大活期存款营销力度，努力降低负债业务成本。三是加强服务管理。严格落实总行“品牌服务年”活动要求，以服务世博为契机，围绕客户体验的提升，以规范操作和强化考核为抓手，加强服务培训、检查和监督。

【以人为本，加强党建和队伍建设，创建和谐交行】

全行紧紧抓住党建和队伍建设这个根本，把领导班子的能力建设和员工队伍素质建设作为重中之重抓紧抓好、抓出成效。一是深入开展创建“四好”领导班子活动，全面加强各级领导班子建设，提高支行班子在宏观经济下行背景下加快发展的能力和在市场状况恶化背景下防范风险的能力，以及在竞争同质化背景下提升竞争优势的能力，充分发挥领导核心作用。二是加强员工队伍建设，为业务发展提供人力资源保障。加强对公司客户经理、零售信贷客户经理、对私客户服务经理和大堂经理四支专业队伍的建设。三是加强和谐交行建设，营造良好工作环境。

（张　科）

交通银行股份有限公司邯郸分行

综　述

【概况】 2009年，是分行开局创业的第一年，也是打牢管理基础、谋求更快发展的重要一年。邯郸分行坚持以科学发展观为指导，紧紧围绕“两化一行”发展战略和“跑赢大市，争先进位”的总体要求，凝神聚力谋发展，艰苦创业克难关，经过全体员工不懈努力，经营规模迅速壮大、管理基础日趋稳固、品牌形象不断提升，各项业务保持了强劲发展态势。

【认清发展形势，把握发展方向】 结合创业初期工作头绪多、发展任务重的实际状况，提出“以营销为龙头，以负债业务为重点，以精细管理为保障，把握市场定位，突出经营特色，全面提升财富管理能力”的工作思路。把业务发展的重点定位在中、高端的优质客户上，形成邯郸分行的经营特色，从战略上把握好发展方向，为各项工作有序推进奠定基础。

【推进主体业务，壮大发展实力】 强化存款立行，实现稳存增存。坚持把负债业务作为各项工作的重中之重，在对当地产业结构和经济特点认真分析的基础上，确立以对公业务为突破，以中高端客户为重点的负债业务发展策略，深化全员营销机制，加大存款营销力度，扩大优质客户规模，优化负债结构，实现人民币各项存款的逐月递增，并在一些关键环节取得突破性进展。以产品为纽带，以授信业务为带动，积极开展与客户的全方位合作，密切银企关系，提高客户的依存度。在储蓄存款方面，克服网点单一的困难，不等不靠，组织全体员工利用休息日，深入社区、超市，进行营销宣传，取得良好效果。

积极稳妥推进资产业务，保持信贷健康增长。加大重点优势企业的支持力度，为邯郸分行做大做强资产业务打下坚实基础。积极支持当地优势成长型企业，优选符合政策投向的企业，实现多元化的授信格局，不仅优化信贷结构、提高综合收益，而且有效分散了集中度过高的风险。以展业通产品为依托，实现小企业信贷的突破。

大力发展中间业务，全面拓宽收入渠道。中间业务对邯郸分行实现战略转型和各项业务的协调发展具有重要意义。在大力度发展资产负债业务的同时，邯郸分行始终对中间业务给予高度重视。对公条线，与交银国际信托有限公司协作，为公司办理信托贷款挂钩的理财产品。个金条线，抽调骨干力量组建专业的个金营销团队，连续打赢ETF基金和太平洋信用卡营销两场个金业务攻坚战，超额完成挑战目标。国际业务方面，为企业成功办理出口托收收汇业务，实现零的突破。

【创新体制机制，增强发展活力】 创新管理模式，提高运行效率。按照“省辖行的架构，异地支行的模式”，从流程设计、硬件设置、建立配套规章制度等方面积极进行探索与实践，为加快发展营造了良好的体制环境。按照紧密型一体化管理的要求，理顺管理体制，建立各岗位与省分行各条线对口联系制度，确保新模式下各项工作与省分行的有效衔接，为各项业务的高效运行奠定了基础。

创新营销机制，提升营销业绩。按照建设“强大前台、高效中台、集约后台”的要求，积极推行以价值创造为导向的绩效理念，建立健全营销考核机制、营销激励机制和营销保障机制，构建“全员皆兵”的营销体系，使每一名员工都感受到市场的压力，每一名员工都成为启动市场的动力，充分调动全体员工的营销积极性，形成全员营销的强大合力，为持续、稳定提升销售业绩提供强有力的保障。

【完善内控体系，提升发展质量】 扎实开展以加强合规教育，提高履职尽责能力和培养员工优良的工作作风为重点的案件防范专项治理活动，组织贷后管理、账户管理以及会计操作风险的专项检查，开展反洗钱、反假币工作培训，加大对风险隐患综合治理力度，通过风险排查和整改，有效提高了员工识别风险、防范风险的能力，在全行营造“千方百计抓发展，扎扎实实控风险”的良好氛围，杜绝各类案件，为促进业务健康发展提供了有力保障。

【推进网点建设，加快发展步伐】 在抓好各项业务工作的同时，积极筹划部署网点建设工作。成立网点建设工作领导小组，制定网点建设规划与实施方案，明确责任与分工。完成1个支行、1个离行式自助银行服务区的选址和材料申报，已进入开业审批和装修阶段；完成3台单体ATM机和38台POS机的安装工作，为快速抢占市场，提升市场份额，增强影响力和竞争力准备了条件。

【加强队伍建设，提高人员素质】 围绕打造一支能够适应分行发展需要的高素质员工队伍，采取培训、招聘、整合、锻炼等多种措施，多渠道加强队伍建设。一是加强员工培训，采取“派出去、请进来”的方式，选派人员参加总行和省分行组织的培训，邀请专家来行进行针对性的培训。二是根据分行经营发展的需要，先后两批招聘引进员工，增添了新的活力。三是加强现有人力资源整合，优化人力资源的配置，实现人尽其才。四是加强后备干部的培养锻炼，按照德才兼备、任人唯贤的原则，着眼于分行的长远发展，提拔工作业绩突出、作风扎实、群众认可的同志担任部门经理助理。有力促进了员工队伍整体素质的提升。

【以人为本，营造和谐稳定的发展环境】 建立健全党的各级组织。按照相关组织程序建立纪委、工会、组织部、党办室、党支部等机构，并进行组织任命，为开展各项工作奠定组织基础。认真落实总行和省分行的决策部署，积极开展“领导干部作风建设年”、“责任交行责任人”、“创建学习型组织”、“反腐倡廉宣传月”等活动，干部作风建设、员工队伍建设、党风廉政建设得到进一步加强，为各项业务发展提供了坚实的组织保证。积极参加社会公益活动，开展群众性的文化娱乐活动，活跃员工业余文化生活。加强成本控制，打造节约型银行。

（李晨光）

中信银行股份有限公司石家庄分行

综　述

【概况】 2009年,中信银行石家庄分行在总行党委的正确领导和监管部门的监督指导下,全行干部员工勇敢面对国际经济危机、国内经济下滑的严峻形势,紧紧围绕"防风险、调结构、控成本、保稳定、抓改革、促发展"的经营发展思路,化危为机,积极应对,团结一致,努力拼搏,推动全行业务实现跨越式发展,提前实现三年规划发展目标;全行干部员工精神振奋,风正气顺,具有石家庄分行特色的企业文化逐步形成;管理基础不断夯实,内控水平稳步提高。

【加快发展步伐,推动各项业务跨越式发展】 发展是硬道理。中信银行石家庄分行不断拓宽发展思路,转变发展方式,坚持效益、质量、规模协调发展理念,实现各项业务超常规、大跨步发展。

2009年上半年,根据分行工作实际,全面贯彻"存款立行"工作理念,加大机构负债业务营销力度,充分发挥总分支三级联动营销优势,加强公司业务产品的应用,推动分行负债业务迈上新台阶。第二、三季度,加大对各地市投融资平台营销力度,强力推进河北省百强企业、效益五十佳企业的内部营销竞标工作,打响贷款营销攻坚战,推动存款、贷款新增双超百亿。第四季度,针对国际收付汇量、信用卡发卡量、资金资本等短板业务开展营销竞赛活动。通过阶段性非对称发展方式,最终实现资产业务、负债业务及其它辅助类指标均衡协调发展的目标。

截至2009年12月31日,全行本外币资产总量比年初增加92.09亿元,增幅48.16%;本外币各项存款余额比年初增加99.67亿元,增幅63.37%;各项存款日均余额比年初增加135.56亿元,增幅114.73%;本外币各项贷款余额比年初增加115.12亿元,增幅98.32%;本外币各项贷款日均余额比年初增加83.1亿元,增幅75.13%。

分行存款余额、存款新增、贷款余额、贷款新增、对公存款新增、储蓄存款新增、市场占比等主要指标在同业均处于领先地位。在系统内32家分行中,石家庄分行存款余额排名第18位,存款新增排名第12位,贷款余额排名第20位,贷款新增排名第8位,系统内排名与年初相比大幅提升。

2009年是石家庄分行成立以来机构网点发展速度最快的一年。翟营大街支行、自强路支行、广安大街支行、丰收路支行等4家同城支行先后开业,站前街支行整体搬迁至槐安东路,异地机构保定分行也在筹建审批之中,北国超市谈固店等21家新建自助网点先后投入运营。机构网点的快速铺设,优化了中信银行在石家庄的战略布局,提高了客户服务半径,为分行业务持续快速发展奠定了坚实基础。

【加大改革力度,增强企业发展后劲】 改革是企业发展的不竭动力。2009年是石家庄分行的"改革年",在分行党委的统一部署下,先后启动和实施薪酬制度、干部选聘、组织架构等一系列改革。为分行业务发展和经营管理提供有效支持和强有力保障。

改革和完善薪酬体系,打通员工晋升通道。分行按照员工收入"普遍上涨、重点关注"及"考核定等级、序列定系数"的原则,启动全行薪酬制度改革及经营管理序列、专业技术序列职务评定工作。根据业绩考评、日常考核、知识考试、资格认定四个维度,分不同序列进行评分,确定员工专业技术序列等级。通过薪酬改革,全行干部员工收入普遍上涨;取消客户经理的影子工资,使客户经理岗员工收入有了基本保障;取消正式员工与派遣制员工的收入差别,真正实现同岗同酬;打通专业技术序列与经营管理序列通道,极大地调动员工工作积极性。

改革干部选拔任用模式,为员工公平竞争、梯次成长搭建平台。分行党委始终坚持注重品行、科学发展、崇尚实干、重视基层、鼓励创新、群众公认的用人导向,不断深化干部人事制度改革。先后对会计经理岗、零售银行部二级部负责人岗、理财经理岗、会计检查岗等岗位进行公开竞聘,对表现优秀、工作能力强、有责任心和使命感的员工进行提聘和岗位调整。

日趋完善的考核体系,公正的考核标准,动态的人事管理,使分行的人力资源配置更加合理,真正发挥激励约束机制的"能者上、平者让、庸者下"的作用,为全行员工公平竞争、梯次成长搭建平台,极大地调动全员的工作积极性,提升了全员的拼搏意识和竞争能力。

加大组织架构改革力度，适应业务发展需要。为适应业务发展需要，细化业务分类和风险责任，推行零售银行部、会计部二级部组织架构改革，明确部门职责，配备专业人员，拟定公司银行部下设机构同业部、小企业部和物流融资部设立方案。组织架构的改革和完善，促进分行业务的快速发展。

【调整和优化结构，盈利能力稳步提高】 坚持“双优双主”战略，不断优化客户结构。分行坚持“双优双主”发展战略和适度授信原则，严把授信准入关，加大有进有退力度，优化信贷资源配置，坚持“好中选优”原则，用好信贷规模，扩大优质基本客户群。根据区域特点调整分行信贷结构，按照“九个沿着”的工作思路，重点营销河北省百强企业、效益五十佳企业以及符合国家产业政策、已获国家部委批准、符合环评要求、达到资本金比例的重点项目和重点基础设施项目和符合分行要求的政府融资平台、银团贷款。重点客户利润的贡献度稳步提高。

盈利水平稳步提升，盈利基础不断巩固。截至12月末，分行拨备覆盖率达127%。在提足拨备的前提下，盈利水平在石家庄当地股份制商业银行中继续保持领先地位。中间业务收入稳步增长，利润结构明显改善。

【防范和化解授信风险，资产质量保持稳定】 2009年，受金融危机影响，授信企业面临的各类风险增大，银行授信风险隐患增加，信贷资产安全面临严峻考验。分行一方面未雨绸缪，积极应对；一方面采取有效措施化解存量不良，保证资产质量的稳定。

加强信贷管理，防范授信风险。为防范授信业务风险，坚持早发现、早预警、早化解的思路，提高贷后定期检查频率，由三个月一次调整到一个月一次；加强对重点行业、重点客户的风险监控和风险预警管理，组织开展专项贷后检查，规范业务操作流程；主动退出风险较高授信客户，有效规避授信客户的风险，优化客户结构；召开经营单位贷款分析会，逐个分析授信客户风险状况，制定具体管理方案；进一步完善信贷管理考核办法，强化责任追究，对促进客户经理尽职调查、尽职管理起到积极推动作用。

加大不良贷款清收力度，积极化解存量不良贷款风险。分行按照“定计划、定项目、定人员、定进度和定奖励”的“五定原则”，坚持“一户一策”，利用诉讼和非诉讼手段，依法合规大力清收不良资产。截至2009年12月末，完成总行清收计划的567%。

不良贷款率呈下降趋势，资产质量保持稳定。截至2009年12月，分行不良贷款率1.12%，同比下降0.23个百分点，不良率远远低于监管要求。

【夯实管理基础，管理水平与业务发展同步提升】

强化内部考核，完善激励约束机制。针对分行业务发展的实际情况，适时调整各项指标在“双百分”考核中的权重，使考核结果既能客观全面地反映各单位的经营和管理水平，又能有效引导各单位突出重点和特色，实现科学均衡发展。完善各条线员工考核体系，将员工季度考核内容分为管理考评、业务考试和业绩考核三项，使考核更科学、更全面，更合理地反映员工的业务水平和综合素质，为干部晋升降职、人员调整提供了决策依据。

大力推动流程化管理，提升精细化管理水平。从分工负责制向流程化管理转化是现代管理的发展趋势，从部门银行向流程银行转化也是现代商业银行的发展趋势。按照行领导统一部署，分行各部门分别制定了包括行政管理、会计管理、信贷管理、科技信息管理、安全保卫、不良贷款清收等十大类近百项工作流程，基本涵盖分行的全部工作，使各项工作做到有制度可依，有流程可循，有利于部门内部相互配合，统筹协调，分行的精细化管理水平得到进一步提高。

加强制度建设，规范会计业务操作。为确保账务集中系统上线后业务管理的有效衔接，针对业务流程的变化，结合分行实际情况及自身业务特点，制定业务管理规范等配套制度，及时调整修订分行相关制度，实现业务操作管理与系统的有机结合。下发《关于进一步规范会计凭证内部传递操作流程的通知》、《关于进一步规范印鉴卡内部传递操作流程的通知》、《石家庄分行银行承兑汇票委托收款特快专递邮寄操作流程》等制度，规范了业务操作流程。

提升安全防范能力，确保分行安全运营。顺应业务快速发展对运营安全要求越来越高的形势需要，分行认真贯彻“三防一保”方针，努力构筑“人防、物防、技防”三道防线，加强安全保卫日常巡查、巡检,定期开展突发事件应急演练。成立处置突发事件领导小组和处置突发事件小分队,建立一支政治思想过硬、业务技能熟练、扎根基层的消防员和安全员队伍,建立起上下联动、密切配合、快速反应的组织保障体系,形成安全保卫分工负责、齐抓共管的良好局面。

强化费用精细化管理,统筹兼顾、节支增效。按照“控成本”经营思路,分行合理调配有限资源,先后下发《发票报销管理办法》、《关于控制日常费用开支的通知》、《关于规范分行职工福利费、职工教育经费管理的通知》、《关于加强节支增效工作的通知》。坚持费用资源重点向一线倾斜,严格控制日常开支,加大费用预算执行考核力度,优化费用支出结构,努力提高投入产出效益。

以科技创新为动力,全面推动分行信息化建设进程。按照“以市场为导向,加快推进业务支持系统和管理信息系统开发应用,为业务发展提供科技产品支持,为管理水平提高提供科技服务”的指导方针,完成总行推广的“账务集中系统程序升级”、“新柜台部分交易优化”、“零售柜面改造优化”等360个应用程序及基金理财产品的测试上线;完成“新联通”固话、“中国移动”手机代收费,“中国电信”固话和手机代收费、“华夏通代收费”等项目的开发,实现柜台、电话银行、网银、自助终端等多种方式缴费,极大地提升了分行业务运作能力,信息化水平、管理模式和风险防范能力快速提高。

【坚持“九个沿着”的对公客户市场定位,实现公司银行业务快速、全面、健康发展】 对公条线坚持“一二三四”发展策略,实现公司业务的超常规、大跨步发展。存贷款规模和市场占比跃居河北省股份制商业银行首位。从市场的追随者一跃成为市场的领跑者。

对公业务指标大幅增长,对公业务实现跨越式发展。截至2009年12月31日,分行本外币一般性对公存款余额比年初增加75.98亿元,增长68.95%,总行计划完成率292%。本外币一般性对公贷款余额比年初增加95.61亿元,增长99.04%;对公一般性贷款日均比年初增加47.57亿元,增长52.25%;实现投资银行中间业务收入1633.14万元,实现公司业务经营性非息收入3826.54万元。

坚持机构负债业务的核心地位,加大机构负债业务营销力度。在国家实施积极的财政政策,加大政府直接投资和财政转移支付力度的形势下,分行进一步加大机构负债业务营销组织推动力度,加大对各级财政预算单位的延伸营销力度,提高机构存款占比份额,推动机构负债业务大幅增长。

发挥总分支三级联动效应,积极营销战略客户。随着国家级大型集团公司对银行产品需求的日趋多样化,单一产品已不能适应市场发展的需要。在分行“九个沿着”的营销政策指引下,公司条线充分发挥总分支三级联动营销优势,积极为中冶集团、河钢等战略客户设计个性化金融服务方案,尽最大努力满足客户的财务需求,成功获得验资银行资格,成为分行团队营销的典范。

充分发挥中信产品优势,提高公司业务产品的应用能力。在不断加强对公业务平台建设,丰富和充实对公业务产品线的基础上,分行不断加强公司业务产品对不同客户的应用,形成对负债业务的有效带动。充分利用托管、投行等特色产品,强化企业对金融服务的密切度和依赖度,拉动负债业务的增长。根据客户的不同需求,有针对性地提供相应公司业务产品,带动对公负债业务的发展。成功开展石环公路银团贷款业务、系统内资产受让等业务,带动对公负债的有效增长。进一步挖掘和延伸汽车、钢铁等现有产业链,积极探索和拓宽产业金融的行业范围,培育更多的产业链负债业务增长点。

【贯彻“四个坚持”发展策略,零售业务发展优势进一步巩固】 2009年,零售业务条线继续贯彻落实总行“三维四动”策略,明确零售业务五项重点,不断提高“三高”比例,拓宽高端客户获取渠道,在不断扩大客户积累基础上,努力提升客户经营和客户增值水平。

管理资产和储蓄存款快速增长。截至12月末,全行管理资产新增20.73亿元,总行计划完成率414.6%。储蓄存款余额新增23.69亿元,总行计划完成率474%,系统排名第1位。储蓄存款日均新增34.73亿元,总行任务完成率231%。零售贷款余额较年初增加7.25万元,其中住房按揭贷款较年初增加5.65亿元,总行计划完成率623.89%,系统排名第6位。零售业务主要经营指标增速系统内继续保持领先。

突破个贷业务发展瓶颈,打造零售业务增长

新亮点。2009年初，零售条线早谋划、早准备、早动手，通过组织多次个贷业务研讨会，分析研究和破解个贷业务发展难题；通过定期培训将早谋划、早受益理念灌输给经营单位负责人和客户经理，引导支行积极拓展营销按揭业务。继一季度旺季开门红活动之后，及时推出二三季度双季营销竞赛活动，进一步加大个人贷款业务营销力度，月度贷款投放呈现阶梯增长。9月底个人贷款余额突破十亿元大关，提前七个月完成全年任务，实现个人资产业务的完美转身。个贷业务的突破，大大提高了分行零售业务的整体盈利能力和客户交叉销售水平。

理顺发展架构，完善零售体系建设。围绕贵宾理财业务核心竞争力，抓好理财经理队伍建设和理财经理产能提升，完善分行贵宾理财体系和理财业务营销体系。围绕零售信贷发展和风险管理，构建零售信贷风险管理体系，实行个贷专职审批人派驻制度，确保个贷业务合规经营和良性发展。围绕服务水平和服务质量提升，加强服务品质管理力度，细化服务品质考核制度，健全服务品质体系。围绕电子银行服务渠道拓展，稳步推进居家金融业务、个人网银、电话银行建设，实现居家金融业务从无到有，从单纯移动话费代缴费到手机、固话、燃气、Q币、点卡等代收代缴业务系统的成功上线。加强自助银行管理，制定突发事件应急处理预案，确保自助银行的安全、高效运营，完善电子银行体系建设。

加大产品宣传和品牌营销力度，打造一流的零售银行。为重塑"中信贵宾理财"品牌，特约齐鲁证券投研专家组织贵宾客户投资报告会，为广大客户树立信心，体现中信银行对贵宾客户的关怀和服务；连续举办三期中信银行天才少年高尔夫训练营活动，组织声势浩大的"中信理财心灵歌会"等活动，提升了中信银行的高端品牌形象。

【坚持内控优先理念，推动内控水平迈上新台阶】 搭建滚动式、常态化、制度化的检查机制，将风险隐患消灭在萌芽状态。根据河北银监局创建"无案件银行"活动的总体要求，结合总行组织开展的"防案件、防操作风险、保平安，百日风险大排查"活动，各经营单位、分行各部门定期对重点业务环节开展案件风险排查，检查业务操作环节制度执行情况，及时发现隐患，堵塞漏洞，认真做好案件防控工作，圆满实现创建"无案件银行"的工作目标，建立了滚动式、常态化、制度化的检查机制。通过专项检查，成功堵截案件12起，避免损失数千万元。在"百日风险大排查"活动中表现突出，被总行授予"百日风险大排查"优秀分行。

完善内控制度，填补制度空白。针对风险排查中发现的问题和风险隐患，认真查漏补缺，制定和完善各种制度。截至2009年12月末，分行累计制定和完善各类制度129项，内容覆盖会计管理、财务管理、贷后管理、授信管理、放款操作、自助设备管理、安全保卫、个人贷款、员工行为、人力资源管理、衍生产品管理等多方面内容，为分行业务的快速发展提供制度保障。

【加强队伍建设，提高干部职工整体素质】 狠抓作风建设，着力提高领导班子执行力。分行党委坚持在"抓班子、带队伍、出主意、用干部、搞监督、把方向"六项职能作用上狠下功夫。以抓制度执行力为突破口，在全行开展作风整顿活动，实行"开门评议"，评议结果在办公网进行公示，有效提高各级班子成员的政治鉴别能力、政策运用能力和拒腐防变能力。

深入开展主题教育活动，着力提高干部职工思想觉悟。弘扬全行干部员工爱岗敬业、无私奉献的精神，规范干部职工职业行为，打造一支思想优良，业务精湛，作风过硬的干部员工队伍，开展"行兴我荣、行衰我耻"暨"敬业爱岗、光彩人生"主题教育活动。促使全行干部职工敢于直面挑战，"五种意识"、"八种理念"逐步深入人心。

积极开展多种形式的培训，着力提升干部职工综合素质。2009年，分行积极探索和创新培训形式，力争取得最佳培训效果。采取岗位培训和业余培训相结合、行内培训和行外委托培训相结合、应知应会培训和素质教育、学历教育培训相结合，专家授课、实地考察和网络培训相结合，知识教育与拓展训练相结合的办法，全方位、多维度地开展培训工作。2009年共实施培训126项，比计划增加51项，培训人员达到6545人次，培训时间150天。促进了全行干部职工综合素质的稳步提高。

【推动企业文化建设，打造优秀企业文化】 开展形式多样的文娱活动，营造良好企业文化氛围。通过组织庆"三八"国际劳动妇女节健步游园、"迎国庆、庆党日"答题，举办以"歌唱祖国、放飞梦想"为主题的首届爱国歌曲比赛，在全行青年员工中开展争当“离行式自助银行”志愿服务者，争做中信“名片”活动，举办“携手中信，共创未来”演讲比赛，充分展示了中信人爱行如家、无私奉献、开拓进取、奋发有为、团结拼搏、敢为人先的精神风貌，进一步激发广大员工珍惜发展机遇，实现自我价值的爱岗敬业精神。全行干部员工风正气顺，你追我赶，争先恐后，凝聚力、向心力和战斗力不断增强。

关心员工生活，维护员工利益。牢固树立群众利益无小事观念，想方设法为员工把实事办实、把好事办好。员工生日送上一束鲜花和生日蛋糕，说一声生日快乐；员工结婚将分行党委的关怀和祝福送给员工及亲朋好友；员工亲属去世，派人到家中慰问。真正做到员工有婚宴送去一句喜庆的祝福，员工家中有丧事，送去一份安慰，使员工切实感受到“家”的温暖，进一步增强了广大员工的归属感。

中国光大银行股份有限公司石家庄分行

综　述

【概况】　2009年，面对复杂多变的国际、国内经济金融形势，在集团、总行的正确领导下，中国光大银行石家庄分行以科学发展观为指导，深化经营机制改革，稳步推进经营发展战略，着力巩固经营优势，加强风险管理，提高服务质量，经过全行员工的艰苦努力，实现业务的平稳快速发展。

截至2009年末，营业分支机构总数为8家，员工总计297人。1家同城支行友谊北大街支行正在筹备中，计划2010年初开业。1家异地分行唐山分行获得银监会筹建批准，计划在2010年3月实现开业。完成对平安支行、中山西路支行、中山东路支行的搬迁改造。新建离行式ATM 14台。全年各项业务平稳运行，未发生重大事故、案件和风险。

截至2009年末，中国光大银行石家庄分行资产总额达到163.30亿元，比年初增加59.88亿元，增幅57.89%；各项贷款余额为145.7亿元，比年初增加70亿元，增幅为92.3%；负债总额161.62亿元，比年初增加66.31亿元，增幅69.58%；实现税后利润总额16176万元；不良贷款额为1478.58万元，比年初减少2446.61万元，不良贷款率为0.1%，降幅为0.42%，继续实现“双降”，各项业务平稳发展。

【经营规模快速增长，各项业务实现较快发展】 存款和贷款规模双双突破百亿。其中：一般性存款时点余额111.7亿元，比年初增加34.7亿元，增幅45.01%；一般存款日均90.65亿元，比年初增加26亿元，增幅40.17%。各项贷款余额为145.7亿元，比年初增加70亿元，增幅92.3%。各项贷款日均114.68亿元，比年初增加52.13亿元，增幅83.36%。

经营业绩显著提升，实现账面税后利润16176万元，较上年增加8163万元，增幅101.87%。资本收费后利润11977万元，进入四类行。收入结构优化，实现中间业务净收入6515万元，较上年增加4261万元，增幅189%。不良贷款余额和不良贷款率实现双降。风险抵御能力得到明显增强，信贷拨备覆盖率901.07%，比年初上升573.12个百分点。

特色业务、创新业务发展良好，成功启动二手房按揭贷款、零售业务经营性物业抵押贷款、同业代销理财、代理寿险销售等业务，完成光大证券阳光二号2期等多支券商集合产品、基金一对多产品的销售任务。

基础客户数量快速增长。2009年末，对公客户存款余额500万元以上户数合计198户，较年初增加86户，存款余额93.55亿元，较年初增加30.31亿元。对私基础客户方面，新增对私有效客户数、10万元以上VIP客户数、财富客户数、第三方存管有效户数、新增信用卡客户数、新增电子银行客户数等增长迅速。

在总行三年发展规划中，石家庄分行被列为重点支持区域，在系统内机构建设领域进入第一梯队，机构建设提速明显。唐山分行基本具备开业条件，同城支行两家，建成自助网点18个，3家支行完成装修改造和搬迁，分行新办公楼成功购买，网点布局初具规模。

市场份额和品牌影响力明显提升。存款在石家庄市场占比2.19%，贷款市场占比5.18%。荣获总行先进单位进步奖、公司业务进步奖和贸金业务进步奖，荣获河北省人民政府授予2009年度“金融贡献奖”。

【优化业务结构，调整客户结构，突出战略性业务发展】 积极调整业务结构，大力支持作为对公和对私业务战略性产品的贸易融资和个人贷款的发展，贸易融资全年累计发生额 82.64 亿元，完成计划的 202%。货押业务累计发生额 23.7 亿元，完成计划的 182.77%。贸易融资项下中间业务净收入 2785.24 万元，完成计划的 371%。大力开展住房按揭贷款、二手房贷款、净值贷款，积极发展助业贷款和小企业主贷款，在系统内率先开展经营性物业贷款，加速信贷结构的调整，改造零售授信管理中心，优化个贷业务流程，提高竞争力。

积极调整客户结构，突出重点行业、重点产品。对公业务主要是抓好钢铁、汽车行业以及与 2009 年经济特点相符合的公共管理、交通运输、房地产行业。截至年底，存款余额 1000 万元以上客户中，钢铁行业客户 40 户，汽车类客户 36 户，公共管理行业及政府机构类客户 10 户，房地产 5 户，交通运输 5 户，化工 3 户，焦化 3 户，电力行业 2 户，医药 2 户。个贷业务主抓房贷业务，改变工程机械贷款一支独秀的局面，工程机械类贷款占比由年初的 95.3% 下降到 61.2%，个人住房贷款占比由年初的 2.9% 上升到 36.9%，个贷资产结构显著改善。

【加强管理，完善制度，防范各类经营风险】 贯彻落实风险管理创造价值的理念，坚持风险管理与业务发展齐抓共管，加强思想教育，开展预防职务犯罪系列教育活动，从源头防风险、防案件。健全机制，加强授信管理，建立风险预警和风险报告制度，确保信贷资产安全。坚持每月召开风险预警会，认真分析授信风险点并逐一制定应对措施，积极化解风险。认真执行风险报告制度，每月汇总分析各条线风险信息、管理状况、操作风险信息并形成风险管理报告，防范政策性、系统性、行业性风险。同时，为促进业务发展，积极主动配合营销条线，抓好区域营销指引的制订，抓好审批流程的优化，主动参与平行作业，加强授信审批的沟通和信息反馈。

强化过程控制和专项检查。制定《石家庄分行 2009 年内控合规检查工作计划》，定期开展各项合规检查和合规监测工作。认真开展排查案件风险工作，对信贷资金使用情况、大额及可疑交易、电子银行等进行全面检查。加强过程控制，加强风险预警、贷后管理和保全清收工作，组织公共管理、房地产、汽车、钢铁等行业风险排查，组织票据业务、货押业务等专项风险排查，确保信贷资产的安全。加强合规建设，确保依法合规经营，认真抓好管理制度的重点检查，有针对性地梳理完善业务流程，制定二级分行和异地支行的业务操作及风险管理制度。加强案件风险排查力度和财务管理，严把采购环节，严格执行大额采购、集中采购和定点采购制度。强化运营管理和科技保障，加强安全保卫工作，实现营业网点“零”发案目标，保障全行各项工作的安全运营。

【完善经营管理机制，加强企业文化和队伍建设】

完善考核分配制度和薪酬体系，积极推行单位第一负责人年薪制，建立末位淘汰机制和监督管理制度。修订客户经理等级工资制度和绩效考核制度，加大全行员工的绩效工资与考核挂钩的力度。鼓励人员向一线分流，压缩分行管理部门的人员占比。优化、改进平衡计分卡，加大平衡计分卡考核管理和分析。修订各经营单位、各部门的平衡计分卡，明确客户经理及其他各类人员的考核评价办法。研究开发考核信息系统，提高考核统计数据的真实性和准确性，并将考核结果进行公布，接受全行人员监督和建议，提高相关数据信息挖掘与分析的能力，加强对平衡计分卡过程管理和执行效果评估工作，发挥平衡计分卡对全行工作的导向作用。

加强企业文化和队伍建设，鼓舞全行工作士气。2009 年继续加强“诚信、进取、担当、创新、共享”为核心内容的文化建设，开展优质服务和各类劳动竞赛，营造想干事、能干事的氛围。进一步完善干部管理和用人机制，推行干部公推和公开竞聘制度，在行内公开选拔一批优秀人才，全年共组织各类公推和竞聘会 6 场，提拔使用干部 17 人。加强后备干部队伍建设，先后两次组织全行后备干部公推，选拔后备干部 16 名。加大培训力度，全年共组织各类培训活动 50 场，培训 400 人次。加强党团、工会建设，积极组织各类文体活动，丰富员工的业余生活，增强凝聚力，促进业务发展。开展丰富多彩的劳动竞赛活动，营造“比学赶帮”的工作氛围，提升全行员工的士气。

【积极推进“阳光服务年”活动，提升知名度】 开展多渠道、立体式、全方位的品牌宣传，利用广告、电台、媒体、网点及社区宣传、产品推介会、客户答谢会等进行宣传，为业务快速发展提供有力支持，不断提高知名度。

积极推进“阳光服务年”活动，以服务促发展。制定阳光服务年工作方案，推进计划和督导方案，成立分行阳光服务年领导小组、督导小组。优化工作流程，提高服务效率，认真执行“倾听计划”，上门拜访重点客户、召开客户座谈会，实施行领导接待日。组织业务知识、化妆知识等多次培训，聘请专业咨询公司指导、聘请社会监督员监督、行内监督小组督导，切实发挥考核制度引导约束作用。分阶段解决重点难点问题，提升执行力和市场营销意识，提升对外服务形象和水平，对分行各项业务又好又快发展起到促进作用。

华夏银行股份有限公司石家庄分行

综　述

【概述】 2009年是华夏银行石家庄分行成立以来经营成果最好的一年。截至12月末，全行本外币一般性存款余额168.4亿元，较年初增加34.8亿元；一般性存款日均160.9亿元，较上年增加23.9亿元；对公存款余额133.6亿元，较年初增加24.0亿元，完成总行计划的107.73%；对公存款日均130.6亿元，完成总行计划的112.59%；储蓄存款余额34.8亿元，较年初增加10.8亿元，完成总行计划的126.47%；储蓄日均30.25亿元，完成总行计划的124.49%；贷款余额143.7亿元，比年初增加58.1亿元，增长幅度67.87%；国际结算量实现64636万美元，完成总行计划的105.96%；国际结算收入实现999.9万元，完成总行计划的106.37%；新增对公有效客户401户，完成总行计划的114.57%；新增个人贵宾客户1593户，完成总行计划的173.15%；实现中间业务收入3707万元，完成总行计划的106.22%；实现拨备前利润2.89亿元，完成总行计划的140.98%；五项不良指标和新增五项不良指标全部控制在总行计划之内。荣获总行公司业务营销先进单位三等奖；荣获总行个人业务营销先进单位一等奖；国际业务在系统内综合排名第十位；会计专业受到总行通报表扬，并获得会计业务柜面把关堵口专项奖。被中国人民银行石家庄中心支行评为河北省支付清算系统优胜单位。

【以发展总揽全局，抓好重点工作，推动全行发展再上新台阶】 狠抓客户开发和贷款投放。（一）加强组织领导，扎实开展客户开发工作。组织银企洽谈会，对重点地区、重点行业集中营销，加强与省、市政府和部门的联系，保证对重点客户的开发效果，有效推动全行客户开发进度，同时为2010年发展做好客户储备。在开发新客户的同时做好老客户的挖潜工作，对合作时间长、效益好、信誉高的优质授信客户，加大合作深度，拓展合作领域。（二）下大力气，狠抓贷款投放。从年初开始，审时度势，做出“加大贷款投放力度”的科学决策，鼓励各经营机构加大、加快贷款投放，实现早投放、多投放、早收益。通过客户开发、深入挖潜等多项营销措施，实现建行以来贷款投放的最快增长。

加大结构调整，降低资金成本，提升盈利水平。（一）加大授信客户结构调整，在坚持以中型客户为主的基础上，适度补充大型骨干企业的客户数量，扩大大型客户的合作范围，客户结构得到调整和优化。到年末，授信客户结构中，大、中、小型客户占比为30%、60%、10%，客户结构进一步趋于合理；（二）加大负债业务结构调整，一是加大对存量保证金存款的调整力度，分解下达保证金定期存款控制计划，有效降低保证金存款占比，保证金结构得到有效调整。二是积极开展无贷户营销活动，成立专业营销部门、加大无贷户存款奖惩力度等措施，加强无贷户存款的组织和推动工作。（三）有效控制存、贷款利率水平，降低全行付息成本，增加贷款收益，提高盈利能力。

实施个人业务重点发展战略，个人业务迅速发展。（一）跳出指标抓发展，推动储蓄存款、贵宾客户等业务快速发展。通过拓展高端客户群体、加大产品营销力度、加强“四进”营销、做好公私联动等措施，带动储蓄存款的快速增长，上半年储蓄存款提前完成全年计划。积极开展各种营销活动，大力推动贵宾客户开发。（二）开展系列营销活动，继续做好信用卡营销工作，保持信用卡业务在系统中的领先水平。采取项目拉动、活动推动的营销方式，通过开发新客户与激活老客户相结合的措施，并结合“三八”妇女节、国庆节等节日推出消费有礼、开户有礼等活动，推动有效借记卡的发展。（三）积极开展“华夏‘贷’来新生活”营销竞赛活动,大力推动个人住房按揭贷款业务,积极推进个人综合消费贷款业务,不断优化个贷结构。(四)加大基础设施建设,改善用卡环境。积极做好自助网点选址和建设工作。积极拓展特约、特惠商户,强力启动 POS 机具布放工作。

勇敢迎接挑战,国际业务实现健康发展。2009 年,面对河北省进出口贸易量下降 30% 的外部环境和同业竞争日趋激烈的形势,全行积极推进客户开发和产品营销,开展国际业务营销竞赛活动,落实国际业务的层次营销、联动营销,客户开发工作取得较大进展。截至 12 月末,国际业务有效客户数 120 户,完成总行年度计划的 100%。在全省国际贸易大幅下滑的不利形势下,全年国际结算收入完成总行计划的 106.4%;国际结算量完成总行计划的 106.0%;结售汇业务量完成总行计划的 101.1%。

【合规经营意识和内控管理水平进一步提高】 (一)健全授信合规管理机制和贷后管理工作机制,加强风险管控,严密防范信贷业务风险,进一步完善全行授信业务合规运行管理体系。成立贷后管理中心,健全贷后管理工作机制,提升贷后管理水平;建立风险排查制度,加强风险的动态监控,将预警管理要求、预警流程进一步清晰化、流程化、标准化。(二)以案件防范为主线,高度重视会计风险防范,优化柜面业务操作流程,提升会计前台业务管控能力。强化会计人员培训,通过晨会、风险例会、学习培训、模拟训练、温暖工程等形式加强思想道德教育、业务知识学习和基本技能训练,提高会计人员的素质。(三)在信息科技系统运行上,不断强化安全意识,加强日常维护,详细排查、认真整改,开展多次应急演练,切实保障系统安全稳定运行。(四)结合总行开展的"我为合规做贡献"主题教育活动,结合分行实际情况,制定详细的实施方案,组织全体员工学制度、理流程、找风险、提建议,扎实推进活动开展,取得良好效果。

【不良资产清收化解成效显著,新增不良贷款得到有效控制】 严格落实"六定"工作要求,坚持一户一策、坚持责任到人、坚持重奖重罚的措施,存量不良贷款清收化解成效显著。对新增问题贷款灵活运用各种手段加大清收转化力度,提出有效措施,严格控制新增问题贷款的发生。

【基础管理、纪检监察和安全保卫工作进一步加强】 (一)贯彻"三个渗透"管理要求,管理水平不断提升。规范全行行政运行,完成办公自动化系统的上线,提高公文及各类信息传递的准确性和及时性;规范会议制度,强化会议的召开和管理,提高会议质量和效率。进一步规范固定资产管理,完善集中采购制度和程序,完善相关财务管理制度,提高财务精细化管理水平。(二)完善体制机制,强化教育监督,促进案件防控长效机制建设。坚持"一岗双责",促进党风廉政建设责任制落到实处。深入开展党风廉政主题教育活动、廉政谈话和廉洁从业承诺活动,实施全方位的案件风险排查,实现全年"零案件"的管理目标。(三)认真落实安全保卫规章制度,扎实开展安全保卫工作,实现全年安全无事故。

【分支机构建设取得重大进展】 加快重点地区分支机构建设,拓展和延伸服务功能是 2009 年一项重要工作。在总行和监管部门的大力支持下,2009 年,保定、唐山两家二级分行顺利获得批准,并按计划要求开展筹建工作。在同城支行建设方面,2009 年新建中山支行,中山支行自 8 月份开业以来,各项业务取得较快发展。此外,三家同城支行完成迁址,优化了网点布局,改善了营业环境,完善了服务设施,提升了服务形象。

【党建和企业文化建设不断加强】 分行党委和各基层党支部紧紧围绕全行中心工作,不断加强党建和企业文化建设。(一)以学习实践科学发展观活动为契机,加强党员干部理论学习教育,不断提高党员干部的思想素质。进一步完善基层党组织建设,加强积极分子的培养和党员发展工作,为党组织注入新的活力。(二)以党建带团建,加强团建工作。完成团委换届选举,组织团员活动,增强青年员工爱岗敬业和团队意识。深入开展青年文明号创建活动,发挥促经营、促管理、促服务的载体作用。(三)坚持以人为本,积极开展创建文明服务和"建功立业"、"争先创优"活动,积极组织运动会、羽毛球比赛、技能比赛等多种文体活动,丰富员工生活,倡导和谐向上的文化氛围,增强全行的凝聚力。

中国民生银行股份有限公司石家庄分行

综述

【概述】 2009年,在总行党委正确领导下,民生银行石家庄分行按照《五年发展纲要》要求,坚持发展为第一要务,全面实践科学发展观,进一步提升经营管理水平和市场竞争力。截至年末,一般性存款余额312.86亿元,较年初增加28.51亿元;各项贷款余额230.3亿元,较年初增加49.51亿元,增幅为27.4%;存贷比为73.61%,较年初提高10.03个百分点;资产规模达到376亿元。

【全面贯彻国家宏观调控政策和货币信贷政策】 积极响应国务院出台的拉动内需十条措施,及时调整授信政策,一是坚持资产安全第一、区别对待、有保有压的授信原则;二是依据国家宏观调控政策和区域地方法规政策及规划,区别不同行业在环保、节能、技术、安全等方面的要求;三是调整和完善行业区域授信政策:对节能减排技术创新、技术改造、污水处理、清洁能源和产品推广等方面的项目,有重点地给予信贷支持,对限制和淘汰类新建项目及环保不达标项目,不提供新增授信。基于石家庄分行在绿色信贷方面做出的成绩,被省政府、人民银行评为"绿色金融优秀单位",是唯一获此称号的股份制商业银行。

积极开展产品创新,推动表外业务和域外信贷业务的发展,2009年表外业务累计投放额358亿元,河北省域外信贷投放额75.5亿元。

【机构建设取得突破性进展】 将分支机构建设提升到分行战略发展的高度,并作为全年重点工作。2009年,民生银行石家庄分行开业4家机构,其中一家异地支行——邯郸支行、一家二级分行——沧州分行和两家同城支行——西二环支行与槐北路支行,还对两家老支行进行迁址改造,超额完成全年机构建设目标,完成率在系统内排名第一,获得总行颁发的机构建设奖。邯郸支行与沧州分行的开业标志着由单纯城市分行向省级管辖分行转变迈开关键的一步,是河北省内第一个在省会以外地区设立机构的股份制银行。

【内部管理水平显著提高】 将2009年定为"合规年",开展"民生发展合规护航"为主题的合规建设活动,有效提高内部管理水平。一是加强制度建设,制定《石家庄分行法律与合规事务管理办法》等规章制度,按月编发《法律与合规》期刊,内部管理向制度化、规范化靠近;二是严格业务管理,结合银监会《关于排查案件风险的紧急通知》要求,开展"票据业务、授信业务、账户管理"为主要内容的案件风险"三查"行动,对各项业务环节进行全面检查,推进内控建设;三是加强贷后管理,按照行业风险程度、客户风险程度、额度大小对授信客户实行分级监控管理,加强对企业经营活动的日常监测,有效防范信贷风险;四是加强纪检监察工作,围绕作风建设和银监局案件风险隐患清查专项活动,扎实开展员工职业道德教育和风险防范工作,提高员工自律意识和自控能力;五是加强安全保卫工作,一方面定期组织以安全保卫知识和消防知识为主要内容的专题培训,提高全行员工的安全防范意识,另一方面进一步加强技防物防建设,多次对支行、自助设备进行拉网式检查,确保安防设施正常运行,实现全年无各类经济案件、无职工违法犯罪、无治安事故的好成绩,受到省市有关部门的一致好评,被河北省公安厅评为安全评估先进单位;被总行评为"合规建设示范基地单位"和运营管理工作"综合管理"优秀分行。

【员工素质明显提升】 2009年,队伍建设方面重点做了以下工作:一是加大人才引进力度,组织网络招聘和社会公开招聘活动,引进人员180名,其中专业人员17名。二是继续开展分类分层次的员工学历提升计划,做好南开大学、北方交通大学EMBA班和上海财经大学、中国人民大学研究生班以及中国人民大学网络本科班的联合办学工作,累计有323名员工参加学习,13人取得本科学历及学士学位,13人通过全国硕士学位统考,其中2人取得硕士学位。目前本科学历(含)以上人员480人,占全行总数的74%,员工学历层次明显提高。三是持续推进员工持证上岗工作,对公司和零售客户经理坚持每天一小时的集中晨训,对会计人员坚持开办"周六课堂",有效提高员工的整体素质和业务水平。2009年,有561人次通过总行组织的各类岗位资格考试,员工专业技能显著提升。在4月份石家庄金融机构业务技能大赛中获得团体第一名;被省政府、人民银行评为河北省代理财政支付优秀银行,成为当地股份制银行中唯一获此称号的银行。

【特色业务发展良好】 围绕打造"特色银行"和"效益银行"的要求,从市场定位、商业模式、流程建设等方面对特色业务的发展进行规划和梳理,加强区域特色业务开发力度。一是积极发展动产融资业务,成立区域动产融资监管中心和3个动产融资业务专职项目小组,推出符合市场需求的"阶段性担保+动产质押+交易资金监管"模式和"标准仓单质押+现货质押+保购"批量开发模式,客户涉及钢铁、煤炭、医药、白酒、能源、农产品加工、汽车经销等11个行业,授信额超过70亿元,成为河北省区域内动产融资业务范围最广的银行,获得总行颁发的动产融资"商户模式创新奖"。二是大力发展票据业务,以利差收入为指导,坚持快进快出原则,采取灵活操作的经营模式,在减少资金占用的同时提高票据收益率。全年累计办理贴现660亿元,其中直贴367亿元,在系统内排名第二,居当地股份制银行首位,实现净利息收入9000多万元,成为分行重要的利润来源。

【党员队伍进一步壮大】 2009年,根据机构变化情况,对新开业的邯郸支行和沧州分行成立党组,对其余所属党支部进行调整,由原来的17个支部调整为24个,其中分行机关支部4个,经营机构支部20个,确保党组织对各项工作的指导和监督,发展12名新党员,20名预备党员按期转正,56人被确定为入党积极分子,进一步壮大党员队伍。目前全行党员183人,共产党员成为分行业务发展的骨干力量。

【外部发展环境进一步优化】 为全行员工开展业务创造一个良好的外部环境,积极主动地接受省委、省政府领导,主动搞好与行政管理部门、经济主管部门、大型企业集团、新闻媒体等社会各界的关系。一是加强与地方政府合作力度,组织人员多次前往河北省各个地市开展营销活动,分别与邯郸、唐山、张家口、廊坊、邢台、衡水等市政府签署战略合作协议,金额合计700亿元,扩大了民生银行的影响面;二是与省发改委、国资委、交通厅、高速公路管理局、中小企业局、有关市政府等保持紧密合作,参与高速公路、铁路穿城入地、高铁、邯郸城投等多个政府融资项目,获批授信达202亿元;三是联合河北省金融办、省工商联开展金融产品推介会、民营企业纪念建国60周年文艺晚会等活动,进一步密切与社会各界关系;四是进一步加强与新闻媒体合作,借异地机构建设、H股上市契机,组织媒体专访、形象广告、嘉宾座谈等活动,加大宣传力度,提升民生银行社会形象,为全行员工开拓市场创造了良好的外部环境。

上海浦东发展银行股份有限公司石家庄分行

综　述

【概况】 上海浦东发展银行石家庄分行是上海浦东发展银行在全国范围内设立的第32家直属分行。2008年4月14日,中国银行业监督管理委员会正式批准上海浦东发展银行在石家庄筹建分行。在河北省委、省政府,石家庄市委、市政府,中国人民银行石家庄中心支行、河北银监局以及社会各界的广泛关注和大力支持下,筹备工作从7月份开始,经过三个多月的紧张筹备,石家庄分行于2008年10月30日顺利对外营业。开业以来,分行秉承"笃守诚信、创造卓越"的经营理念和"立足河北,支持经济"的宗旨,以客户为中心,充分发挥浦发银行的产品优势和资源优势,加快机构建设步伐,加大对地方经济投入力度,截至2009年底,各项存款较年初增加58.7亿元,余额76.5亿元;各项贷款较年初增加69.22亿元,余额108.5亿元。

【全力推进市场营销,总资产突破100亿元,各项存款余额突破76亿元】 以打造优秀股份制商业银行为目标,确立开业首年"快速启动、迅速打开局面,树立形象、全面推进发展"的工作思路,深入河北各设区市开展营销推介活动,加速推进市场营销,加大地方经济支持力度。开业半年,总资产突破100亿元。开业一年时间,公司业务区域基本实现以石家庄、唐山、邯郸为龙头,涵盖全省所有地市的格局;从行业上讲,业务涉及河北省钢铁、装备制造、石化、食品、医药和纺织服装七大重点行业;在能源和交通领域,除机场、铁路外已全部介入。个人业务方面重点突出,亮点纷呈,储蓄存款超10亿元,获得总行贺信表彰;有5期理财产品销售计划完成率在全系统排名第一位,4名同志进入总行单项理财产品销售前十名。

【加大形象宣传,社会认知度和美誉度进一步提

升】 一是成功举办开业庆典。河北省委、省政府、省人大、省政协高层领导及各企事业单位、新闻媒体300余人出席仪式。二是加大宣传力度，在报纸、电台、公交车、路口大屏、高速公路入口等地方制作宣传形象广告，扩大社会认知度。积极参与各层次营销推广活动，积极参加石家庄、唐山、秦皇岛、廊坊、张家口、邯郸、邢台等省内各设区市的银企洽谈会，在社会上彰显了浦发银行良好的企业形象。三是成功举办首届客户节和富强支行开业庆典，向社会各界突显了浦发银行的服务理念和社会形象。10月18日，第一家分支机构富强大街支行顺利开业，裕华区委、市政府投资办，怀特集团、北国商城、省电力等10余家单位到场祝贺。

【加强文化建设，构建活泼和谐的工作环境】 以思想建设、理念建设为先导，大力倡导简单快乐、高效执行的企业文化，员工队伍和谐气氛提升，形成合力。以早会为载体，每周一成为全行沟通信息，通报业绩，交流思想的平台，营造了全行员工关心大局、关心发展的氛围。以激情迎新岁、献礼开业庆典、迎富强开业等为题材，开展形式多样的劳动竞赛，全行涌现出多个劳动标兵。深入开展员工夜校，组织员工体检、户外消夏，开展读好书、共成长活动，以周年庆典活动为契机，组织员工重温入党誓词，全行员工工作热情高涨，心气高，干劲足，培育了朝气蓬勃的工作氛围。

【狠抓制度建设和落实，基础管理持续强化】 以迎接总行验收为契机，全面加强组织架构建设，梳理、整合业务流程，健全各项规章制度，完善各类业务管理、规章制度共计16大类、404个。加强安全防范和信息安全建设，强化信用运营管理、差错管理、事后监督、银企对账及各类操作风险管理，对突发事件建立应急处理预案，开展消防火灾演练，提高了各类风险综合防范水平。6月，圆满通过总行正式验收。注重长效机制，与各部门签订案件防范责任状，落实安全检查员，实行定期联席会议制度。加强对员工日常安全教育和风险提示。多次组织全员安全防范和消防培训，组织开展防火、防盗、防抢、火灾逃生等多种形式的演练。

【加快机构建设步伐，第一家分支机构富强大街支行顺利开业】 针对河北省多元化的经济特点，立足省会，面向全省，确定尽快在唐山、邯郸设立两家异地支行，在石家庄市设立2家同城支行的工作规划。10月18日，石家庄分行第一家分支机构富强大街支行正式对外营业。第二家分支机构邯郸分行正在紧张筹备。开业一年来，石家庄分行筹建速度、业务启动速度、业务发展速度得到浦发银行总行以及省政府的多次肯定和表扬，被誉为“总行筹建最成功的分行、业务启动速度最快的分行、总行各条线验收成绩最好的分行、开业半年就资产超百亿的发展速度最快的分行”。石家庄分行的发展速度，也得到地方政府和金融同业乃至社会各界的认可。

兴业银行股份有限公司石家庄分行

综述

【概况】 兴业银行股份有限公司石家庄分行2009年5月28日开业。在严峻复杂的宏观经济金融形势下，紧紧抓住河北省经济快速发展的重要战略机遇期，借助兴业银行的良好声誉迅速打入河北主战场，坚定不移地贯彻总行战略部署，紧密围绕“以提高效益为主线，以保证质量为前提，以优质服务为推动，稳步扩大业务规模，实现全面协调发展”的总体要求开展各项经营管理工作，内部管理运营渐趋成熟，主要业务指标令人满意。截至2009年末，分行资产总额达到155.48亿元，各项存款余额51.34亿元，其中对公存款余额45.16亿元，储蓄存款余额6.19亿元，各项贷款余额70.04亿元。各项业务开局良好，在用足用好总行对新建行扶持期政策且符合监管要求的前提下，全面完成开业当年指导性经营计划，业务规模实现稳步快速增长。

【准确定位，各项业务稳健发展】 以“打进主战场，做主流业务”为业务发展主导思想，紧紧围绕河北省经济工作重心和行业发展规划开展业务。一是不断夯实客户基础，密切银企关系，实施客户分层和分类管理，重点做好核心客户和主流业务。二是以特色产品为依托，以专业服务为支撑，利用总行重点支持和推广的节能减排、现金管理、贸易融资等特色公司业务产品撬动客户。三是通过资产、负债业务相结合，本、外币业务相结合，公司和个人业务相结合，推动各项业务的全面发展。四是积极推进投资银行业务发展，积极拓展短期融资券、中期票据和金融债业务，同时在并购贷款、私募股权投资基金以及机构理财等方面不断寻求突破。五是建立科学有效的考核激励机制，充分调动员工的积极性，促进各项业务的协调发展。截至年末，公司客户352家，其中核心客户52家。与多家中央直属企业、国资委出资企业以及省内的行业龙头和重点企业建立业务合作关系，成功主办省内首个股权投资基金研讨会，完成对公理财发售10.6亿元，积极推进节能减排、现金管理、贸易融资等兴业银行的特色公司业务产品并卓有成效。除此之外，主承销河北钢铁集团30亿元短期融资券的发行，在河北金融业引起较大反响。

【突出特色，零售业务发展强劲】 以“专业化经营”为指引，以社区银行为目标，积极推进零售业务健康快速发展。一是不断完善机制和架构，积极落实“专业化经营”理念，设立财富管理中心、财富经纪人营销中心和零售信贷中心，逐步形成较为完整的零售业务发展架构和相应的管理考核机制。二是以交叉销售为抓手，全面发展零售金融业务，大力拓展零售资产和负债业务。三是通过核心产品培训不断提升员工的专业服务能力，积极开发以中高端个人客户为主的个人金融服务体系，增强市场竞争能力和可持续发展能力，打造河北的零售社区银行。四是大力度的广告宣传、业务研讨、客户答谢等多种形式活动吸引和凝聚客户，夯实零售客户基础，提升兴业零售品牌竞争力。五是有效的公私联动和全员推动实现零售业务的持续增长。截至2009年末，兴业银行石家庄分行零售客户9,826户。累计发放理财卡2147张；累计销售理财产品779.9万元；基金、券商集合计划等代理类产品实现销售394.5万元。信用卡业务坚持市场覆盖和质量效益并重，发卡共计1.15万张，信用卡交易量在石家庄股份制银行中增长速度排名第一，在同业中迅速打开知名度。贵金属业务发展迅速，在河北市场上初步形成“买黄金，到兴业”的良好口碑。与此同时，个人网银、手机银行和电话银行均得到相应推动。

【强化内控，严防风险，后方阵地不断夯实】 为实现分行的全面协调可持续发展，风险防控与业务发展相互促进，贯穿业务及管理工作的始终。一是准确把握贷款投向，严控信贷风险。紧紧围绕河北经济发展的趋势，深入调研，合理布局，找准重点，不断推进客户结构和信贷结构的调整和优化；强化信贷基础工作，构建全面风险管理体系，严格贷前、贷中和贷后管理。二是完善内控体系，严防管理和操作风险。建立健全各项规章制度和操作流程，使内部管理制度化、规范化；不断优化组织架构和监督体系，实行分级管理和有限授权的内部管理机制；规范办公秩序，严格业务操作，保证依法合规；定期逐岗位、逐环节进行风险排查，严控操作风险；不断加强人员教育和培训，强化全员合规意识。三是从严会计风险控制。建立会计事权划分、事后监督、风险预警、检查辅导、责任追究为主体的会计结算内控管理体系，实施精细化管理，强化应急反应机制。四是树立“安全创效益”的意识，深入开展“三防一保”工作，严防各类案件发生。重视技防物防建设，保障分行安保工作的软硬件支持；积极开展安全警示教育，建立各项应急预案，组织分、支行进行消防、盗抢等演练，提高安保人员及各岗位人员的安全意识和危机处置能力。安保工作保障了分行各项业务安全、高效运营，荣获“河北省金融安全保卫工作三等功”嘉奖。

【历练队伍，抓好建设，企业文化特色鲜明】 重视员工队伍建设，将员工个人成长与分行长远发展相结合，组织各种形式的培训、讲座及研讨会，不断提升员工的业务技能和专业素养，着力打造素质过硬、业务精良的专业型、学习型团队。重视党组织建设，在“围绕业务抓党建、抓好党建促业务”的工作方针下，积极推进党的组织建设、思想建设和作风建设，切实加强党员教育和领导干部廉洁自律、反腐倡廉教育，充分提升党员干部的综合素质。与此同时，将优秀的业务骨干发展成为党员，将优秀的党员培养成业务骨干及管理干部，使组织建设与业务发展形成合力，互促共进。企业文化建设方面，在兴业家园文化的框架下确立“最关心员工的银行”的发展目标，将人力资源视为最宝贵的资源，关心员工的工作、生活和思想，在人才培养、薪酬激励等方面努力为员工营造良好的工作和发展环境，推进员工认同的和谐分行建设。通过开展建言献策活动广泛征集员工合理化建议，调动员工参与管理的积极性和创造性，形成“员工为分行而奋斗，分行为员工而兴旺”的价值导向；通过丰富多彩的企业文化载体和形式多样的企业文化活动统一员工的思想，使兴业文化深入人心,形成了文化竞争力推动核心竞争力不断提升的可持续发展模式。

河北省农村信用社联合社

综　述

【概况】 2009年,我国经济遭受罕见的国际金融危机的严重冲击,面对复杂严峻的国内外经济金融形势,省联社在省委、省政府的正确领导下,在人行、监管部门的大力支持下,以科学发展观为指导,沉着应对,果断决策,提出"抓发展、控风险、推改革、强素质、树形象"的总要求,明确"把质量和效益搞上去,把风险和不良降下来"的总任务,全省农村信用社负重加压,强化调度,团结拼搏,共克时艰,实现规模、速度、质量、效益全面发展,经济效益、社会效益双丰收。

规模效益大幅提高。存贷款规模大幅增加,盈利水平显著提高。截至2009年末,全省农村信用社各项存款余额4211亿元,比上年增加714亿元,各项贷款余额2626亿元,比上年增加467亿元,存贷款余额均居全省金融机构之首;实现拨备前利润70.9亿元,比上年增加20亿元。

抗风险能力不断增强。资产质量大幅提升,抵御风险能力显著提高。截至2009年末,全省农村信用社不良贷款占比较上年末下降9个百分点,拨备充足率较上年末提高13.4个百分点,资本充足率较上年末提高2.8个百分点。

服务水平显著提升。支农力度进一步加大,服务三农水平显著提高。截至2009年末,全省农村信用社涉农贷款余额达到2039.5亿元,比年初增加380.5亿元,其中发放农户贷款905.2亿元,惠及500万农户;金融服务水平和市场竞争力日益提高,科技网络建设实现新跨越。加入人民银行现代化支付系统、农信银系统,实现跨行、跨省异地结算,彻底打破结算瓶颈。信通卡发行量达到290万张,较上年增长195万张,市场拓展加快。中间业务实现较快发展,传统结算、代收代付类业务发展良好,咨询顾问、代理寄库款箱、账户管理、贷款承诺、代收保险费、代付保险金等新业务实现突破,全年实现中间业务收入3.2亿元,比上年增加2.1亿元。

【扩规模、调结构,着力抓发展】 认真贯彻落实"保增长、扩内需、调结构、惠民生"方针政策,以市场需求为导向,提出"三个三分之一"的信贷投向原则。着力服务"三农"和县域经济发展,按照优先保证支农资金的原则,坚持对涉农贷款多投快放,重点支持农民增收和农民消费,在深入开展面向千家万户的普惠性金融服务的同时,积极拓展新的业务领域。加大对农业产业化企业的扶持力度,支持农业产业化龙头企业资金达26.29亿元;与林业厅、省人保寿险公司联合制定林权质押贷款管理办法,积极开办林权质押贷款,鼓励开展林业规模化经营;与团省委联合制定下发农村青年创业贷款管理办法,支持农村青年团员创业致富;与扶贫办合作,增加对扶贫龙头企业和成长型企业的扶持力度;与省教育厅合作开展生源地助学贷款,向3.9万多名学生发放助学贷款1.9亿元。

【严管理、夯基础,着力控风险】 在抓业务发展的同时,时刻不忘防控风险这个根本,坚持"管好人、管全规矩、管严流程、管实监督",突出抓好信贷管理和案件防控。对新增不良贷款占比超过3%的县级联社进行专门调度,明责加压,限期整改。同时,在全系统深入开展案件风险隐患清查活动,认真整改风险隐患。加强不良贷款清收工作组织督导,落实责任认定与责任清收,积极创新清收方式,开展集中清收行动,形成清收合力,清收效果明显提高,超额完成全年清收目标任务。

【转机制、增活力,着力推改革】 为建立有效的激励约束机制,连续出台、高效推进五项改革:信贷业务管理模式改革、市县绩效考核改革、县级联社分类管理达标升级、备用高管公推公选、全员竞聘(选)上岗。以县级联社换届为契机,大力度推进高管异地交流任职和队伍年轻化、知识化,实行备用高管公推公选,全省共有1879人报名参加备用高管公开竞聘,经过报名推荐、资格审查、笔试、竞聘演讲、答辩、组织考察和公示多个环节,最后共有319人进入备用高管库,在换届调整中,从备用库中选拔215名德才兼备的年轻高管,提高了领导班子经营管理能力,调动起干部职工的积极性和创造性。

【强素质、树形象,助推事业发展】 落实全省干部作风建设年活动精神,在全系统深入开展"提效率、提质量、提水平、提素质、提形象"主题活动,强化干部队伍思想建设和服务意识。为严肃工作纪律,规范干部员工行为,出台从严执纪"十条禁令"、作风建设"十个不准",通过新闻媒体向社会公布,违者从严处分。盯运行、抓调度,针对年初经营指标下滑势头,从二月份开始,每月召开全省业务运行分析视频会,让先进社介绍经验、后进社剖析问题,及时分析经营管理中存在的问题,有针对性地采取措施,有效扭转不利形势,形成负重加压、你追我赶的良好发展局面。从五月份开始,确定月度工作主题,明确各阶段重点工作,用重点带动整体,取得良好效果。大力实施素质工程,制定三年教育培训规划,高效启动系统内培训教育活动,先后组织500名一线优秀员工到北戴河培训疗养,500名高管分期到北大、清华培训,组织50名省联社、县级联社年轻干部上下交流学习,开办由省到县的全系统视频大讲堂,着力提高干部职工综合素质。实施形象工程,推进精品网点建设,创办内部报纸,改进门户网站,围绕中心工作和服务业务营销,加大对外宣传力度,促进业务发展,提升了社会知名度。

(李　纲)

河北银行股份有限公司

综　述

【概况】　2009年对河北银行来说是极不平凡的一年,是建行以来极具里程碑意义的一年。在这一年,按照科学发展观的要求,以建设环渤海区域领先的公众银行为目标,在各级监管部门的有效监管下,积极进取,努力拼搏,各项工作取得了显著成绩。资产规模、存贷款规模、盈利能力都创出历史最好水平,圆满完成了各项任务目标;资本实力和抗风险能力进一步提升;公司治理架构进一步完善;提足信贷和非信贷资产减值准备,加大核销力度,夯实财务基础;各项监管指标实现根本性好转,为监管达标升级奠定了坚实的基础。

截至2009年末,河北银行资产总额达到546.1亿元,较年初增长33.1%。贷款总额263.7亿元,较年初增长34.1%。其中,公司类贷款余额174.0亿元,较年初增加37.9亿元;个人类及房地产贷款余额为41.0亿元;小企业贷款余额为8.2亿元。全行存款总额505.1亿元,较年初增长46.4%。其中公司类存款余额337.5亿元,较年初增长60.2%;储蓄存款总额167.6亿元,较年初增长24.7%。实现利润总额3.9亿元,净利润3.6亿元。资本充足率13.9%,较年初上升3.1个百分点;拨备覆盖率152.1%,较年初提高92.6个百分点;贷款损失准备充足率100%。

【成功实现更名,品牌价值得到显著提升】　在省委省政府、市委市政府、各级监管部门的大力支持下,中国银监会2009年11月19日正式批准石家庄市商业银行更名为河北银行,这是该行发展史上具有里程碑意义的一件大事,这不仅提升了河北银行的品牌价值,扩大了市场影响力,也为跨区域发展奠定了良好的基础。

【跨区域发展取得历史性突破】　2009年,共设立县域支行一家,异地分行3家,成功实现跨区域经营,成为河北省首家走出去的城市商业银行。2009年,河北银行把跨区域设立分支机构作为重点工作之一,制定了分支机构发展规划,在监管部门支持下,经过紧张、充分的筹划与准备,于2009年5月份设立了第三家县域支行——辛集支行。于6月底成功开设了唐山分行,12月份,相继开设邯郸分行和天津分行。完成了由地方性银行向区域性银行的转变,向着建设环渤海区域领先的公众银行的战略目标不断迈进。

【积极落实各项政策,存贷款业务取得突破】
2009年存贷款增量、增速均创造历史最好水平。在积极财政政策和适度宽松货币政策的宏观经济形势下,早谋划、早动手,抓紧营销工作不放松。一是总行对营销工作的主导作用明显增强。组织开展全年营销竞赛、行庆献礼专项揽存竞赛、旺季营销竞赛等营销竞赛活动,调动了分支行的营销积极性;加大对分支行存款、贷款的营销调度力度,督促分支行积极开展存贷款营销;压缩集中度超标贷款近20亿元,完成贷款集中度达标任务;规范营销秩序,解决贷款多头授信问题,严格实施营销备案制度;对新设分行区域经济、金融环境进行调研,确保分行开业后业务的发展。二是创新金融产品取得了新进展。公司业务推出经营性物业抵押贷款和银团贷款;小企业业务推出多户联保贷款、机器设备及车辆存货抵押贷款,拓宽了担保方式；个人业务对个贷政策进行调整，并推出平安如意贷和住房公积金贷款；国际业务推出了出口信保、福费廷、外汇贷款等。三是小企业业务实现突破。全国首批、河北省首家成立以事业部模式运营的小企业金融服务中心，举办了第三届“小巨人”企业培育工程活动。

【大力拓展增收渠道，盈利能力取得突破】 一是资金营运业务表现活跃。2009 年，在资金流动性比较充足情况下，债券业务和票据业务表现活跃，其中，债券业务在银行间市场排名较以往大幅提高；票据业务量较同期大幅攀升，效益明显；拓展理财和同业存放等业务，加大资金运作力度，扩大收益来源。二是信贷资产买卖业务实现突破。与多家同业金融机构建立有效的联系合作机制，在取得买卖收益的同时，解决了贷款集中度超比问题。三是银行卡业务发展迅速。先后推出公务信用卡、员工信用卡和香港旅游信用卡，截至 12 月末，累计核发借记卡 117 余万张、信用卡 8000 余张。四是国际业务发展势头良好。以国际结算业务为龙头，通过结售汇带动全行本外币业务一体化发展，实现国际业务的进一步发展。

【不良资产清收工作成效显著，资产质量实现质的飞跃】 以升二级行为契机，加大不良贷款和非信贷不良资产的清收力度，成效显著。一是全行开展“大干五个月，清收降不良，监管达二级”活动，实行周督导、半月调度、月通报，主管行领导亲自组织清收，参与重点大户的清收。二是抓重点、盯大户，努力清收不良资产“钉子”户。三是集中全力做好受托不良资产清收工作。通过举办债权推介会和发布债权推介书的方式两次向资产运营公司和律师事务所重点推介债权，收到较好效果。

【风险控制不断加强，全年实现安全运营】 一是进一步完善风险控制机制建设，定期做好信用风险、市场风险、操作风险的识别、计量、监测工作。拟定《风险管理体系改革方案》，从制度建设、流程再造、文化培育、系统支持等多方面进行风险管理体系构建；在资金运营部门建立中台市场风险审核控制机制，提升了资金风险管控能力。二是强化内部控制管理。加大稽核力度，积极开展受托清收不良资产、信贷风险、信贷业务、抵债资产等专项审计及任期责任审计、全面审计，及时了解和掌握总行及分支机构在经营管理中的内部控制情况，积极推进整改；开展了内控制度评价工作，对全行 1996 年以来全部内控制度进行梳理，探索建立内控体系评估制度，推动内控体系评价工作有序推进。三是加强案件防控与安保工作。强化案件防控体制、机制建设，深入营业网点进行案件防控宣讲，以规范各级管理人员经营行为和各类人员从业行为为重点，推进纪检监察及案件防控工作扎实有效进行；深入开展案件风险隐患排查工作，严肃查处违规违纪行为；加强安全保卫工作，确保安全运营。

此外，大力实施人才战略，加强中层管理人员队伍建设，通过内部招聘和外部招聘相结合的方式，引进各层次人才，实施 2009 年度全行培训计划，使全员素质得到整体提升。充分掌握有关政策，在顺利实现监管评级达到三级行的基础上，以更高标准全面审视各项工作，把实现监管评级达到二级行定为年内重点工作，分解任务目标，明确责任人员和措施，加大落实和调度力度，全力以赴，大力攻坚。通过几个月的努力，各项预期目标圆满实现，各项监管指标明显改善，为建设环渤海区域性好银行奠定扎实基础。

中国邮政储蓄银行
河北省分行

综　述

【概况】 2009 年，中国邮政储蓄银行河北省分行按照“服务城乡大众、支持‘三农’、服务中小企业”的市场定位，坚持科学发展不动摇，强化内部管理，增强服务能力，各项经营管理工作取得较好成绩，成为服务河北经济建设尤其是“三农”金融服务的生力军，迈出向现代商业银行全面转型的坚实一步。

【邮政金融业务实现快速发展】 采取有力措施，通过改进服务提高网点吸储能力、发放绿卡、大力发展“商易通”等手段加快业务发展，储蓄业务规模不断扩大。截至 2009 年底，全省储蓄存款余额 1219.87 亿元。全年发放绿卡 294.16 张，结存卡户数 980 万户。全省商易通结存户数 49784 户，形成沉淀资金 31.73 亿元。全年完成代理保费 96.38 亿元，其中：新保保费 84.22 亿元。银行新业务实现快速健康发展。公司业务在市场竞争十分激烈、业务功能还不完善的情况下，重点抓了营销队伍建设和区域、行业市场的培育和开发，有力促进了公司业务发展。截至2009年底，全省对公存款余额达到109.1亿元，余额突破百亿元大关。为更好地服务城乡居民，积极扩大信贷业务范围，创新业务品种，在开办小额贷款业务的基础上，逐步开办个人二手房按揭贷款、个人商务贷款。截至2009年底，全省累计发放个人贷款84.72亿元，结余47.84亿元。为解决中小企业融资难的问题，2009年7月份，总行在河北省保定市开展小企业贷款业务试点工作并取得成功。截至2009年底，保定、石家庄、廊坊三家市级分行开办小企业贷款业务，授信33户、0.86亿元，发放贷款31笔、0.54亿元。河北省分行积极向总行争取通过银团贷款、协议存款、票据业务等方式，将大宗邮储资金投入到省重要工程、基础设施建设和农业综合开发等领域，截至2009年底，全省已有600多亿元（包括存放同业、票据转贴现等业务）实现资金回流，为河北省经济发展做出了贡献。

【邮政金融竞争实力明显增强】 从提高邮政金融核心竞争力出发，通过改造、装修、租赁、迁址等形式对472个网点进行升级优化，建成78个全功能银行网点，新增ATM314台，新增POS1815台，提升了邮政金融服务能力和对外形象；快速推进电话银行发展，初步建立电话银行服务管理体系；顺利完成邮政储蓄2.0版本升级，储蓄物理大集中、跨行汇款系统、储蓄与对公系统互通、无线POS、保险系统大集中、信用卡系统上线等工程，有效提升邮政金融的核心竞争力。围绕“以市场为导向，以客户为中心”的指导思想，建立以省、市、县三级营销团队为主和以公司、代理保险等专业营销团队为辅，覆盖全省的邮储银行营销体系。全省配备936名专兼职营销员，有力推动了营销体系的建设。制定《营业网点规范化服务活动方案》，统一服务规范和流程，强化网点服务检查和考核，认真开展“规范服务窗口”、“服务示范岗”评选活动，采取业务培训、服务质量检查、召开服务质量分析会等措施，促进服务水平的提高。结合邮储银行转型需要，通过举办培训班、集中学习、员工自学、参加考试等方式，在全省上下形成良好的学习氛围。2009年举办各类培训班49期，4700余人次，全员培训率达到65%。全省有4367人通过银行业从业资格认证公共基础科目考试，通过率达60.8%。

【邮政金融风险防控能力得到提高】 高度重视风险防控和资金安全管理工作，积极采取措施，保持资金安全管理的高压态势，确保资金安全。逐级签订《合规经营操作案件防控责任书》，开展“办合规业务、做合规员工”及“当好邮政人，拒绝黄、赌、毒”承诺活动，进一步完善了全省案件防控管理体系。认真开展“内控和审计宣讲交流日活动”和“支行长谈心活动”，营造良好的内审环境，推动案件防控工作。在深入开展案件风险排查活动基础上，重点对小额信贷业务、公司业务、反洗钱工作进行专项检查，确保新业务和重点工作的顺利开展。按照总行开展“合规管理年”活动部署，全省初步建立起自上而下的合规管理队伍体系。制定出台《业务操作指南》、《业务决策流程指南》及《常用法律法规制度汇编》等制度办法，并严格执行，确保落实到位。全省紧紧围绕“合规建设、规范流程”这一主题，通过开展“三项评价”、实施法律事务“四个办法”，有效强化了风险基础管理。制定完善安全保卫工作制度和突发事件应急预案，对所有网点从人防、物防、技防等方面加强管理，并组织网点人员进行应对突发事件的演练，提高了广大员工应变处置能力和防护能力，为全省邮政金融资金安全提供了保障。

【员工队伍建设得到加强】 坚持以人为本、全面加强党的建设、员工队伍建设和精神文明建设。按照总行工作安排，全面推进各级党组织建设，完成机构设置、人员配备、制度建立等工作，初步建立起覆盖全省的省、市、县三级党群工作管理体系。按照河北省委的要求，积极开展“干部作风建设年”活动，加快全省干部队伍建设。适时启动以“全员不掉队”为主题的企业文化建设活动，全省上下形成“学习金融知识、防范道德风险”的良好氛围，切实解决好员工在发展中“不掉队、不落马”的问题。大力倡导以“敬业、务实、创新、和谐”为主要内容的企业精神，增强职工的使命感和责任感，凝聚了人心，鼓舞了士气。

中国信达资产管理公司石家庄办事处

综 述

【概况】 2009年，在信达公司党委和人行石家庄中心支行、河北银监局和财政专员办等部门的指导帮助下，石家庄办事处坚定信心，攻坚克难，全力推进资产处置，积极拓展市场化业务，不断强化基础管理，从严防范各类风险案件，超额完成总部下达的综合经营目标任务，实现各项工作平稳、有序、健康发展。总部下达办事处商业化资产回现任务33365万元，其中：中行资产28565万元，交行资产4800万元；利润任务1600万元。截至年末，办事处实现商业化资产回现38336万元，完成年计划的115%，其中中行资产处置回收现金35081万元，完成年计划的122%；实现利润28150万元，为总部下达利润计划的17倍。

【债权资产处置成效显著】 2009年，办事处在对存量资产进行认真梳理摸底和分类分析的基础上，采取广泛招商推介、深入开发市场、多方寻找客户等多种措施加大处置力度，特别是注意积极与当地政府合作，推动国有企业改制，减轻企业债务，促进经济发展，努力实现共赢。一是层层分解目标，落实项目责任制。根据总部下达的全年综合经营计划，办事处将资产处置回收任务分解到部门，再由部门层层分解到项目组和人头，并落实到唐山三友兴达化纤股份有限公司、保定资产包、河北长城陶瓷有限公司、石家庄华闻实业总公司等具体项目。二是坚持重大项目调度会制度，强化督促协调，及时研究解决处置过程中遇到的问题。通过强化项目的处置过程管理，保证项目处置工作有序进行。在资产处置过程中，坚持成本效益原则，千方百计提高项目处置的回收率，降低项目的处置成本，对石家庄化肥集团有限责任公司、唐山华美陶瓷有限公司等重大回现潜力的项目，突出重点，精耕细作，努力提高回收率。三是对河北省纺织品进出口集团公司、启新水泥厂等履约中项目紧盯死守，督促按时履约，确保办事处经营目标任务的圆满完成。

【股权资产管理不断深化】 根据各类股权资产的性质和特点，按照对接资本市场的三种模式逐步推动实施，加速与资本市场对接，不断提升股权价值。一是办事处与信达证券通力合作，于2009年6月圆满完成开滦(集团)有限责任公司20亿元人民币企业债券承销及发行工作。二是通过不懈努力，使作为开滦(集团)有限责任公司大股东的省国资委承诺，尽可能多地将办事处股权置换为上市公司股权，目前该企业整体上市工作处于方案认证阶段。三是与冀中能源多轮艰苦谈判，初步达成以持有的45436.84万元峰峰集团股权与冀中能源持有3300万股上市公司金牛能源股权进行置换的一致意见。四是根据2009年河北省政府对唐钢、邯钢及承德新新钒钛进行整合的情况，办事处及时提出吸收合并换股方案，即办事处持有的70万股承德钒钛股票置换成76万股唐钢股份的股票。目前换股吸收合并方案已经相关部门批准并进入实施阶段。五是积极开展中间业务，为企业提供财务顾问服务，与华北柴油机有限责任公司、冀中能源邯郸矿业集团有限公司签订《财务顾问补充协议》。六是做好股权资产的估值沟通及日常管理工作。

【市场化业务取得新进展】 2009年，办事处按照总部商业化转型发展战略，大力开展市场化业务，努力推动业务创新和集团业务联动。一是开发战略合作客户。与建行河北省分行沟通和协商，于2009年12月3日成功签订《战略合作协议》，协议明确：双方合作要充分发挥各自业务领域优势，实现优势互补、资源共享、共谋发展。同日，还签署委托代理协议，建行委托办事处处置清收核销类资产包项目，债权总额12.42亿元。二是争取地方政府支持，加强沟通和合作。结合河北省金融工作会议精神和经济金融形势，及时向省金融办上报《信达公司石家庄办事处关于落实金融工作会议精神和促进河北省金融业繁荣的报告》，得到省有关领导部门的重视和支持。三是按照总部部署，协助完成建行"2009－1资产包"尽职调查、估值工作以及接收建行"建元2008－1资产证券化"剩余项目。四是协助做好幸福人寿在河北设立分支机构的前期准备工作，积极争取信达证券在河北设立营业部，为信达证券、金谷信托推荐合作项目，配合信达澳银基金做好建行的代理销售等。

【内控内管进一步强化】 (1)夯实内部管理，有效防范风险。一是狠抓质量管理体系文件的贯彻执行和督促检查。办事处严格执行公司ISO质量管理体系文件，不打折扣，不搞变通，并以公司ISO质量管理内审检查为契机，组织员工全面自查整改，加强内控管理基础性工作。同时，要求各岗位人员对照公司系统内外审中发现的问题举一反三，对照检查，整改规范。经常性组织员工对体系文件进行学习培训，养成严格按照体系文件办事，发现问题及时督促整改的良好习惯。11月，办事处顺利通过总部组织的ISO质量管理体系内审检查。二是强化基础管理,审核、评估、拍卖工作更加规范。办事处严格执行各项审核和决策程序,上报总部的资产处置方案质量和通过率明显提高;严把评估、拍卖中介机构选聘关,根据项目实际需要,合理选用评估拍卖机构,规范操作,认真审查,为资产处置工作提供支持保障。三是财务会计工作持续健康运行。深化财务会计管理,夯实基础,加强核算,规范操作,继续实施费用跟踪管理,管好用好财务资源,从严防范风险。四是组织召开党委会(扩大)、主任办公会、纪检监察工作会、党委中心组学习会等多种会议形式,对纪检监察和风险防范工作进行宣传教育和安排部署,做到警钟长鸣,有效防范经营风险和道德风险。五是加强内审,认真做好终结项目认定和跟进审计工作。六是加强后勤保障,确保办事处各项工作的有序运行。(2)加强党风廉政建设和员工队伍建设。抓好党风廉政建设工作,明确重点,注重实效。一是注重廉洁从业教育。通过党委(扩大)会、党委中心组学习会等组织党员干部认真学习胡锦涛总书记重要讲话、中央纪委办公厅《关于2009年党风建设工作的实施意见》等政策文件,深刻理解文件精神,提高党员干部思想认识水平。二是加大制度执行力度。不定期对资产处置、财务管理等核心部门、要害岗位、关键环节进行抽查,发现问题及时采取措施,消除潜在隐患,对重点项目进行走访调查和客户满意度调查,有效预防员工道德风险和经营风险。三是严格落实各项责任制度。充分发挥中层以上领导干部"一岗双责"作用,在抓好资产处置和内部管理的同时,切实带好队伍,帮助员工全面发展,对预防治理腐败、规范从业行为起到积极作用。坚持廉政档案制度,定期对中层以上领导干部廉洁自律和一般员工遵章守纪情况进行统计和总结,并归入个人廉政档案。四是加强党员干部作风建设。组织开好民主生活会和中心组学习会,抓好各级干部思想作风建设,做到开拓创新、求真务实,遵纪守法、清正廉洁。党委班子成员和中层干部以身作则,真抓实干,充分发挥了模范带头作用,营造了办事处团结进取、奋发有为良好风气。五是注重员工全面发展,积极开展培训,鼓励员工在实践中自学成才。办事处党委注意与员工的沟通交流,在开展员工文体活动、关心员工生活方面做了许多好事、实事,增强了队伍的凝聚力和向心力,办事处和谐氛围日渐浓厚。

中国东方资产管理公司
石家庄办事处

综　述

【概况】 2009年,东方资产管理公司石家庄办事处按照总公司党委的整体战略部署,贯彻落实科学发展观,坚持以利润为中心,突出可疑类资产处置和商业化业务开拓两条主线,加强内部管理,防控各类风险,超额完成公司下达的可疑类当年收现任务,实现可疑类资产处置收益5112.48万元,办事处商业化业务利润4307.17万元(不含东购项目)。截至2009年12月31日,三类资产整体回收现金19773.60万元。其中:建行可疑类资产回现14624.73万元,政策类资产回现154.81万元,损失类资产回现812.06万元;商业化收购项目回现4182.71万元。任务完成率列全辖第9位,增盈控亏指标完成率列全辖第8位,各项工作再上新台阶

【全力推进可疑类资产处置,超额完成全年任务】

2009年是可疑类资产处置的攻坚之年。石家庄办事处坚持以利润为中心,坚定信心,创新手段,进一步加大处置力度,全年可疑类资产实现净收现14177.59万元,完成总公司下达任务率118%。

(一)把握主线,采取多项措施促进资产处置。根据年初工作会议精神,围绕工作中心,采取一系列有效措施,为可疑类处置工作创造条件。一是对内设机构职责进行调整,压缩二线人员充实业务一线,加大资产处置、中间业务、风险控制的力度。二是通过总经理办公扩大会议、经营形势分析会等多种形式,及时分析形势,明确思路,总结经验,查找不足,解决问题,部署工作。班子成员对重点难点项目进展情况定期听取汇报,亲临一线督导指挥,参与处置谈判,现场办公解决棘手问题,有效推进处置收现和商业化业务拓展。三是开展资产全面尽职调查工作,通过尽职调查挖掘项目潜力,增强增值运作能力。在此基础上,围绕增盈目标重新制做拼图,合理制定两年处置规划,以指导办事处可疑类资产的处置工作。

(二)统筹安排,抓大促小确保处置整体进度。

经过几年的有效处置,可疑类存量资产基本都是难啃的“硬骨头”。办事处及时调整思路,进一步深挖资产潜力,灵活运用多种处置手段,抓大促小,多管齐下,确保收现取得最好的效果,实现保定电视台、秦皇岛市黄金房地产开发有限公司等大项目的处置,取得良好效果。对于金额较小的项目,不放弃、不让步,做到点滴积累,颗粒归仓。

(三)创新手段,组建资产包提升处置效率和价值。随着处置工作的深入,单纯以传统的逐户清收方式进行处置,难以达到最佳效果。办事处经过分析研究,果断确定单户处置与打包处置相结合的处置策略。按照这种思路,推出政策类、可疑类混合资产包。该资产包总金额31.42亿元,包括5个地区的336户项目。在总经理室统一指挥和协调下,各项工作稳步推进。

(四)攻坚克难,个贷处置工作实现历史性突破。2009年办事处个贷收现4,000.70万元,占全年可疑类资产收现额的31.8%。在全辖开展的个贷收现竞赛中取得第一名,取得突破性进展。一是领导重视,亲自督办。在年初工作会议上,确定“个贷处置是可疑类收现重中之重”的工作思路。总经理室领导经常听取业务部门汇报,重大疑难亲自出马。同时加强个贷业务部门人员力量。二是明确重点,有的放矢。在认真分析个贷资产状况的基础上,确定石家庄、保定、秦皇岛为个贷收现的重点地区,并确定一批重点项目,进行重点督办。三是依托中介,为我所用。从中介机构库中选聘了在当地有广泛人脉关系、业绩较好的律师所代理清收个贷,很好地弥补办事处在人员、交通、信息、人脉等方面的不足。四是加大力度,争取主动。在委托中介的基础上,与代理机构一道,积极协调法院,加大执行力度,加快清收进度。

【加大商业化收购和中间业务拓展力度,寻找利润增长点】 商业化业务开拓是2009年工作的另一条主线。结合办事处拥有的经验优势、人员优势和资源优势,确定工作思路:一是积极与总公司证券、评级、租赁等各类平台公司进行业务对接;二是在存量资产中积极寻找中间业务机会;三是用创新的精神和理念,挖掘有增值运做潜力的项目;四是充分利用办事处现有人脉资源,提倡人人都是信息员和营销员的观念。

经过努力,办事处参与完成商业化新收购建行“2008－1资产证券化不良资产包”和建行“2009－1不良资产包”项目河北地区的尽职调查工作;完成商业化新收购“中行河北2009－1资产包”的收购工作。该资产包共14个项目,涉及本金79434.30万元,已经启动处置程序。该资产包在结构性交易处置完成后,预计盈利3800万元。

抓住东购项目转让契机,就东兴证券、金诚信用评级公司为东购项目改制上市提供财务顾问等服务与平台工作建立对接。利用唐山三友子公司兴达化纤重组契机,积极考虑开展股权商业化运作,与唐山三友开展财务顾问业务;在做好宝石电子股权置换及股权变更工作的同时,利用公司股权退出契机,与东方金诚信用评级公司建立业务对接,为宝石电子提供全面风险管理咨询工作,收取财务顾问费50万元。

【完善股权项目管理,实现资本金保值增值】 (一)加快剩余资本金项目的清理工作。按照财政部54号令,对河北国信项目重新启动评估和招商工作。根据企业控股股东更换无法进行评估的现状,请示总公司将该项目从清理类中剔除;对秦皇岛中信房地产开发公司股权进行转让,回收1080万元。

(二)商业性债转股项目增值显著。在总公司投资管理部的指导下,完成对东购评估、公告、协助买方尽调等一系列工作。9月,东购股权在上海产权交易中心成功挂牌交易,最终通过评标,山东银座摘牌成交,转让总价款10.25亿元,较成本2.6亿元增值7.65亿元,增值294%,其中当期收现6.45亿元,剩余款项通过与资本市场对接实现,顺利实现国有资产的保值增值。

(三)政策性债转股企业管理更加完善。参加所辖债转股企业股东会、董事会、监事会以及股东协调会15次。对审议议题,严格按照总公司对持股企业的管理办法执行,进一步加强对债转股企业及控股企业的调查研究和工作指导。上半年,参加唐山“三友”召开的两次协调会,就集团吸收合并碱业公司事宜进行沟通,最终使集团购买宏达公司股权29022.85万元价格降至144454.10元,有效地维护了股东权益。

【加大监督检查力度,确保依法合规经营】 (一)加强审计监督。年内3次组织终结项目内审,对671个终结归档项目和2008年以来办事处反洗钱工作开展情况进行审计。在保证终结项目审计率100%的基础上,进一步提高审计质量。办事处还接受了总公司关于固定资产及实物资产管理、银行账户开立与管理和2008年资产终结项目的现场审计及银监会专项检查组对资本金项目的审计调研,对发现问题及时进行全面的整改。

(二)推进质量体系运行。以“探索体系价值,深挖体系功能,服务战略转型”为指导思想,积极推进质量管理体系文件的学习,不断加强内部控制和风险防范。2009年组织办事处员工参加总公司第三期内审员视频培训,有13名员工取得内审员资格。组织全员参加9001应知应会考试,进一步提高合规经营能力。

(三)强化合规意识。为加强全员合规风险意识,根据总公司统一安排,办事处6月份举办了“合规文化宣传周”活动。进行反洗钱知识讲座、下发《反洗钱知识26问》、《合规管理工作自查提纲》等材料,通过展板、简报等形式广泛宣传,使员工对合规工作的认识进一步加深。

(四)开展警示教育。为扎实搞好反腐倡廉工作,强化员工的廉洁自律意识,组织全体员工参观河北省第四监狱,进行警示教育。召开全体员工大会,传达总公司《关于转发〈中国银监会办公厅关于银行业金融机构自查发现案件责任追究实施区别对待政策有关问题的通知〉的通知》文件精神。组织参观《银行业反腐倡廉警示教育展览》(河北地区)巡展,进一步筑牢广大干部员工思想道德防线,预防和遏制案件的发生。

(五)加强风险控制。组织召开经营审查委员会65次,审议处置项目125个;召开评估审核与中介机构管理委员会44次,审议项目71个。在审查中坚持以利润为中心、以可疑类资产经营审查为重点,强化“三项审查”,即合规审查、尽职审查和效益审查。对于重点项目做好风险控制和关口前移工作,进一步提升审查效率和水准。

【加强内部管理,推动和谐集体建设】 (一)加强领导班子和干部作风建设。组织党委中心组理论学习四次,认真学习党的十七届四中全会会议精神等有关文件。召开以“加强党性修养,弘扬良好作风”为主题的党员领导干部民主生活会,增强党委班子的凝聚力战斗力。

(二)强化大局意识。克服本位主义,树立大局意识和“一盘棋”思想,团结协作,整体联动,确保各项工作任务的完成。在资产管理系统数据补录及政策类、可疑类资产混合包打包处置过程中,各部门以办事处工作大局为重,积极配合,体现了很强的团队意识和协作精神。

(三)打造学习型专业队伍。全年办事处参加总公司的视频培训会31次,自行组织培训9次,人均培训学时超过40小时。出台《关于加强员工学习培训的规定》,对员工培训工作的目标、要求、效果进一步明确。截至2009年11月,办事处共有32人通过银行业从业资格累计57科的考试。

(四)创建和谐工作氛围。关心员工生活,通过丰富多彩的活动,营造和谐健康的氛围,开展职工书屋建设,丰富职工文化生活。结合国庆六十周年、五四运动80周年和建党88周年,组织红歌会、爱国影片展播、青年义务劳动、山西忻口抗日基地参观等系列活动,开展爱国主义教育。

渤海国际信托有限公司

综　述

【概况】 2009年,渤海国际信托有限公司认真贯彻海航集团确定的发展方针,落实管理构架调整要求,明确公司定位和发展方向,以建设有海航特色的,具有核心竞争力的一流信托公司为目标,大力拓展市场,积极培育客户,快速扩大信托业务,同时,严格控制风险,加强队伍建设,不断提高经营效益,各项工作均取得较好成绩。

【预算任务超额完成,经营效益大幅提升】 2009年累计实现总收入10亿元,完成全年预算的304%,其中经营性收入6516万元,完成全年预算的140%。全年实现利润6958万元,完成年度预算的562%。2009年净资产收益率达到6.8%,较2008年的2.8%,增长143%;人均利润达到95.72万元,较2008年的35.6万元,增长169%。

【抓机遇,上规模,信托主业快速发展】 抓住应对金融危机扩大基础建设投资的机遇,积极开展政信合作和银信合作,参与一系列重点基础建设项目融资,信托资产规模迅速扩大,市场份额逐步提升。2009年末,信托资产余额达326.34亿元,较2008年末54.5亿元的信托资产规模净增271.84亿元,增长近498.8%,同比增长绝对数和比率均居行业前列。集团内信托业务规模占信托资产总规模的20.5%,集团内信托业务收入占信托业务总收入的18.03%,渤海信托市场化特征显现。

2009年新签约的信托项目以两年或两年以上的为主,其中50亿信托规模在5年以上,周期最长到2017年。为信托今后二三年发展的关键时期,换取了发展空间。亮点有:河北高铁项目和成都投控项目的成功实施,奠定了公司在河北区域和以成都为中心的西南区域的竞争优势;渤海信托成为建行天天赢、双周赢产品的除中信信托以外的建行指定两家合作伙伴之一。

【突出重点,分散风险,提高自有资金投资收益】 根据市场形势,自有资金运作坚持既合理控制风险,又兼顾投资收益的原则,以债券业务为主,股票业务、银行理财并举,取得较好成绩。固有业务实现收入1645万元,完成全年预算的130%。

【不良债权清收取得新进展】 全年共清收不良债权4028.5万元人民币和300万美元。其中,以风险代理方式收回2004年核销的南宫长城针织贷款100万元;克服多方面困难,重点突破,司法强制和友好协商相结合,收回广州国投在天津海珠大厦4114.71㎡房产和50万元的补偿资金,以抵顶其所欠1800万元人民币和300万美元的债务,不仅彻底清收该笔逾期11年的不良债权,还获得1996万元的收益,这是广州国投众多债权人中绝无仅有的一例。此外,证券交易席位转让、嶂石岩山庄宾馆房产证、土地证更名等历史遗留问题也基本得以解决。

【应对市场环境变化,推进管理架构调整】 根据集团深化第二阶段管理构架调整部署,落实"做精、做稳、做大、做强"的总体要求,上半年,渤海信托参照信托业内成熟企业的机构设置模式对现有机构编制进行调整,增设4个信托业务及相关部门编制,撤销2个职能部门编制,调减管理干部编制数6名,干部职数比例较调整前降低10%;信托业务人员编制数增加19名,占总编制数的44%,超过行业平均水平6%。通过调整,明确各部门职责,理顺管理关系,基本满足了公司业务发展需要。渤海信托制定并下发《渤海国际信托有限公司审批流程指引》,改进公司内部审批权限及流程,在保证风险控制的前提下,合理简化流程,提高业务运作效率。下半年,作为集团管理构架调整试点单位,渤海信托瞄准行业先进标杆,研究制订了面向市场的管理构架调整方案,为推进公司管理模式全面转型和跨越式发展做好准备。

【加强内部培训,提高员工素质】 全面提升员工业务技能与职业素养,健全与完善培训机制,公司根据"以业务为先导、以服务为支撑,前、中、后台全面发展"的经营战略制定了以业务培训、管理干部培训为侧重点的2009年度培训方案。组织两次中层干部及业务总监管理素质培训,充分挖掘内部培训资源,组织各部门定期为全体员工讲授相关业务知识,充实员工知识结构。

【加强风险管理,促进稳健发展】 根据集团统一部署,结合公司业务特点,渤海信托认真开展"金融业务安全月"活动,制定有针对性的实施计划,组织开展金融业务安全宣传、业务合规培训、相关案例解析,增强公司全员风险观念和安全意识。组织各部门进行自查和风险评估,完善业务档案,规范后期管理。建立风险管理台账,加强项目动态管理。建立风险控制具体指标,完善公司的风险控制体系,为业务开展、项目评审和后期管理制定明确标准,提高项目风险的识别和控制能力。认真落实中国人民银行反洗钱工作相关规定,建立健全了反洗钱组织机构和制度体系。

(谢国庆)

第三部分

学术调研

【国际金融危机下京津冀钢铁行业的竞争与合作问题研究】

一、金融危机以来河北省钢铁行业面临的严峻形势

钢铁作为经济发展的主要原料,其生产与发展与经济增长密切相关。金融危机爆发以来,世界各大经济体包括新兴市场的经济普遍受到极大的冲击,增长速度急速下降。因此,河北省钢铁行业面临的形势与整个钢铁行业基本一致,但受到河北省钢铁业产品结构影响,其受到的影响深度和范围存在着自身的特点:

钢铁行业面临的共同困难和严峻形势集中地表现为:市场需求巨幅萎缩,钢铁工业进入全面的调整期。具体的体现在以下几方面:

(一)受经济下行影响,钢材市场需求持续回落,生产量急剧下滑。

(二)库存积压严重,给未来市场消化和回升设置了相当大的缓冲区。

(三)价格大幅度跳水,销售收入走低,亏损持续增加。

除此之外,河北省钢铁行业还面临的一些特殊困难:

(一)钢铁行业在国民经济中占比高,直接影响到全省经济增长和社会稳定。

(二)河北省钢铁行业集中度低下,装备落后,中小企业抵御市场风险的能力不足,停产、倒闭风险度高。

(三)产品档次低端,结构调整任务繁重。

(四)省内产业相关度较低,钢材消费主要依靠省外和出口。

(五)全省钢铁行业科技人才队伍总体上还很薄弱,综合创新能力偏低。

从以上情况来看,无论是国内的钢铁企业还是省内钢铁企业都面临着加快整合、调整结构、压缩产能、提高竞争力的巨大挑战。

二、河北省钢铁行业与京津冀行业合作的有利条件和时机

(一)合作的有利条件

京津冀同处于华北经济区域,三地的钢铁行业都拥有各自优势:如河北钢铁行业有产量大、资源储备丰富的长项,而京津两地钢铁行业则拥有装备先进、技术力量雄厚、创新能力强、产品高端、管理和销售经验丰富等强势。从这一点看,三地钢铁行业在人才、市场、资源等方面无疑都存在着一定的竞争,但总体看,三地的合作空间要大于竞争。理由如下:一是三地产品结构存在着高度的关联性,尤其是京津的长项正是河北省今后发展的方向和选择,而河北省拥有的丰富的资源和初级产品正好为京津两地钢铁行业提供有力的后备支撑。二是京津两地是全国经济中心和重镇,其房地产、汽车、家电、船舶制造、铁路等行业的市场空间巨大,为三地钢铁行业的合作提供了广阔的领域。三是京津两地是全国教育、科研基地和中心,拥有众多的高校、科研机构,技术力量雄厚,科技人才济济,可以为三地钢铁行业合作提供源源不断的技术和人才支持。四是京津冀三地虽属不同的行政区域,但同处于燕赵大地,同处于环渤海经济圈,有着共同的人文、水利、交通基础。五是近年来京津冀三地的经济、文化交流与合作不断向前发展,合作领域和深度不断得以拓广和延伸,尤其是在风沙治理、水源保护、产业外迁、城市圈的外展等各个方面均取得了丰收的成果,三地经济合作项目不断增加,同时积累了丰富而宝贵的合作经验。

(二)合作的有利时机

从目前来看,京津冀三地进一步加深合作关系、拓宽合作领域已经出现了很好的机遇:一是奥运期间首钢已经搬迁到河北省曹妃甸,为进一步加深两地间的相互了解、信任和深入开展合作提供了进一步的有利条件。二是河北省钢铁行业自2007年开始整合,到目前为止已经取得明显成效。2008年6月,河北钢铁集团挂牌成立,将原来唐钢集团管辖的唐山钢铁、宣化钢铁、承德钢铁和原来属于邯钢集团所有的邯郸钢铁、舞阳钢铁、衡水钢管等多家企业的资产全部划入河北钢铁集团,综合产能超过3100万吨,占河北省粗钢产能的1/3。唐山丰南12家民营钢铁企业和迁安27家民营钢企分别重组成立了唐山渤海钢铁集团和唐山长城钢铁集团,综合产能达到2800万吨。虽然民营企业的整合还缺乏实质性的进展,但已经为将来的深入合作奠定了一定的基础。三是2009年4月,河北省政府已经审议并原则通过《贯彻落实国家<钢铁产业调整和振兴规划>实施意见》,确定了河北省钢铁行业的发展目标,为本省的发展方式转变、产业集中、技术进步指明了方向,提供了法律上的支持。四是从本质上讲,金融危机既是各种矛盾积累、爆发和解决的过程,也是新秩序和新结构诞生和发展的开始。本次金融危机在给全球经济带来沉重冲击的同时,也给全球各行各业带来了重新洗牌整合的机遇。同时,在本次钢铁行业的调整中,钢铁产品与原料、燃料的价格呈现回归理性的变化,给钢铁行业的整合与合作创造了条件和机会。五是我国到2020年全面建设小康社会的目标没有改变,我国工业化、城镇化加快发展的趋势没有改变,我国作为世界钢铁消费大国的地位没有改变,这对加强和深化三地间钢铁行业合作创造了稳定的外部大环境。特别是国家为了应对金融危机,保持经济平稳较快发展,出台了扩大内需的4万亿元的投资计划,给三地间钢铁行业的合作提供了难得的机遇。

三、京津冀钢铁行业加强合作的领域及路径

(一)加强合作的主要原则

京津冀三地钢铁行业在合作中必须坚持以科学发展观为指导,以实现全面协调和可持续发展为总体目标。必须坚持以统筹兼顾为根本方法,在合作中兼顾速度、规模与效益,兼顾行业发展与市场需求变化,兼顾优化布局、结构调整与产品创新、产业升级,兼顾满足国内需求与出口需求,兼顾三地资源的有效协作配合,兼顾节约资源与环境保护。

(二)加强合作的主要领域

京津冀三地钢铁行业加强合作不应该仅仅停留在技术、产品等较窄的范围内,而应该抓住这次难得的机遇开展多领域广范围的合作。其合作领域大致可以划分为以下几个层面:一是基本层面的合作即原料供需的合作。就是河北省冶金行业、生铁、粗钢以及煤炭作为三地钢铁行业的最基本的原料生产供应基地,形成基础的合作关系。二是依托京津市场开展的钢铁产品的上下游之间供需合作。就是依托北京、天津两个直辖市城市基础设施建设领域、房地产开发领域、汽车制造、装备制造以及造船业领域、公路铁路机场建设领域对钢铁的需求展开全方位的合作。三是依托京津两地钢铁制造产品高端、技术成熟、自主产权丰富、高校集中、科研力量强大的优势,开展科技创新和产品结构调整、发展方式转变方面的合作。四是依托京津两地对外开放程度较高、国家部委集中的优势开展对外开放方面的合作。五是依托京津金融机构众多、金融资源丰富的优势和三地间金融机构对钢铁企业交叉贷款日益增加的现实,开展广泛的融资合作。

(三)加强行业合作的路径探讨

第一,建立京津冀三地政府间的沟通协作平台。主要负责三地经济发展协作的协调、规划,并相互间定期交流相关信息。特别是对于钢铁行业及相关产业合作的沟通、组织和规划工作,可以通过建立三地钢铁产业峰会机制,定期交流信息、沟通情况、研究发展方向,并就合作过程中的战略问题和关乎合作大局的有关问题交换意见、达成共识。对于合作中的具体工作的落实,可成立一个由三地政府相关部门参加的单独的委员会负责组织协调和落实峰会共识,解决协调中出现的具体问题。

第二,建立行业用钢信息发布机制,指导钢铁企业生产和管理。世界钢铁协会专门设立一个汽车钢联盟,该联盟作为一个面向全球钢铁企业的组织,定期为成员单位提供通过基准数据分析和风险评估形成的全球市场信息和竞争力报告,为技术、销售人员提供高强用钢指南、成本模式改进、高应变频等科技、市场信息,有利于企业为用户提供更有效的技术支持。此外,还通过提供汽车发展方向和相关技术研究等信息,为企业长线战略提供信息支持;通过提供汽车生产厂家的相关工艺信息,便于钢铁企业生产相适应的汽车用钢产品。京津冀钢铁行业可以参照该联盟的模式,针对区域内和国内汽车、铁路、石油化工、造船、家电等行业的钢材需求,加强系统化研究,为三地钢铁企业的生产和管理提供有价值的信息支持。

第三,建立共同的钢铁科研组织,为三地钢铁行业提供科技支持。可参照前述组织发布的相关信息,组织三地钢铁行业的科研力量集中开展针对的产品、生产工艺研究,同时,可集中力量对三地资源的综合利用、产业链条延伸、环境保护开展广泛的科学研究,为三地钢铁行业的科学发展提供科技支持。

第四,建立三地间钢铁行业内部间的协作机制,主要解决三地间原料、燃料、钢材间供需关系,形成一个梯次递进式的钢铁生产体系。即立足于现实,河北省民营冶金、煤炭、钢铁企业作为三地骨干钢铁企业的铁精粉、生铁、粗钢、煤炭的生产供应基地,京津冀骨干钢铁企业根据各自的优势和需要选定对应的供应商，形成固定的供需关系。

第五，建立相关产业钢材供需关系锁定机制。主要是瞄准三地的重点工程、汽车、石油、家电、铁路等行业和领域的用钢需求，开发高端产品，从而锁定与区域内各下游用钢行业和领域的订货合同，形成稳定的供需关系。

第六，建立三地钢铁行业金融服务及监管协作关系。由于三地钢铁行业集中度较高，前一段时期钢铁行业处于牛市状态，导致三地银行业机构对钢铁行业信贷投放较多，虽然目前尚未显露出风险，但信贷的集中化也对金融的风险监管、信贷投向的控制提出了新的课题。从三地钢铁行业本身来讲，其发展、合作更需要金融力量的支持，所以加强三地钢铁行业合作过程中金融业的合作就显得尤为重要。今后的钢铁业金融合作主要在两个方面：一是加强三地之间金融机构的合作，为区域内钢铁行业合作提供证券、保险、银行等领域的全方位的服务，支持三地钢铁行业的合作与发展。二是切实加强该区域内钢铁行业发展状况的监测与信息共享，共同防范与化解发展中的各种风险。

第七，建立三地钢铁行业对外开放的合作机制。要依托京津两地国家机关集中、对外信息集中、对外开放的经验集中的优势，切实加强三地在该领域的合作与交流，在钢铁行业的对外交往中形成共识，动作一致，以在“引进来”和“走出去”的两个方向上取得共赢。

（人民银行承德市中心支行　李福德　高延民　杨君圣　岳成吉）

【张家口融资性担保机构发展情况调查】

一、张家口融资性担保机构基本情况

截至2008年底，在张家口市工商局注册登记的信用担保机构共有46家，企业法人性质信用担保机构40家，事业单位性质信用担保机构6家，注册资金在1000万元以上的25家，占54.35%，担保机构最高注册资金1250万美元，最低注册资金10万元。这46家信用担保机构中，仅有13家开展了担保业务，占28.54%；有33家机构至今没开展担保业务。这13家机构2006—2008年累计为中小企业办理担保业务1138笔，担保额达到35502万元，目前在保笔数907笔，在保金额10417万元。

二、融资性担保机构发展的难点

（一）外部环境仍需规范

良好的外部发展环境是中小企业信用担保体系的建设和发展的重要前提和决定因素，目前融资性担保体系的发展缺失法律、法规的保障。作为体系核心的担保机构虽表面经营的不是资金，但实际上从其功能看在于筛选借款人并对借款人进行风险监控，担保公司是在经营风险，管理风险，那么担保公司应否视同金融机构对待和监管，至今仍没有明确定论。同时，目前我国对担保资金或担保机构基本资产（资本金）的增资、补偿机制及操作使用方面问题尚无相关的行业法规加以明确，既影响了金融机构对担保机构的持续经营能力的评定，也造成很多担保机构在趋利避害原则的引导下，对那些通过正常融资渠道不能获得银行贷款的企业，尤其是那些没有足够抵押品又有发展潜力的小企业，并未给予足够支持，而将主要精力放在保费收入较高、而非政府产业政策支持项目上，部分担保机构还设立各种收费项目，无形中增加了中小企业的负担。

（二）担保资金匮乏

在大力发展融资性担保体系时，我们也发现，绝大多数担保机构的资金匮乏，多数担保基金主要由政府提供，自身造血功能不足。目前，我市46家担保机构注册资金规模为51890.8万元，平均注册资金1128万元，但其中21家担保机构注册资金在1000万元以下，且多数担保机构的注册资金由财政出资，这些机构中有一部分成立时就是为了应付上级检查而产生的政府行为，据调查，这类担保机构实际足额到位的资金并不多，有的政府出资是以借款的名义到账，过后就收回，实际就是简单过一下账，充当过路财神的角色。有些政府出资的担保资金由于种种原因，在注资后又以种种名义调走、借用。本身担保机构的注册资金就不多，由于这些原因，担保资金远远满足不了企业所需资金，限制了担保业务的拓展。在资金运用方面，有些担保机构管理不善、风险保证金不足，个别担保机构自成立以来就没有什么业务，其为了生存开始发放小额贷款，发放贷款金额一般都在1万元以下，期限一般在1年以内，担保机构有可能演变为实质性的小额贷款公司，经营业务范围没有执行营业执照批准的范围经营。

（三）担保机构信用不足

虽然今年年初,国家及各地方政府相继出台了文件,对担保体系建设进行规范,但担保行业长期以来的管理混乱造成金融机构对其自身信用状况持不信任态度。从张家口市的情况看,许多金融机构从经营风险的角度考虑,在与信用担保机构进行合作时十分谨慎,具体表现在三个方面,一是慎重选择合作机构,在全市的46家信用担保机构中,与银行有过合作关系的仅有18家,占比仅39.13%,据对金融机构调查,目前金融机构仅对有政府出资背景,注册资本数额大的担保中心合作,对企业和个人出资成立的担保机构不论资金多雄厚,也不合作。二是贷款数额谨慎控制,金融机构即使已与担保机构合作,贷款金额也总体控制在担保金额度之内,对超出担保金额度之外的贷款基本不给予支持,贷款金额更不会向有关规定解释的那样放大到担保金的1至2倍,从而将担保贷款演变成为质押贷款,失去了担保的意义,不能有效发挥担保的作用。三是谨慎选择业务类型,金融机构发放担保贷款一般期限在1年之内,或者是承兑汇票、出口押汇等低风险信贷品种,而且越是大型商业银行控制越严,我市各国有商业银行基本不放担保贷款。

(四)风险隐患不容忽视

融资性担保体系建设由于涉及信用增级与放大,潜藏的金融风险突出。从风险分散方面看,目前实践中往往都是政府出资"负责风险处置工作",实际上以政府信用为其进行了信用增级,同时,也完成了一个风险的转移,即地方政府成为"最终的风险承担者",将信用风险向政府集中。从风险控制方面看,目前各担保机构虽也要求企业落实反担保措施,但对反担保资产的要求较灵活,除不动产外,未上市公司股权、专利、机器设备等都能作为反担保资产,但随着实践的深入,发现这类型的反担保措施在实际操作中质量往往得不到保证。一是由于中小企业不动产等资产价值较低,一般以股权作为担保,如果企业经营亏损,其股权就会相应贬值,起不到保值的作用,安全系数很低。二是在以设备、车辆或其它不动产进行担保时,由于目前登记机构只为金融机构办理此类手续,担保中心不属于服务对象,办理不了担保登记,目前只能以公证的形式进行反担保,而公证在法律效力和保证担保物安全方面的功能要弱于抵押登记,担保中心的利益得不到根本保证,而担保机构对银行提供的担保则是100%,这样银行的风险就转嫁到了担保中心。

三、相关对策建议

(一)立法以健全外部环境

从宏观政策环境方面,建议国家尽早出台《中小企业担保机构管理办法》以解决担保机构发展中存在的困难和问题。一是要立法明确担保机构的法律地位。二是对担保资金来源立法。三是对担保政策目标及操作规程立法。四是对担保相关费用进行立法。

(二)加强担保资金管理力度

拓展担保机构的资金来源渠道,强化其自身造血功能,实施多元化投资,鼓励金融机构、企业和财团等共同出资建立担保基金,摆脱单一依靠政府财政注资的局面,合理调配资本结构,扩大货币资本占比。同时,进一步规范担保资金的运用,对其用途范围进行严格管理,银行间的市场可有限度的对担保机构开放,担保机构可申请进入银行间的债券市场、央行的票据市场等,增加担保公司流动性好、风险低的投资渠道。

(三)完善担保机构信用评级体系

人民银行要积极推动外部信用评级工作,加强信贷评级市场监管,加快对信用担保机构的信用评级。综合担保机构的组织架构、风险管理水平、风险化解能力、财务管理能力等各方面情况,对担保机构资信等级提供客观、公正的评价,为授信额度的审查、审批提供有力支撑,可以由专业机构如银行等引导、帮助担保机构完善自身风险管理架构,以便使评级结果更容易得到银行等金融机构的认可。

(四)强化风险防范措施

一是设定严格的担保机构准入、退出标准。二是金融机构加强对合作担保机构以及在保业务的授信后监管。通过持续、有效的监控,一旦发现潜在风险,及时采取措施,控制授信风险。三是政府逐步退出市场以降低转移风险。建议政府部门与这些担保机构脱钩,使其进入市场,避免出现以政府信用为其进行信用增级、使政府成为"最终的风险承担者"的情况发生。四是担保登记对担保机构开放,允许其办理设备、车辆或其它资产担保登记,保证担保机构的合法利益。

(人民银行张家口市中心支行课题组)

【论加快秦皇岛市中小企业信用贷款担保体系建设】

近年来,秦皇岛市中小企业快速发展,已成为推动秦皇岛市国民经济增长的基础力量,是地方财政的重要来源,在优化经济结构、扩大就业、活跃城乡经济、满足社会需求等方面发挥了重要作用。

2008年,全市民营经济完成增加值501.47亿元,比上年增长15.8%,占全市生产总值的63.1%;民营经济已名副其实地撑起了全市经济的“半壁江山”。但是许多中小企业由于自身积累较少、规模较小、抗风险能力弱等原因,很难得到银行的资金支持,融资难已经成为制约中小企业发展的瓶颈问题。

中小企业融资难的根源在于缺乏适应现代市场经济要求的经营管理体制,导致信用信息透明度低,产生信息不对称而较易发生违约风险。在这一背景下,中小企业信用担保体系的建设成为缓解中小企业融资难的重要手段。本文尝试以秦皇岛市中小企业担保体系建设情况为例,深入了解当前中小企业信用担保体系建设的现状,识别、评判中小企业担保体系建设中存在问题,为中小企业担保体系建设提供具有理论和实践双重价值的建议,促进中小企业信用担保体系发展的进一步改善,推动中小企业担保体系快速健康发展。

一、秦皇岛市中小企业担保体系现状

(一)初步形成覆盖市县两级的中小企业担保机构体系

秦皇岛市在1999年就成立了本市第一家担保公司,经过近9年发展,秦皇岛市担保体系取得积极进展,目前共有17家中小企业担保机构,并初步形成了覆盖市县两级的中小企业信用担保体系,并做到了中小企业担保机构覆盖了秦皇岛市所有县区地域,做到中小企业担保机构在各县区无盲点。如下图:

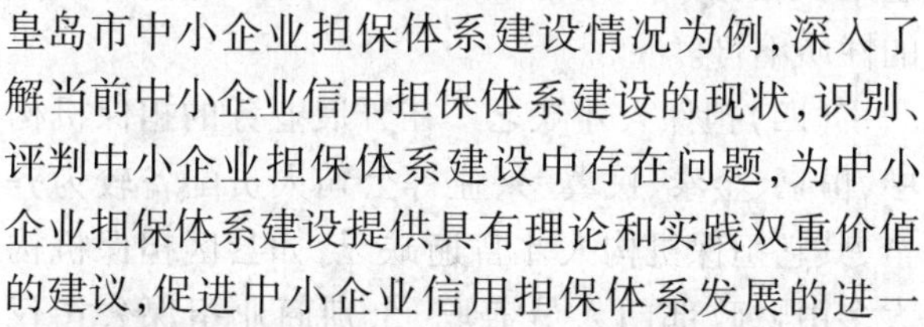

注:本图数据来源于市中小企业局有关统计表

(二)中小企业信用担保体系出资形式多样化

经过9年的发展,秦皇岛市中小企业担保机构资金来源由起初的主要依靠国有出资,逐步转化为多种出资方式并存的中小企业信用担保机构担保资金来源并存,呈现国有资本、社会资本、个人资本等多种资本混和的态势,国有资本比重相比体系创建初期大幅度下降,呈现了多元化的良好态势。

截至2008年5月底,秦皇岛市17家中小企业担保机构注册总资本达4.90亿元,其中财政出资1.57亿元,政府部门出资0.01亿元,企业出资1.65亿元,个人出资1.67亿元,各种资本占比进一步优化。如下图:

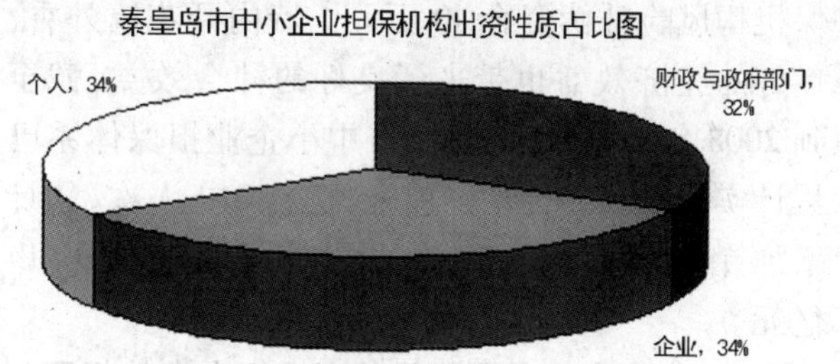

注:本图数据来源于市中小企业局有关统计表

(三)中小企业担保体系业务开展良好

在目前秦皇岛市17家中小企业担保机构中,正常开展业务的担保机构13家,其中多半机构开展中小企业贷款担保业务,另外3家中小企业担保机构业务各有侧重,针对不同的客户和业务需求开办了特定的业务,实现了差别化竞争。如秦皇岛兴业投资担保有限公司主要开展工程担保和联保贷款的调查业务,民翼贷款担保有限公司开展下岗失业职工小额贷款担保业务,金泰投资担保有限公司开展银行信用卡担保业务等。在这些经营管理规范的中小企业信用担保机构的带领和鼓励下,全市中小企业信用担保业务开展状况良好,彻底摆脱了担保机构体系创立初期业务状况萎靡不振的状况。

截至2008年5月底,上述13家担保机构累计开展担保业务2069笔,累计担保总额3.42亿元,其中未发生一笔代偿。现在开办的担保业务范围涉及企业贷款担保、工程履约担保、诉讼保全担保、农行准贷记卡担保等,呈现了良好的发展态势。另外,秦皇岛市交通银行等多家银行与担保机构签订了合作协议,形成了银、企、保联动的良好态势。

(四)中小企业担保机构效益与信誉良好

中小企业担保机构作为生产社会公共产品性质的企业，必将产生一定的外部效应，即其良好的经营效益会带来良好的社会效益。经过近9年的艰苦创业，秦皇岛市中小企业担保机构运作平稳，风险较为分散，经营管理水平提高，法人治理结构向好，产生了一批经济效益、社会效益双丰收的优秀企业。其中的优秀代表——秦皇岛市恒嘉担保公司更是取得了骄人的成绩，于2006年7月5日成功与河北省中小企业信用担保服务中心签署了《联合开展再担保业务合作协议》，在省内市级担保机构中处于领先水平；同年通过了联合资信评估有限公司河北省分公司的信用评级认证，评级结果为A-级，并获得河北省省级中小企业信用担保机构风险补偿资金40万元。墙内开花墙外香，良好的经济效益也带来了良好的社会效益，截至到2008年5月末，秦皇岛市中小企业担保体系已累计实现为社会新增加就业机会4019人次，累计增加销售收入2.93亿元，累计增加税收0.14亿元。

二、秦皇岛市信用担保体系建设存在的问题

中小企业信用贷款担保是一个新生事物、一项开创性、探索性工作，同样面临着许多急需解决的问题。主要表现在以下几方面：

（一）中小企业担保机构规模普遍较小。目前秦皇岛市与担保机构签订信用担保合作协议的仅有交通银行、部分信用联社等部分银行，大部分中小企业担保机构没有与银行签订信用担保合作协议。深究其原因，除商业银行在贷款发放的选择方式更加倾向于抵押类或质押类贷款、对中小企业担保机构提供的担保服务认可度不高外，还有以下原因。

（二）法人治理结构不完善。法人治理结构指所有者或者股东对于企业的经营管理和绩效进行监督和控制的一整套制度安排。完善的法人治理结构，有利于企业规范经营，明确出资者与经营者职责权益的划分，有利于提高管理的科学化。作为信用中介的中小企业担保机构，更要建立完善的法人治理机构。

从秦皇岛市中小企业担保体系的法人治理结构现状来看，虽然一部分机构建立了较为完善的法人治理结构，经营面貌良好，董事会、监事会、经理层职责清晰，运作流畅，但是大多数担保机构还是存在着法人治理结构不完善的问题。具体来看主要包括：一是政企不分。由县区财政出资的担保机构虽然注册为企业法人，但是其法人代表大多由出资财政部门或国有资产经营公司的领导人担任，既是出资者又是经营者，容易产生道德风险和逆向选择；二是个别机构缺乏法人持续成立的条件。多数国有出资担保机构无法做到其高级经营管理者应是专职的基本条件，个别担保机构虽然注册成立，但无办公场地、无专职业务人员、无规章制度，经营态度不积极，甚至对外不挂牌；三是个别机构的规章制度不健全。个别机构注册为股份制，但从成立以来从未召开过股东大会，更没有制定董事会、监事会、管理层的权利分配与制约的规章制度，业务办理流程混乱，内部规章制度不健全。

（三）担保业务不规范。有的县区担保机构仅仅完成注册成立及增资工作，受行政干预影响不率先开展业务，处在观望状态，即使开展业务也是象征性的一笔。担保资金放大是担保公司的生存基础，个别公司所做业务是抵押担保，与信用担保的性质不符。

（四）担保人才缺乏。在开展业务的担保机构中，恒嘉、金泰、民翼、兴业等公司人员配备较为齐全，其它担保机构人才普遍缺乏，如县区担保机构大多由财政部门人员兼职，个别商业担保公司仅设有经理一人。按每个担保机构正常开展担保业务平均需10人计算，全市至少缺少担保专业人才100人。

（五）多数担保机构未与银行签订合作协议。县区政府出资建设的担保机构对开展担保业务的积极性不高，而一些非财政性出资的担保机构资金少、规模小，又难以取得银行的认可。另外，县区银行无权决定与担保公司签订合作协议，市级银行大多没有与担保机构合作意向，所以造成近半数的担保机构不能与银行签订合作协议，不能开展担保业务，大多数担保资金处于闲置状态。从已开展合作的情况看，也存在放大倍数小、业务审批难、担保机构承担100%的风险责任现象。据调查，目前秦皇岛市与担保机构签订信用担保合作协议的银行仅有信用联社、交通银行和农业银行。

三、加快中小企业信用贷款担保体系建设的对策和建议

按照上级有关部门要求，结合秦皇岛市担保

现状,今后秦皇岛市担保体系建设的总体方向应确定为:坚持科学发展观,发展与调整并重,提高运行质量,即通过扩大增量,稳步调整存量,提高担保机构资信等级、规范经营水平和担保体系的整体融资服务能力,建议采取以下措施。

(一)加强资本金增资工作,扩大担保规模。秦皇岛市担保体系建设虽然取得了可喜成绩,但和先进省市相比,无论担保机构的数量还是担保资本金的规模都存在着一定差距,与全国担保政策形势要求也存在较大差距。因此,继续扩大担保规模仍然是秦皇岛市中小企业信用担保体系建设的重要任务。筹措担保金途径有二,一是财政出资:在信用担保体系建设发展阶段,财政出资可以充分发挥其引导、协调、带动作用,起到"抛砖引玉"的效果。二是吸引民间资金:民间资本实力雄厚,且很多民营企业家已经充分认识到担保业是一个有巨大发展空间领域,对投资担保机构建设表现出了越来越浓厚的兴趣,如秦皇岛市恒嘉、兴业等担保公司都是民营企业家自主、自发成立的。在筹措担保资金过程中要注意以下三个问题:一是增资尽量在现有的担保机构中进行,扩大单体规模;二是没有财政出资的县区要适量安排财政资金,以扶持或入股的方式投入担保机构;三是全部财政出资的要吸收民间资金的介入,并逐步使政府从绝对控股转变为政府参股,形成多元化投资格局。

(二)加强管理工作,严格规范担保机构运作。信用担保行业的法律法规和政策主要有《公司法》、《担保法》、《中小企业促进法》。中小企业信用担保机构是独立的市场主体,要依照上述有关法律法规和现代企业制度的要求,完善法人治理结构和内部组织结构,实行政企分开、市场化运作、科学化经营,自主经营,自主决策,自担风险。信用担保机构要做到加强资本金管理,严格执行财政部《中小企业融资担保机构风险管理办法》,遵循安全性、流动性、效益性原则运用资金,按照规定提取保证金、未到期责任准备金、风险准备金。担保机构要做到加强内部管理,建立受理、调查、审批、保后监管、追偿、档案管理等各种规章制度,完善操作程序,努力提高经营水平和防控风险能力。担保机构要参与评级机构的信用评级,进行经营诊断,并将信用等级向社会公布,增强担保机构的公信力。

(三)积极开展银企保对接工作,营造银企保合作的良好氛围。担保机构不同于一般性公司,没有金融系统的认可和业务配合,即使成立了,也无法正常开展业务发挥其应有的作用。应该看到,近年来,人民银行总行、国家银行业监督管理委员会多次下文,要求各政策性银行、商业性银行转变服务方式,开拓中小企业服务领域,开发新产品,逐步增大中小企业信贷份额。各银行业金融机构在存贷差逐步拉大,竞争压力和经营压力逐步加重的情况下,也具有开拓中小企业市场的内在动力。省中小企业局、省财政厅、人行石家庄中心支行、银监委河北监管局联合出台了《河北省银行业金融机构小企业贷款风险(省级)补偿管理试行办法》,给予商业银行贷款风险补偿。另外,随着中小企业信用担保体系作用的显现,银行业金融机构对担保机构的认识逐步提高,合作的积极性日益提高。面对这一形势,各级政府部门一定要抢抓机遇,建立政府、银行和担保机构间的定期沟通协调机制,开展银保对接活动,积极推动秦皇岛市各银行与担保机构的合作,并积极做好引入域外股份制银行及国家政策性银行等金融机构与担保机构合作,促进银行与担保机构之间建立"恪守信用、平等互利、长期合作、共同发展"的新型合作关系。

(四)抓好担保机构整合工作,培育规模担保公司。对担保机构而言,注册资本金是衡量担保机构保证能力的一个重要标志,银行要严格控制与以小搏大的担保公司开展业务,有效防止银行资产风险,只有注册资本较为充足的担保机构才会列入各银行金融机构的首选,所以,担保机构要想生存,必须达到一定的规模。担保机构上规模不外两种方式,一是扩大单体担保机构的规模,二是对现有担保机构进行整合,担保机构整合方式有股权合作、资金托管以及联保、共保、再担保等途径。在扩大单体担保机构规模受资金限制的情况下,当前应重点探讨担保机构整合方式。应该说,当前多数担保机构具有强烈合作意愿,这是秦皇岛市抓好担保机构整合工作的前题。具体可采取以开展业务较好的担保公司为主,吸收其它公司入股组建,恒嘉、兴业担保公司均有此想法。争取在年内建立起1至2家上亿元的担保公司或担保集团,提高秦皇岛市整体担保能力。

(五)组建小额信贷组织,开放和完善民间融资市场。2006年中央一号文件明确指出,"鼓励在县域内设立多种所有制的社区金融机构,允许私有资本、外资等参股。大力培育由自然人、企业法人或社团法人发起的小额贷款组织,引导农户发展资金互助组织,规范民间借贷"。小额信贷组织按照"只贷不存"的经营方式,贷款实行市场化利率。山西的平遥市和我省的廊坊市在建立小额贷款公司方面都做了很好的尝试,昌黎县进行了一些有益探索,成立了小额贷款组织试点领导小组。小额贷款组织是中小企业融资方式的一种有益补充。我们应学习借鉴先进地区经验,加速小额信贷组织组建步伐,推进试点工作。

(六)制订秦皇岛市担保机构风险补偿政策,加大对担保体系建设扶持力度。2006年、2007年连续两年市财政预算中分别安排30万元风险补偿资金,用于对开展业务的担保公司按开展业务额进行补贴,这笔资金随着担保业务额的增加要进一步增加;市中小企业发展专项资金每年也计划拿出一定资金支持担保机构建设。为规范各类风险补偿资金使用,市中小企业局与市财政局有必要联合制定秦皇岛市市级风险补偿管理办法。

(七)制定秦皇岛市担保体系建设的意见,为担保机构开展业务创造有利条件。企业信用担保体系建设是一项系统工程,涉及部门较多,需要发挥政府部门、金融机构、社会中介组织等方面作用,营造有利于担保机构发展的政务环境,形成共同合力扶持发展,为担保机构提供良好服务。因此,有必要成立秦皇岛市推动担保体系建设工作领导小组,领导小组包括市金融、人行市支行、秦皇岛银监分局、市中小企业局、市财政局、市地税局、市房产局、市建设局、市工商局、市土地局等与开展担保业务有关的部门,明确具体职责;有必要借鉴外地经验,加强调研,立足实际,从准入、制度、政策、领导等方面提出秦皇岛市加强担保体系建设工作的意见,指导全市中小企业信用担保体系建设工作健康发展。

(人民银行秦皇岛市中心支行课题组)

【当前钢铁行业发展对银行信贷经营影响的调查】

钢铁是唐山市的重要支柱产业,生铁、粗钢、钢材产量均占河北省的一半左右份额,2008年,该市粗钢和钢材产量分别占全国的11.7%和9.4%,黑色金属冶炼及压延加工业对全市工业增长贡献率58.7%,实现利润占规模以上工业的43.2%。但在全球经济总体不景气和下游相关产业发展不确定性增强等诸多因素影响下,2009年以来,唐山钢铁行业经营出现明显波动,主要钢铁产品价格连续10周下跌,钢铁行业总体回暖的基础不牢,发展困难增大,为准确把握钢铁行业发展变化可能对银行信贷经营的影响,我们开展了专题调查。

一、当前钢铁行业发展对银行信贷经营的影响

(一)钢铁企业流动性风险增大。唐山钢铁产品对外依存度相对较高,全市26%的钢铁工业增加值依赖出口创造,钢铁产品出口额占全市出口总额的63.6%,据调查,2009年以来全市出口钢材中70%以上是去年结转的合同,多数大型钢铁企业订单大幅下降甚至根本没有新签订单,原来订单国外客户也纷纷提出降价并延迟装货和付款,钢铁出口形势严峻,一方面涉外钢铁企业资金链比较紧张,另一方面加剧国内钢铁市场竞争,中小民营钢铁企业经营困难增大,银行短期流动资金贷款本金和利息按期收回的难度增加。

(二)关注钢铁项目贷款的潜在风险。由于投资项目相对集中于少数几类生产线,产能潜在过剩的矛盾突出,据调查,目前唐山市在建和扩建项目钢铁产能将在今年年内和明年上半年集中投产,这部分钢铁项目刚投产就可能面临需求不足,产能过剩的严峻挑战,项目经营能力、获利能力和偿债能力都将受到较大影响,银行已贷款支持项目的原来还款计划很可能被推迟,对已有一定贷款投入的投资项目,银行处于进退两难的困境。以中厚板相关项目为例,由于国际造船板市场急转直下,目前板材价格跌至每吨3700元左右的低谷,仅略高于钢坯价格,唐山市生产中厚板材的相关公司被迫压缩板材的生产和销售,产量仅达到平均产能的30%左右,原项目贷款按期收回的难度很大。

(三)钢铁行业存量信贷风险显现。由于银行间缺乏必要信息沟通,有些钢铁企业授信总额已经超过其实际承贷能力,金融部门前期投入的存量信贷资金风险增大,目前,全市钢铁行业不良贷款率提高0.39个百分点,2008年银行业23家1000万元以上新增不良贷款大户中钢铁行业占7家,新形成不良贷款额占全部新增不良贷款的43%,表明在金融危机冲击下,部分钢铁企业经营困难,贷款存在一定恶化趋势。

(四)重视钢铁企业市场风险。一方面,目前唐山多数钢铁企业销售不振,库存持续增加,在钢铁产品价格大幅波动且有进一步下跌可能的预期下,相关产品供需双方均存在较强观望情绪,被动增加库存的产业链不断向下游延伸,钢铁企业压缩成本,提高市场竞争力的难度很大。另一方面,唐山市将近一半铁矿石需求依靠外购满足,而由于没有进口话语权,主要钢铁企业目前铁矿石协议价格是2008年6月份才确定下来的,在钢铁行业当时过热的形势下,矿石协议价同比上涨65%,处历史高位,因此,即使目前市场上矿石现货价格下降,铁矿石的进口数量和价格只能继续按照原来的合同执行,矿石现货与期货价格倒挂现象还要持续一段时间,钢铁企业在当时预期利润空间情况下能够按时归还的贷款不但可能延期,还会因资金周转困难继续向银行追加申请贷款,加剧信贷投放集中风险。

(五)中小民营钢铁企业贷款风险突出。按照国家《钢铁产业调整振兴规划》要求,目前唐山市仍有相当一部分小型钢铁厂在调整淘汰之列,一些缺乏竞争力和资源优势的中小钢铁企业将被迫关停,由于长期生存面临较大的不确定性,这些小钢铁企业的存量贷款退出难度较大,一部分银行资金将难以收回,调查表明,目前,全市小型钢铁企业不良贷款率有所提高,而对小铁矿、小钢铁企业信贷投入量较大的银行机构以农村信用社和城市商业银行等地方金融机构为主。据调查,目前,唐山农村信用社系统钢铁行业贷款占其同期各项贷款的13%左右,其中大多数为小型钢铁企业贷款,部分存量贷款按期收回的难度较大。

二、制约唐山钢铁行业稳健发展的原因分析

(一)市场需求低迷形势严峻。由于唐山市70%以上钢铁产品直接或间接用于建筑领域,钢铁产品受到市场需求方面的制约严重,同时,去年四季度以来,唐山钢材出口萎缩趋势明显,全市进出口总额连续5个月出现逆差,钢铁企业发展面临的不确定性增强。

(二)钢铁装备水平总体相对落后。目前,唐山市多数中小钢铁企业装备以300立方米、500立方米级高炉和30吨、50吨级转炉为主,吨钢成本较高,部分设备达不到国家规定标准,属于淘汰行列,与国家钢铁产业调整规划要求企业高炉有效容积1000立方米以上,转炉公称容量120吨以上标准差距更大。

(三)重组整合任务艰巨。目前全市平均每家企业钢铁产能大约只有150万吨左右,据调查,北部3县市11家钢铁生产企业,除4家企业生产规模相对较大外,其他企业年生产能力均在100万吨以下,新组建的渤海和长城两个地方钢铁集团,由于成立时间短,企业内部实质性的合作相对较少。

(四)市场竞争和抵御风险能力较差。目前全市钢铁产品高技术含量、高附加值产品所占比例较小,优质钢和特钢所占比例不到20%,全市70%以上钢铁产品直接或间接用于建筑领域,受经济发展放缓的影响较大,目前,全市钢铁企业吨钢平均生产总成本高出吨产品售价200元左右,相当一部分企业被迫减产或停产。

(五)节能减排任务艰巨。目前唐山半数以上企业吨钢综合能耗高于全省平均水平,个别企业吨钢综合能耗高达700到800千克标准煤,与先进钢铁企业相比差距较大,完成调整振兴规划吨钢综合能耗620千克标准煤以下目标任务艰巨,北部3县市部分钢铁企业铁矿石回采率只有60%—70%左右,铁矿资源浪费问题突出,部分选矿企业每吨铁精粉耗水量高出正常水平50%以上。

三、提高钢铁行业信贷支持效率的对策建议

(一)转变观念,促进钢铁行业科学可持续发展。地方政府相关部门树立大局意识和整体意识,在钢铁行业发展上,统筹规划,科学安排,提高发展档次;金融机构在钢铁行业经营不稳定时期,应均衡信贷投放,少做“锦上添花”或“落井下石”加大市场波动的事,多做“雪中送炭”和“当头棒喝”等平抑投资异常变化的事,确保钢铁行业的长期可持续发展。

(二)提高信贷资金支持效率。根据钢铁行业产业发展政策要求,整合信贷资源,扶持符合条件的龙头企业开展互补性强的区域性并购重组,充分运用信贷杠杆,提高产业集中度和企业竞争力。加大对国际竞争力强的优势钢铁企业集团的融资支持,给予这些企业低息贷款支持,鼓励其走出去,到国际钢材市场需求增长潜力大的国家和地区以及新型发展中国家投资建厂,努力缓解国内环境资源压力。

(三)加强监测管理,防范信贷风险。银行应密切跟踪钢铁市场变化情况,加强相互间协作和

信息沟通，强化自律约束，降低不正当竞争带来的违规操作风险和市场经营风险，避免过度授信和重复授信带来的风险隐患；切实搞好对重点钢铁企业的贷后管理和资金监控，密切关注授信企业特别是中小钢铁企业经营状况和财务指标变化情况，及时采取有效措施防范和化解风险。

（四）拓宽钢铁企业资金来源渠道。一是引导钢铁企业通过发行债券、短期融资券、上市等融资方式，扩大直接融资比重，减少间接融资比重；二是建立钢铁产业发展基金，用于企业整合和关闭落后产能过程中的资金补偿和利益调节，最大限度降低调控整合可能带来的不确定性风险；三是积极鼓励符合要求的优势创新型钢铁企业在创业板融资，切实增强其长远发展潜力等等。

（牛晓卓）

【对廊坊市中小企业融资渠道的调查】

中小企业是经济的重要组成部分，是推动经济发展的支柱力量，在促进市场竞争、维护经济稳定、保障充分就业等方面发挥着积极作用。然而，随着国内外宏观经济环境的变化，中小企业承受的压力越来越大，加之自身存在的经营粗放、技术和设备落后、组织结构“小而散”等问题，中小企业的发展受到了严重制约，而融资困难则直接导致了企业资金短缺、效益下滑，很难向做强做大发展。为摸清中小企业融资情况、融资渠道的现状，分析研究企业融资渠道选择、运用的过程中存在的问题，提出拓宽中小企业融资渠道的可行性建议，我们采取抽样调查的方式对廊坊市中小企业融资渠道进行了调查。

一、廊坊市中小企业总体情况

截至2009年6月末，廊坊市区及所辖八个县（市）共有中小企业129,448家，2009年以来实现增加值411亿元，实现营业收入1746.5亿元，上交税金44.7亿元，实现利润144.6亿元，完成固定资产投资317.2亿元，从业人员103.4万人。

二、样本企业总体情况

此次调查共选取了100家企业作为样本。为保证样本的代表性，我们选取了16户有信贷业务的中小企业作为调查对象。被调查企业涉及制造、农副产品加工、批发零售、建筑及房地产等多个廊坊市重点行业。100家企业资产总额49.5亿元，总负债20.4亿元，所有者权益总额28.9亿元。6月末贷款余额为9.69亿元，占全辖中小企业金融机构贷款余额的2.7%（廊坊市中小企业金融机构贷款同期余额为3.56亿元）。

三、廊坊市中小企业融资基本情况

对样本企业的调查结果显示，100家企业通过各种渠道融资29.8亿元。其中，企业通过预收应付款融资14.8亿元，占比为49.7%，在中小企业融资的四条主要渠道中居第一位。企业通过银行融资14.1亿元，占融资总额的47.4%。通过民间融资获得资金8546万元，占比2.9%。由于多数中小企业经营规模小，达不到上市发行股票和债券的条件，因此被调查企业没有通过股权和债权融资的情况。

由于占用其他企业应收款融资既没有利息，又能缓解企业在经营中的资金短缺问题，在预收应付款融资方式中，企业占用他人应收款融资比较受企业欢迎，占企业应收应付款融资总额的67.9%。在银行融资方式中，抵押贷款及承兑汇票是企业获得银行资金支持的主要渠道，分别占银行融资总额的60.6%和28.6%。在民间融资的各种方式中，向其他企业借款及职工内部集资占比较高，分别为52.1%和29%。

从企业融资渠道问卷调查结果来看，在选择融资渠道时，79%的企业考虑的最主要因素是融资成本及手续繁杂程度，尽管89%的企业在出现融资需求时，首选的渠道是银行贷款，但是，除发行股票债券外，企业感到融资难度最大的仍是银行贷款。通过对企业的走访我们了解到，国家信贷政策和银行手续繁琐是企业贷款难的最主要原因。此外，对于微小企业来说，没有合格的抵押资产、资信状况不符合银行要求和难以获得第三方担保是获得银行贷款的主要障碍。

由于小额贷款公司审批与发放贷款的方式与银行不同，主要通过企业经营情况和资金流动情况来判定企业是否具有偿贷能力，方式上主要以当地有实力的企业作为第三方担保及抵押物抵押贷款为主，手续简便，利率灵活，放贷迅速符合中小企业贷款需求的特点，因此，尽管此次抽样调查未调查到样本企业与小额贷款公司发生信贷业务的情况，但廊坊市小额贷款公司为中小企业提供融资服务的发展势头异常良好。截至2009年6月末，廊坊市41家小额贷款公司累计向5667户中小企业发放贷款7655笔，累放贷款75.3亿元，余额

18.5 亿元，与金融机构贷款余额之比为 5.2%。

四、中小企业融资存在的问题

经济危机以来，50% 的中小企业反映企业流动资金出现了紧张局面，43% 的企业应收帐款周转速度明显放缓，中小企业在融资过程中出现的问题更为突出。

(一)银行融资仍然困难较大且方式单一。一是国有商业银行的改革方向、发展战略、市场定位及现行信贷管理方式不利于中小企业银行融资。尤其是在县域经济中，国有商业银行不断撤并机构、网点，实施“抓大放小、扶优限劣”等经营战略，为中小企业提供资金支持的功能持续弱化。二是银行贷款手续烦琐，环节多，时间长，令企业望而却步。三是国家有关政策不能很好地落实到位。党中央、国务院以及人民银行和银监会等部门就解决中小企业融资难问题下发了若干通知和意见，但这些意见在基层往往是“雷声大、雨点小”，很难落实到位。四是贷款方式过于单一。中小企业银行贷款主要采用抵押贷款的方式。五是中小企业自身存在缺陷，难以获得银行信任。此外，抵押物缺乏也使得不少中小企业难以获得银行的融资支持。

(二)企业预收应付款融资存在管理难题。随着经济危机影响的深入，企业相互拖欠货款行为不断增加，货款回笼时间越来越长，清收难度越来越大。在应收帐款管理方面，企业为防范风险也开始采取更为保守的经营策略，对信得过的老客户予以赊销，而对不太了解、资金规模小的新客户不再进行赊销，因此，预收应付款融资呈现萎缩趋势。

(三)民间融资欠规范且存在诸多不确定性。一是借款手续不规范，容易引发纠纷，造成风险隐患。二是借款合同内容不规范，要素欠缺。三是对民间借贷资金流向及用途缺乏管理和监控，增加了社会资金流量、流向中的不确定因素。由于民间借贷游离于信贷规模之外，贷款人受利益驱动，或对国家政策缺乏了解，借贷资金很可能流向违法违规及宏观调控限制行业，扰乱国家经济秩序，影响宏观调控政策的贯彻实施效果。

(四)小额贷款公司资金实力有限且融资成本过高。“只贷不存”是小额贷款公司的主要经营特征。廊坊市 41 家小额贷款公司实收资本总额为 23.5 亿元，有限的资金难以满足众多中小企业的需要，部分贷款客户只能等老客户还款后才能从小额贷款公司得到贷款，一些小额贷款公司时常出现“无款可贷”的局面，对中小企业的支持力度受到很大限制。此外，小额贷款公司贷款利率最高可达 24%，据统计，72.7% 的贷款利率在 15% 至 18% 之间，远远高于银行及农村信用社贷款的利率水平，过高的贷款利率使部分中小企业望而却步。

五、拓宽中小企业融资渠道的对策建议

(一)政府部门：一是着力实施项目带动战略，引导一些较大的民营企业家开展有生命力、市场前景好的大项目，增加对国有商业银行信贷投入的吸附力。二是搭建政银企沟通的平台，通过举办政银企座谈会、项目推介会、金融服务及金融产品展销会等形式加强政银企之间的沟通、协调，增强互信，达成共识。三是打造良好金融生态环境，增强吸引金融投资的能力，营造一种招商引资、银行贷款、民间融资相结合的多元化的投融资渠道。

(二)金融机构：应重新审视和调整在农村市场的经营策略，对基层行合理授权授信，丰富创新贷款种类，满足多方面的融资需求。一是针对基层经济发展的实际情况，制定适应县域中小企业的评级授信管理办法，使更多的中小企业得到信用评级与授信。二是适当下放贷款审批权限。三是加大对金融生态环境好的地区和信用企业的授权授信，促进建立改善金融生态环境的正向激励机制。

(三)企业：一是增强信用意识，恪守“有借有还，再借不难”的信用准则，充分尊重债权人的权利。二是建立现代企业制度，加强内部管理，切实提高自身融资能力。三是规范企业财务行为，提高企业财务管理水平，实现与银行评级授信制度的对接。四是加强资金、技术等资源的整合，促进企业上规模，上档次，增强对信贷资金的吸附力。

(四)完善金融服务组织体系，增设融资机构，拓宽企业融资渠道。一是引导闲余资金较多的企业建立小额贷款组织，缓解中小企业贷款难。二是按照政府扶持、民间自发、行业自愿联合的原则组建担保公司，解决中小企业贷款难、担保难问题。形成抓大保小、群星灿烂的融资割据。三是充分发挥民间借贷的积极作用，引导更多的民间闲余资金进入生产领域。

(人民银行廊坊市中心支行　王尽量　张健健)

【征信行政执法检查工作中存在的问题及建议】

由人民银行牵头组建的征信系统在各金融机构之间建立起了一个信贷信息共享的机制和平台,该系统不仅提高了金融系统防范信贷风险的整体能力,而且对于带动我国整个征信业的发展起到了决定性的作用。由于征信所涉及的信用信息关系到企业和个人的隐私,错误的征信结果将会误导市场,扰乱市场经济秩序,而要使征信业规范健康发展,则离不开征信管理机构的规范管理与日常监督,作为负责征信管理职能的人民银行在开展征信行政执法检查过程中,如果法律依据不充分,处理不当,极容易引发法律纠纷。人民银行保定市中心支行于2009年9月份,对辖内农村信用联社系统征信政策执行情况进行了一次全面检查,在发现金融机构存在的大量问题的同时,也发现了人民银行征信系统自身存在的一些缺陷和法律漏洞。针对自身存在的问题,提出如下相关建议。

一、征信行政执法检查存在的问题

(一)征信行政执法检查的法律依据相对欠缺

我国征信业虽然经历了10余年的发展,也先后出台了《银行信贷登记咨询管理办法(试行)》、《个人信用信息基础数据库管理暂行办法》等部门规章,但与征信活动相适用的法律依据仍十分欠缺。以企业征信系统为例,目前我国征信管理部门使用的企业信用信息基础数据库系统是于2007年1月1日正式启用,它的前身是银行信贷登记咨询系统。新的企业征信系统正式启用后,与之相应的规章制度迟迟未出台,目前企业征信管理工作的依据仍然是《银行信贷登记咨询管理办法(试行)》,该办法于1999年出台并实施,历经近十年。首先,其内容已不能适应目前企业征信业发展的需要。其次,由于企业征信系统名称发生变更,若仍然采用该办法作为企业征信现场检查的执法依据,由此所涉及到的违法事实及相关处罚依据不充分,将会导致一定的法律风险。以上问题突出表现在贷款卡年审问题上,按照《银行信贷登记咨询管理办法(试行)》的规定,借款人贷款卡未年审或年审不合格,中国人民银行应将其所持贷款卡暂停使用。金融机构给无贷款卡或持无效贷款卡的借款人办理信贷业务的,由中国人民银行给予警告并责令改正,处以一万元以上三万元以下罚款;对该金融机构直接负责的主管人员和直接责任人员给予纪律处分;构成犯罪的,依法追究刑事责任。企业征信系统代替银行信贷登记咨询系统后,贷款卡年审改为行政许可延续,但对借款人不按时办理行政许可延续、金融机构向未办理行政许可延续的借款人办理信贷业务如何处理没有法律依据。对于不按期进行贷款卡行政许可延续的借款人没有有效的制约手段,导致征信系统中企业资料无法及时更新,降低了征信系统的权威性和准确性。

(二)缺乏一套规范、详细的《征信行政执法现场检查指引》

到目前为止,人民银行征信管理部门尚未制定《征信行政执法现场检查实施指南》,仅下发了上级行的现场检查操作指南和一些培训资料,由于各地区人民银行在开展征信行政执法现场检查时理解上存在差异,导致具体的检查操作方式也有所不同。没有一套较系统、规范、完善的《征信行政执法现场检查指引》做指导,制约了征信现场执法检查职能的有效运用,在一定程度上影响了征信管理工作规范、有效开展。

(三)现行征信系统查询权限上收,导致人民银行分支机构在行政执法现场检查工作中处于被动

由于现行企业征信系统的查询权限上收,使得人民银行分支机构不能按需获取征信系统的信贷数据,例如县支行征信管理部门目前只能办理贷款卡的发放、年审和变更业务,不能查询辖区内金融机构录入企业征信系统的贷款、贴现、承兑等业务的笔数、金额情况,不能了解征信系统中金融机构录入的网点余额、业务余额、业务发生额明细、客户清单等情况,不能了解企业贷款卡年审情况,导致县支行对辖内金融机构发放的信贷数据无法全面真实了解。在开展征信行政执法现场检查时,不能对金融机构执行征信法规制度的总体情况进行深入检查,对于金融机构信息录入是否及时准确也只能以金融机构提供的信贷业务数据为依据,在检查中处于被动地位,直接影响了现场检查质量及效果。

二、几点建议

(一)加快征信法制体系建设步伐

随着社会诚信建设的大力开展,社会公众对信用信息认知度不断提高,信用信息也被越来越多的机构所使用,应用范围越来越广。由此,信用

数据的维护、相关法律建设更凸显重要。相关部门要加强征信法律体系建设,加快立法步伐,尽快出台《征信法》、《征信管理条例》、《企业信用信息基础数据库管理办法》等法律法规,进一步规范征信行政执法检查的法律依据,使得人民银行在行使征信管理职能时能做到有法可依、有法必依,将可能引起的法律风险降到最低。

(二)制定《征信行政执法现场检查实施指南》,同时加大依法行政培训力度

目前保定中支进行征信执法检查所使用的操作指南是《中国人民银行石家庄中心支行现场检查操作指南》,在现场检查操作过程中发现其存在一些不能满足现场检查所需的地方。例如,在《中国人民银行石家庄中心支行现场检查操作指南》中缺乏《不予行政处罚决定书》、《中止调查报告》等相关格式文书。此外针对征信行政执法现场检查的专门培训也有所欠缺,再加上征信岗位人员的不断更换,导致在进行征信行政执法现场检查时,存在检查人员操作欠妥或取证不全等情况。这些情况的存在,一旦有被检查单位依法维权,则相关的法律纠纷就在所难免。因此制定一套完善的《征信行政执法现场检查指引》以及加大依法行政培训力度已是当务之急。建议总行出台一部《征信行政执法现场检查指引》,对各级分支行征信执法工作进行规范,其内容包括:1.《征信法规制度汇编》,具体包括国家关于行政许可、行政复议、行政处罚方面的法律法规和人民银行发布的关于征信系统的管理制度、管理办法、操作规程等。2.《征信行政执法现场检查操作指南》,具体内容包括征信现场检查的程序、对各种征信业务的检查方法、对违反征信法规制度行为的处罚措施和在现场检查中的注意事项等。同时,应该加强对征信执法人员的法律、业务知识培训,提高自身素质。在培训中应特别提醒征信执法人员在现场检查中可能触及的法律风险和注意事项,避免征信执法人员在检查的程序、方法等方面出现瑕疵。

(三)增设人民银行分支机构现行征信系统查询权限,加大人民银行对辖内金融机构执行征信法规制度情况的监管力度

加快现行征信系统的升级工作,完善系统功能。扩大人民银行分支机构系统用户的查询权限,开放县支行对辖内金融机构各类相关业务录入情况的查询权。增加贷款卡年审情况查询功能,以利于人民银行分支行及时发现金融机构违反征信法规制度,为持无效贷款卡企业办理相关信贷业务的情况。加大对征信系统监管力度,使检查工作常抓不懈,以检查促进征信业规范、健康发展。

(人民银行保定市中心支行 霍东升 白建国 陈树宏 蔡贺良)

【消费信贷与消费发展研究:沧州案例】

我国消费信贷起步较晚。由于受经济发展水平、市场体制以及消费观念等多种因素的制约,消费信贷业务发展缓慢。

一、消费信贷及消费的现状与特点

以沧州为例。沧州是农业大市,属于经济欠发达地区,经济外向度低,出口对经济增长的作用较小,而依靠投资拉动空间有限。为认真落实国家提出的扩大内需政策,支持消费信贷业务的快速发展,人民银行沧州市中心支行及时研究出台了《关于开展个人消费信贷的指导意见》,允许各商业银行开办各类消费信贷业务。同时为加强分析监测,防范信贷风险,制定下发了《关于做好消费信贷分析监测工作的通知》,建立了全市个人消费贷款报表和季度报告制度。各商业银行利用电视、报纸、电台等新闻媒体宣传消费信贷政策、介绍消费信贷知识,鼓励广大居民深入了解掌握使用消费信贷产品,促进了消费信贷业务的快速发展。

(一)消费信贷总量扩大,增速上升,但比重偏低。截至2009年6月末,沧州市金融机构消费贷款余额42.4亿元,比2004年增长了38.6%,是1999年消费信贷业务开办初期的37.5倍。值得注意的是,2008年以来,全市金融机构进一步加大了消费信贷的营销力度,消费贷款增速回升。2009年上半年,全市消费贷款新增6.99亿元,同比多增4.27亿元,增幅19.62%。但消费贷款余额占全市各项贷款的比重仅为6.6%,较全省平均水平低1.5个百分点,较全国低5.04个百分点。与此同时,消费信贷对经济增长的拉动乏力。以2008年为例,当年全市消费信贷增长速度仅为3.7%,与同期沧州市GDP增长13%、人均可支配收入增长15.7%形成较大反差。

(二)消费信贷种类较多,但品种结构、区域结

构欠佳。近几年来全市金融机构陆续推出和创新了许多消费信贷品种。目前共有个人住房贷款、个人汽车消费贷款、住房装修贷款、个人大额耐用消费品贷款、助学贷款、个人抵、质押贷款、个人经营性贷款和个人其他形式贷款等8大类10多个消费金融品种。总体上讲,住房贷款居于主导地位,其他消费信贷份额较小。2009年6月末,全市个人住房信贷占消费贷款总额之比达到85.1%,这说明消费信贷主要集中于房地产领域。

从区域结构看,沧州城区消费金融占居主导地位。2009年6月末城区消费贷款18.4亿元,占43.4%,县及以下24亿元,占56.6%。这与沧州县及以下人口占91.5%、GDP占87.8%的经济发展现状很不相称。消费信贷适度向大中城市集中是资金趋利性的必然结果,但也说明这项业务发展的地区间差别较大。

2004—2009年6月沧州市消费贷款结构变化表 单位:亿元

年份	个人消费贷款	住房消费信贷		汽车消费信贷		助学贷款		其他消费贷款	
		余额	占比	余额	占比	余额	占比	余额	占比
2004年	30.6	17.5	57.2%	6.5	21.2%	0.09	0.3%	6.51	21.3%
2005年	30.9	21.9	70.9%	3.9	12.6%	0.07	0.2%	5.03	16.3%
2006年	30.9	22.3	72.2%	3.5	11.3%	0.06	0.2%	5.04	16.3%
2007年	35.1	26.5	75.5%	3.9	11.1%	0.06	0.2%	4.64	13.2%
2008年	36.4	29.3	80.5%	3.5	9.6%	0.06	0.2%	3.54	9.7%
2009年6月	42.4	36.1	85.1%	2.2	5.2%	0.07	0.2%	4.03	9.5%

(三)消费信贷整体质量较好,但潜在风险不可忽视。消费金融资产在金融机构所有资产中属于质量较好、风险相对较小的资产。截至2009年6月末,全市金融机构消费信贷不良率不足1%,远远低于全市10.98%的不良贷款率。但近年来全市金融机构消费贷款不良率上升趋势较明显。特别是随着利率水平的逐步提高,住房按揭贷款、汽车消费贷款利息支出增加,可能导致不良贷款增多。据金融机构反映,新发生不良消费贷款主要集中在教育、房地产业。教育行业贷款出现问题的主要原因是前些年支持教育产业化,发放的学校贷款期限错配,导致进入还款期后收入与还款额相差较大。而近几年沧州市房地产业刚性需求一直存在,行业发展有一定的空间。但在前两年宏观政策以及金融规避风险的偏好作用下,发展速度大幅放缓,房地产市场高位回落,销售清淡,市场表现不佳。问题关键在于市场信心不足,观望气氛浓厚,直接造成与房地产有关的房地产开发贷款和个人住房按揭贷款的违约风险大幅增加。

二、消费信贷发展的主要制约因素

(一)收入水平总体偏低,制约了居民承贷能力。尽管近年来沧州市居民收入增长较快,但总体收入水平仍然偏低。2008年沧州市城镇居民人均可支配收入13174.7元,同比增长15.7%;农村人均现金收入完成4505.98元,增长10.86%,均低于全省平均水平。而全市社会保障体制建设还处于初级阶段,社会保障的覆盖面还比较窄。随着企业改革不断深入,产业结构不断由劳动密集型向资本、技术密集型转化,居民的就业形势出现了许多不明朗的因素,就业难问题日益突出。居民在预期收入不稳、预期支出增加的双重压力下,预防性储蓄倾向增加,消费意愿难以提升,更制约了消费贷款的拓展。

(二)公众消费观念转变尚未到位,消费信贷需求意愿不强。由于长期处于短缺经济状态,勤俭节约一直被视为中华民族的传统美德,居民消费观念滞后。从消费意愿来看,消费者"量入为出"、"攒钱消费"的传统观念仍然较重,这种观念造成居民在对未来收入预期没有得到明显好转的情况下,人为压低消费倾向,对超前消费还难以完全接受。特别在时下面临全球金融危机的背景下,由于对未来的收入增长预期悲观,居民会更加重视储蓄,对消费就更加谨慎了。2009年上半年沧州消费信贷问卷调查显示,250位被调查的居民中,有个人住房按揭贷款的23人、有汽车消费贷款的19人,而近期没有贷款意愿的131人,比上季度增加了46人。

（三）金融机构内部缺乏有效的消费信贷风险防范机制,提供消费信贷的动力不足。消费贷款由于本身的特点,在发放的过程中潜在较大风险,“借短放长”矛盾尖锐,流动性风险很大。分期付款的消费贷款可能会面临利率变动的风险,当利率下降时,借款人会提前偿付贷款,举借新贷款来避免损失,使银行面临提前偿付风险;当利率上升时,银行又无法抽回资金投资高收益资产,带来损失。尤其是个人综合消费贷款多数直接或间接提取现金,银行无法对其实施跟踪管理,从而使部分信贷资金流向生产领域或高风险行业,使消费信贷资金风险加剧。个人消费贷款客户差异性大、信息量多、记载内容复杂、手续繁琐、工作量大,多以人工操作为主,业务处理的电子化程度不高,批处理能力不强,投入与产出难成正比,管理成本较高,也在一定程度上限制了业务的发展。此外,银行对个人消费贷款风险考核过严,激励机制不明显,无法调动员工营销、拓展业务的积极性,制约了消费信贷业务的进一步发展。

（四）政策的推动作用减弱,政策之间缺乏衔接。现阶段,政府缺少对低收入家庭购房的一系列补助计划和政策,无法让中低收入层次的家庭,尤其是象沧州这样经济欠发达地区的居民通过抵押贷款形式进入商品房市场,从而促进住房信贷的发展。同时,缺乏对住房消费信贷的监督与协调。如现阶段房管部门在办理住房抵押手续时,只能办理一年期抵押,一年到期再重新办理抵押,而不是根据贷款年限一次性办理抵押。这种趋利性行为,导致服务差、收费高、办事效率低、随意性大,阻碍了消费信贷业务的发展。

（五）社会信用体系有待完善,消费信贷成本仍然偏高。个人信用体系建设尽管取得了长足进展,但由于信用信息的采集、共享缺乏长效机制,导致个人信用信息系统的数据不够完整和准确,银行难以对贷款人收入的完整性、稳定性和还款意愿等资信状况做出及时准确的判断。加上消费信贷是零售性贷款,贷款金额小,笔数多,客户分散,现有征信体系的覆盖范围和商业化程度均不能满足商业银行大规模发放消费信贷的需求。在这种情况下,银行不得不投入大量的精力去了解申请人的资信情况,并设置比较繁琐的手续和严格的担保、抵押条件,使许多本来有能力通过消费信贷购买住宅、汽车等耐用消费品的消费者难以获得消费贷款,消费信贷的交易成本大大提高,影响了银行开展消费信贷的积极性。

三、促进消费信贷,拉动消费增长的对策与建议

（一）提高居民收入水平,健全社会保障体系,增强居民承贷能力。要认真落实惠农政策,加大对“三农”的投入,抓好农村基础设施建设和农村市场体系建设,提高城乡居民创收能力。进一步改善国民收入分配结构、缩小居民收入差距,从根本上改变我国消费者攒钱养老、存钱防病的传统观念。

（二）积极创新金融服务,加强消费信贷营销。金融机构要把大力发展消费信贷作为服务经济发展的重要内容。要准确把握国家宏观调控意图,按照“有保有压、区别对待”的原则,在严格控制过热行业贷款的同时,大力支持消费金融发展,优化消费和投资结构。积极支持社区服务站、便利店、超市、农家店等基层服务点受理银行卡,并开通水、电、煤等公共事业缴费及相关业务。缓解银行排队现象,以减免个人所得税方式鼓励公众使用银行卡,提升持卡人消费意愿。

（三）加快信用体系建设,优化消费信贷发展环境。一是要进一步扩大企业和个人征信的覆盖面,将征信范围扩大到从事经济活动的各个市场主体。二是要加快社会信用体系建设,推动信用信息整合,实现信息共享。三是推广使用企业和个人信用报告。使信用报告作为企业和个人的经济身份证,从而引导企业和个人增强信用意识,健全守信激励和失信惩戒机制,营造诚实守信的社会环境。

（四）适时建立专门的中小型消费信贷银行。建议允许城市商业银行将个人金融服务作为发展的重点,逐步总结经验,创造条件,设立专门的中小型消费信贷银行,以发展我国的零售金融业务。同时,可根据不同消费层次居民的偿还条件,尝试开展多种贷款偿还方式,以满足经济条件、偿还意愿有差异的居民的不同需要。

（人民银行沧州市中心支行　陈国忠）

【经济欠发达地区经济金融协调发展实证研究】

一、欠发达地区经济与金融发展关联性分析

以衡水市为例，我们用地方生产总值增速与存贷款增速比较(如下图)：

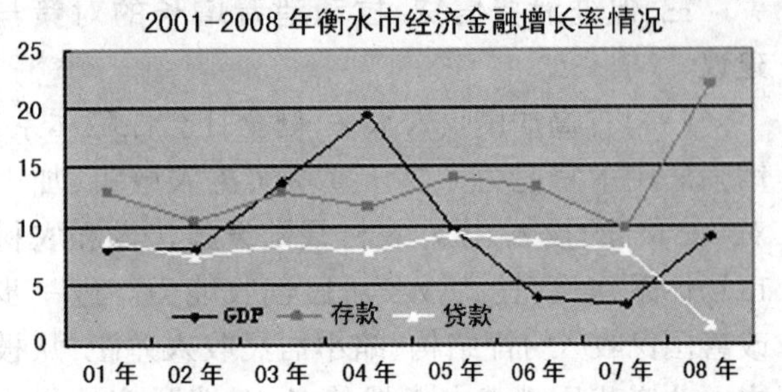

2001—2008 年衡水的地方生产总值增速除 2003、2004 年显著增长外，2006、2007 年出现明显下降。总的来看，可以认为地方经济的发展对金融资源有明显的集聚作用，尤其是金融机构的存款。下图是衡水市居民收入与存款的增速比较，不难发现两条曲线基本吻合。说明经济发展与收入水平基本上左右着存款的增长变化。但贷款增速曲线与地方生产总值增速曲线则看不出关联之处，我们可以这样理解，欠发达地区经济的发展与信贷增长或降低关联程度不大，经济的发展不会显著提拉贷款的增加；反之，贷款的增长与降低也不会对经济的发展造成怎样的影响。

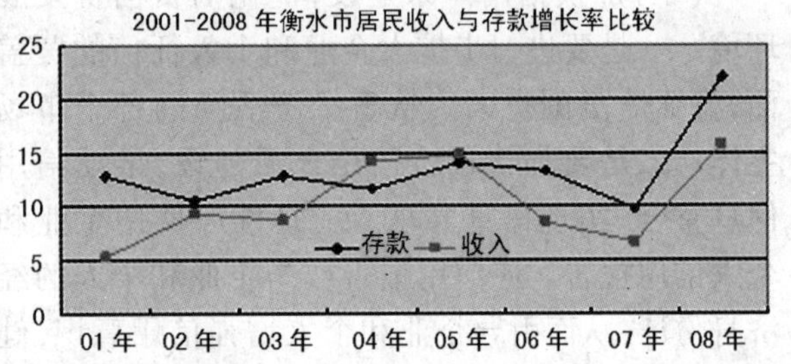

二、欠发达地区经济金融欠协调发展的深层原因分析

(一)经济主体小型化与信贷需求多样化共生的矛盾

欠发达地区一般居于内陆、或交通不便或远离中心城市的辐射，缺乏大的经济主体。衡水市目前仅有 3 家大型企业，上市企业也仅有一家；具有法人资格的中小企业的个数为 1.2 万余家，占全部法人企业总数的 99% 以上。经济主体小型化给贷款带来三种倾向：一是信贷主体分散化和贷款小股化。二是吸纳贷款的效应差。三是贷款的农业刚性强，这种刚性抑制了欠发达地区信贷增幅的提高。

这三种倾向的背后是“信贷饥渴”，越是获得不了贷款，社会资金需求愿望越强烈。目前全市获得贷款的法人企业占法人企业总数的 12.2%，相对于大量的民营经济主体来说，得到贷款的比例仅为 0.8%。就农户而言，目前获得小额信用贷款的农户为 21.15 万家，仅占总户数的 22%，而实际调查显示有 40% 以上的农户有贷款需求。

(二)经济主体信用状况不透明与风险防控机制不健全产生的矛盾

企业的信用状况一般通过三个渠道来显现：一是内外部信用评级，二是人行征信系统，三是企业财务帐表。目前外部信用评级的推进尚有许多困难，内部评级只是银行贷前调查的一个环节，一般是优质企业才予评级授信。进入人民银行征信系统的企业财务资料的信息更新并不及时，有的企业的财务帐表不实。

在企业信用状况不透明的状况下，控制信贷风险愈显重要，而目前风险防控机制并不健全。首先，中小企业和农户自身可用于抵押的财产少，众多借款者被拒之门外。其次，担保体系不健全。信用担保公司，由于资本金不到位、自身信用资质不足等原因，担保量相对需求来讲可谓杯水车薪。另外，中小企业缺少贷款承保人。第三，法律诉讼维权难以保障。据调查，截止 2008 年底衡水市金融债权起诉案件 4129 件，起诉金额 12.44 亿元；胜诉 3329 件，胜诉金额 8.16 亿元，比例分别为 80.6% 和 65.6%；执行 831 件，执行金额 3.96 亿元，执行率仅为 25.0% 和 48.5%。

(三)宏观调控政策传导不畅与管控刚性带来的矛盾

首先是经济调节政策的传导与管控问题：

近些年来，国家在不同时期实施了不同的经济调控政策，但欠发达地区的经济发展完全依赖于周边地区和外部环境的发展变化。由于缺乏大型企业和优良主导产业，于是在国家实行紧缩政策时受影响受管控的程度要大一些，在实施宽松的政策时反应会延迟一些。这也是近些年来衡水经济增幅不高和逐步落后的主要原因。

其次是金融调节政策与管控问题：

宏观货币调节政策在传导过程中存在“效应递减”现象，即随着空间的延伸和环节的增多政策力度会减弱，而且这一现象在欠发达地区尤为明显。比如某市级商业银行贷款发放权仅 500 万元，而县级行除了小额质押贷款外根本没有贷款发放权。此外,在管理上实行省内"一刀切"政策,没有照顾到欠发达地区借款主体资本、信用等条件的差异,因而在同等条件下受限制的是欠发达地区借款主体。这是衡水市多年来贷款增幅偏低、且变化不大的又一重要原因。

(四)金融机构效益考核偏差与创新能力不足引发的矛盾

目前金融机构(特别是国有商业银行)的效益考核存在以下偏差:一是贷款风险评价标准太高。例如,衡水市某商业银行由于两笔小企业贷款出现风险,上级行就对全市小企业贷款实行了长期停牌。二是责任追究过严。只要贷款出现风险就严厉追究当事人的责任,而不是分清主客观原因,致使信贷人员"厌贷"、"惧贷"。三是利润为上、存款为上。金融机构单纯考察费用和利润,对欠发达地区的机构一再上收,衡水市 2001 年以来乡镇以上网点减少 197 家;有的机构仅开展存款业务,成了当地的"抽水机"。2008 年衡水市的存贷比 39.6%,而 2001 年是 70.6%。

在"从严管理"的同时,金融机构却缺乏创新能力。在贷款业务相对减少的情况下,其他融资服务却没有较大起色。2008 年末衡水票据贴现 7.8 亿元,仅占全省的 1.3%;应收账款质押贷款业务至今尚未办理。这种由管理和经营中形成的矛盾自然成为抑制经济金融发展的因素。

三、促进欠发达地区经济与金融协调发展的几点建议

(一)国家对欠发达地区应实行倾斜的经济政策

经济发展是金融发展的前提。在扩大内需、促进经济增长的大环境下,对西部地区、落后地区应制定更加倾斜的资金惠及政策,不应该在宽松的经济政策下进一步拉大地区之间的贫富差距。对于经济欠发达地区可多落实一些基础建设和开发项目,多投入一些财政资金。另外,地方政府也应制定优惠的政策来优化投资环境。如:利用政府资源对投资者实行更加优惠的税收、工商管理、土地使用等方面的政策,着力引进投资项目,对外开展各种技术与投资联合等。

(二)制定特殊的金融管理政策

经济的发展依赖于金融的支持。尽管历史数据显示欠发达地区经济的增幅变化与贷款增幅变化关联性差,但这并不是说经济的发展可以忽视贷款支持,而是恰恰相反,正是由于两者关联性差才导致经济与金融发展双滞后,因此金融部门应加大对欠发达地区的支持力度。

首先,金融监管部门应制定全局性的信贷倾斜政策。如:制定欠发达地区信贷机构的存贷比例,防止资金外流;制定欠发达地区贷款利率优惠政策和利差补偿办法,对特殊行业、特殊项目实行的利率优惠由中央财政弥补利差。其次,信贷机构应改革管理模式。一是适当下放欠发达地区的信贷审批权限。二是放宽中小企业贷款条件,降低放贷门槛,提高农户小额信用贷款额度。三是修改贷款责任追究制度,对政策损失责任不予追究,鼓励信贷人员提高放贷积极性。四是掌握利润与效益的平衡。

(三)扶持建立中小金融服务组织

欠发达地区金融服务短缺存在服务不到位问题,但更重要的还是服务机构与经济实体不相适应的问题,因为大银行与小个体之间存在着服务偏差。因此,欠发达地区要想提高金融服务,必须想办法扶持中小金融机构的建立。目前衡水已成立 7 家小额贷款公司,两个县试办了 9 家互助资金协会,但规模和机构数还是很少,今后应大力支持村镇银行、小额贷款公司、农村互助合作社等地方性金融组织的建立。政府可以出资扶持;可以为之牵线搭桥,提供各方面服务;可以减免税收等。

(四)构建良好的信用担保体系和风险防控体系

政府应推进中小企业信用担保公司的建立,有必要投入一定的财政资金提升担保公司的资金实力和信用标准;要监督其资本金到位情况及经营行为,防止其自行贷款或转移资金。政府要帮助人民银行推进信用数据库建设,完善信用管理体系,着力打造优良的信用环境;要协调好法院、工商、审计等部门的行动,严厉打击逃废债行为,确保依法收贷渠道的畅通。

(人民银行衡水市中心支行　王耀宗)

【农村土地承包经营权抵押贷款业务可行性研究报告】

现阶段,农民贷款难的问题依然很突出,目前也没有新的信贷工具可以解决这个问题,怎样突破这个瓶颈,是摆在我们面前的重要课题。党的十七届三中全会通过了《中共中央关于推进农村改革发展若干重大问题的决定》，为我们开展农村金融业务创新提供了宽泛的政策空间，农业发展的现代化进程为金融业务拓展提出了时代性要求。以农村土地承包经营权为抵押，为农民生产生活办理贷款业务，是一种金融业务创新设想，是我们课题组基于深入到邢台市南和县，与金融机构、政府涉农部门、乡村干部以及农户代表，座谈、调查、分析研究后提出的。我们认为这种土地流转方式是可行的，符合当前农村经济发展的需要，而且能够解决当前农民贷款难的问题。本文以邢台市南和县为例，对开办农村土地承包经营权抵押贷款业务可行性进行了研究分析，并提出了初步的具体操作设想。

一、农村土地承包经营权抵押贷款业务的可行性探究

（一）符合国家宏观政策导向

党的十七届三中全会通过了《中共中央关于推进农村改革发展若干重大问题的决定》，该决定为探索农户土地承包经营权作为贷款抵押物提供了政策依据。《决定》第三部分"大力推进改革创新，加强农村制度建设"一篇中，明确指出："加大对农村金融政策支持力度，拓宽融资渠道"，"引导更多信贷资金和社会资金投向农村"，"扩大农村有效担保物范围"，"加强土地承包经营权流转管理和服务，建立健全土地承包经营权流转市场，按照依法自愿有偿原则，允许农民以转包、出租、互换、转让、股份合作等形式流转土地承包经营权，发展多种形式的适度规模经营"等。这为我们探索试行土地承包经营权抵押贷款业务、促进对"三农"的信贷资金投放提供了有力的政策依据，同时也为土地承包经营权抵押贷款银行抵押权益的实现以及有效防控贷款风险提供了有力的政策保证。

（二）符合我国农业发展的现代化进程对资金需求的客观实际

改革开放以来，我国广大农村实行了以农户家庭承包为主的土地承包经营制度，农业生产特别是粮食生产能力得到了巨大增强，广大农民解决了温饱，逐步走上了生产发展、收入增加的富裕文明之路。随着农业生产力水平的不断提高和农村社会经济的快速发展，农业生产的机械化程度迅速提高，农业产业化、市场化经营趋势日渐明显，广大承包农户面临着加大投入、改良生产条件，改进耕作技能、提高科学种植能力，以及调整种植结构、优化农业产业布局、稳步增加收入等一系列问题。广大农户普遍反映解决这些问题的关键在于增加资金投入，因为无论是提高农业生产的机械化程度、改良生产条件，还是提高科学种植水平、高产优产，都需要加大资金投入，没有投资是无法实现的。农民的这种投资需求是我国农业从传统农业改造向现代农业发展，农业生产从以劳动力投入为主向以资金、技术投入为主转变的客观需要，而这一转变正越来越明显地受到资金瓶颈的制约。

（三）能够解决制约当前"三农"发展的资金瓶颈问题

中央《决定》中指出："各类金融机构都要积极支持农村改革发展，县域内银行业金融机构新吸收的存款，主要用于当地发放贷款"。中国人民银行和银监会也制定了相关管理办法，要求县域银行类金融机构将新增存款用于发放当地贷款的比例不低于70%。这些政策的出台充分显示了党和国家对"三农"发展资金问题的关心和重视。

中央支持信贷资金向"三农"倾斜的相关政策出台后，县域金融机构的支农力度应该增强，但是事实并非如此。调查的南和县存在着"三农"信贷投入严重不足的状况。邢台市南和县土地肥沃，农业自然条件优越，是个农业大县，全县共有耕地45.6万亩（含林地），人口32.1万，人均耕地1.42亩，盛产小麦、玉米、小米和各类蔬菜等，2008年农民人均收入4145元。伴随农村改革发展的进程，涌现了大批种粮、种菜等种植业大户和养鸡、养猪、养牛等养殖大户。但是，涉农信贷资金投入远远不能满足农民的实际需要。2008年全县农业贷款3.96亿元，占各项贷款总额的30.8%，分别比2006年下降了21.7%和16.9个百分点（见下表）。

南和县农业贷款占比变化情况表

单位：亿元，%

年份	农业贷款	占全部贷款的比例
2006年	5.06	47.7
2007年	4.11	37.6
2008年	3.96	30.8

三年来，农业贷款无论是总额还是占比都呈

现出明显的下降趋势。为了寻找影响信贷投入的根源,我们对南和县农村信用社涉农贷款情况进行了调查。截至2009年6月30日,该社涉农贷款余额38516万元,比年初继续下降了902万元。通过与信用社理事长、主任以及信贷科长、信贷员进行了座谈,发现涉农贷款投放下降的主要原因有三:首先,农户贷款缺少有效的抵押物,而信用放款又难以防控风险,这使得信贷员们对涉农贷款充满了"惜贷"思维,十分谨慎。其次,涉农贷款受自然条件的影响较大,本身存在较大风险因素,而且防控难度大,再加上涉农贷款贷前调查和贷后检查管理繁琐、成本较大以及严格的贷款责任追究制度,增加了信贷员对涉农贷款的"消极、小心"发放的心理。第三,涉农贷款已经存在相当数额的不良贷款,使得信用社在贷款经营上不得不"回避"涉农贷款。而另经调查了解,现在农村信用社"离农"现象严重,其现行信贷政策是总体上注重社团贷款,将信贷资金三分之一投向大型企业,三分之一投向中小型企业,仅有三分之一投向"三农"。我们认为信用社经营已经背离了面向和服务"三农"的改革宗旨,也与中央政策相违背,对其进行资金支持改革是正确的,而在体制管理上是错误的。

而另一方面,农民对贷款的需求日益强烈。据对南和县和阳镇东韩、段村和杨庄3个村100农户的调查,有58户农民渴望建设温室大棚或对已有蔬菜大棚进行高标准扩建、改建,发展全天候的设施蔬菜种植,渴望获得贷款230万元,户均3.9万元,这些农户说发展设施蔬菜种植是县乡政府大力倡导和支持的种植结构调整方向,许多农户靠种菜实现了发家致富的梦想,他们也早想种植大棚蔬菜,只是因缺乏资金而无法实现;一些已经尝到种菜甜头的农户说发展高标准的设施蔬菜种植,扩大规模,能够获得更大收益,但由于缺乏资金,又难以获得贷款,只能作罢。另外,有31户农户想通过发展养殖业(包括养鸡、养猪、养牛等)以及购买大型农机具、农资销售服务、农产品加工、农机维修等增加收入,共需要资金145万元,户均4.7万元,他们渴望获得贷款的心情非常迫切,难以言表;还有7户农民由于购建房、子女上学、儿子结婚、大病治疗以及还债等原因希望获得贷款支持,共需资金31万元,户均4.4万元。总之,在调查的100户农户中渴望获得贷款支持的有96户,占比96%,其他4%的农户也表达了获得贷款的意愿,只是因贷款利率较高和手续难办而意愿一般。调查证实,在现阶段的农村发展中,广大农户对贷款的渴求是比较强烈的,广大农户迫切希望能够得到更多信贷资金的支持,许多粮农、菜农、果农和养殖户由于资金不足而难以扩大规模、引进品种、提升农畜产品档次,发展步子不得不放缓。由于强烈的愿望与现实之间反差很大,被调查农户自然而充分地流露出了"贷款难、贷款实在难"的心声。

我们所倡导的农村土地承包经营权抵押贷款就是适应农户这种迫切愿望和贷款渴求,推出的支农信贷新产品,努力从根本上解决农户贷款找不到担保物进而无法获得贷款的问题,让大多数渴望贷到款的农户能够获得贷款,为农村发展和农民致富提供资金后盾和支撑。开办农村土地承包经营权抵押贷款业务是直接针对农户改良土壤、优化提高基础生产条件,科学种植、稳产高产,调整种植结构,发展适度规模种植、集约化、产业化经营,以及新农村建设等农户诸多方面的资金需求,挖掘农户固有的担保能力,力争使绝大多数农户依靠自身力量获得所需的小额贷款,从而为农业和农村经济社会的发展注入大量的金融血液,以期从根本上解决农业现代化和农村改革发展进程中的资金瓶颈制约问题。开办此项业务着眼于农户家家都有的土地承包经营权,与那种存单质押、亲朋担保以及信用贷款有着明显的区别和优势。它的明显优势在于它的广泛性和独立性,广泛性即农户都有提供担保的能力,独立性即农户依靠自已不需求助他人。这种贷款新产品的意义在于,它使每个农户就都有了申请贷款的资本,银行信用社也有了防控涉农贷款风险的有力手段,大量的信贷资金就可以安全投入"三农",进而为现代农业发展,为社会主义新农村建设,为整个农村经济社会发展注入巨大的推动力。我们认为,在当前农户缺少担保物的情况下,以土地承包经营权为抵押的这一贷款业务创新模式应该是一种有效的解决农民资金问题的途径。

(四)农村具有开办这项贷款业务的基础条件

就土地承包经营权抵押的操作可行性,我们与银行、信用社,县土管局、农业局等政府涉农行政主管部门以及部分农户、村委会干部进行了座谈与讨论,征询他们的看法和意见,得到了他们的赞同。第一，农户对家庭承包经营的土地依法持有农村土地承包经营权证，抵押的权利凭证存在。农户承包土地后都应当持有承包经营权证，农村土地承包经营权证明确记载土地承包期限、起止日期以及承包土地名称、坐落、面积、用途等事项，它是农村土地承包合同生效后，国家依法确认承包方享有土地承包经营权的法律凭证。银行、信用社、农业局和土管局等部门的管理人员认为，农户的土地承包经营权证提供了可供抵押的权利凭证。第二，农户和村干部热情高涨，非常愿意试行这种抵押贷款。农户说，农民最大的财产就是承包的土地，以土地承包经营权作为抵押申请贷款足以证明还本付息的诚心，如果不能按期偿还贷款本息，甘愿放弃土地承包经营权，由银行处置。第三，村委会能够保证银行抵押承包土地经营权的合理流转，在不改变耕地合法用途的前提下，实现银行抵押权益，收回贷款本息。村干部说，村委会能够成立抵押贷款土地流转服务组织，在贷款农户不能按期偿还贷款本息的情况发生后，对作为银行抵押物的承包土地以转包、出租等形式在其他农户中进行合理流转，以偿还银行贷款本息作价，由其他农户承包经营。这样，既保证了耕地的性质和用途不变，又偿还了银行的本息。第四，对农户承包土地根据优劣等级、位置、产量等因素以统一标准按亩作价（流转价格）后，可以大大简化银行进行贷前调查、审查和贷后管理的手续，大大降低贷款发放和管理的成本。银行信贷员认为，如果承包土地有了统一的作价标准，就可以根据农户承包土地的亩数和相关权证，直接确定抵押贷款的数额，无须在进行抵押物的其他调查（抵押物统一，作价统一），能够大大提高发放贷款的效率，节约相关成本，大有推广实行的必要。

经测算，如果此项贷款业务能够推行成功，以每亩土地可抵押贷款2000元计，南和县40多万亩耕地，可以贷款8个多亿，农民纯收入估计能够增加五成以上，此举甚好。

二、推行农村土地承包经营权抵押贷款业务必须注意把握的基本原则

（一）必须坚持农户承包土地的集体所有权不变。农户承包的土地一般属村集体所有，农户只有土地承包经营权，我们试行的土地抵押贷款是农户土地承包经营权抵押贷款，因此在具体操作中特别是在实现银行抵押权益时，必须维护土地的集体所有权不变，决不能改变承包土地的所有权性质，这是《决定》中提出的。

（二）必须保持土地的耕地用途不变。农户承包的土地一般都是耕地，应该用于粮食、蔬菜种植等，银行在实现抵押权益时，必须保持农户承包土地的农业种植耕地用途性质不变，这也是《决定》中提出的。

（三）必须保证农户日常生活所需的粮食来源。土地是农民最基本生活的保证，是农民的“命根子”。开展农村土地承包经营权抵押贷款要在保证农户最基本的粮食需要前提下进行。根据南和县的实际情况，每户农民必须按照人均0.5亩的标准留足家庭口粮田，其他土地方可办理土地经营权抵押贷款。而且一旦发生不良贷款后，抵押流转的土地在满足一定的年限之后，其承包经营权应该返回原农户。

（四）必须保证贷款资金的特定用途是农民用于生产和生活的资金需要。严禁用于经商、投资等改变贷款资金用途的行为。金融机构和应该成立的试点村承包土地流转服务中心应该一并做好农民贷款资金的后续监理工作。

（五）坚持农户自愿申请原则，维护农户利益。农民所承包的土地，经营权不可侵犯，是否办理抵押贷款，由农民自主决定，村委会和地方政府不得干预。

三、农村土地承包经营权抵押贷款业务的具体操作设想

农户土地承包经营权抵押贷款是一项复杂的支农创新贷款产品，应该按照边试点、边总结、边完善和先试点、再推广的步骤进行，重点应做好以下几个方面的工作：

（一）建立组织，统一领导

探索试行土地承包经营权抵押贷款模式是一个政策性强、涉及面广、操作必须稳妥的创新工程，要有强有力的组织领导。应由县级政府牵头成立探索试行工作领导小组，由主管金融的县长任组长，人民银行、银监办、试点金融机构，涉农政府部门包括农业局、土管局、物价局、试点乡镇政府等为成员单位，共同组织实施探索试行工作。并成立农村土地承包经营权抵押贷款业务试点管理办公室（以下简称试点办），由各成员单位派员组成，集中办公，建立规章制度，规范工作流程，在县领导小组的领导下开展工作。人民银行、银监部门负责金融政策、操作规程指引和融通资金等方面的工作，试点金融机构负责具体操作办法制定和发放贷款管理方面的工作；涉农政府相关部门及试点乡镇政府负责土地承包权证、土地流转合同、土地流转作价等方面的确认、核定工作。

（二）扎实做好各项前期准备工作

1. 选好试点村。在农户承包土地抵押贷款试行过程中，选好试点村是个关键，因为农户获得贷款和银行确保实现债权、按期收回本息都需要村委会的大力配合和支持。选择试点村要考虑以下几方面因素：①村社会经济情况较好，农业发展前景较好，在粮食、谷物、蔬菜等生产上形成了一定规模，并有特色优势，有龙头企业。②农户有强烈的发展愿望和市场经营意识，有相关生产技能，而且诚信意识强，是信用村。③村双委班子组织健全，工作能力强，在广大农户中有威望，受拥戴，在贷款出现风险后能够组织完成农户承包土地的有效流转，确保银行抵押权益按合同兑现、实现。

2. 对试点村农户承包土地进行验证和确权。承包土地农户持有的农村土地承包经营权证，是农村土地承包合同生效后，国家依法确认承包方享有土地承包经营权的法律凭证。试点村农户的土地承包经营权证由试点办中的县农业局、土管局及乡镇政府部门人员进行审核和检验，对没有土地承包经营权证的农户应按规定予以发证，对已经持有承包经营权证的农户审核、检验其权证的真实有效性，以确认农户对其承包土地经营权的真实有效性和合法性，确保农户依法拥有土地承包经营权及其相关权益，为农户申办土地承包经营权抵押贷款奠定基础。

3. 对试点村农户承包土地流转进行评估作价。在申办土地承包经营权抵押贷款的农户不能按合同偿还本息的情况下，由金融机构将其承包土地的经营权进行流转出让，由受让农户偿还贷款本息，受让农户获得贷款农户的土地承包经营权。因此，对试点村承包土地流转进行评估作价是必需的基础性环节。应由试点办中的县物价局、土管局、农业局、试点村所在乡镇政府等部门人员、试点村村委会和村民代表以及金融部门代表组成土地流转评估作价小组，对试点村的承包土地进行统一评估作价。土地流转评估作价宜按照土地的等级、产量、收益、位置以及村民接受程度等因素综合作价，可按上述因素对承包土地分一、二、三级，给出三类价格。土地流转评估作价是个复杂的过程，村民的意见和村民的接受程度必须予以充分考虑。现列出几种土地作价方法：

①粮食种植类土地的评估作价。

土地价格（元/亩）=［小麦产量（千克/亩）×国家收购保护价（元/千克）+玉米产量（千克/亩）×国家收购保护价（元/千克）－种植成本（元/亩）］×剩余承包年限+国家粮食直补×剩余承包年限

例：和阳镇东韩村的优质田小麦平均亩产350—500千克，玉米平均亩产500—700千克，年种植成本每亩500元，国家粮食直补70元/亩，土地承包期还有15年。其每亩土地价格最低为：［350×1.7+500×1.5－500］×15+70×15=13725（元）。

②其他作物种植类土地的评估作价。

土地价格（元/亩）=［产量（千克/亩）×市场平均销售价格（元/千克）－种植成本（元/亩）］×剩余承包年限+国家粮食直补×剩余承包年限

③蔬菜种植类土地的评估作价。

土地价格（元/亩）=［全年蔬菜销售收入（元/亩）－种植成本（元/亩）］×剩余承包年限+国家粮食直补×剩余承包年限

例：和阳镇东韩村的大棚西红柿亩产平均6500千克，平均销售价格1.2元/千克，年种植成本每亩2800元，国家粮食直补70元/亩，土地承包期还有15年。其每亩土地价格为：［6500×1.2－2800］×15+70×15=76050（元）

④养殖类土地的评估作价。

按照不同的养殖对象（鸡、猪、牛等）分类评估作价。

4. 组织成立试点村承包土地流转服务中心。这是试行土地承包经营权抵押贷款的必备条件，为承包土地经营权抵押贷款风险处置做好准备。承包土地流转服务中心由村双委班子牵头负责成立，业务经办人员应由村干部和有威信、诚实守信的村民代表组成，村民代表要涵盖各个生产队（组），具有广泛的代表性。凡是申办土地承包经营权抵押贷款的农户，均需与服务中心签定承包土地流转合同，在抵押贷款出现风险的情况下将承包土地经营权委托服务中心向本村其他农户或协议农户转让，受让农户负有偿还贷款本息的责任，同时获得转让农户的承包土地经营权。服务中心的职责就是在贷款出现风险时为银行的抵押权寻找买家,既方便农户获得贷款,又为银行防控风险提供条件。承包土地流转服务中心应与金融机构签订受理委托协议书,并制定规章制度和业务操作流程。成立承包土地流转服务中心并建立良好规范的土地流转机制是农户土地承包权抵押贷款试点成功的决定性因素。

(三)试点金融机构的放款程序

1. 农户自愿申请土地承包经营权抵押贷款。在对试点村农户土地承包经营权进行审查、验证、确权,对承包土地流转评估作价,而且试点村成立了承包土地流转服务中心后,试点村农户就可以向试点金融机构申请土地承包经营权抵押贷款了(贷款农户可以自己事先找好承包土地协议受让农户。贷款农户在申请贷款的同时,可自己找好承包土地流转对象——拟接受贷款农户承包土地转让的农户,并与其签订承包土地流转协议,协议须载明在贷款农户无力按合同要求偿还贷款本息时,由拟接受承包土地的农户即协议受让农户按合同偿还贷款本息,协议受让农户偿还贷款本息后获得贷款农户承包土地一定年限的经营权。贷款农户和协议受让农户签定的承包土地转让协议须经村承包土地流转服务中心认定、签章和备案,并由服务中心负责执行、兑现)。

申请贷款时主要应提交以下材料:①经审验过的土地承包经营权证。②与村委会签定的土地承包合同。③与村承包土地流转服务中心签定的委托流转协议书(即在无力偿还贷款本息的情况下委托服务中心将其土地承包经营权流转给其他农户经营)。已经找好承包土地协议受让农户的贷款申请农户,应提交双方已签订的承包土地流转协议书。④承包土地流转作价证明。⑤金融机构要求的其他资料。

农户在向金融机构申请贷款前,应先期向流转中心申请并办理好土地流转协议书、土地流转作价证明等相关手续。

2. 试点金融机构审核、放款。试点金融机构应先行制定出具体的贷款发放操作管理办法,做好各项前期基础工作。

受理农户贷款申请时,在对提供的土地承包经营权证、承包合同、委托流转土地协议书、承包土地流转作价证明等资料进行审查、核实,确认无误后,根据对农户承包土地的流转作价,按照一定的比例确定贷款额度,并办理、发放土地承包经营权抵押贷款,贷款期限可根据农户生产实际需要确定,也可以采取“核定额度、授信管理、随用随贷、周转使用”的贷款模式。贷款资金应专项用于种植、养殖、农产品深加工以及生活需要等用途。金融机构可探索将农村承包土地经营权抵押贷款与联户担保、公司加农户、农户加保险等贷款模式有机结合起来,增加贷款的适应性和安全性。

(四)贷款风险的控制和管理

1. 试点金融机构与试点村承包土地流转服务中心签定委托协议书。委托协议书应明确双方的权利与责任,其中心内容应是:在农户土地承包经营权抵押贷款出现风险、无法按期偿还本息的情况下,委托服务中心负责尽快将抵押的农户土地承包经营权流转给其他农户,由其他农户偿还贷款本息;贷款农户已经自己找好协议受让农户的,委托服务中心监督协议受让农户在贷款出现风险时及时偿还贷款本息。(由于贷款额度是按土地流转价格的一定比例确定发放的,在一般情况下流转价格应该能够偿还贷款本息)

2. 试点金融机构和试点村承包土地流转服务中心都应加强农户贷后管理工作。及时掌握贷款农户的生产经营情况和贷款的使用情况,发现问题及时提醒、告诫农户,做到风险早发现、早防范、早处置。

3. 在农户无力偿还贷款本息、风险已成事实的情况下,对抵押的农户土地承包经营权适时进行处置,收回贷款本息。首先,承包土地流转服务中心确定处置价格,处置价格应大于贷款本息。第二,在全村进行信息发布,将流转处置的地块位置、等级、产量等情况向全村农户发布,最大限度地动员农户参与流转。第三,以拍卖或竞标形式处置抵押的土地承包经营权。由流转服务中心根据具体情况进行拍卖或竞标,拍卖或竞标须在其他农户中进行,拍卖款或竞标款首先用于偿还贷款本息。

贷款农户已经自己事先找好协议受让农户的,按照已签定的协议由协议受让农户偿还贷款本息即可,可不再走拍卖或竞标的程序。但土地流转服务中心须监督协议受让农户切实履行偿还贷款本息的义务。

(五)贷款农户土地承包经营权的回购或赎回

贷款农户在无力偿还贷款本息的情况下,将

承包土地经营权流转给其他农户经营,这种流转并不意味着贷款农户永远失去了土地承包经营权,受让农户在偿还贷款农户的贷款本息后,只对承包土地享有一定年限的经营权,年限满后,土地经营权自然回归到原贷款农户手中,而且贷款农户还有提前回购或赎回的权利。土地经营权的回购或赎回应按照充分协商、尊重受让农户权益的原则进行,考虑受让农户已耕种年限、权益损失、公平均衡等方面的因素,商榷回购或赎回价格。如协商不成,贷款农户应放弃提前回购或赎回。

(六)做好试点金融机构的资金调剂工作

金融机构要认真执行国家支农信贷政策,积极配合开展农民土地承包经营权抵押贷款试点工作,人民银行要充分运用支农再贷款货币政策工具,按照规定为试点金融机构发放期限为1年的支农再贷款,并可展期使用,最长期限不超过3年,为金融机构提供充足的资金来源,使之有充足的资金来源进行业务创新试点,而不影响其他业务的正常开展。

(人民银行邢台市中心支行 付先军)

【邯郸市信贷资源合理配置与均衡增长情况调查】

金融发展与经济增长存在着相关关系,金融支持可以有效引导经济结构调整,促进新技术、劳动力等要素的充分利用,提高产业集群的集聚和生产效率;而经济的繁荣与发展又为金融开辟了新的效益增长点和拓展了盈利空间,提供了进一步发展的平台。随着邯郸市经济的快速发展,如何实现信贷资源合理配置与均衡增长,已成为当前构建和谐社会的重要课题之一。

一、信贷资源配置基本状况与均衡增长

(一)信贷资源与均衡增长现状

据统计,2008年末,邯郸市各金融机构存款余额为1474.8亿元,贷款余额为852.1亿元,比上年分别增长18.4%和13.9%其中,2007—2008年贷款占GDP比重分别达到49.7%和42.8%,比固定资产投资占GDP比重低0.4个和9.9个百分点,信贷投放拉动经济增长效应相对减弱。

(二)信贷需求旺盛为维持均衡增长创造条件

2008年以前,由于经济过热带来的投资冲动,邯郸市固定资产投资大幅上升,2008年末达到近年来最高水平为1049亿元,比2007年末增加243.1亿元,增长30.2%,占GDP比重上升到52.7%。投资拉动GDP上升,但GDP增速2008年比2007年下降3.8个百分点。信贷资源在金融宏观调控下,存贷比由64.3%降至57.8%。今后一个时期,随着国家适度从宽货币政策的实施,邯郸市将建设重大基础设施、公益项目23个,总投资560.9亿元,申请银行贷款及资金缺口178.75亿元;重点项目建设56个,申请银行贷款及资金缺口60.2亿元;扶持重点企业47家,申请银行贷款及资金缺口132.1亿元。贷款投入将逐步加大,进而推动经济增长,烫平经济周期波幅,实现信贷资源与经济发展的均衡增长。

(三)调整信贷资源投向确保均衡增长

2008年末,在邯郸市金融机构的852.1亿元贷款余额中,向大型骨干企业发放的贷款余额为250.2亿元(不含承兑和贴现),占比29.4%,重点支持了邯郸钢铁股份有限公司(含集团)、天津铁厂、河北邯峰发电有限责任公司、邯郸市青红高速公路管理处、邯郸纵横钢铁集团有限公司、邯郸矿业集团有限公司、龙山电厂、新兴铸管等8家大型企业。其次,信贷资源向“三农”和民营企业倾斜,农业贷款余额达207.9亿元,占全部贷款的24.4%;民营企业贷款余额358.6亿元,占全部贷款余额的42.1%。信贷结构调整将凸显政策扶弱趋向,为信贷资源合理配置和均衡分布创造条件。

二、信贷资源配置中的失衡现象与均衡增长

(一)信贷资源配置失衡表现在新增贷款结构错配

从新增贷款结构来看,邯郸市金融机构票据融资(贴现)业务发展迅速,而短期贷款和中长期贷款发展相对缓慢。2008年金融机构各项贷款比年初新增103.7亿元,同比多增57.4亿元。其中票据融资新增27.3亿元,同比多增61.0亿元。短期贷款新增42.5亿元,同比多增4.6亿元,新增短期贷款占全部新增贷款的41.1%,同比下降了40.8个百分点。中长期贷款新增30.5亿元,同比少增11.5亿元,新增中长期贷款占全部新增贷款的29.4%,同比下降了61.3个百分点。

(二)信贷资源配置失衡表现在地区性差异上

由于资金配置的“马太效应”,导致邯郸辖区内发达县市与欠发达县市信贷资源分配不均。截至2008年末,邯郸市经济较发达的西部5个县贷款余额比年初增加13.0亿元,而东部欠发达的10个县贷款余额比年初下降17.6亿元。如永年县与邯郸市接壤,经济较为发达,逐步建立了产业化经济模式,以标准件和蔬菜两大产业为龙头,形成了一条龙生产线,销售网络遍及全国,部分产品出口创汇,远销海外,初步形成了集约型发展战略。2008年末贷款余额35.9亿元,比年初增长11亿元,增长率为44.2%;存款余额78亿元,比年初增长21.5亿元,增长率为38%。而地处市区东部的魏县属于国家级贫困县,其贷款余额却由2008年初的17.5亿元下降至年末的13.6亿元。由于不同县市经济发展不平衡和所处经济带自然条件限制而产生的信贷资源配置落差,不利于经济均衡增长。

(三)信贷资源配置失衡表现在产业结构调整上

邯郸市三大产业存在农业基础弱、工业比重高,服务业滞后的问题,这一产业结构分布格局直接影响信贷资源配置。特别是农业贷款增幅只有3.0%,明显低于二、三产业。而由于"三年大变样"工程的进行,受投资拉动影响,建筑业贷款增长较快,增速达到32.1%。

同时,信贷资源配置的产业层次较低,高新技术企业贷款占比少。冶金、电力、采矿等是邯郸市的支柱产业,其贷款占全部贷款的70%以上。新兴产业如电子信息以及高技术医药、化工等企业在全部贷款中占比极低。新兴服务业发展缓慢,贷款占比也很少。

(四)信贷资源配置失衡表现在贷款集中上

一方面,贷款过于向大项目、大企业集中。截至2008年末,辖区内国有商业银行对大型企业客户群贷款余额达到326.8亿元,占四大国有商业银行各项贷款余额的72%,尤其是农业银行和工商银行占比分别达到77.8%和73.8%。另一方面,压缩了中小企业贷款空间。截至2008年末,邯郸市金融机构对小企业贷款余额为6.9亿元,仅占全年贷款余额的0.8%。

三、信贷资源配置中的矛盾与均衡增长

(一)农业产业升级资金需求与国有金融农村信贷收缩的矛盾

随着商业性银行分支机构从农村地区的收缩,目前在邯郸市农村地区保留了贷款业务的只有农行、农发行、农信社三家机构。农村金融服务网点呈现"断层"现象。

作为农字号的农业银行,近年来,在内部机构改革不断深入的过程中,考虑到自身的生存及利益,机构进行了较大幅度的整合,在邯郸市农村一级只保留了14家县支行,2000年以后,只吸收乡镇居民存款和催收旧贷款,基本不发放新的农业贷款。

农发行机构延伸止于县支行一级。政策性金融机构本应充分发挥其应有作用,但随着粮食购销体制改革,粮食收购市场化,农发行粮食收购政策性功能弱化,业务严重萎缩。加上国家对农业的政策倾斜力度越来越大,全面取消农业税和给予粮食生产补贴等一系列扶农措施,使目前农发行的政策性支农空间正变得越来越小,农业发展银行的机构定位不准、功能单一、与新农村建设不相匹配的问题越来越明显。农发行目前的业务范围局限于粮棉油收购资金的封闭运行管理。粮棉油收购市场化改革以后,国有和集体收购加工企业已全部改制,私营收购加工企业大量增加。据统计,2008年末邯郸市有187家棉花收购加工企业,收购加工棉花36691万斤。农发行收购资金放不出去,大量闲置。农业发展银行作为政策性银行,应该居于支农主体地位,但其实际发挥的支农作用与其设置初衷或者说预期相去甚远。

农村信用社为了防范风险,2005年在省联社的统一布置下,设在各村的代办站全部撤销,农村机构网点大量缩减。如邯郸辖区农村金融网点由2002年的4849个减少到2008年的569个。

(二)小企业融资难与金融机构贷款门槛高的矛盾

截至2008年末,全市中小企业总数为841家,占企业总数的97.68%;中小企业净利润总额为27亿元,占全部企业净利润的27.55%;中小企业工业增加值245亿元,占全部企业增加值的43.4%;税收总额为22亿元,占全部企业税收总额的22.45%;吸纳劳动力17.59万人,占全部企业吸纳劳动力的54.88%,经济效益表现良好,对全市经济的拉动力进一步加快。但由于银行和企业自身的原因,中小企业融资难问题日渐凸显。

1. 抵押担保制约着中小企业融资。一是银行担保制度不健全,使中小企业融资难。现代经济是一种信用经济,信用关系的正常运行是保障本金回收和增值的基础。中小企业很难从银行获得贷款的关键在于缺乏信用保证,这会加大银行贷款的风险,所以银行惜贷。二是中小企业抵押担保贷款已成为主要贷款方法，但很难落实。由于中小企业资产结构的特点，金融机构在抵押物上的偏好及政府行为的不协调，使得中小企业抵押担保方面不足，抵押担保落实难，这也是当前中小企业融资，特别是申请金融机构贷款过程中的最大难题之一。三是为中小企业服务的金融机构不健全、服务滞后。四是有效担保抵押不足。我国90%以上的中小企业厂房用地多是集体用地、宅基地。房地产抵押是当前银行发放贷款通用的一种担保方式，也是担保公司防范贷款风险的一个重要途径。由于集体土地所有权主体在法律上的模糊，造成在实际工作中集体土地所有权主体很难确定，加之常常以行政权代替土地资产经营权，带来集体土地流转过程中各主体的土地产权“边界纠纷”，导致的后果就是集体建设用地使用权难抵押问题。

2. 中小企业自身因素制约着融资业务。一是大部分中小企业管理水平低下，技术创新能力低，中小企业由于创新投入少，缺乏相应的技术人才，技术创新能力明显不足。二是中小企业金融的财务状况缺乏透明度。相比较而言，大企业特别是上市公司的经营状况、财务信息以及其他信息的公开化程度远高于中小企业，而且信息的真实程度也要高于中小企业。中小企业财务制度不健全，内部控制制度不完善，会计信息失真，造成银行与企业信息不对称，为中小企业融资增加了难度。在此情况下，银行自然愿意向大企业贷款而不是向中小企业。据调查，我国中小企业50%以上财务制度不健全，许多中小企业的经营管理者自身素质较低，缺乏应有的财务管理知识，对重大的财务决策全凭自己拍脑袋来决定，管理非常混乱。同时，企业为了应付监督部门的检查，还要准备两套帐，甚至多套帐，这样，企业很难提供准确的会计信息资料，银行也无法摸清企业的真实面目，增加银行对企业贷款的风险。三是部分企业资信较差，还贷意识薄弱，逃废债现象时有发生。银行的首要目标是安全性、流动性和收益性，然而中小企业的高倒闭率和高违约率使得银行难以遵守安全性和收益性原则，导致银行不愿放贷。据有关统计，国内银行对中小企业、个体、私人经营户贷款的管理成本平均为大中型企业的六倍左右。由于银行对中小企业贷款的管理成本要远高于中小企业，银行理所当然的愿意向大企业而不是向中小企业贷款。四是中小企业经营规模小，自有资金不足。在高税收政策的影响下，积累乏力，资本增长缓慢，再加上设备落后，相当多的中小企业技术装备超期超负荷运转，使得产品技术含量低，缺乏市场竞争力，易受市场冲击。五是企业技术含量较低，市场竞争力较弱。在对技术类和物流类企业的调查显示，仅有0.02%的企业有特色产品，绝大多数企业只生产和经营大路货或配套产品，且有的企业产品不符合国家产业政策。

（三）潜在的资金分散需求与现实的信贷集中的矛盾

目前，潜在的资金需求者为分散的农户和中小企业，期限以短期为主，而现实却是信贷资金日益向少数大户集中，且以中长期为主。贷款过度集中不符合风险分散原则，特别是期限较长的中长期贷款，潜在风险会逐步暴露出来。同时，中长期贷款比重过高，也不利于金融机构根据宏观政策要求和市场环境变化及时调整信贷结构，从而导致信贷运行中出现新的结构性矛盾。

四、在适度宽松的货币政策下，促进信贷资源合理配置与均衡增长的思考

从哲学意义上讲，合理配置与均衡增长是个相对概念，事物发展的规律总是沿着合理是相对的，不合理是绝对的，均衡是相对的，不均衡是绝对的方向发展。在某一特定历史条件下，经济发展的客观性直接反映所处时代经济现象和经济要求。目前，邯郸市信贷资源配置离不开适度宽松的货币政策建设客观环境，离不开经济均衡增长与信贷资源结构优化这个主题，只有建立在此基础上，才能克服信贷资源配置失衡，缓解因此引发的突出矛盾，为此，提出如下建议与思考。

第一，加强社会信用体系建设，着力培植高等级信用企业，全面改善区域金融生态环境。在地方政府主导下，协调金融机构推动企业外部信用评级，提升辖内企业的信用等级。做好区域内信用县市、信用乡镇、信用社区、信用农户创建工作，增强社会整体信用意识，推动圈内信用环境进一步好转。进一步健全政府主导、人行推动、部门联动、社会参与的金融生态建设长效机制，不断优化金融司法环境和行政服务环境，在提高金融胜诉案件执结率和降低银行处置抵贷资产、企业抵押担保融资成本上取得实质性的成效。整合市场资源，做大做强担保机构，增强担保公司担保能力和抗风险能力,有效缓解中小企业贷款难问题。

第二,认真落实适度宽松的货币政策,加大区域信贷投入,使信贷总量平稳较快增长。各金融机构应增强政策的敏感性,把扩大信贷投放、支持经济增长作为当前和今后一个时期的中心工作,要不失时机的加快贷款的投放速度,对目前储备的优势项目,加快审批和贷款发放,力争使贷款增幅逐年提高,各金融机构贷款增幅要高于本系统全省平均水平,要使存贷比、贷款增量和总量与邯郸经济规模相匹配,保持贷款增长的可持续。同时,统筹协调城乡发展,将增量资本配置到有潜力的产业和优势区域中,培植新的经济增长点,有效地支持地方经济健康发展。

第三,实施差别信用配置策略,完善财政政策引导机制,保障区域信贷资源配置均衡。实行差别化存款准备金率、运用再贷款、再贴现和优惠利率等货币政策工具,鼓励信贷资源配置本地化。适当调整监管政策,大力发展以民间资本为主的商业信贷组织和小额信贷组织。鼓励部分优质市政项目或企业发行债券,允许民营企业在协会内部相互拆借资金,规范企业内部职工集资入股方式,开展定向募集试点。通过完善灾害损失弥补、税费减免、涉农贷款贴息、政策性保险补贴等财政政策和健全农村社会保障体系,引导信贷资源向"三农"和中小企业转移。

第四,加快推进农村金融改革,积极改进信贷管理体制,实现区域金融资源配置最优。转换、扩大农业发展银行的经营机制、业务范围、融资渠道,建立农发行政策性业务风险补偿机制。建立政策性农业保险机制,开办覆盖面广泛的农业基本保险业务,鼓励商业保险公司在农村开办商业保险业务。允许生产者建立互助的保险机制,给予减免税优惠政策,鼓励其自发分担灾害风险。建立农村经济贷款担保机构,在有条件的县、镇两级政府安排本级财政出资、或联合相关龙头企业筹资组建农村经济贷款担保机构,切实解决农村经济发展中贷款难的问题。引导农村中小金融机构推广个人住房最高额抵押循环贷款、下岗失业人员小额担保贷款等贷款品种。探索制定应收账款、动产抵押贷款、浮动抵押贷款等管理办法和订单农业与保险、信贷相结合的金融服务新模式。试行农村集体建设用地使用权、林权抵押融资服务,提高农民和农村中小企业融资能力。支持邮政储蓄银行在风险可控前提下发展资产业务,加大邮政储蓄资金回流农村的力度。逐步实现辖内金融机构系统内在信贷品种、信贷权限、利率定价等无差异化的信贷政策,不断优化区域企业个人贷款的前置条件。创新信贷授信制度,各银行金融机构应简政放权,再造信贷流程,授予辖内各分支行与当地经济发展规模和水平相适应的授信额度和信贷权限。

(人民银行邯郸市中心支行　卢　钦)

【河北省部分重点行业产能及信贷风险状况调查】

2009年9月26日,《国务院批转发展改革委等部门关于抑制部分行业产能过剩和重复建设引导产业健康发展若干意见的通知》(国发〔2009〕38号)将钢铁、水泥、平板玻璃、煤化工、多晶硅、风电设备行业确定为抑制产能过剩和重复建设的重点。为了解河北省重点行业的产能情况,防范和化解产能过剩行业的信贷风险,维护银行业安全运行,我们对与河北省银行业机构建立了信贷关系的钢铁、水泥、平板玻璃企业进行了调查。调查显示,截至10月末,全省与银行业机构建立信贷关系的钢铁、水泥、平板玻璃企业共有427家,贷款余额共计1574.26亿元。其中钢铁企业156家,设计粗钢产能19024万吨,贷款余额1438.34亿元;水泥企业188家,设计产能(立窑、新型干法)15567万吨,贷款余额95.07亿元;平板玻璃企业83家,设计产能(浮法、平拉法含格法、压延法)15454万重量箱,贷款余额40.84亿元。分析结果表明:截至目前,河北省钢铁、水泥、平板玻璃行业均存在产能过剩问题,尤以平板玻璃行业最为突出,落后产能(按照有关规定,钢铁行业中400m^3及以下高炉、30吨及以下转炉、30吨及以下电炉,水泥行业中立窑生产线,平板玻璃行业中"平拉法"(含格法)生产线为落后产能,需限期淘汰,也还没有得到根本解决。就信贷风险状况来看,目前河北省钢铁、水泥、平板玻璃行业的不良贷款总体占比不高,但产能过剩、落后产能问题仍是影响河北省银行业信贷风险安全的主要因素,银行业机构在风险管理方面也存在一些突出的问题。上述问题会对河北省经济的可持续发展和银行业信贷资金安全构成潜在和长期的威胁,需引起持续关注。

一、产能基本情况和存在问题

(一)产能基本情况

1. 产品市场占比较大

钢铁、水泥、平板玻璃行业均是河北省重要产业,在全省社会经济运行中发挥着至关重要的作用,其产量在全国也占据主要市场份额。统计数据显示,前十个月,全省累计生产粗钢11793万吨、水泥8523.8万吨、平板玻璃7277.7万重量箱,分别占全国总产量的24.96%、6.36%、15.51%。特别是粗钢产量约占全国的近四分之一。

2. 产能利用率较低

按照欧美等国家标准,产能正常利用率在79%—83%之间,产能充分利用率为85%。而调查数据显示,前十个月,全省钢铁企业粗钢产能利用率约为74.39%,水泥行业产能利用率约为65.70%,平板玻璃行业产能利用率约为56.51%,均低于欧美等国家的正常标准值。特别是平板玻璃行业,产能利用率低于标准区间下限22.49个百分点。

3. 开工率偏低

调查数据显示,金融危机和经济低位运行对我省钢铁、水泥、平板玻璃行业的影响还没有彻底消除,钢铁、水泥、平板玻璃行业的企业开工率总体水平偏低。截至10月末,三个行业开工率在80%以上的企业数量仅占被调查企业总数的39.81%,还不到四成。从分行业情况看,钢铁行业开工率在80%以上的企业共有82家,占钢铁企业数量的52.56%,一半稍多;开工率不足50%有2家企业,最低的秦皇岛首秦龙汇矿业有限公司开工率仅为12.50%。水泥行业开工率在80%以上的企业共有59家,占水泥企业数量的31.38%,不到三分之一;有12家企业开工率不足50%,其中石家庄水泥厂(已破产)等9家企业开工率为零。平板玻璃行业开工率在80%以上的企业共有29家,占平板玻璃企业的34.94%,三分之一多一点儿。

4. 总体产销率不高

调查数据显示,10月末,钢铁、水泥、平板玻璃三个行业产销率在90%以上的企业共计197家,仅占被调查企业的46.14%。从分行业情况看,钢铁行业产销率在90%以上的企业有99家,占钢铁企业数量的63.46%;水泥行业产销率在90%以上的企业有70家,占水泥企业数量的37.23%;平板玻璃行业产销率在90%以上的企业有28家,占平板玻璃企业数量的33.73%,其中秦皇岛瑞华玻璃有限公司产销率最低,仅为8.99%。而统计数据显示,前十个月,全省工业产品累计产销率为96.8%,其中重工业累计产销率为96.6%,保持了较高水平。通过钢铁、水泥、平板玻璃三个行业产销率与全省工业产品产销率的对比不难发现,三个行业的产销率总体处于较低水平。

5. 产业集中度低

调查发现,我省钢铁、水泥、平板玻璃行业大型集团、龙头企业偏少,企业总体规模偏小,产业集中度低。根据调查,目前河北省拥有炼钢能力的钢铁企业74家,平均每家企业粗钢产量仅为159.36万吨;水泥企业平均每户产能仅为82.80万吨;有浮法玻璃产能的企业为15家,仅占玻璃企业总数的19.48%。低水平重复建设,无序扩张和恶性竞争导致上述行业产业集中度低,核心竞争能力偏弱。

(二)存在的问题

1. 产能过剩状况不容乐观

从河北省情况看,虽然我省钢铁、建材等行业基本渡过了金融危机的冲击,但钢铁、水泥、平板玻璃行业产能利用率较低、开工率偏低、产销率不高等现象表明,这些行业产能过剩已是不争的事实。根据调查,目前河北省钢铁、水泥、平板玻璃行业分别还有在建产能4474万吨、9455万吨、4127万重量箱。这些项目一旦建成投产,将进一步加重上述行业产能过剩的矛盾。以水泥行业为例,预计全省2009年水泥产量将达到9700万吨,同比增长8%左右;其中水泥熟料产能可能达到7000余万吨,将接近工信部拟定的人均熟料产能不超过一吨的"红线"。虽然受当前宏观经济和政策影响,近期内水泥行业可能会保持较高的景气度,但是长期来看,全省水泥行业将不得不面对产能过剩的后果,其他行业亦然。

据我们分析,河北省钢铁、水泥、平板玻璃行业产能过剩的主要原因:一是钢铁、建材行业是河北省主导产业,也是各级政府支持的重点,同时河北省承担着供应京、津市场的经济区位分工,市场需求较旺。因此,河北省偏重产业结构是历史固有的产业基础和经济区位分工共同作用的结果。二是国家四万亿投资等扩大内需的政策以及河北省"三年大变样、推进城镇化",拉动了固定资产投资力度,前十个月,全省钢铁工业完成固定资产投资同比增长24.8%,建材工业完成固定资产投资同比增长45.1%。上述因素进一步刺激了钢铁、水泥、玻璃行业产能增长,加深了河北省钢铁、水泥、平板玻璃行业的产能过剩矛盾。

2. 淘汰落后产能工作压力加大

由于河北省产业结构基础问题,落后产能依旧没有得到根本解决,钢铁、水泥、平板玻璃三个行业分别存在落后产能3165万吨、1301.3万吨、3385万重量箱,占实际产能的比例分别为16.64%、8.36%和21.90%。按照国家有关规定要求,钢铁行业要在2011年底前淘汰400立方米及以下高炉,30吨及以下转炉、电炉。玻璃行业要求制定时间表,三年内彻底淘汰"平拉法"(含格法)平板玻璃产能。水泥行业多年以前就已将立窑生产线列入淘汰行列。从河北省具体情况来看,河北省政府机构也在不断加大淘汰落后产能工作力度,积极推进淘汰落后产能工作,对不能完成淘汰任务的区域采取必要的惩戒措施,把节能评估审查作为新建项目的强制性准入门槛,大力推进节能减排重点项目建设。但是由于多数存在落后产能的企业技术含量低、从业人员多,再加上钢铁、建材行业是河北省的主导产业,落后产能企业多为地方纳税大户,地方政府淘汰落后产能的积极性不高,如期完成淘汰落后产能工作的困难较多、压力较大。

3. 资产利润率下降

调查数据显示,截至10月末,全省有50家钢铁企业资产利润率同比下降,占钢铁企业数量的32.05%:其中秦皇岛首钢板材有限公司资产利润率下降速度最快,10月末资产利润率为-11%,同比下降23个百分点。在水泥、平板玻璃行业整体盈利能力增强的情况下,水泥行业中仍有16家企业资产利润率同比下降,其中秦皇岛华东晟水泥有限公司下降最快,10月末资产利润率同比下降了9.09个百分点;平板玻璃行业中有7家企业资产利润率同比下降,其中沙河市恒源能源贸易有限公司下降最快,10月末资产利润率同比下降了9个百分点。

4. 落后产能依旧存在

调查数据显示,到目前河北省钢铁企业仍有400m^3及以下高炉、30吨及以下转炉、30吨及以下电炉,水泥企业仍有立窑生产线,平板玻璃行业仍有"平拉法"(含格法)生产线,且部分产能仍在运转。截至10月末,调查的钢铁行业还有落后产能共计3165万吨,其中炼铁能力2058万吨、炼钢能力1107万吨,共涉及69家企业,占钢铁企业数量的44.23%,主要分布在邯郸、唐山:其中有31家企业的落后产能还在正常运转。水泥行业落后产能共计1301.3万吨,共涉及116家企业,占水泥企业数量的61.70%,主要分布在唐山、邯郸、石家庄、保定:其中有37家企业的落后产能还在正常运转。平板玻璃行业落后产能3385万重量箱,涉及企业50家,占平板玻璃企业数量的60.24%,绝大部分集中在邢台沙河市:其中有3家企业的落后产能还在正常运转。如考虑到部分企业的经营信息未能如实、准确填报的因素,实际落后产能还要高于我们的统计数据。

二、贷款风险状况和风险管控中存在的问题

(一)贷款风险状况

从目前时点情况看,河北省银行业机构对钢铁、水泥、平板玻璃三个行业不良贷款余额合计10.69亿元,不良贷款率为0.68%,低于全省平均不良贷款率5.66个百分点。其中,钢铁行业信贷资产质量最好,不良贷款率低于全省平均水平6.02个百分点。调查数据显示,前十个月,河北省钢铁、水泥行业实现了不良贷款"双降",平板玻璃行业不良贷款余额与年初基本持平,但不良贷款占比较年初有所下降。截至10月末,钢铁行业不良贷款4.53亿元,比年初减少0.46亿元,不良贷款率为0.32%,比年初下降0.13个百分点;水泥行业不良贷款5.14亿元,比年初减少0.14亿元,不良贷款率为5.62%,比年初下降2.59个百分点;平板玻璃行业不良贷款1.01亿元,与年初基本持平,不良贷款率为2.48%,比年初下降0.31个百分点。

但是,我们要清醒地看到,年初以来的贷款高速增长稀释了不良贷款,并且信贷资金的注入也延缓了部分贷款的风险暴露时间。前十个月,钢铁行业贷款增速为28.14%,水泥行业贷款增速为40.19%,平板玻璃行业贷款增速为15.39%。因此,从长远看,产能过剩仍是银行业信贷资金安全潜在和长期的主要威胁。

(二)信贷风险管控中存在的问题

本次调查的结果也暴露了银行业机构对产能过剩行业的风险防控意识、风险管理水平和风险管理技能等方面存在的问题。

1. 银行业机构对产能过剩行业的潜在风险认

识不足

一是对行业风险的预判能力有待进一步提高。以钢铁行业为例,前十个月,钢铁行业累计实现净利润172.43亿元,比去年同期减少74.41亿元,同比下降30.15%,仍处于低位运行。调查的钢铁企业中有51家净利润同比减少,占钢铁企业数量的32.69%,其中净利润同比减少1亿元以上的企业有23家。经营利润是借款企业还款来源的重要保障。企业的盈利能力下降,贷款第一还款来源的补充能力削弱,信用风险加大,构成了对银行信贷资金安全的威胁。而在这种情况下,前十个月钢铁行业仍新增贷款315.87亿元,占全省新增贷款的8.6%,暴露出银行业机构对企业财务状况分析不到位,对企业风险的早期预警能力差,不能用发展的眼光科学认识到其潜在风险。

二是落后产能贷款风险已经显现,且呈逐步恶化态势,但仍有部分银行业机构对落后产能增加贷款。截至10月末,钢铁、水泥、平板玻璃行业落后产能贷款余额合计21.95亿元,不良贷款7.54亿元,不良贷款率为34.32%,高出三个行业平均不良贷款率33.64个百分点,高出全省平均不良贷款率27.98个百分点。数据表明,产能过剩行业的信贷风险主要集中于落后产能,且风险较大。从调查情况看,大部分存在落后产能的中小企业已经关停,但仍有31家钢铁企业、37家水泥企业、3家平板玻璃企业的落后产能还在正常运转,分别占各行业落后产能企业数量的44.93%、31.90%、6%。从新增贷款情况看,前十个月,钢铁、水泥行业的落后产能分别增加贷款1.29亿元和0.23亿元。在各级政府不断加大产业结构调整力度,加快淘汰落后产能的情况下,仍有银行业机构对落后产能增加贷款投放,暴露出银行业机构风险意识淡薄,信贷政策不科学,埋下了风险隐患。

2. 银行业机构风险管理水平不高,落实风险管理制度不到位,风险管理技能欠缺

一是信息不对称问题突出。本次调查发现,银行业机构对同一家企业的经营信息填报结果五花八门,很难达到"了解你的客户"(KYC)和"了解你的客户业务"(KYB)的要求。以唐山钢铁股份有限公司为例,仅设计产能一项指标,就有3家银行填报为950万吨,2家银行填报为1500万吨,1家银行填报为1000万吨,1家银行填报为7400万吨,信息不对称问题突出。对于唐钢股份这种规模较大且为上市公司的企业,企业数据尚不能准确掌握,对小企业信息采集存在的问题就更为严重。这也暴露出银行业机构对客户信息管理不重视、不充分、不到位。

二是多头授信现象严重。调查发现,多头授信仍是银行信贷管理中存在的突出问题,尤以钢铁行业最为严重。截至10月末,与邯钢集团、新新钒钛、普阳钢铁建立信贷关系的银行业机构分别达11家、10家、9家之多。这也反映出银行业机构在当前适度宽松货币政策环境下,为了争揽客户,扩大信贷规模,贷款投向趋同,同时也暴露出银行业机构授信管理不够审慎。

三是贷款集中度偏高。从调查情况看,银行贷款高度集中于钢铁行业,截至10月末,钢铁企业贷款余额就占全部贷款的10.91%。特别是大型银行表现突出,10月末对钢铁行业贷款余额为1061亿元,占钢铁行业贷款总量的73.77%。并且今年以来钢铁行业的新增贷款主要来自大型银行,前十个月,大型银行新增钢铁行业贷款228.92亿元,占钢铁行业全部新增贷款的72.47%,主要投向了河北钢铁集团及下属公司和一些民营大型钢铁企业。虽然目前钢铁行业的信贷资产质量较好,但从长远看,银行信贷资金高度集中于产能过剩行业,随着产业结构调整压力不断加大,一旦风险集中暴露,将严重威胁银行信贷资金的安全。

3. 农村信用社发展战略不科学,风险管控能力薄弱,产能过剩行业贷款风险较为突出

一是农村信用社市场定位不科学,大量与规模较小、产能较低的中小钢铁、水泥、平板玻璃企业建立信贷关系,部分信贷资金甚至支持了落后产能。调查显示,与农村信用社建立信贷关系的钢铁、水泥、平板玻璃企业分别为106家、169家、73家,占各行业企业数量的比例分别67.95%、89.89%、87.95%。其中存在落后产能企业的贷款主要集中在农村信用社,涉及钢铁企业64家、水泥企业112家、平板玻璃企业49家,分别占各行业落后产能企业总数的92.75%,96.55%和98%。10月末,农村信用社投向钢铁、水泥、平板玻璃落后产能的贷款余额(多为80年代中后期投放的存量贷款)分别为12.67亿元、4.77亿元、0.33亿元,分别占各行业全部落后产能贷款80.24%、88.99%、45.83%,其中大部分贷款已形成不良。由此可见,农村信用社需要深入思考,科学调整其市场发展

战略。

二是风险管理水平较差。本次调查中有44家钢铁企业、81家水泥企业、52家平板玻璃企业,农村信用社无法填报任何企业信息,表明其对市场不熟悉、对客户信息不掌握。并且对大银行已经退出的客户盲目跟进,本次调查中就发现廊坊市某企业在工行、建行退出的同时,当地农村信用社受短期利益驱使,逐步跟进。调查数据也反映,截至10月末,农村信用社对钢铁、水泥、平板玻璃行业不良贷款分别为2.03亿元、4.53亿元、0.65亿元,分别占各行业不良贷款的44.86%、88.11%、64%;不良贷款率为6.38%、22.93%、20.17%,分别高出各行业平均不良贷款率6.06个百分点、17.31个百分点、17.69个百分点。显示了农村信用社在信贷管理和风险控制方面存在的重大缺陷。

4. 信贷风险管控和处置难度加大

一是企业间互保问题严重,关联交易风险大。企业集团融资由其下属独立公司担保,独立公司融资由集团内公司互保,个别集团之间互保等情况较多,关联担保风险较高。尤其是随着河北省钢铁企业的整合,新设立的河北、长城、渤海等集团型客户,其规模更加庞大,结构更加复杂,关联交易风险将更加突出。二是票据融资业务占比高,难于监测资金真实流向。如:农业银行有钢铁企业客户51家,其中仅办理贴现而无其他授信业务的企业就有21家,占比达41.18%。三是多数落后产能企业已经关闭、停产,不良贷款处置难度大。至调查日,钢铁企业关停38家,贷款2.16亿元,其中不良贷款1.56亿元,占其贷款的72.52%;水泥企业关停81家,贷款4.22亿元,其中不良贷款4.06亿元,占其贷款的96.14%;平板玻璃企业关停44家,贷款0.30亿元,已全部形成不良贷款。钢铁、水泥、平板玻璃三行业共计关停落后产能企业163家,贷款6.68亿元,其中不良贷款5.93亿元,占其贷款的88.69%,处置任务艰巨。

三、政策建议

从目前情况看,经济运行的不确定因素依旧很多。前十个月,全省规模以上工业利润总额同比减少15.2%,其中钢铁工业实现利润同比减少34.2%;工业品出厂价格指数同比下降12.8%;企业家信心指数同比下降11.7%;企业景气指数同比下降11.6%。近期暴发的迪拜债务危机,也给我国的房地产市场和资产泡沫敲响了警钟。下一阶段,"调结构"成为今后一个时期国家宏观调控的中心任务,产业结构调整力度将进一步加大,对银行信贷资金集中的钢铁、建材等行业的影响将进一步加深,银行业机构的风险管控将面对更加严峻的挑战。

(一)将"调结构"作为当前首要任务,加快推进产业结构调整进度

一是要高度重视产能过剩问题,银行、企业、地方政府都要把认识统一到国家抑制部分行业产能过剩和重复建设的要求上来,正确看待当前的产能过剩状况,科学引导我省钢铁、水泥、平板玻璃等产业平稳、健康、协调发展。着力构建现代产业体系,转变经济发展方式,加快推进产业结构调整步伐。二是要严格控制产能增量,优化产能存量。积极推进主导产业的改革发展,支持节能环保、新材料、新医药等产业发展,提升行业整体发展水平,实现可持续发展。并努力提高技术含量和附加值高的产品在总量中的比例,增加高标号水泥的产量和比例,提高浮法玻璃特别是优质浮法玻璃的比重。三是要加快淘汰落后产能,引导产业健康发展。健全和完善落后产能退出机制,通过上大压小、扶优汰劣等措施,引导企业加快以先进产能替代落后产能。对国家明令淘汰的落后产能,必须限期淘汰到位。

(二)将"防风险"贯穿整个银行管理流程,强化全面风险管理理念

银行业机构要积极做好产能过剩行业的信贷结构调整和信贷风险管控。一是加强授信尽职管理,严把准入关,实行名单制管理,避免重复过度投放贷款,并且提前风险管理关口。二是要提高风险管理技能,强化信息管理水平,关注第一还款来源,真正做到"了解你的客户"和"了解你的客户业务"。三是要密切关注宏观经济运行和国家产业政策的调整变化,及时掌握行业和企业动态,结合区域经济和资源特征加强行业运行及风险分析。四是灵活调整信贷政策,坚持"有保有压",控制增量和优化存量相结合,分类指导和调整结构相结合,严格控制产能过剩、环境污染、重复建设项目贷款,形成引导产业健康发展的信贷投向。五是加强银行间的沟通与合作,拓宽行业信息采集渠道,实现客户信息、产能过剩状况以及落后产

能淘汰进度等的相关信息的共享，化解信息不对称矛盾。六是要加快处置不良贷款，特别是农村信用社要多措并举，综合运用现金清收、还款免息、以物抵债、呆账核销等处置方式，加大不良贷款处置力度，为服务“三农”和县域经济释放信贷空间。

（三）将“保增长”作为一项长期任务，推动社会经济可持续协调发展

一是政府机构要加强引导，加快诚信建设，提高社会诚信意识；完善司法建设，提高司法执行力；推进行政建设，加快完善项目科研、立项、环评、土地等手续；打造良好的金融环境，保障经济可持续发展。二是监管机构要加强监管服务和窗口指导，增强对银行业机构的监管力度，严守风险底线，通过约见会谈、监管提示等方式提高监管执行力和政策传导力；建立健全重点行业信贷风险监测台帐，强化对钢铁、水泥、平板玻璃等行业运行及风险状况的分析预警，及早提示银行业机构做好风险防范，避免发生系统性风险；加大责任追究，对新发生不良贷款逐笔组织专项核查，强化监管履职问责；加强沟通联系和业务督导，促进重点行业信息的交流与共享，营造和谐的监管环境，保障银行业安全稳健运行。三是银行业机构要在风险可控的前提下，合理控制信贷投放规模和节奏，避免出现贷款投放大起大落；着力解决好企业流动资金需求，对有竞争力、有市场、信用记录较好但暂时出现经营困难的企业，积极给予信贷支持；创造良好的经营环境，通过加大金融服务推动产业结构调整，持续提高金融对经济发展的支撑作用。

（河北银监局　王彦平　郭　瑞）

【河北省农村信用社改革发展现状、问题及工作思路】

《国务院关于印发深化农村信用社改革试点方案的通知》（国发〔2003〕15 号）明确农村信用社改革发展的方向和目标以来，困扰农村信用社发展几十年的产权关系不清晰、利益主体不明确、经营管理不科学、发展目标不确定等关键问题得到了有效解决，全国农村信用社蓬勃发展，一些省（市）的农村信用社已经改制为现代商业银行，焕发出前所未有的生机和活力。河北省是全国农村信用社数量最多的省份之一，农村信用社又是辖内金融资源占有量最大的银行业机构，但近年来改革推进速度较为缓慢，在全国一直处于相对落后的地位。推进改革、加快发展已经成为河北省农村信用社最为紧迫的任务。

一、五年来河北省农村信用社改革取得明显成效

2005 年 6 月，以河北省农村信用社联合社（以下简称省联社）成立为标志，全省农村信用社改革正式启动，几年来逐步深化，取得了明显成效。

（一）产权制度改革不断推进

1. 新管理体制已经建立。按照“地方政府负责”的总体要求，全省农村合作金融机构的管理职能和风险责任移交省政府承担。2005 年全省 157 家联社为发起人，入股 2.07 亿元，组建了省联社，成立了省级行业管理组织。作为省政府管理全辖农村信用社的平台，省联社对入股联社履行“管理、指导、协调、服务”职能，在推进辖内农村信用社行业管理、案件治理、不良清收、网络建设和支农服务等方面发挥了积极作用。

2. 产权模式更趋多元。在原有农村信用社基础上，改制组建了 1 家农村商业银行、2 家农村合作银行和 150 家以县（市）为单位的统一法人社。农村信用社法人机构从 2004 年末的 2967 家减少到 2009 年 9 月末的 196 家。

3. 资本实力明显提升。以产权制度改革和央行票据达标为契机，广泛动员各方力量，消化历史包袱，大力开展增资扩股，股本金大幅增加，资本充足率显著提高。2009 年 9 月末，全省农村信用社股金达到 219.75 亿元，比 2004 年末增加 118.91 亿元，其中投资股 115.25 亿元，占 53.4%；资格股 102.51 亿元，占 46.6%。2009 年 9 月末，资本充足率 1.18%，比 2004 年末的 -18.43% 提高了 19.61 个百分点。

4. 示范作用初步显现。在进行股份制改造后，3 家农村银行类机构在解决产权分散、内部人控制、内控管理薄弱、公司治理不健全等问题上取得初步成效，各项指标的大幅改善和良好的发展前景，对全省农信社的示范作用初步显现。

（二）经营管理机制逐步健全

1. 行业管理组织体系逐步健全。继 2005 年 6 月省联社成立后，当年 10 月邢台等 8 个办事处陆续成立；2007 年末，全省 150 家联社统一法人组建工作完成。省、市、县三级组织管理架构的建立，

进一步理顺了农村信用社的管理体制，基本改变了以前存在的职责不明、相互扯皮、各自为政的散乱局面，进入了系统有序的运行轨道。

2. 内部管理组织体系逐步完善。2007年县级联社基本上都改制为统一法人社，且均按照现代金融企业制度的要求，建立健全了社员代表大会、理事会、监事会和经营班子各负其责、相互配合的法人治理结构。实行理事长领导下的主任负责制，决策、执行、监督有效分离，相互制约，从组织形式上形成了对法人代表的有效监控。

3. 组织架构职责逐步清晰。省联社作为省级政府管理和指导基层农村信用社改革的机构，负责指导、组织、协调区域内农村信用社管理和改革工作，对全省农村合作金融机构产权改革和管理体制的完善发挥了重要作用；市办事处作为省联社的派出机构和少部分设区市联社，对县级联社行使管理职能；县级统一法人社对各分支机构实行授权管理。各级法人机构内部组织架构的建立和完善，以及相互制约、相互独立的权责分工，各自明晰的职责定位，为实现农村信用社规范经营创造了条件，也为农村信用社改革提供了保障。

4. 内控机制不断完善。截至2009年9月末，全省农村信用社已经建立起一整套较为科学规范的制度体系，印制了《河北省农村信用社管理制度汇编》。在经营管理方面，制定了《河北省农村信用社县级联社信贷业务审批权限管理办法》等，科学核定了县级联社信贷业务审批额度，加强了对各联社的信贷审批权限管理，促进了信贷业务健康发展。在内部管理方面，编制了《河北省农村信用社综合业务网络系统操作规范》，统一了业务操作流程和制度，在有效防范操作风险、促进其合规经营方面发挥了重要作用。在干部任用方面，建立了能上能下的用人机制，实行与全面绩效评价体系相结合的干部选拔任用和淘汰机制，为促进农村信用社深化改革、加快发展提供了有力的组织保证。

（三）各项经营指标明显改善

1. 依靠国家政策减轻了历史包袱。2005年以来，全省农村信用社共获得央行专项票据200.26亿元，至2009年9月共兑付195.54亿元，利用央行专项票据消化不良贷款160.00亿元，消化历年累计亏损挂账40.00亿元。享受国家财政保值贴补资金16.10亿元，减免企业所得税19.80亿元，享受省财政营业税即征即返资金6.48亿元，亏损社入股社员股金补贴10.03亿元。利用国家政策消化了242.38亿元的历史包袱。

2. 靠自身发展化解了风险。2009年9月末和2004年底相比：一是高危机构从238个（2004年末监管评级结果为C－级机构为238家，机构包含县联社和农村信用社）减少到0个（2008年末监管评级结果六级机构为33家，其中：六A机构17家，六B机构16家，六C机构0家）；二是不良贷款余额由528.31亿元（四级分类数）减少到359.32亿元（五级分类510.03亿元），减少了31.99%，不良贷款占比由39.20%下降到13.71%（五级分类19.47%），下降了25.49个百分点；三是历年累计亏损挂账由179.20亿元减少到78.95亿元，下降了55.94%；有历年亏损的县级联社由144家减少到85家，下降了40.97%。

3. 整体经营状况发生了明显变化。随着改革的推进，农村信用社现代银行意识、依法合规经营理念、科学管理意识、风险管控意识、市场竞争意识有所增强，经营状况明显改善，各项指标加速好转。到2009年9月末，全省农村合作金融机构资产总额5099.66亿元，比2004年末增加2246.66亿元，年均增幅为20.3%；存款余额4196.01亿元，比2004年末增加2223.01亿元，年均增幅为26.78%；贷款余额2619.61亿元，比2004年末增加1218.18亿元，年均增幅为22.46%；不良贷款余额510.03亿元（五级分类），比2004年末（四级分类）减少18.28亿元，占比19.47%，比2004年末（四级分类）下降了19.73个百分点；所有者权益212.04亿元，比2004年末增加254.20亿元；资本充足率1.18%，比2004年末提高19.61个百分点；风险拨备126.59亿元，贷款损失准备充足率达到40.67%，拨备覆盖率达到24.47%。

二、影响农村信用社改革快速推进的因素分析

五年来，全省农村合作金融机构改革发展取得了明显成效，但有些经营指标还不尽人意，股改工作在全国仍居于落后位置，一些深层次矛盾和问题还没有得到根本解决。

（一）法人治理结构尚不完善

一是省联社法人治理结构缺失，制衡机制不强。省联社从组建之日起，主任一直缺位，经营管理层履职行为受到一定限制；目前理事长职位也

空缺,由党委书记代为履职;有2个市办事处主任空缺达3年之久,以负责人名义主持工作。省联社没有制定经营管理层议事规则,议事决策架构"先天不足",与省联社章程规定的要求相去甚远。日常决策职能基本由理事长办公会议和党委(扩大)会行使,理事长缺位期间,更多的职能由社务会和党委(扩大)会行使。理事长办公会(或党委会)行使了部分理事会的职责,同时代替了大部分经营管理层的职能。党委书记身兼数职,权力相对集中。省联社组织架构议事规则不明,决策程序不顺,缺位或越位的问题交叉互现,部分应由社员大会讨论通过的制度制定、章程修改、投资等重大事项由理事会决策。如省联社2005年11月向全国农村信用社资金清算中心有限责任公司入股200万元,这样的重大事项未经社员大会审议。

二是没有形成三级法人体制的科学管理制度,形似而神非。省联社把入股联社当成"分支机构"管理,造成名义上的三级法人而实际上的一级法人。农村信用社在表面上是作为独立法人存在的,但实际上其自主权受到上级行业管理部门极大的约束。无论是经营指标的制定、经营业绩的考核,还是重要人事任免,基本上都要由上级行业管理部门决定。以此次换届为例,许多县级联社的理事长、主任、监事长等,由省联社先行选拔后,再经社员代表大会、理事会、监事会等额选举履行程序,实质上仍是行政任命。此种形似而神非的三级体制如不尽快改变,只能使"三会一层"的法人治理结构停留在形式上,客观上导致社员丧失责任意识和权益保护能力。

三是内控制度不健全,三级法人有机衔接不顺畅。制度建设缺乏统一规划,且未能涵盖经营管理的全部重要方面,一些制度的修改和制定跟不上业务的发展,有的制度与管理实际脱节。三级法人运行机制的衔接不顺畅,三级法人的管理体制使省联社制定的一些业务规章未能有效传达到基层。如省联社印发了柜员管理的相关制度,对柜员业务操作进行了规范,但有些基层信用社并未认真执行,公章、业务用章、个人名章、柜员授权卡等随意摆放等违规操作现象较为突出。内部监督力度不足,目前农村信用社的内部稽核部门缺乏独立性,对查出的问题只能在具体规范上作一些调整和纠正,很难对责任人作相应处理。

(二)历史包袱依然沉重

一是粗放经营形成了大量不良资产。长期以来,农村信用社体制变化多,管理水平较低,特别是信贷管理较为混乱,对市场形势和政策把握不准,决策水平不高,发放贷款随意性较强。有的信用社发放大量人情贷款,甚至内外勾结骗取信用社贷款。按四级分类口径,2004年末农村信用社账面不良贷款余额528.3亿元,另有不低于120亿元的隐性不良贷款没有暴露。2009年9月末,按四级分类口径不良贷款余额比2004年末减少了168.99亿元,但按五级分类口径,全省农村信用社不良贷款仍高达510.03亿元,仅比2004年末余额减少了18.28亿元。

二是农业银行代管时期一些风险转嫁给了农村信用社。农业银行代管期间,通过行政干预或把资金拆借给农村信用社的方式发放了大量贷款。1996年农行与农村信用社"脱钩"前,将部分成本高、风险大贷款的任务交给农村信用社突击发放,并简化贷款手续,造成不良贷款激增。据统计,有59628笔、34.63亿元的贷款形成不良。

三是农村合作基金会清理过程中的一些债务转给了农村信用社。清理基金会时,部分关停倒闭企业贷款通过重新完善手续变成基金会的有效资产,同时政府承诺款项多数手续不全,不能正常结息,无法落实债务。据统计,1999年全省农村信用社共接收1045家基金会的债务和不良资产52.55亿元。

四是县级城市信用社处置风险时一些隐性不良资产转嫁给了农村信用社。2001年农村信用社按要求接收了229家城市信用社,接收不良资产54.76亿元。

五是企业和行政机构改革的部分成本转嫁给了农村信用社。有些企业借改制之机,以假破产等手段转移资产,悬空农村信用社债务。一些地方政府只考虑如何甩掉企业的沉重包袱,而对保全农村信用社资产基本不予过问,在清算时不愿弥补信用社损失。各类企业改制中企业破产、重组、改制及行政机构的撤并等悬空农村信用社债务18832笔43.57亿元。

据统计,2004年末,全省农村信用社账面反映资不抵债社2163家,占法人机构总数的72.9%;资不抵债额205.3亿元,占负债总额的10.9%;资本充足率-18.4%;不良贷款率39.2%;历年亏损挂账179.2亿元;呆账准备15.6亿元。享受国家政策消化的历史包袱仅占2004年末历年亏损挂账和呆账贷款总额的75.24%(2004年末账面历年亏损挂账179.2亿元和呆账贷款142.9亿元)。这样沉重的历史包袱短期内解决是非常困难的。至2009年9月末,全省未弥补历年亏损挂账在5000万元以上的县级联社仍有56家,其中,未弥补历年亏损挂账在亿元以上的有25家;部分县级联社仍经营亏损,如高阳、清苑、泊头等县联社历年亏损均在亿元以上,而当年亏损仍在2000万元以上,未弥补历年亏损挂账额仍在加大;不良贷款率在30%以上的县级联社有31家,其中9家县级联社不良贷款率在40%以上。保定蠡县联社(未能享受本次改革的各项优惠政策),到2009年9月末,历年亏损挂账4.85亿元,贷款损失专项准备缺口5.34亿元,不良贷款率76.22%,资本充足率-155.09%,经营状况呈持续恶化趋势。

(三)经营管理理念落后

从调查情况看,受计划经济及传统经营观念影响,农村信用社从高级管理人员到一般员工,对市场经济下的金融业和现代银行的基本知识、基本规则了解不够,缺乏正确的风险管理理念,缺乏市场意识、竞争意识、创新意识和营销意识,缺乏科学管理的基本素养,官商习气较为浓厚,以行政管理思路和方法管理农村信用社的现象普遍存在。

一是粗放经营管理明显。许多基层农村信用社将主要精力集中于完成上级考核经营任务和指标上,忽视业务的合规性管理,有的甚至不惜冒违规操作的风险以争取短期良好业绩。许多基层农村信用社人员配备不足,一些要害岗位强制休假制度、岗位轮换制度甚至基本的会计制度都得不到有效执行,员工普遍缺乏制度观念,有法不依、有章不循、违章操作现象严重,潜在较大的道德风险和操作风险。

二是竞争意识和营销意识淡薄。部分农村信用社凭借其在农村金融市场的垄断地位,以及点多面广的地域优势,视贷款为权利,等客上门、人求于我的思想观念根深蒂固,特别是部分商业银行基层网点撤并后,农村地区金融竞争更加不充分,农村信用社竞争意识和营销意识更加淡漠。

三是管理机制不科学,官僚作风明显。在观念上,不能彻底消除各级管理机构的行政级别,使得经营决策往往受到行政命令的干预。在决策机制上,一长独大,独断专行,搞一言堂的行为比较严重。在用人机制上,缺乏有效的干部管理体制和激励约束机制,做不到任人唯贤,把关不严、用人失察、重使用轻管理等问题比较突出。

(四)员工素质普遍较低

近年来,省联社学习培训工作力度不断加大,并从社会上招录了一些大学生和业务专才,全省农村信用社员工素质有了明显改善,但由于基础过于薄弱,尚不能满足农村信用社改革和发展的需要。

一是学历层次较低,知识结构陈旧。2009年9月末,全省农村合作金融机构在编人员49040人,其中有研究生学历的94人,占0.19%;本科学历的6557人,占13.37%;大专学历的20297人,占41.39%;中专学历的9599人,占19.57%;高中以下的12493人,占25.48%。数据显示大专及以上学历人员占比为54.95%,主要是由于实行工资与学历直接挂钩后,大部分员工陆续经过函授的方式,取得大专及以上学历,但文凭的水分偏大。事实上,全省农村合作金融机构第一学历为大专以上的仅占15%左右。

二是员工老龄化现象严重,人员断档。2009年9月末,全省农村信用社正式在编人员中,35岁以下的17778人,占比为36.25%;36至45岁的23076人,占比为47.06%;45岁以上的8186人,占比为16.69%。如廊坊市农村信用社员工中,36周岁到45周岁的占全部员工的47.05%,其中41周岁到45周岁的占全部员工的23.03%,而20周岁到25周岁的仅占全部员工的4.52%。据调查,由于人员紧张,少数基层网点四、五十岁的人员占比达到半数以上。

三是专业人员奇缺,管理出现断层。近年来,农村信用社人员进出渠道不畅,面向社会公开招聘高素质人员较少,综合素质较高的人员不能及时补充,现有低素质人员难以分流清理。省联社成立以来,两次面向社会公开招聘了1000多人,仅占现有人员的2%左右,无法从根本上改善目前农村信用社人员的文化结构。特别是计算机、财会、法律等方面的专业技术人才和复合型管理人才奇缺,成为制约农村信用社业务发展的瓶颈。据统计,截至2009年9月末,全省农村信用社已获得高级职称的31人,中级职称的364人,二者合计占比仅为0.81%,高中级专业人才严重短缺。

三、全面推进农村信用社改革发展的基本思路

农村信用社改革发展的目标是组建农村商业银行。要实现这一目标,必须以完善法人治理结构为抓手,以转变思想观念为保证,以解决现实风险为基础,全面推进股份制改革,彻底解决目前存在的深层次矛盾和问题。

(一)进一步完善法人治理结构

1. 健全组织架构。省联社推进和完善自身法人治理结构建设,是促进各级农村信用社健康发展、实现改革目标的重要基础。应按照股份制、现代化金融企业要求,配齐配强高管人员,明确理事会和经营管理层各自职责和权限,严格规范理事会和高管人员行为。

市、县联社也要按照股份制公司治理指引,构建形式灵活、结构规范、运行科学、治理有效、适应社区性特点的公司治理模式。在县联社尝试引入独立理事制度,关注中小股东的合法权益,避免内部人侵害小股东的利益。监事会虽可列席理事会会议,但并不参与农村信用社的经营管理,主要以事后监督为主,并且在发现农村信用社经营情况异常,并拟对特定事项进行调查时,须经过监事会表决通过,效率不高,且可能在一定程度上影响农村信用社的经营管理和运营效率。因此,从效率和效能的角度出发,对于规模较小或股东人数较少的农村信用社,可考虑采取不设监事会(监事长)的"两会一层",监事会的监督管理职能由独立的稽核部门来行使。

2. 明确职责边界。真正把股东大会作为权利机构,逐步形成理(董)事会对重大事项进行决策,经营管理层在理(董)事会授权范围内进行经营管理,社员(股东)代表大会和监事会对理事会和高级管理层的行为进行监督的相互制衡、激励约束相结合的决策、执行、监督机制。不断改进和规范党委会、理事会、监事会以及经营管理层的议事规则,切实提高经营管理水平。省联社、市联社(办事处)对农村信用社的管理必须建立在法人机构自主经营和自我约束的基础之上。农村信用社改革要走市场化道路,尤其是产权制度的选择、组织形式的定夺等,应由农村信用社社员因地制宜、因社制宜、自主抉择。

3. 优化运行规则。按照中央关于"维护和保持县(市)级联社的独立法人地位;省级联社主要履行行业管理、指导、协调和服务职责,不能干预基层农村信用社自主经营"的要求,以股权为纽带,切实建立三级法人体制,保障各级法人的权力。同时,又必须各自履行应尽的义务,使上下之间有机结合、传导顺畅、管理科学、节约高效。省联社要淡化行政管理职能色彩,摒弃基层农村信用社为"分支机构"的错误认识,充分尊重法人机构的权利,发挥法人治理的自我控制作用。省、市联社(办事处)取消目前层层收取管理费的做法,市联社在行使省联社授权辖区行业管理职能的同时,也要把自己独立法人的经营管理活动组织好。通过为基层农村信用社提供各种类型服务的方式获得收入,其收入除支付股息外,主要用于行政管理费用。

4. 完善风险控制系统。要建立三级法人一体化的内控体系,提高制度执行力。加强内控体系建设,特别是开办新业务要严格坚持"内控先行"的原则,有效防范和控制各类风险。建立和完善内控制度的评价机制,根据国家宏观调控政策、监管要求、业务发展等变化及时予以修订和完善,保证各项制度的有效性。基层农村信用社要结合自身实际,制定实施细则和操作规程,并严格按制度规定和操作规程办理业务,逐步形成用制度管人、依制度办事、靠制度保障的良好氛围。充分发挥审计、稽核等有关部门的职能作用,定期不定期检查制度执行以及岗位履职情况,认真查找制度执行中存在的问题,及时进行整改。

(二)切实转变思想观念

1. 牢固树立现代金融企业意识。树立现代金融企业意识是防范和化解金融风险,缩小与商业银行在经营管理上的差距,进一步改革和完善农村金融服务体系,增强市场竞争力的基础和前提。农村信用社要实现长远发展,必须用现代金融企业意识来建设和管理金融企业,注重金融创新,加快改革步伐。一是多层次、全方位定期对管理人员进行现代金融知识、经营管理专业等培训,并注重加强与股份制银行的学习交流,可协调组织人员到股份制银行工作,亲身体验、尽快掌握股份制银行的管理理念和方法。二是进行制度创新。围绕消除管理人员行政级别观念,从根本上铲除官本位思想,按照现代金融企业的要求管理农村信用社这一主题,研究出台带有引导性的政策制度,将现代金融企业的管理理念落实到日常经营管理

中去。把高管人员的竞争意识、营销意识、服务意识、创新意识等,通过经营指标或业务指标逐步量化,作为对其考核的重要参考要素。三是畅通压力传导机制。要确保现代金融企业理念和各项激励约束政策有效传导到全体员工和具体业务中去,也可通过高素质管理人才和金融服务产品创新人才的选拔、培养和引进,提高整体队伍素质,提高农村信用社的社会形象和竞争实力。

2. 牢固树立服务"三农"意识。与国有大银行相比,农村信用社资金实力小,抗风险能力弱,风险管理、服务手段较为落后。但是,农村信用社生于农村、长于农村,且网点分布较广,具有明显的地域优势;农村信用社员工大多为本土人员,了解当地农村、农民,具有较强的人缘优势;农村信用社由地方政府管理,具有一定的地方优势。为此,农村信用社应充分发挥自身优势,立足农村市场,面向三农,逐步做大做强。省联社应加强对服务"三农"效果的考核,将支农情况与存贷款、不良贷款清收等指标一并列入对联社班子的考核,并与绩效挂钩。农村信用社管理人员要积极转变经营观念,摒弃"重工业、轻农业,重大额、轻小额"的思想,确立以农业贷款、小额农户贷款为基础的支农兴社之路,增强农贷营销意识,完善服务功能。倾力支持农民和涉农企业,加大消费贷款投放力度,优选目标客户,拓展服务范围,不断扩大农村金融市场份额。

3. 牢固树立整体意识。目前,农村信用社各级、各个法人社在法律主体上相互独立,但在业务网络平台构建、业务流程设计、产品开发及人员培训、资金调度、政策协调等方面离不开省联社的支持,同时在面对共同的困难和问题时,也需要各联社之间密切合作。如受单户贷款监管比例限制,单个法人社难以满足县域经济中大型企业的资金需求,各个法人社之间可以通过发放社团贷款的形式给予满足。农村信用社资金规模小、抗风险能力弱,单个法人社势单力薄,固守一隅、封闭运行不可能实现可持续发展。因此,各县联社在自主经营的前提下,要不断加强与省、市联社以及其他联社之间的合作,实现信息和科技成果的共享。省、市联社(办事处)也要充分尊重县联社的经营自主权,切实发挥好协调、管理、监督和服务职能作用。

(三)积极解决现实风险

1. 以达标升级为基点,有计划多措施化解现实风险。一是继续以处置不良贷款作为化解现实风险的核心工作。对因体制转型或行政干预形成的不良贷款,政府可采取用土地补偿等办法,切实保障农村信用社落实债权。对企业或个人已经抵押给农村信用社的土地、厂房等有效资产,政府有关部门应免费办理过户手续,努力将信用社的损失降到最低程度。对地方党政干部在农村信用社借款未还的,由农村信用社和纪检部门联合发文催收。二是统筹安排弥补历年亏损、核销呆账与提取专项拨备工作,严格控制股金分红比例。没有历年亏损挂账、盈利能力较强的县级联社,要加大提取专项准备和核销损失类贷款的力度;没有历年亏损挂账、但盈利能力不强的县级联社,应在保证分红的前提下尽量多提取拨备;仍有历年亏损的县级联社,在保证呆账准备余额不低于风险资产1%的情况下,尽量多实现账面利润,并优先安排弥补历年亏损挂账;不能实现盈利的县级联社,尽量降低亏损额。三是鼓励县级联社兼并重组。省联社组织实施,由经营管理状况好的联社跨区域兼并重组困难联社,或以城郊及经济发展状况好的县级市为中心,在组建农村商业银行过程中对周边经营困难的社实施兼并重组,参股或控股甚至兼并高危社,参与其经营管理,扭转其经营困难的局面。

2. 加快股权结构调整。严格按照监管部门的要求,优化股权结构。逐步提高投资股占比,努力增加投资股特别是企业法人投资股占比。适当增资扩股,对于没有分红压力、资本充足率低于8%的县联社,可以通过增资扩股方式扩充资本金,提高资本充足率。原则上只增加投资股,提高投资股占比。加快引入战略投资者,通过产权制度改革,引入战略投资者,壮大资金实力,充实经营资本。

3. 借助外力化解现实风险。农村信用社作为支农主力军,长期以来承担了大量政策性支农业务,根据国家农业政策和国际惯例,地方政府应为农村信用社化解风险创造良好条件,给予必要的政策扶持。一是资金扶持。对于微亏和微利的县级联社,给予适当资金补贴,帮助其实现股金分红,确保股金稳定;对于历史包袱重,但目前管理规范,业务发展速度快、质量高,各项指标较好的联社,帮助其加快消化历史包袱。二是资产转让。

协调经营状况好的县级联社将优质资产转让给困难县级联社，增加可用资金和生息资产，改善困难社资产质量和经营状况，帮助其提高收益水平。三是组织困难社参与社团贷款。省、市联社（办事处）在组织优质项目社团贷款时，优先考虑资金充裕的困难社，协调牵头社不收取或少收取其相关手续费。四是政策扶持。国家和省政府采取包括剥离不良资产、弥补历年亏损挂账等扶持政策，帮助高危社彻底走出困境，同时加强对此类机构的考核，防止其经营状况再次恶化。

（四）全面推进股份制改革

有什么样的产权制度，就有什么样的公司治理和运行机制。农村信用社坚持股份制方向为主导，既是市场选择的结果，也符合中央的要求。进行股份制改造，通过适当提高农村信用社员工的持股比例调动其积极性。同时还可通过聘请外部董事和监事的方式增强决策和监督的有效性，从根本上提高农村信用社的经营效率，达到“共赢”的目标。

1. 在科学谋划基础上加快改革步伐。农村信用社目前是低层次、不规范的银行业组织形式，社会认可度低，缺乏法律支持，这在一定程度上制约着农村信用社的发展。农村信用社规范到商业银行是必然结果，是发展趋势，是改革的终极目标。要坚定这一目标，加快改革发展步伐，及早制定科学发展规划，按照农村商业银行的指标要求，澄清底数，找出差距，制定方案，加快推进，及早向现代化农村商业银行迈进。

2. 发挥已组建农村银行机构的引领作用。充分发挥已改制的农村银行机构的引领作用，让尚未改制的农村信用社看到由于体制原因日益拉大的差距，真正认识到股份制是发展的必然需要和最终结果。省联社要实行分类管理，对已组建的农村银行机构要下放管理权限，实行区别于其他农村信用社的人事、财务、考核、奖惩、授权制度，全力促进农村银行加快健康持续发展，对其他农村信用社改革的推进起到引领作用，催发组建农村商业银行的动力和热情。

3. 积极推进组建农村商业银行。按照先优、后劣，先符合条件机构、后不符合条件机构，先城乡一体化高的地区、后农村地区的顺序，对具备重组农村商业银行条件的农村信用社，按照现代金融企业制度的要求，抓紧组建县域范围的农村商业银行。对石家庄汇融、沧州南皮农村合作银行进行股份制改造，取消资格股，改善股本结构，扩大资本实力，改制为农村商业银行。在经济具有活力及农村信用社经营状况较好、监管指标不断向好的唐山、张家口、廊坊、承德等市，分步骤启动组建市级农村商业银行的工作。在省政府的支持和配合下，在舆论、政策、环境等各方面条件成熟的基础上，通过引进优质战略投资者，最终组建省级农村商业银行。

（河北银监局局长　郭锦洲）

【政府还贷二级公路取消收费后贷款风险不容忽视】

河北省作为国务院逐步取消政府还贷二级公路收费第二批试点省份，自2009年4月30日零时起取消了省境内政府还贷二级公路收费。为及时了解和掌握取消收费对公路贷款风险状况产生的影响，河北银监局组织人员对此进行了调研。调查发现，由于取消收费相关配套实施细则尚未出台，政府专项补助资金能否及时足额到位还具有不确定性，取消收费的公路贷款存在诸多风险隐患。

一、政府还贷二级公路贷款基本情况

目前，河北省境内二级公路共5800多公里，涉及国道、省道的部分路段，主要以省内市县间区域性交通干线为主。其中政府还贷的二级公路，共有76条，5213公里，涉及97个收费站。2009年4月末，河北省政府还贷二级公路贷款余额93.03亿元，占全部二级公路贷款的99.20%，占全部公路贷款的6.76%。

（一）贷款以大型商业银行为主。政府还贷二级公路贷款主要集中于工、农、中、建四家大型商业银行，贷款余额占全部贷款的87.5%。其中：工行18.31亿元，农行12.97亿元，中行40.04亿元，建行10.07亿元；股份制商业银行只有光大银行对政府还贷二级公路进行贷款融资，贷款余额8亿元，占此类贷款的8.6%；地方法人银行此类贷款相对较少，贷款余额3.63亿元，河北省农村信用社联合社系统贷款1.53亿元，城市商业银行贷款2.1亿元；政策性银行、非银行金融机构没有涉足此类贷款和信托业务。

（二）承贷主体以省、市两级交通部门为主。截至2009年4月末，以省和市两级交通部门作为承贷主体的贷款为89.47亿元,占全部政府还贷二级公路贷款的96.17%。其中,省级贷款78.31亿元,由省交通运输厅、省交通厅项目办、省高速公路开发有限公司、省道路开发中心等机构统贷统还。市级贷款11.16亿元,承贷主体均为各市交通局。以县级交通主管部门为承贷主体的贷款3.56亿元。

(三)贷款担保方式大部分为信用和保证担保。截至2009年4月末,政府还贷二级公路方式信用和保证担保贷款71.85亿元,占全部贷款的77.23%。以二级公路收费权作为质押的贷款余额15.88亿元,占全部贷款的17.07%,其中部分贷款为保证加质押的混合担保。以收费权作为质押的贷款总体占比不高,但个别银行收费权质押贷款所占比重较大。如邢台市商业银行的1.5亿元的政府还贷二级公路贷款全部是以所贷项目公路的收费权作为质押。

(四)信贷质量总体较好。截至2009年4月末,政府还贷二级公路不良贷款余额1.1亿元,不良贷款率1.18%,从单家机构看,不良贷款率分别为:工行1.22%、农行1.34%、建行4.16%、农村信用社18.66%。政府还贷的二级公路贷款所形成的不良贷款大多为历史原因。如:农行2003年向保定涞源县发放的扶贫贴息贷款1800万元,用于国道改造,但涞源县作为国家级贫困县财政收入不足,无力偿还债务,形成不良贷款。

二、取消收费后贷款风险增大趋势明显

(一)政策尚不明朗,还贷资金具有不确定性。目前,河北省制定了《河北省取消政府还贷二级公路收费实施方案》(以下简称《方案》),中央财政按照取消政府还贷二级公路收费所涉及债务余额50%的比例补助资金,另外50%还贷资金由地方政府筹集解决。由于《方案》的实施细则尚未出台,还款方案尚未明确,中央、地方财政的专项补助资金能否及时足额到位等诸多不确定性因素,导致了还贷资金来源的不确定性。

《方案》中只要求"取消政府还贷二级公路收费人员安置费用,在地方安排资金和中央对地方取消政府还贷二级公路收费专项转移支付资金中列支"。因此中央和地方的补助资金除用于债务的清偿外,还要负担其他费用,银行债务能否足额补偿存在较大的不确定性。《方案》中规定"地方政府承担的50%分别由各级政府财政筹措资金负责偿还各级债务,5年内偿还全部债务。由各级财政部门会同交通运输部门多方面筹集资金。"但在当前河北省各级财政为拉动内需提振经济,投入了较大规模的财政资金。河北省的财政能力不足,将无力替交通运输部门承担此项债务,政府还贷二级公路债务最终只能由省、市、县级交通运输部门负责偿还,而二级公路收费权的取消,使交通部门还款来源萎缩,还贷能力下降,银行信贷资产所面临的风险更加不确定。

(二)借款人还款资金来源减少,还款能力下降,资产质量劣变。取消政府还贷二级公路收费,造成借款人还款来源减少或还款来源丧失,对于主要依靠二级公路收费权作为还款来源的县级交通主管部门影响相对较大,收费权的取消,还款资金来源丧失,资金筹措困难,还贷能力下降。如中行保定分行2007年向定州市交通局发放的项目贷款5000万元,用于定魏线定州至无极界改建项目,期限8年,以定魏路沙河特大桥收费站收费作为还款来源。现该大桥收费站已于4月末取消收费,定州市交通局已经无还款资金来源。二级公路收费的取消还将会分流高速公路和一级公路车流量,间接地影响高速公路和一级公路的收费,对整个公路贷款质量产生影响。

(三)借款人还款意愿下降。因取消政府还贷二级公路收费后,尚未对偿还贷款的作出明确安排,部分借款人已相关政策未明确或上级资金未到位为由,对到期贷款的还贷、还息工作不作具体安排,出现消极等待中央的补助资金到位现象,还款意愿下降。而还款意愿的下降,以及财政补贴资金的不确定性,直接影响到今年已到期的贷款,收贷收息工作,有的贷款已出现逾期和欠息现象。如建行保定分行给阜平县交通局发放的保证贷款,2009年4月末贷款余额1200万元,原计划贷款按月还款150万元,今年年底到期,将全部还完,今年前几个月都能正常还贷付息,但到4月末取消收费后,5月份该单位已不再履约还款,

(四)还款期限延长,不确定因素增多,贷款风险加大。根据《方案》要求,全部债务在5年内偿清,使本来正常收贷工作,被迫进行贷款授信变更、期限重组等,延长贷款时限。如河北省建行48.52%的政府还贷二级公路贷款将于今明两年到期,只有少量贷款在2012年到期,由于取消二级公路收费权政策的出台,由原来相对较稳定的收费

还贷变为目前不确定的债务偿还,借款人的还款期限将被迫延长2—5年。

(五)质押权灭失,质押贷款风险突出。以政府还贷二级公路收费权作为质押的贷款,由于收费的取消,直接导致信贷资金的质押担保失效,造成质押权灭失,贷款由质押贷款转变为信用放款。一旦有关主管部门不能积极协助银行重新确定优良的承贷人与担保人,银行的债权极易悬空,信贷风险突出。部分以二级公路收费权质押的一级公路贷款也将面临失去还款来源的影响。如河北省工行2009年发放的28900万元的一级公路项目贷款,全部是以政府还贷二级公路收费权作为质押,收费权的取消,质押权灭失,将直接导致该笔信贷资金面临风险。

(六)债权的认定存在较大的不确定性。《方案》中规定"锁定债务"由河北省审计厅会同省发展改革委、省财政厅、省交通运输厅等部门及财政监察专员办事处,对河北省政府还贷二级收费公路全面审计、核实,报省政府批准后锁定债务余额。目前债权银行被排除在"锁定债务"程序之外,只有部分银行收到了审计部门的询证函,而贷款较多的工行、农行、中行没有收到审计部门的任何形式的征询。目前政府还贷二级公路的93亿元贷款,只是由银行业机构反馈上来的初步数据,未经审计部门最终审计认定,银行业反映的政府还贷二级公路债权能否全部认定,尚是一个未知数。银行业机构对43.11亿元保证类贷款的认定存在较大担心,其中已经形成不良的贷款能否被纳入本次补助范围,获得资金补偿,尚不能确定。

三、政策建议

(一)加强多方沟通,认真做好确权工作,维护银行权益。一是银行业金融机构应在地方政府锁定债务过程中积极与审计、交通等相关部门沟通与联系,取得相关部门的支持,主动配合审计部门的债务审计,密切关注政策变化,及时跟踪掌握还款方案和计划的制定,在与地方政府签定还贷协议过程中争取主动。二是采取积极灵活的政策,确保贷款债权有效落实。银行业金融机构在签定协议时,应灵活掌握相应政策,提高还贷协议的可操作性,确保债权的有效落实。如一次性偿还的,应明确资金来源、偿还期限;如分期偿还的,则应明确新的承贷主体、还款来源,分期偿还的时间、金额,担保措施及违约责任等内容,防范新的政策和法律风险。

(二)积极加强与当地政府部门的协调。监督管理部门应积极沟通政府与债权银行,在掌握和了解取消收费政策整体规划、进度的基础上,督促当地政府尽快完成债务的锁定工作,加快研究和落实具体的还款方案和操作细则,以及还贷协议签订等问题。推动召开有债权银行参加的多方会议,充分听取债权人的意见,明确贷款银行的债权主体地位。同时,关注政府还贷二级公路债务清偿工作动向,持续跟踪、了解、掌握银行债务的锁定、还贷协议的签定、协议的落实和执行等工作进展情况,确保银行债权得到落实。

(三)当地政府应切实做好债务清偿工作。在当前"保增长、扩内需、调结构"政策下,银行业金融机构为地方经济的发展提供了有力地信贷支持,做出了积极贡献。在清偿工作中,当地政府应给予银行业金融机构充分地支持和帮助,把取消二级公路收费对银行业贷款风险的不利影响降到最低。一是在债务审计过程,向债权银行明确审计程序、审计方法、审计尺度等,在审计过程中确保符合政策的贷款全部纳入补贴范围。二是制定还款方案和还款计划时,吸收相关债权银行参与,确保还贷协议的可行性、操作性。三是协调有关部门,在一定范围内及时披露有关中央专项补助资金的拨付、使用以及地方资金筹措等方面的信息,提高债权人的知情权。四是加强对清偿资金使用的监管,建立政府还贷二级公路清偿资金专户,做到专款专用。

(河北银监局　王彦平　李应军)

【房地产市场总体回暖　贷款风险需有效控制】
——对廊坊、唐山、秦皇岛三市房地产市场运行情况的调查

为了解二三线城市房地产市场发展状况,准确判断未来房地产市场的发展趋势,有效防范目前银行业金融机构房地产贷款高速增长可能诱发的信贷风险,最近,我们组织廊坊、唐山、秦皇岛三地银监分局联合开展了专题调查。调查显示:随着国家"保增长、扩内需、调结构"等系列政策措施的实施,房地产市场已先于我国资本市场和其他实体经济复苏,但发展过程中的深层次问题依然存在,市场比较脆弱,房地产贷款的潜在风险较多,需引起高度关注。

一、房地产市场发展的基本情况

调查显示，随着国家和地方政府陆续出台的一系列刺激房地产市场政策措施的实施，二三线城市与一线城市的走势基本相同，经历了2008年上半年之前的火爆，2008年下半年至2009年一季度的低谷，到2009年二季度以后的回暖以及自9月份以来小幅震荡的发展过程。2009年以来，房地产运行主要表现为以下特点：

（一）房地产投资增长回升较快，房屋施工面积增加。自4月份开始，调查的三市房地产开发投资额、房屋施工面积等各项指标均由1季度的同比下降转为上升，并呈现出逐月环比增长的发展态势，但增速小幅波动。到10月末，三市房地产开发投资完成446亿元，同比增长42%，增速较1季度加快了47.8个百分点。在全部房地产开发投资中，商品住宅投资375亿元，同比增长46%，占房地产开发投资总额的84%。前十个月，三市房地产企业房屋施工面积3496万平方米，比上年同期增加461万平方米，增长21.4%。特别是二季度后期，房屋销售价格走高提升了房地产开发热情，土地成交价格不断攀升，地方政府旧城及城中村改造的力度加大，推动房地产投资呈现出快速增长的势头。从全省情况看，前九个月全省房地产开发投资同比增长48.3%（全国同比增长17.7%），其中4月和6月环比增速较快，分别为67.62%和69.22%，之后环比增速在7月份明显下降后缓慢回升，7—9月份月环比增速分别为13.82%、16.62%和23.23%。

（二）市场销售状况不一，未来供大于求的格局基本形成。从调查的情况看，受区位、当地居民收入水平以及购房群体结构不同等诸多因素的影响，二三线城市房地产销售状况不一，个别城市供大于求，而有些城市市场销售状况较好。特别是进入9月份以后，这种分化的趋势比较明显。以调查的三个城市为例，10月末，唐山市商品房闲置面积33.5万平方米，同比增长了7.6倍，其中唐山市路北区可供销售的一手房11029套，售出1689套，占供应量的15.3%。秦皇岛10月末商品房闲置面积为42万平方米，较年初增加4.5万平方米。而廊坊市自下半年以来，市区及濒临北京的燕郊、固安等地新开盘的商品房在短期内就被抢购一空，房地产开发商已经基本完成了“去库存化”的过程。但随着市区城中村改造、“环北京”地区农村改造进程的加快，可用于开发的土地面积明显增加，未来市场供大于求的趋势已经形成。调查中发现，房地产市场价格的高企导致市场观望气氛日益浓厚，是造成目前部分二三线城市供大于求的最主要原因。

（三）销售价格回升较快，后期发展趋势在不同城市之间表现不同。从三个城市的新建商品住宅销售价格变化情况看，与年初相比，市场价格均呈现出不同程度的上涨，其中，廊坊上涨了43.2%；唐山上涨了19.6%；秦皇岛上涨了5.2%。但进入9月份以来，不同城市之间价格走势出现分化，个别地区出现了“量价齐跌”的现象，其中10月份唐山市中心区住房均价为5929元/平方米，较9月份下降151元，比8月份下降369元；总成交面积13.74万平方米，比9月份下降了24.5%。廊坊市则表现为“量跌价升”的特点，10月份市区中心新建商品房销售均价达到6100元/平方米，个别楼盘开盘价上涨到6800元/平方米，呈现出持续上涨的趋势，而同期销售面积却减少了8.9%。而秦皇岛则表现为温和上涨。

（四）房屋销量先抑后扬，9月份又出现回落，但房地产开发企业筹资能力增强，资金链有所松动。从月度销售趋势看，2月份三市房屋销量比1月份下降了12.61%，从3月份开始，月度销量逐月增加，至8月份达到当年月销量最高，达102.9万平方米，9月份后销量又开始回落，9、10月当月销量环比增速分别为-10.98%和-4.48%。前十个月，三市共销售房屋694万平方米，与上年同期相比略有增长。由于房屋销售整体好转，房地产企业定金及预收款来源明显增加，资金回笼速度加快，筹资能力增强。以唐山市为例，前十个月全市房地产企业资金来源269.1亿元，同比增长202.6%，其中定金及预售款55.7亿元，增长64%。

（五）房地产业贷款大量增加，但9、10月份出现明显回落。随着适度宽松货币政策的实施，银行对房地产业信贷投放增加，房地产企业融资能力明显增强。截至10月末，调查的廊坊、唐山、秦皇岛三市房地产开发贷款余额219.4亿元，比年初增加59.5亿元，增幅为37.21%，同比多增40.2亿元；个人购房贷款520亿元，比年初增加149.6亿元，增幅为40.39%，同比多增83亿元。从贷款环比增长情况看，房地产贷款月增量随着房地产市场变化而变化，其中9、10月出现了回落，月均增量明显减少。以个人购房贷款为例，一季度三市月均增加贷款7.4亿元，之后房地产贷款投放力度明显加大，4—8月份月均增量为20.4亿元，进入9月份后房地产贷款投放速度放慢，9—10月份月均增量仅为12.8亿元，下降了37.25%。以上数字表明，年初以来在其他行业发展趋势仍不明朗的情况下，房地产贷款逐渐成为各银行业机构竞相追逐的热点，进入三季度后期，随着房地产市场发生了新的变化，再加上受信贷规模和资本金约束的限制，银行业金融机构相应调整了信贷投放结构和节奏，控制了对房地产业贷款的投放力度。

（六）市场信心指数上升，地方政府、开发商及银行对房地产市场走势均持审慎乐观态度。调查中发现，随着房地产市场的持续回暖，目前地方政府、房地产企业、银行均对未来房地产市场走势充满信心，普遍认为在短期内不会出现与2008年相似的深度调整，主要基于以下几点：一是整体经济的持续好转，为房地产业营造了发展的空间。二是随着我国城镇化建设进程的加快，市级城市的中心地位将更为突出，住房需求持续增加。三是一线城市房价的高企，对二三线城市房价起到了拉动作用，特别是“环北京”地区以其特殊的区位优势，可吸引更多的消费者在京外购房置业。四是房地产业已经成为拉动经济的重要手段，增加地方财政收入的重要渠道，国家及地方政府在宏观调控和管理方面不会采取过分打压房市的政策措施。

二、房地产市场发展及房地产贷款管理方面存在的主要问题

（一）商品房销售价格“畸形”上涨，非市场因素成为主要推手。调查中发现，尽管目前三市商品房供求状况不一，但总体情况看未来供大于求的格局已基本形成。那么是什么原因导致目前房地产市场价格快速上涨呢？调查认为，一些非市场因素成为了房价“畸形”上涨的主要推手。一是从房地产商到购房者对通胀的预期心理越来越强。开发商有意高价“捂盘”以等待未来在新一轮高价出售，而消费者对通胀的预期心理直接导致了消费行为前移，形成了目前商品房销售形势好但入住率较低的状况。二是地价上涨和房产企业对高额利润的追逐。据对濒临北京的三河市调查测算，2009年10月末商品房住宅均价为5512元/平方米，在房价构成中，地价占15%；相关税费占11.2%；建安成本占28.5%；房地产商收益45.3%。由此可见，在房价构成中，地方政府获得20%左右的收益，房产商获得50%左右的收益，远远高于社会平均收益率。三是银行贷款的大量增加。一方面房地产开发贷款的大量增加，使房地产开发企业资金充裕，为其“捂盘”提供了可能。另一方面，个人住房按揭贷款的大量增加，给一些原来不符合贷款条件的个人也提供了贷款购房的可能，使需求在短期内膨胀。四是资本市场的持续低迷，其他实体经济的不景气，以及贷款利率水平的偏低，使得房地产市场投资或投机现象重现，对房价高企起到了推波助澜的作用。

（二）房地产开发企业资金实力参差不齐且背景复杂，为银行贷款的安全性构成威胁。调查中发现，目前房地产开发企业众多，开发资质和资金实力参差不齐。据对目前与银行业机构有信贷关系的贷款客户统计，10月末廊坊、唐山、秦皇岛三市房地产开发贷款客户612家，在这些客户中，既有资产规模10亿元以上的大型开发企业，又有不足亿元的微型企业，开发企业“鱼龙混杂”。而随着市场竞争的加剧，一些管理水平低、资质差、资金实力不足的企业终将被市场淘汰，银行贷款的风险将随着房地产市场的深度调整而加剧。此外，在这些贷款客户中，有相当部分带有集团客户性质，这种组织架构又为其他信贷资金被挪用于房地产市场提供了可能，银行贷款的潜在性风险较大。

（三）房地产开发企业过度依赖银行贷款和预售款，固有的资金链较为脆弱。据对廊坊、唐山、秦皇岛三市统计，1—10月，银行业机构共新增与房地产市场相关的贷款290.2亿元，收缴定金及预售款140.7亿元，两项占房地产开发企业同期资金来源的61%。目前房地产行业的运作模式是：政府土地储备中心通过贷款收购土地，房地产开发商通过贷款从政府手中购置土地，以开发贷款和定金及预收款进行开发，居民通过银行按揭贷款购买住房。这种运作模式，房地产开发企业资金链的脆弱性可见一斑，而一旦开发商资金链断裂，不但会造成银行贷款的损失，还会增加社会的不稳定因素。

（四）商业银行对房地产业过度青睐，个别银行投向房地产业贷款占比过高，行业集中度风险加大。房地产贷款的迅速增长,促成了房地产业的畸形繁荣。以廊坊市为例,到9月末,全市银行业机构各项贷款余额1005.6亿元,其中房地产开发及个人住房按揭贷款403.8亿元,占比达到40.2%,较年初上升了3.4个百分点。1—9月份,全市新增贷款276亿元,房地产业贷款就增加了132.5亿元,占比为48%,接近一半的信贷资金投向了房地产行业。调查的工商银行廊坊分行,10月末房地产开发及个人住房按揭贷款合计198.9亿元,占同期各项贷款总额的72.8%。1—10月两项贷款增加74.5亿元,占同期贷款总增量的87.5%。银行信贷资金不仅大量集中在大客户上,而且集中在市场变数较大的房地产行业,造成房地产业贷款风险集中度的扩大。

(五)个人住房按揭贷款增势迅猛,不良贷款呈现反弹趋势。房地产市场之所以能在较短的时间内回升,个人住房按揭贷款的超速增长是主要原因。据统计,到9月末,廊坊、唐山、秦皇岛三市个人住房贷款余额520.2亿元,比年初增加了149.6亿元,占房地产贷款增加总额的51.6%,同比多增了93亿元。房地产开发的最终目的是要销售给购房者,而购房者的资金来源主要靠银行按揭贷款的支持,因此,房地产风险的最终归结点必然会转移到按揭贷款身上。值得注意的是,在适度宽松的货币政策下,各银行业机构都把增加信贷投入作为工作的重点,考核力度不断加大,而在其他实体经济仍然不景气的情况下,各家商业银行都把贷款营销的重点放在了个人住房贷款上,对贷款人的资信程度审查不严,条件放宽,为后期贷款质量埋下隐患。到9月末,调查的三市个人住房贷款中,不良贷款余额1.7亿元,比年初增加了0.68亿元。而随着时间的推移,贷款违约问题将更为突出。

(六)房地产市场发展趋势不稳定,对银行信贷资产的安全构成潜在威胁。今年以来,房地产市场运行呈现前期回暖、后期高位震荡的趋势。由于制约市场持续发展的因素依然存在,未来房地产市场走势还存在很大的变数,对银行信贷资产的安全构成潜在威胁。一是市场运行依然不稳固,从三个城市的房地产市场价格变化情况看,部分城市出现了价格回调,其中,唐山自9月份出现房屋销售价格回落,9、10月房屋销售价格环比增速分别为-3.46%和-2.48%。二是与房价高企相伴随的是市场观望气氛日益浓厚,开发商资金回笼速度减慢,房地产市场的不确定性增加。自9月份以来,房地产市场传统上的“金九银十”的规律并未重现,部分城市出现了“价涨量跌”或“量价齐跌”的现象。三是随着宏观政策、监管政策收紧,房地产政策调整已成定局,房地产信贷政策将更为严格,部分银行已经提高了首套房贷款的首付比例,并对二手房贷款提出了限制措施,考验着房地产开发企业的资金链。如果出现价格持续回调,市场观望气氛增强,房地产企业资金运营受阻,将对银行业机构已经投入的大量信贷资金的安全构成威胁。

三、促进房地产业健康发展及有效防范信贷风险的措施与建议

(一)密切关注房地产市场动向,防范由房地产行业可能带来的系统性金融风险。房地产行业与经济金融联系紧密,应吸取美国发生金融危机的教训,密切关注房地产市场动向,建立政府部门、金融机构、房地产开发企业的联系沟通机制,根据市场动向进行必要的调控和政策引导,既要防止房地产市场萎缩造成经济全面下滑,又要防止房地产市场持续过热造成泡沫经济。要从规范用地入手进一步规范房地产市场的发展,严格执行土地闲置一年征收占地税、闲置两年无偿收回的政策规定,促使开发商理性拿地,加快开发进程,提高社会资源的配置效率。

(二)加大保障性住房供应,解决城市中低收入者住房困难,疏导商品房需求。通过增加建设经济适用房,回购、配建廉租房,发放购房补贴等形式解决低收入家庭的住房问题。进一步完善保障性住房信贷政策。成立专门的廉租房租赁公司,使低保户、脱贫户、农民工户摆脱租赁昂贵的私人住宅,将安居工程落到实处。以房地产价格的合理稳定促进社会的和谐稳定。

(三)加强银行风险管控,防范房地产贷款风险。一是各银行机构要不折不扣地执行房地产信贷政策,严格审核房贷项目准入,重点支持符合准入条件的优质项目,严禁向手续不完善、项目资本金未到位的项目发放贷款。切实掌握房地产项目的工程预算和资金安排,严禁对以炒地、捂盘为目的高风险客户发放贷款,减少房地产市场的投机行为。二是进一步严格个人住房按揭贷款的业务操作流程,必须坚持自主调查,面谈、面签合同制度，认真审查借款人资格及信用状况，防止高风险个人客户准入。三是严格控制房地产贷款集中度风险，要认真落实关于调整信贷结构、支持国民经济持续平稳发展的政策要求，加大向高科技、自主创新型企业的信贷支持力度，搞好支农、中小企业、县域经济等信贷服务，加强对信贷资源的合理有效配置，以分散风险和控制风险。四是加强监测分析，警惕房地产不良贷款反弹。重点加强对关注类房地产贷款的监测分析，明确责任，及时问责，积极采取措施降低和化解风险。同时，要积极探索运用经销商回购等多种手段加快不良贷款的处置工作。

（四）加大政策的宣传力度，稳定广大购房居民的心理预期。通过宣传，使城乡居民科学认识房地产行业对中国经济拉动内需、保障经济增长的作用，国家对房地产的政策是保经济增长而不保房价。以切实可行的政策引导购房者合理定位，理性消费，确保房地产市场的持续稳健发展。

（河北银监局　王彦平　郭　瑞）

【关于河北省棚户区改造情况的调研报告】

一、河北省棚户区基本情况

（一）总体情况

棚户区是指城市规划区内国有土地上和独立工矿区内，使用年限久、房屋质量差、基础设施不配套、交通不畅、消防隐患大、环境脏乱差、不适宜居住的3000平方米以上的集中连片平房和简易、危陋楼房区。具体分为五大类：城市棚户区、林区棚户区、垦区棚户区、煤矿棚户区和其他独立工矿棚户区。

河北省计划在2009年—2011年三年内完成各类棚户区改造总面积1953万平方米，预计总投资502亿元，融资总需求311.7亿元。我省要求到2010年底基本完成棚户区的拆迁。其中石家庄、唐山两市全部完成改建，其他市完成60%改建。

（二）各类棚户区情况

1. 城市棚户区。2008年已经完成2万户棚户区改造。根据国家下达我省保障性安居工程建设目标，2009—2011年改建城市棚户区1千万平方米，解决城市低收入住房9.5万套，其中2009年已解决1.05万套。全部完成改建任务需投资360亿元，目前全省已投入各类资金近百亿元，预计未来2年资金缺口在255亿元左右。

2. 林区棚户区。全省国有林场共有棚户区122个，涉及居民0.86万户，建筑面积62万平方米。省林业厅已制定改建实施方案，计划近期启动。2010—2012年改造3年目标共需资金6亿元，其中中央和省各补助0.86亿元。

3. 垦区棚户区。全省垦区棚户区159个，涉及居民2.83万户，总建筑面积297万平方米。省农业厅已完成调查工作，正在进行前期准备。全省改造共需资金39亿元，其中中央和省各补助2.83亿元。

4. 煤矿棚户区。全省国有煤炭棚户区涉及石家庄、唐山、邯郸、邢台、张家口、承德等市，棚户区建筑面积471.94万平方米。省国资委正在对相关项目进行调研、环评或初步设计。全省计划改造607万平方米，共需资金92亿元，安置9.18万户。国家补贴配套基础设施投资的50%，中央补贴15亿元，省级补贴12亿元。

5. 其他独立工矿棚户区。河北省共有独立工矿企业棚户区55万平方米，涉及1.35万户，共需资金27.98亿元。目前改建工作尚未启动。

（三）开发建设方式

各市、县（市）政府均成立专门机构或明确牵头部门，组织、指导和协调棚户区改建工作。具体负责组织对棚户区的调查摸底、组织编制改建规划，研究制定具体的开发方案，组织或参与组织项目法人招投标，协调有关政策，指导监督开发建设单位的开发建设活动。开发建设方式有3种：

1. 房地产开发企业开发建设方式。在该方式下，市、县政府将拟改建的棚户区土地收储，由土地储备机构领取拆迁许可证、作为拆迁人实施拆迁，并将净地以招拍挂的形式出让给有相应资质的房地产开发企业。拆迁补偿的方式可采取货币补偿或房屋产权调换两种方式。据了解，各地市已完成的棚户区改建，大多是采用这种方式，并结合城中村改造、城区整体升级改造等大规模城建工程共同推进。

2. 政府机构组织征收、拆迁和建设。政府机构征收、拆迁，建设城市公共服务设施、基础设施及其他公益设施，对棚户区的被拆迁人主要实行货币补偿。

3. 业主自拆自建方式。棚户区的业主设立业主大会，选举业主委员会，并授权其组织业主自拆自建。业主也可委托房地产企业代拆代建。业主自拆自建必须符合城市规划,并取得城乡规划部门的许可。

二、政策措施

(一)国家有关政策情况。据了解,国务院目前尚未就城市棚户区改造出台正式文件,但对于其他棚户区改造已有实质性补贴,如列入林区棚户区改造范围的中央每户补贴1万元,对黑龙江等六大垦区棚户区职工每户补贴1万元等。据悉住房和城乡建设部正在会同有关部门起草《关于推进城市和国有工矿棚户区改造工作的指导意见》。该指导意见将进一步明确城市和国有工矿棚户区改造的资金、规费、土地、安置补偿等基本政策。

(二)有关政策情况。优惠政策主要集中体现在省建设厅2008年发布的《关于棚户区(危陋住宅区)改建工作的指导意见》和2009年省政府发布的《关于加快全省保障性安居工程建设的意见》中。一是土地政策。各类棚户区改造项目建设用地统筹安排,对需征收用地的给予足够的建设用地指标,并予以优先安排。在该区范围内以招拍挂方式取得的收益,全部留给市县用于保障性住房建设。二是减免收费政策。免收城市基础设施配套费等各种行政事业性收费和政府性基金,所涉及的经营服务性收费按相关标准的下限收费或可以减免,棚户区周边基础设施建设费用由政府负担。三是税收政策。对被拆迁居民在改建中所得拆迁补偿款免征个人所得税;对因拆迁重新购置住房或通过产权调换方式获得安置住房的,对购房成交价款或安置住房折价款中相当于拆迁补偿价款的部分免征契税。四是信贷政策。对符合住房公积金贷款条件的被拆迁居民优先发放住房公积金贷款。五是地方政策。除省政府补助资金外,各地市可以根据当地实际,在权限内采取其他优惠政策等。

三、开行银行支持模式

(一)省级平台统一运作模式。该模式下,棚户区改造贷款的资金运作划分为政府主导型和市场化运营型两种资金管理形式。

1. 政府主导型。政府主导是指借款城市地方政府统一调配开行贷款,资金借入、支出、偿还均由政府相关部门执行。即市政府与省财政签订转贷合同借入开行贷款,市财政将贷款资金直接拨付给当地棚改办(棚户区指挥部),棚改办代表政府使用信贷资金进行拆迁征地、回迁补偿、工程建设。同时负责将土地收益及居民出资的收入上划市财政,再由市财政按期归还我行贷款本息。

2. 市场化运作型。市场化运作是指地方市政府从省财政拿到贷款资金后,与商业银行签订管理协议,将资金转交给商行,由商行与开发商签订二次转贷协议。开发商作为最终用款人,在当地棚改办的指挥监督下负责棚改信贷资金支出及本息偿还(回迁补偿支出及个人超面积款收入由棚改办代表政府进行运做)。贷款由地方财政整体兜底。

(二)地市级平台单一项目模式。该模式和普通城建项目基本没有太大区别。贷款以地市级平台公司为借款人,借款人通过与地市政府签订委托代建协议,地市级财政约定支付委托代建资金用于项目还本付息。另外借款人一般还要承诺其在该项目委托代建协议下享有的全部收益作为质押担保或以土地等其他资产进行补充担保。

四、风险和收益分析

(一)主要风险分析。棚户区改建项目一般由政府主导,纳入城区整体的改造,销售有保障,经营成本、销售价格较为稳定,土地增值收益稳定,风险补偿措施一般较为完善。存在的主要风险是:

1. 地方配套资金落实困难。一些市、县财力紧张,资金压力较大,建设资金不足。如林区棚户区改造中央和省各补助1万元,不足部分由市、县政府、国有农场和职工共同承担,但只有少数市、县财政有支持意向,投入资金额度占总投资比重不足0.5%,仅约300万元。

2. 建设标准问题。经济适用房和廉租房有可能造成建设标准执行不严,成为房地产项目。另外建设水平有待提高,棚户区改造仅满足于完成一般性工作,不注意结合城区改建和"三年大变样"的总体战略进行前瞻性的规划设计。

3. 优惠政策落实不到位。棚户区改建项目免收城市基础设施配套费等各种行政事业性收费和政府性基金等优惠政策如果执行不到位,可能会影响投资者参与项目建设的积极性。

4. 信贷政策执行问题。借款人资质、资本金到位比例以及贷款期限等政策如果把握不严,违反银监会规定。

(二)收益分析。棚户区改建项目可参考一般经济适用住房项目的情况,综合考虑贷款质量等级、贷款利率、放款计划、还款计划及经营成本等诸种因素，初步测算 ROA、RAROC、CAR 等贡献度指标分别为 1.04%、5.00% 和 20.92%。

五、工作思路和建议

（一）加强与地方政府的合作，主动介入棚户区改造规划工作。一是加强省政府有关领导和部门的联系，争取达成合作共识，充分利用省政府的组织协调优势，开展工作。二是在各地市编制保障性安居工程建设规划中，我行应充分利用规划先行的优势，积极主动参与各地有关规划编制工作，从源头上把握棚户区改造项目的动向。

（二）突出开发重点，积极培育棚户区改造项目。一是城市棚户区改建，改建的重点区域是唐山、石家庄、邯郸、张家口、保定等市。二是煤矿区棚户区改建项目，这类项目国家补贴政策明确，贷款人实力较强。主要是井陉、开滦、八宝山、下花园等地。

（三）开拓创新合作方式，丰富融资支持模式。一是依托重点企业予以支持。该方式适用于煤炭棚户区的改造工作。二是政府主导，多方参与。城市棚户区尤其是大面积的改造项目，涉及方方面面，千家万户，必须要有政府强有力的领导和监督，才能确保项目的顺利实施和保障普通中低收入群体的合法权益。应充分利用现有的各市、县城市投资公司作为融资平台，重点支持以政府为主导的综合性改造项目，实现双赢。三是完全市场化运作。该方式比较适合地理位置优越、面积适中，项目性质较为单纯的改造项目。

各家金融同业要积极开展合作，采用银团贷款等方式共同努力满足棚户区改造项目融资需求，支持我省按时完成改造 1953 万平方米棚户区总面积的任务目标。

（国家开发银行股份有限公司河北省分行 霍占辉）

【努力建设科学发展的农业政策性银行　支持河北农业农村经济又好又快发展】

当前，国际金融危机加剧，世界经济出现衰退迹象，我国经济增长速度也开始放缓。面对复杂的国际国内经济金融形势，应如何以科学发展观为指导，努力建设现代农业政策性银行，促进农业和农村经济又好又快发展，这是摆在我们面前的一个十分现实和紧迫的课题。

一、充分认识我行改革发展面临的重大机遇，切实增强科学发展的紧迫感和责任感

面对当前国际国内形势，我行将迎来重大的改革发展机遇。一是党中央、国务院高度重视农业政策性金融工作，党的十七届三中全会明确要求“拓展农业发展银行支农领域，加大政策性金融对农业开发和农村基础设施建设中长期信贷支持”。这既对农发行工作提出了新的更高的要求，也为农发行今后的改革发展指明了方向。二是为抵御国际经济金融形势对我国的不利影响，国家决定实行积极的财政政策和适度宽松的货币政策，出台了拉动经济增长的十项措施，加大对“三农”的支持力度，加快农村基础设施建设。这些宏观调控措施的出台，将为我行的业务发展创造宽松的宏观经济环境。三是为加快由农业大省向农业强省的跨越，河北省委省政府出台了《关于认真贯彻党的十七届三中全会精神进一步推进农村改革发展的意见》，对稳定发展粮食生产、推进农业结构战略性调整、大力发展农产品加工业、加强农业基础设施建设等做出具体安排。这将为我行提供众多的客户资源和良好的发展基础。

二、把握发展重点，努力实现各项业务科学发展

（一）以支持粮棉油收购为重点，着力巩固发展主体业务。支持粮棉油收购，确保粮食安全，既是农发行的传统主体业务，也是我们必须承担的职责。越是在面临业务发展大好机遇的时候，越不能放松主体业务。各级行应进一步增强政策意识和大局意识，始终把支持粮棉油收购放在突出重要位置，努力做强做大主体业务。应大力支持国家和地方粮棉油储备体系建设，切实增强国家对粮棉油市场的调控能力。积极支持小麦最低收购价收购，进一步改善金融服务质量，保证国家指定企业按最低收购价收购小麦的信贷资金需求，确保国家惠农政策落到实处。积极支持中央储备粮直属企业、龙头加工企业和优质粮食购销企业多渠道入市收购，确保粮食购销活动平稳有序开展。严格执行棉花收购贷款上线和贷款风险控制线政策，全面推行“点包放款、仓单质押、库存赎回、第三方监管”信贷管理方式，积极支持棉花收购。

（二）以非经营性中长期贷款项目为重点，切实加大对农业基础设施建设的支持力度。非经营

性基础设施建设项目，以财政资金作为还本付息的来源，既体现了项目的公益性、运作的商业性，又有稳定的现金流和较高的回报，同时还有效地规避了一般商业性贷款所面临的信贷风险。为此，应将非经营性中长期贷款作为我行今后业务有效发展的重要增长极，重点支持符合国家产业和区域发展政策、省市政府关注、对当地农业和农村经济发展影响较大、还本付息来源于省市级或财力雄厚的县级财政的非经营性中长期贷款项目。同时，还应根据当地农业和农村经济发展的需要，在防范风险的前提下，大力支持在支农惠农方面有较大影响的经营性中长期贷款项目。根据国家促进经济增长的十项措施，结合我省实际，应突出将以农村路网、水网、电网、信息网等“四网”建设作为营销重点。

（三）以支持产业化龙头企业和加工企业为重点，着力提升农业产业化水平。实施“龙头企业+基地+农户”、“龙头企业+农民专业合作组织+农户”等产业化模式发展，是推进农业产业化、规模化、集约化的根本出路。当前，我省正深入推进农业结构战略性调整，着力培育优势突出、特色鲜明的产业带，构建现代农业产业体系。各级行应大力支持农业产业化龙头企业，促进企业生产高附加值产品，提高市场竞争能力。重点支持一批附加值高、市场前景好、抗风险能力强、惠农富农、辐射和带动作用明显的农产品精深加工企业，提高深度转化能力，促进产业结构优化升级。

（四）以实施绿色信贷为重点，积极支持农业生态建设。河北人口众多，资源相对贫乏，特别是水资源严重短缺，生态环境脆弱，承载力低，资源环境问题已成为制约我省可持续发展的瓶颈。我行应立足河北经济社会发展实际，按照总行政策规定，积极实施绿色信贷政策，通过发放农业科技、农村基础设施、农业产业化龙头企业等贷款，加大对生态保护、生态建设和绿色产业的支持力度，促进地方经济与生态环境建设的可持续发展。

三、坚持统筹兼顾，促进各项业务全面协调可持续发展

（一）处理好发展业务与防范风险的关系，切实提高风险防控能力。实现科学发展，就应把有效管理和控制风险放在突出重要的位置。树立全面的风险管理理念，培育良好的风险管理文化；建立严密的风险防控体系，进一步加强内控体系建设；建立灵敏的风险预警系统，正确识别和科学计量信贷风险，及时发出预警信号；建立有效的风险化解机制，加强对信贷资产质量状况的监测分析，大力清收不良贷款，保全信贷资产；实行严格的责任追究制度。

（二）处理好资产业务、负债业务和中间业务的关系，进一步优化收入结构。负债业务是资产业务的基本支撑。没有负债业务的适当发展，资产业务将成为无源之水、无本之木。应进一步加强存款组织工作，优化负债结构，努力使资产负债业务相互促进、良性互动、共同发展。面对日益明显的“金融脱媒”态势，应把握现代银行发展规律，因地因企制宜，大力发展国际结算、代理保险、银行承兑汇票、国内保函等中间业务，逐步形成以存贷款利差为主导、各种中间业务利润并存的多元化利润格局。

（三）处理好开展客户营销和加强基础管理的关系，夯实发展基础。加快业务有效发展就必须不断改善和创新客户营销手段和模式，以优质的金融服务和丰富的金融产品满足客户需求，提高客户对我行的信赖度和忠诚度。但仅仅重视客户营销还不够，扎实的基础管理是实现科学发展的前提。应狠抓制度落实，牢固树立制度至上的观念，严格按制度规定办事。加强基础管理，使业务发展与基础管理同步提高。全面推行精细化管理，以精细求质量，以精细求发展，向精细要效益。

四、坚持以人为本，凝聚科学发展的合力

（一）加强企业文化建设。以总行制定的核心理念为基本价值观，以宣传语为企业使命，以我行治行方针为主线，高扬树正气、讲团结、求发展的主旋律，全面推进企业文化建设向深层次发展。要把企业文化的理念和规范内化为全体员工的思想和行动，融入到经营管理活动的全过程，为我行的改革发展提供强大的精神动力和文化支撑。努力打造创新型银行、创新型团队、创新型员工，依靠创新为科学发展提供不竭动力。

（二）加大人力资源开发与管理力度。抓好领导班子建设，切实增强领导干部政治意识、大局意识、责任意识，提高治行理政能力和科学发展能力。大力实施人才兴行战略，多措并举提高员工素质，提高团队整体素质能力。建立科学用人机制，进一步调动和发挥广大员工的积极性，激发工作活力。

（三）充分发挥薪酬的激励功能。进一步落实全行统一的基本薪酬制度，逐步理顺分配关系。逐步建立工资收入与业务发展紧密联系的收入分配制度，将员工个人利益与本行业务发展紧密结合在一起，充分激发员工的工作热情和活力，形成人人想发展，人人谋发展，人人为发展的良性发展模式。

（四）切实提高执行力。着力提高各级行、各部门执行力，增强执行意识，提高执行效能。全行上下应始终处于一触即发的"激活状态"，始终保持"快半拍"的工作节奏，对业务发展内外部环境变化能够做出灵敏快速的反应。要坚持从严治行，确保政令畅通、令行禁止，以铁的纪律确保我行各项工作有序开展。进一步加强反腐倡廉建设，通过发生在行内外的案件开展现身说法警示教育，强化职业操守教育，切实增强员工拒腐防变的能力。

（中国农业发展银行河北省分行　李　玉）

【关于拓展农村金融市场的调查报告】

金融市场从区域上划分为城市金融市场和农村金融市场。本报告所指的农村金融市场是一个地域概念，指省会及地级中心城市以外的广大地区市场，包括县级市、县以及中心城市所管辖的一些城区，如唐山的丰南区、丰润区、开平区。拓展农村金融市场有两个基本涵义：一是巩固、发展现有的县城阵地，并将业务产品和服务通过营销渠道向县城周边及经济发达的乡镇推广，这种拓展是经营地域上的延伸。二是在一定的区域内，争揽更多的客户，营销我行的一系列产品和服务，这种拓展是客户群体、业务品种和服务内容的丰富。

一、拓展农村金融市场的必要性和紧迫性

（一）拓展农村金融市场是适应新时期外部经济环境的客观要求。发展壮大县域经济，建设新农村，是国家新时期统筹城乡发展、从根本上解决"三农"问题的战略举措。近几年，河北县域经济不断壮大。2007 年全省 140 个县 GDP 总量为 10479 亿元，占到了全省 GDP 的约 70%。随着县域经济工业化、产业化、城镇化步伐的加快，农村许多地区已形成了较为发达的工商业，这种现象在河北省县域经济"30 强"表现得尤为突出，如：唐山迁安市，2008 年其实现的国民总产值，农业只占约 3%，而工业占到 65%，第三产业占到 32%。

全省农村金融市场潜力巨大，有着丰厚的客户资源，为金融业的发展奠定了坚实的基础。一是农村金融市场人口众多，随着农民收入的提高，许多从事工商业的个体经营者、富裕农民成为我行潜在的优质客户群。二是国家扩大内需政策的实施，增加了对农村的资源投入，农村的基础设施建设、医疗、保险事业方兴未艾，农民的医疗保险金成为各行争揽的对象。三是许多县域有着较为发达的工商业，存在着一定的对公优质客户。如，唐山滦县的司家营铁矿，探明储量 29 亿吨，是我国最大的铁矿，应该是国内银行支持和竞争的焦点。四是一些具有相对市场优势的中小企业产业集群处于发展升级阶段，并形成辛集皮革、安国药材等一批全国著名的商品集散加工地，被确定为河北省"50 个中小企业产业集群"。

（二）拓展农村金融市场是应对市场竞争、提高市场占比的迫切需要。面对国内农村金融市场巨大的潜力，外资银行、国内商业银行纷纷向农村金融市场拓展。渣打银行的业务拓展选择县域经济为突破口，提出了"农村包围城市"的战略。近几年来，我行县域支行市场竞争力总体表现欠佳，特别是在一些经济强县。在县域经济"30 强"中，我行有机构 29 家，通过对 29 家"30 强"县行的同业占比情况统计，尽管许多行市场竞争力有了不同程度的提升，2008 年末仍有 14 家行的存款、10 家行的贷款规模偏小，在四大银行中排名落后。

二、拓展农村金融市场存在的难点和问题

拓展农村金融市场，我行有众多的竞争优势，但同时也存在一定的难点和问题，主要表现为：

（一）重点区域缺乏资源投入。一段时期以来，县域支行普遍缺少信贷投放，人员配备也不占优势，特别是在一些经济快速增长的地区。大多数县域支行业务规模较小，盈利能力相对较弱。以唐山迁安支行为例，地处"京津唐"金三角区内，地区生产总值由 2004 年的 179 亿元增长到 2008 年 496 亿元，已有 10 余个乡镇财政收入突破亿元。当地共约有十余家金融机构争夺市场，同业竞争日趋激烈，我行在一些资源投入方面相对落后。

（二）拓展市场所需的营销人员力量有待加强。一是县域支行多年以来人员是只减不增，年轻、高素质的业务骨干外流，员工年龄较大的问题突出。保定地区四大银行网点的平均年龄如下：中行 28 岁，建行 35 岁，农行 39 岁，我行 40 岁。由于一线人员年龄偏高,在接受新业务、服务理念方面还有一定的不足,尽管中年员工工作阅历深,经验丰富,但一线临柜人员还是需要一些行动机敏、外表形象较好的年轻人员。

(三)网点建设有待于不断加强。一是相对于城区支行、金融同业,许多县域支行网点建设落后,机具陈旧,自助设备投入不足,随着经济资源的地域转移,还暴露出一些地区网点布局不合理的问题。如保定涞源县、蠡县支行营业室地理位置和经营环境已影响业务的拓展。二是我行在一些县城、经济发达的乡镇没有网点,与金融同业形成一定差距。

(四)县域中小企业贷款有待于进一步拓展。县域经济中小企业众多,贷款需求潜力很大。然而,目前一些二级分行由于资产质量不高致使有些信贷业务被停牌。面对县域经济中小企业资金需求现状,我行的一些融资产品审批时间较长,准贷门槛较高,有时还满足不了客户需求。

(五)县域支行的金融生态环境使其面临着一些现实问题。

相对于城区支行而言,县域支行面临独特的生态环境。一是县域经济地域宽广,区域差别大,拓展农村金融市场,要分类研究,分类管理。二是地方政府的支持对县域支行的发展至关重要,如何促进经济与金融的协调发展是一个长期要解决的问题。三是县域经济一般都有浓重的地方文化色彩和风俗习惯,在银行争揽客户的过程中更加注重亲属、朋友关系,需要银行采取不同的竞争策略。四是有些县域支行面临着“穷县富乡”的特殊的经济环境,一些县域经济重心由县城向乡镇转移,而我行的网点集中在县城,不利于市场竞争。

三、工作建议

(一)树立科学的发展观,明确拓展农村金融市场的基本定位。立足于我行县域支行所处的经济环境及其经营状况,拓展农村金融市场要突出发展个人金融业务、存款业务以及中间业务。县域经济人口众多,要将个人金融业务作为支柱业务来发展,积极实施打造当地第一零售银行战略,并把中间业务打造成为新的利润增长点。

(二)以县域经济的工业化、产业化、城镇化为契机,严把风险关,做精资产业务。各县域支行要对资源环境、产业特色、自身管理水平进行深入分析,严把风险关,开办适应本地经济环境的资产业务。有优质信贷资源但被上级行停牌、整顿的支行要积极采取措施,强化风险管理,尽早恢复开办资产业务的资格。大力开办个人信贷业务,要把个人贷款业务作为县域支行资产业务的基本品牌,打造特色支行。开拓中小企业信贷市场,并选择一些信誉良好的企业,引导他们开办票据贴现业务。严格控制风险,适当开办优质公司贷款。

(三)强调执行的力度和速度,保证政策到位。深化人力资源改革,提高一线人员和客户经理占比,并以此为契机,组建下乡的营销团队。是重新规划网点布局,根据区域经济发展和资源分布情况,通过县域内网点迁址和跨区域网点调整,将网点资源尽快从资源匮乏区向丰厚区转移。加强对重点区域、重点项目、重点客户的费用支持,根据各行提出的具体需求增加专项费用。加大在农村金融市场业务宣传的费用投入,增强我行在农村金融市场的影响力。

(四)发挥优势,借力营销,打造“六大营销渠道”。针对农村金融市场的特点,打造多样化、全方位的营销渠道。一是网点渠道。充分发挥现有网点的作用,做好网点的宣传和营销工作,扩大业务辐射的范围。二是营销团队渠道。强化变“坐商”为“行商”的观念,借鉴股份制银行的发展道路,组建营销团队,深入发达乡镇。三是电子银行渠道。充分发挥工行电子银行产品的渠道优势,通过电话银行、手机银行、网上银行以及自助设备,向乡镇拓展业务。四是政府渠道。密切加强与县政府的合作,通过政府逐级向乡镇延伸,增进与发达乡镇、村干部的理解和沟通。五是客户渠道。通过电力、烟草、电信、医保等系统客户,或是沿着其他大客户的产业链条,向上游或是下游寻找客户,逐渐向乡镇延伸。六是金融同业渠道。加强与保险公司、农村信用合作社等金融同业的合作,开展业务产品的营销。

(工商银行河北省分行)

【信贷法人客户“方案管理”模式的探索与实践】

——客户关系管理在集团性客户管理中的应用

引言:客户关系管理做为一种新型的管理模式,既体现着先进的企业发展战略和经营理念,又是一种新型的商业模式和管理实践活动,它与农业银行“以客户为中心”的发展战略相吻合,既包括了判断、选择、争取、发展和保持客户所要实施的全部商业过程,又具体体现在我们以客户关系为重点,以健全的组织体系和优化的业务流程为保障,开展系统的客户研究,提高客户满意度和忠诚度,提高运营效率和利润收益的管理实践过程之中。

完整意义上的客户关系管理应当包括发现客户、分析客户、服务客户、实现和优化客户价值;由决策、客户信息收集、客户信息分析、产品(服务)开发以及产品(服务)营销五大系统构成,并且需要建立起一整套以现代信息技术为手段,包括业务操作、客户信息和数据分析为主要内容的软、硬件系统集成,是银行经营活动在高度数据化、信息化、电子化和自动化条件下与客户全面接触、全程服务的统一技术平台和智能服务系统。本世纪初,国内银行开始尝试引入客户关系管理理论,但结果并不理想。根本原因就在于,大家都把客户关系管理的工作重心归结到了建立信息化技术平台上,而忽略了这个技术平台所要服务的对象——客户管理这一核心。殊不知,技术平台只是一种手段,而任何一种手段都必须服务于它的核心管理理念。

就农业银行一级法人体系以及现实环境和条件而言,以一个一级分行之力启动这样一个庞大的系统工程,是不现实的。但是,如何把这种先进而科学的管理理念,尽快融入到我们的企业战略中,特别是用于指导我们企业管理重中之重的信贷管理工作,却具有着十分急迫而强烈的实践意义。

国内的大型商业银行与欧美国家商业银行有所不同,基本客户群依然是法人客户。法人客户信贷业务既是商业银行信贷业务的主体,也是收入的主要来源,在商业银行经营管理中的地位举足轻重。对法人客户信贷业务的管理,决定着商业银行的经营成败和发展能否可持续。而伴随国有企业的兼并重组、民营企业的崛起扩张,跨行业、跨领域、跨区域经营的系统性、集团性客户在我行客户群中所占比重越来越大。由于此类客户内在特殊管理体系以及内部企业间资金关联、股权交叉、关联交易、风险传导等,就其风险的集中程度、管理的复杂程度而言,必须成为我们重点研究、重点突破的课题。也正是由于集团性客户管理的综合性、多向性、复杂性,如果我们能够找到一种科学、有效的管理模式或者途径,并且在实践中得到充分印证,也就为单一客户的管理提供了样板。

本课题就是要积极引入客户关系管理理念,以系统性、集团性客户为突破点,积极探索面向全部法人客户的“信贷法人客户方案管理”模式,力求在理论和实践的结合上,进一步研究这种管理模式的可持续性以及他的普遍适用性,进一步细化实施过程中的关键环节、操作方法,最终建立一套流程化信贷管理模型,使其在农业银行精细化管理中发挥功效,并进而融入客户关系管理总体战略之中。

一、信贷法人客户方案管理的意义

实施信贷法人客户方案管理是农业银行信贷管理实践总结的结果;是社会信用环境和企业文化现状的必然要求;信贷法人客户方案管理是客户关系管理战略的具体体现和实现手段。

(一)实施信贷法人客户方案管理是农业银行信贷管理实践总结的结果。自农业银行从人民银行分离之后,法人信贷客户管理大致经历了四个时期:一是即财政支付手段背景下的粗放管理阶段。全部信贷工作的核心在计划和规模上,而不在管理。二是专业银行引入企业化经营理念后的转型期,信贷管理突出表现为重准入轻贷后的阶段。伴随专业银行最终要走向市场的方向初步明确,银行应当对借贷主体进行必要的风险研判的意识开始形成。管理行开始进行客户信用等级评定,开始通过风险考量对客户实施授信管理。三是商业银行经营体制下由分层贷后管理进步到分层经营管理阶段。自主经营地位的真正确立,迫使商业银行必须对内部经营管理机制进行全面彻底的调整,必须按照市场规律细化信贷管理模式。开始将全部信贷法人客户划分为管理行和经营行管理客户,并分别承担贷后管理责任。随着分层贷后管理进一步延伸到分层准入管理,管理行已初步找到了对跨区域集团客户管理的路径,初步解决了对客户整体风险控制和对潜在风险向事实风险转化进行控制问题,具备了方案管理的雏形。四是在流程银行理念下以分层经营管理为基础架构的全面方案管理阶段。这一阶段管理的基本特征,是在法人客户分层经营管理的机制下,通过对客户准入、业务办理、贷后管理等设计详细的方案,实施全面的方案管理,解决客户尤其是大型集团客户管理层级、审批效率及管理的针对性、有效性问题，实现信贷法人客户风险可控、收益增加和逐步培养核心客户群、优化客户结构的目标。

（二）信贷法人客户方案管理是社会信用环境和企业文化现状的必然要求。实施方案管理，也是基于社会法律、信用环境和企业文化现状的考量。由于社会政治、经济特别是金融法律体系的不尽完善，社会转型期所出现的道德约束力降低、信用观念淡薄等问题，加剧了银行业经营的环境风险；银行业本身企业文化建设还处在相对较低的层面，从业人员无论在专业素养上还是职业操守方面，都还存在较大差异。这就迫使我们在经营过程中，既要顾忌来自社会信用环境的、客户的违背信用的压力，又要充分估计内部管理的难度。规范的、细化的、全程控制的管理方案则成为一种必要而有效的约束。

（三）信贷法人客户方案管理是解决集团性客户管理难题的有效途径。在我国银行业仍以存贷利差收入为主要收入来源的背景下，集团性客户以其巨大的资产业务资源、丰富的中间业务资源、天量的企业存款资源这些金融价值，决定了农业银行必须大力拓展集团性客户。同时，我们也必须时刻注意到集团性客户所与生俱来的风险特征：复杂的股权结构；频繁的关联交易；系统性的经营风险；包括流动性风险和信用风险在内的财务（偿债）风险；担保风险；集团性客户道德风险；过度授信风险。集团性客户的总体状况及其固有特征，决定了集团性客户管理存在内部和外部两方面的管理难点。全面、系统、上下贯通、前后衔接的管理方案则可以成为解决这些难题的一条重要途径。

（四）信贷法人客户方案管理是客户关系管理战略的具体体现和实现手段。股份制的农业银行，股东结构呈现多元化特征，不同的股东对资本回报率、资本补充渠道方式有不同的要求。我们必须以获取利润为目的，满足股东的资本增值需求。农业银行的客户关系管理，既反映着企业发展战略和经营理念，又体现为具体的经营模式和管理实践，客户关系管理的前提是与客户的接洽，并进而对客户进行了解、判断、认知，直至做出选择、争取、发展、保持或者退出的战略决策。这个过程，必须有一整套符合农业银行发展战略的，围绕客户发展前景、价值和风险特征的，细化到内部运作每个环节的，全方位、全流程的管理方案，并以其贯穿全部的商业过程。如果说，客户关系管理是一种先进的企业管理理念，方案管理就是这个理念得以实现的必要手段。

二、实施信贷法人客户方案管理的现实基础

方案管理是对法人客户全过程的管理，涵盖了客户营销、经营、管理、服务等各个环节，涉及信贷业务前、中、后台各个部门，需要在业务体制、流程、产品、制度、科技等方面提供综合的强力支撑。经过多年发展，我行已经拥有了一大批忠实的法人客户群体，围绕“以客户为中心”的经营理念，内部组织架构不断完善，管理流程日趋优化，形成了集融资、理财、结算服务为一体的产品体系。特别是在股份制改造成功实现后，以新的信贷审批体制的建立为标志，信贷管理正在发生根本性的变化，已经具备了实施法人客户方案管理所需要的条件。

（一）脉络清晰、运行顺畅的组织架构为实施法人客户方案管理提供了保障。农业银行已初步建立起业务模块化管理的格局，条线更加清晰，流程更加顺畅，职责更加明确。在信贷管理中，理顺了客户分层经营管理体制，建立了以前台营销部门为中心，产品、科技和资源配置部门为支撑的营销服务架构，形成了大市场、大营销的业务前台和强大的营销支持体系，客户服务和营销能力明显提升。初步构建了“直接审批、合议审批、会议审批”三位一体的分层审批体制，建立审查审批中心，实行了独立审批人制度。建立了机构、个人、岗位相结合的信贷授权体系，改进了决策机制，内部流程精细化程度不断提高。

（二）精细、高效的信贷管理流程为实施法人客户方案管理搭建起了平台。与部门银行相对应，流程银行更强调资源配置、组织管理、经营目标必须围绕服务客户这一中心，完全围绕客户和市场需求设计，经营组织结构和各种资源配置完全服从于业务处理流程的需要。精细化的信贷管理，必须根据集团性客户、中型企业和民营企业等不同客户群体的需求，推出差异化流程，制定差异化管理方案和风险控制措施，从而提高管理的针对性和有效性。多年来，农业银行已初步建立了以业务经营和风险控制为主线，突出市场营销、信贷审批、业务操作等为核心的业务流程。同时不断推进专业化管理和机构扁平化管理改革，初步建立了纵向事业部管理、横向流程化管理、前中后台分离的矩阵式组织结构。明确了基本客户群体,合理界定了各级行的管理职责,组建跨部门、跨分行、系统联动的重点客户服务团队,建立了明晰的权责边界与通畅的信息沟通反馈机制。精细、高效的管理流程和服务体系为实施法人客户方案管理奠定了重要基础。

(三)统筹兼顾的政策制度体系、规范系统和重点突出的行业研究为实施法人客户方案管理提供了指导和依据。近年来,总行着力推进信贷政策管理体系建设,以行业信贷政策管理为主线,统筹考虑区域、产品、客户政策,信贷政策管理逐步纳入规范化、系统化、制度化的轨道,先后出台了13个重点行业的信贷政策,着手实施行业限额和客户名单制管理,并首次制定了年度信贷政策指引,初步形成了具有农行特色的信贷政策管理体系。同时,总行已经着手设立产行业研究中心,加大投入力度充实行业研究力量,与政府机关、行业协会、社会研究机构建立合作机制,组建系统内外专家库,逐步建立行业数据库和分析模型,极大提高了行业信贷政策的前瞻性和可操作性。逐年度制定的信贷政策指引,这一指导全行年度信贷政策的纲领性文件,为全面实施法人客户方案管理提供了实践基础。

(四)风险监控体系的建立健全为实施法人客户方案管理提供了更强大的操作控险屏障。有效的风险控制能力是实施法人客户方案管理的重要保障,如果没有一套强有力的风险控制体系,法人客户方案管理将会失去其本质的意义。农业银行已经初步制定了风险管理战略和风险偏好,强化资本充足率和资本回报率约束,初步建立了以巴塞尔新资本协议为主线,全面、集中、独立的风险管理体系,覆盖了信用风险、市场风险和操作风险,并有效监控经营管理各领域、各环节、各层次的关键风险点。建立了风险报告制度,构建了集中、垂直的风险管理组织体系,设置了专业化的风险经理岗位,实现了对各类风险的精细化管理。理顺了风险管理部门与业务部门在风险管理中的关系,初步形成了业务拓展和风险管理两条线并行的格局。同时能够运用先进的风险识别、计量技术,综合利用组合、限额、敞口等工具控制风险。

三、方案管理的基本原则

实施信贷法人客户方案管理,必须紧紧抓住"方案管理"最核心的授权管理、授信管理及贷后管理三个环节,按照总行有关要求,结合区域经济特征和业务发展实际状况,以控制风险、加快发展为目标,创新流程,提升效率。实施信贷法人客户方案管理,必须始终注意把握四个原则:

(一)全面评价原则。就是从客户的基本情况、信用状况、第一还款来源、第二还款来源等方面对客户进行全方位、多角度分析评价,在全面评价的基础上梳理各项评价结果,研究分析客户的发展趋势,优势及潜在风险,判定客户信用风险程度,形成综合评价意见,作为方案管理工作的基础。

(二)分类管理原则。就是在对客户综合评价的基础上,根据国家的行业、产业政策和银行的授信管理政策、信贷发展战略等,将客户统一划分为"支持、维持、压缩、退出"四类,并制定不同的信贷管理政策。

(三)个性化管理原则。就是根据客户分类结果和议定的信贷管理政策,按客户信用风险高低逐户确定个性化信贷管理方案,使方案管理更具有针对性。需要在确定客户类别的基础上,按照与管理能力对等的要求分层落实,确保每户均能对应具体的管户客户经理(组)。原则上"小企业"、退出类客户应由基层经办行直接实施方案管理;"大、中型企业"客户中"支持"、"维持"类客户应纳入上级行方案管理范畴,对于管理难度较大的跨省、跨市集团性客户以及所属行业波动较大,发展存在一定不确定性的客户由总行或一级分行级客户部门落实方案管理,其余客户由二级分行管理。"压缩"类客户中贷款余额超过一定额度的客户或压缩难度较大的客户由二级分行管理,其余由基层经办行管理。

(四)风险可控原则。就是以客户信用风险的高、低为标准,确定授权、转授权权限和审批层次,实行高风险客户的授信及用信业务上收审批层次,低风险客户的授信及用信业务审批层次下沉,确保风险管控需求与风险管控制能力相适应。

通过方案管理管控客户信用风险,需要根据客户信用风险程度,在客户管理方案中提出有针对性的3—5条管理措施。例如:对于资金关联程度较高的集团性客户,要求客户大部分资金在我行结算,并密切关注客户与关联企业的资金往来情况,控制客户现金流量;对于所属行业波动较大的客户,要求客户管理行注重分析研究产品市场和销售渠道,密切关注他行贷款、存货变动和原材料市场情况;对于第二还款来源较弱的客户,要求优化其信用担保方案,尽量采取房地产抵押担保方式,否则适当压缩其存量信用额度。

四、信贷法人客户管理方案的主要内容

信贷法人客户方案管理,是指客户管理行在对客户资质及经营管理进行深入调查,对客户金融服务需求全面了解,对客户发展前景、风险特征及价值进行综合考量的基础上,依据农业银行法人信贷业务制度规程,为客户量身定制明确、具体的管理方案,并通过方案的实施,实现业务拓展、收益增加以及风险控制包括前瞻性战略退出目的的一种客户管理模式。单纯从银行内部运作的角度看,管理方案以对客户价值的全面认知为前提,银企对接全过程中管理行确定的管理意图的具体体现,是连接管理行与经营行的纽带,可以凝缩管理与经营两个层级间的时空距离和差异。实施信贷法人客户方案管理,对管理行而言,是在控制风险的前提下最终实现收益的计划书;对经营行而言,是客户维护、业务拓展、风险管理的流程图,是信贷业务实施精细化管理的有效途径,是流程银行机理的必然要求.

管理方案既要体现客户管理的总体战略,还要成为管理与经营的流程图,因此,需要包括四个方面内容。

一是客户价值判断(包括客户的现实需求、潜在需求与直接价值和增值预期)。实施方案管理的关键在于是否真正地量身定制和可操作。制定管理方案应在对客户全面评价的基础上确定以下基本前提:一是取决于客户发展前景的管理方向;二是基于银行管理考量的客户定位,即确定为核心客户还是一般客户,核心客户应重点维护,不断增加信贷业务份额;一般客户为维持、压缩或退出信贷业务。客户定位由客户价值即金融资源的丰富程度决定;三是从风险控制角度出发的具体管理措施,由客户的风险特征决定;四是管理目标,决定着管理方案的出发点和落脚点,是管理方案的灵魂。

二是客户授信方案,主要明确客户授信总额、授信结构及分配方案、担保条款、用信条件等。

三是授权方案,综合考虑客户定位、授信结构及市场竞争、风险控制需要等,确定授信项下用信业务的审批层次、审批权限、审批方式、审批时限等内容,充分体现核心客户、竞争激烈的优质客户用信业务审批层次下沉,审批权限扩大,审批效率提高等要求,反之则要控制审批层级、权限等。

四是贷后管理方案,贷后管理方案分为服务方案和风险控制方案两部分。对核心客户、竞争激烈的优质客户,要以营销业务为主,要扩大信用业务份额,增加存款、中间业务收入,实现产品联动营销、服务增值、提高综合收益的目的;同时要做到寓风险控制于服务之中,对必需的现场检查、管理人员访谈等要求不能减少,访谈人员层次应相对较高等。对于非核心客户,贷后管理的主要目的应为风险控制,贷后管理重点、风险控制措施、现场检查、非现场检查的内容、频次、路径等均要有明晰的规定。

五、实施信贷法人客户方案管理的操作步骤

信贷法人客户方案管理的具体实施是一项系统工程,涉及部门多、岗位多、层级多,包含内容复杂、政策性强、专业性强、操作性强、必须有计划、有步骤,统一部署、统一协调。

(一)准备阶段。实施信贷法人客户方案管理,需要在组织、人员、思想等方面认真准备。实践过程中,我们一是成立了法人客户方案管理领导小组,进行统一领导和部署。二是成立了法人客户方案管理实施小组,具体负责制订计划、客户调查、综合评价、设计方案、审定方案、实施方案及后评价工作,向领导小组汇报实施情况、实施效果和政策建议;实施小组由熟悉、参与信贷业务经营、管理前后台业务人员组成;实施小组对组成人员进行产业政策、行业政策、信贷政策等培训,使每位成员能深入了解方案管理的意义和目的,掌握具体的调查、评价、方案管理(设计、审定、实施和后评价)的方法、步骤和手段。

(二)客户调查。这是信贷法人客户方案管理的基础环节,是制订"方案"的基础和依据。我们要求,客户调查内容应当动态反映客户的整体经营、信用和风险状况,包括但不限于以下内容:客户主体资格,行业性质和地位,发展战略和规划,法人治理结构,在产业链中所处位置和行业地位,生产经营特点包括生产要素整合情况(土地、资本、人力、技术等)、规模、市场状况、环保影响等,财务政策、结构、成果,银行信用、商业信用记录、对外担保和征信情况,潜在用信需求特点(合法合规性、规模、种类、期限、结构等),主要管理人员履历、知识水平、经验、管理和专业能力、个人征信等。

（三）综合评价。这既是方案管理前期基础性工作中的最后一个环节，又是下一步进入方案设计前的全面准备环节，是全过程中承上启下的关键环节。要在充分调查的基础上，通过对调查数据进行分类整理和分析，对客户的整体经营情况和风险水平进行客观的评判，并以此对客户实施分类管理，实现存量资产结构调整和增量客户资源优化配置。综合评价一般包括政策评价、经营管理评价、财务评价、银行信用评价和整体风险评价等。政策评价主要包括生产经营是否合规合法、是否符合国家宏观经济政策、国家产业行业政策、是否符合我行关于区域、客户、行业、产品等的信贷准入政策；经营管理评价主要包括企业战略和规划分析、行业地位和行业市场分析、管理者素质和能力分析、产品定价和市场定位、产业链整合能力、核心竞争力分析等；财务评价主要包括运用会计政策的适当性，财务数据和报告的完整性、真实性、合理性，搜集、对比公开数据查证财务信息，通过财务数据之间的勾稽分析、趋势分析、同业对比分析判断客户的生产经营情况，资产结构和数量、市场价值及稳定性、可控性和可处置性；银行信用评价主要包括动态分析客户的信用等级变化和变化趋势，动态分析客户授信额度限额的变化和变动趋势，存量银行信用第一、二还款来源的合法性、充足性、有效性，潜在用信需求的合理性、可行性及还款来源的可靠性等；整体风险评价是对客户的政策风险、市场风险、经营管理风险、财务风险、行业风险、担保风险进行综合分析，判断客户风险是否整体可控、是否控制在银行可接受范围内及可行的防控风险措施等。

（四）设计方案。这是方案管理进入实施阶段的基础性环节。需要根据客户的综合评价结果，对客户实施分类，并根据分类结果对每一客户制订和实施不同的授信、授权方案和管理政策。

一是对客户实施分类。结合国家行业产业政策，根据评价结果和客户信用风险程度，按行业对客户进行排队分类，分为“支持”、“维持”、“压缩”、“退出”四类；其中“支持类”客户是信贷营销和投放的重点，“维持类”客户原则上采取维持存量授信策略，“压缩类”客户要主动压缩信用额度，逐步实现部分或全部退出，“退出”类信用到期收回或主动收回，且只收不放。严格把握客户（项目）准入关，杜绝介入环保不达标、产品工艺落后、科技含量低、缺乏核心竞争力、产品规模扩张无度和主要管理人员能力素质不高、信用不佳的客户（项目）。

二是确定客户管理层次。在确定客户类别的基础上，区分管理层次：原则上“小企业”客户全部由县支行管理；“大、中型企业”客户中“支持”、“维持”类由省市两级行管理，其中管理难度较大的跨省、跨市集团性客户以及所属行业波动较大、发展存在一定不确定性的客户由省分行管理，其余客户由市分行管理；“压缩”类客户由市、县行管理，其中数额较大或压缩难度较大的客户由市分行管理，其余由县支行管理；“退出”类客户由县支行管理。

三是实施分户授权。根据客户管理层次的不同，分别授予市分行一定额度的授信及信贷业务审批权限。对于省分行管理的客户，不再向市分行授予授信审批权限，可根据客户风险程度向市分行授予一定额度流动资金贷款、银行承兑汇票和国际贸易融资业务审批权限。对于市分行管理的“维持类”客户，可根据客户风险程度向市分行授予一定额度的授信及流动资金贷款、银行承兑汇票和国际贸易融资业务审批权限。对于县支行管理的“压缩”类客户，可根据客户风险程度向市分行授予一定额度的授信及流动资金贷款、银行承兑汇票和国际贸易融资业务审批权限。对于县支行管理的“退出”类客户，可根据客户风险程度向市分行授予一定额度的授信审批权，如果市、县分（支）行符合转授权的规定，允许市分行将部分审批权转授给县支行。

四是制定主要管理措施。一是明确分工和职责。管理行负责直接管理客户贷后管理的组织实施、整体风险控制、用信监测、定期风险分析、风险信息传递、牵头处置风险事项；经营行负责所有客户的日常贷后经营管理，主要包括制定贷后管理方案、资金账户监管、现场检查和跟踪监管、风险预警和化解、风险分类和不良信贷资产管理、分析报告等。二是根据客户信用风险程度，有针对性的提出相关管理措施。如对于资金关联程度较高的集团性客户，应提高其在我行系统内的结算比例，并关注客户与关联企业的资金往来情况，控制客户现金流量；对于行业波动较大的客户，客户管理行应注重分析研究产品市场和销售渠道，密切关注他行贷款、存货变动和原材料市场情况；对于第二还款来源较弱的客户，要优化信用担保方案，尽量采取房地产抵押担保方式，否则适当压缩我行信用。对于压缩类客户，根据客户现金流量、日常经营以及在我行和他行的信用到期情况，制定合理压缩计划，逐步实现部分或全部退出。对于退出客户，制定退出计划，列出退出时间表和退出额度，实施退出。

（五）审定方案。这是方案管理进入实施阶段前的一个重要的把关环节，需要对客户管理方案的客观性、可行性进行审核确定。一是依据客户综合评价报告，从客户基本情况、信用状况、第一还款来源、第二还款来源等方面对客户进行全面审查评价，分析客户的发展趋势、优势及潜在风险，判定客户信用风险程度，形成综合评价意见，并提出客户管理方案的初审意见。二是对初审结果进行集体讨论，区分大中型客户、小企业客户，并逐行业根据客户信用风险程度，对客户进行排队，形成每个客户的信贷管理方案和授权的复审意见。三是通过既定程序和步骤对复审意见加以确认，形成有效的管理方案。

（六）实施方案。这是方案管理的核心环节。实施方案是客户管理行和经营行按照客户管理方案的内容，对每一个客户实施不同的信贷政策和管理措施，通过准确划分客户类别，保住核心客户，挑选战略性成长客户，逐步退出高风险客户，从客观上实现对客户的精细化管理；杜绝信贷管理中重放、轻管的主观性、随意性和片面性，防范信贷管理风险，实现银行经营安全性、效益性和流动性的统一。

（七）贷后评价。这是方案管理能否取得成效、能否持续发展的一个重要环节。方案设计的合理性，是否存在重大遗漏项目、因素或指标，对方案的进一步完善提出建议；方案实施的可行性和适用性，方案是否贴合行业特点和客户实际生产经营活动；方案实施结果是否体现了产业、信贷政策取向，是否符合风险防控和业务发展的经营战略；是否准确反映客户的整体风险状况，风险控制措施是否适用、恰当；银行综合收益水平；对方案各参与方人员的知识结构、能力水平、方案执行到位情况进行综合考核，对充实完善方案、人员培训、信贷政策调整提出合理化建议。

结语：基于现实的社会信用状况和企业文化环境考量，做为一种由管理实践中总结摸索而出，又在管理过程中不断得到证明的一种全新的信贷管理模式，它的基本理念也完全符合社会经济发展对现代银行业经营管理的诉求，信贷法人客户方案管理模式应当成为我行信贷管理的一个趋向。当然，我们虽已体会到了它比较强的可操作性，领略到了它的优势所在，也看到了它所具有的可持续性。但是，如何将信贷法人客户方案管理全面纳入客户关系管理总体战略之中，如何将其有机和谐地融入流程银行精细化管理机制之中，信贷管理的各层级、各职能部门，调查、审查、审议以及审批各环节，如何从差别意义上深刻领悟方案管理的精髓，严格流程、自然衔接、细化操作、互为补充、贯通一体，以发挥它的更大功效，是需要我们在今后的工作中继续攻克的课题。

（农业银行河北省分行）

【正视挑战　把握机遇　支持经济企稳回升】

2009年上半年，承德中行认真贯彻落实国家和总行、省行各项政策措施，在支持承德经济有效应对国际金融危机冲击、实现平稳较快发展中作出了应有贡献。当前，我市经济发展中有利条件和积极因素不断增多，经济运行出现积极变化，总体呈现出“止跌回暖、趋势向好”的基本态势，主要表现为地区生产总值下行趋势放缓；工业生产逐月向好，规模以上工业增加值增速居全省第4位；固定资产投资增势强劲，全社会固定资产投资增长43.7%。在经济企稳回升的关键时期，银行业更要统一思想，明确目标，抢抓机遇，乘势而上，在支持承德经济化危为机、加速崛起中发挥核心支撑和保障作用，同时实现自身的快速发展。

一、承德经济在本轮发展中面临的机遇和挑战

国家实施扩大内需政策措施，与承德的发展阶段和发展重点相吻合，拉动、促动作用较以往更强劲、更持久，特别是承德的路、钢、电项目集中建设提前了近5—10年。国家促进钢铁等重点产业调整振兴计划的实施，将对承德钢铁行业产生积极而深远的影响。三年大变样的推进，必将拉动即期增长，促进人口和产业聚集。河北省政府统筹冀东发展，将承德置于新的发展起点。随着承德一环八射公路网的陆续建设，交通条件大为改观，毗邻京津的区位优势将进一步显现。

在看到金融危机给承德带来机遇的同时,挑战也同样严峻。一是工业生产困难较大。上半年,全市停产半停产企业多达169家,占规模以上工业的30%。企业利润大幅下滑,规模以上工业利润同比下降99.7%,亏损企业亏损额增长5.3倍。二是承德市重点项目少。从全市看,今年在建的515个投资千万元以上的项目中,新开工亿元以上项目只占12.6%。三是机构调整类项目少。在建投资千万元以上项目中,装备制造、高新技术产业项目比重不到5%。

二、承德中行应对危机、支持经济发展情况

上半年,承德中行信贷投放实现跨越式增长,各项贷款新增22.86亿元。特别是公司贷款,投放总量超过过去三年的总和,增幅达64.87%,新增额在全省中行系统排第5位,重点支持了全市的重大基础设施建设和中小企业发展。(到9月1日,各项贷款新增35.58亿元,增幅67.9%,其中公司贷款余额翻了一番。)

年初,针对承德市资源、区位和后发优势,承德中行明确提出:必须抓住承德路、钢、电项目提前投放的机遇期,必须在与承德经济共生共赢、同发展中大有作为,必须实现当年对公授信增幅80%以上的目标。面对承德大型企业少,重点企业利润下滑,亏损增加,重点建设项目少的客观现实,全力支持企业走出困境。一方面,抓重大基础设施的落实。紧跟市委市政府重点推进的高速公路、钒钛基地、百万千瓦风电基地等一系列重大项目投资,做好与上级行授信准入政策的对接和项目落实。向承唐、承秦高速公路投放贷款25.1亿元;风电项目贷款发放3亿元,并出具承诺12亿元。另一方面,帮助重点企业走出困境。向新新钒钛提供贷款12.6亿元,支持企业正常生产经营活动,尽快走出低谷。三是积极支持中小企业客户。为进出口企业核定授信总量2.7亿元,陆续推出了融易达、融信达、投资经营、商业用房贷款、抵质押循环额度贷款等业务。

三、对银行业如何促进经济发展的几点思考

一是坚定不移地贯彻适度宽松货币政策,为保增长提供充足信贷资金。

当前,承德经济正处于企稳回升的关键时期,尽管经济发展开始出现向好的势头,但经济回升的基础还不稳固,一些行业、企业生产经营困难尚未根本缓解,保持经济平稳较快发展仍然是首要任务。从目前看,各经济主体对信贷资金的需求非常旺盛。各家银行应抓住这个主要矛盾,继续坚定不移地贯彻落实适度宽松的货币政策,坚持抢抓机遇,加快发展,增强信贷资金的配置能力,提高有限信贷资源的利用率和贡献率。加大对中小企业贷款支持力度,确保对中小企业的贷款增幅不低于全部贷款平均增幅。对于其中的有市场、有合同订单、有信誉、有效益,不是高污染、不是高能耗、不是高危产业的"四有三不"企业,应以战略发展的思维来判断企业前景,与企业共克时艰,适当放宽贷款条件,对到期贷款进行合理展期、延期,给予其雪中送炭式的资金支持,帮助其渡过难关,而不是釜底抽薪。例如,银行内部可成立中小企业金融服务专门机构、降低贷款准入门槛、下放审批权限、简化审批流程、实行利率优惠、推出新型金融产品等,以提高对中小企业的金融服务水平与能力。

二是坚持信贷投向与产业政策相协调,在促进结构调整中实现经济的可持续发展。

按照"有保有压、有进有退"的政策要求,在继续支持扩大内需重点项目建设的同时,加大对中小企业、民生工程、节能减排、科技创新等领域的信贷投入,严格控制高耗能、高污染行业和产能过剩行业贷款,全方位推进行业、客户和信贷品种结构的调整,实现信贷总量合理稳步增长,更好地服务于经济结构调整和经济发展方式转变。同时,对产能过剩、前景看淡的行业、企业坚决实行退出战略,实现"腾笼换鸟"。

三是积极支持基础设施与重大项目建设,以有效投放增强经济崛起后劲。

历史实践证明,基础设施与重大项目建设对于促发展、调结构、增后劲、带就业具有重要作用,是经济实现大发展的强大"引擎"和动力。在本轮经济发展中,承德高速铁路、钒钛钢铁、机场、风电项目提速,承德经济发展的基础将更加扎实、空间将更加广阔。各家银行应加强与政府有关部门和项目单位的沟通协调,一方面,积极发放国家投资基础建设项目配套贷款,加大对交通运输、电力能源、城市基础设施建设信贷投入;另一方面,围绕承德市政府规划确定的重大基础设施项目、重大产业支撑项目、重大服务业项目等大中型建设项目,加大中长期贷款和流动资金贷款投放力度,切实保障重点建设项目资金供应,力求以大项目推

动大发展，以高投入拉动高增长。此外，大力发展银团贷款，通过信息共享、风险分散、合作共赢，防范贷款集中度风险。

四是严格守住银行业经营发展风险底线。

在当前信贷投放超常增长的背景下，尽管银行业发展与经济增长的互动效应正在逐步显现，但由于经济回升的基础尚不稳固，贷款有潜在的风险隐患。为此，应正确处理好支持经济与防范风险、眼前利益与长远发展、银行自身效益和社会效益的关系，真正形成金融与经济良性互动发展的格局。针对可能出现的各种风险和问题，各行在促进经济回升的同时，应坚决守住风险底线，实现防风险与保增长的有机结合。一是要坚持审慎经营原则，准确进行五级分类，进一步充实资本实力，提足风险拨备。二是要通过科学、合理的贷款组合分散风险，防止信贷风险向某些行业、项目和客户过度集中。三是要提高贷款决策的科学性，严格客户准入筛选，加强对企业资金流向的跟踪监测以及异动数据和苗头性变化的深入分析，从机制上、细节上强化“三查”、堵住漏洞，及时预警和处置相关风险，做到在信贷高增长中有效防控潜在风险，在信贷结构调整中提高银行的运行质量。

五是进一步完善政银企沟通机制，改善中小企业金融服务。

定期举办银企座谈会，银政协商会等洽谈会，搭建信息交流平台，促进银企合作和交流，由相关部门收集信贷项目，建立项目库，及时更新、公布，为金融机构加大信贷投入提供项目参考。对于政府融资平台，要认真筛选好投放项目，把好钢用到刀刃上，提高资金使用效率，确保信贷资金质量。各商业银行及时沟通交流维护自身债权的信息，开展良性竞争，对失信企业实施共同制裁。

（中国银行承德分行　赵玉智）

【关于贷后管理与风险防范工作的思考】

贷后管理是指从贷款发放后直到本息收回全过程的信贷管理行为的总和，是信贷管理的一项基础性工作，它是贷款管理“三查”制度（贷前调查、贷时审查、贷后检查）的重要一环，与其它二查组成风险全程控制体系。贷后管理作为信贷管理的最终环节，对于确保银行贷款安全和案件防控具有至关重要的作用。但相对而言，贷后检查管理长期被重视程度不够，使得贷款内在风险不能被及时发现，错失了采取主动的时机，具体分析主要存在以下几种情况：

一、贷后管理过分注重对第二还款来源的考查，轻第一还款来源管理。一是在信贷投放时，单纯以抵押物是否足值来判断贷款的风险状况，对用什么标准去判断企业在生产经营中出现的风险问题较为模糊。二是贷款投放出去后对其用途关注不够，自恃有足值的抵押物，致使在第一还款来源已明显变坏的情况下，仍然认为贷款较为安全。三是风险意识淡漠，认为贷款有抵押，没有必要进行过多的贷后管理检查，思想上把贷后管理看成多此一举。

二、贷后检查不规范，检查整体质量不高，甚至流于形式。一是以业务繁忙为借口，不按时进行贷后跟踪检查管理。二是贷后检查使用固定的文本格式，其调查内容过于简单，流于形式，没有对企业第一（及第二）还款来源和偿还能力进行有效分析，不能准确、详实地反映出贷款使用情况和企业的偿还能力。三是检查频率保证度低，不能按时对借款人进行首次跟踪检查和按规定频率进行日常检查，检查的随意性很大，检查不及时、不到位的情况时有发生。四是检查方式单一，往往以听借款人的自身介绍为主，以对企业提供的财务报表进行简单分析为辅，缺乏第一手的现场实地检查，致使检查的真实性不足，检查结果可参考价值不大。

三、动态监测和识别贷后风险能力较弱，风险预警信号不能被及时发现。一是贷后管理人员业务能力参差不齐，部分人员风险识别水平和技能不高，尤其是财务分析技能明显不足，贷款风险分析报告以罗列财务数据为主，不会进行中短期偿债能力等技术性分析，对贷款潜在的风险无法准确识别和计量。二是部分贷后管理人员对借款人的贷后风险识别方法粗略，往往以定性分析代替定量分析，以经验判断代替实证分析，习惯于凭个人直觉和借款人的表面现象来判断风险的大小，对于贷款的风险程度缺乏数量化的描述。三是银企间信息不对称，社会信用缺失，信息传导不畅，无法及时从工商、税务、产权登记、法院等相关部门及时获得有关借款人的各种信息；同时对于会计、评估事务所等中介机构的评审报告缺乏足够的鉴别能力。

四、过分看重和相信企业财务报告等硬件信息,忽视对法人代表道德、品质等方面软信息的考查。目前部分信贷管理人员在贷款审查和贷后管理中,看重的往往只是企业财务报表和贷款可靠性报告等一些表面东西,并没有对企业法人的道德品质等进行认真考查,没有对企业法人代表的历史信用状况和金融意识进行全面分析,忽视了道德风险。

针对上述情况,为了打造现代商业银行,建立健全贷后管理体系,有效防范和化解信贷风险,提高贷款全过程的风险防范和控制能力,实现可持续发展,必须在以下几个方面加大工作力度。

一、明确职责,构建贷后管理责任体系。一是按照总行相关文件要求做好贷后管理工作,科学划分贷款发放和贷后管理岗位的职责与权限,避免岗位间相互推卸责任。二是将具体客户落实到人,建立分工负责制的管理制度。三是加强对贷后管理人员的日常培训,提高贷后管理人员的宏观政策、产业知识、财务分析技术、风险识别、风险监测、风险预警和风险处理能力。

二、规范行为,构建贷后管理检查体系。一是按照信贷手册与相关文件要求明确检查时限。要对首次检查时间和日常检查频率按规定落到实处,对于大额或者潜在风险较大的贷款,适当增加检查次数,贷后检查要采取定期检查和不定期抽查相结合的方式,以便随时了解借款人的动态情况。二是要规范检查程序和方式。贷后检查要按照规范化、格式化作业,实行贷后检查双人制,要对所有的贷款按规定进行实地检查,实地走访纪录要有企业相关人员签字。三是要明确检查重点。要通过检查,及时了解和掌握借款人是否按规定用途使用贷款;是否诚实地全面履行合同;借款项目是否正常进行;借款人的法律地位是否发生变化;借款人的财务状况是否发生变化;借款的偿还情况及抵押品质量、价值等变化情况记录是否完整真实。四是贷后检查报告应该做到定量与定性分析相结合,要确保检查报告的真实性和可用性。五是要建立贷后检查再监督机制,指定具体部门或岗位负责对贷后检查工作进行监督检查。

三、建立队伍,构建授信平行作业体系。一是加强贷后管理人员队伍建设,防范能力风险和道德风险。通过对行内有潜力员工的培养选拔或招聘等形式,把一些素质高、品德端正、有经验的人才充实到贷后管理队伍中来,并强化该队伍的日常业务培训及政治思想教育工作,以使贷后管理队伍能够识别风险、监测预警,具有良好的道德基础。二是合理配备客户经理和风险经理,有效建立平行作业体制。在对公司类客户落实贷款经营责任人与主责任人的基础上,对信用额度大、管理难度大的客户,要配备客户管理团队;按照风险防范要求,配足配强专职风险经理,原则上每10名客户经理至少配备1名专职风险经理。

四、突出重点,构建贷后管理重点客户体系。结合现行政策,重点抓好以下三类客户的贷后管理:一是要加强对跨区域集团客户的贷后管理。这部分客户占用贷款多、管理难度大,一旦出现风险,将对全行的经营产生较大影响;要从制度和流程上,强化对集团客户统一授信和用信额度的控管,严防集团客户授信过度和内部关联方之间相互担保的风险,切实解决集团客户借贷双方信息不对称、贷后管理难的问题。二是要加强对限制行业客户的贷后管理。切实增强对国家宏观调控政策的敏锐性,高度关注国家限制行业链上的客户,采取有效措施,密切监测客户的经营变化情况,防范和化解信贷风险。三是要加强对关注类贷款的管理。这部分贷款存在一定的潜在风险,客户信用风险随时可能显现,要通过加强贷后管理,提高风险预警能力,防止形成新的信贷风险。

五、前移防线,构建贷后重点环节体系。增强风险防范控制的主动性,前移风险控制防线,有效防范信贷风险。一是加强对贷后资金使用情况的监控。对法人客户(含小企业)、大额个人商用房贷款及个人经营贷款的贷后资金流向进行监控,监督借款人严格按合同规定用途使用贷款。建议贷后管理人员要对单笔贷款金额50万元(含50万元)以上的资金流向进行监测记录,支行主管行长要对单笔金额100万元(含)以上的资金流向进行监测。二是加强对借款人还款来源的监测。建议贷后管理人要提前10个以上工作日监测法人客户(含小企业)、大额个人商用房及个人经营到期贷款的资金落实情况;提前2个以上工作日核查贷款利息资金落实情况;建议凡用拆借资金或通过担保公司和其他中介机构拆借资金归还贷款的企业,一律停止再发放新贷款,三是加强贷款企业现金流的监测。建议贷后管理人季后十日内分析法人客户(含小企业)现金流量和销售归行情况,并写出对比分析报告。四是加强12级分类认定工作,有效量化风险管理指标。

六、及时预警,构建立体式贷后预警体系。一是拓展信息获取渠道。对外要与工商、税务、产权登记、法院等相关部门建立信息沟通机制,及时从外部获得可用信息;对内要建立信息共享机制,及时从会计部门获取借款人现金流量、结算频率、账户余额等情况;通过内外结合,提高风险预警的准确性和及时性。二是对风险进行量化预警。充分利用现代计算机技术对贷后风险进行动态量化分析,并与定性分析结合后综合考虑确定贷款的风险程度。三是消除认识偏差。改变对"优良"客户贷后管理相对宽松的做法,特别要重视对第一还款来源的风险识别。四是完善预警信号传导机制,充分利用贷款风险分析例会定期组织信贷员对每笔贷款的风险情况进行集体分析,对于需要进行风险预警的,要及时向贷后管理部门和管理层报告风险情况。五是实行督办制度。对于发出预警信号可能形成损失的贷款,要指定部门指定人员制定风险防范措施,并监督具体经办行贯彻实施。

(中国建设银行股份有限公司廊坊分行 杨桐生 李国庆)

【个人金融产品售后服务探究】

售后服务指一次金融交易或服务达成后,商业银行围绕客户(而非产品)所进行的一切活动,其目的是提高客户满意度,建立客户忠诚度,所涉及的内容不仅仅是投诉处理等,更涉及对现有客户的关系营销,包括建立客户资料库、加强客户接触、对客户满意度进行调查、信息反馈,从而进一步改善服务和产品等多项内容。售后服务是商业银行个人金融产品营销不可或缺的重要内容之一,其与售前、售中服务紧密联系在一起,构成了产品营销的整个链条。它不是一次金融服务达成后的终结,而是商业银行与客户建立长久关系的起点,任何一次售后服务都是下一次营销的前营销。

一、售后服务的重要性

(一)售后服务是营销过程中的一个重要环节

随着人们生活水平的提高,客户对个人金融产品的需求越来越强烈,对产品服务的需求也更加迫切。在产品营销中,售前服务主要是为了激发客户的注意和兴趣,激发客户的购买欲望而提供的一系列服务;售中服务是为了促进最终交易的达成,实现销售的增长;售后服务则是在产品销售之后所提供的服务,充当着"无声"宣传员的角色,是客户最信赖的广告。在营销过程中,售后服务为先前的售前、售中服务提供支撑和保障,也为下一轮的售前服务做铺垫。售前、售中和售后服务一起构成产品营销过程的紧密链条,向客户提供产品售后服务,是完成整个营销过程的要求,也是维系客户关系的必然要求。

(二)售后服务是价值创造的重要链条

售后服务为下一次产品营销工作做铺垫,是对下一次产品销售的预营销。对客户提供售后服务的过程,直接或间接促进了我行个人金融产品销售的顺利进行,成为我行产品价值创造的重要链条。对我行个人金融产品满意的客户通常是潜在新客户最好的信息源,良好的售后服务提供潜在的交易计划。通过提供产品售后服务,一些满意的客户会予以回报。客户对营销人员提供售后服务带来利益有所回报的一个重要方式,是向营销人员提供其他有可能对产品或服务感兴趣的客户。通过提供售后服务,能够实现银行存量客户与新增客户的统一,共同促进个人金融产品营销的深入进行。从这一角度讲,提供售后服务的过程,成为银行个金产品价值创造的一个子过程,售后服务也就成为个金产品价值创造的重要链条。

(三)售后服务是落实以客户为中心理念的要求

随着市场上个人金融产品的日渐丰富,商业银行之间的竞争不断加剧,拼抢客户更加激烈,客户选择产品的范围扩大了,对产品及服务的要求也随之提高。要使客户对个人金融产品发生兴趣并产生购买欲望,售后服务无疑在其中担当着重要的角色。向满意的客户销售相同的或新的产品比寻找和出售给新的预期客户要容易得多,良好的售后服务能够保证使客户满意,这对下一步的营销工作非常重要。售后服务常常带来客户和销售人员之间的信任关系,作为回报,这种信任和信赖关系的建立将导致重复购买和未来业务关系的巩固。从本质上来说,客户购买个人金融产品并不是为了产品本身,而是为了产品所能带来的效用,即产品的使用价值,售后服务作为效用的重要组成部分,能够满足客户对产品的需求。

二、银行个金产品售后服务现状

(一)对售后服务的重要性认识不够

受传统业务发展模式和营销观念的影响,银行在产品营销过程中的服务主要集中在售前和售中进行,售后服务还没有引起足够的认识,与售前、售中服务尚处于脱离之中,还没有形成系统、完整的循环体系。具体表现在银行在个人金融产品营销过程中,普遍存在着重视产品销售、轻视产品售后服务,重视新增客户的拓展、轻视存量客户维护的现状。

(二)普遍缺乏向客户提供必要和基础的售后服务

目前,银行普遍存在着缺乏向客户提供必要和基础售后服务的手段和能力。在日常经营中,银行在销售产品后,基本上对客户不闻不问,相关后续服务的主动性不强,未能将售后服务作为日常工作对待,也未能及时将产品必要和基础的售后服务提供给客户。面对客户资金缩水,我们不能将产品净值变动、市场现状等相关信息及时告之客户;客户办理理财卡后,不能及时将卡片办理进程告之客户;产品提前终止后,未能及时告之客户等等。这些理应成为必要的和基础性的售后服务,在银行个人金融业务发展中还不能及时向客户提供,由此给银行的业务发展带来一定的负面影响,部分甚至引起了客户投诉,严重损害了我行的形象。

(三)提供售后服务的人员和服务内容不明确

一线业务人员作为产品营销主体,与客户的沟通和联系更加紧密和便利,理应由他们向客户提供产品售后服务。但在实际中,受销售导向影响,一线业务人员主要从事于产品销售,对提供售后服务缺乏必要的认知和培训,相关的制度和工作要求也未对提供售后服务工作的内容予以明确。同时,目前一线员工作为产品营销的主体,面临着产品销售的巨大压力,完全被完成产品销售任务的压力所束缚,仅靠一线营销人员做好售后服务不能满足个人客户对银行金融产品的需要。中后台部门和员工在售后服务方面对一线的支持和支撑作用未能有效发挥,中后台对支持前台售后服务的主动性和能动性不高。

(四)缺乏对售后服务的考核、评价机制

个人金融产品售后服务的缺乏,除了银行对售后服务缺乏重视外,更与银行对售后服务的考核、评价机制缺失有关。当前,各家银行对个人金融产品的营销效果,更多地通过考核产品销量、任务完成率等指标。针对产品的售后服务,目前只有针对客户有效投诉进行积分处理的制度,其他针对产品销售后向客户提供后续跟踪服务的机制基本上尚未建立。售后服务考核、评价机制的缺失,造成银行在产品营销中对售后服务不重视,各级员工形成了售后服务对银行影响不大的观念,做与不做一个样,做好做坏一个样,开展有针对性的售后服务工作困难较大。

三、如何做好售后服务

(一)强化个金产品售后服务的理念认识

根据美国哈佛商业杂志的一份研究报告,重复购买的客户可以为企业带来25%—85%的利润,固定客户数每增长5%,企业利润将增加25%。建立稳定的客户关系和客户忠诚度的重要性已经成为各家商业银行的共识。银行要落实以客户为中心的经营理念,必须建立"服务至上"的企业文化,提高各级管理人员、各类员工对售后服务重要性的认识。售后服务需要各级员工统一认识,实现服务内部客户与外部客户的统一,让员工认可、理解售后服务的理念和宗旨,强化针对个人金融产品售后服务的意识,提升售后服务对维护客户群体稳定、促进个金业务发展重要性的认识,变当前被动的售后服务为主动售后服务。

(二)加强对售后服务的考核力度

在个人金融产品营销过程中,将产品售后服务的考核列为产品营销考核的一部分,改变只考核产品销量、任务完成率等指标的现状,将提供产品售后服务作为一项非产品指标列入整个产品营销考核的重要组成部分,建立健全考核制度,增强各级员工对售后服务的重视度。

(三)建立合理有效的售后服务流程与客户定位

售后服务与售前、售中服务一样具有服务的一般标准化流程形式,但同时,作为一项维护客户关系重要环节的服务内容,售后服务理应具有差别化的内容形式。根据二八定律,只要拥有了关键的客户份额,就占据了市场主动。银行只有占据了客户份额才能真正拥有客户,也才能在市场瞬息变化的环境中立于不败之地。因此,银行向客户提供个人金融产品售后服务必须针对不同的客户群体有区别进行。针对一般大众客户，通过建立标准化的售后服务流程，将相关售后服务的内容、指标、效果等模型化，由一线业务人员按照这一流程向个人客户提供，满足一般大众客户的售后服务需求。针对中高端客户，除了提供一般标准化售后服务内容外，针对客户的投资兴趣、职业习惯、个人偏好等，由专职客户经理及时将相关信息补充至客户资料库中，由个人客户经理在日后的售后服务中有针对性地向客户提供相关信息与服务，做到有的放矢，满足中高端客户的差别化售后服务需求。

（中国建设银行股份有限公司河北省分行 陈中新 王赟祥）

【对代客外汇衍生产品的几点思考】

2008年金融危机爆发，全球金融市场剧烈动荡，国际国内一些企业因叙做金融衍生业务出现了较大额度的损失或账面浮亏。特别是部分人民币债务QUANTO产品发生的交易损失，使初涉金融衍生业务的中国银行业和部分国内企业遭受重创，代客衍生产品成了人们心目中的洪水猛兽。部分人士认为它是一切问题的源头，更多人认为衍生工具风险太高，难以明白，避之则吉。本文从如何看待衍生产品的风险，如何正确理解和使用衍生产品，使之成为银行产品创新、服务客户、为银行和企业创造巨大价值的业务领域，谈几点浅见。

一、如何看待衍生产品的风险

衍生产品引发的风险事件，使人们增加了对其的负面认识，有人将衍生产品视同于赌博。实则不然。由于衍生产品独特的财务杠杆作用，在聚集了现货市场价格风险的同时，确实会产生自身新的风险。但衍生品是管理风险的一种工具，虽然有博弈的成分，但不是风险的制造者。应该说，当前绝大多数衍生产品的主流是好的，是有利于实现银行和客户双赢的，为使用者和提供者创造了巨大的价值。

近年来，我行代客外汇衍生产品业务实现了快速发展，为客户有效规避了风险，创造了可观的增值收益，对全行业务发展也做出了较大的贡献。当前代客衍生产品业务发展中遇到的问题，为我们敲响了警钟，但更多的是经验的积累。分析部分产品发生风险的原因，主要是以下三个方面。

一是产品设计的缺陷。随着衍生产品市场的迅速发展，国外投资银行为了获得更大的短期收益，在衍生产品设计和营销中急功近利，设计的产品越来越复杂，挂钩的指标越来越偏，这对企业来说不是风险的回避，而是在降低当前风险的同时，承担了未来更大的风险。

二是人民币衍生产品的缺失。我国人民币衍生品市场刚刚起步，无法充分运用人民币利率掉期等衍生品对国内企业人民币债务风险进行管理。因此，往往运用跨币种衍生品对人民币债务成本进行管理，其实质是通过承担美元或者欧元等利率指标变动的风险来降低人民币债务成本。正常情况下，如果指标选择和买入时机合适，这种方式能有效降低企业的人民币债务成本。但是，该种方式本身不是为了回避人民币利率的不确定性，而是通过投机境外市场风险变量来降低人民币债务成本，在极端情况下容易发生严重的交易损失。2008年以来，随着金融危机的爆发，欧元30年和2年掉期利率的长时间倒挂，以及美元30年掉期利率的大幅下跌，导致大量办理该类业务的人民币债务企业发生损失。

三是衍生品定价能力的缺失。衍生产品的价值依赖于基础金融变量的波动性变化，定价需要使用专门的技术对其进行估值和评估风险。尤其是复杂的衍生产品，本身就缺乏市场流动性，定价主要依赖于银行内部不透明的模型。目前，只有少数国外金融机构掌握了定价估值模型，国内银行根本无法对外汇衍生产品进行定价。因此，在办理复杂衍生品交易时，国内银行不得不安排与国外金融机构平盘以转移市场风险。在这种情况下，国内银行在整个交易过程中以承担交易对手和客户的信用风险为代价，获得了微薄的利润，而相应的国外金融机构在这方面利润丰厚。在市场危机时刻，具备定价权的国外交易对手出于自身考虑，将大幅提高估值损失或平盘成本，远多于衍生品实际蒙受的损失，使发生风险的客户进退两难，令市场处于混乱状态。

二、正确理解衍生产品

衍生产品是一把“双刃剑”。一方面，若风险管理使用得当，可以有效帮助企业获得较高的收益或者对冲经营风险。例如利用远期、期货等衍生产品可以帮助企业管理原材料和外汇等的价格波动风险，帮助企业锁定成本，保持企业财务和盈利状况的稳定性和可预测性。另一方面,若对衍生产品的风险认识不足,贸然参与或过度投机,则很有可能给交易者带来巨大损失。大量事实证明,如果不能正确驾驭衍生金融工具,控制其风险,它给人们带来的教训将十分惨痛。

在当前金融危机背景下,市场处于极度不稳定之中,企业经营中面临的各种市场风险变幻莫测,尤其是利率和汇率的波动,将造成企业成本和收入的不确定性。2008 年以来,全球央行持续大幅降息,美元、人民币等主要货币利率均处于历史低位,继续下跌的空间不大。随着全球经济的开始复苏,以色列、澳大利亚等国家的率先加息,对其他货币未来升息预期逐步增强,对于有中长期浮动利率债务的企业来说,如果借款期间利率不断上涨,企业债务成本将不断上升,企业面临的利率风险极大。此时,为规避未来利率上涨的风险,如果运用普通利率掉期,将企业中长期浮动利率债务转换成固定利率的债务,就可将未来一定时期内市场波动对企业经营的影响控制在一定范围之内,达到锁定利率、控制成本的目的。

三、正确驾驭代客外汇衍生产品

代客外汇衍生品不是魔鬼,只要合理运用,加强对衍生产品的积极管理,发挥衍生产品的正向作用,就可为银行和企业带来巨大价值。

(一)合理运用衍生产品,最重要的是坚持"以客户为中心"的经营理念。设计或推广代客外汇衍生产品,切忌急功近利,必须从客户需求出发,着眼于银企双赢,以客户和银行双方利益最大化为目标,决不能为了银行自身的短期利益而忽视客户的利益与风险,进而牺牲银行的长远利益。

(二)坚持适用原则。产品的设计、营销要从客户的真实需求出发,与客户作为真实需求的基础资产和负债的风险相匹配,以转移和锁定风险为目的,而不是试图从中投机获利。否则,衍生产品不仅不能对冲风险,反而会制造风险。同时,不能盲目照搬或引进国外金融机构的复杂产品,要叙做与客户风险承受能力相适应的衍生产品。在叙做衍生产品之前,首先要明确客户叙做衍生产品的目的,是套期保值、降低成本,还是投机套利。应根据不同的目的,选择与其相适应的衍生产品。如果客户付出的成本过高,超过了企业的承受能力,就可能会造成新的风险。

(三)建立衍生产品积极管理机制。对银行来说,代客外汇衍生产品的主要风险在于市场风险、客户信用风险等等,在办理之初就要考虑到如何安全退出的问题。交易前,要建立交易保证机制,切实落实交易保证金、担保等缓释措施;交易后,要对市值进行持续的跟踪监测,当市场发生剧烈波动或市值亏损达到一定程度时,要及时催缴客户保证金。

百年不遇的金融海啸,使我们更加深刻地认识了金融衍生品所蕴藏的风险,也为我们发展代客外汇衍生产品理清了思路。只要坚持"以客户为中心"的经营理念,以发展基础性衍生产品为主,不过度创新,不投机,产品设计方面充分考虑"黑天鹅"现象,就可以驾驭衍生产品,为客户、为银行创造更大的价值。

(中国建设银行股份有限公司河北省分行 陈素坤 尹晓健)

【浅谈商业银行网点的特色化建设】

机构网点作为商业银行开展各项经营活动的组织载体与业务发展平台,是银行发展客户、开拓市场、办理业务和树立品牌形象的主要场所,商业银行网点的价值创造和竞争能力的关键在于是否具备鲜明的特色。近年来,随着我国金融市场的全面开放和金融市场竞争的日益加剧,网点的特色化建设越来越成为商业银行打造核心竞争力的重要内容。

一、网点特色化建设的内涵

网点特色化建设是指根据网点区域市场特点,在深入调研的基础上,细分市场,找准市场定位,进而根据该市场定位确定网点的特色化服务方案,做大做深做透目标市场,提升网点的综合竞争力和市场影响力。可以讲,特色化就是细分客户、差别化服务,通过对一些网点已有经营特色的突出,使银行的服务更加专业化。

商业银行网点的特色化包括推出特色银行或特色服务项目。其中推出特色银行是指在进行准确市场定位的基础上推出较有特色的一揽子综合服务方案,而推出特色服务项目是指在进行准确市场定位的基础上推出一项或几项较有特色的服务项目。当然,只是推出特色银行或特色服务项目并不能讲就实现了特色化,特色化是一个不断调查、不断策划、不断营销、不断探索、不断进步的过程。特色化的目的是使网点能够真正扎根于当地市场，促进网点的持续稳健健康发展，而不仅仅是为了追求几个考核指标。特色化的推行必须遵循事实求是的态度，要以详实的市场调查、策划为依据，要扎根于周边市场。

二、网点特色化建设的重要意义

（一）特色化是一举多得的经营战略。特色化有利于充分吸引客户的注意力，提高全行的整体品牌形象与知名度，有利于促进分支机构深入研究市场，做好市场细分，弄清楚自己该做什么，为谁服务，减少工作的盲目性，提高工作中的方位感，同时也培养了一批专门化的经营人才，是一举多得的经营战略。

（二）特色化有利于打破当前国内银行普遍存在的同质化竞争格局。同质化竞争是一种低层次的恶性竞争，不利于商业银行的持续稳健健康发展。而特色化就要"求新求变求高，做出特色做出声誉"，走的是面向市场的专业化之路，必将打破目前国内商业银行的同质化竞争局面。

（三）特色化可以集中资源建立局部优势。应该说，与外资银行相比，国内商业银行的整体竞争优势还较为有限，但如果能通过特色化不断建立一个个新的局部优势，这些新的局部优势逐渐累积到一定程度，就可以最终确立商业银行的整体竞争优势。

三、网点特色化建设的发展趋势

合理的网点分布和特色化的网点建设是商业银行的一项重要的战略性投资。进入二十一世纪以来，西方商业银行在网点的经营方式、数量规模、空间分布上发生了深刻的变化，从中我们可以把握网点特色化建设的一些趋势。

（一）银行网点的职能定位由结算型网点向营销型、零售型网点转变，网点的职能更趋于综合性和多样化。

（二）银行网点的模式在变化，由传统商店模式向零售超市、购物中心、专业连锁店等不同的模式发展，注重品牌塑造和客户舒适度的体验。

（三）网点的位置在变化，针对客户的日常行为习惯，如越来越多的零售型网点设在大型超市之中。

（四）网点的员工数量和构成在变化，由于电子银行渠道的普遍使用，每个网点员工的数量在持续减少，而营销人员占的比例越来越大。

（五）网点的自助化程度在不断提高，实现了对网点柜面交易的替代，促进了销售增长。

（六）网点柜面业务实现了高柜和低柜业务的分柜办理。高低柜分离的实质是把销售职能从封闭式柜台里分离出来，使销售职能得到强化。高柜主要办理耗时短、标准化的交易业务。低柜办理需要和客户充分沟通营销、揭示风险收益、耗时长的销售业务。总体上，西方商业银行网点呈现"减高增低"现象，减少高柜窗口数，增加低柜窗口数。

（七）网点职能在发生变化。简单结算操作职能所占的比重越来越少，销售职能所占的比重越来越重；网点非增值业务工作量在大幅减少，增值业务工作量在大幅增加。

四、网点特色化建设的主要途径

（一）准确的市场定位

特色化的过程实际上就是将网点的市场定位不断明晰化和深化的过程。在市场细分的基础上选准目标市场是网点特色化建设取得成功的关键。在选择目标市场时，应注意以下几点：

1. 细分市场的规模和潜力。理想的细分市场是规模适当，在网点周边目标客户相对较为集中，而又有一定的增长潜力，可以不断开发。

2. 与商业银行自身目标和资源相结合。目标市场虽好，但如果与商业银行自身的目标不一致、各种资源不配套，不能发挥自己的优势，仍不宜选为目标市场。

3. 能够形成较鲜明的特色。如果没有较鲜明的特色，就很难与周边其它市场区分开来，也就无法将目标客户注意力吸引过来。

（二）良好的产品支持

一个特色化网点必须根据自身的市场定位做出有影响力的主打特色产品来，才能在特定的目标市场上立住脚。主打特色产品可以是新业务新产品，也可以是商业银行的传统业务品种。主打特色产品如果是新业务新品种，应本着先试一段时间的原则，待产品较为成熟后，再对外宣传营销；主打特色产品如果是商业银行传统业务品种，应在产品的深度挖掘上做文章，对目标市场客户需求特点进行细致的研究，提高产品在客户中的渗透率。

（三）到位的营销宣传

营销宣传就是要打好攻心之战，力求突破心理障碍入驻目标客户心中，确立该网点在目标客户心目中的地位。当然,营销宣传不能一劳永逸,在网点推出特色银行或特色服务项目时要进行营销宣传,在推出后更要经常组织一些有影响力的营销宣传活动。

(四)专业化的人才优势

网点要真正做出特色,必须配备相应的专业化人才,以专才研究专门市场,真正将目标市场做深做透。如特色银行的客户经理不仅要精通基本的银行业务,而且要掌握基金、证券、保险等相关的金融知识,甚至是房地产、黄金、期货等投资品的基本常识,以满足不同层次客户的金融需求。

(五)不断提升的服务质量

特色化网点是周边居民和媒体关注的焦点,服务质量方面的一点小差池,都可能给特色网点带来不应有的声誉损失。特色化网点服务质量的提升可以从以下几个方面着手:

1. 服务的标准化,即要有一套服务规范和标准。

2. 服务的个性化,即对客户的服务应在标准化的基础上根据客户需求等方面的差异提供量身定做的高品质服务。

3. 服务的知识含量。服务真正要提升档次必须在知识含量上狠下功夫。如创业特色银行,要真正为目标客户服好务,需要熟悉创业企业管理与运作、风险投资、资金融通、资本运营、产业经济、工商、投资和税务政策、商人银行业务、项目建设管理等方面的知识并能加以融汇贯通。

(六)借助社会力量支持

网点在推进特色化的过程中需要借助政府部门、社会团体、新闻媒体等社会力量的作用,整合各种社会资源,提升网点的美誉度和影响力,并转化为网点的经营优势。

(交通银行邯郸分行)

【提升服务质量　创建友好型银行】

什么是友好型银行? 中国银行业协会专职副会长杨再平先生给出了明确的答案——能提供优质服务的银行!

正如杨再平先生所说,服务在人们经济生活中的地位已经越来越重要,金融业的竞争,不再仅仅是行与行之间的信誉竞争、产品竞争,同时也是优质文明服务多元化、系统化的竞争。谁的信誉好,谁的服务优,谁就能更适应顾客的不同层次需求,谁就能占领更多的金融市场,抓住更多的优质客户群。银行服务的优劣直接体现着银行管理水平的高低,孕育着银行自身深厚的企业文化内涵和员工的良好精神风貌,从而展现在公众面前的就是一种品牌。因此,能提供优质服务是创建友好型银行的基本条件。

一、员工理解、认识服务的内涵并接受,是提供优质服务的动力

在当今银行业务你有我新,竞争愈演愈烈的形势下,要想赢得市场,就必须在不断抢先推出新产品的同时,重点抓好高效、优质的服务,而高效、优质服务的根本目的就是“把方便留给客户”。

服务是一种管理。优质文明服务水平的提高必须依赖于严格、规范、科学的管理,而严格规范的管理又能促进优质文明服务水平提高,二者存在着相互依存的辨证关系。优质文明服务的好坏体现着一家银行管理水平的高低。因此,银行在实施优质文明服务战略过程中应严格依靠管理制度。它包括岗位规范、统一着装、仪表举止、文明用语、电话用语等,这些都必须形成制度,成为员工的行为准则,严格执行。

服务是一种文化。银行构建服务文化体系包括:员工要有爱岗敬业的服务精神,要有以服务为本的道德观、价值观,要有无私奉献、团结奋进的互帮互助和艰苦奋斗的务实精神,以及因此而衍生出的“行兴我荣、行衰我耻”的积极思想和身为银行员工的自豪感等等,这种有行业特色的企业精神,可以促使银行每位员工树立严密的风险意识和良好的效益意识,从而充分发挥这种服务文化的激励作用。

服务是一种精神。银行文明优质服务活动的核心内容是引导职工树立一种正确的价值观念、职业道德及敬业精神,以信誉第一、优质服务、廉洁守法为职业道德准绳。确立和完善员工的服务意识和服务行为,树立客户第一、主动服务、整体服务的思想理念。文明优质服务活动是一项长期的系统性工程,从领导到员工,从一线到二线,从经营业务到内部管理,从行里到行外,都要相互配合协调,使企业的经营目标转化为每位员工的自觉行为。

服务是银行经营的载体,是银行经营不可或缺的有机组成部分。银行经营必须通过银行服务才能实现,银行服务本质上就是银行经营。一家银行的服务范围、服务内容、服务效率和服务态度会直接影响其所能吸引的客户数量和工作效率，因此，提高银行的服务水平，直接关系到银行经营的规模质量和效率，关系到银行的竞争能力，决定着银行的经营效益和长远发展。

银行服务的最终目的是维护和加强与顾客之间的长期合作关系，实现双赢。随时随地以客户为中心，调整自身业务结构，将服务从单纯经营金融产品转移到维护和加深与顾客的联系上，但仅仅重视满足顾客的需要是不够的，因此还必须研究客户需要背后复杂的各种因素，并加以分析找到双方合作的切入点。所以只有维护好与顾客之间的良好合作关系，以市场为导向，以高质量、多样化、特色化、个性化服务为手段，满足不同顾客多层次的需要，才能获得自身发展的最大持续动力。

二、强化和提高服务意识，是提供优质服务的前提

一要全面动员，深入发动，大造声势，宣传优质文明服务。优质文明服务关系到企业形象，因此，要把优质文明服务作为一项生命工程来抓。银行业是服务性行业，在强化员工队伍素质的同时，服务理念、服务意识的提升也是一项需要长期进行的训练。对内通过集中培训、集中考试、模拟测验、突击检查等形式，督促员工熟练掌握优质服务的各项内容；对外通过报刊、电台、电视台等媒介进行广泛宣传，扩大社会影响。“走进每位客户的心灵”是优质服务的更高境界，力求满足客户的各种需要就是一切工作的出发点与落脚点。

二要完善机制，严格考核，公开标准，奖罚兑现。不断完善规章制度，促使服务行为规范化、制度化。要结合本行实际，建立严格的奖励和惩罚制度，制订和完善严格的岗位规范、各项业务的具体服务标准和业务操作规程，要求每位员工对本职岗位的每项操作规程熟记会背，并熟练的、规范的加以运用。做到每天从迎来第一位顾客到送走最后一位顾客，工作的各个环节都要做到统一、详细、明确、标准；使每位员工接待顾客有礼、有节、有度，处理业务规范、快速、准确；让顾客感到和谐、友爱、温馨，并产生对银行的一种归属感。

三要实施“一把手”工程，搞好优质文明服务。优质文明服务不只是个单纯的服务问题，商业银行在市场竞争中靠的是以优取胜。优质服务是立行兴业增效之根本，因此必须摆在重要位置，要成立以行长为组长的优质文明服务工作领导小组，各基层支行、营业部也要层层签订优质服务责任书，将各项指标量化、细化，责任分解到人，并纳入行长目标管理体系考核。在每年年初的工作安排中，都把优质文明服务工作作为贯穿全年各项工作的主线，常抓不懈。

三、加强培训教育、提高业务技能、营造优美服务环境，是提供优质服务的基础

冰冻三尺，非一日之寒。优质文明服务要从量的积累达到质的飞跃，关键是以人为本，通过对员工的教育培训和强化管理，达到员工的政治素质和业务素质不断提升，以员工的高素质创造出优质服务的高水平。从而使每位员工懂得，自身的行为代表着本行的社会形象，没有客户就没有银行业务的发展。培养良好的职业道德，在本职岗位上奉献出一份光和热，变被动为主动，自觉维护本行的形象和荣誉，使优质服务迈上一个新台阶。

一要强化规范礼仪培训，组织员工对礼仪知识、文明用语和举止仪表等进行规范化培训，实行集中式、正规化、全方位的强化训练。同时加强业务技术培训与考核，以提高服务效率。进行上岗培训和岗位练兵，定期进行考核及专业技术比赛，要求员工业务上做到“好、快、准、严”，达不到标准不能上岗。通过严格的技能培训，使员工学会业务操作的技能，熟练、准确地操作各种业务。

二要以柜面服务为突破口，通过对柜台人员“德、能、勤、绩”的考核，授予相应的星级。实行“挂星上岗、以岗定酬、星薪挂钩”，充分调动员工的积极性。

三要积极营造优美、舒适的服务环境。各家银行网点密布，方圆几百平方米就会分布着好几家银行网点，人们自然而然的会把眼光投向那些环境舒适优雅的营业场所。银行外观的亮丽会带给顾客一种安全感、舒适感，让人觉得银行有实力，因此，营业网点要依据规范化服务标准，对营业室内外进行净化、美化，在外部形象设计上应追求鲜明、统一的风格，以起到无声的宣传作用。

四、加大监督的力度和广度，形成全方位监督体系，是提供优质服务的保证

优质文明服务工作要做到常抓不懈，不滑坡，不动摇，除必须制订和落实各项制度外，还必须强化监督检查机制。优质文明服务永无止境，重在坚持，贵在落实。营业场所是银行的窗口，小小窗口反映出的是银行的整体面貌和良好信誉，客户在这里究竟得到了怎样的服务，只有通过明查暗访才能知道真相，因此，明查暗访是保证优质服务不走过场，不摆花架子的一个好办法。要通过组织行内人员或聘请社会监督员等多种形式，以普通客户的身份，通过看、听、查、问等方式，经常对营业网点的服务环境、服务态度、服务质量等进行明察暗访，并广泛征求客户意见和建议，解决服务工作中存在的问题，确保规范化服务标准落实到每一个工作环节，树立银行优质、高效、快捷、安全服务的良好形象。

银行作为服务行业，服务是立行之本，只有不断增强服务意识，转变服务观念，强化服务措施，从服务质量、服务手段、服务内容、服务态度、服务环境等方面入手，狠抓优质文明服务，形成“大服务”的格局，才能提高服务的整体水平，也才能在向创建友好型银行的旅程中迈出坚实的一步。

（民生银行石家庄分行　白　亮）

【十年磨砺为金融业发展保驾护航】

——谈我国资产管理公司在金融危机中的贡献

一、我国金融资产管理公司的成立背景

（一）国际金融大环境的突变。

20世纪80年代以来，随着金融全球化进程和国际资本流动的加速，以及金融工具的不断创新和部分国家的转制，整个世界处于一个金融危机频发不断的时期。1997年7月，泰国宣布放弃固定汇率制，实行浮动汇率制，引发了一场遍及东南亚的金融风暴，使得与之关系密切的日本经济也陷入困境。1997年11月，具有近百年历史的日本北海道拓殖银行由于经营不善，造成巨额呆账宣布破产。拓殖银行的破产打破了日本大藏省一再强调的大型商业银行不会破产的神话，该行破产使已进入“零增长阶段”的日本经济雪上加霜，其造成的冲击波给日本经济带来了严重的不良影响。随着日本经济低迷，东南亚金融风暴演变为亚洲金融危机，国际金融形势更加不明朗。与此同时，韩国金融监督委员会一日之间关闭了大东、东南、同和、京畿和忠清5家经营不善的银行。香港恒生指数一直跌至6600多点。1998年9月，俄罗斯卢布贬值70%，使得俄罗斯股市、汇市急剧下跌。随着股市低糜，黄金市场也遭受重创，金融市场损失惨重。

这次亚洲金融危机，是继20世纪30年代世界经济大危机之后，对世界经济有深远影响的又一重大事件。反映了世界和各国的金融体系存在着严重缺陷，包括许多被人们认为是经过历史发展选择的比较成熟的金融体制和经济运行方式，也在这次金融危机中暴露出许许多多的问题。亚洲金融危机再次向世界各国提出了建立新的金融法则和组织形式的要求。

（二）我国政府的应对策略。

由于我国金融行业尚未完全开放，回避了1997年的亚洲金融危机，没有形成全面的系统性危机，但是，东南亚金融危机的爆发，也使我国国有银行因体制转轨所产生的不良资产风险骤然突出，金融警钟向我国敲响。引发金融危机终其原因实际上就是银行沉淀的大量不良资产的直接后果，其医治过程也就是对这些不良资产的处理过程。我国国有商业银行是金融体系的重要组成，是筹措、融通和配置社会资金的主渠道之一，长期以来为经济发展提供了有力支持。然而，在1995年《银行法》出台之前，国有银行是以专业银行模式运作的，信贷业务具有浓厚的政策性色彩，加之受到90年代初期经济过热的影响，以及处于经济转轨过程中，在控制贷款质量方面缺乏有效的内部机制和良好的外部环境，从而产生了一定规模的不良贷款。此外，在1993年之前，银行从未提取过呆账准备金，没有核销过呆坏账损失。

中国银行业中公开的或隐蔽的不良资产比任何时候都要严重。我国银行业在国际上的信用评级逐年下降；国有商业银行包袱沉重，不良资产占比不断上升，经营中的困难越来越大；一些区域性银行和非银行金融机构支付风险更是十分突出，有的已不得不予以关闭。伴随国有企业经营困境加剧更是呈现恶化趋势，如果我们不采取特殊的有力措施解决各银行不良资产问题，及时化解金融风险，国民经济和社会发展中的这一重大隐患演变为现实危机并非没有可能，而这种风险给社会和国家所造成的破坏将是难以估量的。如何化解银行的巨额不良资产，成为我国金融界、政府及其金融监管当局和银行共同面临的一个重大问题。

鉴于上述情况,在认真分析国内金融问题和汲取国外经验教训的基础上,我国政府决定成立金融资产管理公司。

(三)我国金融资产管理公司的诞生。

为解决不良资产问题,消除潜在的金融风险,1998年我国开始酝酿成立金融资产管理公司。1999年4月,党中央、国务院在认真总结东南亚金融危机的经验教训以后,决定借鉴国际经验,成立四家资产管理公司,集中管理和处置商业银行的不良贷款,并由中国信达资产管理公司先行试点,对口剥离、定向接收建设银行和开发银行的3900多亿元政策性不良资产。随后,中国华融资产管理公司、中国长城资产管理公司、中国东方资产管理也相继挂牌成立。分别承接了中国工商银行、中国农业银行、中国银行剥离的不良资产。

组建金融资产管理公司,集中剥离、处置银行不良资产,是党中央、国务院为防范和化解金融风险,深化金融体制改革,促进国有企业脱贫解困和转换经营机制,实现国民经济稳定健康运行而采取的重大战略决策,是中国金融体制改革的一项重要举措,对于推动国有银行轻装上阵,促进国有企业扭亏脱困和改制发展,以及实现国有经济的战略重组都具有重要意义。

剥离的不良资产中,国有企业贷款占到70%以上,推进国企改革与化解银行风险紧密关联。如何一并处理两个同样棘手的问题,成为事关中国经济棋局未来的"手筋"所在。因此,四家资产管理公司从建立伊始,就承担起了两项重大使命:一是集中处理和回收历史遗留下来的国有商业银行不良资产,防范和化解金融风险,即解决不良资产的存量问题;二是加快国有大中型企业扭亏为盈步伐,促进企业转换经营机制,建立现代企业制度,提升企业的盈利能力,即解决不良资产的增量问题。

二、我国金融资产管理公司的成长过程

(一)摸索前进。

我国金融资产管理公司自成立之日起,一直倍受社会各界的广泛关注,对其评价之中不乏褒扬和肯定之声,但同样也存在着许多质疑和责难。成立伊始,由于处置经验不足,加上政策环境、法律环境、经济环境、诚信环境等多方面的原因,金融资产管理公司在不良资产的接收、管理和处置等各个环节上不可避免地出现了一些这样或那样的问题,尤其是在2004年审计署通报了金融资产管理公司运作过程中存在的一些弊端之后,金融资产管理公司更是一度处于舆论的风口浪尖之上,批评之声纷至沓来。以至于许多人认为我国的金融资产管理公司现金回收率偏低,运作成效不佳,是造成国有资产流失的元凶等等。

国家成立金融资产管理公司是要其为社会、为国家分忧解难,是要其在不良资产市场上扮演特殊的角色。面对质问,金融资产管理公司没有争辩,而是顶住压力强炼基本功。一方面加强自身制度建设,炼好内功。另一方面,结合我国国情,汲取外国资产管理公司的先进处置经验,提高处置技能。由于我国国有银行的政策性不良资产具有点多、面广、利益牵涉复杂等特点,与国际同业有关经验差异明显,我国金融资产管理公司摸索出了符合国情的协议转让、招标、打包、债务重组以及其他各种创新手段,尽最大努力达到最大化回收国有资产的目的。从最初主要通过逐户直接处置方式,到综合运用不良资产诉讼、拍卖、资产证券化和企业结构重组公司等,将不良资产处置工作一步一步地展开。通过建立良好的专业功底,提高自身提出专业意见的能力,设计出合理的交易结构,金融资产管理公司想方设法解决面对的各种难题。随着各方面环境和各项监督机制的不断完善,我国金融资产管理公司逐步走向了规范和成熟。

(二)积累经验。

我国金融资产管理公司是适应我国经济发展的需要建立起来的,经过十年专业化处置的探索和实践,不仅实现了政策性不良资产处置的高效率,还通过自主创新取得了商业化运营的高效益;不仅有力地支持了国有银行改制和国有企业改革,而且为化解国家金融风险,维护金融体系稳定发挥了重要作用。通过十年努力,金融资产管理公司不仅培养出了一批能征善战的一线员工,一批掌握高精尖技术的专业人员,而且在政策性业务、商业化业务、托管清算业务以及平台搭建和核心能力建设等方面均取得了显著成绩,积累了丰富的收购、管理和处置不良资产的经验,制定了公开、公平、公正和择优竞争的原则,建立了在一定程度上能够防范经营风险和道德风险的股权债权管理新体制,信息化建设和ISO 9001管理体系也逐步建成。除此之外,金融资产管理公司还创新了一系列不良资产的处置方式和定价方法,形成了不良资产处置的核心技能。

(三)培育市场。

除1999年的政策性剥离外,资产管理公司收购、管理和处置国有商业银行不良资产,基本上是通过商业化的运作方式来实现的,资产置换、转让与出售,债务重组及企业重组,资产证券化等,都是比较成熟的资本市场运作手段。通过以投资银行方式解决国有商业银行的不良资产,促进了资本市场的发展,为我国初步孕育了一个不良资产交易市场。随着不良资产处置市场的开放,吸引了国内外许多具有战略眼光的投资者。同时,金融资产管理公司多年来的实践还有效地抑制了恶意逃废债行为,有力地推动了我国资本市场的发展,在一定程度上填补了国内金融市场的空白。

三、我国金融资产管理公司在金融危机中的突出贡献

(一)增强了银行业的抗风险能力。

不良贷款的大规模集中剥离和有效处置,为国有商业银行进行体制转换创造了条件。主要表现在:一是降低了国有商业银行的不良贷款率。二是把银行报表中的不良资产变为由国家信用担保的金融债券,既调整了银行的资产负债结构,又有效改善了银行财务状况,增强了盈利能力。三是通过专业化、市场化运作,为国有商业银行拓展业务范围、增强经营活力提供了有益的借鉴。通过金融资产管理公司对不良资产的十年处置工作,有效地化解了金融风险,推动了国有银行轻装上阵。四大金融资产管理公司先后收购了国有商业银行剥离的不良资产25000余亿元,有效地化解了我国金融领域积聚的系统性风险,使我国国有商业银行的不良贷款出现了大幅下降。在2001年至2008年的八年中,我国国有商业银行的不良贷款余额由21663亿元下降到了10535亿元,减少了81%;同时,不良贷款率也由31%下降到3.59%,降低了27.41个百分点,实现了不良贷款规模和不良贷款率的“双降”。这些都主要归功于资产管理公司。资产管理公司对国有商业银行不良资产的集中处置,大大地减轻了银行的历史负担,有效改善了其资产质量,为其顺利完成商业化改造和成功上市创造了必要条件。目前,我国四家国有商业银行中的中国银行、建设银行和工商银行均已成功上市,农业银行也正在加快各项改革,积极准备上市。此外,金融资产管理公司还利用回收资金直接支付金融债利息,显著增强了国有银行的盈利能力。这些事实充分证明,金融资产管理公司的存在有力地推动了我国国有商业银行的改革和发展。

(二)促进国有企业改革,帮助国有企业渡过难关。

除了回收现金、化解金融风险和为银行减负外,金融资产管理公司还落实了国家政策性破产及军工、天然林保护、有色金属、纺织、国家贫困县以及资源枯竭的矿山、煤炭等减免政策,肩负起帮助国有企业脱困、促进国有经济战略性调整、维护社会稳定等多重职能。政策性不良资产实际上是经济转轨过程中配置不当的资源,而金融资产管理公司处置国有银行不良资产的过程正是对这些资源进行重新配置的过程,是金融资本向产业资本的转移的过程。在1999年剥离的14000亿元政策性不良资产中,四家公司接收的不良资产大部分都是对国有企业的贷款。这样,对政策性不良资产的处置在一定程度上可以看作是对国有企业债务问题的解决过程。在这一过程中,资产管理公司通过“打折”使国有企业的财务状况得到有效改善,通过债务减免的契机,使许多企业都重新焕发了生机,所以,资产管理公司处置政策性不良资产的过程,实际上是将多年来沉淀在银行系统中的经济资源向国有企业转移的过程,即金融资本向产业资本的转移,而处置过程中产生的折扣则是资产管理公司向国有企业让渡的权益。

金融资产管理公司成立之后,通过债务重组和债转股等方式,减轻了国有企业财务负担约20%—30%,有效地盘活了企业资产,为国有企业的扭亏脱困和改革、改制创造了条件。通过债转股的运作,资产管理公司对500多家国有大企业实施了债转股,其中80%的债转股企业实现了扭亏为盈,使一大批国有企业顺利完成了股份制改革,理顺了国有企业的产权结构,建立健全了现代企业制度,拉开了国有大企业股份制改革的序幕。对一些具备条件的企业,资产管理公司积极推荐上市,帮助国有企业充分运用资本市场功能进行筹资,推动了一批大型国有企业成功在海内外上市融资,提高了其在国内外市场上的竞争力和影响力。同时,资产管理公司还通过行使股东权利,协助国有大型骨干企业跨地域整合资产,不仅优化了资源配置，更极大提升了国有经济在战略性行业中的控制力。

（三）为国家挽回了损失。

1999四大金融资产管理公司成立后，共接收了国有商业银行剥离的政策性不良资产14000多亿元。几年来，通过综合运用债务重组、债转股、拍卖、诉讼、转让等手段，提前超额完成了政策性不良资产处置任务，最大限度地保全了国有资产。

2004年，经国务院批准，财政部下发了《关于建立金融资产管理公司处置回收目标考核责任制的通知》，要求四家资产管理公司在2006年年底前完成1999年接收的全部政策性债权资产的处置工作（不含政策性债转股部分），并要确保实现现金回收率目标，严格控制费用率指标。截至2006年年底，四家金融资产管理公司已累计处置政策性不良资产12102.82亿元，累计回收现金2110亿元，比国家核定目标超收286亿元，全面完成了政策性不良资产处置任务，最大限度的保全了国有资产，减少了资产损失。而通过转股后的精心分类、整理与运营，由金融债权转化而来的国有股权资产也取得了较好的效益。

金融资产管理公司结合国有经济战略性调整的要求，积极运用兼并、重组、置换等手段推动行业整合和企业重组，通过诉讼、破产等手段促使一批经营不善、扭亏无望、污染严重的企业退出了市场，促进了经济资源的优化配置，维护了社会秩序。同时，在不良资产处置过程中，金融资产管理公司还充分考虑了国有企业职工的安置问题，在维护社会秩序和保持社会稳定等方面也做出了重要贡献。

成立十年多来，金融资产管理公司不辱使命，取得了显著的成绩，为我国金融体制的改革起到了不可估量的作用，其下一步的发展任重而道远。

四、未来——金融资产管理公司将再铸辉煌

（一）以不良资产处置为主业，为金融业发展保驾护航。

这次金融危机地影响极其深远，它暴露了一些亚洲国家经济高速发展的背后的一些深层次问题。从这个意义上来说，不仅是坏事，也是好事，这为推动亚洲发展中国家深化改革，调整产业结构，健全宏观管理提供了一个契机。由于改革与调整的任务十分艰巨，亚洲国家的经济全面复苏还需要一定的时间。但亚洲发展中国家经济成长的基本因素仍然存在，经过克服内外困难，亚洲经济形势的好转和进一步发展是大有希望的。金融资产管理公司在这个过程中，依法处置银行不良贷款、防范和化解金融风险、促进国有银行改革与发展将是其的基本职能，通过处置不良资产，回收现金，防范和化解金融风险，为金融业发展保驾护航。金融资产管理公司已能通过充分把握经济周期和资产价格变动的关联趋势，解决处置效率和回收效益的平衡难题。但是，也应该看到，国内不良资产市场对资产管理公司的精细化管理、处置能力也提出了更高地要求。因此，资产管理公司要不断强化商业化业务优势，更要强化专业能力，在业务推进的同时重视技术总结和经验积累，专业能力才是将不良资产作为主业的坚实保证。

（二）打造综合金融品牌，完善金融服务体系。

金融资产管理公司的改革转型核心是转变思想观念，培养良好的商业思维模式和营商精神。自2004年以来，随着国内资本市场的震荡加剧，问题机构、问题资产数量突然增多。此时，资产处置任务本已繁重的资产管理公司再次临危受命，接受监管部门委托，对汉唐证券、辽宁证券、华夏证券、西部金融租赁公司、北京证券、北京京华信托投资公司等进行了应急托管清算。由于坚持在托管中经营、在经营中托管的思路，资产管理公司业务团队不仅及时化解了多类型金融领域矛盾纠纷，还顺利完成了多项社会影响特别重大、由国家指派或地方政府交办的重点危机企业托管清算任务，成功维护了市场与社会稳定，高效、公允、专业的职业作风广受各界赞誉。通过接受国务院、人民银行、证监会及其他政府部门委托，资产管理公司承担了针对各种类型问题机构、问题资产的应急托管清算工作，有效化解了金融风险，维护了社会稳定。危机管理类的托管清算业务规模更持续扩大。同时，资产管理公司的受托代理业务与商业化收购也同步稳定增长。

随着金融业改革的深化，为最大限度恢复和提升不良资产价值，在风险可控的前提下，资产管理公司有选择、分步骤地设立了证券业务、财务顾问、投资咨询、基金管理、产业基金和创业投资基金等有市场需求的金融服务业务平台。资产管理公司已托管清算过国内几乎所有类型的金融机构，每次都取得了清算速度快、成本代价低、人员安置顺利、社会反映平稳的效果，因此成为名副其实的危机救险多面手和全天候的“国家金融救火队”,从功能单一的不良资产处置机构,已初步发展成为集资产管理和多种金融服务功能为一体的全国性、综合性、具备核心竞争力的现代综合金融服务企业,为资产管理公司下一步的转型发展创造了有利条件。

(三)通过多样化的处置手段,提升不良资产价值。

金融资产管理公司对我国的金融安全、经济繁荣和社会稳定等都具有十分重要的作用,在我国的经济发展过程中做出了巨大的贡献。目前,随着政策性不良资产处置任务的全面完成,金融资产管理公司已开始踏上新的征程。已经尝试与外资合作资产处置;境外资产证券化产品;境内资产证券化产品;将债权人、股东、财务顾问、战略伙伴、保荐人等多项职能进行了协同发挥;作为资产服务顾问,在国内不良资产市场领域首次实现了收购同时向投资者融资等。因此,在向市场化转型的过程中,其定能经受住各种考验,在我国的经济生活中发挥出更大的作用。挑战面前,资产管理公司迎难而上,必将有斐然业绩。

(信达资产管理公司石家庄办事处
樊志江　徐金萍)

【资产管理公司转型与全面风险管理构建】

美国次贷危机自2006年下半年爆发以来,不断蔓延和深化。由华尔街引发的金融风暴不可避免地引起了美国及全球金融市场的剧烈震动。反思这场全球性的危机,金融风险控制和防范问题被提到了一个新的高度。笔者结合金融资产管理公司的实际情况,探讨资产管理公司转型后全面风险管理体系的构建,以便有助于推进资产公司顺利转型和转型之后的健康发展。

一、全面风险管理的概念

企业全面风险管理是指企业围绕总体经营目标,通过在企业管理的各个环节和经营过程中执行风险管理的基本流程,培育良好的风险管理文化,建立健全全面风险管理体系,包括:风险管理策略、风险理财措施、风险管理的组织职能体系、风险管理信息系统的内部控制系统,从而为实现风险管理的总体目标提供合理保证的过程和方法。

根据COSO(美国“反对虚假财务报告委员会”所属的内部控制专门研究委员会发起机构委员会)2004年9月发布的《全面风险管理框架》(ERM综合框架)中的定义,全面风险管理是一个过程,受董事会、管理层和其他员工的影响。ERM综合框架促使企业从更广泛、更全面的角度来考虑风险管理。该框架有三个维度,第一维是企业的目标,第二维是全面风险管理要素,第三维是企业的个个层次。第一维的企业目标有四个,即战略目标、经营目标、报告目标和合规目标。第二维全面风险管理要素有八个,即内部环境、目标设定、事件识别、风险评估、风险对策、控制活动、信息和沟通、监控。第三个维度是企业的各个层次,包括整个企业、各职能部门、各条业务线及下属各子公司。这三个维度的关系是:全面风险管理的八个要素都为企业的四个目标服务;企业各个层次都要坚持同样的四个目标;每个层次都必须按照八个要素进行风险管理。

二、资产管理公司全面风险管理体系的构建

我国金融资产管理公司的全面风险管理体系的构建需要围绕公司发展战略,参考ERM综合框架提出的企业四大目标,以国资委《中央全面风险管理指引》的有关要求为基础,结合转型后业务特点,吸收国际先进经验,注重实质,有序推进。

(一)全面风险管理体系的目标

要达到有效识别和控制风险的目的,首要任务是建立目标。根据国内外大型企业全面风险管理体系建设的经验,资产管理公司风险管理体系的建立主要应基于以下目标:

1. 战略目标:在制订战略目标时,要识别和评估一系列与战略选择相关的风险,从而为保证公司战略目标实现的同时,将风险控制在可接受程度之内创造必要条件。

2. 经营目标:在未来相当长的时期内,不良资产管理仍是资产公司的主营业务。在做好这一主业的同时,在风险可控的前提下,将资源适当配置到证券经纪、投资银行、金融租赁、信用评级、保险信托等领域,有效保证公司战略目标的实现和经营业绩的提高。

3. 报告目标:报告的可靠性,包括内部和外部报告,涉及财务和非财务信息。资产管理公司内部和外部报告的及时性、可靠性也是全面风险管理的一个基本出发点。

4. 合规目标:确保资产管理公司转型后的业

务经营管理遵守有关法律法规,这是非常重要也是必须坚持的。

(二)全面风险管理的构成要素和主要内容

资产管理公司全面风险管理的构成要素和主要内容包括以下几个方面:

1. 内部环境。资产管理公司要在全体员工中培育树立优秀的风险管理理念、文化和诚信与道德价值观。风险管理组织架构的设置和权责分配则是资产管理公司内部环境构建的关键环节。全面风险管理体系组织架构应形成由业务部门和职能管理部门、风险管理部门、审计部门组成的全面风险管理三道防线。

2. 目标设定。确定目标是有效的事项识别、风险评估和风险应对的前提。目标与企业的风险偏好相联系,而风险偏好又决定了企业的风险可接受程度。我国金融资产管理公司正处于向金融控股公司转型的重要发展阶段,应侧重进行准确的战略定位,实现法人治理、内部控制、经营机制、业务结构等方面的转型,将全面风险管理贯穿于各职能部门、分支机构、平台公司,在实现战略转型目标的同时,将风险控制在可接受的范围之内。

3. 事项识别、风险评估和风险应对。管理层需关注、识别可能会对资产管理公司转型和长远发展产生影响的内外部因素和潜在事项,通过单独或分类评估对主要风险的可能性和影响程度进行定性和定量分析。在此基础上,结合公司实际情况选择能够使各项主要风险处于可接受范围内的应对方案。

4. 控制活动。控制活动是指帮助资产管理公司管理层风险应对措施得以实施的政策和程序。控制活动的发生贯穿于资产管理公司整个组织,遍及各个层级、职能机构和业务板块。通过行之有效的制度保证和程序实施,迅速、高效地识别、计量和控制战略、投融资、并购、财务资源匹配、金融衍生品交易、市场等各类风险,从而最终化解风险因素和风险事件。

5. 信息与沟通。广泛意义上的有效沟通包括信息在公司向下、平行和向上的流动。公司内部各个层级、各职能部门都需要借助信息来识别、评估和应对风险。这就要求从各层级反馈而来的信息应确保准确、有效、及时,以保证沟通顺畅。

6. 监控。风险预警和持续的风险监控对于动态地反映资产管理公司风险管理状况、确保风险管理体系运行持续有效具有重要意义。同时要根据经营过程中的内外部环境变化适时调整体系,实现体系自我持续完善。

三、构筑体现全面风险管理的内部控制新机制

在资产管理公司转型的关键发展时期,必须要尽快转换多年以来固化的观念和思维定式,努力构建体现全面风险管理的内部控制新机制。重点要做好以下几方面:

(一)提高风险管理的地位。转型后的资产管理公司应参照现代企业治理机制,设立风险管理委员会作为内部控制管理的主要决策机构,风险管理部为主要执行机构。同时设立审计委员会,负责检查、评价内部控制的健全性、合理性,督促管理层解决内部控制中存在的问题。

(二)制定清晰的风险管理战略和完善的风险管理政策。要依据经济环境和市场定位制定中长期经营战略。在此基础上,结合公司风险偏好,权衡风险和收益,制定风险管理战略。为保证风险管理战略的实现,要制定配套的风险管理政策制度体系作为全体员工日常开展工作的行为准则。

(三)按照发展定位整合人力资源以便做到风险可控。对业务部门和支持保障部门进行战略性布局,缩短管理半径,确保三道防线有效。同时加强对参控股公司的管理,清理整合资源,建立健全有效的公司治理结构。

(四)建立科学的考核机制。要将追求收益和风险平衡关系的经营目标真正落实,必须建立包含收益和风险在内的风险绩效考核体系。下达的业务指标、利润指标都要基于经济资本分配,逐步提高风险调整后收益的考核权重。对人员的考核以正向激励为主,出发主要针对实质性违规主要责任人,真正实现惩前毖后。

(五)培育先进的风险管理文化。要牢固树立"科学管理、稳健经营"的理念,树立"风险无处不在、风险管理人人有责"的意识,科学处理发展和风险的关系,营造主动、和谐的风险管理氛围。加强主动风险管理,前移风险管理关口。

(六)加强风险管理队伍建设。现代风险管理知识含量高、技术性强,要求风险管理人员必须具备很高的业务素质和综合素质。缺乏职业化的风险管理人才队伍,全面风险管理就无从谈起。资产管理公司应该从挖掘内部潜力和外聘专家人才

两方面入手,全面提升风险管理水平,逐步打造高素质的风险管理团队,以真正适应转型的需要。

(中国东方资产管理公司石家庄办事处

杨 东 安建秀)

【提升服务质量 防范保险声誉风险】

当前,保险服务质量问题已经成为广大保险消费者和社会各界关注的突出问题。保险服务质量直接关系到保险行业的社会声誉和公信力,影响到保险业的持续健康发展,必须从保险业改革发展稳定大局的高度和深度,标本兼治,全面提升保险业服务质量。

一、提升服务质量是保险业可持续发展的重要保障

服务质量是保险业的立业之本。保险业是经营风险的服务行业,保险本质上是人类面对共同风险威胁所展开的一种"我为人人,人人为我","一人损失,大家分摊"的风险管理机制。维护这种机制的基础是保险服务提供者和消费者之间建立良好信任和声誉。被保险人能否将自己未来的保障交由保险公司负责,为自己未来的保障交纳保险费,主要取决于公司能否服务到位、能否做到诚实守信、是否具有一定社会声誉、是否能够得到社会认可。保险业只有诚信经营,不断提高服务质量,才能取信于民,增强公众对保险的信心和购买欲望,才能将社会潜在的风险保障需求转变为现实的保险需求,才能巩固保险业发展的根基。

提升服务质量有利于防范声誉风险。市场经济下,市场主体的声誉对其发展至关重要。声誉风险是所有市场主体、所有行业都必须高度重视的风险,金融保险业也不例外。从国际上看,1997年巴塞尔新资本协议就将声誉风险作为市场约束的组成部分。从国内看,银监会今年5月份就开始着手建立对银行业声誉风险的监控体系,把声誉风险作为一项重要指标纳入到商业银行的全面风险管理框架之中。作为经营风险的保险机构,声誉是命脉,声誉风险是最大的风险。在保险业快速发展的过程中,个别保险机构不严格履行保险合同、销售误导、虚假财务业务数据等不诚信行为使行业声誉受到影响,造成一些消费者对保险公司的不信任,严重影响了保险业的发展。提升服务质量,提高行业声誉,防范声誉风险,已经成为整个行业面临的重大任务。

提升服务质量有利于促进保险业发展方式转变。近年来,保险机构和人员数量扩张较快,保险业务快速增长,行业发展实力逐步增强。但整体上讲发展方式比较粗放,一些保险机构竞争手段仍集中于设机构、铺摊子,依靠高成本、高投入、高消耗来实现业务增长。随着保险市场的不断成熟,这种低层次的竞争方式必将被市场所淘汰。保险竞争说到底是服务的竞争,没有好的服务和好的社会信誉,保险机构就会失去客户的认可,就会失去社会的支持,其存在和发展就会出现问题。专业、诚信、优质的服务才能赢得市场,才能实现行业可持续发展。

提升服务质量有利于维护行业和社会稳定。服务是保险功能作用发挥的途径和手段,优良的服务是保险业勇担社会责任的内在要求。近年来,保险业快速发展过程中重发展、轻服务的粗放发展方式的弊端也日益显现,一些侵害保险消费者利益的问题很容易形成社会焦点问题,引发群访群诉事件,危害行业和社会稳定。要从大局出发,未雨绸缪,站在事关行业形象和长远发展的高度,通过不断提升服务质量,来有效减少纠纷,维护行业和社会稳定。

二、提升保险服务质量必须着力解决保险消费者最关心、反映最强烈的问题

保险服务质量涉及到保险企业经营管理的诸多环节。提升保险服务质量,首先要从人民群众最关心、反映最强烈的理赔难、销售误导和营销员素质等突出问题入手,以防范化解声誉风险、保护保险消费者利益、促进保险业又好又快发展为目标,不断提高保险业社会满意度。

切实解决理赔难问题。保险理赔程序繁琐,理赔标准不明确、不公开,拖赔、惜赔、不合理拒赔、承诺与服务不符等,是保险消费者反映强烈,投诉较多的问题。要严格执行新修订的《保险法》有关理赔的规定,落实理赔程序公开制度,建立承保理赔信息客户自主查询制度,建立理赔岗位问责制和理赔回访制度。加强理赔服务创新,改进服务态度和方式,提高理赔效率。大力推进车险理赔信息平台建设,建立健全理赔纠纷调解机制,落实好理赔人员、修理厂"黑名单"制度,严格落实理赔服务自律公约。加大对理赔投诉案件的检查力度,严肃查处违规行为,严厉打击假赔、拖赔、惜赔、无理拒赔等,维护保险消费者的合法权益。探索建立理赔服务指标评价体系，对公司理赔情况综合评价，并在媒体进行披露。制定车险理赔服务标准指引，督促公司提高理赔服务质量。

有效治理销售误导行为。销售误导问题突出表现为隐瞒或刻意回避免责条款，夸大保单利益，有意将保险与其他金融产品概念相混淆等。要加强销售环节管理，向投保人提示和明确说明免责条款。加强销售人员资格管理，提高销售人员法律法规和业务技能水平。严格执行保监会《人身保险新型产品信息披露管理办法》，规范产品说明书、投保提示书和宣传材料。严格落实客户回访制度，对一年期以上寿险新单要做到犹豫期内100%回访，重点解决保单信息真实性问题，提高保险售后服务水平。加强公司内控体系建设，解决好保险法规和监管政策与公司内控制度的结合问题，加大责任追究力度，综合防范和治理销售误导行为。加大对销售误导行为特别是银行保险渠道销售误导行为的查处力度，对查实的问题要按照法律法规规定严厉处罚，并向社会公众披露。强化保险公司和高管人员管控职责，依法追究保险公司和高管人员的销售误导责任。

着力解决保险服务不到位问题。个别公司直接面向客户的基层机构服务人员少、素质低、设施配备差，造成服务能力不强，服务效率不高。由于营销员的高脱落率及公司管理不到位，造成保单存续期间后续服务不到位。个别公司对保险消费者投诉反馈不及时、不到位。要树立以客户为中心的服务理念，主动了解客户，为客户着想，倾听客户呼声，对客户期望迅速做出反应，在保险产品设计开发、公司管理、服务流程等各个环节全程体现服务客户需求。进一步健全保险营销员考核体系，完善营销员品质管理制度，在以业绩数量为基本考核指标的同时，增加客户满意度、投诉率、退保率和业务续保率等业务品质指标，使考核指标在量与质两方面兼顾。组织开展对保险服务明星、服务标兵的表彰活动，发挥正面典型引导作用，将缺乏职业道德、不讲诚信的保险营销员和从业人员清除出保险队伍。

三、转变发展方式是提升保险服务质量的根本途径

提高保险服务质量是一项长期的系统工程，要在解决突出矛盾和焦点问题的基础上，进一步转变经营理念，提高服务能力，加强内部管理，建立提升服务质量的长效机制。

创新经营理念。要转变经营理念，加大结构调整力度，强化保险服务意识，提高综合竞争力。要树立可持续发展理念，从单纯追求规模外延式增长到注重速度与质量、结构、效益的统一，注重内含价值提高的内涵式发展，要认真分析市场变化，不断研究市场动态，挖掘市场潜力，提高经营效益，追求长期利益。

拓宽保险服务领域。进一步探索新的服务领域，开发适应需求的保险产品，努力扩大保险覆盖面。积极协调配合财政、农业、畜牧等主管部门，逐步扩大农业保险的服务范围，推动农业保险发展。大力发展工程险、企财险等业务，为项目建设提供风险保障。继续协调消防、卫生、教育、财政等政府相关部门，推动火灾公众责任险、医疗责任险、校园方责任险、旅行社责任险、环境污染责任险等业务发展。积极参与地方医药卫生体制改革工作，推动符合条件的保险公司参与基本医疗保障管理的经办服务试点，推动商业健康保险业务发展。

完善公司服务质量管理制度。不断完善各项服务质量管理制度，加大服务管控力度，规范服务流程，完善服务标准，加强服务考核，逐步建立科学、全面、有效的服务质量管理制度体系，提高服务质量管理的规范化和科学化水平。要建立与经营目标考核挂钩的服务质量长效考核机制，制定考核流程，细化考核内容，明确责任，加大奖惩力度，确保提升服务质量工作取得实实在在的成效。监管机关制定实施保险公司服务质量评价指标体系及评分办法，对保险公司的服务内控、社会影响、合规经营、承保服务、理赔给付、客户投诉等进行打分排队，每半年评价一次，在行业内通报评价结果，并将评价结果作为分类监管重要依据。

注重提升从业人员素质。全行业要高度重视从业人员教育培训工作，采取灵活多样形式，加大保险职业道德、经营管理知识以及保险法律法规教育培训力度。要定期组织对高管人员培训。认真落实保险营销员继续教育相关规定，努力打造一支专业性强、综合能力高、诚信状况好的营销队伍。加强从业资格管理，严格落实保险营销员持证上岗制度。进一步完善营销员行业管理自律机制，建设保险营销员及保险代理机构销售人员行业信息共享平台，规范保险从业人员流动管理。

研究和推动营销体制改革,从制度和机制上解决营销队伍存在的突出问题。

(河北保监局局长　吕宙)

【REITs 的发展路径探讨】

一、REITs 的含义

房地产投资信托基金(Real Estate Investment Trusts,简称 REITs),是一种采取基金或信托的组织形式,集合众多投资者的资金,从事房地产的购买、开发、管理和出售,并享受税收优惠的投资机构。REITs 具有"传递实体"的资格,可以将大部分现金收益分配给投资者,并且只要达到某些条件,在公司这一层面可以实现免税。REITs 另一个主要特点是其流动性,其股票或收益凭证一般在证券交易所或柜台市场进行自由交易。REITs 投资者的收益主要来源于股息、利息及在二级市场交易产生的资本增值。

REITs 与国内现有的房地产集合资金信托计划有较大区别,主要表现在以下几个方面:(1)产品属性:REITs 是一种股权类金融产品,其投资者通过持有基金受益凭证间接拥有 REITs 所投资的不动产;房地产信托计划具有明确的用款时间和预期收益率,实质上是一种债权类融资产品。(2)流通性:REITs 是标准化可流通的金融产品,可在证券交易所与普通股票一样交易;房地产信托计划是非标准化金融产品,不能在证券交易所上市流通。(3)风险分散性:REITs 对房地产实行组合投资,风险得到了较好的分散;房地产信托计划大多针对某个具体的房地产项目,资产单一,风险较为集中。(4)投资门槛:REITs 没有份额的限制,一般的中小投资者均可以投资;集合资金信托计划引入了合格投资者制度,规定投资一个信托计划的最低金额不少于 100 万元人民币,投资门槛较高。(5)运营专业程度:REITs 负责提供资金并组建专业的资产管理机构进行投资运营;信托计划是房地产开发商的一种融资方式,信托公司的主要职责是监督资金的安全运用,不参与房地产的专业管理。

二、REITs 在美国的发展经验

(一)美国 REITs 发展历史

REITs(发音为"瑞特")作为一种房地产证券化产品,在美国已经非常成熟。REITs 的起源可以追溯到 19 世纪 80 年代。当时,投资者可以避免双重征税,因为在信托企业层面,如果收入分配给受益人,则不再纳税。然而,这种税收优惠到 20 世纪 30 年代,发生了变化。二战之后,对于房地产资金需求的越来越大,1960 年艾森豪威尔政府签署了《房地产投资信托法案》,重新确立了特殊的税收政策,认定 REITs 具有"传递实体"的资格,从而取消了双重征税。REITs 在 20 世纪 80 年代得到了迅猛的发展,资产得到了增值,投资者从中获得了较高的收益。1986 年的《税收改革法案》允许 REITs 直接管理自己的财产,1993 年取消了养老基金对 REITs 投资的限制。这些改革趋势加大了公众对 REITs 投资的兴趣。截至次贷危机前,在美国的 REITs 超过 193 个,资产超过 5000 亿元,其中约三分之二在国家证交所交易。

(二)美国 REITs 的产品种类

以美国 REITs 为例,按其组织形态,可分为契约型和公司型两种;按照投资人能否赎回分类,可分为封闭式和开放式两类;按照投资对象的不同,REITs 可分为权益型 BEITs(Equity REITs)、抵押型 REITs(Mortgage REITs)和混合型 REITs(Hybrid REITs)。权益型 REITs 是 REITs 的主导类型,拥有并经营收益型房地产,并提供物业管理服务,主要收入来源为出租房地产获得的租金。

不同的 REITs 都具有自身的专业化特点。REITs 可能按地区、州或城市等不同地理位置选择投资重点,或是按物业类型如零售物业、工业设施、办公楼、公寓或医疗设施进行投资。截至 2005 年,按物业类型具体比例如下:

①零售 20.1%;

②住宅 21.0%;

③工业/办公室 33.1%;

④专业 2.3%;

⑤医疗保健 3.8%;

⑥存储 3.6%;

⑦多元化 8.5%;

⑧抵押贷款 1.5%;

⑨寄宿/度假村 6.1%。

(三)美国 REITs 的主要特点

第一,法律法规的支持为 REITs 发展提供了良好的外部环境。一方面,为保护投资者的利益,美国对 REITs 有严格的规定:在收益分配方面,要求将每年绝大部分收入以现金股利的方式分配给股东;在股权结构方面,不允许超大股东的存在;在收入结构方面,要求 REITs 的收入,必须来源于房地产的经营收益和4年以上的房地产处置收益,防止 REITs 频繁的短期操作。另一方面,通过 1993 年的《综合预算调整法案》鼓励养老基金等机构投资者扩大对 REITs 的投资份额。

第二,REITs 自身的不断创新使产品更加适应市场需求。为更好地解决投资人和管理者之间的代理成本问题,REITs 在管理结构上有重要创新。1986 年以前,REITs 的运营仅限于拥有房地产,自身不参与房地产运营,而是委托独立的第三方运营和管理 REITs 所持有的资产。之后,为减少代理成本,REITs 开始自己运营和拥有房地产。REITs投资管理的专业化程度不断提高,增强了管理效率和盈利能力。

第三,享受一定的税收优惠政策。为鼓励 REITs 的发展,美国税法规定,对满足一定条件的 REITs 可免收公司所得税。公司型的 REITs 要成为合格的"传递实体",并享有免税资格,必须遵守以下规定:

①在组织结构上属于从事商业信托的公司或类似的组织;

②由董事会或受托人委员会管理;

③股份可以全部转让;

④股东不少于 100 名;

⑤对于 REITs 的应纳税收入,支付股利不少于 90%;

⑥在每个纳税年度后半年,由 5 个或者更少个人所持的股份不得超过 50%;

⑦总投资资产中的至少 75% 必须投向在房地产;

⑧总收入的至少 75% 来自租金或抵押利息;

⑨投资于 REITs 下属公司的应税股票,不得超过其资产的 20%。

三、REITs 在我国发展路径探讨

(一)资金信托型或是不动产信托型

不动产直接信托在大陆法系国家和地区存在一定的法律障碍,主要是难以建立有效的信托登记制度。从我国的实际情况来看,我国更适合首先发展资金信托型 REITs。

(二)契约型或是公司型

我国发展 REITs,可从契约型导入。我国 REITs 主体法缺位,无法形成完整意义上的 REITs。目前,财产管理主要采取委托代理或信托的方式管理,至于基金财产的融资借贷,也无法可依;在税收上,除明确证券投资基金税收外,其他信托财产税收制度仍在讨论中。基于上述原因,从契约型 REITs 入手,法律障碍会小一些,推进的步伐会更快。但是,从长远看,REITs 必将向着公司型方向发展。

(三)封闭式或是开放式

封闭式基金存续期固定,不可赎回,有利于管理人的管理和风险控制,适宜于房地产业的实际状况,也便于监管人的监管。考虑到我国 REITs 法律不完备、市场不成熟等原因,初始阶段可以采用封闭式基金模式。

(四)完善法律制度,建立保障投资者利益的运作机制

首先,双重征税及信托财产的登记,是推出 REITs 面临的两大政策难题。在我国现行税制下,股权类 REITs 面临双重征税的问题。REITs 要通过长期持有物业获得租金收入,需要交纳 5.5% 的营业税,12% 的房产税,然后要缴纳 25% 的企业所得税,收入分红后还要交纳个人所得税;而物业资产的收购和转让,也需要缴纳高额的资产转让所得税。因此,完善相应税法,是促进 REITs 发展的必要条件。

第二,规定 REITs 的资产构成比例,保证 REITs 的主营业务为房地产。在我国发展 REITs,有两点需要规范。一是合理确定开发性资产和经营性资产的比例;二是合理确定权益资产和债务资产的比例。在美国虽然没有严格规定,但一些亚洲国家都做了相应要求。例如,新加坡规定负债不得超过总资产的 35%,韩国则完全不允许负债。

第三,规定 REITs 的收入结构,保障募集资金的正确投向和使用。在美国,股利、股息、房地产租金、股票和房地产处置收益等必须占总收入的 95% 以上;而下列收益则不得超过总收入的 30%:处置持有期不满 1 年的股票或其他证券所得、处置持有期不满 4 年的房地产所得等。我国的 REITs 收入也应主要来源于房地产开发、购置、出租管理等权益性业务。

最后,应税收入作为股利分配给股东。为防止基金管理者出于满足自身利益最大化的目的,将收益再投资于那些无法达到投资者要求的项目,各国几乎都做出必须将每年 90% 的应税收入作为股利分配给股东的规定。我国未来 REITs 的收益分配也应从中有所借鉴。

(渤海国际信托有限公司　侯志民)

第四部分

金融规章选编

第一部分　综述 · 各地经济金融

第二部分　业务综述

第三部分　学术调研

► 第四部分　金融规章选编

第五部分　大事记

第六部分　经济金融统计资料

第七部分　金融机构名录

中国人民银行石家庄中心支行固定资产管理实施细则

第一章 总 则

第一条 为规范河北省人民银行系统固定资产管理，确保国有资产的安全与完整，提高固定资产的使用效益，根据《中国人民银行固定资产管理办法》及有关规定，结合全省固定资产管理工作实际，制定本实施细则。

第二条 河北省各级人民银行及其直属单位、北戴河干部休养院（以下简称辖属机构）的固定资产管理活动，适用本实施细则。

第三条 固定资产指使用期限在1年以上、单位价值在2000元以上，并且在使用过程中基本保持原有物质形态的资产，包括房屋、建筑物、电子设备、运输工具、机具和其他与业务有关的设备。

不具备上述规定条件的物品，为低值易耗品。

第四条 中国人民银行固定资产的产权属于总行，石家庄中心支行负责辖属机构固定资产的管理监督。

第五条 不论以何种资金来源购置和从何种渠道取得的固定资产，均应纳入固定资产管理范围。

第六条 固定资产管理的主要任务是：根据业务发展需要，合理配置固定资产；建立健全固定资产管理制度；真实完整反映固定资产状况；全面管理固定资产实物；防止固定资产流失。

第七条 固定资产管理的原则是：明晰产权，核实家底；节约资源，充分利用；规范操作，保全资产；账内核算，账实相符。

第八条 固定资产管理的内容：固定资产的分类和计价；固定资产的购建和调拨；固定资产折旧；固定资产处置；固定资产日常管理。

第九条 固定资产管理实行“统一领导、分级负责”的体制。各级机构根据总行统一制定的固定资产管理制度和本实施细则的规定，负责本级的固定资产日常核算和管理。上级机构对下级机构的固定资产管理进行监督，并汇总反映所辖机构固定资产情况。

第十条 固定资产管理职责分工：会计财务部门是固定资产的综合管理部门，负责编制全年固定资产购置计划，组织固定资产价值核算，办理固定资产调拨手续，审批固定资产的处置，反映固定资产情况；财产管理部门负责固定资产的验收、登记、保管、维修、清查、报废等实物管理工作；财产使用部门应按照财产管理规定，负责管理本部门使用的固定资产。

第十一条 固定资产的购建、调拨、处置应履行规定的审批程序。

第二章 固定资产的分类和计价

第十二条 固定资产按其实物形态分为：房屋及建筑物类、电子设备类、运输工具类、机械器具类和其他财产类。

房屋及建筑物类包括：发行库、营业办公用房、附属用房、职工宿舍和其他建筑物。

电子设备类包括：与信息化建设相关的电子化设备及配套设备、监控报警及配套设备、办公自动化设备、通讯设备等。

交通工具类包括：运钞车、护卫车、公务用车及其他各种类型的汽车、摩托车、船舶等运输工具。

机械器具类包括：机械动力设备、电器设备、发行机具设备、医疗设备、炊事设备等。

其他财产类：不属于上述类别的其他固定资产。

第十三条 固定资产按其来源分为：

（一）购置、建造的固定资产；

（二）无偿或有偿调入的固定资产；

（三）接受捐赠的固定资产；

（四）盘盈的固定资产；

（五）置换取得的固定资产；

（六）其他来源的固定资产。

第十四条 对已征用的土地，按其土地征用费计价，并按以下情况核算：

（一）对已征用尚未施工建设的，在“土地使用权”表外科目核算土地征用费并登记征地亩数。

（二）对已征用并已开工建设项目的，土地征用费由表外“土地使用权”科目转入表外“在建工程”科目核算；对征用的土地上建有几个项目的，土地征用费应按建设项目占用土地面积的比例分摊。

（三）建设项目已完工交付使用，应将应摊土地征用费与交付使用的建设项目投资，从表外“在建工程”科目核算转入表内“固定资产”和“固定资产基金”科目核算。

第十五条 租入的固定资产，不纳入固定资产管理范畴。

第十六条 固定资产原则上按照取得时的实际成本计价，确定的价值全部计入固定基金。具体计价方法是：

（一）自行建造的固定资产，按建造过程中实际发生的全部支出计价；

（二）购入的固定资产，按买价加支付的运输费、途中保险费、包装费、安装费和缴纳的税金等计价；

（三）在原有固定资产的基础上改建、扩建的，按原固定资产的价值加上改建、扩建发生的实际支出，扣除改建、扩建过程中产生的变价收入后的金额重新计价；

（四）对原有固定资产进行装修且装修费用超过原价值10%的，按原固定资产的价值加上装修费用支出，扣除装修过程中的变价收入后的金额重新计价；

（五）有偿调入的固定资产，以调拨价格或调入调出双方协议价格加支付的运杂费、包装费、安装费计价；

（六）无偿调入的固定资产，按调出单位的账面原值，扣除原来的安装成本，加上调入单位的安装成本计价；

（七）接受捐赠的固定资产，按所附票据或资产验收清单所列金额加自行负担的运输、保险、安装等费用计价；

（八）盘盈的固定资产，按照同类固定资产的重置完全价值计价；

（九）置换取得的固定资产，按照双方认可的有资质的资产评估机构的评估价值加相关税费计价。

第十七条 已经入账的固定资产价值，除发生下列情况，不得任意变动：

（一）根据国家规定对固定资产重新估价；

（二）增加补充设备的改良装置；

（三）将固定资产的一部分拆除；

（四）固定资产修缮、装修费用超过原值10%；

（五）根据实际价值调整原来的暂估价值；

（六）发现原记固定资产价值有误；

（七）已出售职工住宅的价值，按国家有关房改政策的统一规定进行价值调整。

第三章 固定资产的购置和调拨

第十八条 固定资产购建应在批准的预算额度内执行。固定资产购建必须使用项目支出资金，不得挤占费用，不得混用项目支出；固定资产购置要切实贯彻量力而行的固定资产购建原则

第十九条 为便于统筹安排辖区内固定资产购置资金，各辖属机构要根据实际需要于每年初向石家庄中心支行编报固定资产购置计划。

第二十条 固定资产购建纳入政府采购。在规定项目以内及限额标准以上的应实行集中采购，在规定项目以外及限额标准以下的实行分散采购（集中采购项目及限额标准参见当年上级行下发的文件规定）。

第二十一条 集中采购固定资产，应执行《中国人民银行集中采购管理试行办法》和《中国人民银行石家庄中心支行集中采购管理实施细则》的规定。分散采购固定资产，由使用部门提出需求，填制固定资产购置申请单，经会计财务部门审核后，报本单位采购委员会或主管领导批准后实施。

第二十二条 营业办公用房、发行库及其他建筑物的建设，应执行《中国人民银行基本建设管理办法》和《中国人民银行石家庄中心支行基本建设管理实施细则》的审批程序和建设标准。

第二十三条 已购入并由本级机构使用的固定资产，由采购部门与设备使用部门共同组织验收，采购部门负责提供购货合同、发票、相关的技术资料和货物清单，设备使用部门进行测试验收，并填制验收单、固定资产购置登记表，财产管理部门凭固定资产购置登记表办理入库手续，负责填制入库单，登记“入库保管登记簿”，在“固定资产管理系统”登统固定资产卡片，并打印一式两联，一联留存，另一联送会计财务部门，会计财务部门根据财产管理部门提供的固定资产卡片，填制记账凭证，办理账务核算。行政部门的实物保管员每月应根据“入库保管登记簿”中固定资产增减变化数，填制“固定资产增减变化清单一式两联”，加盖行政部门公章后，一联留存，一联交会计部门，会计部门凭清单与固定资产账进行核对，保证账、卡、物一致。

第二十四条 新建、扩建、改建交付使用的固定资产，应根据审计后的竣工决算书等交接凭证，办理验收交接手续，财产管理部门接收基建部门相关的交接凭证后，负责在固定资产管理系统登记固定资产卡片，并打印一式两联，一联留存，一联送会计财务部门，会计财务部门根据财产管理部门提供的固定资产卡片，填制记账凭证，办理账务核算。

已交付使用但未办理竣工决算的工程，自交付使用之日起，按照工程预算和工程成本等资料，由基建部门估价，填制固定资产（基本建设）估价单，财产管理部门根据基建部门提供的估价单，办理相关的固定资产入账手续。待竣工决算办理完毕后，按照决算数调整原估价。

第二十五条 固定资产调拨是指固定资产在各级机构之间的调剂分配。分为无偿调拨和有偿调拨。上级行对辖属机构的固定资产具有调拨权。

第二十六条 固定资产调出单位在调出固定资产时，由其会计财务部门开具“固定资产调拨单”一式四联并加盖单位会计财务部门公章后，送固定资产调入单位，调入单位在收到调出单位开具的“固定资产调拨单”后，在“固定资产调拨单”相应位置加盖调入单位会计财务部门公章后返还给调出单位一式两联，调出单位在收到调入单位返回的“固定资产调拨单”后，调出单位财产管理部门根据“固定资产调拨单”开具“出库单”，办理出库手续，会计财务部门根据“固定资产调拨单”和“出库单”记账。

调入固定资产为本级机构使用的，由固定资产调入单位的财产管理部门根据“固定资产调拨单”及实物填制“固定资产入库单”，办理入库手续，会计财务部门根据“固定资产调拨单”和“入库单”办理固定资产入账手续。

上级机构需将调入的固定资产再分配给下级机构的，应建立“固定资产调拨登记簿”，登记固定资产的调拨事宜。由会计财务部门填制“固定资产调拨登记簿”，并开具“固定资产调拨单”。

第二十七条 无偿调拨的固定资产，由调出单位按照固定资产原值转销固定资产账，同时按照累计折旧额转销表外科目的“固定资产折旧”，调入单位依据“固定资产调拨单”加相关费用办理入账手续，累计折旧计入表外科目的“固定资产折旧”。

第二十八条 有偿调拨固定资产的，由调出单位按照固定资产的原值转销固定资产账，按照累计折旧额转销表外科目的固定资产折旧并办理实物调拨手续；调入单位办理验收入库手续并根据“固定资产调拨单”登记固定资产账，“累计折旧”计入表外科目的固定资产折旧。

调出单位收到的调拨收入计入其他收入科目下的“其他收入”账户。

调入单位支付的费用按照财务制度的规定列支。

第二十九条 上级机构集中采购并分配下级机构使用的固定资产，由使用单位依据“固定资产调拨单”和相关费用办理固定资产入账手续。

第三十条 同级机构之间的固定资产调拨，应经上级机构批准后，办理相关手续。由调出行出具“固定资产调拨单”一式四联，该调拨单分别由调出行、调入行保管员和会计部门留存，保管员凭以登记实物分类账；会计部门凭此调拨单和批准文件及时转销相关账户。

第三十一条 机构调整引起固定资产无偿调拨的，调出、调入单位均须根据上级机构批准文件和双方划转协议办理调拨手续。调出单位按照“固定资产清单”转销固定资产账，同时按照累计折旧额转销表外科目的固定资产折旧；调入单位办理验收入库手续并根据“固定资产调拨单”

登记固定资产账，累计折旧计入固定资产折旧的表外科目。

第四章 固定资产折旧

第三十二条 中国人民银行固定资产不计提折旧。为反映现有固定资产净值，按规定比例分类计算折旧。

第三十三条 下列固定资产计算折旧：

（一）房屋和建筑物；

（二）各类设备。

第三十四条 下列固定资产不计提折旧：

（一）建设工程交付使用前的固定资产；

（二）已计足折旧继续使用的固定资产；

（三）提前报废的固定资产；

（四）国家规定其他不计提折旧的固定资产。

第三十五条 固定资产按季计算折旧。固定资产的折旧额，按固定资产原值、预计净残值率（4%）和分类折旧年限（见附表）计算确定。

第三十六条 固定资产计算折旧一律采用平均年限法。计算公式为：

年折旧率＝（1－预计净残值率）×100%/固定资产折旧年限

季折旧额＝原值×年折旧率/4

第三十七条 投入使用的固定资产从投入使用季度的下一季度起计算折旧；停止使用的固定资产，从停用季度的下一季度起停止计算折旧。

第五章 固定资产处置

第三十八条 固定资产处置是指对盘盈、盘亏、报废、转让、对外捐赠、出租和置换固定资产的处理。

第三十九条 固定资产处置的审批权限：

盘盈和出租固定资产，由本单位的上一级机构审批。

盘亏、对外捐赠和提前报废固定资产，无论金额大小，一律报石家庄中心支行审批，或由石家庄中心支行审核后报总行审批。

正常报废固定资产由本单位行长办公会批准实施并报上一级机构备案。

转让固定资产，无论金额大小，均须由石家庄中心支行呈财政部驻河北省财政监察专员办事处签署意见后审批，或由石家庄中心支行转报总行审批。

河北省各市中心支行置换房屋及建筑物类固定资产，应经石家庄中心支行审查同意后报总行审批；各县（市）支行置换房屋及建筑物类固定资产，应经所属中心支行同意后报石家庄中心支行审批。河北省各市中心支行其他类别的固定资产置换，报石家庄中心支行审批，各县（市）支行其他类别的固定资产置换，由其所属中心支行审批，并报石家庄中心支行备案。

第四十条 盘盈的固定资产应查明原因，由财产管理部门填制“固定资产盘盈报告单”，写出书面报告，提出处理意见，经会计财务部门审核后报上级机构固定资产管理部门审批，经上级机构批准同意后，按重置完全价值估价入账，财产管理部门和会计财务部门共同办理相关的固定资产入账手续。

第四十一条 盘亏的固定资产，由财产管理部门填制“固定资产盘亏报告单”，报送会计财务部门；经本单位有关部门查明原因后，提出处理意见，报石家庄中心支行审批，石家庄中心支行审批同意后，各单位根据石家庄中心支行的批准文件，办理相关的固定资产及其累计折旧的注销手续。

第四十二条 超过折旧年限并经相关部门鉴定，不能继续使用的固定资产，经审批同意后作报废处理。对报废的固定资产注销固定资产账及其累计折旧并将残值净收入，记入财务收入中的“其他收入”。

相关部门鉴定是指：房屋及建筑物类的报废由当地房屋安全鉴定机构鉴定，并出具鉴定报告；电子设备类的报废由科技部门组织技术人员进行技术鉴定；运输工具类的报废按照国家规定的使用年限或累计行驶里程执行；机械器具类的报废应由使用单位组织设备管理人员进行技术鉴定。

除运输工具类超过国家规定的使用年限或累计行驶里程需强制报废外，对超过折旧年限但能继续使用的固定资产，应继续使用。

第四十三条 对未超过折旧年限但由于自然灾害、意外事故、管理不善和耗能等原因造成不能继续使用的固定资产，经相关部门鉴定经审批同意后可提前报废，报废时注销固定资产账面原值及累计折旧。

提前报废固定资产的残值净收入，记入财务收入中的“其他收入”。

第四十四条 不需用、未使用或其它原因需要转让固定资产，由相关部门进行资产评估后确定转让价格，经审批同意后，办理转让手续并注销固定资产账面原值及累计折旧，转让收入不得低于固定资产评估价格的90%。

转让收入扣除相关费用后的净收入记入财务收入中的“其他收入”。

第四十五条 对外捐赠固定资产，依据接受捐赠单位开具的有关证明材料，注销固定资产账面原值及累计折旧，捐赠过程中发生的相关费用按照财务制度列支。

第四十六条 出租固定资产时，出租所得扣除相关费用后的净收入记入其他收入科目的“租赁收入”账户。

第四十七条 置换固定资产时，经置换双方认可的有资质的资产评估部门进行资产评估确定其价值；签订置换协议前必须首先取得资产评估部门的资产评估报告。换出及换入的固定资产的评估价值的差额，应采用货币支付。支付的相关费用由批准置换的上级机构按照财务制度规定解决，收到的补价扣除相关费用后的净收入记入其他收入科目的“其他收入”账户。

会计财务部门应对换出资产注销其固定资产原值及累计折旧，对换入的资产按其评估价值加相关税费登记固定资产账及累计折旧。

第六章 固定资产日常管理

第四十八条 固定资产日常管理坚持“价值管理与实物管理结合，用和管结合，账实相符”的原则。实行账实分管，会计财务部门管账，财产管理部门管物。

第四十九条 各级机构的固定资产管理部门统一使用《中国人民银行固定资产管理系统》（以下简称“管理系统”），对固定资产进行登记、统计和信息反映。

第五十条 会计财务部门应对固定资产进行合理计价，正确计算折旧并按固定资产的分类标准设置固定资产总账和明细账，通过“固定资产”、“固定资产基金”表内科目和“固定资产折旧”、“土地使用权”、“在建工程”表外科目进行会计核算。

各级机构会计财务部门应定期编制固定资产报表，并对固定资产的增减变动、管理和使用情况作出详细的文字说明，做到内容完整、反映真实。

第五十一条 财产管理部门应建立健全固定资产使用、保管和财产领用登记制度；使用“管理系统”记录固定资产卡片、固定资产登记簿，统计固定资产信息，定期或不定期的保养、检修和维护固定资产，组织对固定资产的清查。

财产管理部门应定期对固定资产卡片、登记簿与固定资产明细账余额核对，保证相符。

第五十二条 财产使用部门应对本部门使用的固定资产进行管理，建立固定资产使用登记簿，落实责任人，及时向财产管理部门反映固定资产的使用情况，并做好日常保管维护工作。使用部门有关人员发生变动时，应及时办理固定资产移交。

第五十三条 固定资产的大修理，由使用部门提出需求，财产管理部门提出固定资产修理计划，会计财务部门审核报分管行领导批准后纳入当年财务预算。发生的修理费支出，应按财务制度规定列支。

第五十四条 各级机构应定期或不定期组织对全部或部分固定资产的清查、盘点。每年年终决算之前须进行一次全面的清查盘点并编制“固定资产清查表”。

第五十五条 上级机构会计财务部门对下级机构的固定资产管理情况应定期检查。

第五十六条 不符合固定资产标准，且使用期限较长的低值易耗品，应比照本办法设立登记簿或卡片账，建立登记、保管制度。

第七章 罚 则

第五十七条 各级机构应建立健全固定资产管理的规章制度，落实内控措施。对因制度不健全、措施不落实造成管理混乱，账实不符，家底不清的，由上级机构责令其限期改正，并追究主管领导和相关人员责任。

第五十八条 固定资产购置达到集中采购规定标准的，应严格按照集中采购程序进行采购，对未按规定程序采购的，依照《中国人民银行集中采购管理试行办法》、《中国人民银行石家庄中心支行集中采购实施细则》及其他有关规定追究有关人员的责任。

第五十九条 固定资产使用部门应对本部门资产妥善维护、保管，如因使用不当，保管不善等原因造成资产损失的，应追究使用部门相关人员的责任。

第六十条 固定资产的处置应按照规定审批权限审批后方可处置。对擅自处置固定资产造成国有资产流失的，追究有关人员的责任；构成犯罪的，依法追究其刑事责任。

第六十一条 各级机构应真实反映固定资产的状况。对不真实反映固定资产的状况，提供虚假信息的，由上级机构责令其限期改正，并追究相关责任人的责任。

第六十二条 对其他违反本细则的行为，由上级机构责令改正。

第八章 附 则

第六十三条 本细则由中国人民银行石家庄中心支行负责解释和修订。

第六十四条 辖属机构可根据本实施细则结合本地区的实际情况，制定更加细化的实施细则，并报石家庄中心支行备案。

第六十五条 本规定自2006年1月1日起执行，原有关办法与本细则有抵触的，以本细则为准。

附表：固定资产分类年限表。

附表：中国人民银行固定资产分类折旧年限表

类 别	折旧年限
房屋及建筑物类	
一、发行库、营业办公用房	50年
二、附属用房	50年
三、职工宿舍	35年
四、其他建筑物	30年
电子设备类	
一、电子计算机及配套设备	5年
二、监控报警及配套设备	5年
三、办公自动化设备	5年
四、通讯设备	5年
运输工具类	
一、小轿车、越野车、9座（含9座）以下汽车	15年
二、9座以上客车	10年
三、运钞车等其他大型载货汽车	10年
四、轻型载货汽车（总质量1.8－6吨）	8年
五、其他运输工具	10年
机械器具类	
一、机械动力设备	12年
二、电器设备	6年
三、发行机具设备	10年
四、医疗设备	10年
其他财产类	
其他财产	5年

中国人民银行石家庄中心支行机关财权与事权分离管理暂行办法

第一章 总 则

第一条 为切实加强和改进机关财务管理，进一步规范财务行为、事务行为，提高资金使用效益和办事效率，根据《中国人民银行财务制度》和《中国人民银行办公厅关于进一步加强人民银行财务管理的通知》的有关规定，结合中心支行机关实际情况，制定本办法。

第二条 本办法适用于中心支行机关。

第三条 中心支行机关实行财权与事权分离的管理制度。其工作原则是：在行长办公会统一领导下，财权管理部门负责管钱，对费用开支的合规性负责；事权管理部门负责管事，对费用开支的真实性负责。财权部门与事权部门，各司其职、各负其责、相互监督、相互制约，保证各项工作公开、公正、透明、高效运行。

第四条 本办法所称的财权，是指以资产负债管理、财务收支管理、预算管理与监督、财务核算与报告等为主要内容的财务管理权。

会计财务处负责机关的财务管理与集中核算，是财权管理部门。

第五条 本办法所称的事权，是指与费用支出有关的事务管理权。即涉及人员费用支出、公用经费支出、基建类支出、行政事业类支出，需要办理会计手续、进行会计核算的相关事务管理权。

机关事权实行归口管理，后勤服务中心是事权管理部门。

涉及集中采购项目的办理程序按《中国人民银行石家庄中心支行机关集中采购管理办法》规定执行。

第六条 财权、事权管理部门，分别接受本行内审、纪检监察部门的监督检查。

第二章 财权、事权管理部门职责

第七条 会计财务处履行下列职责：

（一）制定和修订财务管理办法或实施细则，经行长办公会批准后组织实施；

（二）组织编制财务预算，经行长办公会审定后，组织预算执行、管理和监督；

（三）审核各项费用支出，依法办理财务事务，保证会计财务信息合法、真实、准确、完整；

（四）组织财务核算与账务管理，实行会计财务监督，合理控制费用支出；

（五）在集中采购管理委员会（以下简称采购委员会）的领导下，行使采购委员会办公室（以下简称采购办）职责，管理集中采购工作；

（六）组织固定资产、低值易耗品的管理工作；

（七）定期编制财务报表，上报财务分析报告；

（八）负责与审计、财监办、税务等相关部门的业务联系与协调工作；

（九）中心支行交办的其他财务工作。

第八条 后勤服务中心履行下列职责：

（一）机关各类办公设备、办公家具、办公用具、办公所需耗材、水、电、暖、通等设备及配件购置、维修、管理事权审批；

（二）出差、会议、公务、会务接待、房产、车辆维修事权审批；

（三）书刊、杂志、资料征订、文件印刷事权审批；

（四）职工体检事权审批；

（五）各处室发生的其他费用支出事项的事权审批；

（六）登记机关固定资产和低值易耗品卡片，定期盘点，定期与会计财务部门核对账务；

（七）登记财产保险卡片、保管财产保险单（复印件），做到卡、单相符；

（八）配合会计财务部门管理职工住房公积金，协助接受上级行、财政部、审计署派驻机构的监督、检查；

（九）中心支行交办的其他事权工作。

第九条 养老统筹资金、工会经费的使用、管理和上缴分别由人事处和工会办公室按相关规定执行。

第十条 内审、纪检监察等部门是机关财权、事权的监督检查部门，定期对机关财务及相关事务工作进行监督检查，对集中采购等重大财务事项的操作程序进行事前、事中和事后监督。

第十一条 财权、事权管理部门要认真履行管理职责，事权管理部门办理费用报账核销时，要提供真实、合法的原始凭证，对办理事项的真实性负责；财权管理部门要认真审核受理凭证的合法、合规性，对记载不准确、不完整的原始凭证，有权要求更正、补充，对违规票据、不符合审批程序或超出预算指标的费用不得报账核销，对账务记载的真实、完整、准确性负责。

第三章 费用的管理、审批程序和权限

第十二条 各项费用支出严格执行“统一领导、集中管理、预算控制、分级审批、合规开支、监督制约”的管理原则。

第十三条 费用支出按照开支范围、开支标准和管理方法划分为集中采购开支、固定开支、非固定开支三种类别：

（一）集中采购开支是指按照《中国人民银行石家庄中心支行机关集中采购管理办法》规定，集中采购中心集中统一以购买、租赁、委托或雇用等方式，获取纳入集中采购项目或采购限额标准以上的货物、工程和服务的开支。集中采购项目按总行当年发布的集中采购项目及限额标准规定及中心支行机关确定的采购项目执行。

（二）固定性开支是指有固定开支标准、定期发生的费用。包括基本工资、津贴、奖金、工会经费、社会保障缴费、离退休费用、住房补贴、邮电费、水电费、取暖费、网络租赁费、税金。

（三）非固定性开支是指集中采购和固定性开支以外的开支。包括办公费、印刷费、差旅费、交通费、会议费、培训费、招待费、福利费、劳务费、物业管理费、修理费、货币发行费、安全防卫费、反假货币经费、租赁费、电子设备运转费、外交外事费、公益捐赠等项开支。

第十四条 根据授权审批权限为：

财权管理审批权限为：行长办公会、分管会计财务工作的行领导、会计财务处。

事权管理审批权限为：行长办公会、集中采购管理委员会、各处室分管的行领导、分管后勤服务中心工作的行领导、后勤服务中心。

第十五条 财权、事权审批人员，在授权范围内对审批事项实行“一支笔”审批，审批人员作为有效签字人，在费用申请单（签报）上签字确认。

第十六条 集中采购费用审批程序和权限：由需求部门提出申请，经相关部门审核同意，20万元以内（含20万元）的集中采购项目，采购委员会会议审批立项，20万元以上的，报行长办公会审定，费用报销时，由采购经办人、集中采购中心负责人在报销票据上签字，采购办审核并加盖采购办印章，到会计财务处报账。

第十七条 固定费用审批程序和权限：由经办处室审核，经办人和处长在费用报销凭证或有关单证上签字，会计财务处签批，直接办理费用核销手续。

第十八条 非固定费用开支审批程序和权限：

非固定费用开支，严格执行“从严控制，保证重点，先审后办、先批后支”的管理原则，审批程序和权限如下：

（一）一次性开支金额在10万元以内（含10万元）的，各处室向后勤服务中心申报，后勤服务中心审批立项，5万元以内（含5万元）的，会计财务处进行合规性审查；5万元以上、10万元以内的，会计财务处进行核准性审查。费用支出后，经办处室经办人、处长在费用报销凭证上签字，到会计财务处办理费用报销手续。

（二）一次性开支在10万元以上、20万元以内（含20万元）的，各处室向后勤服务中心申报，后勤服务中心审核，分管后勤服务中心的行领导审批立项，会计财务处审核资金，分管会计

财务处的行领导审批资金。费用支出后，经办处室经办人、处长在费用报销凭证上签字，会计财务处签批后，办理费用报销手续。

（三）20万元以上的支出，按上述（二）履行审批程序后，由后勤服务中心报行长办公会审定。行长办公会同意办理的事项，费用支出后，经办处室经办人、处长在费用报销凭证上签字，会计财务处签批后，办理费用报销手续。

第十九条 需要签定合同的费用支出项目，按规定程序审批后，方可办理签定合同的具体事宜。合同副本或复印件在办理账务核销时提交会计财务处备案。

第四章 附 则

第二十条 本办法经行长办公会通过后实施。

第二十一条 本办法自2009年1月1日起执行。

中国人民银行石家庄中心支行机关集中采购管理办法

第一章 总 则

第一条 为规范中心支行机关集中采购行为，加强中心支行机关集中采购管理，根据《中国人民银行采购管理试行办法》（银发〔2004〕210号）、《中国人民银行集中采购工作规程》（银办发〔2007〕1号）等相关规定，结合我中心支行机关实际情况，制定本办法。

第二条 中国人民银行石家庄中心支行机关组织进行的采购活动，适用本办法。

第三条 本办法所称集中采购，是指机关集中采购中心，集中统一以购买、租赁、委托或雇用等方式，获取纳入集中采购项目或采购限额标准以上的货物、工程和服务的行为。

第四条 集中采购遵循公开、公平、公正和效益优先的原则。

第五条 集中采购建立财权与事权分离、管理与操作职能分离的内部控制机制。

第六条 集中采购不论资金来源、性质，均应遵守本办法。

第七条 会计财务部门是集中采购的执行性管理部门，负责集中采购活动的日常管理工作。

集中采购中心是承办集中采购具体事宜的职能部门，根据批准的采购计划，具体实施集中采购项目的采购工作。

内审部门履行对集中采购活动的审计监督职责。

纪检监察部门履行对集中采购单位和工作人员实施监察和查处违法违纪行为的职责。

法律事务部门负责对集中采购合同的合法性进行审核。

第二章 组织管理

第八条 中国人民银行石家庄中心支行集中采购管理委员会（以下简称管委会）是中心支行机关集中采购工作的领导机构，负责中心支行机关集中采购的管理和监督工作。

管委会由分管会计财务工作的行领导任主任，分管办公室（法律事务办）、科技、后勤工作的行领导任副主任，成员由办公室（法律事务办）、会计财务处、科技处、内审处、后勤服务中心、集中采购中心等部门负责人组成。

管委会的主要职责是：审定中心支行机关集中采购制度和办法；审定本行及全辖年度集中采购计划；审定中心支行集中采购管委会办公室提交的对机关集中采购项目的初审意见；协调解决采购工作中的有关问题；审查中心支行机关集中采购项目的执行情况。

第九条 管委会下设办公室（以下简称采购办），采购办设在会计财务处。其主要职责是：制定集中采购工作制度、办法；根据总行批复的预算，汇总编制本行及全辖年度集中采购计划；

维护和管理评审专家库；对各部门提交的采购申请进行初审，并将初审意见以书面形式报集中采购委员会议审定；根据管委会对集中采购项目的审定意见，向集中采购中心下达集中采购任务通知书，并督促落实集中采购任务；协调处理采购相关部门之间的工作关系；收集、统计采购信息；受理与集中采购活动有关的投诉。

第十条 集中采购中心作为承办集中采购具体事宜的职能部门，其主要职责是：根据采购办下达的集中采购任务通知书，具体实施集中采购项目的采购工作。包括：组织采购项目的招标（谈判、询价）、评审和验收工作；根据评审小组意见确定供应商；经授权签订采购合同，监督合同的履行，协调处理售后服务问题；收集整理集中采购活动档案，向管委会及采购办反映集中采购信息。

第十一条 管委会应建立评审人员库，在采购项目招标时，随机从评审人员库中抽取5人以上单数，组成评标小组，完成采购项目的评标工作。评审人员库由全省人民银行系统业务、后勤服务、科技、法律等部门具有中级以上技术职称的专业人员组成，成员人数在60人以上。

对技术性较强的采购项目，可从外部聘请技术专家，参加采购项目的评审工作。

本办法所称业务部门是指提出采购需求的部门。

本办法所称技术专家是指从事相关领域工作满八年并具有高级职称或者具有同等专业水平的技术人员，及纳入省级以上政府采购专家库的人员。

第三章　集中采购范围

第十二条 集中采购范围：

（一）货物类

1. 计算机及其配套设备、监控报警系统及配套设备、通讯设备；

2. 公务用车和其他交通工具；

3. 机械动力、电器、发行机具、医疗、炊具设备；

4. 账表、凭证和其他印刷品；

5. 办公家具；

6. 其他货物。

（二）工程类

营业办公用房、发行库、附属用房和其他建筑物以及安全管理工程的新建、改建、扩建、以及修缮和装饰工程。

（三）服务类

1. 计算机软件购买、开发及维护；

2. 各类设备维护；

3. 中介服务；

4. 各类财产保险。

（四）中心支行机关认定的其他采购项目。

第十三条 集中采购项目以外且单项（或批量）采购金额在1万元以下的采购项目，实施分散采购。

第十四条 有下列情形之一的采购活动，不适用本办法：

（一）因自然灾害等不可抗力因素，需紧急采购的；

（二）枪支、弹药等国家有特殊管理要求的用具（品）；

（三）有关制度认定的其他情形。

第四章　集中采购方式

第十五条 集中采购采用公开招标、邀请招标、竞争性谈判、单一来源、询价等方式。

公开招标，是指由集中采购中心组织或委托招标代理机构，以招标公告的方式邀请不特定的供应商投标的采购方式。

邀请招标，是指集中采购中心以投标邀请书的方式，邀请三个以上特定的供应商投标的采购方式。

竞争性谈判采购，是指集中采购中心直接邀请三家以上的供应商就采购事宜进行谈判的采购方式。

单一来源采购，是指集中采购中心向供应商直接购买的采购方式。

询价采购，是指对三家以上的供应商提供的报价进行比较，以确保价格具有竞争性的采购方式。

第十六条 集中采购方式的确定：

（一）单项或批量采购金额在120万元以上（含120万元）的货物及服务项目、200万元以上（含200万元）的工程项目，实行公开招标。

（二）涉及到国家安全、保密的采购项目或只能从有限范围的供应商处采购的，实行邀请招标。

（三）招标后没有供应商投标或没有合格标的的、对技术含量有特别要求的、采用招标所需时间不能满足紧急需要的或不能事先计算出价格总额的采购项目，实行竞争性谈判。

（四）只能从唯一供应商处采购的、需要继续从原供应商处添购的或原采购的后续维修、零配件供应等采购项目，实行单一来源采购。

（五）货物规格统一、标准统一、现货货源充足且价格变化幅度小的采购项目，实行询价采购。

集中采购方式由采购办根据采购项目的实际情况提出，管委会会议决定。如因特殊情况需改变采购方式的，须由采购办报请管委会主任、副主任同意。

第五章 集中采购程序

第十七条 集中采购按以下程序进行：需求部门提出采购申请；分管行领导审核；相关部门进行技术审核；采购办进行综合初审；管委会会议或行长办公会议研究决定；集中采购中心具体实施采购；需求部门与相关技术部门共同组织验收；财务部门办理资金结算；信息反映；档案管理。

（一）采购需求的申请。

机关各处室、各直属单位、党委各部门（以下简称各部门）提出采购申请，应遵循“节俭、实用”的原则。并根据采购项目性质、预算金额，按照审批权限及程序进行报批。

1. 纳入总行集中采购范围的采购项目申报程序。

年初由项目需求部门根据需要编制年度集中采购计划，由会计财务处汇总后统一报总行审批。

2. 纳入石家庄中心支行集中采购范围的采购项目申报程序。

预算金额在20万元以内的采购项目，需求部门填制“集中采购项目申请表”，注明申请项目内容及申请原因（上级行文件要求的项目需提供上级行的文件），报本部门分管行领导审核后，根据拟申请项目的性质，将申请表交相关部门进行技术审核（涉及服务器、微型机、笔记本电脑、智能终端、打印机、扫描仪、磁带机、刻录机、投影仪、数码照相机、数码摄像机、路由器、智能交换机、光端机、调制解调器、数据终端、信息接收器、UPS电源、大型稳压器、电视电话系统、门禁系统等电子计算机及配套设备的采购项目，由科技处进行技术审核；涉及发行机具类的采购项目，由货币金银处进行技术审核；其他资产类的采购，由后勤服务中心进行技术审核）；经相关部门技术审核并出具审核意见后，交采购办进行综合初审，提出初审意见，提交管委会会议研究决定。

预算金额在20万元以上（含20万元）的采购项目，以签报形式申报。签报经本部门分管行领导审签，履行相关技术部门审核、采购办综合初审手续后，由需求部门交办公室列入行长办公会议议题。

（二）采购项目的审核。

相关部门进行技术审核，必须出具明确的书面审核意见，审核意见包括：是否同意该申请项目，对项目申请部门提出的需求和设备配备标准是否进行调整及调整意见。相关部门的技术审核意见，作为采购办进行综合初审的依据。采购办依据财力和需求的急缓情况，进行综合平衡提出初步意见。

（三）采购项目的确定。

属于管委会会议审定的采购项目，采购办根据一定时期内需求部门提出集中采购申请的数量、急缓程度等情况，不定期提请管委会召开管委会会议，研究确定采购项目。属于行长办公会审定的采购项目，由项目需求部门向行长办公会汇报情况，行长办公会议研究确定。行长办公会、管委会会议研究同意的采购项目，由采购办根据会议决议，向采购中心下达集中采购任务通知书，集中采购中心根据集中采购通知书确定的采购项目内容和采购方式，组织实施采购。

（四）采购项目的实施。

由采购中心严格按照《中国人民银行石家庄中心支行集中采购工作规程》有关规定组织实施采购。

（五）采购项目的验收。

需求部门会同技术审核部门及集中采购中心

人员共同组成验收小组，根据采购合同的约定，对采购项目进行验收。大型或者复杂的采购项目，应邀请国家认可的质量检测机构参加验收工作。验收人员应具备与采购项目相关的专业知识和实践经验，本单位专业技术人员不足的，可邀请外部相关技术人员参加验收。验收过程中，验收小组应要求供应商指派专人到验收现场，并签署验收意见书，作为双方确定责任的依据。验收意见书经验收小组成员签字后，报采购办备案。验收过程中若与供应商不能就验收合格与否达成一致的，验收小组应邀请国家法定质量检测机构重新组织验收，并出具验收报告。由此所发生的费用，由责任方支付。

基本建设工程及房屋修缮、装修工程的验收按照国家建设部门的有关规定执行。

（六）采购项目的付款。

集中采购项目付款根据采购合同的约定进行。项目验收小组在项目验收完成后在付款凭证上签字，然后将付款凭证提交采购办审核，采购办审核通过后，交财务部门支付相应款项。采购活动构成固定资产的项目，采购办审核时，应要求使用保管部门填制“固定资产购置使用登记表”，在进行付款及财务报账的同时，由会计财务部门办理固定资产入账手续。

（七）信息反映和档案管理

按照《中国人民银行石家庄中心支行集中采购工作规程》有关规定执行。

第六章 内部控制与监督检查

第十八条 加强对集中采购工作的内部控制，建立集中采购工作岗位责任制，明确岗位分工、职责和权限，在请购、审批、采购、验收和付款等环节体现相互监督、相互制约。不得由同一部门或个人办理采购业务的全过程。组织采购的部门或个人不得参加评标活动。

第十九条 建立严格的授权审批制度，严禁未经授权的机构或人员办理采购与付款业务，严禁无审批或超越权限审批采购。

授权审批程序应有完整的记录。

第二十条 会计财务部门对采购发票、结算凭证、验收意见书等相关凭证的真实性、完整性、合法合规性应进行严格审查；对已完成的货物和服务应及时入账，并与有关部门核对账实相符。

第二十一条 加强对集中采购工作的监督检查。内审、纪检监察部门对采购活动进行全过程的监督、检查。内容包括：

（一）有关集中采购的法律、法规以及本办法的执行情况；

（二）内部控制制度是否健全；

（三）集中采购活动是否按照采购计划进行；

（四）采购项目是否符合财务预算管理的要求；

（五）集中采购方式、程序以及审批权限是否符合有关规定；

（六）集中采购合同履行情况；

（七）集中采购档案的管理情况；

（八）其他应检查的内容。

第二十二条 采购部门应自觉接受监督检查，如实反映情况，提供有关资料。

监督检查中发现采购活动严重违反规定，可能给单位造成损害或导致采购无效的，会计财务部门应提请管委会责令停止采购，并按有关规定进行处理。

任何部门和个人都有权检举和控告集中采购活动中的违法违纪行为。会计财务、内审和纪检监察等部门应按照各自职责对违法违纪行为依法予以处理。

第二十三条 监督检查中发现有下列情形之一的，应依法追究直接负责的主管人员和其他责任人的民事、行政责任；涉嫌犯罪的，移交司法机关依法处理。

（一）应采用招标采购方式而未采用造成损失的；

（二）将应集中采购的项目化整为零或采取其他手段规避集中采购的；

（三）与供应商或者招标代理机构互相串通的；

（四）委托不具备采购业务代理资格的社会中介机构承办采购事务的；

（五）拒绝监督部门检查或不如实反映情况，提供虚假资料的；

（六）采购过程中有滥用职权、玩忽职守、循私舞弊、索贿受贿及泄密行为的。

（七）其他违反采购法律法规及本办法的

行为。

第二十四条 采购活动向全行干部职工公开披露，接收群众的监督。集中采购中心在采购项目完成后将管委会批准的采购项目和采购方式、采购过程以及采购的结果（包括采购的数量、单价、开支总额），在中心支行局域网上公开。

第七章 附 则

第二十五条 本办法经行长办公会讨论通过后实施，修改亦同。

第二十六条 本办法由会计财务处负责解释。

第二十七条 本办法自2009年1月1日起实施。《中国人民银行石家庄中心支行采购管理实施办法（暂行）》（银石办发〔2001〕68号）同时停止执行。

河北银监局处置非法集资工作制度

（二〇〇九年三月二日）

为配合河北省处置非法集资联席会议做好处置非法集资工作，根据中国银监会及河北省人民政府关于处置非法集资工作的相关规定，制定河北银监局处置非法集资工作制度。

一、组织领导

成立河北银监局处置非法集资工作领导小组（以下简称局领导小组），局长担任组长、各分管局领导为副组长，办公室、政策法规处、协调处、各监管处主要负责人为成员。局领导小组办公室设在政策法规处。

二、工作职责

按照处置非法集资部际联席会议规定的“地方政府负总责、行业主（监）管部门一线把关”的总体要求，在省政府领导下，河北银监局承担起对辖内银行业金融机构非法集资活动的日常监管工作，履行联席会议成员单位相关职责，配合联席会议办公室开展工作。完成银监会交办的有关工作。

在局领导小组领导下，局领导小组办公室按照省处置非法集资联席会议工作机制要求，做好职责范围内督导、协调工作。

各监管部门负责辖内银行业金融机构涉嫌非法集资行为的监测预警、案件调查、性质认定、善后处置、维护稳定等工作。

三、监测预警

（一）建立辖内银行业非法集资监测预警体系。各监管部门要通过群众举报、被监管银行业金融机构自查、现场检查和非现场监管、建立监测预警体系等手段加强对辖内银行业金融机构非法集资行为的监测，密切关注被监管银行业金融机构可疑的融资动态、资金流向等涉嫌非法集资行为。一旦发现涉嫌非法集资行为，应及时进行甄别排查，及时发出预警报告。

（二）各监管部门要督促辖内银行业金融机构密切关注个人或单位账户发生较大数额资金异常流动现象，如发现非法集资嫌疑行为，应立即报告有关部门。

（三）在地方政府的统一领导下，配合有关部门做好非法集资的防范和宣教工作。利用银行业金融机构这一平台，加大宣传力度，增强社会公众的法律意识和提高辨别非法集资行为的能力，引导辖内银行业金融机构及社会公众自觉远离非法集资行为，从根本上遏制非法集资活动的蔓延。

四、处理程序

（一）信息报告

各监管部门发现辖内银行业金融机构涉嫌非法集资行为，要填写《涉嫌非法集资信息登记表》（附件一），并在第一时间向分管局领导报告，经同意后即以正式文件直接向省委、省政府报告，同时抄报处置非法集资部际联席会议办公室和银监会办公厅。内部发送局领导小组办公室及有关处室。

（二）调查认定

1. 对辖内涉及银行业金融机构非法集资情况，各监管部门要在局领导小组和地方联席会议办公室的领导下，在局领导小组办公室的协调下，在规定时间内全面查清涉嫌非法集资基本情况，并依据国家有关政策法规和本行业制度规定，对涉嫌非法集资案件性质进行初步认定，同时填写《银行业金融机构涉嫌非法集资调查、认定表》（附表二），向局领导小组报告。局领导小组会议议定后由负责调查的部门起草正式文件报省政府，并在地方联席会议办公室统一组织和局领导小组办公室协调下，配合开展处置和善后工作。

2. 对于涉嫌犯罪的非法集资案件，可直接移送公安机关。

3. 对辖内银行业金融机构非法集资行为涉及其他行业，或其他行业非法集资行为涉及银行业金融机构时，各部门应在局领导小组和地方联席会议办公室领导下，配合相关部门开展工作。

（三）其他事项

1. 公安机关认为非法集资主体涉及银行业务，需要出具行政认定意见的，由局领导小组办公室协调相关监管部门依据证据材料和银行业监管法律法规，提出行政认定的初步意见，报局领导小组批准。

2. 协调处、各银监分局在当地政府领导下，结合实际情况，比照本制度制定相关的工作制度。

本制度自印发之日起实行。

河北银监局处置非法集资领导工作小组成员名单

领导小组组长：郭锦洲

副组长：李莅春　安振虎　田耀金

王忠坦　刘宏宇　刘兰计

领导小组成员：张庆民　阎洪林　刘　侠

张建印　王天顺　许连夕

朱思莲　张保文　孟小丽

王彦平　殷辛月

附表一

涉嫌非法集资信息登记表

本表信息内容注意保密

填表部门（盖章）： 编号：

<table>
<tr><td colspan="2">受理时间</td><td colspan="4"></td></tr>
<tr><td colspan="2">受理（发现）方式</td><td colspan="4"></td></tr>
<tr><td colspan="2" rowspan="3">举报人基本情况</td><td>姓　　名</td><td colspan="3"></td></tr>
<tr><td>单位名称和联系电话</td><td colspan="3"></td></tr>
<tr><td>单位地址或住址</td><td colspan="3"></td></tr>
<tr><td colspan="2">涉嫌非法集资单位（个人）名称</td><td colspan="4"></td></tr>
<tr><td colspan="2">涉嫌非法集资项目名称</td><td colspan="4"></td></tr>
<tr><td colspan="2">涉嫌非法集资金额（万元）</td><td colspan="2"></td><td>涉及人数</td><td></td></tr>
<tr><td>涉嫌非法集资情况</td><td colspan="5">（可附页）</td></tr>
</table>

附表二

银行业金融机构涉嫌非法集资调查、认定表

本表信息内容注意保密

填表单位（盖章） 填表时间： 年 月 日

<table>
<tr><td colspan="2">负责调查的单位（部门）</td><td colspan="3"></td></tr>
<tr><td colspan="2">调查完成时间</td><td>年 月 日</td><td>调查负责人</td><td></td></tr>
<tr><td colspan="2">参加调查人员</td><td colspan="3"></td></tr>
<tr><td colspan="2">涉嫌非法集资单位（个人）名称</td><td colspan="3"></td></tr>
<tr><td colspan="2">涉嫌非法集资项目名称</td><td colspan="3"></td></tr>
<tr><td colspan="2">涉嫌非法集资金额（万元）</td><td></td><td>涉及人数</td><td></td></tr>
<tr><td>调查认定情况</td><td colspan="4">（可附页）</td></tr>
</table>

河北省银行业机构主要高级管理人员年度履职监管评价办法

（二〇〇九年七月二十七日）

第一章 总 则

第一条 为进一步加强对河北省银行业金融机构主要高级管理人员的监督管理，促使其履职尽责，依据《中华人民共和国银行业监督管理法》、《中华人民共和国商业银行法》、《中国银行业监督管理委员会中资商业银行行政许可事项实施办法》、《中国银行业监督管理委员会农村中小金融机构行政许可事项实施办法》和《中国银行业监督管理委员会非银行金融机构行政许可事项实施办法》等法律法规，制定本办法。

第二条 本办法适用于河北银监局和辖内各银监分局（以下简称监管机构）对河北省银行业金融机构（以下简称银行业机构）主要高级管理人员的年度履职监管评价。

第三条 本办法所称银行业机构是指河北省辖内政策性银行、国有商业银行、股份制商业银行、城市商业银行、邮政储蓄银行、农村中小金融机构、非银行金融机构等所有法人及分支机构。

第四条 本办法所称主要高级管理人员是指按照《中国银行业监督管理委员会中资商业银行行政许可事项实施办法》、《中国银行业监督管理委员会农村中小金融机构行政许可事项实施办法》和《中国银行业监督管理委员会非银行金融机构行政许可事项实施办法》等规定，经监管机构任职资格核准，且任现职满6个月以上的银行业机构主要负责人（正职或主持工作的副职）。

第五条 本办法所称履职监管评价是指监管机构在日常监管的基础上，对银行业机构主要高级管理人员任职期间的履职行为进行持续性监管，并按照规定程序作出评价结论的监管行为。

第六条 履职监管评价工作应遵循“属地监管、分级负责”的原则，做到依法、客观、公正和持续有效。

第二章 评价对象

第七条 河北银监局负责评价下列主要高级管理人员：

（一）政策性银行、国有商业银行、邮政储蓄银行河北省分行行长。

（二）股份制商业银行石家庄分行行长。

（三）石家庄市商业银行董事长、行长。

（四）河北省农村信用社联合社理事长、主任；石家庄市农村信用合作社联合社理事长、主任；农村银行董事长、行长。

（五）信托公司、企业集团财务公司、金融租赁公司董事长和总经理。

（六）金融资产管理公司石家庄办事处总经理。

第八条 各银监分局负责评价下列主要高级管理人员：

（一）政策性银行、国有商业银行、股份制商业银行、邮政储蓄银行市分行行长。

（二）城市商业银行董事长、行长。

（三）省农村信用社联合社办事处主任；市农村信用合作社联合社理事长、主任；农村银行董事长、行长；村镇银行行长。

第三章 评价内容

第九条 经营管理业绩。重点评价主要高管人员经营管理能力及年度各项指标进步度情况。主要包括：

（一）资本充足率、拨备覆盖率、流动性比率、不良贷款率、贷款损失准备充足率、单一客户和集团客户授信集中度等达标情况；

（二）资产规模、盈利水平、中间业务发展等主要经营指标情况；

（三）完成不良贷款控制目标及清转和化解不良贷款情况；

（四）辖区同类机构业务指标排名及进步度；

（五）受表彰及处罚情况。

第十条 内部管理情况

（一）行政许可事项合规情况；

（二）对下级高管人员违法违规行为的问责；

（三）对员工的教育培训；

（四）金融服务质量。

第十一条 风险管理水平。重点评价按照审慎经营法规制度管理风险情况。主要包括：

（一）风险管理制度的制定及制度执行力；

（二）案件数量；

（三）现场检查发现问题数量；

（四）不良贷款真实性；

（五）信贷投向和信贷政策落实；

（六）信贷审批。

第十二条 配合监管工作情况

（一）非现场监管或现场检查配合；

（二）监管资料报送；

（三）对监管机构的整改意见落实；

（四）向监管机构报告制度的执行；

（五）参加监管部门组织的有关会议和活动情况。

第四章 评价方式

第十三条 履职监管评价主要采取日常监管方式进行。通过对多种来源获得的日常监管信息的汇总，作出年度履职监管评价结论。

第十四条 监管信息的具体来源：

（一）现场检查资料；

（二）非现场数据分析；

（三）准入管理系统信息；

（四）来访、举报事项；

（五）内外部审计部门的审计报告；

（六）监管机构从其他渠道获得的信息。

第十五条 监管机构按照监管权限，对辖内银行业机构主要高管人员进行履职监管评价，原则上每年定期评价一次。评价时间可根据监管工作情况选择在次年的3月底以前完成。

第五章 评价程序

第十六条 监管评价程序包括：评价准备、评价实施、评价结论、结论反馈和结论通报等步骤。

第十七条 评价准备

（一）成立评价小组。以各监管部门为单位成立评价小组。

（二）制定操作方案。包括评价对象、评价内容、方式、程序及时间安排等。

（三）准备相关资料。根据监管信息的具体来源准备监管评价的相关资料。

第十八条 评价实施

评价小组按照制定的评价方案实施监管评价。主要通过查阅相关资料的方式进行。必要时，可进行现场检查或结合座谈、走访等方式。

第十九条 评价结论

评价小组将相关监管信息进行汇总，对年度履职情况作出写实性的鉴定性意见。

第二十条 结论反馈

监管机构将评价结论反馈被评价高级管理人员本人，征求本人意见。

第二十一条 结论通报

意见反馈后，监管机构以正式文件形式，将年度履职监管评价结论向其上一级管理机构进行通报，并存入监管档案。

第六章 附 则

第二十二条 本办法由中国银行业监督管理委员会河北监管局负责解释和修改。

第二十三条 本办法自发文之日起施行。原《河北省国有商业银行分支机构高级管理人员履职考核评价办法（暂行）》（银监冀局办发〔2005〕99号）同时废止。

国家开发银行股份有限公司河北省分行外汇业务会计核算实施细则

(二〇〇九年九月一日)

第一章 总 则

第一条 为规范外汇业务会计核算手续，有效防范风险，根据国家外汇管理局相关规定和总行管理办法，结合实际情况，特制定本细则。

第二条 外汇业务的会计核算以权责发生制为基础，应用借、贷记账法，实行外汇分账制。外汇分账制又称外币记账法，是指在外汇业务发生时，直接用原币记账，不需折成本位币记账，主要内容有：

(一) 在总行授权范围内开展外汇业务；

(二) 在外汇业务发生后，从填制凭证、登记账簿到编制报表，都直接以原币（有本位币折算牌价的外币）记账，每种货币各自形成账务系统；

(三) 每月末，按适用的内部统一折算率编制上报外币报表、外币折人民币报表和人民币汇总报表。年终决算时，按规定的决算汇率编制上报分行外币决算报表。

第二章 外汇存款业务会计核算

第三条 外汇存款的概念和种类

外汇存款是单位将其外汇资金、境外汇入汇款等存入银行，并可随时或约期支取的款项。存款币种为美元、欧元、日元、港币、德国马克、瑞士法郎、英镑等8种。外汇存款分为定期存款和活期存款两种。

第四条 外汇存款账户的开立范围

(一) 贷款客户；

(二) 与贷款项目有关的中资企业、外商投资企业；

(三) 符合人民银行核定的业务范围内的其他单位。

第五条 外汇存款的会计核算

(一) 开户

境内机构按照《国家开发银行股份有限公司境内机构外汇账户管理办法》有关要求办理，出具相关证明文件，填写开户申请书、单位基本情况表，在分行办理相关账户开立手续。外汇账户开立后，经办人员将账号、币种、开户日期等开户信息如实填写在企业预留印鉴卡片上，并及时在“开销户登记簿”上登记相关信息。

(二) 存入款项

客户将开户款项汇入总行的清算账户后，总行外币清算处通过传真向分行发送SWIFT接收报文，会计部门根据SWIFT接收报文在核心系统中完成账务处理，次日在工作流程系统中打印特种转账凭证二联，一联加盖转讫章后交客户，一联为记账凭证，SWIFT接收报文作为记账凭证附件。

会计分录：

借：存放系统内款项（清算资金）

　贷：单位存款——＊＊单位

(三) 汇出款项（见第四章）

(四) 存款计息

系统按人民银行公布的活期存款利率逐日计提单位活期存款利息支出。

会计分录：

借：存款利息支出——单位存款利息支出

　贷：应计存款利息——应计单位存款利息

外汇活期存款按季结息，计息方法及结息日均与人民币活期存款相同。存款利率执行资金局的有关规定。

结息日，由总行在核心系统对活期存款账户进行批量结息并自动计入存款账户。

会计分录：

借：应计存款利息——应计单位存款利息

贷：单位存款——＊＊单位

（五）存款清户

客户申请撤销账户，按照《国家开发银行股份有限公司境内机构外汇账户管理办法》有关要求办理。会计部门在与客户对清账务的基础上，及时进行结息及销户的系统处理，以存款利息清单作记账凭证。

会计分录：

借：应计存款利息——应计单位存款利息

贷：单位存款——＊＊单位

然后再根据单位的付款凭证，进行对外付款。

会计分录：

借：单位存款——＊＊单位

贷：存放境外同业款项

或存放境内同业款项办妥销户手续后，在“开销户登记簿”上注明销户日期。并于每月初5个工作日内向外汇管理局报送相关报表，及时反映国内外汇贷款的发放及变动情况。

（六）存款账户冻结和解冻的账务处理比照人民币存款账户进行处理。

第三章　外汇贷款业务核算

第六条　外汇贷款的概念和种类

外汇贷款是分行为满足客户的外汇资金需求而提供的贷款，包括外汇借款转贷款和外汇流动资金贷款。外汇贷款的货币种类有美元、港元、日元、英镑、欧元、德国马克、瑞士法郎等8种贷款。

分行开办的外汇贷款为自营外汇贷款。

第七条　外汇贷款的会计核算

（一）贷款账户的开立

使用自营外汇贷款的项目单位，需持借款合同以及比照办理存款账户需出具相关证件文件，在会计部门办理开户手续。

（二）发放贷款的核算

发放贷款时，会计部门对借款人提交的“借款凭证”及分行的“贷款发放审批表”审核无误后，进行核心系统的账务处理（具体操作比照人民币贷款）。

会计分录：

借：＊＊贷款——＊＊单位

贷：单位存款——＊＊单位

借：存放系统内款项（清算资金）

贷：系统内一般借款一总行

提款后，以借款凭证回单联及贷款发放交易凭证联通知客户及客户经理。

（三）贷款资金支付的核算

客户支付贷款资金时，会计部门对借款人提交的境外付汇申请书及分行的“资金支付审批单”进行审核，审核无误后，加盖转讫章，办理付款。境外付汇申请书一联作记账凭证，资金支付审批单作记账凭证附件，其余各联交客户、外管局。

会计分录：

借：单位存款——＊＊单位

贷：存放境外同业款项

（四）利息的核算

1. 贷款的计息

按照合同约定利率系统逐日计提贷款利息。每日日终，系统自动完成计提贷款利息的账务处理。

会计分录：

借：应计贷款利息——应计自营贷款利息

贷：贷款利息收入

系统根据各笔贷款合同约定结息日将已计提的利息转入应收利息户。结息日遇节假日的，应按照合同约定的方式处理。

会计分录：

借：应收贷款利息——应收自营贷款利息

贷：应计贷款利息——应计自营贷款利息

2. 客户归还利息的核算

客户应在结息日前将到期贷款利息汇入其在本行开立的存款账户。结息日，会计部门应按照合同约定完成扣收贷款利息的账务处理。

会计分录：

借：单位存款——＊＊单位

贷：应收贷款利息——应收自营贷款利息

（五）偿还贷款本金的核算

客户在贷款到期日或实际偿还日前5个工作日将偿还资金存入其在我行开立的存款账户。当客户自有外汇资金不足以偿还贷款到期本金需要购汇时，分行客户经理应协助财会人员落实债务人还本付息资金来源（按照国家外汇管理局规定

"债务人偿还贷款本息时，应先使用自有外汇，不足部分方可购汇"），严格审核债务人提交的"自有外汇确认书"及"账户对账单"。

贷款到期日会计部门应按照合同约定完成扣收贷款本金的账务处理，对于超出贷款到期金额部分的自有外汇资金按照原汇路退回。

会计分录：

借：单位存款——＊＊单位

贷：＊＊贷款——＊＊单位

同时，以清算资金归还系统内外汇借款。

会计分录：

借：系统内一般借款—总行

贷：存放系统内款项（清算资金）

（六）贷款转逾期的核算

在合同约定的还款日，若借款人存款户中的余额不足归还，核心系统将自动在到期日日终按应收未收的金额完成账务处理。

会计分录：

借：逾期贷款——＊＊单位

贷：＊＊贷款——＊＊单位

第四章　外汇汇款业务的核算

第八条　付汇应遵循国家外汇管理局《结汇、售汇及付汇管理规定》及相关文件要求，客户需持与支付方式相应的有效商业单据及有效凭证到分行办理。

第九条　汇出汇款的核算

会计部门办理付款时，根据客户填写的汇款申请书通过MPS系统向总行发送付款报文，待会计部门收到总行的ACK报文回执后，在核心系统进行账务处理。

会计分录：

借：单位存款——＊＊单位

贷：存放境外同业款项

第十条　信用证项下对外付汇的核算

分行收到境外银行寄来的全套单据，与原信用证开出条款核对无误后，国际结算经办人员填制"对外付款/承兑通知书"（一式三联），由客户经理提交给客户，客户审核后在"对外付款/承兑通知书"第二、三联上盖章确认承付后到会计部门办理对外付款。若无问题，在正常付款后，凭付款单据及客户的承付通知书在核心系统中进行账务处理。

会计分录：

借：单位存款或保证金——＊＊单位

贷：存放境外同业款项

借：信用证项下单据备抵

贷：信用证项下单据

第十一条　保函项下对外付汇的核算

会计部门凭国外银行寄来的托收单据正本及客户承付通知书对外付款在核心系统中进行账务处理。

会计分录：

借：单位存款或保证金——＊＊单位

贷：存放境外同业款项

借：开出保证函—开出保函

贷：开出担保函备抵

第五章　附　则

第十二条　本细则如有与总行制度不符之处，均以总行制度为准。

第十三条　本细则由财会处负责解释和修订，本细则自印发之日起执行。

国家开发银行股份有限公司
河北省分行境外突发事件管理暂行办法

（二〇〇九年九月三日）

按照总行《关于加强境外突发事件管理工作的指导意见》（开行办［2009］0112号）的有关精神，为切实加强河北省分行对突发事件的应对能力，最大限度消除境外突发事件的不利后果和负面影响，保障我行国际合作业务顺利发展，特制定本办法。

一、境外突发事件

境外突发事件是指突然发生的，造成或可能造成我行长期外派人员或临时因公出境（国）人员伤病、死亡、失踪、机密泄漏，以及影响和威胁我行境外项目的执行，造成资产损失的紧急事件。境外突发事件分为安全类突发事件和业务类突发事件。其中，武装恐怖袭击、战争及动乱、重大灾害、重大疫情、意外安全事故、治安案件等属安全类突发事件；同业恶意竞争、外国政府政策调整、境外敌对组织的策反或渗透宣传、信息与移动办公引起的机密泄漏等属于业务类突发事件。

二、坚持“居安思危，以人为本”原则

对境外突发事件，应以预防为主。相关国别工作组要有应急预案，完善信息预警机制，加强员工安全教育。境外突发事件的管理和处置，遵循“居安思危、以人为本”原则，一切以员工的生命安全和身体健康为第一准则。

三、管理体制与机制

（一）实行日常管理和应急领导两套机制

1. 日常管理机制。办公室、国际合作业务处、人事处、财会处、信息科技处、各国别工作组协同配合，负责境外突发事件的日常管理。

2. 应急领导机制。发生涉及员工生命安全、人身健康的重大境外突发事件，立即成立“河北省分行境外突发事件处置领导小组”（以下简称“分行领导小组”），分行行长为组长，主管国际合作业务的副行长为副组长，相关处室负责人为成员。分行领导小组负责境外突发事件的统一领导和处置工作。

（二）职责分工

国际合作业务处是分行境外突发事件应急管理的归口部门，负责落实分行领导小组对突发事件应急管理工作的重大决策；负责与总行国际金融局、总行国际合作业务局、区域工作组的信息沟通和协调工作；负责牵头制定和完善分行境外突发事件应急管理制度；负责组织各国别组开展所在国风险预警与评估工作，确保境外突发事件应急管理有关文件和境外突发事件有关信息的上传下达；负责牵头组织分行各部门开展因公临时出国团组和国别工作组境外突发事件的处置工作。

办公室负责境外突发事件应急管理与分行应急归口管理工作的协调和衔接。负责对口总行办公厅协调境外突发事件的信息报送、信息发布、媒体舆论引导等事宜。负责联络省内医院，协调重大疾病、伤亡人员的转院医疗和善后处置。

人事处负责针对分行长期外派人员以及临时因公出境（国）人员的安全教育和应急培训工作，负责就国际救援、保险赔偿等事宜与总行人事局进行协调沟通。

财会处负责按照行内有关规定，保障应对境外突发事件的经费支持。

信息科技处负责按照总行有关规定汇总境外工作组对应急通讯设备的需求和预算，对口总行营运中心做好应急通讯设备的发放和管理工作。

各国别工作组是应对境外突发事件的具体实施部门，负责开展所在国风险预警与评估工作，制订本组应对境外突发事件的应急预案；负责及时向信息科技处提出对境外应急通讯设备的需求，及时向区域工作组和国际合作业务处报告境外突发事件有关情况，并在总行有关部门和分行领导小组的领导下具体执行和实施应急措施。各国别工作组组长是日常应急管理和应急事件处理的第一负责人。

四、风险预警与评估

国际合作业务处是分行所辖国家海外风险预警和信息传递的执行部门，负责组织各国别工作组开展所在国风险预警与评估工作，并综合其他渠道相关信息进行分析研判，发布预警信息；负责动态汇总各工作组上报的“活情况”，及时向分行领导小组和总行有关部门报告，为分行领导小组和总行决策提供依据。预警信息实行扁平化传递，第一时间通报总分行有关单位以及相关区域工作组、国别工作组。各国别工作组要通过评估所在国家（地区）的政治局势、社会稳定性、各种安全风险、自然灾害、公共卫生等情况，做好所在国风险预警与评估工作，做到预防在先。

五、境外常驻人员风险防范

各国别工作组必须充分认识和估计员工在境外所面临的安全风险，制定并细化风险防范与应急预案，并结合实际进行演练，提高突发事件处置能力。应根据当地情况将重要安全保障信息制作成便于记忆、携带的应急卡片，标明国内、国外24小时应急救助电话、使（领）馆、当地警察机构、医院、交通部门等联络方式以及人员集中、疏散、撤离方式和路线等。

具体措施包括：

（一）关注所在国社会政治、治安动态，对可能发生的事件做到预判；

（二）谨言慎行，控制“银行职员”身份的曝光度；

（三）落实办公居住场所安全保卫力量，配备必要的安全设施；

（四）对于高风险国家和地区的国别工作组，要着手逐步建立应急通信工作联络体系，并按现行采购管理规定为高风险地区工作组配备相应的应急通讯设备；

（五）高风险国家和地区的国别工作组在驻地储备必要的应急食品和饮用水，并定期更换，每天检查车辆确保其处于良好使用状态；

（六）外出随身携带个人护照，熟知当地医疗机构地点，牢记当地求助电话，学会当地求助用语，并确保与总行、分行及我驻当地使馆的联系畅通；

（七）加强人员内部管理，雇佣当地员工时应调查其社会背景；

（八）尊重当地文化和风俗，避免与当地人发生与业务无关的冲突。建立并完善各国别工作组的管理制度，包括但不限于：定期跟踪所辖国家（地区）的社会政治、治安动态情况，制定风险防范和保障措施；动态掌握国别工作组人员的外派或出差所在地；执行24小时值班电话制，确保境外员工与分行值班员及分行领导通讯畅通。

六、境外突发事件处置

如遇境外突发事件，立即启动上述处置程序。业务发展类突发事件参照《应急管理手册》第四、第五、第六章相应规定进行处置；安全类突发事件参照“国际合作业务突发事件应急预案”进行处置。

七、安全教育与培训

国际合作业务处配合人事处将境外安全防范和应急管理制度纳入培训内容，对长期外派和临时因公出境（国）人员实行定期和不定期培训。对于长期外派的员工，在第一次外派前必须进行系统的安全教育和应急培训，增强员工安全意识，提高灵活应变和防卫自救能力。对于临时因公出境（国）人员，相关国别工作组负责向其告知所在国政治局势、安全状况、法律法规、社情民俗、安全常识以及特殊注意事项、安全防范技巧、当地基本问候、应急求助和自救用语等。

八、信息发布与舆论引导

如遇境外突发事件，相关部门工作人员应按规定立即报告，任何部门和个人不得擅自向媒体或外界披露。所有与我行境外突发事件有关的对外口径和信息发布、媒体舆论引导等事宜均需经分行办公室报总行政研室，由总行政策研究室按照行领导指示的精神办理。

九、实行安全责任制

境外突发事件应急工作实行领导责任制和责任追究制，国别工作组组长、临时因公出境（国）团组负责人为第一责任人。国别工作组、临时因公出境（国）团组要严格按照规定和程序落实境外各项安全控制和管理措施。分行领导、国际合作业务处将定期或不定期对境外国别工作组的安全工作进行检查，查找隐患，抓好整改，完善制度，落实责任。对境外突发事件迟报、谎报、瞒报、漏报或在安全管理工作中有其他失职、渎职行为，造成重大损失的，按照相关规定追究责任。

十、其他事项

（一）本办法自印发之日起执行，由国际合作业务处负责解释。

（二）本办法未尽事宜，按照《国家开发银行应急管理工作暂行办法》（开行发［2008］313号）和《国家开发银行应急管理手册》执行。

国家开发银行股份有限公司河北省分行商业汇票支付结算业务管理实施细则（试行）

（二〇〇九年十月二十六日）

第一章　总　则

第一条　为规范国家开发银行河北省分行商业汇票支付结算业务管理，有效防范风险，促进我行商业汇票业务健康发展，根据《中华人民共和国票据法》、《票据管理实施办法》、《支付结算办法》、《国家开发银行商业汇票支付结算业务管理办法》等有关法律法规，制定本实施细则。

第二条　本细则所称商业汇票是指出票人签发的，委托付款人在指定日期无条件支付确定的金额给收款人或者持票人的汇票。商业汇票分为商业承兑汇票和银行承兑汇票。以下如无特殊说明，所指商业汇票均包含商业承兑汇票和银行承兑汇票。

银行承兑汇票是指由承兑申请人（即出票人）向银行申请，经银行审查同意承兑后签发的商业汇票。银行承兑汇票应由在承兑银行开立结算账户的出票人签发。

商业承兑汇票是指由银行以外的付款人承兑的商业汇票。商业承兑汇票可以由付款人签发并承兑，也可以由收款人签发交由付款人承兑。

第三条　本细则所指商业汇票支付结算是指在处理商业汇票出售、承兑、贴现、转贴现、再贴现、委托收款、兑付、查询查复等业务时，由分行结算部门负责的业务处理。

第四条　纸质商业汇票支付结算管理适用本细则，电子商业汇票支付结算依照本细则、人民银行及总行有关规定执行。

第五条　本细则适用于国家开发银行河北省分行（以下简称“分行”）。

第二章　一般规定

第六条　票证的印制与领购。按照《国家开发银行人民币结算票证管理办法》（开行发〔2006〕328号），商业汇票由总行统一印制，分行按需向总行申领。根据业务需要，分行结算部门向客户出售。其他相关凭证由分行按照人民银行及总行结算票证管理的相关规定自行印制。

第七条　业务印章。商业汇票支付结算业务使用的结算专用章、汇票专用章应按照《国家开发银行结算印章管理办法》（开行发〔2000〕262号），总行统一管理，分行在业务开办前向总行申领，分行申领后由分行结算部门按照《国家开发银行结算印章管理办法》和《国家开发银行河北省分行结算印章管理实施细则》的有关规定执行。

第八条　商业汇票上的签章，为签名、盖章或者签名加盖章。

客户在商业汇票的签章，为该客户的盖章加其法定代表人或其授权代理人的签名或盖章，并应与预留银行印鉴相符。

第九条　分行办理银行承兑汇票承兑手续，以及办理商业汇票转贴现、再贴现时的签章，应为汇票专用章加法定代表人或其授权经办人的签名或者盖章。

第十条　商业汇票的签发、取得和转让，必须以真实、合法的交易关系和债权债务关系为基础。

第十一条 商业汇票的付款期限，最长不得超过6个月。

（一）定日付款的商业汇票付款期限自出票日起计算，并在汇票上记载具体的到期日。

（二）出票后定期付款的商业汇票付款期限自出票日起按月计算，并在汇票上记载。

（三）见票后定期付款的商业汇票付款期限自承兑或拒绝承兑日起按月计算，并在汇票上记载。

第十二条 填写的商业汇票应规范。客户和银行的名称应当记载全称或者规范化简称。

第十三条 签发的商业汇票必须记载下列事项：

（一）表明"商业承兑汇票"或"银行承兑汇票"的字样；

（二）无条件支付的委托；

（三）确定的金额；

（四）付款人名称；

（五）收款人名称；

（六）出票日期；

（七）出票人签章。

欠缺记载上列事项之一的，商业汇票无效。

第十四条 商业汇票金额以中文大写和阿拉伯数字同时记载，二者必须一致，二者不一致的汇票无效，分行不予受理。

第十五条 商业汇票的金额、出票或签发日期、收款人名称不得更改。更改的，汇票无效，分行不予受理。对商业汇票上的其他记载事项，原记载人可以更改的，更改时应当由原记载人在更改处签章证明。

第十六条 商业汇票上的签章和其他记载事项应当真实，不得伪造、变造。

第十七条 客户办理商业汇票支付结算应具有的一般条件：

（一）已在分行开立结算账户；

（二）应当是经国家工商行政管理机关（或主管机关）核准登记的企（事）业法人、其他经济组织；

（三）从事的经营活动合规合法；

（四）符合国家产业政策和信贷政策；

（五）自愿接受信贷监管；

（六）自愿接受结算监管；

（七）有真实的交易关系或债权债务关系为支持；

（八）无不良信用纪录。

其中客户申请承兑或贴现时，应具备全部上述条件；办理商业汇票其他支付结算业务的客户应具备（一）、（二）、（三）、（六）、（七）、（八）项条件。

第十八条 办理汇票需要校验的个人有效身份证件是指居民身份证、军官证、警官证、文职干部证、士兵证、户口簿、护照、港澳台同胞回乡证等符合法律、行政法规以及国家有关规定的身份证件。

第三章 岗位设置及职责分工

第十九条 商业汇票业务采取总行统一管理，授权分行经营的管理模式。分行在申请总行授权开展业务时，应专门就商业汇票支付结算在机构、岗位、人员、物理条件、培训、风险防范等方面详细说明准备情况。经总行营运中心验收批准后方可开办票据的支付结算业务。

第二十条 经营票据业务，分行要按照风险控制、服务客户和流程优化原则对各参与部门划分职责。其中风险管理部门负责商业汇票业务的全面风险管理；客户部门负责商业汇票业务市场营销、业务初审等；有权授信部门按照各自职能分工负责承兑、贴现业务的审查及审批；资金和经营部门负责规模核准、资金调度；结算部门负责支付结算处理；稽核部门负责业务监督、检查。

第二十一条 分行办理商业汇票支付结算，应设置票据经办岗、印章管理岗、复核岗等岗位。

票据经办岗，负责商业汇票票面要素审核、支付结算业务处理、相关单据存管、查询受理和答复等；

复核岗，负责对票据经办岗业务处理进行复核；

印章管理岗，负责汇票专用章、结算专用章等的保管和使用。

印章管理岗人员可兼复核岗，票据经办岗与复核岗、印章管理岗不得由同一人兼任。各岗位人员应经过必要的培训后从事商业汇票支付结算操作，岗位AB角设置应符合不相容岗位不能兼岗的要求。

第四章 出售商业汇票

第二十二条 出售商业汇票应区分下列情况：

（一）客户购买商业承兑汇票。分行可按客户需要逐份销售或整本销售。

（二）客户购买银行承兑汇票。分行应按照客户与分行签定的承兑协议逐份销售。

第二十三条 分行结算部门向客户销售商业汇票时，应按照成本收益的原则，向客户收取工本费。

第二十四条 客户出票填写商业汇票时，分行可给予必要的指导。

第二十五条 分行应提示客户不得办理无对价的商业汇票。

第二十六条 结算账户结清销户时，客户须将全部剩余空白商业汇票交回分行注销。

第五章 承兑业务

第二十七条 承兑。是指承兑人作为汇票付款人承诺在汇票到期日支付汇票金额的票据行为。

第二十八条 按照分行部门职责分工，分行客户部门负责办理银行承兑汇票的承兑业务，结算部门负责按照承兑协议办理银行承兑汇票的支付结算相关手续，并收取手续费。

第二十九条 承兑协议约定采取保证金方式办理银行承兑的，结算部门应依据承兑协议、存款管理的相关规定，为客户办理保证金存款；采取其他方式办理银行承兑的，结算部门按照开发银行承兑业务管理的相关规定协助客户部门办理支付结算手续。

第三十条 客户保证金是否足额、客户与承兑行是否具有真实的委托付款关系以及保证金账户余额监管，应依据开发银行承兑业务的相关管理规定执行。

第三十一条 分行为客户办理签发银行承兑汇票后，按照承兑业务会计核算手续和核心系统业务操作规程进行账务处理，结算部门归档留存银行承兑汇票第一联和银行承兑协议第二联。

第三十二条 分行为客户办理银行承兑汇票承兑手续后，即可将银行承兑汇票交付客户使用。

第六章 贴现、转贴现、再贴现业务

第三十三条 贴现是指汇票的持票人在汇票到期日前为了取得资金，贴付一定利息并将票据权利转让给银行的票据行为。

转贴现是指贴现银行持未到期的商业汇票向其他银行贴现的行为。

再贴现是指贴现银行持未到期的商业汇票向中国人民银行申请贴现的行为。

第三十四条 客户部门按照开发银行贴现业务管理的相关规定受理客户贴现申请。同意办理贴现后，结算部门依据客户部门通知为客户办理贴现资金入账、贴现利息扣收、资金支付、票据实物存管等支付结算相关手续。

第三十五条 再贴现、转贴现业务处理由分行经办部门发起，结算部门配合经办部门办理相关的结算审查。

第三十六条 客户部门受理贴现业务时，结算部门应依照开发银行贴现业务管理的相关规定协助客户部门审核票面要素，办理结算审查。

第三十七条 贴现业务账务处理依据总行贴现业务的会计核算办法进行账务处理。

第三十八条 客户办理商业汇票贴现业务时，应在背书人栏加盖预留银行印鉴。

第三十九条 分行持有未到期的贴现汇票向其他商业银行申请转贴现时，贴现资金的收取、汇票及所附有关资料的传递和账务处理，按照总行转贴现业务的有关规定执行。

第四十条 分行持有未到期的贴现汇票向人民银行申请再贴现时，贴现资金的收取、汇票及所附有关资料的传递和账务处理，按照人民银行、总行再贴现业务的有关规定执行。

第七章 兑付业务

商业汇票兑付业务包括商业承兑汇票兑付和银行承兑汇票兑付。

第一节 商业承兑汇票的兑付

第四十一条 分行作为商业承兑汇票付款人

（即承兑人）的开户银行的，其结算部门收到持票人开户行寄来的委托收款凭证和商业承兑汇票时，票据岗人员应审核票面要素无误后，将商业承兑汇票留存，当日通知客户付款，委托收款凭证第五联作为付款通知交给付款人时办理签收。

第四十二条 汇票到期后，付款人收到分行的付款通知的，分行应督促付款人当日通知我行付款。付款人在接到通知日的次日起3日内（遇法定休假日顺延，下同）未通知结算部门付款的，视同付款人承诺付款，分行应于付款人接到通知日的次日起第4日（法定节假日顺延，下同）上午开始营业时，将票款支付给持票人。

第四十三条 付款人提前收到由其付款（承兑）的商业汇票，分行因督促付款人通知我行于汇票到期日付款。付款人在接到通知日的次日起3日内未通知我行付款、且付款人接到通知日的次日起第4日在汇票到期日之前的，分行应于汇票到期日将票款支付给持票人。

第四十四条 结算部门在办理票款支付时，付款人结算账户不足支付的，应填制付款人未付票款通知书，在委托收款凭证备注栏注明“付款人无款支付”字样，连同商业承兑汇票以邮寄、通过票据交换系统或者其他方式传递给持票人开户银行转交持票人。

第四十五条 付款人存在合法抗辩事由拒绝支付的，分行应督促客户自接到付款通知书的次日起3日内，做成拒绝付款理由书送交开户银行，银行将拒绝付款理由书和商业承兑汇票以邮寄、通过票据交换系统或其他方式传递给持票人开户银行转交持票人。

第二节 银行承兑汇票的兑付

第四十六条 分行作为银行承兑汇票出票人的开户和承兑银行的，其结算部门收到他行通过委托收款寄来的银行承兑汇票，票据经办岗人员审核票面要素无误后，应将银行承兑汇票留存，并及时通知付款人。

第四十七条 银行承兑汇票的出票人应于汇票到期前将票款足额交存分行。结算部门提示客户部门通知客户，按照承兑协议在银行承兑汇票到期日前，足额交存票款。

第四十八条 出票人于汇票到期日未能足额交存票款时，承兑银行除凭票向持票人无条件付款外，对出票人尚未支付的汇票金额依据承兑业务及逾期贷款的相关规定计收利息。

第四十九条 作为承兑银行，分行应在承兑汇票到期日或到期日后的见票当日支付票款。分行存在合法抗辩事由拒绝支付的，应自接到汇票的次日起3日内，由结算部门协助客户部门制作拒绝付款理由书，连同银行承兑汇票以邮寄、通过票据交换系统或者其他方式传递给持票人开户银行转交持票人。

第八章 发出委托收款业务

第五十条 发出委托收款包括客户持商业汇票来分行委托收款、分行贴现票据到期发出委托收款提示付款人兑付等。

第五十一条 受理客户持有商业汇票来分行办理委托收款，结算部门按照发出委托收款的一般程序办理。

分行为客户办理委托收款，如遭到付款人拒付，结算部门按照发出委托收款拒付的一般程序处理，及时通知客户。

第五十二条 分行贴现的银行承兑汇票到期，分行结算部门发出委托收款向承兑行提示付款。承兑行在同城的，结算部门应在银行承兑汇票到期前至少3日向承兑银行办理委托收款；承兑行在异地的，结算部门应在商业汇票到期前至少7日向承兑银行发出委托收款。

第五十三条 分行贴现的银行承兑汇票到期，发出委托收款遭到拒付的，结算部门应在收到拒绝付款理由书或退票理由书的当日，依据贴现凭证在贴现申请人账户内扣收票款，对资金尚未收回部分记入逾期贷款，同时立即将拒绝付款理由书或退票理由书复印件移交客户部门，由其按照贴现业务相关规定办理其它贷款逾期和票款追索等相关手续。

第九章 查询、查复业务

第五十四条 分行受理商业汇票贴现、商业汇票质押贷款以及开展以商业汇票为担保的其他新业务，结算部门应配合票据经办部门等就汇票的真实、合法、有效性进行核实。

第五十五条 结算部门办理票据查询，应通过人民银行大额支付系统等方式对汇票进行查询。查复通知书复印件及商业汇票可交由客户部门按规定作进行进一步查询，必要时可参与由客户部门等组织的实地查询。查复通知书原件留结算部门保存。

第五十六条 对于持有商业汇票仅办理查询业务的客户，结算部门可口头告知客户查询结果，但不得将查询查复通知书及查询结果纸质件交予客户。

第五十七条 分行作为被查询行收到查询书或者电报，必须按照查询行的查询要求认真查阅有关账册、凭证和资料，弄清情况和原因，经过结算业务主管人员审核后，及时给予明确答复。

第十章 挂失止付业务

第五十八条 受理商业汇票的挂失止付实行首问负责制，分行结算、客户部门受理挂失止付后应及时相互沟通。

第五十九条 允许挂失止付的商业汇票丧失，失票人需要挂失止付的，应填写挂失止付通知书并签章。挂失止付通知书应当记载下列事项：

（一）票据丧失的时间、地点、原因；

（二）票据的种类、号码、金额、出票日期、付款日期、付款人名称、收款人名称；

（三）挂失止付人的姓名、营业场所或者住所以及联系方式。

欠缺上述记载事项之一的，结算部门不予受理。

第六十条 分行收到挂失止付通知书后，结算部门查明挂失票据确未付款时，应立即暂停支付。自收到挂失止付通知书之日起12日内没有收到人民法院的止付通知书的，自第13日起，挂失止付通知书失效。

第六十一条 分行结算部门在收到挂失止付通知书之前，已经向持票人付款的，如无恶意或者重大过失付款的情况，不再承担责任。

第十一章 监督检查及违规处理

第六十二条 分行要把商业汇票支付结算业务风险防范和规范执行情况纳入各相关业务部门日常工作，建立一套完整的检查内控制度，专门设置监督岗位，配备专人负责，确保商业汇票支付结算业务的真实性、合法性和准确性。

第六十三条 总行将不定期组织商业汇票支付结算业务检查。分行归口管理部门每年应至少进行一次自查，并将结果上报总行营运中心。

第六十四条 分行要自觉接受人民银行、银监部门、审计等外部机构的检查监督，加强与相关部门的沟通，避免外部风险。

第六十五条 对违反本办法下列规定的，要限期改正。

（一）擅自超范围经营的；

（二）出现违规或重大差错的；

（三）其他违反本办法的行为。

总行将视情节严重性依据《国家开发银行人民币支付结算业务管理办法》（开行发〔2006〕269号）对相关经营机构处以通报批评、暂停业务开办、取消业务资格等处理；对有关责任人员提出处分建议，触犯法律或造成重大损失的交由司法机关处理。

第十二章 附 则

第六十六条 本办法财会处负责解释。

第六十七条 本办法自印发之日起施行。

中国农业发展银行河北省分行不良贷款问责试行办法

第一章 总 则

第一条 为规范信贷业务操作，防范贷款风险，提高信贷资产质量，进一步促进科学发展，根据总行有关规章制度，制定本办法。

第二条 本办法所称不良贷款问责是指查明新发生不良贷款的形成原因，界定并追究相关人员的责任。

第三条 不良贷款问责应坚持以下原则：

（一）统一领导、分级问责；

（二）全程防控、有责必问；

（三）准确界定、客观公正。

第二章 问责对象、范围、权限及程序

第四条 不良贷款问责对象为各级行（含省分行、市级分行、县级支行）相关人员。

第五条 不良贷款问责范围为新发生的，按照贷款风险五级分类反映的不良贷款（含次级、可疑和损失类贷款）。

第六条 不良贷款问责工作由省分行统一领导，分级负责。问责启动行为省分行或市级分行。省分行对问责权限内问责事项既可直接启动问责，也可责成有关市级分行启动问责。

（一）省分行问责权限

1. 市级分行新发生不良贷款超过1000万元（含）的；

2. 县级支行新发生不良贷款超过500万元（含）的；

3. 省分行认为需直接问责的。

（二）市级分行问责权限

除省分行问责权限以外新发生的不良贷款均要进行问责。并办理省分行交办的责成问责事项。

第七条 不良贷款问责程序

（一）启动问责程序

省、市分行依问责权限在启动问责程序前可给予开户行一定期限的清收宽限期，也可直接启动问责程序。清收宽限期原则上不超过6个月，从不良贷款反映之日算起。

问责程序启动时由启动行行长（或分管副行长）签发《不良贷款问责通知书》。市级分行启动不良贷款问责程序须以书面材料向省分行备案。

（二）报告问责事项

开户行根据《不良贷款问责通知书》要求，在规定时间内向问责启动行提交《不良贷款问责事项报告》，主要包括以下内容：

1. 贷款客户经营管理情况；

2. 贷款各环节责任排查情况；

3. 不良贷款成因分析；

4. 防控和化解风险所采取的措施及成效；

5. 对相关人员责任认定的初步意见；

6. 其它需报告的事项。

（三）核实情况和界定责任

1. 业务部门调查。根据经办行提交的《不良贷款问责事项报告》，由问责启动行内审部门牵头，客户、信贷管理、风险管理等部门参加，进行现场核查，全面、客观地分析贷款风险成因，界定问题性质，认定相关人员的责任。并在充分听取当事人的陈述和申辩基础上，提出相应责任人应承担责任的初步认定意见，形成《不良贷款责任认定报告》。

2. 监察部门受理。业务部门发现有严重违纪问题须进行纪律处分的，向同级监察部门办理移送手续。监察部门受理后，根据程序规定，收集问责证据，认定相关人员应承担的责任，提出纪律处分意见。

（四）责任追究

内审部门、监察部门将《不良贷款责任认定报告》和纪律处分意见提交问责启动行不良贷款问责领导小组审议通过后，按照《中国农业发展银行关于违反信贷和资金管理规章制度行为处理暂行办法》和干部管理权限进行处理、处分，需报党委研究的，由省、市分行党委研究确定。

省分行责成市级分行启动问责的，市级分行党委研究相关责任人处罚意见，须先报省分行不良贷款问责领导小组同意。

第三章 责任界定

第八条 根据信贷业务办理过程中承担职责的不同，分为主责任人和经办责任人。

第九条 办理信贷业务调查、审查、审议、审批、发放以及贷后管理等各环节的有权决定人为主责任人。

客户部门（前台）负责人和项目主调查人同为调查主责任人；信贷管理部门（后台）负责人和项目主审查人同为审查主责任人；贷审委主任或主持贷审委会议的副主任为审议主责任人；行长或经授权的副行长为审批主责任人；开户行客户部门、会计部门负责人为贷款发放、核算管理主责任人；开户行客户部门负责人为贷后管理主责任人；开户行行长为经营与管理主责任人。

第十条 具体负责信贷调查、审查、贷后管理的信贷人员分别为调查经办责任人、审查经办责任人和贷后管理经办责任人，承担具体经办责任。

第十一条 调查主责任人及调查经办责任人对贷款调查内容的完整性及调查结论负责；审查主责任人及审查经办责任人对贷款业务的合规性、申报资料的完整性及审查结论负责；贷审委主任委员或主持会议的副主任委员对贷款审议的合规性负责，贷审委委员对其表决意见负责；审批主责任人对贷款审批结论负责；贷后管理主责任人及贷后管理经办责任人对信贷业务发生后贷后管理、本息收回和债权保全负责；经营与管理主责任人对贷款营运的合规性、安全性负责。

第十二条 建立经营责任和贷后管理责任移交制度。

（一）经营与管理主责任人工作岗位变动时，经营责任移交的时限原则上为工作岗位变动后的5个工作日内，最长不得超过10个工作日。必须在上一级行（行长或分管副行长）主持和监交下，结合离任审计结果，对贷款风险状况进行认定，填写经营责任移交表，由原主责任人、接手主责任人、监交人签字后登记存档。责任移交后，接手主责任人对接手后的贷款经营状况负责。

（二）贷后管理主责任人和经办责任人工作岗位变动时，责任移交的时限为工作岗位变动后的5个工作日内。必须由开户行负责人主持和监交，对贷款业务风险状况进行认定，形成书面移交材料，由原主责任人（经办责任人）、接手主责任人（经办责任人）、监交人签字后登记存档。责任移交后，接手经办责任人对接手后的贷款管理、本息收回和债权保全负责。

第四章 贷款问责内容

第十三条 办理贷款应按照总、分行现行相关贷款制度办法操作，因违反制度规定直接导致产生不良贷款的行为必须重点问责。

第十四条 贷款受理环节，有下列行为之一，导致不良贷款发生或影响不良贷款收回的，予以问责：

（一）企业借款申请主要材料不齐全而进行受理的；

（二）未对国家有关部门下达的批文认真核实即进入贷款程序；

（三）关系人申请贷款时，受理人故意隐瞒与借款申请人的关系，未予以回避的；

（四）以各种方式明示或暗示非正常受理贷款申请的。

第十五条 企业贷款资格认定、信用等级评定和统一授信（最高贷款额度核定）环节，有下列行为之一，导致不良贷款发生或影响不良贷款收回的，予以问责：

（一）未按规定进行客户贷款资格认定、信用等级评定和统一授信（最高贷款额度核定）的；

（二）故意隐瞒企业重大问题，提供内容不完整、或存在明显缺陷的材料误导贷款资格认定、信用等级评定和统一授信（最高贷款额度核定）的；

（三）参与或默许客户编造虚假材料骗取贷款资格、信用等级和统一授信额度（最高贷款额度）的；

（四）客户信用状况及财务状况出现重大风险信息，必须降低信用等级和统一授信额度（最高贷款额度）而未调整或未及时调整其信用等级和统一授信额度（最高贷款额度）的，或者应取消其贷款资格而未取消的。

第十六条 贷款调查环节，有下列行为之一，导致不良贷款发生或影响不良贷款收回的，予以问责：

（一）未按规定对信贷业务的合法性、安全性、盈利性等情况进行调查，或调查报告的内容与事实不符的；

（二）贷前调查资料不全面、不完整，与实际不符或调查意见不具体、不明确，影响贷款审查、审批的；

（三）参与或默许客户编造虚假材料骗取贷款的；

（四）对客户提供的严重失实的信息应发现而未能发现或未能及时提出风险预警，导致审查与决策失误的；

（五）以各种方式明示或暗示调查人员，影响其调查（评估）结论的。

（六）调查人员对关系人贷款项目未申请回避的。

第十七条 担保核实环节，未按规定核实抵（质）押物、质押权利及保证人情况，造成担保不足或担保无效，以及允许不具备担保条件的保证人和不符合条件的抵（质）押物提供担保，影响不良贷款收回的，予以问责。

第十八条 贷款审查环节，有下列行为之一，导致不良贷款发生或影响不良贷款收回的，予以问责：

（一）未坚持独立审查原则，按照他人授意进行审查的；

（二）以各种方式明示或暗示审查人员，干扰其独立审查，影响审查结论的；

（三）审查提交明显不符合国家产业政策、信贷政策、信贷投向的信贷调查报告和评估报告，未做出风险事项提示的；

（四）未按照有关规定进行完整性、合规性审查，审查出现重大遗漏和错误，对重大风险事项未及时发现并指出，或者隐瞒审查中发现的重大问题的；

（五）审查提交调查资料不齐全、内容不完整以及调查意见不明确的贷款材料的；

（六）审查人员对关系人贷款项目未申请回避的；

（七）未经调查程序进行审查并提交正式审查报告的或审查意见严重失实，误导贷款决策的。

第十九条 贷审委审议环节，有下列行为之一，导致不良贷款发生或影响不良贷款收回的，予以问责：

（一）审议通过明显不符合信贷政策、贷款条件或我行业务范围以外的贷款的；

（二）干扰贷审委委员独立审议或影响其审议结论的；

（三）审议通过没有明确调查、审查主责任人的贷款的；

（四）审议人员对关系人贷款项目未申请回避的；

（五）逆程序或变相逆程序审议通过贷款的；

（六）未按规定程序组织复议而通过贷款的。

第二十条 贷款审批环节，有下列行为之一，导致不良贷款发生或影响不良贷款收回的，予以问责：

（一）越权或变相越权审批贷款的；

（二）未经审查、审议，逆程序或变相逆程序审批贷款的；

（三）审批贷审会未通过的贷款的；

（四）擅自审批报备被上级行否决的贷款的；

（五）未经特别授权，超过核定的客户统一授信额度（最高授信额度）审批贷款的；

（六）在报备审查期限内未得到上级行同意擅自发放报备贷款的；

（七）审批关系人信用贷款或审批关系人担保贷款的条件优于其他借款人同类贷款条件的。

第二十一条 签订信贷业务合同环节，有下列行为之一，导致不良贷款发生或影响不良贷款收回的，予以问责：

（一）未按规定使用总行统一制式合同文本或擅自修改变动文本内容的；

（二）应进行法律审查而未经审查即对外签署合同的；

（三）未落实有权审批行批复规定的限制性条件，以及未经有权审批行同意擅自变更贷款业务品种、贷款方式的；

（四）经办人未取得客户法定代表人授权或超越代理权限的；

（五）合同文本要素、附加条款等出现重大漏洞，或主从合同不衔接，造成合同无效的；

（六）担保贷款未按规定要求办理抵（质）押登记、止付、移交及保管，造成合同无效的；

（七）未按规定保管合同或者抵押物、质物的权利凭证或者质物，致使丢失、毁损、灭失或遭诈骗的。

第二十二条 贷款发放、核算环节，有下列行为之一，导致不良贷款发生或影响不良贷款收回的，予以问责：

（一）借款凭证要素出现重大漏洞，与借款合同要素不一致影响法律效力的；

（二）会计人员未审核借款手续，未核对借款人预留印鉴的；

（三）未审核资金支用审批手续、监督资金支付，支付资金的方式、用途及资金去向不符合借款合同规定的。

第二十三条 贷后管理环节，有下列行为之一，导致不良贷款发生或影响不良贷款收回的，予以问责：

（一）在贷款发放后未按规定进行贷后检查，贷款未做到专款专用，或入库粮棉油价值和贷款额不一致，贷款被挪用的；

（二）执行账户管理制度不严，未及时发现借款人擅自多头开户、坐支现金或转移挪用贷款的；

（三）未按规定对借款人定期查库，借款人出现不合理亏库、空库未及时发现、报告并采取有效风险防范措施的；

（四）未按规定掌握借款人的销售和货款结算情况、督促借款人按照规定回笼货款，销售货款被挤占挪用的；

（五）未按规定对客户生产经营状况定期检查监测，对客户重大风险预警信号未及时发现；或对已发现的风险预警信号未及时向上级行报告，并采取有效防范措施或未按照上级行指示及时处理，造成不良贷款的；

（六）未按规定严格落实贷款到期前风险排查制度，或提供内容不完整、或存在明显缺陷的评价信息，误导经营决策的；

（七）参与或默许客户编造虚假生产经营信息，或故意隐瞒企业重大问题，误导经营决策的；

（八）未按规定检查和确认抵（质）押物的价值和保管情况，致使质物权利凭证丢失、损坏或质物价值下降的；未按规定定期监测保证人生产经营状况，保证人保证能力下降或发生重大风险信号，未及时采取有效防范措施的；

（九）信贷档案保管不当，主要债权凭证（借款合同、借款凭证、担保合同、他项权利证书、展期协议等）丢失、毁损、被骗的；

（十）未按规定正确认定、调整贷款形态，贷款五级分类失实，影响经营决策的。

第二十四条 贷款到期收回及展期环节，有下列行为之一，导致不良贷款发生或影响不良贷款收回的，予以问责：

（一）贷款到（逾）期，未及时向借款人（保证人）书面催收，或催收通知未经借款人（保证人）签署意见认可的；

（二）贷款归行后，未按规定拆分回笼资金，或会计人员未按照客户部门拆分意见正确处理账务的；

（三）违反规定以借新还旧方式收回到期贷款；发放贷款收回欠息的；

（四）违反规定办理贷款展期手续的。

第二十五条 债权管理环节，有下列行为之一的，予以问责：

（一）未按法律法规和有关政策规定落实贷款债权，造成企业逃废银行债务，形成债权损失的；

（二）未经上级行批准，放弃债权追索；或擅自与借款人（担保人）达成债务减免协议的；

（三）未按规定及时向借款人（担保人）主张权利，导致借款合同、担保合同丧失诉讼时效，造成债权损失的；

（四）违反规定办理以物抵债手续，或违反规定处置抵债资产，处置收入未及时入账的；

（五）虚报、隐瞒实际情况，或伪造有关材料办理贷款呆账核销的；或者追回呆坏账核销资金、实物不入账的。

第二十六条 在贷款各环节中，违反总行、省分行制度规定，未履行尽职责任并对新发生不良贷款有重大影响的其他行为，亦予以问责。

第五章　责任追究

第二十七条　实施不良贷款问责，对相关责任人主要采取经济处罚、组织处理、纪律处分等方式追究责任。需追究刑事责任的，移交司法机关处理。处理种类有：

（一）经济处罚：包括罚款、扣发奖金、扣发绩效工资等；

（二）组织处理：包括停职、免职、降职、引咎辞职、责令辞职、离岗学习、限期调离、辞退等；

（三）纪律处分：其中行政处分包括警告、记过、记大过、降级、撤职、开除。党纪处分包括警告、严重警告、撤销党内职务、留党察看、开除党籍；

（四）其他处理，包括通报批评、解聘业务岗位职务、解除劳动合同。对于人事档案关系不在中国农业发展银行系统的工作人员，给予经济处罚、辞退等处理。

第二十八条　有下列情形之一的，应当从重处理：

（一）故意违反总行、省分行规章制度且情节严重的；

（二）因违反总行、省分行规章制度给农发行造成重大财产损失或者信誉损失的；

（三）因违反总行、省分行规章制度受到行政处分的工作人员，再次故意违反的；

（四）态度恶劣或者拒不承认错误，阻挠、抗拒调查和处理的；

（五）隐瞒事实真相或者伪造、隐匿、篡改、毁灭证据的；

（六）对检举人、证人、鉴定人、调查处理人打击报复的；

（七）指使、教唆他人违反金融规章制度，给农发行造成财产损失或者信誉损失的；

（八）违反总行、省分行规章制度后逃匿，给查处工作造成不利影响的；

（九）违反总行、省分行规章制度造成其他严重后果的。

第二十九条　有下列情形之一的，可以从轻、减轻或者免于处理：

（一）违反总行、省分行规章制度后认识错误态度较好，能主动检查纠正错误并积极采取补救措施，有效避免或者减轻损害后果发生的；

（二）违反总行、省分行规章制度后主动检举揭发他人违规行为经调查属实的；

（三）能够主动赔偿因违反总行、省分行规章制度所造成的损失的；

（四）经办人员抵制无效，被迫实施违反金融规章制度行为，且及时向上级主管部门反映的。

第三十条　免于问责的事项

（一）对政策性贷款因国家宏观调控政策形成的不良贷款，免于问责。

（二）对准政策性贷款、商业性贷款因不可抗力等原因形成的不良贷款，免于问责。

（三）其他应予免责的事项。

第六章　附　则

第三十一条　本办法由中国农业发展银行河北省分行负责解释、修改。

第三十二条　各市级分行要结合本行实际，根据本办法制定相关实施细则，并报省分行备案。

第三十三条　本办法自二〇〇九年一月一日起施行。

中国农业发展银行河北省分行2009年财务资源分配办法

（二〇〇九年二月十九日）

第一章 总 则

第一条 为实现财务资源的优化配置，充分发挥财务资源对业务有效发展的保障与激励作用，制定本办法。

第二条 指导思想：遵循公开、公正原则，在确保人员费用、基本办公费用的前提下，立足业务发展，提高经营效益，使财务资源分配向经营效益好、业务发展快的行倾斜，提高财务资源的使用效益。

第三条 本办法所称财务资源指业务管理费、业务招待费和业务宣传费三项费用指标。

第四条 财务资源的分配分为三类：

（一）基本费用：指为保障人员和机构营运的基本需要分配的费用，包括基本业务管理费、基本业务宣传费、基本业务招待费。

（二）挂钩费用：指与经营效益、业务发展和专项工作挂钩分配的费用，包括挂钩业务管理费、挂钩业务宣传费、挂钩业务招待费。

（三）调剂费用：指针对特殊因素，予以适当调节的费用。

第二章 基本费用的分配

第五条 基本业务管理费的分配。按照满足基本需要，采取定额、定标和定量办法分配基本业务管理费。基本业务管理费包括人员费用和基本办公费用。

（一）人员费用的核定。人员费用包括工资及应提费用和劳务费两部分。人工费用按人力资源部门核定的年度工资计划的148.5%下达，其中48.5%为工资应提费用，分别为：工会经费2%、职工教育经费2.5%、住房公积金15%、基本养老保险费6%、补充养老保险费4%、基本医疗保险费6%、补充医疗保险费4%、大病互助1%、失业保险费2%、工伤保险1%、生育保险费1%、其他4%；劳务费按每个市级分行8万元、每个县级支行4万元下达。

（二）基本办公费用指除人员费用之外的其他业务管理费。包括固定办公费、资产运转维护费和其他办公费。具体按以下标准核定：

1. 固定办公费。包括水电费、租赁费、税金、无形资产摊销、财产保险费（含车辆保险费）、租用数据专线费。其中，水电费、税金、无形资产摊销、财产保险、租用数据专线费按上年各行实际支出核定；以前年度租赁项目按照上年度实际支出核定，本年新增租赁项目由各行自行调剂解决。

2. 资产运转维护费。包括房产维护费、车辆运转维护费、其他资产运转维护费等。

（1）房产维护费包括取暖费、营业办公用房修理费。取暖费按县级支行全辖平均支出水平7万元核定（张家口、承德分行辖内各县级行按各上浮50%计算），市级分行按上年实际支出水平核定。房产修理费根据房屋建筑物2008年末实际面积，按每平方米、每年20元标准核定，并按各行房屋建筑物的累计折旧率的相对水平为系数进行调整。

（2）车辆运转维护费包括车辆运转费和车辆修理费，车辆运转费按每车每年5万元标准核定；车辆修理费按每车每年2万元核定，并按交通工具累计折旧率的相对水平为系数进行调整。车辆数量按核定各行车辆编制确定。市级分行有异地任职或交流行级领导的，给予适当考虑。

（3）其他资产运转维护费。包括电子设备运转费（扣除租赁数据专线费，下同）、低值易耗品购置费、安全防卫费、其他资产修理费。县级支行按以下标准核定：电子设备运转费 5 万元、低值易耗品购置费 2 万元、安全防卫费 2 万元、其他资产修理费 1 万元；市级分行按以下标准核定，电子设备运转费 20 万元、低值易耗品购置费 7 万元、安全防卫费 8 万元、其他资产修理费 5 万元。

3. 其他办公费包括公杂费、邮电费、印刷费、差旅费、会议费等，分别按辖内人员和机构数量核定，其中，按年末人员总数每人 0.2 万元核定，在此基础上，每个市级分行增加 55 万元、每个县级支行增加 7 万元。

第六条 基本业务宣传费、基本业务招待费。县级支行业务宣传费按每机构 1 万元，业务招待费按每机构 3 万元标准核定；市级分行业务宣传费和业务招待费各按每机构 15 万元标准核定。

第三章 挂钩费用的分配

第七条 挂钩费用分为用于挂钩的业务管理费、业务宣传费和业务招待费。挂钩业务管理费与存款和有效贷款增加额、预计全年超额利润、总行认定的呆账贷款和清收不良贷款挂钩分配。挂钩的业务宣传费和业务招待费与存款和有效贷款增加额挂钩分配。

第八条 与存款和有效贷款增加额挂钩分配业务管理费 900 万元。

存款和有效贷款的计算口径：存款平均余额按照项目电报中“各项存款”以及“同业定期存款”平均余额 50% 的比例计算；有效贷款平均余额按照项目电报的“贷款情况分析表”中“各项贷款合计”项目扣除“挂账占用贷款”项目后的平均余额计算，其中政策性贷款按 50% 计算，其他贷款按 100% 计算。（本办法中存款和有效贷款均按此口径计算）

（一）计算公式：

某市级分行与存款和有效贷款增加额挂钩费用分配额 = 本期考核挂钩费用额 ×

存款和有效贷款平均余额增加额 = 本期存款和有效贷款平均余额之和 - 上年同期存款和有效贷款平均余额之和

（二）挂钩费用分三次兑现：第一次按照上半年增加额预分配挂钩费用的 50%；第二次按照前三季度增加额预分配挂钩费用的 30%；第三次按照前 11 个月各行增加额计算挂钩分配全部挂钩费用，按差额兑现其余 20%。在预兑现费用时，凡按公式计算的挂钩费用超过当次挂钩费用按 11 个市级分行平均分配数的，按平均数分配，余数在第三次统一补差分配。

（三）考核年度中间如出现政策性变化、呆账核销或不良贷款清收等原因导致存款和有效贷款变动较大的，省分行将按实际情况酌情予以调整。

（四）存款和有效贷款平均余额之和减少的，不分配挂钩费用，但不扣减基本费用。

第九条 与预计全年超额利润挂钩分配的业务管理费 1600 万元。

（一）计算公式。

1. 预分配超额利润挂钩费用计算公式为：

某市级分行预分配超额利润挂钩费用分配额 = 本期预分配超计划利润挂钩费用总额 $\times \frac{\text{某市级分行本期超额利润}}{\text{各市分行本期超额利润之和}}$

本期超额利润 = 本期账面利润 + 调整数 - 核定全年利润计划 $\times \frac{\text{考核期月数}}{12}$

调整数为本期未到位的中储粮油贷款、中央和地方共同贴息的新增粮食挂账贷款和中央调控粮油贷款补贴利息。对于补贴利息已经到位未收息的，不做调整。

2. 全年预计超额利润挂钩费用计算公式为：与预计全年超额利润挂钩费用，按以下办法挂钩分配兑现：

某市级分行预计全年超额利润挂钩费用分配额 = 考核挂钩费用总额 × $\frac{\text{某市级分行预计全年超额利润}}{\text{各市级分行预计全年超额利润总额}}$

预计全年超额利润 = 预计全年实现利润额 - 核定全年利润计划

（二）挂钩费用分三次兑现：第一次按照上半年利润完成情况预分配挂钩费用的 40%；第二次按照前三季度利润完成情况预分配挂钩费用的 40%；第三次按照各行上报的预计全年超额利润在 11 月份计算挂钩分配 20% 的挂钩费用。在预兑现挂钩费用时，凡按公式计算的挂钩费用超过当次挂钩费用按11个市级分行平均分配数的，按平均数分配，余数在第三次统一分配。

（三）预计全年超额利润以10月份各行上报的预计全年超额利润为准。各行预计超额利润为有预计超额利润的行预计超额利润之和，无预计超额利润和未完成利润计划的行不参与分配。年末实际未完成省分行下达利润计划的行，按未完成利润额的5%扣减下年度费用；因预测不准确而利润实际实现额超过预计利润额的行下年度不追加费用。

（四）对因利润测算不准确而多分配费用的行，在下年度安排费用计划时予以扣减。

第十条 从业务管理费中集中200万元费用，与各行清收不良贷款挂钩。另外，对呆账贷款认定工作较好的行，酌情奖励一定费用。

（一）计算公式为：

某市级分行清收不良贷款挂钩费用分配额 = 考核挂钩平均费用 × $\frac{\text{某市级分行清收不良贷款完成率}}{\text{全省平均清收不良贷款完成率}}$

考核挂钩平均费用 = $\frac{\text{拟分配挂钩费用额}}{\text{有不良贷款的市级分行数}}$

清收不良贷款完成率 = $\frac{\text{清收不良贷款}}{\text{核定不良贷款清收任务}} \times 100\%$

（二）挂钩费用分二次兑现：第一次根据上半年清收情况预分配50%，第二次根据前11个月份清收情况补差分配50%。对于按公式计算的挂钩费用超过考核挂钩平均费用的，按考核挂钩平均费用分配兑现。

（三）年初有不良贷款、但没有清收任务的行，年内清收的不良贷款，在考核时参照全省平均完成率予以适当奖励。

（四）对于年度内新发生不良贷款的，在考核时点日未收回的，不参与分配挂钩费用。下半年新发生不良贷款的，在第二次考核时点日未收回的，扣回第一次预分配的考核费用。

第十一条 与存款和有效贷款平均余额挂钩分配的业务宣传费80万元、业务招待费200万元，参照与存款和有效贷款平均余额挂钩的业务管理费分配方法兑现。其前两次对各行预兑现挂钩费用时，按公式计算的挂钩费用达到按11个市级分行平均分配挂钩费用额的2倍及以上的，按2倍计算。节余的挂钩费用并入前11个月挂钩考核费用，补差挂钩分配。其他与存款和有效贷款平均余额挂钩的业务管理费挂钩分配规定相同。

第四章 附 则

第十二条 各级行必须按照合规合法和实际需要的原则统筹安排各项费用开支，严禁突破省分行核定的费用计划指标。年底费用指标如有节余的，必须上交省分行。

第十三条 对挂钩分配的费用较多，在充分满足年度需要后仍有节余的行，省分行将视情况酌情调减；对调减费用和上交费用的行，在下年度分配费用时，将按调减或上交费用20%的比例增加费用。

第十四条 年度中间如遇政策性或其他特殊因素出现较大变化，省分行将视情况对本办法进行调整。

第十五条 本办法由省分行负责修订、解释。

中国农业发展银行河北省分行集中采购实施细则（试行）

（二〇〇九年八月五日）

第一章 基本规定

第一条 为建立集中采购运行机制，规范集中采购行为，确保省分行集中采购活动公开、有序地进行，根据国家有关法规、《中国农业发展银行集中采购管理办法（2007年修订）》（农发银发〔2008〕2号）和《中国农业发展银行总行集中采购操作规程（2007 年修订）》（农发银发〔2008〕3 号），制定本实施细则。

第二条 集中采购的范围包括：

（一）重要的安全防范设施和安全监控系统；

（二）计算机、网络系统设备及其辅助设备；

（三）银行机具；

（四）大宗办公设备；

（五）印刷、资产修理等大宗服务；

（六）基本建设、技术改造、装修（含改良支出）及维修等工程项目所需货物或服务的采购；

（七）其他需要纳入集中采购的项目。

第三条 一次性集中采购价值的金额起点一般为 10 万元（含）。对年度需求 10 万元（含）以上的货物或服务，亦可采用一次集中采购分次到位的方式。

第四条 采购方式。集中采购原则上应采取招标（公开招标或邀请招标）的方式进行，根据具体情况也可以采取竞争性谈判、单一来源谈判、询价等方式进行。

（一）公开招标采购，是指以招标公告的方式邀请不特定的供应商投标的采购方式。

（二）邀请招标采购，是指以投标邀请书的方式选择 5 家（含）以上的供应商投标的采购方式。符合下列情形之一的，可以采用邀请招标方式采购：

1. 具有特殊性，只能从有限范围的供应商处采购的；

2. 采用公开招标方式的费用占集中采购项目总价值的比例过大的；

3. 按集中采购相关规定可以采取邀请招标方式的。

（三）竞争性谈判采购，是指直接邀请 3 家（含）以上的供应商就采购事宜进行谈判的采购方式。符合下列情形之一的，可以采用竞争性谈判方式采购：

1. 招标后，没有供应商投标或者没有合格标的或者重新招标未能成立的；

2. 投标文件的准备需较长时间才能完成或供应商准备文件需要高额费用的；

3. 技术复杂或性质特殊，不能确定详细规格或者具体要求的；

4. 对高新技术含量有特别要求的。

（四）单一来源谈判采购，是指针对只能从特定供应商处采购，或供应商拥有专有权，且无其他合适替代标的采购事项采取的采购方式。

（五）询价采购，是指对 3 家（含）以上的供应商提供的报价进行比较，以确保价格具有竞争性的采购方式。

采购的大宗物品属于标准规格、现货货源充足且价格变化幅度小的，可以采用询价采购方式。询价采购必须对比 3 家（含）以上供应商的价格择优选定。

（六）对于技术性能相同或基本相同的产品，可采取公开竞价采购方式。

第五条 省分行集中采购计划经财务审查委员会（以下简称财审委）审议，报行长批准。

第六条 集中采购事项审批权限。集中采购过程中采购方案（包括采购方式、入围供应商标准等）须经行长办公会（一般由分管财务会计工作的行领导主持，下同）研究确定。

中标商的确定，须经行长办公会审议并提出意见，项目金额 200 万元（含）以下的由分管财务会计工作的行领导审批；200 万元以上的由分管财务会计工作的行领导审核，报行长审批。

第七条 集中采购工作实行前后台相互制约机制，遵循“前台操作、后台监督”的原则。前后台人员的组成由采购办确定。具体职责如下：

（一）前台职责。直接与供应商接触，负责供应商资格审查；向后台提供采购方案、评审方案等材料；选定入围供应商，并对资料的真实性、完整性负责；对后台提出的质询和建议给出答复；发出招标文件；参与招标、谈判，但没有表决权。

（二）后台职责。不直接与供应商接触，对前台操作的合规性进行审查、监督，并对审查结果负责；负责对前台提交的材料进行审议；对集中采购事项有质询和建议权，但不参与和干预前台的具体操作活动；接收投标文件。

（三）评标委员会主任职责。评标委员会主任负责召集评标委员会成员召开预备会议，组织评标前投标商述标次序的抽签，组织评标，并对评标结果真实性负责。

第八条 采购信息由采购办统一对外披露，其他任何部门或个人不得对外泄漏有关采购信息。

第九条 集中采购工作中，经办人员及相关人员不得与供应商串通，与供应商有利害关系的，必须回避。

第十条 内审、监察部门在评标、谈判过程中要派人列席采购评标及谈判活动，对其过程进行监督。

第二章 采购流程及要求

第十一条 需求提交、审批与采购启动流程：

（一）采购申请提交。需求部门一般要在项目实施前3个月或相关维保服务到期前2个月，提交采购申请。提交采购申请采用签报形式（签报内容应包括采购项目背景、采购内容及数量、费用估算、工程时间及实施进度等），经相关部门会签，报本部门分管行领导审核，并经分管财务会计工作的行领导同意后，提交财审委审议，报行长审批。

（二）采购方案确定。根据批准的采购项目资金预算安排，需求部门起草采购方案（包括采购方式、入围供应商标准等），采购办审核并草拟启动集中采购的签报（必要时经有关部门会签），并附上采购方案、财审委会议纪要等提交行长办公会审议，有权人审批。

（三）采购实施。审批通过后，采购办按照确定的采购方案实施采购。对服务项目的采购，应在使用部门或需求部门申请批准后2个月内完成采购工作。

第十二条 采用招标（公开招标或邀请招标）方式进行的，应遵循以下流程：

（一）编制招标文件。需求部门负责编制招标文件，并提交采购办审核，最后由风险管理部门法律人员审核把关。采购办按照《集中采购文件编号规范》要求对招标文件进行统一编号，并在《集中采购文件编号登记簿》上登记。招标文件应当包括招标项目所有实质性要求、条件、入围投标商标准以及拟订合同的主要条款，其中技术条款应符合国家强制性标准，不得要求或标明特定的投标商或产品以及含有倾向性或排斥潜在投标商的其他内容。必要时聘请专家咨询。

（二）招标方式。采用公开招标方式的，应通过财政部门指定信息发布媒体发布招标公告；采用邀请招标方式的，采购办会同需求部门按照采购项目的要求，从本行的候选企业资料库、政府采购推荐的协议供货单位以及通过其他渠道选择候选投标商。

（三）资格审查。采购办会同需求部门根据招标文件规定的标准对候选投标商进行资格审查（包括技术实力、资质、信誉等），资格审查结果经采购办研究审议后报分管财务会计工作的行领导审批。对候选投标商的资格审查应客观公正，不得有排斥性行为。入围的候选投标商应在5家（含）以上。经审查，符合要求的候选投标商数量达不到规定要求的，须向有权审批人报告，经有权人审核同意后可以进行招标。

（四）发出和接收招投标文件。采购前台发出招标文件，投标商领取招标文件时，应在《发出招标文件登记表》上签字，并按招标文件缴纳相关费用。采购后台在招标文件规定的截止时间要求内接收投标文件，在评标前负责保管，不得私自开封，评标时转由前台提交评标委员会评议。

（五）成立评标委员会。评标委员会成员为5人（含）以上奇数，从成员库中随机选定人员和采购办委派相关部门人员组成。

评标委员会主任由采购办推荐，经分管财务会计工作的行领导批准，一般由采购办主任或副主任担任。从成员库中随机抽取人员由监察室、内部审计处有关人员负责。所抽取评审成员的构成，视项目情况，一般掌握在技术类人员不少于2名，经济类人员不少于1名，法律类人员不少于1名，抽取的评审成员中，同一部门或单位（省分行处室、服务中心或市级分行）不得超过2名，每项目可多抽取两名以上候补评审成员，并按先后顺序排列以备递补。每个评审成员每年度被抽取参加同类产品评审一般不得超过2次。

评标委员会的组成须经采购办负责人审批。评标委员会在评标前2日内组成，评标委员会成员不得单独与投标商接触。

（六）评标要求。在开标前，各评标委员会成员、投标商须在《招标（谈判）签到表》上签到。评标委员会主任、监督人员负责监督招标工作人员与投标商进行的述标次序的抽签。开标后，各评标委员会成员对投标商的投标文件认真进行审查，对于技术标和价格标文件分为两个文件包并分别密封的，评标委员会成员应先对技术标进行评定，在此基础上再对价格标进行评定。各评标委员会成员应独立填写有关评分（投票）表，交由评标委员会指定的计分人、复核人在监督人员监督下汇总统计评标结果。采取记名投票或记名评分方式，选出中标候选商。以投票方式评选中标候选商的，须获得半数以上票数，并以票数多少为序，选出1—2个中标候选商，当票数相同情况下，以价格为依据由低到高排序；以评分方式评选中标候选商的，以分数高低进行排序，当分数相同情况下，以价格为依据由低到高排序。评标结束后，评标委员会主任、监督人员、计分人、复核人应在《评标结果表》上签字。

（七）评标结果审批。评标委员会完成评标后，采购办前台负责起草评标情况的签报（必要时经有关部门会签），附上《招标（谈判）签到表》、《评标结果表》以及启动采购的请示签报等内容，经采购办负责人审核后，提交行长办公会审议，有权人审批。

（八）通知中标结果。采购办根据有权审批人批示结果向中标商发出《中标通知书》，同时将中标结果通知所有未中标的投标商；若评标结果未获批准，采购办按照有权审批人批示进行后续处理工作。

（九）流标处理。在招标采购中，出现下列情形之一的，应予流标：

1. 符合条件的候选投标商或者对招标文件作实质响应的候选投标商不足5家的；

2. 出现集体串标、弄虚作假等严重违法、违规行为的；

3. 投标商的报价均超过了采购预算；

4. 因重大变故，采购任务取消的。

流标后，采购办应通知所有投标商。

第十三条 采用竞争性谈判方式采购的，应遵循以下流程：

（一）制定谈判文件。采购办会同需求部门制定谈判文件（谈判文件必须明确谈判程序、谈判内容及评定标准等事项），并提交采购办审核，最后由风险管理部门法律人员审核把关。

（二）确定谈判小组成员。谈判小组成员人数为3人以上奇数，由采购办提名，有权人审批。

（三）根据资格审查结果确定邀请参加谈判的候选供应商名单。

（四）谈判要求。签到（与第十二条第六款同）。谈判过程中，谈判小组应在规定的时间内，连续地分别与单一候选供应商进行谈判，谈判任何一方在未征得另一方同意的情况下，不得透露与谈判有关的一切技术、价格或其他信息资料。谈判结束后，谈判小组应要求所有参加谈判的候选供应商在规定时间内提交密封的书面报价及有关书面承诺，由谈判小组成员同时启封，及时磋商，并分别填写《谈判意见表》。

（五）谈判结果审批。采购办负责起草谈判情况的签报（必要时经有关部门会签），附上《招标（谈判）签到表》、《谈判意见表》以及启动本次采购的请示签报等内容，提交行长办公会审议，有权人审批。

第十四条 采取单一来源采购方式的，应遵循以下流程：

（一）制定谈判文件。采购办会同需求部门制定谈判文件（谈判文件必须明确谈判程序、谈判内容等事项），并提交采购办审核，最后由风险管理部门法律人员审核把关。

（二）确定谈判小组成员（与第十三条第二款同）。

（三）价格谈判。签到（与第十二条第六款同）。谈判过程中，谈判小组和供应商应严格遵循谈判文件规定，在保证产品及服务质量、售后技术服务的基础上，商定合理价格。谈判结束后，谈判小组成员分别填写《谈判意见表》。

（四）报告审批。采购办负责起草单一来源采购情况的签报，附上《招标（谈判）签到表》、《谈判意见表》、采购方案以及启动相关采购的请示签报等内容，经采购办负责人审查后，报有权人审批。

第十五条 采用询价方式采购的，应遵循以下流程：

（一）采购办应制定询价采购方案（包括采购项目的价格构成，报价供应商选择标准等内容），并提交采购办审核，最后由风险管理部门法律人员审核把关。

（二）确定询价小组成员（与第十三条第二款同）。

（三）询价小组提出报价供应商名单，并附选择理由，报采购办负责人审定。

（四）询价活动必须公平进行，询价小组应要求报价供应商一次报出不得更改的价格，询价小组应根据价格性能比拟定供应商。

（五）报告审批。采购办根据询价小组的询价结果起草询价采购情况的签报，应附上报价供应商名单、选择理由以及启动采购的请示签报等内容，经采购办负责人审查后，报有权人审批。

第十六条 采用委托代理机构招标的，须经行长办公会审议，有权人批准。采购事项可以委托经国务院有关部门或者省级人民政府有关部门认定资格的采购代理机构，在委托范围内采用招标方式进行采购。一般应通过招标确定代理机构，并与其签订委托代理协议，明确双方的权利和义务。

委托代理协议的主要内容包括：

（一）委托书；

（二）委托人与代理机构各自的责任和义务；

（三）标的品目表；

（四）标的技术参数和主要要求；

（五）定标程序；

（六）代理费用；

（七）违约条款；

（八）其他。

第十七条 合同谈判与签订流程：

（一）合同拟定。采购合同由采购办会同有关部门拟定，风险管理部门法律人员负责审查合同的合法合规性，采购办按照《集中采购文件编号规范》要求编制合同编号，并在《集中采购文件编号登记簿》上序时登记。

（二）确定合同谈判小组成员（与第十三条第二款同）。

（三）合同谈判要求。合同谈判小组负责与供应商进行合同条款谈判，并根据合同谈判情况填写《谈判意见表》。若双方达不成一致意见，报经采购办负责人同意后，可另行组织合同谈判。

（四）报告审批。采购办起草谈判情况的签报，并附《招标（谈判）签到表》、《谈判意见表》及双方达成一致的合同文本等资料，经采购办负责人审核，报风险管理部门法律人员审查并根据其建议对合同文本进行修改后，经有关部门会签，报有权人审批。

（五）合同签订。合同文本经有权人审批后，由采购办主任代表省分行与供应商签订合同，并加盖省分行合同专用章。合同签订一式四份，其中采购办留存一份，需求部门留存一份，供应商两份。

（六）合同登记。采购办建立《集中采购合同登记簿》，登记已签订的合同的关键要素（包括合同名称、合同编号、乙方名称、合同标的、合同金额、合同期限、移交时间等内容），以备查询。

第十八条 合同变更。在合同履行过程中，需要变更有关合同条款时，合同当事人应当协商一致。变更合同主体、合同价款、合同标的（包括名称、数量、质量）、合同履行期限、履行地点和方式、违约责任、纠纷解决方式等事项时，应当报有权人审批。

第三章 验收与付款

第十九条 集中采购项目验收时，由需求部门牵头，采购办及相关部门人员参加组成验收小组，共同对相应产品或服务进行验收，并由验收小组成员共同在验收单上签字确认。如出现质量问题或不符合技术合同要求的，验收小组要在验收结束后5日内以书面形式报采购办。

（一）分配省分行机关的货物，验收完毕后，由机关服务中心填制采购货物验收单，一式四份，签字确认并加盖公章后，一份由需求部门留存，一份由实物管理部门留存，一份由采购办入档，一份与合同、发票等有关资料一起交机关账务核算部门作为核算依据。

（二）分配省以下机构的货物，需求部门提供分配计划，填写采购货物分配表，会同财务会计部门共同下发验收文件，同时将采购货物分配表通知各市级分行。各市级分行需求部门汇总审核辖内机构验收单，填写货物验收合格汇总单，按要求签字并加盖公章后，报省分行需求部门。需求部门审核无误后交采购办一份存档。

第二十条 款项结算。全部货物验收合格后，需求部门将签报、合同、经有权人审批的付款凭证及合同约定的其他资料一并送交机关账务核算部门办理款项支付手续。

按合同约定付款的，由需求部门以签报形式履行有关程序后，交机关账务核算部门办理款项支付手续。

第二十一条 机关账务核算部门垫付款项扣回。由机关账务核算部门垫付的应由市级分行列支的集中采购款项，机关账务核算部门应于集中采购项目合同款项全部（或首期）支付后及时通知需求部门，需求部门接到通知后，应于3个工作日内（12月份支付款项最迟应于年终决算前3个工作日）将经有权人审批的扣款清单送交机关账务核算部门。

第四章 采购档案管理

第二十二条 采购档案管理。采购办应按采购项目以一份合同一档的形式，建立集中采购档案，完整记录整个采购过程。采购档案应包括采购申请、招标文件、所有投标商的投标书、评标报告（谈判报告、询价报告）、评标投票及评分原始记录、财审委会议纪要、行长办公会会议纪要、有关签报、中标通知书、合同书、分配清单（复印件）、物品验收单（复印件）、相关影像资料等。

第五章 工作纪律

第二十三条 不论在哪个工作环节，相关人员都不允许接受被考察供应商或中标商的宴请、礼金、购物券等，不允许与相关供应商有任何非正常的接触。

第二十四条 未招标（谈判、询价）前，不得泄露项目投资计划；评标时不能发表引导性意见；未正式确定中标商并签订合同前不得泄露评标结果；任何时候不得泄露投标商商业秘密。

第六章 附 则

第二十五条 本实施细则由省分行负责解释、修订。

第二十六条 本实施细则自印发之日起施行。

中国工商银行河北省分行网点信息发布管理办法（试行）

（二〇〇九年七月二十八日）

第一章 总 则

第一条 为加强全行网点信息发布管理，保证各项工作平稳、高效、有序运转，特制定本办法。

第二条 本办法所指网点信息发布是基于我行物理网络渠道，配以机顶盒和控制软件、信息发布软件等软硬件设备，通过分布在网点的显示屏（电视、LED等介质）进行各类信息的统一发布行为。

第三条 网点信息发布要按照结构合理、系统集中、信息统一、管理规范的原则进行，确保省行对全行网点信息播放方式和播放内容的统一管理。要遵循网点的经营活动规律，遵守总行《企业形象管理手册》（第二版）的有关规定，充分发挥系统功能，不断提升发布工作质量，形成良好的营销宣传效应。

第二章 管理职责与分工

第四条 省行成立网点信息发布管理协调小组，办公室作为牵头部门，成员包括：信息科技部、个人金融业务部、结算与现金管理部、银行卡业务部、资产负债部、运行管理部、消费信贷业务部、国际业务部、电子银行部、信贷管理部。

第五条 省行办公室统筹负责组织协调和网

点信息发布的日常管理以及节目的策划、制作及播放。信息科技部负责网络硬件配置及技术保障支持，保证系统正常运行。其他成员部室负责提供并审核信息内容。

第六条 各二级分行建立相应的信息发布管理机制。各行办公室负责辖内网点信息发布日常管理，具体负责辖内网点信息发布的初审、二级行业务宣传片的制作等。信息科技部门具体负责辖内网点信息发布系统的技术维护。其他部门负责信息提供和初步审核。各行至少配备2名人员负责管理系统信息的日常编辑和播放。所有播放内容事前须报经省行审核。

第七条 各网点负责各类多媒体媒介的日常监控和信息反馈。

第三章 信息发布管理

第八条 信息发布内容分为综合信息、产品信息、个性化点播信息和临时通知类信息等。

1. 综合信息

（1）金融牌价类信息。一般由大机系统直接导入省行金融数据服务器，部分无法自动生成的业务数据信息由省行办公室指定相关业务主管部门维护人员手工录入。目前主要有：基金净值、利率、汇率等。包括：开放式基金净值公告、个人外汇买卖信息、外汇小额存款利率表（中英文）、外汇结售汇牌价信息（中英文）、人民币储蓄利率表、黄金牌价信息、个人贷款利率表等。

（2）滚动文字类信息。一般由省行各部门和二级分行定期申报，经审批后由办公室维护发布。一般在网点室内外LED显示屏或电视边部位置显示，内容包括综合信息、金融牌价类信息（滚动版）等。

（3）多媒体类信息。一般包括各类品牌形象广告片、业务宣传的动态演示文本和多媒体文件等。

2. 产品信息。一般由省行各部室定期申报，经审批后进行发布。包括我行各类产品销售信息、推广活动信息等。

3. 个性化点播信息。一般由省行部室、二级分行、支行申报，经审批后进行发布。包括营业网点经营范围、服务特色、温馨提示、风险防范、公益宣传等。

4. 临时通知类信息。一般指特别通知（通告、公告）、应急信息、重大情况公告等。

第九条 信息内容的起草一般由申请部门负责，如需要制作宣传片或音频资料，由办公室负责联系。

第十条 信息发布申报部门为省行各部室、各二级分行、各支行。各部门指定人员负责系统管理和信息报送工作。

第十一条 信息发布申报流程

1. 省行部室申报信息流程为：（1）在“多媒体信息发布系统”中编辑、上传所需发布信息内容；（2）由申请部室登录信息发布管理系统填写电子《河北省分行多媒体信息发布申请表》（以下简称《申请表》），并提交部室负责人审核确认；（3）一般信息提前1周（原则上每周五前）向省行办公室递交《申请表》审批，特殊情况提前1个工作日或实时递交，办公室审查同意后及时安排播出。

2. 各二级分行内部申报信息原则上由各部门向所在二级行办公室提出，发布信息内容一般应为行部活动、信息、营业网点服务特色、专属产品销售等。具体流程为：（1）二级分行有关部门或支行整理确认所需发布信息内容；（2）申请部门登录信息发布系统并填写电子《申请表》，并提交行部负责人审核确认；（3）一般信息提前1周（原则上每周五前）向二级行办公室递交《申请表》审核。

3. 一般情况下，二级分行办公室每周五前通过编辑系统向省行办公室集中提交下一周信息发布申请，遇有特殊情况，提前1个工作日或实时提交，省行办公室审查同意后及时安排播出。

第十二条 各级各部门所申报的信息内容要客观真实、文字简洁、描述准确，并明确发布范围和时间要求。信息内容经系统审核发布后，一旦发现误报、错报信息，造成后果由责任单位负责。

第四章 信息系统运行管理

第十三条 所有网点多媒体介质均须纳入网点多媒体信息发布系统覆盖范围，新入网网点硬件配置由所在二级分行负责。电视、LED屏等网点多媒体介质根据网点性质、面积、建筑结构等尽量采取“嵌入”式设计，使之与网点本身融为一体，体现工商银行网点现代大气风格。

第十四条 入网网点应确保营业地址内安装的电视机、LED、机顶盒、电源（24小时）和网络设备、IP地址连接等的正常开启和维护管理，未经许可不得擅自将已接入设备拆卸或移动，或在显示屏上接入非省行发布信号源的计算机等设备，确保全行多媒体信息发布系统的正常运行。

第十五条 联入网点若设备发生故障或信息无法正常播放，应及时联系所在分行办公室和信息科技部门进行报修或咨询。省行、二级分行信息科技部应做好网络线路备份和设备故障应急预案，确保网络畅通、设备运行正常。

第五章 附 则

第十六条 本办法由省行负责制定、修改和解释；自印发之日起实施。

中国工商银行河北省分行党风廉政建设和案件防范工作责任制量化检查评价办法

（二〇〇九年三月六日）

第一章 总 则

第一条 为加强对省行营业部、各二级分行党委和领导干部贯彻落实党风廉政建设和案件防范工作责任制情况的监督检查和科学评价，促进廉政建设和案件防范各项规定的落实，为业务经营和改革发展提供有力保障，根据总行和省行有关制度规定，制定《中国工商银行河北省分行党风廉政建设和案件防范工作责任制量化检查评价办法》(以下简称《办法》)

第二条 本《办法》检查评价对象为省行营业部、各二级分行党委和领导班子成员。

第三条 本《办法》采取量化评分的形式，满分为100分。依照量化检查评价标准计算各项目评分，扣分以本项目内容为限。

第二章 评价内容

第四条 评价内容共分十类、二十七项。

（一）评价类别：1. 组织领导；2. 党内监督和学习制度；3. 党风廉政教育和领导干部廉洁自律工作；4. 案件防范工作；5. 案件查处工作；6. 源头治腐工作；7. 组织建设；8. 科学发展观；9. 工作创新；10. 领导综合评价。

（二）评价项目：1. 组织机构；2. 任务分解；3. 计划和总结；4. 落实党委集体领导与分工负责制；5. 落实民主生活会制度；6. 落实中心组学习制度；7. 执行廉洁自律规定；8. 执行领导干部有关管理和监督制度；9. 落实谈话制度；10. 落实廉洁从业报告和述职述廉制度；11. 廉政档案管理状况；12. 开展廉政教育；13. 开好案件防范分析会；14. 落实约谈和关注制度；15. 重点监控行管理；16. 员工行为评价情况；17. 落实信访处理制度；18. 落实案件长效机制；19. 案件管理；20. 干部选拔任用情况；21. 落实集中采购制度；22. 落实行务公开制度；23. 不良资产处置；24. 纪检监察工作情况；25. 落实科学发展观；26. 工作创新；27. 领导综合评价。

第三章 检查评价方式与方法

第五条 评价工作在省行党委领导下，由纪委、监察室牵头组织实施，相关职能部门参与，采取现场检查评价和非现场检查评价相结合的方式。

第六条 现场检查评价一般采取以下方法：

（一）听取被检查行党委关于本行党风廉政建设和案件防范工作情况汇报；

（二）根据检查评价内容，调阅、查看党委会、行（务）办会记录及相关文件、资料；

（三）与分行班子成员分别座谈；

（四）召开部分中层干部和员工参加的座谈会；

（五）从在册员工名单中随机抽取部分中层干部和员工对分行党委和行级领导干部进行民主测评。其中，中层干部不高于测评人数的50%。

测评表设“优秀、良好、合格、基本合格、不合格”五个等次，前三个等次票数之和占总票数的百分比为民主测评满意率，作为量化评分和确定评价结果的重要参考。

（六）到部分支行进行检查。

第七条 检查组于现场检查结束后，在向被检查行党委主要负责人通报存在主要问题的基础上，向班子成员和部分部门负责人反馈检查情况，内容包括：总体评价、民主测评结果、检查出的主要问题及改进建议等。

第八条 非现场评价项目和内容，由省行根据掌握情况计算评分。

第九条 最终评价结果，省行以书面形式分别向省行营业部、各二级分行反馈。

第四章 考核评价结果及运用

第十条 按照省行《党风廉政建设和案件防范工作先进单位评选办法》，依据检查评价结果，评选年度党风廉政建设和案件防范工作先进单位。

第十一条 评价结果分值低于90分（不含）的，按照《责任状》有关条款规定执行。

第十二条 将检查评价情况通报全行。分行领导干部廉洁自律重要情况记入廉政档案，作为业绩评定、奖励惩处和选拔任用的重要依据。

第十三条 对检查评价中发现的突出问题，责成相关分行查找分析原因，制定整改措施，并将落实整改情况向省行报告。对问题严重或整改不力的，省行党委或纪委对其主要负责人进行诫勉谈话。

第五章 附 则

第十四条 省行营业部、各二级分行可根据本《办法》制定对辖属支行贯彻党风廉政建设和案件防范工作责任制量化检查评价实施细则。

第十五条 本《办法》由省行纪委负责解释。

第十六条 本《办法》自下发之日起施行，原《中国工商银行河北省分行党风廉政建设和案件防范工作责任制量化检查评价办法》（工银冀党纪［2008］3号）同时废止。

中国农业银行河北省分行
个人客户综合授信贷款业务操作规程（修订）

（二〇〇九年四月二十二日）

依据《中国农业银行河北省分行个人客户综合授信贷款业务管理办法（修订）》，制定本规程。

第一节 基本规定

一、产品定义

个人客户综合授信贷款业务是指农业银行根

据个人客户信用及提供的担保情况对其确定最高授信额度，客户在约定的期限和最高授信额度内循环使用，便捷取得贷款的业务。

综合授信贷款业务采用授信和贷款同时申报、同时审批，审批授信额度视同等额审批贷款。

二、授信贷款条件

客户申请个人综合授信贷款，应当符合以下条件：

（一）年满18周岁且不超过65周岁，身体健康，品行良好，在当地有固定住所，持有合法有效身份证件；

（二）具有稳定的职业、稳定的合法收入或足够偿还贷款本息的个人合法资产；

（三）信用记录良好，无不良行为；

（四）对采取抵（质）押担保方式的，可免评级，其他需符合中国农业银行个人客户资信评级标准，其中申请综合授信包括信用方式的，个人信用等级评定应达到AAA级（含）以上；包括保证担保方式的，个人信用等级评定应达到AA+级（含）以上。

（五）能提供合法、有效、足值的担保（符合信用授信条件的客户除外）；

（六）在经办行开立个人账户，愿意接受经办行信贷、结算监督；

（七）经办行要求的其它条件。

三、授信额度

个人客户综合授信额度=质押授信额度+抵押授信额度+保证授信额度+信用授信额度。

单户个人客户综合授信额度起点为10万元，最高不超过500万元（含）。

四、质押授信额度

质押授信根据质物的现金价值合理确定授信额度。

（一）质押物。质押物的范围为同城商业银行开立的整存整取、存本取息、大额可转让存单（记名）、外币定期储蓄存单、经营行本行代理发行的凭证式国债、与农业银行建立个人质押贷款业务合作关系的保险公司开出的具有现金价值的人寿保险单。

（二）质押率。质押授信应就质物确定合理的质押率，质押率最高不得超过质物现金价值的90%（含）。

五、抵押授信额度

抵押授信根据抵押物价值，按规定的抵押率确定授信额度。

（一）抵押物

抵押授信的抵押物必须为申请人本人、配偶或具有完全民事行为能力的子女拥有的住房、别墅、商铺或写字楼，抵押房产位置坐落应在与经营行同一城区，变现能力较强，并且能够办妥有效抵押登记手续。

（二）抵押物价值的确认

申请抵押授信的抵押物价值必须应遵循客观、公正、合法、审慎的原则，通过评估确认。评估可采用内部评估或外部评估。内部评估由客户部门或评估部门负责，外聘评估机构应经二级分行以上进行资格审定。采用外部评估的，客户部门必须对评估价值进行审核确认，未经确认，不得直接作为决策依据。经办行应以抵押物评估价值作为重要依据，合理确定抵押物价值。

1. 以公允价值取得的建筑物，以取得成本扣除相应折旧后的价值为基础并结合市场价值确定；

2. 自建的建筑物，以自建成本扣除相应折旧后的价值为基础并结合市场价值确定；

3. 租赁在先的抵押物，应扣除预收的租金。

（三）抵押率

以个人住房抵押的，抵押率不得高于房产评估值的70%；以别墅、商铺或写字楼抵押的，抵押率不得高于评估值的60%。

六、保证授信额度

（一）申请人最近一年在农行的个人日均存款在50万元以上，个人信用评定为AAA+级且本人月收入5万元以上的，最高可给予50万元的保证授信额度；个人信用评定为AAA级且本人月收入3万元以上的，最高可给予40万元保证授信额度。

（二）申请人最近两年个人金穗卡年均消费在10万元以上，个人信用评定为AAA+级且本人月收入5万元以上的，最高可给予50万元的保证授信额度；个人信用评定为AAA级且本人月收入3万元以上的，最高可给予40万元的保证授信额度；

（三）申请人为总、分行管理优良客户和总行授权书明确的优势行业重点客户的高级管理者，个人信用评定为AAA+级且本人月收入5万元以上的，最高可给予50万元的保证授信额度；个人信用评定为AAA级且本人月收入5万元以上的，最高可给予40万元的保证授信额度。

（四）申请人最近一年在农行的个人日均存款在20万元以上，个人信用评定为AAA+级且本人月收入2万元以上的，最高可给予30万元的保证授信额度；个人信用评定为AAA级且本人月收入2万元以上的最高可给予20万元的保证授信额度；个人信用评定为AA+级且本人月收入2万元以上的最高可给予10万元的保证授信额度；

（五）申请人最近两年个人金穗卡年均消费在5万元以上，个人信用评定为AAA+级且本人月收入2万元以上的最高可给予30万元的保证授信额度；个人信用评定为AAA级且本人月收入2万元以上的最高可给予20万元的保证授信额度；个人信用评定为AA+级且本人月收入2万元以上的最高可给予10万元的保证授信额度；

（六）总、分行管理优良客户和总行授权书明确的优势行业重点客户的中高级管理者，个人信用评定为AAA+级且本人月收入2万元以上的最高可给予30万元的保证授信额度；个人信用评定为AAA级且本人月收入2万元以上的最高可给予20万元的保证授信额度；个人信用评定为AA+级且本人月收入2万元以上的最高可给予10万元的保证授信额度；

（七）政府机关公务员、金融保险、通讯、电力石油、文教卫生、新闻媒体、律师等行业的正式在职人员，无法达到上款授信条件，但个人信用评定为AAA+级的，最高可给予50万元的保证授信额度；个人信用评定为AAA级的，最高可给予30万元的保证授信额度；个人信用评定为AA+级的，最高可给予20万元的保证授信额度。

（八）保证人

保证授信贷款的保证人必须为农业银行个人信用评定等级在AA+级以上的个人优质客户。信用评定等级为AAA+级的单个保证人最高保证额度不得超过30万元；信用评定等级为AAA级的单个保证人最高保证额度不得超过20万元；信用评定等级为AA+级的单个保证人最高保证额度不得超过10万元。

多个保证人的保证额度可以累加。保证人之间互负连带保证责任，不得连环担保，借款人与保证人之间不得互保。

保证人在农行有综合授信业务或为他人提供保证的，应相应扣减保证额度。

七、信用授信额度

（一）申请人最近一年在农行的个人日均存款300万元以上，个人信用评定为AAA+级且本人月收入5万元以上的个人优质客户，最高可给予30万元的信用授信额度；

（二）申请人最近两年个人金穗卡年均消费在50万元以上，个人信用评定为AAA+级且本人月收入5万元以上的个人优质客户，最高可给予30万元的信用授信额度；

（三）总、分行管理优良客户和总行授权书明确的优势行业重点客户的高级管理者，个人信用评定为AAA+级且本人月收入5万元以上的个人优质客户，最高可给予30万元的信用授信额度；

（四）申请人最近一年在农行的个人日均存款100万元以上，个人信用评定为AAA+级且本人月收入2万元以上的个人优质客户，最高可给予20万元的信用授信额度；个人信用评定为AAA级且本人月收入2万元以上的个人优质客户，最高可给予10万元的信用授信额度。

（五）申请人最近两年个人金穗卡年均消费在30万元以上，个人信用评定为AAA+级且本人月收入2万元以上的个人优质客户，最高可给予20万元的信用授信额度；个人信用评定为AAA级且本人月收入2万元以上的个人优质客户，最高可给予10万元的信用授信额度。

（六）总、分行管理优良客户和总行授权书明确的优势行业重点客户的高级管理者，个人信用评定为AAA+级且本人月收入2万元以上的个人优质客户，最高可给予20万元的信用授信额度；个人信用评定为AAA级且本人月收入2万元以上的个人优质客户，最高可给予10万元的信用授信额度。

（七）政府机关公务员、金融保险、通讯、电力石油、文教卫生、新闻媒体、律师等行业的正式在职人员，无法达到上述授信条件，但个人信用评定为AAA+级、最高可给予30万元的信用授信额度；个人信用评定为AAA级的，最高可给予20万元的信用授信额度。

八、贷款用途

个人客户综合授信业务贷款用途为个人购房、购车、其他综合消费或用于个人生产经营等符合人民银行和银监会规定的合法合理资金的需求。

个人客户不得以综合授信贷款从事股本权益性投资，不得用于清偿不良债务及借新还旧，不得用于从事国家法律法规明令禁止的生产经营活动。

九、授信期限

个人客户综合授信有效期一般为二年，抵（质）押类授信的有效期最长不得超过三年，授信额度在有效期内可循环使用。

个人综合授信有效期满，客户需向经营行重新申报综合授信。

十、贷款期限

个人客户综合授信贷款期限一般不超过一年，最长不超过三年。最后一笔贷款到期日最迟不得超过授信到期日。

个人客户综合授信项下的贷款不得展期。

十一、贷款利率

个人客户综合授信项下贷款利率按人民银行规定的同档次利率最低上浮10%执行。

十二、贷款核算和统计

个人综合授信贷款在“24216短期个人一般消费贷款”和“25216中期个人一般消费贷款”会计科目核算，在信贷管理系统个人贷款子系统“G181综合授信贷款”类别统计和管理。

十三、还款方式

贷款期限在一年（含）以内的，还款方式可以采用利随本清、按月（季）结息到期还本、分期还款等方式；贷款期限在二年（含）以内的，还款方式可以采用按月（季）结息到期还本、分期还款等方式；贷款期限在二年（不含）以上的，必须采用按月（季）分期还款方式。

同一客户个人综合授信项下的贷款原则上采用同一种还款方式。

十四、同城办理制度

个人综合授信贷款经办行、借款人、担保人应在同一地区（全省十一个地级市的城区），贷款不得异地授信、异地发放、异地担保。

十五、贷款授权管理

（一）集中经营

同一客户的综合授信贷款业务仅能在一家经营行办理，其他经营行不得对该客户办理个人客户综合授信贷款业务。

（二）经办行准入

个人客户综合授信贷款业务开办资格由各支行依据自身经营需要和发展方向、地域特点、管理能力和管理水平、信贷资产质量等逐级向上级行申请，由总行审批核定。未经审批准入资格的经办行，有权行不得对其转授个人客户综合授信贷款信贷经营权。

（三）审贷分离、集中审批

个人客户综合授信贷款业务按照审贷分离、岗位制约原则，实行审贷部门分离，授权审批制度。个人客户综合授信贷款审查、审批集中在二级分行。有权行不得转授经办行负责人以综合授信贷款审批权。对已审批的综合授信贷款业务用信，由经办行负责人审核。

十六、经办责任人和主责任人制度

（一）经办责任人。个人客户综合授信贷款业务办理过程中，具体承办调查、审查、经营管理工作的客户部门、信贷管理部门人员为经办责任人。

（二）主责任人。办理个人客户综合授信贷款业务各环节的有权决定人为主责任人。主责任人界定如下：

经营行客户部门负责人为调查主责任人，经营行行长为经营主责任人。

二级分行信贷管理部门负责人为审查主责任人，独立审批人或经授权的副行长为审批主责任人。

十七、责任追究制度

个人客户综合授信贷款业务各环节经办责任人、主责任人有下列行为之一的，视情节轻重，按照《中国农业银行员工违反规章制度处理办法》及有关制度，给予相应的纪律处分和经济处罚，形成不良资产的要负责清收，触及刑律构成犯罪的移交司法机关处理：

（一）降低授信和信贷基本条件办理个人综合授信贷款业务的；

（二）违反授权管理规定，越权或变相越权审批个人综合授信贷款业务的；

（三）违反操作规程导致贷款风险或损失的；

（四）以权谋私，对关系人或者其他利害关系人办理低于同类条件授信业务的；

（五）对个人客户授信后，客户出现贷款不良或逾期记录、经营情况发生重大不利变化或担保物严重贬值、风险扩大等情形未停止发放新的贷款或采取措施的；

（六）擅自透露客户个人隐私信息和综合授信结果、授信额度，造成不良影响的；

（七）其他违反个人客户综合授信贷款业务管理制度的严重行为。

第二节　个人客户综合授信贷款业务流程

个人客户综合授信贷款业务基本流程分为经办行和管理行两个层面。经办行为面向客户的各经营支行，负责客户营销管理与维护，受理客户授信申请及贷款申请，入户调查核实，CMS个人客户基础信息数据采集、录入、集中申报，与客户签约，落实贷款条件及限制性条款，提供信用，贷后管理，风险处置，信用收回等工作。管理行为各地市的二级分行，负责授信集中审查、审批、风险管理与在线监测工作。

个人客户综合授信贷款业务操作流程如下：

客户申请或银行主动营销→受理申请→个人征信、信用评级→授信调查→集中审查→有权审批人审批→签订合同→落实限制性条款→提供信用→贷后管理→风险处置→信用收回。

第三节　个人客户综合授信贷款操作规程

一、授信申请与受理

（一）客户可向经营行客户部门提出授信贷款申请，书面填写《中国农业银行个人客户综合授信贷款业务申请表》、签署《个人征信业务授权书》，由经营行客户部门负责受理。

受理客户申请后，经营行调查岗应通过CMS系统查询申请人、保证人信用记录及社保信息并保存查询结果；查询人民银行个人征信管理系统，打印申请人、保证人的个人信用报告。申请人经营企业的，还要查询该企业的信用记录，并打印企业信用报告。依据客户申请表中的基础资料及其提供的其他信息填制《中国农业银行个人贷款信用评分卡》，对申请人、保证人进行个人信用评级。对提供全额抵、质押担保申请人可以免评级。

有以下情形之一的，经营行可直接拒绝授信申请：

1. 查询借款人及其配偶、保证人及其配偶的信用记录，申请授信时存在到期未还的金融债务（包括逾期贷款、信用卡恶意透支等）；申请授信时最近2年内存在连续3期以上或累计6期以上的逾期记录；有恶意逃废债行为。信用记录所记载信用信息与实际不符的，申请人应提供相应金融机构出具的书面证明。

2. 查询申请人经营企业的信用记录，经营企业在他行存在到期未还的金融债务或不良信用记录。信用记录所记载信用信息与实际不符的，申请人应提供相应金融机构出具的书面证明。

3. 对申请人、保证人进行个人信用等级评定后，评级结果未达到规定标准。

4. 贷款用途为我行规定所禁止。

（二）对同意受理申请的，调查岗应要求申请人提供以下资料：

1. 申请人本人及配偶的有效身份证件、婚姻证明、户籍证明、个人征信业务授权书；

2. 申请人本人及其配偶的有效收入证明。对不能提供有效收入证明的，需提供纳税凭证、公积金缴纳凭证、水电费收据、电话或手机缴费收据等间接证明收入水平的有效凭证；

3. 贷款用途证明。对暂时不能提供贷款用途证明的，应要求客户签署书面声明；客户拟采用电子渠道办理用信的，必须提供书面贷款用途证明；

4. 抵（质）押物权属证明及相关资料（保证、信用授信除外）；

5. 对申请保证授信的，还应提供保证人及配偶有效身份证件、婚姻证明、户籍证明、个人征信业务授权书；

6. 经营行要求的其他资料。

二、授信调查

授信调查应由2名客户经理共同进行，入户调查核实，调查内容应包括但不限于：

（一）申请人提供的资料是否完整、真实、有效。

（二）申请人、保证人基本情况，包括个人基本情况、家庭概况、个人资产状况、个人财务状况。

（三）借款用途证明或声明是否真实、合理、合法。

（四）申请人有效收入是否充足。调查岗可以到客户收入证明开具部门核实，也可通过客户提供的间接收入证明，加以分析判断。

（五）依托个人优质客户管理系统，调查客户对农行资产、负债、中间业务的综合贡献度。可采取经营网点出具存款证明、持卡消费明细等综合贡献度的证明，由网点负责人签字、加盖公章方式取证。

（五）客户还款能力和意愿。

（六）抵（质）押物权属及各项权证真实性。

（七）保证人及其配偶的担保能力、担保意愿。

（八）对于总、分行管理优良客户和总行授权书明确的优势行业重点客户的高级管理者的授信申请，调查岗应与公司客户经理共同完成上述调查内容，同时还要调查该公司与农行的合作情况、公司对农行的贡献度、公司资信状况。

调查完毕后，调查岗应集中整理全部调查资料，对客户提供的复印件应与原件核对一致，签注"与原件核对相符"字样，撰写调查报告，对授信总额度、分类授信额度、授信期限、利率提出调查意见，将全部调查资料制成PDF格式的电子文本，通过CDMS上传至客户部门负责人，由客户部门负责人审核同意后，报经经营行行长同意，通过网上作业上报至各二级分行信贷管理部门集中审查。

三、授信审查

二级分行信贷管理部门审查岗对收到的材料进行审查，审查内容包括但不限于：

（一）基本要素审查。个人客户综合授信贷款业务基础资料是否齐备，有关证明材料是否真实可信。

（二）主体资格审查。申请人及担保人是否具有完全民事行为能力，个人征信是否符合综合授信的准入条件，复测申请人及担保人个人信用等级，是否达到规定标准。

（三）信贷政策审查。个人客户综合授信贷款业务用途是否合规合法；授信方式、额度、期限等是否符合农业银行信贷政策规定，是否综合考虑了业务风险与综合收益情况。

（四）信贷风险审查。审核客户职业背景、收入来源的稳定性以及家庭资产负债状况；客户还款来源状况；担保是否合法、足值、有效。

审查岗应就经营行上报的授信申请撰写审查报告，提出是否同意授信及授信总额度、分类授信额度、授信期限等审查意见，由审查主责任人确认后，通过网上作业转入审批流程，报有权审批人审批。

四、授信审批

有权审批人根据调查、审查意见对个人客户授信申请进行审批，对申报行下达信贷业务批复通知（电子批文）。对审批同意的个人客户综合授信，审批人要明确授信额度、期限、担保方式、还款方式、用款方式、限制性条款及信贷管理措施等；审批不同意的，由申报行客户部门及时通知申请人。

五、签订授信协议及单项业务合同

经营行客户经理按照审批意见与客户签订《个人客户综合授信协议》。个人客户综合授信中有担保授信额度的，要区分担保方式分别与客户签订《最高额担保个人借款合同》，并在合同第九条借款担保方式中分别约定保证担保、抵押担保或质押担保，其中包含抵、质押方式的，还应就抵、质押物分别填制《房地产抵押清单》、《权利质押清单》，并办妥抵押登记或质押止付等相关手续。个人客户综合授信中有信用授信额度的，要与客户签订《个人综合授信信用借款合同》。

六、放款审核

借款合同草签后，经营行放款审核岗应对合同填写的规范性、合规合法性和限制性条款的落实情况进行审核。提款前应对抵押登记手续、质物止付手续的合规合法性进行审核。

七、客户用信

借款人使用综合授信项下贷款，用款方式分为客户经理办理和电子渠道办理两种。没有提供用途证明的，不得采用电子渠道。个人客户在申请用信时需要明确选择其中一种方式。

（一）客户经理办理方式。采用客户经理办理方式的，综合授信项下借款必须逐笔到授信申报行办理。办理借款手续时，客户必须提供《个人客户综合授信协议》、《最高额担保个人借款合同》原件、客户本人有效身份证件原件、银行卡或活期存折账户，并填写《最高额个人借款合同用款申请书》。经办行客户经理对相关资料审核无误，并查询《中国农业银行个人综合授信贷款使用情况登记表》、《最高额担保个人借款合同》和CMS信贷管理系统中客户的授信额度使用情况后，为客户填制借款凭证，经营行负责人签字确认后交由会计人员发放贷款。一般情况下，客户在申请用款时需提供用途证明，确实不能提供的，也可以提供用款计划或用途声明。

（二）电子渠道办理方式。采用电子渠道办理方式的，应由经营行客户经理打印电子批文的审批内容，报经营行负责人审核无误后签字确认，连同《个人客户综合授信协议》和《最高额担保个人借款合同》交给会计人员，会计人员核对无误后，根据合同确定的借记卡，在集中版会计系统（PDS）中签约。客户用款时可以凭该借记卡和密码到柜台、自助设备、网上银行申请贷款，个人客户提供的身份及密码经系统确认后，可以在最高授信额度和期限内分次取得借款。

八、个人客户综合授信额度管理

（一）个人客户综合授信期满前要求增加授信额度的，须还清综合授信项下全部已使用贷款，终止原授信协议后，重新向原申报行申请。

（二）客户资信状况出现不良趋向的，经办行应及时降低、停止直至取消授信额度。经办行可根据客户担保情况、业务指标及产品覆盖情况的变化对授信额度进行调整。对降低、停止或取消客户授信额度的，经办行应在3日内向二级分行个人贷款主管部门备案。

九、综合授信项下贷款额度管理

客户用信发生后，经办行客户经理应按户逐笔登记《中国农业银行个人综合授信贷款使用情况登记表》，随时掌握客户综合授信项下贷款使用情况。

个人综合授信客户在农业银行已经有保证、信用贷款的，授信申报行客户经理应在《中国农业银行个人综合授信贷款使用情况登记表》中登记该笔贷款，并相应扣减其用信额度。

十、个人客户综合授信贷款业务日常监测

二级分行应对辖内个人客户综合授信贷款业务办理情况及资产质量进行日常监测，按季通报。

十一、贷后管理

（一）首次跟踪检查。个人客户综合授信贷款使用后15日内要进行首次跟踪检查。

（二）定期检查。根据贷款方式分别确定检查频次，其中，采取信用方式的每季检查一次，采用保证或抵（质）押担保方式的每半年检查一次。

（三）经营行应落实客户经理专人管理，其中属于总、分行管理优良客户和总行授权书明确的优势行业重点客户的高级管理者，由公司客户经理和个人客户经理共同维护。公司客户经理负责对客户及其所在公司情况进行定期跟踪，了解掌握个人优质客户及其所在公司资信及其他变动情况；个人客户经理协助公司客户经理做好客户的服务工作，与公司客户经理共同出具贷后检查报告，并负责将检查报告及所收集的个人资料进行专门归档。

十二、贷款档案管理

经营行要按照《中国农业银行河北省分行信贷档案管理实施细则（试行）》的相关要求，建立个人客户综合授信贷款信贷档案。归档的内容主要包括：综合授信相关申请资料、审批书、协议及该授信项下的借款申请书、借款合同、借款凭证、担保合同、保证人、抵押人、抵押物等相关资料。

十三、提前还款

客户提前还款的，按照总行有关规定执行，贷款提前归还，仍执行原合同利率。客户部分或全部提前还款后，视同该部分授信恢复，客户仍可就该部分授信额度继续使用。

十四、贷款收回和清户撤押

客户授信期限届满且偿还全部贷款本息，或客户偿还全部本息后且在授信期限内不再用信的，经办行会计人员出具收贷凭证给客户经理。客户经理负责通知借款人，持有效身份证件、相关协议、合同办理结清手续。

采取抵押担保方式的，客户经理开具房地产抵押注销登记单，连同收贷凭证交部门负责人审核签字后，与抵押人共同到登记部门办理抵押注销手续；采取质押担保方式的，客户经理开具解除止付通知书，连同收贷凭证交部门负责人审核签字后，到会计部门办理质物出库手续，取回质物交还客户或出质人，并由客户或出质人签署回执。

第四节　附　则

一、本规程由河北省分行负责解释和修订。

二、本规程自发文之日起执行。原《中国农业银行河北省分行个人客户综合授信贷款业务操作规程（试行）》（农银冀办发【2008】1370号）同时废止。

中国农业银行河北省分行个人客户综合授信贷款业务管理办法（修订）

第一章 总则

第一条 为进一步拓展个人资产业务，完善对个人优质客户的服务，有效防范个人综合授信贷款业务风险，根据总行《中国农业银行个人信贷业务基本规程（试行）》及有关信贷政策制度规定，制定本办法。

第二条 个人客户综合授信贷款业务是指农业银行根据个人客户信用及提供的担保情况对其确定最高授信额度，客户在约定的期限和最高授信额度内循环使用，便捷取得贷款的业务。

第三条 个人客户综合授信贷款业务坚持“明确定位、分类授信、集中经营、注重效益”的原则。

明确定位是指个人客户综合授信贷款业务的市场定位为11个地级市城区内的个人优质客户。个人优质客户是指根据《中国农业银行个人客户信用等级评定管理办法（试行）》，个人信用等级评定在AA+级（含）以上，对农业银行资产、负债、中间业务等方面有较高综合贡献度的个人客户。对能提供足值抵（质）押担保的，也可视同为个人优质客户。

分类授信是指个人客户综合授信额度按不同的担保方式分别核定。

集中经营是指同一客户的综合授信贷款业务仅能在一家经营行办理，其他经营行不得对该客户办理个人客户综合授信贷款业务。

注重效益是指个人客户综合授信额度的核定不仅要考虑个人客户的风险承受能力，还要考虑该客户的综合贡献度。

第四条 个人客户综合授信贷款业务经营资格实行准入制，经营行开办个人综合授信贷款业务须逐级申报，经总行批准后方可办理。

第五条 个人综合授信贷款纳入统一授权授信管理。

第六条 个人综合授信贷款业务采用授信和贷款同时申报、同时审批，审批授信额度视同等额审批贷款。

第二章 综合授信贷款的对象和条件

第七条 个人客户综合授信贷款的对象为具有中华人民共和国国籍和完全民事行为能力的自然人。

第八条 客户申请个人客户综合授信贷款，应当同时符合以下条件：

（一）具有完全民事行为能力和合法有效的身份，在当地具有稳定住所；

（二）具有稳定的职业、稳定的合法收入或足够偿还贷款本息的个人合法资产；

（三）信用记录良好，无不良行为；

（四）在经办行开立个人账户，愿意接受经办行信贷、结算监督；

（五）对采取抵（质）押担保方式的，可免评级；对申请信用授信或保证授信贷款的，必须是信用等级评定在AA+级（含）以上的个人优质客户。

（六）能够提供合法、有效的担保（符合信用方式的除外）。

（七）经办行要求的其它条件。

第三章 综合授信的额度和贷款用途

第九条 授信额度的确定。单户个人客户综合授信额度起点为10万元（含），最高不得超过

500万元（含）。

个人客户综合授信额度＝质押授信额度＋抵押授信额度＋保证授信额度＋信用授信额度。

第十条 抵（质）押授信额度。抵押授信额度以抵押物价值做为核定基础，抵押率根据所提供房屋属性、变现能力合理确定，最高不超过房屋价值的70%。抵押物必须为借款人本人、配偶或具有完全民事行为能力的子女所拥有的住房、别墅、商铺或写字楼。

质押授信根据质物的现金价值合理确定授信额度。质押物的范围为同城商业银行开立的整存整取、存本取息、大额可转让存单（记名）、外币定期储蓄存单、经营行本行代理发行的凭证式国债、与农业银行建立个人质押贷款业务合作关系的保险公司开出的具有现金价值的人寿保险单。质押率最高不得超过质物的现金价值的90%（含）。

第十一条 保证授信额度

（一）申请保证授信30万元（不含）以上的个人优质客户需满足下列条件之一：最近一年在农行的个人日均存款在50万元以上；最近两年个人金穗卡年均消费在10万元以上；总、分行管理优良客户和总行授权书明确的优势行业重点客户的高级管理者。

满足上述条件之一的个人优质客户，个人信用等级评定为AAA＋级且本人月收入5万元以上的最高可给予50万元的保证授信额度；个人信用等级评定为AAA级且本人月收入3万元以上的最高可给予40万元的保证授信额度；

（二）申请保证授信30万元（含）以下的个人优质客户需满足下列条件之一：最近一年在农行的个人日均存款在20万元以上；最近两年个人金穗卡年均消费在5万元以上；总、分行管理优良客户和总行授权书明确的优势行业重点客户的中高级管理者。

满足上述条件之一的个人优质客户，个人信用等级评定为AAA＋级且本人月收入2万元以上的最高可给予30万元的保证授信额度；个人信用等级评定为AAA级且本人月收入2万元以上的最高可给予20万元的保证授信额度；个人信用等级评定为AA＋级且本人月收入2万元以上的最高可给予10万元的保证授信额度；

（三）政府机关公务员，金融保险、通讯、电力石油、文教卫生、新闻媒体、律师等行业的正式在职人员，无法达到上款授信条件，但个人信用等级评定为AAA＋级的，最高可给予50万元的保证授信额度；个人信用等级评定为AAA级的，最高可给予30万元的保证授信额度；个人信用等级评定为AA＋级的，最高可给予20万元的保证授信额度。

保证授信的保证人必须为个人信用等级评定在AA＋级以上的个人优质客户。个人信用等级评定等级为AA＋级的单个保证人最高保证额度不得超过10万元；个人信用等级评定等级为AAA级的单个保证人最高保证额度不得超过20万元；个人信用等级评定等级为AAA＋级的单个保证人最高保证额度不得超过30万元。多个保证人的保证额度可以累加。保证人在农行有综合授信业务或为他人提供担保的，应相应扣减保证额度。保证人与借款人之间不得互保。

第十二条 信用授信额度

（一）申请信用授信20万元以上的个人优质客户需满足下列条件之一：最近一年在农行的个人日均存款300万元以上；最近两年个人金穗卡年均消费在50万元以上；总、分行管理优良客户和总行授权书明确的优势行业重点客户的高级管理者。

满足上述条件之一的个人优质客户，个人信用等级评定为AAA＋级且本人月收入5万元以上的个人优质客户，最高可给予30万元的信用授信额度；

（二）申请信用授信20万元（含）以下的个人优质客户需满足下列条件之一：最近一年在农行的个人日均存款100万元以上；最近两年个人金穗卡年均消费在30万元以上；总、分行管理优良客户和总行授权书明确的优势行业重点客户的高级管理者。

满足上述条件之一的个人优质客户，个人信用等级评定为AAA＋级且本人月收入2万元以上的个人优质客户，最高可给予20万元的信用授信额度；个人信用等级评定为AAA级且本人月收入2万元以上的个人优质客户，最高可给予10万元的信用授信额度。

（三）政府机关公务员，金融保险、通讯、电力石油、文教卫生、新闻媒体、律师等行业的正式在职人员，无法达到上述授信条件，但个人信用等级评定为 AAA + 级，最高可给予 30 万元的信用授信额度；个人信用等级评定为 AAA 级的，最高可给予 20 万元的信用授信额度。

第十三条 贷款用途。个人客户综合授信业务贷款用途为个人购房、购车、其他综合消费或个人生产经营等符合人民银行和银监会规定的合法合理资金的需求。

第四章 授信（贷款）程序

第十四条 客户申请。客户申请综合授信贷款业务，应按规定提供包括但不限于客户及配偶有效身份证件、户籍证明、婚姻证明、个人征信业务授权书、有效收入证明、贷款用途证明（或声明）、抵（质）押物权属证明（保证、信用授信除外）等资料，申请保证授信的，还应提供保证人及配偶有效身份证件、婚姻证明、户籍证明、个人征信业务授权书等。

第十五条 受理与调查。经营行调查岗负责个人客户综合授信贷款业务的调查。调查岗收到申请资料后，应对客户包括但不限于提供资料的真实完整性，借款人的申请资格、信用状况、还款能力、借款用途、担保情况进行实地调查。授信调查须由 2 名客户经理共同进行。

调查岗调查完毕后，须撰写调查报告，对授信总额度、分类授信额度、授信期限、利率提出调查意见，由调查主责任人确认后，连同有关材料报审查岗审查。调查岗须对拟申报的授信和提交相关材料的真实性、完整性和有效性负责。

第十六条 授信额度审查、审批。个人客户综合授信贷款业务的审查、审批集中二级分行。审查人员应对包括但不限于贷款资料的完整合法有效性、主体资格合法性、信贷政策合格性、贷款整体风险进行审查。

有权审批人根据调查、审查意见，最终作出是否给予授信的决定，审批内容必须明确授信总额度、分类授信额度、授信期限、利率、限制性条款等要素。

第十七条 批复。经审查审批同意授信后，由二级分行信贷管理部门下达下达信贷业务批复通知，将审批结果通知授信经营行，并由经营行客户部门告知客户。

第十八条 签订授信协议及借款合同。经营行根据审批确定的授信额度与客户签订《个人客户综合授信协议》。在综合授信协议项下，综合授信中有担保授信额度的，要区分担保方式分别与客户签订《最高额担保个人借款合同》，信用贷款用款时需与客户逐笔签订《个人综合授信信用借款合同》。

第五章 用 信

第十九条 个人客户在综合授信贷款项下的用款采取由客户经理办理和电子渠道办理两种方式。个人客户在申请个人综合授信时需要明确选择其中一种方式。

采用客户经理办理方式用款的，客户每笔借款都必须到授信申报行办理，签订借款凭证，经经营行负责人签字确认后交由会计人员发放贷款。

采用电子渠道办理方式用款的，会计人员审核客户经理提交信贷资料后，根据合同确定的借记卡，在集中版会计系统（PDS）中签约，客户用款时可以凭该借记卡和密码到柜台、自助设备、网上银行申请贷款。没有提供用途证明的，不得采用电子渠道。

一般情况下，客户在申请用款时需提供用途证明，确实不能提供的，也可以提供用款计划或用途声明。

第六章 业务管理

第二十条 贷款核算和统计。个人综合授信贷款在“24216 短期个人一般消费贷款”和“25216 中期个人一般消费贷款”会计科目核算，在信贷管理系统个人贷款子系统“G181 综合授信贷款”类别统计和管理。

第二十一条 授信期限。个人客户综合授信额度有效期一般为二年，抵（质）押类授信的额度有效期最长不得超过三年，授信额度在有效期内可循环使用。

个人综合授信有效期满，客户需向经营行重新申报综合授信。

第二十二条 贷款期限。个人客户综合授信贷款期限一般不超过一年，最长不超过三年。最后一笔贷款到期日最迟不得超过授信到期日。

第二十三条　还款方式。贷款期限在一年（含）以内的，还款方式可以采用利随本清、按月（季）结息到期还本、分期还款等方式；贷款期限在二年（含）以内的，还款方式可以采用按月（季）结息到期还本、分期还款等方式；贷款期限在二年（不含）以上的，必须采用按月（季）分期还款方式。

第二十四条　贷款利率。按用信时人民银行规定的同档次利率最低上浮10%执行。

第二十五条　抵押房地产价值的确认。按《中国农业银行信贷业务担保管理办法》（农银冀办发【2007】773号转发）执行，纳入农业银行抵押物价值评估及确认统一管理。

第二十六条　综合授信额度调整。个人综合授信期满前要求增加授信额度的，客户须还清全部已使用信用额度，终止原授信协议后，由客户重新申请。

经营行可根据客户担保情况、业务指标及产品覆盖情况的变化对授信额度调整。

第二十七条　提前还款和贷款展期。个人客户提前还款要按照总行有关规定执行，贷款提前归还，仍执行原合同利率。

个人客户综合授信项下的贷款不得展期。

第二十八条　贷后管理。个人客户综合授信贷款要按规定进行首次跟踪检查和贷后检查，贷后检查的频次根据贷款方式合理确定。

经营行应落实客户经理专人管理，其中总、分行管理优良客户和总行授权书明确的优势行业重点客户的高级管理者由公司客户经理和个人客户经理共同维护。

建立个人客户综合授信贷款业务日常监测制度。二级分行要建立按季监测和通报制度，对辖内个人客户综合授信贷款业务办理及质量进行日常监测

第二十九条　档案管理。经营行要按照《中国农业银行河北省分行信贷档案管理实施细则（试行）》（农银冀发【2005】407号）的相关要求，建立信贷档案。归档的内容主要包括：综合授信相关申请材料原件、审批书及该授信项下的借款申请书、借款合同、借款凭证、担保合同、保证人、抵押人、抵押物等相关资料。

第七章　主责任人和经办责任人

第三十条　个人客户综合授信贷款业务经营和管理实行主责任人和经办责任人。具体承办调查、审查、经营管理工作的经办人员为经办责任人；办理个人综合授信贷款业务各环节的有权决定人为主责任人。

第八章　罚　则

第三十一条　建立和完善责任追究制度。对有下列行为之一的，视情节轻重，按照《中国农业银行员工违反规章制度处理办法》及有关制度办法，给予相应的纪律处分和经济处罚，形成不良资产的要负责清收，触及刑律构成犯罪的移交司法机关处理：

（一）降低授信和信贷基本条件办理个人综合授信贷款业务的；

（二）违反授权管理规定，越权或变相越权审批个人综合授信贷款业务的；

（三）违反本办法操作程序，或操作程序流于形式导致贷款风险或损失的；

（四）以权谋私，对关系人或者其他利害关系人办理低于同类条件授信业务的；

（五）对个人客户授信后，对客户出现贷款不良或逾期记录、经营情况发生重大不利变化或担保物严重贬值、风险扩大等情形未停止发放新的贷款或采取措施的；

（六）其他违反个人客户综合授信贷款业务管理制度的严重行为。

第九章　附　则

第三十二条　本办法由河北省分行负责解释和修订。

第三十三条　本办法自发文之日起执行。原《中国农业银行河北省分行个人客户综合授信贷款业务管理办法（试行）》（农银冀办发【2008】1370号）同时废止。

中国农业银行河北省分行合同使用管理规定

第一章 总 则

第一条 为加强合同使用管理，防范合同签订履行中的风险，依据《中国农业银行合同管理办法》制定本规定。

第二条 本规定规范的合同，是指总行制式合同和指定使用合同以外的合同。

第三条 本规定中合同管理，是指农业银行按照内部控制与风险管理的要求，对合同的制订、修订、废止、选用、审查、审批、签订、履行、变更、解除、归档和检查等行为进行管理的活动。

其中合同的审查和审批，是指业务事项经有权行审批后需要签订合同的，按照本规定审查、审批。

第四条 合同应当采用书面形式，包括合同书、信件和数据电文（包括电报、电传、传真、电子数据交换和电子邮件）等可以有形地表现所载内容的形式。

即时结清或按照交易习惯不需要签订合同的，应注意留存相关交易凭证。

第五条 合同管理遵循以下原则：

（一）保护农业银行合法权益；

（二）注重交易安全和业务发展；

（三）业务审查与法律审查相结合；

（四）合同签订和履行并重。

第二章 省分行制式合同文本的制订和适用

第六条 省分行制式合同文本，由省分行根据业务和经营需要统一制订、修订和废止。

第七条 需要制订省分行制式合同文本的，由业务主管部门提出建议，经省分行法律工作部门确认，报行领导批准后起草。

起草工作由省分行业务主管部门负责，起草的文本提交省分行法律工作部门审查。

法律工作部门可以根据业务需求和法律法规、规章的变化起草省分行制式合同文本，业务主管部门应当予以配合。

第八条 省分行制式合同文本的起草部门，对提交审查的文本要同时附上合同使用说明。对起草的文本应当充分征求本级相关部门和下级行意见。

第九条 省分行制式合同文本应当符合以下要求：

（一）符合法律法规和规章的规定；

（二）符合农业银行现行各项基本制度的规定；

（三）维护农业银行合法权益；

（四）内容完整，条理清晰，权利义务约定明确。

第十条 业务主管部门或法律工作部门起草的省分行制式合同文本，由法律工作部门提交行领导审批下发，纳入统一管理。

第十一条 业务主管部门应当对与本部门职责相关的省分行制式合同文本适时进行清理，提出修订或废止的建议，法律工作部门审查同意后提交行领导审批。

法律工作部门可以在征求业务主管部门意见后，对省分行制式合同文本提出修订、废止的建议，提交行领导审批。

第十二条 省分行制式合同文本有下列情形之一的，应当及时予以修订或废止：

（一）国家经济法律法规、规章或金融政策发生变化；

（二）省分行制式合同文本的部分内容与业务发展或经营管理需求不相适应；

（三）其他需要修订或废止的情形。

第十三条 经办行在使用合同时应优先选用制式合同文本。确实需要修改制式合同文本条款、没有制式合同文本需另行拟订或必须使用他方提供合同文本的，须经有权审批行审批。

第十四条 省分行指定使用的其他合同，按其使用要求执行。

第三章 合同的审查和审批

第十五条 合同在各方当事人签章前应当进行合同审查，合同审查权限与合同审批权限一致。

第十六条 合同审查包括业务审查和法律审查。

业务审查由审批行相关业务部门负责。

法律审查由审批行法律工作部门负责。使用省分行制式合同文本签订合同的，无需法律审查。

第十七条 业务审查主要针对合同签订的必要性、可行性、效益性、合规性进行审查，具体内容包括：

（一）合同事项是否具有可操作性、效益性；

（二）审批文件所规定限制性条件是否准确、完备；

（三）合同事项是否符合我行相关规章制度规定；

（四）主从合同及附件是否齐全和相互衔接；

（五）合同的填写是否符合规范要求；

（六）其他应当审查的业务性内容。

第十八条 法律审查主要针对合同的合法性和完整性进行形式审查，提示法律风险，具体内容包括：

（一）合同内容是否符合法律、法规的规定；

（二）合同内容是否损害我行利益；

（三）合同基本条款是否齐全；

（四）合同内容是否存在法律风险；

（五）其他应当审查的法律性内容。

第十九条 无制式文本的合同、有制式文本不使用的合同由省分行审批，市分行及以下机构无审批权限。

第二十条 合同的变更或解除，须经原审批行审批。

第二十一条 使用国家行政机关强制使用的合同，以及按公务员管理的事业单位、住房公积金中心、保险公司、通信公司、车站、民航在业务当中常规使用的制式合同，按照《中国农业银行合同管理办法》的相关规定审查、审批。

第二十二条 需上级行审查、审批的，采用填写《中国农业银行河北省分行合同审查、审批流程表》（见附件）的方式。

经办行上报合同时，应填写流程表一并上报。合同审批由有权行业务主管部门承办，相关部门配合。

第四章 合同的签订和履行

第二十三条 市分行、县支行事项，经有权审批行审批同意后，由二级分行对外签订合同。必要时，可以一事一授的方式授权下级行签订合同。

省分行事项，履行合同审查程序后由省分行对外签订合同。

严禁内部职能部门以本部门的名义对外签订合同。

第二十四条 合同的签章应当符合以下要求：

（一）合同的对方当事人为单位客户的，除加盖单位公章外，还应由其法定代表人、负责人（或授权代理人）当面签字。

单位客户要求使用其他专用印章代替单位公章签订合同的，应当预留专用印章印鉴、出具用章说明并加盖单位公章，该专用印章应当含有与其营业执照、事业法人登记证书等主体资格证明文件相一致的单位名称。法定代表人、负责人（授权代理人）要求使用个人名章代替签字的，应当预留个人名章印鉴，并加盖单位公章确认。

（二）自然人客户在合同上应当签字，不得使用个人印章。

（三）自然人（包括自然人客户、单位客户的法定代表人或负责人及其授权代理人）在合同或授权委托书上签字的，应当当面签署。不能当面签署的，可以采用公证方式。

（四）合同多页的，应当由各方当事人加盖骑缝章。骑缝章应当与落款签章一致。当事人为自然人的，应当在骑缝处签字。

（五）农业银行各级机构对外签订合同应当加盖本机构公章或其他专用印章，机构负责人可以委托授权代理人对外签订合同。

第二十五条 合同签订后，签订行应当按照合同的约定履行义务，行使权利。签订行可在合同中约定或者书面授权辖属行履行合同全部或部分权利义务。

合同履行的管理由签订行业务主管部门负责，必要时也可由签订行另行指定。

第二十六条 合同履行的管理部门应当明确合同履行责任人。合同履行管理部门及责任人应当及时要求合同相对人履行合同义务，维护农业银行的合法权益。

第二十七条 合同履行的管理部门应按照档案管理规定保管合同资料。没有规定合同保管期限的，合同自履行完毕之日起保管五年；合同履行完毕存在争议的，自争议解决之日起保管五年。

第二十八条 各级行应当定期对合同的使用、管理等情况进行监督检查。发现合同使用过程中有违法违规情况的，检查人员应当提出整改意见。

第五章 合同的变更和解除

第二十九条 合同的变更，是指合同签订后，由于发生一定事由，经合同各方当事人同意后，对合同主体和权利义务等事项的变动。

第三十条 合同权利义务的变更，可以采取以下几种方式：

（一）签订补充协议，作为原合同的组成部分；

（二）对原合同条款进行更改，并经各方当事人在更改处签章确认；

（三）另行签订合同；

（四）其他方式。

合同主体的变更，须由变更后的各方主体共同签订变更协议。

第三十一条 出现依据法律规定或合同约定农业银行有权解除合同情形时，经办行应当向原审批行提出解除合同的建议。审批行决定单方解除合同的，经办行应当按照法律规定或合同约定方式通知合同相对人。原审批行决定与合同相对人协商解除合同的，经办行应当与合同相对人签订解除合同的协议。解除合同应当要求合同相对人按法律规定和合同约定承担相应责任。

第三十二条 法律法规规定变更或解除合同应当办理批准、登记等手续的，由经办行依照规定执行，并依法履行通知等附随义务。

第六章 附 则

第三十三条 本规定适用于中国农业银行河北省分行各级机构，由省分行负责解释、修订和废止。

第三十四条 本规定自二〇〇九年二月一日起执行。

中国农业银行河北省分行约见谈话及巡视工作暂行办法

第一章 总 则

第一条 为加强对全省农行县级支行领导班子及其成员的监督和管理，突出预防为主推进全省农行反腐倡廉工作的开展，确保党中央各项方针政策和总、分行党委的各项决议、决定及各项规章制度的贯彻落实，特制定本办法。

第二条 本办法适用于各市分行党委对县级支行领导班子及成员的约见谈话（简称约谈）和巡视工作。

第三条 约谈及巡视工作坚持以邓小平理论和“三个代表”重要思想为指导，深入贯彻落实科学发展观，坚持解放思想、实事求是的方针，围绕全行改革发展的大局开展工作。

第二章 约谈及巡视对象和内容

第四条 约谈及巡视的对象主要为各县级支行领导班子及其成员和网点负责人，特别是党委书记、行长或主持工作的负责人。

第五条 约谈及巡视的重点是各县级支行领

导班子及其成员和网点负责人的履职情况。主要内容是：

（一）落实科学发展观，执行党的路线、方针、政策和上级行党委各项决定及遵守我行各项规章制度的情况；

（二）执行民主集中制、规范权力运行的情况；

（三）落实党风廉政建设责任制和遵守领导干部廉洁自律规定的情况；

（四）干部选拔任用的情况；

（五）落实内控管理、防范风险各项要求的情况；

（六）省、市分行党委要求约谈巡视的其它事项。

第三章　组织领导和工作机构

第六条　各市分行成立约谈及巡视工作领导小组，由党委书记、行长任组长，各党委委员、纪委书记、副行长任副组长，监察、党委办公室（办公室）、计财、信贷、党委组织部（人事处）等部门负责人担任领导小组成员。

约谈及巡视工作领导小组主要职责：研究制定约谈计划、对象、内容；研究部署巡视工作任务；审定巡视工作规章制度、办法和巡视工作方案；审定约谈巡视组成员的资格；协调解决约谈巡视工作中的重大问题；听取约谈巡视组工作汇报；对约谈巡视工作进行督导、检查、考核等。

第七条　约谈及巡视工作领导小组办公室设在监察部，办公室主任由监察部总经理兼任，配备工作人员2人。

约谈及巡视工作领导小组办公室的主要职责：制订全年定期约谈计划，明确约谈对象、时间、地点和重点内容。根据市分行党委和约谈及巡视工作领导小组的要求，制订对县级支行领导班子的约谈及巡视工作方案，并组织实施；汇总和分析约谈巡视工作情况，撰写分析报告，及时向市分行党委和约谈及巡视工作领导小组报告工作进展情况；督促各县级支行整改约谈巡视工作中发现的问题，并对其整改情况进行分析评价；承担约谈及巡视工作领导小组的日常行政支持和会务管理等工作。

第八条　约谈巡视组的组成：

各市分行约谈及巡视工作领导小组下设1个约谈巡视组，承担对各县级支行领导班子的日常约见谈话及巡视工作。

每个约谈巡视组人员编制3—4人，其中组长1人，由纪委书记担任。约谈巡视组成员从本行各部门及系统内抽调专家和业务骨干组成。约谈巡视组成员的选派由人事、监察部门协商提出人选，报约谈及巡视工作领导小组审定。约谈巡视组实行组长负责制。

第九条　约谈巡视组成员的基本条件：

（一）政治坚定，能够坚决贯彻执行党委的决议决定，具有履行职责所需要的政策水平；

（二）事业心和责任感强，思想敏锐，熟悉政策法规和我行的规章制度，有较强的业务能力、分析判断能力和较高的文字综合水平；

（三）坚持原则，公道正派，处事严谨，实事求是，廉洁自律，组织纪律性强；

（四）必须为中国共产党正式党员；

（五）科级干部及以下成员原则上45岁以下；

（六）具有3年以上金融从业工作经历；

（七）身体健康。

第十条　约谈巡视组主要职责：

（一）根据市分行党委和约谈及巡视工作领导小组安排部署，对所巡视单位党委及其班子成员进行巡视，对主要负责人进行约谈；

（二）针对约谈巡视中发现的重要问题线索，报经约谈及巡视工作领导小组批准后，进行调查核实；

（三）受理与约谈巡视工作有关的来信来电来访；

（四）向市分行党委和约谈及巡视工作领导小组报告约谈巡视工作情况，就相关问题提出处理意见或建议；

（五）与所巡视单位党委或主要领导成员交换意见，反馈巡视期间了解的有关情况；

（六）对约谈及巡视工作中要求整改的问题进行跟踪检查；

（七）对约谈及巡视中发现的问题进行研究分析，提出改进领导班子建设和经营管理的建议。

第四章 约见谈话工作方式和程序

第十一条 约谈巡视组对县支行主要负责人进行定期、不定期的约见谈话。定期约谈原则上每半年要对县支行主要负责人约谈一次。不定期约谈根据工作需要进行。

第十二条 约见谈话程序:

(一)二级分行纪委书记年初组织召开约谈巡视组会议,制定全年定期约见谈话计划,明确约谈对象、约谈时间、约谈地点和约谈重点内容。

(二)约谈巡视工作办公室根据约见谈话计划提前3天通知约谈对象,告知约谈的时间、地点和主要内容。

(三)约见谈话坚持双人原则,除纪委书记外应有一名约谈巡视组人员参加,并详细填写中国农业银行河北省分行领导干部约见谈话记录。

(四)被约谈人就约谈内容向纪委书记进行汇报,最后纪委书记应就约谈情况向被约谈人提出具体意见和要求。

(五)被约谈人应在谈话一周内,根据约谈意见和要求写出书面贯彻落实报告,上交约谈巡视工作办公室。

第五章 巡视工作方式和程序

第十三条 巡视分为综合巡视和专项巡视。综合巡视为针对本办法规定的巡视事项实施的全面巡视;专项巡视为根据分行党委交办的专项任务实施的巡视。

第十四条 约谈巡视组对各县级支行领导班子进行定期、不定期的综合巡视或专项巡视。定期巡视原则上每年对县级支行巡视面不少于60%。不定期巡视与专项巡视根据工作需要组织开展。约谈巡视组对所巡视单位的巡视时间一般为1周,特殊情况可适当延长。

第十五条 巡视准备工作。

(一)约谈巡视工作领导小组办公室(下称巡视办)起草巡视工作方案,呈报约谈及巡视工作领导小组审批同意后组织实施。方案的主要内容包括:巡视单位、巡视的主要内容及时限、巡视组人员组成、在巡视单位的工作时间。

(二)巡视办准备培训学习资料,组织约谈巡视组全体成员集中培训。培训内容:有关政策、制度、规定,巡视工作任务,巡视工作程序、方法,巡视工作纪律及工作中应注意的事项等。

(三)发出巡视通知。巡视办提前向所巡视单位发出巡视通知,告知巡视的主要任务、巡视时限、巡视组人员名单、所巡视单位需准备的事项等。

第十六条 约谈巡视组进驻所巡视单位。

(一)召开巡视工作见面会。1. 由所巡视单位主要负责人主持见面会。2. 约谈巡视组组长讲话。主要讲明巡视工作的意义和目的、任务、方式、时间安排、要求等。3. 所巡视单位主要负责人表态。参加见面会人员:所巡视单位中层干部、巡视组全体人员(可扩大范围,不可缩小范围)。

(二)发布公告。约谈巡视组要求所巡视单位在全辖发布《巡视组公告》,公布巡视组办公地点、举报电话、设置意见箱等,公告可采取公文发布、内部网上发布等形式。

第十七条 约谈巡视组全面了解情况。

(一)约谈巡视组听取所巡视单位工作情况汇报。听取县支行党委的工作汇报。列席汇报会的人员为支行班子成员、中层干部;分别听取县支行各部门和网点专题汇报。

(二)根据工作需要,约谈巡视组可列席所巡视单位党委会、行长办公会及其它有关会议。

(三)个别谈话。个别谈话对象为所巡视单位领导班子成员、部门及网点负责人和需要进一步了解情况的其他人员。谈话时一般应有两人以上参加,要明确主要谈话人和记录人。

(四)对所巡视单位领导班子及其成员进行满意度测评。参加测评范围:所巡视支行中层干部和部分员工。

(五)调阅、复印有关文件、会议记录及档案资料。1. 党委会、行长办公会、民主生活会、贷审会、风险管理委员会等会议记录和有关重要会议纪要;2. 党委中心组学习记录及相关资料;3. 主要经营指标完成情况及在当地市场份额情况,系统内综合绩效考评结果排名情况;4. 新形成不良贷款占比、分类,单笔大额不良贷款形成原因分析材料;贷款投放、行业客户贷款分类和占比资料；大额项目贷款批复文件；5. 干部考察考核、选拔任用材料；6. 党委研究、部署、落实反腐倡廉工作情况，落实党风廉政建设责任制和《实施纲要》工作资料；7. 重要信访举报核查处理的有关材料；8. 高管人员异地交流、重要岗位人员轮换、强制休假和近亲属回避四项制度落实情况；9. 业务部门自律监管职责的履行情况，落实内外部检查要求整改的情况；10. 大宗物品集中采购和基建项目招投标资料，有关抵债资产和固定资产处置资料；11. 其它需要查阅的文件和资料。约谈巡视组要认真审阅所巡视行提供的各种材料，注意掌握各方面信息，注意发现存在的问题。调阅资料应填写《巡视资料调阅清单》，并做好文件、资料的签收和管理。

（六）接待和处理来信来访。约谈巡视组应安排专人负责接待和处理来信来访。对反映的重要问题，要认真填写《中国农业银行河北省分行巡视期间受理信访举报登记单》，进行深入了解，形成单项材料报约谈及巡视工作领导小组。约谈巡视组负责信访工作的人员要定时查看意见信箱。

（七）召开座谈会。可召开不同层次员工代表座谈会，听取意见。

（八）走访所在地纪委、银监局等部门和部分大客户，征求工作意见和建议

（九）到营业网点了解情况（不低于50%）。约谈巡视组围绕巡视监督的重点内容，深入营业网点，通过个别谈话、调阅有关文件资料等方式，进一步了解情况。

第十八条 工作汇报。

（一）约谈巡视组完成巡视工作任务后，要将巡视情况进行综合汇总，形成书面材料。主要形成以下3份材料：1. 关于对××支行进行巡视的工作报告；2. 巡视意见反馈书；3. 巡视整改建议书。

（二）市分行约谈及巡视工作领导小组听取约谈巡视组的工作情况汇报，对巡视中发现的问题提出处理意见。巡视工作报告主要包括以下内容：1. 开展巡视工作的总体情况。2. 对所巡视行领导班子及班子成员的评价。围绕贯彻落实科学发展观、落实上级行党委各项决定，执行民主集中制原则、规范权力运行，落实党风廉政建设责任制和遵守领导干部廉洁自律规定，选拔任用干部，落实内控管理、防范风险各项要求的情况以及干部员工对领导班子的认可程度等方面进行评价。3. 所巡视单位存在的主要问题。4. 意见和建议。针对巡视工作中发现的问题，提出有针对性的意见和建议。5. 所巡视单位当地纪委、银监局等单位及主要客户提出的意见和建议。

第十九条 向巡视单位书面反馈巡视意见。约谈巡视组应在向约谈及巡视工作领导小组汇报巡视工作情况后5个工作日内，根据约谈及巡视工作领导小组的意见，形成巡视意见反馈书，向巡视单位反馈。反馈意见书应包括下列内容：1. 对领导班子及工作状况的总体评价；2. 领导班子及其成员在工作中存在的主要问题；3. 整改意见、建议和要求。

第二十条 约谈巡视组向所巡视单位发出巡视整改建议书，要求所巡视单位抓紧制订具体的整改方案和整改措施，要求在3个月内向市分行约谈巡视办书面报告整改落实情况。所巡视单位根据巡视整改建议书，认真研究制定整改措施，提出整改时限，明确责任人。凡具备整改条件的问题要立即整改到位；对短时期内难以解决的问题，要制定中长期整改措施，落实整改责任；暂时不能整改的问题要说明理由。

第六章 约谈及巡视工作要求

第二十一条 约谈巡视组要坚持原则，公道正派，实事求是，联系群众，依法办事；坚持民主集中制原则，充分发扬民主，不独断专行。

第二十二条 约谈巡视组在巡视期间，不参与、不干预所巡视单位的正常经营决策行为和各项经营管理活动。

第二十三条 约谈巡视组要严格遵守报告制度，对约谈巡视中发现的重要问题线索，应及时请示、汇报、处理；定期向约谈巡视工作领导小组报告阶段性巡视工作情况；对每个巡视单位的约谈巡视工作结束后，应向约谈及巡视工作领导小组汇报约谈巡视工作情况并提交约谈巡视报告。

第二十四条 约谈巡视组成员要严格遵守保密规定，不泄漏、不扩散巡视情况和有关谈话内容；不得随意摆放、丢弃秘级文件和材料。

第二十五条 约谈巡视组成员严格请销假制

度，不得擅离职守。

第二十六条 约谈巡视组要妥善保管约谈巡视工作中形成的材料，约谈巡视工作结束后，要按要求进行整理移交约谈巡视工作领导小组办公室按规定存档。

第二十七条 约谈巡视组成员要严格遵守廉洁自律各项规定，自觉接受所巡视行干部员工的监督；吃住从俭，就餐一律为工作餐，禁止饮酒；不得接收现金、有价证券、贵重物品及土特产品等任何礼品；不参加高消费娱乐活动，不得游山玩水。

第二十八条 约谈巡视组成员不向所巡视行提出任何个人要求，不得要求支行的领导和部门帮助办理私事，不从事其他与巡视业务无关的公务活动；非公务活动不准向所巡视行借用机动车、通信工具和其它公物，不准在所巡视行报销应由个人支付的任何费用。

第二十九条 约谈巡视组要认真履行职责，对所巡视单位群众反映强烈、属于巡视工作职责范围内的重要问题，应当了解而没有了解，应当报告而没有报告的，视情节轻重追究约谈巡视组相关人员的责任。

第三十条 所巡视单位要积极支持配合约谈巡视组开展工作，按要求提供包括党委会记录、行长办公会记录、行务会记录在内的会议记录、会议纪要和有关文件材料等。巡视工作期间，明确一名行级干部负责协调工作，并指派1－2名纪检监察干部或组织人事干部负责巡视工作联络事宜。

第三十一条 约谈巡视工作坚持定期报告制度。各市分行约谈巡视组每季度将约谈巡视总体情况向同级党委汇报一次；每半年向省分行纪委提交书面报告一次。

第七章 附 则

第三十二条 本办法由省分行纪委办公室负责解释。

第三十三条 本办法自印发之日起实行。

中国银行股份有限公司河北省分行对公押品评估报告贷前审核实施细则（试行）

第一章 总 则

第一条 为防范授信风险，实现风险关口前移，客观、准确地掌握押品真实价值，为授信决策提供参考，根据国家有关法律、法规、资产评估准则及总行《中国银行股份有限公司对公贷款业务押品内部评估管理办法》，结合我行的实际，特制定本实施细则。

第二条 本细则所称贷前审核是指在各行将授信项目上报省行风险管理部进行授信审批前，由省行授信执行部对外部机构出具的对公授信项下房地产和土地使用权类押品的评估报告进行审核，并出具审核意见。

第三条 贷前审核的内容为：各行（部）须报送省行风险管理部进行授信审批的对公授信项下房地产和土地使用权类押品的外部评估报告，主要包括：外部评估机构出具的评估报告和技术报告等相关资料。

第二章 业务分工及主要职责

第四条 实施贷前审核工作主要涉及业务发起行（部）和省行授信执行部押品管理团队。

第五条 本细则所称业务发起行（部）是指负责对公授信项目发起的分行、管辖行或业务部门，具体指：省行公司业务部、省行国际结算部、各二级分行和管辖支行，主要职责为：在授信项目报省行风险管理部审批前，将押品的外部评估报告及相关材料报送省行授信执行部押品审核人员进行贷前审核。

第六条 省行授信执行部押品管理团队主要职责为：根据法律、法规、资产评估准则和我行有关管理办法，按照审慎的原则，对业务发起行（部）上报的押品外部评估报告、技术报告及相关材料进行审核，出具审核意见，并及时反馈给授信业务部门和风险管理部门，为授信决策提供参考（必要时可以借助专业评估机构的协助）。

第三章 贷前审核工作流程

第七条 业务发起行（部）上报相关材料

业务发起行（部）将授信项目上报省行风险管理部审批时，须提前向省行授信执行部押品管理团队上报审核资料，并填制《押品评估报告贷前审核申报表》。审核资料主要包括：项目评审报告、押品的外部评估报告、技术报告、权属证书复印件、押品影像资料以及根据审核需要应提供的其它材料。申报表须由客户经理及主管行领导签字。

第八条 省行授信执行部审核人员对上报材料进行审核

省行授信执行部押品管理人员对上报的材料进行如下审核：

（一）首先根据押品的功能状况、使用年限、变现能力、风险程度、市场状况等因素，对押品进行综合分析：

1. 抵质押物应符合我行设定抵押权、质押权的要求；

2. 抵质押物应为抵押人、出质人所有或者享有依法处分权；共有财产是否已征得其他共有人书面同意。

（二）对于上述情况符合管理规定的押品，重点从以下几方面进行评估报告的审核：

1. 评估中介机构审核。外部评估报告出具机构应为我行中介机构备选库成员；

2. 评估方法及相关参数的审核。评估技术报告中评估方法及参数的选取应合理，且与抵押物实际用途情况相吻合；

3. 评估价值审核。对外部评估机构所出具的评估价值的公正性、合理性进行复查；

4. 潜在风险披露审查。外部评估报告对于抵押物存在的瑕疵进行提示；

5. 变现能力及优先受偿分析的审查。外部评估报告应对押品一年的变现能力及押品的各项法定优先受偿款进行分析，提供相应价值参考。

为确保审核质量，必要时押品管理人员也可以对押品进行现场核实，业务发起行（部）应予以协助。

第九条 沟通与反馈

审核过程中，如需业务发起行（部）进行解释说明或补充更改相关材料，以及审核结束形成初步意见后，押品审核人员应向业务发起行（部）发出《押品评估报告贷前审核事项沟通联系单》，与业务发起行（部）进行充分沟通。

第十条 出具审核意见

沟通结束后，审核人员应根据沟通结果，出具最终的审核意见，填写《押品评估报告贷前审核意见通知书》，及时反馈给业务发起行（部）和省行风险管理部。

第四章 附 则

第十一条 本细则适用于河北省分行全辖办理对公授信项下房地产和土地使用权类押品抵质押业务的各级机构。

第十二条 本细则由中国银行股份有限公司河北省分行授信执行部负责解释。自2009年4月1日起实施。

第十三条 本细则试行期限为1年。

中国银行股份有限公司
河北省分行财务系统操作规程（2009年版）

第一章 总 则

第一条 为规范财务系统操作行为，防范系统操作风险，减少业务流程冗余，提高工作效率，根据《中华人民共和国会计法》、《企业会计准则》、《中国银行股份有限公司财务管理办法》、《中国银行股份有限公司河北省分行费用管理实施细则（2008年版）》、《财务系统用户操作手册》等制定本操作规程。

第二条 本操作规程所称财务系统（FMS）是我行的财务明细核算系统，包括经费总账、网上报销、应付款、资产、采购和库存六个子模块。财务系统核算内容包括营业费用、固定资产、无形资产、待摊费用、长期待摊费用以及通过经费户结算的部分营业外收支等项目。

第三条 根据《中国银行股份有限公司河北省分行费用管理实施细则（2008年版）》的有关规定，我行建立“一个城市一个财务中心”的财务管理体制，实现各财务中心“集中开户、集中审核、集中支付、集中核算”。

1. 集中开户是指取消各支行的财务经费账户，每个财务中心集中设立一个经费账户，所辖各级机构所有经费支付事项全部从该账户集中支付。

省行培训中心可在我行当地的营业机构开设一个经费账户（备用金性质），由省行计划财务部对其核定一定的备用金限额，用于培训中心的经费支付和清算。

2. 集中审核是指所有的经费报销原始票据以及其他支持性凭证必须提交到财务中心，由财务中心统一对票据进行最终环节的审核。

3. 集中支付是指财务中心对所有通过合规性审查的经费单据统一进行资金的支付和清算，包括对员工网上自助报销款项的支付和非自助报销款项的支付。

4. 集中核算是指由财务中心统一生成财务核算信息，包括记账凭证、明细分户账、卡片账和各种报表。省行和二级分行各部门和各支行可通过系统终端查询本机构经费支出情况。

第四条 为规范采购业务操作流程，同时结合我行目前管理现状，采购实行分级授权，在一定范围内实现集中采购。对于集中采购范围内的采购项目，各分行（含省行本部）应于年初按照我行集中采购的管理规定，确定集中采购物品的入围供应商，并上报省行计划财务部，由省行统一将供应商信息维护在财务系统内。

为保证对支行开展业务的响应速度，满足支行费用支出的需要，支行享有非集采项目的零星采购权限。

第五条 经费账户的管理

省行计划财务部按照《中国银行股份有限公司自有银行账户管理暂行办法》对费用专户进行监管。

第二章 岗位设置及职责分工

第六条 系统通过参数配置，将我行的业务操作流程内置于系统内，各流程涉及不同的岗位，通过限定不同岗位的岗位职责，控制用户在系统内的业务操作范围。

第七条 在满足内控需要的前提下，各行根据实际情况可以一人多岗，也可以一岗多人。

第一节 采购库存模块岗位设置

第八条 采购库存业务涉及我行所有实物管理部门，包括综合管理部门（或总务部门）、信息科技部门、个人金融部门、银行卡部门、保卫部门、计划财会部门、会计结算部门等，具体分工参照《中国银行河北省分行固定资产管理实施细则》及《中国银行河北省分行费用管理办法实施细则》中相关规定。

第九条 采购库存模块的日常业务操作由实物管理部门完成，涉及的岗位包括：采购申请录入岗、采购订单录入岗、采购订单审核岗、库存管理岗。采购订单的录入和审核应由不同的人员完成，即实物管理部门最低配置两人。

第十条 采购库存模块的运行维护涉及的岗位包括：采购月结岗、库存月结岗、采购系统管理岗、库存系统管理岗、采购系统维护岗和库存系统维护岗。

第十一条 日常业务操作各岗位职责及设置层级

（一）岗位职责

1. 采购申请录入岗

（1）汇总、审核辖属机构的采购需求，按照需求在系统内填制采购申请，并提交审批人进行审批；

（2）编制采购申请时，若物料不存在或者存在的物料信息不正确，需要填写《新增物料申请表》，并提交省行库存系统维护岗进行物料维护；

（3）跟踪采购申请的审批状态和执行情况。

2. 采购订单录入岗

（1）签订合同后，把合同信息维护为系统的采购订单，并提交给采购订单审核岗进行审核；

（2）跟踪采购订单的审核状态及执行情况；

（3）负责供应商信息的收集和填报；

（4）按照我行的管理规定进行合同管理。

3. 采购订单审核岗

（1）对录入的采购订单进行复核；

（2）若采购订单需进行修改，则将采购订单退给录入人；

（3）若采购订单无误，则对采购订单进行审核。

4. 库存管理岗

（1）负责系统的日常非库存管理物料的采购接收；

（2）负责系统的日常出入库管理（例如采购入库、采购退货、领用出库、领用退库、子库存转移、组织间调拨等）；

（3）查询物资出入库记录，定期出具库存实物变动信息报告；

（4）核对存货结存数量，保持与库存数据一致；

（5）提供采购接收单据、发票等结算凭证及附件给财务中心作为采购付款凭证；

（6）对于固定资产的采购和出入库，负责填写资产业务流转单，及时将采购入库单、采购退货单、领用出库单、领用退库单、子库转移单、组织间调拨单等单据交财务中心进行业务处理；

（7）对费用化物资领用，每月底按出库单缮制费用分摊表；

（8）定期进行库存盘点，并对盘点结果上报领导批准后调整库存差异数量。

（二）岗位设置层级：省行本部及二级分行的实物管理部门。

第十二条 系统运行维护各岗位职责及岗位设置层级

（一）岗位职责

1. 采购月结岗职责：控制全行的采购会计期。

2. 库存月结岗职责：控制全行的库存会计期。

3. 采购系统管理岗岗位职责：

（1）维护员工职位、员工地点、审批组及审批分配等信息；

（2）维护单据类型；

（3）维护职位层次结构（即审批路径）；

（4）维护采购员。

4. 库存系统管理岗岗位职责：维护子库存信息。

5. 采购系统维护岗岗位职责：维护采购选项（新增机构）。

6. 库存系统维护岗岗位职责：

（1）维护物料及物料分类信息；

（2）维护计量单位；

（3）维护总账别名；

（4）维护业务实体和库存组织以及对应的参数（新增机构）。

（二）岗位设置层级：省行计划财务部。

第二节 网上报销模块岗位设置

第十三条 网上费用报销的录入和审批通过IE网页远程处理，属于系统的前端业务，涉及全行各级机构。网上报销用户范围为在E_ HR系统中有员工信息的所有人员；审批链按照我行的财务管理制度内置在系统内，按费用项目分别设置审批路线和各审批人的审批权限，涉及所有费用开支审批人。

第十四条 为提高网上报销录入信息的准确性，减少培训成本，省行和二级分行（含管辖支行）本部各部门以及辖内各支行可指定一至两名员工作为本机构网上报销集中录入人，有关人员名单报各行财务中心备案，以便于就有关问题进行沟通。

第十五条 网上报销录入岗岗位职责及设置层级

（一）岗位职责：

1. 通过授权，替本部门或本支行的其他员工进行费用报表的录入和提交；

2. 对财务中心审核中发现的问题及时做出处理；

3. 在网上跟踪费用报表的审批状态，审批完成后，打印费用报表，按要求粘贴原始凭证后提交财务中心。

（二）岗位设置层级：各级机构/部门。

第三节 应付款模块岗位设置

第十六条 应付款模块涉及的岗位分为日常业务操作和运维两类岗位。

日常业务操作设置的岗位包括：网上报销财务初审岗、财务复核岗（IE 流程）、财务复核岗（AP 流程）、应付发票录入岗、暂挂解除岗、付款岗、付款复核岗、票据收发岗、重要空白凭证管理岗、财务专用章管理岗。

运维岗位包括：应付运维岗、网上报销设置与管理岗。

第十七条 不兼容岗控制：为控制操作风险，暂挂解除岗应为财务中心主管或主管以上职位的员工，该员工不应同时有发票录入岗和付款岗；复核人不能复核自己经办的业务；财务专用章和财务负责人章要分开保管；账证要分管。

第十八条 人员配置：各二级分行可根据本行机构数量及业务量等情况，合理配置财务人员，财务中心的最低配置为3—4 人。

第十九条 日常业务操作各岗位职责及设置层级

（一）岗位职责

1. 网上报销财务初审岗

（1）接到报销人的费用报表和原始票据后，进行费用报表的初步审核，对发票合法性、审批完整性、填写准确性负责；

（2）初步整理费用报表、原始票据及相关附件；

（3）对未通过审核的费用报表，退回提交人并及时告知原因。

2. 财务复核岗（IE_ 网上报销流程）

（1）复核财务初审岗审核后的费用报表；

（2）在系统内登记收到发票的日期；

（3）对原始票据及附件分机构按费用报表编号排序。

3. 应付发票录入岗

（1）初步审核票据合规性及审批流程完整性，集中录入需在应付款模块处理的各项业务，包括标准发票、供应商预付款、员工借款和贷项通知单等各种业务；

（2）对于从采购部门转来的发票，需要和采购订单进行匹配；

（3）根据合同确定付款计划及付款方式；

（4）负责供应商信息的收集和填报；

（5）分机构按业务处理顺序整理发票，提交发票复核岗。

4. 财务复核岗（AP 流程）

（1）定时导入 IE 流程审核完毕的费用报表并验证；

（2）复核、验证发票录入岗录入的各项业务；

（3）对于采购发起的业务，如果是固定资产，负责审核实物管理部门填写的固定资产流转单信息（见《附件四：资产业务流转单》）；

（4）定时将资产业务传资产模块，将发票核算信息传总账模块；

（5）运行暂挂报表，交解除暂挂人员解除。

5. 暂挂解除岗

及时处理暂挂发票，控制操作风险。

6. 付款岗

（1）按支付方式建立付款批，打印《初步付款登记表》，确定付款项目；

（2）打印付款单据；

（3）进行特殊情况的单笔付款；

（4）对未支付成功的付款进行撤销。

7. 付款复核岗

（1）打印《FMS_ 付款登记表》、《每日经费实拨报表》，进行付款复核；

（2）根据付款需求向经费户划拨资金；

（3）将付款核算信息传经费总账，打印应付款系统会计流程报表并整理付款单据。

8. 票据收发岗

建立票据收发登记簿，负责各支行原始发票的接收登记。

9. 重要空白凭证管理岗

进行重要空白凭证管理，建立支票领用登记簿，记录支票的领用信息。

10. 财务专用章管理岗

建立用章登记簿，记录使用交接情况。

11. 财务负责人章管理岗

建立用章登记簿，记录使用交接情况。

（二）岗位设置层级：省行本部及各二级分行的财务中心。

为提高支行业务录入质量，减少退票，支行可设财务初审岗，负责本支行的票据初审、票据集中录入和收发。

第二十条 运维岗各岗位职责及设置层级

（一）岗位职责

1. 应付运维岗

（1）维护供应商信息；

（2）维护 AP 设置（包括发票、付款、财务系统选项、应付账款选项等）；

（3）维护费用模板；

（4）维护付款条件；

（5）维护发票暂挂原因。

2. 网上报销设置与管理岗：负责网上报销各项参数的维护：

（1）定义费用分配规则；

（2）定义费用字段；

（3）定义费用发生地点；

（4）定义费用政策；

（5）定义审核规则等。

（二）岗位设置层级：省行计划财务部。

第四节 资产模块岗位设置

第二十一条 资产模块的岗位涉及实物管理、财务核算、业务管理与运维三种类型，其中实物管理设置的岗位包括：资产实物录入岗、资产实物管理岗；财务核算设置的岗位包括：资产会计经办岗、资产会计复核岗、资产月结岗；业务管理与运维设置的岗位包括：资产会计管理岗、资产运维岗。

第二十二条 实物管理各岗位职责及岗位设置层级

（一）岗位职责

1. 资产实物录入岗

（1）使用 WEBADI 模板增加资产实物信息；

（2）转移、调拨资产，具体包括提供资产卡片实物信息、提交资产转移/调拨调拨申请并维护相关信息；

（3）查看资产卡片和报表。

2. 资产实物管理岗

（1）复核 WEBADI 模板增加资产实物信息；

（2）资产实物盘点，具体包括资产盘点、系统外复核资产卡片实物信息、查看资产卡片和报表。

（二）岗位设置层级：省行本部及二级分行本部的实物管理部门。

第二十三条 财务核算各岗位职责及岗位设置层级

（一）岗位职责

1. 资产会计经办岗

新建资产卡片并处理资产相关业务。具体包括查看资产卡片和报表、新建资产卡片、资产减值业务、资产重估业务、其他资产业务处理、折旧预测和假设。

2. 资产会计复核岗

复核资产相关业务。具体包括查询资产卡片和报表、复核新增资产卡片内容、修改资产卡片信息复核资产转移、调拨业务、复核资产其他业务处理、复核资产减值业务、复核资产重估业务、资产盘点。

3. 资产月结岗

（1）月末运行折旧，将日记账传送总账，并关闭资产会计期间；

（2）完成定期复制税簿数据。

（二）岗位设置层级：省行本部及各二级分行的财务中心。

第二十四条 业务管理与运维各岗位职责及岗位设置层级

（一）岗位职责

1. 资产会计管理岗

（1）复核跨账簿资产转移/调拨业务；

（2）所辖分行资产模块账务与总账账务

核对；

（3）成批更改资产折旧年限等。

2. 资产运维岗

（1）查看财务信息/实物信息；弹性域段值维护，包括：计量单位、使用状况等；资产会计年度、资产日历、比例分摊惯例；折旧方法、年限、资产类别组合；

（2）全辖资产模块账务与总账账务核对。

（二）岗设置层级：省行计划财务部。

第五节 总账模块岗位设置

第二十五条 总账模块日常业务操作涉及的岗位包括：日记账录入岗、日记账审核岗、凭证打印岗；系统运行维护设总账运维岗。

第二十六条 日常业务操作各岗位职责及岗位设置层级

（一）岗位职责

1. 日记账录入岗

（1）负责在经费总账模块手工录入日记账。具体包括创建、录入、更改、冲销日记账凭证或批；

（2）通过ADI模板进行批量凭证的编辑、录入、修改。

2. 日记账审核岗

负责通过工作流对录入岗提交的日记账凭证进行复核或拒绝退回。

3. 凭证打印岗

负责在总账模块中通过提交请求打印来自于FMS各个模块的记账凭证和明细账，并装订保管。

（二）岗设置层级：省行本部及各二级分行的财务中心。

第二十七条 总账运维岗岗位职责及岗位设置层级

1. 岗位职责：负责在FMS系统中维护经费总账的相关参数。

2. 岗位设置层级：省行计划财务部。

第三章 具体业务流程

第一节 员工自助网上报销流程

第二十八条 员工自助网上报销业务核算范围

员工自助网上报销包括两个流程，即IE流程和IAP流程。

（一）IE流程是指员工个人已垫付资金并取得发票的各项零星采购和差旅费支出，该流程核算的业务应符合我行现金结算范围的要求。

该流程提供员工预借款核销功能，但员工有多笔预借款需要核销时，需要从应付款流程处理。

该流程的支付应按照《中国银行河北省分行员工使用本行银行卡进行公务支出和费用报销实施细则（2007年版）》（冀中银财［2007］193号）的要求，使用我行银行卡进行消费或转账结算。

（二）IAP流程是指员工通过自助方式进行费用报销、将资金直接支付给外部供应商的各项零星支出。该流程核算的范围为我行向临时性供应商采购未列入采购物料目录的物品、开支金额超过支付结算起点的各项支出。

临时性供应商是指未在系统内进行信息维护的供应商。

第二十九条 为控制费用报销录入人滥用授权，其集中录入权限必须通过本机构其他员工在系统内授权的方式获取。

第三十条 网上报销流程

（一）录入人录入费用报表：取得发票后，录入人根据支出性质选择相应的费用报销模板和费用项目，在系统内填写费用报表，对必填项进行详实的描述；有电子文档的，可同时将电子文档（如培训通知、财评会纪要等）附加在费用报表之后，提交上级审批人审批。

如果费用报销人有借款，系统会给出提示，由录入人判断是否核销预借款，如不核销，应详细写出原因。

（二）有权签字人审批：目前我行采用线上线下结合方式。

1. 线上审批：内置于系统内的各级审批人通过工作流通知在系统内审批费用报表，费用发起部门的审批人对对业务真实性和合理性负责。

2. 录入人打印报销单并完成线下审批：录入人可通过系统随时查看费用报表的流转进程，待费用报表完成线上审批后，由提交人打印带审批人审批信息的费用报表，将原始发票及附件依次粘贴在费用报表后面，粘贴顺序为：原始票据、会议纪要、有关批文、资产业务流转单等。格式为：平铺不交叉型，要求整齐有序便于装订。

需要线下审批的，填制《财务开支审批单》，连同原始单据报有权审批人完成线下审批。

（三）财务初审岗进行初审：财务初审人员收到原始票据后，通过工作流进行财务初审，审核内容包括：

1. 票据的合规性：审核原始票据是否为虚假的票据、各种类型的发票使用是否正确、要素填写是否齐全、大小写金额是否相符、与合同金额是否一致、需要的附件是否完备等；

2. 审批的完整性：注意原始票据上是否有经办人签字，从系统内打印的费用报表是否有审批人审批信息，按我行的有关管理规定，审批人审批路线是否正确、完整；

3. 系统内信息与发票信息的一致性：审核选择的费用项目是否正确，录入系统的信息是否准确、完整。

如有问题应退回提交人，修改后重新提交。初步审核通过后，财务初审岗分机构将费用报表按编号排序，提交给费用报表审核岗。

（四）费用报表审核岗复核：收到财务初审岗提交的费用报表及原始凭证后，在系统内按机构搜索，查到各机构待复核的业务，逐笔对照原始票据进行复核，并在系统内记录收到原始票据的日期，复核无误后，分机构将费用报表按编号排序后提交发票复核岗。

（五）发票复核岗导入费用报表并验证。运行请求集“FMS_ AP_ 导入费用报表并验证”，费用报表处于待付款状态，由付款岗完成支付结算（见第三节付款流程）。

第三十一条 员工报销费用并核销预借款流程

（一）报销金额超过借款金额：报销人录入费用报表时，如报销人有员工借款，系统自动提示报销人有可供核销的预借款。如果报销金额超过借款金额，报销人可选择全额核销预借款，系统自动按扣除预借款后的差额向报销人支付，操作及审批同员工网上报销流程。

（二）报销金额小于借款金额：按报销金额核销预借款后，还要同时退回剩余借款（全额退还预借款也参考此流程）：

1. 网上报销用户：报销人首先将差额部分缴存到财务中心经费专户，然后在系统内按照报销的费用类型选择相应的费用报销模板和费用项目，填写费用报表，按报销金额核销预借款，同时选择“员工还款”项目，核销剩余的预借款。进账单回单于原始发票一同粘贴在费用报表之后，提交财务初审岗。

2. 员工全额或者部分缴回预借款的，发票复核岗除按员工报销流程进行操作外，还应按照员工交来的进账单回单，在应付款模块建立“贷款通知单”，供应商为交款员工，分配行录入“员工所属机构 + 所属部门 + 7467 + 40098”，金额录入负数。

3. 付款岗收回退款：在付款工作台，操作类型选择“退款”，录入供应商等信息，点击“输入/调整发票”，选择相应的贷项通知单完成退款；也可以由付款岗使用完全付款方式完成退款。

第二节 应付款管理流程

第三十二条 应付款模块的核算范围

1. 各种工资性费用以及代扣、预提的五险二金的支付。

2. 供应商预付款：包括外部供应商预付款和内部供应商预借款，即员工借款。

具体内容包括：固定资产在建工程业务过程发生的需预先支付的工程款项、有签约协议的集中采购固定供应商的预付款项、其他急需支付的预付款项；员工预借款。

3. 已在系统内维护供应商信息、不属于采购模块业务处理范围的业务，具体内容包括：

（1）装修工程款、各种托收款项、省行统一采购项目的资金清算、固定资产清理费用、其他业务收支、营业外收支款项；

（2）各种暂收款项如保证金、质保金、转回员工保险、住房公积金等；

（3）预提、待摊费用的支付。

4. 贷项通知单。

5. PO 采购订单匹配。

第三十三条 在本模块下处理的业务需要满足以下两个前提：

1. 已在系统内完成供应商信息的维护；

2. 已完成线下的审批流程。

第三十四条 发票批名按照“A0004+分行名称简称+日期（YY/MM/DD格式）+录入人简称+流水号”的规则命名。分配行发票编号首先选择原始凭证的编号，原始凭证无编号的，手工编号并登记在原始凭证右上角上，各财务中心可自行确定编号规则。

第三十五条 应付模块业务流程

（一）发票录入岗录入发票信息：

1. 标准发票录入

（1）完成审批流程

装修工程款：由发起部门提交装修工程款支付申请，工程监理人员就工程完工进度情况进行确认，经有权签字人审批后，连同装修发票、资产业务流转单等交财务中心。

各种托收款项及其它业务：由归口管理部门审核结算金额是否正确并按我行费用管理办法的规定完成审批。

（2）录入标准发票

由财务中心发票录入岗建立发票批，发票类型选择“标准发票”；在发票头信息中选择相应的供应商，并审核系统内供应商的名称与发票信息是否一致；选择付款计划、付款方式；录入说明、发票金额、发票编号；在分配行中录入会计科目的九段信息，根据不同的核算内容确定核算码，其中涉及资产的注意统一使用“7991_资产中转”核算码。

2. 人事费用的支付

在EHR系统员工薪酬管理模块未投产之前，暂按以下流程处理。

为便于操作，工资性费用需要先计提或代扣、后支付的，其中计提或代扣的核算信息在总账模块录入人工凭证（详见总账业务处理流程），涉及付款的核算信息必须从应付款模块处理；不需要计提、在列支费用时即需要支付的人事费用，如离退休人员费用、福利费、残疾人保障金、遗属补助、其他人事费、解除劳动关系补偿款等可直接在应付款模款处理。

（1）支付已在经费总账模块计提的工资性费用

需要支付时由发票录入岗根据人力资源部提供的相关支付通知单和财务开支审批表，建立发票批，录入一张标准发票。供应商选择分行虚拟供应商，根据在经费总账中录入的核算信息确定分配行的具体核算信息，分配行金额合计为工资实际发放额。

（2）支付已在经费总账模块计提或代扣的五险二金、个人所得税、欠缴的五险一金、人事两费

以上业务支付时，由发票录入岗根据人力资源部相关支付通知书或其他审核通过的支付凭证、财务开支审批表建立发票批，录入一张标准发票。供应商选择实际收款人，根据在经费总账中录入的核算信息确定分配行的具体核算信息，注意各段信息与经费总账的一致性，分配行合计金额为实际应支付金额。

（3）不需计提直接列支的人事费用的支付

业务发生时由发票录入岗根据人力资源部的通知书和财务开支审批表建立发票批，录入一张标准发票。供应商选择实际收款人，分配行录入相应费用科目，分配行合计金额为实际应支付金额。

（4）退休人员从7410支付的部分工资

发票录入岗根据人力资源部的通知书和财务开支审批表建立发票批，录入一张预付款发票。供应商选择虚拟供应商，注意必须将分配行修改成7410核算码。

3. 供应商预付款、员工预借款

（1）供应商预付款

由于业务需要发生供应商预付款时，由发起部门填写财务开支审批表附相关合同、批复，经有权签字人审批后报财务中心。

财务中心发票录入岗依据审批表、合同、批复，录入发票信息，发票类型选择“预付款”，分配行系统会自动产生机构段和会计科目段信息，其它字段默认值为零，按发票金额录入结算金额。

（2）员工预借款

员工发生借款时，填写借款申请单，经有权签字人审批后，财务中心发票录入岗据此录入发票信息。发票类型选择“预付款”，分配行系统会自动产生机构段和会计科目段信息，其它字段默认值为零，按发票金额录入结算金额。

4. 贷项通知单

涉及收款、供应商退款、员工借款还款时，需要在系统内录入贷项通知单，录入时发票类型选择“贷项通知单”，金额必须为负数，其它内

容可参见“录入标准发票”的操作。

5. PO 采购订单匹配

发票录入岗根据采购人员提供的原始发票、采购接收单据、采购评审会议纪要、采购合同、资产业务流转单、财务开支审批单以及其他附件在应付款系统中创建发票，发票类型选择“PO匹配”，录入采购订单号，将发票和采购订单进行匹配。

发票录入的其它操作参见“录入标准发票”。

发票录入岗将一个发票批的业务处理完毕后，打印发票批头信息，最好按照分配行的“实际总额”录入发票批的“控制金额”，加盖发票录入人个人名章，将有关原始票据按发票录入顺序整理排序，提交发票复核岗复核。

（二）发票复核岗复核发票：发票复核岗收到录入岗提交的原始票据后，按发票批名在系统内查询，对照原始票据逐项复核录入信息，复核内容参照费用报表审核岗复核内容，核对无误后，点击“活动》复核”，并对发票验证，发票验证即可逐笔进行，也可批量进行。

如果采购的是资产项目，注意复核实物管理部门提交的《资产业务流转单》填写的有关信息，核对无误后，加盖个人名章，提交资产会计经办岗。

（三）会计复核岗完成发票复核、验证后，运行“FMS_ 暂挂发票报表”，检查是否有被暂挂的发票，如有，逐一查找原因，提交暂挂解除岗。

（四）运行请求集“FMS_ AP_ 会计核算流程并创建成批增加”，将会计核算信息传送至经费总账模块，资产信息传送至资产模块。注意“FMS_ 应付账款管理系统会计核算流程”请求的“单据分类”参数选择“发票”，运行结束后打印输出文件。

将网上报销与应付款模块录入的原始票据对照“应付款系统会计流程报表”逐笔勾对，顺序排序，交凭证装订人员归档。

第三节 付款流程

第三十六条 为提高工作效率，控制操作风险，原则上系统内的付款通过批量完成。付款批按付款方式分别创建。

第三十七条 业务流程

（一）付款人员创建付款批，付款批的命名规则参照发票批。

（二）付款人员运行并打印“初步付款登记表”，对付款项目逐笔核对，如果有不需付款的项目，则取消该付款批，按实际需要修改付款计划后，重新创建付款批。

（三）打印付款文件格式

根据付款批的不同支付方式，选择运行不同的请求：支付方式是“支票”的付款批运行“FMS_ 支票套打”；支付方式是“电汇”的付款批运行“FMS_ 电汇单套打”；支付方式是“银行汇票”的付款批运行“FMS_ 银行汇票套打”，完成支付凭证的打印。

（四）付款复核岗复核

付款复核岗：运行请求“FMS_ 应付账款管理系统会计核算流程”，生成会计分录，但不传送经费总账。

运行并打印“FMS_ 付款登记表”，与初步付款登记表及付款凭证逐笔核对；运行“FMS_ 每日经费实拨报表”，将表中各支付方式的汇总金额与各类支付凭证加总核对，无误后在报表上加盖个人名章。

（五）划拨资金

FMS_ 付款登记表汇总金额与每日经费实拨报表进行核对后，向经费账户划拨资金。

（六）财务专用章管理岗和财务负责人章管理岗分别在付款单据上加盖予留印鉴，并在登记簿上登记，提交前台进行资金结算。

（七）将会计核算信息传送经费总账。

第三十八条 对于特别紧急的支付，可由付款岗进行单笔支付。完成单笔支付的发票，付款岗应单独保留付款凭证，当日会同付款批付款凭证提交付款复核岗，付款复核岗与每日经费实拨报表“单笔付款”类逐笔进行核对，核对无误后，将原始支付凭证附在每日经费实拨报表后，提交凭证打印岗存档。

第三十九条 付款批可以选出贷项通知单，但不对贷项通知单作退款，贷项通知单的“退款”只能通过付款工作台或完全支付完成。

第四节 采购库存模块业务流程

第四十条 采购库存模块业务核算范围

采购库存模块处理的业务范围为列入《中国

银行河北省分行采购物料目录》表中的物料，该范围为目前我行已实现集中采购的部分固定资产和部分费用。

对于系统内有物料编码、但我行未在目录内列示的物料，各行可根据管理需要确定是否通过采购库存模块处理相关业务。

第四十一条 采购申请的审批路径是按照我行现行的授权体制内置于系统中的审批人信息，采购人员应按所属机构及采购物料选择不同的审批路径。

系统外采购申请单据的流转应与系统内的电子审批信息的流转同步。

第四十二条 采购库存业务流程

（一）创建采购申请

采购申请录入岗根据实际业务需求，在系统中创建采购申请，选择相应的物料、库存组织、地点、单价和数量，其它信息可以为空，录入完成后，选择审批路径，提交审批人审批。

（二）审批采购申请

各级审批人收到采购员递交的采购申请后，在系统内通过工作流进行审批。采购发起部门的审批人对采购事件的真实性、合理性负责。

（三）创建采购订单

采购申请经批复且签订合同后，采购订单录入岗在系统中创建采购订单。创建采购订单时，需核对合同中记载的重要事项（如：金额、数量、单价等）是否与批复文件相符，并打印采购订单明细表提交至采购订单审核岗进行审核。

（四）审核采购订单

采购订单审核岗收到采购订单录入岗提交的采购订单后，在系统内复核相关信息。

（五）接收入库

1. 货到后，库存管理岗对货物验收，确保质量、型号、规格、数量、送达时间等与采购合同（或发票）核对无误后，接收入库。

我行对固定资产实行条码管理，库存管理岗在接收入库时，需要在系统内生成序列号，并通过条码管理系统打印一式两份条形码，一份贴在货物的外包装明显位置，另一份单独保管，待该固定资产领用出库时，交由实物使用部门贴于规定位置。

对费用类物品采用批次管理，在接收入库时生成批次号。

2. 运行“FMS_ 采购接收事务处理单据”请求，打印采购接收单据，由库管人员签字或盖章后作为接收入库的凭证。采购接收单据至少一式两份，一份接收人员留档，一份于结算凭证一同交财务中心。各行可视具体需要增加打印份数。

3. 完成接收的固定资产，库存管理岗需要根据资产种类填报资产业务流转单，随货物发票、采购接收单据、合同等一并交至财务中心发票录入岗，完成采购项目的应付款管理流程。

（六）货物发放

对于已入库货物，库存管理岗根据实物使用部门提交的已批准的领用申请，在系统中做杂项出库，打印出库单，出库单一式三份，分别由实物领用部门和库存管理人员签字或盖章，一份月底随费用分摊表或资产调拨单交财务中心，一份库管人员留存，一份交领用人。

月底库存管理岗整理出库单，对于费用化物品，手工编制“费用分摊明细表”，后附出库单一并交至财务中心日记账录入岗，经财务审核后在经费总账中通过手工或 ADI 导入费用分摊凭证；对于固定资产，将出库单提交至资产会计经办岗，资产经办岗据此在资产模块进行相关业务处理。

第四十三条 特殊业务处理流程

（一）使用部门领用后退库流程

实物使用部门领用后发现领用物品（固定资产）有误的，需将原出库单及领用物品交回实物管理部门，库存管理岗核实无误后在系统中录入退库信息，并打印退库单一式三份，一份月底随费用分摊表或资产调拨单交财务中心，一份库管人员留存，一份交领用人。

（二）对供应商进行退货流程

库存管理人员如发现已入库货物或固定资产为供应商发货错误，需退回给供应商时，经主管批准后在系统中进行退货操作。如属货物调换不涉及资金清算，完成退库操作后，收到货物时再执行相关入库操作；如涉及资金清算，收到供应商的红字发票后将货物退还给供应商，并将系统打印的退库凭证及发票提供至财务中心做收款处理。

（三）采购订单取消流程

采购订单录入岗发现采购订单录入错误的，持相关合同及批准文件在系统中执行取消订单操作。

（四）库存物料的盘点流程

按照制度规定，每年至少需对库存物资进行一次实地盘点（库存固定资产盘点在资产模块完成）。库存管理岗在系统中启动盘点流程，根据实地盘点情况输入盘点结果，并对盘点结果进行审批。对于需要进行库存调整的，经批准后在系统中执行库存调整。

第五节 资产模块业务流程

第四十四条 资产业务模块核算范围

资产模块处理的业务范围包括：固定资产、无形资产、在建工程、待摊费用、长期待摊费用。

第四十五条 资产增加业务流程

（一）新增电子设备、器具设备

1. 资产会计经办岗建卡

接到财务中心发票复核员签字后的《××分行新增固定资产（电子设备、器具设备）报告单》（见附件四：资产业务流转单）、资产购置批复文件或《财务开支审批表》后，应立即查看FMS系统资产模块准备成批增加界面，确认发票复核岗是否已将新增资产信息传至资产，核对相关信息，在准备成批增加界面中进行固定资产建卡，完成后，在《××分行新增固定资产（电子设备、器具设备）报告单》上签字确认，提交资产会计复核岗进行复核。

2. 资产会计复核人员复核卡片信息并过账

依据资产经办人员提交的凭证在资产模块准备成批增加界面中逐笔对卡片信息进行复核，无误后，将队列状态改为"过账"状态，并运行系统过账。查询"成批增加过账报表"核对需新增的卡片是否均增加成功。到资产工作台查看资产卡片信息，补充完整实物信息。

3. 凭证传递

资产会计复核岗复核完成后，在《××分行新增固定资产（电子设备、器具设备）报告单》上签字确认，并将有关凭证顺序编号专夹保管。

月底资产上传总账后，打印《资产增加报表》，后面附按报表顺序依次排序的凭证，交由凭证打印岗归档。

（二）新增交通工具

1. 新增交通工具，资产会计经办岗接到财务中心发票复核员签字后的《××分行新增交通工具报告单》、交通工具购置批复文件、投资计划下达文件、财务开支审批表后建卡，具体业务操作参照新增电子设备、器具设备的业务操作。

2. 新增交通工具的条码由实物管理人员在条形码系统中生成。

（三）新增无形资产

新增无形资产的业务操作参照新增电子设备、器具设备的业务操作。

（四）新增在建工程

资产会计经办岗接到财务中心发票复核员签字后的《××分行在建工程预付款审批单》（见附件四：资产业务流转单）、监理部门出具的《工程进度报告》、资产购置批复文件后建卡，具体业务操作参照新增电子设备、器具设备的业务操作。

第四十六条 固定资产后续支出业务流程

（一）固定资产转在建工程业务

1. 固定资产改扩建超原值20%时需要转入在建工程，资产会计经办岗应依据固定资产改扩建的有关装修批复文件，在系统中打印资产卡片信息，将原固定资产创建报废，注销卡片。

2. 资产会计经办岗必须在资产－报废－准备界面补入批复文号信息，完成后在资产卡片信息上签字确认，并将有关装修批复文件、资产卡片提交资产会计复核岗进行复核。

3. 资产会计复核岗依据装修批复文件、资产卡片信息在资产－报废－准备界面逐条进行资产报废复核，报废类型选择"固定资产改扩建转出"。操作完成后，进行报废过账，点击"请求"—查看成批报废过账—查看输出结果。

4. 当月创建的报废，发现人为操作错误时，可由资产会计复核岗在资产－报废－准备界面找到误操作记录，如为待定状态，可进行撤销操作；如为已处理状态，可执行重建，重建后系统会自动产生冲销的会计分录。

5. 卡片注销后，资产会计复核岗应将资产卡片信息交回资产会计经办岗，由资产会计经办岗手工新增在建工程卡片，建卡完成后将资产卡片信息交还资产会计复核岗进行新增卡片复核。

6. 资产会计复核岗复核完成后，在资产卡片信息上签字确认，并将以上支持性文档专夹保管，月底资产上传总账后，打印《资产增加报表》、《资产报废报表》，后面附按报表顺序依次排序的凭证，交由凭证打印岗归档。

（二）固定资产改良支出业务

1. 以经营租赁方式租入的固定资产发生的改良支出，竣工后应纳入 FMS 资产模块管理。

2. 资产会计经办岗接到财务中心发票复核员传递的装修批复文件及《××分行在建工程预付款审批单》后进行建卡，具体业务操作参照新增电子设备、器具设备的业务操作。

第四十七条 资产转移/调拨业务流程

1. 资产管理部门的资产实物录入岗依据需求部门的需求在 FMS 系统中提出转移/调拨申请，打印系统中制式转移/调拨单，经系统外各级主管审批后交资产会计复核岗。

2. 同一资产账簿下的资产调拨，由资产会计复核岗，依据审批后的调拨单进行资产调拨；不同账簿下的资产调拨，由资产会计管理岗，依据审批后的调拨单进行资产调拨。

3. 资产会计复核岗（资产会计管理岗）依据审批后的调拨单，在成批事务处理－资产调拨界面核对所要调拨资产的信息，无误后在状态栏前方框打勾，点选“复核”，重新查询，对应状态应变为“完成”状态。

4. 资产会计复核岗（资产会计管理岗）转移/调拨复核完成后，还应到“资产工作台”输入已转移/调拨的资产编号，点击“分配”，查看地点、费用账户是否为新的地点和账户。

5. 同一资产账簿下发生的资产转移/调拨，系统会自动产生会计分录，可以通过“查询—事务处理历史记录”查看会计分录；不同账簿下发生的资产调拨，需手工在总账模块录入会计分录，具体会计分录参见总账模块业务处理流程。

6. 不同账簿下发生的资产调拨，调入行于次月初在系统内查到调入资产的卡片，在“折旧”和“摊销调整”框内打勾，以使该卡片准确计提折旧。

7. 转移/调拨业务处理完毕后，资产会计复核岗（资产会计管理岗）将转移/调拨申请专夹保管，待当月资产上传总账后与系统中《资产转移调拨》报表进行核对，无误后，交由凭证打印岗归档。

资产清理、报废业务流程

（一）资产报废转清理

1. 资产在使用寿命到期，或者因出售、损坏、盘亏、被盗等原因停止使用，报经上级行批准后，资产会计经办岗应依据有关批准报废文件及报废清单在系统中创建报废。

2. 创建完成后资产会计经办岗必须在资产－报废－准备界面的说明性弹性域中补入批复文号信息，补入完成后在报废清单上签字确认，并将批准报废文件及报废清单交资产会计复核岗。

3. 资产会计复核岗依据报废清单在资产－报废－准备界面逐条进行资产报废复核，正确选择报废类型，操作完成后，进行报废过账，点击“请求”—查看成批报废过账—查看输出结果。

4. 当月创建的报废，发现人为操作错误时，可由资产会计复核岗在资产－报废－准备界面找到误操作记录，如为待定状态，可进行撤销操作；如为已处理状态，可执行重建，重建后系统会自动产生冲销的会计分录。

5. 资产会计复核岗复核完成后，在报废清单上签字确认，并将批准报废文件及报废清单专夹保管，待当月资产上传总账后与《资产报废报表》进行核对，无误后，交由凭证打印岗归档。

（二）结转清理收入/清理支出

1. 资产会计复核岗收到财务中心发票复核员传递的《××分行固定资产清理收入（支出）报告单》后，在资产工作台查找出报废的记录，然后在说明性弹性域输入处置日期、清理收入和清理支出信息。

2. 资产会计复核岗运行《固定资产清理报备报表》，得出净损益信息，打印损益信息结果并签字。

3. 资产会计复核岗将损益信息结果交由总帐模块日记账录入岗录入清理转损益的会计分录，具体操作参见总账模块业务处理流程。

第四十八条 资产减值业务流程

固定资产、在建工程、无形资产、长期待摊费用计提减值准备时，依据《中国银行股份有限公司长期资产减值准备管理办法》规定的长期资产计提减值准备执行。

第四十九条 待摊费用业务流程

新增待摊费用的业务：

1. 新增租赁房产首次支付租金时，资产会计经办岗在接到财务中心发票复核员签字后的《××分行租赁资产情况报告单》、租赁批复相关文件、租赁合同复印件及《财务开支审批表》后建卡，具体业务操作参照新增电子设备、器具设备的业务操作。

2. 同一会计年度首次支付房产租金时只需在首次支付租金时提供租赁合同复印件，剩余支付不需再次提供。

第五十条 需要在系统中处理的特殊业务

（一）资产类别修改

1. 资产岗发现资产类别错误需要进行修改或重新分类时，资产会计经办岗应持有关类别修改的支持性文档，填写《××分行资产类别修改（重新分类）申请单》，经计划财务部主管签字后，在FMS系统资产模块，成批处理事务处理－重新分类界面选择账簿、输入资产编号、新类别。

2. 资产会计经办岗必须在弹性预“资产增减方式”中，根据重新分类原因选择相应代码，保证资产增减方式正确。

3. 选项匡－将类别说明性弹性域复制至新类别：打勾。这样系统自动将修改前资产类别的说明性弹性域内容带到修改后资产类别对应栏位。

4. 选项匡－继承新类别的折旧规则：如果新旧类别年限不一样，建议打勾。该勾无法将资产卡片对应折旧勾勾上或取消，需要到资产卡片上修改。

5. 选项匡－摊销调整：如果新旧类别年限不一样，勾上表示月折旧额采用未来适用法（即剩余价值在剩余年限摊销）。

6. 相关信息输入完成后，点击“预览”。

7. 资产会计经办岗提交“预览”后，点击窗口上方查询请求，查看“成批重新分类预览报表”并打印，同时在《××分行资产类别修改（重新分类）申请单》上签字确认，将有关类别修改的支持性文档、《××分行资产类别修改（重新分类）申请单》、“成批重新分类预览报表”打印件交资产会计复核岗复核。

8. 资产会计复核岗将《××分行资产类别修改（重新分类）申请单》与“成批重新分类预览报表”打印件进行核对，核对资产会计经办岗的重新分类信息是否正确。

9. 核对无误后，资产会计复核岗回到“成批重新分类”界面，记录“成批事务处理编号”，按F11，在“成批事务处理编号”处输入该编号，“CTRL＋F11”，点击“运行”，点击“确定”。

10. 资产会计复核岗点击窗口上方的“查看”—“请求”，点击“查找”，选中“成批重新分类复核报表”，点“查看输出”，检查是否正确。

11. 重新分类业务复核完成后，资产会计复核岗应到事务处理历史记录中核对结果，通过“详细资料”、“查看会计科目”查看资产是否已重新分类。

12. 资产会计复核岗还应到“资产工作台”，查看修改类别资产的财务信息，重点核实资产折旧年限等信息是否为新类别对应信息。

13. 核实无误后，资产会计复核岗在《××分行资产类别修改（重新分类）申请单》上签字确认，并将类别修改的支持性文档、《××分行资产类别修改（重新分类）申请单》专夹保管，月末打印《重新分类报表》核对无误后，交由凭证打印装订人员归档。

（二）在建工程资本化、在库资产转在用、在用资产转闲置

1. 在建工程资本化的业务操作参照资产类别的修改进行。

2. 在库资产转在用、在用资产转闲置业务操作参照资产类别的修改进行。

（三）资产成本调整

1. 资产岗发现一项资产的原值在建卡时出现错误，造成固定资产模块数据与总账模块数据不一致，需要调整卡片的资产原值时，需由资产经办岗持有关成本调整的支持性文档填写《××分行资产成本调整申请单》，由计划财务部主管签字后，到资产工作台—资产账簿中直接进行成本调整。

2. 资产经办岗调整成本后，应将“摊销调整”框打勾；点击右上方框的弹性域，必须正确选择增减方式，此数据是“资产变动表”的取数依据，最后点击“完成”。

3. 资产经办岗调整成本完成后，在《××分行资产成本调整申请单》上签字确认，并将有关成本调整的支持性文档、《××分行资产成本调整申请单》一并交资产会计复核岗进行复核。

4. 资产会计复核岗依据《××分行资产成本调整申请单》到事务处理历史记录中通过“调整资料”及“查看会计科目”查看资产是否已成本

调整。

5. 核实无误后，资产会计复核岗在《××分行资产成本调整申请单》上签字确认，并将成本调整的支持性文档、《××分行资产成本调整申请单》专夹保管，月末打印《成本调整报表》核对无误后，交由凭证打印岗归档。

（四）在建工程追加成本

1. 资产会计经办岗接到财务中心发票复核员签字后的《××分行在建工程预付款审批单》、监理部门出具的《工程进度报告》需要增加系统中已有资产的资产原值时，应核对预算控制是否在预算指标内。

2. 核对无误后，资产会计经办岗应到资产工作台查找已有资产的卡片编号，并依据《××分行在建工程预付款审批单》到FMS系统资产模块准备成批增加界面查找该条信息记录，点击“添加至资产”，并在“摊销调整”框打勾，点击“完成”。

3. 资产会计经办岗操作完成后，在《××分行在建工程预付款审批单》上签字确认，并将《××分行在建工程预付款审批单》、监理部门出具的《工程进度报告》一并交资产会计复核岗进行复核。

4. 资产会计复核岗依据《××分行在建工程预付款审批单》在准备成批增加界面中逐笔对卡片信息进行复核，无误后，将队列状态改为“过账”状态，自动变更为“成本调整”，并运行系统过账。

5. 查询“成批增加过账报表”核对需成本调整的卡片是否均调整成功。

6. 资产会计复核岗过账后，还应到资产工作台查找该笔资产编号，在资产“来源行”末行的弹性域中补入追加资产成本的原因。

7. 资产会计复核岗复核完成后，在《××分行在建工程预付款审批单》上签字确认，并将《××分行在建工程预付款审批单》、监理部门出具的《工程进度报告》专夹保管，月末打印《成本调整报表》核对无误后，交由凭证打印岗归档。

（五）营业用房增加原值

固定资产由于某种原因需要增加原值时，资产会计经办岗接到财务中心发票复核员签字后的《××分行新增营业用房报告单》及增加房产原值的相关批复后，具体操作参照在建工程追加成本进行。

（六）资产合并、分解

资产合并、分解业务参照新增电子设备、器具设备的业务操作，根据具体业务，点击“合并”或“分解”。

（七）应付模块传至资产模块不需要建立固定资产卡片的业务

1. 资产会计经办岗在准备成批增加界面如发现一笔无相关支持性文档的建卡信息，或金额相反的一对信息，应及时与发票复核岗核实，确认为错误信息后，资产会计经办岗直接将该卡片信息状态改为删除状态并通知资产会计复核岗，同时注意是否需要在应付款模块冲账。

2. 资产会计复核岗应在准备成批增加界面核实该业务信息，核实后执行“删除成批增加”，通过查询“请求”—查看“删除成批增加报表”，并打印留档，月末随传票装订。

第五十一条　资产盘点业务流程

1. 资产会计复核岗根据上级行的盘点文件，在系统中导出财务数据，交由资产实物管理部门，将数据导入到条码管理系统。

2. 固定资产盘点小组依据相关盘点要求，持扫码枪进行系统外扫码盘点。

3. 扫码完成后，资产盘点小组从扫码枪内导出文本文件，并上传条形码管理系统与财务系统的数据进行比对，形成盘点差异报表，盘点小组负责逐项分析原因，按实际情况调整各项错误信息，形成最终的盘点差异表，经实物使用部门确认后，交资产实物管理岗留档。

4. 资产实物管理岗从条码管理系统导出比对后的盘点数据，上传至FMS系统，同时在系统中运行实际与账面数据对比，查看运行差异。

5. 资产实物管理岗运行FMS盘点报告，由盘点小组人员签字留档。

6. 对于盘盈盘亏的资产，按照我行资产管理的有关管理规定进行处理。

第六节　总账模块业务处理流程

第五十二条　总账模块处理的业务范围

各行应严格控制在总账模块处理的业务种类。总账模快业务处理范围包括：

（一）需要先计提或代扣、后支付的工资性

费用，其中计提或代扣的核算信息在总账模块录入；

（二）工资两费的计提；由省行运维负责在月结前完成；

（三）每日按实际支付需要向经费户划拨资金；

（四）部分资产子模块无法自动产生、需要手工补录的会计分录；

（五）根据出库单进行的费用分摊业务。

第五十三条 除划拨实际支付需要的资金业务以外，在总账中手工录入的日记账严禁使用“7412_备付金”核算码。

第五十四条 具体业务流程

（一）日记账录入岗在系统内录入日记账：

为便于查询，各行统一使用日记账批和日记账的命名规则：日记账批名命名规则为“A00004＋二级行首字母＋6位年月日＋人名首字母缩写（大写）”；日记账命名规则为“A00004＋二级行首字母＋6位年月日＋人名首字母缩写（大写）＋三位流水号。”

日记账录入即可通过手工录入方式，也可通过ADI导入方式。

（二）日记账录入岗进行资金保留和资金检查后，打印日记账批，将原始票据按日记账行顺序排序，提交凭证复核岗。

（三）日记账复核

接到日记账录入岗提交的原始单据后，日记账复核岗通过工作流通知在系统内复核相关信息。

为严格控制在总账子模块处理的业务类型，日记账复核岗应统一为财务中心主管或其授权人员。

第五十五条 具体的业务分录

（一）工资计提

1. 财务中心日记账录入岗，根据人力资源部提供的各机构工资性费用明细，制作并导入ADI凭证。

2. 生成的会计分录：

借：费用发生机构－责任中心－963＊人事费用

贷：费用发生机构－0－837＊应付职工工资

3. 把个人承担的五险二金、个人所得税转到暂收科目，生成的会计分录如下：

借：费用发生机构－0－837＊应付职工工资

贷：费用发生机构－0－8437其他应付及暂收款－参考段

贷：费用发生机构－0－8426代扣的个人所得税

（二）计提单位承担的五险二金，生成的会计分录如下：

借：费用发生机构－责任中心－963＊人事费用

贷：费用发生机构－0－8373应付基本医疗保险费等

（三）两费的计提

由总账运维岗通过运行成批分配自动完成全辖的人事两费的计提。生成的会计分录如下：

借：费用发生机构－责任中心－6303教育经费/6304工会经费等－0

贷：费用发生机构－0－8383应付职工教育经费/8384应付工会经费－0

（四）每日拨付财务经费户资金

根据每日经费实拨报表在经费总账录入每日实拨资金凭证，生成会计分录：

借：财务中心所属机构－0－7412备付金－0

贷：财务中心所属机构－0－9989跨系统往来－0

（五）资产业务需要在总账手工录入的会计分录：

1. 盘盈固定资产，手工分录：

借：资产使用机构－资产使用责任中心－7991资产中转

贷：资产使用机构－资产使用责任中心－5703清理固定资产

2. 固定资产转在建工程，需要在总账录入的会计分录：

借：资产使用机构－资产使用责任中心－7991资产中转

贷：资产使用机构－资产使用责任中心－7661固定资产清理

3. 手工增加在建工程资产卡片，需要在总账录入的会计分录：

借：在建工程所属机构－在建工程所属责任中心－767＊在建工程

贷：在建工程所属机构－在建工程所属责任中心－7991 资产中转

4. 不同资产账簿下资产转移/调拨，需要在总账录入的会计分录：

调出行：借：调出机构－0－9069 内部往来

贷：调出机构－0－7661 固定资产清理

调入行：借：调入机构－调入责任中心－7991 资产中转

贷：调入机构－0－9069 内部往来

贷：调入机构－调入责任中心－867 * 累计折旧

5. 固定资产清理结转损益，需要在总账录入的会计分录：

借：资产使用机构－资产使用责任中心－6923 营业外支出

贷：资产使用机构－资产使用责任中心－7661 固定资产清理

或：

借：资产使用机构－资产使用责任中心－7661 固定资产清理

贷：资产使用机构－资产使用责任中心－5703 清理固定资产

（六）费用分摊时的会计分录：

借：费用摊入机构－费用摊入责任中心 1－费用－0

借：费用摊入机构－费用摊入责任中心 2－费用－0

借：费用摊入机构－费用摊入责任中心 3－费用－0

……

贷：费用原列支机构－费用原列支责任中心－费用－0

（七）计提坏账准备时，有关表内业务的分录系统自动产生，表外部分需要手工录入会计分录：

借：暂付款机构－暂付款责任中心－0586 已付诉讼赔款

贷：暂付款机构－暂付款责任中心－0686 已付诉讼赔款

收回时作反向的会计分录。

第五十六条 账务调整

为确保 FMS 系统各模块之间总分相符，原则上系统内的错账遵循源头调整原则，即错误的根源在哪个环节，就从哪个环节调整。

错账冲正必须按照我行相关管理规定，由经办人缮制调账传票，说明原因，并附冲正账务原件复印件，经有权签字人审批后调整。业务人员不得擅自进行账务调整。

第七节 运维流程

第五十七条 经总行管理信息中心授权，系统投产初期暂由省行代总行进行 FMS 系统的业务运维，主要职责如下：

（一）FMS 系统业务参数和基础设置维护，包括：总账基础参数/报表维护；固定资产基础参数维护；采购、库存参数维护；应付和网上报销参数维护。

（二）FMS 系统的应用系统用户管理：根据分行提交的新增用户、失效用户、现有用户职责变更、重置密码等需求，在 FMS 系统中进行相应的用户维护。

（三）审批路径设置。

（四）EHR 机构和员工数据导入及映射关系维护。

EHR 系统为 FMS 系统的人员信息和机构信息的唯一数据来源。FMS 运维人员每个工作日上午 8：00 在 FMS 系统内运行请求，以 FTP 方式从 E－HR 系统获取员工基本信息和机构信息。

如 E－HR 系统有新增员工，FMS 系统将自动为该员工创建网上报销用户。

如有机构调整信息，需及时与相关机构取得联系，按机构调整流程在系统内完成各项参数的维护和账务调整。

（五）FMS_ 凭证传送 NACS 以及接口映射表维护：

FMS 省行运维人员每个工作日下午 17：00 在 FMS 运行“FMS_ 凭证传送 NACS 请求”，向 NACS 系统传送当日凭证。

次日由省行 FMS 运维人员在 FMS 系统中运行返回文件导入请求“GL_ NACS 返回文件导入”，如果该文件不为空，则需要运行“××GL：查看返回文件错误信息”分析错误原因，并及时通知各相关机构更正错误。

（六）其他系统参数维护、日常应用系统和业务问题的解决。

第五十八条 省行运维主要职责：

（一）维护各个模块需要在省行进行参数维护的工作，比如仓库、采购审批权限、付款条件、银行、发票暂挂原因、费用模板、供应商信息维护、FSG报表定制等；

（二）就辖内运维无法解决的业务问题或不明问题，进行运维事件登记，负责与管理信息中心、信息中心沟通与协调工作，按照要求填写《计算机故障报修表》，配合总行运维人员进行故障诊断和测试。

第五十九条 运维流程

（一）省行统一制定各项运维申请表，限定必须填写的内容；有关申请表格式见《附件三：FMS系统运维申请表》。

（二）各二级分行有需要新增、变更各项参数、用户、审批人等信息的，由发起部门填写相关运维申请表，经部门主管审批后，统一报同级计划财务部门，计财部门主管审核批准后，盖行章报送省行计划财务部。

（三）对于特别紧急的事项，可先将申请表电子版发送省行计划财务部，但必须在之后的15个工作日内补送正式申请表。

（四）对于《机构新增/停用申请表》、《责任中心新增/停用申请表》需附送人力资源部门的正式批复文件；《新增供应商信息登记表》需附送采购评审委员会的会议纪要或批文；员工需要变更银行账号信息的，填报《员工供应商信息变更表》，必须经申请人本人签字确认；其他申请表无特殊要件需求。

（五）用户需要进行密码重置的，要填写《财务系统（FMS）用户密码重置申请表》，经申请人所属机构负责人、省行本部或所属二级分行计划财务部门负责人审批后报省行计财部运维人员维护。密码重置后，由运维人员电话通知用户本人。

第六十条 月结流程

（一）总账、应付、采购模块的期间状态为集中管理模式，会计期由省行计划财务部业务运维岗控制；库存的期间状态需要按库存组织分别管理，目前统一由省行库存月结岗控制；资产的期间状态按资产账簿分别管理，由各二级分行资产月结岗控制。每月月结前，省行计划财务部负责统一安排月结时间并提前通知各二级分行。

（二）完成月结前的准备工作：省行计划财务部各模块月结岗督促各行完成各项待处理的业务，完成月结前的准备工作：

1. 资产模块月结需要资产会计复核岗做完成以下准备工作

（1）检查系统中准备成批增加界面，查看队列状态，不得存在暂挂状态。

（2）检查资产转移/调拨界面、事务处理界面、资产报废/处置业务界面不得存在未完成业务。

（3）检查计提减值准备业务完成情况、查看未提折旧报表，准备金汇总报表、成本汇总报表等资产业务相关报表。

资产模块的月结岗设在各二级分行，资产会计复核岗完成各项准备工作后，告知资产会计月结岗，资产会计月结岗运行期间折旧、传送会计分录到总账，确认折旧无误后，关闭会计期。

2. 应付款模块月结需要各行做的各项准备工作

（1）处理例外事项：运行《未入账事务处理报表》、《FMS_暂挂发票报表》将报表中处理中的事项处理完毕。

（2）坏账计提和回拨

发票复核岗月底提交“FMS_应收款项账龄分析报表”请求，查看报表结果，FMS_应收款项帐龄分析报表数据无误，则提交“FMS_应收款项余额计提坏账准备”请求，系统自动生成会计分录并传经费总账，生成类别为“坏账准备”的日记账。发票复核岗应核对坏账计提和回拨的日记账，确保核算信息的准确。坏账的计提和回拨手续应符合我行《中国银行股份有限公司应收款项坏账准备管理办法》的规定。

3. 总账模块月结需要做的准备工作

省行运维人员在系统内运行成批分配，计提人事两费，并通知各财务中心审核计提的准确性，审核无误后，统一复核日记账并过账。

（三）按顺序完成会计期间的管理：FMS系统包括多个业务模块，每个业务模块之间存在集成关系，月末结账流程基本逻辑顺序为：采购模块期间关闭、库存模块期间关闭；应付模块期间关闭；资产模块期间关闭；最后是总账模块期间关闭。

第八节 经费户资金划拨流程

第六十一条 本流程适用于各财务中心经费

户的资金划拨流程，培训中心的备用金划拨仍执行原规定。

本流程分为备用金的核拨和日常结算资金的划拨。

第六十二条 备用金的划拨

（一）为满足托收项目结算和紧急事项的支付需要，各财务中心经费账户可保留一定的备用金。

（二）省行计划财务部按照托收款项单笔最高结算金额，上浮一定的金额，核定各财务中心费用专户的备用金最高限额（不含费用实拨金额），由各二级分行按照《中国银行股份有限公司河北省分行暂付暂收款项管理办法实施细则》管理规定，经有权审批人签字批准后，月初划拨，月末收回。

（三）省行计划财务部通过财务系统监督各行备用金的管理、使用情况，财务系统经费账户的日常余额不应超过省行计划财务部核定的备用金限额。

（四）各财务中心经费户资金来源为划拨的备用金和日常结算资金，如果有其他退款或员工还款，应及时等额冲转备用金。

（五）各财务中心于每月初的前三个工作日内，向省行计划财务部报送银行存款余额调节表，无特殊原因，月末各财务中心财务系统经费账户的余额应为零，8033 账户余额为财务系统已支付、会计系统未支付的各项未达账合计金额。

第六十三条 日常支付严格实行费用实拨制，即按日核拨当天实际需要结算的资金。

实际结算资金已经按我行的费用管理办法经各级有权审批人审批通过，为提高工作效率，实际结算需要的资金划拨由计划财务部负责人审批后划拨。

第四章 账务核对

第六十四条 财务中心主管或其授权人员应定期对系统内各模块的关键核算码及系统间的核算信息进行核对，以确保系统内核算信息的准确性，系统间核算信息的一致性。

第六十五条 系统内关键核算码的账务核对

系统内各模块为无缝集成，通过技术手段已控制了各模块核算信息不一致的风险，但为确保核算流程的完整性，账务处理的及时性，应加强对中转类核算码的监控，具体要求如下：

（一）资产子模块：7991 – 固定资产中转的核对：

每月月结前，财务中心主管或其授权人员负责通过 FSG 报表核对责任中心层“7991 – 固定资产中转”核算码的余额，应确保各责任中心该核算码的余额结转为零。

（二）网上报销及应付款模块：“8437_ 质保金等应付及暂收款”的核对：

通过运行“应付挂账_ 8421 报表”，按日监控各暂收项目的付款计划，对于将要到期的应付款项目，提前提示相关责任部门；月底与经费总账“8437_ 质保金等应付及暂收款”余额进行核对，应确保系统内总分相符。

（三）采购库存模块：“9993_ 转账类交易临时存欠”的核对：

每日监控“9993_ 转账类交易临时存欠”核算码余额，应确保该核算码每日借贷发生额轧差为零。

（四）总账模块：“9069_ 跨机构往来”、“9989_ 会计系统 – FMS 系统往来”的核对：

每日监控“9069_ 跨机构往来”、“9989_ 会计系统 – FMS 系统往来”核算码余额，应确保该核算码每日借贷发生额轧差为零。

第六十六条 系统间账务核对 – FMS 系统与会计系统的账务核对

FMS 系统的核算信息按日通过批量接口传入会计系统，为保证系统间核算信息的一致性，省行运维人员应于每个工作日的第一时间查看接口错误返回文件，对传送不成功的数据及时做出处理。

各财务中心至少应在每月月结后，将 FMS 系统全量核算码余额与会计系统进行核对，确保系统间数据的一致性。

第六十七条 经费专户账务核对

为防止错付、重付、漏付等支付风险，各财务中心每月应将财务系统 7412 明细账与 8033 分户账进行核对，制作银行存款余额调节表，逐项查找未达账的原因，银行存款余额调节表经财会部门领导审核后归档保管。

第五章　凭证装订保管

第六十八条　FMS系统形成的会计档案包括记账凭证、原始发票及附件、明细账、卡片账，由财务中心负责按照归档要求，统一整理立卷，装订成册。

第六十九条　凭证打印岗负责按日分机构打印记账凭证、整理原始发票；按年打印明细账和卡片账，并按要求装订保管。

第七十条　FMS系统记账凭证的装订按凭证来源排序，依次为：采购、库存、应付款（先采购发票后付款）、坏账准备、资产、人工。

第七十一条　各类记账凭证的附件要求

来源为"采购"和"库存"的记账凭证：其实质是反映业务操作信息，并未最终形成财务核算信息，原则上不要求后面附原始发票，后面可附上由实物管理部门提交的采购接收单据、入库单等；

来源为"资产"的记账凭证：后面须附上各业务操作环节的业务流转单；

来源为"人工"记账凭证，后面必须附各种审批单据、费用分割单、出库单、工资单或能证明业务发生实质的其他支持性凭证；

来源为"应付款"的记账凭证，是FMS系统财务核算信息的主要凭证，为反映业务全貌，原始发票、会议纪要、批文、合同等附件全部附在该类记账凭证之后。

来源为"应付款"的记账凭证类型有采购发票和付款两类，凭证整理归档具体操作如下：

1. 采购发票：原始票据审核完成后，在系统内运行"FMS_应付账款管理系统会计核算流程"请求，"单据分类"选择"发票"，运行结束后打印输出文件《应付款管理系统会计流程报表》，比照该报表流水顺序按机构整理原始票据，并提交凭证打印人员归档。

凭证打印人员打印各机构记账凭证，将《应付款管理系统会计流程报表》及原始发票及附件附在各机构"采购发票"类型的记账凭证之后。

2. 付款业务：付款复核岗根据核对无误的《初步付款登记表》、《FMS_付款登记表》、《FMS_每日经费实拨报表》付款，将付款凭证如支票票根、电汇回单等，按《FMS_付款登记表》的业务发生顺序整理排序，并提交凭证装订人员归档。

因请求输出文件在服务器上会定期清理，为便于查询，建议在本地机建立专门文件夹，将输出文件以日期为文件名保存在该文件夹内，并参照电子档案归档管理。

第七十二条　因请求输出文件在服务器上会定期清理，对于要求在纸质档案中保管的请求输出文件，为便于查询，建议在本地机建立专门文件夹，将输出文件以日期为文件名保存在该文件夹内，并参照电子档案归档管理。

第七十三条　会计凭证的装订。会计凭证按照上述顺序，除去装订过程中可能使用的橡皮筋、金属钉等物品，一般6厘米左右为一册（各行可根据实际情况确定），加上封面封底，装订成册，并由装订人加盖骑缝章。会计凭证案卷封面应写明机构名称、档案名称、年度、月份，本日共几册、本册是第几册，自*号至*号，共*张，并由会计机构负责人、装订人分别签名或盖章。

第七十四条　会计凭证的保管。当年形成的财务档案，在会计年度终了后，可暂由财务中心保管一年，期满之后编制移交清册，移交档案管理部门统一保管。

第六章　特殊事项要求

第七十五条　为控制操作风险，各行一定要加强用户密码管理，定期更改密码。系统要求密码长度为8—10位，必须是数字与字母混合型，密码中相邻的两位字母或数字不能重复。

第七十六条　系统内的用户对个人密码的保密性负责，不得转借他人用户和密码进行操作，操作过程中需要离开或已完成操作要及时注销，退出系统。

第七十七条　原始单据的取得和开具要求

报销的发票必须是经税务机关或税务机关认可的单位监制，在发票右上角印有全国统一发票分类代码和发票号码，并套印有"全国统一发票监制章"字样的新版发票，旧版发票无效。发票开具单位所盖的印章必须是发票专用章或财务专用章。

报销的外部收据必须经财政局监制，并套印

有“财政局票据监制章”字样。内部收据必须加盖内部单位财务章。

部分费用性支出的发票，在开具时应标明数量和单价或附所购商品明细表（需加盖售货单位财务章），如总价低于2000元的办公用品发票。

发票（收据）填开的内容必须真实，字迹和加盖的印章必须清楚，不得有涂改，否则将视为无效票据不予报销。

第七十八条 单据粘贴的规范性要求

各类发票（收据）等原始单据要分类，整齐、有序地粘贴在空白纸（A4纸一半大小）上，左侧统一预留1.5公分的装订线，从左上角开始粘贴，从左向右，从上自下，票据之间无重叠、无间隙，经办人、审批人签字必须在发票正面的右上角处。

第七十九条 票据的传递要求

（一）支行负责将原始报销凭证安全提交给财务中心。具体可采用外包给快递公司或随同本机构的事后监督凭证一同提交分行财务中心，与事后监督凭证一同提交的，财务票据应单独封包，在票据包上注明机构名称、封包人、凭证数量和金额。

（二）财务中心应建立票据收发登记簿，收到支行的票据包后，至少由两人一起核对收据包内的票据是否与支行粘贴的凭证数量和金额一致，发现与装包凭证数量与金额不一致的，及时与发送机构封包人联系核对。

（三）为了保证凭证报销的时效性，对于差旅费等经常性费用事项，支行原则上一周向财务中心集中提交一次报销凭证；对紧急或特殊事项可随时进行提交，以满足业务开支需要。

（四）票据丢失

票据在传递过程中由于快递公司或其他外部不可控因素而导致原始票据及审批单据毁损或丢失的，报销机构提供快递公司或外部相关部门的证明，发票复印件及部门说明材料，经财会部门主管领导审批后，财务中心可全额进行报销。

第八十条 财务印章和重要空白凭证的管理

（一）财务印章管理

1. 根据内部控制要求，采取章、证分离的原则；

2. 财务印章实行“专人使用、专人保管、专人负责”，建立印章登记簿，详细记载印章使用、交接情况；印章须在保险柜保存，临时离岗，人离章锁，保证其安全性；

3. 严格印章使用范围的管理，严禁在空白会计凭证和票据上预盖印章；

4. 财务专用章和财务负责人个人名章应分开保管，严禁一人保管支付款项所需的全部印章；

5. 建立印章使用登记簿，财务专用章原则上不得携带外出，确因工作需要带出的，应经部门领导同意，办理外出交接登记手续，业务完成后应及时交回。

（二）重要空白凭证管理

1. 支票实行专人管理，专库保管；

2. 建立“重要空白凭证登记簿”，对支票的领用、使用情况进行详细记录；

3. 支票保管人员变更时，要办理交接手续，并由主管进行监交；

4. 作废支票加盖“作废”戳记，装订在当日传票后；

5. 财务中心负责人应定期或不定期核查重要空白凭证，并对查库情况进行记录。

第八十一条 为保证财务系统与会计系统（NACS）及未来的核心总账（GL）数据一致，对于《附件一：财务系统核算码范围》中列明的核算码中除“5710其他收入、6930其他支出、6608提取坏账准备、6658回拨坏账准备、8668坏账准备、9989会计系统－财务系统”外，其他核算码一律不得由会计岗在会计系统中直接入账。各行财务人员应加强财务系统与会计系统的数据核对，确保数据一致。

第七章 附 则

第八十二条 本规程适用于中国银行股份有限公司河北省分行辖内所有的分支机构。

第八十三条 本规程自发送之日起实施。《中国银行股份有限公司财务中心操作规程》同时废止。

第八十四条 本规程由省行计划财务部负责解释。

中国银行河北省分行辖内二级分行风险管理人员任职资格管理办法（试行）

第一章 总 则

第一条 为加强对二级分行风险管理人员规范化、制度化管理，推进全辖风险管理队伍专业化建设，省行决定对辖内二级分行风险管理负责人实行任职资格管理，对二级分行风险管理从业人员实行准入资格管理。

第二条 根据总行《境内二级分行风险管理指导意见》（中银险（人）〔2009〕16号）的要求及省行有关人力资源管理的制度和规定，特制定本办法。

第三条 本办法所称二级分行风险管理负责人，是指二级分行分管风险管理工作副行长（以下简称“二级分行风险管理副行长）、风险管理部主任；二级分行风险管理从业人员是指二级分行风险管理部正式员工。

第四条 本办法所称任职资格，是指二级分行副行长在分管风险管理工作以前，或管理人员在获得聘任二级分行风险管理部主任职务以前，应拥有本办法规定的资格。

第五条 二级分行风险管理从业人员准入资格，是指二级分行风险管理部正式员工基本任职条件以及专业岗位任职资格。

第六条 本办法适用于省辖二级分行。

第二章 二级分行风险管理副行长任职资格条件

第七条 专业资格要求——担任二级分行风险管理副行长的，应具备以下专业资格：

（一）拥有国家承认的大学本科（含）以上学历，特别优秀的可以放宽到大专学历；

（二）具备以下条件之一的，第八条中规定的工作年限要求可适当放宽，放宽幅度由省行酌情掌握：

1. 中国或国际认可的注册会计师资格（CPA）；

2. 金融风险管理师（FRM）；

3. 注册金融分析师资格（CFA）；

4. 财经、金融、管理、法律等相关专业、国家承认的硕士（含）以上学位；

5. 其他相关专业资格、技术资格等。

第八条 工作经验要求——担任二级分行风险管理副行长的，应满足以下至少1项工作经验要求：

1. 从事风险管理、授信执行工作5年（含）以上；

2. 从事公司、个人金融、营业、结算、资金等专业工作合计6年（含）以上、并从事过2个（含）以上银行专业工作岗位；

3. 担任分行辖内支行行长或部门主任3年（含）以上。

第九条 管理能力要求——担任二级分行风险管理副行长的，应具备以下管理能力条件：

（一）对分行的风险管理有深刻的认识；对现代风险管理理念、知识有足够的了解；对所辖风险管理状况有全面的掌握。

（二）具备一定的组织管理能力，能够胜任组织、领导分行的风险管理工作。

（三）在最近5年内没有重大违规违纪、严重失职、重大业务差错、或重大资产质量事故的记录。

（四）具有全面的风险管理知识和较强的风险识别能力，具备较强的综合分析能力、沟通交流能力、文字写作能力、语言表达能力和调研能力，能够独立牵头组织分行的整体风险管理工作。

（五）年度绩效考核等级符合省行人力资源管理有关要求。

第十条 其他条件：符合我行高级管理人员任职资格的其他相关规定。

第十一条 二级分行在研究党委成员分工时，请参照上述条件确定分管风险管理工作副行长人选，并在分行党委成员分工正式发文后报备省行风险管理部。

第三章 二级分行风险管理部负责人任职资格条件

第十二条 二级分行风险管理部负责人（主任或主持工作的副主任）应具备以下任职条件：

（一）学历要求：拥有国家承认的大学本科（含）以上学历。

（二）工作经验要求（满足以下至少1项）：

1. 从事风险管理、授信执行工作3年以上；

2. 从事公司、个人金融、营业、结算、资金等专业工作合计5年以上、并从事过2个（含）以上银行专业工作岗位；

3. 担任分行辖内支行行领导职务1年（含）以上（包括行长、副行长），且应有公司授信业务工作经验（至少1年）。

（三）管理能力（执行力）要求：

1. 熟悉辖内全部公司客户授信管理情况；全面掌握分行风险管理工作目标、任务；熟悉总行、省行、本行风险管理、授信执行相关规章制度；对分行风险管理工作有明确的思路和方法；

2. 在最近3年内没有重大违规违纪、严重失职、重大业务差错、或重大资产质量事故的记录；

3. 具备较高的风险管理意识、较全面的风险管理知识和较强的授信风险识别能力，具备一定的组织管理和沟通协调能力以及较强的政策执行力，能够胜任组织、领导分行风险管理部门的工作；

4. 符合省行人力资源部聘任二级分行部门管理职位的相关规定和要求；

5. 年度绩效考核等级符合所在分行人力资源管理相关要求。

（四）其他条件：符合所在分行部门管理人员任职资格的其他相关规定。

第十三条 二级分行风险管理部副主任的任职资格由所在分行参照上述条件自行制定。

第四章 二级分行风险管理部负责人任职资格认定程序

第十四条 任职资格认定是选聘二级分行风险管理主任的必要前提和程序。分行将拟定人选报省行人力资源部审核的同时，应报送省行风险管理部进行任职资格认定。涉及职位晋升的，应在聘任公示前向省行风险管理部提出任职资格认定申请。

第十五条 任职资格认定由拟聘任人员所在分行提出申请。

第十六条 分行及拟聘任人员本人须填写《中国银行河北省分行二级分行风险管理部负责人任职资格申请表》（以下简称《资格申请表》）（见附件），经本人签字、分行盖章后，报送省行风险管理部。

第十七条 省行在收到填写完整的《资格申请表》后，应在8个工作日内向分行书面反馈答复意见。

第十八条 省行风险管理部和授信执行部联合成立"任职资格评议小组"，在集体讨论的基础上提出资格认定意见。省行风险管理部和授信执行部总经理室在考虑评议小组的意见后作出总经理室决定，形成答复意见，并报送省行人力资源部。

第十九条 省行可以根据需要，安排拟聘任人员进行面试或"任职谈话"。

第二十条 省行的书面答复意见由省行风险管理部会同授信执行部共同出具。答复意见须为以下两种意见之一：

（一）"同意"；

（二）"不同意"。答复为"不同意"的，须书面提出理由和建议。

第二十一条 《资格申请表》获得省行书面同意的，即为通过任职资格认定。

第二十二条 如省行表示"不同意"意见，可由分行及拟聘任人员本人再进行一次书面补充说明。由省行根据原申请材料及补充说明材料，于10个工作日内再次出具反馈意见。此为最终意见。

第二十三条 拟聘任人员未经过任职资格认定，或提出任职资格认定申请后省行表示不同意的，不得被聘任为分行风险管理部负责人。

第二十四条 现任的二级分行风险管理部负责人，在续聘时需通过任职资格认定程序。

第五章 二级分行风险管理从业人员准入资格

第二十五条 二级分行风险管理部正式员工基本任职条件

1. 遵守国家法律法规，遵守我行各项规章制度和行为规范，具有良好的个人品质和职业道德，无不良记录；

2. 大专（含）以上学历，特别优秀的不受学历限制；

3. 具有与职级相应的银行风险管理或授信业务实践经验，以及财务、金融、法律知识，具备与履行职级职责相应的综合能力；

4. 年度绩效考核等级符合二级分行人力资源部相关要求；

5. 身心健康。

第二十六条 二级分行风险管理部专业岗位任职资格

（一）公司授信监控和授信管理岗位负责资产清分和信用评级工作的员工应具备我行专业评级人员资格；

（二）授信项目风险审查岗位负责直接上会项目尽责审查工作的员工必须具备省行级尽责审查员资格。

第二十七条 风险管理部新入行员工或调入风险管理部前未从事授信业务相关工作的员工应在两年内通过银行业从业人员资格考试，并获得《风险管理》资格证书。

第六章 附 则

第二十八条 本办法由省行人力资源部、风险管理部和授信执行部制定、解释和修订。

第二十九条 省行人力资源部、风险管理部和授信执行部将视实际情况对本办法进行调整。

第三十条 本办法自发布之日起试行。

中国建设银行股份有限公司河北省分行关联交易管理实施细则

第一章 总 则

第一条 为进一步明确关联交易管理职责，规范关联交易行为，根据《中国建设银行股份有限公司关联交易管理规程》相关规定，结合我行具体情况，制定本实施细则。

第二条 省分行相关部门、各二级分行及所辖分支机构（以下简称“各单位”）均有关联交易监控与管理的职责，应在日常工作中收集并及时上报关联方和关联交易信息，评估本单位关联交易风险。

第三条 本实施细则适用于建设银行河北省分行。

第二章 关联交易管理职责分工

第一节 基本职责分工

第四条 省分行合规部门负责牵头组织管理关联方和关联交易信息的收集、申报、审核、维护和报告等工作。

第五条 省分行相关部门负责其直接经营业务关联方和关联交易信息的收集、申报、维护和报告等工作，保证关联方和关联交易信息的真实性、准确性、完整性和及时性。

第六条 省分行合规部门负责关联交易申报和信息披露系统（以下简称“系统”）的日常维护管理工作。省分行相关部门负责录入有关业务系统的客户编号。

第七条 省分行合规部门牵头负责关联交易的监控工作，各单位按照相关要求收集、申报、监控和报告各自管理或服务范围内的拟发生关联交易。

第八条 省分行会计部负责关联交易的定期会计报表编制等工作，省分行合规部门应提供必要的支持。

第九条 省分行业务条线管理部门负责督促所属条线关联交易管理工作。

第十条 各二级分行（以下简称“各行”）负责所辖范围内关联方和关联交易信息的收集、申报和维护工作，保证关联方和关联交易信息的真实性、准确性、完整性和及时性。

第二节 关联方识别与录入的职责分工

第十一条 省分行办公室负责组织落实省分行主要负责人等关联自然人及相关联系人信息的收集、申报和维护等工作。省分行合规部门予以协助、指导和督促并进行相应的审核工作。

第十二条 省分行负责交易对手管理（含客户管理）或直接发生交易的部门负责落实相关关联法人信息的收集、申报和维护工作。

（一）省分行公司业务部、机构业务部、国际业务部等负责客户管理的部门分别负责其归口管理客户关联方信息的收集、申报和维护工作。

（二）省分行计划财务部负责集中采购供应商关联方信息的收集、申报和维护工作。

（三）省分行信用卡中心、资产保全部等其他可能直接发生交易的部门，负责除（一）、（二）两项外，交易对手中关联方信息的收集、申报和维护工作。

第十三条 各行和所辖分支机构负责交易对手管理（含客户管理）或直接发生交易的单位负责落实相关关联法人信息的收集、申报和维护工作。

第十四条 负责业务交易或管理的各单位负责关联方对应客户编码的录入工作。

省分行营运管理部、会计部分别负责本级金融机构内部账号、ERPF 系统编号的识别、录入工作。

第三节 关联交易识别与录入的职责分工

第十五条 省分行从事交易（含业务经营）的部门负责其所直接经营关联交易（含拟发生关联交易）的申报等工作。

（一）省分行公司业务部、机构业务部、国际业务部、住房金融与个人信贷部、信用卡中心、电子银行部等部门落实所发生关联交易（含拟发生关联交易）的申报等工作。

（二）省分行计划财务部负责与建投相关结算和服务类交易和集中采购类关联交易（含拟发生关联交易）的申报等工作。其中，供应商付款信息由会计部配合提供。

（三）省分行其他经营部门负责其直接经营业务所涉及关联交易（含拟发生关联交易）的申报等工作。其中：省分行资产保全部负责资产保全类交易的申报等工作。

第十六条 各行负责所辖机构关联交易的申报工作。省分行相关管理和协调部门应给予必要的协调和督促。

第十七条 具体从事交易的各单位负责判断交易是否按照一般商务条款进行，保障关联交易符合相关监管要求，确保不从事法律法规禁止的关联交易。

第三章 关联交易岗位设置

第十八条 省分行合规部门设置关联交易管理岗位，配备专人从事关联交易管理工作，保证人员 AB 角配置。

省分行相关部门必须指定本部门关联交易联络员。

第十九条 各行必须设置关联交易管理岗位，保证人员 AB 角配置，明确相关业务部门关联交易联络员，确保关联交易的管理工作顺利开展。

第二十条 各行所辖分支机构必须设置关联交易工作岗位。

第二十一条 省分行相关部门、各行应保证关联交易工作人员的专业胜任能力，并保持相应岗位的稳定性。

省分行相关部门、各行应将关联交易管理人员名单报备省分行合规部门，如有变更应及时通知。

第四章　关联交易的日常管理

第一节　关联方的管理

第二十二条　关联方的管理包括关联方的新增、变更和删除，均应按照以下程序进行信息收集、申报和确认工作。

第二十三条　关联法人申报原则上按照注册地或主要经营活动发生地的原则确立管辖权。同一关联法人同时与多个机构发生交易，所有发生交易的机构均有义务收集关联法人信息。完成信息收集的机构应将关联法人资料转送注册地或主要经营活动发生地分行申报录入。跨二级分行的关联法人需要省分行协调的，相关分行应将有关关联方名称、注册地、与本行关联方关系等事项报告省分行合规部门。

第二十四条　涉及同一关联方在不同机构有不同内部交易代码、ERPF 系统编号的，各机构均应在系统中录入。

第二十五条　省分行办公室应当自省分行主要负责人等关联自然人任职之日起10个工作日内完成相关自然人信息的收集、申报工作。

第二十六条　负责客户管理的机构应当自账户开立或进入采购名单起10个工作日内完成关联方信息的收集工作；直接发生交易的机构应当在与交易对手签订协议前完成关联方信息的收集工作。同时满足上述多个条件的，信息收集时间按"孰短"的原则执行。

具体负责关联方管理的机构应在日常工作中持续收集与关联方识别有关的信息。

第二十七条　关联方信息收集可以通过关联方主动报告、向关联方发调查函、查阅关联方公开信息等任何合法途径进行。

第二十八条　各行应建立关联方管理的客户经理负责制，明确相关职责，主动收集关联方信息，依据相关信息识别关联方，在信息收集完成后应立即将有关关联方身份或者其他信息的书面资料报送有系统权限的相关部门。关联方与建行无业务联系或未发生交易且无其他必须录入情形的，可以不录入系统。

第二十九条　省分行相关部门、各行应当对关联方信息和相关关联关系进行详细审查、核对和判断，在3个工作日内，完成关联方申报工作。申报完成后，应将有关关联方身份或者其他信息的资料等以正式报告形式提交省分行合规部门审核，确保资料信息与系统申报的一致性。

第三十条　省分行合规部门对省分行相关部门、各行申报的关联方信息进行审核，保证系统内关联方的信息与相关资料一致。关联方的审核应在收到正式报告的3个工作日内完成。审核时可参考关联方公告等公开信息。审核无误的关联方应将相关审核资料与结论等纸制文件提交部门负责人签字并存档，并在系统审核意见中详细说明新增、变更或删除关联方的原因、依据，并注明"已经对关联方进行审核，审核无误，相关资料已经部门负责人签字并存档"。未能通过审核的关联方，应在系统中列明原因，及时退返申报机构。

第三十一条　省分行合规部门应保证系统中的审核意见与纸制签字存档审核意见的一致性。

第二节　关联交易的申报与备案

第三十二条　已发生关联交易和拟发生关联交易的申报、审核在系统中进行。

第三十三条　仅为联交所规定的财务资助类交易，如为联交所豁免且无其他需要申报情形的，不需要再进行申报；其他已发生关联交易都需要进行申报。

第三十四条　关联交易风险较大的业务需要申报拟发生关联交易，申报的条件和范围见第四十六条。

第三十五条　各行应按照省分行统一安排，确定牵头部门，除组织所辖分支机构落实总行和省分行工作要求外，还要负责本级和所辖机构关联交易申报。

第三十六条　已发生关联交易信息经省分行合规部门审核后进入系统数据库。

拟发生关联交易信息经省分行合规部门初步审核后，上报总行。

第三十七条　省分行主要负责人等关联自然人应主动申报本人及其近亲属与建行的关联交易，须将关联交易资料交由相关人员或者由本人在系统中申报。

第三十八条　关联交易由交易发生机构具体经办人员主动报告，并由有系统权限的省分行相关部门、各行在系统中申报。

第三十九条 一笔交易涉及多个部门的，由相关业务制度规定的牵头部门负责关联交易申报工作。

第四十条 对关联交易的审核应注重合同金额、交易增加额、交易减少额、交易余额、交易价格和交易是否遵照一般商务条款等信息真实性和合理性。

第四十一条 对于已发生关联交易，各单位应在交易发生后5个工作日内完成申报工作。

第四十二条 已经完成审核的关联交易需要删除的，由相关机构将需要删除的理由、交易明细等情况报送省分行，由省分行合规部门上报总行删除。

若需要删除已生成季度、半年度或年度报表的已入库关联交易，相关机构还应将出现错误的原因和影响行文报省分行，由省分行合规部门上报总行批准。

错误信息删除后由申报机构重新录入正确的交易信息。

第四十三条 关联交易在系统中审核完成后，该笔交易自动在系统中完成备案。

第三节 关联交易的监控

第四十四条 省分行合规部门牵头负责关联交易的监控工作，并通过定期和不定期关联交易风险提示的方式提示关联交易合规风险。各单位应根据各自职责将关联交易制度和流程等规范融入日常业务的开展中，及时发现风险。

第四十五条 各单位应建立关联交易内部控制机制，不从事法律法规明确禁止的关联交易。对于按照非一般商务条款进行的关联交易以及存在其他风险的关联交易，应及时向省分行报告，由省分行合规部门上报总行评估风险后反馈相关机构。

第四十六条 省分行合规部门通过审核拟发生关联交易的方式监控关联交易。拟发生关联交易的申报标准由总行确认。

（一）总行对一般业务设立交易数值、收益等条件，超过相关条件的交易必须进行拟发生关联交易的申报。

（二）对于关联交易风险较大的交易，由总行法律合规部列入高风险业务名单，执行更加严格的控制条件。

第四十七条 各单位发生需要申报的拟发生关联交易的，应在计划发生之日起的2个工作日内进行申报，并提交省分行，由省分行合规部门上报总行，待总行出具关联交易审核意见后，按照审核意见履行相应程序，保证关联交易符合相关法律法规的要求。

第四节 关联交易的审批、披露与豁免

第四十八条 对于拟发生关联交易，总行在审核意见中认为需要事先公告披露或提交相关机构审议的，如相关机构仍需要进行交易，应将有关资料提交省分行，由省分行合规部门上报总行。

第四十九条 各行需要提请豁免关联方或关联交易的，应将相应的理由提交省分行，由省分行合规部门上报总行。

第五十条 各行需要就某项业务获得关联交易方面的解释，可向省分行合规部门提出。需要就相关业务规则作进一步解释说明的，由相关业务部门负责提供。

第五节 关联交易系统管理

第五十一条 关联方和关联交易的识别、审核、监控等工作原则上应在系统中进行。

第五十二条 省分行合规部门设置系统管理员负责关联交易系统管理工作。系统管理员由总行设置，如发生变更需填写《系统人员权限变更申请表》，经省分行合规部门负责人审批后由总行系统管理员重新设定。

第五十三条 省分行相关部门、各行设置系统操作员，负责关联方和关联交易的申报、维护等系统日常工作。

第五十四条 省分行相关部门、各行增加、删除和更改系统用户权限时，应向省分行合规部门报送《系统人员权限变更申请表》，经合规部门负责人审批后，由省分行信息技术管理部负责维护。

第五章 关联交易的检查、整改和处罚

第五十五条 省分行合规部门负责组织关联交易的检查工作，检查可采用现场检查或非现场

检查的方式进行，原则上每年至少组织一次。

第五十六条 省分行合规部门在日常管理中应注重对全行关联交易制度的执行情况的检查、通报，以提高制度的执行力。

第五十七条 各行每年至少组织一次各自辖域内关联交易的检查工作。

第五十八条 监管机构对省分行相关部门、各行的检查涉及关联交易的，被检查机构应将检查的内容和结果及时报告省分行合规部门。

第五十九条 对于内外部审计检查发现的问题，各单位应该积极整改，举一反三，落实规章制度的持续改进机制。

第六十条 未按规定进行关联交易管理，但未造成不良后果或者情节较轻的，按照《中国建设银行工作人员轻微违规行为积分管理办法》的规定给予当事人相应积分。对于存在违规失职行为的人员，按照《中国建设银行工作人员违规失职行为处理办法》的规定进行处理。

第六章 其 他

第六十一条 各单位应注重关联交易的培训工作，提高相关管理人员专业能力。

第六十二条 省分行每年至少举办一次关联交易培训或转培训工作。

第六十三条 各行应做好关联交易培训工作。开展培训后，应将培训时间、地点、对象、人数、内容、方式等情况报告省分行合规部门。

第六十四条 各单位应注重关联自然人及相关交易的保密工作。对其他部门和机构提供上述信息需要获得省分行合规部门的认可。

第六十五条 各单位应注重关联法人和相关交易的保密工作，除应监管机构和审计部门的要求提供关联法人及辖域内相关交易的资料外，向行外其他部门和机构提供上述信息需要获得省分行合规部门的认可。

第六十六条 各单位应注重关联交易档案的保管工作，通过电子或纸制的方式保管相关档案。关联交易资料档案保存时间应至少在5年以上。

第七章 附 则

第六十七条 本实施细则由建设银行河北省分行负责解释。

第六十八条 本实施细则各项定义，如无特别说明，与《中国建设银行股份有限公司关联交易管理实施办法》的相关定义一致。

第六十九条 各行应根据本实施细则，结合本行具体情况，明确关联交易工作流程，并报省分行备案。

第七十条 本实施细则自发布之日起施行。本实施细则施行前颁布的《中国建设银行河北省分行关联方信息收集与确认管理规程（试行）》、《中国建设银行河北省分行关联交易申报登录管理实施细则（试行）》和《中国建设银行河北省分行关联交易申报登录实施情况检查和违规责任追究实施细则（试行）》同时废止。其他规定如与本实施细则规定不一致的，按照本实施细则执行。

中国建设银行河北省分行
会计专业团队管理暂行办法

第一章 总 则

第一条 为更好地适应建设银行发展和管理要求，加大对会计制度的执行与落实力度，进一步提高会计管理水平和服务质量，根据《中华人民共和国会计法》和《中国建设银行会计基础工作管理办法》、《中国建设银行会计人员业务资格等级管理办法》等有关规定，制定本暂行办法。

第二条 省分行会计专业团队包括会计制度

团队、会计结算团队和会计督导团队。

第三条 会计专业团队的主要任务是，参与会计政策、会计制度的设计、优化、修改、制定，创新会计服务和管理方式，提高对基层和客户的服务质量。

第四条 省分行会计部负责会计专业团队的管理，负责会计专业团队成员的选拔、聘用、考核。二级分行会计部门负责会计专业团队成员的培养、推荐。

第二章 会计专业团队成员的任职资格和条件

第五条 会计专业团队成员应具备的基本条件

（一）遵纪守法、爱岗敬业、品质端正、为人正派、廉洁自律、恪守职业道德。

（二）具有会计师或经济师专业技术资格、注册会计师资格。

（三）从事建设银行会计及相关工作三年以上，且目前仍从事会计相关工作。

（四）具有较强的责任心和团队合作意识。

（五）具有较好的会计业务分析能力和文字表达能力。

第六条 会计专业团队成员应具备的专业条件（具备3条及以上）

（一）会计制度团队

1. 熟悉企业会计准则、国家会计业务相关政策制度、建设银行各项会计制度。

2. 熟悉建设银行会计业务系统，精通前台会计操作。

3. 具有丰富的建设银行会计制度设计与建设经验，参与起草过会计业务办法等。

4. 对建设银行会计规章制度在所辖机构内的实施情况有深入把握，具有较强的独立研究分析能力，就会计业务发展与创新等重大问题，提出过建议，并在实践中得到应用。

5. 精通个人、人民币对公、外币等会计业务之一。

6. 在会计业务中其他方面做出较大贡献。

（二）会计结算团队

1. 熟悉《票据法》、《支付结算办法》、《人民币银行结算账户管理办法》等法律法规、建设银行各项会计制度。

2. 熟悉建设银行结算产品和业务流程，精通前台会计操作。

3. 熟悉建设银行会计业务系统和支付结算网络系统。

4. 精通银行结算票据业务及其反假知识和技能。

5. 具有举办结算业务知识技能培训的师资能力。

6. 具有提供结算业务专业指导的能力。

（三）会计督导团队

1. 具有从事会计检查及相关工作两年以上经验。

2. 在银行会计、个人金融或营运部门的基层工作经验不少于三年。

3. 熟悉建设银行会计类规章制度，了解相关法律法规。

4. 掌握建设银行柜面操作流程，能熟练操作核心业务系统及其他相关系统。

5. 具有提供会计制度、核心业务系统应用、会计处理方法等方面专业指导的能力。

第三章 会计专业团队成员的选拔程序

第七条 会计专业团队成员按照公布职数、组织报名、二级分行审查推荐、省分行审核选录的程序选拔，具体程序如下：

（一）公布职数。省分行拟定会计专业团队成员职数，并以公告的形式在所辖范围内公布，明确会计专业团队成员的条件、程序和时间安排等。

（二）组织报名。凡符合会计专业团队成员条件的会计人员按要求报名参加选聘。

（三）资格审查。二级分行人力资源部门和财会部门根据规定，审查报名人员资格，并择优向省分行推荐。

（四）组织考察。省分行会计部对二级分行推荐人员分团队类别组织考察考核。每类会计专业团队择优选录15人。未选录人员作为团队的候补选聘人员。

（五）正式聘任。会计专业团队成员拟聘人选经省分行会计部研究决定后，向被录选人员颁发聘任证书。

第四章 会计专业团队成员的聘任和解聘

第八条 会计专业团队成员由省分行聘任和解聘。省分行向受聘人员发放聘书。

第九条 会计专业团队成员聘任时须签定聘期目标责任书，明确岗位职责、聘期目标、聘任终止条件、考核与奖惩等内容。

第十条 会计专业团队成员的聘期为一年，聘期结束后，经考核优秀且经本人申请，可续聘。

第十一条 会计专业团队成员工作调动或因故离职时，须将本人正在经管的会计团队相关工作，移交给省分行会计部指定的接替人员。

第十二条 会计专业团队成员任期内未履行职责，或年度考核为不称职档次的，应予解聘。

第五章 会计专业团队的职责和权利

第十三条 会计专业团队主要履行以下职责：

（一）会计制度团队

1. 参与省分行会计制度、管理办法和操作规程的编写、跟踪和修订。

2. 定期对会计业务方面的问题进行搜集、整理，侧重在会计业务方面提出工作建议，包括：系统修改业务需求、业务制度修改需求和业务培训需求。

（二）会计结算团队

1. 参与支付结算系统和产品项目方案的策划设计、研讨论证和推广实施。结算产品的研发创新、支付结算系统建设需求论证分析、提交开发、测试、优化、验收。

2. 制订工作项目相关的制度办法、操作流程等。

3. 制订工作项目的培训方案并完成相关培训工作。

4. 项目实施后，跟踪收集实施效果。

（三）会计督导团队

1. 对所在行的会计风险控制管理状况进行调查、分析、报告。

2. 参与省分行组织的会计检查，并监测会计检查发现问题的整改情况。

3. 跟踪会计内控制度的落实情况，反映会计内控制度的缺陷，提出完善会计内控制度的建设性意见。

4. 负责对所在行会计业务规范操作工作的指导。

第十三条 会计专业团队主要行使以下权利：会计专业团队具有省分行辖内会计核算与管理制度的制定建议权、会计核算与管理活动的参与权、学习培训的优先权。具体为：

（一）参与会计制度、管理办法和操作规程的编写、修订，参与支付结算系统建设或产品创新设计，参与全辖性的会计检查及检查发现问题的整改监测。

（二）参与审定省分行拟下发的会计制度、管理办法和操作规程、重大业务项目实施计划。

（三）参与跟踪现行制度的执行情况，反馈现行制度中的缺陷、漏洞。

（四）优先参加总行、省分行组织的学习培训、专业研讨会等业务活动。

第六章 会计专业团队成员的管理与考核

第十四条 根据会计业务开展需要，省分行经与会计专业团队成员所在二级分行协商后，对团队成员实行统一调度和管理。

第十五条 会计专业团队成员的人事关系在二级分支行。

第十六条 会计专业团队人员的工作模式分为集中工作模式和分散工作模式。

集中工作摸式：抽调团队成员集中一段时间完成某个项目（如会计制度或操作规程编写、支付结算系统建设或产品设计、专项会计检查等）。

分散工作摸式：团队成员分散在所在二级分支行履行团队职责或承担任务。

第十七条 实行集中工作模式时，省分行会计部门对会计专业团队成员实施统一管理；实行分散工作模式时，由所在二级分支行会计部门管理。

第十八条 省分行对会计专业团队成员的工作情况按年度进行考核。考核结果作为团队成员下一年度能否被续聘的依据；同时将评价结果反馈给二级分行，作为评先、薪酬分配、职务等级升降、奖惩、培训等的依据之一。

第十九条 对会计专业团队成员实行百分制考核，考核内容包括综合素质和工作业绩两部分。

综合素质考核内容主要包括组织纪律性，团队协作精神，服务基层的意识和效果，业务水平和创新精神，遵章守纪等情况。

工作业绩考核内容主要包括承担课题工作的数量和难度，课题工作质量和工作效率、课题工作计划安排和总结等情况。

对会计专业团队成员考核的标准见附件。

第二十条 对于在会计制度建设方面提出合理建议且效果显著、在产品及服务创新方面做出突出贡献、通过督导检查发现可避免重大风险损失的团队成员，省分行按有关规定给予奖励。

第七章 附 则

第二十一条 本办法由中国建设银行河北省分行负责解释。

第二十二条 本办法自下发之日起执行。

中国建设银行河北省分行
会计检查督导人员管理暂行办法

第一章 总 则

第一条 为强化和规范全行会计检查督导人员管理，进一步提升会计操作风险控制能力，根据《中国建设银行会计营运检查制度》（建总发［2007］214号）、《中国建设银行河北省分行会计检查督导工作指导意见》（建冀函［2007］142号）等规定，特制定本办法。

第二条 会计检查督导人员是指专职负责对全行前后台会计机构的会计事项及其核算的合法性、准确性、及时性进行检查，并由二级分行检查督导中心管理的人员。

第二章 管理原则

第三条 会计检查督导人员由二级分行集中管理，原则上不再兼任其他会计管理职责。

第四条 会计检查督导人员实行准入、退出管理。

第五条 二级分行会计检查督导人员报省分行会计部门核准备案。

第六条 会计检查督导人员工作业绩考核由二级分行实施。

第三章 工作职责和要求

第七条 会计检查督导人员主要职责：

（一）按照管辖行要求，日常负责指定区域内机构的巡回检查，承担检查监督责任。

（二）按照管辖行统一安排，对基层机构委派会计主管和指定的重要业务岗位执行顶岗检查。

（三）定期向管辖行报告检查情况，督促被查机构进行整改。遇重大违规行为，应及时上报。

（四）负责向被查行下发整改通知，督促被查行对存在问题制定整改措施，并检查其落实情况。

（五）负责整理检查中发现的属于业务条线管理范围内的问题，经检查督导中心负责人批准后向相关部门通报。

（六）负责整理保管会计检查档案，录入问题库系统，建立检查资料库。

（七）承担省分行会计管理部门直接下达的检查任务。

（八）负责收集、整理所查行会计管理相关信息，分析会计部位高风险环节，提出相应的管理建议和风险防范措施。

（九）协助做好基层机构会计人员的业务培训工作，帮助解决业务疑难问题。

（十）总结先进经验，推动会计工作整体水平的提高。

第八条 会计检查督导人员要严格履职、规范检查行为，应廉洁奉公，对检查发现的问题不得避重就轻或擅自处置。

第四章 准入与退出管理

第九条 各二级分行会计检查督导中心应配备主任一名，专职负责检查督导中心各项工作。

第十条 会计检查督导中心应当按照《中国建设银行河北省分行会计检查督导工作指导意见》（建冀函〔2007〕142号）要求的比例配备专职检查人员。

第十一条 检查督导人员基本条件：

（一）具有较高的政治思想觉悟，强烈的事业心和责任感，能切实遵守会计人员的职业道德准则，坚持原则，忠于职守，无不良行为处理记录。

（二）熟知建设银行会计核算及管理制度，熟练掌握银行柜面操作流程，熟悉建设银行各项业务系统，具有较强的独立工作能力。

（三）与建设银行签有无固定期限合同，具有大专（含）以上学历，取得会计从业资格证书，具备建设银行财务会计上岗资格。

（四）从事银行柜面工作，或会计、个金、营运部门从事与前台风险控制管理相关工作三年以上。

（五）具备较强的组织管理能力和文字表达能力，能运用会计管理规定协调处理工作中的问题。

（六）身体健康，能够胜任经常出差的工作要求。

（七）有下列情况之一的，不得聘用为专职检查督导人员：

1. 最近三年内因违规违纪受到行政处分的。

2. 最近三年内任一年度违规积分高于10分的。

3. 因发生重大差错、责任事故等被调岗处理的。

4. 其他原因不适合从事专职检查督导工作的。

第十二条 为保证会计检查督导队伍的质量和稳定，会计检查督导人员实行选聘制，每两年进行一次；也可按照程序根据需要选聘。

第十三条 专职检查督导人员选聘通过报名、审核、考试、考察、选聘等程序。

（一）符合条件人员自愿向二级分行人力部门报名。

（二）二级分行会计部门和人力部门对报名人员进行资格审核。

（三）资格审核合格人员，参加二级分行统一组织的笔试。笔试由二级分行统一组织、统一命题、统一判卷。

（四）笔试合格人员由二级分行会计部门和人力部门组织统一考察。考察内容主要为近二年的工作表现、年终考评结果、处罚、积分等情况。

（五）聘期内连续两年年度考核优秀的委派会计主管可不参加选聘直接聘用为会计检查督导人员。

（六）选聘结果报省分行核准备案。

第十四条 专职检查督导人员业绩突出，连续两年被评选为省行级优秀检查督导员，且符合委派会计主管任职条件的，经组织考察，可优先考虑担任委派会计主管。

第十五条 不适岗人员退出：

（一）年度考核为不称职的；

（二）检查督导人员考试不合格，补考仍不合格的；

（三）发生责任事故，或存在违规行为的；

（四）因身体条件、年龄等原因不适岗的。

因上述原因退出的专职检查督导人员，三年内不得再从事专职检查督导工作。

第五章 工作机制

第十六条 检查督导人员实施现场检查应持有派出行开具的检查介绍信、本人身份证件。被查行核验身份相符后方可接受检查。检查人员检查尾箱、金库、金库内附设的重要单证库及单独设立的重要单证库时，需同时出具查库介绍信。

第十七条 会计检查督导人员可实行包行（网点）制，并协助督促被查行问题整改及业务辅导等；检查督导人员所包行（网点）每年要进行轮换。

第十八条 有条件的行可以建立检查督导人员分业务种类负责制，负责本业务种类问题反馈相关业务管理部门和人员。

第六章 工作考核

第十九条 检查督导工作考核实行省分行和所在二级分行双重考核。

第二十条 省分行考核对象为二级分行检查督导中心，以年度会计工作考核办法、会计操作风险控制评价及年度工作要点为依据。

第二十一条 专职检查督导人员由二级分行按年度进行考核，考核实行定性考核与定量考核相结合的方式，以定量考核为主。

第二十二条 二级分行对检查督导人员考核，应包括所完成检查工作的质量、数量、效果，以及检查人员工作能力、效率等方面；根据本行工作实际，不断完善、细化考核指标。考核结果要与检查督导人员的绩效挂钩。各项指标占比由各行在每年年初确定。

第二十三条 鼓励会计检查督导工作由常规检查向风险导向检查转变，对发现、排除重大事故、风险隐患以及系统漏洞的检查人员，给予专项奖励，并在年度考核中予以体现。

第二十四条 应充分调动各级检查督导人员的工作积极性，二级分行检查督导中心按年度评选优秀会计检查督导人员，评选比例按不高于20%掌握。在各二级分行评选的优秀检查督导人员中评选出省分行优秀检查督导人员。

第二十五条 优秀会计检查督导人员必须达到职责范围内工作完成情况良好，且各项考核指标得分情况在本行检查督导人员中居于前列。

第二十六条 专职检查督导人员怠于履行检查职责，使检查流于形式的，视情节轻重分别按照《中国建设银行工作人员违规失职行为处理办法》、《轻微违规行为积分管理办法》有关规定处理，或调离检查督导岗位。

第七章 检查督导人员待遇

第二十七条 检查督导人员到市区外的行（网点）实施检查，二级分行应报销交通费、住宿费和住勤补助。

第二十八条 各行要建立与检查督导工作相适应的绩效分配机制，绩效分配要与检查督导岗位角色相适应，与在操作风险控制中的贡献度相挂钩，重点解决工作强度与绩效分配不匹配的问题。

第二十九条 各二级分行应优先安排检查督导人员参加会计业务培训。

第八章 附 则

第三十条 本办法由省分行负责解释。

第三十一条 本办法自发文之日起实施。

交通银行河北省分行会计综合考核评级办法

第一章 总 则

第一条 为科学评价各分支行会计管理水平、会计运营效率和会计操作风险防范等工作的整体质量，实现会计条线安全高效、服务优质的总体目标，制定本办法。

第二条 会计综合考核评级的目标是建立面向会计组织、管理、操作、内控等各个环节的长期、持续性评价体系，建立会计条线客观、公正、公平、公开的考评机制和激励约束机制。通过发挥考核的示范和导向作用，提升各级会计机构的规范化管理能力，推动制度落实、服务提升和会计管理一体化进程，有效防控和化解会计风险。

第三条 会计综合考核评级的结果是省分行会计结算部对各分支行会计条线工作的整体评价，是衡量各分支行会计工作整体质量的主要依据，也是对各分支行分管会计工作的行领导平衡计分卡绩效指标评分的主要参考依据。

第四条 本办法适用于各省辖行及省分行本部各基层营业机构。

第二章 考评内容

第五条 省辖行会计综合考核评级的内容包括组织管理指标、营运管理指标、风险控制指标、贡献指标和重点工作指标等五项主体指标。

第六条 对省分行本部各基层营业机构的会计综合考核评级的内容包括组织管理指标、规范操作指标、营运管理指标、风险控制指标、会计管理人员履职、贡献指标以及重点工作指标等七部分组成。

第七条 考评指标下设置考评项，作为会计综合考核评级的具体内容。考评项可予量化评价或存在规范性标准。

第八条 为体现会计综合考评的示范和导向作用，考评指标、考评项的内容和评分区间应根据管理要求和管理重点的变化每年进行适当调整。

第三章 考评方式

第九条 会计综合考核按年度进行，考评采用百分制，以100分为初始基准分。

第十条 根据考评项，对各分支行进行逐项考核，并在评分区间内确定各考评项的实际得分。初始基准分加减各考评项的实际得分，得出各分支行当年会计综合考核评分。评分区间作为指导性指标，当出现重大问题时，可单独对此项内容进行考评。

第十一条 根据会计综合考核评分确定各分支行会计综合考核评级结果。

第四章 考评组织

第十二条 对各省辖行及省分行本部各基层营业机构会计综合考核评级工作由省分行会计结算部组织实施，并由省分行会计结算部确定考评指标、考评项的内容和评分区间。

第五章 考评结果及其运用

第十三条 会计综合考核评级结果按各分支行综合考评得分排序。综合得分排名前五位的，评定为2009年度会计综合考评优胜单位；综合得分排名较上一年度有5位次以上明显进步的单位，评定为2009年度会计综合考评进步单位。

第十四条 发生或发现考核年度或以前年度风险事故，会计条线负有相应管理责任的分支行，最终评级结果不能为优胜。

第十五条 考评结果的运用。

（一）对于会计综合考核评级确定为优胜、进步的省辖行和省分行基层营业机构，省分行将在次年的会计结算工作会议上予以表彰或表扬。

（二）对于会计综合考核评级较差的省辖行和省分行基层营业机构，省分行将下达整改意见，并加强对该行的检查、辅导力度。

第六章 附 则

第十六条 本办法由省分行会计结算部负责制定、解释和修订。

第十七条 各省辖行应根据自身管理情况，制定对所辖基层营业机构的会计综合考评办法并报省分行会计结算部备案。

第十八条 本办法自印发之日起施行。

中国光大银行集中采购管理办法

第一章 总 则

第一条 为进一步加强集中采购管理，保证集中采购工作合法合规，依据《中华人民共和国招标投标法》等国家法律法规，结合中国光大银行（以下简称“我行”）实际，制定本办法。

第二条 本办法所称集中采购，是指按照集体审批的原则，由归口管理部门统一实施，以购买、租赁、委托等方式获取房屋、货物、工程和服务的行为。

第三条 集中采购遵循公开公正、民主决策、防范风险的原则。

第四条 全行实行统一管理、集中采购、总行和一级分行（以下简称“分行”）两级操作的管理体制。

第五条 本办法适用于我行的各级机构，包括总行和各分行及其下辖的机构。

第二章 组织机构

第六条 总行和各分行都须成立在行长办公会领导下的“招标采购工作委员会”（以下简称“招采委”），负责集中采购工作。

第七条 总行“招采委”的主任、副主任由行领导担任；委员由办公室、计划财务部、信息科技部、法律合规部、监察保卫部、审计部、重点基建项目管理办公室、巡视工作办公室的负责人担任。

第八条 总行“招采委”下设“招标采购工作办公室”（以下简称“招采办”），具体负责总行集中采购的日常工作。“招采办”设在总行办公室，“招采办”主任由办公室第一负责人担任。

第九条 总行“招采委”主要工作职责：

（一）领导全行集中采购工作；

（二）确定集中采购的审批权限，审定集中采购工作规程；

（三）确定总行或分行集中采购的项目；

（四）审定采购评审专家库；

（五）审定采购方式和采购结果；

（六）对分行集中采购工作指导、监督和检查。

第十条 总行“招采委”集体审批规则：

（一）采取“招采委”委员民主投票决议的方式；

（二）“招采委”召集会议，参会人员占全部委员三分之二（含）以上时会议有效；

（三）同意人数占参会委员三分之二（含）以上时，决议事项通过；

（四）“招采委”实行例会制度，原则上每周召开一次，时间上有特殊要求，可加开会议。无法及时召开“招采委”会议的，可采取由“招采委”全体委员传签的方式；

（五）“招采办”将集体审批意见整理成“招采委会议纪要”，会签监督部门后，报“招采委”主任签发；

（六）“招采委”会议审议事项在形成会议纪要后抄报行领导。

第十一条 总行“招采办”主要工作职责：

（一）起草集中采购规章制度；

（二）组织编制总行集中采购实施计划；

（三）建立和管理采购评审专家库；

（四）建立和管理采购供应商库；

（五）组织总行权限集中采购项目的具体实施；

（六）建立总行集中采购工作档案；

（七）定期向“招采委”报告工作。

第十二条 总行“招采委”成员部门主要工作职责：

（一）办公室（“招采办”）为集中采购归口管理部门，负责组织总行权限集中采购项目的具体实施，其它部门不得自行采购。

（二）信息科技部为电子信息化类采购项目技术支持部门，负责集中采购技术论证等。

（三）办公室为广告宣传类采购项目技术支持部门，负责集中采购技术论证等。

（四）重点基建项目管理办公室为工程类采购项目技术支持部门，负责集中采购技术论证等。

（五）计划财务部负责集中采购项目费用预算的审批、下达和合同付款结算工作等。

（六）法律合规部负责审查、修改集中采购合同、授权书等法律文本，为集中采购工作提供法律支持。

（七）审计部负责对集中采购项目进行监督、检查、后评价等。

（八）监察保卫部负责对集中采购项目进行监督，对采购过程中出现的违纪行为提出处理意见等。

（九）巡视工作办公室负责对集中采购项目进行监督。

第十三条　非招标采购由总行“招采委”、“招采办”和“招采委”成员部门分别落实以上对应的职责。

第十四条　分行须成立“招采委”，原则上分行行长不得担任“招采委”主任；分行“招采委”须下设“招采办”，“招采办”设在分行办公室，“招采办”主任由办公室第一负责人担任，办公室为分行集中采购归口管理部门，负责组织分行权限集中采购项目的具体实施，分行其它部门及其下辖的机构不得自行采购。

分行“招采委”、“招采办”和“招采委”成员部门相关工作职责比照总行制定，分行“招采委”和“招采办”主任、分行“招采委”成员须报总行备案。

第三章　采购方式

第十五条　集中采购分为招标采购和非招标采购。招标采购分为公开招标、邀请招标；非招标采购分为竞争性谈判、询价、单一来源。

第十六条　公开招标。是指通过在国家或当地政府指定的报刊、信息网络或者其他媒介上发布公告（公告时间应不少于三至五个工作日），邀请符合资格要求的所有潜在的、不特定的供应商参加投标的采购方式。

项目的单一标段（或分包）预算金额在300万元以上的，须通过公开招标的方式采购。不得将应当采取公开招标方式采购的项目化整为零，或以其他任何方式规避公开招标。

原则上公开招标的项目须委托专业的招标代理公司公开招标。总行、分行须通过招标的方式选择资质高、信誉好的招标代理公司。总行和各分行须加强对招标代理公司的管理，与其签订委托代理协议，明确双方的权利和义务。

第十七条　邀请招标。是指项目具有特殊性，只能从有限的供应商处采购，采取邀请三个（含）以上，具备承担项目的能力、资信良好的供应商参加投标的采购方式。

项目的单一标段（或分包）预算金额在30万元以上、300万元（含）以下的，原则上可采取邀请招标的方式采购。

第十八条　竞争性谈判。是指通过发布公告或谈判邀请，与两家（含）以上供应商进行谈判的采购方式。

符合下列情形之一的，可以采用竞争性谈判的采购方式：

（一）市场上仅有符合要求的两家供应商；

（二）公开公告后只有两家符合要求的供应商投标且重新招标所需时间不能满足需要的；

（三）技术复杂或者性质特殊，不能确定详细规格或者提出具体要求的；

（四）不能事先计算出价格总额的；

（五）项目时间要求紧迫，采取招标方式不能满足时间要求并经“招采委”审议同意的。

根据项目预算金额的大小，竞争性谈判分为公开竞争性谈判和邀请竞争性谈判，并分别参照公开招标和邀请招标的有关规定执行。

第十九条　询价。是指通过发布公告或询价邀请，根据符合采购需求、质量和服务相等且报价最低的原则确定成交供应商的采购方式。

采购的货物规格、标准统一，现货货源充足、价格变化幅度小，可以通过询价方式采购。

根据项目预算金额的大小，询价分为公开询价和邀请询价，并分别参照公开招标和邀请招标的有关规定执行。

第二十条　单一来源。是指按有关规定只能从单一供应商处采购的采购方式。

符合下列情形之一的，可以采用单一来源的采购方式：

（一）供应商拥有专利权，或采购项目的来源渠道单一，无其他符合要求的替代选择的；

（二）必须保证原有采购项目一致性或者服务配套的要求，如后续维修、维护、零配件供应、更换或扩充，需要继续由原供应商提供商品或后续服务，且补充合同的价款不超过原合同价款的50%的；

（三）有技术延续性要求的，或预先申明需对原有采购进行后续扩充的；

（四）在某一业务领域已建立长期战略合作伙伴关系的；

（五）有特殊保密要求或特殊限制条件的；

（六）公开公告后只有一家符合要求的供应商投标且重新招标所需时间不能满足需要的；

（七）在积极推动网点建设标准化、规范化的基础上，一年之内同城网点的装修招标，以及同城网点建设所必需的网络、终端、电源等IT设备的招标，可以直接利用上次招标的成果，开展商务谈判。

第二十一条 项目的单一标段（或分包）预算金额在30万元（含）以下的货物类、服务类项目原则上采用非招标采购方式。

第二十二条 分行可根据本行的实际情况，制定低于上述标准的公开招标、邀请招标、竞争性谈判、询价的预算金额。

第四章 总、分行权限

第二十三条 房屋购建（含抵债留用）

房屋购建（含抵债留用）的所有项目，均由总行负责商务谈判工作。

第二十四条 房屋租赁

（一）总行房屋租赁、北京分行和上海分行年租金在400万元以上的房屋租赁以及其它分行年租金在300万元以上的房屋租赁，由总行负责商务谈判工作。

（二）北京分行和上海分行年租金在400万元（含）以下的房屋租赁和其它分行年租金在300万元（含）以下的房屋租赁，由分行“招采办”负责组织商务谈判工作。

第二十五条 货物类、工程类、服务类项目

本办法所称货物，是指各种形态和种类的物品，包括原材料、燃料、设备、产品等；所称工程，是指建设工程，包括建筑物和构筑物的新建、改建、扩建、装修、拆除、修缮等；所称服务，是指除货物和工程以外的其他采购对象。

（一）总行和分行货物类、工程类、服务类项目的单一标段（或分包）预算金额在300万元以上的，由总行负责招标和商务谈判工作。

（二）分行货物类、工程类、服务类项目的单一标段（或分包）预算在300万元（含）以下的，由分行负责招标和商务谈判工作。

（三）分行货物类、工程类、服务类项目总预算金额在1000万元以上的（依据总行预算批复文件），标段（或分包）的划分方案分行须上报总行，由总行负责审批。

第二十六条 一级分行筹备组的集中采购权限比照一级分行执行，采购结果报总行备案。

第五章 采购流程

第二十七条 采购准备

（一）项目需求部门负责做好立项报批、费用落实、技术方案论证、项目需求编写、市场调研、对供应商的资格要求、采购方式建议和推荐邀请的供应商（对于选型入围等特殊项目，需要确定两个或以上中标人的，应按三选一的原则推荐供应商）等前期准备工作。

（二）项目需求部门须提前将符合要求的上述材料提交“招采办”（按规定应公开招标的提前四十天；按规定应邀请招标的提前二十天；按规定可采取非招标的提前十五天）。

（三）“招采办”对项目需求部门提交的材料进行审查，拟定初步采购方案。

第二十八条 采购方式审批

（一）“招采委”会议审批

1. 项目需求部门汇报项目立项情况、市场调研情况，其中：公开招标的必须提出对投标供应商的资格和业绩要求，邀请招标的必须说明原因和推荐的供应商资格、业绩等方面的情况。

2. “招采办”汇报采购初步方案，内容包括：采购方式建议、自行招标或委托招标代理公司招标、评审专家小组构成等。

3. “招采委”委员投票表决。

（二）直接审批

总行预算金额在30万至50万（含）的项

目，可由“招采委”主任按相关要求直接审批；预算金额在30万（含）以下的项目，可由项目需求部门和预算归口管理部门按相关要求具体实施，由“招采办”主任按相关要求直接审批。各分行可根据本行的实际情况，制定低于上述规定的标准。

第二十九条 编制采购文件

“招采办”和项目需求部门共同负责采购文件的编制工作，“招采办”主要负责采购文件的商务部分，项目需求部门主要负责采购文件的技术部分，项目需求部门对业务合作方面有特殊要求的，应在招标文件中予以明确。采购文件经项目需求部门认可后，“招采办”方可对外发出。

第三十条 发出采购文件

（一）“招采办”依据项目的资格要求（年审合格的营业执照副本复印件和有关资格证明文件等），对投标供应商进行资格预审，对通过资格预审的投标供应商发出采购文件。任何人不得向他人透露已获取采购文件的潜在投标供应商的名称、数量以及可能影响公平竞争的其他情况。设有标底的，标底必须保密。

（二）采取公开招标的，自招标文件开始发出之日起至投标供应商提交投标文件截止之日止，最短不得少于二十天；采取邀请招标和竞争性谈判的，自招标文件开始发出之日起至投标供应商提交投标文件截止之日止，一般不少于五天；采取询价和单一来源采购的，自采购文件开始发出之日起至投标供应商提交投标文件截止之日止，一般不少于三天。

（三）对已发出的采购文件进行必要的澄清或者修改的，采取公开招标的应当在招标文件要求提交投标文件截止时间至少十五日前（采取邀请招标和竞争性谈判的至少三日前、采取询价和单一来源采购的至少一日前），以书面形式通知所有采购文件收受人。根据情况可适当推迟要求提交投标文件的截止时间。澄清或者修改的内容为采购文件的组成部分。

第三十一条 接受投标文件

（一）“招采办”按采购文件规定的时间、地点和密封等要求接收投标文件，收到投标文件后，应签收保存，不得开启。采取招标（或询价）采购方式投标供应商少于三个的或采取竞争性谈判方式投标供应商少于两个的，应重新组织招标、询价或竞争性谈判。

（二）在采购文件要求提交投标文件的截止时间后送达的投标文件，“招采办”应拒收。采购文件要求投标供应商讲标的，应通过抽签的方式确定讲标顺序。

第三十二条 评审小组的产生

（一）项目具备评审条件后，组建评审小组。评审小组人员组成和数量如下：

1. 公开招标、公开竞争性谈判：一般为五人（含）以上单数，由项目需求部门代表和行外专家组成，项目需求部门以外的评委原则上不少于三分之二。

2. 邀请招标、邀请竞争性谈判：一般为五人（含）以上单数，由项目需求部门代表、行内专家和行外专家组成，项目需求部门以外的评委原则上不少于三分之二。行外专家原则上多于行内专家和项目需求部门代表人数的总和。

3. 询价：一般为三人（含）以上单数，由项目需求部门代表和行外专家组成，项目需求部门以外的评委原则上不少于三分之二。

（二）评审项目一般均需聘请行外专家，无需聘请行外专家的，须具备以下条件之一：

1. 涉及银行保密或不宜对外公开的项目。

2. 市场无可比性的项目。

（三）评审专家由“招采办”在监督部门监督之下，按照符合项目评标要求的原则，在行内专家库和行外专家库中随机抽取产生。特殊项目经监督部门同意后可以直接确定。委托招标代理公司办理的项目，评审专家原则上也应在我行监督部门监督之下，由招标代理公司在依法建立的专家库中随机抽取产生。

评审专家的抽取时间原则上应当在开标前一天进行，特殊情况不得超过两天。参加评审专家抽取的有关人员对被抽取专家的姓名、单位和联系方式等内容负有保密的义务。

（四）评审专家应以科学、公正的态度参加采购的评审工作，在评审过程中不受任何干扰，独立、负责地提出评审意见，并对自己的评审意见承担责任。评审专家不得参加与自己有利害关系的采购项目的评审活动。

（五）评标专家库的建设和管理，按《中国光大银行采购评审专家管理办法》（光银发【2006】476号）执行。

第三十三条 开标

按采购文件规定的时间、地点，对投标供应商提交的符合性文件进行现场开标。项目需求部门、现场监督部门和投标供应商等有关人员参加。开标时，由投标供应商互相检查投标文件的密封情况，经确认无误后，由“招采办”工作人员当众拆封并宣读投标供应商名称、投标价格和投标文件的其他主要内容。

第三十四条 评审

评标由评审小组负责，任何单位和个人不得非法干预、影响评标的过程和结果。评审小组原则上于开标当日进行评标，工作程序如下：

（一）项目介绍和过程控制。评审小组推选评审小组组长，项目需求部门人员不得担任组长。项目需求部门介绍项目情况，由组长负责评标过程控制，维护讲标和评审秩序及控制时间。

（二）实质性响应审查。评审小组审查投标文件是否对采购文件提出的要求做出实质性响应，对供应商的资格进行审查。对采购文件未做出实质性响应的或不符合采购文件要求资格的，不再进行详细评审。

（三）详细评审。评审小组成员应根据评审标准及方法（须有合理的价格分值），对投标文件、讲标和问答情况等进行综合评审。

（四）推荐中标候选人。评审小组成员独立打分，“招采办”评分汇总，现场监督部门复核。根据投标供应商的得分情况，原则上按照从高到低的顺序推荐两名投标供应商为中标候选人。对于选型入围等特殊项目，需要确定两个或以上中标人的，应适当增加推荐中标候选人的数量，同时原则上按三选一的原则确定最终的中标人数量。

（五）填写《招标评标结果及中标人推荐书》。评审小组形成并签署评审意见，现场监督人员签署监督意见。

第三十五条 中标候选人审查和商务谈判

（一）中标候选人审查

“招采办”、项目需求部门和预算归口管理部门共同负责中标候选人审查。审查内容主要包括：中标候选人的资格、信誉、规模、人员、场地等，中标候选人投标的货物、工程或服务的产品性能、技术状况、生产条件、产品质量等。审查方式主要包括：询问、测试、核实、现场考察等。

（二）商务谈判

评审结束后，“招采办”将评审报告和投标人的投标文件交项目需求部门和预算归口管理部门，由项目需求部门、预算归口管理部门和“招采办”组成谈判小组，与被推荐的中标候选人进行商务谈判。技术性较强的项目，可聘请行外专家参加，涉及较大法律问题或有关法律问题不清、有争议时，应邀请法律部门的人员参加。

商务谈判以项目需求部门和预算归口管理部门为主，“招采办”负责组织协调。项目需求部门和预算归口管理部门根据商务谈判情况，按照中标候选人满足我行项目要求，有完整履行合同能力的原则，向“招采委”推荐最终中标人，并以备忘录的形式交“招采办”报“招采委”审批。

第三十六条 竞争性谈判、询价参照本办法第三十一条至第三十五条有关流程进行。单一来源参照本办法第三十五条的有关流程进行。

第三十七条 采购结果审批

（一）召开“招采委”会议

1.“招采办”、项目需求部门和预算归口管理部门汇报评审、中标候选人审查、商务谈判等情况和采购结果建议。

2.“招采委”委员投票表决。

（二）直接审批

参照第二十八条第二款执行。

第三十八条 发布“中标通知书”

采取公开招标、邀请招标、竞争性谈判、询价方式采购的项目，采购结果原则上应公示，公示期为三至五天，经公示无异议后，“招采办”依据签发的“招采委会议纪要”，向中标的供应商发布中标通知书。委托招标代理公司招标的项目，向招标代理公司发布“中标结果确认函”，由其经公示无异议后向中标的供应商发布中标通知书。

第三十九条 合同签署

项目需求部门和预算归口管理部门负责合同的签署。项目需求部门和预算归口管理部门与中标供应商应当自中标通知书发出之日起三十日内，按照招标文件、中标人的投标文件及中标人的补充承诺等（非招标项目按照上述相应的文件和材料）订立书面合同。主要工作流程如下：

（一）合同文本准备

合同原则上由项目需求部门和预算归口管理部门起草和审核。如供应商提供的服务或商品，对合同文本的通用性、专用性要求明显，具有某一行业特征且已被广泛应用的，可使用其格式文本。

（二）合同授权及签订

项目需求部门和预算归口管理部门根据招标文件、中标人的投标文件及中标人的补充承诺等（非招标项目按照上述相应的文件和材料），与中标的供应商就合同的各项条款达成一致后，将合同报法律合规部等部门审查通过后，根据授权情况，由有权签署人代表银行对外签署。

第四十条 合同履行与评价

（一）合同的组织实施。项目需求部门和预算归口管理部门负责组织合同的具体实施，并负责合同技术部分和特殊条款的执行；根据合同有关工作内容、工作进度及人员安排等规定，对项目实施的全过程及供应商合同履约情况进行跟踪监督并记录。

（二）合同执行验收

1. 合同实施部门应根据合同约定和项目进展情况，牵头组织内部相关部门、外部专业机构、行业专家对阶段性或最终工作成果进行验收，并根据验收情况填写验收单或编写验收报告。

2. 合同验收应严格根据合同约定条款内容，对产品及服务的标准、数量、质量、价格、交付时间等合同履行情况进行确认与评价。

3. 验收报告必须具有与合同相应的商务和技术要求相一致的对比性结论。应包括但不限于如下内容：合同约定的验收标准；按照合同要求完成情况，包括：质量、数量、工期、服务、履行的义务等（应有数字统计或需求单位使用意见等论据支持）；评价及验收结论。

第四十一条 合同付款

项目需求部门和预算归口管理部门应根据合同约定的付款条件和进度向计划财务部提出合同付款的书面申请，并提交付款所必备的单据和有关资料。付款资料主要包括：立项及预算的审批文件、付款申请、验收报告（单）、合同副本、发票等。付款方式应按行业有关规定分期付款，一般均须留足余款，以保证项目质量。

第四十二条 档案管理

（一）总行和各分行应按我行档案管理的有关规章制度做好采购档案的管理工作，保证采购档案的真实性、正确性和完整性，因人为因素造成档案丢失、损毁、虚假的，按有关规定追究责任。采购档案的保存期限为从采购结束之日起至少保存十五年。

（二）采购档案包括立项报批文件、费用审批文件、公开招标对投标供应商的资格要求、公开招标的公告方式、公告途径和公告时间、邀请招标的原因和供应商被推荐的理由、采用招标以外采购方式的相应文件和材料、“招采委”委员投票表决表、“招采委”会议纪要、招标文件、投标文件、评标标准、评审专家抽取记录、评审小组打分表、《招标评标结果及中标人推荐书》、中标候选人审查材料、采购传签文件、备忘录、商务谈判文件、中标通知书复印件、中标结果确认函复印件等。

第六章 监督检查

第四十三条 总行集中采购的监督工作由监察保卫部、审计部和巡视工作办公室共同组织实施，分行由具备相应职责的部门组织实施。

第四十四条 总行监察保卫部、审计部和巡视工作办公室轮流负责评审和预算 1000 万（含）以上商务谈判的现场监督工作，分行由具备相应职责的部门轮流现场监督。对于商务谈判的现场监督，各分行可根据本行的实际情况，制定低于上述规定的标准。

涉及监督部门自身的项目应实行回避制度，由另一部门完成监督工作。监督部门的专家参加评审时，不能同时行使监督职能。

第四十五条 监督部门对评审结果进行现场见证，现场监督人员在《招标评标结果及中标人推荐书》上签署监督意见，但不对结果发表意见，不参与打分和投票。

第四十六条 集中采购工作的过程监督。监督部门可参与采购工作的过程、列席有关会议、查阅有关资料。

第四十七条 集中采购项目的后评价。监督部门根据情况，确定是否对集中采购项目进行采购后评价，并负责进行采购后评价工作。

第四十八条 采购过程中有下列情形之一

的，情节轻微的，责令整改，通报批评；情节严重、造成损失的，对直接责任人给予纪律处分，触犯刑律的移交司法机关处理。

（一）项目需求部门越权自行采购的。

（二）采购过程中，泄漏我行商业秘密造成不良后果的。

（三）与供应商串通，侵害我行利益的。

（四）利用工作便利获取非法利益的。

（五）有其他违纪行为的。

第七章　附　则

第四十九条　本办法由总行办公室负责解释。

第五十条　由本办法产生的一切财务支出，均按照我行的财务审批制度执行。

第五十一条　各分行须根据本办法，制定相应的实施细则并报总行办公室备案。

第五十二条　本办法自印发之日起施行，原《中国光大银行集中采购管理办法》（工作通知［2009］4号）同时废止。

附件1-1：《中国光大银行采购评审专家管理办法》（光银发【2006】476号）

附件1-2：《招标评标结果及中标人推荐书》

附件1-1：

中国光大银行采购评审专家管理办法

（光银发［2006］476号）

第一章　总　则

第一条　为加强对采购评审活动的管理，规范评审专家执业行为，提高采购工作质量，依据财政部、监察部《政府采购评审专家管理办法》及相关法律法规，结合我行实际，制定本办法。

第二条　本办法所称采购评审专家（以下简称“评审专家”），是指符合本办法规定条件和要求，以独立身份从事和参加采购有关评审工作的人员。

评审专家从事和参加我行招标、竞争性谈判、询价、单一来源等采购活动评审以及相关咨询活动。

第三条　评审专家管理采用“专业划分，统一管理，随机抽取”的原则。

第四条　评审专家库由我行招标采购办公室（以下简称招采办）建立和管理，采取与有关单位专家库资源共享、我行各部室公开推荐、招采办公开招集等方式确定。

第五条　招采办应加强对评审专家的监督，切实规范专家执业行为。

第二章　评审专家资格

第六条　评审专家应当具备以下条件：

（一）具有较高的业务素质和良好的职业道德，在采购的评审过程中能以客观公正、廉洁自律、遵纪守法为行为准则；

（二）从事相关领域工作满8年，具有本科（含本科）以上文化程度，高级专业技术职称或者具有同等专业水平，精通专业业务，熟悉产品情况，在其专业领域享有一定声誉；

（三）熟悉采购、招标投标的相关政策法规和业务理论知识，能胜任采购评审工作；

（四）本人愿意以独立身份参加采购评审工作，并接受招采办的监督管理；

（五）没有违纪违法等不良记录；

（六）我行要求的其他条件。

第七条　对达不到第六条第二款所列条件和要求，但在相关工作领域有突出的专业特长并熟悉商品市场销售行情，且符合专家其他资格条件的，可以经招采办审核后，认定为评审专家。

第八条　由我行各部室公开推荐、招采办公开招集的专家应提供以下材料：

（一）个人文化及专业简历；

（二）文化及专业资格证书（原件及复印件）；

（三）个人研究或工作成就简况（包括学术论文、科研成果、发明创造等）；

（四）证明本人身份的有效证件；

（五）本人所在单位或行业组织出具的评荐意见。

第九条 凡经招采办审核登记的专家，即获得评审专家资格。招采办可以根据管理需要，颁发《中国光大银行采购评审专家聘书》。

第十条 招采办对所聘评审专家的资格每两年检验复审一次，符合条件的可以继续聘用。

第十一条 评审专家资格检验复审工作应当包括以下内容：

（一）本人专业水平和执业能力是否能够继续满足招标采购评审工作要求；

（二）本人是否熟悉和掌握招标采购法律、法规、规章制度和方针政策方面的新规定，并参加必要的招标采购培训；

（三）本人在参加招标采购活动中是否严格遵守客观公正等职业道德规范，认真履行自己的职责；

（四）本人有无违反本办法规定或其他违纪违法不良记录；

（五）招采办认为应当考核的其他内容。

第十二条 对在招标采购评审工作中有违规行为、不再胜任评审工作、检验复审不合格的，或者本人提出不再担任评审专家申请的，招采办可以随时办理有关解除资格聘用手续。

第三章 评审专家的权利义务

第十三条 评审专家在采购活动中享有以下权利：

（一）对采购制度及相关情况的知情权；

（二）对供应商所供货物、工程和服务质量的评审权；

（三）推荐中标候选供应商的表决权；

（四）按规定获得相应的评审劳务报酬；

（五）有关法律、法规和规章规定的其他权利。

第十四条 评审专家在采购活动中承担以下义务：

（一）为采购工作提供真实、可靠的评审意见；

（二）严格遵守采购评审工作纪律，不得向外界泄露评审情况（不包括本条第四款内容）；

（三）发现供应商在采购活动中有不正当竞争或恶意串通等违规行为，应及时向招采办报告并加以制止；

（四）解答有关方面对采购评审工作中有关问题的咨询或质疑；

（五）法律、法规和规章规定的其他义务。

第四章 评审专家的使用与管理

第十五条 抽取使用专家时，原则上由招采办在稽核部门的监督下随机抽取。特殊情况下，也可以由招采办专家库维护管理人员从专家库中随机抽取，并及时报送稽核部门备案。抽取专家应在实际需要人数的基础上多抽取1—2人作为候补。

评审专家抽取结果应当场记录备案。

第十六条 遇有产品和服务特殊，采购专家库不能满足需求时，可以由招采办按有关规定确定评审专家人选，但应当报稽核、监保部门备案。

第十七条 在招标采购中，评审专家的抽取时间原则上应当在开标前半天进行，特殊情况不得超过一天。

参加评审专家抽取的有关人员对被抽取专家的姓名、单位和联系方式等内容负有保密的义务。

第十八条 评审专家应以科学、公正的态度参加采购的评审工作，在评审过程中不受任何干扰，独立、负责地提出评审意见，并对自己的评审意见承担责任。

第十九条 评审专家不得参加与自己有利害关系的采购项目的评审活动。任何人发现评审专家参加此类项目评审，均可向招采办提出，招采办确认此类情况属实，应立即终止该专家的评审资格。

有利害关系主要是指三年内曾在参加该采购项目供应商中任职（包括一般工作）或担任顾

问，配偶或直系亲属在参加该采购项目的供应商中任职或担任顾问，与参加该采购项目供应商发生过法律纠纷，以及其他可能影响公正评标的情况。

第二十条 招采办建立采购评审专家信息反馈制度，听取有关各方对评审专家业务水平、工作能力、职业道德等方面的意见，核实并记录有关内容。

第二十一条 我行各部室公开推荐的内部专家被抽取参加评审活动时，其所在机构或部门应积极支持。

第五章 专家劳务费

第二十二条 专家劳务费根据财政部规定的标准执行。原则上按行外专家每半天500元、行内专家每半天300元（均为税前）标准执行，以此类推。特殊情况下聘请的专家，根据具体情况由招采办提出相应的劳务费给付标准，报行领导审批。

第二十三条 专家劳务费在专家参加评审的项目预算额度内列支，具体会计核算按照我行财务有关规定执行。

第六章 违规处罚

第二十四条 评审专家有下列情况之一的，将作为不良行为予以记录。

（一）被选定为某项目并且已接受邀请的评审项目专家，未按规定时间参与评审，影响采购工作的；

（二）在评标工作中，有明显倾向或歧视现象的；

（三）违反职业道德和国家有关廉洁自律规定，但对评审结果没有实质性影响的；

（四）违反采购规定，向外界透露有关情况及其他信息的；

（五）不能按规定回答或拒绝回答采购当事各方询问的；

（六）在不知情情况下，评审意见违反采购政策规定的。

第二十五条 评审专家有下列情况之一的，招采办将取消其招采购评审专家资格。

（一）故意并且严重损害我行、供应商等正当权益的；

（二）违反国家有关廉洁自律规定，私下接触或收受参与招标采购活动的供应商及有关业务单位的财物或者好处的；

（三）违反采购规定向外界透露有关评审情况及其他信息，给采购结果带来实质影响的；

（四）评审专家之间私下达成一致意见，违背公正、公开原则，影响和干预评标结果的；

（五）以采购名义从事有损采购形象的其他活动的；

（六）弄虚作假骗取评审专家资格的；

（七）评审意见严重违反采购有关政策规定的；

（八）第二十四条规定的不良记录一年内达到两次的。

第二十六条 由于评审专家个人的违规行为给我行造成经济损失的，我行将依法追究评审专家相应民事责任，构成犯罪的，移送司法机关追究其刑事责任。

第二十七条 招采办工作人员在抽取评审专家工作中，违反操作要求予以指定或进行暗箱操作的，或故意对外泄露被抽取评审专家有关姓名、单位、联系方式等内容的，由稽核部依据《全员问责办法》视具体情况予以问责，需给予行政处分的移送监察保卫部。

第七章 附 则

第二十八条 本办法自发布之日起执行。

第二十九条 本办法由总行行政管理部负责解释。

附件1－2：

招标评标结果及中标人推荐书

<table>
<tr><td>项目名称</td><td colspan="3">中国光大银行××××项目</td></tr>
<tr><td>评标时间</td><td>××××年××月××日</td><td>评标地点</td><td>××会议室</td></tr>
<tr><td colspan="4">1. 评审结果（综合评分法）</td></tr>
<tr><td>评　委</td><td>投标人1</td><td>投标人2</td><td>投标人3</td></tr>
<tr><td>评委1（组长）</td><td></td><td></td><td></td></tr>
<tr><td>评委2</td><td></td><td></td><td></td></tr>
<tr><td>评委3</td><td></td><td></td><td></td></tr>
<tr><td>评委4</td><td></td><td></td><td></td></tr>
<tr><td>评委5</td><td></td><td></td><td></td></tr>
<tr><td>总分合计</td><td>0</td><td>0</td><td>0</td></tr>
<tr><td>平均分</td><td>0.00</td><td>0.00</td><td>0.00</td></tr>
<tr><td>评审排序</td><td></td><td></td><td></td></tr>
<tr><td colspan="4">2. 评审小组综合评审意见</td></tr>
<tr><td colspan="4">评审小组审查了投标公司的投标文件，听取了投标公司的依次讲标并进行了询问，经独立打分，按综合评分法，××××公司得分第一，推荐为第一中标候选人，××××公司得分第二，推荐为第二中标候选人。（注：评审小组综合评审意见须包含但不仅限于以上内容。）
××××公司因为××××原因，予以废标，不再参加评审。（若有的话）</td></tr>
<tr><td>评审人签字</td><td colspan="3"></td></tr>
<tr><td colspan="4">3. 监督意见</td></tr>
<tr><td colspan="4"></td></tr>
<tr><td>监督人签字</td><td colspan="3"></td></tr>
</table>

中国光大银行石家庄分行反洗钱管理实施细则

（二○○九年十二月修订稿）

第一章 总 则

第一条 为维护金融安全和正常的社会经济秩序，打击洗钱犯罪活动，按照《中华人民共和国反洗钱法》、《金融机构大额交易和可疑交易报告管理办法》、《金融机构反洗钱规定》、《金融机构报告涉嫌恐怖融资的可疑交易管理办法》、《金融机构客户身份识别和客户身份资料及交易记录保存管理办法》、《中国光大银行反洗钱管理办法》、《中国光大银行大额交易和可疑交易报告管理办法（试行）》、《中国光大银行反洗钱客户风险等级分类管理办法（暂行）》等特制定本实施细则。

第二章 组织架构及岗位要求

第二条 根据《中国光大银行反洗钱管理办法》的要求，分行设立反洗钱工作领导小组和反洗钱工作办公室。分行反洗钱领导小组在总行反洗钱领导小组的领导下开展工作

第三条 分行反洗钱工作领导小组负责贯彻落实中国人民银行、国家外汇管理局等监管部门制定的反洗钱工作方针、政策以及总行的反洗钱工作安排，监督指导全行的反洗钱工作。

分行反洗钱工作领导小组由主管行长任组长、成员由法律合规部、运营管理部、贸易金融部、零售业务部、公司业务部、风险管理部、计划财务部、信息科技部、监察保卫部等部门的第一负责人组成。反洗钱工作领导小组下设反洗钱工作办公室，为其常设机构，设在法律合规部，法律合规部总经理任反洗钱工作办公室主任，内设反洗钱工作岗位。反洗钱工作办公室具体履行反洗钱工作的日常组织、管理职责。

各部门负责人对本业务条线（或本部门）的反洗钱工作承担管理责任，领导小组成员部门均设立反洗钱管理岗位，指定专门的联络员负责反洗钱的具体操作及各项工作的协调与沟通。各营业机构设立反洗钱工作领导小组，各支行行长为负责人，柜台经理为营业机构反洗钱工作主管，柜面设反洗钱专管员工作岗位。

第四条 反洗钱领导小组成员部门的主要职责。

（一）法律合规部（反洗钱工作常设机构）负责组织、协调管理全行反洗钱工作。包括：

1. 负责制定、解释及修订与反洗钱有关的相关制度、办法的实施细则。

2. 负责向总行报送全行大额交易数据及可疑交易数据。

3. 负责督促各支行对不能满足上报要求的大额交易数据及可疑交易数据通过系统进行补录及报送。

4. 负责组织开展全行性的反洗钱业务培训、宣传与咨询解答。

5. 负责组织开展全行性的反洗钱业务检查。

6. 负责与反洗钱相关监管机构的沟通、协调工作。

7. 负责协助相关监管部门进行反洗钱的调查、核查等工作。

8. 完成总行、分行反洗钱领导小组交办的工作。

（二）运营管理部、贸易金融部、零售业务部、公司业务部、风险管理部、计划财务部等相关业务部室的反洗钱职责：

1. 负责本条线（或本部门）主管业务领域内与反洗钱有关的业务监督管理。

2. 受理和协调解决各营业机构在本部门主管业务领域内，与反洗钱有关的相关业务问题。

3. 负责开展本部门主管业务领域内的反洗钱业务培训与检查。协助反洗钱办公室开展反洗钱

的相关工作等。

（三）信息科技部的反洗钱职责：负责对反洗钱工作提供技术支持与保障。

（四）监察保卫部的反洗钱职责：负责配合对反洗钱工作中发现的涉嫌犯罪情况进行调查；协助反洗钱办公室开展反洗钱的相关工作等。

第五条 各分支机构及相关人员（如：柜台人员、客户经理等业务人员）要遵循合法审慎原则、保密原则，在办理业务中了解客户，对涉及的大额交易和可疑交易进行识别和报送，并严格履行保存客户交易记录等反洗钱义务，配合行政执法机构及司法机关全面合作开展反洗钱工作。

第三章　反洗钱内控制度建设

第六条 分行负责建立健全分行内部反洗钱制度建设工作以及各项制度的实施细则。各营业机构的负责人对本机构内部控制制度的有效实施负责；各业务部室对本部门主管业务领域内的反洗钱内部控制制度的有效实施负责。

第七条 各机构应严格按照《中国光大银行大额交易和可疑交易报告管理办法》的规定，认真做好大额和可疑交易的上报工作。柜台业务受理人员为“可疑交易”认定工作的第一责任人，各网点临柜人员、反洗钱专管员要严格按照“办法”规定的十八条标准做好可疑交易认定工作。

第八条 各机构应严格按照《中国光大银行反洗钱客户风险等级分类管理办法（暂行）》的要求，遵循“了解你的客户”的原则，由客户开户行在10个工作日内对该客户的风险等级进行评定。各机构应根据客户风险情况及时进行等级更新工作。

第九条 各机构应严格按照《金融机构客户身份识别和客户身份资料及交易记录保存管理办法》的规定保管客户信息。

各支行需设立《可疑交易客户资料登记簿》，对初次确认为可疑的客户要登记有关信息。

第十条 各机构应当按照反洗钱预防、监控制度的要求，开展对全体柜台人员、客户经理、反洗钱岗位人员及新行员进行反洗钱培训和宣传教育工作，以提高反洗钱的知识和技能，提高反洗钱意识。

各机构要加强反洗钱的宣传工作，要根据人民银行反洗钱规定的要求和有关宣传口径，作好对客户的反洗钱宣传工作。

第十一条 各机构及其工作人员对依法履行反洗钱义务获得的客户身份资料和交易信息应当予以保密；非法律规定，不得向任何单位和个人提供。

第十二条 各机构及其工作人员应当对反洗钱报告内容及配合相关机构调查可疑交易活动等有关反洗钱工作信息予以保密，不得违反规定向客户和其他人员透露或提供。

第四章　其他规定

第十三条 各机构在履行反洗钱义务过程中，发现涉嫌犯罪的，应当及时以书面形式向中国人民银行当地分支机构和当地公安机关报告，同时向分行及总行反洗钱办公室报备。

各分支机构在配合中国人民银行相关机构调查可疑交易时，如客户要求将调查所涉及的账户资金转往境外的，相关分支机构应当立即向中国人民银行当地分支机构报告，同时应向分行及总行反洗钱办公室报备。

第十四条 各机构及其工作人员应当依法协助、配合司法机关和行政执法机关打击洗钱活动。

第十五条 各机构如因违反反洗钱规定，而受到监管机构处罚时，受处罚的机构应于收到行政处罚决定书之日起二日内，将受处罚情况、拟整改措施、相关责任人的处理意见向分行反洗钱办公室报告。

第十六条 分行反洗钱工作办公室每年将组织检查组，定期或不定期地对辖属机构的反洗钱工作进行检查，发现问题及时整改。

第十七条 各机构及相关人员违反反洗钱有关规定行为的，按照《中国光大银行全员问责办法》的规定进行处罚，同时追究部门（分支机构）负责人的领导责任。

第五章　附　则

第十八条 本办法由分行负责解释、修改。

第十九条 本办法自印发之日起执行。

中国光大银行石家庄分行“支付易”业务管理暂行办法

第一章 总 则

为加强支付易业务管理，规范业务操作，有效防范业务风险，根据人民银行、监管部门及总行工作通知【2009】412 号《关于修订〈中国光大银行支付易业务管理暂行办法〉的通知》相关规定制定本办法。

第一条 阳光支付易业务是通过布放电话支付终端，以签约方式绑定各类商户银行结算账户，单位客户绑定单位银行卡账户，个人客户绑定个人借记卡账户，依据银行卡密码为签约客户提供收取货款、查询银行账户余额、信用卡还款、代缴公共事业费等服务的创新金融业务。

第二条 电话支付终端是一款既具有银行卡支付功能，又具有电话通讯功能的电子产品。

第三条 分行各部门、各支行（分行营业部）开展支付易业务必须严格按照本办法相关规定执行。

第二章 基本规定

第四条 支付易业务交易类型

阳光支付易业务分为：非自助类支付业务和自助类支付业务。

（一）非自助类支付业务：即消费类业务，用于商户通过电话支付终端给客户刷卡使用用来收款结算。

（二）自助类支付业务：指持卡人通过电话支付终端，将事先约定的资金款项或账单金额以非面对面的方式主动划付给收款方。包括：1. 自助缴费业务；2. 信用卡还款业务；3. 资金归集业务；4. 自助账单支付业务。

第五条 支付易业务开展模式

支付易业务开展模式为间联模式，采用总行统一下发或合作机构提供的支付易接入平台，自行采购或外包服务机构布设电话支付终端，开展支付易业务，所有交易均经分行前置，如他行卡则经分行前置到总行前置，由总行与银联总中心进行清算。

第六条 业务发展对象

业务发展对象：主要是面向专业批发市场中商户转账需求及高端个人客户转账需求等应用领域。个私经营者商户要求有固定的营业场所和工商行政部门核发的有效的经营执照。

重点业务发展对象是：在正规的市场管理机构管理的专业批发市场内经营批发业务的个体工商户。

第七条 商户准入规定

1. 商户需具备的条件

商户有固定营业场所和工商行政部门核发的有效的经营执照。

2. 禁入商户类型

禁止发展下列商户：

（1）非法设立的经营组织；

（2）特殊行业商户：包括本国法律禁止的赌博及博彩类、色情服务类、出售违禁药品、毒品、黄色出版物、军火弹药等其他与本国法律、法规相抵触的商户；

（3）可疑商户：商户或商户负责人（或法人代表）已被列入中国银联的不良信息系统；

（4）注册地及经营场所不在我行所在地的商户（特殊情况除外）。

第三章 业务办理及管理流程

第八条 对目标商户的审批

1. 商户初审

（1）中国光大银行石家庄分行各经办支行或委托公司根据业务发展对象及商户准入规定对目

标商户进行实地调查，并指导商户如实填写《中国光大银行“支付易”商户申请表》。在条件许可的情况下，尽可能地向目标市场所在地的工商管理部门、税务登记部门或目标市场的审批机构等单位进行资信状况调查。

（2）对商户递交的资料进行审核，重点审查：填写的主营业务内容与营业执照的记载是否一致。

（3）要求商户提交工商营业执照、税务登记证、法人代表身份证明（应与营业执照上的姓名一致）复印件，并核对原件。

（4）要求商户开立光大银行阳光卡，并存入协定的足额押金。要求商户在《中国光大银行“支付易”特约商户协议书》上签字（盖章），填写身份证号码，并核对原件。

2. 商户资格及商户资料的复审

零售业务部根据本规定有关业务发展对象及商户准入条件对商户资格进行审核。根据有关规定审核商户资料，在通过终审的《中国光大银行“支付易”特约商户协议书》上签字盖章并书面通知运营管理部对商户结算账户上的资金按协定押金金额进行冻结。

3. 押金冻结

运营管理部收到零售业务部的书面通知后即对商户账户押金进行冻结。对因协议终止或其他原因产生的资金的解冻及划转，以零售业务部书面通知为准。

4. 商户号分配及协议书的存档

（1）运营管理部分配商户编号和终端号，并反馈零售业务部存档。

（2）《中国光大银行“支付易”特约商户协议书》一式三联，第一联由零售业务部存档，第二联维护公司保存，第三联商户保存。

第九条　对通过终审的商户终端的开通

1. 商户协议书的返还

零售业务部在《中国光大银行“支付易”特约商户协议书》签章后，通知该商户业主的电话终端业务已审批通过，并将维护公司留存联及商户存留的协议交维护公司，由维护公司将商户存留的协议交到商户处。

2. 电话支付终端管理

分行要加强对电话支付终端申请、参数设置、程序灌装、使用、更换维护撤消的管理。加强支付易终端密匙和参数的安全管理，确保不同的电话支付终端使用不同的终端密钥并定期更换（即“一机一密”）专人管理。

3. 维护公司负责装机

零售部录入商户资料到“支付易管理系统”，并根据运营管理部分配的商户号和终端号及空白PSAM卡，签发PSAM卡，并交维护公司指定专人，由维护公司安装到商户处。

第十条　交易管理

1. 支付易业务中转账业务必须有真实交易背景，所有账户转出交易必须在电话支付终端上刷卡、输入密码方可办理，禁止脱机交易和无磁交易。

2. 每笔通过阳光支付易刷卡交易，必须要求刷卡客户在签购单上签字确认，并保留单据半年以上，用于银联调单业务的查询及超过限额的交易入账确认之用。若由于签购单保存不当而引起的银联调单业务失败造成的损失，由个人商户承担责任。营销客户经理和合作公司应督促和检查客户的签购单留存情况。对于消户的商户，客户经理或合作公司对签购单一律收回，按照收单要求保留，防止客户退单。

第四章　变更商户资料

第十一条　商户信息变更

商户如需更改个体商户名称，须以新名称重新进行审批，并附上《中国光大银行石家庄分行“支付易”商户资料调整申请单》，连同新名称的营业执照、法人代表身份证（与营业执照上的名称相符）等证件的复印件，送中国光大银行石家庄分行零售业务部签署意见并盖章后办理。

商户如需更改其他信息，须填写《中国光大银行石家庄分行“支付易”商户资料调整申请单》，送中国光大银行石家庄分行零售业务部签署意见后办理。

第十二条　申请增加电话终端机

商户申请增加电话终端机时，须填写《中国光大银行石家庄分行“支付易”商户资料调整申请单》，送中国光大银行石家庄分行零售业务部，经审批通过后，将新增电话终端机资料录入“支付易”管理系统，并安排维护公司装机。

第五章 商户的日常管理

第十三条 商户培训

1. 在商户正式开通电话终端支付业务前，维护机构应确保对商户进行至少一次业务培训。

2. 开展业务后，中国光大银行石家庄分行根据业务发展和风险控制需要，应协同维护机构或支行对商户进行定期或不定期的业务培训，原则上一年内不得少于两次，并保留每次培训记录，以备核查。

第十四条 终端维护

1. 维护机构需向商户公布服务热线电话，并在接到商户要求服务（如咨询、投诉、报障、送打印纸等）的电话后，24 小时以内给予回复。

2. 中国光大银行石家庄分行零售业务部和维护机构在从事商户维护工作过程中，应注意收集和反馈商户信息，一旦获知对商户经营及财务状况有影响的负面信息，应及时进行核实调查，并评估其对收单业务的不良影响，必要时应及时终止商户的交易。

3. 对无交易商户进行清理。商户从安装了电话终端机具之日起，如连续 3 个月以上（含 3 个月）无刷卡交易发生，维护公司可对该商户进行撤机处理（商户有合理解释的除外）。零售业务部将其列入“无交易商户名单”。从商户被列入该名单之日起半年以内，不得再发展其为电话终端支付业务商户。

4. 各经办单位发现商户搬迁、倒闭、结业等状况时，及时通知中国光大银行石家庄分行，并通知维护公司追收电话终端机具。

第十五条 巡查

1. 支行或合作机构应对商户进行定期或不定期巡查，并如实填写《商户日常检查表》。通过商户巡查，促进用卡环境的改善，发现商户风险隐患报零售业务部并及时纠正或制止商户违规行为。

2. 在巡查过程中发现商户有违规行为或其他异常现象的，需向商户提出警告并协助其立即改正；如违规情节特别严重者，中国光大银行石家庄分行应及时终止该商户的交易，并将相关信息存档。

第十六条 风险监控

信息科技部建立商户交易监控系统，以便零售业务部密切关注下列交易指标：

1. 商户每日单笔交易的平均金额。

2. 商户每日交易总额和总笔数。

3. 商户每日的整数、大额交易的笔数和金额。

4. 商户每日被拒绝交易的笔数和比例。

5. 同日同一卡号在同一商户的频繁交易。

以上指标变化异常的，应及时进行实地调查，并检查相关交易单据，以核实是否存在欺诈风险。如有欺诈行为的，对其做出书面警告、暂停交易、终止协议并撤机等相应处理。

第六章 违规商户处理流程

第十七条 监控发现涉嫌违规套现商户的处理流程

1. 涉嫌违规套现交易的特点：大于或等于 5000 元，并被 1000 整除的所有交易。

2. 按照设定的违规套现交易监控检索条件，定期生成涉嫌违规套现商户名单。

3. 对涉嫌违规套现的商户进行调单跟踪核查，根据调查结果做出书面警告、暂停交易、终止协议并撤机等相应处理。

第七章 差错账的处理

第十八条 支付易业务交易过程因线路、设备故障等原因造成的交易状态不确定，可能产生差错。交易过程中的账务差错判定标准以银行后台账务为准。商户因试机等原因发生的 10 元以下的差错由商户发起查询，银行协助处理。

（一）长款

1. 因支付易商户未及时向我行提交变更信息，而导致刷卡资金未入账的，由支行向零售业务部提交阳光支付易商户调整报告单做商户信息变更，零售部审核之后向运营部提交阳光支付易商户调整报告单做商户信息变更，同时填写支付易调账报告单由运营部将资金划入变更后商户结算账户。

2. 交易过程因线路、设备故障等原因造成商户资金未到账且商户已发货的，商户向支行或合作机构提交签购单或相关证明，由支行或合作机构核对无误签属意见并填写支付易调账报告单递交零售部，由零售部审核后提交运营管理部，由运营管理部以支付易差错平台显示信息为依据进行账务调整。

3. 对于交易过程因线路、设备故障等原因造成商户资金未到账，而商户未发货的，由支行或合作机构确认后填写支付易调账报告单交由零售部，零售部审核后提交运营部，由运营部将资金上划总行，同时通过金卡差错平台上报总行。

（二）短款

因总行核心系统批量日结、商户资料录入错误等原因而造成交易资金未下划的短款，由运营管理部通过金卡差错平台上报总行，待资金下划后由运营部根据支付易差错平台的信息进行账务处理。如需向商户调单或无法收回款项，由零售业务部负责协调各支行或第三方协查相关事项。

其他未尽事宜，处理流程参照银行卡现有差错和争议业务处理流程办理。

第八章　押金的管理

第十九条　押金的冻结、划转和解冻

商户按照《中国光大银行“支付易”特约商户协议书》存入保证金，由零售业务部出具书面通知，运营管理部接到通知对账户进行部分资金冻结。

如因商户对机具保管不善导致机具损失，或者协议终止时，商户未返还“支付易”设备给维护公司，由零售部出具书面通知，运营管理部作相应的资金划转。

根据《中国光大银行“支付易”特约商户协议书》，如商户满足资金解冻条件，由零售部出具书面通知，运营管理部对冻结资金进行解冻。

第九章　各部门的职责

第二十条　分行零售业务部负责对商户资料进行复审，对《中国光大银行石家庄分行“支付易”业务商户申请表》存档管理，对押金的冻结及解冻出具书面通知，负责签署《中国光大银行“支付易”特约商户协议书》并负责相关材料的存档管理；零售业务部负责录入商户资料，对商户PSAM卡进行发卡工作；零售业务部负责与维护公司沟通联系，对商户进行日常管理、风险监控以及违规处理。负责保管商户PSAM空白卡。负责总体协调处理支付易业务的差错账，负责与商户及运营商间的沟通协调。

第二十一条　分行运营管理部负责对商户资料信息的建立与维护，分配商户编号、终端号；负责商户日常账务管理，包括划付以及相关差错的账务处理；负责日常账务处理，包括冻结、解冻。

第二十二条　分行信息科技部负责“支付易”系统的开发、维护，负责在分行前置系统的加密平台上添加加密信息，负责对“支付易”项目进行技术支持，负责支付易商户开通交易系统，负责支付易日常报表、监控、预警系统的开发、维护。信息科技部负责支付易差错平台的开发、更新和维护。

第二十三条　分行风险管理部负责对“支付易”的风险进行控制，包括事前对其可能发生的风险点的评估、事后对其检查等。

第二十四条　分行法律合规部负责对“支付易”各种规章制度、管理办法、协议文本进行法律合规性审查，并对其开展情况进行合规检查。

第二十五条　各支行及运营商负责商户营销，对商户资料的初审，负责商户的日常账务处理，银联调单、后期回访巡查工作，并如实填写《商户日常检查表》，负责商户端的日常维护工作。以及对本支行开发商户的后续关系维护。合作机构负责营销支付易商户、提供、安装、维护阳光商银通机具，以及商户耗材等的后续服务。

第十章　附　则

第二十六条　修订说明

本办法为暂行办法，根据业务的发展及商户风险的变化状况，在实践的基础上，对本办法的相关规定进行修订。

第二十七条　发布与实施

本办法由中国光大银行石家庄分行发布，并从2009年7月1日起实施。

中国民生银行石家庄分行法律与合规事务管理办法

（二〇〇九年三月一日）

第一章　总　则

第一条　为健全中国民生银行石家庄分行的内部控制机制，提高防范和化解金融风险的能力，规范分行法律事务工作，促进依法经营管理，特制定本办法。

第二条　法律与合规事务是指我分行各级机构、各事业部驻石分部、各部门在经营管理活动中涉及的下列事项：

（一）法律事项；

（二）合规管理；

（三）反洗钱管理；

（四）诉讼、仲裁管理及不良资产清收；

（五）档案管理。

第三条　分行各级机构、各事业部驻石分部、各部门涉及本办法第二条所列事项的报送审核，均需通过法律与合规风险管理系统提交，初次使用者进入民生银行OA系统——法律合规风险管理系统——下载插件——用户名为每位员工OA用户名，初始密码为888888——我的功能菜单——具体业务涉及的审核事项——草稿箱——新建——填写需要报送审核事项的基本情况，其中送审事项等蓝色方框的内容为必填项——保存并提交本部门负责人——提交至法律与合规事务部。

法律与合规事务管理应遵循依法合规、防范风险、客观独立、严谨审慎、及时准确的原则。

第二章　法律事项

第一节　法律审查

第四条　本办法所称的法律审查是指在总行授权下，法律与合规事务部对我分行各级机构、各事业部驻石分部、各部门在经营管理活动中对外签（出）具各类法律性文件进行合法性审查，以及对经营管理活动中的一般性法律问题，依据法律法规、结合有关规章制度和业务实际，提出专项法律意见的活动。

第五条　法律性文本是指我分行各级机构、各事业部驻石分部、各部门对外签（出）具的表现形式为合同（书）、协议（书）、（担）保函、承诺（书）、证明（书）、声明（书）、备忘录、意向书等的，构成单方或者多方民事权利义务关系、具有法律约束力的各类文件。分行各级机构、各事业部驻石分部、各部门对外签（出）具各类非我行标准格式法律性文件前，均须提交至法律与合规事务部进行法律审查。

第六条　法律审查的内容主要包括：

（一）对方当事人是否具有签约主体资格；

（二）业务开展是否具有法律依据，是否与前款法律审查依据的规定相抵触，或与公认的法律理论相抵触；

（三）文件条款是否违反法律审查依据的规定；

（四）文件条款之间是否有冲突，文件条款是否有歧义；

（五）文件条款是否落实了有权部门审批意见；

（六）文件条款是否有效维护我行合法权益。

第七条　法律审查事项分类

（一）格式合同文本修改审查适用于格式合同文本的审查流程。修改的格式合同文本通过审批之后，则不能修改；如果确实需要修改已经通过审批的格式合同，需要重新发起审查流程；

（二）非格式合同文本审查适用于非格式合

同文本修改的审查流程；

（三）专项法律意见审查适用于就某个或某方面问题法律审查的审查流程。

第八条 送审法律事项要求

1. 法律性文件所列各方当事人均未在文件上签章；

2. 原则上应为已经授信审批部门或业务主管部门终审（批准）的业务，或授信审批部门、业务主管部门在审批过程中需要对相关法律问题进行落实的业务；除创新业务外，不受理仅针对文本而无审批意见及业务背景的法律审查事项；

3. 业务原则上尚未叙作，除依同业惯例需在业务叙作后签署相应文本的事项，不受理业务已叙作而进行事后法律审查的事项。

第九条 基础资料的提交

送审法律性文件同时还应提交下列业务背景介绍和基础资料：

1. 授信评审部门或业务主管部门对具体业务的审批决议或批复意见、签报；

2. 项目的操作模式、相关流程；

3. 项目拟采用的法律文本结构及其相互之间的关系；

4. 可能影响我行权利义务的，与送审法律性文件直接相关的客户与第三方签订的合同、协议，做出的承诺。

根据实际，法律与合规事务部还可以要求提交下列可能影响法律风险判断的业务背景及基础资料：

1. 客户基本情况，包括：客户名称、注册地、经营范围、企业性质、股权结构、对外投资、法定代表人等情况；

2. 项目资金来源、贷款（或其他类型融资）用途、期限、还款来源；

3. 担保（反担保）内容，包括担保人、担保方式、担保的范围、担保期间（包括保证期间、担保物权的存续期间）、担保人与客户之间的关系；

4. 客户、担保人关于申请项目、提供担保的股东会、股东大会决议、董事会决议；

5. 其他与送审法律事项有关的资料、内容。

第十条 法律审查意见出具

法律与合规事务部出具法律审查意见，应由部门负责人（或授权终审人员）在法律审查审批表中的法律与合规事务部意见一栏内填写意见后签字并加盖部门公章。

第十一条 审查时限

简单的法律审查事项，法律与合规事务部一般应在受理后的1至3个工作日内回复；复杂、疑难的审查事项，一般应在不超过7个工作日内予以回复；对于特别疑难复杂的审查事项，法律与合规事务部可视具体情况予以合理延期。

审查过程中，法律与合规事务部可视业务具体情况先向送审部门反馈初步审查意见，供送审部门与客户进行前期沟通，在送审部门与客户前期沟通的基础上出具正式法律审查意见，沟通时间不计算在审查时限中。

第十二条 法律性文本的法律审查审批通过后需要加盖分支行公章的，由法律与合规事务部履行以下职责：

（一）从法律合规风险管理系统中打印出已审核完毕的法律审查审批表，并加盖法律与合规事务部公章；

（二）从法律合规风险管理系统中打印已经审批通过的法律性文本；

（三）加盖分支行公章后交给相关机构。

第十三条 法律审查意见的执行

法律审查意见是对相应法律性文件或法律问题的终局性结论，必须得到执行；未经法律与合规事务部同意，不得在执行法律审查意见中做任何变更、调整或选择性执行。

对法律与合规事务部已出具法律审查意见的法律事项再次进行修改的，送审部门应当在送审事项中明确写明再次修改的条款及内容，法律与合规事务部只对送审事项中写明内容进行审查，未在送审事项中说明的，视同采纳上一次法律审查意见。

第十四条 凡通过法律合规风险管理系统审批的法律性文本，需要将原件留存法律与合规事务部备案保管：

（一）仅需加盖我行公章的，应于盖章后即留存一份备案；

（二）需多方盖章的，原则上由他方盖章后我行再盖章；否则，审查报送的机构应于对方盖章后三日内将原件交存法律与合规事务部备案。

第二节 授权委托

第十五条 各机构办理业务如需对外出具授

权委托书，应向法律与合规事务部说明原因并提交相关材料，由法律与合规事务部统一办理。

第十六条 法律与合规事务部负责授权委托书备案保管工作，以便作为核查依据。

第三章 合规管理

第一节 兼职合规经理制度

第十七条 本办法中的兼职合规经理，是指在法律合规部门以外的各管理部门、各业务条线、各支行从事合规风险管理工作的人员。

第十八条 兼职合规经理由各单位推荐，法律与合规事务部提名，人力资源主管部门审核，经主管行领导审批后聘任。

各单位应从本单位的副职负责人，或综合事务负责人，或业务骨干中推荐兼职合规经理候选人。

第十九条 兼职合规经理出现下列情况的一项或多项时，将被免除兼职合规经理职务：

（一）工作调动，不适宜再担任兼职合规经理的；

（二）年度考评不合格的；

（三）无正当理由，应参加而未参加书面考试或考核的；

（四）工作失职，发现重大问题隐瞒不报的；

（五）出现其它不适合继续担任兼职合规经理情况的。

第二十条 在出现或即将出现本办法第十九条规定的一项或多项情形时，法律合规部门与兼职合规经理所在单位应及时沟通；该单位应及时推荐新的兼职合规经理候选人。

第二十一条 兼职合规经理承担以下职责：

（一）合规风险管理体系建设在本单位的联系、组织推动、培训和宣传；

（二）合规风险管理政策、制度、准则在本单位的传导；

（三）对本单位日常各项工作活动中的合规风险进行实时监控，及时向法律合规部门和本单位负责人提交合规风险报告；

（四）按照法律合规部门的部署在本单位进行合规风险检查工作，编制工作底稿和检查报告；

（五）就本单位的合规风险管理工作向本单位负责人提出意见和建议；

（六）按照法律合规部门的部署，参与本行合规风险管理体系的评价工作；

（七）根据合规风险管理工作要求须承担的其它职责。

第二十二条 兼职合规经理享有以下职权：

（一）有权进入本单位的所有业务领域并获取其履行职责所必需的任何文件和记录；但有关文件在下发时就明确规定了传达范围的除外；

（二）有权要求本单位员工在合理时间提供其履行职责所需要的信息和解释；

（三）有权拒绝任何单位或任何个人对违反法律或法规的事项予以确认的要求；

（四）有权根据法律合规部门的安排对本单位进行检查；

（五）对违规违纪行为，有权向法律合规部门报告。

第二十三条 各单位负责人应为兼职合规经理提供以下支持保障：

（一）为其履行职责给予合理的时间安排；

（二）为其履行职责给予必要的资源保证；

（三）带头支持与配合合规工作；

（三）不得打击报复或设置障碍；不得在工作安排、评先评优、晋级晋职等方面给予歧视性待遇。

第二十四条 建立兼职合规经理例会制度，每季召开一次，传达本行合规风险管理机制建设和执行情况、下一阶段工作要求、当期业务发展存在的主要风险隐患及防范措施等。

第二十五条 法律与合规事务部定期为兼职合规经理提供培训机会，不断提高兼职合规经理的合规风险识别和控制能力。

第二十六条 法律与合规事务部应加强对兼职合规经理的思想政治工作和廉洁自律教育，定期组织兼职合规经理学习、了解、掌握国家的有关法律、法规和本行的各项规章制度、业务操作流程、员工行为准则，组织对有关法律、法规、市场新形势新动态、银行案例等的交流和研讨，组织对风险识别、控制基础知识和技能的学习。

第二十七条 各部门兼职合规经理需要在每季度结束后15个工作日内向分行法律与合规事务部提交季度合规风险报告。

第二十八条 季度合规风险报告为书面形式，其内容应至少包括：

（一）报告期内已经发生的重大违规事件及风险变化；

（二）报告期内未发生但未来可能发生的违规事件预测；

（三）已发生或者未来可能发生的重大违规事件对本单位的影响；

（四）对已发生或者未来可能发生的重大违规事件所采取的措施；

（五）前一报告期内违规事件的整改情况；

（六）本单位合规管理风险评估；

（七）加强合规风险管理的建议；

（八）报告者认为应该报告的其他内容。

第二节 合规风险审核

第二十九条 本办法所称的合规风险审核是指为为确保本行的营运和业务活动与所适用的法律、法规、规则和准则等规范性制度相一致，而对本行的业务政策和操作程序等相关规章制度的内容，以及新产品、新业务的开发等事项，在正式实施前进行合规审查，并从合规的专业角度系统地提出合规风险审核意见、合规风险提示的活动。

第三十条 以下事项应当进行合规风险审核：

（一）本行内部规章制度的制定和修改；

（二）本行业务流程的制定和修改；

（三）本行新产品的开发、新业务的拓展、新客户关系的建立；

（四）向监管机构报送的正式书面材料和信息，但日常工作报送的各类报表、业务说明等除外；

（五）以本行名义通过媒体向社会公众所做的重大事项说明、陈述、声明、承诺；

（六）以本行名义向消费者发布的广告、产品说明或指引、带有承诺性金融服务方案；

（七）总行领导或各分行领导要求合规风险审核的其他事项。

第三十一条 法律与合规事务部在收到完备的审核材料后，一般应在三个工作日内审核完毕；对于比较紧急的送审事项，经送审部门负责人签注，在受理后一到两个工作日内审核完毕。送审的合规风险事项涉及的问题比较复杂的，承办人员可请送审人解释有关问题，并与送审部门协商可合理延长审核时间。

第三节 合规评价

第三十二条 本办法中的合规评价是指本行各相关部门客观公正地评价本部门的合规风险管理状况的活动。

第三十三条 根据总行统一下发的《中国民生银行合规风险管理标准》，分行各级机构、各事业部驻石分部、各部门应根据管理标准确定本机构需要提交的合规评分表并通过法律与合规风险管理系统按时提交自评结果。

第三十四条 2009 年，为本标准的试行期。在试行期间，每半年评价一次。2010 年开始正式适用，每季度评价一次。

第三十五条 在每个评价期末之前的 10 个工作日内，法律与合规事务部应根据实际情况对部分机构的自评结果进行复核，并通知被确定复核的机构提交合规评分表。

第三十六条 被确定复核的机构收到通知后 5 个工作日内将填写完毕的合规评分表返回给法律与合规事务部。

第三十七条 法律与合规事务部在收到合规评分表后 5 个工作日内，根据平时对被各检查机构的跟踪记录，对各机构的自评进行复核，得出初步的评价结果。

第三十八条 在得出初步的评价结果后，法律与合规事务部应将评价结果告知被评价机构。

第三十九条 被评价机构在接到法律与合规事务部的评价结果后 3 个工作日内，应完成评价结果的确认工作：对评价结果无异议的，由部门负责人在评价结果上签字确认；对评价结果有异议的，可提出反馈意见；对评价结果既不签字确认，又不按要求提出反馈意见的，视为同意评价结果。

第四节 合规风险问责

第四十条 本办法中的合规风险问责，是指对因故意或过失，不履行或者不正确履行应负的合规职责，导致本行受到或可能遭受法律制裁、监管处罚、重大财务损失或声誉损失等严重后果以及其它合规风险的行为，进行责任追究的制度。

其中不履行合规职责，包括拒绝、放弃、推诿、不适当履行岗位合规职责等情形；不正确履行合规职责，包括无合法依据或不依据规定程序、规定权限和规定时限履行合规职责等情形。

第四十一条 发生下列情形之一的，应根据本办法的规定进行合规风险问责：

（一）未遵循合规法律、法规、规则或准则，进行违法违规操作以致造成本行大额资金损失或经济案件以及其他严重负面影响的；

（二）对重大、突发合规风险事件等应报未报或迟报、谎报、瞒报、漏报的；

（三）发现合规风险或违规问题隐瞒不报，或者不主动避免任何类似违规事件的发生，或不主动纠正已经发生的违规事件的；

（四）合规风险管理人员以及其他各级管理和监督检查人员等在日常的合规风险管理和监督检查中未充分尽职，以致该发现的问题未发现，该处罚的未处罚，该提出整改意见的未提出的；

（五）合规风险管理部门以及其他管理部门、业务条线的相关人员未适当履行本行应承担的反洗钱和反恐怖融资等规定职责的；

（六）对应进行合规风险审核的事项未进行合规风险审核；或虽经合规风险审核，但无正当理由，不执行合规风险审核意见的；

（七）被客户投诉或本行内部员工以及其他个人或团体组织向本行提出附有相关证据的材料举报的；

（八）因违规等问题被新闻媒体曝光并给本行造成严重负面影响的；

（九）因涉嫌犯罪或违反治安管理条例等，公安司法机关提出问责建议的；

（十）因涉嫌违规，监管机构或本行内部审计、稽核、纪检监察等部门提出问责建议的。

第四十二条 对第四十一条所规定的情形负有相关责任的人员，是本办法所规定的责任主体，简称“责任人”，具体包括经办人员、主管人员和各级机构负责人。

责任人的划分准则如下：

（一）发生违规行为所在机构的主持工作的负责人；

（二）经集体研究决定发生的违规行为，参加研究的主要负责人及持赞同意见的人员为责任人；

（三）按照负责人或主管的指令而违规的，发出指令的负责人或主管为责任人；

（四）未经负责人或主管同意或授意发生的违规行为，经办人为责任人；对负责人或主管发生的违规行为，其经办人、知情人未提出反对意见或不抵制的，按责任人追究责任；

（五）发生违规行为，责任不清的，直接负责的负责人、主管人员和经办人员为责任人。

第四十三条 合规风险问责的处罚方式有：

（一）经济处分：包括罚款，扣发工资、奖金，责令赔偿经济损失；

（二）行政处分：包括警告、记过、记大过、降级、撤职、留用察看、引咎辞职、责令辞职、开除；

（三）其他处分：包括通报批评、书面检查、停职检查、调离岗位、行内待聘、解除劳动合同等。

以上处罚种类可以独立适用，也可合并适用。

第四十四条 在作出处罚决定时，应根据违规性质、情节轻重、危害大小、是否有从轻或从重处罚的情节、当事人对违规的认识态度等情节，决定给予相应处罚。

第四章　反洗钱管理

第一节　总　则

第四十五条 分行法律与合规事务部是分行反洗钱工作的牵头部门。分行会计业务部是分行人民币反洗钱数据的管理部门，负责对人民币可疑交易数据进行审批、统计和分析。总行贸易金融部石家庄分部是分行外币反洗钱数据的管理部门，负责外币可疑交易的审批、统计和分析。

第四十六条 分行法律与合规事务部的工作职责：

（一）负责制定分行有关反洗钱工作管理办法；

（二）承担与监管机关、行内各相关部门之间的沟通、协调与合作任务；

（三）指导、监督、检查全行反洗钱工作；

（四）协调落实反洗钱领导小组的决定和

决议；

（五）负责对支行上报的重点可疑账户进行调查分析，经反洗钱领导小组同意后，上报相关监管机关；

（六）负责对反洗钱工作中的重大疑难问题进行研究，提出解决方案与对策；

（七）遇反洗钱突发事件或重大疑难问题，及时向反洗钱领导小组报告，并做好备案工作；

（八）负责组织全行反洗钱宣传、培训；

（九）制订分行反洗钱工作计划，牵头起草反洗钱工作报告；

（十）依据《中国民生银行反洗钱工作奖惩办法》，落实对相关部门和支行反洗钱奖惩；

（十一）定期组织反洗钱工作专项检查，适时开展反洗钱工作调研。

第二节 支行反洗钱制度

第四十七条 各支行应成立反洗钱工作领导小组，组长为各支行行长，成员为支行全体会计人员。

第四十八条 每季度召开支行反洗钱工作领导小组会议，做好相关会议记录与会议纪要。

第四十九条 每年最少两次对本机构进行反洗钱工作专项自查。

第五十条 指定专人具体落实反洗钱各项工作，甄别、记录、报送各类大额和可疑交易数据。无特殊情况，反洗钱报送人员不得更换，如有变动，应在2个工作日内以书面形式（需支行反洗钱领导小组组长签字）向分行反洗钱领导小组办公室报备。

第五十一条 各支行反洗钱联络人按时通过法律合规风险管理系统上报反洗钱工作简报、反洗钱综合分析报告、反洗钱工作检查报告、非现场监管报表、年度反洗钱工作总结、下一年度反洗钱工作计划。

第五十二条 对重点可疑客户相关信息进行甄别、实时监控、分析后实时上报反洗钱领导小组办公室。

第三节 反洗钱检查制度

第五十三条 为维护《金融机构大额交易和可疑交易报告管理办法》的严肃性，确保大额和可疑交易报告的真实性、完整性和准确性，分行法律与合规事务部应对各分支机构定期进行反洗钱现场检查与非现场检查。

第五十四条 反洗钱现场检查程序分为制定检查计划、下发检查通知、被检查单位开展自查、实施现场检查、出具现场检查意见认定书、被检查单位认定、被检查单位提交整改报告等步骤，具体内容我部将另行制定相关制度。

第五章 诉讼、仲裁管理及不良资产清收

第一节 诉讼、仲裁管理

第五十五条 为规范我行各类诉讼、仲裁案件的管理，严格诉讼、仲裁案件的处理程序，维护我行各项权益，及保护我行资产安全，特制定本章节。

第五十六条 本办法所称诉讼、仲裁案件，是指我分行各级机构、各事业部驻石分部、各部门在经营管理活动中与其他单位或个人就有关权益发生的作为原告、被告、申请人、被申请人或第三人参加的民事诉讼、民事执行、行政诉讼、仲裁、破产等案件。

第五十七条 诉讼、仲裁案件管理应当遵循统一管理、分级负责、责权明确、相互配合的原则。

第五十八条 法律与合规事务部是我行诉讼、仲裁案件的归口管理部门，负责全行诉讼、仲裁案件审批、律师聘用、律师费用管理及指导、协调、监督和检查等工作。

第五十九条 我分行各级机构、各事业部驻石分部、各部门以本行名义提起诉讼或仲裁，应该将送审事项、案件相关背景材料通过法律合规风险管理系统提交。

第六十条 送审机构应当在送审事项中明确如下内容：被告人（包括但不限于债务人）基本情况、保证人基本情况（如有）、担保物基本状况及估值情况（如有）、案件基本事实及法律关系、诉讼的必要性、诉讼方案的可行性、债务人/担保人的财产调查状况（如有）等其他相关情况。

第六十一条 法律与合规事务部将根据案件情况于收到送审文件后5个工作日内做出处理决

定，并进行案件处理，以最大限度减免我行损失，维护我行合法权益。

第二节 不良资产清收

第六十二条 本办法所称的不良资产是包括各类贷款、资金拆借、承兑汇票以及信用证和保函等业务所形成的不良资产。

第六十三条 法律与合规事务部应积极协助有关部门进行不良资产的清收工作。

第六章 档案管理

第六十四条 信贷档案管理是贷后管理的重要内容，记载信贷管理的详细过程，是信贷管理的基础性工作。

第六十五条 档案管理分为实物档案管理和数字档案管理。

第六十六条 档案管理采取分类管理、专人负责、集中入库、按时交接、定期检查的管理模式，有关档案管理的内容我部将另行制定相关制度。

第七章 附 则

第六十七条 凡使用法律与合规事务部公章的，需要填写统一的印章审批表。

第六十八条 本办法适用于中国民生银行石家庄分行各级机构、各事业部驻石分部、各部门法律与合规事务管理工作。

第六十九条 本《管理办法》自发布之日起正式实施。

第七十条 本办法由中国民生银行石家庄分行法律与合规事务部负责制订、修改、解释。

中国民生银行石家庄分行合同专用章管理办法

为了加强印章管理，有效防范风险，保护银行的合法权益，根据总行关于印章管理的规定，结合我行实际，特制定《中国民生银行石家庄分行合同专用章管理办法》。

一、合同专用章管理的原则

中国民生银行合同专用章（以下简称“合同专用章”）是分行对外签署合同的印信凭证，应严格管理和正确使用，维护民生银行的利益和信誉。合同专用章实行全行统一管理、分级负责、全面监督的原则。

分行办公室是合同专用章的管理部门，负责合同专用章的统一管理和监督。

二、合同专用章的适用范围

主要用于分、支行与有关单位签订的各类合同文本、协议以及其他银行业务合同文件。

三、合同专用章的规格和式样

分行合同专用章的直径原则上要求按当地主管机关规定执行，若无相关规定，则可参照总行合同专用章的大小刻制，圆形，字体为宋体，字样使用简体汉字，中央刊五角星图案，印文统一为“中国民生银行股份有限公司石家庄分行合同专用章”，行名自左而右环行，“合同专用章”字样自左而右横行在印章下半部；若需要多枚合同专用章，则应在每枚印章上加刻编号，编号格式为（1）、（2）、（3）……，横刻于“合同专用章”字样的正中下方。原则上要求刻制带有“防伪标识”的合同专用章。

四、印章的质的

现行印章的原材料种类较多，一般有铜质、橡胶等，印章材质由分行负责刻制审批的机构自行决定。

五、印章的刻制程序

（一）审批

印章的刻制由分行办公室负责审查和管理。

合同专用章的刻制需填写“中国民生银行石家庄分行印章刻制申请审批表”。表中列有印章名称、规格、质的、枚数、申请理由或依据、印章草图、及各级领导意见等项目。经分级审批后交由管理部门负责刻制。

（二）刻制

在确认印章刻制审批手续的完整后，就可以根据本办法规定的“印章规格和式样”确定印章样式，并绘制草图，办理申请刻制手续。

合同专用章必须在所在地公安部门备案并接受公安部门的管理和监督。合同专用章应由分行办公室指派专人到所在地公安部门指定的正规工厂或刻字社进行刻制。

（三）验收

合同专用章刻妥后，应由分行办公室指定专人（至少两人）取回，并进行严格的检查、验收。验收时除了要检查印章的外形、尺寸、印文的排列及质料等是否符合原定要求外，还要检验所刻印章是否有使用过的痕迹。如需验视印模，可以使用蓝色印油并将验印形成的带印纸张当场销毁，但禁止用红色印油。

六、印章的启用

启用印章时，由分行办公室统一向所辖部门发出通知或函，明确印章启用日期，并附上新印章印模，同时抄送上级主管单位或相关单位。

七、印章的使用和管理

（一）建立保管清册

为了管好分行合同专用章，分、支行及职能部门要充分认识严格管理印章的重要性。必须建立完备的印章保管登记清册，对合同专用章进行登记备案。印章保管登记清册中必须列出编号、印章名称、申请刻制人、最后审批人、允许使用范围、印模、制发机关、启用日期、废止日期、存放地点、保管责任人、交接人等项目，具体格式由分行办公室自行设计。

（二）坚持专人保管、使用

合同专用章要实行专人管理。应指定思想素质好、工作细心、责任心强的同志专门负责印章的保管和使用。

1. 被指定专职或兼职管理使用印章的人员，必须明确职责、加强责任心，以保证一切用印都要履行批准手续。

2. 使用印章要在规定的办公室内进行。除特殊情况外，保管人员不得随意将印章携带出指定的办公室或行外使用，以防印章的丢失、或被窃用、滥用等。

3. 严禁将印章擅自委托他人代管和代用印，因事离岗应由保管部门负责人指定代保管人，代保管人用印后必须在“用印审批表”的备注栏中签名。

4. 印章管理员应负责对印章的维护和保养，以保证用印清晰。

（三）严格使用手续

1. 使用合同专用章必须十分严肃和审慎。各机构、各部门在使用合同专用章时，应建立“用印审批表”，审批表必须列出时间、部门、事由、数量、申请使用印章名称、经办人签字、部门审核、办公室意见、行领导意见、印章管理员签字等项目。

2. 印章管理员在用印时，应审阅用印内容。审查是否符合本行审批部门确定的印章使用范围、审核用印部门的意见，并审定有权签字人签字同意后方可用印，其中行领导已在有关合同文本或文件中签字认可的，可不必再将“用印审批表”送行领导签字，由印章管理员在备注栏中注明并签字即可。

3. 印章管理员要确切了解用印内容，同时要将用印审批单的内容与用印文件内容进行核对无误后才可用印。防止只看签字，不看用印内容就盲目盖印。

4. 经过确认用印手续完备后，就可按要求用印。盖印时要注意认真确认印章的名称，准确掌握用印数量，认真把握用印位置。一般要把印章下沿稍压在落款的年月之上，即所谓的“齐年盖月”。同时要保证印迹端正、清晰。盖印时要对准方位均匀用力，切勿歪斜或颠倒。

5. 严禁在空白介绍信、空白信笺、空白合同、空白纸张、空白票证上盖章。备案留存印模、胶印用印模等，应视同印章保存，严防丢失。

6. 用印凭证的保存。所有用印审批单都要进行保留，并归档作永久保存。

7. 建立印章保管人、审批人和用印人的相互监督与制约机制。审批人与保管人、用印人不得为同一人。审批人与用印人不得直接用印。用印人使用印章应取得有权审批人的审批，未经审批的不得用印。审批人不得私自或越权，不经保管人而随意用印。保管人经主管领导审批后需要用印的，主管领导或有关人员应负责监印，并做好用印登记。

八、印章的废止

印章的废止由办公室统一管理。

（一）废止通知。由于撤销、更名或其它原因造成印章废止，应按规定妥善做好善后处理工作。印章的废止和启用时一样，应向所辖部门或机构、及有关部门和上级主管单位发出正式通知或函，明确印章废止的原因及日期，并附上废止印章的印模。

（二）印章销毁。废止的印章应统一送缴分行办公室或指定部门销毁，销毁时应坚持多人监销，可由保卫部门或稽核部门派出的人员进行监销，监销人应在有关手续上签名证实。有的印章也可封存一定时期后销毁，封存手续与销毁手续相同。封存后的印章应注意妥善保存，防止不当使用。

九、印章管理的检查

为了加强对印章管理的监督工作，及时发现和解决印章管理工作中存在的问题，分行实行印章管理定期检查指导制度。

分行法律与合规事务部每季度组织一次合同专用章管理检查，并将检查结果在全行进行通报。检查内容包括印章审批、印章使用、印章保管、印章交接等方面。分行办公室的印章管理工作情况纳入综合考核内容，分行根据检查情况对分行办公室进行加分和减分。

分行办公室要按照总、分行的要求进一步加强印章管理工作，做到责任明确、手续完备、规范用印，有效防范和规避印章使用风险。对违规操作，发生责任事故的，分行按照规定对有关单位和个人进行严肃处理。

十、各支行、各部门可根据本办法，并结合支行实际情况作相应的补充规定。

十一、本办法由分行法律与合规事务部负责解释。

第五部分

大事记

1 月

5日　信达资产管理公司石家庄办事处和信达证券通力合作，争得开滦（集团）有限责任公司20亿元人民币企业债券发行主承销业务。

6日　中国人民银行天津分行党委委员、副行长兰埃用，宣传群工部副部长黄蓓深入人行张家口市赤城、怀来支行慰问困难职工。

中国农业银行惠农信用卡上市新闻发布会在石家庄召开，农总行行长张云、河北省人民政府副省长孙瑞彬出席发布会并为客户授卡。

交通银行邯郸分行正式开业，交通银行总行彭纯副行长出席开业仪式。

7—8日　光大集团监察局王嘉军监管专员和人力资源部王赞厚处长到光大银行石家庄分行考察分行班子成员。

8日　沧州市在石家庄召开与省会金融界合作恳谈会。省长助理、省金融办主任江波，省政府副秘书长于万魁、中国人民银行石家庄中心支行行长王景武等领导出席。

中国人民银行总行学习实践科学发展观活动检查组贾轶峰参事对人行石家庄中心支行学习实践活动进行检查指导。

12日　中国人民银行石家庄中心支行党委书记、行长王景武出席河北省委、省政府召开的"金融系统新春座谈会"，代表金融系统汇报2008年河北省金融工作情况和2009年主要工作措施。省委书记张云川代表省委、省政府对金融部门为河北经济发展做出的贡献给予肯定，对金融系统广大干部职工表示感谢。胡春华省长、车俊副书记、孙瑞彬副省长等领导同志与金融部门负责同志座谈交流。

13—14日　中国工商银行河北省分行召开全省行长会议，党委书记、行长沈立强作题为《坚定信心应对挑战 抢抓机遇创新发展 奋力开启绩效强行建设的崭新篇章》的工作报告，齐永田纪委书记作《认清严峻形势　加强综合治理　为打造绩效强行营造安全稳定的发展环境》的专题报告。

15日　河北省省长胡春华在中国农业发展银行河北省分行《关于2008年信贷支农情况的报告》上作出重要批示：农发行紧紧围绕河北农业、农村的发展，积极改进金融服务，较好发挥了农业政策性银行的职能作用。农业、农村发展急需金融支持，望进一步做好农村金融工作。

"携手并进，共蕴辉煌——交通银行河北省分行2009年迎新春银企联谊会"隆重举行，交通银行总行公司部陈敏副总经理和郑智勇高级经理亲临现场致辞并做蕴通财富产品演示。

中国银行业监督管理委员会河北监管局批复同意筹建华夏银行石家庄中山支行。

16日　国家开发银行河北省分行召开党委中心组学习（扩大）会议，学习胡锦涛同志在纪念改革开放30周年大会上的重要讲话，传达国家开发银行总行2008年度工作会议精神，研究部署省分行2009年工作。

18日　河北省首届"河北省十佳理财网点"暨"个人理财行业十佳评选大赛"在石家庄落下帷幕，"河北省十佳理财网点"、"河北省十佳理财师"和"河北省优秀理财师"多个奖项揭晓。民生银行石家庄新华西路支行获得"十佳理财网点"荣誉称号，民生银行维明大街支行胡桥、和平西路支行吴盛荣获"十佳理财师"称号，民生银行建设北大街支行杨伟佳获得"优秀理财师"称号。

20日　国家开发银行与河北省政府举行第六次高层联席会议并签署开发性金融合作协议。双方将进一步贯彻落实中央"保增长，扩内需，调结构"重大战略部署，共促河北两环开放带动战略的实施，建设沿海经济强省。国家开发银行副行长蔡华相、河北省常务副省长付志方、副省长孙瑞彬出席。

2 月

2日　国家开发银行河北省分行行长王力红、副行长张瑞宇与河北省南水北调工程建设委员会办公室主任袁福就省南水北调配套工程项目进行座谈。

光大银行总行免去孙建伟石家庄分行委员会委员、中共石家庄分行纪律检查委员会书记职务；免去其石家庄分行副行长、风险总监职务；另任中共黑龙江分行委员会副书记（主持工作）。

3日　中国邮政储蓄银行总行刘安东董事长到邮政储蓄银行河北省分行视察指导工作。

华夏银行总行监事长、纪委书记成燕红等一行3人到石家庄分行调研，并会见了河北省副省长孙瑞彬、省长助理江波、中国人民银行石家庄中心支行行长王景武、中国银行业监督管理委员会河北监管局局长郭锦洲，对河北省经济金融发展进行座谈。

3—4日　中国人民银行总行考核组对人行石家庄中心支行领导班子和主要领导进行年度考核。

5日　交通银行河北省分行在交通银行总行2008年“树标杆，追赶进位”公司业务竞赛活动中荣获“综合进步奖”一等奖。

5—6日　河北省农村信用合作社联合社召开第一届社员大会第五次会议和第一届理事会第十四次会议。会议审议并通过更换省联社理事的议案，选举李志国同志为河北省农村信用社联合社理事会理事长。

6日　国家开发银行河北省分行行长王力红向河北省常务副省长付志方汇报软贷款发放工作情况，与河北省发改委副主任赵春华就支持省铁路客运专线、高速公路项目情况进行座谈。

河北省金融证券领导小组办公室组织召开中期票据业务专题研讨会，中国建设银行河北省分行作为唯一一家商业银行参加此次会议。该行副行长姚仲友等就国家相关政策及此项业务操作流程进行详尽讲解。

6—8日，中国农业发展银行河北省分行行长李玉出席农发行全省分支行行长会议并讲话，传达农发行全国分行行长会议精神，总结2008年工作，分析面临形势，安排部署2009年工作。

9日　交通银行河北省分行吴春节行长拜会河北省省长胡春华，汇报分行近年改革发展和支持河北地方经济发展情况。胡春华省长对交行河北省分行改革发展取得的成绩给予肯定，对该行为河北经济发展所做的贡献表示感谢，希望交行河北省分行认真贯彻落实中央扩内需促增长的各项措施，在壮大自身实力的同时为河北经济发展做出更大贡献。

12日　中国人民银行石家庄中心支行王景武行长陪同中国人民银行天津分行林铁钢行长到北戴河休养院宣布主要负责人调整决定。

国家外汇管理局河北省分局组织召开2009年全省外汇管理工作会议。李小秋副局长作《加强管理改进服务全面提升我省外汇管理工作水平》的工作报告。

14日　河北省政府孙瑞彬副省长在中国工商银行河北省分行报送的《关于2008年工作情况的报告》上批示：“去年工行的同志们在立强同志的率领下，紧紧围绕全省经济社会发展目标，解放思想，转变观念，采取了一些超常的措施，使贷款增加、不良下降、效益提高，为全省经济社会发展提供了金融支撑，省政府感谢大家。今年要抓住政策机遇，进一步加大贷款投放和产品创新力度，及时研究政策的‘容忍度’，在避免风险的前提下尽早尽快投放，特别是今年上半年要加大力度，支持全省经济的发展。”

16日　中国人民银行石家庄中心支行召开会议，与审计署沈阳特派办就审计情况交换意见。

在中国银行总行统一部署下，中国银行河北省分行投产了“内港外币互通项目”，首次实现了港澳与内地资金直通汇划，拉直了汇款路线，实现了汇款T+0到账。

17日　工银瑞信基金管理公司监事长、原中国工商银行总行副行长张衢到工行河北省分行就基金营销等工作进行调研，工行河北省分行沈立强行长汇报有关工作。

18日　中国人民银行石家庄中心支行将《石家庄中心支行党委深入学习实践科学发展观分析检查报告评议结果和建议采纳情况》和《中国人民银行石家庄中心支行党委深入学习实践科学发展观分析检查报告》向全辖公开。

中国建设银行河北省分行在石家庄组织召开“同舟共济，共创辉煌，千家中小企业融资扶持计划实施发布会”。“融资扶持计划”内容包括筛选优质中小企业客户2000－3000家，给予融资、理财、金融产品综合配套服务等扶持政策。

19日　浦东发展银行在河北白楼宾馆举办“上海浦东发展银行石家庄分行开业暨签约仪式”。中共河北省委车俊副书记和浦发银行总行吉晓辉董事长为浦发银行石家庄分行揭牌；浦发银行总行冯树荣副书记宣读浦东发展银行石家庄分行领导班子任命文件；浦发银行总行傅建华行长在仪式上致词；河北省副省长孙瑞彬代表河北省政府表示祝贺。浦发银行石家庄分行分别与河北钢铁集团、河北省高速公路管理局、河北省中小企业信用担保中心签订合作协议。为奖励浦发银行落户省会，石家庄市市长艾文礼代表石家庄市委、市政府对浦发银行颁发100万元奖励。浦发银行石家庄分行向石家庄第一医院捐赠价值20万元的救护车一辆，还特意向石家庄扶贫基金捐赠120万元。

20日　中国人民银行石家庄中心支行召开深入学习实践科学发展观活动总结大会，中国人民银行总行深入学习实践科学发展观活动指导检查组莅临指导。

23—25日　中国农业银行河北省分行召开2009年工作会议，该分行党委书记、行长刘星作题为《抓住机遇 乘势而上 以精细化管理和业务转型为抓手 全面提升河北农行科学发展水平》的工作报告。

28日　《银行家》杂志社主办的“中国金融营销奖”颁奖典礼在北京举行，河北银行“小巨人”企业培育工程荣获2008年度“中国金融产品十佳奖”。

东方资产管理公司石家庄办事处班子成员调整。杨东同志任办事处副总经理（主持工作）、党委副书记。

3月

3日　河北省政府在中国人民银行石家庄中心支行召开河北省金融机构信贷工作座谈会，孙瑞彬副省长主持会议并作重要讲话。

中国人民银行石家庄中心支行召开《河北省志·金融志》编纂工作调度会，听取各部门第一阶段编纂工作进展情况汇报，研究工作中存在的问题，安排部署下一阶段工作。

由中国建设银行总行发起，建行河北省分行主办的企业创新融资方式产品讲座暨财务顾问签约仪式在邯郸市举行。

河北省农村信用合作社联合社召开全省农村信用社案件风险隐患清查暨党风廉政警示教育视频会议，安排部署全省农村信用社案件风险隐患清查活动与党风廉政建设工作。

6日　由河北银行承办的“河北国信资产运营有限公司2009年资产推介会”在石家庄市举行，推介资产项目54个，金额近14亿元，总计2000多笔，含土地、房产等实物资产及部分保证类、股权类资产。石家庄市政府金融办、河北银监局、石家庄市法院系统相关领导到会。

《河北日报》以《支持两基一支，助推河北经济》为题报道国家开发银行河北省分行发挥中长期信贷融资优势，贯彻落实国家宏观调控政策，大力支持河北省重大项目和重点客户情况。

11—19日　中国农业发展银行河北省分行组织农发行各市级分行、各处室主要负责人到上海浦东干部管理学院进行培训。

12日　中国人民银行石家庄中心支行党委书记、行长王景武主持召开中心支行第6次党委会，欢送梅国辉同志赴中国人民银行总行任职。

13日　信达资产管理公司石家庄办事处召开学习实践科学发展观活动总结大会。

15日　中国邮政储蓄银行河北省分行召开全省邮政金融工作会议。

15—17日　中国工商银行河北省分行黄纪宪副行长在工行秦皇岛分行调研，拜会秦皇岛市委书记王三堂、市长朱浩文等地方党政领导，就进一步加强银政合作交换意见。走访秦热发电、河北远洋、开发区管委会，并实地考察秦港集团翻车机房、煤五期码头和黄金海岸新区。

16日　中国银行河北省分行在中国银行总行统一部署下，投产了“内港外币互通项目”，首次实现了港澳与内地资金直通汇划，拉直了汇款路线，实现了汇款T+0到账。

17日　河北银行在第二届中国理财总评榜评选活动中被评为2008—2009年度最佳城市商业银行。

18日　交通银行石家庄分行吴春节行长会见秦皇岛市委书记王三堂，市委副书记、市长朱浩文一行。

19日　中国人民银行石家庄中心支行召开未兑付农村信用联社工作调度会。研究6家农村信用联社票据兑付工作进展情况、存在的突出问题及整改落实情况。

中国农业发展银行河北省分行行长李玉分别与来访的秦皇岛市委、市政府和张家口市政府主要领导商谈支持新农村建设有关事宜。

秦皇岛市市委书记王三堂、副书记朱浩文等一行12人到华夏银行石家庄分行拜会了该分行党委书记、副行长王宏杰，双方就华夏银行石家庄分行在秦皇岛市设立域外分支机构和促进秦皇岛市银企共同发展工作交换了意见。

21日　中国银行股份有限公司董事长肖钢、行长李礼辉一行会见河北省委书记张云川、省长胡春华。中国银行与河北省人民政府签署全面战略合作协议。中国银行总行副行长王永利、河北省副省长孙瑞彬代表双方在协议文本上签字。根据协议，双方将进一步加强合作关系，充分发挥各自优势，推进河北省经济社会和中行各项业务共同发展。

23日　中国银行业监督管理委员会党委派出巡视组对河北银监局进行巡视。

国家开发银行河北省分行副行长单欣红与河北省发改委副主任赵春华就河北省重点项目建设资本金需求情况进行座谈。

24日　中国银行业监督管理委员会根据《非银行金融机构行政许可事项实施办法》等相关规定，核准李铁民渤海国际信托有限公司总裁的任职资格。

25日　根据中国银行业监督管理委员会要求，中国建设银行河北省分行对担保机构担保的贷款部署检查，加强担保、典当机构的“黑、白名单”管理，有效防范风险。

25—26日　光大银行河北省分行行长郭友携光大银行总行办公室副总经理曾闻学一行来石调研，拜会河北省副省长孙瑞彬，与分行班子成员、部门负责人及员工代表进行座谈。郭友行长一行还走访了河北省高速公路管理局副局长赵志明、河北钢铁集团董事长王义芳、石药集团董事长蔡东晨等企业负责人，与企业高层进行交流。

27日　中国人民银行石家庄中心支行举办河北省人民银行系统安全教育日活动，邀请“三鹿案件”主辩律师主讲“三鹿事件带给我们的启示”。

扬子江地产集团有限公司向渤海国际信托有限公司增资7000万，渤海国际信托有限公司注册资本金达到79565万元。

28—29日　中国人民银行党校第一期县（市）支行领导干部进修班集体赴革命圣地西柏坡参观考察，中国人民银行石家庄中心支行工会主任李增仁陪同。

4月

1日　国家开发银行总行监事长姚中民在廊坊市调研，国家开发银行河北省分行行长王力红、副行长吴江陪同。廊坊市委书记赵世洪对开行多年来的支持表示感谢，希望双方在原有良好合作的基础上，进一步在城市建设、交通、园区建设等领域深化合作。

2日　共青团河北省委和中国人民银行石家庄中心支行团委联合召开河北省金融系统共青团工作联席会。

河北省农村信用联社召开全省农村信用社“五提”（提效率、提质量、提水平、提素质、提形象）活动动员视频会议，动员全省农村信用社开展“五提”活动。

3日　河北省财政厅和中国人民银行石家庄中心支行联合召开河北省省级国库支付业务代理银行工作会议。10家商业银行省级机构负责人及相关部门负责同志参加会议。民生银行石家庄分行被评为河北省国库支付业务优秀代理银行，成为连续两年获此殊荣的金融机构。

8—9日　华夏银行总行学习实践科学发展观活动第三指导检查组组长、总行监事长、纪委书记成燕红一行到华夏银行石家庄分行与部分员工进行调研座谈，就总行党委的调研课题《加强机制建设需要重点解决的两个问题》征求了基层员工的意见和建议。

9日　中国人民银行石家庄中心支行和河北省金融办组织召开河北省货币信贷政策执行委员会一季度例会。河北省长助理、省金融办主任江波，省金融办副主任甘中达、樊长坤，省委办公厅有关同志及河北省货币信贷政策执行委员会秘书处30余人参加会议。

10日　国家开发银行河北省分行行长王力红向河北省副省长张和汇报支持河北省南水北调配套工程项目融资工作。

11—12日　河北银行在中国金融网主办的“2009年中国金融形势分析、预测与展望专家年会暨第五届中国金融年会”中被评为“2008中国最具成长力中小银行”，乔志强董事长被评为“2008中国城商行年度人物”。

13—14日　由张家口市人民政府、河北省金融工作办公室、中国人民银行石家庄中心支行主办的“2009·张家口金融经济发展高层交流合作恳谈会”在张家口市举行。省长助理、省金融办主任江波，中国人民银行石家庄中心支行行长王景武出席会议并讲话。河北银监局及15家省级金融机构负责人参加会议。

中国建设银行河北省分行组织召开2009年全省建设银行工作会议，总结2008年工作，分析当前经营形势，研究部署2009年工作。

15—29日 国家开发银行河北省分行行长王力红赴玻利维亚、秘鲁调研。分别与秘鲁开发金融公司董事长、秘鲁国民银行董事长、秘鲁信贷银行行长就深化合作事宜座谈，副行长石纪杨陪同。

17—18日 河北省副省长杨崇勇、省政府副秘书长王会勇对国家外汇管理局河北省分局《关于在河北省内取消贸易进口异地付汇备案的报告》做出肯定性批示。

中国银行河北省分行与河北省建设投资公司在石家庄签署150亿元《战略合作协议》，计划向河北省建设投资公司提供包括传统商业银行业务、投资银行业务和保险业务领域在内的金融服务，并与河北省高速公路管理局签署300亿元战略合作协议。

22日 中国农业银行河北省分行行长刘星主持召开农总行巡视组进驻河北分行见面会，行领导赵增喜、于培军、张虎、禹修德、孙希晨参加。

26日 河北银行正式成为中国国际商会会员，同时成为中国国际商会银行委员会成员。

27日 河北省省长胡春华、常务副省长付志方、副省长杨崇勇、副省长孙瑞彬、省政府副秘书长于万魁分别对国家外汇管理局河北省分局《金融危机对河北省外汇形势的影响及政策建议》做出肯定性批示。

28日 中国工商银行河北省分行举行小企业专营机构成立揭牌仪式。黄纪宪副行长、刘建民副行长和河北省金融办樊长坤副主任、河北省银监局王忠坦副局长、中国人民银行石家庄中心支行邵延进副行长、河北省工业和信息化厅王建勋巡视员共同为专营机构揭牌。《金融时报》、《河北日报》、河北电视台等新闻媒体参加。

29日 中国人民银行石家庄中心支行召开“传承‘五四’精神 献身央行事业”机关青年座谈会。

中国邮政储蓄银行河北省分行启动“全员不掉队”企业文化建设活动。

30日 在中国工商银行总行组织的2009年代理个人保险旺季营销活动中，工行河北省分行率先达成营销目标，任务完成率在系统中排名第一，销售额排名第三，中国工商银行总行个人金融业务部发来贺信。

5月

4日 中国银行业监督管理委员会河北监管局召开纪念“五四”运动90周年暨“悦读堂”书友会成立大会。

5日 中国人民银行石家庄中心支行王景武行长参加中国人民银行成立旧址（小灰楼）房产变更转让签字仪式，并与北京军区联勤部某分部高兆生部长分别代表受让方和转让方签定协议。

光大银行总行党委副书记林立，办公室总经理赵小平一行八人来到石家庄视察调研，就光大银行石家庄分行阳光服务年活动推进情况及购买办公大楼事宜进行座谈。

信达资产管理公司石家庄办事处召开员工大会，向公司总部考核巡察组汇报办事处党委近两年工作情况。

7日 根据海航集团董事局推荐意见，渤海国际信托有限公司董事会聘任杨健出任公司总裁。

8日 中国人民银行石家庄中心支行召开河北省金融稳定联席会议。驻冀各银行、各法人类金融公司、部分驻冀保险公司、证券公司分管风险管理的主管行长（总经理）和风险管理部门主要负责同志以及中国人民银行石家庄中心支行金融稳定分析小组有关人员共计60余人参加会议。

中国人民银行石家庄中心支行组织召开农村信用社改革试点专项票据考核评审委员会例会。

中国工商银行总行行长杨凯生到工行河北省分行调研，对工行河北省分行近两年取得的工作成效给予充分肯定，对做好下一步工作提出具体要求。期间，会见河北省委书记张云川、省长胡春华等党政领导，就进一步加强银政合作交换意见。

中国银行河北省分行与石家庄市人民政府在石家庄签署全面战略合作协议。

11日 浦东发展银行总行给浦发银行石家庄分行发出贺信，祝贺石家庄分行存款余额突破50

亿元。

12日　民生银行石家庄分行与邯郸市人民政府签署总额为100亿元的金融合作协议。根据协议，民生银行石家庄分行将在一年内为邯郸市提供总额为100亿元的本外币授信，主要用于解决邯郸地方重大基础设施建设、重点城建项目、重点企业的流动性资金需求，对邯郸符合国家政策的建设项目给予积极支持。签字仪式上，民生银行石家庄分行还与冀中能源邯郸矿业集团有限公司和邯郸市城市建设投资有限公司分别签订总额为10亿元和30亿元的银企合作协议。

13—14日　中国农业发展银行河北省分行行长李玉陪同农发行总行客户二部总经理王富君到石家庄常山恒新纺织有限公司、河北省生产资料公司和农发行保定分行进行调研。

14日　中国人民银行石家庄中心支行响应省政府号召，在机关开展“博爱一日捐”募捐活动。共募集捐款18090元，用于帮助建立河北省农村特困大病医疗救助金等基金。

中国农业银行河北省分行行长刘星陪同农总行纪委书记朱洪波参加在石家庄平山县西柏坡举办的中国农业银行纪念“五四”运动90周年表彰座谈会。

信达资产管理公司石家庄办事处召开2009年工作会议，传达公司成立十周年纪念大会和公司2009年工作会议精神，部署办事处2009年工作。

16—17日　华夏银行石家庄分行团委积极响应党委号召，坚持以党建带团建，将团员青年学习实践科学发展观活动纳入学习实践的总体部署中，组织全行青年员工参加以“磨练青年意志、提高青年素质”为主题的野外拓展训练。

18日　中国邮政储蓄银行河北省分行公司业务系统与储蓄系统实现互通。

18—20日　在中国廊坊国际经贸洽谈会期间，中国人民银行石家庄中心支行与河北省金融办在廊坊联合主办“打造河北现代化金融产业，推进京津冀经济一体化”金融展览。

20日　中国工商银行总行印发《关于表彰“五一劳动奖状”“工人先锋号”“五一劳动奖章”获奖单位和个人的决定》（工银发〔2009〕60号）。工行河北省廊坊燕郊支行、沧州车站支行营业室被授予“省劳模先进集体”；廊坊分行行长李金辉被授予“全国金融五一劳动奖章”；省分行营业部桥西支行行长杨旭东、唐山西山支行副行长李淑玲、保定红星支行行长张琳被授予“省劳动模范”。

中国建设银行与新奥集团签订战略合作协议。中国建设银行行长张建国、新奥集团董事局主席王玉锁等出席签约仪式。根据协议，中国建设银行将通过其金融专业优势和丰富资源，为新奥集团的城市燃气、能源化工、能源物流、光伏能源、生物能源等多个清洁能源项目提供项目融资、流动资金贷款及创新供应链融资、节能减排、并购贷款等全方位支持。

21日　中国建设银行河北省分行同石家庄市商业银行（现河北银行）签署代理外汇清算业务补充协议。前者开始代理后者欧元、港元、英镑、日元、澳元、加元、新加坡元等币种境内外币清算业务。

26日　中国人民银行石家庄中心支行开展“为了灾区的孩子——央行志愿者爱心捐款”活动，共募集资金17770元，用于奖励四川汶川特大地震灾区品学皆优的中小学生。

27日　河北银行香港旅游信用卡首发仪式在该行营业部大厅举行，正式面向社会公众推出香港旅游信用卡，该卡具有香港旅游专享增值服务，特别为持卡人提供香港地区多项消费优惠。

28—30日　国家开发银行副行长石纪杨分别与秘鲁汇丰银行行长、五矿北秘鲁铜业公司总裁、中兴通讯南美地区总裁就合作事宜座谈。

28日　兴业银行石家庄分行正式对外营业。

31日　中国人民银行石家庄中心支行召开河北省人民银行系统“小金库”专项治理工作电视电话会议。王景武行长对专项治理工作提出要求。任德智纪委书记主持会议。贾广军副行长安排部署《河北省人民银行系统“小金库”专项治理工作实施方案》。

6月

1日　中国人民银行石家庄中心支行王景武行长到人行衡水市中心支行就执行货币政策、完善内控安全管理机制、狠抓工作创新、防范化解风险及外汇管理工作情况进行调研。

中国农业银行河北省分行召开财务会计暨资产负债管理工作会议，安排部署财会和资产负债体制改革工作，培训有关政策制度，该分行刘星行长、张虎副行长出席会议并讲话。

渤海国际信托有限公司北京海航大厦办公区正式启用，公司部分业务部门入驻办公，标志着渤海国际信托有限公司已开始走出河北，面向全国市场拓展业务。

2日　中国人民银行石家庄中心支行和河北省地税局联合召开河北省横向联网推广工作视频会议。

中共河北省委书记张云川、河北省省长胡春华、副省长孙瑞彬、省委秘书长景春华、省长助理、省政府秘书长尹亚力分别对中国人民银行石家庄中心支行《关于河北省一季度金融稳定情况的报告》作出肯定性批示。

中国银行河北省分行成立IT蓝图项目领导小组与指挥中心，确立投产工作组织架构。投产指挥中心下设业务组、技术组、后勤保障组、对外宣传及投诉受理组。各二级分行也成立了以“一把手”任总指挥的投产指挥体系。

3—4日　国家开发银行副行长石纪杨分别与秘鲁教育部合作司、能矿部首席顾问、卫生部管理司、利马城市信用社座谈。

4日　河北省农村信用合作社联社各县级联社集中换届工作全面启动，全省县级联社共调整交流干部146人，提拔干部221人。

8日　中国人民银行石家庄中心支行召开河北省金融系统青年联合会成立大会暨第一届委员会。会议通过《河北省金融系统青年联合会工作细则》并选举产生河北省金融系统青年联合会常委、副主席、主席。中国人民银行石家庄中心支行党委书记、行长王景武当选河北省金融系统青年联合会主席。河北省委副书记车俊、副省长孙瑞彬发来贺信。省金融办、河北省证监局、保监局、以及全省34家金融机构的优秀青年和业务骨干代表共130余人参加成立大会。

10日　中国人民银行石家庄中心支行王景武行长、邵延进副行长、刘通午副行长到“小灰楼”施工现场检查钱币博物馆工程建设情况，听取有关建设情况的汇报，并对下一阶段工作提出要求。

12日　浦东发展银行总行行长傅建华一行专程到浦发银行石家庄分行参加验收工作，傅建华行长评价说：“石家庄分行是全国唯一一家开业半年资产就超百亿的分行，是总行筹建最成功的一家分行，是总行各条线验收成绩最好的一家分行，是开业首年就规划四家分支机构的最有魄力的一家分行。”

16—17日　国家外汇管理局管理检查司张生会副司长一行6人，在河北省分局李小秋副局长陪同下，对河北省分局外汇生态环境建设工作进行实地调研。

17日　中国人民银行石家庄中心支行邀请河北行政学院副院长孙增武做“行政领导力建设”专题讲座。

18日　中国农业发展银行总行行长郑晖到定州中储粮直属库就夏粮收购资金供应与管理工作进行调研，并提出明确意见和要求。农发行省分行行长李玉、副行长王玉武，总行办公室副主任田丰、客户一部总经理殷久勇参加。

19日　中国人民银行石家庄中心支行组织13名预备党员到平山县西柏坡旧址举行党员宣誓活动和廉政教育参观学习活动。

22日　中国人民银行总行审计组在中国人民银行石家庄中心支行召开审计进点会议，对王景武行长进行履职审计。

23日　中国工商银行河北省分行召开全行领导干部大会。中国工商银行总行党委副书记、行长杨凯生宣布总行党委关于河北省分行主要领导调整的决定，黄纪宪任河北分行党委书记、行长，沈立强调上海分行工作。

中国建设银行、建银国际（控股）有限公司与廊坊市就投资银行业务签署合作协议。根据协议，该行将为廊坊市提供一揽子金融服务，内容涵盖理财、平台公司搭建、引入战略投资者、项目开发、综合性债务融资服务以及未来平台公司IPO或借壳上市等服务。

26日　河北银行唐山分行正式开业，这是该行首度设立省内分行，标志着该行跨区域发展取得实质性突破。

30日　国家开发银行副行长石纪杨陪同中国驻秘鲁大使高正月、商务参赞张吉三与秘鲁国民银行董事长签署政府协定业务账务处理细则；出席中国驻秘鲁大使高正月离任酒会。

交通银行河北省分行与交银国信合作，向宣化钢铁集团发放10亿元信托贷款。

7月

1日 中国人民银行石家庄中心支行王景武行长陪同河北省领导会见东亚银行关达昌行长一行。

2日 中国人民银行石家庄中心支行党委书记王景武主持召开中心支行党委会，传达学习温家宝总理在河北考察时的讲话精神，研究中心支行机关部分处室空缺科长配备问题。

中国人民银行石家庄中心支行、中华人民共和国石家庄海关可疑交易线索核查及案件协查合作签字仪式在中国人民银行石家庄中心支行举行。中国人民银行石家庄中心支行行长王景武、石家庄海关关长连文生出席仪式。贾广军副行长代表中国人民银行石家庄中心支行、盛南光副关长代表石家庄海关在协议书上签字。

中国银行河北省分行开发应用网络版贷款定价系统。该系统作为贷款定价精细化、科学化、战略化的重要战略工具，为一线客户经理提供报价参考，将使利率定价、授权管理与后评价水平迈上新的台阶。

3日 中国人民银行石家庄中心支行和河北省高级人民法院联合召开河北省金融司法环境建设工作联席会议。

4—5日 中国农业银行河北省分行科技部门和业务部门密切配合，按照农总行部署顺利完成了现金管理平台（二期）、新一代网上银行以及对公客户信息系统的投产切换工作。

8—10日 中国人民银行党委委员、副行长刘士余，金融研究局局长张健华，金融市场司副司长曹子娟等一行到河北省调研。调研组先后与河北省政府、保定市政府有关部门和部分金融机构、项目建设单位进行座谈，并实地考察了有关企业。调研期间，刘士余副行长一行参观了中国人民银行成立旧址——“小灰楼”。

中国银行业监督管理委员会纪委书记王华庆到河北银监局、保定分局进行调研。

中国人民银行总行人事司在中国人民银行石家庄中心支行组织召开助理巡视员民主推荐会议。

9日 中国工商银行河北省分行与秦皇岛市人民政府签署金融理财顾问协议，依托工行服务优势为秦皇岛市政府提供全方位金融服务。期间，工行河北省分行行长黄纪宪会见秦皇岛市市长朱浩文等地方党政领导，就深化银政合作交换了意见。

11日 交通银行河北省分行组织题为《解放思想是发展中国特色社会主义的一大法宝》的党课教育。

11—12日 交通银行河北省分行董事会秘书张冀湘到交行秦皇岛分行专题调研航运金融。

12日 华夏银行石家庄分行与唐山北方国际钢铁电子交易中心合作协议签约仪式在唐山举行。签约双方将在B2B电子商务领域、资金结算、资源共享、市场营销、产品创新、企业金融服务、资金托管、培训交流等多方面进行深入合作。

14日 中国人民银行总行审计组召开与中国人民银行石家庄中心支行交换审计意见会议，审计组通报了《关于王景武同志的履行职责审计报告》（交换意见稿）。

15—18日 中国农业发展银行河北省分行行长李玉到廊坊、秦皇岛、承德分行检查指导打造二级分行经营管理基础平台试点工作。

16日 河北银行与平安产险信用保证保险事业部石家庄分部联合举办“平安如意贷”业务启动新闻发布会。

中国邮政储蓄银行总行在邮政储蓄银行保定市分行试点开办小企业贷款业务。

民生银行石家庄分行与唐山市人民政府就促进唐山市重点项目建设达成总额200亿元人民币的金融战略合作协议。

17日 信达资产管理公司党委以《关于樊志江同志任职的通知》（信党发〔2009〕45号）任命樊志江同志为办事处党委委员。

18日 中国银行河北省分行拟购新办公楼（中银广场A座）正式举行开工奠基。

21—24日 中国人民银行石家庄中心支行邵延进副行长带领河北省金融支持新农村建设工作督导调研组在张家口市、承德市、保定市进行督导和调研。

22—23日 中国人民银行石家庄中心支行承办“中国人民银行天津分行离退休干部祖国颂诗歌朗诵演唱”比赛活动，天津分行助理巡视员季淳、石家庄中心支行工会主任李增仁出席会议。

天津分行机关、石家庄中心支行、呼和浩特中心支行三支代表队参加比赛。

23—24日 国家开发银行河北省分行副行长单欣红赴吉林参加由国家发改委召开的全国资源型城市可持续发展工作会议。

23日 兴业银行石家庄分行与国内著名教育品牌——新东方学校的石家庄分校正式签署《战略合作协议》，并成功发行了“兴业-新东方联名卡”，成为银企创新合作模式的典范。

24日 中国人民银行石家庄中心支行召开机关社会治安综合治理领导小组工作会议，传达河北省综治委关于开展矛盾纠纷排查和维护社会稳定及石家庄市开展创建平安省会城市的有关精神，部署下半年（重点是“十一”前后）石家庄中心支行社会治安综合治理及安全稳定工作。

25日 国家开发银行行长王力红、副行长石纪杨拜访新任中国驻秘鲁大使赵五一。

27日 中国人民银行石家庄中心支行与河北银监局、河北省环境保护厅联合召开绿色信贷政策评价新闻发布会，就工作进展情况及三部门联合制定的《河北省绿色信贷政策效果评价办法（试行）》和《河北省绿色信贷政策效果评价表》进行通报和解释。中国人民银行石家庄中心支行邵延进副行长就绿色信贷政策效果评价的相关问题回答了记者提问。

中国工商银行河北省分行举行省分行财富管理中心开业仪式。黄纪宪行长和总行私人银行部北京分部张爱民总经理分别致词，并为中心揭牌。

28日 河北银行小企业金融服务中心正式成立，河北省、石家庄市领导应邀出席小企业金融服务中心揭牌仪式暨第三届“小巨人”企业培育工程发布会。石家庄市委常委、常务副市长栗进路和河北省银监局田耀金副局长为小企业金融服务中心揭牌。

28—31日 中国人民银行总行督促检查组就落实中央“扩内需、促增长”政策措施和执行适度宽松货币政策实施情况到河北调研。先后与中国人民银行石家庄中心支行，中国银行河北省分行及其所属保定市分行、清河县支行、河北省农村信用联社，石家庄市联社，平山县联社的有关负责同志进行座谈。

31日 中国人民银行党校第二期县（市）支行领导干部进修班集体赴革命圣地西柏坡参观考察，中国人民银行石家庄中心支行工会主任李增仁陪同。

中国人民银行石家庄中心支行工会主任李增仁受党委书记、行长王景武委托，代表行党委专程到河北省第三医院，亲切看望了原中国人民银行河北省分行顾问、原河北省第四届政协副主席、离休干部戴冀农同志，祝贺他百岁寿辰。

中国建设银行河北省分行与河北省农村信用社联合社签署《全面业务合作框架协议》。

8月

4日 由中国人民银行石家庄中心支行和河北省金融学会承办的第五届环渤海金融合作论坛在承德举行。全国社保基金理事会理事长戴相龙、河北省副省长孙瑞彬、中国人民银行行长助理郭庆平出席论坛并发表主旨演讲。河北省省长助理、金融办主任江波，承德市市长张古江，中国人民银行石家庄中心支行行长王景武，副行长邵延进、贾广军，来自北京、天津、河北、山东、陕西、内蒙古、辽宁等省（区、市）金融学会会长及代表参加论坛。

7日 中国农业发展银行河北省分行行长李玉主持全省年中市级分行行长会议，传达贯彻农发行全国分行行长汇报会精神，总结今年以来的各项工作，安排部署后几个月工作。

根据中国银监会要求，中国建设银行河北省分行部署新发放贷款、票据业务、项目贷款等五方面的检查工作，边检查、边上报、边整改，及时发现和化解贷款合规性风险。

11日 中国人民银行石家庄中心支行组织召开2009年河北省人民银行行长座谈会，传达贯彻中国人民银行总行、天津分行行长座谈会精神，分析全省当前经济金融形势，总结全省人民银行系统2009年上半年工作，安排部署下半年重点任务。

12日 河北省政府办公厅到中国人民银行石家庄中心支行就政务信息工作开展调研，听取中心支行相关处室有关近期政务信息开展情况的汇报，并就下一阶段政务信息工作提出要求。

12—13日 中国人民银行总行金融稳定局周学东副局长一行到河北省廊坊市就小额贷款公司

发展情况进行专题调研，中国人民银行石家庄中心支行刘通午副行长陪同。

13日　中国农业发展银行河北省分行副行长王金浩出席与中国工商银行河北省分行联合召开的收购资金非现金结算业务动员视频会议并讲话。

中国农业银行河北省分行召开全省农行党建工作会议暨开展加强领导班子和领导干部作风建设教育活动动员会议，贯彻落实农总行党建工作会议精神，总结近年来工作成绩，部署新时期加强和改进党建的工作，对作风建设教育活动进行深入动员。

13—14日　中国工商银行河北省分行黄纪宪行长到工行沧州分行调研，走访中石油华北油田公司、华北石化公司等企业，实地考察孟村县弯头管件、盐山县管道装备产业集群，并到华北石油支行营业室看望慰问一线员工。

14日　中国人民银行石家庄中心支行举办“金融危机下经济形势分析方法论”专题讲座，邀请河北省统计局副局长杨景祥授课。

17日　国家开发银行行长王力红、副行长石纪杨分别拜访中国水电对外总公司副总经理王绍锋、中国瑞宝国际合作有限公司总裁郝景云，座谈在秘鲁的水电项目和铀矿资源开发合作事宜。

中国东方资产管理公司石家庄办事处与中国银行股份有限公司河北省分行不良资产结构性交易签约仪式在石家庄世贸皇冠酒店隆重举行。

17—23日　中国农业银行河北省分行组织全辖省部级及以上劳模、先进工作者49人到北戴河疗养。省分行党委书记、行长刘星专程看望、慰问。

19日　中国工商银行河北省分行召开服务工作（视频）会议。省分行营业部，邯郸、张家口分行三名同志做典型发言。

华夏银行石家庄分行召开深入学习实践科学发展观活动总结大会。会议全面总结回顾了学习实践活动开展以来的各项工作和取得的成绩，并提出了下一步的工作要求，华夏银行总行第二检查指导小组领导魏震来做重要讲话。

26日　光大银行石家庄分行与河北省国有资产控股运营有限公司签署战略合作协议，签订融资意向额度25亿元。

26—27日　交通银行总行华庆山监事长到交通银行河北省分行进行调研，并拜会河北省副省长孙瑞彬。

28日　中国人民银行石家庄中心支行和河北省金融工作办公室共同召开河北省金融支持新农村建设经验交流与推进工作电视电话会议。孙瑞彬副省长出席会议并讲话，省长助理、省金融办主任江波主持会议，省委省政府农村工作领导小组副组长董经纬、中国人民银行石家庄中心支行行长王景武分别讲话，秦皇岛市金融办等6家单位介绍典型经验。

29日　国家开发银行河北省分行行长王力红，副行长吴江、石纪杨与首钢董事长吴斌、五矿秘鲁公司总裁方启学、中铝董事长彭怀生座谈合作事宜。

31日　中国人民银行石家庄中心支行节能工作领导小组办公室组织召开节能减排动员大会。人民银行总行节能办公室副主任辛小光出席会议，就人民银行系统节能工作开展情况及如何做好新形势下的节能减排工作进行授课。

9月

4日　国家外汇管理局河北分局王景武局长主持召开局长办公会议，学习贯彻总局分局长座谈会精神，研究制定贯彻意见和工作措施。王景武局长和李小秋副局长就如何贯彻好总局会议精神做好下一阶段外汇管理工作提出了具体要求。

5日　由中国人民银行总行清算总中心主办，人行石家庄中心支行承办的“中国人民银行清算总中心‘十一五’规划修订工作座谈会”在石家庄召开。

8日　在新中国成立60周年之际，受中国人民银行石家庄中心支行王景武行长委托，工会主任李增仁带领人事处、离退休干部处有关人员走访慰问了建国前参加革命工作的31名中心支行老领导、老党员。

8—9日　国家开发银行总行监事长姚中民与河北省省长胡春华座谈，国家开发银行河北省分行行长王力红参加。胡省长指出，2009年河北省计划固定资产投资突破1万亿元，2010年在基本解决重大基础设施问题的基础上将转向重大民生领域的建设，希望得到开行支持。姚中民监事长表示：开行改制后仍将坚持开发性金融的方向，一如既往支持河北省的经济社会发展。

9日　国家外汇管理局河北省分局组织召开全省外汇管理局局长座谈会，传达贯彻2009年国家外汇管理局全国分局长座谈会议精神，总结全省外汇管理工作，分析外汇收支形势，安排部署全省下一阶段外汇管理工作。

中国人民银行石家庄中心支行王景武行长会见中国印钞造币总公司副总经理布建臣一行，并陪同参观中国人民银行成立旧址“小灰楼”。

中国邮政储蓄银行河北省分行开办人民币机构理财业务。

11日　中国人民银行石家庄中心支行王景武行长会见石家庄印钞厂总经理郭占旺一行，就中国人民银行成立旧址“小灰楼”和河北省钱币博物馆的布展问题进行研讨。

由河北银行承办的河北省城市商业银行合作组织银行卡业务研讨会在秦皇岛市召开，全省11家城市商业银行派出代表参加会议，与会代表介绍了本行银行卡业务发展情况，同时就如何做好银行卡业务与参会银行进行了深入交流。

交通银行河北省分行发起设立“蕴通财富·聚宝002号——固定收益理财计划”。

12日　国家外汇管理局河北分局组织召开“诚信兴商”外汇培训暨外汇生态环境建设现场会议，邀请国家外汇管理局管理检查司曹利群处长授课。

15日　中国人民银行石家庄中心支行组织召开部分金融机构支持“三年大变样”情况座谈会。

中国人民银行石家庄中心支行举办依法行政专题讲座，邀请总行条法司王少军处长授课。刘通午副行长主持讲座，贾广军副行长出席。中心支行机关各处室负责同志、行政执法人员及业务骨干，辖内各县（市）支行分管法律事务工作的行领导、办公室主任、法律事务人员共220余人接受了依法行政培训。

18日　河北银监局同意华夏银行筹建保定分行。

19日　中国人民银行石家庄中心支行组织举办全省人民银行系统会计财务、货币金银和科技3个专业在线业务竞赛。人行石家庄中心支行工会主任李增仁和总行工会副巡视员张晓晔在石家庄中心支行主会场出席开幕式。李增仁主任致开幕辞，张晓晔副巡视员发表讲话。

19—20日　中国人民银行总行党校2009年秋季进修班赴革命圣地西柏坡参观考察，人行石家庄中心支行贾广军副行长陪同。

20日　中国农业银行河北省分行资产负债管理信息系统及分析模型应用系统项目群正式上线运行，对推进事业部制改革、提高资产负债管理水平和信息披露质量、完善管理决策和深化业务监测分析等产生积极影响。

21—22日　中国人民银行石家庄中心支行邵延进副行长到廊坊市就金融支持“三年大变样”工作情况进行专题调研。期间听取廊坊市各金融机构关于支持“三年大变样”工作情况的汇报，还到廊坊市固安县林城全民创业资金互助协会进行了调研。

22日　海航集团决定将渤海国际信托有限公司作为集团内6个试点公司之一，以市场为导向，参考行业内领先企业成功经验，创新商业模式和企业发展模式，提高市场反应敏锐度，灵活应对市场环境变化，增强企业活力。

23日　中国银行肖钢董事长一行来河北调研，拜访河北钢铁集团王义芳董事长。

兴业银行石家庄分行成功主办河北省内首次“河北省加快股权投资基金发展研讨会”，与多位投资基金界专家及著名企业的主要负责人共谋股权投资基金在河北省的发展大计。

25日　国家开发银行河北省分行行长王力红参加河北省省委第七届委员会第五次全体会议。

东方购物中心购股权在上海产权交易中心成功挂牌交易，山东银座摘牌成交，转让总价款为10.25亿元，较成本2.6亿元增值7.65亿元，增值294%。

25—26日　中国工商银行河北省分行行长黄纪宪在河北会堂参加中共河北省委七届五次全会。

26—29日　中国人民银行石家庄中心支行开展“祝福祖国生日”系列庆祝活动。

27日　中国农业发展银行河北省分行行长李玉，副行长王玉武、王金浩、阎德武、李阁宗出席农发行分行机关庆祝新中国成立60周年演唱会。

28日　河北银监局领导班子及全体党员赴革

命圣地西柏坡参加爱国主义教育活动。

民生银行石家庄分行联合河北省工商联、石家庄市工商联共同举办河北省民营企业庆祝建国60周年文艺晚会。

28—29日 中国农业银行河北省分行组织开展全省农行产品创意大赛，共汇集9个二级分行及省分行机关40余篇作品，涉及银行卡、三农、信贷、国际业务等多个领域，评选出优秀作品上报农总行参加全国产品创意大赛。

10月

10日 中国建设银行总行解聘郭英辉建行河北省分行副行长职务，免去其建行河北省分行党委委员职务，另行任用。

11—16日 中国工商银行河北省分行黄纪宪行长作为中国工商银行代表团成员，陪同工商银行总行领导出访阿联酋和英国。

中国银行河北省分行与冀东发展集团有限责任公司在石家庄举行了《战略合作协议》签字仪式。根据协议，双方将建立长期的战略合作关系，中行将向冀东发展集团提供折合138亿元人民币的各类授信和融资安排，并将充分利用自身的资源和业务优势，为该集团提供全方位的金融服务。

16日 中国人民银行总行工会在中国人民银行石家庄中心支行召开人民银行业务技能在线竞赛工作座谈会。

石家庄市委常委、宣传部长孙万勇率市委宣传部、市政府规划局、文化局、文物局等有关部门领导到“小灰楼”调研并指导工作，中国人民银行石家庄中心支行李小秋副行长陪同调研。

中国农业发展银行总行行长郑晖在河北省长助理江波、承德市委书记杨汭陪同下，考察避暑山庄及周围景观综合整治项目，听取承德经济社会发展规划介绍，并看望农发行承德市分行干部职工，主持召开打造二级分行经营管理基础平台试点座谈会。

19—20日 中国人民银行石家庄中心支行召开京津冀经济金融比较研究成果交流会议，就30个课题进行交流，评选表彰了优秀调研成果一、二、三等奖。

20日 河北省货币信贷政策执行委员会组织召开2009年第三季度例会。中国人民银行石家庄中心支行、河北省发改委、省财政厅和省统计局有关领导分别介绍全省前三季度经济金融形势，各金融机构研究讨论当前全省经济金融运行的主要特点、存在的问题及下一步工作建议。

20—21日 中国银行在石家庄召开了中行系统内控工作现场会。来自中国银行总行15个部门及主要一类分行、IT蓝图第二批上线的西北区分行等共15家分行的79名代表参加了会议。会议介绍了核心银行系统覆盖的主要业务功能及相关流程、河北分行新系统上线后的整体运行情况及上线前后内控工作开展情况，讨论研究了进一步完善新系统各项业务操作规程及针对新增风险的控制措施。中国银行副行长张燕玲出席会议并讲话。

23—24日 国家外汇管理总局李超副局长在河北分局王景武局长、李小秋副局长陪同下，到河北分局调研。期间详细了解河北省外汇业务运行情况，就外汇管理改革进行广泛而深入的探讨。李超副局长还参观了中国人民银行成立旧址。

26日 中国农业银行河北省分行组织召开中国农业银行操作风险与控制自我评估（RCSA）试点工作启动会议。农总行风险管理部副总经理韩欣及省分行党委委员、副行长于培军分别讲话，对试点工作做具体部署。

河北银行举行发展战略规划项目启动会，与科尔尼公司合作完成该行五年发展战略规划项目，姚浩俊行长对该行项目参加人员提出了具体要求。

27日 中国人民银行天津分行辖区经济金融形势分析会议在邯郸召开，天津分行林铁钢行长出席会议并讲话。会议由天津分行兰埃用副行长主持。石家庄中心支行王景武行长介绍河北省前三季度经济金融运行情况，分析存在的问题及下一步措施和建议。

28日 中国银行河北省分行与冀东发展集团在石家庄签署《战略合作协议》，中行将向冀东发展集团提供各类意向性融资138亿元，在全国范围内向冀东发展集团提供包括传统商业银行业务、投资银行业务和保险业务领域在内的全面和优质的金融服务。

28—29日 国家开发银行河北省分行副行长

石纪杨陪同国家开发银行总行董事考察团拜访秘鲁第一副总统、秘鲁中央储备银行董事长、行长和秘鲁银行与保险监管委员会主席；参加开行与秘鲁开发金融公司5000万美元贷款合同签字仪式；参加张吉三商务参赞主持的中资企业座谈会。

中国人民银行石家庄中心支行召开领导干部会议。受中国人民银行总行党委委托，总行人事司副司长齐小东宣布光兰明任中国人民银行石家庄中心支行党委委员、副行长，王云峰任石家庄中心支行助理巡视员，并对贾广军副行长任职试用期满进行考核。

30日　上海浦东发展银行石家庄分行组织全行员工赴革命圣地西柏坡举行开业一周年庆典暨献礼颁奖活动联欢晚会。

11月

3日　中国人民银行石家庄中心支行组织召开河北省人民银行系统“安全管理年”活动经验交流会。

中国银监会副主席王兆星在河北银监局局长郭锦洲、副局长田耀金的陪同下，到秦皇岛市商业银行调研指导工作。

3—6日　中国银行河北省分行举办“河北钢铁供应链融资业务研讨会”。本次研讨会受到中国银行总行公司金融总部的高度重视，总部（国际结算）供应融资团队高级产品经理、高级分析师与河钢集团财务、业务人员对大力发展“钢铁行业供应链融资业务”的现实意义进行充分沟通。

5日　中国人民银行石家庄中心支行组织召开节能减排专题工作会议，传达总行2009年节能减排专题工作会议精神，研究部署贯彻落实总行会议精神的具体措施。

7日　中国工商银行河北省分行行长黄纪宪到河北大学出席工商银行百所高校“金融大讲堂”活动，就当前经济金融形势和工行改革发展情况举办专题讲座。期间，会见河北大学王洪瑞校长，并接受河北大学客座教授聘书。

9—10日　中国人民银行总行货币金银局第五检查组对中国人民银行石家庄中心支行钞票处理中心业务与安全管理进行全面检查。石家庄中心支行纪委书记任德智陪同检查。

9日　中国光大银行石家庄分行为拓宽业务发展领域，加快异地机构建设步伐，经行党委研究，决定成立邯郸业务发展部、保定业务发展部。

中国建设银行总行解聘姚仲友河北省分行副行长职务，免去其河北省分行党委委员职务，调离建设银行。

10日　石家庄、保定、沧州、衡水、邢台、邯郸等地市陆续遭遇强降雪天气。中国农业银行河北省分行制定并启动应急预案，以明传电报下发《关于做好雨雪天气安全工作的紧急通知》、《关于雪天网点营业有关事宜的紧急通知》，对有关工作进行部署。要求各二级分行、各部室落实领导责任，重点关注运钞、网点营业、用电线路、低矮房屋防压防漏及人员安全等环节，避免发生安全事故，及时清扫积雪，做好客户维护，确保了业务经营平稳运行。

中国光大银行总行免去戴欣光大银行石家庄分行行长助理职务，中共中国光大银行石家庄分行委员会委员、中共中国光大银行石家庄分行纪律检查委员会书记职务。聘任戴欣为中国光大银行法律合规部总经理助理。

10—12日　中国人民银行总行参事魏本华一行，就我国信用评级市场发展和信用评级体系建设问题在河北省进行调研，中国人民银行石家庄中心支行副行长李小秋、征信管理处相关人员陪同调研。

11日　中国人民银行石家庄中心支行王景武行长主持召开行长办公会，紧急部署应对暴雪工作。

12日　中国人民银行石家庄中心支行王景武行长、贾广军副行长等会见东亚银行石家庄分行筹备组组长张高浩一行，听取了其关于筹备及业务发展设想等情况的汇报。

12—16日　河北省农村信用联社党委中心组学习研讨会在廊坊市召开，会议提出二次创业重大命题，用三到五年时间实现河北农信根本转变。

16日　渤海国际信托有限公司经中国人民银行上海总部批复（银总部〔2009〕85号），获准进入全国银行间同业拆借市场从事同业拆借业务，成为第31家加入该市场的信托公司成员。

信达资产管理公司以信总发〔2009〕101号《关于樊志江职务聘任的通知》，聘任樊志江为信达资产管理公司石家庄办事处主任助理。

中国邮政储蓄银行河北省分行储蓄系统物理大集中工程顺利切换上线。

东方资产管理公司石家庄办事处可疑类资产收现工作划上了圆满句号。可疑类资产实现净收现14177.59万元，任务完成率118%。

18日　国家开发银行河北省分行行长王力红陪同国家开发银行总行行长蒋超良会见巴西淡水河谷执行董事Martinf。

根据中国银监会要求，中国建设银行河北省分行组织开展信贷风险、案件风险、政府融资平台信用风险、房地产行业信贷风险、个人贷款违规流入资本市场风险和流动性风险等六大风险排查，指导二级分行化解风险，部署相关防范措施。

19日　中国银监会批准原石家庄市商业银行更名为河北银行股份有限公司。

中国工商银行总行在河北金融培训学校召开房地产与个人信贷业务研讨会。

19—20日　中质协质量保证中心对河北银行质量管理体系运行情况进行了为期两天的监督审核。

20日　河北省高院向天津市房地产登记机关下达裁定，将广州国际信托投资公司（简称广州国投）位于天津市和平区“海珠大厦”的4114.71㎡房产裁定给渤海国际信托有限公司，偿还其拖欠渤海信托的债务，至此渤海信托此项逾期11年、本金余总额达3770余万元的不良债权全部收回，且实现收益1990多万元，使渤海信托资产质量得到有效提升。

23—24日　全国政协主席贾庆林率团到秘鲁访问。国家开发银行河北分行副行长石纪杨参加欢迎仪式、中资企业座谈会、中国－秘鲁经贸合作论坛和秘鲁总统阿兰·加西亚为贾庆林主席举办的招待国宴。

中国农业银行河北省分行在农总行举办的全国农行系统“三农”业务知识竞赛决赛中，由农行石家庄市栾城支行牛杨柳、邢台市沙河支行王英杰、衡水市城中支行耿祝业组成的代表队荣获一等奖。

23日　兴业银行石家庄分行举办“客户答谢会暨项目签约仪式”。副省长孙瑞彬出席活动并做了重要讲话。兴业银行石家庄分行先后与河北省国有资产监督管理委员会、河北钢铁集团有限公司、河北省中小企业担保服务中心签订了业务合作协议。

24日　中国农业发展银行河北省分行行长李玉同来行开展2009年重点工作综合检查的总行检查组同志座谈。

26日　中国人民银行石家庄中心支行会同河北省环境保护厅、河北银监局、河北证监局、河北保监局和河北省环保联合会，举办河北省第三届环保与金融论坛。省政府孙瑞彬副省长、江波省长助理和石家庄中心支行王景武行长出席会议并讲话。共计150余人参加论坛活动。在河北省第三届“环保与金融”论坛上，中国建设银行河北省分行被中国人民银行石家庄中心支行、河北省环境保护厅和河北省银监局三部门评为2009年度“绿色信贷优秀单位”，受到通报表彰。

河北银监局批准筹建华夏银行股份有限公司唐山分行。

河北省银行业协会理事会会议暨第五次会员大会在河北省石家庄市召开，河北省副省长孙瑞彬出席会议作重要讲话，中国银行业协会秘书长陈远年到会指导，河北银监局郭锦洲局长、李在春副局长参加会议并致辞。

在河北省政府、中国人民银行石家庄中心支行、河北银监局联合召开的河北省“环保与金融”论坛上，民生银行石家庄分行在全省90多家参评机构中脱颖而出，被评为“河北省2009年度绿色信贷优秀单位”。

26—27日　中国人民银行总行国库局董化杰副局长到河北省张家口市中心支行调研指导国库工作。

27日　中国人民银行石家庄中心支行邵延进副行长主持召开中国人民银行旧址纪念馆暨河北钱币博物馆开馆筹备工作调度会。

12月

1日　中国人民银行旧址纪念馆暨河北钱币博物馆开馆典礼在河北石家庄举行。中国人民银行党委委员、副行长马德伦，河北省副省长孙瑞彬出席仪式并讲话。中国人民银行石家庄中心支行党委书记、行长王景武主持典礼。出席典礼的还有省长助理、省金融办主任江波；人民银行总行办公厅、会计财务司、货币金银局、人事司、宣传部，中国钱币博物馆、印钞造币总公司等部门负责同志，天津分行党委书记、行长林铁钢及有关部门负责同志；省政府副秘书长于万魁、省委宣传部副部长王景武及省直有关部门负责同志；石家庄市委常委、常务副市长栗进路，市委常委、宣传部长孙万勇及市直有关部门负责同志；有关兄弟分支行的领导嘉宾；石家庄中心支行行领导、离退休老领导、干部职工代表及董必武、南汉宸亲属等特邀嘉宾；河北银监局、证监局、保监局及省市有关金融机构负责同志。典礼仪式结束后，马德伦副行长、孙瑞彬副省长等领导和嘉宾参观了纪念馆及河北历史货币、根据地货币、人民币发展史、反假货币宣传等陈列展览。

中国人民银行总行副行长马德伦到中国人民银行石家庄中心支行调研，与石家庄中心支行处以上干部座谈。天津分行行长林铁钢，总行办公厅主任金琦、货币金银局局长文四立、会计财务司副司长李忠林、人事司副司长水汝庆、党委宣传部副部长李明、中国钱币博物馆党委书记庞则义及总行办公厅有关处室负责同志陪同。

2 日　中国人民银行石家庄中心支行组织河北省人民银行、各银行业金融机构地市（含）以上分支机构在分会场参加中国人民银行总行第二代支付系统暨中央银行会计核算数据集中系统（ACS）建设电视电话会议。会后，人行石家庄中心支行立即召开河北省第二代支付系统暨 ACS 建设电视电话会议，刘通午副行长就河北省两个系统建设工作提出要求。

3 日　中国银行业监督管理委员会河北省监管局正式下达了“关于筹建上海浦东发展银行股份有限公司邯郸分行的批复”（银监冀局［2009］371 号）。

交通银行河北省分行为保定天威英利新能源有限公司成功办理出口信用保险项下应收账款买断业务（单保理买断业务）。

信达资产管理公司石家庄办事处与中国建设银行河北省分行在石家庄市举行《战略合作协议》和核销类资产包《委托代理协议》签字仪式。信达公司办事处主任杜宝峰和建行河北省分行行长杨毓代表双方在协议上签字，标志着信达公司石家庄办事处与建行河北省分行的合作由单一的不良资产处置扩大到受托管理、投融资业务、资金结算、投资银行业务、保险业务、基金业务等多领域的全方位战略合作。

7—11 日　国家开发银行总行党建巡视组在国家开发银行河北省分行检查工作。分行行长王力红陪同走访承德市、河北省金融办、省银监局等单位，并实地调研承德滦平肉鸡养殖项目。

10 日　中国邮政储蓄银行河北省分行与河北省财政厅联合下发文件，全省财政涉农补贴资金由邮储银行代为发放。

11 日　中国人民银行石家庄中心支行邵延进副行长主持召开中心支行“青年文明号”创建工作领导小组会议，评审 2009 年度中心支行级青年文明号、青年岗位能手，推荐 2009 年度天津分行级、总行级青年文明号、青年岗位能手。

中国人民银行石家庄中心支行王景武行长主持审计署上海特派办进点见面会。

民生银行沧州分行举行盛大开业庆典。作为民生银行系统内首家银监局批准的二级分行、沧州第一家股份制银行，民生银行沧州分行开业受到高度重视。中国银行业监督管理委员会河北监管局局长郭锦洲、中国人民银行石家庄中心支行行长王景武，河北省金融办副主任甘中达，沧州市委书记郭华和市长刘学库等领导出席开业庆典。

14 日　河北省货币信贷政策执行委员会在中国人民银行石家庄中心支行组织召开信贷工作座谈会。孙瑞彬副省长、江波省长助理、王景武行长、邵延进副行长出席会议。省领导对银行业金融机构进一步加大信贷支持地方经济发展力度提出具体要求。

国家开发银行河北省分行行长王力红与河北省南水北调办公室主任袁福就河北省南水北调配套工程项目以及组建河北水务集团进行座谈。

15 日　中国人民银行石家庄中心支行组织召开河北省会计财务年终决算工作会议，安排部署 2009 年度年终决算工作。

16 日　河北银行在河北会堂举行河北银行有限公司揭牌庆典仪式，河北省委副书记、石家庄市委书记车俊，省政府副省长孙瑞彬为河北银行揭牌。同日，河北银行总行办公大楼举行更名揭牌仪式，姚浩俊行长致辞，乔志强董事长和姚浩俊行长共同揭牌。

19日　中国邮政储蓄银行河北省分行终端绑定管理系统项目成功推广上线。

21日　中国银行业监督管理委员会河北监管局召开机关党员大会，选举新一届机关党委委员。各支部党员（含预备党员）、非中共党员列席会议。

河北省农村信用合作社联合社党委研究决定授予宋秋菊等11名同志“2008年度十佳员工”荣誉称号，授予崔润生等146名同志“2008年度优秀员工”荣誉称号，授予廊坊霸州联社胜芳信用社等11家农村信用社“2008年度十佳信用社”荣誉称号。

22日　中国人民银行石家庄中心支行贾广军副行长主持召开中心支行机关会计年终决算联席会，安排部署2009年度年终决算工作。

中国农业银行河北省分行连续第五次荣获农总行“寿险代理业务龙虎争霸赛月度业务规模擂主”，农总行专门派人颁发了锦旗。

23—24日　中国人民银行石家庄中心支行在唐山召开河北省中小企业信用信息建设现场会暨农村信用体系建设经验交流会。

23日　中国建设银行河北省分行与中国信达资产管理公司石家庄办事处签订《战略合作协议》，实现优势互补、资源共享和共同发展。双方还签订了《委托代理协议》。

24—26日　国家开发银行总行副行长郑之杰率团到秘鲁考察。国家开发银行河北省分行副行长石纪杨陪同。与中国驻秘大使赵五一、政务参赞虞越、商务参赞张吉三以及秘鲁华人华侨社团主席萧孝权、中铝秘鲁总经理戴锡宝、中水电秘鲁总经理王宽、庄胜集团总裁周建和等进行座谈，并赴利马市、库斯科地区考察。

24日　河北省委书记张云川在中国工商银行河北省分行黄纪宪行长呈报的《关于我省加快承接京津辐射促进经济更好更快发展的几点思考》的调查报告上批示：“瑞彬、江波同志：工商行工作甚值肯定，应表示感谢。纪宪同志提出的若干工作意见望研究”。25日，省政府孙瑞彬副省长批示：“请金融办按云川书记批示落实。纪宪同志的有些建议很好，请你们研究后充实到明年的工作计划中”。25日，省长助理、金融办主任江波批示：“云川书记、瑞彬副省长的批示很重要。请各处认真阅研纪宪同志的建议，在工作中落实”。

26日　中国农业银行河北省分行分别在沧州分行、邢台分行举行小企业金融服务中心成立揭牌仪式。

28—29日　中国人民银行石家庄中心支行王景武行长参加河北省青年联合会第十届委员会第一次会议，当选为省青联十届委员会常委、副主席。

29日　中国人民银行石家庄中心支行王景武行长听取中国农业银行河北省分行刘星行长关于农业银行改革有关情况的汇报。

河北银行天津分行正式开业，成为该行在河北省外设立的首家分行。

29—30日　中国农业银行河北省分行召开全省农行第一届职工代表大会暨工会会员代表大会第二次会议。来自全省各地分、支行的109名职工代表参加会议。

31日　河北省政府副省长孙瑞彬，省政府省长助理、省金融办主任江波，省政府副秘书长于万魁等领导到中国人民银行石家庄中心支行慰问参加年终决算的干部职工。

中国农业发展银行河北省分行行长李玉，副行长王玉武、王金浩、阎德武、李阁宗慰问分行机关和分行营业部营业室参加年终决算的员工。

第六部分

经济金融统计资料

国民经济统计

国民经济核算

（2005—2009 年） 单位:亿元

项　目	2005	2006	2007	2008	2009
国内生产总值	10116.60	11613.70	13863.50	16188.60	17026.60
第一产业	1453.90	1605.40	1971.20	2034.60	2218.90
第二产业	5324.20	6071.30	7252.50	8777.40	8874.90
第三产业	3338.50	3937.00	4639.80	5376.60	5932.80
全社会固定资产投资	4139.50	5499.40	6876.90	8870.80	12310.50
中央投资	288.80	315.10	443.48	657.30	541.70
地方投资	3072.80	4115.50	6441.20	6807.90	9974.10
第一产业	60.10	81.70	114.80	181.00	245.10
第二产业	1690.80	2278.10	3011.40	4098.30	5065.80
第三产业	1610.80	2070.80	2556.60	3185.80	5205.00
地方财政收入	515.70	620.20	788.90	1820.80	2018.10
地方财政支出	962.20	1171.40	1478.50	1851.70	2311.80
社会消费品零售总额	2952.90	3397.40	3986.20	4880.40	5764.90
城市	1382.50	1612.10	1909.30	2335.70	2751.00
农村	1570.40	1785.30	2076.90	2544.70	3013.90
居民消费价格指数	101.80	101.70	104.70	100.80	99.30
城镇居民人均总收入(元)	9616.80	10887.20	11690.47	13441.10	14718.30
农村人均纯收入(元)	3481.60	3801.80	4293.43	4795.00	5150.00
实际利用外资(万美元)	227890.00	238274.00	300722.00	363395.00	359824.00
进出口总额(亿美元)	160.71	185.26	255.39	384.19	296.10
进口(亿美元)	51.44	56.91	85.22	143.89	139.20
出口(亿美元)	109.27	128.35	170.17	240.30	156.90

国内生产总值

（2005—2009 年） 单位:亿元

指　标	2005	2006	2007	2008	2009
全省生产总值	10116.60	11613.70	13863.50	16188.60	17026.60
第一产业	1453.90	1605.40	1971.20	2034.60	2218.90
第二产业	5324.20	6071.30	7252.50	8777.40	8874.90
#工业	4759.00	5453.40	6566.80	7967.60	7902.10
第三产业	3338.50	3937.00	4639.80	5376.60	5932.80
#运输、仓储、邮电业	857.70	861.10	1138.00	1281.20	1513.90
批发、零售、餐饮业	702.00	807.00	884.00	992.80	1371.50
金融保险业	173.40	228.40	311.20	419.00	520.09
房地产业	244.70	365.10	404.60	435.90	550.40
其他服务业	1360.80	1675.40	1902.00	2247.70	1976.10

社会消费品零售总额

（2005—2009 年） 单位:亿元

指　标	2005	2006	2007	2008	2009
社会消费品零售总额	2952.90	3397.40	3986.20	4880.40	5764.90
#城市	1382.50	1612.10	1909.30	2335.70	2751.00
农村	1570.40	1785.30	2076.80	2544.70	3013.90
#批发零售贸易业	2541.30	2913.10	3413.00	4185.40	4914.40
餐饮业	349.60	419.40	503.60	628.20	767.40
其他	62.10	64.90	69.60	76.80	83.10

固定资产投资

(2005—2009 年)　　单位:亿元

指　标	2005	2006	2007	2008	2009
全社会固定资产投资	4193.50	5499.40	6876.90	8870.80	12310.50
国有及国有控股	1615.60	1799.30	2065.90	2494.00	3737.00
按三次产业分					
第一产业	60.10	81.70	114.80	181.00	245.10
第二产业	1690.80	2278.10	3011.40	4098.30	5065.80
第三产业	1610.80	2070.80	2556.60	3185.80	5205.00
按隶属关系分					
中央投资	288.80	315.10	440.40	657.30	541.70
地方投资	3072.80	4115.50	5242.40	6807.90	9974.10
按资金来源分					
国家预算内资金	80.40	131.60	106.00	184.20	393.90
国内贷款	473.90	593.40	858.30	910.10	1543.40
债券	2.30	4.70	11.20	6.00	12.90
利用外资	76.30	74.50	73.40	101.00	81.00
自筹资金	2328.50	3312.10	4279.90	5810.00	8436.80
其他资金	418.40	482.10	611.30	745.60	1124.50
商品房建设与销售					
房屋施工面积(万平方米)	3710.80	4625.60	5856.90	7879.70	12739.30
#住宅	3146.60	4085.00	5188.60	6915.60	10907.20
房屋竣工面积(万平方米)	899.20	1172.70	1195.10	1103.20	1896.40
#住宅	811.00	1053.20	1080.10	1000.80	1639.40
商品房销售面积(万平方米)	976.10	1707.60	1961.00	1919.50	2849.10
#住宅	908.60	1594.30	1863.50	1838.60	2708.10
商品房销售额(亿元)	182.60	358.60	520.90	546.60	941.80
住宅	160.20	321.30	479.50	514.60	881.60

利用内外资

（2005—2009 年）

单位:亿元

指　标	2005	2006	2007	2008	2009
实际利用内外资总额(亿元)	732.30	882.40		1222.00	
#实际利用内资(亿元)	543.70	690.10	805.30	1185.70	1485.00
实际利用外资(万美元)	227890.00	238274.00	300722.00	363395.00	369316.00
#对外借款	17794.00	10912.00	13908.00	10817.00	4192.00
外商直接投资	191256.00	201434.00	241621.00	341868.00	359824.00
#合资企业	75221.00	88408.00	74634.00	121955.00	132187.00
合作企业	15023.00	6876.00	2717.00	6641.00	7061.00
独资企业	99980.00	84890.00	157768.00	199694.00	183864.00
#亚洲	118238.00	127955.00	137181.00	190692.00	211393.00
#香港	62177.00	86348.00	103257.00	133647.00	158878.00
日本	13506.00	12229.00	7350.00	17654.00	14904.00
韩国	10279.00	11584.00	8907.00	7597.00	4558.00
欧洲	20280.00	12447.00	13025.00	20068.00	16861.00
#欧盟	19212.00	11846.00	11896.00	19206.00	15663.00
拉丁美洲	27315.00	33898.00	63228.00	94157.00	62361.00
北美洲	19499.00	22900.00	9786.00	13082.00	53456.00
#美国	17076.00	20425.00	8282.00	11929.00	52339.00
大洋洲	5727.00	3797.00	15533.00	22548.00	14892.00
#澳大利亚	2563.00	1724.00	2744.00	7190.00	8807.00
新批三资企业合同					
项目数(个)	577	446	369.00	248	215
#合资企业	274	193	153.00	99	79
合作企业	41	23	24.00	10	16
独资企业	262	229	191.00	139	120
合同总金额(万美元)	544600.00	329079.00	687265.00	654633.00	607168.00
#合资企业	263472.00	168273.00	329331.00	399187.00	304552.00
合作企业	64128.00	26624.00	30432.00	21346.00	46816.00
独资企业	217000.00	130483.00	325982.00	232131.00	254835.00
合同外资额(万美元)	253154.00	150625.00	311892.00	288913.00	260727.00
#合资企业	98779.00	53953.00	101377.00	137455.00	87128.00
合作企业	22672.00	14676.00	12399.00	9700.00	26530.00
独资企业	131703.00	80405.00	196827.00	141089.00	146887.00

对外经济

（2005—2009 年） 单位:万美元

指　标	2005	2006	2007	2008	2009
进出口总值(万美元)	1607132.00	1852616.00	2553848.00	3841850.00	2961131.00
#进口总值	514447.00	569147.00	852197.00	1438870.00	1392002.00
出口总值	1092685.00	1283469.00	1701651.00	2402981.00	1569129.00
#国有企业	369651.00	397639.00	449047.00	551208.00	270154.00
外商投资企业	345288.00	450261.00	656983.00	978129.00	657876.00
集体企业	63268.00	57846.00	58400.00	78517.00	32519.00
私营企业	314265.00	376304.00	534737.00	791786.00	603614.00
#初级产品		192581.00			155470.00
工业制品	898838.00	1090887.00			1413659.00
#机电产品	223394.00	338181.00	511201.00	766156.00	
#一般贸易	934921.00	1087143.00	1439235.00	2007767.00	1232708.00
加工贸易	145311.00	174552.00	233864.00		285241.00
#高技术产品	23468.00	48527.00	99984.00	213566.00	
#农产品	68770.00	73063.00	86199.00	100052.00	
#亚洲	502163.00	615810.00	802187.00	1141647.00	630659.00
#香港	32033.00	34615.00	34789.00	35073.00	30645.00
日本	120592.00	120976.00	129898.00	147383.00	103481.00
韩国	116074.00	133228.00	188143.00	327485.00	130980.00
非洲	41789.00	59445.00	97310.00	143284.00	118732.00
欧洲	354944.00	332141.00	457998.00	648124.00	493522.00
拉丁美洲	27187.00	42272.00	71995.00	121328.00	69884.00
北美洲	153930.00	219314.00	251259.00	315413.00	228258.00
#美国	134051.00	187791.00	224497.00	273017.00	203177.00
大洋洲	12672.00	14486.00	20902.00	33185.00	28074.00
#澳大利亚	10195.00	11744.00	16662.00	25701.00	23171.00
对外经济技术合作					
合同数(份)	152	168	263	170	253
合同额	110511.00	175874.00	181017.00	402344.00	268671.00
营业额	57189.00	82585.00	129314.00	162003.00	290231.00
国际旅游					
海外旅游者人数(人次)	626484	724838	817599	9747	842185.00
创汇金额	20917.00	24314.00	30911.00	535.50	30781.00

河北省行政区划

（2009 年）

地　区	城市合计	地级市	县级市	县	市辖区	街道办事处	镇	乡
全　省	33	11	22	114	36	239	937	1030
石家庄市	长安区	桥东区	桥西区	新华区	裕华区	井陉矿区	辛集市	藁城市
	晋州市	新乐市	鹿泉市	深泽县	无极县	赵　县	灵寿县	高邑县
	元氏县	赞皇县	平山县	井陉县	行唐县	栾城县	正定县	
承 德 市	双桥区	双滦区	鹰手营子矿区		承德县	兴隆县	平泉县	滦平县
	隆化县	丰宁满族自治县		宽城满族自治县		围场满族蒙古族自治县		
张家口市	桥东区	桥西区	宣化区	下花园区	宣化县	张北县	康保县	沽源县
	尚义县	蔚　县	阳原县	怀安县	万全县	怀来县	涿鹿县	赤城县
	崇礼县							
秦皇岛市	海港区	山海关区	北戴河区	青龙满族自治县		昌黎县	抚宁县	卢龙县
唐 山 市	路南区	路北区	古冶区	开平区	丰润区	丰南区	遵化市	迁安市
	滦　县	滦南县	乐亭县	迁西县	玉田县	唐海县		
廊 坊 市	安次区	广阳区	霸州市	三河市	固安县	永清县	香河县	大城县
	文安县	大厂回族自治县						
保 定 市	新市区	北市区	南市区	涿州市	定州市	安国市	高碑店市	满城县
	清苑县	涞水县	阜平县	徐水县	定兴县	唐　县	高阳县	容城县
	涞源县	望都县	安新县	易　县	曲阳县	蠡　县	顺平县	博野县
	雄　县							
沧 州 市	新华区	运河区	泊头市	任丘市	黄骅市	河间市	沧　县	青　县
	东光县	海兴县	盐山县	肃宁县	南皮县	吴桥县	献　县	
	孟村回族自治县							
衡 水 市	桃城区	冀州市	深州市	枣强县	武邑县	武强县	饶阳县	安平县
	故城县	景　县	阜城县					
邢 台 市	桥东区	桥西区	沙河市	南宫市	邢台县	临城县	内丘县	柏乡县
	隆尧县	任　县	南和县	宁晋县	巨鹿县	新河县	广宗县	平乡县
	威　县	清河县	临西县					
邯 郸 市	邯山区	丛台区	复兴区	峰峰矿区	武安市	邯郸县	临漳县	成安县
	大名县	涉　县	磁　县	肥乡县	永年县	邱　县	鸡泽县	广平县
	馆陶县	魏　县	曲周县					

河北省历年总人口及人口自然变动

(1952—2009 年)

年份	总人口(万人)	#男	城镇	出生率(‰)	死亡率(‰)	自然增长率(‰)
1952	3272	1653	258	29.17	12.10	17.07
1953	3343	1688	271	29.47	11.48	17.99
1954	3443	1743	298	32.63	12.10	20.53
1955	3529	1789	308	32.39	11.64	20.65
1956	3589	1821	323	29.29	11.34	17.95
1957	3670	1865	363	29.62	11.30	18.32
1958	3732	1898	433	24.45	10.92	13.53
1959	3791	1933	490	23.09	12.29	10.80
1960	3779	1923	481	20.51	15.84	4.67
1961	3795	1922	406	15.13	13.63	1.51
1962	3884	1961	338	28.68	9.06	19.62
1963	3956	2018	345	38.61	11.20	27.41
1964	3997	2044	357	33.63	10.91	22.72
1965	4087	2084	367	32.93	8.74	24.18
1966	4183	2133	368	29.22	8.69	20.53
1967	4254	2170	375	25.74	7.17	18.57
1968	4347	2217	373	26.86	6.52	20.34
1969	4445	2267	371	24.70	6.48	18.22
1970	4550	2320	381	26.73	6.49	20.24
1971	4640	2367	401	25.06	6.49	18.57
1972	4728	2416	446	25.27	7.22	18.05
1973	4804	2456	468	21.88	6.56	15.33
1974	4862	2487	476	18.19	6.80	11.39
1975	4913	2515	495	17.78	7.22	10.56
1976	4943	2535	505	18.44	11.39	7.05
1977	4998	2563	525	19.62	6.77	12.85
1978	5057	2595	553	20.88	6.49	14.39
1979	5105	2620	589	19.86	6.36	13.50
1980	5168	2651	614	20.47	6.46	14.01
1981	5256	2692	637	23.99	6.05	17.94
1982	5356	2742	668	19.35	5.94	13.41
1983	5420	2777	692	17.91	6.60	11.31
1984	5487	2815	728	16.73	5.41	11.32
1985	5548	2852	757	17.10	5.30	11.80
1986	5627	2893	784	20.42	6.12	14.30
1987	5710	2936	812	22.50	6.00	16.50
1988	5795	2978	840	20.35	5.50	14.85
1989	5881	3021	871	20.19	5.44	14.75
1990	6159	3147	885	20.46	6.82	13.64
1991	6220	3167	904	16.61	6.75	9.86
1992	6275	3212	961	15.33	6.43	8.90
1993	6334	3227	991	15.43	6.11	9.32
1994	6388	3264	1033	14.93	6.50	8.43
1995	6437	3266	1099	13.93	6.32	7.61
1996	6484	3309	1151	13.85	6.55	7.30
1997	6525	3327	1189	13.11	6.82	6.29
1998	6569	3343	1222	13.01	6.18	6.83
1999	6614	3357	1255	12.99	6.26	6.73
2000	6674	3397	1308	11.30	6.21	5.09
2001	6699	3384	1363	11.16	6.18	4.98
2002	6735	3420	1437	11.53	6.25	5.28
2003	6769	3454	1809	11.43	6.27	5.16
2004	6809	3480	1809	11.98	6.19	5.79
2005	6851	3441	2582	12.84	6.75	6.09
2006	6898	3486	2674	12.82	6.59	6.23
2007	6943	3529	2795	13.33	6.78	6.55
2008	6989	3562	2928	13.04	6.49	6.55
2009	7034	3582	3077	12.93	6.43	6.50

注:2006 年非农业人口为公安厅年报数,其他为人口变动调查推算数。

金融业务综合统计

全部金融机构可比口径本外币信贷收支表

汇率:6.8282　　(2009 年 12 月 31 日)　　单位:亿元

栏目 来源项目名称	本月余额	栏目 运用项目名称	本月余额
一、各项存款	22502.40	一、各项贷款	13284.11
1. 企事业单位存款	6083.85	1. 短期贷款	5210.24
(1)活期存款	4759.61	2. 中长期贷款	7160.79
(2)定期存款	1324.24	3. 信托贷款	0.02
2. 储蓄存款	13604.61	4. 委托贷款	3.76
(1)活期储蓄	4428.87	5. 其他贷款	126.26
(2)定期储蓄	9175.74	6. 票据融资	776.15
3. 信托存款		7. 各项垫款	6.88
4. 委托存款	51.80	二、有价证券及投资	887.21
5. 其他存款	2762.15		
二、所有者权益	527.41		
其中:实收资本	325.99		
三、其他	-8858.49		
资金来源总计	14171.32	资金运用总计	14171.32

全部金融机构可比口径人民币信贷收支表

(2009 年 12 月 31 日)　　单位:亿元

栏目 来源项目名称	本月余额	栏目 运用项目名称	本月余额
一、各项存款	22361.37	一、各项贷款	13123.80
1. 企业存款	6003.08	1. 短期贷款	5181.67
(1)活期存款	4689.16	(1)工业贷款	1294.77
(2)定期存款	1313.92	(2)商业贷款	571.60
2. 财政存款	417.71	(3)建筑业贷款	64.83
3. 机关团体存款	1127.48	(4)农业贷款	1918.69
4. 储蓄存款	13551.06	(5)乡镇企业贷款	0.24
(1)活期储蓄	4412.11	(6)三资企业贷款	41.06
(2)定期储蓄	9138.95	(7)私营企业及个体贷款	166.33
5. 农业存款	53.15	(8)其他短期贷款	1124.14
6. 信托存款		其中:个人短期消费贷款	57.32
7. 委托存款	51.85	2. 中长期贷款	7143.58
8. 其他存款	1157.05	(1)基本建设贷款	3266.87
二、金融债券		(2)技术改造贷款	69.63
三、应付及暂收款	455.15	(3)其他中长期贷款	3807.08
其中:应付利息	225.37	其中:个人中长期消费贷款	1247.91
四、同业往来(来源方)	228.70	3. 信托贷款	0.02
五、行内资金往来(来源方)		4. 融资租赁	12.23
六、各项准备	286.52	5. 委托贷款	3.76
其中:贷款损失准备	275.05	6. 票据融资	776.12
七、所有者权益	524.52	其中:买断式贴现	776.12
其中:实收资本	325.55	7. 各项垫款	6.41
八、其他	-2604.53	二、有价证券及投资	1071.31
		三、应收及预付款	167.51
		其中:应收利息	30.46
		四、同业往来(运用方)	90.43
		五、行内资金往来(运用方)	6439.75
		六、金银占款	
		七、外汇占款	2.66
		八、固定资产	215.18
		九、库存现金	141.09
资金来源总计	21251.73	资金运用总计	21251.73

全部金融机构可比口径外汇信贷收支表

（2009 年 12 月 31 日） 单位：亿美元

来源项目名称	本月余额	运用项目名称	本月余额
一、各项存款	20.66	一、各项贷款	23.48
1. 单位活期存款	10.32	1. 短期贷款	4.18
其中：中资企业存款	5.18	(1)境内短期贷款	4.18
外商投资企业存款	1.09	其中：中资企业贷款	2.94
2. 单位定期存款	1.51	外商投资企业贷款	0.10
其中：中资企业存款	0.12	(2)境外短期贷款	
外商投资企业存款	0.07	2. 中长期贷款	2.52
3. 储蓄存款	7.84	(1)境内中长期贷款	2.51
其中：定期存款	5.39	其中：中资企业贷款	2.07
4. 信托存款		外商投资企业贷款	
5. 委托存款	-0.01	(2)境外中长期贷款	0.01
6. 其他类存款	0.97	3. 进出口贸易融资	15.81
7. 境外存款	0.02	4. 票据融资	0.01
二、境外筹资	0.21	其中：贴现	0.01
三、同业存放	0.03	5. 融资租赁	
其中：境外同业存放		6. 信托贷款	
四、应付及暂收款	16.26	7. 委托贷款	
其中：应付及预提利息	0.06	8. 各项垫款	0.07
五、同业拆入	0.14	9. 境外筹资转贷款	0.89
其中：境外同业拆入	0.14	二、有价证券及投资	
六、外汇买卖	0.39	三、应收及预付款	14.48
其中：结售汇	0.39	其中：应收及预付利息	0.05
七、境内联行存放		四、存放同业	0.05
八、境外联行存放		其中：存放境外同业	0.05
九、证券业务款项		五、拆放同业	
十、各项准备	0.28	其中：拆放境外同业	
其中：贷款损失准备	0.28	六、存放境内联行	2.26
十一、所有者权益	0.42	七、存放境外联行	
其中：实收资本	0.07	八、证券业务占款	
十二、其他	2.36	九、库存现金	0.49
资金来源总计	40.74	资金运用总计	40.74

国家开发银行本外币信贷收支表

汇率:6.8282　　(2009 年 12 月 31 日)　　单位:万元

栏目 来源项目名称	本月余额	栏目 运用项目名称	本月余额
一、各项存款	2058872.64	一、各项贷款	9436274.69
1.企事业单位存款	1405400.74	1.短期贷款	1099936.00
(1)活期存款	1008695.93	2.中长期贷款	8336337.69
(2)定期存款	396704.81	3.其他贷款	
2.储蓄存款		4.票据融资	
(1)活期储蓄		5.各项垫款	
(2)定期储蓄		二、有价证券及投资	
3.其他存款	653471.90	三、应收及预付款	16826.66
二、债券发行及境外筹资		其中:应收利息	16328.48
三、应付及款	17947.94	四、买入返售资产	
其中:应付及预提利息	8159.12	五、存放中央银行存款	28832.61
四、卖出回购资产		六、同业往来	0.05
五、向中央银行借款		七、库存现金	
六、同业往来	4.18		
七、代理境内贷款资金			
八、各项准备			
其中:贷款损失准备			
九、所有者权益	187169.42		
其中:实收资本			
十、其他	7217938.82		
资金来源总计	9481933.01	资金运用总计	9481933.01

中国工商银行本外币信贷收支表

汇率:6.8282 (2009 年 12 月 31 日) 单位:万元

栏目 来源项目名称	本月余额	栏目 运用项目名称	本月余额
一、各项存款	37819776.21	一、各项贷款	20187371.14
1. 企事业单位存款	10892951.32	1. 短期贷款	2333485.24
(1)活期存款	8413619.67	2. 中长期贷款	17138336.62
(2)定期存款	2479331.65	3. 其他贷款	347631.785
2. 储蓄存款	21663555.12	4. 票据融资	367471.67
(1)活期储蓄	7647569.55	5. 各项垫款	445.81
(2)定期储蓄	14015985.57	二、有价证券及投资	122017.93
3. 其他存款	5263269.77	三、应收及预付款	54804.35
二、债券发行及境外筹资	3661.30	其中:应收利息	13026.23
三、应付及款	692255.08	四、买入返售资产	
其中:应付及预提利息	381386.34	五、存放中央银行存款	347383.10
四、卖出回购资产		六、同业往来	4082.71
五、向中央银行借款		七、库存现金	207208.53
六、同业往来	1625461.92		
七、代理境内贷款资金			
八、各项准备	454108.85		
其中:贷款损失准备	417509.0332		
九、所有者权益	355782.83		
其中:实收资本			
十、其他	-20028178.43		
资金来源总计	20922867.75	资金运用总计	20922867.75

中国农业银行可比口径本外币信贷收支表

汇率:6.8282　　(2009 年 12 月 31 日)　　单位:万元

来源项目名称	本月余额	运用项目名称	本月余额
一、各项存款	35808626.52	一、各项贷款	13302297.44
1. 企事业单位存款	6961309.25	1. 短期贷款	3792095.50
(1)活期存款	5226274.41	2. 中长期贷款	8225342.17
(2)定期存款	1735034.83	3. 其他贷款	206985.75
2. 储蓄存款	26524827.69	4. 票据融资	1066464.49
(1)活期储蓄	12394783.45	5. 各项垫款	11409.53
(2)定期储蓄	14130044.25	二、有价证券及投资	130411.16
3. 其他存款	2322489.58	三、应收及预付款	442906.15
二、债券发行及境外筹资		其中:应收利息	34403.54
三、应付及款	938749.13	四、买入返售资产	2900.00
其中:应付及预提利息	317525.63	五、存放中央银行存款	179199.10
四、卖出回购资产	2900.00	六、同业往来	573.20
五、向中央银行借款		七、库存现金	236514.65
六、同业往来	812805.99		
七、代理境内贷款资金	8421.00		
八、各项准备	380161.52		
其中:贷款损失准备	379956.84		
九、所有者权益	486614.66		
其中:实收资本			
十、其他	-24143477.12		
资金来源总计	14294801.70	资金运用总计	14294801.70

中国银行本外币信贷收支表

汇率:6.8282　(2009 年 12 月 31 日)　单位:万元

栏目 来源项目名称	本月余额	栏目 运用项目名称	本月余额
一、各项存款	22843993.96	一、各项贷款	16907101.72
1. 企事业单位存款	9771737.13	1. 短期贷款	4612756.08
(1)活期存款	7936062.36	2. 中长期贷款	10442704.23
(2)定期存款	1835674.77	3. 其他贷款	520688.82
2. 储蓄存款	11557632.27	4. 票据融资	1322202.19
(1)活期储蓄	2885306.05	5. 各项垫款	8750.39
(2)定期储蓄	8672326.23	二、有价证券及投资	120862.66
3. 其他存款	1514624.55	三、应收及预付款	56688.30
二、债券发行及境外筹资		其中:应收利息	48479.66
三、应付及款	307854.18	四、买入返售资产	
其中:应付及预提利息	187506.39	五、存放中央银行存款	576309.87
四、卖出回购资产		六、同业往来	1177280.42
五、向中央银行借款		七、库存现金	135470.74
六、同业往来	1988313.74		
七、代理境内贷款资金			
八、各项准备	331381.89		
其中:贷款损失准备	330980.13		
九、所有者权益	227613.01		
其中:实收资本			
十、其他	-6725443.09		
资金来源总计	18973713.71	资金运用总计	18973713.71

中国建设银行本外币信贷收支表

汇率:6.8282 (2009年12月31日) 单位:万元

来源项目名称	本月余额	运用项目名称	本月余额
一、各项存款	33452035.67	一、各项贷款	16914546.62
1. 企事业单位存款	6684454.76	1. 短期贷款	2567818.23
(1)活期存款	5176755.41	2. 中长期贷款	12840857.91
(2)定期存款	1507699.35	3. 其他贷款	38840.94
2. 储蓄存款	19705414.27	4. 票据融资	1463007.02
(1)活期储蓄	6982102.26	5. 各项垫款	4022.52
(2)定期储蓄	12723312.01	二、有价证券及投资	189499.36
3. 其他存款	7062166.64	三、应收及预付款	94398.49
二、债券发行及境外筹资	10673.08	其中:应收利息	76957.15
三、应付及款	386619.91	四、买入返售资产	
其中:应付及预提利息	262500.15	五、存放中央银行存款	405674.79
四、卖出回购资产		六、同业往来	3075.25
五、向中央银行借款		七、库存现金	183091.45
六、同业往来	1750967.26		
七、代理境内贷款资金			
八、各项准备	11596.46		
其中:贷款损失准备			
九、所有者权益	62764.86		
其中:实收资本			
十、其他	-17884371.30		
资金来源总计	17790285.95	资金运用总计	17790285.95

交通银行本外币信贷收支表

汇率:6.8282　　(2009年12月31日)　　单位:万元

来源项目名称	本月余额	运用项目名称	本月余额
一、各项存款	5400105.12	一、各项贷款	4113161.08
1.企事业单位存款	2626984.12	1.短期贷款	1533893.50
(1)活期存款	2029232.51	2.中长期贷款	2367038.22
(2)定期存款	597751.62	3.其他贷款	14761.86
2.储蓄存款	1720244.96	4.票据融资	194678.40
(1)活期储蓄	537088.98	5.各项垫款	2789.11
(2)定期储蓄	1183155.98	二、有价证券及投资	13.12
3.其他存款	1052876.04	三、应收及预付款	1630469.40
二、债券发行及境外筹资		其中:应收利息	1778.87
三、应付及款	1678353.14	四、买入返售资产	
其中:应付及预提利息	36347.42	五、存放中央银行存款	90714.09
四、卖出回购资产		六、同业往来	9754.34
五、向中央银行借款		七、库存现金	24652.21
六、同业往来	83853.35		
七、代理境内贷款资金	13481.00		
八、各项准备	23198.83		
其中:贷款损失准备	23198.83		
九、所有者权益	106362.93		
其中:实收资本			
十、其他	-1436590.13		
资金来源总计	5868764.25	资金运用总计	5868764.25

中信银行本外币信贷收支表

汇率:6.8282　　（2009 年 12 月 31 日）　　单位:万元

栏目 来源项目名称	本月余额	栏目 运用项目名称	本月余额
一、各项存款	3283356.60	一、各项贷款	2802601.64
1. 企事业单位存款	1661344.06	1. 短期贷款	1517080.26
(1)活期存款	1230324.71	2. 中长期贷款	975303.11
(2)定期存款	431019.35	3. 其他贷款	1146.42
2. 储蓄存款	786041.80	4. 票据融资	305071.85
(1)活期储蓄	114240.63	5. 各项垫款	4000.00
(2)定期储蓄	671801.17	二、有价证券及投资	21430.23
3. 其他存款	835970.74	三、应收及预付款	6748.20
二、债券发行及境外筹资		其中:应收利息	3718.34
三、应付及款	29653.16	四、买入返售资产	
其中:应付及预提利息	10919.42	五、存放中央银行存款	33413.96
四、卖出回购资产		六、同业往来	10039.04
五、向中央银行借款		七、库存现金	7475.17
六、同业往来	121560.37		
七、代理境内贷款资金			
八、各项准备	38068.91		
其中:贷款损失准备	36268.91		
九、所有者权益	30025.66		
其中:实收资本			
十、其他	-620956.44		
资金来源总计	2881708.25	资金运用总计	2881708.25

光大银行本外币信贷收支表

汇率:6.8282　　(2009 年 12 月 31 日)　　单位:万元

栏目 来源项目名称	本月余额	栏目 运用项目名称	本月余额
一、各项存款	1116970.96	一、各项贷款	1456867.60
1. 企事业单位存款	458805.29	1. 短期贷款	598016.00
(1)活期存款	168420.29	2. 中长期贷款	766107.00
(2)定期存款	290385.00	3. 其他贷款	9395.60
2. 储蓄存款	154512.68	4. 票据融资	83349.00
(1)活期储蓄	52198.19	5. 各项垫款	
(2)定期储蓄	102314.49	二、有价证券及投资	6671.00
3. 其他存款	503653.00	三、应收及预付款	3367.00
二、债券发行及境外筹资		其中:应收利息	2154.00
三、应付及款	9063.31	四、买入返售资产	
其中:应付及预提利息	3582.31	五、存放中央银行存款	15124.00
四、卖出回购资产		六、同业往来	8967.40
五、向中央银行借款		七、库存现金	3458.13
六、同业往来	122850.60		
七、代理境内贷款资金			
八、各项准备	19615.25		
其中:贷款损失准备	19187.25		
九、所有者权益	16899.48		
其中:实收资本			
十、其他	209055.51		
资金来源总计	1494455.13	资金运用总计	1494455.13

华夏银行本外币信贷收支表

汇率:6.8282　　(2009 年 12 月 31 日)　　单位:万元

栏目 来源项目名称	本月余额	栏目 运用项目名称	本月余额
一、各项存款	1683558.19	一、各项贷款	1439996.80
1. 企事业单位存款	646610.12	1. 短期贷款	1202058.01
(1)活期存款	391932.01	2. 中长期贷款	233965.84
(2)定期存款	254678.10	3. 其他贷款	812.56
2. 储蓄存款	347841.53	4. 票据融资	3160.38
(1)活期储蓄	74574.04	5. 各项垫款	
(2)定期储蓄	273267.48	二、有价证券及投资	14407.02
3. 其他存款	689106.55	三、应收及预付款	35988.65
二、债券发行及境外筹资		其中:应收利息	4.26
三、应付及款	38603.40	四、买入返售资产	
其中:应付及预提利息	7573.62	五、存放中央银行存款	66350.02
四、卖出回购资产		六、同业往来	7363.01
五、向中央银行借款		七、库存现金	3191.65
六、同业往来	150489.55		
七、代理境内贷款资金			
八、各项准备	49174.00		
其中:贷款损失准备	41610.25		
九、所有者权益	6230.73		
其中:实收资本			
十、其他	-360758.72		
资金来源总计	1567297.15	资金运用总计	1567297.15

浦东发展银行本外币信贷收支表

汇率:6.8282　　（2009年12月31日）　　单位:万元

栏目 来源项目名称	本月余额	栏目 运用项目名称	本月余额
一、各项存款	764501.51	一、各项贷款	1084875.85
1.企事业单位存款	575910.83	1.短期贷款	160780.85
(1)活期存款	129012.83	2.中长期贷款	762808.00
(2)定期存款	446898.00	3.其他贷款	
2.储蓄存款	104498.68	4.票据融资	161287.00
(1)活期储蓄	6812.30	5.各项垫款	
(2)定期储蓄	97686.38	二、有价证券及投资	209.00
3.其他存款	84092.00	三、应收及预付款	196.00
二、债券发行及境外筹资		其中:应收利息	33.00
三、应付及款	5885.00	四、买入返售资产	
其中:应付及预提利息	2903.00	五、存放中央银行存款	18217.00
四、卖出回购资产		六、同业往来	49176.04
五、向中央银行借款		七、库存现金	366.31
六、同业往来	22.00		
七、代理境内贷款资金			
八、各项准备	11319.00		
其中:贷款损失准备	11319.00		
九、所有者权益	2576.11		
其中:实收资本			
十、其他	368736.58		
资金来源总计	1153040.20	资金运用总计	1153040.20

兴业银行本外币信贷收支表

汇率:6.8282　　(2009 年 12 月 31 日)　　单位:万元

栏目 来源项目名称	本月余额	栏目 运用项目名称	本月余额
一、各项存款	513433.63	一、各项贷款	700418.27
1.企事业单位存款	428935.61	1.短期贷款	402050.00
(1)活期存款	317782.16	2.中长期贷款	264983.00
(2)定期存款	111153.45	3.其他贷款	
2.储蓄存款	61873.39	4.票据融资	33385.27
(1)活期储蓄	4569.54	5.各项垫款	
(2)定期储蓄	57303.85	二、有价证券及投资	
3.其他存款	22624.63	三、应收及预付款	1819.37
二、债券发行及境外筹资		其中:应收利息	1739.29
三、应付及款	1340.70	四、买入返售资产	492850.11
其中:应付及预提利息	354.81	五、存放中央银行存款	7725.26
四、卖出回购资产		六、同业往来	13890.84
五、向中央银行借款		七、库存现金	775.00
六、同业往来	10.00		
七、代理境内贷款资金			
八、各项准备	8398.81		
其中:贷款损失准备	8398.81		
九、所有者权益	-3928.11		
其中:实收资本			
十、其他	698223.82		
资金来源总计	1217478.85	资金运用总计	1217478.85

民生银行本外币信贷收支表

汇率:6.8282　　(2009 年 12 月 31 日)　　单位:万元

栏目 / 来源项目名称	本月余额	栏目 / 运用项目名称	本月余额
一、各项存款	3188612.17	一、各项贷款	2303016.04
1.企事业单位存款	1296996.33	1.短期贷款	896564.58
(1)活期存款	912665.49	2.中长期贷款	1091281.25
(2)定期存款	384330.84	3.其他贷款	
2.储蓄存款	867171.71	4.票据融资	309909.43
(1)活期储蓄	171607.21	5.各项垫款	5260.79
(2)定期储蓄	695564.49	二、有价证券及投资	
3.其他存款	1024444.13	三、应收及预付款	6269.54
二、债券发行及境外筹资		其中:应收利息	3460.90
三、应付及款	24275.26	四、买入返售资产	
其中:应付及预提利息	14372.41	五、存放中央银行存款	95629.98
四、卖出回购资产		六、同业往来	7477.15
五、向中央银行借款		七、库存现金	9027.92
六、同业往来	491349.63		
七、代理境内贷款资金			
八、各项准备	28340.79		
其中:贷款损失准备	26454.77		
九、所有者权益	26264.28		
其中:实收资本			
十、其他	-1337421.48		
资金来源总计	2421420.64	资金运用总计	2421420.64

城市商业银行本外币信贷收支表

汇率:6.8282　　(2009年12月31日)　　单位:万元

栏目 来源项目名称	本月余额	栏目 运用项目名称	本月余额
一、各项存款	17479828.75	一、各项贷款	9294891.01
1.企事业单位存款	9497982.22	1.短期贷款	5130913.51
(1)活期存款	7850244.70	2.中长期贷款	3134934.04
(2)定期存款	1647737.52	3.其他贷款	
2.储蓄存款	5693308.14	4.票据融资	1028798.46
(1)活期储蓄	1493913.18	5.各项垫款	245.00
(2)定期储蓄	4199394.96	二、有价证券及投资	3289422.47
3.其他存款	2288538.39	三、应收及预付款	130979.55
二、债券发行及境外筹资		其中:应收利息	29617.89
三、应付及款	188645.75	四、买入返售资产	408790.00
其中:应付及预提利息	84844.93	五、存放中央银行存款	3874532.00
四、卖出回购资产	75980.00	六、同业往来	1939976.94
五、向中央银行借款	32548.54	七、库存现金	99748.20
六、同业往来	436884.84		
七、代理境内贷款资金	14110.00		
八、各项准备	253245.45		
其中:贷款损失准备	212302.28		
九、所有者权益	1258121.14		
其中:实收资本	823858.74		
十、其他	-701024.31		
资金来源总计	19038340.16	资金运用总计	19038340.16

政策性银行人民币信贷收支表

(2009 年 12 月 31 日) 单位:亿元

栏目 来源项目名称	本月余额	栏目 运用项目名称	本月余额
一、各项存款	315.10	一、各项贷款	1505.93
1. 企业存款	244.27	1. 短期贷款	518.70
(1)活期存款	198.88	(1)工业贷款	
(2)定期存款	45.38	(2)商业贷款	384.14
2. 机关团体存款		(3)建筑业贷款	
3. 储蓄存款		(4)农业贷款	
(1)活期储蓄		(5)乡镇企业贷款	
(2)定期储蓄		(6)三资企业贷款	
4. 农业存款		(7)私营企业及个体贷款	
5. 其他存款	70.83	(8)其他短期贷款	134.56
二、代理财政性存款	44.33	其中:个人短期消费贷款	
三、金融债券		2. 中长期贷款	987.21
其中:政策性金融债券		(1)基本建设贷款	409.98
四、应付及暂收款	2.63	(2)技术改造贷款	
其中:应付及预提利息	0.90	(3)其他中长期贷款	577.23
五、卖出回购资产		其中:个人中长期消费贷款	0.44
六、向中央银行借款		3. 票据融资	0.02
七、同业往来	93.46	其中:贴现	0.02
1. 同业存放	93.46	4. 各项垫款	
2. 同业拆借		二、有价证券及投资	
八、行内资金往来	1062.91	三、应收及预付款	2.13
九、委托存款及委托投资基金(净)		其中:应收利息	2.02
1. 委托存款及委托投资基金		四、买入返售资产	
2. 减:委托贷款及委托投资		五、存放中央准备金存款	11.33
十、代理金融机构委托贷款基金		六、存放中央银行特种存款	
其中:中央银行委托贷款基金		七、缴存中央银行财政性存款	
十一、各项准备		八、同业往来	27.28
其中:贷款损失准备		1. 存放同业	27.28
十二、所有者权益	27.39	2. 拆放同业	
其中:实收资本		九、行内资金往来	
十三、其他	0.97	十、代理金融机构贷款	
		其中:代理人行专项贷款	
		十一、库存现金	0.04
		十二、外汇占款	0.08
资金来源总计	1546.80	资金运用总计	1546.80

国有商业银行可比口径人民币信贷收支表

（2009年12月31日） 单位:亿元

来源项目名称	本月余额	运用项目名称	本月余额
一、各项存款	12874.93	一、各项贷款	6592.24
1.企业存款	3366.61	1.短期贷款	1315.28
(1)活期存款	2615.59	(1)工业贷款	779.29
(2)定期存款	751.02	(2)商业贷款	86.64
2.机关团体存款	945.44	(3)建筑业贷款	20.34
3.储蓄存款	7896.42	(4)农业贷款	1.46
(1)活期储蓄	2975.58	(5)乡镇企业贷款	
(2)定期储蓄	4920.84	(6)三资企业贷款	27.88
4.农业存款	4.23	(7)私营企业及个体贷款	45.75
5.其他存款	662.22	(8)其他短期贷款	353.92
二、代理财政性存款	16.37	其中:个人短期消费贷款	23.37
三、金融债券		2.中长期贷款	4853.08
其中:政策性金融债券		(1)基本建设贷款	2568.16
四、应付及暂收款	207.47	(2)技术改造贷款	49.21
其中:应付及预提利息	114.55	(3)其他中长期贷款	2235.71
五、卖出回购资产		其中:个人中长期消费贷款	1131.92
六、向中央银行借款		3.票据融资	421.89
七、同业往来	483.76	其中:贴现	421.89
1.同业存放	483.71	4.各项垫款	2.00
2.同业拆借	0.05	二、有价证券及投资	56.28
八、行内资金往来		三、应收及预付款	42.92
九、委托存款及委托投资基金(净)	1.28	其中:应收利息	17.01
1.委托存款及委托投资基金	686.80	四、买入返售资产	0.29
2.减:委托贷款及委托投资	685.52	五、存放中央准备金存款	117.44
十、代理金融机构委托贷款基金	0.84	六、存放中央银行特种存款	
其中:中央银行委托贷款基金		七、缴存中央银行财政性存款	33.42
十一、各项准备	116.09	八、同业往来	111.19
其中:贷款损失准备	111.21	1.存放同业	111.13
十二、所有者权益	111.19	2.拆放同业	0.06
其中:实收资本		九、行内资金往来	6897.20
十三、其他	115.45	十、代理金融机构贷款	0.83
		其中:代理人行专项贷款	
		十一、库存现金	73.30
		十二、外汇占款	2.28
资金来源总计	13927.38	资金运用总计	13927.38

股份制商业银行人民币信贷收支表

（2009 年 12 月 31 日） 单位：亿元

栏目 来源项目名称	本月余额	栏目 运用项目名称	本月余额
一、各项存款	1584.19	一、各项贷款	1382.41
1. 企业存款	763.11	1. 短期贷款	617.91
(1)活期存款	515.56	(1)工业贷款	340.54
(2)定期存款	247.55	(2)商业贷款	29.46
2. 机关团体存款	71.42	(3)建筑业贷款	8.74
3. 储蓄存款	400.63	(4)农业贷款	0.29
(1)活期储蓄	95.60	(5)乡镇企业贷款	
(2)定期储蓄	305.03	(6)三资企业贷款	12.23
4. 农业存款	0.10	(7)私营企业及个体贷款	30.71
5. 其他存款	348.93	(8)其他短期贷款	195.94
二、代理财政性存款	4.54	其中：个人短期消费贷款	3.20
三、金融债券		2. 中长期贷款	654.21
其中：政策性金融债券		(1)基本建设贷款	213.35
四、应付及暂收款	92.80	(2)技术改造贷款	12.00
其中：应付及预提利息	7.58	(3)其他中长期贷款	428.87
五、卖出回购资产		其中：个人中长期消费贷款	68.70
六、向中央银行借款		3. 票据融资	109.08
七、同业往来	90.74	其中：贴现	109.08
1. 同业存放	90.74	4. 各项垫款	1.20
2. 同业拆借		二、有价证券及投资	4.27
八、行内资金往来		三、应收及预付款	91.62
九、委托存款及委托投资基金(净)	72.69	其中：应收利息	1.27
1. 委托存款及委托投资基金	119.36	四、买入返售资产	32.18
2. 减：委托贷款及委托投资	46.66	五、存放中央准备金存款	29.67
十、代理金融机构委托贷款基金	1.35	六、存放中央银行特种存款	
其中：中央银行委托贷款基金		七、缴存中央银行财政性存款	3.04
十一、各项准备	17.78	八、同业往来	3.89
其中：贷款损失准备	16.61	1. 存放同业	3.89
十二、所有者权益	18.17	2. 拆放同业	
其中：实收资本		九、行内资金往来	316.45
十三、其他	-13.89	十、代理金融机构贷款	
		其中：代理人行专项贷款	
		十一、库存现金	4.56
		十二、外汇占款	0.27
资金来源总计	1868.37	资金运用总计	1868.37

中国人民银行人民币信贷收支表

(2009 年 12 月 31 日)

单位:万元

栏目 / 来源项目名称	本月余额	栏目 / 运用项目名称	本月余额
一、财政存款	3237399.42	一、金融机构贷款	1036768.99
其中:中央财政存款		1.政策性银行贷款	
地方财政存款	3237399.42	2.国有商业银行贷款	
二、金融机构存款	12209221.53	3.其他商业银行贷款	
1.政策性银行存款	113346.52	4.城市商业银行贷款	
2.国有商业银行存款	1174249.76	5.城市信用社贷款	11648.54
3.其他商业银行存款	296734.65	6.农村信用社贷款	6000.00
4.城市商业银行存款	3843655.23	7.资产管理公司贷款	
5.城市信用社存款	4733.11	8.其他金融机构贷款	692932.47
6.农村信用社存款	6363900.84	9.再贴现	326187.98
7.资产管理公司存款		其中:国有商业银行	
8.其他金融机构存款	412601.40	二、专项贷款	
三、金融机构特种存款	39724.00	三、金银占款	
四、邮政储蓄存款	36.14	四、外汇占款	
五、商业银行划来财政性存款	441443.70	五、有价证券及投资	
六、卖出回购证券		六、买入返售证券	
七、中央银行债券		七、存放金融机构	
八、货币发行			
九、国家资本			
十、其他	-14891055.79		
资金来源总计	1036768.99	资金运用总计	1036768.99

国家开发银行人民币信贷收支表

（2009年12月31日） 单位:万元

来源项目名称	本月余额	运用项目名称	本月余额
一、各项存款	2055355.86	一、各项贷款	9385540.16
1.企业存款	1405338.35	1.短期贷款	1099936.00
(1)活期存款	1008633.54	(1)工业贷款	
(2)定期存款	396704.81	(2)商业贷款	
2.机关团体存款		(3)建筑业贷款	
3.储蓄存款		(4)农业贷款	
(1)活期储蓄		(5)乡镇企业贷款	
(2)定期储蓄		(6)三资企业贷款	
4.农业存款		(7)私营企业及个体贷款	
5.其他存款	650017.51	(8)其他短期贷款	1099936.00
二、代理财政性存款		其中:个人短期消费贷款	
三、金融债券		2.中长期贷款	8285604.16
其中:政策性金融债券		(1)基本建设贷款	4099787.00
四、应付及暂收款	17169.52	(2)技术改造贷款	
其中:应付及预提利息	8159.10	(3)其他中长期贷款	4185817.16
五、卖出回购资产		其中:个人中长期消费贷款	4412.16
六、向中央银行借款		3.票据融资	
七、同业往来	4.18	其中:贴现	
1.同业存放	4.18	4.各项垫款	
2.同业拆借		二、有价证券及投资	
八、行内资金往来	7168636.19	三、应收及预付款	16641.60
九、委托存款及委托投资基金(净)		其中:应收利息	16164.97
1.委托存款及委托投资基金		四、买入返售资产	
2.减:委托贷款及委托投资		五、存放中央准备金存款	28832.61
十、代理金融机构委托贷款基金		六、存放中央银行特种存款	
其中:中央银行委托贷款基金		七、缴存中央银行财政性存款	
十一、各项准备		八、同业往来	0.05
其中:贷款损失准备		1.存放同业	0.05
十二、所有者权益	184690.82	2.拆放同业	
其中:实收资本		九、行内资金往来	
十三、其他	5989.66	十、代理金融机构贷款	
		其中:代理人行专项贷款	
		十一、库存现金	
		十二、外汇占款	831.83
资金来源总计	9431846.24	资金运用总计	9431846.24

农业发展银行人民币信贷收支表

（2009 年 12 月 31 日） 单位:万元

栏目 来源项目名称	本月余额	栏目 运用项目名称	本月余额
一、各项存款	1095640.85	一、各项贷款	5673757.55
1. 企业存款	1037321.35	1. 短期贷款	4087034.39
(1)活期存款	980204.78	(1)工业贷款	
(2)定期存款	57116.56	(2)商业贷款	3841379.84
2. 机关团体存款		(3)建筑业贷款	
3. 储蓄存款		(4)农业贷款	
(1)活期储蓄		(5)乡镇企业贷款	
(2)定期储蓄		(6)三资企业贷款	
4. 农业存款		(7)私营企业及个体贷款	
5. 其他存款	58319.51	(8)其他短期贷款	245654.55
二、代理财政性存款	443306.42	其中:个人短期消费贷款	
三、金融债券		2. 中长期贷款	1586512.79
其中:政策性金融债券		(1)基本建设贷款	
四、应付及暂收款	9180.08	(2)技术改造贷款	
其中:应付及预提利息	818.98	(3)其他中长期贷款	1586512.79
五、卖出回购资产		其中:个人中长期消费贷款	
六、向中央银行借款		3. 票据融资	210.38
七、同业往来	934622.38	其中:贴现	210.38
1. 同业存放	934622.38	4. 各项垫款	
2. 同业拆借		二、有价证券及投资	
八、行内资金往来	3460449.24	三、应收及预付款	4669.39
九、委托存款及委托投资基金(净)		其中:应收利息	4040.28
1. 委托存款及委托投资基金		四、买入返售资产	
2. 减:委托贷款及委托投资		五、存放中央准备金存款	84513.92
十、代理金融机构委托贷款基金		六、存放中央银行特种存款	
其中:中央银行委托贷款基金		七、缴存中央银行财政性存款	
十一、各项准备		八、同业往来	272806.99
其中:贷款损失准备		1. 存放同业	272806.99
十二、所有者权益	89256.38	2. 拆放同业	
其中:实收资本		九、行内资金往来	
十三、其他	3727.38	十、代理金融机构贷款	
		其中:代理人行专项贷款	
		十一、库存现金	434.90
		十二、外汇占款	
资金来源总计	6036182.75	资金运用总计	6036182.75

中国工商银行人民币信贷收支表

（2009年12月31日） 单位:万元

来源项目名称	本月余额	运用项目名称	本月余额
一、各项存款	37618582.98	一、各项贷款	19750543.94
1.企业存款	10746311.27	1.短期贷款	2332577.09
(1)活期存款	8275037.45	(1)工业贷款	1176719.70
(2)定期存款	2471273.82	(2)商业贷款	114299.91
2.机关团体存款	2909038.37	(3)建筑业贷款	13291.00
3.储蓄存款	21617156.53	(4)农业贷款	
(1)活期储蓄	7624326.27	(5)乡镇企业贷款	
(2)定期储蓄	13992830.26	(6)三资企业贷款	28660.81
4.农业存款	2529.41	(7)私营企业及个体贷款	7175.12
5.其他存款	2343547.39	(8)其他短期贷款	992430.55
二、代理财政性存款	102492.34	其中:个人短期消费贷款	24409.13
三、金融债券		2.中长期贷款	17050049.36
其中:政策性金融债券		(1)基本建设贷款	10093690.59
四、应付及暂收款	682756.64	(2)技术改造贷款	
其中:应付及预提利息	380992.74	(3)其他中长期贷款	6956358.78
五、卖出回购资产		其中:个人中长期消费贷款	4727095.82
六、向中央银行借款		3.票据融资	367471.67
七、同业往来	1625140.29	其中:贴现	367471.67
1.同业存放	1625140.29	4.各项垫款	445.81
2.同业拆借		二、有价证券及投资	122017.93
八、行内资金往来		三、应收及预付款	54876.68
九、委托存款及委托投资基金(净)	380.72	其中:应收利息	13026.23
1.委托存款及委托投资基金	2827.67	四、买入返售资产	
2.减:委托贷款及委托投资	2446.95	五、存放中央准备金存款	182245.10
十、代理金融机构委托贷款基金		六、存放中央银行特种存款	
其中:中央银行委托贷款基金		七、缴存中央银行财政性存款	165138.00
十一、各项准备	451148.68	八、同业往来	1951.31
其中:贷款损失准备	414548.87	1.存放同业	1951.31
十二、所有者权益	352402.06	2.拆放同业	
其中:实收资本		九、行内资金往来	20567663.28
十三、其他	214065.69	十、代理金融机构贷款	
		其中:代理人行专项贷款	
		十一、库存现金	202533.15
		十二、外汇占款	
资金来源总计	41046969.39	资金运用总计	41046969.39

中国农业银行可比口径人民币信贷收支表

（2009 年 12 月 31 日）　　单位:万元

来源项目名称	本月余额	运用项目名称	本月余额
一、各项存款	35714454.94	一、各项贷款	13080782.84
1. 企业存款	6880201.02	1. 短期贷款	3782242.31
(1)活期存款	5152308.70	(1)工业贷款	2392124.11
(2)定期存款	1727892.31	(2)商业贷款	581342.62
2. 机关团体存款	1988059.76	(3)建筑业贷款	35963.50
3. 储蓄存款	26516979.64	(4)农业贷款	14144.50
(1)活期储蓄	12392403.20	(5)乡镇企业贷款	
(2)定期储蓄	14124576.44	(6)三资企业贷款	
4. 农业存款		(7)私营企业及个体贷款	402221.32
5. 其他存款	329214.52	(8)其他短期贷款	356446.27
二、代理财政性存款	22425.44	其中:个人短期消费贷款	95052.33
三、金融债券		2. 中长期贷款	8225342.17
其中:政策性金融债券		(1)基本建设贷款	3513816.33
四、应付及暂收款	701066.11	(2)技术改造贷款	
其中:应付及预提利息	317359.59	(3)其他中长期贷款	4711525.84
五、卖出回购资产	2900.00	其中:个人中长期消费贷款	1533497.78
六、向中央银行借款		3. 票据融资	1066464.49
七、同业往来	812805.99	其中:贴现	1066464.49
1. 同业存放	812805.99	4. 各项垫款	6733.87
2. 同业拆借		二、有价证券及投资	130411.16
八、行内资金往来		三、应收及预付款	232558.37
九、委托存款及委托投资基金(净)	4532.60	其中:应收利息	34181.76
1. 委托存款及委托投资基金	3012405.40	四、买入返售资产	2900.00
2. 减:委托贷款及委托投资	3007872.80	五、存放中央准备金存款	117174.50
十、代理金融机构委托贷款基金	8421.00	六、存放中央银行特种存款	
其中:中央银行委托贷款基金		七、缴存中央银行财政性存款	62024.60
十一、各项准备	380161.52	八、同业往来	
其中:贷款损失准备	379956.84	1. 存放同业	
十二、所有者权益	484395.23	2. 拆放同业	
其中:实收资本		九、行内资金往来	23981911.33
十三、其他	-281268.64	十、代理金融机构贷款	8333.00
		其中:代理人行专项贷款	
		十一、库存现金	233704.02
		十二、外汇占款	94.37
资金来源总计	37849894.18	资金运用总计	37849894.18

中国银行人民币信贷收支表

（2009 年 12 月 31 日） 单位:万元

栏目 来源项目名称	本月余额	栏目 运用项目名称	本月余额
一、各项存款	22146916.15	一、各项贷款	16275143.78
1. 企业存款	9487705.07	1. 短期贷款	4529901.56
(1)活期存款	7681602.28	(1)工业贷款	2634075.16
(2)定期存款	1806102.79	(2)商业贷款	54276.75
2. 机关团体存款	1800.00	(3)建筑业贷款	72214.53
3. 储蓄存款	11161201.25	(4)农业贷款	
(1)活期储蓄	2764946.70	(5)乡镇企业贷款	
(2)定期储蓄	8396254.55	(6)三资企业贷款	250144.04
4. 农业存款	15139.95	(7)私营企业及个体贷款	26646.78
5. 其他存款	1481069.89	(8)其他短期贷款	1492544.30
二、代理财政性存款	593.71	其中:个人短期消费贷款	100484.61
三、金融债券		2. 中长期贷款	10414578.02
其中:政策性金融债券		(1)基本建设贷款	5074381.91
四、应付及暂收款	304850.72	(2)技术改造贷款	103974.00
其中:应付及预提利息	184881.46	(3)其他中长期贷款	5236222.11
五、卖出回购资产		其中:个人中长期消费贷款	2391043.91
六、向中央银行借款		3. 票据融资	1321913.81
七、同业往来	1963166.72	其中:贴现	1321913.81
1. 同业存放	1962701.72	4. 各项垫款	8750.39
2. 同业拆借	465.00	二、有价证券及投资	120862.66
八、行内资金往来		三、应收及预付款	54219.68
九、委托存款及委托投资基金(净)	-50.00	其中:应收利息	46070.47
1. 委托存款及委托投资基金	1720359.33	四、买入返售资产	
2. 减:委托贷款及委托投资	1720409.33	五、存放中央准备金存款	554835.17
十、代理金融机构委托贷款基金		六、存放中央银行特种存款	
其中:中央银行委托贷款基金		七、缴存中央银行财政性存款	21474.70
十一、各项准备	318030.35	八、同业往来	1163624.02
其中:贷款损失准备	317628.58	1. 存放同业	1163624.02
十二、所有者权益	217979.79	2. 拆放同业	
其中:实收资本		九、行内资金往来	6682324.02
十三、其他	62434.03	十、代理金融机构贷款	
		其中:代理人行专项贷款	
		十一、库存现金	118771.97
		十二、外汇占款	22665.45
资金来源总计	25013921.46	资金运用总计	25013921.46

中国建设银行人民币信贷收支表

（2009 年 12 月 31 日） 单位:万元

栏目 来源项目名称	本月余额	栏目 运用项目名称	本月余额
一、各项存款	33269342.25	一、各项贷款	16815924.20
1.企业存款	6551902.77	1.短期贷款	2508036.76
(1)活期存款	5046934.69	(1)工业贷款	1589970.70
(2)定期存款	1504968.07	(2)商业贷款	116442.97
2.机关团体存款	4555479.99	(3)建筑业贷款	81936.00
3.储蓄存款	19668912.47	(4)农业贷款	470.00
(1)活期储蓄	6974127.19	(5)乡镇企业贷款	
(2)定期储蓄	12694785.28	(6)三资企业贷款	
4.农业存款	24642.84	(7)私营企业及个体贷款	21473.22
5.其他存款	2468404.20	(8)其他短期贷款	697743.86
二、代理财政性存款	38228.48	其中:个人短期消费贷款	13772.11
三、金融债券		2.中长期贷款	12840857.91
其中:政策性金融债券		(1)基本建设贷款	6999753.81
四、应付及暂收款	386034.50	(2)技术改造贷款	388120.00
其中:应付及预提利息	262246.52	(3)其他中长期贷款	5452984.10
五、卖出回购资产		其中:个人中长期消费贷款	2667612.28
六、向中央银行借款		3.票据融资	1463007.02
七、同业往来	1743903.34	其中:贴现	1463007.02
1.同业存放	1743903.34	4.各项垫款	4022.52
2.同业拆借		二、有价证券及投资	189499.36
八、行内资金往来		三、应收及预付款	87576.45
九、委托存款及委托投资基金(净)	7910.16	其中:应收利息	76813.25
1.委托存款及委托投资基金	2132429.79	四、买入返售资产	
2.减:委托贷款及委托投资	2124519.64	五、存放中央准备金存款	320144.99
十、代理金融机构委托贷款基金		六、存放中央银行特种存款	
其中:中央银行委托贷款基金		七、缴存中央银行财政性存款	85529.80
十一、各项准备	11596.46	八、同业往来	1867.30
其中:贷款损失准备		1.存放同业	1245.30
十二、所有者权益	57126.85	2.拆放同业	622.00
其中:实收资本		九、行内资金往来	17740074.89
十三、其他	-95569.94	十、代理金融机构贷款	
		其中:代理人行专项贷款	
		十一、库存现金	177955.12
		十二、外汇占款	
资金来源总计	35418572.11	资金运用总计	35418572.11

交通银行人民币信贷收支表

(2009年12月31日)　　单位:万元

来源项目名称	本月余额	运用项目名称	本月余额
一、各项存款	5305976.06	一、各项贷款	4001869.34
1.企业存款	2572801.89	1.短期贷款	1442331.61
(1)活期存款	1975050.27	(1)工业贷款	917583.97
(2)定期存款	597751.62	(2)商业贷款	88615.65
2.机关团体存款	217783.35	(3)建筑业贷款	53725.67
3.储蓄存款	1689019.19	(4)农业贷款	2900.00
(1)活期储蓄	527517.25	(5)乡镇企业贷款	
(2)定期储蓄	1161501.93	(6)三资企业贷款	
4.农业存款	17.18	(7)私营企业及个体贷款	10968.72
5.其他存款	826354.46	(8)其他短期贷款	368537.60
二、代理财政性存款	40293.16	其中:个人短期消费贷款	6863.35
三、金融债券		2.中长期贷款	2362132.26
其中:政策性金融债券		(1)基本建设贷款	629394.00
四、应付及暂收款	819180.06	(2)技术改造贷款	84457.00
其中:应付及预提利息	36136.59	(3)其他中长期贷款	1648281.26
五、卖出回购资产		其中:个人中长期消费贷款	258960.40
六、向中央银行借款		3.票据融资	194616.37
七、同业往来	81688.33	其中:贴现	194616.37
1.同业存放	81448.33	4.各项垫款	2789.11
2.同业拆借	240.00	二、有价证券及投资	13.12
八、行内资金往来		三、应收及预付款	861681.98
九、委托存款及委托投资基金(净)	203054.30	其中:应收利息	1487.57
1.委托存款及委托投资基金	371462.90	四、买入返售资产	
2.减:委托贷款及委托投资	168408.60	五、存放中央准备金存款	60274.09
十、代理金融机构委托贷款基金	13481.00	六、存放中央银行特种存款	
其中:中央银行委托贷款基金		七、缴存中央银行财政性存款	30440.00
十一、各项准备	23215.66	八、同业往来	4129.20
其中:贷款损失准备	23215.66	1.存放同业	4129.20
十二、所有者权益	104942.46	2.拆放同业	
其中:实收资本		九、行内资金往来	1555070.55
十三、其他	-56088.18	十、代理金融机构贷款	
		其中:代理人行专项贷款	
		十一、库存现金	22264.58
		十二、外汇占款	-0.03
资金来源总计	6535742.85	资金运用总计	6535742.85

中信银行人民币信贷收支表

（2009 年 12 月 31 日）

单位:万元

栏目 来源项目名称	本月余额	栏目 运用项目名称	本月余额
一、各项存款	3191320.87	一、各项贷款	2783701.90
1.企业存款	1574274.55	1.短期贷款	1499326.94
(1)活期存款	1198163.31	(1)工业贷款	488442.71
(2)定期存款	376111.23	(2)商业贷款	66120.00
2.机关团体存款	49638.62	(3)建筑业贷款	
3.储蓄存款	782448.61	(4)农业贷款	
(1)活期储蓄	113049.90	(5)乡镇企业贷款	
(2)定期储蓄	669398.72	(6)三资企业贷款	28500.00
4.农业存款		(7)私营企业及个体贷款	28847.90
5.其他存款	784959.09	(8)其他短期贷款	887416.33
二、代理财政性存款		其中:个人短期消费贷款	1149.35
三、金融债券		2.中长期贷款	975303.11
其中:政策性金融债券		(1)基本建设贷款	464185.00
四、应付及暂收款	29634.65	(2)技术改造贷款	
其中:应付及预提利息	10902.52	(3)其他中长期贷款	511118.11
五、卖出回购资产		其中:个人中长期消费贷款	133124.34
六、向中央银行借款		3.票据融资	305071.85
七、同业往来	121560.37	其中:贴现	305071.85
1.同业存放	121560.37	4.各项垫款	4000.00
2.同业拆借		二、有价证券及投资	21430.23
八、行内资金往来		三、应收及预付款	6739.02
九、委托存款及委托投资基金(净)	68303.08	其中:应收利息	3710.23
1.委托存款及委托投资基金	164060.48	四、买入返售资产	
2.减:委托贷款及委托投资	95757.40	五、存放中央准备金存款	33413.96
十、代理金融机构委托贷款基金		六、存放中央银行特种存款	
其中:中央银行委托贷款基金		七、缴存中央银行财政性存款	
十一、各项准备	37896.92	八、同业往来	6990.18
其中:贷款损失准备	36096.92	1.存放同业	6990.18
十二、所有者权益	30154.44	2.拆放同业	
其中:实收资本		九、行内资金往来	644475.96
十三、其他	27670.72	十、代理金融机构贷款	
		其中:代理人行专项贷款	
		十一、库存现金	7105.61
		十二、外汇占款	2684.18
资金来源总计	3506541.05	资金运用总计	3506541.05

光大银行人民币信贷收支表

（2009 年 12 月 31 日） 单位:万元

来源项目名称	本月余额	运用项目名称	本月余额
一、各项存款	1108941.00	一、各项贷款	1447472.00
1.企业存款	456750.00	1.短期贷款	598016.00
(1)活期存款	166365.00	(1)工业贷款	380622.00
(2)定期存款	290385.00	(2)商业贷款	
2.机关团体存款	103015.00	(3)建筑业贷款	10036.00
3.储蓄存款	148538.00	(4)农业贷款	
(1)活期储蓄	50894.00	(5)乡镇企业贷款	
(2)定期储蓄	97644.00	(6)三资企业贷款	34000.00
4.农业存款		(7)私营企业及个体贷款	142.00
5.其他存款	400638.00	(8)其他短期贷款	173216.00
二、代理财政性存款		其中:个人短期消费贷款	1265.00
三、金融债券		2.中长期贷款	766107.00
其中:政策性金融债券		(1)基本建设贷款	145750.00
四、应付及暂收款	9036.00	(2)技术改造贷款	
其中:应付及预提利息	3555.00	(3)其他中长期贷款	620357.00
五、卖出回购资产		其中:个人中长期消费贷款	163363.00
六、向中央银行借款		3.票据融资	83349.00
七、同业往来	113455.00	其中:贴现	83349.00
1.同业存放	113455.00	4.各项垫款	
2.同业拆借		二、有价证券及投资	6671.00
八、行内资金往来		三、应收及预付款	3367.00
九、委托存款及委托投资基金(净)	365769.00	其中:应收利息	2154.00
1.委托存款及委托投资基金	410894.00	四、买入返售资产	
2.减:委托贷款及委托投资	45125.00	五、存放中央准备金存款	15124.00
十、代理金融机构委托贷款基金		六、存放中央银行特种存款	
其中:中央银行委托贷款基金		七、缴存中央银行财政性存款	
十一、各项准备	19506.00	八、同业往来	8387.00
其中:贷款损失准备	19078.00	1.存放同业	8387.00
十二、所有者权益	16879.00	2.拆放同业	
其中:实收资本		九、行内资金往来	164201.00
十三、其他	14821.00	十、代理金融机构贷款	
		其中:代理人行专项贷款	
		十一、库存现金	3185.00
		十二、外汇占款	
资金来源总计	1648407.00	资金运用总计	1648407.00

华夏银行人民币信贷收支表

(2009 年 12 月 31 日) 单位:万元

来源项目名称	本月余额	运用项目名称	本月余额
一、各项存款	1671097.19	一、各项贷款	1434131.37
1. 企业存款	640117.69	1. 短期贷款	1197005.15
(1)活期存款	386252.15	(1)工业贷款	498020.00
(2)定期存款	253865.53	(2)商业贷款	135865.00
2. 机关团体存款	88106.58	(3)建筑业贷款	23605.00
3. 储蓄存款	346550.37	(4)农业贷款	
(1)活期储蓄	74383.03	(5)乡镇企业贷款	
(2)定期储蓄	272167.34	(6)三资企业贷款	59830.00
4. 农业存款		(7)私营企业及个体贷款	61399.45
5. 其他存款	596322.55	(8)其他短期贷款	418285.70
二、代理财政性存款	91.49	其中:个人短期消费贷款	10900.70
三、金融债券		2. 中长期贷款	233965.84
其中:政策性金融债券		(1)基本建设贷款	18800.00
四、应付及暂收款	38440.13	(2)技术改造贷款	
其中:应付及预提利息	7561.04	(3)其他中长期贷款	215165.84
五、卖出回购资产		其中:个人中长期消费贷款	19915.55
六、向中央银行借款		3. 票据融资	3160.38
七、同业往来	149799.86	其中:贴现	3160.38
1. 同业存放	149799.86	4. 各项垫款	
2. 同业拆借		二、有价证券及投资	14407.02
八、行内资金往来		三、应收及预付款	35987.20
九、委托存款及委托投资基金(净)		其中:应收利息	2.81
1. 委托存款及委托投资基金	29540.00	四、买入返售资产	
2. 减:委托贷款及委托投资	29540.00	五、存放中央准备金存款	66350.02
十、代理金融机构委托贷款基金		六、存放中央银行特种存款	
其中:中央银行委托贷款基金		七、缴存中央银行财政性存款	
十一、各项准备	49115.35	八、同业往来	6826.00
其中:贷款损失准备	41551.60	1. 存放同业	6826.00
十二、所有者权益	6175.26	2. 拆放同业	
其中:实收资本		九、行内资金往来	366626.27
十三、其他	12676.52	十、代理金融机构贷款	
		其中:代理人行专项贷款	
		十一、库存现金	3067.89
		十二、外汇占款	0.00
资金来源总计	1927395.78	资金运用总计	1927395.78

浦东发展银行人民币信贷收支表

(2009年12月31日) 单位:万元

栏目 来源项目名称	本月余额	栏目 运用项目名称	本月余额
一、各项存款	763846.00	一、各项贷款	1066945.00
1. 企业存款	575904.00	1. 短期贷款	142850.00
(1)活期存款	129006.00	(1)工业贷款	96800.00
(2)定期存款	446898.00	(2)商业贷款	3000.00
2. 机关团体存款	1855.00	(3)建筑业贷款	
3. 储蓄存款	103850.00	(4)农业贷款	
(1)活期储蓄	6546.00	(5)乡镇企业贷款	
(2)定期储蓄	97304.00	(6)三资企业贷款	
4. 农业存款		(7)私营企业及个体贷款	
5. 其他存款	82237.00	(8)其他短期贷款	43050.00
二、代理财政性存款	5003.00	其中:个人短期消费贷款	1050.00
三、金融债券		2. 中长期贷款	762808.00
其中:政策性金融债券		(1)基本建设贷款	486000.00
四、应付及暂收款	5885.00	(2)技术改造贷款	
其中:应付及预提利息	2903.00	(3)其他中长期贷款	276808.00
五、卖出回购资产		其中:个人中长期消费贷款	19184.00
六、向中央银行借款		3. 票据融资	161287.00
七、同业往来	22.00	其中:贴现	161287.00
1. 同业存放	22.00	4. 各项垫款	
2. 同业拆借		二、有价证券及投资	209.00
八、行内资金往来	248113.00	三、应收及预付款	196.00
九、委托存款及委托投资基金(净)	89814.00	其中:应收利息	33.00
1. 委托存款及委托投资基金	90160.00	四、买入返售资产	
2. 减:委托贷款及委托投资	346.00	五、存放中央准备金存款	18217.00
十、代理金融机构委托贷款基金		六、存放中央银行特种存款	
其中:中央银行委托贷款基金		七、缴存中央银行财政性存款	
十一、各项准备	11319.00	八、同业往来	48780.00
其中:贷款损失准备	11319.00	1. 存放同业	48780.00
十二、所有者权益	2501.00	2. 拆放同业	
其中:实收资本		九、行内资金往来	
十三、其他	8183.00	十、代理金融机构贷款	
		其中:代理人行专项贷款	
		十一、库存现金	339.00
		十二、外汇占款	
资金来源总计	1134686.00	资金运用总计	1134686.00

兴业银行人民币信贷收支表

(2009年12月31日) 单位:万元

来源项目名称	本月余额	运用项目名称	本月余额
一、各项存款	513433.63	一、各项贷款	700418.27
1.企业存款	428935.61	1.短期贷款	402050.00
(1)活期存款	317782.16	(1)工业贷款	397500.00
(2)定期存款	111153.45	(2)商业贷款	
2.机关团体存款		(3)建筑业贷款	
3.储蓄存款	61873.39	(4)农业贷款	
(1)活期储蓄	4569.54	(5)乡镇企业贷款	
(2)定期储蓄	57303.85	(6)三资企业贷款	
4.农业存款	1017.30	(7)私营企业及个体贷款	
5.其他存款	21607.33	(8)其他短期贷款	4550.00
二、代理财政性存款		其中:个人短期消费贷款	450.00
三、金融债券		2.中长期贷款	264983.00
其中:政策性金融债券		(1)基本建设贷款	
四、应付及暂收款	1340.70	(2)技术改造贷款	
其中:应付及预提利息	354.81	(3)其他中长期贷款	264983.00
五、卖出回购资产		其中:个人中长期消费贷款	68.00
六、向中央银行借款		3.票据融资	33385.27
七、同业往来	10.00	其中:贴现	33385.27
1.同业存放	10.00	4.各项垫款	
2.同业拆借		二、有价证券及投资	
八、行内资金往来	689162.44	三、应收及预付款	1819.37
九、委托存款及委托投资基金(净)		其中:应收利息	1739.29
1.委托存款及委托投资基金	6350.00	四、买入返售资产	492850.11
2.减:委托贷款及委托投资	6350.00	五、存放中央准备金存款	7725.26
十、代理金融机构委托贷款基金		六、存放中央银行特种存款	
其中:中央银行委托贷款基金		七、缴存中央银行财政性存款	
十一、各项准备	8398.81	八、同业往来	13890.84
其中:贷款损失准备	8398.81	1.存放同业	13890.84
十二、所有者权益	-3928.11	2.拆放同业	
其中:实收资本		九、行内资金往来	
十三、其他	9061.38	十、代理金融机构贷款	
		其中:代理人行专项贷款	
		十一、库存现金	775.00
		十二、外汇占款	
资金来源总计	1217478.85	资金运用总计	1217478.85

民生银行人民币信贷收支表

（2009 年 12 月 31 日）　　单位:万元

栏目 来源项目名称	本月余额	栏目 运用项目名称	本月余额
一、各项存款	3172371.40	一、各项贷款	2303016.04
1. 企业存款	1288654.65	1. 短期贷款	896564.58
(1)活期存款	904323.82	(1)工业贷款	626457.00
(2)定期存款	384330.84	(2)商业贷款	
2. 机关团体存款	251402.30	(3)建筑业贷款	
3. 储蓄存款	862266.38	(4)农业贷款	
(1)活期储蓄	170578.26	(5)乡镇企业贷款	
(2)定期储蓄	691688.11	(6)三资企业贷款	
4. 农业存款		(7)私营企业及个体贷款	205757.57
5. 其他存款	770048.07	(8)其他短期贷款	64350.01
二、代理财政性存款	0.66	其中:个人短期消费贷款	10349.31
三、金融债券		2. 中长期贷款	1091281.25
其中:政策性金融债券		(1)基本建设贷款	338505.00
四、应付及暂收款	24207.87	(2)技术改造贷款	35500.00
其中:应付及预提利息	14305.48	(3)其他中长期贷款	717276.25
五、卖出回购资产		其中:个人中长期消费贷款	88023.49
六、向中央银行借款		3. 票据融资	309909.43
七、同业往来	491091.01	其中:贴现	309909.43
1. 同业存放	491091.01	4. 各项垫款	5260.79
2. 同业拆借		二、有价证券及投资	
八、行内资金往来		三、应收及预付款	6252.63
九、委托存款及委托投资基金(净)		其中:应收利息	3444.12
1. 委托存款及委托投资基金	121090.89	四、买入返售资产	
2. 减:委托贷款及委托投资	121090.89	五、存放中央准备金存款	95629.98
十、代理金融机构委托贷款基金		六、存放中央银行特种存款	
其中:中央银行委托贷款基金		七、缴存中央银行财政性存款	
十一、各项准备	28340.79	八、同业往来	1858.05
其中:贷款损失准备	26454.77	1. 存放同业	1858.05
十二、所有者权益	24146.48	2. 拆放同业	
其中:实收资本		九、行内资金往来	1342104.57
十三、其他	17345.14	十、代理金融机构贷款	
		其中:代理人行专项贷款	
		十一、库存现金	8642.06
		十二、外汇占款	0.01
资金来源总计	3757503.35	资金运用总计	3757503.35

渤海银行人民币信贷收支表

（2009 年 12 月 31 日） 单位:万元

栏目 来源项目名称	本月余额	栏目 运用项目名称	本月余额
一、各项存款	114913.00	一、各项贷款	86531.00
1. 企业存款	93635.00	1. 短期贷款	1000.00
(1)活期存款	78635.00	(1)工业贷款	
(2)定期存款	15000.00	(2)商业贷款	1000.00
2. 机关团体存款	2359.00	(3)建筑业贷款	
3. 储蓄存款	11766.00	(4)农业贷款	
(1)活期储蓄	8495.00	(5)乡镇企业贷款	
(2)定期储蓄	3271.00	(6)三资企业贷款	
4. 农业存款		(7)私营企业及个体贷款	
5. 其他存款	7153.00	(8)其他短期贷款	
二、代理财政性存款		其中:个人短期消费贷款	
三、金融债券		2. 中长期贷款	85531.00
其中:政策性金融债券		(1)基本建设贷款	50833.00
四、应付及暂收款	290.00	(2)技术改造贷款	
其中:应付及预提利息	97.00	(3)其他中长期贷款	34698.00
五、卖出回购资产		其中:个人中长期消费贷款	4400.00
六、向中央银行借款		3. 票据融资	
七、同业往来		其中:贴现	
1. 同业存放		4. 各项垫款	
2. 同业拆借		二、有价证券及投资	
八、行内资金往来		三、应收及预付款	148.00
九、委托存款及委托投资基金(净)		其中:应收利息	148.00
1. 委托存款及委托投资基金		四、买入返售资产	
2. 减:委托贷款及委托投资		五、存放中央准备金存款	
十、代理金融机构委托贷款基金		六、存放中央银行特种存款	
其中:中央银行委托贷款基金		七、缴存中央银行财政性存款	
十一、各项准备		八、同业往来	265.00
其中:贷款损失准备		1. 存放同业	265.00
十二、所有者权益	821.00	2. 拆放同业	
其中:实收资本		九、行内资金往来	29329.00
十三、其他	427.00	十、代理金融机构贷款	
		其中:代理人行专项贷款	
		十一、库存现金	178.00
		十二、外汇占款	
资金来源总计	116451.00	资金运用总计	116451.00

中国邮政储蓄银行人民币信贷收支表

(2009年12月31日)

单位:万元

来源项目名称	本月余额	运用项目名称	本月余额
一、各项存款	12464945.80	一、各项贷款	489700.51
1.企业存款	979107.12	1.短期贷款	316687.82
(1)活期存款	891565.60	(1)工业贷款	
(2)定期存款	87541.52	(2)商业贷款	
2.机关团体存款	92558.51	(3)建筑业贷款	
3.储蓄存款	11380152.96	(4)农业贷款	98719.58
(1)活期储蓄	3814692.22	(5)乡镇企业贷款	
(2)定期储蓄	7565460.75	(6)三资企业贷款	
4.农业存款	12394.52	(7)私营企业及个体贷款	214505.81
5.其他存款	732.68	(8)其他短期贷款	3462.42
二、代理财政性存款		其中:个人短期消费贷款	3462.42
三、金融债券		2.中长期贷款	173012.69
其中:政策性金融债券		(1)基本建设贷款	
四、应付及暂收款	61897.86	(2)技术改造贷款	
其中:应付及预提利息	46668.24	(3)其他中长期贷款	173012.69
五、卖出回购资产		其中:个人中长期消费贷款	73972.54
六、向中央银行借款		3.票据融资	
七、同业往来	6159.64	其中:贴现	
1.同业存放	6159.64	4.各项垫款	
2.同业拆借		二、有价证券及投资	
八、行内资金往来		三、应收及预付款	7622.19
九、委托存款及委托投资基金(净)		其中:应收利息	306.94
1.委托存款及委托投资基金	10911.82	四、买入返售资产	
2.减:委托贷款及委托投资	10911.82	五、存放中央准备金存款	100811.13
十、代理金融机构委托贷款基金		六、存放中央银行特种存款	
其中:中央银行委托贷款基金		七、缴存中央银行财政性存款	
十一、各项准备		八、同业往来	79129.90
其中:贷款损失准备		1.存放同业	79129.90
十二、所有者权益		2.拆放同业	
其中:实收资本		九、行内资金往来	
十三、其他	-11692123.31	十、代理金融机构贷款	
		其中:代理人行专项贷款	
		十一、库存现金	163616.25
		十二、外汇占款	
资金来源总计	840879.99	资金运用总计	840879.99

城市商业银行人民币信贷收支表

（2009 年 12 月 31 日）　　单位：万元

来源项目名称	本月余额	运用项目名称	本月余额
一、各项存款	17473382.93	一、各项贷款	9294891.01
1. 企业存款	9493619.00	1. 短期贷款	5130913.51
(1)活期存款	7845881.48	(1)工业贷款	1633449.97
(2)定期存款	1647737.52	(2)商业贷款	713644.45
2. 机关团体存款	735026.96	(3)建筑业贷款	357509.00
3. 储蓄存款	5693205.72	(4)农业贷款	16781.40
(1)活期储蓄	1493913.18	(5)乡镇企业贷款	2404.00
(2)定期储蓄	4199292.54	(6)三资企业贷款	9500.00
4. 农业存款	7254.01	(7)私营企业及个体贷款	401089.54
5. 其他存款	1544277.24	(8)其他短期贷款	1996535.15
二、代理财政性存款	101591.00	其中：个人短期消费贷款	56072.57
三、金融债券		2. 中长期贷款	3134934.04
其中：政策性金融债券		(1)基本建设贷款	749984.00
四、应付及暂收款	188031.21	(2)技术改造贷款	82730.00
其中：应付及预提利息	84844.93	(3)其他中长期贷款	2302220.04
五、卖出回购资产	75980.00	其中：个人中长期消费贷款	350186.64
六、向中央银行借款	32548.54	3. 票据融资	1028798.46
七、同业往来	414551.84	其中：贴现	1028798.46
1. 同业存放	414501.84	4. 各项垫款	245.00
2. 同业拆借	50.00	二、有价证券及投资	3289422.47
八、行内资金往来		三、应收及预付款	130979.55
九、委托存款及委托投资基金(净)	180.00	其中：应收利息	29617.89
1. 委托存款及委托投资基金	297616.70	四、买入返售资产	408790.00
2. 减：委托贷款及委托投资	297436.70	五、存放中央准备金存款	3845797.76
十、代理金融机构委托贷款基金	14110.00	六、存放中央银行特种存款	
其中：中央银行委托贷款基金		七、缴存中央银行财政性存款	28386.00
十一、各项准备	253245.45	八、同业往来	1678854.52
其中：贷款损失准备	212302.28	1. 存放同业	1659249.68
十二、所有者权益	1257895.81	2. 拆放同业	19604.84
其中：实收资本	823858.74	九、行内资金往来	90166.92
十三、其他	-930146.26	十、代理金融机构贷款	14110.00
		其中：代理人行专项贷款	
		十一、库存现金	99625.29
		十二、外汇占款	347.00
资金来源总计	18881370.52	资金运用总计	18881370.52

农村合作银行人民币信贷收支表

（2009年12月31日）　　单位:万元

栏目 来源项目名称	本月余额	栏目 运用项目名称	本月余额
一、各项存款	1256346.00	一、各项贷款	752069.00
1.企业存款	440767.00	1.短期贷款	590450.00
(1)活期存款	282671.00	(1)工业贷款	
(2)定期存款	158096.00	(2)商业贷款	
2.机关团体存款	1869.00	(3)建筑业贷款	
3.储蓄存款	742398.00	(4)农业贷款	539383.00
(1)活期储蓄	132538.00	(5)乡镇企业贷款	
(2)定期储蓄	609860.00	(6)三资企业贷款	
4.农业存款	37914.00	(7)私营企业及个体贷款	14227.00
5.其他存款	33398.00	(8)其他短期贷款	36840.00
二、代理财政性存款		其中:个人短期消费贷款	20223.00
三、金融债券		2.中长期贷款	110128.00
其中:政策性金融债券		(1)基本建设贷款	
四、应付及暂收款	24826.00	(2)技术改造贷款	
其中:应付及预提利息	19347.00	(3)其他中长期贷款	110128.00
五、卖出回购资产		其中:个人中长期消费贷款	153.00
六、向中央银行借款		3.票据融资	37345.00
七、同业往来	28.00	其中:贴现	37345.00
1.同业存放	28.00	4.各项垫款	14146.00
2.同业拆借		二、有价证券及投资	181825.00
八、行内资金往来		三、应收及预付款	6283.00
九、委托存款及委托投资基金(净)	219.00	其中:应收利息	4108.00
1.委托存款及委托投资基金	19696.00	四、买入返售资产	
2.减:委托贷款及委托投资	19477.00	五、存放中央准备金存款	165270.00
十、代理金融机构委托贷款基金		六、存放中央银行特种存款	
其中:中央银行委托贷款基金		七、缴存中央银行财政性存款	
十一、各项准备	48902.00	八、同业往来	21744.00
其中:贷款损失准备	46091.00	1.存放同业	21744.00
十二、所有者权益	82081.00	2.拆放同业	
其中:实收资本	31985.00	九、行内资金往来	214226.00
十三、其他	-63824.00	十、代理金融机构贷款	
		其中:代理人行专项贷款	
		十一、库存现金	7161.00
		十二、外汇占款	
资金来源总计	1348578.00	资金运用总计	1348578.00

农村商业银行人民币信贷收支表

（2009 年 12 月 31 日） 单位:万元

来源项目名称	本月余额	运用项目名称	本月余额
一、各项存款	349745.00	一、各项贷款	197868.00
1. 企业存款	163590.00	1. 短期贷款	175931.00
（1）活期存款	46991.00	（1）工业贷款	
（2）定期存款	116599.00	（2）商业贷款	
2. 机关团体存款	22515.00	（3）建筑业贷款	
3. 储蓄存款	161081.00	（4）农业贷款	149615.00
（1）活期储蓄	66292.00	（5）乡镇企业贷款	
（2）定期储蓄	94789.00	（6）三资企业贷款	
4. 农业存款	848.00	（7）私营企业及个体贷款	5325.00
5. 其他存款	1711.00	（8）其他短期贷款	20991.00
二、代理财政性存款	2946.00	其中:个人短期消费贷款	8594.00
三、金融债券		2. 中长期贷款	9722.00
其中:政策性金融债券		（1）基本建设贷款	
四、应付及暂收款	7176.00	（2）技术改造贷款	
其中:应付及预提利息	3201.00	（3）其他中长期贷款	9722.00
五、卖出回购资产		其中:个人中长期消费贷款	8.00
六、向中央银行借款		3. 票据融资	12215.00
七、同业往来	19106.00	其中:贴现	12215.00
1. 同业存放	18806.00	4. 各项垫款	
2. 同业拆借	300.00	二、有价证券及投资	51883.00
八、行内资金往来		三、应收及预付款	648.00
九、委托存款及委托投资基金（净）	37.00	其中:应收利息	14.00
1. 委托存款及委托投资基金	37.00	四、买入返售资产	
2. 减:委托贷款及委托投资		五、存放中央准备金存款	91661.00
十、代理金融机构委托贷款基金		六、存放中央银行特种存款	
其中:中央银行委托贷款基金		七、缴存中央银行财政性存款	
十一、各项准备	8061.00	八、同业往来	14821.00
其中:贷款损失准备	8061.00	1. 存放同业	14821.00
十二、所有者权益	20476.00	2. 拆放同业	
其中:实收资本	12396.00	九、行内资金往来	19984.00
十三、其他	-27557.00	十、代理金融机构贷款	
		其中:代理人行专项贷款	
		十一、库存现金	3125.00
		十二、外汇占款	
资金来源总计	379990.00	资金运用总计	379990.00

农村信用社人民币信贷收支表

（2009年12月31日）　单位：万元

栏目 来源项目名称	本月余额	栏目 运用项目名称	本月余额
一、各项存款	40756461.00	一、各项贷款	25417640.00
1.企业存款	4905900.00	1.短期贷款	20964363.00
(1)活期存款	4234466.00	(1)工业贷款	108.00
(2)定期存款	671434.00	(2)商业贷款	40.00
2.机关团体存款	254256.00	(3)建筑业贷款	
3.储蓄存款	34558756.00	(4)农业贷款	18362731.00
(1)活期储蓄	7899554.00	(5)乡镇企业贷款	
(2)定期储蓄	26659202.00	(6)三资企业贷款	
4.农业存款	429721.00	(7)私营企业及个体贷款	263559.00
5.其他存款	607828.00	(8)其他短期贷款	2337925.00
二、代理财政性存款	170204.00	其中：个人短期消费贷款	219126.00
三、金融债券		2.中长期贷款	3062544.00
其中：政策性金融债券		(1)基本建设贷款	3790.00
四、应付及暂收款	1195071.00	(2)技术改造贷款	1525.00
其中：应付及预提利息	869279.00	(3)其他中长期贷款	3057229.00
五、卖出回购资产	705960.00	其中：个人中长期消费贷款	43677.00
六、向中央银行借款	6402.00	3.票据融资	1372983.00
七、同业往来	87583.00	其中：贴现	1372983.00
1.同业存放	49699.00	4.各项垫款	17750.00
2.同业拆借	37884.00	二、有价证券及投资	6503853.00
八、行内资金往来		三、应收及预付款	158905.00
九、委托存款及委托投资基金(净)	43482.00	其中：应收利息	67386.00
1.委托存款及委托投资基金	1549534.00	四、买入返售资产	244536.00
2.减：委托贷款及委托投资	1506052.00	五、存放中央准备金存款	6014705.00
十、代理金融机构委托贷款基金	182780.00	六、存放中央银行特种存款	39724.00
其中：中央银行委托贷款基金		七、缴存中央银行财政性存款	22018.00
十一、各项准备	1212610.00	八、同业往来	3533739.00
其中：贷款损失准备	1202508.00	1.存放同业	3527571.00
十二、所有者权益	2042811.00	2.拆放同业	6168.00
其中：实收资本	2162067.00	九、行内资金往来	2565667.00
十三、其他	-1344652.00	十、代理金融机构贷款	199698.00
		其中：代理人行专项贷款	
		十一、库存现金	358227.00
		十二、外汇占款	
资金来源总计	45058712.00	资金运用总计	45058712.00

财务公司人民币信贷收支表

（2009 年 12 月 31 日）　　　　　　　　　　　　单位:万元

来源项目名称	本月余额	运用项目名称	本月余额
一、各项存款	343048.00	一、各项贷款	153435.00
1. 企业存款	305432.00	1. 短期贷款	115819.00
(1)活期存款	287812.00	(1)工业贷款	115819.00
(2)定期存款	17620.00	(2)商业贷款	
2. 机关团体存款		(3)其他短期贷款	
3. 委托存款及投资基金	37616.00	2. 中长期贷款	
(1)委托存款	37616.00	3. 委托贷款	37616.00
(2)委托投资基金		4. 信托贷款	
4. 信托存款		其中:中长期信托贷款	
5. 保证金存款		5. 抵押贷款	
6. 其他存款		6. 票据融资	
二、金融债券		其中:贴现	
三、应付及暂收款	3813.00	7. 融资租赁	
其中:应付及预提利息	68.00	8. 各项垫款	
四、长期借款		二、委托投资	
五、证券业务占款		三、投资	999.00
六、卖出回购资产		1. 短期投资	
七、向中央银行借款		2. 长期投资	999.00
八、同业往来		四、应收及预付款	14.00
1. 同业存放		其中:应收利息	
2. 同业拆借		五、证券业务占款	
九、代理金融机构贷款基金		六、经营租赁	
其中:中央银行委托贷款基金		七、买入返售资产	
十、各项准备	1644.00	八、存放中央银行准备金存款	49619.00
其中:贷款损失准备	1644.00	九、存放中央银行特种存款	
十一、所有者权益	105250.00	十、同业往来	248712.00
其中:实收资本	100000.00	1. 存放同业	248712.00
十二、其他	-976.00	2. 拆放同业	
		十一、代理金融机构贷款	
		其中:代理人行专项贷款	
		十二、现金	
		十三、外汇占款	
资金来源总计	452779.00	资金运用总计	452779.00

信托投资公司人民币信贷收支表

(2009年12月31日)　　单位:万元

栏目 来源项目名称	本月余额	栏目 运用项目名称	本月余额
一、各项存款		一、各项贷款	
1. 信托存款		1. 信托贷款	
2. 委托存款		其中:中长期信托贷款	
(1)委托存款		2. 委托贷款	
(2)委托投资基金		3. 抵押贷款	
3. 保证金存款		4. 票据融资	
4. 其他存款		其中:贴现	
二、金融债券		5. 融资租赁	
三、应付及暂收款	3585.00	6. 各项垫款	
其中:应付及预提利息	25.00	7. 其他贷款	
四、长期借款		二、委托投资	
五、证券业务款项		三、投资	79590.00
六、卖出回购资产		1. 短期投资	79590.00
七、向中央银行借款		2. 长期投资	
八、同业往来		四、应收及预付款	296.00
1. 同业存放		其中:应收利息	104.00
2. 同业拆借		五、证券业务占款	
九、代理金融机构贷款基金		六、经营租赁	
其中:人行委托专项贷款基金		七、买入返售资产	
十、各项准备	306.00	八、缴存中央银行准备金存款	
其中:贷款损失准备		九、存放中央银行特种存款	
十一、所有者权益	100603.00	十、同业往来	11804.00
其中:实收资本	74169.00	1. 存放同业	11804.00
十二、其他	-12802.00	2. 拆放同业	
		十一、代理金融机构贷款	
		其中:代理人行专项贷款	
		十二、库存现金	2.00
		十三、外币占款	
资金来源总计	91692.00	资金运用总计	91692.00

金融租赁公司人民币信贷收支表

（2009 年 12 月 31 日） 单位：万元

栏目 来源项目名称	本月余额	栏目 运用项目名称	本月余额
一、各项存款	16095.00	一、各项贷款	122536.00
1. 信托存款		1. 信托贷款	245.00
2. 委托存款		其中：中长期信托贷款	
(1)委托存款		2. 委托贷款	
(2)委托投资基金		3. 抵押贷款	
3. 保证金存款	16095.00	4. 票据融资	
4. 其他存款		其中：贴现	
二、金融债券		5. 融资租赁	122291.00
三、应付及暂收款	37935.00	6. 各项垫款	
其中：应付及预提利息		7. 其他贷款	
四、长期借款		二、委托投资	
五、证券业务款项		三、投资	
六、卖出回购资产		1. 短期投资	
七、向中央银行借款		2. 长期投资	
八、同业往来	48983.00	四、应收及预付款	3666.00
1. 同业存放	48983.00	其中：应收利息	
2. 同业拆借		五、证券业务占款	
九、代理金融机构贷款基金		六、经营租赁	5.00
其中：人行委托专项贷款基金		七、买入返售资产	
十、各项准备	1539.00	八、缴存中央银行准备金存款	
其中：贷款损失准备	1421.00	九、存放中央银行特种存款	
十一、所有者权益	67444.00	十、同业往来	293.00
其中：实收资本	50000.00	1. 存放同业	
十二、其他	-45496.00	2. 拆放同业	293.00
		十一、代理金融机构贷款	
		其中：代理人行专项贷款	
		十二、库存现金	
		十三、外币占款	
资金来源总计	126500.00	资金运用总计	126500.00

国有商业银行可比口径外汇信贷收支表

（2009年12月31日） 单位:亿美元

来源项目名称	本月余额	运用项目名称	本月余额
一、各项存款	17.21	一、各项贷款	20.34
1.单位活期存款	8.74	1.短期贷款	2.25
其中:中资存款	4.66	(1)境内短期贷款	2.25
外商投资企业存款	0.91	其中:中资企业贷款	1.28
2.单位定期存款	0.70	外商投资企业贷款	0.09
其中:中资企业存款	0.12	(2)境外短期贷款	
外商投资企业存款	0.07	2.中长期贷款	1.70
3.储蓄存款	7.13	(1)境内中长期贷款	1.70
其中:定期存款	4.88	其中:中资企业贷款	1.33
4.其他存款	0.62	外商投资企业贷款	
5.境外存款	0.02	(2)境外中长期贷款	
二、境内中长期筹资		3.进出口贸易融资	15.46
三、卖出回购资产		4.票据融资	0.00
四、境外筹资	0.21	其中:贴现	0.00
五、向中央银行借款		5.各项垫款	0.07
六、中央银行存款		6.境外筹资转贷款	0.86
七、应付及暂收款	3.67	二、投资	
其中:应付及预提利息	0.05	1.购买有价证券	
八、同业存放	0.21	其中:购买境外有价证券	
(1)境内同业存放	0.21	2.其他投资	
(2)境外同业存放		其中:投资境外	
九、同业拆入		三、应收及预付款	3.22
(1)境内同业拆入		其中:应收及预付利息	0.04
(2)境外同业拆入		四、买入返售资产	
十、委托基金存款(净)	-0.07	五、存放中央银行	
十一、外汇买卖	0.33	其中:缴存准备金	
其中:结售汇	0.33	六、存放同业	0.20
十二、境内联行存放		(1)存放境内同业	0.20
十三、境外联行存放		(2)存放境外同业	0.00
十四、各项准备	0.24	七、拆放同业	
其中:贷款损失准备	0.24	(1)拆放境内同业	
十五、所有者权益	0.31	(2)拆放境外同业	
其中:实收资本		八、存放境内联行	0.37
十六、其他	2.45	九、存放境外联行	
		十、库存现金	0.43
资金来源总计	24.56	资金运用总计	24.56

国家开发银行外汇信贷收支表

（2009 年 12 月 31 日）

单位:万美元

来源项目名称	本月余额	运用项目名称	本月余额
一、各项存款	515.04	一、各项贷款	7430.00
1.单位活期存款	9.14	1.短期贷款	
其中:中资存款	9.14	(1)境内短期贷款	
外商投资企业存款		其中:中资企业贷款	
2.单位定期存款		外商投资企业贷款	
其中:中资企业存款		(2)境外短期贷款	
外商投资企业存款		2.中长期贷款	7430.00
3.储蓄存款		(1)境内中长期贷款	7350.00
其中:定期存款		其中:中资企业贷款	7350.00
4.其他存款	505.90	外商投资企业贷款	
5.境外存款		(2)境外中长期贷款	80.00
二、境内中长期筹资		3.进出口贸易融资	
三、卖出回购资产		4.票据融资	
四、境外筹资		其中:贴现	
五、向中央银行借款		5.各项垫款	
六、中央银行存款		6.境外筹资转贷款	
七、应付及暂收款	114.00	二、投资	
其中:应付及预提利息	0.00	1.购买有价证券	
八、同业存放		其中:购买境外有价证券	
(1)境内同业存放		2.其他投资	
(2)境外同业存放		其中:投资境外	
九、同业拆入		三、应收及预付款	27.10
(1)境内同业拆入		其中:应收及预付利息	23.95
(2)境外同业拆入		四、买入返售资产	
十、委托基金存款(净)		五、存放中央银行	
十一、外汇买卖	121.82	其中:缴存准备金	
其中:结售汇	121.82	六、存放同业	
十二、境内联行存放	6352.91	(1)存放境内同业	
十三、境外联行存放		(2)存放境外同业	
十四、各项准备		七、拆放同业	
其中:贷款损失准备		(1)拆放境内同业	
十五、所有者权益	362.99	(2)拆放境外同业	
其中:实收资本		八、存放境内联行	
十六、其他	-9.67	九、存放境外联行	
		十、库存现金	
资金来源总计	7457.10	资金运用总计	7457.10

中国工商银行外汇信贷收支表

（2009 年 12 月 31 日） 单位：万美元

来源项目名称	本月余额	运用项目名称	本月余额
一、各项存款	29465.05	一、各项贷款	63973.99
1. 单位活期存款	20295.57	1. 短期贷款	133.00
其中：中资存款	9477.26	（1）境内短期贷款	133.00
外商投资企业存款	8998.40	其中：中资企业贷款	133.00
2. 单位定期存款	1180.08	外商投资企业贷款	
其中：中资企业存款	1180.08	（2）境外短期贷款	
外商投资企业存款		2. 中长期贷款	12929.80
3. 储蓄存款	6795.14	（1）境内中长期贷款	12929.80
其中：定期存款	3391.13	其中：中资企业贷款	12929.80
4. 其他存款	1194.25	外商投资企业贷款	
5. 境外存款		（2）境外中长期贷款	
二、境内中长期筹资		3. 进出口贸易融资	50374.99
三、卖出回购资产		4. 票据融资	
四、境外筹资	536.20	其中：贴现	
五、向中央银行借款		5. 各项垫款	
六、中央银行存款		6. 境外筹资转贷款	536.20
七、应付及暂收款	1391.06	二、投资	
其中：应付及预提利息	57.64	1. 购买有价证券	
八、同业存放	47.10	其中：购买境外有价证券	
（1）境内同业存放	47.10	2. 其他投资	
（2）境外同业存放		其中：投资境外	
九、同业拆入		三、应收及预付款	-10.59
（1）境内同业拆入		其中：应收及预付利息	0.00
（2）境外同业拆入		四、买入返售资产	
十、委托基金存款（净）		五、存放中央银行	
十一、外汇买卖	2.87	其中：缴存准备金	
其中：结售汇		六、存放同业	312.15
十二、境内联行存放	19971.70	（1）存放境内同业	291.27
十三、境外联行存放		（2）存放境外同业	20.88
十四、各项准备	433.52	七、拆放同业	
其中：贷款损失准备	433.52	（1）拆放境内同业	
十五、所有者权益	495.12	（2）拆放境外同业	
其中：实收资本		八、存放境内联行	
十六、其他	12617.64	九、存放境外联行	
		十、库存现金	684.72
资金来源总计	64960.26	资金运用总计	64960.26

中国农业银行可比口径外汇信贷收支表

（2009 年 12 月 31 日） 单位:万美元

栏目 来源项目名称	本月余额	栏目 运用项目名称	本月余额
一、各项存款	13791.57	一、各项贷款	32441.14
1. 单位活期存款	10832.39	1. 短期贷款	1443.02
其中:中资存款		(1)境内短期贷款	1443.02
外商投资企业存款		其中:中资企业贷款	1400.00
2. 单位定期存款	1046.03	外商投资企业贷款	
其中:中资企业存款		(2)境外短期贷款	
外商投资企业存款		2. 中长期贷款	
3. 储蓄存款	1149.36	(1)境内中长期贷款	
其中:定期存款	800.77	其中:中资企业贷款	
4. 其他存款	763.79	外商投资企业贷款	
5. 境外存款		(2)境外中长期贷款	
二、境内中长期筹资		3. 进出口贸易融资	30313.37
三、卖出回购资产		4. 票据融资	
四、境外筹资		其中:贴现	
五、向中央银行借款		5. 各项垫款	684.76
六、中央银行存款		6. 境外筹资转贷款	
七、应付及暂收款	34809.03	二、投资	
其中:应付及预提利息	24.32	1. 购买有价证券	
八、同业存放		其中:购买境外有价证券	
(1)境内同业存放		2. 其他投资	
(2)境外同业存放		其中:投资境外	
九、同业拆入		三、应收及预付款	30805.74
(1)境内同业拆入		其中:应收及预付利息	32.48
(2)境外同业拆入		四、买入返售资产	
十、委托基金存款(净)	-714.89	五、存放中央银行	
十一、外汇买卖	13.82	其中:缴存准备金	
其中:结售汇	13.82	六、存放同业	83.95
十二、境内联行存放	7062.97	(1)存放境内同业	83.95
十三、境外联行存放		(2)存放境外同业	
十四、各项准备		七、拆放同业	
其中:贷款损失准备		(1)拆放境内同业	
十五、所有者权益	325.04	(2)拆放境外同业	
其中:实收资本		八、存放境内联行	
十六、其他	8454.92	九、存放境外联行	
		十、库存现金	411.62
资金来源总计	63742.45	资金运用总计	63742.45

中国银行外汇信贷收支表

（2009年12月31日） 单位:万美元

来源项目名称	本月余额	运用项目名称	本月余额
一、各项存款	102088.08	一、各项贷款	92551.18
1.单位活期存款	37266.06	1.短期贷款	12134.17
其中:中资存款	37118.46	(1)境内短期贷款	12134.17
外商投资企业存款	147.60	其中:中资企业贷款	11274.17
2.单位定期存款	4330.86	外商投资企业贷款	860.00
其中:中资企业存款	52.45	(2)境外短期贷款	
外商投资企业存款	662.44	2.中长期贷款	4119.13
3.储蓄存款	58057.91	(1)境内中长期贷款	4119.13
其中:定期存款	40431.11	其中:中资企业贷款	373.05
4.其他存款	2253.96	外商投资企业贷款	
5.境外存款	179.29	(2)境外中长期贷款	
二、境内中长期筹资		3.进出口贸易融资	69679.26
三、卖出回购资产		4.票据融资	42.23
四、境外筹资		其中:贴现	42.23
五、向中央银行借款		5.各项垫款	
六、中央银行存款		6.境外筹资转贷款	6576.39
七、应付及暂收款	439.86	二、投资	
其中:应付及预提利息	384.43	1.购买有价证券	
八、同业存放	3682.82	其中:购买境外有价证券	
(1)境内同业存放	3682.82	2.其他投资	
(2)境外同业存放		其中:投资境外	
九、同业拆入		三、应收及预付款	361.53
(1)境内同业拆入		其中:应收及预付利息	352.83
(2)境外同业拆入		四、买入返售资产	
十、委托基金存款(净)		五、存放中央银行	
十一、外汇买卖	3316.77	其中:缴存准备金	
其中:结售汇	3318.79	六、存放同业	2000.00
十二、境内联行存放		(1)存放境内同业	2000.00
十三、境外联行存放		(2)存放境外同业	
十四、各项准备	1955.35	七、拆放同业	
其中:贷款损失准备	1955.35	(1)拆放境内同业	
十五、所有者权益	1410.80	(2)拆放境外同业	
其中:实收资本		八、存放境内联行	16439.14
十六、其他	903.72	九、存放境外联行	
		十、库存现金	2445.56
资金来源总计	113797.41	资金运用总计	113797.41

中国建设银行外汇信贷收支表

（2009 年 12 月 31 日） 单位:万美元

栏目 来源项目名称	本月余额	栏目 运用项目名称	本月余额
一、各项存款	26755.72	一、各项贷款	14443.40
1. 单位活期存款	19012.44	1. 短期贷款	8755.09
其中:中资存款		(1)境内短期贷款	8755.09
外商投资企业存款		其中:中资企业贷款	
2. 单位定期存款	400.00	外商投资企业贷款	
其中:中资企业存款		(2)境外短期贷款	
外商投资企业存款		2. 中长期贷款	
3. 储蓄存款	5345.74	(1)境内中长期贷款	
其中:定期存款	4177.78	其中:中资企业贷款	
4. 其他存款	1997.54	外商投资企业贷款	
5. 境外存款		(2)境外中长期贷款	
二、境内中长期筹资		3. 进出口贸易融资	4240.65
三、卖出回购资产		4. 票据融资	
四、境外筹资	1563.09	其中:贴现	
五、向中央银行借款		5. 各项垫款	
六、中央银行存款		6. 境外筹资转贷款	1447.66
七、应付及暂收款	85.73	二、投资	
其中:应付及预提利息	37.14	1. 购买有价证券	
八、同业存放	1034.52	其中:购买境外有价证券	
(1)境内同业存放	1034.52	2. 其他投资	
(2)境外同业存放		其中:投资境外	
九、同业拆入		三、应收及预付款	999.10
(1)境内同业拆入		其中:应收及预付利息	21.07
(2)境外同业拆入		四、买入返售资产	
十、委托基金存款(净)		五、存放中央银行	
十一、外汇买卖		其中:缴存准备金	
其中:结售汇		六、存放同业	176.91
十二、境内联行存放		(1)存放境内同业	167.12
十三、境外联行存放		(2)存放境外同业	9.79
十四、各项准备		七、拆放同业	
其中:贷款损失准备		(1)拆放境内同业	
十五、所有者权益	825.70	(2)拆放境外同业	
其中:实收资本		八、存放境内联行	14308.19
十六、其他	415.05	九、存放境外联行	
		十、库存现金	752.22
资金来源总计	30679.81	资金运用总计	30679.81

交通银行外汇信贷收支表

(2009 年 12 月 31 日)

单位:万美元

来源项目名称	本月余额	运用项目名称	本月余额
一、各项存款	13785.34	一、各项贷款	16298.84
1. 单位活期存款	7935.07	1. 短期贷款	13409.37
其中:中资存款	3638.30	(1)境内短期贷款	13409.37
外商投资企业存款	58.33	其中:中资企业贷款	13409.37
2. 单位定期存款		外商投资企业贷款	
其中:中资企业存款		(2)境外短期贷款	
外商投资企业存款		2. 中长期贷款	718.49
3. 储蓄存款	4573.06	(1)境内中长期贷款	718.49
其中:定期存款	3171.27	其中:中资企业贷款	62.24
4. 其他存款	1277.21	外商投资企业贷款	
5. 境外存款	0.00	(2)境外中长期贷款	
二、境内中长期筹资		3. 进出口贸易融资	1917.86
三、卖出回购资产		4. 票据融资	9.09
四、境外筹资		其中:贴现	9.01
五、向中央银行借款		5. 各项垫款	
六、中央银行存款		6. 境外筹资转贷款	244.04
七、应付及暂收款	125827.17	二、投资	
其中:应付及预提利息	30.88	1. 购买有价证券	
八、同业存放	317.07	其中:购买境外有价证券	
(1)境内同业存放	317.07	2. 其他投资	
(2)境外同业存放		其中:投资境外	
九、同业拆入		三、应收及预付款	112590.06
(1)境内同业拆入		其中:应收及预付利息	42.66
(2)境外同业拆入		四、买入返售资产	
十、委托基金存款(净)	144.11	五、存放中央银行	
十一、外汇买卖	0.00	其中:缴存准备金	
其中:结售汇	0.00	六、存放同业	823.81
十二、境内联行存放		(1)存放境内同业	823.81
十三、境外联行存放		(2)存放境外同业	
十四、各项准备	-2.47	七、拆放同业	
其中:贷款损失准备	-2.47	(1)拆放境内同业	
十五、所有者权益	208.03	(2)拆放境外同业	
其中:实收资本		八、存放境内联行	11859.94
十六、其他	1643.06	九、存放境外联行	
		十、库存现金	349.67
资金来源总计	141922.31	资金运用总计	141922.31

中信银行外汇信贷收支表

(2009 年 12 月 31 日)　　单位:万美元

栏目 / 来源项目名称	本月余额	栏目 / 运用项目名称	本月余额
一、各项存款	13478.77	一、各项贷款	2767.90
1. 单位活期存款	4710.08	1. 短期贷款	2600.00
其中:中资存款	222.02	(1)境内短期贷款	2600.00
外商投资企业存款	306.12	其中:中资企业贷款	
2. 单位定期存款	8041.38	外商投资企业贷款	
其中:中资企业存款	11.26	(2)境外短期贷款	
外商投资企业存款		2. 中长期贷款	
3. 储蓄存款	526.23	(1)境内中长期贷款	
其中:定期存款	351.84	其中:中资企业贷款	
4. 其他存款	201.08	外商投资企业贷款	
5. 境外存款		(2)境外中长期贷款	
二、境内中长期筹资		3. 进出口贸易融资	167.90
三、卖出回购资产		4. 票据融资	
四、境外筹资		其中:贴现	
五、向中央银行借款		5. 各项垫款	
六、中央银行存款		6. 境外筹资转贷款	
七、应付及暂收款	2.71	二、投资	
其中:应付及预提利息	2.47	1. 购买有价证券	
八、同业存放		其中:购买境外有价证券	
(1)境内同业存放		2. 其他投资	
(2)境外同业存放		其中:投资境外	
九、同业拆入		三、应收及预付款	1.34
(1)境内同业拆入		其中:应收及预付利息	1.19
(2)境外同业拆入		四、买入返售资产	
十、委托基金存款(净)	164.50	五、存放中央银行	
十一、外汇买卖	393.10	其中:缴存准备金	
其中:结售汇	397.27	六、存放同业	446.51
十二、境内联行存放		(1)存放境内同业	446.51
十三、境外联行存放		(2)存放境外同业	
十四、各项准备	25.19	七、拆放同业	
其中:贷款损失准备	25.19	(1)拆放境内同业	
十五、所有者权益	-18.86	(2)拆放境外同业	
其中:实收资本		八、存放境内联行	10782.20
十六、其他	6.66	九、存放境外联行	
		十、库存现金	54.12
资金来源总计	14052.07	资金运用总计	14052.07

光大银行外汇信贷收支表

（2009 年 12 月 31 日）　　单位：万美元

来源项目名称	本月余额	运用项目名称	本月余额
一、各项存款	1176.00	一、各项贷款	1376.00
1. 单位活期存款	301.00	1. 短期贷款	
其中：中资存款	295.00	(1)境内短期贷款	
外商投资企业存款		其中：中资企业贷款	
2. 单位定期存款		外商投资企业贷款	
其中：中资企业存款		(2)境外短期贷款	
外商投资企业存款		2. 中长期贷款	
3. 储蓄存款	875.00	(1)境内中长期贷款	
其中：定期存款	684.00	其中：中资企业贷款	
4. 其他存款		外商投资企业贷款	
5. 境外存款		(2)境外中长期贷款	
二、境内中长期筹资		3. 进出口贸易融资	1376.00
三、卖出回购资产		4. 票据融资	
四、境外筹资		其中：贴现	
五、向中央银行借款		5. 各项垫款	
六、中央银行存款		6. 境外筹资转贷款	
七、应付及暂收款	4.00	二、投资	
其中：应付及预提利息	4.00	1. 购买有价证券	
八、同业存放		其中：购买境外有价证券	
(1)境内同业存放		2. 其他投资	
(2)境外同业存放		其中：投资境外	
九、同业拆入	1376.00	三、应收及预付款	
(1)境内同业拆入		其中：应收及预付利息	
(2)境外同业拆入	1376.00	四、买入返售资产	
十、委托基金存款(净)	322.00	五、存放中央银行	
十一、外汇买卖		其中：缴存准备金	
其中：结售汇		六、存放同业	85.00
十二、境内联行存放		(1)存放境内同业	85.00
十三、境外联行存放		(2)存放境外同业	
十四、各项准备	16.00	七、拆放同业	
其中：贷款损失准备	16.00	(1)拆放境内同业	
十五、所有者权益	3.00	(2)拆放境外同业	
其中：实收资本		八、存放境内联行	1927.00
十六、其他	531.00	九、存放境外联行	
		十、库存现金	40.00
资金来源总计	3428.00	资金运用总计	3428.00

华夏银行外汇信贷收支表

（2009 年 12 月 31 日） 单位:万美元

来源项目名称	本月余额	运用项目名称	本月余额
一、各项存款	1824.93	一、各项贷款	859.00
1.单位活期存款	831.82	1.短期贷款	740.00
其中:中资存款	264.30	(1)境内短期贷款	740.00
外商投资企业存款	401.43	其中:中资企业贷款	600.00
2.单位定期存款	119.00	外商投资企业贷款	140.00
其中:中资企业存款		(2)境外短期贷款	
外商投资企业存款		2.中长期贷款	
3.储蓄存款	189.09	(1)境内中长期贷款	
其中:定期存款	161.12	其中:中资企业贷款	
4.其他存款	685.01	外商投资企业贷款	
5.境外存款		(2)境外中长期贷款	
二、境内中长期筹资		3.进出口贸易融资	
三、卖出回购资产		4.票据融资	
四、境外筹资		其中:贴现	
五、向中央银行借款		5.各项垫款	
六、中央银行存款		6.境外筹资转贷款	119.00
七、应付及暂收款	23.91	二、投资	
其中:应付及预提利息	1.84	1.购买有价证券	
八、同业存放	101.01	其中:购买境外有价证券	
(1)境内同业存放	101.01	2.其他投资	
(2)境外同业存放		其中:投资境外	
九、同业拆入		三、应收及预付款	0.21
(1)境内同业拆入		其中:应收及预付利息	0.21
(2)境外同业拆入		四、买入返售资产	
十、委托基金存款(净)		五、存放中央银行	
十一、外汇买卖	5.21	其中:缴存准备金	
其中:结售汇		六、存放同业	78.65
十二、境内联行存放		(1)存放境内同业	78.65
十三、境外联行存放		(2)存放境外同业	
十四、各项准备	8.59	七、拆放同业	
其中:贷款损失准备	8.59	(1)拆放境内同业	
十五、所有者权益	8.12	(2)拆放境外同业	
其中:实收资本		八、存放境内联行	1015.79
十六、其他		九、存放境外联行	
		十、库存现金	18.13
资金来源总计	1971.78	资金运用总计	1971.78

浦东发展银行外汇信贷收支表

（2009 年 12 月 31 日） 单位：万美元

来源项目名称	本月余额	运用项目名称	本月余额
一、各项存款	96.00	一、各项贷款	2626.00
1. 单位活期存款	1.00	1. 短期贷款	2626.00
其中：中资存款		(1)境内短期贷款	2626.00
外商投资企业存款		其中：中资企业贷款	2626.00
2. 单位定期存款		外商投资企业贷款	
其中：中资企业存款		(2)境外短期贷款	
外商投资企业存款		2. 中长期贷款	
3. 储蓄存款	95.00	(1)境内中长期贷款	
其中：定期存款	56.00	其中：中资企业贷款	
4. 其他存款		外商投资企业贷款	
5. 境外存款		(2)境外中长期贷款	
二、境内中长期筹资		3. 进出口贸易融资	
三、卖出回购资产		4. 票据融资	
四、境外筹资		其中：贴现	
五、向中央银行借款		5. 各项垫款	
六、中央银行存款		6. 境外筹资转贷款	
七、应付及暂收款		二、投资	
其中：应付及预提利息		1. 购买有价证券	
八、同业存放		其中：购买境外有价证券	
(1)境内同业存放		2. 其他投资	
(2)境外同业存放		其中：投资境外	
九、同业拆入		三、应收及预付款	
(1)境内同业拆入		其中：应收及预付利息	
(2)境外同业拆入		四、买入返售资产	
十、委托基金存款(净)		五、存放中央银行	
十一、外汇买卖		其中：缴存准备金	
其中：结售汇		六、存放同业	58.00
十二、境内联行存放	2580.00	(1)存放境内同业	58.00
十三、境外联行存放		(2)存放境外同业	
十四、各项准备		七、拆放同业	
其中：贷款损失准备		(1)拆放境内同业	
十五、所有者权益	11.00	(2)拆放境外同业	
其中：实收资本		八、存放境内联行	
十六、其他	1.00	九、存放境外联行	
		十、库存现金	4.00
资金来源总计	2688.00	资金运用总计	2688.00

民生银行外汇信贷收支表

(2009 年 12 月 31 日)　　单位:万美元

来源项目名称	本月余额	运用项目名称	本月余额
一、各项存款	2378.48	一、各项贷款	
1.单位活期存款	1221.65	1.短期贷款	
其中:中资存款	15.76	(1)境内短期贷款	
外商投资企业存款	1022.91	其中:中资企业贷款	
2.单位定期存款		外商投资企业贷款	
其中:中资企业存款		(2)境外短期贷款	
外商投资企业存款		2.中长期贷款	
3.储蓄存款	718.39	(1)境内中长期贷款	
其中:定期存款	567.70	其中:中资企业贷款	
4.其他存款	438.44	外商投资企业贷款	
5.境外存款		(2)境外中长期贷款	
二、境内中长期筹资		3.进出口贸易融资	
三、卖出回购资产		4.票据融资	
四、境外筹资		其中:贴现	
五、向中央银行借款		5.各项垫款	
六、中央银行存款		6.境外筹资转贷款	
七、应付及暂收款	9.87	二、投资	
其中:应付及预提利息	9.80	1.购买有价证券	
八、同业存放	37.87	其中:购买境外有价证券	
(1)境内同业存放	37.87	2.其他投资	
(2)境外同业存放		其中:投资境外	
九、同业拆入		三、应收及预付款	2.48
(1)境内同业拆入		其中:应收及预付利息	2.46
(2)境外同业拆入		四、买入返售资产	
十、委托基金存款(净)		五、存放中央银行	
十一、外汇买卖	0.00	其中:缴存准备金	
其中:结售汇	0.00	六、存放同业	822.92
十二、境内联行存放		(1)存放境内同业	822.92
十三、境外联行存放		(2)存放境外同业	
十四、各项准备		七、拆放同业	
其中:贷款损失准备		(1)拆放境内同业	
十五、所有者权益	310.16	(2)拆放境外同业	
其中:实收资本		八、存放境内联行	1854.47
十六、其他		九、存放境外联行	
		十、库存现金	56.51
资金来源总计	2736.39	资金运用总计	2736.39

城市商业银行外汇信贷收支表

（2009年12月31日） 单位:万美元

栏目 来源项目名称	本月余额	栏目 运用项目名称	本月余额
一、各项存款	944.00	一、各项贷款	
1.单位活期存款	639.00	1.短期贷款	
其中:中资存款	639.00	(1)境内短期贷款	
外商投资企业存款		其中:中资企业贷款	
2.单位定期存款		外商投资企业贷款	
其中:中资企业存款		(2)境外短期贷款	
外商投资企业存款		2.中长期贷款	
3.储蓄存款	15.00	(1)境内中长期贷款	
其中:定期存款	15.00	其中:中资企业贷款	
4.其他存款	290.00	外商投资企业贷款	
5.境外存款		(2)境外中长期贷款	
二、境内中长期筹资		3.进出口贸易融资	
三、卖出回购资产		4.票据融资	
四、境外筹资		其中:贴现	
五、向中央银行借款		5.各项垫款	
六、中央银行存款		6.境外筹资转贷款	
七、应付及暂收款	90.00	二、投资	
其中:应付及预提利息		1.购买有价证券	
八、同业存放		其中:购买境外有价证券	
(1)境内同业存放		2.其他投资	
(2)境外同业存放		其中:投资境外	
九、同业拆入		三、应收及预付款	
(1)境内同业拆入		其中:应收及预付利息	
(2)境外同业拆入		四、买入返售资产	
十、委托基金存款(净)		五、存放中央银行	51.00
十一、外汇买卖	51.00	其中:缴存准备金	51.00
其中:结售汇	31.00	六、存放同业	1836.00
十二、境内联行存放		(1)存放境内同业	1391.00
十三、境外联行存放		(2)存放境外同业	445.00
十四、各项准备		七、拆放同业	1200.00
其中:贷款损失准备		(1)拆放境内同业	1200.00
十五、所有者权益	33.00	(2)拆放境外同业	
其中:实收资本		八、存放境内联行	65.00
十六、其他	2052.00	九、存放境外联行	
		十、库存现金	18.00
资金来源总计	3170.00	资金运用总计	3170.00

信托投资公司外汇信贷收支表

（2009 年 12 月 31 日）　　单位:万美元

栏目 来源项目名称	本月余额	栏目 运用项目名称	本月余额
一、各项存款		一、各项贷款	
1. 信托存款		1. 短期信托贷款	
2. 委托存款		其中:境外短期	
3. 其他存款		2. 中长期信托贷款	
二、境内中长期筹资		其中:境外中长期	
三、境外筹资		3. 委托贷款	
四、证券业务款项		4. 融资租赁	
五、卖出回购资产		5. 票据融资	
六、同业存放		其中:贴现	
其中:境外同业存放		6. 各项垫款	
七、同业拆入		7. 境外筹资转贷款	
其中:境外同业拆入		8. 其他贷款	
八、外汇买卖		二、信托投资	
九、应付及暂收款	-175.00	1. 短期信托投资	
其中:应付及预提利息		其中:境外	
十、各项准备	338.00	2. 中长期信托投资	
其中:贷款损失准备	337.00	其中:境外 -	
十一、所有者权益	246.00	三、投资	
其中:实收资本	652.00	1. 购买有价证券	
十二、其他	-407.00	其中:购买境外有价证券	
		2. 其他投资	
		其中:投资境外	
		四、证券业务占款	
		五、经营租赁	
		六、买入返售资产	
		七、应收及预付款项	
		其中:应收及预付利息	
		八、存放中央银行	
		其中:缴存准备金	
		九、存放同业	2.00
		其中:存放境外同业	
		十、拆放同业	
		其中:拆放境外同业	
		十一、库存现金	
资金来源总计	2.00	资金运用总计	2.00

河北省银行业分地区机构、人员情况一览表

（2009年12月） 单位：个、人

地　区	机构数	人员数
河北省	9842	147919
石家庄	1466	28216
邢　台	883	12907
邯　郸	1139	14770
衡　水	572	8848
保　定	1247	18265
沧　州	908	12853
廊　坊	657	9878
唐　山	1112	16987
张家口	742	10115
承　德	612	6704
秦皇岛	504	8376

河北省银行业机构、人员情况一览表

（2009年12月） 单位:个、人

机构名称	机 构 数	人 员 数
国有商业银行	3144	71544
工商银行	877	20999
农业银行	1042	20678
中国银行	459	10907
建设银行	692	16983
交通银行	74	1977
政策性银行及国家开发银行	164	3590
国家开发银行	1	153
农业发展银行	163	3437
股份制商业银行	63	2312
中信银行	20	588
光大银行	9	297
华夏银行	12	469
浦发银行	2	106
兴业银行	1	163
民生银行	18	650
渤海银行	1	39
城市商业银行	342	8767
城市信用社	0	0
农村合作金融机构	4791	49614
农村合作银行	99	1008
农村商业银行	33	412
农村信用社	4659	48194
村镇银行	1	12
资金互助社	1	9
邮政储蓄机构	1328	11626
非银行金融机构	3	145
财务公司	1	33
信托投资公司	1	54
金融租赁公司	1	58
金融资产管理公司	4	271
外资金融机构	1	29
合 计	9842	147919

河北省保险业经营数据

报表单位:河北局-以集团本级汇总　　(2009 年 12 月 31 日)　　单位:万元

原保险保费收入	6010863.64
1. 财产险	1286741.63
2. 人身险	4724122.01
(1)人身意外伤害	81483.40
(2)健康险	250055.95
(3)寿险	4392582.65
原保险赔付支出	1429757.14
1. 财产险	691598.91
2. 人身险	738158.23
(1)人身意外伤害	24368.69
(2)健康险	77639.03
(3)寿险	636150.50

注:1. “原保险保费收入”为按《企业会计准则(2006)》设置的统计指标,指保险企业确认的原保险合同保费收入。

2. “原保险赔付支出”为按《企业会计准则(2006)》设置的统计指标,指保险企业支付的原保险合同赔付款项。

3. 原保险保费收入、原保险赔付支出为本年累计数。

4. 上述数据来源于各公司报送的保险数据,未经审计。

河北省财产保险公司原保险保费收入情况表

报表单位:河北局－产险　　(2009年12月31日)　　单位:万元

资本结构	公司名称	合　计
中资	人保股份冀分	651334.57
	大地财产冀分	44586.22
	中华联合冀分	139179.22
	太保财冀分	107910.38
	平安财冀分	134975.91
	华泰冀分	8762.27
	天安冀分	22518.42
	华安冀分	9876.82
	永安冀分	40430.16
	太平保险冀分	13009.06
	民安冀分	11280.29
	中银保险冀分	15475.49
	永诚冀分	26408.15
	安邦冀分	12657.70
	天平车险冀分	21341.32
	阳光财产冀分	32466.92
	都邦冀分	15368.93
	渤海冀分	12110.44
小计		1319692.26
合计		1319692.26

注:1. 原保险保费收入为本年累计数,数据来源于各产险公司报送保监会月报数据。

2. 原保险保费收入为各产险公司内部管理报表数据,未经审计,各产险公司不对该数据的用途及由此带来的后果承担任何法律责任。

3. 由于计算的四舍五入问题,各产险公司原保险保费收入可能存在细微的误差。

河北省人寿保险公司原保险保费收入情况表

报表单位:河北局-寿险　　(2009年12月31日)　　单位:万元

资本结构	公司名称	合　计
中资	国寿股份冀分	2049287.26
	太保寿冀分	424335.00
	平安寿冀分	511389.29
	新华冀分	322364.82
	泰康冀分	267076.25
	太平人寿冀分	102968.54
	民生人寿冀分	112666.89
	生命人寿冀分	48548.30
	国寿存续冀分	28398.14
	平安养老冀分	2114.27
	合众人寿冀分	38869.85
	人保健康冀分	35206.69
	信泰冀分	14733.23
	嘉禾人寿冀分	28364.37
	长城冀分	9004.38
	人保寿险冀分	594777.83
	国华人寿冀分	55434.56
	阳光人寿冀分	400.39
	百年人寿冀分	20.29
小计		4645960.33
外资	信诚冀分	511.24
	中英人寿冀分	43708.93
	海康人寿冀分	990.88
小计		45211.05
合计		4691171.38

注:1.保费收入为本年累计数,来源于各寿险公司报送保监会月报数据。

2.保费收入数据为各寿险公司内部管理报表数据,未经审计,各寿险公司不对该数据的用途及由此带来的后果承担任何法律责任。

3.由于计算的四舍五入问题,各寿险公司保费收入可能存在细微的误差。

河北省辖区各地区原保险保费收入情况表

报表单位:河北局－以集团本级汇总　　(2009年12月31日)　　单位:万元

地区名称	财产险	寿险	意外伤害险	健康险	合计
石家庄市	221575.93	760361.22	15192.05	68342.29	1065471.49
唐山市	244043.96	593801.84	11405.92	43933.69	893185.41
秦皇岛市	74320.88	275733.39	4590.68	17845.51	372490.46
邯郸市	108819.15	494051.07	6595.78	22239.00	631705.00
邢台市	75719.13	291666.58	4006.79	10093.73	381486.23
保定市	161845.86	633801.58	11187.23	25886.06	832720.73
张家口市	66331.12	207114.91	4524.38	6247.62	284218.03
承德市	56069.49	172031.25	5039.16	8063.36	241203.26
沧州市	130079.27	460670.79	8055.14	27360.20	626165.40
廊坊市	97734.99	318739.83	7075.08	13420.03	436969.93
衡水市	45729.14	184610.19	3699.22	6596.05	240634.60
本级	4472.72	0.00	111.99	28.40	4613.11
全省合计	1286741.63	4392582.65	81483.40	250055.95	6010863.63

注:1. 全部数值均为本年累计值。

2. 上述数据来源于各公司报送的保险数据,未经审计。

中国农业发展银行河北省分行资产负债表

（2009 年 12 月 31 日）

单位：元

项目	行次	年初数	年末数	项目	行次	年初数	年末数
资产：				负债：			
现金及银行存款	1	4,099,008.83	5,622,112.21	向中央银行借款	28	–	–
存放中央银行款项	2	271,827,953.49	845,139,180.95	联行存放款项	29	25,833,472,887.76	34,587,067,893.53
贵金属	3	–	–	同业及其他金融机构存放款项	30	8,034,322,767.47	9,346,223,814.35
存放联行款项	4	–	–	拆入资金	31	–	–
存放同业款项	5	176,769,673.80	2,728,069,851.62	交易性金融负债	32	–	–
拆出资金	6	–	–	衍生金融负债	33	–	–
交易性金融资产	7	–	–	卖出回购金融资产款	34	–	–
衍生金融资产	8	–	–	吸收存款	35	10,884,861,013.77	15,406,414,188.00
买入返售金融资产	9	–	–	应付职工薪酬	36	9,373,341.74	8,612,283.43
应收款项类金融资产	10	–	–	应交税费	37	46,805,408.02	46,599,611.28
应收利息	11	9,804,977.65	40,402,762.51	应付利息	38	5,710,837.71	8,189,849.32
其他应收款	12	2,636,505.03	6,309,832.78	其他应付款	39	18,390,171.56	28,409,072.00
发放贷款和垫款	13	45,502,745,560.47	56,737,575,496.47	预计负债	40	–	–
可供出售金融资产	14	–	–	应付债券	41	–	–
持有至到期投资	15	–	–	递延所得税负债	42	–	–
长期股权投资	16	–	–	其他负债	43	460,465,323.64	464,308,815.74
投资性房地产	17	–	–	负债合计	44	45,293,401,751.67	59,895,825,527.65
固定资产	18	387,507,289.29	398,597,711.84	所有者权益（或股东权益）：		–	–
在建工程	19	17,840,000.00	18,740,499.94	实收资本（或股本）	45	–	–
固定资产清理	20	14,002.89	14,002.89	其中：国有资本	46	–	–
无形资产	21	7,485,241.36	7,055,076.18	外商资本	47	–	–
商誉	22	–	–	资本公积	48	–	–
长期待摊费用	23	442,845.00	606,106.11	减：库存股	49	–	–
抵债资产	24	–	–	盈余公积	50	–	–
递延所得税资产	25	–	–	一般风险准备	51	–	–
其他资产	26	–	350,766.73	未分配利润	52	1,087,771,306.14	892,657,872.58
				外币报表折算差额	53	–	–
				归属于母公司所有者权益合计	54	1,087,771,306.14	892,657,872.58
				少数股东权益	55	–	–
				所有者权益（或股东权益）合计	56	1,087,771,306.14	892,657,872.58
资产总计	27	46,381,173,057.81	60,788,483,400.23	负债和所有者权益（或股东权益）总计	57	46,381,173,057.81	60,788,483,400.23

中国农业发展银行河北省分行利润表

（2009 年 12 月 31 日）

单位:元

项目	行次	年初数	年末数	项目	行次	年初数	年末数
一、营业收入	1	1,712,056,815.67	1,532,384,660.03	（二）业务及管理费	16	459,577,833.96	495,782,384.22
（一）利息净收入	2	1,702,884,994.60	1,523,376,884.49	（三）资产减值损失或呆账损失（转回金额以“-”号填列）	17	-	-
利息收入	3	2,829,328,815.83	2,641,355,171.82	（四）其他业务成本	18	-	-
利息支出	4	1,126,443,821.23	1,117,978,287.33	三、营业利润（亏损以“-”号填列）	19	1,096,290,663.47	896,029,474.94
（二）手续费及佣金净收入	5	8,604,988.88	7,946,312.59	加:营业外收入	20	5,712,048.85	15,041,928.40
手续费及佣金收入	6	12,295,539.55	11,696,523.76	减:营业外支出	21	14,231,406.18	18,215,189.07
手续费及佣金支出	7	3,690,550.67	3,750,211.17	四、利润总额（亏损以“-”号填列）	22	1,087,771,306.14	892,856,214.27
（三）投资收益（损失以“-”号填列）	8			减:所得税费用	23	-	198,341.69
其中:对联营企业和合营企业的投资收益	9			五、净利润（亏损以“-”号填列）	24	1,087,771,306.14	892,657,872.58
（四）公允价值变动收益（损失以“-”号填列）	10			归属于母公司所有者的净利润	25		
（五）其他收入	11	566,832.19	1,061,462.95	少数股东损益	26		
汇兑收益（损失以“-”号填列）	12	560,165.49	988,129.77	六、每股收益:	27		
其他业务收入	13	6,666.70	73,333.18	（一）基本每股收益（元）	28		
二、营业支出	14	615,766,152.20	636,355,185.09	（二）稀释每股收益（元）	29		
（一）营业税金及附加	15	156,188,318.24	140,572,800.87				

中国农业发展银行河北省分行存款、贷款情况表及中间业务统计表

单位:万元

机构名称	2009年末贷款余额	2009年末存款余额	2009年中间业务收入
唐山市分行	488031.99	94359.26	76.63
秦皇岛市分行	299419.24	138867.83	68.58
邯郸市分行	953088.22	130248.03	173.48
邢台市分行	624677.42	146307.61	122.6
保定市分行	504810.48	111457.96	166.44
张家口市分行	383927.38	228830.41	95.18
承德市分行	574566.58	83929.9	90.83
沧州市分行	389860.79	114812.35	77.26
廊坊市分行	370447.84	120858.34	119.83
衡水市分行	397582.73	74306.54	65.17
河北省分行营业部	687344.88	294969.06	212.1
合　计	5,673,757.55	1538947.29	1268.1

中国工商银行河北省分行资产负债表

河北省分行(含美元)　　(2009 年 12 月 31 日)　　单位:万元

资　　产	行次	期末数	负债及所有者权益	行次	期末数
各项资产:			各项负债:		
现金及存放中央银行款项	1	554,592	向中央银行借款	29	
存放同业款项	2	2,163	同业及其他金融机构存放款项	30	1,625,462
贵金属	3	16,222	拆入资金	31	
拆出资金	4		联行存放	32	
存放联行	5	20,024,520	以公允价值计量且其变动计入当期损益的金融负债	33	
以公允价值计量且其变动计入当期损益的金融资产	6		衍生金融负债	34	
衍生金融资产	7		卖出回购金融资产款	35	
买入返售金融资产	8		吸收存款	36	38,263,751
应收利息	9	13,026	应付职工薪酬	37	16,486
其他应收款	10	38,783	应交税费	38	109,353
其他流动资产	11	2,815	应付利息	39	381,386
发放贷款和垫款	12	19,768,226	其他应付款	40	186,664
可供出售金融资产	13	121,610	其他流动负债	41	693
持有至到期投资	14	408	长期借款	42	3,661
应收款项类资产	15		应付债券及存款证	43	
长期应收款	16	4,425	长期应付款	44	1,936
长期股权投资	17		预计负债	45	1,293
投资性房地产	18		递延所得税负债	46	
固定资产	19	286,240	其他非流动负债	47	6
在建工程	20	8,592	负债总计	48	40,590,691
固定资产清理	21	953	所有者权益:		
无形资产	22	96,731	股本	49	
开发支出	23		资本公积	50	2,584
商誉	24		减:库存股	51	
长期待摊费用	25	9,519	盈余公积	52	
递延所得税资产	26	-38,784	一般准备	53	
其他非流动资产	27	36,433	未分配利润	54	353,199
			外币报表折算差额	55	
			归属于母公司所有者权益合计	56	355,783
			少数股东权益	57	
			所有者权益合计	58	355,783
资产总计	28	40,946,474	负债及所有者权益总计	59	40,946,474

中国工商银行河北省分行各项存、贷款分地区情况表

（2009年12月31日）

单位：万元（含美元）

地区	各项存款							各项贷款						
	本期	比上月		比年初		年增长率%		本期	比上月		比年初		年增长率%	
		今年	去年	今年	去年	今年	去年		今年	去年	今年	去年	今年	去年
全省	37819776.21	-626186.15	1679534.81	6782797.34	6160214.74	21.85	24.76	20187371.14	-57362.09	497809.60	5429305.39	2221141.79	36.79	17.72
邯郸	3377065.56	30300.84	94599.52	378957.63	225332.08	12.64	8.13	1540261.17	18801.26	-41883.40	310000.43	57909.99	25.20	4.94
邢台	2846232.77	-79473.39	151519.05	354829.71	475779.35	14.24	23.60	920164.61	-30608.46	56522.69	312773.55	17722.54	51.49	3.01
营业部	7887107.53	-221916.07	292494.78	1264653.28	1490390.72	19.10	29.04	3690218.75	-85179.80	202658.67	235920.61	529485.78	6.83	18.10
衡水	1308587.15	-69409.25	47691.14	179262.74	220092.38	15.87	24.21	465703.63	56775.10	-3769.52	101308.64	2951.97	27.80	0.82
保定	4275517.79	16861.95	141834.75	801300.77	585584.39	23.06	20.27	1940111.29	-14833.19	-16936.94	537669.98	192696.80	38.34	15.93
沧州	2997977.02	-92229.75	208032.78	559670.19	684076.05	22.95	39.00	1184911.50	-35055.68	16910.15	392528.78	56629.78	49.54	7.70
廊坊	3368676.03	-249435.27	87943.09	954797.33	500611.45	39.55	26.17	2949674.21	110681.14	132824.24	1056206.21	500369.42	55.78	35.92
唐山	5804202.39	-34182.15	141800.00	1267000.24	1087600.40	27.92	31.53	2979936.27	-123146.63	22526.08	924078.79	570990.61	44.95	38.45
张家口	1839655.02	-54126.58	68285.70	320413.97	209157.31	21.09	15.97	1384052.57	-16402.70	16330.09	567202.58	141885.55	69.44	21.02
承德	1442161.13	92724.96	86317.04	381544.82	165594.74	35.97	18.50	888628.37	11702.69	9682.01	311082.21	62830.24	53.86	12.21
秦皇岛	2672593.82	34698.56	359016.97	320366.67	515995.87	13.62	28.10	2243708.76	49904.17	102945.53	680533.61	87669.10	43.54	5.94

中国工商银行河北省分行2009年牡丹信用卡主要业务指标

单位:万元

行名	牡丹信用卡	
	发卡量	消费交易额
保定	342611	201249
沧州	165437	110234
承德	159331	76742
邯郸	270427	244075
衡水	75231	80995
廊坊	180442	113612
秦皇岛	221473	193447
石家庄	599996	394196
唐山	324184	269364
邢台	165229	95359
张家口	101941	68722
合计	2606302	1847995

中国工商银行河北省分行中间业务分类收入

行名:河北省分行　　（2009 年 12 月 31 日）　　单位:万元　币种:本外币

序号	项目名称	本日余额	占比			增量±			增幅%		
			与中间业务收入合计比	与营业净收入合计比	与利差收入合计比	比昨日	比月初	比同期	比昨日	比月初	比同期
1.	人民币结算收入	33486.87	15.11	3.35	9.03	597.01	4,266.26	4,493.22	1.82	14.60	15.50
2.	代理及对公理财收入	21099.78	9.52	2.11	5.69	1,517.84	4,006.13	8,736.35	7.75	23.44	70.66
3.	代客资金交易收入	7302.13	3.30	0.73	1.97	89.48	487.47	-3,264.34	1.24	7.15	-30.89
4.	代理及个人理财业务收入	50628.21	22.85	5.07	13.65	5,553.92	9,752.56	3,367.22	12.32	23.86	7.12
5.	银行卡	27305.57	12.32	2.74	7.36	716.26	4,202.37	7,213.52	2.69	18.19	35.90
6.	国际结算	6451.36	2.91	0.65	1.74	53.14	1,265.11	-825.77	0.83	24.39	-11.35
7.	投资银行	49459.86	22.32	4.96	13.34	1,785.30	7,768.84	21,125.66	3.74	18.63	74.56
8.	担保保理业务	18582.83	8.39	1.86	5.01	55.77	3,231.73	12,880.59	0.30	21.05	225.89
9.	资产托管	6315.76	2.85	0.63	1.70	2.40	276.17	4,717.15	0.04	4.57	295.08
10.	企业年金收入	916.33	0.41	0.09	0.25	6.43	38.68	350.62	0.71	4.41	61.98
11.	其他(非产品无息)收入	4.74	0.00	0.00	0.00	0.00	-3.88	-356.86	0.00	-45.02	-98.69
12.	附:个人金融业务收入	73228.23	33.05	7.34	19.75	5,680.98	12,233.68	7,890.57	8.41	20.06	12.08
13.	附:对公结算业务收入	40246.18	18.17	4.03	10.85	1,983.09	5,921.90	11,178.89	5.18	17.25	38.46
14.	附:电子银行业务收入	15392.15	6.95	1.54	4.15	1,193.66	2,366.00	7,544.10	8.41	18.16	96.13
15.	合计	221553.42	100.00	22.20	59.75	10,377.55	35,291.46	58,437.37	4.91	18.95	35.83

中国工商银行河北省分行中间业务项目明细分析

（2009 年 12 月 31 日）

单位：万元　币种：本外币

序号	行名	余额			增量±			增幅%		
		本期	月初	同期	比昨日	比月初	比同期	比昨日	比月初	比同期
1	河北省分行	221553.42	186261.96	163116.05	10377.55	35291.46	58437.37	4.91	18.95	35.83
2	省行营业部	34604.93	29139.31	34665.40	1838.65	5465.62	-60.47	5.61	18.76	-0.17
3	唐山分行	33430.65	27114.09	20158.11	2793.34	6316.56	13272.54	9.12	23.30	65.84
4	邯郸分行	21710.49	19277.89	13669.27	589.71	2432.60	8041.22	2.79	12.62	58.83
5	邢台分行	20670.44	17012.77	13528.21	795.76	3657.67	7142.22	4.00	21.50	52.80
6	保定分行	20281.43	17593.45	15214.26	705.69	2687.98	5067.17	3.60	15.28	33.31
7	廊坊分行	20071.04	17174.92	15187.62	1.45	2896.12	4883.42	0.01	16.86	32.15
8	沧州分行	18650.36	13999.94	11337.72	893.31	4650.41	7312.64	5.03	33.22	64.50
9	秦皇岛分行	17947.53	15481.29	12087.62	620.87	2466.24	5859.91	3.58	15.93	48.48
10	张家口分行	14527.14	12136.10	10864.01	1348.55	2391.04	3663.13	10.23	19.70	33.72
11	承德分行	11354.33	10222.27	7254.34	477.34	1132.06	4099.99	4.39	11.07	56.52
12	衡水分行	7416.66	6498.38	7161.92	292.92	918.28	254.74	4.11	14.13	3.56
13	省行本部	888.42	611.53	1987.57	19.96	276.89	-1099.15	2.30	45.28	-55.30

中国工商银行河北省分行 2009 年网上银行开展情况

企业网上银行客户新增(户)	个人网上银行开展情况(户)	网上银行交易额(亿)
27184	817601	47091

中国工商银行河北省分行人员、机构统计表

（2009 年 12 月 31 日）

单位	合计	其中：		一级分行	省行营业部二级分行	县支行	城区支行	二级支行	其中：	分理处	其中：	储蓄所	其中：	各类机构总数
		在岗员工	其他从业人员						县域		县域		县域	
营业部	3626	3428	198		1	13	20	67	5	18	9	32	17	151
邯郸	2326	1861	465		1	10	14	41	11	9	2	25	5	100
邢台	1851	1418	433		1	10	10	44	14	9	6	5	2	79
衡水	986	859	127		1	7	6	15	5	5	4	5	4	39
沧州	1716	1391	325		1	8	10	50	21	2	1	2		73
保定	2428	2263	165		1	17	12	48	21	11	6	12	9	101
廊坊	1330	1241	89		1	7	10	23	3	17	13	7	4	65
唐山	2623	2300	323		1	8	16	80	23	3		11	5	119
秦皇岛	1202	1076	126		1	3	11	34	1	2	2	1	1	52
承德	966	900	66		1	6	7	15	2	8	5	5	5	42
张家口	1452	1374	78		1	7	7	25	3	4	4	11	3	55
省行本部	493	410	83	1										1
河北省分行	20999	18521	2478	1	11	96	123	442	109	88	52	116	55	877

中国工商银行河北省分行从业人员年龄结构

分析机构：中国工商银行股份有限公司河北省分行

分类	25岁以下	26－30岁	31－35岁	36－40岁	41－45岁	46－50岁	51－54岁	55岁以上	总数
数量	762	1214	2291	4899	5913	5132	753	35	20999
所占比例(%)	3.63	5.78	10.91	23.33	28.16	24.44	3.59	0.17	100

中国工商银行河北省分行从业人员学历结构

分析机构：中国工商银行股份有限公司河北省分行

分类	博士研究生	硕士研究生	本科学历	大专学历	中专学历	高中及以下学历	总数
数量	1	96	6360	9109	2585	2848	20999
所占比例(%)	0.00	0.46	30.29	43.38	12.31	13.56	100

中国工商银行河北省分行从业人员职称结构

分析机构：中国工商银行股份有限公司河北省分行

分类	高级职称	中级职称	初级职称	无职称	总数
数量	265	6777	6021	7936	20999
所占比例(%)	1.26	32.27	28.67	37.79	100

中国农业银行股份有限公司河北省分行资产负债平衡表

（2009年12月31日）

单位：万元

项目名称	期末余额		比上月+－		比年初+－		项目名称	期末余额		比上月+－		比年初+－	
	余额	结构%	今年	去年	今年	去年		余额	结构%	今年	去年	今年	去年
资产总计	37796480	100	846757	－162727	6185709	5486409	负债及所有者权益总计	37796480	100	846757	－162727	6185709	5486409
一、现金及银行存款	236515	0.63	8553	－38975	69873	－3576	负债总计	37175924	98.36	695600	－162280	6012408	5413121
二、存放中央银行款项	117174	0.31	－23407	65416	－93691	－86719	一、各项存款	35808627	96.32	558495	－242638	5771037	5296437
三、存放同业款项	573	0.00	－77	－1111	－3386	－1682	1、个人存款	26524828	74.07	607516	11100	3960135	5667863
四、往来资金(轧差)	23937656	63.33	768774	3420111	2851612	9398377	2、单位存款	8984330	25.09	－54077	－221601	1795887	－149703
1、系统内存放拆借款项轧差	23951001	63.37	764814	3406482	2850592	9405467	3、应解汇款及暂存款	13528	0.04	－17430	－19706	－894	－6043
五、应收利息	34404	0.09	－27768	19962	13037	20537	4、保证金存款	274532	0.77	28710	－4320	11766	－210932
六、各项贷款	13302297	35.19	88414	387357	3404248	－3572490	5、保险公司存放款项	11408	0.03	－6223	－8110	4144	－4748
1、贴现及转贴现净值	1066464	8.02	1733	235432	536688	227718	6、金融控股公司存放款项	0	0.00	0	0	0	0
2、贸易融资	215950	1.62	－11579	－26763	204220	－62825	二、财政性存款	0	0.00	0	－74	0	0
3、贷款	12008474	90.27	98259	176675	2661846	－3726124	三、向中央银行借款	0	0.00	0	0	0	0
(1)正常贷款	12008474	100.00	98259	161261	2836559	－158676	四、同业存放款项	812806	2.19	194388	31322	326363	－126273
(2)逾期贷款	0	0.00	0	3786	－24333	5750	五、同业拆借款项	0	0.00	0	0	0	0
(3)非应计贷款	0	0.00	0	11628	－150381	－3573198	六、往来资金(轧差)	0	0.00	0	0	0	0
4、其他贷款	11410	0.09	1	2013	1495	－11258	1、联行往来轧差	13345	0.00	－5467	－14491	－1020	7089
5、买入回售非金融机构证券	0	0.00	0	0	0	0	七、卖出回购款项	0	0.00	0	0	0	0
6、买入票据	0	0.00	0	0	0	0	八、汇出汇款	56	0.00	－277	－7	16	17
七、拆借同业款项	0	0.00	0	0	0	－14126	九、应付利息	317526	0.85	－14821	3387	－22345	126551
八、其他应收款	2936	0.01	－5216	－3959563	1102	－13561	十、应交税金	13548	0.04	11363	10264	－416	195
九、投资	130411	0.35	－1712	869	－60583	－14369	十一、应付工资	35159	0.09	9649	22464	793	17901
十、买入回售金融机构证券	0	0.00	0	0	0	0	十二、应付福利费	0	0.00	－1	－540	0	－1069
十一、待摊费用	11406	0.03	848	－2959	2376	－5959	十三、其他应付款	118626	0.32	－15041	29433	－90757	69049
十二、固定资产净值	243299	0.64	9327	54047	－9932	41077	十四、转贷款资金	0	0.00	0	0	0	0
固定资产原价	304434	0.00	10719	－52262	17142	－53614	十五、发行债券	0	0.00	0	0	－96	0
减：累积折旧	61134	0.00	1392	－106309	27074	－94691	十六、委托及代理负债资产轧差	4083	0.01	－8476	－13618	448	3634
十三、固定资产清理	1310	0.00	1185	－87	1310	－132	十七、其他负债	65493	0.18	－39680	－2274	27364	26679
十四、在建工程	7876	0.02	2535	3827	1468	3899	十八、上级行存放款项	0	0.00	0	0	0	0
十五、无形资产	110810	0.29	24	105796	－1651	105318	所有者权益总计	620557	1.64	151157	－447	173301	73288
十六、待处理抵债资产	0	0.00	0	－2	0	－58026	一、实收资本	133942	21.58	0	0	0	0
十七、委托及代理资产负债轧差	0	0.00	0	0	0	－1204	二、资本公积	0	0.00	0	0	0	－33
十八、递延资产	0	0.00	0	0	0	0	三、盈余公积	0	0.00	0	0	0	0
十九、其他资产	39976	0.11	26840	1194	34704	－91096	其中：法定公益金	0	0.00	0	0	0	0
二十、资产减值准备	380162	1.01	1564	218609	24780	219861	四、未分配利润	486615	78.42	151058	－447	173301	73321
二一、存放上级行款项	0	0.00	0	0	0	0	其中：当期结益	486851	0.00	150957	－7883	486851	314144
二二、营运资金调拨	0	0.00	0	0	0	0	五、以前年度损益调整	0	0.00	100	0	0	0

中国农业银行股份有限公司河北省分行损益情况表

(2009年12月31日) 单位:万元

项　目	金　额
1. 贷款利息收入	630037
2. 往来轧差收入	728544
3. 中间业务收入	135248
4. 其他营业收入	5433
5. 投资收益	5000
6. 营业外收入	2077
收入小计	1506339
1. 利息支出	514500
2. 费用支出	390792
3. 手续费支出	5195
4. 营业税金及附加	42448
5. 营业外支出	1061
6. 其他支出	2315
7. 拨备支出	73013
支出小计	1029324
账面利润	477015

中国农业银行股份有限公司河北省分行存、贷款业务情况表

（2009 年 12 月 31 日）　　单位:万元

项　目	各项存款				各项贷款			
	期末	比上月	比年初 +、-		期末	比上月	比年初 +、-	
	余额	+、-	今年	比同期	余额	+、-	今年	比同期
合　计	35808627	558495	5771037	474601	13302297	88414	3404248	6976738
省分行营业部	6196697	144603	996096	287300	2324856	28546	577585	1425182
承德分行	1479216	4238	218767	94181	814171	-2665	72599	179353
张家口分行	1392035	72545	248511	119348	583396	3007	117217	366071
秦皇岛分行	2001763	39716	359242	192221	718996	10481	120331	320633
唐山分行	7240244	39123	957057	-545335	4030355	-23735	1181023	1152062
廊坊分行	3070947	-17624	673167	282463	1278662	34704	424798	591043
保定分行	3993247	72066	704869	142837	1044070	3857	350125	914856
沧州分行	3521865	48584	555289	-19229	574763	-15866	143348	479052
衡水分行	1654378	28260	225995	-36950	157935	12857	28512	353717
邢台分行	2482712	54155	395078	47148	532513	-17213	156764	569964
邯郸分行	2775523	72830	436964	-89383	1242581	54439	231947	624805

中国农业银行股份有限公司河北省分行银行卡业务情况表

（2009 年 12 月 31 日）

单位：张、万元

项　目	累计发卡量			#惠农卡累计发卡量			卡存款余额			当年消费额			当年手续费收入		
单　位	数量	比上月 +、-	比年初 +、-	数量	比上月 +、-	比年初 +、-	期末余额	比上月 +、-	比年初 +、-	金额	比上月 +、-	比同期	金额	比上月 +、-	比同期
合　计	15878877	350544	1688754	1018555	41419	1016635	9173960	503905	2423797	8077616	906583	-1390323	47692	4608	-12617
省分行营业部	2875162	49629	162597	75765	527	75765	1506945	118652	413357	1503180	178196	-2141389	7327	712	-2372
承德分行	1196153	24834	108006	97051	8303	95431	336448	22487	88698	282014	30739	84257	2352	230	-179
张家口分行	942803	16952	185430	135797	764	135666	366441	22264	130805	260915	29453	110854	2840	267	-333
秦皇岛分行	776633	19038	-12802	25210	1487	25210	383495	19269	118848	449412	46289	81028	2544	219	-395
唐山分行	1932181	41382	255924	175553	3218	175553	1899732	134160	449338	1303717	146285	516128	6803	661	-1276
廊坊分行	1282005	37753	143285	40001	1345	40001	798673	33799	215145	908091	114031	270273	4609	439	-839
保定分行	2071792	55901	208511	96120	16017	96120	1227343	39956	302356	833977	93386	2479	6523	618	-1538
沧州分行	1795570	34530	320202	203128	-2161	202959	933708	30385	226398	906650	91995	-969671	4866	443	-902
衡水分行	664916	12304	75184	43279	1714	43279	355383	20154	86878	248338	32968	83653	2268	221	-292
邢台分行	1184831	26613	135544	62144	4072	62144	596574	26411	161743	543288	63647	275552	3426	331	-629
邯分行郸	1156831	31608	106873	64507	6133	64507	769219	36367	230229	838033	79595	296512	4061	402	-661
省分行	0	0	0	0	0	0	0	0	0	0	0	0	76	64	-3201
国际业务部	0	0	0	0	0	0	0	0	0	0	0	0	0	0	0

中国农业银行股份有限公司河北省分行中间业务收入情况表

（2009年12月31日）

单位:万元

项 目	中间业务总收入		其中:1、中间业务手续费收入																2、外汇买卖净收入	
			小计		1、卡手续费		2、代理保险		3、结算手续费		4、代理基金		5、电子银行		6、投资银行		7、其他中间业务			
	金额	比同期	金额	比同期	金额	比同期	金额	比同期	金额	比同期	金额	比同期	金额	比同期	金额	比同期	金额	比同期	金额	比同期
合 计	140059	10922	135247	13394	47695	-12618	20620	4385	10840	2854	4769	-5968	20846	15751	19150	11730	4627	-3361	4812	-2472
省分行营业部	22196	3081	21431	3480	7327	-2372	3272	1066	1660	435	739	-401	4484	3387	2744	1672	254	-524	765	-399
承德分行	6136	973	6071	990	2352	-179	822	-25	493	235	180	-258	551	437	1476	839	64	-130	64	-17
张家口分行	6183	888	6062	953	2840	-333	880	120	374	168	171	-379	605	522	972	897	112	-47	121	-65
秦皇岛分行	7137	575	6725	907	2544	-396	1150	264	520	-128	229	-347	816	644	647	530	104	-144	412	-332
唐山分行	23924	-1162	23103	39	6804	-1276	2690	-669	2238	-93	747	-1283	2533	1955	5022	2517	1287	-1317	821	-1201
廊坊分行	14784	3141	14043	3261	4609	-840	2167	991	954	315	959	-941	2181	1771	1982	1877	291	-269	741	-120
保定分行	15127	1714	14784	1846	6523	-1538	2390	656	1112	417	521	-604	3045	2380	818	817	112	-324	342	-132
沧州分行	12860	1326	12352	1519	4866	-902	2264	259	1007	387	323	-671	2673	1764	855	825	44	-288	508	-193
衡水分行	6116	255	5832	236	2268	-292	928	208	642	270	227	-77	944	621	611	-227	46	-307	284	19
邢台分行	10613	782	10233	876	3426	-629	1885	549	627	211	318	-474	1533	1128	1804	338	91	-235	380	-93
邯分行郸	14318	3504	14029	3533	4061	-661	2172	970	1208	633	356	-532	1380	1041	2218	1647	2221	272	289	-28
省分行	582	-4245	582	-4245	76	-3201	0	-4	6	6	0	0	100	100	0	0	0	-50	0	0
国际业务部	85	89	0	0	0	0	0	0	0	0	0	0	0	0	0	0	0	0	84	89

中国农业银行股份有限公司河北省分行助学贷款地区形态分布表

（2009年12月31日） 单位:万元

单位\项目	笔数	余额	较年初
合　计	723	88	-88
省分行营业部	18	0.7	-0.8
承德分行	326	57.8	-67.7
张家口分行	78	0.7	-1.4
秦皇岛分行	3	0.6	-0.3
唐山分行	1	0.0	0.0
廊坊分行	33	7.7	-2.3
保定分行	21	4.9	-3.9
沧州分行	23	2.7	-5.1
衡水分行	42	0.0	0.0
邢台分行	88	11.7	-4.0
邯分行郸	90	1.0	-2.8

中国农业银行股份有限公司河北省分行网上银行业务发展情况表

（2009年12月31日）

单位:户、笔、万元

单位	客户数						交易笔数(单项)						交易金额(双向)					
	个人			企业			个人			企业			个人			企业		
	年初余额	当年新增	年末余额	年初余额	当年新增	年末余额	08年交易笔数	当年新增	09年交易笔数	08年交易笔数	当年新增	09年交易笔数	08年交易金额	当年新增	09年交易金额	08年交易金额	当年新增	09年交易金额
省行营业部	75342	86752	162079	3533	1982	5513	7628880	5621586.56	13250466.56	1564970	1331191	2896161	2132.94	838.36	2971.30	926.54	135.85	1062.39
承德分行	16931	15870	32801	541	530	1071	566789	371210.13	937999.13	202128	82446	284574	57.79	105.92	163.70	237.56	74.36	311.93
张家口分行	24498	15737	40235	356	163	519	462625	396942.19	859567.19	68274	38538	106812	67.63	60.50	128.13	45.70	-10.79	34.91
秦皇岛分行	20813	18911	39724	553	453	1006	972860	606037.51	1578897.51	287595	242240	529835	260.97	124.58	385.55	379.03	-31.72	347.30
唐山分行	49503	46456	95959	2832	1578	4410	3988861	3604071.62	7592932.62	1444945	1727536	3172481	3613.59	2978.14	6591.74	1452.46	1306.23	2758.69
廊坊分行	40222	31014	71236	1092	936	2028	2117135	1672191.71	3789326.71	504770	351870	856640	1055.84	465.88	1521.72	247.95	102.68	350.62
保定分行	49788	52407	102195	1482	1088	2570	3585967	3314308.71	6900275.71	598274	384870	983144	948.94	778.38	1727.32	279.88	120.22	400.11
沧州分行	42444	53690	96090	1906	1736	3642	5372220	4470990.77	9843210.77	1108531	958191	2066722	1339.56	759.73	2099.28	451.11	174.69	625.80
衡水分行	14179	21517	35696	550	464	1014	1851132	1037096.02	2888228.02	326569	130616	457185	387.74	190.20	577.94	70.06	39.37	109.43
邢台分行	30032	45739	75771	1513	1436	2949	2506709	2770725.05	5277434.05	372865	479990	852855	653.55	496.87	1150.42	139.71	163.31	303.01
邯郸分行	20261	19869	40130	885	1011	1896	2367678	1805329.29	4173007.29	441437	536411	977848	2344.87	933.57	3278.44	603.24	590.91	1194.15
合计	384013	407962	791916	15243	11377	26618	31420856	25670489.56	57091345.56	6920358	6263899	13184257	12863.41	7732.14	20595.55	4833.24	2665.11	7498.35

中国农业银行股份有限公司河北省分行机构情况表

（2009 年 12 月 31 日）

合计	一级分行	二级分行	城区支行	郊区支行	县级市支行	二级支行	分理处	储蓄所	其他
1044	1	11	79	7	141	134	669	0	2

中国农业银行股份有限公司河北省分行员工情况表

（2009 年 12 月 31 日）

人数	学历			职称			年龄			
	硕士研究生及以上	大学本科	大专及以下	高级资格	中级资格	初级资格	30 岁及以下	31 岁至 40 岁	41 岁至 50 岁	51 岁及以上
20741	128	5422	15191	161	5591	5362	1228	9644	9119	750

中国农业银行股份有限公司河北省分行员工培训情况表

（2009 年 12 月 31 日）

项 目	合 计	领导干部培训	专业业务培训	员工岗前培训	岗位资格培训
培训人次	96294	4155	88443	604	3092

中国银行河北省分行全辖汇总资产负债表

（2009 年 12 月 31 日）

各货币汇总折人民币　　　　单位：万元

资产项目	行次	2009 年 12 月 31 日	占比	2008 年 12 月 31 日	+/-	（+/-）%	负债所有者权益项目	行次	2009 年 12 月 31 日	占比	2008 年 12 月 31 日	+/-	（+/-）%
现金及存放中央银行款项	1	709,256.98	2.77%	648,833.70	60,423.27	9.31%	向中央银行借款	21					
存放同业款项	2	6,846,123.87	26.70%	7,417,173.72	-571,049.86	-7.70%	同业及其他金融机构存放款项	22	1,053,111.15	4.11%	487,594.42	565,516.73	115.98%
贵金属	3	2,327.16	0.01%	836.07	1,491.10	178.35%	拆入资金	23	1,537,907.95	6.00%	679,608.87	858,299.08	126.29%
拆出资金	4	1,124,856.40	4.39%	635,000.00	489,856.40	77.14%	交易性金融负债	24					
交易性金融资产	5						衍生金融负债	25			5,897.01	-5,897.01	-100.00%
衍生金融资产	6			6,193.77	-6,193.77	-100.00%	卖出回购金融资产款	26					
买入返售金融资产	7						吸收存款	27	22,394,652.68	87.34%	16,713,641.12	5,681,011.56	33.99%
应收利息	8	48,479.66	0.19%	138,124.04	-89,644.38	-64.90%	应付职工薪酬	28	36,012.67	0.14%	24,752.45	11,260.21	45.49%
发放贷款和垫款	9	16,565,378.21	64.61%	9,396,992.55	7,168,385.66	76.28%	应交税费	29	21,870.51	0.09%	21,747.33	123.18	0.57%
可供出售金融资产	10						应付利息	30	187,444.66	0.73%	205,251.01	-17,806.36	-8.68%
持有至到期投资	11						预计负债	31	978.20	0.00%	4,621.19	-3,642.99	-78.83%
贷款及应收款项类债券	12	120,862.66	0.47%	133,991.40	-13,128.74	-9.80%	发行债券	32					
长期股权投资	13						递延所得税负债	33					
投资性房地产	14						其他负债	34	56,119.83	0.22%	67,702.50	-11,582.67	-17.11%
固定资产	15	168,844.28	0.66%	148,716.23	20,128.05	13.53%	负债合计	35	25,288,097.64	98.63%	18,210,815.92	7,077,281.73	38.86%
无形资产	16	31,045.94	0.12%	33,516.12	-2,470.18	-7.37%							
商誉	17						股本（营运资金）	36	124,798.54	0.49%	124,798.54		
递延税资产	18						资本公积	37					
其他资产	19	23,334.07	0.09%	11,491.34	11,842.73	103.06%	减：库藏股	38					
							盈余公积	39					
							一般风险准备	40					
							未分配利润	41	227,613.04	0.89%	235,254.48	-7,641.44	-3.25%
							外币折算差额	42					
							归属于母公司股东权益合计	43	352,411.59	1.37%	360,053.03	-7,641.44	-2.12%
							少数股东权益	44					
							股东权益合计	45	352,411.59	1.37%	360,053.03	-7,641.44	-2.12%
资产总计	20	25,640,509.23	100.00%	18,570,868.94	7,069,640.29	38.07%	负债和股东权益总计	46	25,640,509.23	100.00%	18,570,868.94	7,069,640.29	38.07%

中国银行河北省分行全辖汇总损益表

（2009 年 12 月 31 日）

各货币汇总折人民币　　　　单位：万元

项　目	行号	2009 年 12 月 31 日	2008 年 12 月 31 日	+/-	(+/-)%
一、营业收入	1	734,782.27	604,464.33	130,317.94	21.56%
利息净收入	2	613,571.10	490,347.29	123,223.81	25.13%
利息收入	3	983,054.62	862,276.54	120,778.08	14.01%
利息支出	4	369,483.53	371,929.26	-2,445.73	-0.66%
手续费及佣金净收入	5	113,832.68	100,161.35	13,671.33	13.65%
手续费及佣金收入	6	115,349.61	101,690.55	13,659.06	13.43%
手续费及佣金支出	7	1,516.93	1,529.20	-12.27	-0.80%
投资收益	8	255.77	411.02	-155.26	-37.77%
其中：对联营企业和合营企业的投资收益	9	0.00	0.00	0.00	0.00%
公允价值变动损益	10	-296.75	-164.31	-132.45	19.39%
汇兑损益	11	226.35	239.85	-13.50	-5.63%
其他业务收入	12	7,193.14	13,469.14	-6,276.00	-46.60%
二、营业支出	13	372,827.29	286,859.87	85,967.42	29.97%
营业税金及附加	14	45,805.83	40,057.25	5,748.58	14.35%
业务及管理费	15	259,239.45	219,740.67	39,498.78	17.98%
资产减值损失	16	65,236.78	13,193.17	52,043.61	394.47%
其他业务成本	17	2,545.23	13,868.79	-11,323.56	-81.65%
三、营业利润	18	361,954.98	317,604.47	44,350.52	13.96%
加：营业外收入	19	1,638.20	586.10	1,052.10	179.51%
减：营业外支出	20	4,369.93	6,160.82	-1,790.89	-29.07%
四、利润总额	21	359,223.25	312,029.75	47,193.50	15.12%
减：所得税费用	22	82,489.31	76,775.26	5,714.05	7.44%
五、税后利润	23	276,733.94	235,254.48	41,479.45	17.63%
归属于本行股东的净利润	24	276,733.94	235,254.48	41,479.45	17.63%
少数股东损益	25	0.00	0.00	0.00	0.00%

中国银行河北省分行全辖人民币存贷款情况统计表

（2009 年 12 月 31 日）

单位：万元

单　位	各项贷款				各项存款			
	月末余额	比上月 + －	比年初 + －	去年同期 + －	月末余额	比上月 + －	比年初 + －	去年同期 + －
全辖总计	16275137	231472	6932034	1615928	22146911	1415302	6053563	3524886
管辖行合计	1808817	－393	561535	146914	3584218	153622	731061	508082
机场路管辖支行	606897	－1358	369910	30205	1255636	117373	330199	140958
中山管辖支行	469800	18526	21580	76970	748039	－23067	107910	141941
裕华管辖支行	471505	666	165941	20755	826180	18800	170314	146234
裕东管辖支行	260615	－18227	4104	18984	754363	40516	122638	78949
承德分行	949794	34558	425738	129629	1028841	58099	327676	224162
张家口分行	1525554	8143	604677	142110	1312198	5928	253192	192360
秦皇岛分行	1013819	44044	422935	62123	1529782	－37282	468786	214719
唐山分行	3864536	20189	1565923	585601	4594419	637174	1326287	789233
廊坊分行	1418658	－11588	664489	172801	1622381	75195	463892	227999
保定分行	1362854	－36481	580939	124044	2587655	72770	622925	423007
沧州分行	513433	47146	134817	5735	1195294	143936	330672	204762
衡水分行	311643	5488	74769	56553	930765	83029	290171	134881
邢台分行	1144946	64134	519777	40035	1642596	178488	460877	235234
邯郸分行	1660638	7036	878471	156347	1768229	98280	665684	258932
省行营业部	700445	49196	497964	－5964	350533	－53937	112340	111515

中国银行河北省分行外汇存、贷款统计表

（2009 年 12 月 31 日）

单位：万美元

单位	各项贷款				各项存款			
	月末余额	比上月 + -	比年初 + -	去年同期 + -	月末余额	比上月 + -	比年初 + -	去年同期 + -
全辖总计	92552	-2733	51574	-2425	102091	12427	14609	14451
管辖行合计	952	-75	-3098	-1055	19809	-64	1455	1291
机场路管辖支行	72	-3	2	-3	7261	-69	326	16
中山管辖支行	607	-59	-2131	-824	3051	52	475	-41
裕华管辖支行	215	-13	-967	-226	5497	8	608	113
裕东管辖支行	58	0	-2	-2	4000	-55	46	1203
承德分行	78	-12	-173	127	1615	-176	170	292
张家口分行	792	-45	-245	691	3174	-591	182	411
秦皇岛分行	26753	606	16119	-2042	11276	1379	-412	4169
唐山分行	8770	-11784	6043	1679	12861	2979	3086	-2851
廊坊分行	6149	1435	4706	-4097	7599	-754	-552	394
保定分行	12817	3098	10669	26	23431	8837	10179	4270
沧州分行	584	340	421	9	4983	1267	1239	567
衡水分行	1574	62	128	-363	2598	155	179	565
邢台分行	6618	806	3748	1499	2266	-2276	442	-341
邯郸分行	24409	2707	12966	2163	7261	1536	-675	3599
省行营业部	3056	129	290	-1062	5218	135	-684	2095

中国银行河北省分行中间业务收入统计表

制表单位:省行计划财务部 （2009 年 12 月 31 日） 单位:万元

项　目	全辖汇总	同比增长	同比增幅	各二级行中间业务收入情况														
				秦皇岛	张家口	唐山	保定	邯郸	承德	沧州	邢台	廊坊	衡水	中山	裕东	机场路	裕华	本部
合 计	126451	24411	24%	7523	8345	22853	14987	16167	4494	6592	11921	9205	4342	4024	2911	6039	4081	2965
一、国际结算产品线	41129	6255	18%	2945	2905	9796	6226	6037	743	1020	1899	2736	1480	601	859	2354	1193	336
二、国内支付结算产品线	6778	1161	21%	428	349	1188	902	718	170	349	291	378	263	131	209	974	201	227
三、个人金融产品线	11930	（603）	-5%	930	609	1796	1547	808	627	806	738	830	478	415	469	650	610	616
四、银行卡业务收入	7271	2391	49%	546	427	1041	1078	455	328	348	474	565	274	432	342	304	429	229
五、金融机构	13846	9063	189%	644	419	901	1295	2875	785	861	2988	805	243	1246	284	430	103	-33
六、资金产品线	6561	（4153）	-39%	115	1458	788	200	466	215	72	351	559	43	75	307	489	400	1023
七、公司产品线	30321	11730	63%	1246	1544	6112	2707	3929	953	2762	4357	2966	1109	813	220	522	839	244
八、基金及托管	8615	（1433）	-14%	669	636	1231	1033	880	673	375	824	367	451	311	221	316	305	324

中国银行河北省分行企业网上银行业务进度月报表

（2009年12月）

项目 行别	企业网银客户数量（个）				企业网银交易金额（亿元）	企业网银交易笔数
	年初数量	本期数量	本期新增	全年计划	本年累计	本年累计
唐　山	456	468	12	440	983.36	94146
秦皇岛	194	303	109	190	184.84	20596
保　定	656	637	-19	630	362.90	80832
廊　坊	376	360	-16	360	234.81	57429
邯　郸	339	334	-5	320	431.21	30502
张家口	230	240	10	240	325.12	33823
沧　州	348	439	91	350	80.94	34049
衡　水	275	272	-3	280	54.68	21610
邢　台	358	366	8	350	120.47	25681
承　德	111	87	-24	140	215.93	15354
机场路	258	277	19	250	108.91	55486
中　山	143	125	-18	140	134.90	16804
裕　华	207	195	-12	190	81.36	24200
裕　东	178	168	-10	170	735.91	21026
省　营	61	76	15	50	452.46	14316
合　计	4190	4347	157	4100	4507.80	545854

注：企业网银客户数量统计中，“年初数量”为BOCNET客户数、企业网银5.0客户数量之和，“本期数量”仅含BOCNET客户数量。

2009 年度美元贷款利率汇编

USD 年率%

	按月浮动				按三个月浮动				按六个月浮动				固定利率	透支利率
	一年以内（含一年）	一年以上至三年（含三年）	三年以上至五年（含五年）	五年以上	一年以内（含一年）	一年以上至三年（含三年）	三年以上至五年（含五年）	五年以上	一年以内（含一年）	一年以上至三年（含三年）	三年以上至五年（含五年）	五年以上	一年以内（含一年）	
2009－1－1	4.4075	4.6575	4.9075	5.1575	5.4250	5.6750	5.9250	6.1750	5.7640	6.0140	6.2640	6.5140	6.5765	6.7765
2009－3－25	同上	同上	同上	同上	同上	同上	同上	同上	同上	同上	同上	同上	同上	同上
2009－6－21	同上	同上	同上	同上	同上	同上	同上	同上	同上	同上	同上	同上	同上	同上
2009－9－17	4.5075	4.7575	5.0075	5.2575	5.5250	5.7750	6.0250	6.2750	5.8640	6.1140	6.3640	6.6140	6.6765	6.8765

注：各外币贷款利率为中国银行标准利率报价，分行可在总行利率授权权限内自主定价。

2009 年度英镑贷款利率汇编

GBP 年率%

	按月浮动				按三个月浮动				按六个月浮动				固定利率	透支利率
	一年以内（含一年）	一年以上至三年（含三年）	三年以上至五年（含五年）	五年以上	一年以内（含一年）	一年以上至三年（含三年）	三年以上至五年（含五年）	五年以上	一年以内（含一年）	一年以上至三年（含三年）	三年以上至五年（含五年）	五年以上	一年以内（含一年）	
2009－1－1	6.0175	6.2675	6.5175	6.7675	6.6650	6.9150	7.1650	7.4150	6.8365	7.0865	7.3365	7.5865	7.6490	7.8490
2009－3－25	同上	同上	同上	同上	同上	同上	同上	同上	同上	同上	同上	同上	同上	同上
2009－6－21	同上	同上	同上	同上	同上	同上	同上	同上	同上	同上	同上	同上	同上	同上
2009－9－17	同上	同上	同上	同上	同上	同上	同上	同上	同上	同上	同上	同上	同上	同上

注：各外币贷款利率为中国银行标准利率报价，分行可在总行利率授权权限内自主定价。

2009 年度欧元贷款利率汇编

EUR 年率%

	按月浮动				按三个月浮动				按六个月浮动				固定利率	透支利率
	一年以内（含一年）	一年以上至三年（含三年）	三年以上至五年（含五年）	五年以上	一年以内（含一年）	一年以上至三年（含三年）	三年以上至五年（含五年）	五年以上	一年以内（含一年）	一年以上至三年（含三年）	三年以上至五年（含五年）	五年以上	一年以内（含一年）	
2009-1-1	6.0765	6.3265	6.5765	6.8265	6.3735	6.6235	6.8735	7.1235	6.4620	6.7120	6.9620	7.2120	7.2745	7.4745
2009-3-25	同上	同上	同上	同上	同上	同上	同上	同上	同上	同上	同上	同上	同上	同上
2009-6-21	同上	同上	同上	同上	同上	同上	同上	同上	同上	同上	同上	同上	同上	同上
2009-9-17	6.1765	6.4265	6.6765	6.9265	6.4735	6.7235	6.9735	7.2235	6.5620	6.8120	7.0620	7.3120	7.3745	7.5745

注：各外币贷款利率为中国银行标准利率报价，分行可在总行利率授权权限内自主定价。

2009 年度日元贷款利率汇编

JPY 年率%

	按月浮动				按三个月浮动				按六个月浮动				固定利率	透支利率
	一年以内（含一年）	一年以上至三年（含三年）	三年以上至五年（含五年）	五年以上	一年以内（含一年）	一年以上至三年（含三年）	三年以上至五年（含五年）	五年以上	一年以内（含一年）	一年以上至三年（含三年）	三年以上至五年（含五年）	五年以上	一年以内（含一年）	
2009-1-1	3.9175	4.1675	4.4175	4.6675	3.9375	4.1875	4.4375	4.6875	4.0425	4.2925	4.5425	4.7925	4.8550	5.0550
2009-3-25	同上	同上	同上	同上	同上	同上	同上	同上	同上	同上	同上	同上	同上	同上
2009-6-21	同上	同上	同上	同上	同上	同上	同上	同上	同上	同上	同上	同上	同上	同上
2009-9-17	同上	同上	同上	同上	同上	同上	同上	同上	同上	同上	同上	同上	同上	同上

注：各外币贷款利率为中国银行标准利率报价，分行可在总行利率授权权限内自主定价。

2009 年度港币贷款利率汇编

HKD 年率%

	按月浮动				按三个月浮动				按六个月浮动				固定利率	透支利率
	一年以内（含一年）	一年以上至三年（含三年）	三年以上至五年（含五年）	五年以上	一年以内（含一年）	一年以上至三年（含三年）	三年以上至五年（含五年）	五年以上	一年以内（含一年）	一年以上至三年（含三年）	三年以上至五年（含五年）	五年以上	一年以内（含一年）	
2009-1-1	4.1610	4.4110	4.6610	4.9110	4.9015	5.1515	5.4015	5.6515	5.4015	5.6515	5.9015	6.1515	6.2140	6.4140
2009-3-25	同上	同上	同上	同上	同上	同上	同上	同上	同上	同上	同上	同上	同上	同上
2009-6-21	同上	同上	同上	同上	同上	同上	同上	同上	同上	同上	同上	同上	同上	同上
2009-9-17	同上	同上	同上	同上	同上	同上	同上	同上	同上	同上	同上	同上	同上	同上

注：各外币贷款利率为中国银行标准利率报价，分行可在总行利率授权权限内自主定价。

2009 年度美元存款利率汇编

USD 年率%

	活期	七天通知	小额定期					大额定期					金融机构	
			一个月	三个月	六个月	一年	二年	一个月	三个月	六个月	一年	二年	活期	七天通知
2009-1-1	0.0500	0.1000	0.2500	0.5000	0.7500	0.9500	1.0000	0.3000	0.7500	1.0000	1.2000	1.2000	0.0500	0.1000
2009-3-25	同上	同上	同上	同上	同上	同上	同上	同上	同上	同上	1.2500	1.2500	同上	同上
2009-6-21	同上	同上	0.1500	0.2500	0.5500	0.7500	0.9500	0.2000	0.5000	0.8000	1.0500	1.2000	同上	同上
2009-9-17	0.1500	0.1500	0.2500	0.4000	0.7500	0.9500	1.0000	0.3000	同上	同上	同上	同上	0.1500	0.1500

注：1. 大额定期存款起存金额为 300 万美元，其利率由中国银行自行制定。
2. 小额美元两年期定期存款利率由中国银行自行制定。
3. 小额美元存款利率（除两年期定期存款利率）在中国人民银行公布的上限利率之下由中国银行自行制定。

2009 年度英镑存款利率汇编

GBP　　年率%

	活期	七天通知	小额定期					大额定期					金融机构	
			一个月	三个月	六个月	一年	二年	一个月	三个月	六个月	一年	二年	活期	七天通知
2009－1－1	0.1250	0.1750	0.1575	0.8050	0.9760	1.0760	1.0760	0.4075	1.0550	1.2260	1.3260	1.3260	0.1250	0.1750
2009－3－25	同上	同上	0.2180	同上	同上	同上	同上	0.4680	同上	同上	同上	同上	同上	同上
2009－6－21	同上	同上	同上	0.3500	0.5500	0.7500	0.7500	同上	0.6000	0.8000	1.0000	1.0000	同上	同上
2009－9－17	同上	同上	同上	同上	同上	同上	同上	同上	同上	同上	同上	同上	同上	同上

注：大额定期存款起存金额为 200 万英磅。本表内各档次利率由中国银行自行制定。

2009 年度欧元存款利率汇编

EUR　　年率%

	活期	七天通知	小额定期					大额定期					金融机构	
			一个月	三个月	六个月	一年	二年	一个月	三个月	六个月	一年	二年	活期	七天通知
2009－1－1	0.1000	0.3750	0.7500	1.0000	1.1250	1.2500	1.2500	1.0000	1.2500	1.3750	1.5000	1.5000	0.1000	0.3750
2009－3－25	同上	同上	同上	同上	同上	同上	同上	同上	同上	同上	同上	同上	同上	同上
2009－6－21	同上	同上	0.4500	0.6000	0.7500	0.8500	0.9000	0.7000	0.8500	1.0000	1.1000	1.1500	同上	同上
2009－9－17	同上	同上	同上	0.6550	0.9550	1.0000	1.0000	同上	同上	同上	同上	同上	同上	同上

注：1. 大额定期存款起存金额为 340 万欧元，其利率由中国银行自行制定。
2. 小额欧元两年期定期存款利率由中国银行自行制定。
3. 小额欧元存款利率（除两年期定期存款利率）在中国人民银行公布的上限利率之下由中国银行自行制定。

2009 年度日元存款利率汇编

JPY 年率%

	活期	七天通知	小额定期					大额定期					金融机构	
			一个月	三个月	六个月	一年	二年	一个月	三个月	六个月	一年	二年	活期	七天通知
2009-1-1	0.0001	0.0005	0.0100	0.0100	0.0100	0.0100	0.0100	0.0100	0.0100	0.0100	0.0100	0.0100	0.0001	0.0005
2009-3-25	同上	同上	同上	同上	同上	同上	同上	同上	同上	同上	同上	同上	同上	同上
2009-6-21	同上	同上	同上	同上	同上	同上	同上	同上	同上	同上	同上	同上	同上	同上
2009-9-17	同上	同上	同上	同上	同上	同上	同上	同上	同上	同上	同上	同上	同上	同上

注:1. 大额定期存款起存金额为 30000 万日元,其利率由中国银行自行制定。
2. 小额日元两年期定期存款利率由中国银行自行制定。
3. 小额日元存款利率(除两年期定期存款利率)在中国人民银行公布的上限利率之下由中国银行自行制定。

2009 年度港币存款利率汇编

HKD 年率%

	活期	七天通知	小额定期					大额定期					金融机构	
			一个月	三个月	六个月	一年	二年	一个月	三个月	六个月	一年	二年	活期	七天通知
2009-1-1	0.0100	0.0500	0.1500	0.4000	0.5000	0.7000	0.7500	0.2000	0.5000	0.6000	0.8000	0.8000	0.0100	0.0500
2009-3-25	同上	同上	同上	同上	同上	同上	同上	同上	同上	同上	同上	同上	同上	同上
2009-6-21	同上	0.0100	0.0500	0.1500	0.3000	0.4500	0.5000	0.0500	0.2500	0.4000	0.5500	0.5500	同上	0.0100
2009-9-17	同上	同上	同上	同上	同上	同上	同上	同上	同上	同上	同上	同上	同上	同上

注:1. 大额定期存款起存金额为 2300 万港元,其利率由中国银行自行制定。
2. 小额港币两年期定期存款利率由中国银行自行制定。
3. 小额港币存款利率(除两年期定期存款利率)在中国人民银行公布的上限利率之下由中国银行自行制定。

2009年度加拿大元存款利率汇编

CAD 年率%

	活期	七天通知	小额定期					大额定期					金融机构	
			一个月	三个月	六个月	一年	二年	一个月	三个月	六个月	一年	二年	活期	七天通知
2009-1-1	0.0400	0.0980	0.2165	0.3915	0.5100	0.7315	0.7315	0.2165	0.3915	0.5100	0.7315	0.7315	0.0400	0.0980
2009-3-25	同上	同上	同上	同上	同上	同上	同上	0.4665	0.6415	0.7600	0.9815	0.9815	同上	同上
2009-6-21	0.0100	0.0500	0.0500	0.0500	0.3000	0.4000	0.4000	0.3000	0.3000	0.5500	0.6500	0.6500	0.0100	0.0500
2009-9-17	同上	同上	同上	同上	同上	同上	同上	同上	同上	同上	同上	同上	同上	同上

注：大额定期存款起存金额为440万加元。本表内各档次利率由中国银行自行制定。

2009年度瑞士法郎存款利率汇编

CHF 年率%

	活期	七天通知	小额定期					大额定期					金融机构	
			一个月	三个月	六个月	一年	二年	一个月	三个月	六个月	一年	二年	活期	七天通知
2009-1-1	0.0001	0.0005	0.0100	0.0100	0.0100	0.0100	0.0100	0.0100	0.0100	0.0100	0.0100	0.0100	0.0001	0.0005
2009-3-25	同上	同上	同上	同上	同上	同上	同上	同上	同上	同上	同上	同上	同上	同上
2009-6-21	同上	同上	同上	同上	同上	同上	同上	同上	同上	同上	同上	同上	同上	同上
2009-9-17	同上	同上	同上	同上	同上	同上	同上	同上	同上	同上	同上	同上	同上	同上

注：大额定期存款起存金额为530万瑞士法郎。本表内各档次利率由中国银行自行制定。

2009年度澳元存款利率汇编

AUD 年率%

	活期	七天通知	小额定期					大额定期					金融机构	
			一个月	三个月	六个月	一年	二年	一个月	三个月	六个月	一年	二年	活期	七天通知
2009-1-1	0.2375	0.2625	1.2400	1.1650	1.1225	1.1350	1.1350	1.4900	1.4150	1.3725	1.3850	1.3850	0.2375	0.2625
2009-3-25	同上	同上	同上	1.3875	1.5075	1.5750	1.5750	同上	1.6375	1.7575	1.8250	1.8250	同上	同上
2009-6-21	同上	同上	同上	同上	同上	同上	同上	同上	同上	同上	同上	同上	同上	同上
2009-9-17	同上	同上	同上	同上	同上	同上	同上	同上	同上	同上	同上	同上	同上	同上

注:大额定期存款起存金额为540万澳元。本表内各档次利率由中国银行自行制定。

2009年度新加坡元存款利率汇编

SPD 年率%

	活期	七天通知	小额定期					大额定期					金融机构	
			一个月	三个月	六个月	一年	二年	一个月	三个月	六个月	一年	二年	活期	七天通知
2009-1-1	0.0001	0.0005	0.0100	0.0100	0.0100	0.0100	0.0100	0.0100	0.0100	0.0100	0.0100	0.0100	0.0001	0.0005
2009-3-25	同上	同上	同上	同上	同上	同上	同上	同上	同上	同上	同上	同上	同上	同上
2009-6-21	同上	同上	同上	同上	同上	同上	同上	同上	同上	同上	同上	同上	同上	同上
2009-9-17	同上	同上	同上	同上	同上	同上	同上	同上	同上	同上	同上	同上	同上	同上

注:大额定期存款起存金额为520万新加坡元。本表内各档次利率由中国银行自行制定。

中国建设银行河北省分行资产负债表（本外币合计）

单位：元

资产	行次	期末余额	年初余额	负债和股东权益	行次	期末余额	年初余额
资产：	1			负债：	31		
现金及存放中央银行款项	2	5,887,654,053.69	5,706,716,738.08	向中央银行借款	32	0.00	0.00
存放同业款项	3	24,530,604.50	37,057,513.80	同业及其他金融机构存放款项	33	22,509,661,269.23	11,831,992,008.07
贵金属	4	0.00	0.00	拆入资金	34	0.00	0.00
拆出资金	5	0.00	0.00	交易性金融负债	35	0.00	0.00
交易性金融资产	6	0.00	0.00	衍生金融负债	36	1,680,576.13	19,433,257.92
衍生金融资产	7	12,324,975.40	28,430,690.41	卖出回购金融资产款	37	0.00	0.00
买入返售金融资产	8	0.00	620,476,850.00	吸收存款	38	330,287,217,083.57	265,706,335,962.90
发放贷款和垫款	9	169,044,678,232.52	130,448,891,798.31	应付利息	39	2,587,826,594.72	2,776,370,702.92
应收利息	10	452,417,724.08	464,327,606.93	应付职工薪酬	40	557,331,661.43	274,017,830.55
可供出售金融资产	11	0.00	0.00	应交税费	41	172,915,566.50	177,706,299.63
应收款项投资	12	0.00	0.00	预计负债	42	5,048,833.03	320,649,870.56
持有至到期投资	13	1,834,093,600.00	2,305,078,100.00	应付债券	43	0.00	0.00
长期股权投资	14	0.00	0.00	递延所得税负债	44	0.00	0.00
资产支持证券	15	0.00	0.00	其他负债	45	854,037,809.05	941,774,564.95
投资性房地产	16	0.00	0.00	负债合计	46	356,975,719,393.66	282,048,280,497.50
固定资产	17	2,276,946,380.63	2,225,138,813.62	股东权益：	47		
在建工程	18	343,462,913.06	253,769,068.85	股本	48	0.00	0.00
无形资产	19	476,092,019.64	491,624,153.51	资本公积	49	0.00	0.00
商誉	20	0.00	0.00	减：库存股	50	0.00	0.00
递延所得税资产	21	0.00	0.00	盈余公积	51	0.00	0.00
其他资产	22	177,251,158,371.69	139,203,384,279.20	一般风险准备	52	0.00	0.00
	23			未分配利润	53	627,639,481.55	-263,384,884.79
	24			外币报表折算差额	54	0.00	0.00
	25			股东权益合计	55	627,639,481.55	-263,384,884.79
资产总计	26	357,603,358,875.21	281,784,895,612.71	负债和股东权益总计	56	357,603,358,875.21	281,784,895,612.71

中国建设银行河北省分行利润表（本外币合计）

（2009年12月31日）　　单位:元

项目	行次	本期金额	本年累计金额
一、营业收入	1	968,353,959.48	9,309,378,643.22
利息净收入	2	696,359,908.25	7,244,676,168.32
利息收入	3	1,095,348,314.80	12,793,308,234.48
利息支出	4	398,988,406.55	5,548,632,066.16
手续费及佣金净收入	5	263,790,668.05	2,025,158,773.87
手续费及佣金收入	6	272,566,730.59	2,062,464,403.01
手续费及佣金支出	7	8,776,062.54	37,305,629.14
投资收益（损失以"－"号填列）	8	9,092,120.65	36,193,972.64
其中:对联营企业和合营企业的投资收益	9	0.00	0.00
公允价值变动收益（损失以"－"号填列）	10	－1,180,018.52	1,646,966.78
汇兑收益（损失以"－"号填列）	11	－126,344.91	－555,212.80
其他业务收入	12	417,625.96	2,257,974.41
二、营业支出	13	1,343,385,643.15	4,486,626,820.56
营业税金及附加	14	55,434,415.05	575,581,559.07
业务及管理费	15	608,421,649.37	3,101,125,247.30
资产减值损失	16	625,192,629.42	599,474,459.81
其他业务成本	17	54,336,949.31	210,445,554.38
三、营业利润（亏损以"－"号填列）	18	－375,031,683.67	4,822,751,822.66
加:营业外收入	19	2,921,356.64	21,447,463.29
减:营业外支出	20	20,682,421.09	80,794,857.12
四、利润总额（亏损总额以"－"号填列）	21	－392,792,748.12	4,763,404,428.83
减:所得税费用	22	0.00	4,010,033.05
五、净利润（净亏损以"－"号填列）	23	－392,792,748.12	4,759,394,395.78
六、每股收益:	24	0.00	0.00
（一）基本每股收益	25	0.00	0.00
（二）稀释每股收益	26	0.00	0.00

中国建设银行河北省分行分地区存款、贷款情况表

（2009 年 12 月 31 日） 单位:万元

地 区	存 款			贷 款		
	存款合计	企业存款	储蓄存款	贷款合计	流动资金贷款	固定资产贷款
河 北	32952006	13246323	19705683	16914531	9603557	7310974
石家庄	7240669	3866067	3374603	2987686	1515463	1472223
承 德	1114908	498063	616845	816522	370364	446158
张家口	1724802	705364	1019438	1227212	529759	697453
秦皇岛	1844345	814681	1029663	1367827	782198	585629
唐 山	5901610	2242705	3658905	3774298	2072497	1701801
廊 坊	2341272	955985	1385287	1465395	1125595	339800
保 定	3339410	1056578	2282832	834221	533401	300820
沧 州	2815902	886257	1929645	1022830	418730	604100
衡 水	1256074	417497	838577	307434	237164	70270
邢 台	2047760	713206	1334554	1097146	789149	307997
邯 郸	3325254	1089920	2235334	1864209	1132240	731969
金 泉	0	0	149752	96997	52755	

中国建设银行河北省分行分地区中间业务收入统计表

（2009 年 12 月 31 日） 单位:万元

行 别	中间业务收入	中间业务净收入
河 北	213488	209902
唐 山	33660	33212
营业部	32425	31747
邯 郸	27256	26966
保 定	18437	18129
邢 台	18236	17972
沧 州	17844	17522
廊 坊	17512	17072
秦皇岛	15895	15735
张家口	12571	12419
承 德	9850	9726
衡 水	5485	5384
直 属	3523	3510
省分行本级	795	508

注:中间业务收入为总行考核口径。

中国建设银行河北省分行国家助学贷款开展情况表

(2009 年 12 月 31 日) 单位:万元

序号	二级分行	贷款合同金额	贷款人数	贷款余额	贷款不良额	签约学校
1	石家庄	110.8	88	44.52	29.73	2
2	保　定	25.75	93	9.57	3.72	1
3	邯　郸	26	41	0	0	1
4	廊　坊	70.92	127	4.03	4.03	3
5	承　德	423	652	161.83	9.11	2
6	张家口	108.5	396	26.77	8.39	2
合计	764.97	1397	246.72	54.98	10	

注:贷款合同金额、贷款人数为自开办之日起的累计数。

中国建设银行河北省分行网上银行发展情况统计表

(2009 年 12 月 31 日)

分行	客户数(单位:户)			账务性交易量(单位:万笔)	交易额(单位:亿元)
	期初	增加	期末		
营　业　部	253783	68380	322163	329.55	1829.00
唐山分行	181732	41197	222928	204.49	1149.68
秦皇岛分行	83984	16893	100876	74.21	205.35
邯郸分行	181633	30927	212560	137.59	568.77
邢台分行	70923	32585	103508	152.05	286.28
保定分行	147531	41361	188892	200.61	489.88
张家口分行	48684	15578	64262	57.85	260.49
承德分行	43058	20103	63161	83.60	86.05
沧州分行	133246	35652	168898	146.27	379.89
廊坊分行	83385	35149	118534	107.60	274.68
衡水分行	45553	16170	61723	57.93	130.19
直属支行	3273	1222	4495	60.14	214.59
合　　计	1276785	355215	1632000	1611.90	5874.85

中国建设银行河北省分行分地区信用卡业务统计表

(2009年12月31日)

单位:张、万元

分行名称	净卡量	本年净增发卡量	活动账户率%	不良率%	消费额	取现额	交易额	溢缴款	实际使用额度
营业部	118,852	24,387	60.38%	2.60%	178,024.30	9,159.31	367,074.42	1,152.01	20,004.42
唐　山	110,418	26,577	58.61%	1.06%	109,882.36	10,455.89	236,447.55	1,506.93	10,968.87
秦皇岛	43,389	9,985	61.83%	1.23%	46,826.24	5,572.05	102,963.47	627.99	5,195.85
邯　郸	98,365	13,008	59.12%	0.91%	101,098.49	7,798.75	212,807.96	927.32	11,786.88
邢　台	50,487	12,405	67.96%	1.25%	82,086.99	5,868.09	172,092.82	504.25	8,956.41
保　定	78,692	18,623	68.50%	1.36%	83,805.72	10,163.45	184,852.19	869.51	9,109.15
张家口	41,344	10,362	58.30%	2.45%	56,282.49	5,590.27	120,972.07	467.97	6,923.80
承　德	26,009	7,587	59.27%	1.66%	25,395.71	4,686.74	59,500.18	311.22	2,829.67
沧　州	65,902	14,640	65.29%	1.21%	60,966.39	6,403.53	132,442.55	553.44	6,067.13
廊　坊	40,738	10,676	64.91%	1.18%	58,991.32	5,691.40	126,786.24	1,062.86	5,997.12
衡　水	18,877	4,501	59.06%	0.54%	18,832.65	2,039.24	41,204.25	180.85	1,836.28
直属支行	5,098	58	67.46%	2.30%	12,039.09	424.26	24,689.04	37.69	1,301.73
其　他	3,648	623	64.24%	1.40%	7,281.42	536.88	15,395.33	50.26	566.61
合　计	701,819	153,432	62.05%	1.59%	841,513.16	74,389.87	1,797,228.06	8,252.29	91,543.90

中国建设银行河北省分行员工基本情况统计表

（2009年12月31日）

人数合计	学历			职称			年龄			
	硕士研究生及以上	大学本科	大专及以下	高级资格	中级资格	初级资格	30岁及以下	31至40岁	41至50岁	51至59岁
16872	268	4394	12210	436	4249	3700	3236	7603	4243	1790

中国建设银行河北省分行员工培训情况统计表

（2009年12月31日）

类别	管理岗位	经办岗位	岗位培训	新入行人员岗前培训	合计
年度办班数量	143	955	60	11	1169
年度培训人次	3521	31693	6890	149	42253

中国建设银行河北省分行员工在职学历教育情况统计表

（2009年12月31日）

类别	研究生				大学本科				大学专科				合计
	电大	夜大	自考	函授	电大	夜大	自考	函授	电大	夜大	自考	函授	
在读人数				142	149	15	105	139	232	20	45	115	962
本年度毕业人数				7	43	6	34	74	54	6	15	70	302

中国建设银行河北省分行机构设置及职工人数情况表

（2009 年 12 月 31 日）

	机构(个)	职工人数(人)
合　　计	692	16872
省 分 行	1	664
二级分行	11	4664
综合型支行	84	3082
单点型支行	135	3867
网点型支行	134	1355
分 理 处	193	1623
储蓄网点	134	984
其　　它	0	633(营业部)

交通银行河北省分行分地区存贷款情况表

（2009 年 12 月 31 日）　　本外币:万元

部门	各项存款			各项贷款		
	年初数	余　额	较年初增减	年初数	余额	较年初增减
省分行本部	1752006	2241299	489293	1139384	2011280	871896
唐 山 分 行	1383106	1845478	462372	701966	1320285	618319
秦皇岛分行	886741	1083025	196284	435400	553138	117738
邯 郸 分 行	16028	136175	120147	0	117166	117166
全　　辖	4037881	5305977	1268096	2276750	4001869	1725119

交通银行河北省分行分地区信用卡业务统计表

（2009 年 12 月 31 日）　　单位:张

地区	2006 年新增	2007 年新增	2008 年新增	2009 年新增	合计
省分行本部	15438	32790	94715	75783	218726
唐山分行	7549	9270	37029	51598	105446
秦皇岛分行	8782	8203	8631	13935	39551
邯郸分行	0	0	0	2575	2575
合　　计	31769	50263	140375	143891	366298

交通银行河北省分行中间业务统计表

（2009 年 12 月 31 日）　　本外币:万元

条线	2009 年末	2008 年末	增长	增幅
公司条线	9428	6835	2593	38%
个金条线	7572	3700	3872	104.7%
国际条线	5647	7268	-1621	-22.3%
全辖合计	22647	17803	4844	27.2%

交通银行河北省分行资产负债表

（2009 年 12 月 31 日） 单位:人民币万元

项目名称	期末余额	项目名称	期末余额
流动资产:		流动负债:	
现金及银行存款	250,053,830.84	短期存款	27,925,350,582.42
其中:现金	246,522,073.93	短期储蓄存款	15,258,029,049.75
贵金属		财政性存款	402,931,611.71
存中央银行款项	907,140,923.05	向中央银行借款	
其中:准备金存款		同业存放款项	836,133,528.48
其中:备付金存款	602,740,923.05	联行存放款项	
存放同业款项	97,543,424.05	拆入资金	2,400,000.00
存放联行款项	17,116,025,693.13	应解汇款	70,645,440.48
拆出资金		汇出汇款	128,276,731.27
短期贷款	14,347,890,388.70	委托存款	16,565,470.50
应收进出口押汇	585,445,379.52	应付代理证券款项	
应收帐款	17,788,692.71	卖出回购证券款	
其他应收款	52,341,203.76	应付帐款	363,474,224.45
贴现	1,946,784,023.30	其他应付款	177,087,551.45
短期投资	-2,023,817,748.27	存入短期保证金	5,417,731,069.09
委托贷款及委托投资		应付工资	58,553,825.50
自营证券		应付福利费	
代理证券	2,933.07	应交税金	-31,499,840.44
买入返售证券		应付利润	
待处理流动资产净损失		预提费用	688,128.00
其他流动资产	6,733,477.14	发行短期债券	
一年内到期的长期投资	131,240.08	其他流动负债	861,757,958.37
流动资产合计	33,304,063,461.08	一年内到期的长期负债	870,020,586.41
长期资产:		流动负债合计	52,358,145,917.44
中长期贷款	23,662,355,934.42	长期负债:	
逾期贷款	589,135,105.52	长期存款	2,979,317,375.15
减:呆帐准备	231,988,264.53	长期储蓄存款	1,415,238,559.92
应收租赁款		存入长期保证金	64,718,582.22
减:未收租赁收益		应付转租赁租金	
应收转租赁款		发行长期债券	
租赁资产		长期借款	
减:待转租赁资产		长期应付款	
经营租赁资产		其他长期负债	
减:经营租赁资产折旧		长期负债合计	4,459,274,517.29
长期投资	64,986.11	所有者权益	
固定资产原值	711,708,758.27	实收资本	
减:累计折旧	295,033,375.63	资本公积	
减:固定资产减值准备		盈余公积	
固定资产净值	416,675,382.64	一般准备	
固定资产清理	336,159.49	未分配利润	1,063,629,254.65
在建工程	11,833,743.60	其中:本年利润	1,063,629,254.64
待处理固定资产净损失		所有者权益合计	1,063,629,254.65
长期资产合计	24,448,413,047.25		
无形、递延及其他资产			
无形资产	2,135,905.24		
递延资产	38,904,612.25		
其他长期资产	87,532,663.56		
其他资产合计	128,573,181.05		
资产总计	57,881,049,689.38	负债及所有者权益总计	57,881,049,689.38

交通银行河北省分行损益明细表

(2009年12月31日)

单位:元

项目名称	金额	项目名称	金额
701.利息收入	1,908,532,992.60	13.保险费	623,472.02
702.金融企业往来收入	358,679,621.76	14.邮电费	7,055,552.36
7021.中央银行往来利息收入	4,508,842.17	15.安全保卫费	2,964,117.13
7022.同业往来利息收入	12,973,683.79	16.外事费	3,730.00
其中:1.存放同业利息收入	294,070.66	17.办公用品	17,948,433.04
2.拆放同业利息收入	12,679,613.13	18.印刷费	2,589,964.02
7023.系统内往来利息收入	331,407,610.98	19.公杂费	12,030,136.15
7024.联行往来利息收入	9,789,484.82	20.低值易耗品	2,388,751.00
7028.其他金融企业往来收入		21.水电费	9,520,589.58
其中:拆放金融公司利息收入		22.租赁费	29,064,444.52
管理费收入		23.物业管理费	1,836,484.21
703.手续费收入	117,068,493.27	24.修理费	6,706,963.07
704.汇兑收益	29,762,286.32	25.车辆运营管理费	22,068,753.43
705.证券买卖差价收入		26.税金	7,233,806.53
706.租赁收益		27.法律顾问费	2,863,177.55
707.其他营业收入	50,203,687.08	28.诉讼费	52,840.00
711.投资收益	114,924,137.16	29.公证费	3,600.00
其中:国债投资收益	22,090,714.05	30.咨询费	569,936.43
712.营业外收入	2,661,475.47	31.技术转让费	
1.固定资产盘盈收入		32.递延资产摊销	10,524,185.69
2.固定资产清理收入	61,590.98	33.无形资产摊销	563,327.58
3.出纳长款收入	17,420.00	34.劳动保护费	683,300.00
4.罚款收入	234,177.75	35.取暖费	2,794,886.47
5.其他营业外收入	2,348,286.74	36.研究开发费	
731.利息支出	804,039,086.64	37.董事会	
732.金融企业往来支出	95,609,132.82	38.住房公积金	16,493,989.82
7321.中央银行往来利息支出		39.广告费支出	4,357,633.90
7322.同业往来利息支出	18,554,683.47	40.减员补偿费	
其中:1.同业存放利息支出	15,232,789.78	41.其他从业人员	5,208,793.81
2.同业拆放利息支出	3,321,893.69	42.其他费用	591,646.63
7323.系统内往来利息支出	64,563,924.08	736.其他营业支出	49,811,598.01
7324.联行往来利息支出	3,438,361.69	7361.固定资产折旧	47,599,928.77
7328.其他金融企业往来支出	9,052,163.58	7362.呆帐准备金支出	
其中:向金融公司拆借利息支出	5,569,644.18	7365.其他营业支出	2,211,669.24
管理费支出		737.发行债券利息支出	
733.手续费支出	17,823,064.52	741.营业税及附加	117,385,016.59
734.汇兑损失	1,758,646.85	1.营业税	105,752,267.20
735.营业费用	423,298,195.95	2.城市维护建设税	7,402,658.71
1.职工工资	150,994,237.56	3.教育费附加	4,230,090.68
2.职工福利费	4,319,290.27	742.营业外支出	8,307,821.77
3.工会经费	3,019,884.75	1.固定资产盘亏	
4.职工教育经费	420,448.10	2.固定资产清理净损失	969,891.61
5.待业保险费		3.出纳短款	200.00
6.劳动保险费	45,637,242.56	4.培训经费支出	
7.业务宣传费	14,225,756.75	5.公益救济性捐赠	
8.业务招待费	12,107,197.39	6.结算赔款支出	
9.差旅费	5,803,804.57	7.其他损失	1,828,167.58
10.会议费	1,251,662.32	8.罚款支出	
11.电子设备运转费	13,952,535.69	9.其它支出	5,509,562.58
12.钞币运转费	4,823,621.05	750.以前年度损益调整	170,875.87
		760.所得税	
收入小计	2,581,832,693.66	支出小计	1,518,203,439.02
纯　损		税后利润	1,063,629,254.64
合　计	2,581,832,693.66	合　计	2,581,832,693.66

交通银行河北省分行网上银行开展情况表

(2009年12月31日)

个人网银动户数	企业网银动户数	电子银行分流率
48187	1503	43.89

交通银行河北省分行机构设置及职工人数情况表

(2009年12月31日)

分 地 区	机构(个)	员工人数(人)
省分行本部	30	871
唐山分行	21	575
秦皇岛分行	22	474
邯郸分行	1	60
合 计	74	1980

交通银行河北省分行职工年龄、文化、职称结构统计表

(2009年12月31日)

人数	年龄				学历			职称		
	30岁以下	31至40岁	41至50岁	51至59岁	硕士研究生及以上	大学本科	大专以下	高级资格	中级资格	初级资格
1980	613	685	492	190	84	1090	806	19	517	568

交通银行河北省分行员工培训情况统计表

(2009年12月31日)

项目	参加出国出境培训	党校				管理干部学院、干校及其他培训机构				
		小计	进修班	培训班	函授班	小计	政治理论培训班	业务岗位培训班	学历教育	
									研究生	大学本科
培训人次	3	136	3	68	65	4823	147	4666	0	10

华夏银行石家庄分行资产负债表

（2009 年 12 月 31 日）　　币种:本外币合并　单位:万元

资　产	期末数	负债及所有者权益	期末数
流动资产		流动负债	
现金及银行存款	3,670	短期存款	734,715
其中:现金	3,192	短期储蓄存款	74,574
贵金属	0	财政性存款	93
存放中央银行款项	66,350	向中央银行借款	0
存放同业款项	7,363	同业存放款项	150,513
存放同业款项减值准备	0	联行存放款项	0
存放同业款项净额	7,363	同业拆入	0
存放联行款项	376,370	金融性公司拆入	0
拆放同业	0	贴现资金	0
拆放同业款项减值准备	0	卖出回购证券款	0
拆放同业款项净额	0	汇出汇款	13,864
拆放金融性公司	0	应解汇款	7,282
拆放金融性公司减值准备	0	委托存款	0
拆放金融性公司净额	0	代理业务资金	0
短期贷款	1,175,702	卖出回购信贷资产款	0
应收进出口押汇	0	衍生金融负债	0
议付信用证款项	0	存入短期保证金	593,717
应收利息	32	应付利息	7,692
其他应收款	8,825	应付工资	1,820
减:坏帐准备	2,813	应付福利费	0
应收款项净额	6,044	应交税金	1,403
贴现	3,160	—	0
短期投资	0	—	0
减:短期投资跌价准备	0	应付利润	0
短期投资净额	0	其他应付款	13,981
委托贷款及委托投资	0	预计负债	0
买入返售资产	0	预提费用	0
交易性金融资产	0	发行短期债券	0
可供出售金融资产	0	递延收益	0
可供出售投资减值准备	0	—	0
可供出售投资净额	0	一年内到期的长期负债	0
递延支出	0	—	0
待处理流动资产净损失	0	其他流动负债	18,334
衍生金融资产	0	—	0
其他流动资产	0	—	0

资　产	期末数	负债及所有者权益	期末数
流动资产合计	1,638,659	流动负债合计	1,617,987
长期资产	0	长期负债	0
中长期贷款	237,803	长期存款	0
逾期贷款	2,480	长期储蓄存款	273,267
呆滞贷款	20,850	存入长期保证金	0
呆帐贷款	0	转贷款资金	0
减:贷款损失准备	41,610	次级债	0
持有至到期投资	14,407	混合资本债券	0
持有至到期投资减值准备	0	金融债券	0
持有至到期投资净额	14,407	长期应付款	0
租赁资产	0	其他长期负债	0
减:待转租赁资产	0	—	0
长期投资	0	—	0
减:长期投资减值准备	0	—	0
长期投资净额	0	—	0
固定资产原价	13,220	—	0
减:累计折旧	5,870	长期负债合计	273,267
固定资产净值	7,350	—	0
减:固定资产减值准备	0	—	0
固定资产净额	7,350	—	0
固定资产清理	0	—	0
在建工程	0	递延所得税负债	0
减:在建工程减值准备	0	—	0
在建工程净额	0	—	0
长期资产合计	241,280	负债合计	1,891,254
无形资产及其他资产:	0	股东权益:	0
无形资产	0	股本	0
减:无形资产减值准备	0	资本公积	0
无形资产净额	0	盈余公积	0
长期待摊费用	1,112	其中:公益金	0
待处理抵债资产	21,185	一般准备	0
减:抵债资产减值准备	4,751	未分配利润	6,231
待处理抵债资产净额	16,434	—	0
其他长期资产	0	股东权益合计	6,231
无形资产及其他资产合计	17,546	—	0
—	0	—	0
递延所得税资产	0	—	0
资产合计	1,897,485	负债及股东权益合计	1,897,485

华夏银行石家庄分行损益表

（2009 年 12 月 31 日） 币种:本外币合并 单位:万元

项 目	期末数
一、营业收入	93,657
利息收入	68,145
金融企业往来收入	21,804
手续费收入	3,194
证券销售差价收入	0
公允价值变动损益	0
租赁收益	0
汇兑收益	514
其他营业收入	0
二、营业支出	83,178
利息支出	24,703
金融企业往来支出	15,710
手续费支出	135
营业费用	19,112
汇兑损失	0
其他营业支出	1
资产损失准备支出	23,516
三、营业税金及附加	3,997
四、营业利润	6,482
加:投资收益	592
加:营业外收入	65
减:营业外支出	19
五、利润总额	7,120
减:所得税	889
六、净利润	6,231

华夏银行石家庄分行本外币存款、贷款余额

(2009年) 单位:万元

项目	第一季度	第二季度	第三季度	第四季度
各项存款	1,655,018	1,615,477	1,634,205	1,683,647
企业存款	597,020	588,929	610,610	645,667
其中:活期	377,443	363,053	449,093	392,680
定期	219,577	225,876	161,517	252,987
城镇储蓄存款	305,062	316,252	305,608	347,841
其他存款	752,936	710,296	717,987	690,139
各项贷款	1,149,901	1,267,538	1,425,723	1,439,995
短期贷款	1,005,722	1,074,163	1,184,480	1,178,862
中长期贷款	130,514	179,928	216,768	237,803
其他贷款	13,665	13,447	24,475	23,330

华夏银行石家庄分行信用卡发放进度表

(2009年)

	指标	单位	一季度完成	二季度完成	三季度完成	全年完成
信用卡中心	信用卡存量	张	14087	15251	15980	16826
	新增信用卡发卡量	张	–	2,425	3,154	4,000
	信用卡中间收入	万元	39	60	103.10	150.43
	信用卡180+坏账率	%	0.02%	0.06%	0.09%	0.28%
	欺诈进件数量	笔	0	1	1	1

华夏银行各机构数及职工人数统计

(2009年12月31日)

	机构数(个)	正式职工人数(个)	临时职工人数(个)
合计	15	359	110
分行	1	136	41
二级分行(含筹备组)	2	10	
支行及以下机构	12	213	69

华夏银行石家庄分行职工年龄、文化、职称结构统计

(2009年12月31日)

		人数	比重(%)
年龄结构	30岁及以下	115	32
	31~35岁	65	18.1
	36~40岁	89	24.8
	41~45岁	56	15.6
	46~50岁	20	5.6
	51~55岁	13	3.6
	56~60岁	1	0.3
	60岁以上		
	合计	359	100
文化结构	博士		
	硕士	28	7.8
	本科	256	71.3
	专科	72	20
	中专	1	0.03
	高中	1	0.03
	初中及以下	1	0.03
	合计	359	100
职称结构	高级职称	8	2.3
	中级职称	115	33
	初级职称	46	13.2
	合计	169	48.5

中国民生银行石家庄分行资产负债表

编制单位:中国民生银行石家庄分行(含邯郸沧州)　(2009 年 12 月 31 日)　单位(汇总人民币):元

行次	资产	期初数	期末数	行次	负债	期初数	期末数
1	流动资产			61	流动负债		
2	现金及银行存款	135554165.4	92312818.2	62	短期存款	11792651942	12933566015
3	贵金属	0	0	63	短期储蓄存款	6442368297	8101190271
4	存放中央银行款项	1056271512	956299833.5	64	财政性存款	1720865145	2514023013
5	存放同业款项	103738831.3	74771466	65	向中央银行借款	0	0
6	存放联行款项	0	0	66	同业存放款项	9852578560	5513496283
7	存放系统内款项	19803741661	13543652695	67	其中:保证金	0	0
8	拆放同业	0	0	68	联行存放款项	0	0
9	减:拆放资金损失准备	0	0	69	系统内存款	0	0
10	拆放金融公司	0	0	70	同业拆入	0	0
11	短期贷款	9494378200	8964571100	71	卖出回购资产	0	0
12	进出口押汇	0	0	72	汇出汇款	3950	532131.5
13	议付信用证款项	0	0	73	应解汇款及临时存款	73409093.11	67780361.02
14	应收利息	31493867.82	34443049.45	74	存入短期保证金	6475071578	6559412244
15	应收股利	0	0	75	应付利息	248393701.7	132811295.4
16	其他应收款	29062534.88	10684542.5	76	应付职工薪酬	1725854.59	5498994.35
17	减:坏帐准备	-252150.99	-255364.39	77	应付福利费	0	0
18	应收款项净额	28810383.89	10429178.11	78	应交税金	26183896.84	26994983.54
19	贴现	2074625593	3099094302	79	应付利润	0	0
20	交易性金融资产	0	0	80	其他应付款	71049335.87	33899799.77
21	可供出售金融资产	0	0	81	预提费用	0	0
22	买入返售资产	0	0	82	递延收益	0	0
23	减:买入返售资产呆帐准备	0	0	83	发行短期债券	0	0
24	待摊费用	2722321.12	7671342.15	84	一年内到期的长期负债	0	0
25	一年到期的长期债券投资	0	0	85	其他流动负债	0	0
26	一年内到期的其他长期投资	0	0	86	流动负债合计	36704301354	35889205391
27	其他流动资产	550331.03	117540.41	87	长期负债		
28	流动资产合计	32731886867	26783363325	88	长期存款	1436690414	536397277.1
29	长期资产			89	长期储蓄存款	493311881.7	570526807.9

续表

行次	资产	期初数	期末数	行次	负债	期初数	期末数
30	中长期贷款	6409948106	10912540610	90	存入长期保证金	2149400	3225688
31	逾期贷款	84973373.44	962201.31	91	发行长期债券	0	0
32	呆滞贷款	15051832.82	52992210.71	92	长期应付款	0	0
33	呆帐贷款	0	0	93	其他长期负债	0	0
34	减:贷款呆帐准备	-241925873.9	-264547674.5	94	衍生金融负债	0	0
35	持有至到期投资	140815460.5	0	95	长期负债合计	1932151695	1110149773
36	贷款及应收款项类投资	0	0	96	预计负债项目	50760758.25	32642429.9
37	减:债券投资风险准备	0	0	97	递延税项		
38	长期股权投资	0	0	98	递延税款贷项	0	0
39	减:长期股权投资减值准备	0	0	99	负债合计	38687213808	37031997593
40	固定资产原值	93948327.2	97811118.45	100	股东权益		
41	减:累计折旧	-51765944.42	-52340977.91	101	股本	250003400	266673400
42	减:固定资产减值准备	0	0	102	资本公积	0	0
43	固定资产净值	42182382.78	45470140.54	103	盈余公积	0	0
44	在建工程	0	0	104	其中:公积金	0	0
45	固定资产清理	0	0	105	一般风险准备	0	0
46	长期资产合计	6451045281	10747417488	106	未分配利润	278346755.3	262642780.5
47	无形资产及其他资产			107	股东权益合计	528350155.3	529316180.5
48	无形资产	168565.44	65101.53	108	减:待处理财产净损失	0	0
49	长期待摊费用	15412353.79	23930418.62	109	股东权益净额	528350155.3	529316180.5
50	待处理抵债资产	18604840	18604840				
51	减:抵债资产减值准备	-18604840	-18604840				
52	待处理抵债资产净值	0	0				
53	抵债资产清理	0	0				
54	其他长期资产	17050895.62	6537440.69				
55	衍生金融资产	0	0				
56	无形资产及其他资产合计	32631814.85	30532960.84				
57	递延税项						
58	递延税款借项	0	0				
59	资产总计	39215563963	37561313774	110	负债和股东权益总计	39215563963	37561313774
60	补充资料:代保管证券	592392093	2517752142	111	抵押物品	0	0

中国民生银行石家庄分行损益表

编制单位:中国民生银行石家庄分行　　(2009年12月31日)　　单位(汇总人民币):元

项目名称	行次	本年累计数
一、营业收入	1	1,899,982,395.40
利息收入	2	1,423,509,895.16
金融企业往来收入	3	408,502,420.51
中间业务收入	4	68,963,221.96
汇兑收益	5	914,505.77
投资收益	6	0
公允价值变动收入	7	0
其他营业收入	8	-1,907,648.00
二、营业支出	9	1,553,974,039.87
利息支出	10	481,134,169.64
金融企业往来支出	11	621,418,481.47
手续费支出	12	4,350,844.93
营业费用	13	341,036,367.53
汇兑损失	14	822,225.89
公允价值变动支出	15	0
其他营业支出	16	105,211,950.41
三、营业税金及附加	17	82,866,202.18
四、营业利润	18	263,142,153.35
加:营业外收入	19	140,892.86
减:营业外支出	20	-640,266.27
五、利润总额	21	262,642,779.94
减:所得税	22	0
加/减:以前年度损益调整	23	0.00
六、净利润(净亏损以"-"号填列)	24	262,642,779.94

中国民生银行石家庄分行从业人员有关情况统计表

（2009 年 12 月 31 日）

单位:个、%

辖属机构数			总人数						学历水平								职称水平					
									本科以上		本科		大专		中专以下		高级		中级		其他	
总数	支行以上（含）	支行以下	男	女	合计	35 岁以下	36－45 岁	46 岁以上	人数	占比	人数	占比	人数	占比	人数	占比	人数	占比	人数	占比	人数	占比
18	18	0	283	407	690	556	119	15	41	6%	483	70%	160	23%	6	1%	4	1%	51	7%	27	4%

上海浦东发展银行资产负债表（年报全币汇总折人民币）

（2009 年 12 月 31 日）

编制单位：石家庄分行（全辖）　　单位：元

资产	行次	期初数	期末数	负债及所有者权益	行次	期初数	期末数
现金		2,963,668.99	3,684,500.18	向中央银行借款		0.00	0.00
存放中央银行款项		12,384,755.77	182,170,743.47	同业存放款项		2,830,000,000.00	222,390.10
存放同业		15,128,522.72	491,747,949.16	拆入资金		0.00	0.00
贵金属		0.00	0.00	衍生金融负债		0.00	0.00
拆出资金		0.00	0.00	卖出回购金融资产款		0.00	0.00
交易性金融资产		0.00	0.00	短期存款		1,289,234,323.82	5,955,505,525.83
加或减：交易性金融资产公允价值调整		0.00	0.00	短期储蓄存款		294,655,663.31	1,022,323,017.33
衍生金融资产		0.00	0.00	财政性存款		0.00	0.00
买入返售金融资产		0.00	0.00	委托资金		0.00	0.00
应收利息		3,749.96	327,566.39	存入短期保证金		448,781.78	272,867,063.57
短期贷款		3,581,761,599.67	1,606,104,903.16	长期存款		0.00	0.00
贴现		343,437,027.82	1,612,865,915.20	长期储蓄存款		8,063,502.00	22,689,520.93
进出口押汇		0.00	0.00	存入长期保证金		176,208,065.88	417,923,713.78
中期贷款		250,000.00	2,299,656,128.51	应解汇款及临时存款		0.00	3,781,962.55
长期贷款		1,410,000.00	5,330,117,913.24	资产托管存款		0.00	0.00
逾期贷款		0.00	0.00	应付工资		0.00	0.00
减：贷款呆帐准备		41,513,300.28	113,189,334.57	应付福利费		0.00	0.00
可供出售金融资产		0.00	0.00	应交税费		418,205.20	7,634,797.25
加或减：可供出售金融资产公允价值调整		0.00	0.00	应付利息		9,566,054.87	29,041,853.27
减：可供出售金融资产减值准备		0.00	0.00	发行长期债券		0.00	0.00
持有至到期投资		0.00	0.00	递延所得税负债		0.00	0.00
减：持有至到期投资减值准备		0.00	0.00	汇出汇款		0.00	965,201.73
分为贷款和应收款的金融资产		0.00	2,086,935.72	其他应付款		26,122,306.39	4,726,756.31
长期股权投资		0.00	0.00	应付利润		0.00	0.00
减：长期股权投资减值准备		0.00	0.00	预提费用		0.00	0.00
固定资产		8,637,039.79	14,378,481.44	其他流动负债		1,515,037.15	3,672,901,311.62
减：累计折旧		405,886.25	3,204,642.69	其他长期负债		0.00	0.00
减：固定资产减值准备		0.00	0.00				
固定资产清理		0.00	23,314.16				
在建工程		0.00	0.00	负债合计		4,636,231,940.40	11,410,583,114.27
减：在建工程减值准备		0.00	0.00				
无形资产		119,970.00	620,813.76				
减：无形资产累计摊销		9,997.50	80,517.37	实收资本		0.00	0.00
减：无形资产减值准备		0.00	0.00	资本公积		0.00	0.00
递延所得税资产		0.00	0.00	盈余公积		0.00	0.00
其他应收款		28,666,246.18	1,628,240.14	一般风险准备		0.00	0.00
减：坏账准备		0.00	0.00	未分配利润		-46,410,557.73	25,753,489.78
其他流动资产		629,658,756.02	0.01				
长期待摊费用		7,329,229.78	7,397,694.14	所有者权益合计		-46,410,557.73	25,753,489.78
待处理抵债资产		0.00	0.00				
减：抵债资产跌价准备		0.00	0.00				
其他长期资产		0.00	0.00				
减：其他非贷款资产减值准备		0.00	0.00				
资产合计		4,589,821,382.67	11,436,336,604.05	负债和所有者权益合计		4,589,821,382.67	11,436,336,604.05

上海浦东发展银行利润表(年报全币汇总折人民币)

编制单位:石家庄分行(全辖)　机构号:4500　(2009 年 12 月 31 日)　单位:元

名　称	本年累计数
一、营业收入	213,737,056.83
5010　利息收入	388,666,076.04
5020　金融机构往来利息收入	60,474,813.82
5060　系统内往来利息收入	259,209,231.08
5210　利息支出	91,309,982.86
5220　金融机构往来利息支出	64,083,436.27
5230　系统内往来利息支出	348,508,342.28
5110　手续费收入	9,333,608.19
5310　手续费支出	131,127.80
5130　汇兑收益	73,612.13
5350　汇兑损失	35.48
5120　其他营业收入	12,640.26
二、营业支出	146,180,124.25
5330　营业税金及附加	22,091,330.07
5320　营业费用	52,412,759.89
5370　资产减值损失	71,676,034.29
三、营业利润(亏损以"-"号填列)	67,556,932.58
加:营业外收入	5,005,027.20
5150　营业外收入	5,005,027.20
其他营业外收入	5,005,027.20
减:营业外支出	400,000.00
5360　营业外支出	400,000.00
捐赠	400,000.00
四、利润总额(亏损总额以"-"号填列)	72,161,959.78

上海浦东发展银行中间业务表(年报全币汇总折人民币)

编制单位:石家庄分行(全辖)　　(2009年12月31日)　　单位:元

名　称	本年累计数
5110　手续费收入	9,333,608.19
第三方存管银证业务手续费收入	220.49
对公理财业务手续费收入	73,436.46
国际信用证业务手续费收入	2,102.21
票据承兑手续费收入	2,532,505.92
非融资性保函手续费收入	242,048.64
可撤销贷款承诺费收入	1,000.00
个人国债手续费收入	34,815.40
自持债券手续费收入	14,111.00
个人基金业务手续费收入	114,790.34
托管业务收入	212.71
信贷资产转让手续费收入	397,644.44
代理个人贵金属交易手续费收入	224.80
对公委托贷款手续费收入	53,000.00
对公其他国内结算手续费收入	9,883.40
东方卡手续费收入	222,272.15
对公汇款手续费收入	48,071.48
对公委托收款/托收承付手续费收入	48.00
个人外汇业务手续费收入	4,329.21
个人支付结算业务手续费收入	17,911.10
个人保险兼业代理手续费收入	3,580.00
对公其他手续费收入	1,097,839.42
自助设备跨行交易手续费收入	2,012.14
网上银行业务手续费收入	48,276.47
保理业务手续费收入(保理系统)	72,460.05
代理个人贷款业务手续费收入	6,600.00
网上银行个人业务手续费收入	13,499.64
对公财务顾问收入	4,033,740.00
对公咨询业务手续费收入	2,100.00
银团贷款手续费收入	260,000.00
对公托收业务(国际)手续费收入	24,087.61
对公汇款业务(国际)手续费收入	785.11
5310　手续费支出	131,127.80
东方卡业务手续费支出	73,483.14
自助设备跨行交易手续费支出	116.38
其他手续费支出	57,528.28
5130　汇兑收益	73,612.13
对公汇兑收益	73,612.13
5350　汇兑损失	35.48
对公汇兑损失	35.48
5120　其他营业收入	12,640.26
其他经营收入	12,640.26

兴业银行石家庄分行员工学历教育及培训情况表

(2009 年 12 月 31 日)

机构 \ 项目	人员	其中:学历教育					其中:培训				备注
		博士研究生	硕士研究生	大学本科	大学专科	中专及以下	入行培训		在岗培训		
							班次	人次	班次	人次	
分行本部	正式员工	0	0	0	0	0	1	270	26	1230	
	派遣制员工	0	0	0	0	0	1	25	16	310	
支行	正式员工	0	0	0	0	0	0	0	0	0	
	派遣制员工	0	0	0	0	0	0	0	0	0	
备注	1、本表培训指岗位培训,教育指在职学历教育; 2、由于分行开业时间较短,学历教育在 2009 年暂未启动。										

兴业银行石家庄分行员工基本情况表

(2009 年 12 月 31 日)

机构 \ 项目		人数	其中:学历					其中:年龄				其中:职称				备注
			博士研究生	硕士研究生	大学本科	大学专科	中专及以下	30 岁及以下	31 岁-40 岁	41 岁-50 岁	51 岁-59 岁	高级职称	中级职称	初级职称	无职称	
分行本部	正式员工	86	0	9	61	16	0	21	59	6	0	11	37	32	6	
	派遣制员工	77	0	2	31	35	9	54	22	1	0	1	9	36	31	
支行	正式员工	0	0	0	0	0	0	0	0	0	0	0	0	0	0	
	派遣制员工	0	0	0	0	0	0	0	0	0	0	0	0	0	0	
备注	学历指员工最高学历。															

河北省农村信用社业务运行情况分析表(一)

(2009年12月31日) 单位:万元

项目 地区	存款	
	余额	比年初±
石家庄	6171669.76	1033739.55
承德	2110609.33	380372.71
张家口	2469755.41	360147.35
秦皇岛	1715649.65	307607.99
唐山	6158238.64	1060645.20
廊坊	3636374.03	773117.16
保定	6378671.76	1210839.70
沧州	3553099.47	592072.48
衡水	2912435.38	503826.11
邢台	2815063.56	372216.46
邯郸	4188865.00	548037.00
合计	42110431.99	7142621.70

河北省农村信用社业务运行情况分析表(二)

(2009年12月31日) 单位:万元、%

项目 地区	贷款		存贷比例	其中:	
	余额	比年初±		农业贷款余额	助学贷款余额
石家庄	3768868.26	668526.88	61.07%	1438214.13	1425.89
承德	1363212.29	287561.35	64.59%	1015806.68	933.04
张家口	1712088.46	300974.09	69.32%	1140183.29	1449.66
秦皇岛	892366.57	40000.33	52.01%	367135.44	1123.72
唐山	4014692.12	890013.24	65.19%	1582685.37	396.04
廊坊	2373557.51	456584.27	65.27%	721960.51	454.89
保定	3586323.61	717892.10	56.22%	1843374.83	4494.99
沧州	2234366.77	479079.72	62.89%	1030299.57	861.93
衡水	1451606.95	269711.11	49.84%	872436.73	322.29
邢台	1768286.48	248217.09	62.82%	666185.20	1266.46
邯郸	3093338.98	316235.31	73.85%	1411036.03	6422.10
合计	26258708.01	4674795.50	62.36%	12089317.78	19151.01

河北省农村信用社业务运行情况分析表(三)

单位:万元

项目 / 地区	中间业务收入	
	余额	比年初±
石家庄	5258.28	3339.75
承德	1511.43	1065.71
张家口	1708.83	1293.30
秦皇岛	999.15	745.71
唐山	3291.03	2371.18
廊坊	3943.78	1705.29
保定	3549.52	2338.04
沧州	5204.34	3280.49
衡水	2160.28	1457.23
邢台	1530.30	974.48
邯郸	3099.20	2201.80
合计	32256.15	20772.99

河北银行机构设置及职工人数

(2009年12月31日)

机构名称	总行	地区中心支行	支行	城市办事处	城辖市支行	县支行	储蓄所	县辖办事处及其它	合计
全辖机构	1	3家分行	60(含营业部、不含县域)	0	0	3	0	0	67
全行总人数	387	61	1930	0	0	58	0	0	2436

河北银行高等学历教育(业余)统计

(2009年12月31日)

项目	合计			研究生			大学本科			大学专科									自学考试		专业证书	
										院校			委托代培			电视大学						
	入学	毕业	在学	入学	毕业	在学	入学	毕业	在学	入学	毕业	在学	入学	毕业	在学	入学	毕业	在学	毕业	大专毕业	当年结业	累计结业
总计	95	124		8	6		55	55		27	52					6	11					

渤海国际信托有限公司员工结构统计情况表

在岗员工年龄结构

30岁以下	30岁(含)-40岁	40岁(含)以上	合计
18	21	16	55

在岗员工学历结构

专科(含)以下	本科	研究生	合计
8	24	23	55

在岗员工职称结构

初级职称	中级职称	高级职称	合计
5	17	4	26

在岗干部培训情况

项目	在岗培训	业务培训	合计
人次	35	11	46

2005—2009 年凭证式国债发行情况表

年份	分期	发行总额			利率
2005 年	1 期	350 亿元	其中：	3 年 245 亿元 5 年 105 亿元	3.37% 3.81%
	2 期	350 亿元	其中：	3 年 245 亿元 5 年 105 亿元	3.37% 3.81%
	3 期	500 亿元	其中：	3 年 350 亿元 5 年 150 亿元	3.37% 3.81%
	4 期	300 亿元	其中：	3 年 210 亿元 5 年 90 亿元	3.24% 3.60%
	5 期	500 亿元	其中：	3 年 350 亿元 5 年 150 亿元	3.24% 3.60%
2006 年	1 期	600 亿元	其中：	3 年 420 亿元 5 年 180 亿元	3.14% 3.49%
	2 期	400 亿元	其中：	3 年 280 亿元 5 年 120 亿元	3.14% 3.49%
	3 期	400 亿元	其中：	3 年 280 亿元 5 年 120 亿元	3.14% 3.49%
	4 期	400 亿元	其中：	3 年 280 亿元 5 年 120 亿元	3.39% 3.81%
	5 期	150 亿元	其中：	3 年 105 亿元 5 年 45 亿元	3.39% 3.81%
2007 年	1 期	300 亿元	其中：	3 年 210 亿元 5 年 90 亿元	3.39% 3.81%
	2 期	500 亿元	其中：	3 年 350 亿元 5 年 150 亿元	3.66% 4.08%
	3 期	300 亿元	其中：	3 年 210 亿元 5 年 90 亿元	3.66% 4.08%
	4 期	200 亿元	其中：	3 年 160 亿元 5 年 40 亿元	5.20% 5.74%
	5 期	300 亿元	其中：	3 年 240 亿元 5 年 60 亿元	5.74% 6.34%
2008 年	1 期	300 亿元	其中：	3 年 240 亿元 5 年 60 亿元	5.74% 6.34%
	2 期	400 亿元	其中：	3 年 320 亿元 5 年 80 亿元	5.24% 6.34%
	3 期	200 亿元	其中：	3 年 140 亿元 5 年 60 亿元	5.74% 6.34%
	4 期	200 亿元	其中：	1 年 140 亿元 2 年 60 亿元	5.94% 6.34%
	5 期	200 亿元	其中：	3 年 140 亿元 5 年 60 亿元	5.17% 5.53%
2009 年	1 期	300 亿元	其中：	3 年 210 亿元 5 年 90 亿元	3.73% 4.00%
	2 期	500 亿元	其中：	3 年 400 亿元 5 年 100 亿元	3.73% 4.00%
	3 期	500 亿元	其中：	3 年 400 亿元 5 年 100 亿元	3.73% 4.00%
	4 期	400 亿元	其中：	1 年 200 亿元 3 年 200 亿元	2.60% 3.73%
	5 期	300 亿元	其中：	1 年 150 亿元 3 年 150 亿元	2.60% 3.73%

第七部分

金融机构名录

第一部分　　综述·各地经济金融

第二部分　　业务综述

第三部分　　学术调研

第四部分　　金融规章选编

第五部分　　大事记

第六部分　　经济金融统计资料

▶ 第七部分　　金融机构名录

中国人民银行

中国人民银行石家庄中心支行

行　　长：王景武
电　　话：0311－87938015
地　　址：石家庄市新华东路109号
邮政编码：050000

中心支行营业部
主　　任：刘吉龙
电　　话：0311－87937866
地　　址：石家庄市合作路389号
邮政编码：050081

辛集市支行
行　　长：张士坡
电　　话：0311－83223181
地　　址：辛集市束鹿大街西段126号
邮政编码：052360

晋州市支行
行　　长：彭学英
电　　话：0311－84322684
地　　址：晋州市向阳路22号
邮政编码：052260

深泽县支行
行　　长：孟文英
电　　话：0311－83522651
地　　址：深泽县府前西路217号
邮政编码：052560

无极县支行
行　　长：刘月国
电　　话：0311－85572815
地　　址：无极县无极路西头131号
邮政编码：052460

藁城市支行
行　　长：赵全林
电　　话：0311－88041585
地　　址：藁城市胜利路10号
邮政编码：052160

赵县支行
行　　长：李吉平
电　　话：0311－84940889
地　　址：赵县自强路
邮政编码：051530

栾城县支行
行　　长：胡秀辰
电　　话：0311－88031211
地　　址：栾城县鑫源路
邮政编码：051430

正定县支行
行　　长：任　建
电　　话：0311－88017088
地　　址：正定县常山西路20号
邮政编码：050800

新乐市支行
行　　长：李胜军
电　　话：0311－88582603
地　　址：新乐市新开西路134号
邮政编码：050700

高邑县支行
行　　长：李聚贤
电　　话：0311－84035976
地　　址：高邑县府前路69号
邮政编码：051330

元氏县支行
行　　长：李林英
电　　话：0311－84623815
地　　址：元氏县蟠龙路98号
邮政编码：051130

井陉县支行
行　　长：张贵辰
电　　话：0311－82027093
地　　址：井陉县建设南路10号
邮政编码：050300

赞皇县支行
行　　长：池绪录
电　　话：0311－84228588
地　　址：赞皇县育新街19号
邮政编码：051230

鹿泉市支行
行　　长：张志强
电　　话：0311－82012397
地　　址：鹿泉市镇宁路28号
邮政编码：050200

平山县支行
行　　长：安剑平

电　　话：0311－82912259
地　　址：平山县建设北大街1号
邮政编码：050400

灵寿县支行

行　　长：何秋雨
电　　话：0311－82527687
地　　址：灵寿县人民西路33号
邮政编码：050500

行唐县支行

行　　长：刘　利
电　　话：0311－82981135
地　　址：行唐县玉城大街21号
邮政编码：050600

中国人民银行承德市中心支行

行　　长：杨建奎
电　　话：0314－2022404
地　　址：承德市都统府大街3号
邮政编码：067000

兴隆县支行

行　　长：郭佳鸿
电　　话：0314－5053982
地　　址：兴隆县兴隆镇
邮政编码：067300

承德县支行

行　　长：赵耀军
电　　话：0314－3116718
地　　址：承德县下板城镇
邮政编码：067400

平泉县支行

行　　长：杜凤荣
电　　话：0314－6033969
地　　址：平泉县平泉镇
邮政编码：067500

宽城满族自治县支行

行　　长：刘永全
电　　话：0314－6632039
地　　址：宽城县宽城镇
邮政编码：067600

隆化县支行

行　　长：冀翰林
电　　话：0314－7063240
地　　址：隆化县隆化镇
邮政编码：068150

滦平县支行

行　　长：常宏利
电　　话：0314－8582263
地　　址：滦平县滦平镇
邮政编码：068250

丰宁满族自治县支行

行　　长：刘振远
电　　话：0314－8019218
地　　址：丰宁县大阁镇
邮政编码：068350

围场满族蒙古族自治县支行

行　　长：高延民
电　　话：0314－7569333
地　　址：围场县围场镇
邮政编码：068450

中国人民银行张家口市中心支行

行　　长：曹建强
电　　话：0313－2012410
地　　址：张家口市五一路99号
邮政编码：075000

宣化支行

行　　长：李建明（2009年8月任）
　　　　　庞　毅（2009年8月免）
电　　话：0313－3014154
地　　址：张家口市宣化区牌楼东街12号
邮政编码：075100

怀来县支行

行　　长：郑昱坤（2009年8月任）
　　　　　李建民（2009年8月免）
电　　话：0313－6223921
地　　址：怀来县沙城镇京张公路东大街
邮政编码：075400

涿鹿县支行

行　　长：母　祥（2009年8月任）
　　　　　郑昱坤（2009年8月免）
电　　话：0313－6521802
地　　址：涿鹿县建新路
邮政编码：075600

蔚县支行

行　　长：李凤鸣
电　　话：0313－7212384
地　　址：蔚县胜利路246号
邮政编码：075700

阳原县支行

行　　长：韩喜龙
电　　话：0313－7512577
地　　址：阳原县西城镇北大街
邮政编码：075800

万全县支行

行　　长：杜文彬
电　　话：0313－4222046
地　　址：万全县孔家庄镇万孔路
邮政编码：076250

怀安县支行

行　　长：张晓军
电　　话：0313－7812784
地　　址：怀安县柴沟堡镇工业街
邮政编码：076150

崇礼县支行

行　　长：胡　忠（2009年8月任）
　　　　　李建国（2009年8月免）
电　　话：0313－4612264
地　　址：崇礼县西湾子镇南新街15号
邮政编码：076350

张北县支行

行　　长：谢　荣（2009年8月任）
　　　　　郝志新（2009年8月免）
电　　话：0313－5222519
地　　址：张北县永春南街
邮政编码：076450

尚义县支行

行　　长：张子荷
电　　话：0313－4322023
地　　址：尚义县太平街
邮政编码：076750

康保县支行

行　　长：吕晓华（2009年8月任）
　　　　　谢　荣（2009年8月免）
电　　话：0313－5513844
地　　址：康保县公园路
邮政编码：076650

沽源县支行

行　　长：李建国（2009年8月任）
　　　　　母　祥（2009年8月免）
电　　话：0313－5812643
地　　址：沽源县新城街
邮政编码：076550

赤城县支行

行　　长：王　钢
电　　话：0313－6313368
地　　址：赤城镇西大街8号
邮政编码：075500

中国人民银行秦皇岛市中心支行

行　　长：张立军
电　　话：0335－3637018
地　　址：秦皇岛市海港区迎宾路155号
邮政编码：066001

抚宁县支行

行　　长：胡玉峰
电　　话：0335－6012206
地　　址：秦皇岛市抚宁县长征路1号
邮政编码：066300

昌黎县支行

行　　长：尹立平
电　　话：0335－2023866
地　　址：秦皇岛市昌黎县二街西北楼22号
邮政编码：066600

卢龙县支行

行　　长：李志国
电　　话：0335－7012799
地　　址：秦皇岛市卢龙县城关东大街
邮政编码：066400

青龙县支行

行　　长：王庚祥
电　　话：0335－7862038
地　　址：秦皇岛市青龙县城关中兴路中段
邮政编码：066500

中国人民银行唐山市中心支行

行　　长：徐守诚
电　　话：0315－2820039
地　　址：唐山市路北区华岩路43号
邮政编码：063000

玉田县支行

行　　长：司佐峰
电　　话：0315－6160581
地　　址：玉田县北环东路282号
邮政编码：064100

遵化市支行

行　　长：王瑞国

电　　话：0315－6620327
地　　址：遵化市文茂大街5号
邮政编码：064200

迁西县支行

行　　长：柴雪松
电　　话：0315－5620798
地　　址：迁西城关凤凰西街5号
邮政编码：064300

迁安市支行

行　　长：滕海涛
电　　话：0315－7613841
地　　址：迁安市祺福大街5号
邮政编码：064400

滦县支行

行　　长：阚卫江
电　　话：0315－7122372
地　　址：滦县新城燕山大街69号
邮政编码：063700

滦南县支行

行　　长：杨　军
电　　话：0315－4123127
地　　址：滦南奔城中大街4号
邮政编码：063500

唐海县支行

行　　长：蔡余粮
电　　话：0315－8751531
地　　址：唐海县垦丰大街98号
邮政编码：063200

乐亭县支行

行　　长：曹士刚
电　　话：0315－4619526
地　　址：乐亭县金融大街7号
邮政编码：063600

中国人民银行廊坊市中心支行

行　　长：万重山
电　　话：0316－2226032
地　　址：廊坊市广阳道9号
邮政编码：065000

三河市支行

行　　长：李彦儒
电　　话：0316－3212197
地　　址：三河市西环路南端
邮政编码：065200

大厂县支行

行　　长：齐宝元
电　　话：0316－8822482
地　　址：大厂县城东大街43号
邮政编码：065300

香河县支行

副 行 长：赵龙武
电　　话：0316－8311390
地　　址：香河县府前街19号
邮政编码：065400

永清县支行

行　　长：张炳仁
电　　话：0316－6628187
地　　址：永清县会昌街53号
邮政编码：065600

固安县支行

行　　长：孙汉升
电　　话：0316－6165786
地　　址：固安县城南环路西段
邮政编码：065500

霸州市支行

行　　长：倪冀生
电　　话：0316－7211292
地　　址：霸州市市府道147号
邮政编码：065700

文安县支行

行　　长：王书兵
电　　话：0316－5231660
地　　址：文安县北马路49号
邮政编码：065800

大城县支行

副 行 长：荣吉庆
电　　话：0316－5523409
地　　址：大城县新华东街2号
邮政编码：065900

中国人民银行保定中心支行

行　　长：李　庆
电　　话：0312－5022176
地　　址：保定市七一中路152号
邮政编码：071000

易县支行

行　　长：孙守正
电　　话：0312－8215496

地　　址：易县城内朝阳西路 16 号
邮政编码：074200

定兴县支行

行　　长：石育鸿
电　　话：0312－6915605
地　　址：定兴县兴华大街 39 号
邮政编码：072650

徐水县支行

行　　长：马志宏（09 年 8 月份任）
电　　话：0312－8670398
地　　址：徐水县城内永兴西路 7 号
邮政编码：072500

容城县支行

行　　长：吴建新
电　　话：0312－5613104
地　　址：容城县城中心南大街 32 号
邮政编码：071700

涿州市支行

行　　长：赵立平
电　　话：0312－3863781
地　　址：涿州市范阳东路 47 号
邮政编码：072750

涞水县支行

行　　长：董绍民
电　　话：0312－4527629
地　　址：涞水县府前街 77 号
邮政编码：074100

雄县支行

行　　长：孙占奇
电　　话：0312－5810786
地　　址：雄县铃铛阁大街 71 号
邮政编码：071800

高阳县支行

行　　长：贺福进
电　　话：0312－6633593
地　　址：高阳县城东王路
邮政编码：071500

安国市支行

行　　长：武云岩
电　　话：0312－3519389
地　　址：安国市东方西路 55 号
邮政编码：071200

博野县支行

行　　长：常忠喜
电　　话：0312－8322061
地　　址：博野县西街
邮政编码：071300

满城县支行

行　　长：闫丙文
电　　话：0312－7072652
地　　址：满城县永乐街 33 号
邮政编码：072100

涞源县支行

行　　长：许学中
电　　话：0312－7322107
地　　址：涞源县广昌大街 45 号
邮政编码：074300

唐县支行

行　　长：马士英
电　　话：0312－6414329
地　　址：唐县东环路
邮政编码：072300

望都县支行

行　　长：于德才
电　　话：0312－7722245
地　　址：望都县富强大街 45 号
邮政编码：072450

高碑店市支行

行　　长：宋宝琦
电　　话：0312－5595901
地　　址：高碑店市迎宾路
邮政编码：074000

蠡县支行

行　　长：杨亚章
电　　话：0312－6219106
地　　址：蠡县县城范蠡东路
邮政编码：071400

阜平县支行

行　　长：王建栋
电　　话：0312－7224874
地　　址：阜平县东寺大街 3 号
邮政编码：073200

定州市支行

行　　长：宋建海
电　　话：0312－2314166
地　　址：定州市中山中路
邮政编码：073000

曲阳县支行
行　　长：程征清（09年8月份任）
电　　话：0312－4265070
地　　址：曲阳县城新开街
邮政编码：073100

顺平县支行
行　　长：杨造堂
电　　话：0312－7620699
地　　址：顺平县城平安街12号
邮政编码：072250

清苑县支行
行　　长：马铁民
电　　话：0312－8012766
地　　址：清苑县城育红街35号
邮政编码：071100

安新县支行
行　　长：陈立房
电　　话：0312－5331957
地　　址：安新县建设大街
邮政编码：071600

中国人民银行沧州市中心支行
行　　长：陈国忠
电　　话：0317－2025978
地　　址：河北省沧州市浮阳北大道13号
邮政编码：061001

河间市支行
行　　长：张兆伟
电　　话：0317－3667237
地　　址：河北省河间市京大北路5号
邮政编码：062450

泊头市支行
行　　长：崔树国
电　　话：0317－5568918
地　　址：河北省泊头市裕华西路
邮政编码：062150

黄骅市支行
行　　长：刘国力
电　　话：0317－5323859
地　　址：河北省黄骅市渤海西路
邮政编码：061100

任丘市支行
行　　长：柳　丽
电　　话：0317－2222526
地　　址：河北省任丘市建设东路
邮政编码：062550

海兴县支行
行　　长：吴汝波
电　　话：0317－6621170
地　　址：河北省海兴县建设路18号
邮政编码：061200

孟村回族自治县支行
行　　长：马书亮
电　　话：0317－6721526
地　　址：河北省孟村回族自治县建设大街
邮政编码：061400

东光县支行
行　　长：耿丙顺
电　　话：0317－7722121
地　　址：河北省东光县府前街227号
邮政编码：061600

南皮县支行
行　　长：王锡峰
电　　话：0317－8851787
地　　址：河北省南皮县清泉塔第五条
邮政编码：061500

吴桥县支行
行　　长：李金祥
电　　话：0317－7340100
地　　址：河北省吴桥县桑园镇新兴路5号
邮政编码：061800

肃宁县支行
行　　长：郑建良
电　　话：0317－5013096
地　　址：河北省肃宁县清源南街
邮政编码：062350

青县支行
行　　长：田秀金
电　　话：0317－4022197
地　　址：河北省青县南环路
邮政编码：062650

盐山县支行
行　　长：高秀岭
电　　话：0317－6221533
地　　址：河北省盐山县北环城路1号
邮政编码：061300

献县支行
行　　长：车克君

电　　话：0317－4632896
地　　址：河北省献县西大街8号
邮政编码：062250

中国人民银行衡水市中心支行

行　　长：张力生
电　　话：0318－2065636
地　　址：衡水市新华东路6号
邮政编码：053000

枣强县支行

行　　长：李铁生
电　　话：0318－8224435
地　　址：枣强县城新华东街28号
邮政编码：053100

冀州市支行

行　　长：耿成武
电　　话：0318－8699669
地　　址：河北省冀州市富强街1号
邮政编码：053200

武强县支行

行　　长：张秋岳
电　　话：0318－3825239
地　　址：武强县新开街25号甲
邮政编码：053300

武邑县支行

行　　长：胡广沧
电　　话：0318－5713231
地　　址：河北省武邑县建设西路40号
邮政编码：053400

景县支行

行　　长：冯全芳
电　　话：0318－4223323
地　　址：河北省景县景华大街226号
邮政编码：053500

安平县支行

行　　长：王士杰
电　　话：0318－7518860
地　　址：河北省安平县西马路机电胡同9号
邮政编码：053600

阜城县支行

行　　长：谯立章
电　　话：0318－4624443
地　　址：河北阜城县府前路
邮政编码：053700

深州市支行

行　　长：刘国刚
电　　话：0318－3393886
地　　址：河北省深州市泰山西路22号
邮政编码：053800

饶阳县支行

行　　长：王志军
电　　话：0318－7237000
地　　址：河北省饶阳县饶安西路4号
邮政编码：053900

故城县支行

行　　长：苏健勇
电　　话：0318－5321113
地　　址：河北省故城县郑口镇体育街45号
邮政编码：253800

中国人民银行邢台市中心支行

行　　长：邵仁姿
电　　话：0319－2200812
地　　址：邢台市团结西大街216号
邮政编码：054000

沙河市支行

行　　长：张金水
电　　话：0319－8803320
地　　址：沙河市建设路
邮政编码：054100

临城县支行

行　　长：郝立和
电　　话：0319－7181536
地　　址：临城县临泉路31号
邮政编码：054300

内丘县支行

行　　长：张庆国
电　　话：0319－6861102
地　　址：内丘县胜利路160号
邮政编码：054200

南和县支行

行　　长：卢东起
电　　话：0319－4566116
地　　址：南和县和阳大街15号
邮政编码：054400

任县支行

行　　长：赵增斌
电　　话：0319－7518585

地　　址：任县任城镇北环西路
邮政编码：055150

广宗县支行

行　　长：刘成耀
电　　话：0319－7213035
地　　址：广宗县邢清路
邮政编码：054600

平乡县支行

行　　长：王建峰
电　　话：0319－7861801
地　　址：平乡县贸易街173号
邮政编码：054500

威县支行

行　　长：魏笑声
电　　话：0319－6166696
地　　址：威县洺水西路
邮政编码：054700

临西县支行

行　　长：霍建华
电　　话：0319－8568099
地　　址：临西县泰山路
邮政编码：054900

清河县支行

行　　长：杜忠超
电　　话：0319－8286288
地　　址：清河县武松中街35号
邮政编码：054800

南宫市支行

行　　长：牛立波
电　　话：0319－5269068
地　　址：南宫市光明路1号
邮政编码：055750

新河县支行

行　　长：胡德卫
电　　话：0319－4768218
地　　址：新河县新兴街南段
邮政编码：055650

巨鹿县支行

行　　长：李恒波
电　　话：0319－4333834
地　　址：巨鹿县迎宾路
邮政编码：055250

隆尧县支行

行　　长：秦彦英
电　　话：0319－6661218
地　　址：隆尧县康庄东路155号
邮政编码：055350

宁晋县支行

行　　长：高越宵
电　　话：0319－5805249
地　　址：宁晋县凤凰镇天宝街2号
邮政编码：055550

柏乡县支行

行　　长：回增军
电　　话：0319－7721785
地　　址：柏乡县东环路
邮政编码：055450

中国人民银行邯郸市中心支行

行　　长：卢　钦
电　　话：0310－3060999
地　　址：邯郸市人民东路145号
邮政编码：056002

大名县支行

行　　长：王英兆
电　　话：0310－6562938
地　　址：大名县城万大路4号
邮政编码：056900

魏县支行

行　　长：田　勇
电　　话：0310－3506750
地　　址：魏县龙乡北大街151号
邮政编码：056800

曲周县支行

行　　长：王会民
电　　话：0310－8892038
地　　址：曲周县曲周镇东街村
邮政编码：057250

邱县支行

行　　长：张子岭
电　　话：0310－8366569
地　　址：邱县新兴路22号
邮政编码：057450

鸡泽县支行

行　　长：赵荣清
电　　话：0310－7525678
地　　址：鸡泽县迎宾路西段
邮政编码：057350

肥乡县支行

行　　长：孙遵义
电　　话：0310－8563322
地　　址：肥乡县陵园街10号
邮政编码：057550

广平县支行

行　　长：李虎臣
电　　话：0310－2516268
地　　址：广平县人民路东段
邮政编码：057650

成安县支行

行　　长：郭庆生
电　　话：0310－7280696
地　　址：成安县成安镇青云大街63号
邮政编码：056700

临漳县支行

行　　长：张新立
电　　话：0310－7852912
地　　址：临漳县建安东路21号
邮政编码：056600

磁县支行

行　　长：刘向民
电　　话：0310－2393968
地　　址：磁县朝阳南大街16号
邮政编码：056500

武安市支行

行　　长：戴顺凯
电　　话：0310－5716588
地　　址：武安市中兴路1725号
邮政编码：056300

涉县支行

行　　长：江吉波
电　　话：0310－3832659
地　　址：涉县县城振兴路234号
邮政编码：056400

永年县支行

行　　长：田晨山
电　　话：0310－6829790
地　　址：永年县友谊街3号
邮政编码：057150

馆陶县支行

行　　长：段洪德
电　　话：0310－2822752
地　　址：政府街西段25号
邮政编码：057750

国家外汇管理局

国家外汇管理局河北省分局

局　　长：王景武
电　　话：0311－87938002
地　　址：石家庄市新华路109号
邮政编码：050000

承德市中心支局

局　　长：杨建奎
电　　话：0314－2023558
地　　址：承德市双桥区东大街南3号
邮政编码：067000

张家口市中心支局

局　　长：曹建强
电　　话：0313－2040700－8001
地　　址：张家口市桥东区五一路99号
邮政编码：075000

秦皇岛市中心支局

局　　长：张立军
电　　话：0335－3836018
地　　址：秦皇岛市迎宾路155号
邮政编码：066001

唐山市中心支局

局　　长：徐守诚
电　　话：0315－2820039
地　　址：唐山市华岩路43号
邮政编码：063000

廊坊市中心支局

局　　长：王云峰
电　　话：0316－2226001
地　　址：廊坊市广阳道
邮政编码：065000

保定市中心支局

局　　长：李　庆
电　　话：0312－5066088
地　　址：保定市七一东路92号
邮政编码：071000

沧州市中心支局

局　　长：陈国忠
电　　话：0317－2025978
地　　址：沧州市西环北路
邮政编码：061001

衡水市中心支局

局　　长：张力生
电　　话：0318－2065636
地　　址：衡水市新华东路6号
邮政编码：053000

邢台市中心支局

局　　长：邵仁姿
电　　话：0319－2214093
地　　址：邢台市团结西大街216号
邮政编码：054000

邯郸市中心支局

局　　长：卢　钦
电　　话：0310－3060999
地　　址：邯郸市人民路145号
邮政编码：056002

河北银监局

中国银监会河北监管局

局　　长：郭锦洲
电　　话：0311－87938001
地　　址：石家庄市新华路109号
邮政编码：050000

石家庄市直管监管办机构

辛集监管办事处

主　　任：赵双锁
电　　话：0311－83222190
地　　址：辛集市市府大街西段人行院内
邮政编码：052360

晋州监管办事处

主　　任：李顺轻
电　　话：0311－84326306
地　　址：晋州市向阳街30号人行院内
邮政编码：052260

深泽监管办事处

主　　任：刘栋林
电　　话：0311－83522260
地　　址：深泽县府前西路217号人行院内
邮政编码：052560

无极监管办事处

主　　任：张军锁
电　　话：0311－85571037
地　　址：无极县无极路西头131号人行院内
邮政编码：052460

藁城监管办事处

主　　任：李建刚
电　　话：0311－88122588
地　　址：藁城市胜利路18号人行院内
邮政编码：052160

赵县监管办事处

主　　任：李英斌
电　　话：0311－84948486
地　　址：赵县自强路人行院内
邮政编码：051530

栾城监管办事处

主　　任：李建辉
电　　话：0311－88039081
地　　址：栾城县鑫源路人行院内
邮政编码：051430

正定监管办事处

主　　任：于翠明
电　　话：0311－88012866
地　　址：正定县常山西路20号人行院内
邮政编码：050800

新乐监管办事处

主　　任：董玉占
电　　话：0311－88655389
地　　址：新乐市新开西路166号人行院内
邮政编码：050700

高邑监管办事处

主　　任：王献朝
电　　话：0311－84031458
地　　址：高邑县府前路69号人行院内
邮政编码：051330

元氏监管办事处

主　　任：李双全
电　　话：0311－84624197
地　　址：元氏县蟠龙路98号人行院内

邮政编码：051130

赞皇监管办事处

主　　任：石文贤

电　　话：0311－84223230

地　　址：赞皇县城育新大街19号人行院内

邮政编码：051230

井陉监管办事处

主　　任：陈丽宏

电　　话：0311－82022876

地　　址：井陉县微水镇建设南路10号人行院内

邮政编码：050300

鹿泉监管办事处

主　　任：魏　昆

电　　话：0311－82012135

地　　址：鹿泉市镇宁路28号人行院内

邮政编码：050200

平山监管办事处

主　　任：赵栓林

电　　话：0311－82916193

地　　址：平山县城建设北大街17号人行院内

邮政编码：050400

灵寿监管办事处

主　　任：贺文英

电　　话：0311－82521775

地　　址：灵寿县人民西路33号人行院内

邮政编码：050500

行唐监管办事处

主　　任：韩彦文

电　　话：0311－82982322

地　　址：行唐县玉城大街39号人行院内

邮政编码：050600

张家口银监分局

局　　长：赵万峰

电　　话：0313－2123088

地　　址：张家口市胜利北路花园住宅小区西A区35号楼

邮政编码：075000

蔚县监管办事处

主　　任：孟银宝

电　　话：0313－7218956

地　　址：蔚县蔚州镇胜利路246号

邮政编码：075700

阳原监管办事处

主　　任：李宗喜

电　　话：0313－7385243

地　　址：阳原县西城镇北关人民银行办公楼

邮政编码：075800

怀来监管办事处

主　　任：许贵宏

电　　话：0313－6223607

地　　址：怀来县沙城镇京张公路东大街（人民银行办公楼）

邮政编码：075400

涿鹿监管办事处

主　　任：牛清成

电　　话：0313－6521805

地　　址：涿鹿县新安东街8号

邮政编码：075600

怀安监管办事处

主　　任：高万元

电　　话：0313－7823380

地　　址：怀安县柴沟堡镇南马路1号

邮政编码：076150

万全监管办事处

主　　任：霍爱吉

电　　话：0313－4222338

地　　址：万全县孔家庄镇全兴路东（县人行办公楼）

邮政编码：076250

赤城监管办事处

主　　任：苏继业

电　　话：0313－6313953

地　　址：赤城县赤城镇宏达中街34号

邮政编码：075500

张北监管办事处

主　　任：王永刚

电　　话：0313－5223262

地　　址：张北县永春南街214号

邮政编码：076450

康保监管办事处

主　　任：李守军

电　　话：0313－5532602

地　　址：康保县康保镇迎宾路2号

邮政编码：076650

沽源监管办事处

主　　任：孙全秀
电　　话：0313－5812345
地　　址：沽源县平定堡镇新城大街1号
邮政编码：076550

尚义监管办事处

主　　任：王金兰
电　　话：0313－4323555
地　　址：尚义县南壕堑镇平安街（人行院内）
邮政编码：076750

崇礼监管办事处

主　　任：贾　林
电　　话：0313－4617902
地　　址：崇礼县西湾子镇南新街15号
邮政编码：076350

宣化监管办事处

主　　任：王晓斌
电　　话：0313－3045998
地　　址：张家口市宣化区牌楼东街12号
邮政编码：075100

承德银监分局

局　　长：陈学敬
电　　话：15133890666
地　　址：承德市开发东区EGY－3号
邮政编码：067000

宽城平泉监管办事处

主　　任：李春国
电　　话：13903243362
地　　址：承德市开发东区EGY－3号
邮政编码：067000

兴隆承德县监管办事处

主　　任：董云光
电　　话：13932441258
地　　址：承德市开发东区EGY－3号
邮政编码：067000

围场隆化监管办事处

主　　任：赵文瑞
电　　话：13832465838
地　　址：承德市开发东区EGY－3号
邮政编码：067000

丰宁滦平监管办事处

主　　任：苏众民
电　　话：13903242885
地　　址：承德市开发东区EGY－3号
邮政编码：067000

秦皇岛银监分局

局　　长：贾金维
电　　话：0335－3067866
地　　址：秦皇岛市建设大街163号
邮政编码：066000

昌黎监管办事处

主　　任：马春明
电　　话：0335－2023609
地　　址：昌黎县人民银行院内
邮政编码：066600

抚宁监管办事处

主　　任：袁友忠
电　　话：0335－6018867
地　　址：抚宁县抚宁镇长征路1号
邮政编码：066300

卢龙监管办事处

主　　任：马丽娜
电　　话：0335－7012688
地　　址：卢龙县人民银行院内
邮政编码：066400

青龙监管办事处

副 主 任：冯　勇（主持工作）
电　　话：0335－7862083
地　　址：青龙县人民银行院内
邮政编码：066500

唐山银监分局

局　　长：张玉涛
电　　话：15102552888
地　　址：唐山市华岩路41号
邮政编码：063000

玉田监管办事处

主　　任：徐广东
电　　话：0315－8609933
地　　址：玉田县北环东路282号
邮政编码：064100

遵化监管办事处

主　　任：张保桢
电　　话：13703256418
地　　址：遵化文茂大街19号
邮政编码：064200

迁西监管办事处

主　　任：董连凌
电　　话：13582900904
地　　址：迁西县城关凤凰西街5号
邮政编码：064200

迁安监管办事处

主　　任：吴晓元
电　　话：13703242963
地　　址：迁安市祺福大街5号
邮政编码：064400

滦县监管办事处

主　　任：周成文
电　　话：13582559511
地　　址：滦县新城燕山大街69号
邮政编码：063700

滦南监管办事处

主　　任：赵志华
电　　话：13832582866
地　　址：滦南县倴城东大街24号
邮政编码：063500

乐亭监管办事处

主　　任：赵建生
电　　话：13832589808
地　　址：乐亭金融大街7号
邮政编码：063600

唐海监管办事处

主　　任：杜连胜
电　　话：13832976998
地　　址：唐海县恳丰大街98号
邮政编码：063200

廊坊银监分局

局　　长：李建国
电　　话：0316－2315618
地　　址：廊坊市金光道32号
邮政编码：065000

三河监管办事处

主　　任：王建忠
电　　话：0316－3221988
地　　址：三河市迎宾南路161号
邮政编码：065200

霸州监管办事处

主　　任：林永顺
电　　话：0316－7211291
地　　址：霸州市金康东道147号
邮政编码：065700

保定银监分局

局　　长：秦　凯
电　　话：0312－3101988
地　　址：保定市天鹅中路517号
邮政编码：071051

清苑监管办事处

主　　任：刘金龙
电　　话：0312－8016639
地　　址：清苑农联社转银监办
邮政编码：071100

安国监管办事处

主　　任：杜会军
电　　话：0312－3598991
地　　址：安国市金融街
邮政编码：071200

蠡县监管办事处

主　　任：白振耀
电　　话：0312－6211002
地　　址：蠡县范蠡东路人民银行三楼
邮政编码：071400

高阳监管办事处

主　　任：李宏敏
电　　话：0312－6631520
地　　址：高阳县朝阳路294号
邮政编码：071500

安新监管办事处

主　　任：刘福来
电　　话：0312－5327986
地　　址：安新县安新镇城关建设大街244号
邮政编码：071600

容城监管办事处

主　　任：温　萍
电　　话：13503368568　0312－5607966
地　　址：容城县南环路
邮政编码：071700

雄县监管办事处

主　　任：杨伯芳
电　　话：13930285156　0312－5819998
地　　址：雄县铃铛阁大街71号
邮政编码：071800

满城监管办事处

主　　任：宋继伟
电　　话：0312－7131882
地　　址：满城县永乐街
邮政编码：072100

唐县监管办事处

主　　任：贾志辉
电　　话：13703120067　0312－6422756
地　　址：唐县中山南大街人行大楼
邮政编码：072350

望都监管办事处

主　　任：马兰英
电　　话：0312－6422756
地　　址：望都县富强街33号
邮政编码：072350

顺平监管办事处

主　　任：吴长健
电　　话：0312－7622883
地　　址：顺平县平安街12号
邮政编码：072250

徐水监管办事处

主　　任：王海峰
电　　话：0312－8601563
地　　址：徐水县永兴西路7号
邮政编码：072550

定兴监管办事处

主　　任：肖　健
电　　话：0312－6916680
地　　址：定兴县兴华东路39号
邮政编码：072650

涿州监管办事处

主　　任：蔡清波
电　　话：0312－3863828
地　　址：涿州市范阳中路81号
邮政编码：072750

定州监管办事处

主　　任：刘子伦
电　　话：0312－2326977
地　　址：定州市中山中路农业银行转银监办
邮政编码：073000

曲阳监管办事处

主　　任：刘玉敏
电　　话：0312－4290535
地　　址：曲阳县恒山路
邮政编码：073100

高碑店监管办事处

主　　任：李志国
电　　话：13931271916　0312－5592968
地　　址：高碑店市迎宾东路
邮政编码：074000

涞水监管办事处

主　　任：王银成
电　　话：13703323563　0312－4525077
地　　址：人行涞水县支行院内
邮政编码：074100

易县监管办事处

主　　任：李德水
电　　话：0312－8215480
地　　址：易县南环路
邮政编码：074200

涞源监管办事处

主　　任：刘月梅
电　　话：13931255201　0312－7322159
地　　址：涞源县广昌大街161号
邮政编码：074300

博野监管办事处

主　　任：孟庆勇
电　　话：13603321228　0312－8322356
地　　址：博野县人民银行家属院
邮政编码：071300

阜平监管办事处

主　　任：孙慧林
电　　话：13803278782　0312－7224394
地　　址：阜平县中兴街
邮政编码：073200

沧州银监分局

局　　长：李洪印
电　　话：0317－5308601
地　　址：沧州市御河路7号
邮政编码：061001

黄骅监管办事处

主　　任：鲍庆勇
电　　话：0317－5314700
地　　址：黄骅市渤海西路
邮政编码：061100

海兴监管办事处

主　　任：邢金仲
电　　话：0317－6618618
地　　址：海兴县海滨路西端
邮政编码：061200

盐山监管办事处

主　　任：晏春龙
电　　话：0317－6221374
地　　址：盐山县城龙海路
邮政编码：061300

孟村监管办事处

主　　任：刘金铎
电　　话：0317－6726582
地　　址：孟村回族自治县建设大街
邮政编码：061400

南皮监管办事处

主　　任：张志刚
电　　话：0317－8864672
地　　址：南皮县北环路
邮政编码：061500

东光监管办事处

主　　任：苏同录
电　　话：0317－5537008
地　　址：东光县东光镇府前街227号
邮政编码：061600

吴桥监管办事处

主　　任：吴世清
电　　话：0317－7369516
地　　址：吴桥县桑园镇钱塘江路13号
邮政编码：061800

泊头监管办事处

主　　任：陈文东
电　　话：0317－5568916
地　　址：泊头市裕华西路
邮政编码：062150

献县监管办事处

主　　任：常金杰
电　　话：0317－4621040
地　　址：献县城内西大街8号
邮政编码：062250

肃宁监管办事处

主　　任：曹富有
电　　话：0317－5011738
地　　址：肃宁县清园街
邮政编码：062350

河间监管办事处

主　　任：陈永胜
电　　话：0317－3650788
地　　址：河间市京开北路5号
邮政编码：062450

任丘监管办事处

主　　任：王卫宁
电　　话：0317－2223822
地　　址：任丘市建设东路
邮政编码：062550

青县监管办事处

主　　任：邵沐津
电　　话：0317－4020080
地　　址：青县南环西路23号
邮政编码：062650

衡水银监分局

局　　长：王　斌
电　　话：0318－2024771
地　　址：衡水市新华东路6号
邮政编码：053000

冀州监管办事处

主　　任：冯金素
电　　话：0318－8613627
地　　址：冀州市富强街1号
邮政编码：053200

枣强监管办事处

主　　任：赵兰浩
电　　话：0318－8225526
地　　址：枣强县建设北路165号
邮政编码：053100

武邑监管办事处

主　　任：李朝霞
电　　话：0318－5725186
地　　址：武邑县建设西路60号
邮政编码：053400

深州监管办事处

主　　任：韩建博
电　　话：0318－3316041
地　　址：深州市泰山西路22号
邮政编码：053800

武强监管办事处

主　　任：徐运来

电　　话：0318－3820013
地　　址：武强县新开街25号甲
邮政编码：053300

饶阳监管办事处

主　　任：卢兰香
电　　话：0318－7237006
地　　址：饶阳县饶安西路4号
邮政编码：053900

安平监管办事处

主　　任：闫有山
电　　话：0318－7513373
地　　址：安平县为民西街3号
邮政编码：053600

故城监管办事处

主　　任：张智勇
电　　话：0318－5360900
地　　址：故城县郑口镇康宁路72号
邮政编码：253800

景县监管办事处

主　　任：高金明
电　　话：0318－4223267
地　　址：景县景新大街226号
邮政编码：053500

阜城监管办事处

主　　任：赵云田
电　　话：0318－4627300
地　　址：阜城县阜城镇东丽小区南侧府前路信用社企业园分社
邮政编码：053700

邢台银监分局

局　　长：陈炳华
电　　话：0319－2166966
地　　址：邢台市郭守敬南路38号
邮政编码：054000

沙河监管办事处

主　　任：张建萍
电　　话：0319－8806629
地　　址：沙河市建设路13号
邮政编码：054100

内丘监管办事处

主　　任：韩青山
电　　话：0319－6867018
地　　址：内丘县胜利路160号
邮政编码：054200

临城监管办事处

主　　任：郭春英
电　　话：0319－7181506
地　　址：临城县临泉路31号
邮政编码：054300

南和监管办事处

主　　任：郭红英
电　　话：0319－5526236
地　　址：南和县和阳大街
邮政编码：054400

平乡监管办事处

主　　任：王瑞川
电　　话：0319－7861611
地　　址：平乡县丰洲镇贸易街73号
邮政编码：054500

广宗监管办事处

主　　任：李俊兰
电　　话：0319－7212094
地　　址：广宗县府前街
邮政编码：054600

威县监管办事处

主　　任：陶西存
电　　话：0319－6162663
地　　址：威县洺水西路
邮政编码：054700

清河监管办事处

主　　任：赵增文
电　　话：0319－8284165
地　　址：清河县武松中街35号
邮政编码：054800

临西监管办事处

主　　任：赵汝志
电　　话：0319－8562449
地　　址：临西县泰山路
邮政编码：054900

任县监管办事处

主　　任：齐之家
电　　话：0319－7516668
地　　址：任县北环西路
邮政编码：055150

巨鹿监管办事处

主　　任：杨汉奇

电　　话：0319－4316109
地　　址：巨鹿县迎宾路
邮政编码：055250

隆尧监管办事处
主　　任：梁国平
电　　话：0319－6692700
地　　址：隆尧县康庄东路155号
邮政编码：055350

柏乡监管办事处
主　　任：张国栋
电　　话：0319－7722609
地　　址：柏乡县东环路
邮政编码：055450

宁晋监管办事处
主　　任：阴秋锁
电　　话：0319－5806780
地　　址：宁晋县迎宾街2号
邮政编码：055550

新河监管办事处
主　　任：李明辉
电　　话：0319－4752425
地　　址：新河县城新兴街
邮政编码：055650

南宫监管办事处
主　　任：赵　朴
电　　话：0319－5226167
地　　址：南宫市胜利大街光明路1号
邮政编码：055750

邯郸银监分局

局　　长：赵克武
电　　话：0310－2063268
地　　址：邯郸市丛台路380号
邮政编码：056002

武安监管办事处
主　　任：王建军
电　　话：0310－6195093
地　　址：武安市中兴路1725号
邮政编码：056300

鸡泽监管办事处
主　　任：郝现军
电　　话：0310－7528961
地　　址：鸡泽县迎宾路
邮政编码：057350

邱县监管办事处
主　　任：张习中
电　　话：0310－8368008
地　　址：邱县新街中段
邮政编码：057400

永年监管办事处
主　　任：刘虎鸣
电　　话：0310－6824681
地　　址：永年县临洺关友谊街3号
邮政编码：057150

曲周监管办事处
主　　任：王　榕
电　　话：0310－8891488
地　　址：曲周县曲周镇东街村
邮政编码：057250

肥乡监管办事处
主　　任：赵代政
电　　话：0310－8564071
地　　址：肥乡县陵园路10号
邮政编码：057550

馆陶监管办事处
主　　任：郭德美
电　　话：0310－2822720
地　　址：馆陶县政府西街25号
邮政编码：057750

涉县监管办事处
主　　任：冯麒云
电　　话：0310－3836986
地　　址：涉县涉城镇振兴路234号
邮政编码：056400

广平监管办事处
主　　任：许金钟
电　　话：0310－2516020
地　　址：广平人民路东段路北
邮政编码：057600

成安监管办事处
主　　任：王书龙
电　　话：0310－7251275
地　　址：成安县青云路
邮政编码：056700

魏县监管办事处
主　　任：王雪飞
电　　话：0310－3506275

地　　址：魏县龙乡街北段路东
邮政编码：056800

磁县监管办事处

主　　任：荣国宾
电　　话：0310－2330129
地　　址：磁县朝阳南大街16号
邮政编码：056500

临漳监管办事处

主　　任：何军强
电　　话：0310－7862525
地　　址：临漳县建安东段
邮政编码：056600

大名监管办事处

主　　任：徐继友
电　　话：0310－6562609
地　　址：大名县大名镇万大路
邮政编码：056900

北戴河培训中心

主　　任：冯连宝
电　　话：0335－4033866
地　　址：秦皇岛市北戴河区东经路100号
邮政编码：066200

河北证监局

河北财达证券经纪有限责任公司

负 责 人：翟建强
电　　话：0311－66006222
地　　址：石家庄市自强路35号庄家金融大厦
邮政编码：050000

保定莲池北大街证券营业部

负 责 人：吴希柱
电　　话：0312－5097988
地　　址：保定市莲池北大街23号
邮政编码：071000

保定向阳南大街证券营业部

负 责 人：李满新
电　　话：0312－3223518
地　　址：保定市向阳南大街561号
邮政编码：071051

北京花园路证券营业部

负 责 人：罗　猛
电　　话：010－62387475
地　　址：北京海淀区花园路2号北京牡丹电子集团院内3号楼
邮政编码：100191

北京首体南路证券营业部

负 责 人：陈秋节
电　　话：010－88354628
地　　址：北京市海淀区首体南路20号国兴大厦D座一二层
邮政编码：100044

沧州广场街证券营业部

负 责 人：王　力
电　　话：0317－3023366
地　　址：沧州市广场街11号
邮政编码：061001

沧州南北大街证券营业部

负 责 人：孟宪君
电　　话：0317－3561618
地　　址：沧州市运河区顺城商厦2楼
邮政编码：061000

承德市火神庙街证券营业部

负 责 人：杜秀河
电　　话：0314－2037106
地　　址：承德市火神庙路南14号
邮政编码：067000

邯郸丛台路证券营业部

负 责 人：高兵文
电　　话：0310－3136898
地　　址：邯郸市丛台路5号
邮政编码：056002

邯郸复兴路证券营业部

负 责 人：王　勇
电　　话：0310－4063873
地　　址：邯郸市复兴路91号
邮政编码：056003

邯郸和平路证券营业部

负 责 人：李晓辉
电　　话：0310－3062379
地　　址：邯郸和平路384号
邮政编码：056002

邯郸人民路证券营业部

负 责 人：杨美英
电　　话：0310－3082866

地　　址：邯郸市人民路149号
邮政编码：056002

邯郸水院北路证券营业部

负 责 人：李同新
电　　话：0310－5509919
地　　址：邯郸水院北路23号
邮政编码：056001

衡水人民东路证券营业部

负 责 人：严彩郡
电　　话：0318－2153116
地　　址：衡水市人民东路139号
邮政编码：053000

衡水新华中路证券营业部

负 责 人：林　哲
电　　话：0318－2662191
地　　址：衡水市桃城区新华中路66号
邮政编码：053000

廊坊建设路证券营业部

负 责 人：吴继东
电　　话：0316－2233063
地　　址：廊坊市建设路与广阳道路口
邮政编码：065000

廊坊新华路证券营业部

负 责 人：王庆新
电　　话：0316－2057777
地　　址：廊坊市新华路76号
邮政编码：065000

秦皇岛关城南路证券营业部

负 责 人：马金华
电　　话：0335－5071318
地　　址：秦皇岛市山海关区关城南路52号
邮政编码：066200

秦皇岛海宁路证券营业部

负 责 人：郭永广
电　　话：0335－4049788
地　　址：秦皇岛市海宁路
邮政编码：066100

秦皇岛迎宾路证券营业部

负 责 人：武铁光
电　　话：0335－3658688
地　　址：秦皇岛市迎宾路68号
邮政编码：066000

秦皇岛河北大街证券营业部

负 责 人：赵　义
电　　话：0335－3027736
地　　址：秦皇岛市河北大街49号
邮政编码：066000

石家庄广安大街证券营业部

负 责 人：许国其
电　　话：0311－86059626
地　　址：石家庄市广安大街10－1号美东国际A座二层
邮政编码：050011

石家庄建设南大街证券营业部

负 责 人：张文海
电　　话：0311－86100958
地　　址：石家庄市建设南大街80号
邮政编码：050021

石家庄联盟路证券营业部

负 责 人：孙国强
电　　话：0311－87784041
地　　址：石家庄联盟路239号
邮政编码：050061

石家庄平安北大街证券营业部

负 责 人：张　涛
电　　话：0311－88632308
地　　址：石家庄市平安北大街136号
邮政编码：050011

石家庄新华路证券营业部

负 责 人：谢海龙
电　　话：0311－66006216
地　　址：石家庄新华路199号
邮政编码：050000

石家庄育才街证券营业部

负 责 人：李卫民
电　　话：0311－86681480
地　　址：石家庄长安区育才街104号
邮政编码：050011

石家庄裕华路证券营业部

负 责 人：张万华
电　　话：0311－85062809
地　　址：石家庄裕华东路171号
邮政编码：050031

石家庄裕华西路证券营业部

负 责 人：高学新
电　　话：0311－87674444
地　　址：石家庄裕华西路73号

邮政编码：050000

石家庄自强路证券营业部

负 责 人：张爱民

电　　话：0311－86085920

地　　址：石家庄市自强路37号新时代大饭店A区

邮政编码：050000

唐山曹妃甸证券营业部

负 责 人：王杏改

电　　话：0315－8727019

地　　址：唐山唐海镇长丰路北段

邮政编码：063200

唐山车站路证券营业部

负 责 人：王立华

电　　话：0315－2819990

地　　址：唐山市路北区车站路169号

邮政编码：063000

唐山丰润区证券营业部

负 责 人：王　岩

电　　话：0315－7764679

地　　址：唐山市丰润区六小区康健街11号

邮政编码：063030

唐山华岩路证券营业部

负 责 人：杜文波

电　　话：0315－2829370

地　　址：唐山路北区新华西道北侧（华岩路22号）

邮政编码：063000

唐山龙泽路证券营业部

负 责 人：祖会来

电　　话：0315－2706507

地　　址：唐山市龙泽南路55号

邮政编码：063000

唐山翔云道证券营业部

负 责 人：郑雅军

电　　话：0315－2021698

地　　址：唐山市路北区翔云道6号

邮政编码：063000

唐山新华西道证券营业部

负 责 人：黄海涛

电　　话：0315－2856699

地　　址：唐山市新华西道110号网通大厦东裙楼

邮政编码：063000

天津江都路证券营业部

负 责 人：于书明

电　　话：022－24588666

地　　址：天津市河北区江都路鹤山里3号楼12－13门

邮政编码：300250

邢台郭守敬北路证券营业部

负 责 人：常亚辉

电　　话：0319－2212573

地　　址：邢台市郭守敬北路181号

邮政编码：054000

邢台西门里证券营业部

负 责 人：王　勇

电　　话：0319－3268999

地　　址：邢台市西门里二号

邮政编码：054001

张家口明德南街证券营业部

负 责 人：刘玉斗

电　　话：0313－8040328

地　　址：张家口市桥西区明德南街170号

邮政编码：075000

涿州东兴北街证券营业部

负 责 人：宋春来

电　　话：0312－3852912

地　　址：涿州市开发区东兴北街13号

邮政编码：072750

保定向阳南大街证券营业部定州证券服务部

负 责 人：李焱龙

电　　话：0312－2318615

地　　址：定州市清风北街

邮政编码：073000

保定向阳南大街证券营业部蠡县证券服务部

负 责 人：王卫杰

电　　话：0312－6566841

地　　址：保定市蠡县辛兴镇辛兴村银建农村信用合作社内

邮政编码：071400

沧州广场街证券营业部河间证券服务部

负 责 人：马　强

电　　话：0317－3234705

地　　址：河间市曙光东路

邮政编码：062450

沧州广场街证券营业部任丘证券服务部

负 责 人：杨自强
电　　话：0317－2211782
地　　址：任丘会战道采油工艺研究院
邮政编码：062552

沧州南北大街证券营业部泊头证券服务部

负 责 人：张书文
电　　话：0317－8188500
地　　址：泊头市裕华路149号
邮政编码：062150

沧州南北大街证券营业部河间证券服务部

负 责 人：王仁峰
电　　话：0317－3225878
地　　址：河间市曙光路建行一楼
邮政编码：062450

沧州南北大街证券营业部黄骅证券服务部

负 责 人：管　辉
电　　话：0317－5338557
地　　址：黄骅市中心路
邮政编码：061100

邯郸丛台路证券营业部峰峰矿区证券服务部

负 责 人：邱晨晓
电　　话：0310－5019722
地　　址：邯郸市峰峰矿区滏源堤路3号热力公司大楼
邮政编码：056200

邯郸丛台路证券营业部武安证券服务部

负 责 人：李彩霞
电　　话：0310－3136938
地　　址：邯郸市武安磁山镇刘庄市场18号楼
邮政编码：056300

邯郸复兴路证券营业部邯郸县证券服务部

负 责 人：赵　慧
电　　话：0310－8060005
地　　址：邯郸市邯郸县滏东大街城建小区临街2层楼门市
邮政编码：056001

邯郸复兴路证券营业部武安服务部

负 责 人：宋纯燕
电　　话：0310－4065213
地　　址：武安市新华大街1898号二层
邮政编码：056300

衡水人民东路证券营业部冀州证券服务部

负 责 人：阴素玉
电　　话：0318－8626679
地　　址：冀州市金鸡大街与和平路交叉口
邮政编码：053000

廊坊建设路证券营业部万庄证券服务部

负 责 人：刘艳辉
电　　话：0316－6011334
地　　址：廊坊市万庄石油文化路
邮政编码：065007

廊坊新华路证券营业部霸州证券服务部

负 责 人：高庆辉
电　　话：0316－7224818
地　　址：霸州市西环路农业银行北侧
邮政编码：065700

廊坊新华路营业部三河服务部

负 责 人：张　伟
电　　话：0316－3319853
地　　址：三河市燕郊102国道与迎宾南路交叉路口
邮政编码：065201

秦皇岛河北大街证券营业部昌黎证券服务部

负 责 人：董玉梅
电　　话：0335－2983824
地　　址：昌黎县昌黎镇民生街北段1号
邮政编码：066000

秦皇岛河北大街证券营业部抚宁证券服务部

负 责 人：宋学志
电　　话：0335－6681961
地　　址：秦皇岛市抚宁县迎宾路中段（光荣院对面）
邮政编码：066000

石家庄广安大街证券营业部石炼化证券服务部

负 责 人：梁志清
电　　话：0311－85163270
地　　址：藁城市丘头镇（石炼化生活区）
邮政编码：050000

石家庄华西路证券营业部磁县证券服务部

负 责 人：赵永刚
电　　话：0310－2395871
地　　址：磁县鼓楼区58－59号
邮政编码：056001

石家庄建设南大街证券营业部新乐证券服务部

负 责 人：成　勇

电　　话：0311－88586585
地　　址：新乐市新兴路108号
邮政编码：050700

石家庄联盟路证券营业部井陉矿区证券服务部
负 责 人：王　强
电　　话：0311－82087557
地　　址：井陉矿区矿市北街35号
邮政编码：050100

石家庄联盟路证券营业部开发区证券服务部
负 责 人：姜　毅
电　　话：0311－85389042
地　　址：石家庄开发区天山大街69号
邮政编码：050035

石家庄平安北大街证券营业部三河证券服务部
负 责 人：李　勇
电　　话：0316－3136810
地　　址：三河市昶友商城11号
邮政编码：065200

石家庄平安北大街证券营业部文安证券服务部
负 责 人：康　凯
电　　话：0316－5222444
地　　址：廊坊市文安县北环路文体局一楼
邮政编码：065800

石家庄平安北大街证券营业部晋州证券服务部
负 责 人：折建春
电　　话：0311－88632309
地　　址：晋州市向阳路57号
邮政编码：052260

石家庄平安北大街证券营业部井陉证券服务部
负 责 人：马　辉
电　　话：0311－82022817
地　　址：井陉县幸福中路新光大厦3楼
邮政编码：050300

石家庄平安北大街证券营业部鹿泉证券服务部
负 责 人：梁志强
电　　话：0311－88632258
负 责 人：鹿泉市向阳大街中段
邮政编码：050200

石家庄新华路证券营业部宁晋证券服务部
负 责 人：刘　玥
电　　话：0311－88632289
地　　址：宁晋县兴宁街43号
邮政编码：055550

石家庄育才街证券营业部无极证券服务部
负 责 人：张庆军
电　　话：0311－85583695
地　　址：无极市牛市街口
邮政编码：052460

石家庄裕华西路证券营业部元氏证券服务部
负 责 人：白康亮
电　　话：0311－84630250
地　　址：石家庄元氏县蟠龙路88号
邮政编码：051130

石家庄自强路证券营业部栾城证券服务部
负 责 人：尚双琴
电　　话：0311－85502511
地　　址：栾城县惠源路22号
邮政编码：051430

唐山车站路证券营业部迁安证券服务部
负 责 人：陈　旭
电　　话：0315－7624082
地　　址：唐山迁安市燕山大路31号
邮政编码：064400

唐山龙泽路证券营业部丰南证券服务部
负 责 人：孟宪双
电　　话：0315－8122388
地　　址：唐山市丰南区胥各庄镇胥新西里建设路与阜民街交叉口6号
邮政编码：063300

唐山龙泽路证券营业部南堡证券服务部
负 责 人：张成刚
电　　话：0315－8515545
地　　址：唐山市南堡开发区文明道北侧南源路东侧
邮政编码：063305

唐山翔云道证券营业部丰南证券服务部
负 责 人：李东友
电　　话：0315－8189682
地　　址：唐山市丰南区青年路145号
邮政编码：063300

唐山翔云道证券营业部丰润证券服务部
负 责 人：尹树良
电　　话：0315－5160995
地　　址：唐山市丰润区端广路20号
邮政编码：064000

唐山翔云道证券营业部开平证券服务部
负 责 人：冀金栋

电　　话：0315－3378186
地　　址：唐山市开平区新苑路74号
邮政编码：063300

唐山翔云道证券营业部乐亭证券服务部
负 责 人：张振华
电　　话：0315－4626778
地　　址：唐山市乐亭县城关大钊路63号
邮政编码：063600

唐山翔云道证券营业部遵化证券服务部
负 责 人：鲁志文
电　　话：0315－6623714
地　　址：遵化市建设南路2号
邮政编码：064200

唐山新华西道证券营业部古冶证券服务部
负 责 人：周　昊
电　　话：0315－3663983
地　　址：唐山市古冶区林西新林道23号
邮政编码：063100

邢台郭守敬北路证券营业部南和证券服务部
负 责 人：付明军
电　　话：0319－5526588
地　　址：邢台市南和县和阳大街8号
邮政编码：054400

邢台西门里证券营业部巨鹿证券服务部
负 责 人：高　强
电　　话：0319－4311350
地　　址：邢台市巨鹿县新华南街488号
邮政编码：055200

邢台西门里证券营业部沙河证券服务部
负 责 人：李双华
电　　话：0319－8818280
地　　址：沙河市建设路中段建设银行北第8号
邮政编码：054100

张家口明德南街证券营业部怀来证券服务部
负 责 人：李　莉
电　　话：0313－6230133
地　　址：怀来县沙城镇京张公路东大街北路6号
邮政编码：075400

涿州东兴北街证券营业部安国证券服务部
负 责 人：李保利
电　　话：0312－3596332
地　　址：安国市金融街77号
邮政编码：071200

涿州东兴北街证券营业部安新证券服务部
负 责 人：李朝阳
电　　话：0312－5333286
地　　址：安新县迎宾路11号
邮政编码：071600

涿州东兴北街证券营业部白沟证券服务部
负 责 人：杨　景
电　　话：0312－2898938
地　　址：高碑店市白沟镇友谊路98号
邮政编码：074004

涿州东兴北街证券营业部曲阳证券服务部
负 责 人：郭爱学
电　　话：0312－4214030
地　　址：保定市曲阳县正阳大街曲阳商城
邮政编码：073100

涿州东兴北街证券营业部易县证券服务部
负 责 人：平　丽
电　　话：0312－8226678
地　　址：易县金台西路67号
邮政编码：072400

河北保监局

中国人民财产保险股份有限公司河北省分公司
总 经 理：魏丙申
电　　话：0311－83033294
地　　址：石家庄市裕华西路83号
邮政编码：050081

中国人寿保险股份有限公司河北省分公司
总 经 理：赵旭光
电　　话：0311－95519
地　　址：石家庄市裕华西路18号
邮政编码：050051

中国大地财产保险股份有限公司河北分公司
总 经 理：董海波
电　　话：0311－85518811
地　　址：石家庄市裕华西路9号裕华西路裕园广场A座13楼
邮政编码：050000

中国出口信用保险公司河北分公司
总 经 理：谢志斌

电　　话：0311－85023966
地　　址：石家庄市联盟路707号中化大厦11层
邮政编码：050000

中华联合财产保险股份有限公司河北分公司
总 经 理：王树谦
电　　话：0311－85231969
地　　址：石家庄市裕华西路95号
邮政编码：050081

中国太平洋财产保险股份有限公司河北分公司
总 经 理：赵林增
电　　话：0311－88600999
地　　址：石家庄市广安大街36号
邮政编码：050011

中国太平洋人寿保险股份有限公司河北分公司
总 经 理：崔顺心
电　　话：0311－89256633
地　　址：石家庄市广安大街36号
邮政编码：050011

中国平安财产保险股份有限公司河北分公司
总 经 理：李保红
电　　话：0311－85522616
地　　址：石家庄市平安北大街28好银城大厦
邮政编码：050010

中国平安人寿保险股份有限公司河北分公司
总 经 理：吴　越
电　　话：0311－85923001
地　　址：石家庄市中山西路83号东方大厦
邮政编码：050000

新华人寿保险股份有限公司河北分公司
总 经 理：王立群
电　　话：0311－89185365
地　　址：石家庄市中山东路265号汇景国际
邮政编码：050061

泰康人寿保险股份有限公司河北分公司
总 经 理：刘永军
电　　话：0311－89659011
地　　址：石家庄市中华北大街50号军创国际大厦17层
邮政编码：050000

华泰财产保险股份有限公司河北省分公司
总 经 理：闫　平
电　　话：0311－86135279
地　　址：石家庄市槐安东路26号
邮政编码：050021

天安保险股份有限公司河北省分公司
总 经 理：冯新民
电　　话：0311－89695802
地　　址：石家庄市建设北大街228号东海国际
邮政编码：050000

华安财产保险股份有限公司河北分公司
总 经 理：李　淼
电　　话：0311－85216862
地　　址：石家庄市体育南大街262号
邮政编码：050021

永安财产保险股份有限公司河北分公司
总 经 理：王　新
电　　话：0311－86957677
地　　址：石家庄市中山西路83号东方大厦10层
邮政编码：050000

太平财产保险股份有限河北分公司
总 经 理：薛宝华
电　　话：0311－85519373
地　　址：石家庄市中山西路188号
邮政编码：050011

太平人寿保险有限公司河北分公司
总 经 理：冯堂平
电　　话：0311－85519999
地　　址：石家庄市中山西路188号
邮政编码：050011

信诚人寿保险有限公司河北省分公司
总 经 理：姜宏维
电　　话：0311－86217898
地　　址：石家庄市建设大街6号西美大厦6层
邮政编码：050011

民安保险（中国）有限公司河北分公司
总 经 理：张学清
电　　话：0311－85366608
地　　址：石家庄市中华大街50号军创商务大厦20楼
邮政编码：050000

中银保险有限公司河北分公司
总 经 理：李　跃

电　　话：0311－89627853
地　　址：石家庄市建华南大街78号
邮政编码：050031

中英人寿保险有限公司河北分公司

总 经 理：吴　军
电　　话：0311－86698800
地　　址：石家庄市育才街56号九派大厦23层
邮政编码：050011

海康人寿保险有限公司河北分公司

总 经 理：田　苗
电　　话：0311－85864868
地　　址：石家庄市中华北大街50号1104室
邮政编码：050000

民生人寿保险股份有限公司河北分公司

总 经 理：杜书海
电　　话：0311－66602020
地　　址：石家庄市自强路35号庄家金融大厦
邮政编码：050000

生命人寿保险股份有限公司河北分公司

总 经 理：邓明远
电　　话：0311－89626666
地　　址：石家庄市建设南大街163号河北农信大厦17层
邮政编码：050000

永诚财产保险股份有限公司河北分公司

总 经 理：孙增产
电　　话：0311－89619888
地　　址：石家庄市广安大街10号美东国际A座
邮政编码：050000

安邦财产保险股份有限公司河北分公司

总 经 理：周　杰
电　　话：0311－85367953
地　　址：石家庄市中山东路322号开元大厦
邮政编码：050000

平安养老保险股份有限公司河北分公司

总 经 理：安　松
电　　话：0311－85923987
地　　址：石家庄市中山西路83号东方大厦13层
邮政编码：050000

合众人寿保险股份有限公司河北分公司

总 经 理：于振东
电　　话：0311－85029898
地　　址：石家庄中山西路83号东方大厦
邮政编码：050000

天平汽车保险股份有限公司河北分公司

总 经 理：柳艺云
电　　话：0311－85519166
地　　址：石家庄市谈南路6号汇景国际5好商务楼4层
邮政编码：050000

中国人民健康保险股份有限公司河北分公司

总 经 理：姚仲坚
电　　话：0311－89693869
地　　址：石家庄市中华北大街57号财富汇商务楼
邮政编码：050000

信泰人寿保险股份有限公司河北分公司

总 经 理：俞力军
电　　话：0311－89103511
地　　址：石家庄市中山西路83号东方大厦11层
邮政编码：050000

嘉禾人寿保险股份有限公司河北分公司

总 经 理：乔　亮
电　　话：0311－86670055
地　　址：石家庄市中山东路303号世贸广场11层
邮政编码：050011

阳光财产保险股份有限公司河北省分公司

总 经 理：邓　可
电　　话：0311－86955600
地　　址：石家庄市南小街9号
邮政编码：050000

长城人寿保险股份有限公司河北分公司

总 经 理：范少国
电　　话：0311－85368908
地　　址：石家庄市中华北大街50号军创国际
邮政编码：050000

都邦财产保险股份有限公司河北分公司

总 经 理：魏　宏

电　　话：0311－85956872
地　　址：石家庄市育才街56号
邮政编码：050051

渤海财产保险股份有限公司河北分公司

总 经 理：石海波
电　　话：0311－89165230
地　　址：石家庄市友谊南大街122号
邮政编码：050091

中国人民人寿保险股份有限公司河北省分公司

总 经 理：孙大震
电　　话：0311－85298905
地　　址：石家庄市新华路199号华海环球广场16层
邮政编码：050000

国华人寿保险股份有限公司河北分公司

总 经 理：张晓桐
电　　话：0311－89108125
地　　址：石家庄市长安区育才街56号九派大厦
邮政编码：050000

阳光人寿保险股份有限公司河北分公司

总 经 理：张新升
电　　话：0311－89263583
地　　址：石家庄市康乐街8号尚德国际大厦二楼
邮政编码：050000

百年人寿保险股份有限公司河北分公司

总 经 理：吴勇刚
电　　话：0311－89168669
地　　址：石家庄市中山西路48号华银大厦
邮政编码：050000

国家开发银行

国家开发银行股份有限公司河北省分行

行　　长：王力红
电　　话：0311－85288296
地　　址：石市裕华西路9号裕园广场B座
邮政编码：050051

中国农业发展银行

中国农业发展银行河北省分行

行　　长：李　玉
电　　话：0311－83803441
地　　址：石家庄市中华南大街216号
邮政编码：050056

中国农业发展银行河北省分行营业部

总 经 理：徐凯得
电　　话：0311－86986939
地　　址：石家庄市平安南大街25号
邮政编码：050011

辛集市支行

行　　长：田桂军
电　　话：0311－85398986
地　　址：辛集市市北区市府大街南侧文昌路东
邮政编码：052360

晋州市支行

行　　长：刘振良
电　　话：0311－84336878
地　　址：晋州市向阳街65号
邮政编码：052260

深泽县支行

副 行 长：李秀英（女）（主持工作）
电　　话：0311－83525862
地　　址：深泽县西苑街
邮政编码：052560

无极县支行

行　　长：刘根聚
电　　话：0311－85577717
地　　址：无极县城内花园东路57号
邮政编码：052460

藁城市支行

行　　长：杨军梅（女）
电　　话：0311－88193006
地　　址：藁城市四明街南头路东
邮政编码：052160

赵县支行

副 行 长：郭瑞珩（主持工作）
电　　话：0311－84921216

地　　址：赵县北二环中段路南
邮政编码：051530

栾城县支行

行　　长：孟翠娟（女）
电　　话：0311－88033785
地　　址：栾城县中心路49号
邮政编码：051430

正定县支行

行　　长：陈俊海
电　　话：0311－88022209
地　　址：正定县常山东路11号
邮政编码：050800

新乐市支行

行　　长：张贵兵
电　　话：0311－88653917
地　　址：新乐市新开西路158号
邮政编码：050700

高邑县支行

行　　长：冯玉英（女）
电　　话：0311－84032386
地　　址：高邑县凤中路100号
邮政编码：051330

元氏县支行

副 行 长：王同进（主持工作）
电　　话：0311－84638908
地　　址：元氏县人民路61号
邮政编码：051130

赞皇县支行

行　　长：刘晓红（女）
电　　话：0311－84221697
地　　址：赞皇县盛贸路107号
邮政编码：051230

井陉县支行

行　　长：杜建日
电　　话：0311－82037186
地　　址：井陉县城建设南路军民街1号
邮政编码：050300

鹿泉市支行

行　　长：李月敏（女）
电　　话：0311－82182793
地　　址：鹿泉市顺城关99号
邮政编码：050200

平山县支行

行　　长：崔力军
电　　话：0311－82943158
地　　址：平山县柏坡东路212号
邮政编码：050400

灵寿县支行

行　　长：杨矛盾
电　　话：0311－82963979
地　　址：灵寿县北环东路10号
邮政编码：050500

行唐县支行

行　　长：康建永
电　　话：0311－82986733
地　　址：行唐县香港路83号
邮政编码：050600

中国农业发展银行承德分行

行　　长：宋振民
电　　话：0314－2188038
地　　址：承德市开发区东区大石庙镇庄头营村
邮政编码：067000

承德分行营业部

主　　任：肖瑞琦
电　　话：0314－2191070
地　　址：承德市开发区东区大石庙镇庄头营村
邮政编码：067000

围场满族蒙古族自治县支行

行　　长：曲志强
电　　话：0314－7518882
地　　址：河北省围场县围场镇木兰中路154号
邮政编码：068450

丰宁满族自治县支行

行　　长：苑成森
电　　话：0314－8013560
地　　址：河北省丰宁县大阁镇宁丰路乙315号
邮政编码：068350

隆化县支行

行　　长：尹林奎
电　　话：0314－7063904
地　　址：河北省隆化县隆化镇苔山路165号
邮政编码：068150

滦平县支行

行　　长：王向军
电　　话：0314－8582001
地　　址：河北省滦平县滦平镇新建路西段北侧58号
邮政编码：068250

兴隆县支行

行　　长：杜　欣
电　　话：0314－5059677
地　　址：河北省兴隆县兴隆镇东区
邮政编码：067300

平泉县支行

行　　长：徐树元
电　　话：0314－6029496
地　　址：河北省平泉县平泉镇双桥街467号
邮政编码：067500

宽城满族自治县支行

行　　长：陈　宏
电　　话：0314－6636666
地　　址：河北省宽城县宽城镇西街
邮政编码：067600

承德县支行

行　　长：刘　健
电　　话：0314－3011846
地　　址：河北省承德县下板城老街
邮政编码：067400

中国农业发展银行张家口分行

行　　长：张国栋
电　　话：0313－8083666
地　　址：张家口市桥西区新华前街158号
邮政编码：075000

蔚县支行

行　　长：任慧忠
电　　话：0313－7013339
地　　址：蔚州镇前进路光明西街2号
邮政编码：075700

阳原县支行

行　　长：王　书
电　　话：0313－7512972
地　　址：阳原县西城镇昌盛东街9号
邮政编码：075800

怀来县支行

行　　长：高向阳
电　　话：0313－6223168
地　　址：怀来县沙城镇西坑街19号
邮政编码：075400

涿鹿县支行

行　　长：魏晓明
电　　话：0313－6521859
地　　址：涿鹿县金融街4号
邮政编码：075600

怀安县支行

行　　长：涂延彬
电　　话：0313－7818543
地　　址：怀安县柴沟堡镇南大街2号
邮政编码：076150

万全县支行

行　　长：孙志强
电　　话：0313－4222393
地　　址：万全县孔家庄镇建设路8号
邮政编码：076250

赤城县支行

行　　长：杨益斐
电　　话：0313－6312462
地　　址：赤城县赤城镇南河沿街18号楼
邮政编码：075500

张北县支行

行　　长：刘全伶
电　　话：0313－5223840
地　　址：张北县永春南街兴和路260号
邮政编码：076450

康保县支行

行　　长：张振林
电　　话：0313－5530118
地　　址：康保县迎宾路西
邮政编码：076650

沽源县支行

行　　长：安传刚
电　　话：0313－5821088
地　　址：沽源县平定堡镇桥东大街
邮政编码：076550

尚义县支行

行　　长：石巧荣
电　　话：0313－4324495
地　　址：尚义县安宁街
邮政编码：076750

崇礼县支行
行　　长：申万山
电　　话：0313－4617668
地　　址：崇礼县西湾子镇长青路7号
邮政编码：076350

宣化区支行
行　　长：张俊峰
电　　话：0313－3027285
地　　址：宣化区米市街小官沟7号
邮政编码：075100

张家口分行营业部
经　　理：张铭庆
电　　话：0313－8055018
地　　址：张家口市桥西区新华前街158号
邮政编码：075000

中国农业发展银行秦皇岛分行

行　　长：刘尔愚
电　　话：0335－3066190
地　　址：秦皇岛市海港区燕山大街370号
邮政编码：066000

秦皇岛分行营业部
经　　理：李永平
电　　话：0335－3660929
地　　址：秦皇岛市燕山大街370号
邮政编码：066000

抚宁县支行
行　　长：祖秉弟
电　　话：0335－6684838
地　　址：抚宁县健康大街316号
邮政编码：066300

昌黎县支行
行　　长：檀新民
电　　话：0335－2981744
地　　址：昌黎县城关镇三街东山小区500号
邮政编码：066600

卢龙县支行
副 行 长：聂　磊（主持工作）
电　　话：0335－7012052
地　　址：卢龙县城关镇东环路12号
邮政编码：066400

青龙满族自治县支行
行　　长：徐东伟
电　　话：0335－7865002
地　　址：青龙县青龙镇燕山路东段
邮政编码：066500

中国农业发展银行唐山分行

行　　长：张春生
电　　话：0315－2221612
地　　址：唐山市新华西道69号
邮政编码：063004

唐山分行营业部
行　　长：刘立中
电　　话：0315－2223445
地　　址：唐山市新华西道69号
邮政编码：063004

丰润区支行
行　　长：张亚军
电　　话：0315－5192005
地　　址：唐山丰润区唐丰路159号
邮政编码：064000

丰南区支行
行　　长：刘海文
电　　话：0315－8126942
地　　址：唐山市丰南区青年路11号
邮政编码：063300

滦县支行
行　　长：皮俊清
电　　话：0315－7163937
地　　址：滦县新城燕山北大街30号
邮政编码：063700

滦南县支行
行　　长：商志海
电　　话：0315－4168492
地　　址：滦南县奔城镇电厂路
邮政编码：063500

乐亭县支行
行　　长：高继敏
电　　话：0315－4632400
地　　址：乐亭县城平大路116号
邮政编码：063600

迁安市支行
行　　长：金品杰
电　　话：0315－7619614
地　　址：河北省迁安市惠宁大街1897号
邮政编码：064400

迁西县支行

行　　长：王立军

电　　话：5669630

地　　址：迁西县城关喜丰路北段西侧

邮政编码：064300

遵化市支行

行　　长：沈庆利

电　　话：0315－6638636

地　　址：河北省遵化市苏家洼镇马家洼村公路东测

邮政编码：064200

玉田县支行

行　　长：夏连义

电　　话：6185003（可报单位对外电话）

地　　址：玉田县无终西街1506号

邮政编码：064100

唐海县支行

行　　长：张晓丹

电　　话：03158712304（单位对外电话）

地　　址：唐海县城关垦丰大街10号

邮政编码：063200

古冶区支行

行　　长：贾国璋

电　　话：3251545

地　　址：唐山市古冶区唐家庄震兴道

邮政编码：063100

中国农业发展银行廊坊分行

行　　长：徐　磊

电　　话：0316－2332205

地　　址：廊坊市爱民东道35号

邮政编码：065000

三河市支行

行　　长：孙浩然

电　　话：0316－3112995

地　　址：三河市开发区

邮政编码：065200

大厂县支行

行　　长：陈雁林

电　　话：0316－8826256

地　　址：大厂县城北大街14号

邮政编码：065400

香河县支行

行　　长：苏亚军

电　　话：0316－8336235

地　　址：香河县城淑阳大街3号

邮政编码：065400

永清县支行

副 行 长：陈书龙（主持工作）

电　　话：0316－6680175

地　　址：永清县城会昌大街167号

邮政编码：065600

固安县支行

行　　长：徐英杰

电　　话：0316－6190128

地　　址：固安县城新昌街

邮政编码：065500

霸州市支行

行　　长：刘兴文

电　　话：0316－7213614

地　　址：霸州市106国道开发区段东侧

邮政编码：065700

文安县支行

行　　长：林瑞卿

电　　话：0316－5238216

地　　址：文安县城西大街

邮政编码：065800

大城县支行

行　　长：郭立秋

电　　话：0316－5509803

地　　址：大城县城新华西街91号

邮政编码：065400

安次区支行

行　　长：李振水

电　　话：0316－2362058

地　　址：廊坊市顺安道200号德仁永兴苑7号楼

邮政编码：065000

中国农业发展银行保定分行

行　　长：张洪泽

电　　话：0312－3310188

地　　址：保定市五四西路126号

邮政编码：071051

保定分行营业部

经　　理：郝自然

电　　话：0312－3310258

地　　址：保定市五四西路126号

邮政编码：071051

定州市支行

行　　长：张子军

电　　话：0312－2327931

地　　址：定州市中兴西路4号

邮政编码：073000

高碑店市支行

行　　长：王林峰

电　　话：0312－2801835

地　　址：高碑店市迎宾路215号

邮政编码：074000

涿州市支行

行　　长：李保刚

电　　话：0312－3853386

地　　址：涿州市开发区平安北街85号

邮政编码：072750

易县支行

行　　长：谷小飞

电　　话：0312－8226918

地　　址：易县阳元南街55号

邮政编码：074200

涞源县支行

行　　长：闫文运

电　　话：0312－7325432

地　　址：涞源县中心路

邮政编码：074300

保定分行曲阳县办事处

主　　任：杨跃龙

电　　话：0312－4288008

地　　址：曲阳县恒山中路

邮政编码：073100

保定分行高阳县办事处

主　　任：杨春艳

电　　话：0312－6635155

地　　址：高阳县东王路25号

邮政编码：071500

保定分行容城县办事处

主　　任：平　浩

电　　话：0312－5611281

地　　址：容城县西城路32号

邮政编码：071700

雄县支行

行　　长：张建波

电　　话：0312－5818720

地　　址：雄县铃铛阁大街249号

邮政编码：071800

唐县支行

行　　长：朱同如

电　　话：0312－6413407

地　　址：唐县中山路北大街

邮政编码：072350

涞水县支行

行　　长：刘永胜

电　　话：0312－4531667

地　　址：涞水县府前街185号

邮政编码：074100

顺平县支行

行　　长：刘贵森

电　　话：0312－7622666

地　　址：顺平县幸福街（原建行办公楼）

邮政编码：072250

安新县支行

副 行 长：董　浩（主持工作）

电　　话：0312－5330985

地　　址：安新县城雁翎路

邮政编码：071600

蠡县支行

行　　长：姜玉良

电　　话：0312－6215875

地　　址：蠡县永盛南大街

邮政编码：071400

定兴县支行

行　　长：田　华

电　　话：0312－6915068

地　　址：定兴县南大街

邮政编码：072650

徐水县支行

副 行 长：罗增龙（主持工作）

电　　话：0312－8681698

地　　址：徐水县振兴西路农业发展银行

邮政编码：072550

满城县支行

副 行 长：黄军昌（主持工作）

电　　话：0312－7160005

地　　址：满城县中山东路12号

邮政编码：072150

安国市支行

行　　长：程兆峰

电　　话：0312－3518236

地　　址：安国市药华大路155号

邮政编码：071200

博野县支行

行　　长：田红军

电　　话：0312－8327587

地　　址：博野县博陵西路89号

邮政编码：071300

望都县支行

行　　长：霍国英

电　　话：0312－7731005

地　　址：望都县富强街32号

邮政编码：072450

清苑县支行

行　　长：许顺城

电　　话：0312－5800181

地　　址：清苑北路368号

邮政编码：071100

阜平县支行

副 行 长：祁　智（主持工作）

电　　话：0312－7223754

地　　址：阜平县城东寺大街76号

邮政编码：073200

中国农业发展银行沧州分行

行　　长：梁书晓

电　　话：0317－2031994

地　　址：河北省沧州市御河路5号

邮政编码：061001

河间市支行

行　　长：哈宝山

电　　话：0317－3658204

地　　址：河北省河间市城苑西路

邮政编码：062450

任丘市支行

行　　长：刘世军

电　　话：0317－2257575

地　　址：河北省任丘市裕华路市场街77号

邮政编码：062550

海兴县支行

行　　长：刘建洋

电　　话：0317－6616526

地　　址：河北省海兴县兴融街

邮政编码：061200

献县支行

行　　长：张振田

电　　话：0317－4624906

地　　址：河北省献县本斋路

邮政编码：062250

吴桥县支行

副 行 长：王宗耀

电　　话：0317－7360266

地　　址：河北省吴桥县桑园镇钱塘江路4号

邮政编码：061800

东光县支行

行　　长：王国锋

电　　话：0317－7726001

地　　址：河北省东光县邮政路

邮政编码：061600

泊头市支行

行　　长：孙吉湘

电　　话：0317－8285478

地　　址：河北省泊头市建设街

邮政编码：062150

青县支行

行　　长：陈有权

电　　话：0317－4021517

地　　址：河北省青县新华西路

邮政编码：062650

孟村县支行

副 行 长：王福达（主持工作）

电　　话：0317－6722611

地　　址：河北省孟村县建设大街

邮政编码：061400

肃宁县支行

行　　长：路兰俊

电　　话：0317－5030583

地　　址：河北省肃宁县石坊东路18号

邮政编码：062350

盐山县支行

行　　长：张建新

电　　话：0317－6221053

地　　址：河北省盐山县东环路

邮政编码：061300

黄骅市支行

行　　长：杨国强

电　　话：0317－5313318

地　　址：河北省黄骅市建设大街

邮政编码：061100

南皮县支行

行　　长：刘　青

电　　话：0317－8854204

地　　址：河北省南皮县安顺南路

邮政编码：061500

沧县支行

行　　长：臧国胜

电　　话：0317－3578232

地　　址：河北省沧州市黄河东路69号

邮政编码：061000

沧州分行营业室

主　　任：韩云庆

电　　话：0317－2014397

地　　址：河北省沧州市御河路5号

邮政编码：061001

中国农业发展银行衡水分行

行　　长：康宗琪

电　　话：0318－2698910

地　　址：衡水市永兴西路519号

邮政编码：053000

衡水分行营业部

经　　理：谷红岩

电　　话：0318－2122515

地　　址：衡水市永兴西路519号

邮政编码：053000

冀州市支行

行　　长：刘东山

电　　话：0318－8617561

地　　址：冀州市富宁西路101号

邮政编码：053200

枣强县支行

副 行 长：刘泽栋（主持工作）

电　　话：0318－8224041

地　　址：枣强县新华西街50号

邮政编码：053100

武邑县支行

行　　长：王凤廷

电　　话：0318－5714053

地　　址：武邑县建设东路6号

邮政编码：053400

深州市支行

行　　长：耿志明

电　　话：0318－3310532

地　　址：深州市黄河西路23号

邮政编码：053800

武强县支行

行　　长：齐　亮

电　　话：0318－3825967

地　　址：武强县体育街西头131号

邮政编码：053300

饶阳县支行

行　　长：崔艳欣

电　　话：0318－7220866

地　　址：饶阳县繁荣北街16号

邮政编码：053900

安平县支行

行　　长：齐春领

电　　话：0318－7526455

地　　址：安平县红旗大街1号

邮政编码：053600

故城县支行

行　　长：张松坡

电　　话：0318－5327241

地　　址：故城县郑口镇新开区工业路西首南侧

邮政编码：253800

景县支行

行　　长：宋广胜

电　　话：0318－4227106

地　　址：景县景安大街122号

邮政编码：053500

阜城县支行

副 行 长：张　杰（主持工作）

电　　话：0318－4625413

地　　址：阜城县富强东路32号

邮政编码：053700

中国农业发展银行邢台分行

行　　长：周　明

电　　话：0319－3891901

地　　址：邢台市邢州北路186号

邮政编码：054001

邢台县支行
行　　长：邱瑞乾
电　　话：0319－2661576
地　　址：邢台市冶金南路202号
邮政编码：054000

沙河市支行
行　　长：张金平
电　　话：0319－8702851
地　　址：沙河市京广路196号
邮政编码：054100

临城县支行
行　　长：赵凤栓
电　　话：0319－7166288
地　　址：临城县临城镇临泉路48号
邮政编码：054300

内邱县支行
行　　长：郭庆军
电　　话：0319－6865369
地　　址：内丘县振兴东路89号
邮政编码：054200

柏乡县支行
行　　长：霍学斌
电　　话：0319－7723569
地　　址：柏乡县柏山路西侧
邮政编码：055450

隆尧县支行
行　　长：刘文菲
电　　话：0319－6667968
地　　址：隆尧县康庄路64号
邮政编码：055350

任县支行
行　　长：张占民
电　　话：0319－7715836
地　　址：任县任城镇光明街45号
邮政编码：055150

南和县支行
行　　长：白继军
电　　话：0319－4568568
地　　址：南和县河阳大街西段
邮政编码：054400

南宫市支行
行　　长：赵树台
电　　话：0319－5229792
地　　址：南宫市育才南路东侧
邮政编码：055750

巨鹿县支行
行　　长：石建国
电　　话：0319－4336329
地　　址：巨鹿县魏征北街
邮政编码：055250

广宗县支行
行　　长：顾瑞敏
电　　话：0319－7219890
地　　址：广宗县光明街81号
邮政编码：054600

平乡县支行
行　　长：马现夺
电　　话：0319－7860980
地　　址：平乡县丰州镇人民路西段
邮政编码：054500

威县支行
行　　长：周增群
电　　话：0319－6167015
地　　址：威县洺水东路16号
邮政编码：054700

清河县支行
行　　长：王一峨
电　　话：0319－8299861
地　　址：清河县淦阳街
邮政编码：054800

宁晋县支行
行　　长：柳焕申
电　　话：00319－5802718
地　　址：宁晋县西城区308国道北侧
邮政编码：055550

新河县支行
行　　长：常桂英
电　　话：0319－4755810
地　　址：新河县振堂路西段
邮政编码：055650

临西县支行
行　　长：王英戈
电　　话：0319－8565959
地　　址：临西县泰山路
邮政编码：054900

邢台分行营业部
主　　任：郭布华

电　　话：0319－3891979
地　　址：邢台市邢州北路186号
邮政编码：054001

中国农业发展银行邯郸分行

行　　长：刘献奎
电　　话：0310－6268081
地　　址：邯郸市人民东路340号
邮政编码：056002

市分行营业部

经　　理：张红奎
电　　话：0310－6268040
地　　址：邯郸市人民东路340号
邮政编码：056002

邯郸县支行

行　　长：白武林
电　　话：0310－8030017
地　　址：邯郸市雪驰路7号
邮政编码：056005

成安县支行

行　　长：任振鹏
电　　话：0310－7285070
地　　址：成安县富康北大街3号
邮政编码：056700

磁县支行

行　　长：申峥嵘
电　　话：0310－2336806
地　　址：磁县磁州路东段南侧258号
邮政编码：056500

大名县支行

行　　长：晋林海
电　　话：0310－6566978
地　　址：大名县迎宾大街西段路南
邮政编码：056900

肥乡县支行

行　　长：李　勇
电　　话：0310－8557576
地　　址：肥乡县建设街西段与井堂路交叉口
邮政编码：057550

馆陶县支行

行　　长：夏西民
电　　话：0310－2831978
地　　址：馆陶县新华街与文卫街交叉口东南角
邮政编码：057750

广平县支行

行　　长：段保红
电　　话：0310－2524714
地　　址：广平县人民路东段
邮政编码：057650

鸡泽县支行

行　　长：郭延信
电　　话：0310－7525351
地　　址：鸡泽县中长街129号
邮政编码：057350

临漳县支行

行　　长：崔瑞春
电　　话：0310－7866795
地　　址：临漳县城东门北大街
邮政编码：056600

邱县支行

行　　长：李秋菊
电　　话：0310－8359990
地　　址：邱县东方路中段西侧街
邮政编码：057450

曲周县支行

行　　长：陈连印
电　　话：0310－8816921
地　　址：曲周县曲周镇南一环西段路南
邮政编码：057250

涉县支行

副 行 长：杨凤平（主持工作）
电　　话：0310－3828443
地　　址：涉县振兴路238号
邮政编码：056400

魏县支行

副 行 长：刘吴增（主持工作）
电　　话：0310－3506070
地　　址：魏县龙乡街路东
邮政编码：056800

武安市支行

副 行 长：郭青山（主持工作）
电　　话：0310－5661841
地　　址：武安市中兴路1322号
邮政编码：056300

永年县支行

行　　长：安静超

电　　话：0310－6828380
地　　址：永年县迎宾大道东大街3号
邮政编码：057150

峰峰矿区支行

行　　长：张堂富
电　　话：0310－5165793
地　　址：峰峰矿区滏阳东路76号
邮政编码：056200

中国工商银行股份有限公司

中国工商银行河北省分行

行　　长：黄纪宪
电　　话：0311－66001888
地　　址：石家庄市中山西路188号
邮政编码：050051

河北省分行营业部

总 经 理：李金辉
电　　话：0311－86028447
地　　址：石家庄市平安南大街113号
邮政编码：050021

石家庄桥东支行

行　　长：朱建素
电　　话：0311－86032612
地　　址：石家庄市裕华东路7号
邮政编码：050000

石家庄桥西支行

副 行 长：马　丽
电　　话：0311－87022784
地　　址：石家庄市中山西路123号
邮政编码：050000

石家庄长安支行

行　　长：李宏伟
电　　话：0311－86038143
地　　址：石家庄市中山东路180号
邮政编码：050011

石家庄中华支行

行　　长：苌志敏
电　　话：0311－83813180
地　　址：石家庄市中华南大街172号
邮政编码：050000

石家庄和平支行

副 行 长：侯惠艳（主持工作）
电　　话：0311－86070055
地　　址：石家庄市广安街77号
邮政编码：050000

石家庄车站支行

行　　长：马小柱
电　　话：0311－87026810
地　　址：石家庄市自强东路13号
邮政编码：050000

石家庄石岗支行

行　　长：高云峰
电　　话：0311－87063949
地　　址：石家庄市中华北大街138号
邮政编码：050061

石家庄开发区支行

副 行 长：安建国（主持工作）
电　　话：0311－83815054
地　　址：石家庄市红旗大街199号
邮政编码：050091

石家庄西苑支行

行　　长：赵国辉
电　　话：0311－83622813
地　　址：石家庄市友谊北大街51号
邮政编码：050051

石家庄裕华支行

行　　长：申振军
电　　话：0311－85115720
地　　址：石家庄市裕华东路98号
邮政编码：050011

石家庄建华支行

行　　长：于鹿安
电　　话：0311－85087568
地　　址：石家庄市建华北大街21号
邮政编码：050031

石家庄石化支行

副 行 长：王　英（主持工作）
电　　话：0311－85161094
地　　址：石家庄市炼油厂第二生活区
邮政编码：050032

石家庄石正支行

行　　长：王彦杰
电　　话：0311－86830144
地　　址：石家庄市四水厂路14号
邮政编码：050041

石家庄建南支行
行　　长：刘　燕
电　　话：0311－85088640
地　　址：石家庄市建华南大街161号
邮政编码：050031

石家庄矿区支行
行　　长：康建坤
电　　话：0311－82072599
地　　址：井陉矿区中纬西路4号
邮政编码：050100

石家庄东风支行
行　　长：苌志军
电　　话：0311－86028734
地　　址：石家庄市平安南大街113号
邮政编码：050021

石家庄光明支行
行　　长：杨　涛
电　　话：0311－83992647
地　　址：石家庄市裕华西路475号
邮政编码：050091

石家庄胜利支行
行　　长：杨同庄
电　　话：0311－85829798
地　　址：石家庄市裕华东路98号
邮政编码：050021

石家庄新华支行
行　　长：何春喜
电　　话：0311－87886473
地　　址：石家庄市新华路355号
邮政编码：050051

石家庄建设支行
行　　长：闫孟军
电　　话：0311－8603123
地　　址：石家庄市建设南大街36号
邮政编码：050011

石家庄高新支行
行　　长：王　勇
电　　话：0311－85267605
地　　址：石家庄市东开发区黄河大道99号
邮政编码：050035

鹿泉支行
副 行 长：王国强
电　　话：0311－82012882
地　　址：河北省鹿泉市龙泉路31号
邮政编码：050200

井陉支行
行　　长：杨相忠
电　　话：0311－82022264
地　　址：河北省井陉县建设南路10号
邮政编码：050300

元氏支行
行　　长：李英进
电　　话：0311－84608160
地　　址：河北省元氏县文化路中段
邮政编码：051130

赵县支行
副 行 长：曹瑞花（主持工作）
电　　话：0311－84941412
地　　址：河北省赵州镇永通路82号
邮政编码：051530

栾城支行
行　　长：刘国军
电　　话：0311－88031181
地　　址：河北省栾城县大桥路48号
邮政编码：051430

晋州支行
行　　长：李保庭
电　　话：0311－84322100
地　　址：河北省晋州市中兴街东6号
邮政编码：052260

正定支行
行　　长：李银福
电　　话：0311－88026673
地　　址：河北省正定县恒州南街41号
邮政编码：050800

平山支行
行　　长：秘靖江
电　　话：0311－82911677
地　　址：河北省平山县建设北大街3号
邮政编码：050400

辛集支行
行　　长：贾玉红
电　　话：0311－83224691
地　　址：河北省辛集市西华路南段1号
邮政编码：052360

藁城支行
行　　长：王津生

电　　话：0311－88159722
地　　址：河北省藁城市胜利路20号
邮政编码：052160

灵寿支行

副 行 长：唐力强（主持工作）
电　　话：0311－82521516
地　　址：河北省灵寿镇人民东路2号
邮政编码：050500

深泽支行

行　　长：梁振泽
电　　话：0311－83522438
地　　址：河北省深泽县石油街中段
邮政编码：052560

无极支行

书　　记：孙石峰
电　　话：0311－85571161
地　　址：河北省无极县光明南街7号
邮政编码：052460

新乐支行

行　　长：刘振杰
电　　话：0311－88581863
地　　址：河北省新乐市长寿路15号
邮政编码：050700

赞皇支行

行　　长：郭　剑
电　　话：0311－84221451
地　　址：河北省赞皇槐泉东路138号
邮政编码：051230

高邑支行

行　　长：郭振东
电　　话：0311－84031570
地　　址：河北省高邑县凤中路314号
邮政编码：051330

行唐支行

行　　长：訾　勇
电　　话：0311－82981622
地　　址：河北省行唐县龙州镇玉城大街23号
邮政编码：050600

中国工商银行承德分行

行　　长：王爱东
电　　话：0314－2024841
地　　址：承德市西大街26号
邮政编码：067000

汇通支行

行　　长：王文福
电　　话：0314－2282399
地　　址：承德市西大街26号
邮政编码：067000

太平桥支行

行　　长：王　贤
电　　话：0314－2034789
地　　址：承德市东大街5号
邮政编码：067000

山庄支行

行　　长：金连铁
电　　话：0314－2188998
地　　址：承德市西大街双柳小区16号楼
邮政编码：067000

热河支行

行　　长：陈广云
电　　话：0314－2078080
地　　址：承德市南营子大街路西16号
邮政编码：067000

开发区支行

副 行 长：李国喜
电　　话：0314－2120393
地　　址：承德市开发区创业中心楼
邮政编码：067000

双滦支行

行　　长：王　庆
电　　话：0314－4314051
地　　址：承德市双滦区滦河镇承钢宾馆对过
邮政编码：067002

鹰手营子支行

副 行 长：王晓光
电　　话：0314－5010288
地　　址：承德市鹰手营子大街67号
邮政编码：067200

滦平县支行

行　　长：刘凤江
电　　话：0314－8583530
地　　址：河北省滦平县滦平镇北大街168号
邮政编码：068250

隆化支行

副 行 长：杨兴和
电　　话：0314－7063158
地　　址：河北省隆化县隆化镇安洲街1号
邮政编码：068150

承德县支行

行　　长：王晓伟
电　　话：0314－3011752
地　　址：河北省承德县下板城镇珠源路
邮政编码：067400

围场支行

行　　长：常玉国
电　　话：0314－7514224
地　　址：河北省围场满族蒙古族自治县伊逊路240号
邮政编码：068450

平泉县支行

行　　长：梁忠武
电　　话：0314－6022496
地　　址：河北省平泉县平泉镇双桥街45号
邮政编码：067500

丰宁县支行

行　　长：宋立新
电　　话：0314－8012508
地　　址：河北省丰宁满族自治县大阁镇
邮政编码：068350

兴隆县支行

行　　长：李延林
电　　话：0314－5053379
地　　址：河北省兴隆县兴隆镇东大街路北132号
邮政编码：067300

宽城县支行

行　　长：赵树生
电　　话：0314－5729999
地　　址：河北省宽城满族自治县宽城镇民族街390号
邮政编码：067600

中国工商银行张家口分行

行　　长：赵吉国
电　　话：0313－2087945
地　　址：张家口市建国路副4号
邮政编码：075000

桥东支行

行　　长：张国栋
电　　话：0313－2014285
地　　址：张家口市桥东区解放大街20号
邮政编码：075000

桥西支行

行　　长：毛亚静
电　　话：0313－8021651
地　　址：张家口新华前街158号
邮政编码：075000

红旗楼支行

行　　长：胡俊亮
电　　话：0313－5981901
地　　址：张家口市桥东区胜利南路35号
邮政编码：075000

汇通支行

行　　长：崔　海
电　　话：0313－2045305
地　　址：张家口市桥东区宝善路60号
邮政编码：075000

明德南支行

行　　长：张焕通
电　　话：0313－8047186
地　　址：张家口市桥西区明德南街10号楼
邮政编码：075000

宣化支行

行　　长：王振平
电　　话：0313－3013405
地　　址：张家口市宣化区米市街25号
邮政编码：075100

下花园支行

行　　长：温　海
电　　话：0313－5052408
地　　址：河北省张家口市下花园区花园路5号
邮政编码：075300

蔚县支行

行　　长：杜宝富
电　　话：0313－7214673
地　　址：蔚州镇胜利路209号
邮政编码：075700

阳原县支行

行　　长：池应明

电　　话：0313－7512670
地　　址：河北省阳原县西城东大街8号
邮政编码：075800

怀来县支行

行　　长：史向东
电　　话：0313－6213900
地　　址：张家口怀来县沙城镇龙潭西路
邮政编码：075400

怀安县支行

行　　长：冯海云
电　　话：0313－7812783
地　　址：张家口市怀安县柴沟堡镇南大街1号
邮政编码：076150

涿鹿县支行

行　　长：任建忠
电　　话：0313－6521816
地　　址：涿鹿县城关镇解放路1号
邮政编码：075600

崇礼支行

行　　长：王向荣
电　　话：0313－4612263
地　　址：崇礼县长青路275号
邮政编码：076350

张北支行

行　　长：高国玉
电　　话：0313－5227388
地　　址：张北县永春南大街259号
邮政编码：076450

万全支行

行　　长：张灏军
电　　话：0313－4222382
地　　址：万全县孔家庄镇建设路1号
邮政编码：076250

中国工商银行秦皇岛分行

行　　长：李子木
电　　话：0335－3290056
地　　址：河北省秦皇岛市海港区建设大街136号
邮政编码：066000

滨海支行

行　　长：郭晓红
电　　话：0335－3030376
地　　址：河北省秦皇岛市海港区河北大街129号
邮政编码：066000

海港支行

行　　长：李占良
电　　话：0335－3411329
地　　址：河北省秦皇岛市海港区海滨路29号
邮政编码：066000

西港支行

行　　长：高　山
电　　话：0335－3865655
地　　址：河北省秦皇岛市海港区西港路208号
邮政编码：066000

迎宾支行

行　　长：尚建民
电　　话：0335－3070849
地　　址：河北省秦皇岛市海港区迎宾路153号
邮政编码：066000

河东支行

行　　长：杜树生
电　　话：0335－3215660
地　　址：河北省秦皇岛市海港区建设大街351号
邮政编码：066000

文化支行

行　　长：齐晓玲
电　　话：0335－3613661
地　　址：河北省秦皇岛市海港区文化路423号
邮政编码：066000

开发区支行

行　　长：董　才
电　　话：0335－8051658
地　　址：河北省秦皇岛市经济技术开发区天台山路7号
邮政编码：066004

人民支行

行　　长：杨剑啸
电　　话：0335－3290358
地　　址：河北省秦皇岛市海港区建设大街

136号
邮政编码：066000

秦山支行
行　　长：杨延江
电　　话：0335－3011152
地　　址：河北省秦皇岛市海港区北环路91号
邮政编码：066003

山海关支行
行　　长：卢建军
电　　话：0335－5051621
地　　址：河北省秦皇岛市山海关区南海西路15号
邮政编码：066200

北戴河支行
行　　长：赵秋梅
电　　话：0335－4041205
地　　址：河北省秦皇岛市北戴河区联峰路97号
邮政编码：066100

抚宁支行
行　　长：安会斌
电　　话：0335－6012612
地　　址：河北省秦皇岛市抚宁县城关镇北大街5号
邮政编码：066300

昌黎支行
行　　长：王中山
电　　话：0335－2022966
地　　址：河北省秦皇岛市昌黎县城关碣阳大街93号
邮政编码：066600

青龙支行
行　　长：张俊东
电　　话：0335－7862434
地　　址：河北省秦皇岛市青龙县青龙镇燕山路212号
邮政编码：066500

金新支行
行　　长：焦福龙
电　　话：0335－3890010
地　　址：河北省秦皇岛市海港区文化路295号
邮政编码：066000

东区支行
行　　长：康铁胜
电　　话：0335－5083538
地　　址：河北省秦皇岛市山海关船厂俱乐部对面
邮政编码：066200

燕大支行
行　　长：魏明鹤
电　　话：0335－8071706
地　　址：河北省秦皇岛市燕山大学研究生楼109室
邮政编码：066004

太阳城支行
行　　长：梁　冰
电　　话：0335－3031181
地　　址：河北省秦皇岛市海港区秦皇小区秦川街1号
邮政编码：066000

华运支行
行　　长：夏　群
电　　话：0335－3644732
地　　址：河北省秦皇岛市和平花园商用房2－3#
邮政编码：066000

燕山支行
行　　长：李学昌
电　　话：0335－3298923
地　　址：河北省秦皇岛市海港区建国路北段240号
邮政编码：066000

西岭支行
行　　长：费文江
电　　话：0335－3298009
地　　址：河北省秦皇岛市河北大街西段322号
邮政编码：066002

东港支行
行　　长：张晓新
电　　话：0335－3163351
地　　址：河北省秦皇岛市海港区河北大街东段117号
邮政编码：066000

南戴河支行

行　　长：王启南

电　　话：0335－4053318

地　　址：河北省抚宁县南戴河旅游开发区宁海道14号

邮政编码：066300

上秦支行

行　　长：迟军生

电　　话：0335－3028655

地　　址：河北省秦皇岛市海港区建设大街286－1号

邮政编码：066000

新华支行

行　　长：郭建强

电　　话：0335－3047264

地　　址：河北省秦皇岛市海港区文化路218号

邮政编码：066000

欧雅支行

行　　长：佟计山

电　　话：0335－3028655

地　　址：河北省秦皇岛市海港区河北大街中段34号

邮政编码：066000

光明支行

行　　长：刘德君

电　　话：0335－3404527

地　　址：河北省秦皇岛市海港区光明路58－6号

邮政编码：066000

开滦支行

行　　长：魏永辉

电　　话：0335－3412956

地　　址：河北省秦皇岛市海港区福寿里小区161号

邮政编码：066000

东山支行

行　　长：肖晨平

电　　话：0335－3411368

地　　址：河北省秦皇岛市海港区东山街

邮政编码：066000

海阳支行

行　　长：马奉文

电　　话：0335－3202447

地　　址：河北省秦皇岛市海港区海阳路244号

邮政编码：066000

先锋支行

行　　长：韩西鸿

电　　话：0335－3298116

地　　址：河北省秦皇岛市海港区先锋路62号

邮政编码：066000

北站支行

行　　长：李　兵

电　　话：0335－3098898

地　　址：河北省秦皇岛市海港区建设大街88号

邮政编码：066000

港城支行

行　　长：马立民

电　　话：0335－3233272

地　　址：河北省秦皇岛市海港区港城大街232号

邮政编码：066000

桥东支行

行　　长：韩金景

电　　话：0335－3032358

地　　址：河北省秦皇岛市海港区河北大街西段399号

邮政编码：066000

峨嵋支行

行　　长：章维谦

电　　话：0335－8583178

地　　址：河北省秦皇岛市开发区广缘超市楼下

邮政编码：066002

黄河支行

行　　长：李学辉

电　　话：0335－8562050

地　　址：河北省秦皇岛市开发区黄河中道与峨眉山路交叉口

邮政编码：066002

新园支行

行　　长：曹长海

电　　话：0335－8503225

地　　址：河北省秦皇岛市开发区漓江道2号
邮政编码：066002

热电支行

行　　长：温　瀛
电　　话：0335－3012842
地　　址：河北省秦皇岛市海港区东港路北段460号
邮政编码：066002

建安支行

行　　长：冯社民
电　　话：0335－3298109
地　　址：河北省秦皇岛市港城大街东段329号
邮政编码：066000

海宁支行

行　　长：李　红
电　　话：0335－4043941
地　　址：河北省秦皇岛市北戴河区石塘路4号
邮政编码：066100

西山支行

行　　长：高金刚
电　　话：0335－4188038
地　　址：河北省秦皇岛市北戴河区北五路44号
邮政编码：066100

道南支行

行　　长：孟庆红
电　　话：0335－5165397
地　　址：河北省秦皇岛市山海关区南海西路
邮政编码：066200

龙海支行

行　　长：崔广明
电　　话：0335－5150603
地　　址：河北省秦皇岛市山海关区工人街
邮政编码：066200

城西支行

行　　长：王宜辅
电　　话：0335－5051603
地　　址：河北省秦皇岛市山海关区关城南路36－2
邮政编码：066200

南苑支行

行　　长：董旭斌
电　　话：0335－5056734
地　　址：河北省秦皇岛市山海关区水泉街
邮政编码：066200

中国工商银行唐山分行

行　　长：王　琦
电　　话：0315－2718810
地　　址：唐山市新华东道102号
邮政编码：063000

凤凰支行

行　　长：张　军
电　　话：0315－2718296
地　　址：唐山市新华东道102号
邮政编码：063000

新华支行

行　　长：王　生
电　　话：0315－2821329
地　　址：唐山市新华东道117号
邮政编码：063000

西山支行

行　　长：张鹏翔
电　　话：0315－2824819
地　　址：唐山市西山道30号
邮政编码：063000

西缸窑支行

行　　长：袁国新
电　　话：0315－3271319
地　　址：唐山市西窑道5号
邮政编码：063020

唐钢支行

行　　长：方　伟
电　　话：0315－3719079
地　　址：唐山市钢厂道8号
邮政编码：063002

车站支行

行　　长：付继成
电　　话：0315－2313258
地　　址：唐山市新华西道128号
邮政编码：063004

胜利支行

行　　长：韩瑞林

电　　话：0315－2867801
地　　址：唐山市胜利路 67 号
邮政编码：063001

建北支行

行　　长：侯志坤
电　　话：0315－2042143
地　　址：唐山市朝阳道与龙泽路交叉口
邮政编码：063000

天元支行

行　　长：陈长青
电　　话：0315－2259700
地　　址：唐山市兴源道天元大厦（一层）
邮政编码：063000

丰润支行

行　　长：康　波
电　　话：0315－3080698
地　　址：唐山市丰润区林荫东路 15 号
邮政编码：064000

丰南支行

行　　长：赵　洪
电　　话：0315－8280029
地　　址：唐山市丰南区青年路 76 号
邮政编码：063300

古冶支行

行　　长：李瑞山
电　　话：0315－3564048
地　　址：唐山市古冶区林西新林道 44 号
邮政编码：063103

开平支行

行　　长：杨　杰
电　　话：0315－3363669
地　　址：唐山市开平区新苑路 71 号
邮政编码：063021

南堡支行

行　　长：李文先
电　　话：0315－8515117
地　　址：唐山市南堡经济技术开发区南源道
邮政编码：063305

海港支行

行　　长：毕远祥
电　　话：0315－2914094
地　　址：唐山市海港开发区港荣街
邮政编码：063611

滦县支行

行　　长：孟凡阔
电　　话：0315－7102813
地　　址：唐山市滦县新城胜利东路 2 号
邮政编码：063700

滦南支行

行　　长：张印生
电　　话：0315－4122013
地　　址：唐山市滦南县奔城镇南大街 56 号
邮政编码：063500

乐亭支行

行　　长：刘海林
电　　话：0315－4625468
地　　址：唐山市乐亭县金融街 12 号
邮政编码：063600

迁安市支行

行　　长：陈庆新
电　　话：0315－7613626
地　　址：唐山市迁安市兴安大街 816 号
邮政编码：064400

迁西县支行

行　　长：邵建军
电　　话：0315－5612116
地　　址：唐山市迁西县景忠东街 4 号
邮政编码：064300

遵化市支行

行　　长：侯文用
电　　话：0315－6626088
地　　址：唐山市遵化市通华街 6 号
邮政编码：064200

玉田支行

行　　长：张国旗
电　　话：0315－6113393
地　　址：唐山市玉田县东城路 26 号
邮政编码：064100

唐海支行

行　　长：王友顺
电　　话：0315－8723399
地　　址：唐山市唐海县垦丰大街 42 号
邮政编码：063200

中国工商银行廊坊分行

行　　长：王向东

电　　话：0316－2312806
地　　址：廊坊市和平路78号
邮政编码：065000

解放支行
行　　长：宁学辉
电　　话：0316－2014186
地　　址：廊坊市新华路17号
邮政编码：065000

金光支行
行　　长：何光达
电　　话：0316－2034703
地　　址：廊坊市和平路62号
邮政编码：065000

曙光支行
行　　长：刘一泓
电　　话：0316－2118024
地　　址：廊坊市曙光道26号
邮政编码：065000

光明支行
行　　长：杨桐文
电　　话：0316－2685291
地　　址：廊坊市光明西道86号
邮政编码：065000

开发区支行
行　　长：何海冀
电　　话：0316－6076015
地　　址：廊坊市开发区云鹏道
邮政编码：065000

和平支行
行　　长：许　峰（主持工作）
电　　话：0316－2230409
地　　址：廊坊市和平路101号
邮政编码：065000

万庄支行
行　　长：路广林
电　　话：0316－6012505
地　　址：廊坊市万庄镇文化路1号
邮政编码：065007

三河支行
行　　长：孙宝森（主持工作）
电　　话：0316－3152297
地　　址：三河市开发路
邮政编码：065200

燕郊支行
行　　长：赵洪瑕
电　　话：0316－3317167
地　　址：三河市燕郊开发区迎宾路7号
邮政编码：065201

大厂县支行
行　　长：李旭东（主持工作）
电　　话：0316－8822428
地　　址：大厂县城东大街34号
邮政编码：065300

香河县支行
行　　长：李会民
电　　话：0316－8311450
地　　址：香河县府前街11号
邮政编码：065400

固安县支行
行　　长：马维亚
电　　话：0316－6161459
地　　址：固安县新源街97号
邮政编码：065500

霸州市支行
行　　长：邢少强
电　　话：0316－7212535
地　　址：霸州市市府道63号
邮政编码：065700

胜芳支行
行　　长：杨志刚
电　　话：0316－7612531
地　　址：霸州市胜芳镇经起路
邮政编码：065701

文安县支行
行　　长：张国新
电　　话：0316－5232130
地　　址：文安县西环路
邮政编码：065800

大城县支行
行　　长：樊云飞（主持工作）
电　　话：0316－5522626
地　　址：大城县新华东街90号
邮政编码：065900

中国工商银行保定分行

行　　长：周增文
电　　话：0312－3028327

地　　址：保定市东风中路1902号
邮政编码：071051

朝阳支行
行　　长：石　乾
电　　话：0312－3036923
地　　址：保定市朝阳北大街555号
邮政编码：071051

红星支行
行　　长：韩明杰（主持工作）
电　　话：0312－5038992
地　　址：保定市裕华东路24号
邮政编码：071000

新华支行
行　　长：王志林
电　　话：0312－2026847
地　　址：保定市裕华西路678号
邮政编码：071000

东风支行
行　　长：董瑞峰
电　　话：0312－3033150
地　　址：保定市东风西路407号
邮政编码：071051

古城支行
行　　长：白建华
电　　话：0312－2026893
地　　址：保定市东风中路392号
邮政编码：071000

永华支行
行　　长：高向荣（主持工作）
电　　话：0312－2033072
地　　址：保定市永华南大街668号
邮政编码：071000

广济支行
行　　长：蒋铁强
电　　话：0312－3224329
地　　址：保定市天威西路733号
邮政编码：071051

七一支行
行　　长：张捍中
电　　话：0312－3102888
地　　址：保定市七一中路1731号
邮政编码：071051

三丰支行
行　　长：王彦良
电　　话：0312－2170348
地　　址：保定市三丰中路1111号
邮政编码：071000

长城支行
行　　长：裴　琳
电　　话：0312－5075188
地　　址：保定市长城北大街446号
邮政编码：071000

开发区支行
行　　长：解　悦
电　　话：0312－3150217
地　　址：保定市风帆路515号
邮政编码：071051

莲池支行
行　　长：焦丽芳
电　　话：0312－2027067
地　　址：保定市莲池南大街411号
邮政编码：071000

定兴支行
行　　长：李　晶（主持工作）
电　　话：0312－6912668
地　　址：河北定兴县兴华西路18号
邮政编码：072650

徐水支行
行　　长：陈立文
电　　话：0312－8683813
地　　址：河北省徐水县永兴西路8号
邮政编码：072550

容城支行
行　　长：王　波（主持工作）
电　　话：0312－5613570
地　　址：河北省保定市容城县奥威路64号
邮政编码：071700

望都支行
行　　长：杨红涛
电　　话：0312－7722563
地　　址：河北省保定市望都县中华街56号
邮政编码：072450

涿州支行
行　　长：王　波
电　　话：0312－3851799
地　　址：河北省涿州市范阳中路139号
邮政编码：072750

高碑店支行

行　　长：臧索成
电　　话：0312－2833106
地　　址：河北省高碑店市迎宾路39号
邮政编码：074100

雄县支行

行　　长：王　猛
电　　话：0312－5812236
地　　址：河北保定市雄县铃铛阁大街35号
邮政编码：071800

高阳支行

行　　长：李　志
电　　话：0312－6622108
地　　址：河北省保定市高阳县东大街38号
邮政编码：071500

定州支行

行　　长：丁向军
电　　话：0312－2330303
地　　址：河北省定州市西城区中山中路
邮政编码：073000

蠡县支行

行　　长：孟润杰
电　　话：0312－6212907
地　　址：河北省保定市蠡县维明西路52号
邮政编码：071400

曲阳支行

行　　长：赵光辉
电　　话：0312－4262435
地　　址：河北省保定市曲阳县恒山路
邮政编码：073100

博野支行

行　　长：王益民
电　　话：0312－8323051
地　　址：河北省保定市博野县博兴中路
邮政编码：071300

顺平支行

行　　长：莫海涛
电　　话：0312－7621144
地　　址：河北省保定市顺平县平安大街14号
邮政编码：072250

安新支行

行　　长：高　静（主持工作）
电　　话：0312－5331566
地　　址：河北省保定市安新县建设大街
邮政编码：071600

易县支行

行　　长：宋晓东
电　　话：0312－8212996
地　　址：河北省保定市易县开元大街142号
邮政编码：074200

安国支行

行　　长：王庆博
电　　话：0312－3556830
地　　址：河北省安国市金融街73号
邮政编码：071200

满城支行

行　　长：周志军
电　　话：0312－7071315
地　　址：河北省保定市满城县中山东路60号
邮政编码：072150

涞源支行

行　　长：周立强
电　　话：0312－7321634
地　　址：河北省保定市涞源县沙河大街296号
邮政编码：074300

中国工商银行沧州分行

行　　长：白玉民
电　　话：0317－3024927
地　　址：沧州市清池南大道13号
邮政编码：061000

福宾支行

行　　长：冯福启
电　　话：0317－2190206
地　　址：沧州市清池南大道13号
邮政编码：061000

南门里支行

行　　长：孙　毅
电　　话：0317－3025318
地　　址：沧州市清池南大道11号
邮政编码：061000

车站支行

行　　长：杨海星

电　　话：0317－3042364
地　　址：沧州解放中路68号
邮政编码：061000

河西支行

行　　长：边景松
电　　话：0317－2024575
地　　址：沧州市西环中路16号
邮政编码：061001

南环支行

副 行 长：刘海慧
电　　话：0317－3073993
地　　址：沧州市南大街439号
邮政编码：061000

北环支行

行　　长：贾树军
电　　话：0317－3030996
地　　址：沧州市清池北大道40号
邮政编码：061000

铁东支行

行　　长：朱建军
电　　话：0317－3030633
地　　址：沧州市解放东路50号
邮政编码：061000

新华支行

行　　长：崔庆生
电　　话：0317－2011101
地　　址：沧州市新华西路副2号
邮政编码：061001

泊头支行

行　　长：王　刚
电　　话：0317－8197317
地　　址：泊头市裕华路
邮政编码：062150

华北石油支行

行　　长：李建民
电　　话：0317－2724387
地　　址：任丘市渤海路52号
邮政编码：062552

河间支行

行　　长：明五星
电　　话：0317－3239666
地　　址：河间市西大街28号
邮政编码：062450

黄骅支行

行　　长：郑进县
电　　话：0317－5236767
地　　址：黄骅市渤海路建设大街
邮政编码：061100

渤海新区支行

行　　长：张立成
电　　话：0317－5768401
地　　址：黄骅港开发区
邮政编码：061110

青县支行

行　　长：庞　刚
电　　话：0317－4122118
地　　址：青县新华路县委南侧
邮政编码：062650

盐山支行

行　　长：王树正
电　　话：0317－6212228
地　　址：盐山县西大街1号
邮政编码：061300

肃宁支行

行　　长：阎焕堂
电　　话：0317－5021031
地　　址：肃宁县石纺路66号
邮政编码：062350

吴桥支行

行　　长：张　智
电　　话：0317－7341446
地　　址：吴桥县华山道北首
邮政编码：061800

东光支行

行　　长：董春来
电　　话：0317－7721210
地　　址：东光县府前街
邮政编码：061600

献县支行

行　　长：王如松
电　　话：0317－4611212
地　　址：献县政府街1号
邮政编码：062250

中国工商银行衡水分行

副 行 长：刘维柱
电　　话：0318－2223206

地　　址：衡水市人民西路321号
邮政编码：053000

新华支行

行　　长：刁宏营
电　　话：0318－2020747
地　　址：衡水市红旗大街28号
邮政编码：053000

河西支行

行　　长：解千里
电　　话：0318－2129811
地　　址：衡水市康复街24号
邮政编码：053000

衡水河东支行

行　　长：罗晓东
电　　话：0318－2132142
地　　址：衡水市人民东路57号
邮政编码：053000

路北支行

行　　长：闫长军
电　　话：0318－2162257
地　　址：衡水市大庆路53号
邮政编码：0530000

胜利支行

行　　长：杨振声
电　　话：0318－2151001
地　　址：衡水市和平中路13号
邮政编码：053000

朝阳支行

行　　长：杨克奇
电　　话：0318－2034567
地　　址：衡水市人民西路321号
邮政编码：053000

冀州支行

行　　长：耿秋治
电　　话：0318－8628595
地　　址：冀州市信都西路
邮政编码：053200

枣强支行

行　　长：陈志忠
电　　话：0318－8228710
地　　址：枣强镇富强南路1号
邮政编码：053100

武邑支行

行　　长：王　林
电　　话：0318－5712786
地　　址：武邑镇建设东路26号
邮政编码：053400

深州支行

行　　长：张海涛
电　　话：0318－3313114
地　　址：深州市永平大街96号
邮政编码：053800

饶阳支行

行　　长：王　建
电　　话：0318－7238770
地　　址：饶阳县新建路12号
邮政编码：053900

安平支行

行　　长：韩亚威
电　　话：0318－7519688
地　　址：安平县为民东街14号
邮政编码：053600

故城支行

行　　长：李孟林
电　　话：0318－5365244
地　　址：故城县青年街91号
邮政编码：053800

景县支行

行　　长：谢方仑
电　　话：0318－4288877
地　　址：景县景安大街387号
邮政编码：053500

阜城支行

行　　长：潘立忠
电　　话：0318－4624463
地　　址：阜城县阜兴路
邮政编码：053700

中国工商银行邢台分行

行　　长：王向东
电　　话：0319－2209308
地　　址：邢台市郭守敬北路285号
邮政编码：054000

中兴支行

行　　长：杨　坤
电　　话：0319－2209066
地　　址：邢台市郭守敬北路1号
邮政编码：054000

冶金支行
行　　长：何宏利
电　　话：0319－2209588
地　　址：邢台市桥西区冶金南路128号
邮政编码：054000

新华支行
行　　长：祁瑞侠
电　　话：0319－3170936
地　　址：邢台市新华南路280号
邮政编码：054001

桥东支行
行　　长：张建平
电　　话：0319－3863666
地　　址：邢台市中兴东大街220号
邮政编码：054001

桥西支行
行　　长：赵　卫
电　　话：0319－2209099
地　　址：邢台市冶金北路5号
邮政编码：054000

开元支行
行　　长：常光伟
电　　话：0319－3086151
地　　址：邢台市邢州北路191号
邮政编码：054001

邢州支行
行　　长：张承立
电　　话：0319－3027666
地　　址：邢台市邢州南路1号
邮政编码：054001

顺德支行
行　　长：刘远方
电　　话：0319－3688066
地　　址：邢台市顺德路279号
邮政编码：054001

钢北支行
行　　长：杨志强
电　　话：0319－5906555
地　　址：邢台市钢铁北路53号
邮政编码：054000

电厂支行
副 行 长：张文利（主持工作）
电　　话：0319－2095981
地　　址：邢台市南郊光华路
邮政编码：054000

太行支行
行　　长：李　涛
电　　话：0319－2209098
地　　址：邢台市中兴西大街457号
邮政编码：054000

平乡支行
行　　长：赵洪恩
电　　话：0319－7860012
地　　址：平乡县丰州镇中华路
邮政编码：054500

宁晋支行
行　　长：张恒瑞
电　　话：0319－5806808
地　　址：宁晋县天宝西街5号
邮政编码：055550

隆尧支行
行　　长：雷立宁
电　　话：0319－6682188
地　　址：隆尧县城柴荣南街
邮政编码：055350

临城支行
行　　长：韩增军
电　　话：0319－7198298
地　　址：临城县临城镇兴临街
邮政编码：054300

内邱支行
行　　长：苏宝龙
电　　话：0319－6860066
地　　址：内邱县胜利路88号
邮政编码：054200

沙河支行
副 行 长：胡向东（主持工作）
电　　话：0319－8921969
地　　址：沙河市建设路南段
邮政编码：054100

清河支行
行　　长：王其山
电　　话：0319－8181099
地　　址：清河县武松中街54号
邮政编码：054800

临西支行
行　　长：王保利

电　　话：0319－8569193
地　　址：临西县玉兰路
邮政编码：054900

威县支行

行　　长：邵建华
电　　话：0319－6150968
地　　址：威县顺城路
邮政编码：054700

巨鹿支行

行　　长：谷进英
电　　话：0319－4327098
地　　址：巨鹿县新华北街111号
邮政编码：055250

南宫市支行

行　　长：赵桂胜
电　　话：0319－5229908
地　　址：南宫市青年大街141号
邮政编码：055750

中国工商银行邯郸分行

行　　长：沈　斌
电　　话：0310－3071801
地　　址：邯郸市人民东路248号
邮政编码：056002

新国际支行

行　　长：王志军
电　　话：0310－3157880
地　　址：邯郸市人民东路248号
邮政编码：056002

和平支行

行　　长：暴卫红
电　　话：0310－3061361
地　　址：邯郸市光明北大街5号
邮政编码：056002

车站支行

行　　长：苗秋川
电　　话：0310－3043060
地　　址：邯郸市陵园路39号
邮政编码：056001

中华支行

行　　长：张振忠
电　　话：0310－3172666
地　　址：邯郸市中华北大街386号
邮政编码：056004

邯钢支行

行　　长：翟永敬
电　　话：0310－3291619
地　　址：邯郸市邯钢东路9号
邮政编码：056001

人民支行

行　　长：马　岩（副行长主持工作）
电　　话：0310－4055013
地　　址：邯郸市人民西路48号
邮政编码：056003

向阳支行

行　　长：耿一功（副行长主持工作）
电　　话：0310－3129228
地　　址：邯郸市中华北大街向阳路2号
邮政编码：056002

丛台支行

行　　长：史晓东
电　　话：0310－7101800
地　　址：邯郸市从台路399号
邮政编码：056002

城东支行

行　　长：刘　辉
电　　话：0310－8025911
地　　址：邯郸市雪驰路11号
邮政编码：056001

马头支行

行　　长：张学聪（副行长主持工作）
电　　话：0310－3012521
地　　址：邯郸市马头镇中大街6号
邮政编码：056046

高开支行

行　　长：张银山
电　　话：0310－8077886
地　　址：邯郸市高开区联通南路18号
邮政编码：056107

天津铁厂支行

行　　长：魏延平（副行长主持工作）
电　　话：0310－056404
地　　址：河北涉县更乐镇神山天津铁厂
邮政编码：056404

新兴支行

行　　长：李连生
电　　话：0310－5790560

地　　址：邯郸武安新兴铸管厂区内上海路东头路北
邮政编码：056308

武安支行
行　　长：杨学明
电　　话：0310－5688001
地　　址：邯郸武安市中兴西路165号
邮政编码：056300

涉县支行
行　　长：朱习丰（副行长主持工作）
电　　话：0310－3833047
地　　址：河北省涉县龙山大街406号
邮政编码：056400

磁县支行
行　　长：李克勤
电　　话：0310－2322823
地　　址：邯郸磁县磁州镇朝阳北大街30号
邮政编码：056500

临漳支行
行　　长：韩景学
电　　话：0310－7862860
地　　址：河北临漳县建安路东段路北
邮政编码：056600

大名支行
行　　长：赵学章
电　　话：0310－6569070
地　　址：河北大名县大明镇万大路1号
邮政编码：056900

魏县支行
行　　长：马章进
电　　话：0310－3522566
地　　址：河北魏县魏州东路49号
邮政编码：056800

永年支行
行　　长：孔令知
电　　话：0310－6815178
地　　址：河北永年县临洺关镇政府街5号
邮政编码：057150

馆陶支行
行　　长：邢文鑫
电　　话：0310－2828368
地　　址：河北馆陶县县城陶山西街2号
邮政编码：057750

曲周支行
行　　长：宫文哲（副行长主持工作）
电　　话：0310－8892182
地　　址：河北曲周县振兴路中段路南
邮政编码：057250

广平支行
行　　长：宋新中
电　　话：0310－2524788
地　　址：河北广平县广平镇东城路中段西侧
邮政编码：057650

成安支行
行　　长：王振林（副行长主持工作）
电　　话：0310－7211203
地　　址：河北成安县青云路北段路东
邮政编码：056700

峰峰支行
行　　长：周秀山
电　　话：0310－5128186
地　　址：邯郸峰峰矿区滏阳东路8号
邮政编码：056200

中国农业银行股份有限公司

中国农业银行河北省分行
行　　长：刘　星
电　　话：0311－87898158
地　　址：河北省石家庄自强路39号
邮政编码：050000

省分行营业部
总 经 理：张春波
电　　话：0311－87037762
地　　址：河北省石家庄市新华路36号
邮政编码：050000

广安支行
行　　长：崔金涛
电　　话：0311－86040694
地　　址：石家庄市西大街8号
邮政编码：050011

东城支行
行　　长：王会芳
电　　话：0311－85054732
地　　址：石家庄市中山东路467号

邮政编码：050031

西城支行

行　　长：刘丙午
电　　话：0315－83034107
地　　址：石家庄市裕华西路509号
邮政编码：050081

北城支行

行　　长：许建科
电　　话：0311－87775315
地　　址：石家庄市联盟路218号
邮政编码：050061

石门支行

行　　长：张子强
电　　话：0311－87013541
地　　址：石家庄市新华路181号
邮政编码：050000

华兴支行

行　　长：霍增祥
电　　话：0311－86690518
地　　址：石家庄市建设北大街228号
邮政编码：050041

北站支行

行　　长：苏栓计
电　　话：0311－87048416
地　　址：石家庄市泰华街378号
邮政编码：050061

东方支行

行　　长：刘连雪
电　　话：0311－87039297
地　　址：石家庄市新华西路595号
邮政编码：050051

正大支行

行　　长：杨凤巧
电　　话：0311－86831195
地　　址：石家庄市胜利北街287号
邮政编码：050041

自强支行

副 行 长：王　平（副行长主持工作）
电　　话：0311－87030105
地　　址：石家庄市自强路39号
邮政编码：050000

裕华支行

行　　长：赵书杰
地　　址：石家庄市裕华西路396号
电　　话：0315－87883824
邮政编码：050051

中山支行

行　　长：张连生
电　　话：0311－86037394
地　　址：石家庄市中山东路133号
邮政编码：050011

平安支行

行　　长：朱书强
电　　话：0311－86981971
地　　址：石家庄市平安南大街12号
邮政编码：050011

新区支行

行　　长：李湘军
地　　址：石家庄市高新区湘江道35号
电　　话：0311－85081242
邮政编码：050031

东岗路支行

行　　长：赵　颖（副行长主持工作）
电　　话：0311－85808626
地　　址：石家庄市东岗路75号
邮政编码：050021

华安支行

行　　长：封明元
电　　话：0311－87896263
地　　址：石家庄市中山西路275号
邮政编码：050051

辛集市支行

行　　长：张景辉
电　　话：0311－83221182
地　　址：辛集市建设街东段41号
邮政编码：052360

鹿泉市支行

行　　长：苗雷刚（副行长主持工作）
电　　话：0311－82012982
地　　址：鹿泉市获鹿镇海山大街14号
邮政编码：050200

行唐县支行

行　　长：欧阳辰
电　　话：0311－82981963
地　　址：行唐县玉城大街14号
邮政编码：050600

井陉县支行
行　　长：李小红
电　　话：0311－82022271
地　　址：井陉县微水镇建设北路24号
邮政编码：050300

平山县支行
行　　长：李英敏
电　　话：0311－82911322
地　　址：平山县建设北大街4号
邮政编码：050400

高邑县支行
行　　长：李照强
电　　话：0311－87596660
地　　址：高邑凤中路247号
邮政编码：051330

灵寿县支行
行　　长：江移民
电　　话：0311－82521546
地　　址：灵寿县城北西路2号
邮政编码：050500

无极县支行
行　　长：马　佳
电　　话：0311－85571631
地　　址：无极县城花园路东头
邮政编码：052460

新乐市支行
副 行 长：甄红兵
电　　话：031－88581122
地　　址：新乐市礼堂街9号
邮政编码：050700

赵县支行
行　　长：马海涛
电　　话：0311－84941441
地　　址：赵县自强路东段
邮政编码：051530

赞皇县支行
行　　长：郑建忠
电　　话：0311－84225528
地　　址：赞皇县通府街
邮政编码：051230

正定县支行
行　　长：吴京勇
电　　话：031－88022279
地　　址：正定县恒山西路60号
邮政编码：050800

晋州市支行
行　　长：陈永辉
电　　话：0311－84322565
地　　址：晋州市中兴街西140号
邮政编码：052260

元氏县支行
行　　长：章　华
电　　话：0311－84623469
地　　址：元氏县槐阳镇蟠龙路135号
邮政编码：051130

栾城县支行
行　　长：杨建敏
电　　话：0311－88031421
地　　址：栾城县鑫源路23号
邮政编码：051430

深泽县支行
行　　长：薛振仓
电　　话：0311－83522173
地　　址：深泽县建设街3号
邮政编码：052560

藁城市支行
行　　长：张占刚
电　　话：0311－88041974
地　　址：藁城市市府路17号
邮政编码：052160

平北支行
行　　长：刘禾峰
电　　话：0311－88625854
地　　址：石家庄市向阳街25号
邮政编码：050000

金马支行
行　　长：施丽君
电　　话：0311－85056980
地　　址：石家庄市翟营大街297号
邮政编码：050031

冀兴支行
行　　长：田晓冬
电　　话：0311－86036658
地　　址：石家庄市胜利北大街151号
邮政编码：050000

中华大街支行
行　　长：裴玉涛

电　　话：0311－87819507
地　　址：石家庄市中华北大街98号
邮政编码：050000

建设南大街支行
行　　长：黄连霞
电　　话：0311－86019363
地　　址：石家庄市建设南大街80号
邮政编码：050021

和平西路支行
行　　长：马　耕
电　　话：0311－87834514
地　　址：石家庄市和平西路215号邮政
邮政编码：050031

师范街支行
行　　长：赵　霞
电　　话：0311－87012744
地　　址：石家庄市自强路198号
邮政编码：050000

黎明街支行
行　　长：李军勇
电　　话：0311－87024249
地　　址：石家庄市黎明街8号
邮政编码：050000

和平支行
行　　长：刘晓荣
电　　话：0311－83625146
地　　址：石家庄市中山西路485号
邮政编码：050081

中山东路支行
行　　长：黄　伟
电　　话：0311－85823284
地　　址：石家庄市中山东路356号
邮政编码：050011

联城支行
行　　长：温　波
电　　话：0311－87756141
地　　址：石家庄市友谊北大街376号
邮政编码：050061

中山西路支行
行　　长：张文华
电　　话：0311－83612825
地　　址：石家庄市中山西路486号
邮政编码：050081

西兴支行
行　　长：孙冬梅
电　　话：0311－83614190
地　　址：石家庄市中山西路772号
邮政编码：050081

友谊南大街支行
行　　长：朱聚辉
电　　话：0311－83014191
地　　址：石家庄市友谊南大街124号
邮政编码：050081

裕华西路支行
行　　长：张振华
电　　话：0311－83029003
地　　址：石家庄市裕华西路830号
邮政编码：050081

新华路支行
行　　长：卜丽娜（副行长主持工作）
电　　话：0311－87035434
地　　址：石家庄市新华路36号
邮政编码：050000

承德分行
副 行 长：赵华杰（主持工作）
电　　话：0314－2070807
地　　址：承德市双桥区南营子大街17号
邮政编码：067000

围场县支行
副 行 长：顾广印
电　　话：0314－7512165
地　　址：围场县围场镇木兰中路177号
邮政编码：068450

丰宁县支行
行　　长：张爱民
电　　话：0314－8012218
地　　址：丰宁满族自治县大阁镇新丰路甲50号
邮政编码：068350

隆化县支行
行　　长：潘慧君
电　　话：0314－7062805
地　　址：隆化县隆化镇安州街45号
邮政编码：068150

滦平县支行
行　　长：李鸿涛

电　　话：0314－8582512
地　　址：滦平县滦平镇新建路西段南侧7号
邮政编码：068250

兴隆县支行

行　　长：张广民
电　　话：0314－5053925
地　　址：兴隆县兴隆镇东大街12号
邮政编码：067300

平泉县支行

副 行 长：陈广杰
电　　话：0314－6029008
地　　址：平泉县平泉镇政法街
邮政编码：067500

宽城县支行

行　　长：刘金波
电　　话：0314－6632685
地　　址：宽城满族自治县宽城镇新兴街1号
邮政编码：067600

承德县支行

副 行 长：王　健
电　　话：0314－3116898
地　　址：承德县下板城镇板城大街清城路
邮政编码：067400

双桥县支行

行　　长：曾凡超
电　　话：0314－2034672
地　　址：承德市双桥区新华园3号
邮政编码：067000

双塔山支行

行　　长：刘建宁
电　　话：0314－4044080
地　　址：承德市双滦区双塔山中心大街43号
邮政编码：067001

营子支行

副 行 长：孙士斌（主持工作）
电　　话：0314－5011263
地　　址：承德市鹰手营子矿区老街
邮政编码：067200

新区支行

行　　长：马立龙
电　　话：0314－2082999
地　　址：承德市双桥区福隆小区商业1栋6－7号
邮政编码：067000

承德分行营业部

总 经 理：董志忠
电　　话：0314－2073579
地　　址：承德市双桥区南营子大街17号
邮政编码：067000

桥东支行

行　　长：李庆新
电　　话：0314－2083485
地　　址：承德双桥区中居宅福隆小区A座一层9－10号
邮政编码：067000

桃李支行

行　　长：马　波
电　　话：2156224
地　　址：双桥区牛圈子沟南园路旱河3号楼
邮政编码：067000

张家口分行

副 行 长：黄国栋（主持工作）
电　　话：0313－8072726
地　　址：张家口市明德南街49号
邮政编码：075000

蔚县支行

行　　长：薛明慧
电　　话：0313－7212643
地　　址：蔚县蔚州镇人民路78号
邮政编码：075700

阳原支行

行　　长：闫利平
电　　话：0313－3268162
地　　址：阳原县西城镇长盛东街9号
邮政编码：075800

怀来县支行

行　　长：杨振山
电　　话：0313－6223238
地　　址：怀来县沙城镇西城街19号
邮政编码：075400

涿鹿县支行

行　　长：康晓波

电　　话：0313－6521861
地　　址：涿鹿县金融街3号
邮政编码：075600

怀安县支行

行　　长：李玉琴
电　　话：0313－7812381
地　　址：怀安县柴沟堡镇南大街2号
邮政编码：076150 万全县支行
行　　长：董　燕
电　　话：0313－4222403
地　　址：万全县孔家庄镇新华街6号
邮政编码：076250

赤城县支行

行　　长：王会民
电　　话：0313－6312772
地　　址：赤城县赤城镇鼓楼东街5号
邮政编码：075500

张北县支行

行　　长：杜启纲
电　　话：0313－5223843
地　　址：张北县张北镇永春南街220号
邮政编码：076450

康保县支行

行　　长：张晓晨
电　　话：0313－5512641
地　　址：康保县东径路38号
邮政编码：076650

沽源县支行

行　　长：张　军
电　　话：0313－5813274
地　　址：沽源县平定堡镇外贸街
邮政编码：076550

尚义县支行

行　　长：侯志忠
电　　话：0313－4323538
地　　址：尚义县南壕堑镇太平街
邮政编码：076750

崇礼县支行

行　　长：张贵彬
电　　话：0313－4614225
地　　址：崇礼县西湾镇长青路
邮政编码：076500

宣化县支行

行　　长：侯　军
电　　话：0313－3381600
地　　址：宣化县宣化区东马道13号
邮政编码：075100

下花园支行

行　　长：于栋林
电　　话：0313－5053443
地　　址：张家口市下花园区广场街
邮政编码：075300

长青支行

行　　长：褚立民
电　　话：0313－8034683
地　　址：张家口市桥西区师范街1号
邮政编码：075000

工业桥支行

行　　长：赵黎明
电　　话：0313－2212678
地　　址：张家口市桥东区工业横街19号
邮政编码：075000

红旗楼支行

行　　长：张绍南
电　　话：0313－4063606
地　　址：张家口市桥东区胜利南路39号
邮政编码：075000

建国路支行

行　　长：汪　群
电　　话：0313－2126168
地　　址：张家口市桥东区德胜南街49号
邮政编码：075000

分行营业部

总 经 理：杜晓宏
电　　话：0313－8072716
地　　址：张家口市桥西区明德南街49号
邮政编码：075000

秦皇岛分行

副 行 长：尹宝政（主持工作）
电　　话：0335－3061237
地　　址：秦皇岛市海港区迎宾路75号
邮政编码：066000

分行营业部

总 经 理：宋学军
电　　话：0335－3066197
地　　址：秦皇岛市海港区迎宾路75号
邮政编码：066000

渤海支行

行　　长：赵庆丰
电　　话：0335－3039383
地　　址：秦皇岛市海港区河北大街133号
邮政编码：066000

建国支行

行　　长：惠利平
电　　话：0335－3204336
地　　址：秦皇岛市海港区建国路152号
邮政编码：066000

开发区支行

行　　长：张树旭
电　　话：0335－8569701
地　　址：秦皇岛市经济技术开发区发展大厦
邮政编码：066004

迎宾支行

行　　长：张静怡
电　　话：0335－3072259
地　　址：秦皇岛市海港区迎宾路9号
邮政编码：066000

山海关支行

行　　长：魏守东
电　　话：0335－5052025
地　　址：秦皇岛市山海关城关南路42号
邮政编码：066200

山海关开发区支行

行　　长：孙宝民
电　　话：0335－5082186
地　　址：秦皇岛市山海关开发区船厂路
邮政编码：066200

北戴河支行

行　　长：江殿光
电　　话：0335－4045141
地　　址：秦皇岛市北戴河区联峰路南岭小区197号
邮政编码：066100

长城支行

副 行 长：白　波（主持工作）
电　　话：0335－3207401
地　　址：秦皇岛市海港区民族路39号
邮政编码：066000

海港支行

行　　长：张立坤
电　　话：0335－3225681
地　　址：秦皇岛市海港区民族南路96号
邮政编码：066000

抚宁县支行

行　　长：王立新
电　　话：0335－6022895
地　　址：抚宁县抚宁镇长征路
邮政编码：066300

昌黎县支行

行　　长：薛瑞东
电　　话：0335－2022988
地　　址：昌黎县一街后行59号
邮政编码：066600

卢龙县支行

副 行 长：王立红（主持工作）
电　　话：0335－7111222
地　　址：卢龙县城关环城东路
邮政编码：066400

青龙满族自治县支行

副 行 长：王　德（主持工作）
电　　话：0335－7861696
地　　址：青龙满族自治县青龙镇燕山路213号
邮政编码：066500

文广支行

行　　长：陈永安
电　　话：0335－3065506
地　　址：河北省秦皇岛市海港区港城大街西段1号
邮政编码：066000

红旗支行

行　　长：暴纯信
电　　话：0335－3054704
地　　址：河北省秦皇岛市海港区红旗路108号
邮政编码：066000

和平支行

行　　长：贺宏峰
电　　话：0335－3066927
地　　址：河北省秦皇岛市海港区和平大街166－1号
邮政编码：066000

西港支行

行　　长：沈景辉

电　　话：0335－3070474
地　　址：河北省秦皇岛市海港区燕山大街5号
邮政编码：066000

广场支行

行　　长：刘善为
电　　话：0335－3629034
地　　址：河北省秦皇岛市海港区建设大街109号
邮政编码：066001

燕山大学支行

行　　长：孟繁丽
电　　话：0335－8057294
地　　址：河北省秦皇岛市海港区河北大街西段436号
邮政编码：066000

燕安支行

行　　长：许力侠
电　　话：0335－5310022
地　　址：河北省秦皇岛市海港区燕山大街221号
邮政编码：066001

唐山分行

行　　长：陈元良
电　　话：0315－2321819
地　　址：河北省唐山市新华西道61号
邮政编码：063004

丰润支行

行　　长：崔会成
电　　话：0315－5123883
地　　址：丰润曹雪芹西大街12号
邮政编码：064000

丰南支行

行　　长：范锦江
电　　话：0315－8155111
地　　址：丰南区青年路170号
邮政编码：063300

滦县支行

副 行 长：庄运涛（负责）
电　　话：0315－7122142
地　　址：滦县新城体育大街68号
邮政编码：063700

滦南县支行

副 行 长：孙宏春（主持工作）
电　　话：0315－4122170
地　　址：滦南县城南大街48号
邮政编码：063500

乐亭县支行

行　　长：樊海江
电　　话：0315－4612251
地　　址：乐亭县金融大街9号
邮政编码：063600

迁安市支行

行　　长：杜小飞
电　　话：0315－7612708
地　　址：迁安市昌盛大路620号
邮政编码：064400

迁西县支行

副 行 长：刘永波（主持工作）
电　　话：0315－5612524
地　　址：迁西县城喜丰路48号
邮政编码：064300

遵化市支行

行　　长：毛东生
电　　话：0315－6612617
地　　址：遵化市文化路55号
邮政编码：064200

玉田县支行

行　　长：刘维奇
电　　话：0315－6114308
地　　址：玉田县无终东街160号
邮政编码：064100

曹妃甸支行

行　　长：杨冬青（兼）
电　　话：0315－8712310
地　　址：唐海县城大通路1号
邮政编码：063200

古冶支行

行　　长：吴亚明
电　　话：0315－3681940
地　　址：古冶区林西新林道中段
邮政编码：063100

开平支行

副 行 长：唐晓青（主持工作）
电　　话：0315－3363179
地　　址：开平区普光路86号
邮政编码：063021

新城支行

行　　长：孙立波
电　　话：0315－3241719
地　　址：丰润区新城道45号
邮政编码：063030

西山道支行

行　　长：刘旭东
电　　话：0315－2312879
地　　址：唐山市西山道127号
邮政编码：063004

广场支行

行　　长：丁志林
电　　话：0315－2821159
地　　址：唐山市文化路19号
邮政编码：063000

胜利路支行

行　　长：韩树清（主持工作）
电　　话：0315－2861690
地　　址：唐山市胜利路55号
邮政编码：063001

新华西道支行

总 经 理：张德顺
电　　话：0315－2257003
地　　址：唐山市新华西道61号
邮政编码：063004

京唐港支行

副 行 长：马哲生（主持工作）
电　　话：0315－2914956
地　　址：海港开发区
邮政编码：063611

南堡开发区支行

行　　长：张福兴
电　　话：0315－8515844
地　　址：南堡开发区3号路北14号路
邮政编码：063305

建设南路支行

行　　长：张国发
电　　话：0315－2827147
地　　址：唐山市建设南路48－1号
邮政编码：063000

复兴路支行

行　　长：温永国
电　　话：0315－2864833
地　　址：路南区复兴路58号
邮政编码：063001

龙泽路支行

副 行 长：杨大明（主持工作）
电　　话：0315－2056516
地　　址：唐山市龙泽北路83号
邮政编码：063020

长宁支行

副 行 长：韩少林（主持工作）
电　　话：0315－7063911
地　　址：唐山市华岩北路121号
邮政编码：063000

高新技术开发区支行

行　　长：吴秉军（副科级）
电　　话：0315－3853051
地　　址：唐山市建设北路110号
邮政编码：063000

廊坊分行

行　　长：宋　雷
电　　话：0316－2012484
地　　址：廊坊市新华路67号
邮政编码：065000

三河市支行

行　　长：刘　军
电　　话：0316－3112146
地　　址：三河市西贤人街东侧路北
邮政编码：065200

大厂县支行

行　　长：张云峰
电　　话：0316－8822578
地　　址：大厂县城西大街53号
邮政编码：065300

香河县支行

行　　长：李桂艳
电　　话：0316－8312829
地　　址：香河县新华大街2号
邮政编码：065400

固安县支行

行　　长：赵振兵
电　　话：0316－6161359
地　　址：固安县新源街43号
邮政编码：065500

永清县支行

行　　长：马　健

电　　话：0316－6623312
地　　址：永清县益昌路63号
邮政编码：065600

霸州市支行
行　　长：赵　强
电　　话：0316－7212751
地　　址：霸州市建设西道
邮政编码：065700

文安县支行
行　　长：李志强
电　　话：0316－5232136
地　　址：文安县城内西街
邮政编码：065800

大城县支行
行　　长：徐克友
电　　话：0316－552290
地　　址：大城县新华东街23号
邮政编码：065900

开发区支行
行　　长：李敏岭
电　　话：0316－6089331
地　　址：廊坊市开发区华祥路
邮政编码：065001

安次区支行
行　　长：郑国礼
电　　话：0316－2336260
地　　址：廊坊市爱民东道18号
邮政编码：065000

解放道支行
行　　长：贾士涛
电　　话：0316－2042074
地　　址：廊坊市解放道永跃里小区综合楼
邮政编码：065000

燕郊支行
行　　长：王利民
电　　话：0316－3119434
地　　址：三河市燕郊开发区京哈路66号
邮政编码：065201

胜芳支行
行　　长：谢永海
电　　话：0316－7612603
地　　址：霸州市胜芳镇开发区
邮政编码：065701

金光道支行
总 经 理：可志民
电　　话：0316－2014834
地　　址：廊坊市金光道34号
邮政编码：065000

广阳道支行
行　　长：陈建华
电　　话：0316－2124165
地　　址：廊坊市广阳道41号
邮政编码：065000

万庄支行
行　　长：杨朝华
电　　话：0316－6013504
地　　址：廊坊市万庄镇华北石油基地商业街
邮政编码：065007

新华路支行
行　　长：刘汉征
电　　话：0316－2095660
地　　址：廊坊市尚都金茂大厦A座42甲－7
邮政编码：065000

新开路支行
行　　长：徐晋宁
电　　话：0316－2222772
地　　址：廊坊市新开路与广阳道交口东侧
邮政编码：065000

银河支行
行　　长：宋书彦
电　　话：0316－2182178
地　　址：廊坊市广阳道与银河路交口北侧
邮政编码：065000

保定分行

行　　长：李　军
电　　话：0312－3020839
地　　址：保定市东风西路193号
邮政编码：071051

易县支行
副 行 长：杨新山（主持工作）
电　　话：0312－8217559
地　　址：易县易兴路183号
邮政编码：074200

定兴支行
行　　长：张天宏

电　　话：0312－6912775
地　　址：定兴县兴华东路49号
邮政编码：072650

徐水支行
行　　长：张　健
电　　话：0312－8683395
地　　址：徐水县复兴西路6号
邮政编码：072550

容城支行
副 行 长：朱蒙伟（主持工作）
电　　话：0312－5610588
地　　址：容城县新容街48号
邮政编码：071700

涞源支行
副 行 长：刘　军
电　　话：0312－7322755
地　　址：涞源县开源路
邮政编码：074300

唐县支行
副 行 长：刘善龙（主持工作）
电　　话：0312－6413507
地　　址：唐县国防路7号
邮政编码：072350

望都支行
行　　长：杨海强
电　　话：0312－7722460
地　　址：望都县中华街277号
邮政编码：072450

涿州支行
行　　长：王　宏
电　　话：0312－3861090
地　　址：涿州市范阳东路77号
邮政编码：072750

高碑店支行
行　　长：崔建新
电　　话：0312－2835868
地　　址：高碑店市团结东路26号
邮政编码：074000

白沟支行
行　　长：星德春
电　　话：0312－2861898
地　　址：高碑店市白沟镇友谊路
邮政编码：074004

涞水支行
副 行 长：张振国（主持工作）
电　　话：0312－4522628
地　　址：涞水县府前街16号
邮政编码：074100

雄县支行
行　　长：孙秀然
电　　话：0312－5812006
地　　址：雄县铃铛阁大街63号
邮政编码：071800

高阳支行
行　　长：齐艳勇
电　　话：0312－6627868
地　　址：高阳县西关街25号
邮政编码：071500

蠡县支行
行　　长：刘彦彬
电　　话：0312－6228899
地　　址：蠡县蠡吾北大街49号
邮政编码：071400

阜平支行
行　　长：常海军
电　　话：0312－7223840
地　　址：阜平县东寺大街76号
邮政编码：073200

定州支行
行　　长：杨林平
电　　话：0312－2313620
地　　址：定州市中山中路
邮政编码：073000

曲阳支行
行　　长：崔跃辉
电　　话：0312－4263999
地　　址：曲阳县新开大街
邮政编码：073100

安国支行
行　　长：杨建忠
电　　话：0312－3512998
地　　址：安国市东方西路51号
邮政编码：071200

博野支行
副 行 长：王　泉（主持工作）
电　　话：0312－8719559

地　　址：博野县博陵中路123号
邮政编码：071300

顺平支行
行　　长：张维山
电　　话：0312－7627233
地　　址：顺平县吉祥街
邮政编码：072500

安新支行
行　　长：王喜旺
电　　话：0312－5321435
地　　址：安新县建设大街
邮政编码：071600

清苑支行
行　　长：刘　峰
电　　话：0312－8019558
地　　址：清苑县清苑路191号
邮政编码：071100

满城支行
行　　长：李国良
电　　话：0312－7073017
地　　址：满城县玉川东路40号
邮政编码：072150

新北支行
行　　长：李建军
电　　话：0312－2059001
地　　址：保定市莲池大街265号
邮政编码：071000

东城支行
副 行 长：刘保欣（主持工作）
电　　话：0312－5022289
地　　址：保定市东风东路192号
邮政编码：071000

三丰支行
行　　长：赵建军
电　　话：0312－2117330
地　　址：保定市三丰中路255号
邮政编码：071000

建华支行
行　　长：韩志龙
电　　话：0312－2016569
地　　址：保定市建华大街788号
邮政编码：071000

高开区支行
行　　长：徐学军
电　　话：0312－3188558
地　　址：保定市隆兴中路77号
邮政编码：071051

裕华支行
行　　长：王立旻
电　　话：0312－2034382
地　　址：保定市裕华西路508号
邮政编码：071000

朝阳支行
行　　长：李长存
电　　话：0312－3070819
地　　址：保定市百花西路5号
邮政编码：071051

阳光支行
行　　长：王　军
电　　话：0312－3101266
地　　址：保定市阳光北大街旺角商业区21号
邮政编码：071051

市分行营业部
总 经 理：艾红峰
电　　话：0312－3065329
地　　址：保定市东风西路193号
邮政编码：071051

沧州分行
行　　长：李立成
电　　话：0317－2059431
地　　址：河北省沧州市黄河西路28号
邮政编码：061001

海兴支行
行　　长：滕　辉
电　　话：0317－6621395
地　　址：河北省海兴县兴融街
邮政编码：061200

南皮支行
行　　长：刘　锋
电　　话：0317－8853487
地　　址：河北省南皮县建设南大街22号
邮政编码：061500

东光支行
行　　长：张海青
电　　话：0317－7723705
地　　址：河北省东光县东光镇府前街106

号
邮政编码：061600

河间支行
行　　长：周保华
电　　话：0317－3226334
地　　址：河北省河间市京开北路
邮政编码：062450

吴桥支行
行　　长：曹金钟
电　　话：0317－7341630
地　　址：河北省吴桥县桑元镇长江东路82号
邮政编码：061800

献县支行
行　　长：王　勇
电　　话：0317－4616198
地　　址：河北省献县东升北路1号
邮政编码：062250

黄骅支行
行　　长：孙瑞强
电　　话：0317－5320292
地　　址：河北省黄骅市建设大街南段
邮政编码：061100

盐山支行
行　　长：于向军
电　　话：0317－6221083
地　　址：河北省盐山县城北环路
邮政编码：061300

肃宁支行
行　　长：徐博峰
电　　话：0317－5021819
地　　址：河北省肃宁县石坊路
邮政编码：062350

孟村支行
行　　长：刘芳春
电　　话：0317－6721818
地　　址：河北省孟村县建设大街
邮政编码：061400

中捷支行
行　　长：徐爱民
电　　话：0317－5482090
地　　址：河北省中捷农场总部创业路
邮政编码：061108

南大港支行
行　　长：王振祥
电　　话：0317－5462138
地　　址：河北省沧州市南大港管理区
邮政编码：061103

泊头支行
行　　长：王　坚
电　　话：0317－8188211
地　　址：河北省泊头市裕华路559号
邮政编码：062150

任丘支行
行　　长：李春桢
电　　话：0317－2222395
地　　址：河北省任丘市裕华东路33号
邮政编码：062550

青县支行
行　　长：郝燕辉
电　　话：0317－4328018
地　　址：河北省青县104国道东
邮政编码：062650

沧县支行
行　　长：张建国
电　　话：0317－3573272
地　　址：河北省沧州市黄河东路74号
邮政编码：061000

运河支行
行　　长：戴志晖
电　　话：0317－3025093
地　　址：河北省沧州市解放东路7号
邮政编码：061000

新华支行
行　　长：胡占广
电　　话：0317－3021158
地　　址：河北省沧州市水月寺大街14号
邮政编码：061000

西环支行
行　　长：王　辉
电　　话：0317－2101868
地　　址：河北省沧州市浮阳南大道15号
邮政编码：061001

迎宾路支行
行　　长：庞冠军
地　　址：河北省沧州市御河路8号

电　　话：0317－2096989
邮政编码：061001

解放路支行

行　　长：张均德
电　　话：0317－3022647
地　　址：河北省沧州市解放东路10号
邮政编码：061000

北环支行

行　　长：郭明生
地　　址：河北省沧州市北环中路75号
电　　话：0317－2204584
邮政编码：061001

南环支行

行　　长：孙振国
电　　话：0317－3526222
地　　址：河北省沧州市黄河中路18号
邮政编码：061000

衡水分行

副 行 长：李长安（主持工作）
电　　话：0318－2022993
地　　址：河北省衡水市胜利东路358号
邮政编码：053000

冀州市支行

行　　长：岳丽霞
电　　话：0318－8628399
地　　址：冀州市冀新西路38号
邮政编码：053200

枣强县支行

行　　长：何金维
电　　话：0318－8224462
地　　址：枣强县胜利南路83号
邮政编码：053100

武邑县支行

行　　长：张树柳
电　　话：0318－5715280
地　　址：武邑县建设东路
邮政编码：053400

深州市支行

行　　长：孙振军
电　　话：0318－3313051
地　　址：深州市泰山西路26号
邮政编码：053800

武强县支行

行　　长：于国生
电　　话：0318－3825566
地　　址：武强县振兴路23号
邮政编码：053300

饶阳县支行

行　　长：高胜秋
电　　话：0318－7225923
地　　址：饶阳县繁荣街16号
邮政编码：053900

安平县支行

行　　长：任玉川
电　　话：0318－7583188
地　　址：安平县新盈东街74号
邮政编码：053600

故城县支行

副 行 长：张立彬（主持工作）
电　　话：0318－5322251
地　　址：故城县工业路31号
邮政编码：253800

景县支行

副 行 长：王　勇（主持工作）
电　　话：0318－4318926
地　　址：景县景安大街120号
邮政编码：053500

阜城县支行

行　　长：张建华
电　　话：0318－4622305
地　　址：阜城县府前路
邮政编码：053700

胜利支行

行　　长：王自义
电　　话：0318－2022819
地　　址：衡水市胜利东路358号
邮政编码：053000

城中支行

行　　长：李　明
电　　话：0318－2100285
地　　址：衡水市中心街198号
邮政编码：053000

西城支行

副 行 长：党英坡（主持工作）
电　　话：0318－2168351
地　　址：衡水市新华中路38号
邮政编码：053000

和平支行
副 行 长：刘淑红（主持工作）
电　　话：0318－6903399
地　　址：衡水市和平西路389号
邮政编码：053000

滏阳支行
行　　长：张金锋
电　　话：0318－2032186
地　　址：衡水市人民东路615号
邮政编码：053000

邢台分行

副 行 长：杨　和（主持工作）
电　　话：0319－3187170
地　　址：邢台市新兴东大街278号
邮政编码：054001

襄都支行
副 行 长：胡建社（主持工作）
电　　话：0319－3862001
地　　址：邢台市中兴东大街205号
邮政编码：054001

新兴支行
行　　长：翟景涛
电　　话：0319－3179007
地　　址：邢台市新兴东大街428号
邮政编码：054001

冶金路支行
副 行 长：李廷春（主持工作）
电　　话：0319－2661876
地　　址：邢台市冶金南路202号
邮政编码：054000

八一路支行
行　　长：陈风岭
电　　话：0319－2228738
地　　址：邢台市八一大街86号
邮政编码：054000

邢东支行（二级支行）
行　　长：张连生（正科）
电　　话：0319－3225898
地　　址：邢台市邢州北路159号
邮政编码：054001

邢台县支行
行　　长：王山友
电　　话：0319－2231896
地　　址：邢台市泉南西大街288号
邮政编码：054000

沙河市支行
行　　长：李成志
电　　话：0319－8820166
地　　址：沙河市站前街21号
邮政编码：054100

临城县支行
副 行 长：刘乙林（主持工作）
电　　话：0319－7192299
地　　址：临城县临城镇北关街1号
邮政编码：054300

内邱县支行
行　　长：刘增峰
电　　话：0319－6869661
地　　址：内邱县胜利西路150号
邮政编码：054200

柏乡县支行
行　　长：石宪法
电　　话：0319－7721519
地　　址：柏乡县县城北街
邮政编码：055450

隆尧县支行
行　　长：王福明
电　　话：0319－6661898
地　　址：隆尧县滏澧北街
邮政编码：055350

任县支行
行　　长：江风虎
电　　话：0319－7513665
地　　址：任县任城镇光明街45号
邮政编码：055150

南和县支行
行　　长：孙振鹏
电　　话：0319－4565226
地　　址：南和县河阳大街65号
邮政编码：054400

南宫市支行
副 行 长：范佩金（主持工作）
电　　话：0319－5229401
地　　址：南宫市青年大街110号
邮政编码：055750

巨鹿县支行
行　　长：尼林峰

电　　话：0319－4332173
地　　址：巨鹿县新华北路 87 号
邮政编码：055250

广宗县支行
行　　长：李瑞华
电　　话：0319－7211833
地　　址：广宗县府前街 16 号
邮政编码：054600

平乡县支行
行　　长：徐兰芳
电　　话：0319－7861839
地　　址：平乡县中华路
邮政编码：054500

威县支行
副 行 长：魏建忠（主持工作）
电　　话：0319－6159898
地　　址：威县顺城路 45 号
邮政编码：054700

清河县支行
负 责 人：王永春
电　　话：0319－8183441
地　　址：清河县宏毅路 2 号
邮政编码：054800

宁晋县支行
行　　长：柳胜英
电　　话：0319－5801510
地　　址：宁晋县石坊路 52 号
邮政编码：055550

新河县支行
副 行 长：赵江朝（主持工作）
电　　话：0319－4781393
地　　址：新河县城内新兴街 3 号
邮政编码：055650

临西县支行
副 行 长：徐兴国（主持工作）
电　　话：0319－8561666
地　　址：临西县永济北街 160 号
邮政编码：054900

邯郸分行
行　　长：郑学峰
电　　话：0310－3128700
地　　址：河北省邯郸市和平路 300 号
邮政编码：056002

复兴支行
行　　长：段海江
电　　话：0310－3148388
地　　址：邯郸市复兴路 27 号
邮政编码：056003

迎宾支行
行　　长：杨谊臣
电　　话：0310－7128902
地　　址：邯郸市联纺路与滏东大街东北角
邮政编码：056002

人民支行
行　　长：姜洪涛
电　　话：0310－3254847
地　　址：河北省邯郸市人民路 34 号
邮政编码：056002

丛台支行
行　　长：王保平
电　　话：0310－3286038
地　　址：河北省邯郸市新兴大街 25 号
邮政编码：056004

渚河支行
行　　长：许清民
电　　话：0310－3181727
地　　址：邯郸市渚河路甲 64 号
邮政编码：056001

邯山支行
行　　长：王勤昌
电　　话：0310－3046635
地　　址：河北省邯郸市陵西南大街 55 号
邮政编码：056001

肥乡县支行
行　　长：王春法
电　　话：0310－8562206
地　　址：肥乡县贸易街 92 号
邮政编码：057550

成安县支行
行　　长：白志峰（主持工作）
电　　话：0310－7211358
地　　址：成安县成安镇青云路县工会北侧
邮政编码：056700

邯郸县支行
行　　长：宁亚民
电　　话：0310－8015078

地　　址：河北省邯郸市陵园路162号
邮政编码：056001

魏县支行
行　　长：张志强
电　　话：0310－3507116
地　　址：魏县魏城镇龙乡街北段路东人行南侧
邮政编码：056800

永年县支行
行　　长：李献斌
电　　话：0310－6862580
地　　址：永年县名关镇健康东大街1号
邮政编码：057150

鸡泽县支行
行　　长：齐朝霞
电　　话：0310－7522730
地　　址：鸡泽县中长街146号
邮政编码：057350

馆陶县支行
行　　长：琚洪俊（主持工作）
电　　话：0310－2821749
地　　址：河北省馆陶县政府街336号
邮政编码：057750

邱县支行
行　　长：吕洪超（主持工作）
电　　话：0310－8358625
地　　址：邱县振兴街东段烟草专卖局南侧
邮政编码：057450

大名县支行
行　　长：盛　鹏
电　　话：0310－6562533
地　　址：大名县大名镇大名府路15号
邮政编码：056900

磁县支行
行　　长：任　山（主持工作）
电　　话：0310－2322355
地　　址：河北省磁县磁州路7号
邮政编码：056500

广平县支行
行　　长：武建军（主持工作）
电　　话：0310－2526227
地　　址：广平县人民路与曲魏路交叉口西50米路北
邮政编码：057650

临漳县支行
行　　长：刘雪原
电　　话：0310－7852066
地　　址：河北省临漳县建安路与邺都大街交叉口东南角
邮政编码：056600

涉县支行
行　　长：杜志强
电　　话：0310－3832408
地　　址：涉县涉城镇振兴路中段路南
邮政编码：056400

曲周县支行
行　　长：白燕昆
电　　话：0310－8892767
地　　址：曲周县振兴路中段路南
邮政编码：057250

峰峰支行
行　　长：张志坚（主持工作）
电　　话：0310－5189623
地　　址：河北省邯郸市峰峰矿区新市区滏源堤路9号
邮政编码：056200

武安市支行
行　　长：王保平
电　　话：0310－5652633
地　　址：河北省武安市中兴路1322号
邮政编码：056300

中国银行股份有限公司

中国银行河北省分行
行　　长：张志勇
电　　话：0311－87035522
地　　址：石家庄市新华路78－80号
邮政编码：050000

石家庄市机场路支行
行　　长：柴英豪
电　　话：0311－87042544
地　　址：石家庄市和平西路469号
邮政编码：050071

石家庄市联强支行
行　　长：石　辉

电　　话：0311－87068124
地　　址：石家庄市联盟路699号
邮政编码：050061

石家庄市维明北街支行
行　　长：袁全战
电　　话：0311－87816054
地　　址：石家庄市维明北大街106号
邮政编码：050051

石家庄市谊北支行
行　　长：刘　浩
电　　话：0311－83633103
地　　址：石家庄市中山西路499号
邮政编码：050051

石家庄市合西支行
行　　长：侯文皋
电　　话：0311－87044179
地　　址：石家庄市合作路113号
邮政编码：050051

石家庄市永安支行
行　　长：赵卫武
电　　话：0311－87021641
地　　址：石家庄市中华南大街28号
邮政编码：050051

石家庄市泰华支行
行　　长：王力波
电　　话：0311－87814313
地　　址：石家庄市泰华街107号
邮政编码：050051

鹿泉支行
行　　长：陈庆林
电　　话：0311－82012778
地　　址：鹿泉市北斗路与石邑大街交叉口
邮政编码：050200

井陉支行
行　　长：刘英斌
电　　话：0311－82023739
地　　址：井陉县微水镇建设北路
邮政编码：050300

平山支行
行　　长：齐　聪
电　　话：0311－82942020
地　　址：平山县城冶河东路96号
邮政编码：050400

石家庄市中山支行
行　　长：于　松
电　　话：0311－88611178
地　　址：石家庄市中山西路83号
邮政编码：050000

石家庄市中华南大街支行
行　　长：相增辉
电　　话：0311－83826985
地　　址：石家庄市中华南大街336号
邮政编码：050091

石家庄市红旗大街支行
行　　长：崔新德
电　　话：0311－83035879
地　　址：石家庄市红旗大街68号
邮政编码：050091

石家庄市师范街支行
行　　长：李良霞
电　　话：0311－87880838
地　　址：石家庄市师范街2号
邮政编码：050091

石家庄市开发区支行
行　　长：段立新
电　　话：0311－83035892
地　　址：石家庄市裕华西路87号
邮政编码：050091

石家庄市平安支行
行　　长：李亚军
电　　话：0311－86083863
地　　址：石家庄市平安北大街138号
邮政编码：050000

正定支行
行　　长：张志辉
电　　话：0311－88022259
地　　址：正定城内常山西路52号
邮政编码：050800

新乐支行
行　　长：马文平
电　　话：0311－88582932
地　　址：新乐市鲜虞街68号
邮政编码：050700

无极支行
行　　长：李　勇
电　　话：0311－85572435

地　　址：无极县无极东路 1 号
邮政编码：052460

石家庄市裕东支行
行　　长：张德林
电　　话：0311－85653588
地　　址：石家庄市建华南大街 78 号
邮政编码：050031

石家庄市中山东路支行
行　　长：徐立均
电　　话：0311－85083450
地　　址：石家庄市中山东路 739 号
邮政编码：050032

石家庄市和平支行
行　　长：兰永进
电　　话：0311－86058425
地　　址：石家庄市中山东路 289 号
邮政编码：050011

石家庄市黄河大道支行
副 行 长：张利军
电　　话：0311－85961886
地　　址：石家庄市黄河大道 105 号
邮政编码：050035

石家庄市休门街支行
副 行 长：王运河
电　　话：0311－85052826
地　　址：石家庄市民生路 89 号
邮政编码：050031

辛集支行
行　　长：李文广
电　　话：0311－83260384
地　　址：辛集市兴华路北段 26 号
邮政编码：052360

辛集商业城支行
行　　长：耿　允
电　　话：0311－83226020
地　　址：辛集市商业城
邮政编码：052360

辛集兴华路支行
行　　长：李铁军
电　　话：0311－83222534
地　　址：辛集市兴华路南段
邮政编码：052360

辛集建设街支行
行　　长：邓　磊
电　　话：0311－83228396
地　　址：辛集市建设街与教育大道交叉口西北角
邮政编码：052360

晋州支行
行　　长：梅树庭
电　　话：0311－84321881
地　　址：晋州市中兴街 138 号
邮政编码：052260

深泽支行
行　　长：陈锁群
电　　话：0311－83527541
地　　址：深泽县西苑街 31 号
邮政编码：052560

石家庄市裕华支行
行　　长：赵会彬
电　　话：0311－86088126
地　　址：石家庄市裕华东路 62 号
邮政编码：050011

石家庄市翟营大街支行
行　　长：武鸿博
电　　话：0311－85800681
地　　址：石家庄市翟营南大街 345 号
邮政编码：050000

石家庄市槐安支行
行　　长：白　石
电　　话：0311－85653582
地　　址：石家庄市槐安东路 164 号金马商业街 4 号
邮政编码：050000

石家庄市石宾支行
行　　长：路群英
电　　话：0311－86029942
地　　址：石家庄市槐中路 118 号
邮政编码：050011

石家庄市西美支行
行　　长：雷焕起
电　　话：0311－66611091
地　　址：石家庄市建设南大街 6 号
邮政编码：050000

石家庄市育才支行
行　　长：赵二东
电　　话：0311－85802341

地　　址：石家庄市育才街 180 号
邮政编码：050021

石家庄市东岗路支行

行　　长：许素林
电　　话：0311－85895506
地　　址：石家庄市东岗路 28 号
邮政编码：050000

藁城支行

行　　长：刘军辉
电　　话：0311－88169181
地　　址：藁城市廉州中路 1 号
邮政编码：052160

赵县支行

行　　长：陈新义
电　　话：0311－84942853
地　　址：赵县永通路 38 号
邮政编码：051530

元氏支行

行　　长：袁新义
电　　话：0311－84622502
地　　址：元氏县人民路 140 号
邮政编码：051130

中国银行秦皇岛分行

行　　长：谷万钧
电　　话：0335－3619050
地　　址：秦皇岛市海港区迎宾路 157 号
邮政编码：066001

滨海城支行

行　　长：彭　涛
电　　话：0335－3410849
地　　址：秦皇岛市海港区滨海城小区东出口
邮政编码：066002

海阳路支行

行　　长：王占宏
电　　话：0335－3033894
地　　址：秦皇岛市海港区海阳路 9 号
邮政编码：066000

国际城支行

行　　长：任世东
电　　话：0335－3256951
地　　址：秦皇岛市海港区兴龙国际城 8－1 号
邮政编码：066000

文化路支行

行　　长：冯玉权
电　　话：0335－3619101
地　　址：秦皇岛市海港区文化北路 307 号
邮政编码：066001

开发区支行

行　　长：张志波
电　　话：0335－8051664
地　　址：秦皇岛市开发区珠江道 37 号
邮政编码：066004

海港支行

行　　长：刘立军
电　　话：0335－3042726
地　　址：秦皇岛市海港区建安里副 19 号
邮政编码：066000

长江道支行

行　　长：陈志军
电　　话：0335－8582091
地　　址：秦皇岛市开发区长江西道 9 号
邮政编码：066004

友谊路支行

行　　长：冯　杰
电　　话：0335－3893435
地　　址：秦皇岛市海港区友谊路 193 号
邮政编码：066000

中央胜境支行

行　　长：孙晓军
电　　话：0335－3895578
地　　址：秦皇岛市海港区建设大街 179 号
邮政编码：066001

建设大街支行

行　　长：田　芳
电　　话：0335－3083268
地　　址：秦皇岛市海港区建设大街 9－5、9－6 号
邮政编码：066001

和平花园支行

行　　长：陈海忠
电　　话：0335－3800599
地　　址：秦皇岛市海港区和平大街 246－248 号
邮政编码：066000

河北大街支行

行　　长：田海翔
电　　话：0335－3266139
地　　址：秦皇岛市海港区河北大街245号
邮政编码：066000

团结里支行

行　　长：刘一霞
电　　话：0335－3733103
地　　址：秦皇岛市海港区团结里
邮政编码：066002

三中支行

行　　长：冯克霞
电　　话：0335－3733150
地　　址：秦皇岛市海港区建国路1号海港区卫生防疫站一楼
邮政编码：066003

玉峰里支行

行　　长：史艳丽
电　　话：0335－3084010
地　　址：秦皇岛市海港区玉峰里小区
邮政编码：066000

北戴河支行

行　　长：韩卫红
电　　话：0335－4049032
地　　址：秦皇岛市北戴河区联峰北路职业技术学院对面
邮政编码：066100

山海关支行

行　　长：张京晨
电　　话：0335－5083688
地　　址：秦皇岛市山海关开发区船厂路
邮政编码：066200

抚宁支行

行　　长：李顶斌
电　　话：0335－6011663
地　　址：抚宁县抚宁镇迎宾路中段
邮政编码：066300

昌黎支行

行　　长：王弘历
电　　话：0335－2023075
地　　址：昌黎县昌黎镇一街后行61号
邮政编码：066600

卢龙支行

行　　长：白秀军
电　　话：0335－7206283
地　　址：卢龙县永平大街县邮政局东侧
邮政编码：066400

青龙支行

行　　长：王　杰
电　　话：0335－7862490
地　　址：青龙县青龙镇中段
邮政编码：066500

中国银行张家口分行

行　　长：刘　虹
电　　话：0313－8168091
地　　址：张家口市长青路42号
邮政编码：075000

附属医院支行

行　　长：张拥军
电　　话：0313－8025100
地　　址：张家口市桥西区长青路下东营12号楼8单元底商
邮政编码：075000

桥西支行

行　　长：吴　宏
电　　话：0313－8040268
地　　址：张家口市桥西区明德南路中段
邮政编码：075000

岸尚清城支行

行　　长：芦志强
电　　话：0313－2165313
地　　址：张家口市桥西区南城壕街6号商业写字楼13号
邮政编码：075000

明德北支行

行　　长：付晓菲
电　　话：0313－8040273
地　　址：张家口市桥西区明德北路中段
邮政编码：075000

南新区支行

行　　长：郑兰柱
电　　话：0313－4016396
地　　址：张家口市南新区中兴北路中段联通营业楼底商
邮政编码：075000

金鼎支行

行　　长：杨晏东

电　　话：0313－8067082
地　　址：张家口市桥西区西坝岗路中段
邮政编码：075000

南口支行

行　　长：郑春莲
电　　话：0313－2035320
地　　址：张家口市桥东区胜利北路54号盛世华庭小区底商
邮政编码：075000

桥东支行

行　　长：张凯雁
电　　话：0313－2063419
地　　址：张家口市桥东区商务北横街东端
邮政编码：075000

纬一路支行

行　　长：韩文胜
电　　话：0313－4065376
地　　址：张家口市纬一中路纬一花园住宅小区底商
邮政编码：075000

报业大厦支行

行　　长：肖志刚
电　　话：0313－2050576
地　　址：张家口市桥东区建国路报业大厦
邮政编码：075000

建国路支行

行　　长：杨菊英
电　　话：0313－2111383
地　　址：张家口市桥东区建国路欣盛大厦写字楼5号底商
邮政编码：075000

西河沿支行

行　　长：裴秀玲
电　　话：0313－2185264
地　　址：张家口市桥西区清水河中路中段
邮政编码：075000

新村路支行

行　　长：李亚琦
电　　话：0313－2185264
地　　址：张家口市桥西区清水河中路中段
邮政编码：075000

串夭街支行

行　　长：刘卫琴
电　　话：0313－2180167
地　　址：张家口市桥西区西苑北路中段
邮政编码：075000

胜利北支行

行　　长：任　勇
电　　话：0313－4066639
地　　址：张家口市桥东区容辰商业街南区35号商铺
邮政编码：075000

下花园支行

行　　长：韩　录
电　　话：0313－5053269
地　　址：张家口市下花园区中心广场
邮政编码：075300

宣化支行

行　　长：陈　明
电　　话：0313－3188799
地　　址：张家口市宣化区牌楼西街53号
邮政编码：075100

宣化开发区支行

行　　长：边海燕
电　　话：0313－3188748
地　　址：张家口市宣化区开发区中山大街钢鑫小区
邮政编码：075100

宣化南关支行

行　　长：常　江
电　　话：0313－3188787
地　　址：张家口市宣化区南关桥北25号
邮政编码：075100

宣化钟楼支行

行　　长：郭　广
电　　话：0313－3188787
地　　址：张家口市宣化区大东街10号
邮政编码：075100

宣化建国街支行

行　　长：寇云发
电　　话：0313－3188772
地　　址：张家口市宣化区建国街5号雅枫住宅小区
邮政编码：075100

宣化大西街支行

行　　长：张巨龙

电　　话：0313－3188775
地　　址：张家口市宣化区大西街京西江南住宅小区商业楼
邮政编码：075100

怀来县支行

行　　长：杨　刚
电　　话：0313－6223326
地　　址：怀来县京张公路东大街
邮政编码：075400

怀来长城路支行

行　　长：施东沙
电　　话：0313－6800861
地　　址：怀来县沙城镇长城中路南端路东
邮政编码：075400

怀来燕京路支行

行　　长：乔际峰
电　　话：0313－6800860
地　　址：怀来县沙城镇燕京路新东方城市广场101号
邮政编码：075400

怀来西大街支行

行　　长：师瑞峰
电　　话：0313－6800862
地　　址：怀来县富达园小区路口东北角
邮政编码：075400

张北支行

行　　长：申宝兵
电　　话：0313－5222078
地　　址：张北县张北镇兴华西路102号
邮政编码：076450

张北兴和路支行

行　　长：陈　岗
电　　话：0313－5238690
地　　址：张北县张北镇兴和路海燕城大酒店底商
邮政编码：076450

蔚县支行

行　　长：孙伟利
电　　话：0313－7213538
地　　址：蔚县蔚州镇建设南大街中段路西网通楼
邮政编码：075700

蔚县光明街支行

行　　长：康　　忠
电　　话：0313－7217971
地　　址：蔚县光明南街西207号
邮政编码：075700

万全支行

行　　长：夏海文
电　　话：0313－4224839
地　　址：万全县孔家庄镇万孔路64号
邮政编码：076250

阳原支行

行　　长：方海军
电　　话：0313－7512424
地　　址：阳原县城昌盛西街十字路口西北角
邮政编码：075800

中国银行唐山分行

行　　长：周彦军
电　　话：0315－2206608
地　　址：唐山市新华西道67号
邮政编码：063004

天元帝景支行

行　　长：杨丽娟
电　　话：0315－2098959
地　　址：唐山市天元帝景兴源道123－1号
邮政编码：063000

学院路支行

行　　长：刘万里
电　　话：0315－2015634
地　　址：唐山市学院路西28号
邮政编码：063000

河茵路支行

行　　长：卢春晖
电　　话：0315－2706525
地　　址：唐山市路北区河茵路市场东口北侧
邮政编码：063000

朝阳道支行

行　　长：张卫军
电　　话：0315－2706659
地　　址：唐山市朝阳道东段
邮政编码：063000

南新道支行

行　　长：刘晓华
电　　话：0315－2561210

地　　址：唐山市路南区福乐园 906 付 1 号
邮政编码：063004

友谊路支行
行　　长：王晓宏
电　　话：0315－2328500
地　　址：唐山市友谊路 36 号
邮政编码：063001

华岩南路支行
行　　长：姚兴志
电　　话：0315－2329149
地　　址：唐山市华岩路 41 号
邮政编码：063000

裕华道支行
行　　长：黄连军
电　　话：0315－2092397
地　　址：唐山市祥富南里 801 楼 2－4、5 号
邮政编码：063000

馨秀园支行
行　　长：童学楷
电　　话：0315－2010659
地　　址：唐山市长虹道 221、223、225 号
邮政编码：063000

时代景苑支行
行　　长：张亚军
电　　话：0315－2031504
地　　址：唐山市长宁道 309 号
邮政编码：063000

银安花园支行
行　　长：丁枚林
电　　话：0315－2826879
地　　址：唐山市西山道 218 号
邮政编码：063000

煤医道支行
行　　长：荣建芝
电　　话：0315－2828309
地　　址：唐山市文化路 120 号
邮政编码：063000

凤宁花园支行
行　　长：朱海玲
电　　话：0315－3273089
地　　址：唐山市长宁道 6－1 号
邮政编码：063000

古冶支行
行　　长：王欣宇
电　　话：0315－3563291
地　　址：唐山市古冶区林西新林道 56 号
邮政编码：063103

河北路支行
行　　长：孙文仓
电　　话：0315－3280688
地　　址：唐山市路北区庆南道（河北 1 号市场东侧）
邮政编码：063500

大里路支行
行　　长：王　强
电　　话：0315－2329149
地　　址：唐山市大里路丽景琴园底商 1－24 号
邮政编码：063000

复兴路支行
行　　长：匡国强
电　　话：0315－2862719
地　　址：唐山市复兴路 199 号
邮政编码：063000

建设路支行
行　　长：范志学
电　　话：0315－2036973
地　　址：唐山市建设北路 100 号
邮政编码：063000

新城道支行
行　　长：武国良
电　　话：0315－3230158
地　　址：唐山市新区新城道 132 号
邮政编码：063030

新城道燕山路支行
行　　长：孟维福
电　　话：0315－3242714
地　　址：唐山市丰润区新城道 19 号
邮政编码：063030

新城道园东支行
行　　长：刘大为
电　　话：0315－3246789
地　　址：唐山市丰润区公园道园东小区 108－1－201、202 号
邮政编码：063030

体育中心支行
行　　长：刘俊成
电　　话：0315－2819774
地　　址：唐山市建设南路82号
邮政编码：063000

京唐港支行
行　　长：张恩杰
电　　话：0315－2914088
地　　址：唐山市海港开发区7号路38号路交叉口
邮政编码：063611

北新道支行
行　　长：马锦玲
电　　话：0315－2216032
地　　址：唐山市北新西道24号
邮政编码：063004

广场支行
行　　长：郗立群
电　　话：0315－2821459
地　　址：唐山市新华东道119号
邮政编码：063000

唐钢支行
行　　长：赵　刚
电　　话：0315－2705277
地　　址：唐山市路北区钢厂道23号
邮政编码：063000

滦南支行
行　　长：才胜平
电　　话：0315－4122014
地　　址：滦南县城南大街3号
邮政编码：063500

滦南城南支行
行　　长：荣　建
电　　话：0315－4123456
地　　址：滦南县城南大街
邮政编码：063500

丰南支行
行　　长：刘宗义
电　　话：0315－8129342
地　　址：唐山市丰南区青年路106号
邮政编码：063300

丰南开发区支行
行　　长：邓秀伟
电　　话：0315－8163065
地　　址：唐山市丰南区青年路328号
邮政编码：063300

丰南新华路支行
行　　长：崔印坤
电　　话：0315－8123934
地　　址：唐山市丰南区新华大街九河公园西门口
邮政编码：063300

丰南汇通路支行
行　　长：李静芸
电　　话：0315－8129049
地　　址：唐山市丰南区汇通路133号
邮政编码：063300

迁西支行
行　　长：魏天中
电　　话：0315－5612922
地　　址：迁西县喜峰中路34号
邮政编码：064300

迁西喜峰路支行
行　　长：张海霞
电　　话：0315－5620523
地　　址：迁西县城关凤凰西街南侧龙凤嘉园西
邮政编码：064300

乐亭支行
行　　长：王传明
电　　话：0315－4612325
地　　址：乐亭县金融大街11号
邮政编码：063600

乐亭永安支行
行　　长：赵永丰
电　　话：0315－4612398
地　　址：乐亭县新城区永安南路87号
邮政编码：063600

迁安支行
行　　长：张正军
电　　话：0315－7613475
地　　址：迁安市花园街
邮政编码：064400

迁安兴安大街支行
行　　长：石继革
电　　话：0315－7613258

地　　址：迁安市兴安大街
邮政编码：064400

滦县支行
行　　长：张　晖
电　　话：0315－7125449
地　　址：滦县新城燕山北大街37号
邮政编码：063700

唐海支行
行　　长：尹　群
电　　话：0315－8752634
地　　址：唐海县垦丰大街96号
邮政编码：063200

曹妃甸支行
行　　长：王丽艳
电　　话：0315－8821973
地　　址：唐山市曹妃甸工业区曹妃甸实业公司大厦
邮政编码：063200

遵化支行
行　　长：刘继海
电　　话：0315－6614033
地　　址：遵化市文茂大街8号
邮政编码：064200

遵化文萃路支行
行　　长：魏　恒
电　　话：0315－6618337
地　　址：遵化市文翠路天之润小区路西底层商铺
邮政编码：064200

遵化建设路支行
行　　长：王东甫
电　　话：0315－6620067
地　　址：遵化市亨泰公寓底层商铺
邮政编码：064200

玉田支行
行　　长：刘东升
电　　话：0315－6114786
地　　址：玉田县无终东街58号
邮政编码：064100

玉田北环支行
行　　长：孙建民
电　　话：0315－6115757
地　　址：玉田县兴玉路西幸福小区商业楼一层
邮政编码：064100

丰润支行
行　　长：李国生
电　　话：0315－5125804
地　　址：唐山市丰润区曹雪芹西大街36号
邮政编码：064000

丰润曹雪芹大街支行
行　　长：冯宝刚
电　　话：0315－5124144
地　　址：唐山市丰润区端明路与曹雪芹大街交叉口西北侧
邮政编码：064000

丰润康宁路支行
行　　长：孟宪勇
电　　话：0315－5127113
地　　址：唐山市丰润区康宁路祥润佳园底商15号
邮政编码：064000

新华道支行
行　　长：梁久顺
电　　话：0315－2818289
地　　址：唐山市新华西道36号
邮政编码：063020

中国银行保定分行
行　　长：苏岩峰
电　　话：0312－3086600
地　　址：保定市东风西路2号
邮政编码：071051

裕华支行
行　　长：车　跃
电　　话：0312－2026884
地　　址：保定市裕华西路399号
邮政编码：071000

西城支行
行　　长：夏英男
电　　话：0312－3024508
地　　址：保定市朝阳南大街283号
邮政编码：071000

东城支行
行　　长：张建龙
电　　话：0312－5017971
地　　址：保定市天威东路295号

邮政编码：071000

北城支行

行　　长：周立明
电　　话：0312－2020618
地　　址：保定市东风中路4号－5号
邮政编码：071000

高科技开发区支行

行　　长：周彦明
电　　话：0312－3336756
地　　址：保定市朝阳北大街700号
邮政编码：071051

涿州支行

行　　长：崔少卿
电　　话：0312－3635365
地　　址：涿州市开发区东兴北街29号
邮政编码：072750

定州支行

行　　长：荆　东
电　　话：0312－2386552
地　　址：定州市中山路2号
邮政编码：073000

高阳支行

行　　长：付伯权
电　　话：0312－6633201
地　　址：高阳县迎宾路
邮政编码：071500

雄县支行

行　　长：杨永济
电　　话：0312－5861141
地　　址：雄县文昌大街258号
邮政编码：071800

满城支行

行　　长：杨光辉
电　　话：0312－7078415
地　　址：满城县中山东路53号
邮政编码：072150

高碑店支行

行　　长：王贺明
电　　话：0312－2813184
地　　址：高碑店市团结东路5号
邮政编码：074000

高碑店市白沟支行

行　　长：谷连恩
电　　话：0312－2890329
地　　址：高碑店市白沟镇仁和中路3号
邮政编码：074000

容城支行

行　　长：黄有宽
电　　话：0312－5615848
地　　址：容城县北关东环路
邮政编码：071700

清苑支行

行　　长：任　华
电　　话：0312－8011421
地　　址：清苑县中心东街1号
邮政编码：071100

徐水支行

行　　长：董　铁
电　　话：0312－8601023
地　　址：徐水县永兴西路53号
邮政编码：072550

蠡县支行

行　　长：陈欣涛
电　　话：0312－6215168
地　　址：蠡县城范蠡东路
邮政编码：071400

蠡县留史支行

行　　长：伍　毅
电　　话：0312－6335311
地　　址：蠡县留史镇杏园楼
邮政编码：071400

安国支行

行　　长：杨学林
电　　话：0312－3576789
地　　址：安国市药都北大街82号
邮政编码：071200

易县支行

行　　长：孙敬东
电　　话：0312－8213720
地　　址：易县迎晖北大街96号
邮政编码：074200

七一路支行

行　　长：张福正
电　　话：0312－2132919
地　　址：保定市三丰中路589号
邮政编码：071051

天鹅路支行
行　　长：潘　静
电　　话：0312－3138836
地　　址：保定市天鹅中路79号
邮政编码：071051

中国银行邯郸分行
行　　长：张立波
电　　话：0310－6265532
地　　址：邯郸市人民路79号
邮政编码：056002

复兴支行
行　　长：李　卫
电　　话：0310－3148671
地　　址：邯郸市人民路与前进大街交叉口西北角
邮政编码：056003

财富支行
行　　长：范亚卓
电　　话：0310－3118806
地　　址：邯郸市和平路398号
邮政编码：056001

丛台中路支行
行　　长：郭　颖
电　　话：0310－3125810
地　　址：邯郸市丛台路甲33号
邮政编码：056002

高开区支行
行　　长：孟社兴
电　　话：0310－5513558
地　　址：邯郸市经济开发区联通南路18号
邮政编码：056004

雪驰路支行
行　　长：刘志勇
电　　话：0310－8039388
地　　址：邯郸市雪驰路13号
邮政编码：056001

光明大街支行
行　　长：朱国庆
电　　话：0310－3277843
地　　址：邯郸市光明北大街与望岭路西南角
邮政编码：056002

中华大街支行
行　　长：李社层
电　　话：0310－3125521
地　　址：邯郸市中华大街9号
邮政编码：056001

罗城头支行
行　　长：李　军
电　　话：0310－3168801
地　　址：邯郸市邯山区罗城头商业网点I区育红饭店
邮政编码：056001

农林中路支行
行　　长：柴　华
电　　话：0310－8070680
地　　址：邯郸市农林路86号
邮政编码：056001

丛台支行
行　　长：任志宏
电　　话：0310－2063202
地　　址：邯郸市丛台路380号
邮政编码：056002

联纺路支行
行　　长：孟社兴
电　　话：0310－7022424
地　　址：邯郸市中华北大街382号
邮政编码：056004

峰峰支行
行　　长：申玉文
电　　话：0310－5011494
地　　址：邯郸市峰峰新市区滏阳东路北体育场东侧甲24号
邮政编码：056200

邯山支行
行　　长：周慧成
电　　话：0310－3081376
地　　址：邯郸市邯山区滏东南大街193号明珠花园B区
邮政编码：056001

永年支行
行　　长：吴耀忠
电　　话：0310－6811092
地　　址：永年县新铭路12号
邮政编码：057150

武安支行
行　　长：张晓光

电　　话：0310－5654071
地　　址：武安市矿建路15号
邮政编码：056300

涉县支行

行　　长：王海忠
电　　话：0310－3832090
地　　址：涉县城内振兴路520号
邮政编码：056400

磁县支行

行　　长：申玉文
电　　话：0310－2311163
地　　址：磁县磁州路北二环38号
邮政编码：056500

中国银行承德分行

行　　长：郑文忠
电　　话：0314－2178268
地　　址：承德市东大街3号
邮政编码：067000

新华支行

行　　长：唐海波
电　　话：0314－2074678
地　　址：承德市新华路新华园A座1－1
邮政编码：067000

世纪城支行

行　　长：李兴仕
电　　话：0314－2026810
地　　址：承德市开发区世纪城32号楼底商
邮政编码：067000

双百支行

行　　长：孙殿山
电　　话：0314－2060935
地　　址：承德市新华路双百购物广场一楼西侧北角
邮政编码：067000

德汇门支行

行　　长：李　丽
电　　话：0314－2020691
地　　址：承德市丽正门大街19号
邮政编码：067000

云岭支行

行　　长：周春华
电　　话：0314－2186850
地　　址：承德市西大街双柳小区9号楼底商
邮政编码：067000

车站路支行

行　　长：宋桂宏
电　　话：0314－2086301
地　　址：承德市新居宅7号楼
邮政编码：067000

大佟沟支行

行　　长：程秀艳
电　　话：0314－2074147
地　　址：承德市大佟沟28号楼
邮政编码：067000

马市街支行

行　　长：王建波
电　　话：0314－2023777
地　　址：承德市南营子大街6－1号
邮政编码：067000

南园支行

行　　长：马　戈
电　　话：0314－2151104
地　　址：承德市紫晶花园小区7栋楼底商一层
邮政编码：067000

体育场支行

行　　长：薛冬梅
电　　话：0314－2151451
地　　址：承德市翠桥路南43号
邮政编码：067000

商城支行

行　　长：王　宏
电　　话：0314－2073741
地　　址：承德市商城113号
邮政编码：067000

富华支行

行　　长：刘爱民
电　　话：0314－2125781
地　　址：承德市双桥区石洞子沟路富华山庄二期底商
邮政编码：067000

永兴支行

行　　长：张铁群
电　　话：0314－2066100
地　　址：承德市南营子大街甲21号

邮政编码：067000

行政新区支行

行　　长：高　旭
电　　话：0314－2384808
地　　址：承德市府前路市政府行政中心 G 号楼一楼
邮政编码：067000

平泉支行

行　　长：韩晓娟
电　　话：0314－6023248
地　　址：承德市府前路市政府行政中心 G 号楼一楼
邮政编码：067500

围场支行

行　　长：张瑞军
电　　话：0314－7510161
地　　址：围场县围场镇伊逊路 117 号
邮政编码：068450

兴隆支行

行　　长：谢文博
电　　话：0314－5053716
地　　址：兴隆县兴隆镇西关村西大街路北
邮政编码：067300

隆化支行

行　　长：刘邦鹏
电　　话：0314－7067160
地　　址：隆化县隆化镇安洲街 7 号
邮政编码：068150

中国银行沧州分行

行　　长：徐永志
电　　话：0317－2138888
地　　址：沧州市光荣路 17 号
邮政编码：061001

开发区支行

行　　长：高　峰
地　　址：沧州市开发区渤海路 8 号力源集团科技研发大厦
电　　话：0317－3092103
邮政编码：061000

东风路支行

行　　长：陈国勇
电　　话：0317－3030556
地　　址：沧州市解放路 24 号
邮政编码：061001

迎宾路支行

行　　长：张存信
电　　话：0317－2101900
地　　址：沧州市御河路 20 号
邮政编码：061001

解放路支行

行　　长：赵清海
电　　话：0317－2030036
地　　址：沧州市解放西路 15 号
邮政编码：061001

渤海新区支行

行　　长：吴文治
电　　话：0317－5768420
地　　址：沧州市渤海新区管委会对过
邮政编码：061113

运东支行

行　　长：崔建丽
电　　话：0317－3526099
地　　址：沧州市黄河东路 29 号
邮政编码：061000

青县支行

行　　长：陈东升
电　　话：0317－4022081
地　　址：青县京福北路 59－6 号
邮政编码：062650

青县新华西路支行

行　　长：陶　智
电　　话：0317－4126700
地　　址：青县信誉楼商厦西侧
邮政编码：062650

河间支行

行　　长：马瑞金
电　　话：0317－4076001
地　　址：河间市曙光中路
邮政编码：062450

任丘支行

行　　长：袁新起
电　　话：0317－2215501
地　　址：任丘市燕山中道
邮政编码：062550

肃宁支行

行　　长：肖志杰

电　　话：0317－5026331
地　　址：肃宁县武垣中路27号
邮政编码：062350

泊头支行
行　　长：李玉玺
电　　话：0317－8189128
地　　址：泊头市裕华路
邮政编码：062150

南皮支行
行　　长：王学功
电　　话：0317－4116001
地　　址：南皮县南皮镇光明中路
邮政编码：061500

东光支行
行　　长：王志才
电　　话：0317－7724468
地　　址：东光县城俯前街东头
邮政编码：061600

黄骅支行
行　　长：李兴军
电　　话：0317－5323275
地　　址：黄骅市渤海路1号
邮政编码：061100

海兴支行
行　　长：庞忠元
电　　话：0317－6622018
地　　址：海兴县城兴华路西端
邮政编码：061200

华北油田支行
行　　长：徐　东
电　　话：0317－2725899
地　　址：任丘市渤海路
邮政编码：062550

中国银行邢台分行
行　　长：郑元昌
电　　话：0319－2152869
地　　址：邢台市桥西区中兴西大街16号
邮政编码：054000

桥西支行
行　　长：罗立民
电　　话：0319－4018301
地　　址：邢台市冶金北路103号
邮政编码：054000

新华支行
行　　长：梁玉明
电　　话：0319－4028682
地　　址：邢台市桥东区新华路永康国际公寓临街门市
邮政编码：054001

桥东支行
行　　长：吴卫国
电　　话：0319－2152812
地　　址：邢台市西门里街1号
邮政编码：054001

中华大街支行
行　　长：侯善修
电　　话：0319－4038308
地　　址：邢台市郭守敬北路191号
邮政编码：054000

顺德路支行
行　　长：李彦平
电　　话：0319－4515100
地　　址：邢台市顺德北路428号
邮政编码：054001

冶金路支行
行　　长：罗志训
电　　话：0319－4528100
地　　址：邢台市冶金路5号
邮政编码：054000

钢铁路支行
行　　长：杨民强
电　　话：0319－4532100
地　　址：邢台市钢铁路71号
邮政编码：054000

胜利支行
行　　长：范祥增
电　　话：0319－4531100
地　　址：邢台市皇家胜利园2－5号门市
邮政编码：054000

顺德支行
行　　长：李彦平
电　　话：0319－4515100
地　　址：邢台市顺德北路428号
邮政编码：054001

公园东街支行
行　　长：王文英

电　　话：0319－4503102
地　　址：邢台市桥西区公园东街经济适用房中心临街商住楼一层
邮政编码：054000

阳光国际支行

行　　长：张志成
电　　话：0319－4529100
地　　址：邢台市桥西区达活泉西大街369号阳光国际临街门市
邮政编码：054000

中北支行

行　　长：李书豪
电　　话：0319－4526100
地　　址：邢台市顺德路7号
邮政编码：054001

沙河支行

行　　长：姚京国
电　　话：0319－4098989
地　　址：沙河市温泉街金汇通花园北门9－12号门市
邮政编码：054100

沙河白塔支行

行　　长：霍永杰
电　　话：0319－4095100
地　　址：沙河市白塔镇邢都路与南石路交叉口东路南
邮政编码：054100

沙河白塔支行

行　　长：杨志国
电　　话：0319－4091100
地　　址：沙河市迎新大街中段新市场南口
邮政编码：054100

南宫支行

行　　长：翟金涛
电　　话：0319－4058115
地　　址：南宫市胜利大街217号
邮政编码：055750

宁晋支行

行　　长：周　青
电　　话：0319－4068260
地　　址：宁晋县城凤凰路北段
邮政编码：055550

清河支行

行　　长：秦晓光
电　　话：0319－4078868
地　　址：清河县三羊东街35号
邮政编码：054800

隆尧支行

行　　长：王永波
电　　话：0319－4088618
地　　址：隆尧县康庄路18号
邮政编码：055350

中国银行廊坊分行

行　　长：张　琳
电　　话：0316－2013357
地　　址：廊坊市解放道142号
邮政编码：065000

广阳道支行

行　　长：刘国新
电　　话：0316－2114700
地　　址：廊坊市新华路132号
邮政编码：065000

金光道支行

行　　长：刘　扬
电　　话：0316－2058895
地　　址：廊坊市建设路96号
邮政编码：065000

开发区支行

行　　长：王　炼
电　　话：0316－6089322
地　　址：廊坊市经济技术开发区汇源道
邮政编码：065001

三河支行

行　　长：杨万奎
电　　话：0316－3213934
地　　址：三河市西环路东侧
邮政编码：065200

香河支行

行　　长：袁茂林
电　　话：0316－8311874
地　　址：香河县府前街10号
邮政编码：065400

大厂支行

行　　长：张立新
电　　话：0316－8860116
地　　址：大厂县穆斯林商贸大街68号
邮政编码：065300

霸州支行

行　　长：杨绍波
电　　话：0316－7211592
地　　址：霸州市市府道98号
邮政编码：065700

大城支行

行　　长：杨景玉
电　　话：0316－5509002
地　　址：大城县平舒镇新风南路8号
邮政编码：065900

燕郊开发区支行

行　　长：范福阳
电　　话：0316－3319433
地　　址：三河市燕郊开发区燕昌路
邮政编码：065201

胜芳支行

行　　长：祁瑞博
电　　话：0316－7617155
地　　址：霸州市胜芳镇芳济道龙泽苑小区1－A
邮政编码：065701

逸树家支行

行　　长：曹　春
电　　话：0316－2116984
地　　址：廊坊市广阳道155号逸树家小区2－3号
邮政编码：065000

新十区支行

行　　长：韩志廷
电　　话：0316－2112271
地　　址：廊坊市石油管道局新十区
邮政编码：065000

新华路支行

行　　长：王　韬
电　　话：0316－2015323
地　　址：廊坊市新华路89号
邮政编码：065000

新开路支行

行　　长：马卫斌
电　　话：0316－2094650
地　　址：廊坊市新开路吉祥小区门面楼
邮政编码：065000

中国银行衡水分行

行　　长：杨江魁
电　　话：0318－2816015
地　　址：衡水市胜利东路169号
邮政编码：053000

车站支行

行　　长：王明福
电　　话：0318－7902716
地　　址：衡水市桃城区红旗大街242号
邮政编码：053000

和平路支行

行　　长：张书军
电　　话：0318－7958026
地　　址：衡水市桃城区和平西路与宝云街交叉口东北角
邮政编码：053000

丽景支行

行　　长：于　剑
电　　话：0318－2088621
地　　址：衡水市桃城区胜利西路丽景名都商住楼一楼门店
邮政编码：053000

河西支行

行　　长：田运雷
电　　话：0318－7909318
地　　址：衡水市桃城区和平中路29－1号
邮政编码：053000

路北支行

行　　长：何水维
电　　话：0318－2039568
地　　址：衡水市桃城区榕花北大街172号
邮政编码：053000

开发区支行

行　　长：陈湘丽
电　　话：0318－2024699
地　　址：衡水市桃城区胜利西路与昌明大街交叉口西北角的西苑小区综合楼
邮政编码：053000

冀州支行

行　　长：何葆刚
电　　话：0318－8619686
地　　址：冀州市和平西路1号
邮政编码：053200

枣强支行

行　　长：袁国忠

电　　话：0318－8225339
地　　址：枣强县站前街2号
邮政编码：053100

枣强西街支行
行　　长：黄　建
电　　话：0318－8224279
地　　址：枣强县西街1号
邮政编码：053100

阜城支行
行　　长：陈为勇
电　　话：0318－4622268
地　　址：阜城县富德路
邮政编码：053700

饶阳支行
行　　长：王均青
电　　话：0318－7222932
地　　址：饶阳县建明路14号
邮政编码：053900

安平支行
行　　长：徐占彬
电　　话：0318－7978878
地　　址：安平县为民街243号
邮政编码：053000

深州支行
行　　长：陈艳涛
电　　话：0318－3319747
地　　址：深州市长江西路41号
邮政编码：053800

桃城支行
行　　长：方　芳
电　　话：0318－2030424
地　　址：衡水市桃城区自强街166号
邮政编码：053000

景县支行
行　　长：贾　丁
电　　话：0318－4319296
地　　址：景县开发区市场路
邮政编码：053200

中国建设银行股份有限公司

中国建设银行河北省分行

行　　长：杨　毓
电　　话：0311－88601001
地　　址：石家庄市自强路40号
邮政编码：050000

河北省分行营业部
总 经 理：李春生
电　　话：0311－86035684
地　　址：石家庄市广安大街26号
邮政编码：050011

平安大街支行
行　　长：张秋水
电　　话：0311－86964243
地　　址：石家庄市平安南大街30号
邮政编码：050011

住房城建支行
行　　长：高　鹏
电　　话：0311－87035808
地　　址：石家庄市中山西路265号
邮政编码：050000

和平西路支行
行　　长：侯建伟
电　　话：0311－87818039
地　　址：石家庄市和平西路80号
邮政编码：050000

中华南大街支行
行　　长：严瑞钦
电　　话：0311－87037858
地　　址：石家庄市中华南大街85号
邮政编码：050051

友谊南大街支行
副 行 长：刘　霞
电　　话：0311－83635396
地　　址：石家庄市中山西路505号
邮政编码：050081

新华路西支行
行　　长：鲁国平
电　　话：0311－87875294
地　　址：石家庄市新华路567号
邮政编码：050051

中华大街支行
副 行 长：赵延明
电　　话：0311－87027005
地　　址：石家庄市中华北大街189号
邮政编码：050051

友谊北大街支行

副 行 长：郝　荣
电　　话：0311－87812341
地　　址：石家庄市城乡街副1号
邮政编码：050071

中华北大街支行

副 行 长：尹建辉
电　　话：0311－87781142
地　　址：石家庄市石岗大街342号
邮政编码：050061

西大街支行

副 行 长：胡立肖
电　　话：0311－86042108
地　　址：石家庄市西大街70号
邮政编码：050011

广安街支行

副 行 长：王质艳
电　　话：0311－66696988
地　　址：石家庄市广安大街26号
邮政编码：050011

和平东路支行

行　　长：郝文山
电　　话：0311－86083690
地　　址：石家庄市和平东路148号
邮政编码：050011

槐安东路支行

副 行 长：付　勇
电　　话：0311－86964950
地　　址：石家庄市槐安东路77号
邮政编码：050011

建华南大街支行

行　　长：张建明
电　　话：0311－85062270
地　　址：石家庄市建华南大街72号
邮政编码：050031

中山东路支行

副 行 长：单朝霞
电　　话：0311－85071124
地　　址：石家庄市中山路479号
邮政编码：050031

富强大街支行

副 行 长：曹双敏
电　　话：0311－85829276
地　　址：石家庄市富强大街179号
邮政编码：050000

上安电厂支行

行　　长：段清宇
电　　话：0311－83036108
地　　址：石家庄市井陉上安电厂院内
邮政编码：050310

裕华东路支行

行　　长：游　燕
电　　话：0311－86067341
地　　址：石家庄市裕华东路316号副1号
邮政编码：050011

裕华西路支行

行　　长：张晋阳
电　　话：0311－83025264
地　　址：石家庄市裕华西路425号副1号
邮政编码：050051

开发区支行

行　　长：杨　帆
电　　话：0311－85965348
地　　址：石家庄市开发区长江大道9号
邮政编码：050035

铁道支行

行　　长：周海兵
电　　话：0311－87890722
地　　址：石家庄市中华北大街50号
邮政编码：050051

红旗大街支行

行　　长：王冬鸿
电　　话：0311－83825365
地　　址：石家庄市红旗大街116号
邮政编码：050091

西柏坡电厂支行

副 行 长：韩建东
电　　话：0311－82931776
地　　址：平山县101信箱西柏坡电厂厂区
邮政编码：050400

石家庄炼油厂支行

副 行 长：袁新兵
电　　话：0311－85161270
地　　址：石家庄炼油厂生活区
邮政编码：050032

无极支行

行　　长：李运河

电　　话：0311－85573539
地　　址：无极县县城幸福南街124号
邮政编码：052460

晋州支行

副 行 长：胡　浩
电　　话：0311－84322191
地　　址：晋州市中兴路向阳路口
邮政编码：052260

正定支行

行　　长：杨文生
电　　话：0311－88022623
地　　址：正定县常山路3号
邮政编码：050800

鹿泉支行

副 行 长：乔　皓
电　　话：0311－82012253
地　　址：鹿泉市向阳街76号
邮政编码：050200

深泽支行

副 行 长：尚庆平
电　　话：0311－83520174
地　　址：深泽县石油街
邮政编码：052560

藁城支行

行　　长：吕建威
电　　话：0311－88041507
地　　址：藁城市四明街51号
邮政编码：052160

栾城支行

副 行 长：杨新亮
电　　话：0311－88031268
地　　址：栾城县鑫源路21号
邮政编码：051430

井陉支行

副 行 长：王志波
电　　话：0311－82022163
地　　址：井陉县微水建设北路
邮政编码：050300

平山支行

副 行 长：刘卫东
电　　话：0311－82911733
地　　址：平山县建设南大街2号
邮政编码：050400

辛集支行

行　　长：董银贞
电　　话：0311－83221366
地　　址：辛集市束鹿大街14号
邮政编码：052360

赵县支行

副 行 长：张耀辉
电　　话：0311－84941263
地　　址：赵县柏林街123号
邮政编码：051530

新乐支行

行　　长：刘献忠
电　　话：0311－88581935
地　　址：新乐市礼堂街7号
邮政编码：050700

中国建设银行承德分行

副 行 长：刘彩桥（主持工作工作）
电　　话：0314－2052601
地　　址：承德市南营子大街32号
邮政编码：067000

住房城建支行

行　　长：朱春林
电　　话：0314－2020067
地　　址：承德市西大街路南14－16号
邮政编码：067000

双滦支行

行　　长：王浩翔
电　　话：0314－4314545
地　　址：承德市双滦区滦河镇金融广场A座
邮政编码：067002

丽正门支行

行　　长：杨贵柱
电　　话：0314－2020068
地　　址：承德市钟鼓楼小区9号
邮政编码：067000

车站路支行

行　　长：张秋丽
电　　话：0314－2080003
地　　址：承德市车站路新居宅
邮政编码：067000

兴隆支行

行　　长：张晓敏

电　　话：0314－5053334
地　　址：兴隆县兴隆镇东大街
邮政编码：067300

承德县支行

行　　长：陈胜强
电　　话：0314－3012516
地　　址：承德县下板城镇板城街
邮政编码：067400

平泉支行

行　　长：徐晓晨
电　　话：0314－6022771
地　　址：平泉县平泉镇西城社区
邮政编码：067500

宽城支行

行　　长：王辉军
电　　话：0314－6632402
地　　址：宽城镇新兴街178号
邮政编码：067600

滦平支行

行　　长：房玉民
电　　话：0314－8583487
地　　址：滦平县滦平镇北大街115号
邮政编码：068250

中国建设银行张家口分行

副 行 长：齐光临（主持工作）
电　　话：0313－2051235
地　　址：张家口市桥东区东安大街60号
邮政编码：075000

东安大街支行

行　　长：张海生
电　　话：0313－2051068
地　　址：张家口市桥东区东安大街32号
邮政编码：075000

明德南街支行

行　　长：康　燕
电　　话：0313－8040465
地　　址：张家口市桥西区明德南街25号
邮政编码：075000

富强路支行

行　　长：孙玉忠
电　　话：0313－4013563
地　　址：张家口市高新区富强路瑞麟轩小区32号
邮政编码：075000

北站支行

行　　长：盖全兵
电　　话：0313－2051218
地　　址：张家口市桥东区东安大街60号
邮政编码：075000

建国路支行

行　　长：姚树斌
电　　话：0313－212658
地　　址：张家口市桥东区汉桥街
邮政编码：075000

五一路支行

行　　长：胡学博
电　　话：0313－2080681
地　　址：张家口市桥东区五一路86号
邮政编码：075000

胜利路支行

行　　长：常　江
电　　话：0313－5912550
地　　址：张家口市桥东区胜利北路察哈尔世纪广场南区
邮政编码：075000

开发区支行

行　　长：韩　青
电　　话：0313－4081058
地　　址：张家口市桥东区纬一路万博市场
邮政编码：075000

西环路支行

行　　长：庞志国
电　　话：0313－8040283
地　　址：张家口市桥西区南瓦盆窑西街50号
邮政编码：075000

至善街支行

行　　长：李　健
电　　话：0313－8040488
地　　址：张家口市桥西区至善街33号
邮政编码：075000

西河沿支行

行　　长：黄传勇
电　　话：0313－2161158
地　　址：张家口市桥西区西河沿42号副1号

邮政编码：075000

红旗楼支行

行　　长：唐　强
电　　话：0313－4081009
地　　址：张家口市桥东区胜利南路甲38号副4号
邮政编码：075000

北环路支行

行　　长：李东海
电　　话：0313－8040299
地　　址：张家口市桥西区明德北街57号
邮政编码：075000

惠安苑支行

行　　长：吴社军
电　　话：0313－4108300
地　　址：张家口市桥东区工业中横街房地产交易大楼
邮政编码：075000

宝善街支行

行　　长：刘宇清
电　　话：0313－2053260
地　　址：张家口市桥东区宝善小区52号
邮政编码：075000

纬一路支行

行　　长：宋继东
电　　话：0313－4081008
地　　址：张家口市桥东区工业南街高庙堡
邮政编码：075000

宣化支行

行　　长：武德亮
电　　话：0313－3380058
地　　址：张家口市宣化区牌楼东街7号
邮政编码：075100

下花园支行

行　　长：李旭日
电　　话：0313－5052386
地　　址：张家口市下花园区菜园街
邮政编码：075300

怀来支行

行　　长：候建斌
电　　话：0313－6800808
地　　址：张家口市沙城镇龙潭东路
邮政编码：075400

涿鹿支行

行　　长：宋卫东
电　　话：0313－6521869
地　　址：涿鹿县涿鹿镇人民中街23号
邮政编码：075600

蔚县支行

行　　长：康建平
电　　话：0313－7212776
地　　址：蔚县蔚州镇人民路68号
邮政编码：075700

阳原支行

行　　长：李　俊
电　　话：0313－7513272
地　　址：阳原县西城镇昌盛西街
邮政编码：075800

张北支行

行　　长：单东明
电　　话：0313－5222927
地　　址：张家口市张北镇兴才路110号
邮政编码：076450

怀安支行

行　　长：王国玺
电　　话：0313－7823508
地　　址：张家口市柴沟堡镇南马路1号
邮政编码：076150

赤城支行

行　　长：方春江
电　　话：0313－6312905
地　　址：赤城县赤城镇东关街72号
邮政编码：075500

中国建设银行秦皇岛分行

行　　长：张文权
电　　话：0335－3034527
地　　址：秦皇岛市海港区文化路144号
邮政编码：066000

昌黎县支行

行　　长：王　雷
电　　话：0335－2023237
地　　址：秦皇岛市昌黎县城关碣阳里1号
邮政编码：066600

抚宁县支行

行　　长：唐　波
电　　话：0335－6011054

地　　址：秦皇岛市抚宁县长征路 5 号
邮政编码：066300

卢龙县支行

行　　长：高　欣
电　　话：0335－7012588
地　　址：秦皇岛市卢龙县卢龙镇新城街 48 号
邮政编码：066400

山海关支行

行　　长：郭景明
电　　话：0335－5052607
地　　址：秦皇岛市山海关关城南路 48 号
邮政编码：066200

北戴河支行

行　　长：王启滨
电　　话：0335－4047118
地　　址：秦皇岛市北戴河海宁路 74 号
邮政编码：066100

文化路支行

行　　长：王成武
电　　话：0335－3253018
地　　址：秦皇岛市海港区文化路 144 号
邮政编码：066000

港口专业支行

行　　长：周建军
电　　话：0335－3413684
地　　址：秦皇岛市海港区滨海城小区南出口西侧
邮政编码：066000

开发区支行

行　　长：马晓波
电　　话：0335－8051293
地　　址：秦皇岛市开发区金融楼
邮政编码：066000

迎宾路支行

行　　长：左保光
电　　话：0335－3610291
地　　址：秦皇岛市海港区迎宾路 123 号
邮政编码：066000

建设大街支行

行　　长：于　军
电　　话：0335－3165681
地　　址：秦皇岛市海港区建设大街东段
邮政编码：066000

住房城建支行

行　　长：田润林
电　　话：0335－3253168
地　　址：秦皇岛市海港区民族路 118 号
邮政编码：066000

西港路支行

行　　长：律颜新
电　　话：0335－3253115
地　　址：秦皇岛市海港区西港路 103 号
邮政编码：066000

海阳路支行

行　　长：罗　山
电　　话：0335－3253089
地　　址：秦皇岛市海港区红旗路 106 号
邮政编码：066000

开发区东区支行

行　　长：李永庆
电　　话：0335－5352966
地　　址：秦皇岛市开发区东区江苏中路与重庆中路叉口处
邮政编码：066206

中国建设银行唐山分行

行　　长：毕立民
电　　话：0315－2826029
地　　址：唐山市新华东道 106 号
邮政编码：063000

开滦支行

行　　长：张贵成
电　　话：0315－2817476
地　　址：唐山市龙泽南路 41 号
邮政编码：063000

冶金支行

行　　长：蔺祥兴
电　　话：0315－2030399
地　　址：唐山市建设北路 96 号
邮政编码：063000

冀东油田支行

行　　长：史东林
电　　话：0315－2314149
地　　址：唐山市光明路 28 号
邮政编码：063000

北新道支行

行　　长：李继云

电　　话：0315－2848298
地　　址：唐山市北新东道25号
邮政编码：063000

新华道支行
行　　长：陈国伟
电　　话：0315－2810959
地　　址：唐山市新华道42号
邮政编码：063000

长宁道支行
行　　长：刘祝鼎
电　　话：0315－3193089
地　　址：唐山市长宁道36号
邮政编码：063001

复兴路支行
行　　长：唐志勇
电　　话：0315－2861179
地　　址：唐山市复兴路190号
邮政编码：063000

卫国路支行
行　　长：杨训
电　　话：0315－2235720
地　　址：唐山市卫国北路14号
邮政编码：063000

营业部
经　　理：刘晓梅
电　　话：0315－2815690
地　　址：唐山市新华东道106号
邮政编码：063000

住房城建支行
行　　长：于启坤
电　　话：0315－2034729
地　　址：唐山市建设北路40号
邮政编码：063000

唐龙支行
行　　长：王顺义
电　　话：0315－2232044
地　　址：唐山市友谊路32号
邮政编码：063004

开平支行
行　　长：张久存
电　　话：0315－3361112
地　　址：唐山市开平区西城路218号
邮政编码：063021

古冶支行
行　　长：陈彦飞
电　　话：0315－5028181
地　　址：唐山市古冶区林西新光路32号
邮政编码：063103

丰润支行
行　　长：王开宏
电　　话：0315－3245718
地　　址：唐山市丰润区新城道32号
邮政编码：063030

京唐港支行
行　　长：王向新
电　　话：0315－2911156
地　　址：唐山市京唐港开发区
邮政编码：063611

南堡支行
行　　长：牛　强
电　　话：0315－8500250
地　　址：丰南市尖坨子
邮政编码：063305

乐亭支行
行　　长：孟祥阳
电　　话：0315－4612830
地　　址：乐亭县金融街15号
邮政编码：063600

遵化支行
行　　长：唐维全
电　　话：0315－6612271
地　　址：遵化市文贸大街88号
邮政编码：064200

迁西支行
行　　长：张连生
电　　话：0315－5975366
地　　址：迁西县城关喜丰中路28号
邮政编码：064300

滦县支行
行　　长：阚玉山
电　　话：0315－7167866
地　　址：滦县燕山大街1号
邮政编码：063700

迁安支行
行　　长：张伯英
电　　话：0315－7626301

地　　址：迁安市燕山大路35号
邮政编码：064400
滦南支行
行　　长：薛延成
电　　话：0315－4123826
地　　址：滦南县奔城南大街50号
邮政编码：063500
迁安首钢支行
行　　长：林付华
电　　话：0315－7981199
地　　址：迁安市杨店子镇滨河村
邮政编码：064404
玉田支行
行　　长：高　峰
电　　话：0315－6113866
地　　址：玉田县府前街226号
邮政编码：064100
丰南支行
行　　长：何冬梅
电　　话：0315－8162215
地　　址：丰南市青年路197号
邮政编码：063300
唐海支行
行　　长：李全良
电　　话：0315－8717314
地　　址：唐海县新城大街13号
邮政编码：063200

中国建设银行廊坊分行

行　　长：杜占良
电　　话：0316－2093633
地　　址：廊坊市金光道36号
邮政编码：065000
住房城建支行
行　　长：张瑞明
电　　话：0316－2093558
地　　址：廊坊市金光道36号
邮政编码：065000
融汇支行
行　　长：李庆芳
电　　话：0316－2093676
地　　址：廊坊市金光道36号
邮政编码：065000
金光道支行
行　　长：闫志广
电　　话：0316－2126243
地　　址：廊坊市金光道3号
邮政编码：065000
新华路支行
行　　长：张友权
电　　话：0316－2135004
地　　址：廊坊市新华路183号
邮政编码：065000
新开路支行
行　　长：周桂芳
电　　话：0316－2050259
地　　址：廊坊市新开路48号
邮政编码：065000
爱民道支行
行　　长：陈瑞强
电　　话：0316－2135047
地　　址：廊坊市爱民西道40号
邮政编码：065000
开发区支行
行　　长：邸立新
电　　话：0316－5919908
地　　址：廊坊市开发区汇源道
邮政编码：065000
万庄支行
行　　长：张殿刚
地　　址：廊坊市万庄镇廊万路东侧
电　　话：0316－6012599
邮政编码：065000
霸州支行
行　　长：田立祥
电　　话：0316－7239071
地　　址：霸州市市府道110号
邮政编码：065700
三河支行
行　　长：张士虎
电　　话：0316－3212507
地　　址：三河市世纪广场金融商贸楼
邮政编码：065200
燕郊支行
行　　长：刘少飞
电　　话：0316－3329158
地　　址：三河市燕郊镇迎宾路5号
邮政编码：065201

大厂支行

行　　长：左海波
电　　话：0316－8822257
地　　址：大厂县城西大街6号
邮政编码：065300

香河支行

行　　长：王绍刚
电　　话：0316－8311946
地　　址：香河县府前街17号
邮政编码：065400

固安支行

行　　长：郝文林
电　　话：0316－6161162
地　　址：固安县新中街96号
邮政编码：065500

文安支行

行　　长：袁庆民
电　　话：0316－5233298
地　　址：文安县城北大街
邮政编码：065700

胜芳分理处

主　　任：王怀东
电　　话：0316－7617605
地　　址：胜芳镇二环路
邮政编码：065701

燕郊开发区支行

主　　任：范荣军
电　　话：0316－3312118
地　　址：三河燕郊开发区
邮政编码：065201

中国建设银行保定分行

行　　长：马魁卿
电　　话：0312－3312502
地　　址：保定市东风中路1861号
邮政编码：071051

融汇支行

行　　长：刘艳玲
电　　话：0312－3312678
地　　址：保定市东风中路1861号
邮政编码：071051

城建支行

行　　长：郝志清
电　　话：0312－3033261
地　　址：保定市朝阳南大街272号
邮政编码：071051

东风中路支行

行　　长：齐小新
电　　话：0312－3312589
地　　址：保定市东风中路1861号
邮政编码：071051

五四西路支行

行　　长：陈勇涛
电　　话：0312－3012419
地　　址：保定市五四西路300号
邮政编码：071051

七一中路支行

行　　长：卢中军
电　　话：0312－5033553
地　　址：保定市永华北大街772号
邮政编码：071000

高开区支行

行　　长：陈桂兰
电　　话：0312－3329350
地　　址：保定市朝阳北大街501号
邮政编码：071051

东风东路支行

行　　长：孙建国
电　　话：0312－5016512
地　　址：保定市东风东路278号
邮政编码：071051

向阳南大街支行

行　　长：郑恩波
电　　话：0312－3228518
地　　址：保定市向阳南大街666号
邮政编码：071051

裕华西路支行

行　　长：张红旗
电　　话：0312－2053369
地　　址：保定市裕华西路1号
邮政编码：071000

天威西路支行

行　　长：张立新
电　　话：0312－3211768
地　　址：保定市天威西路555号
邮政编码：071051

恒祥南大街支行

行　　长：李　军

电　　话：0312－2036440
地　　址：保定市恒祥南大街 361 号
邮政编码：071000

涿州物探支行
行　　长：冉立武
电　　话：0312－3850888
地　　址：涿州市范阳中路 147 号
邮政编码：072750

定州支行
行　　长：李　虎
电　　话：0312－2331258
地　　址：定州市中山路
邮政编码：056600

安国支行
行　　长：刘绍广
电　　话：0312－3516356
地　　址：安国市药都北大街 90 号
邮政编码：071200

高阳支行
行　　长：冀　刚
电　　话：0312－6623938
地　　址：高阳县朝阳路
邮政编码：071500

雄县支行
行　　长：杜小峰
电　　话：0312－5819198
地　　址：雄县铃铛阁大街 186 号
邮政编码：071800

高碑店支行
行　　长：李玉坡
电　　话：0312－2816505
地　　址：高碑店市团结西路 29 号
邮政编码：074000

蠡县支行
行　　长：王　琴
电　　话：0312－6212193
地　　址：蠡县范蠡东路 132 号
邮政编码：071400

徐水支行
行　　长：刘泽平
电　　话：0312－8681500
地　　址：徐水县复兴路 17 号
邮政编码：072550

容城支行
行　　长：曹全乐
电　　话：0312－5690966
地　　址：容城县奥威路 61－1 号
邮政编码：071700

望都支行
行　　长：李　峰
电　　话：0312－7727966
地　　址：望都县富强路 33 号
邮政编码：072450

定兴支行
行　　长：张殿明
电　　话：0312－6922869
地　　址：定兴县通兴西路 3 号
邮政编码：072650

满城支行
行　　长：赵立勋
电　　话：0312－7077370
地　　址：满城县玉川东路 121 号
邮政编码：072150

清苑支行
行　　长：崔凤芹
电　　话：0312－8013342
地　　址：清苑县建设北路 110 号
邮政编码：071100

安新支行
行　　长：赵财兴
电　　话：0312－5359009
地　　址：安新县雁翎西路南 34 号
邮政编码：071600

唐县支行
行　　长：张立军
电　　话：0312－6420770
地　　址：唐县光明路 1 号
邮政编码：072350

中国建设银行沧州分行

行　　长：韩文金
电　　话：0317－3026327
地　　址：沧州市清池南大道 2 号
邮政编码：061000

华北石油分行
行　　长：段建存
电　　话：0317－2723305

地　　址：任丘市渤海路54号
邮政编码：062552

渤海新区支行

行　　长：迟智广
电　　话：0317－5768999
地　　址：沧州市黄骅港开发区
邮政编码：061110

河间支行

行　　长：杨连敏
电　　话：0317－3220203
地　　址：河间市新华北路
邮政编码：062450

泊头支行

行　　长：崔均瑞
电　　话：0317－8197618
地　　址：泊头市裕华路
邮政编码：062150

黄骅支行

行　　长：杨同岗
电　　话：0317－5322230
地　　址：黄骅市渤海路西段
邮政编码：061100

南皮支行

行　　长：孙家智
电　　话：0317－8851776
地　　址：南皮县县城安顺路
邮政编码：061500

东光支行

行　　长：潘学来
电　　话：0317－7721909
地　　址：东光县府东新区1号
邮政编码：061600

献县支行

行　　长：牟智强
电　　话：0317－4622701
地　　址：献县西大街县政府招待所西
邮政编码：062250

盐山支行

行　　长：姬向东
电　　话：0317－6222333
地　　址：盐山县迎宾东路
邮政编码：061300

肃宁支行

行　　长：祁恩华
电　　话：0317－5023056
地　　址：肃宁县县城石坊东路60号
邮政编码：062350

青县支行

行　　长：安　峰
电　　话：0317－4021229
地　　址：青县新华路新华桥东100米路南
邮政编码：062600

孟村支行

行　　长：赵林平
电　　话：0317－6725360
地　　址：孟村县建设大街孟村县宾馆对过
邮政编码：061400

吴桥支行

行　　长：宗建中
电　　话：0317－7343078
地　　址：吴桥县长江东路14号
邮政编码：061800

新华路支行

主　　任：赵昆东
电　　话：0317－3024155－81816
地　　址：沧州市清池南大道2号
邮政编码：061000

署西街支行

行　　长：周万海
电　　话：0317－2019028
地　　址：沧州市浮阳南大道9号
邮政编码：061000

建设大街支行

行　　长：赵宝林
电　　话：0317－3041612
地　　址：沧州市交通南大道2号
邮政编码：061000

财苑支行

行　　长：马汉兴
电　　话：0317－3035728
地　　址：沧州市黄河大道与朝阳路交叉路口东北角
邮政编码：061001

朝阳支行

行　　长：盖　洁
电　　话：0317－2016126
地　　址：沧州市解放西路48号

邮政编码：061001

北环东路支行

行　　长：苏爱军
电　　话：0317－3529043
地　　址：沧州市交通北大道4号
邮政编码：061000

住房城建支行

行　　长：郑以申
电　　话：0317－2039966
地　　址：沧州市行署西街9号
邮政编码：061000

道东支行

行　　长：孙　毅
电　　话：0317－35281925
地　　址：沧州市千童南大道沧县礼堂北侧
邮政编码：061000

中国建设银行股份有限公司衡水分行

行　　长：王永平
电　　话：0318－2124218
地　　址：衡水市人民东路139号
邮政编码：053000

住房城建支行

行　　长：李　健
电　　话：0318－2031743
地　　址：衡水市人民西路289号
邮政编码：053000

人民支行

行　　长：徐立军
电　　话：0318－2329382
地　　址：衡水市人民西路1819号
邮政编码：053000

铁路支行

行　　长：杨　永
电　　话：0318－2125751
地　　址：衡水市新华西路1号
邮政编码：053000

和平支行

行　　长：于海生
电　　话：0318－2126925
地　　址：衡水市和平东路17号
邮政编码：053000

中华支行

行　　长：王俊章
电　　话：0318－6011237
地　　址：中华南大街233号
邮政编码：053000

电厂专业支行

行　　长：张　铖
电　　话：0318－2192618
地　　址：衡水市人民西路3389号
邮政编码：053000

桃城支行

行　　长：姚英辉
电　　话：0318－2135616
地　　址：衡水市人民东路139号
邮政编码：053000

冀州支行

行　　长：张劲虎
电　　话：0318－8613981
地　　址：冀州市金鸡北大街208号
邮政编码：053200

枣强支行

行　　长：曹亚峰
电　　话：0318－8223896
地　　址：枣强县人民东街198号
邮政编码：053100

故城支行

副 行 长：黄海发
电　　话：0318－5326910
地　　址：故城县郑口镇体育街1号
邮政编码：053800

安平支行

行　　长：许洪瑞
电　　话：0318－7513230
地　　址：安平县东马南路52号
邮政编码：053600

景县支行

行　　长：张子栋
电　　话：0318－4226228
地　　址：景县景安大街519号
邮政编码：053500

武邑支行

行　　长：李国东
电　　话：0318－5714569
地　　址：武邑县建设西路105号
邮政编码：053400

深州支行
行　　长：魏占东
电　　话：0318－3312728
地　　址：深州市长江西路51号
邮政编码：053800

武强支行
行　　长：王广林
电　　话：0318－3826549
地　　址：武强县武强镇新建路43号
邮政编码：053300

中国建设银行股份有限公司邢台分行
行　　长：吴俊岭
电　　话：0319－3166065
地　　址：邢台市新兴东大街69号
邮政编码：054001

桥东支行
行　　长：王保英
电　　话：0319－3166658
地　　址：邢台市南园路1号
邮政编码：054001

桥西支行
行　　长：申玉清
电　　话：0319－2626414
地　　址：邢台市钢铁南路46号
邮政编码：054000

电厂支行
行　　长：赵爱军
电　　话：0319－2091196
地　　址：邢台市电厂路2号
邮政编码：054000

郭守敬路支行
行　　长：陈浩军
电　　话：0319－2254905
地　　址：邢台市育英街80号
邮政编码：054000

新兴东大街支行
行　　长：孙迎冬
电　　话：0319－3166023
地　　址：邢台市新兴东大街69号
邮政编码：054001

中兴支行
行　　长：马晓辉
电　　话：0319－2623119
地　　址：邢台市中兴西大街389号
邮政编码：054000

开发区支行
行　　长：梁丽娟
电　　话：0319－5118166
地　　址：邢台市桥东区中兴东大街华都家私有限公司西侧
邮政编码：054001

顺德路支行
行　　长：刘孟华
电　　话：0319－3687172
地　　址：邢台市顺德路444号
邮政编码：054001

住房城建支行
行　　长：白胜革
电　　话：0319－3268009
地　　址：邢台市顺德路60号
邮政编码：054001

沙河支行
行　　长：宋春景
电　　话：0319－8708931
地　　址：沙河市建设路2号
邮政编码：054100

内邱支行
行　　长：罗丽萍
电　　话：0319－6861228
地　　址：内邱县振兴路路北
邮政编码：054200

隆尧支行
行　　长：张玉革
电　　话：0319－6693542
地　　址：隆尧县北环路7号
邮政编码：055350

柏乡支行
行　　长：鲁泽亮
电　　话：0319－7722611
地　　址：柏乡县东环路午河桥南西侧
邮政编码：055450

南宫支行
行　　长：王立建
电　　话：0319－5189089
地　　址：南宫市青年大街38号
邮政编码：055750

巨鹿支行
行　　长：苗惠德
电　　话：0319－4332279
地　　址：巨鹿县建设北街1号
邮政编码：055250

新河支行
行　　长：张国栋
电　　话：0319－4766857
地　　址：新河县城新华路中段水利局西侧
邮政编码：055550

宁晋支行
行　　长：段江民
电　　话：0319－5803080
地　　址：宁晋县凤凰路北段
邮政编码：055650

威县支行
行　　长：马敬方
电　　话：0319－6162286
地　　址：威县城内中华大街西侧
邮政编码：054700

平乡支行
行　　长：韩俊平
电　　话：0319－7867666
地　　址：平乡县中华大街
邮政编码：054500

清河支行
行　　长：宋志彪
电　　话：0319－8182435
地　　址：清河县荣盛街东首
邮政编码：054800

中国建设银行邯郸分行

行　　长：焦顺响
电　　话：0310－3013666
地　　址：邯郸市光明北大街168号
邮政编码：056002

人民路支行
行　　长：武龙翔
电　　话：0310－3014048
地　　址：邯郸市人民路174号
邮政编码：056002

城建支行
行　　长：赵用学
电　　话：0310－3125075
地　　址：邯郸市向阳路8号
邮政编码：056002

光明支行
行　　长：李强华
电　　话：0310－3018943
地　　址：邯郸市光明北大街168号
邮政编码：056000

邯山支行
行　　长：冯文斌
电　　话：0310－3020141
地　　址：邯郸市陵园路47号
邮政编码：056000

丛台支行
行　　长：胡文涛
电　　话：0310－3252773
地　　址：邯郸市陵西北大街171号
邮政编码：056000

峰峰支行
行　　长：王怀生
电　　话：0310－5188300
地　　址：邯郸市峰峰矿区滏阳路东段
邮政编码：056200

铁西支行
副 行 长：武文磊
电　　话：0310－4041262
地　　址：邯郸市人民路西段
邮政编码：056000

滏东支行
行　　长：杨学诚
电　　话：0310－8015789
地　　址：邯郸市雪驰路9号
邮政编码：056000

武安支行
行　　长：董海军
电　　话：0310－7890800
地　　址：武安市新华大街168号
邮政编码：056300

马头支行
行　　长：杜永斌
电　　话：0310－6011410
地　　址：邯郸市马头镇
邮政编码：056046

高开区支行
行　　长：袁存卿

电　　话：0310－5100333
地　　址：邯郸市经济开发区世纪大街工商联会馆a座东北角
邮政编码：056000

邯峰支行

行　　长：白光晨
电　　话：0310－5426231
地　　址：邯郸市峰峰义井镇邯峰电厂门口
邮政编码：056200

天铁支行

行　　长：李明旺
电　　话：0310－3976945
地　　址：涉县更乐镇天铁厂区文化宫对面
邮政编码：056404

涉县支行

行　　长：程方廷
地　　址：涉县城西街946号
电　　话：0310－7916306
邮政编码：056400

临漳支行

行　　长：赵存山
电　　话：0310－7862272
地　　址：临漳县建安路东段
邮政编码：056600

永年支行

行　　长：李会书
电　　话：0310－6821050
地　　址：永年县临关环城路东段
邮政编码：057150

磁县支行

行　　长：徐　皓
电　　话：0310－2322944
地　　址：磁县友谊北大街29号
邮政编码：056500

成安支行

行　　长：王金岭
电　　话：0310－7214029
地　　址：成安县青云路中段路东
邮政编码：056700

馆陶支行

行　　长：李少杰
电　　话：0310－2822562
地　　址：馆陶县支行政府街387号

邮政编码：057750

大名支行

行　　长：刘汀兰
电　　话：0310－6562584
地　　址：大名县万大路6号
邮政编码：056900

广平支行

行　　长：王广印
电　　话：0310－2522491
地　　址：广平县市场路中段路北
邮政编码：057650

中国建设银行河北省分行直属支行

行　　长：尹全振
电　　话：0311－88601192
地　　址：石家庄市自强路40号
邮政编码：050000

交通银行股份有限公司

交通银行河北省分行

行　　长：吴春节
电　　话：0311－87026358
地　　址：河北省石家庄市自强路22号
邮政编码：050000

河北省分行营业部

经　　理：李祝民
电　　话：0311－87025660
地　　址：河北省石家庄市自强路22号
邮政编码：050000

中山东路支行

行　　长：尚福俊
电　　话：0311－86035505
地　　址：河北省石家庄市中山东路72号
邮政编码：050000

新石北路支行

行　　长：曹　英
电　　话：0311－83834949
地　　址：河北省石家庄市新石北路68号
邮政编码：050051

鹿泉支行

行　　长：谢宗民
电　　话：0311－82011836
地　　址：河北省石家庄鹿泉市向阳街23号

邮政编码：050200

裕华东路支行

行　　长：郭海营

电　　话：0311－86042904

地　　址：河北省石家庄市青园街169号

邮政编码：050011

和平西路支行

行　　长：马五章

电　　话：0311－87058703

地　　址：河北省石家庄市和平西路399号

邮政编码：050051

和平东路支行

行　　长：祝黎明

电　　话：0311－86042341

地　　址：河北省石家庄市和平东路50号

邮政编码：050011

友谊北大街支行

行　　长：刘洪涛

电　　话：0311－87769504

地　　址：河北省石家庄市友谊北大街312号

邮政编码：050061

北安街支行

行　　长：张宏伟

电　　话：0311－87069711

地　　址：石家庄市北安街37号

邮政编码：050000

塔北路支行

行　　长：郑国锋

电　　话：0311－85890728

地　　址：石家庄市翟营南大街345号

邮政编码：050000

中华南大街支行

行　　长：李智杰

电　　话：0311－87017312

地　　址：石家庄市中华南大街380号

邮政编码：050000

平安南大街支行

行　　长：李　林

电　　话：0311－86983044

地　　址：石家庄市平安南大街37号

邮政编码：050011

水源街支行

行　　长：卢珍水

电　　话：0311－87045446

地　　址：石家庄市新华路417号

邮政编码：050051

中山西路支行

行　　长：蔡险峰

电　　话：0311－87894981

地　　址：石家庄市中山西路368号

邮政编码：050051

友谊南大街支行

行　　长：陈才玉

电　　话：0311－83033974

地　　址：石家庄市友谊南大街102号

邮政编码：050091

富强大街支行

行　　长：姚卫东

电　　话：0311－86028274

地　　址：石家庄市富强大街60号

邮政编码：050021

体育南大街支行

行　　长：刘彦会

电　　话：0311－85804486

地　　址：石家庄市体育南大街262号

邮政编码：050021

新华路支行

行　　长：张春水

电　　话：0311－87014046

地　　址：石家庄市新华东路27号

邮政编码：050000

胜利北街支行

行　　长：谢　蓓

电　　话：0311－86811814

地　　址：石家庄市胜利北街306号

邮政编码：050041

体育北大街支行

行　　长：李世勇

电　　话：0311－86683154

地　　址：石家庄市体育北大街75号

邮政编码：050011

裕华西路支行

行　　长：金德凯

电　　话：0311－87030034

地　　址：石家庄市裕华西路9号

邮政编码：050000

建设南大街支行
行　　长：赵枢刚
电　　话：0311－86119974
地　　址：石家庄市建设南大街117号
邮政编码：050021

金谈固支行
行　　长：吕岩宾
电　　话：0311－85689558
地　　址：石家庄市中山东路739号
邮政编码：050000

翟营南大街支行
行　　长：沈国栋
电　　话：0311－85612398
地　　址：石家庄市翟营南大街4号
邮政编码：050031

西苑支行
行　　长：辛　健
电　　话：0311－87048137
地　　址：石家庄市西苑小区工建楼
邮政编码：050051

湘江道支行
行　　长：宋晓光
电　　话：0311－85381506
地　　址：石家庄市湘江道36号
邮政编码：050035

建华南大街支行
行　　长：魏占福
电　　话：0311－86214254
地　　址：石家庄市建华南大街101号
邮政编码：050011

休门街支行
行　　长：赵志义
电　　话：0311－86999518
地　　址：石家庄市休门街1号
邮政编码：050000

沧州支行
行　　长：王静三
电　　话：0317－3205001
地　　址：河北省沧州市运河区解放西路颐和广场13号（颐和国际C座）
邮政编码：061000

交通银行唐山分行

行　　长：郑道全
电　　话：0315－2829778
地　　址：河北省唐山市新华东道103号
邮政编码：063000

新华道支行
行　　长：杨国娟
电　　话：0315－2827819
地　　址：河北省唐山市新华西道5号
邮政编码：063000

北新道支行
行　　长：李百俊
电　　话：0315－2259970
地　　址：河北省唐山市明星商业广场A栋1－14号
邮政编码：063000

丰润支行
行　　长：王　霞
电　　话：0315－3242525
地　　址：河北省唐山市丰润区新城道130号
邮政编码：063030

银河支行
行　　长：毕志强
电　　话：0315－3201280
地　　址：河北省唐山市滨河路20号
邮政编码：063000

朝阳道支行
行　　长：刘启明
电　　话：0315－2039129
地　　址：河北省唐山市建设北路64号
邮政编码：063000

解放路支行
行　　长：闫　隽
电　　话：0315－2862209
地　　址：河北省唐山市南新东道145号
邮政编码：063000

大里路支行
行　　长：吕玉坦
电　　话：0315－2212235
地　　址：河北省唐山市兴源道211号
邮政编码：063000

丰南支行
行　　长：舒其文
电　　话：0315－8296900

地　　址：河北省唐山市丰南区德馨大厦南栋北 2 号
邮政编码：063300

海港支行

行　　长：庞德生
电　　话：0315－2915369
地　　址：唐山市海港开发区海城路祥盛小区西侧
邮政编码：063611

西城支行

行　　长：冯昭斌
电　　话：0315－2325046
地　　址：唐山市路南区新华西道 116 号
邮政编码：063000

翔云道支行

行　　长：赵　利
电　　话：0315－2795373
地　　址：河北省唐山市翔云道 52 号
邮政编码：063000

迁安支行

行　　长：宋国斌
电　　话：0315－7628152
地　　址：河北省迁安市惠宁大街西段底商
邮政编码：064400

渤海支行

行　　长：李　建
电　　话：0315－7791124
地　　址：河北省唐山市国防西道 54 号
邮政编码：063000

遵化支行

行　　长：闫超中
电　　话：0315－6680269
地　　址：河北省遵化市文柏北路 2 号
邮政编码：064200

学院路支行

行　　长：孙文杰
电　　话：0315－2211066
地　　址：河北省唐山市学院路 28 号
邮政编码：063000

幸福道支行

行　　长：胡玉红
电　　话：0315－3248321
地　　址：河北省唐山市丰润区幸福道 19 号
邮政编码：063030

卫国路支行

行　　长：王蓓蓓
电　　话：0315－2817447
地　　址：河北省唐山市卫国路 21 号
邮政编码：063000

开发区支行

行　　长：张元林
电　　话：0315－2790038
地　　址：河北省唐山市建设北路 128 号
邮政编码：063000

理工支行

行　　长：巴晓军
电　　话：0315－2578112
地　　址：河北省唐山市新华西道 27 号
邮政编码：063000

曹妃甸支行

行　　长：郝纳新
电　　话：0315－8820698
地　　址：河北省唐海县新城大街西段南侧商业楼
邮政编码：063200

交通银行秦皇岛分行

行　　长：韩建中
电　　话：0335－3028046
地　　址：秦皇岛市文化路 174 号
邮政编码：066000

营业部

主　　任：裴祥宏
电　　话：0335－3043143
地　　址：秦皇岛市海港区文化路 174 号
邮政编码：066000

开发区支行

行　　长：马　伟
电　　话：0335－8583181
地　　址：秦皇岛市开发区峨眉山路 9 号
邮政编码：066004

文化北路支行

行　　长：李立峰
电　　话：0335－3604321
地　　址：秦皇岛市海港区文化北路 386 号
邮政编码：066000

河北大街支行

行　　长：刘　刚

电　　话：0335－3029564
地　　址：秦皇岛市海港区河北大街86号
邮政编码：066000

滨河湾支行

行　　长：鲁沛省
电　　话：0335－8885778
地　　址：秦皇岛市港城大街西段滨河湾187－2号
邮政编码：066000

港城大街支行

行　　长：毕仲利
电　　话：0335－3081008
地　　址：秦皇岛市海港区港城大街375号
邮政编码：066000

秦皇岛车站支行

行　　长：徐春远
电　　话：0335－3079009
地　　址：秦皇岛市海港区迎宾路156号
邮政编码：066000

北戴河支行

行　　长：张宏斌
电　　话：0335－4044075
地　　址：秦皇岛市北戴河区联峰路163号
邮政编码：066100

山海关支行

行　　长：段爱东
电　　话：0335－5056724
地　　址：秦皇岛市山海关区南海西路
邮政编码：066200

海港支行

行　　长：季文军
电　　话：0335－3031265
地　　址：秦皇岛市海港区河北大街中段132号
邮政编码：066000

友谊路支行

行　　长：王卫东
电　　话：0335－3892782
地　　址：秦皇岛市海港区友谊路187号
邮政编码：066000

建兴里支行

行　　长：肖继枫
电　　话：0335－3049524
地　　址：秦皇岛市海港区港城大街280－2号
邮政编码：066000

长江中道支行

行　　长：白　青
电　　话：0335－8506207
地　　址：秦皇岛市海港区长江道庐山路1号（孟营）
邮政编码：066000

秦皇小区支行

行　　长：李玉芳
电　　话：0335－3026669
地　　址：秦皇岛市海港区秦皇小区秦川街35号
邮政编码：066000

迎宾路支行

行　　长：田　莉
电　　话：0335－3647903
地　　址：秦皇岛市海港区迎宾路92号
邮政编码：066000

临港物流园区支行

行　　长：谢卫国
电　　话：0335－8053075
地　　址：秦皇岛市北环路78号彩龙国际商贸广场BF1－017－019号
邮政编码：066000

工农里支行

行　　长：周晓兵
电　　话：0335－3031145
地　　址：秦皇岛市海港区建设大街337号
邮政编码：066000

河东支行

行　　长：张艺苑
电　　话：0335－3142340
地　　址：秦皇岛市海港区河北大街东段安居东里36－152－1
邮政编码：066000

红旗路支行

行　　长：刘　峰
电　　话：0335－3647903
地　　址：秦皇岛市海港区红旗路233号
邮政编码：066000

西港路支行

行　　长：郑　莉

电　　话：0335－3633419
地　　址：秦皇岛市海港区西港路187号
邮政编码：066100

滨海城支行

行　　长：李　伟
电　　话：0335－5153663
地　　址：秦皇岛市文化路20号
邮政编码：066200

燕山大街支行

行　　长：王宜丹
电　　话：0335－3617591
地　　址：秦皇岛市海港区燕山大街58号
邮政编码：066000

交通银行邯郸分行

行　　长：郭文富
电　　话：0310－6268366
地　　址：邯郸市人民东路340号
邮政编码：056000

交通银行邯郸营业部

主　　任：李晨光
电　　话：0310－6268333
地　　址：邯郸市人民东路340号
邮政编码：056000

中信银行股份有限公司

中信银行石家庄分行

行　　长：陈彦明
电　　话：0311－87884438
地　　址：石家庄市新华东路209号
邮政编码：050000

营业部

负 责 人：王立彬
电　　话：0311－87884421
地　　址：石家庄市新华东路209号
邮政编码：050000

裕华东路支行

负 责 人：田　峥
电　　话：86217898
地　　址：石家庄市裕华东路105号

裕华西路支行

负 责 人：常新芬
电　　话：0311－85231101
地　　址：石家庄市裕华西路69－2号
邮政编码：050000

和平西路支行

负 责 人：刘月惠
电　　话：0311－87832829
地　　址：石家庄市和平西路486号
邮政编码：050000

建设北大街支行

负 责 人：韩肖红
电　　话：0311－86675893
地　　址：石家庄市建设北大街223号
邮政编码：050000

体育北大街支行

负 责 人：陈　禹
电　　话：0311－86059290
地　　址：石家庄市体育北大街56号
邮政编码：050000

中华南大街支行

负 责 人：王　焰
电　　话：0311－85218681
地　　址：石家庄市中华南大街473号
邮政编码：050000

体育南大街支行

负 责 人：周海晶
电　　话：0311－85899928
地　　址：石家庄市体育南大街373号
邮政编码：050000

站前街支行

负 责 人：郝丽丽
电　　话：0311－87889606
地　　址：石家庄市中山西路18号
邮政编码：050000

光大银行股份有限公司

中国光大银行石家庄分行

行　　长：杜铁良
电　　话：0311－88628767
地　　址：石家庄市中山东路118号
邮政编码：050000

建华北大街支行

行　　长：习清南
电　　话：0311－86213377

地　　址：石家庄市跃进路79号
邮政编码：050051

中山西路支行

行　　长：付春生
电　　话：0311－87879693
地　　址：石家庄市桥西区康乐街8号
邮政编码：050051

中华大街支行

行　　长：张占魁
电　　话：0311－83838978
地　　址：石家庄市中华南大街323号
邮政编码：050006

富强大街支行

行　　长：杨占茂
电　　话：0311－86088839
地　　址：石家庄市东岗路18号
邮政编码：050000

新华路支行

行　　长：徐　明
电　　话：0311－87890678
地　　址：石家庄市新华路167号
邮政编码：050004

广安大街支行

行　　长：石毅军
电　　话：0311－86666986
地　　址：石家庄市广安大街10号副1号
邮政编码：050011

槐安东路支行

行　　长：戴卫东
电　　话：0311－85668927
地　　址：石家庄市槐安东路166号
邮政编码：050051

友谊北大街支行

行　　长：王立敏
电　　话：0311－87779881
地　　址：石家庄市友谊北大街368号
邮政编码：050051

华夏银行股份有限公司

华夏银行石家庄分行

行　　长：王宏杰
电　　话：0311－87899085
地　　址：中山西路48号
邮政编码：050000

分行营业部

总 经 理：梁志杰
电　　话：0311－87899149
地　　址：中山西路48号（华银大厦一层）
邮政编码：050000

裕华东路支行

行　　长：张琪礼
电　　话：0311－86214636
地　　址：裕华东路256号
邮政编码：050000

槐安路支行

行　　长：田继良
电　　话：0311－86988128
地　　址：槐安东路1号华夏商务酒店一层
邮政编码：050000

红旗支行

行　　长：侯江涛
电　　话：0311－83802328
地　　址：石家庄市红旗大街233号
邮政编码：050000

广安街支行

行　　长：贾凯力
电　　话：0311－86690399
地　　址：广安大街36号
邮政编码：050011

和平西路支行

行　　长：张存玲
电　　话：0311－87892288
地　　址：和平西路485号
邮政编码：050000

建设南大街支行

行　　长：杜兆广
电　　话：0311－86085888
地　　址：建设南大街88号
邮政编码：050000

新华路支行

行　　长：王爱军
电　　话：0311－87895222
地　　址：石家庄市新华路355号
邮政编码：050000

建华支行

行　　长：刘彦磊

电　　话：0311－85083988
地　　址：建华南大街106号
邮政编码：050000

建设北大街支行
行　　长：高洪涛
电　　话：0311－86978126
地　　址：建设北大街36号
邮政编码：050000

金马支行
行　　长：赵彦华
电　　话：0311－85888566
地　　址：翟营大街313号
邮政编码：050000

中山支行
行　　长：段　博
电　　话：0311－83618598
地　　址：中山西路566号
邮政编码：050000

中国民生银行股份有限公司

民生银行石家庄分行
行　　长：王家智
电　　话：0311－86678533
地　　址：石家庄市西大街10号
邮政编码：050011

分行营业部
总 经 理：侯成仁
电　　话：0311－86679435
地　　址：石家庄市西大街10号
邮政编码：050011

中山东路支行
行　　长：王海英
电　　话：0311－86080443
地　　址：石家庄市中山东路128号
邮政编码：050011

维明大街支行
行　　长：要汝静
电　　话：0311－87016887
地　　址：石家庄市裕华西路386号
邮政编码：050051

和平西路支行
行　　长：杜习海
电　　话：0311－87045518
地　　址：石家庄市和平西路157号
邮政编码：050071

红旗大街支行
行　　长：阚丽欣
电　　话：0311－83030169
地　　址：石家庄市红旗大街92号
邮政编码：050091

中华南大街支行
行　　长：亢丽娟
电　　话：0311－87890665
地　　址：石家庄市中华南大街139号
邮政编码：050051

槐南路支行
行　　长：李　欣
电　　话：0311－85880299
地　　址：石家庄市育才街285号
邮政编码：050021

新华西路支行
行　　长：赵彩虹
电　　话：0311－85205656
地　　址：石家庄市新华西路313号
邮政编码：050000

裕华东路支行
行　　长：王　珊
电　　话：0311－85680930
地　　址：石家庄市裕华东路461号
邮政编码：050031

翟营南大街支行
行　　长：马　兵
电　　话：0311－85826065
地　　址：石家庄市翟营南大街313号
邮政编码：050031

广安大街支
行　　长：张杏娟
电　　话：0311－85528263
地　　址：石家庄市广安大街24号
邮政编码：050011

建设北大街支行
行　　长：王　建
电　　话：0311－85525162
地　　址：石家庄市建设北大街68号
邮政编码：050011

胜利北大街支行

行　　长：贺立波
电　　话：0311－89611135
地　　址：石家庄市胜利北大街156号
邮政编码：050000

友谊北大街支行

行　　长：张　林
电　　话：0311－89693700
地　　址：石家庄市友谊北大街381号
邮政编码：050081

西二环北路支行

行　　长：王建宁
电　　话：0311－83637117
地　　址：石家庄新华西路570号
邮政编码：050000

槐北路支行

行　　长：张君飞
电　　话：0311－85058106
地　　址：石家庄槐北路309号
邮政编码：050011

中国民生银行邯郸支行

行　　长：王大鹏
电　　话：0310－3093623
地　　址：邯郸丛台区光明北大街87号
邮政编码：056000

中国民生银行沧州分行

行　　长：李　超
电　　话：0317－5670179
地　　址：沧州解放西路颐和国际C座106号
邮政编码：061001

上海浦东发展银行股份有限公司

石家庄分行

行　　长：田德明
电　　话：0311－66770605
地　　址：石家庄市自强路庄家金融大厦
邮政编码：050000

兴业银行股份有限公司

兴业银行石家庄分行

行　　长：吕　伟
电　　话：0311－89168999
地　　址：石家庄市自强路37号
邮政编码：050051

分行营业部

总 经 理：杨公新
电　　话：0311－89166788
地　　址：石家庄市自强路37号
邮政编码：050051

广安支行

行　　长：朱　红
电　　话：0311－89166708
地　　址：石家庄市广安大街39号
邮政编码：050011

河北省农村信用合作社联合社

河北省农村信用合作社联合社

理 事 长：李志国
电　　话：0311－66009901
地　　址：石家庄市建设南大街159号河北农信大厦
邮政编码：050021

石家庄市农村信用合作社联合社

理 事 长：陈树松
电　　话：0311－66009788
地　　址：石家庄市建设南大街159号河北农信大厦
邮政编码：050021

辛集市农村信用合作联社

理 事 长：冯　曼
电　　话：0311－83222935
地　　址：辛集市兴华路中段
邮政编码：052360

晋州市农村信用合作联社

理 事 长：高墨生
电　　话：0311－84322430
地　　址：晋州市光明路157号
邮政编码：052260

深泽县农村信用合作联社

理 事 长：黄振洪
电　　话：0311－83522534
地　　址：深泽县石油街路西
邮政编码：052560

无极县农村信用合作联社

理 事 长：赵志强
电　　话：0311－85572774
地　　址：无极县无极路
邮政编码：052460

藁城市农村信用合作联社

理 事 长：胡建军
电　　话：0311－88136868
地　　址：藁城市廉州路180号
邮政编码：052160

栾城县农村信用合作联社

理 事 长：董新杰
电　　话：0311－85502065
地　　址：栾城县惠源路19号
邮政编码：051430

赵县农村信用合作联社

理 事 长：郝会斌
电　　话：0311－84946591
地　　址：赵县永通路101号
邮政编码：051530

正定县农村信用合作联社

理 事 长：赵建国
电　　话：0311－88022121
地　　址：正定县恒山西路108号
邮政编码：050800

新乐市农村信用合作联社

理 事 长：高鸾庭
电　　话：0311－88589660
地　　址：新乐市新开西路245号
邮政编码：050700

高邑县农村信用合作联社

理 事 长：魏汉文
电　　话：0311－84036181
地　　址：高邑县新城大街2号
邮政编码：051330

赞皇县农村信用合作联社

理 事 长：侯换成
电　　话：0311－84221453
地　　址：赞皇县槐泉东路
邮政编码：051230

井陉县农村信用合作联社

理 事 长：陈建中
电　　话：0311－82022146
地　　址：井陉县城建设北路15号
邮政编码：050300

鹿泉市农村信用合作联社

理 事 长：曹迎春
电　　话：0311－82015990
地　　址：鹿泉市海山大街与会馆路交叉口
邮政编码：050200

平山县农村信用合作联社

理 事 长：李国奇
电　　话：0311－82941766
地　　址：平山县柏坡东路163号
邮政编码：050400

灵寿县农村信用合作联社

理 事 长：张建光
电　　话：0311－82521393
地　　址：灵寿县人民东路10号
邮政编码：050500

行唐县农村信用合作联社

理 事 长：姜孟立
电　　话：0311－82984729
地　　址：行唐县龙州西大街81号
邮政编码：050600

石家庄汇融农村合作银行

董 事 长：邢换强
电　　话：0311－66009567
地　　址：石家庄市建设南大街159号河北农信大厦
邮政编码：050021

矿区农村信用合作联社

理 事 长：魏丽杨
电　　话：0311－82076224
地　　址：井陉矿区南纬路68号
邮政编码：050100

元氏县农村信用合作联社

理 事 长：胡建路
电　　话：0311－84623884
地　　址：元氏县新城人民路11号
邮政编码：051130

河北省农村信用合作社联社承德办事处

主　　任：张耀邦
电　　话：0314－2020359
地　　址：承德市丽正门大街6号
邮政编码：067000

郊区农村信用合作联社

理 事 长：马国成
电　　话：0314－2021271
地　　址：承德市丽正门大街6号
邮政编码：067000

宽城满族自治县农村信用合作联社

理 事 长：王清平
电　　话：0314－6632407
地　　址：宽城县民族街206号
邮政编码：067600

兴隆县农村信用合作联社

理 事 长：刘柏臣
电　　话：0314－5052997
地　　址：兴隆县兴隆镇西大街100号
邮政编码：067300

滦平县农村信用合作联社

理 事 长：赵大全
电　　话：0314－8584170
地　　址：滦平县滦平镇新建路西段北侧30号
邮政编码：068250

平泉县农村信用合作联社

理 事 长：张振理
电　　话：0314－6020243
地　　址：河北省平泉县水泉路南侧2号
邮政编码：067500

隆化县农村信用合作联社

理 事 长：马建军
电　　话：0314－7065904
地　　址：隆化县隆化镇安洲路26号
邮政编码：068150

丰宁满族自治县农村信用合作联社

理 事 长：于常泉
电　　话：0314－8016272
地　　址：丰宁县新丰北路88号
邮政编码：068350

围场满族蒙古族自治县农村信用合作联社

理 事 长：李　鸿
电　　话：0314－7563708
地　　址：围场满族蒙古族自治县围场镇凤凰南路26号
邮政编码：068000

承德县农村信用合作联社

理 事 长：陈　杰
电　　话：0314－3011498
地　　址：承德县下班城镇板城大街广场对过
邮政编码：067400

河北省农村信用合作社联社张家口办事处

主　　任：刘　强
电　　话：0313－4198901
地　　址：张家口市高新区纬二路农信大厦
邮政编码：075000

蔚县农村信用合作联社

理 事 长：方　海
电　　话：0313－7212386
地　　址：蔚县蔚州镇前进路
邮政编码：075700

阳原县农村信用合作联社

理 事 长：任　滋
电　　话：0313－7582798
地　　址：河北省阳原县西城镇昌盛西街
邮政编码：075800

怀来县农村信用合作联社

理 事 长：刘占龙
电　　话：0313－6800906
地　　址：怀来县沙城镇京张公路西大街
邮政编码：075400

涿鹿县农村信用合作联社

理 事 长：李海林
电　　话：0313－6520030
地　　址：涿鹿县轩辕路33号
邮政编码：075600

怀安县农村信用合作联社

理 事 长：胡永清
电　　话：0313－7812736
地　　址：河北省怀安县柴沟堡镇柴怀路南马路70号
邮政编码：076150

万全县农村信用合作联社

理 事 长：王云生

电　　话：0313－4222396
地　　址：万全县孔家庄镇全兴路
邮政编码：076250

赤城县农村信用合作联社
理 事 长：冯玉清
电　　话：0313－6312864
地　　址：赤城县城关镇鼓楼南街
邮政编码：075500

张北县农村信用合作联社
理 事 长：杜金霞
电　　话：0313－5229923
地　　址：河北省张北县张北镇永春南路258号
邮政编码：076450

康保县农村信用合作联社
理 事 长：刘　强
电　　话：0313－5512354
地　　址：康保县东径路南
邮政编码：076650

沽源县农村信用合作联社
理 事 长：张进有
电　　话：0313－5812164
地　　址：沽源县平定堡镇苗圃西街
邮政编码：076550

尚义县农村信用合作联社
理 事 长：修建平
电　　话：0313－4325325
地　　址：尚义县南壕堑镇河东街
邮政编码：076750

崇礼县农村信用合作联社
理 事 长：康健壮
电　　话：0313－4612468
地　　址：崇礼县西湾子镇长青路
邮政编码：076350

宣化区农村信用合作联社
理 事 长：王万礼
电　　话：0313－3385200
地　　址：宣化牌楼东3号
邮政编码：075100

宣化县农村信用合作联社
理 事 长：李培兴
电　　话：0313－3382695
地　　址：张家口市宣化区西马道14号
邮政编码：075100

城郊农村信用合作联社
理 事 长：李　建
电　　话：0313－2031254
地　　址：张家口市桥东区胜利北路80号
邮政编码：075000

下花园区农村信用合作联社
理 事 长：谢正款
电　　话：0313－5152610
地　　址：河北省张家口市下花园区西苑小区
邮政编码：075300

河北省农村信用合作社联社秦皇岛办事处

主　　任：晏宗国
电　　话：0335－3637625
地　　址：河北省秦皇岛市燕山大街118号
邮政编码：066000

市区农村信用合作联社
理 事 长：赵志刚
电　　话：0335－3074724
地　　址：河北省秦皇岛市燕山大街118号
邮政编码：066000

抚宁县农村信用合作联社
理 事 长：闫俊杰
电　　话：0335－6681415
地　　址：抚宁县城迎宾路109号
邮政编码：066300

昌黎县农村信用合作联社
理 事 长：于永春
电　　话：0335－2038911
地　　址：昌黎县碣阳大街东段86号
邮政编码：066600

卢龙县农村信用合作联社
理 事 长：孙碧峤
电　　话：0335－7111806
地　　址：卢龙县城东新街18号
邮政编码：066400

青龙满族自治县农村信用合作联社
理 事 长：叶永琪
电　　话：0335－7862733
地　　址：青龙县青龙镇中兴路中段
邮政编码：066500

河北省农村信用合作社联社唐山办事处

主　　任：刘殿索
电　　话：0315－2350696
地　　址：唐山市新华西道148号
邮政编码：063000

丰润区农村信用合作联社

理 事 长：张同民
电　　话：0315－5152165
地　　址：唐山市丰润区曹雪芹西大街33号
邮政编码：064000

丰南区农村信用合作联社

理 事 长：赵　金
电　　话：0315－8186212
地　　址：唐山市丰南区文化大街105号
邮政编码：063300

滦县农村信用合作联社

理 事 长：孙立东
电　　话：0315－7122678
地　　址：滦县新城滦河西路002
邮政编码：063700

滦南县农村信用合作联社

理 事 长：秦红军
电　　话：0315－4123774
地　　址：滦南县倴城中大街11号
邮政编码：063500

乐亭县农村信用合作联社

理 事 长：李晓东
电　　话：0315－4622004
地　　址：乐亭县金融大街39号
邮政编码：063600

迁安市农村信用合作联社

理 事 长：高志宏
电　　话：0315－7611001
地　　址：迁安市钢城东路2756号
邮政编码：064400

迁西县农村信用合作联社

理 事 长：杨立生
电　　话：0315－5666131
地　　址：迁西县喜峰中路88号
邮政编码：064300

遵化市农村信用合作联社

理 事 长：王斯年
电　　话：0315－6621445
地　　址：遵化市文茂大街北侧
邮政编码：064200

玉田县农村信用合作联社

理 事 长：赵国利
电　　话：0315－6115504
地　　址：玉田县鼓楼东街162号
邮政编码：064100

唐海县农村信用合作联社

理 事 长：蔡保根
电　　话：0315－8728921
地　　址：唐海县垦丰大街68号
邮政编码：063200

古冶区农村信用合作联社

理 事 长：郑久三
电　　话：0315－3258313
地　　址：唐山市古冶区唐家庄震兴道
邮政编码：063100

开平区农村信用合作联社

理 事 长：吴学全
电　　话：0315－3367264
地　　址：唐山开平区新苑路22号
邮政编码：063021

郊区农村信用合作联社

理 事 长：张殿喜
电　　话：0315－2311313
地　　址：唐山市新华西道148号
邮政编码：063000

河北省农村信用合作社联社廊坊办事处

主　　任：樊鸿武
电　　话：0316－5216003
地　　址：廊坊市新华路211号
邮政编码：065000

三河市农村信用合作联社

理 事 长：马国成
电　　话：0316－3150100
地　　址：三河市泃阳西大街5号
邮政编码：065200

大厂回族自治县农村信用合作联社

理 事 长：樊德祥
电　　话：0316－8835463
地　　址：大厂县城西厂谭路金声街44号
邮政编码：065300

香河县农村信用合作联社

理 事 长：王宝生

电　　话：0316－8317643
地　　址：香河县府前街33号
邮政编码：065400

城郊农村信用合作联社

理 事 长：孙都喜
电　　话：0316－2054423
地　　址：廊坊市和平路68号
邮政编码：065000

永清县农村信用合作联社

理 事 长：张金龙
电　　话：0316－6623730
地　　址：永清县会昌街103号
邮政编码：065500

固安县农村信用合作联社

理 事 长：王子实
电　　话：0316－6183167
地　　址：固安县新中街218号
邮政编码：065600

霸州市农村信用合作联社

理 事 长：郝万明
电　　话：0316－7224737
地　　址：霸州市建设东道201号
邮政编码：065700

文安县农村信用合作联社

理 事 长：朱秋田
电　　话：0316－5255700
地　　址：文安县城西大街
邮政编码：065800

大城县农村信用合作联社

理 事 长：张胜良
电　　话：0316－5500906
地　　址：大城县新华东街3号
邮政编码：065900

河北省农村信用合作社联社保定办事处

主　　任：高东光
电　　话：0312－3107525
地　　址：保定市天鹅中路177号省联社保定办事处
邮政编码：071000

易县农村信用合作联社

理 事 长：康世勇
电　　话：0312－8856100
地　　址：易县朝阳路政府门口西侧51米路北
邮政编码：074201

定兴县农村信用合作联社

理 事 长：杨世雄
电　　话：0312－6912903
地　　址：定兴县兴华西路14号
邮政编码：072650

徐水县农村信用合作联社

理 事 长：王　彦
电　　话：0312－8681836
地　　址：徐水县盛源大街南段
邮政编码：072550

容城县农村信用合作联社

理 事 长：王之文
电　　话：0312－5609550
地　　址：容城县永贵北大街156号
邮政编码：071700

涞源县农村信用合作联社

理 事 长：云洪水
电　　话：0312－7321982
地　　址：涞源县中心街
邮政编码：074300

唐县农村信用合作联社

理 事 长：王志祥
电　　话：0312－6421199
地　　址：唐县光明路东通段
邮政编码：072350

望都县农村信用合作联社

理 事 长：王香菊
电　　话：0312－7822595
地　　址：望都县振兴路
邮政编码：072450

涿州市农村信用合作联社

理 事 长：韩树强
电　　话：0312－3609302
地　　址：河北省涿州市范阳西路202号
邮政编码：072750

高碑店市农村信用合作联社

理 事 长：焦常林
电　　话：0312－2815260
地　　址：河北省高碑店市团结东路35号
邮政编码：074000

涞水县农村信用合作联社

理 事 长：戴玉刚

电　　话：0312－4523532
地　　址：涞水县涞阳路52号
邮政编码：074100

雄县农村信用合作联社

理 事 长：张同岭
电　　话：0312－5811425
地　　址：雄县东环路165号
邮政编码：071800

高阳县农村信用合作联社

理 事 长：陈彦明
电　　话：0312－6635041
地　　址：高阳县建新大街63号
邮政编码：071500

阜平县农村信用合作联社

理 事 长：白贵亮
电　　话：0312－7221361
地　　址：阜平县阜平镇中兴街
邮政编码：073200

定州市农村信用合作联社

理 事 长：刘占奎
电　　话：0312－2313920
地　　址：定州市中山中路
邮政编码：073000

曲阳县农村信用合作联社

理 事 长：高敬庄
电　　话：0312－4282990
地　　址：曲阳县恒山中路
邮政编码：073100

安国市农村信用合作联社

理 事 长：王建义
电　　话：0312－3553101
地　　址：安国市药华大路126号
邮政编码：071200

博野县农村信用合作联社

理 事 长：宋建政
电　　话：0312－8719267
地　　址：博野县城内西街
邮政编码：071300

顺平县农村信用合作联社

理 事 长：荀少辉
电　　话：0312－7624861
地　　址：顺平县顺兴路108号
邮政编码：072250

安新县农村信用合作联社

理 事 长：王晓建
电　　话：0312－5321626
地　　址：安新县建设大街
邮政编码：071600

市区农村信用合作联社

理 事 长：王　涛
电　　话：0312－3152822
地　　址：保定市天鹅中路177号
邮政编码：07100

满城县农村信用合作联社

理 事 长：马艳军
电　　话：0312－7078437
地　　址：河北省保定市满城县中山东路65号
邮政编码：072150

清苑县农村信用合作联社

理 事 长：宁雪利
电　　话：0312－8092000
地　　址：清苑县光明东街
邮政编码：071100

沧州市农村信用合作社联合社

理 事 长：周伯健
电　　话：0317－3023718
地　　址：沧州市广场街16号
邮政编码：061000

海兴县农村信用合作联社

理 事 长：李丙强
电　　话：0317－6615532
地　　址：海兴县兴融街
邮政编码：061200

河北南皮农村合作银行

董 事 长：王　彬
电　　话：0317－8860987
地　　址：南皮县城光明西路
邮政编码：061500

东光县农村信用合作联社

理 事 长：刘大为
电　　话：0317－7729660
地　　址：东光县城邮政路58号
邮政编码：061600

河间县农村信用合作联社

理 事 长：卢双钧

电　　话：0317－3663611
地　　址：河间市北大街口
邮政编码：062450

吴桥县农村信用合作联社

理 事 长：吕嗣卿
电　　话：0317－7341452
地　　址：吴桥县桑园镇长江东路90号
邮政编码：061800

献县农村信用合作联社

理 事 长：任福杰
电　　话：0317－4623841
地　　址：献县东升南路
邮政编码：062250

黄骅市农村信用合作联社

理 事 长：李春燕
电　　话：0317－5312953
地　　址：黄骅市迎宾大街南段
邮政编码：061100

盐山县农村信用合作联社

理 事 长：李明青
电　　话：0317－6266008
地　　址：盐山县县城东环路
邮政编码：061300

肃宁县农村信用合作联社

理 事 长：刘树彬
电　　话：0317－5017107
地　　址：肃宁县城武垣西路
邮政编码：062350

孟村回族自治县农村信用合作联社

理 事 长：柳七平
电　　话：0317－6721064
地　　址：河北省沧州市孟村回族自治县建设大街
邮政编码：061400

泊头市农村信用合作联社

理 事 长：唐延生
电　　话：0317－8188000
地　　址：泊头市裕华路599号
邮政编码：062150

任丘市农村信用合作联社

理 事 长：李和平
电　　话：0317－2254676
地　　址：任丘市建设东路2号
邮政编码：062550

沧县农村信用合作联社

理 事 长：刘学青
电　　话：0317－3528835
地　　址：沧州市解放东路101号
邮政编码：061000

青县农村信用合作联社

理 事 长：殷铁刚
电　　话：0317－4220273
地　　址：青县京福路23号
邮政编码：062650

沧州融信农村商业银行股份有限公司

董 事 长：陈树芬
电　　话：0317－3051712
地　　址：沧州市解放东路8号
邮政编码：061000

衡水市农村信用合作社联合社

理 事 长：安章献
电　　话：0318－2161679
地　　址：衡水市新华西路368号
邮政编码：053000

桃城区农村信用合作联社

理 事 长：张国龙
电　　话：0318－2121699
地　　址：衡水市新华西路388号
邮政编码：053000

冀州市农村信用合作联社

理 事 长：修朝阳
电　　话：0318－8622200
地　　址：冀州市和平东路66号
邮政编码：053200

枣强县农村信用合作联社

理 事 长：苏之通
电　　话：0318－8224824
地　　址：枣强县人民东街189号
邮政编码：053100

武邑县农村信用合作联社

理 事 长：张铁柱
电　　话：0318－5712303
地　　址：武邑县建设西路
邮政编码：053400

深州市农村信用合作联社

理 事 长：王爱国

电　　话：0318－3313949
地　　址：深州市长江西路18号
邮政编码：053800

武强县农村信用合作联社

理 事 长：张锡恒
电　　话：0318－3822404
地　　址：武强县振兴路2号
邮政编码：053300

饶阳县农村信用合作联社

理 事 长：张敬华
电　　话：0318－7322661
地　　址：饶阳县人和西路106号
邮政编码：053900

安平县农村信用合作联社

理 事 长：赵洪涛
电　　话：0318－7526930
地　　址：安平县汉王路2号
邮政编码：053600

故城县农村信用合作联社

理 事 长：王海君
电　　话：0318－5321841
地　　址：故城县康宁路128号
邮政编码：053800

景县农村信用合作联社

理 事 长：韩茂起
电　　话：0318－4226209
地　　址：景县亚夫路东侧
邮政编码：053500

阜城县农村信用合作联社

理 事 长：周福才
电　　话：0318－4666361
地　　址：阜城县阜城镇光明东路19号
邮政编码：053700

河北省农村信用合作社联社邢台办事处

主　　任：徐学利
电　　话：0319－3059186
地　　址：邢台市邢州北路黄家园甲5号
邮政编码：054001

城郊农村信用合作联社

理 事 长：董景良
电　　话：0319－2260001
地　　址：河北省邢台市郭守敬大街406号
邮政编码：054000

邢台县农村信用合作联社

理 事 长：李国宾
电　　话：0319－2623508
地　　址：河北省邢台市中兴西大街381号
邮政编码：054000

沙河市农村信用合作联社

理 事 长：胡学军
电　　话：0319－8701700
地　　址：河北省沙河市京广路82号
邮政编码：054100

内邱县农村信用合作联社

理 事 长：刘增民
电　　话：0319－6861503
地　　址：河北省内邱县胜利路29号
邮政编码：054200

临城县农村信用合作联社

理 事 长：董平堂
电　　话：0319－7192186
地　　址：河北省临城县北环路中段
邮政编码：054300

隆尧县农村信用合作联社

理 事 长：程春喜
电　　话：0319－6681080
地　　址：河北省隆尧县县城西环路南端西侧
邮政编码：055350

任县农村信用合作联社

理 事 长：张士勇
电　　话：0319－7512406
地　　址：河北省任县任城镇光明街47号
邮政编码：055150

柏乡县农村信用合作联社

理 事 长：张群豹
电　　话：0319－7721141
地　　址：河北省柏乡县东环路北段路西
邮政编码：055450

南和县农村信用合作联社

理 事 长：张志强
电　　话：0319－4566897
地　　址：河北省南和县城关镇和阳大街东段路南
邮政编码：054400

宁晋县农村信用合作联社

理 事 长：郝彦辉

电　　话：0319－5889521
地　　址：河北省宁晋县凤凰路122号
邮政编码：055550

巨鹿县农村信用合作联社
理 事 长：郭胜利
电　　话：0319－4336311
地　　址：河北省巨鹿县建设大街中路
邮政编码：055250

平乡县农村信用合作联社
理 事 长：李庆彬
电　　话：0319－7863617
地　　址：河北省平乡县丰州镇人民路西段
邮政编码：054500

新河县农村信用合作联社
理 事 长：贺庆考
电　　话：0319－4782590
地　　址：河北省新河县新兴街中段路东143号
邮政编码：055650

广宗县农村信用合作联社
理 事 长：赵少波
电　　话：0319－7213234
地　　址：河北省广宗县兴广路东侧19号
邮政编码：054600

南宫市农村信用合作联社
理 事 长：常士宾
电　　话：0319－5221780
地　　址：河北省南宫市青年大街110号
邮政编码：055750

威县农村信用合作联社
理 事 长：赵书芳
电　　话：0319－6150953
地　　址：河北省威县中华大街中段东侧
邮政编码：054700

临西县农村信用合作联社
理 事 长：刘培平
电　　话：0319－8562781
地　　址：河北省临西县运河路东段16号
邮政编码：054900

清河县农村信用合作联社
理 事 长：杜彦君
电　　话：0319－8291315
地　　址：河北省清河县渤海路80号
邮政编码：054800

河北省农村信用合作社联社邯郸办事处
负 责 人：齐晓冬
电　　话：0310－3100065
地　　址：邯郸市滏河南大街17号
邮政编码：056001

城郊农村信用合作联社
理 事 长：刘继周
电　　话：0310－3118699
地　　址：邯郸市光明南大街44号
邮政编码：056002

峰峰矿区农村信用合作联社
理 事 长：张　华
电　　话：0310－5110724
地　　址：邯郸市峰峰矿区滏东路
邮政编码：056200

邯郸县农村信用合作联社
理 事 长：吝维杰
电　　话：0310－8120055
地　　址：邯郸市和平路东端
邮政编码：056001

大名县农村信用合作联社
理 事 长：冀付国
电　　话：0310－6562464
地　　址：大名县大名府路
邮政编码：056900

魏县农村信用合作联社
理 事 长：周爱军
电　　话：0310－3506657
地　　址：魏县西环路
邮政编码：056800

曲周县农村信用合作联社
理 事 长：牛建峰
电　　话：0310－8892923
地　　址：曲周县光明街
邮政编码：057250

邱县农村信用合作联社
理 事 长：朱小林
电　　话：0310－8360188
地　　址：邱县振兴街
邮政编码：057450

鸡泽县农村信用合作联社
理 事 长：高海军

电　　话：0310－7559933
地　　址：鸡泽县中长街南段
邮政编码：057350

肥乡县农村信用合作联社
理 事 长：吕俊峰
电　　话：0310－8562174
地　　址：肥乡县建设街49号
邮政编码：057550

广平县农村信用合作联社
理 事 长：孙登立
电　　话：0310－2510979
地　　址：广平县建设路中段
邮政编码：057650

成安县农村信用合作联社
理 事 长：赵庆峰
电　　话：0310－7215013
地　　址：成安县青云路
邮政编码：056700

临漳县农村信用合作联社
理 事 长：冯建军
电　　话：0310－7889015
地　　址：临漳县建安路中段
邮政编码：056600

磁县农村信用合作联社
理 事 长：张金勇
电　　话：0310－2323409
地　　址：磁县友谊北大街193号
邮政编码：056500

涉县农村信用合作联社
理 事 长：叶军利
电　　话：0310－3893839
地　　址：涉县新开区广电中心
邮政编码：056400

永年县农村信用合作联社
理 事 长：赵俊韬
电　　话：0310－6821433
地　　址：永年县名关镇南河街51号
邮政编码：057150

馆陶县农村信用合作联社
理 事 长：张英贤
电　　话：0310－2821826
地　　址：馆陶县政府街中段
邮政编码：057750

武安市农村信用合作联社
理 事 长：康志斌
电　　话：0310－5611101
地　　址：武安市富强路151号
邮政编码：056300

河北银行股份有限公司

总行
行　　长：姚浩俊
电　　话：0311－88627111
地　　址：河北省石家庄市平安北大街28号
邮政编码：050011

八一支行
行　　长：王　玲
电　　话：0311－87013614
地　　址：河北省石家庄市中山西路145号
邮政编码：050051

北站支行
行　　长：张海兵
电　　话：0311－87050114
地　　址：河北省石家庄市市庄路300号
邮政编码：050051

北新街支行
行　　长：孙立峰
电　　话：0311－87820803
地　　址：河北省石家庄市北新街116号副8号
邮政编码：050003

长安支行
行　　长：王子彬
电　　话：0311－86062820
地　　址：河北省石家庄市青园街61号
邮政编码：050011

长征街支行
行　　长：卞建华
电　　话：0311－86034943
地　　址：河北省石家庄市长征街75号
邮政编码：050011

长江支行
行　　长：闫建锋
电　　话：0311－85099092
地　　址：河北省石家庄市长江大道9号

邮政编码：050035

仓安路支行

行　　长：何忠义

电　　话：0311－83035839

地　　址：河北省石家庄市槐安西路157号

邮政编码：050051

朝阳路支行

行　　长：胡海芬

电　　话：0311－87716662

地　　址：河北省石家庄市友谊北大街313号

邮政编码：050071

东岗路支行

行　　长：陈海英

电　　话：0311－85897528

地　　址：河北省石家庄市东岗路77号

邮政编码：050021

富强大街支行

行　　长：李晓丽

电　　话：0311－85826908

地　　址：河北省石家庄市富强大街155号

邮政编码：050021

高新支行

行　　长：李占凯

电　　话：0311－83994032

地　　址：河北省石家庄市裕华西路67－1号

邮政编码：050051

工农路支行

行　　长：宇文战军

电　　话：0311－83014878

地　　址：河北省石家庄市红旗大街46－1号

邮政编码：050051

广安街支行

行　　长：刘地震

电　　话：0311－86043150

地　　址：河北省石家庄市广安大街28号

邮政编码：050011

和平支行

行　　长：崔国旗

电　　话：0311－87227708

地　　址：河北省石家庄市中山西路366号

邮政编码：050051

和平东路支行

行　　长：杨亚存

电　　话：0311－86032229

地　　址：河北省石家庄市和平东路288号

邮政编码：050011

和平西路支行

行　　长：赵树勇

电　　话：0311－87833136

地　　址：河北省石家庄市和平西路516号

邮政编码：050071

和中支行

行　　长：赵　莉

电　　话：0311－87833035

地　　址：河北省石家庄市和平西路56号

邮政编码：050004

合作路支行

行　　长：霍宏光

电　　话：0311－87835517

地　　址：河北省石家庄市泰华街170号

邮政编码：050051

华南支行

行　　长：王爱丽

电　　话：0311－87016158

地　　址：河北省石家庄市中华南大街232号

邮政编码：050056

槐安路支行

行　　长：栗　军

电　　话：0311－86131912

地　　址：河北省石家庄市青园街298号

邮政编码：050021

槐北路支行

行　　长：曹礼恩

电　　话：0311－86012306

地　　址：河北省石家庄市建设南大街80号

邮政编码：050021

槐南路支行

行　　长：崔卫红

电　　话：0311－85827550

地　　址：河北省石家庄市体育南大街306号

邮政编码：050021

汇通路支行
行　　长：那君秋
电　　话：0311－86123699
地　　址：河北省石家庄市汇通路68号
邮政编码：050021

建北支行
行　　长：李素霞
电　　话：0311－86670546
地　　址：河北省石家庄市建设北大街179号
邮政编码：050041

建华支行
行　　长：郝东涛
电　　话：0311－85081342
地　　址：河北省石家庄市中山东路452号
邮政编码：050021

建华南大街支行
行　　长：马照辉
电　　话：0311－85037510
地　　址：河北省石家庄市建华南大街108号
邮政编码：050031

裕兴支行
行　　长：陈合顺
电　　话：0311－86974122
地　　址：河北省石家庄市裕华东路15号
邮政编码：050051

健康路支行
行　　长：马千里
电　　话：0311－86683255
地　　址：河北省石家庄市健康路广安小区康华园19号
邮政编码：050011

金桥支行
行　　长：刘英方
电　　话：0311－87023332
地　　址：河北省石家庄市维明南大街169号
邮政编码：050051

开发区支行
行　　长：王风海
电　　话：0311－85083984
地　　址：河北省石家庄市裕华东路173－1号
邮政编码：050031

联盟路支行
行　　长：牛同令
电　　话：0311－87708661
地　　址：河北省石家庄市联盟路248号
邮政编码：050062

平安支行
行　　长：高毅峰
电　　话：0311－86026126
地　　址：河北省石家庄市平安南大街77号
邮政编码：050021

平南支行
行　　长：郑铁军
电　　话：0311－86012118
地　　址：河北省石家庄市平安南大街190号
邮政编码：050021

青园街支行
行　　长：许玉丽
电　　话：0311－86575527
地　　址：河北省石家庄市青园街215号
邮政编码：050021

人民广场支行
行　　长：薛庆西
电　　话：0311－86211138
地　　址：河北省石家庄市中山东路195号
邮政编码：050011

胜利路支行
行　　长：刘　慧
电　　话：0311－86010834
地　　址：河北省石家庄市东风路25号
邮政编码：050021

师范街支行
行　　长：曹文博
电　　话：0311－87906554
地　　址：河北省石家庄市自强路200号
邮政编码：050051

石岗支行
行　　长：周瑞清
电　　话：0311－87826636
地　　址：河北省石家庄市中华北大街188号

邮政编码：050061

四中路支行

行　　长：黄冀川

电　　话：0311－86991193

地　　址：河北省石家庄市四中路57号

邮政编码：050011

谈固南大街支行

行　　长：王晓中

电　　话：0311－85688720

地　　址：河北省石家庄市谈固南大街A－63－10、11、12

邮政编码：050031

谈南路支行

行　　长：李晓燕

电　　话：0311－86043181

地　　址：河北省石家庄市谈南路49号

邮政编码：050011

体育街支行

行　　长：张　岩

电　　话：0311－85810054

地　　址：河北省石家庄市体育南大街176号

邮政编码：050021

维明街支行

行　　长：刘　莹

电　　话：0311－87905232

地　　址：河北省石家庄市自强路127号

邮政编码：050051

新华东路支行

行　　长：耿桂珍

电　　话：0311－85180276

地　　址：河北省石家庄市新华路65号

邮政编码：050004

新华路支行

行　　长：谷志刚

电　　话：0311－87870595

地　　址：河北省石家庄市新华路172号

邮政编码：050051

新华西路支行

行　　长：翟建明

电　　话：0311－87018163

地　　址：河北省石家庄市新华路539号

邮政编码：050051

兴凯路支行

行　　长：马伟国

电　　话：0311－87813665

地　　址：河北省石家庄市兴凯路221号

邮政编码：050051

营业部

行　　长：王习勤

电　　话：0311－88627118

地　　址：石家庄市平安北大街28号

邮政编码：050011

友谊大街支行

行　　长：郭小青

电　　话：0311－83616106

地　　址：河北省石家庄市新华路655号

邮政编码：050051

友谊南大街支行

行　　长：李国宏

电　　话：0311－83014445

地　　址：河北省石家庄市友谊南大街175号

邮政编码：050051

裕华东路支行

行　　长：韩会杰

电　　话：0311－86054943

地　　址：河北省石家庄市裕华东路280号

邮政编码：050011

裕华路支行

行　　长：林海英

电　　话：0311－86979243

地　　址：河北省石家庄市裕华东路51号

邮政编码：050011

裕华中路支行

行　　长：朱思平

电　　话：0311－87026713

地　　址：河北省石家庄市裕华西路7号

邮政编码：050000

运河桥支行

行　　长：杨凤虎

电　　话：0311－86810884

地　　址：河北省石家庄市建设北大街325号

邮政编码：050041

翟营大街支行

行　　长：郄俊兵

电　　话：0311－85081851
地　　址：河北省石家庄市翟营大街108号
邮政编码：050031

翟营南大街支行

行　　长：郭红军
电　　话：0311－85806106
地　　址：河北省石家庄市翟营南大街339号
邮政编码：050031

正东路支行

行　　长：罗建忠
电　　话：0311－86080212
地　　址：河北省石家庄市正东路29号
邮政编码：050011

中华大街支行

行　　长：张丽丽
电　　话：0311－83827047
地　　址：河北省石家庄市中华南大街348号
邮政编码：050091

中山路支行

行　　长：高平茹
电　　话：0311－87027505
地　　址：河北省石家庄市中华南大街26号
邮政编码：050051

矿区支行

行　　长：许兰庭
电　　话：0311－82072596
地　　址：河北省石家庄市矿区南纬东路63号
邮政编码：050100

正定支行

行　　长：王慧敏
电　　话：0311－88016009
地　　址：河北省正定县正定镇恒山西路95号
邮政编码：050800

藁城支行

行　　长：王庆阁
电　　话：0311－88122357
地　　址：河北省藁城市四明街79号
邮政编码：052160

辛集支行

行　　长：韩力杰
电　　话：0311－89156109
地　　址：河北省辛集市兴华路北段158号
邮政编码：052360

唐山分行

行　　长：梁　静
电　　话：0315－2351763
地　　址：河北省唐山市新华西道136号锦江国际饭店B座
邮政编码：063000

邯郸分行

行　　长：武小栋
电　　话：0310－5708822
地　　址：河北省邯郸市丛台区滏东北大街39号
邮政编码：056000

天津分行

行　　长：甄　红
电　　话：022－58556602
地　　址：天津市河西区围堤道124号、126号
邮政编码：300201

承德市分行

行　　长：刘小东
电　　话：0314－2067886
地　　址：承德市南营子大街27号
邮政编码：067000

承德市分行直属支行

行　　长：卢强壮
电　　话：0314－2066630
地　　址：承德市南营子大街27号
邮政编码：067000

双滦区支行

行　　长：任建强
电　　话：0314－4044016
地　　址：承德市双滦区双塔山镇中心大街45号
邮政编码：067001

营子区支行

行　　长：张亚东
电　　话：0314－5019185
地　　址：承德市鹰手营子区营子大街路南2号

邮政编码：067200

宽城县支行

行　　长：赵晓光

电　　话：0314－6632019

地　　址：承德市宽城满族自治县宽城镇育才路

邮政编码：067600

平泉县支行

行　　长：梁成柏

电　　话：0314－6030300

地　　址：承德市平泉县平泉镇喧哗街8号

邮政编码：067500

承德县支行

行　　长：赵新功

电　　话：0314－3110999

地　　址：承德市承德县下板城镇板城大街

邮政编码：067400

兴隆县支行

行　　长：王俊良

电　　话：0314－5052822

地　　址：承德市兴隆县兴隆镇东大街1号

邮政编码：067300

丰宁县支行

行　　长：张金贵

电　　话：0314－8016722

地　　址：承德市丰宁满族自治县大阁镇新丰路60号

邮政编码：068350

围场县支行

行　　长：孙启良

电　　话：0314－7565677

地　　址：承德市围场满族蒙古族自治县围场镇木兰中路192号

邮政编码：068450

隆化县支行

行　　长：李旭明

电　　话：0314－7069923

地　　址：承德市隆化县隆化镇兴洲路67号

邮政编码：068150

滦平县支行

行　　长：汪占东

电　　话：0314－8583032

地　　址：承德市滦平县滦平镇北大街1号

邮政编码：068250

资产管理公司

中国信达资产管理公司石家庄办事处

主　　任：杜宝峰

电　　话：0311－86091088

地　　址：石家庄市平安南大街30号万隆大厦

邮政编码：050011

中国东方资产管理公司石家庄办事处

总 经 理：杨　东

电　　话：0311－88612091

地　　址：石家庄市中山西路83号东方大厦20层

邮政编码：050000

渤海国际信托有限公司

董 事 长：金　平

电　　话：0311－89618001

地　　址：石家庄市广安大街10号美东国际A座19层

邮政编码：050011